Handbook of Entrepreneurship Research

创业研究前沿
问题、理论与方法

杨 俊　朱 沆　于晓宇 ◎ 主　编
周冬梅　沈 睿　叶文平 ◎ 副主编

机械工业出版社
China Machine Press

图书在版编目（CIP）数据

创业研究前沿：问题、理论与方法 / 杨俊，朱沆，于晓宇主编. -- 北京：机械工业出版社，2022.6（2023.1 重印）

ISBN 978-7-111-70715-8

I. ①创… II. ①杨… ②朱… ③于… III. ①创业 – 研究 IV. ① F241.4

中国版本图书馆 CIP 数据核字（2022）第 077985 号

　　创业情境变革诱发的新实践、宏观环境变革赋予创业的新价值，以及创业研究学术版图扩张伴生的理论整合挑战，这三股驱动力量交互叠加，创业研究必将呈现出新面貌。为了开展更具创造性和洞察力的创业前沿研究，经过多轮精选和讨论，本书最终确定对 200 篇经典文献进行述评，形成 69 篇述评文章，以细致地展现这些聚焦新问题的创业研究所做的学术探索及其采用的新研究设计和新研究方法。本书的特色主要体现为：一是以科学问题为导向，更加突出基于科学问题而非研究主题的学术版图；二是聚焦创业研究正在或可能面临的新问题、新挑战、新方法和新理论；三是勾勒探索、研究新现象和新问题的方法论，更加突出启发研究想法和研究设计的工具性；四是关注中国情境下的经典文献述评。

　　本书将有助于广大高校和科研院所的师生充分理解与接受国际通行的理论话语体系，进而创造出有深度、有价值和有国际影响力的中国特色创业研究。本书不仅为打算或正在从事创业研究的读者提供基本的理论知识，还有助于各行业或领域的实践者更有效地理解创业研究版图和精髓，并将这些理解应用于实践。

出版发行：机械工业出版社（北京市西城区百万庄大街 22 号　邮政编码：100037）

责任编辑：吴亚军　　　　　　　　　　　责任校对：殷　虹

印　　刷：北京建宏印刷有限公司　　　　版　　次：2023 年 1 月第 1 版第 2 次印刷

开　　本：185mm×260mm　1/16　　　　印　　张：52

书　　号：ISBN 978-7-111-70715-8　　　定　　价：169.00 元

客服电话：(010) 88361066　68326294

版权所有·侵权必究
封底无防伪标均为盗版

特别感谢

学术指导

蔡　莉　　吉林大学
张玉利　　南开大学
李新春　　中山大学
魏　江　　浙江大学
路江涌　　北京大学
李　涌　　美国内华达大学
汤津彤　　美国圣路易斯大学
赵雁飞　　美国印第安纳大学

基金资助

国家自然科学基金重点项目"新创企业商业模式形成与成长路径"（71732004）与国家自然科学基金重大项目"创新驱动创业的重大理论与实践问题研究"（72091310）联合资助

期刊支持

《研究与发展管理》
《外国经济与管理》

FOREWORD 1
推荐序一

响应时代号召，不负科研使命

2020年7月21日，习近平总书记在京主持召开企业家座谈会，强调改革开放以来，一大批有胆识、勇创新的企业家茁壮成长，形成了具有鲜明时代特征、民族特色、世界水准的中国企业家队伍。习近平总书记强调，企业家要带领企业战胜当前的困难，走向更辉煌的未来，就要在爱国、创新、诚信、社会责任和国际视野等方面不断提升自己，努力成为新时代构建新发展格局、建设现代化经济体系、推动高质量发展的生力军。企业家和企业家精神是创业研究的重要内容。习近平总书记既对新时代的企业家提出了希望，也为创业研究的深化与发展指明了战略方向。无论是"当今世界正经历百年未有之大变局"，还是"新一轮科技革命和产业变革蓬勃兴起"，都为创业实践和研究提出了新情境、新问题、新挑战和新机遇。

企业家如何在以"不确定性"为主要特征的时代背景下，通过科学方法将不确定性降低，为人民创造价值，提升社会福祉，已成为中国管理学领域的重要理论与实践问题。由机械工业出版社出版，浙江大学杨俊教授、中山大学朱沆教授、上海大学于晓宇教授主编的《创业研究前沿：问题、理论与方法》一书对上述问题进行了系统性的回答。

这本书在经典文献述评的基础上，凝练创业研究的新问题、新理论和新方法，汇聚一批优秀的青年编写人员的智慧，为创业研究的深化和拓展提出了具有创新性的观点。总体而言，这本书至少在三个方面给我留下了深刻印象。

一是以科学问题为导向，构建基于科学问题的"创业研究地图"，为碎片化地以研究主题、研究兴趣为导向的创业研究形成系统性的理论体系奠定基础。科学问题要兼具基础性、普适性、客观性、时代性等特征，从客观现象和研究文献中凝练科学问题，这对编写团队对于科学问题的理解和洞察力提出了很高的要求。这本书基于宏观立场，通过聚焦科学问题来汇集并述评经典文献，系统地反映创业研究所涉及的学术问题，以科学问题为导向审视研究主题之间的内在联系和学术脉络，勾勒出基于科学问题的"创业研究地图"。

二是融合了各个学科的理论和方法，并提供了启发创业研究的方向和思路、研究设计与方法，这一点尤为难得。解决源于创业实践的科学问题，构建原创性的创新驱动创业理论，需要汲取各个学科的思想、理论与方法。这本书的编写成员不仅有来自管理学领域的学者，还有来自神经科学、信息科学等领域的学者，这为启发、涌现新概念、新理论提供了土壤和工具。

三是关注并激励中国情境下的经典文献述评和创业研究。从理论贡献角度看，中国情境下的创业研究不仅会针对既定研究问题增添新的情境化知识，也会因情境特殊性衍生出更具普适性的研究问题，并形成新的理论。特别是在当前，中国创新驱动创业的实践在全球都表现得非常令人瞩目，这本书可以激励更多学者关注基于中国创业现象的高水平理论研究。

这本书是国内外同行共同努力的集体智慧结晶，除了内容，这本书的策划、组织也非常值得赞许。除了优秀的主编团队之外，这本书还会聚了北京大学、清华大学等31所高校的50多位学者共同编写此书。编写团队成员由在创业和其他相关研究领域颇有建树的资深专家、骨干学者或优秀青年学者等组成，他们常年在一线开展研究，理论基础深厚，学术思想活跃，具有敏锐的学术判断力和洞察力。主编团队不仅多次克服新冠肺炎疫情带来的挑战，组织会议进行深入的讨论，商榷本书的定位、编写体例，努力提高本书的学术品质，同时，还邀请海外专家评审、确认经典文献，提高本书的学术包容性。此外，编写团队还邀请了《研究与发展管理》编辑部的周瑛主任、《外国经济与管理》编辑部的宋澄宇主任等，从读者的视角提出宝贵的建议，优化读者的阅读体验。在写作过程中，编写团队始终向南开大学张玉利教授、中山大学李新春教授、北京大学路江涌教授、国家自然科学基金委员会任之光处长等专家学者以及我本人，就这本书的定位、框架、体例等各个方面征求意见。尽管这些策划、组织工作要付出大量的时间和精力，但是相信这些努力都将功不唐捐。

2020年，由吉林大学牵头，联合北京大学、浙江大学、南开大学和中南大学申报的国家自然科学基金重大项目"创新驱动创业的重大理论与实践问题研究"获批立项。这个重大项目旨在数字化、生态化和全球化的背景下，聚焦创新驱动创业的重大理论与实践问题，构建原创性的创新驱动创业理论体系，特别是本土理论，培养一批学术骨干和研究团队，推动数字经济时代下我国创新驱动创业实践的发展与升级。这本书的一些编写成员都是这个重大项目的骨干研究人员，这本书也是重大项目的阶段性研究成果，其问世有助于构建原创性的创新驱动创业的理论体系。期待这本书的出版能够激发更多学者基于中国创业实践的理论探索，开展科学严谨的创业研究，服务于国家，服务于人民，不负于这个伟大的时代。

蔡 莉

吉林大学

FOREWORD 2 推荐序二

创业研究的"百科全书"

杨俊托我给由他和朱沆、于晓宇担任主编，周冬梅、沈睿、叶文平担任副主编，31所高校的50多位学者、39名研究生共同撰写完成的《创业研究前沿：问题、理论与方法》作序，我思考了许久：到底用什么标题，或者用一个什么关键词能更好地体现这本著作的核心内容和功效？跨院校合作创作团队、问题导向、经典文献述评、针对创业活动的科学研究、学科交叉等，我想了不少，想来想去，决定用"百科全书"这个关键词。

说到百科全书，我买了不少，有科技类与动植物类的，也有介绍人类开发使用工具类的，其中还有两本关于管理的百科全书。一本是《中国企业管理百科全书》，是中华人民共和国成立后出版的第一部专业性百科全书，该书1984年2月由企业管理出版社出版，上下两卷，共1 200多页。另一本是英文的，*The Encyclopedia of Management*，是我的导师陈炳富先生送给我的。百科全书里面的词条不像词典那样定义准确，也不像学科史那样有清晰的脉络。但百科全书作用独特，概括凝练得很好，分类也很清晰，编写者的研究功力很强，我经常翻阅查找，40年前甚至更早出版的书，现在仍觉得很有用，不觉得过时，一直保存。

在庞杂的研究体系中，创业仍是一个小且专的领域，同时也是一个重要且吸引人的领域。创业和创新、创造、价值、新创等高度相连，是企业的来源，是商业的根本，工商管理的不少理论（如核心能力、资源基础、二元组织、破坏性创新等）学者都把创业作为研究对象，尝试追本溯源。基于创业本质的学术研究成果也在快速地向各个领域渗透，如创业领导力、创业营销、企业家精神、创业文化、创业型经济等。在我国，创业因为国家的创新驱动发展战略、自上而下地大力推动"大众创业、万众创新"，以及社会上铺天盖地的各种创新创业竞赛等而更加火热,随之而来的是创业研究的创业概念泛化,创业可以"无穷无尽"地细分,女性创业、学术创业、文化创业、科学创业、大学生创业、科学家创业等,创业也可以与各种管理名词连接,如创业领导、创业学习、创业思维、创业组织等。这当然不是什么错误,管理理论学派丛林一直都没有消失反而是越来越茂盛,但泛化对科学研究还是不利的。本书由一批青年学者,基于扎实的文献研究和实证研究积累,梳理出清晰的内容框架,有创业活动的活动规律、关键问题和要素,以及创业研究的理论"丛林"、与管理理论的对话,在这个框架体系中,多数从事创业研究的学者都能找到自己感兴趣的内容。

这本书侧重于研究,致力于推动科学严谨的创业研究。管理是科学也是艺术,或者说管理既是科学又是艺术,还可以说管理基于科学基础和依据,也有实践的高度艺术性,这是管理学科的本质属性。相比于管理,领导的艺术性要突出,创业的艺术性可能不确定性更突出。管理研究要从艺术性中挖掘和丰富科学性成分,创业研究更是如此。研究需要突出问题导向,聚焦科学问题,本书构建了"大科学问题(领域方向)-具体科学问题-研究主题-未来的问题趋势"的基本逻辑,以十大问题为核心,贯穿理论与需求,突出研究范式和研究方法,强调时代特征,对于创业领域的科学研究有所启发和帮助,而且不局限于创业研究。

这本书源于前期经典文献述评的工作积累,又超越了经典文献述评的局限。2010年4月,我作为主编、杨俊作为副主编在南开大学出版社出版了《创业研究经典文献述评》,该书以创业过程和要素为主线,针对20世纪80年代以来创业研究的经典文献进行了述评,这本书以南开大学创业研究中心的教师和毕业的博士生为主要编写成员,因为不能直接翻译,便以核心观点和贡献的"述"、对研究启发的"评"为主,便于后来加入中心的博士生能够不断地继续而不是重复做研究。后来,杨俊牵头,与于晓宇、窦军生一起,进一步邀请了一批兄弟院校的青年学者,基本保留了上一版以创业过程和要素为主线的框架,同时增加、融合了2007~2017年间创业研究从关注创业行为向探索创业认知转型过程中涌现的新兴研究主题,2018年9月在机械工业出版社出版了《创业研究经典文献述评》(第2版)。这一版的影响变大了,不少学术界的同行和我说,他们成批购买,发给团队成员阅读,作为创业研究的基础学术著作阅读,因此,这一版附带产生了工具书的作用。两年前,杨俊提出编写出版第3版的想法,我自然极力支持,并明确同意由杨俊等青年学术骨干也可以说是学科带头人主编,组织编写,我不再担任主编。青年学者就是不同,很快就组建起团队,线上线下结合,研讨不断,居然探索出了新的学术合作机制。大家围绕文献,但远超出文献述评的"套路",学术研究、知识互补、探索和洞见,我越来越感觉这不是经典文献述评第3版了,便鼓励大家放弃述评的思路,起一个更加贴切的书名。传承不是延续和重复,形成新的发展阶段、更大的平台才更有意义,这一大批青年学者做得很好。

创业早就超脱了创办新企业的狭义范畴,时代特征明显。伴随着工业社会向信息社会的转型,速度、创新成为竞争优势的来源,创业热潮兴起,基于创业实践创新形成的精益创业、奏效逻辑,基于MVP(最小可行产品)的快速迭代、商业模式创新、低成本测试等理论工具早已在大公司内部得以应用。如今社会,从信息社会向数智经济社会跃升,大公司积极主动开展创业活动,成为特别值得关注的领域。创业研究立足于创业实践,指向新时代工商管理企业的竞争优势来源和核心能力塑造，探索管理模式创新。创业是创造未来的行动，创业研究一定会促进工商管理学的科学研究和理论发展。

感谢这批青年学者贡献此书，青年学者的贡献永远是事业进步的不竭动力。以上几方面是我阅读此书的读后感，也是最想向读者朋友分享和推介本书的理由。

张玉利
南开大学

FOREWORD 3 推荐序三

培育创业研究的"理论丛林"

由31所高校的50多位青年学者共同完成的《创业研究前沿：问题、理论与方法》一书，有着近130万字的学术成果，我由衷地为我们创业研究的青年学者这一集体的贡献和成就而欢欣鼓舞，尽管其主要内容是文献述评，但显然这是作者们长期的学术研究积累，涉及创业研究前沿理论、方法和对于未来学术的认识，其中蕴含着创新的视野和思想。在此，我欣然提笔为这本书作序。主要谈几点：

第一，这本书作为文献述评，系统地梳理了创业研究自20世纪80年代至今的重要文献，文献研究是理论研究的基础和出发点，也是学术创新和发展的必经之路。创业研究在过去几十年的发展中成长为管理学的一个重要领域，越来越多的学者和学生加入这个领域，由此积累了大量的文献和成果。创业研究同时也直接影响着社会和经济发展，在全球几乎所有的经济体中，创业创新都是推动人类进步发展的重要引擎。本书先后收集整理了2014～2019年间发表于国际顶级期刊和重要会议的4 721篇创业研究文献，2008～2018年间创业期刊上的1 862篇创业研究文献，以及后面收集的69篇述评文章，涉及对200篇经典文献的述评，等等。显然，要对这些文献和实践课题进行系统的整理和述评是一件很不简单的事情，这本书通过系统收集并按照细分领域、问题而整理文献，遵循科学原则，在理论和实践的基础上给出了本书的框架，为读者认识和学习创业理论、了解创业研究发展历程提供了一个清晰明了的知识框架。

第二，创业研究的理论和问题远远超越了组织和管理理论，延伸到经济学、社会学、心理学、行为科学、制度理论等诸多领域，被描述为"理论丛林"状态，显然，要对这些理论和问题进行分类和深化研究，并给出一个有逻辑的、有科学价值的理论框架是一件困难的但有创新意义的事情。本书沿着创业研究不断追寻的科学问题而展开，结合重大理论和实践的挑战给出了十个主题，并给出每一个主题的核心文献，由此展开深入的文献述评，这里构建的理论逻辑框架基本上是对创业研究的科学问题展开层层深化的结果，将创业研究的理论、方法和问题沿着这些问题导向而深化，是便于读者理解和进入的路径。这些问题包括了诸如创业的概念界定、内涵与外延、创业者、创业机会、资源和组织、创业环境，基本上给出了创业的全过程。

第三，本书以"创业研究前沿"为题，旨在对理论的探索性、前沿性发展给予关注，在每一节的科学问题述评中，理论和方法的创新发展是述评的关键，由此，引导读者认识最新的研究进展，理解前沿发展的动向和挑战，这对未来的学术发展创新来说无疑是很有价值的。前沿性在这本书的反映是最新的文献、新的理论进展，由新的科学问题和重大的创业实践问题驱动的创业研究边界的拓展，新的研究方法以及由学科交叉带来的创业研究的新的视野，这些无疑是引导创业研究走向未来创新的重要方面，值得作者高度重视。

第四，我在为这本书点赞的同时，也带着我们对于未来进一步研究的期待，期望读者不要将这本书述评的创业研究内容作为创业管理研究的全部，显然，这本书未能包含创业研究的所有专门领域和问题。实际上，创业从20世纪八九十年代以来，就在创业基础理论发展的基础上，不断裂变而形成了众多的专门的创业研究领域，这将创业研究的边界和问题大大加以拓展，也极大地丰富了创业研究的理论、方法和问题，是创业研究不可忽视的重要内容。但可能是另外一本创业研究述评性著作的内容，期待有志于此的学者为之继续努力。

创业研究无论是在理论创新方面，还是在面对商业实践上都还处于一个成长期，未来还有着很大的发展空间和挑战，需要更多的学者和学生投身于这一学术事业，致力于为创业研究理论创新的繁荣，也为发展创新创业驱动的社会和经济而努力。这本书无疑为这一发展打下了基础并做出了贡献。

李新春

中山大学

FOREWORD 4 推荐序四

创业研究中的"5W1H"

由杨俊、朱沆、于晓宇三位教授领衔主编的《创业研究前沿：问题、理论与方法》汇聚了90多位学者和学生的智慧，对创业领域的前沿研究进行了系统而深入的梳理。读罢感触颇多，该书从"5W1H"角度回答了创业研究的几个根本问题。

本书的第1章回答了创业研究"When"的问题，从20世纪60年代创业研究被心理学纳入研究视野开始，梳理了从创业特质论到创业过程学派和创业认知学派的演变过程，总结了2008年以来国家自然科学基金支持下的创业研究项目的特点和研究问题，为创业研究领域学者绘制了一幅创业研究的时间画卷。

本书的第2章至第5章分别回答了创业研究"Why""What""Where""Who"的问题。第2章标题为"创业在创造什么"，实际上回答了为什么创业（Why）的问题——创造新价值、新组织、新制度、新文化、新模式和新生态等。第3章标题为"创业产生了什么影响"，回答了创业与经济增长、技术创新、乡村发展、社区建设、减少贫困以及社会不平等一系列重大现象的关系，是有关创业是什么（What）的内容。第4章标题为"制度如何影响创业"，研究了正式制度、非正式制度、制度复杂性和制度动态性对创业活动的影响，回答了创业制度环境（Where）的问题。第5章标题为"谁在创业以及在哪里创业"，研究了学术创业、女性创业、大企业创业、跨国创业、家族创业、社会创业、技术创业、平台生态创业等一系列现象，回答了创业主体（Who）的问题。第2章至第5章关于创业"Why""What""Where""Who"的研究梳理为创业学者构筑了系统性的创业研究体系基础，如图P-1所示。

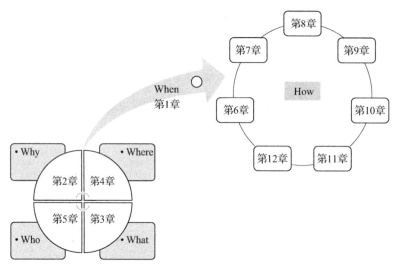

图 P-1 《创业研究前沿：问题、理论与方法》中的创业"5W1H"

本书的第 6 章至第 12 章从不同角度回答了创业研究"How"的问题。第 6 章从创业者面临的环境特征入手，研究"创业者如何应对不确定性"；第 7 章从价值创造的过程入手，研究"创业如何创造价值"；第 8 章从创业者与利益相关方的关系入手，研究"创业如何管理跨边界组织"；第 9 章关注创业资源的获取，研究"创业如何管理组织间资源"；第 10 章侧重研究不同类型风险投资对创业的影响；第 11 章则研究创业如何通过制度创新、模式创新、技术创新等方式创造竞争优势；第 12 章聚焦创业研究的前沿研究方法，介绍了混合研究、叙事方法、内容分析、实验方法、机器学习及脑神经科学等方法在创业领域的应用。

近些年来，创业研究方兴未艾，虽然备受学界关注，但尚未形成主流的研究框架和广泛认同的理论共识。《创业研究前沿：问题、理论与方法》在浩瀚的创业研究宇宙中选取关键文献，刻画文献脉络和关系结构，回答了创业研究的"5W1H"等基本问题，为学者在创业领域进一步深入探索奠定了坚实的基础。

路江涌
北京大学

FOREWORD 5 推荐序五

对创业研究的一些思考

当我得知杨俊、朱沆、于晓宇、周冬梅、沈睿、叶文平计划编撰此书时,我感到特别高兴。因为这项工作十分重要和及时。说它重要是因为整个社会都越发认识到创业对于个体、组织、社会层面的创新、就业和发展的驱动作用,不同学科领域的学者也开始意识到创业作为独特的研究情境对学术研究既提出了挑战,也带来了机会;说它及时是因为创业本身就是做看似不可能做到的事、克服看似不可能克服的困难,在危机时期往往有力挽狂澜的作用。因此,我十分赞许他们在策划这本书时表现出的智慧和远见。

这本书至少有两方面的亮点。第一,这本书全面涵盖了创业研究领域,从创业研究的发展脉络到创业研究中的主要话题,包括创业主体和类型、创业资源、组织、价值创造、创业起源、过程及影响、创业投融资、创业环境(如VUCA、制度环境),以及创业研究方法,等等。第二,这本书涵盖了创业领域当下的前沿问题,如数字创业,并且涉及新趋势和新方法,如机器学习、大数据和神经科学实验等。因此,我将这本书极力推荐给对创业研究感兴趣的学者们。

借着为这本书作序的机会,我想分享一下如果时光倒流,作为一名博士生或青年学者,我希望花费更多精力去做的几件事。

首先,我希望能够更加了解研究是什么,以及为什么要做研究。无论是理论研究还是实证研究,从根本上讲都是为了解决问题。有些学者倾向于从实践的角度来看待、研究和解决问题,这无可厚非。但同时,与智库和咨询机构相比,学术研究的独特优势往往在于学者们能从各种纷繁复杂的实际问题和具体现象中提炼问题,还能找到超出问题和现象本身的一般性洞见。其实,这就是我们所说的研究和学术的理论贡献。从这个角度来讲,理论研究与实证研究都可能具有理论贡献和洞见。

当然,理论贡献和洞见可以是范式性的或渐进性的。举一个范式性理论贡献的例子。新古典经济学表明,竞争均衡带来资源的有效配置(Arrow, Hahn, 1970)。该结论基于以下假设(assumption):完全信息、完全市场、消费和生产的独立性(Debreu, 1959)。对上述一个或多个假设的挑战产生了一些经济学、金融学、管理学等学科的重要理论,如代理理论、交易成本经济学、产权理论、信号理论、实物期权理论、资源基础观等(Mahoney, Qian, 2013)。

在创业研究中,一些学者试图从基础学科(如经济学、社会学和心理学)和相邻领域(如战略管理)中引入、应用和拓展理论,常常是通过将某个理论在创业领域情景化,从而为创业问题和现象提供洞见。以我熟悉的一个研究领域为例。与拥有可靠资源、客户和业绩的成熟企业不同,新创企业面临的问题和解决方案很大程度上是未知的、不确定的(Blank, 2013)。虽然这种不确定性通常表现为获得回报的高风险性或创业的高失败率(McGrath, 1999),但它也是创业机会存在的根本条件和创业决策的一个决定性因素(Knight, 1921)。然而,许多经济和组织理论的普遍假设为不确定性是不受欢迎的,要尽量最小化(对于给定的预期回报)。这一观点在投资组合理论(Markowitz, 1959)、交易成本经济学(Williamson, 1985)和企业行为理论(Cyert, March, 1963)等中都有所反映。实物期权理论代表着对这一观点的范式转变,即不确定性也能增加创业者决策权和新创企业灵活性的价值(Dixit, Pindyck, 1994;Li, et at., 2007;Trigeorgis, 1991)。此后,学者们将该理论应用于创业情境中,通过强调如何管理不确定性以捕捉上行潜力和控制下行风险,为很多创业现象提供了新视角,如创业失败、混合创业、分阶段创业投资、组合投资等(Bowman, Hurry, 1993;Folta, et at., 2010;Li, 2008;Li, Chi, 2013;Li, Mahoney, 2011;McGrath, 1997);也提出了新的推论和独特的机制,尤其与代理理论和信息经济学的观点相比。后者聚焦于如何解决信息不对称以减轻创业过程和创业投融资中的逆向选择和道德风险问题(Amit, et at., 1998;Gompers, 1995;Kaplan, Stromberg, 2001)。同时,这类研究拓宽了实物期权理论的研究范围,检验了其边界条件(e.g. Li, Chi, 2013;Tong, Li, 2011;Vassolo, et at., 2004)。

有的学者则专注于发展针对创业本身的理论,如奏效理论(Sarasvathy, 2001)和机会创造(Alvarez, Barney, 2007)。早期文献表明,创业始于愿景。为实现这一愿景,创业者采取一系列步骤来测试他们的想法:筹集资金、组建团队、开发并商业化产品以及进入目标市场等。然而,萨阿斯瓦斯(2001)对传统的计划模型提出了质疑,认为创业是从手段而不是预设的目标或愿景开始,创业者和他们的利益相关者在没有计划或预测的情况下塑造甚至共同创造他们的市场。这一观点改变了我们对于创业者如何做决策的看法。这种传统意义上的理论研究往往具有很大的挑战性。

其次,我希望我不为实用价值(如有趣性、有用性、新颖性和简单性)和理论价值(如研究的真理性和客观性)哪个更重要的争论而陷入困惑(Ketokivi, Mantere, 2010;Lycan, 1998)。解决一个有趣的问题能带来诸多益处(Bartunek, et at., 2006;Davis, 1971)。正如戴维斯(Davis)所言,"一个理论家被认为是伟大的,并不是因为其理论正确,而是因为其理论有趣……激发兴趣的能力是伟大的必要特征"(1971:309)。有趣性通常和以下内容相关:"挑战既有理论;反直觉;不同于民间或专家的智慧;创造一个让人顿悟的时刻"(Bartunek, et at., 2006:13)。然而,在寻求研究的有趣性、新颖性和其他实用价值时,我们不应该忘记要提出和研究重要的问题(Tsang, 2022; Zahra, et at., 2021)。尽管对于什么是重要的至今仍未有共识,但是当一个研究问题挑战现有理论的假设、前提、逻辑和结论时,或者当它解决我们生活和所处时代的重大问题与挑战时,它就会变得重要(Eisenhardt, et at., 2016; George, et at., 2016; Vermeulen, 2005)。研究的重要性和结论的有效性是高质量研究的核心要素。然而,有的学者担心数据获取的便利和分析工具的进步使得研究者关注于发现微不足道但又十分有趣的关系,或者建立复杂的交互或非线性关系模型来寻找不同的、相反的结论(Tihanyi, 2020)。

再次,我也希望有更多机会了解如何打造有影响力的研究并为本领域做出有意义的贡献。这种研究没有既定的公式可循。创业学者的研究方法各异,既有理论驱动也有现象驱动,既有演绎(deduction)、归纳(induction)也有溯因(abduction),既有口头推理也有正式建模,既有定性也有定量。但有一件事是确定的:没有捷径可走。在扎赫拉(Zahra)等学者(2021)的文章中,我们基于一批创业学者的集体经验,就如何加强理论建设,提供洞见,做有影响力的研究,提供了一些建议。我简单总结如下:第一,提出一个重要而有趣的问题。例如,资源基础观建立在资源和能力在企业间差异化分布的前提假设上,战略研究关注这种异质性对组织绩效差异的影响(Barney, 1991; Barney, 1986; Penrose, 1959; Peteraf, 1993; Wernerfelt, 1984)。但这种异质性从何而来?很多新创企业的资源和能力往往经历从无到有、从少到多、从弱到强。所以,这个问题显得重要且有趣(Alvarez, Barney, 2007)。第二,质疑普遍存在的假设(assumption)。例如,战略研究者长期以来将产业结构视为给定的。基于这种观点,机会可以被发现、评估和利用。然而,阿尔瓦雷茨(Alvarez)和巴尼(Barney)(2007)提出在特定情境中机会可以被创造。第三,深入了解现象和数据。创业现象通常是动态的,随着时间不断变化。正如本书所述,以数字化、大数据、人工智能、Web3.0等为特征的新经济情境为研究新的创业问题和现象提供了大量素材,也为质疑和检验现有理论洞见的关键假设和边界条件提供了机会。

最后,在数据、文献和概念模型之间进行迭代。在科学探究中存在三种基本的推理形式:演绎、归纳和溯因。每种方法都有其存在的合理性(Mantere, Ketokivi, 2013);然而,将三者结合起来可以为科学探索提供有用的工具(Peirce, 1960; Staat, 1993)。例如,可以从观察一个异常或意外的现象开始,确认其存在性或普遍性,并产生一些合理的设想或猜测(溯因)(Sætre, Ven, 2021),然后构建一个逻辑上有效的论证(演绎),最后用数据和检验证明论点(归纳)。正如这个程式化的例子所示,理论构建很少是一个线性过程。相反,它是一个通常涉及三种推理形式的,需要发现和创造的"创业"过程,因此需要文献、现象、理论和数据之间的迭代。这种迭代是理论构建和学术研究的重要组成部分。

时光不会为我倒流,但是我希望上面讨论的几点对有志于创业研究的学者们在阅读本书和探讨创业研究的前沿问题时,能有些许启发。

我非常感谢编者们给我这次机会分享我的观点。衷心祝愿你们能在创业研究中拥有一段快乐且充实的旅程!

李　涌

美国内华达大学

◆ 参考文献

Alvarez, S.A., Barney, J.B., 2007, "Discovery and creation: alternative theories of entrepreneurial action", *Strategic Entrepreneurship Journal*, 1(1-2): 11-26.

Alvesson, M., Sandberg, J., 2011, "Generating research questions through Problematization," *Academy of Management Review*, 36(2): 247-271.

Amit, R., Brander, J., Zott, C., 1998, "Why do venture capital firms exist? Theory and canadian evidence", *Journal of Business Venturing*, 13(6): 441-466.

Arrow, K.J., Hahn, F., 1970, *General Competitive Analysis*, Holden Day: San Francisco, CA.

Barney, J., 1991, "Firm resources and sustained competitive advantage", *Journal of Management*, 17(1):99-120.

Barney, J.B., 1986, "Strategic factor markets: expectations, luck, and business strategy, *Management Science*, 32(10): 1231-1241.

Bartunek, J.M., Rynes, S.L., "Ireland RD. 2006. What makes management research interesting, and why does it matter?", *Academy of Management Journal*, 49(1): 9-15.

Blank, S., 2013, *The Four Steps to the Epiphany*, K & S Ranch: Palo Alto.

Bowman, E.H., Hurry, D., 1993, "Strategy through the option lens: an integrated view of resource investments and the incremental-choice process", *Academy of Management Review*, 18(4): 760-782.

Cyert, R.M., March, J.G., 1963, *A Behavioral Theory of the Firm*, Prentice Hall: Englewood Cliffs, NJ.

Davis, M.S., 1971, "That's interesting!: towards a phenomenology of sociology and a sociology of phenomenology", *Philosophy of the Social Sciences*, 1(2): 309-344.

Debreu, G., 1959, *The Theory of Value*. John Wiley & Sons: New York, NY.

Dixit, A.K., Pindyck, R.S., 1994, *Investment under Uncertainty*. Princeton University Press: Princeton, NJ.

Eisenhardt, K.M., Graebner, M.E., Sonenshein, S., 2016, "Grand challenges and inductive methods: rigor without rigor mortis. *Academy of Management Journal*, 59(4): 1113-1123.

Folta, T.B., Delmar, F., Wennberg, K., 2010, "Hybrid entrepreneurship", *Management Science*, 56(2): 253-269.

George, G., Howard-Grenville, J., Joshi, A., Tihanyi, L., 2016, "Understanding and tackling societal grand challenges through management research", *Academy of Management Journal*,

59（6）：1880-1895.

Gompers, P.A., 1995, "Optimal investment, monitoring, and the staging of venture capital", *Journal of Finance*, 50（5）：1461-1489.

Kaplan, S.N., Stromberg, P., 2001, "Venture capitalists as principals: Contracting, screening, and monitoring", *American Economic Review*, 91（2）：426-430.

Ketokivi, M., Mantere, S., 2010, "Two strategies for inductive reasoning in organizational research", *Academy of Management Review*, 35（2）：315-333.

Knight, F.H., 1921, *Risk Uncertainty and Profit*, University of Chicago Press：Chicago.

Li, Y., 2008, "Duration analysis of venture capital staging: a real options perspective", *Journal of Business Venturing*,23（5）：497-512.

Li, Y., Chi, T., 2013, "Venture capitalists' decision to withdraw: the role of portfolio configuration from a real options lens", *Strategic Management Journal*, 34：1351-1366.

Li, Y., James, B., Madhavan, R., Mahoney, J.T., 2007, "Real options: taking stock and looking ahead", *Advances in Strategic Management*, 24：31-66.

Li, Y., Mahoney, J.T., 2011, "When are venture capital projects initiated?", *Journal of Business Venturing*, 26（2）：239-254.

Lycan, W.G., 1998, Theoretical (epistemic) value.In *Routledge Encyclopedia of Philosophy*. Craig E (ed.), Routledge：London.

Mahoney, J.T., Qian, L.H., 2013, "Market frictions as building blocks of an organizational economics approach to strategic management", *Strategic Management Journal*, 34（9）：1019-1041.

Mantere, S., Ketokivi, M., 2013, "Reasoning in organization science", *Academy of Management Review*, 38（1）：70-89.

Markowitz, H., 1959, *Portfolio Selection：Efficient Diversification of Investments*, Wiley：New York.

McGrath, R.G., 1997, "A real options logic for initiating technology positioning investments", *Academy of Management Review*, 22（4）：974-996.

McGrath, R.G., 1999, "Falling forward: real options reasoning and entrepreneurial failure", *Academy of Management Review*, 24（1）：13-30.

Peirce, C.S., 1960, *Collected Papers of Charles Sanders Peirce*, Harvard University Press：Cambridge, MA.

Penrose, E.T., 1959, *The Theory of the Growth of the Firm*, Oxford University Press：New York.

Peteraf, M.A., 1993, "The cornerstones of competitive advantage：a resource-based view", *Strategic Management Journal*, 14（3）：179-191.

Sætre, A.S., Ven, A.H.V.d., 2021, "Generating theory by abduction", *Academy of Management Review*, 46（4）：684-701.

Sarasvathy, S.D., 2001, "Causation and effectuation：toward a theoretical shift from economic inevitability to entrepreneurial contingency", *Academy of Management Review*, 26(2): 243-263.

Staat, W., 1993, "On abduction, deduction, induction and the categories", *Transactions of the Charles S. Peirce Society*, 29: 225-237.

Tihanyi, L., 2020, "From 'that's interesting' to 'that's important'", *Academy of Management Journal*, 63(2): 329-331.

Tong, T.W., Li, Y., 2011, "Real options and investment mode: evidence from corporate venture capital and acquisition", *Organization Science*, 22(3): 659-674.

Trigeorgis, L., 1991, "A log-transformed binomial numerical analysis method for valuing complex multi-option investments", *Journal of Financial and Quantitative Analysis*, 26(3): 309-326.

Tsang, E.W.K., 2022, "That's interesting! A flawed article has influenced generations of management researchers", *Journal of Management Inquiry*, 31(2): 150-164.

Vassolo, R.S., Anand, J., Folta, T.B., 2004, "Non-additivity in portfolios of exploration activities: a real options-based analysis of equity alliances in biotechnology", *Strategic Management Journal*, 25(11): 1045-1061.

Vermeulen, F., 2005, "On rigor and relevance: fostering dialectic progress in management research", *Academy of Management Journal*, 48(6): 978-982.

Wernerfelt, B., 1984, "A resource-based view of the firm", *Strategic Management Journal*, 5(2): 171-180.

Williamson, O.E., 1985, *The Economic Institutions of Capitalism*, The Free Press: New York.

Zahra, S., Li, Y., Agrawal, R., Barney, J., Dushnitsky, G., Graebner, M., Sarasvathy, S., 2021, "Theory Building in Entrepreneurship", Working paper.

FOREWORD 6
推荐序六

吃透经典，关切主流，放眼未来

当我接到杨俊教授、朱沆教授和于晓宇教授的邀请为这本书作序时，深感荣幸和欣慰。荣幸是因为我常年关注三位教授的研究，敬佩他们对中国创业领域发展所做出的杰出贡献。欣慰是因为中国创业研究虽然经过多年的积累和发展取得了长足的进步，但同国际领先水平仍有差距，这本书无疑将对夯实中国学者创业研究的根基和拓展中国学者创业研究的视野产生深远的影响。

新千年伊始，创业领域的先驱学者们就开始为把创业研究定义和发展成为一个独立的学科领域进行不懈的努力。这些早期工作为创业研究指明了方向和奠定了坚实的知识基础（Davidsson, Low, Wright, 2001; Shane, Venkataraman, 2000）。在过去的20多年里，创业研究在越来越多的学者中获得认可，从一个外围的新兴学科逐渐发展成为一个主流的学术领域。创业研究因此在国外和国内都得到了蓬勃发展。创业研究的兴起和主流化很大程度上也反映了更广泛的社会趋势和大众共识，那就是创业是促进经济增长和解决社会问题的重要引擎。

创业研究领域被广泛认可的同时，其边界也不断地获得了拓展。我们看到不仅仅是传统的创业学者，越来越多的战略、组织理论和组织行为学者也投身于更广义的创业研究当中。各个领域学者的广泛参与无疑给创业研究领域注入了更多的灵感和活力，同时也对我们这些从事创业研究、教学与实践的学术工作者提出了更高的要求。创业研究边界的拓展意味着研究问题和关注现象的多样化，没有任何单一的创业理论可以解释目前创业学者所追求的各种主题。这跟以绩效为主要因变量的战略研究形成了鲜明的对比。

创业研究的挑战和美妙之处也正在于此。创业研究没有一个统一的因变量，它是多方面的，并以许多不同的方式呈现出来。这为创业领域的学者提供了更广阔的空间和无限的可能。

作为学者，我们通常专注于自己相对狭窄的研究课题或研究领域，我们趋向于跟有相同兴趣与相同理论背景的学者对话和探讨。毋庸置疑，只有足够的专注和对一个领域的深入探究才能帮助我们成为该领域或话题的专家。同时，我们要意识到过度狭窄的理论视野也可能会影响我们对当前蓬勃发展的创业领域的大局观。我们需要从自己的舒适区跳脱出来，从广阔的创业理论中汲取养分和洞察新的趋势与机会，从而避免陷入"见树不见林"的情境之中。

这本书正是培养我们创业研究大局观的不可或缺的一环。它凝聚了国内顶尖创业学者的智慧，向我们呈现出如何进行"全方位创业学者的淬炼"。通读全书，我自己受益匪浅，相信大家读后也会有自己的心得体会。我这里简单强调一下这本书的三个亮点。

第一，作者团队对国内和国际顶级期刊有关创业研究的文献做了细致的梳理、分类和排序，使用系统的选择过程和分类方法归纳总结出创业研究的十大问题，从而为大家了解创业研究的学术版图提供了一个元框架。在此基础上，作者们对每一个问题做了深入的探究，揭示每个研究问题的背景、内涵和基本的理论架构，同时勾勒出每个研究主题的发展路径和代表性学者。

第二，这本书兼顾了对经典文献的评价和借鉴，以及对最新的研究趋势和未来前景的展望。两者的完美结合对年轻学者的学习和发展来说尤其有帮助。正如杨俊教授在序言中所说，只有吃透经典文献，我们才能有坚实的基础和足够的洞察力为构建创业研究新理论添砖加瓦。只有站在巨人的肩上，我们才能看得更高、更远！

第三，对于中国情境下经典文献的关注。相较于组织和战略研究，创业研究领域起步较晚，在国际舞台上有建树的华人学者屈指可数，帮助中国学者在国际创业研究中占有一席之地是我们共同努力的目标。书里对中国情境下创业研究的关注和述评将有助于激发中国年轻学者的研究兴趣，为推动基于中国创业现象的高水平理论研究奠定基础和提供跳板。

鉴于创业研究的诸多因变量和不断拓展的理论边界，完成这本书本身就是一项极具挑战性的任务。《创业研究前沿：问题、理论与方法》的作者团队出色地完成了这项任务。它无疑将成为创业研究领域的经典之作，在今后的历史长河中影响创业研究及实践者。

我强烈推荐这本书给大家。这本书将会帮助创业研究领域的学生和老师充分理解国际通行的理论话语体系，进而创造出有深度、有价值和有国际影响力的中国特色创业研究。它也可以帮助各个行业与领域的创业实践者更为有效地理解创业研究版图和精髓，并将这些理解应用于实践。

赵雁飞
美国印第安纳大学

PREFACE 序言

开展科学严谨的创业研究

学术研究离不开文献研读，特别是研读、吃透经典文献非常重要。文献是科学研究过程和结果的文字表达，是基于特定实践的学术凝练、探索甚至创造。文献的重要性不仅在于让我们了解我们已经知道了什么，还在于让我们认识到我们从何知道的，更重要的是启发我们还想知道些什么，以及如何才能知道更多的未知。研读经典文献，对于创业研究这一新兴学科领域更加重要，作为新的学科领域，更多的是思想碰撞，成熟的、定型的理论知识相对较少，准确地把握研究方向，抓住科学问题深入挖掘，显然有助于知识创造，也有助于节省资源。本书聚焦创业研究近年乃至未来可能被持续关注的新问题和新趋势，对围绕这些新问题开展研究的一些经典文献进行述评，目的在于帮助学生、教师与研究人员了解创业研究领域的新问题、新理论和新方法，并借此更好地开展具有创造性和洞察力的前沿研究，为创业研究应对新问题进而构建新理论添砖加瓦。

写作缘起

研读、吃透经典文献是凝练有价值的学术问题并开展高水平研究的重要基础，是领悟理论、产生思想同时开展科学严谨研究的关键所在，这是我们长期坚守并践行的学术研究理念。2010年4月，我们在南开大学出版社编写出版了《创业研究经典文献述评》，该书以创业过程和要素为主线，针对20世纪80年代以来创业研究的经典文献进行了述评。2018年9月，我们在机械工业出版社修订再版了《创业研究经典文献述评》，基本保留了上一版以创业过程和要素为主线的框架，同时融入了2007~2017年创业研究从关注创业行为向探索创业认知转型过程中涌现的新兴研究主题。这本书出版后取得了不错的效果。一方面，我们将该书用于团队对研究生的指导，每年团队新加入的学员认真研读《创业研究经典文献述评》，能很快了解创业研究的大体轮廓，也能快速融入并开展新的选题探索；另一方面，我们也在相关会议和其他学术交流中获得了同行朋友的认可和积极反馈。

近年来承担国家自然科学基金重点项目"新创企业商业模式形成与成长路径"的研究工作，我们在研究过程中深刻感受到创业研究正在经历新一轮转型和深化，大胆地判断，这一轮转型和深化根本不同于创业研究在发展过程中所经历过的重大转型。20世纪80年代以来，创业研究大致经历了从开展"实践导向研究"到开展"科学范式研究"、从关注"谁是创业者"到关注"创业者如何创业"、从揭示"创业者如何创业"到揭示"创业者如何思考决策"等历次重大转型，这些重大转型的驱动力量主要来自理论发展的客观需要，在研究层面可以概括为采用更好的理论、设计和方法来探索更加深刻透彻的学术问题，创业研究因此而迅猛发展。但是，创业研究新一轮转型和深化的驱动力量首先是创业情境变革诱发的新实践，加之宏观环境变革赋予创业的新价值，以及创业研究学术版图扩张伴生的理论整合挑战，这三股力量交互叠加，创业研究必将呈现出新面貌，在当下乃至未来，创业研究正在探索新问题、回应新挑战、拥抱新方法、构建新理论。

因此，我们产生了编写本书的想法，试图从创业情境变革诱发的新实践、宏观环境变革、发展新理论诱发的新挑战等背景入手，直面创业研究当下乃至未来面临的新问题、新挑战和新理论，力求细致地展现创业研究聚焦新问题做出的学术探索以及用于探索这些研究问题的新的研究设计和研究方法，希望在这些变化和转型中展现以学术问题而不是以研究主题为导向的学术版图。

本书保留了之前《创业研究经典文献述评》的两点编写特色：①注重经典文献。经过大家多次讨论，除了被引用率、发表于顶级创业与管理期刊等一般性标准外，我们主要依据三个要素挑选基于科学问题的经典文献，这三个要素是基于科学问题的奠基性文献、推动科学问题研究深化和发展的关键性文献、解决科学问题研究关键难题的理论和方法性文献。②强调述评而不是概要。研读经典文献，除了解文献的问题、设计和发现之外，更重要的是要把文献放在学术问题的脉络中去思考其学术定位，推敲论证文献对于我们开展后续研究的重要启发性结论。我们更注重对经典文献进行述评，以"述"为主，以"评"为辅。"述"是要体现原作者的本意，是要描述文献的精髓，挖掘本原，但不是翻译。"评"面向未来，侧重介绍经典文献引发的后续研究成果和研究状况。述中有评，评中有述。本书的述评实际上是对经典文献的研究。

在保留特色的基础上，本书从四方面入手进行了改进和突破。一是以科学问题为导向，更加突出基于科学问题而不是研究主题的学术版图。科学问题是学术研究的"牛鼻子"，研究主题是基于学术概念的范畴分类；科学问题具有更强的客观性和时代性，而研究主题则具有更强的主观性和变动性，科学问题与研究主题之间的关系非常复杂，科学问题可能牵涉若干研究主题，研究主题可能呼应多个科学问题。本书站在宏观立场聚焦科学问题来汇集并述评经典文献，基于"大科学问题（领域方向）-具体科学问题-研究主题-未来的问题趋势"的基本逻辑，力求更加全面地反映创业研究所涉及的学术问题，勾勒创业研究基于科学问题的学术版图,进而以科学问题为导向审视研究主题之间的内在联系和学术脉络。

二是聚焦创业研究面临的新问题、新挑战和新理论。从20世纪80年代至21世纪初,创业研究基本依托的是工业社会向信息社会转型过渡的经济社会背景,创业研究基本上是在这一背景下理论框架的适应性演化,这是前两版《创业研究经典文献述评》依托的重要学术背景,也是它们关注的重点内容。我们已经步入信息社会数字经济时代,新的经济社会背景在客观上要求创业研究寻求自我突破,我们力求反映创业研究在这一转型和深化过程中所展现的新问题、新挑战和新理论,同时注重把握新问题兴起的前因后果以及这些新问题与已有研究主题之间的学术联系,理性客观地审视当下哪些新问题是创业研究已有发现的情境应用和拓展,又有哪些可能会产生推动创业研究进一步实现理论发展的新问题和新现象,这有助于拓宽我们的学术视野。

三是勾勒探索、研究新现象和新问题的方法论,更加突出启发研究想法和研究设计的工具性。这一方法论自然包括研究方法,但不局限于研究方法,我们更强调的是如何开展研究设计,特别是创造性的研究设计。我们在述评经典文献的基础上,增添了一些在文献中涌现的创造性和启发性的研究设计思路、新构念的测量思路,以及研究设计如何服务于科学问题的述评。

四是关注中国情境下的经典文献述评。在过去10年里,中国情境下的创业研究大量涌现,我们相信中国情境下的创业研究在未来会更加丰富。从理论贡献角度来看,中国情境下的创业研究可能会针对既定研究问题增添新的情境化知识,在既有学术版图上予以拓展;还可能会因情境特殊性衍生出更具有洞察力和普适性的研究问题,引领基于科学问题的研究趋势,甚至是创造新的理论。特别是在信息社会数字经济时代,中国新兴创业实践的广度和深度都表现得异常瞩目,我们遴选出中国情境下的经典文献开展述评,这有助于启发我们如何基于中国创业现象开展高水平的理论研究。

内容设计

本书内容框架遵循如下流程进行设计和论证。2019～2020年,利用参加国家自然科学基金委员会管理科学部"工商管理学科发展战略及十四五发展规划研究"专项研究工作的机会,我负责开展了"创业管理"二级学科代码优先发展领域凝练工作,其间组织研究团队搜集并分析了2014～2019年发表在国际顶级期刊和重要会议上的4 721篇创业研究文献,凝练和概括了基于学术主题的创业研究学术版图。2020年,与电子科技大学周冬梅副教授团队合作深入梳理了2008～2018年发表在《管理学杂志》(*Academy of Management Journal*)、《管理学评论》(*Academy of Management Review*)、《行政科学季刊》(*Administrative Science Quarterly*)、《战略管理杂志》(*Strategic Management Journal*)等管理期刊,以及《创业学杂志》(*Journal of Business Venturing*)、《创业理论与实践》(*Entrepreneurship Theory and Practice*)、《战略创业杂志》(*Strategic Entrepreneurship Journal*)、《小企业管理杂志》(*Journal of Small Business Management*)等创业期刊上的1 862篇创业研究文献,凝练了以问题为导向的创业研究主题进展与未来趋势,研究成果发表在《管理世界》杂志。

基于上述工作积累，形成了构建"问题-主题"之间联系的工作思路。无论是基于定量分析的实证研究还是基于定性分析的实证研究，被解释变量都更贴近于研究所要解释和回答的基本问题，具有较强的客观性；而主题归类往往以解释变量或被解释变量的学术范畴为依据，具有较强的主观性。2021年1~2月，我与浙江大学沈睿研究员分别独立研读并梳理、展望了2017~2021年发表于国际顶级期刊上有关创业领域的整体发展和方向、研究主题进展和方向、研究方法趋势和方向等方面的理论综述文章，以及2019~2020年发表于《管理世界》《外国经济与管理》《中国软科学》等国内重要刊物、侧重于创业领域进展和方向的理论综述文章。基于创业情境变革诱发新实践、宏观环境变革诱发新价值，以及理论丛林诱发理论瓶颈的基本原则，重点从被解释变量的识别和判定入手，就创业研究在解释哪些新问题形成独立判断，各自列出了创业研究正在关注及未来亟待探索的新兴问题。

2021年3月，基于独立判断形成的问题列表，我与沈睿研究员重点就问题层次、问题组合、问题框架等方面展开了三轮讨论和迭代。第一轮讨论主要聚焦于问题层次，形成了所凝练问题应该有助于引导创业研究领域方向这一基本判断。第二轮讨论主要聚焦于问题组合，整理了谢泼德（Shepherd）等学者（2019）的理论综述文章中所涉及的397个被解释变量，融合2018~2020年管理学会（Academy of Management, AOM）创业领域的论文宣讲（paper session）和研讨会（symposium）列表，我们初步凝练了创业研究的十大问题及其引领下的前沿研究问题。第三轮讨论主要聚焦于问题框架，结合关于创业领域进展和方向的重要研究文章中有关创业研究挑战、机遇和未来趋势的学术判断，初步凝练了聚焦创业研究十大问题的逻辑框架，形成了本书内容框架的讨论稿。

2021年4月9~10日，"战略与创业微观基础"学术会议在中山大学召开，会议期间，我向吉林大学蔡莉教授、南开大学张玉利教授、中山大学李新春教授、北京大学路江涌教授等资深专家汇报了本书的定位、体例特色与内容策划等，编写想法和设计得到了专家们的认同，同时各位专家、学者给予了很多具有建设性的指导和建议；与中山大学朱沆教授、上海大学于晓宇教授等青年学者交流讨论，邀请他们共同参与本书的撰写工作，听取他们对于本书的定位、体例特色与内容策划等方面的建议。吸收专家们的意见和建议，我和沈睿研究员继续修订并完善了本书的内容设计，最终形成了如图0-1所示的内容框架。

互联网及后续发展的数字技术与创业的融合促进，使创业情境和行为发生了根本性变化，基于创业实践的丰富性、挑战性和复杂性，本书提炼了创业研究正在关注并在未来会更加关注的十大问题。我们的基本判断是：创业研究因此会更紧密地与组织、战略等领域融合，领域边界更依赖于创业情境问题的独特性而不是关键概念的独特性。

从宏观层面来看，创业更活跃、更注重创新，集聚效应更加突出，创业不局限于以创造新组织来增强经济活力、促进就业岗位和诱发产品、服务创新，展现出了前所未有的经济社会影响力，是应对人类社会重大挑战的关键主体。那么，创业在创造什么？创业产生了什么影响？制度如何影响创业？这些问题至关重要，关乎创业研究价值的宏观判断。

从微观层面来看，创业机会增多和门槛降低，新的创业主体和类型不断涌现，那么，谁在创业以及在哪里创业？这不仅是对新兴创业活动的理论总结，还是重新审视并对创业情境进行分类的重要依据，有利于直接促进创业研究的理论建构和发展。更为重要的是，创业行为不再拘泥于创建新组织，而是更注重探索新机会价值与价值创造的新方式，行为变化加剧了创业过程的不确定性，也促进了创业与资本的紧密融合。那么，创业者如何应对不确定性？创业如何创造价值？创业如何管理跨边界组织？创业如何管理组织间资源？风险投资如何影响创业？就结果而言，创业不再与在位企业错位竞争，而是在正面对抗中替代甚至颠覆在位企业的竞争优势，那么，创业如何创造并维持竞争优势？

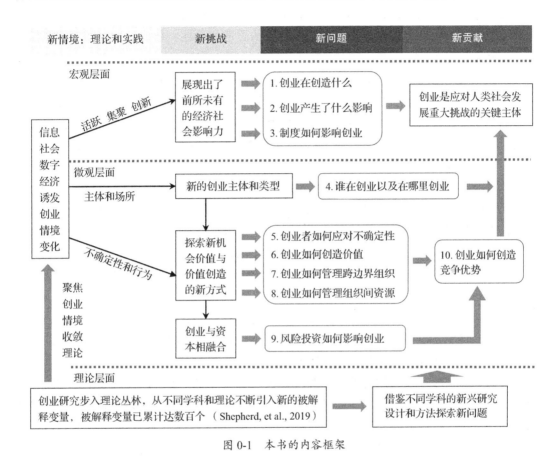

图 0-1　本书的内容框架

从理论层面来看，创业研究已步入甚至陷入理论丛林，21 世纪初至今，学者们从不同学科和理论不断引入新的被解释变量，既丰富了创业研究理论成果，也导致了创业研究领域的分化甚至割裂，理论发展遭遇严峻挑战。面向未来，我们有必要基于不同学科和理论在创业情境下的问题挖掘上下功夫，聚焦问题引领理论建构和对话；同时积极借鉴并吸收不同学科的新兴研究设计和方法来探索新问题，让不同学科的理论和方法更好地服务于创业领域的理论研究。

编写体例

在编写过程中，为了更清晰地展现创业研究基于科学问题的学术版图，本书强调述评的重点是揭示科学问题起源、代表性观点、发展路径与未来趋势，目的在于为打算或正在进行创业研究的读者提供基本的知识和理论背景，同时为对创业感兴趣的政府和商业实践人士提供基本的知识框架。每篇述评大致遵循以下逻辑展开。

第一，问题的背景及可能从哪方面丰富大家对创业活动的认识。每个研究问题都会有最基本的概念模型，它所蕴含的是对创业活动中某种基本关系的认识和理解。那么，为什么会产生对这种关系的认识，反映在实践和研究层面，又表达为什么样的问题？所涉及关键概念的内涵和定义是什么？挖掘这些问题的意义何在，有助于我们澄清哪些认识，以及可能给实践带来什么样的启示？基于对这些问题的思考和论述，形成对特定问题的概括性描述，简单勾勒主题的发展路径与代表性学者。

第二，经典文献的述评。对于每篇文献，按照这样的逻辑展开述评：首先，为什么所选文献是经典的，它做出了哪些重要贡献（是因为开创了一个研究视角，还是因为得出了突破性的结论，或是解决了研究设计难题）？其次，它所关注的研究问题是什么，作者如何围绕问题展开研究设计与过程，又得出了什么样的结论？再次，它所得出研究结论的价值何在？在理论层面是否以及启发着什么样的后续研究努力，可能引发出哪些进一步研究的问题？在实践层面又可能带来什么样的启示？最后，是作者对文章观点与设计的述评和理解。

第三，引发的后续研究成果和研究状况的述评。重点阐述后续研究对经典文献的评价与借鉴，以及如何在此基础上推进研究的深入，是否取得了一些共识性结论，又存在哪些矛盾的地方。针对矛盾之处，可能通过哪些途径予以改进，又可能启发着哪些新的研究方向。在此基础上，进行未来趋势展望，阐述针对该主题的未来前景、发展方向及最新研究成果。

第四，体悟研究设计，寻求应用拓展。重点阐述述评文献在研究设计上的巧妙、独到或创新之处，特别是研究设计如何服务于研究问题。同时，我们补充了与问题相关的参考文献，这些参考文献值得读者进一步补充阅读。

经典文献的学术观点与作者的背景高度相关。泰勒在工作中可以开展大量的实验，并提出了科学管理理论体系，法约尔则思考并提出了企业管理整体的框架和原则。研究经典文献，需要认真了解作者本人。针对述评的每个主题，我们设计了与主题相关的176位代表性学者的简介，介绍他们的学位、工作单位、研究方向等信息，仅供感兴趣的读者了解。当然，这样做也便于开展国际交流与合作。同时，针对每个主题，我们推荐了进一步阅读的文献，这有助于感兴趣的读者更好地了解相应主题的研究状况。

各章概要

基于图0-1的内容框架，依据"大科学问题（领域方向）-具体科学问题"的逻辑进行内容编排，全书共12章。除了第1章和第12章外，其余各章标题都展现了该章聚焦的大科学问题方向，各章内容主要是针对若干"具体科学问题"的述评文章，每篇述评文章以经典文献述评入手来凝练和把握"具体科学问题"的起源、主题和未来趋势。

第1章主要概括了创业研究的发展脉络与机遇挑战，是创业研究简史。这一章概括了创业研究的理论渊源，展现了20世纪80年代以来创业研究关注点的变化，从研究创业者特质转向研究创业行为和过程，进而深化为探索创业认知和决策，以及当下应对新情境、新实践中转型深化背后的实践诱因、学术脉络和理论贡献。同时，以2008年至今国家自然科学基金资助项目为依据，概括了国内创业研究的发展历程、取得的进步与未来挑战。

第2章关注创业在创造什么，这是基于创业实践认识创业本质的理论概括，是我们理解并认识创业研究发展逻辑的基础性问题。创业的基本属性是价值创造，而在与环境互动中的组织化过程是价值创造的基本手段。价值创造的基本属性不会也不应该变化，但与环境互动中的组织化过程却因环境而发生了深刻变化，这是创业实践不断演变的重要形式和内容。从时间脉络上看，从20世纪80年代的创业在创造新组织到21世纪初的创业在创造新制度和新文化，再到近年来创业在创造新模式和新生态，清晰地展现了创业活动紧扣价值创造本质的组织化过程变化及其内在逻辑。

第3章关注创业产生了什么影响，这既是在宏观层面创业如何产生经济和社会价值的基本问题，也是在微观层面创业研究产生实践价值的关键问题。创业已成为应对人类社会发展重大挑战的关键主体，也是我国实现高质量发展的重要保障。重点论述创业如何促进经济增长、乡村振兴与发展、技术创新等经典问题的理论脉络及其新的时代内涵，同时展现了近年来涌现的创业与经济社会不平等、创业如何减少贫困等新兴问题的研究进展和趋势。

第4章关注制度如何影响创业，这关乎诱发国家间创业活动规模和结构差异的深层次原因，重点论述不同制度类型（正式和非正式制度）如何塑造与影响创业活跃度、创业结构和创业类型，以及制度特征（制度复杂性和制度动态性）对于创业产生的引领和塑造作用，展现了这一经典问题在新时代的学术内涵及采用新设计和新方法来探索这一问题的新趋势。

第5章关注谁在创业以及在哪里创业，这与创业活动的情境特征密切相关，也是创业实践因经济社会转型而发生变化的基本形式。在创业主体层面，关注了科学家如何创业这一经典问题的新动向，同时关注了大公司为什么主动创业、女性如何开展高质量创业等新兴实践背后诱发的新科学问题；在创业场景方面，关注了社会创业、跨国创业、家族创业等经典问题及其新趋势，还关注了在加速器、平台生态系统、数字技术等新兴场景下的创业活动特征及背后的新科学问题。

第6章聚焦讨论创业者如何应对不确定性，这是创业研究诞生之初就被反复强调但长期没有取得理论进展的重要问题，近年来迅速成为极富挑战的新兴领域，具有很强的学术发展潜力。我们主要从决策和行为角度展现了创业者应对不确定性的内在机制，既包括了信息社会和数字经济赋予创业者合法化战略、意义建构、在失败中学习等长期被关注的不确定性应对行为的新内涵，又讨论了创业者如何在数字情境下决策、如何调整和转型、如何获取早期融资等基于新兴实践的新科学问题。

第7章讨论创业如何创造价值，重点关注新时代内嵌于创业实践变化的基本逻辑，这一问题近年来备受关注，而针对这一问题的研究却有着很悠久的历史，站在今天研究这一问题，非常有必要将其与经典理论和问题关联起来，理性审视新兴创业实践在价值创造方面的新内涵和新特征。我们重点讨论了价值主张设计、价值逻辑设计等关键行为背后的学理渊源与新兴问题，同时关注与用户共创价值、利用数字技术创造价值、创业企业社会价值等基于新兴实践的新科学问题。

第8章聚焦创业如何管理跨边界组织，意味着创业研究的分析层次从组织层次向跨组织层次的跃迁，这是由于创业本质变化诱发的新问题。我们关注了创业者如何管理与平台及平台内其他参与者的关系、创业者在跨边界情境的高密度竞争条件下兼顾竞争与合作及求同与存异、创业者如何设计跨边界组织的治理体制等新兴科学问题。这些问题具有很强的前瞻性和挑战性。

第 9 章关注创业如何管理组织间资源，这一问题很早就得到关注，但在新经济时代变得更加普遍、重要和复杂。研究这一问题，自然不能片面脱离已有研究成果来过分强调新实践的新内涵，这显然站不住脚。我们重点从创业者如何获取外部资源、如何管理并通过联结组合资源、如何实现开放式创新等经典问题的论证和梳理入手，启发当下新实践可能蕴含的新问题和新内涵，在此基础上进一步讨论平台生态系统情境下的资源获取问题。

第 10 章讨论了风险投资如何影响创业，创业与资本的融合更加紧密、内涵更加丰富，因此这一问题在新时代展现出了新内涵。我们重点关注了风险投资如何决策、风险投资如何为创业企业创造价值等经典问题的学术脉络及衍生的新科学问题，同时讨论了公司风险投资、风险投资如何与创业企业互动等新兴的前沿问题。

第 11 章聚焦创业如何创造竞争优势，这是新兴创业实践赋予创业研究的学术价值，也是创业研究在与组织、战略等理论融合中产生理论贡献的重要基础。除了 21 世纪初倡导的基于制度创业的竞争优势及近年来衍生的基于最优区分的竞争优势，我们重点关注了基于商业模式的竞争优势、基于生态系统的竞争优势、基于数字技术的竞争优势等极富挑战性的新兴问题的研究进展与未来趋势。

第 12 章聚焦创业研究的前沿研究方法，主要介绍了基于上述科学问题的新兴研究方法，主要讨论了基于科学设计的大样本问卷调查、叙事主义、文本分析、实验研究、现场实验、AI 和大数据、脑神经科学等研究方法在创业研究领域的新应用，同时探讨了每种方法针对研究问题的适用性及其边界条件。

文献概览

全书共收录了 69 篇述评文章，涉及对 200 篇经典文献的述评（见附录 A），有效体现了本书关注创业研究新情境、新问题、新理论和新方法的基本定位。在 195 篇英文经典文献中，108 篇（55.4%）发表于 2016~2021 年；140 篇（71.8%）发表于 2011~2021 年；182 篇（93.3%）发表于 2000~2021 年；12 篇（6.2%）发表于 1999 年及之前。述评经典文献的时间分布展现了本书所关注"科学问题"的新颖性，一些是因新情境而诱发新内涵的经典科学问题，另一些是新情境诱发的新兴科学问题。从期刊分布看，除了创业领域的专业期刊外，还涉及战略管理、组织理论和组织行为、市场营销、管理科学与工程、农业经济与管理等管理学科领域，以及应用经济学、社会学和心理学等其他学科领域的 41 本学术期刊，期刊分布具有高度的多样性。其中，156 篇（80%）文献集中于 12 本管理学领域的学术期刊（见图 0-2）。

具体而言，《创业学杂志》、《创业理论与实践》、《战略创业杂志》、《小企业经济》(*Small Business Economics*) 这几本创业领域顶级期刊涉及 65 篇（33.3%）文献，占据主导地位；《战略管理杂志》、《管理学评论》、《管理学杂志》、《组织科学》(*Organization Science*)、《行政科学季刊》等管理学科的主流期刊涉及82篇（42.1%）文献。这意味着，创业研究与战略管理、组织理论与组织行为之间的融合越来越紧密，创业研究领域的科学问题具有跨学科属性，不同学科的理论和方法被不断引入创业研究中。这是重要的理论发展趋势。有趣的是，尽管大多数人将创业和创新关联起来，但在专家们遴选的195篇经典文献中，《研究政策》(Research Policy)、《技术创新》(Technovation)等创新管理领域顶级期刊的文献仅有2篇（1.0%）。

图 0-2　本书述评英文文献的期刊分布（包含2篇以上文献的期刊）

图0-3展现了第2～11章所关注科学问题的新颖性分布，主要依据针对这一问题展开述评的奠基性文献的发表年份来确定其新颖性。例如，第2章中的"创业在创造新组织"这一论断在20世纪80年代被提出，而"创业在创造新模式"和"创业在创造新生态"的论断则是近十年来被系统论证的，特别是"创业在创造新生态"是近五年来才涌现的新论断。

仔细观察图0-3，可以大致把握全书所关注科学问题的新颖性及前沿科学问题的学术逻辑。第一，各章所关注科学问题的新颖性各不相同，有些章涌现出更大比例的新科学问题（如第5章、第6章、第8章和第11章），而另一些章则涉及经典问题的新内涵（如第3章、第4章、第7章、第9章、第10章）；第二，新的科学问题在理论和实践上并不是无源之水，研究新的科学问题首先应在"新问题之新"这一问题上保持高度的学术理性和严谨，鼓励大胆假设，但更倡导在与已有相关问题的研究对话中小心求证，理性把握新内涵。在整体上确保各章内容更有助于认识和把握如何探索、研究新问题，进而在此基础上开展科学严谨的学术研究。

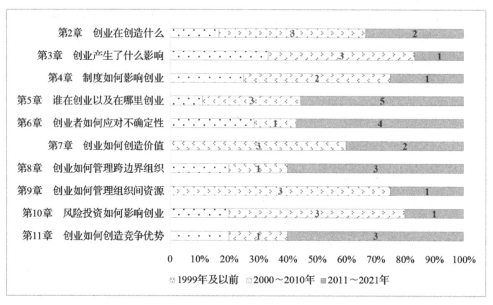

图 0-3　本书第 2～11 章所关注科学问题的新颖性分布

编写组织

本书是国内外同行共同努力的集体智慧成果。除了主编团队外，本书编写团队由北京大学等 31 家单位的 50 多位学者、39 名研究生组成。他们是领域内的资深专家、骨干青年学者和优秀青年学者，常年坚持在学科一线开展前沿研究，理论基础厚实且学术思想活跃，具有敏锐的学术判断力；他们在所承担述评文章的领域已经开展了深入研究，取得了优秀的研究成果；由他们来述评并引领基于科学问题的研究趋势更能体现专业性和学术判断。

2021 年 5 月 11～12 日，"国家自然科学基金重点课题暨创业研究经典文献述评专家论证会"在杭州召开，南开大学张玉利教授、中山大学朱沆教授和赵新元副教授、上海大学于晓宇教授、电子科技大学周冬梅副教授、浙江大学沈睿研究员和吴茂英教授、暨南大学叶文平副教授、《研究与发展管理》杂志周瑛主任、《外国经济与管理》杂志宋澄宇主任等，我们吸纳老师们的建设性建议，确立了述评文章体例，形成了编写组织方案。之后，主编团队召开了三次线上会议，进一步细化了述评文章体例和编写组织方案。2021 年 6 月，主编团队定向发出邀请；7 月 6～11 日，主编团队组织了 5 场线上会议研讨，主编团队向参与编写的学者介绍本书定位、内容框架、编写体例等。基于多次研讨中达成的共识，编写工作随后依序展开。

第一，综合专家的独立判断和评审来确定经典文献。围绕各个科学问题推荐 3～5 篇代表性的经典文献并简要陈述推荐理由，主编团队汇总后邀请美国内华达大学李涌教授、美国印第安纳大学赵雁飞教授展开评审，评审工作主要就"聚焦科学问题，目前提供的经典文献是否有新的补充或替换"以及"有的学者提供的经典文献数量超过了 3 篇，你觉得哪 3 篇最重要"两个问题展开，随后主编团队将李涌教授和赵雁飞教授的评审意见反馈给相关学者，结合意见调整和优化了他们推荐的经典文献。

第二，基于 3 轮评审的述评文章修订。在确定各科学问题下的述评经典文献后，相关学者各自撰写述评文章。在收到述评文章初稿后，采用主审、副审、终审模式对每篇初稿展开评阅和意见反馈，这一工作主要由主编团队承担，由 3 位主编成员评阅，在尊重相关学者学术判断的基础上，评阅主要围绕"初稿是否符合本书设计的基本逻辑和范式""基于对初稿学术观点和判断的优化给出改进建议"两个方面展开。主编团队开展了 200 多次评阅。基于评阅意见，相关学者在反复修改相应的内容后形成定稿。

第三，凝练基于科学问题的学术版图。针对各章内容，主编团队分工负责凝练基于科学问题的学术版图，主要关注两个基本问题：针对哪些问题开展了什么研究及其内在联系；哪些学者群体起到了重要推动甚至引领作用。为了将科学分析与专家判断相结合，这一工作主要以 200 篇经典文献为依据，对这些文献开展文献计量学的共现分析和共引分析，主编团队从理论和问题角度解读分析结果，形成学术判断。这部分内容主要体现为各章开头的叙述和结尾的"关键学者与学者网络"，分别呈现的是研究了哪些问题及其联系，谁是发起、推动并促进这些研究的关键性学者。这一设计与述评文章呼应形成"总-分-总"的基本架构，有助于读者形成更加系统和全面的学术认识。

致谢

感谢国家自然科学基金委员会管理科学部任之光处长、吉林大学蔡莉教授、南开大学张玉利教授、中山大学李新春教授、浙江大学魏江教授、北京大学路江涌教授、美国内华达大学李涌教授、美国印第安纳大学赵雁飞教授、美国圣路易斯大学汤津彤教授等专家学者就本书的框架与内容给出的宝贵意见和建议！感谢《研究与发展管理》杂志的周瑛主任、《外国经济与管理》杂志的宋澄宇主任，他们为书稿内容和体例提供了宝贵建议，为进一步衍生理论研究成果提供了学术发表的机会！在本书形成过程中，除了上述学者做出了富有价值的贡献外，我们也得到了很多同行的帮助，他们的建设性意见和建议已经体现在本书的设计中，在此一并表示感谢！本书的出版也得益于机械工业出版社的编辑团队在编校、出版过程中给予的大力支持和帮助！

杨 俊
2022 年 1 月于杭州

CONTENTS 目 录

推荐序一 响应时代号召，不负科研使命
推荐序二 创业研究的"百科全书"
推荐序三 培育创业研究的"理论丛林"
推荐序四 创业研究中的"5W1H"
推荐序五 对创业研究的一些思考
推荐序六 吃透经典，关切主流，放眼未来
序　　言 开展科学严谨的创业研究

第 1 章　创业研究的发展脉络与机遇挑战　　1
创业研究从创业特质论向关注创业行为过程转型　　3
创业研究从行为过程向认知与决策深化转型　　11
创业研究正在回应新问题和新挑战中突破转型　　20
国家自然科学基金支持下的创业研究项目：回顾、发展与展望　　28

第 2 章　创业在创造什么　　39
创业在创造新价值　　41
创业在创造新组织　　51
创业在创造新制度　　57

	创业在创造新文化	66
	创业在创造新模式	76
	创业在创造新生态	86

第 3 章　创业产生了什么影响　　　　　　　　　　　　　　　98

创业型经济与经济增长	101
创业促进了技术创新吗	113
社区创业如何促进乡村发展	123
创业与乡村发展	134
创业如何减少贫困	143
创业与不平等	154

第 4 章　制度如何影响创业　　　　　　　　　　　　　　　　166

正式制度如何影响创业活动	168
非正式制度如何影响创业活动	178
制度复杂性如何影响创业活动	187
制度动态性如何影响创业活动	199

第 5 章　谁在创业以及在哪里创业　　　　　　　　　　　　　210

学术创业及其经济社会价值	212
女性如何开展高质量创业	222
大企业为何主动创业	233
如何快速开发跨国创业机会	243
家族如何影响创业	254
"软技能"如何提升社会创业的合法性	266
新创企业孵育：从孵化器到加速器	276
如何利用数字技术来创业	287
如何在平台生态系统中开展创业	298

第 6 章　创业者如何应对不确定性　　　　　　　　　　　　　309

创业者如何在不确定环境下决策	311
创业者如何获取早期投资	320
创业者如何从失败中学习	330
创业者何时及如何实施创业转型	341
创业者如何进行意义建构	352

　　　　创业者如何制定并实施合法性战略　　　　　　　　　　　364
　　　　创业者如何在数字化情境下决策　　　　　　　　　　　　376

第 7 章　创业如何创造价值　　　　　　　　　　　　　　　388
　　　　创业企业的价值逻辑特征及其演变　　　　　　　　　　　390
　　　　创业企业如何设计价值主张　　　　　　　　　　　　　　403
　　　　数字创业如何创造价值　　　　　　　　　　　　　　　　414
　　　　创业企业如何与用户共创价值　　　　　　　　　　　　　424
　　　　如何认识、评价和提升创业企业的社会价值　　　　　　　435

第 8 章　创业如何管理跨边界组织　　　　　　　　　　　　　449
　　　　新创企业如何管理与竞争者的关系　　　　　　　　　　　451
　　　　新创企业何时及如何进入平台生态系统　　　　　　　　　461
　　　　创业企业如何管理平台生态中的关系　　　　　　　　　　470
　　　　如何围绕多元利益相关者实施最优区分战略　　　　　　　480
　　　　创业企业如何设计多主体参与下的治理机制　　　　　　　490

第 9 章　创业如何管理组织间资源　　　　　　　　　　　　　502
　　　　创业者如何获取外部资源　　　　　　　　　　　　　　　504
　　　　如何通过构建联盟组合来提升企业绩效　　　　　　　　　514
　　　　创业企业如何实现开放式创新　　　　　　　　　　　　　526
　　　　创业企业如何从平台生态系统获取资源　　　　　　　　　536

第 10 章　风险投资如何影响创业　　　　　　　　　　　　　547
　　　　风险投资如何做决策　　　　　　　　　　　　　　　　　549
　　　　政府风险投资如何影响创业企业成长　　　　　　　　　　560
　　　　公司风险投资如何影响创业企业成长　　　　　　　　　　569
　　　　风险投资与创业企业的互动关系及其行为影响　　　　　　579
　　　　风险投资对企业创新的影响及其机制　　　　　　　　　　589
　　　　风险投资如何为企业创造价值　　　　　　　　　　　　　597

第 11 章　创业如何创造竞争优势　　　　　　　　　　　　　610
　　　　如何通过制度创业来创造竞争优势　　　　　　　　　　　612
　　　　如何创造并维持基于最优区分的竞争优势　　　　　　　　622
　　　　基于商业模式创新的竞争优势　　　　　　　　　　　　　632

数字创业如何创造竞争优势	642
如何创造并维持基于生态系统的竞争优势	654

第 12 章　创业研究的前沿研究方法　　665

创业领域如何采用混合研究设计开展研究	667
基于科学设计的创业研究大样本数据库及其贡献	679
创业研究中叙事方法的应用及其趋势	692
如何利用内容分析法开展创业研究	704
如何利用实验方法开展创业研究	714
现场实验方法在创业研究中的新应用	722
创业领域如何使用大数据与机器学习方法开展研究	732
创业研究中的脑神经科学方法应用及其趋势	744

附录　　757

附录 A　全书述评的经典文献列表	757
附录 B　编写分工与作者介绍	769

CHAPTER 1

第 1 章

创业研究的发展脉络与机遇挑战

　　创业研究从何而来？你有必要了解，因为这一问题可能关乎创业研究的学科历史和特征。创业研究源于经济学，早在200多年前，古典和新古典经济学派的少数学者在其经济理论中关注到了创业者诱发并促进经济动态性的重要功能，形成了创业者是套利者和风险承担者等基础理论，尽管相关理论在后续有所发展，但基本上处于经济学的理论边缘，进展缓慢。直到20世纪初，以伊斯雷尔·柯兹纳（Israel M. Kirzner）和约瑟夫·熊彼特（Joseph A. Schumpeter）等为代表的奥地利经济学派进一步系统论证并发展了创业活动为何能存在及其存在何种经济社会价值的理论体系。他们反对将创业者视为套利者的学术观点，认为创业者是善于利用非均衡或打破均衡的创新者，是努力创新并推动经济社会发展的关键少数，倡导将心理学理论与基于经济学的创业理论结合起来分析创业者。

　　20世纪60年代，创业研究开始被心理学纳入研究视野，不少学者融合经济学的判断与心理学的方法来研究创业者因何以及如何不同于一般人，这一研究持续盛行了二十多年，后来被概括为探索"谁是创业者"的创业特质论。20世纪70~80年代，信息技术率先在欧美等发达国家应用与普及，推动欧美等发达国家从工业社会向信息社会转型，创业实践更加活跃，来自经济系统的客观数据生动地展现了创业活动诱发积极经济功能的现实证据，作为研究商业组织和活动科学规律的应用学科，管理学在这一期间开始对创业活动产生了研究兴趣，如今创业研究的顶级学术期刊大都是在这一期间创办的。

　　管理学关注创业，自然会关注如何管理创业。这与创业特质论生而不同：创业因创业者而存在，创业者是不同于一般人的关键少数，创业不需要管理甚至不能被管理。管理学领域的创业研究在批判创业特质论的过程中悄然兴起，基于创业需要创办新组织这一事实，创业研究在一开始就与管理学中的组织理论和战略理论紧密关联，前者强调新组织从何而来，后者强调新组织与在位企业的情境、行为和结果差异，两者融合互促引领了管理学领域创业研究的第一股潮流：致力于回答"创业者如何行动"的创业过程学派。这一学派自20世纪80年代末兴起之后已经主导了三十多年，除了经济学和心理学，社会学等其他学科理论也被引入创业研究，基于社会学同时融合经济学和心理学的理论，"全球创业观察"（Global Entrepreneurship Monitor, GEM）和"创业动态跟踪调查"（Panel Study of Entrepreneurial Dynamics, PSED）两个全球性调查研究项目在20世纪90年代后期被相继发起并实施,有说服力的客观证据是科学研究的基础,从这个角度上说,这两个调查研究项目是比理论发现和创新更有价值的学术创造。

不懈追问是科学研究进步的重要方法。21世纪初,基于创业行为和过程研究的丰富性,心理与行为科学学者又有了新的追问:为什么在相似情境下创业者的行为会不同?特别是在创业成败之间,既然行为重要,行为基础自然更值得挖掘。基于这一朴素的追问,创业认知学派在过去二十多年掀起一股新的研究热潮,致力于回答"创业者如何思考"。读到这里,请你不妨想想,虽然创业研究发端于经济学,随后过渡到心理学和社会学,但创业研究在过去没有、在今天也未能成为这些学科的主流领域,而在20世纪80年代被引入管理学后,它以极快的速度融入管理学并被接纳为管理学的主流领域,这是为什么?

当下乃至未来面向信息社会数字经济的经济社会转型,创业研究正在回应新情境和新问题中谋求新的突破转型(见图1-1)。经济社会发展进步不断强化创业实践的丰富性和多样性,同时也在赋予创业实践更强的影响力,创业研究在未来大有可为。创业研究曾像失散的孩子找寻家庭的归属,兜兜转转,直到20世纪80年代与管理学邂逅而繁荣壮大,大胆地判断,坚守"如何管理创业"的基本任务。创业研究正在经济学、心理学、社会学等学科理论的融合中突破转型,未来必然会在管理学中占据更重要的学科位置和优势。

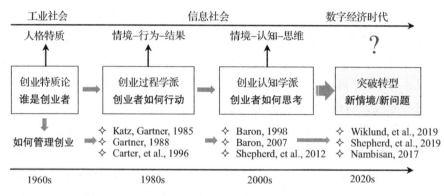

图1-1 创业研究发展历程中的关键转折与未来新挑战

国内的创业研究发展脉络基本与国际同步,融合我国经济社会发展实践产生了鲜明特色。改革开放后的20世纪80年代,经济学家和社会学家在解读区域经济社会发展中关注到了创业和中小企业问题;到20世纪90年代,少数管理学家开始关注创业活动中的管理问题;21世纪初,以学术会议形式积极推动创业研究,比如2003年9月南开大学主办的"首届创业学暨企业家精神教育研讨会",随后国内创业研究迅速掀起热潮,创业研究队伍不断发展壮大,2008年国家自然科学基金委员会管理科学部在工商管理学科增设"创业与中小企业"(后更名为创业管理)二级学科代码,在国家自然科学基金的支持和推动下,国内创业研究在研究方向、研究问题和研究水平方面不断缩小与国际研究之间的差距,期待国内创业研究面向国际研究做出更好的学术贡献,我们更相信实现这一目标不会太久。

创业研究从创业特质论向关注创业行为过程转型[⊖]

◎ 杨 俊

浙江大学管理学院、南开大学创业研究中心

  20世纪80年代是创业研究的关键转折时期，创业研究从关注创业者特质转向关注创业过程，极大地拓宽了创业领域的研究视野，从根本上扭转了行为科学学者主导创业研究的局面，吸引了来自社会学、经济学、管理学等众多学科领域的大量学者对创业现象的关注。他们开始带来不同的理论视角和方法工具，广泛触及了创业现象的大多数主题，研究文献迅猛增长。创业研究与其他社会科学学科领域的联系越来越紧密，迅速成长为最具有发展潜力的新兴领域，在国外社会科学研究领域形成了非常浓厚的研究氛围，聚合了大量累积性碎片，为创业学科的独立探索和学科整合奠定了扎实的知识基础。

  创业就是创办新组织，这是创业过程研究依托的基本判断，因此解释新企业从何而来就是创业过程研究的基本使命。这一问题不仅在实践中重要，而且在理论上仍具有非常突出的价值。自1937年罗纳德·科斯（Ronald Coase）提出"企业为何存在？"的问题以来，交易成本理论和资源基础理论从各自视角充分阐述了企业性质及其存在的合理性，并衍生到对企业边界、范围及竞争优势来源的探讨。但是，这些理论均以企业为分析单位，将企业的存在与边界合理性简单归结为成本经济性，并未对"企业从何而来"这一本源性问题给予解答。直到20世纪80年代末，少数创业学者才开始注意到这个问题，指出研究新组织从何而来是创业研究谋求学术领域的独特性并挑战传统管理理论的基础。其理由在于，大多数组织理论往往建立在组织已存在的假设基础上，因此这些理论并不能充分解释组织形成之前的现象。而创业行为本质上是一种谋求组织创建的特殊活动，创业过程本质上就是组织生成过程，创业研究的任务就在于从行为层面探寻组织为何以及如何形成的本质规律（Gartner, et al., 1992）。

  但是，作为鲜为人知的现象，采用什么样的手段才能识别组织生成过程的规律就成为亟待解决的首要难题。为此，学者们一方面试图构建组织生成过程的理论模型，《创业理论与实践》于1992年秋季和1993年春季连续出版了两期有关创业行为与过程理论模型构建的专辑。在对两期专辑中的14篇文章进行总结时，威廉姆·加特纳（William Gartner）教授这样写道：

 ⊖ 本文是国家自然科学基金重点项目"新创企业商业模式形成与成长路径"（71732004）、青年项目"风险投资与创业企业的互动过程及对创新的影响机制研究"（72002196）资助的阶段性成果。

"这些理论成果挑战了将新企业创建视为离散事件的片面认识,强化了新企业创建是由若干可识别因素和行动组成的过程并有规律可循的主张"(Gartner,Gatewood,1992)。另一方面,学者们界定了一些有助于刻画组织生成过程的关键概念:已打算创业并开始展开积极行动的个体被称为已打算创业的创业者;已打算创业的创业者从感知机会到成功创办新企业的过程被称为孕育过程或创建过程;已打算创业的创业者在孕育过程或创建过程中所实施的活动被称为孕育活动;相应地,处于创建过程中的组织形态被称为形成中组织,这为后续理论和实证研究奠定了概念基础。

借助于上述一系列有价值的理论和实证探讨,组织生成过程研究引起大量创业学者的关注,迅速成长为创业领域内最具有潜力的新兴主题。特别是20世纪90年代末,美国等西方国家联合发起并实施了创业动态跟踪调查项目,为组织生成过程研究积累了宝贵的一手数据材料,研究得到不断深化,对组织生成过程的认识彻底从将其视为随机事件转变为认为这是有内在规律并需要管理的系统活动过程的观点。与之相呼应,研究也逐渐努力从单纯刻画创业者在组织生成过程中的行为顺序规律转变为从创业者与环境互动视角探寻组织生成过程中的关键活动及其绩效表现。

南希·卡特等学者:新企业的创建行为存在一般性模式吗

1996年,南希·卡特(Nancy M. Carter)等学者在《创业学杂志》上发表了《探索创建行为特征》一文,这是在创业领域较早出现的有关组织生成过程中行为规律的规范性实证研究文献,被大量后续研究引用。他们选择保罗·雷诺兹(Paul Reynolds)教授于1992~1993年在美国威斯康星州开展的面向有创业打算的个体的683份跟踪调查数据,以及面向美国成人居民的1 016份调查数据为分析对象,将其中有创业打算的个体分为已成功创建新企业、仍在努力创业中和已放弃创业三组,结果发现:①已成功创建新企业和已放弃创业两组样本之间在孕育活动数量方面并没有显著差异,但这两者的孕育活动数量都明显多于仍在努力创业中的样本,不过,并未发现这三组在孕育活动顺序之间存在显著性差异;②对已成功创建新企业的创业者而言,他们的行为表现更加激进,更注重开展那些有助于新企业实体化的活动,如寻找厂房和设备、争取财务支持、注册登记新企业等;③对已放弃创业的创业者而言,他们的行为表现并不比已成功创建新企业的创业者保守,但创业热情并没有坚持下来,他们的创业行动逐渐减少直至停止,这可能是因为他们发现计划提供的产品或服务并不能迎合市场;④对仍在努力创业中的创业者而言,他们似乎过于保守,并未采取积极的行动去验证创业想法是否可行,与另外两组相比较,他们所从事的是储备资金、准备计划等内化创业行动,而没有积极去开拓有助于新企业实体化的行为。

基于此,他们认为,尽管三组之间在行动数量上没有差异,但在所采取的具体行动上却有所不同,这说明那些有助于新企业实体化和显性化的活动可能是决定组织创建成功的关键因素,归纳组织生成过程中的关键活动比识别活动顺序更有价值。另外,研究发现仍在努力创业中的群体往往停留在计划准备阶段,进一步探寻在组织生成过程中创业者是否以及如何做行动计划、如何判断创业前景等有助于揭开组织生成过程之谜。

卡特等学者的研究贡献和独到之处在于:第一,他们的研究在调研设计上突破了前人的思路,率先以跟踪调查设计来获取创业者在创业过程中的行为特征数据,在一定程度上揭开了组织生成过程之谜,凸显了跟踪调查对于组织生成过程研究的重要价值,并在创业社区迅速赢得学者们的认同；第二，尽管他们的研究结果颇具挑衅意味，发现与已放弃创业的个体相比较，已成功创建新企业的创业者在从事的行为数量方面并没有显著性差异，却给后续研究提供了重要的理论启示，即组织生成过程并非简单的随机事件，而是一个由一系列行为所组成的系统性过程，从行为层面剖析组织生成过程，在理论层面识别什么是驱动组织成功创建的关键因素与关键活动非常有价值。

尽管从行为层面挖掘组织生成过程迅速得到了创业学者的认可，但是，后续研究却因此而陷入了片面归纳组织生成过程中行为顺序的怪圈。这些研究的目的在于力图从行为层面更细致地刻画创业过程，从多彩的创业实践中归纳出最理想的行为过程模式。但出人意料的是，这些研究几乎得出了相同的结果，即组织生成是线性过程与非线性过程交织的复杂活动过程，根本难以描述和归纳出一般的行为模式。一方面，创业者所实施活动的线性叠加能提高成功创建新企业的可能性，表现为新企业生成过程的线性特征；另一方面，非线性特征夹杂于新企业生成过程之中，很难识别出生成过程的阶段性发展历程。

事实上，创业是创业者与环境互动的行为过程，特定行为过程的成功潜力取决于其与创业者、机会以及创业活动所处的环境特征之间的匹配程度。简单归纳创业过程中的创业者行为规律的研究思路忽视了创业活动的高度情境依赖特征，并未触及创业现象的本质。21世纪初，越来越多的学者开始注重从创业者与环境互动的立场出发，深入挖掘创业者、环境与行为之间的复杂联系，识别组织生成过程中的关键要素与关键活动。随之而来的是，相关研究也逐渐从注重描述组织生成过程深化为从特定理论视角出发去阐释组织生成过程中环境、要素与活动之间的作用机理。

弗雷德里克·德尔玛和斯科特·谢恩：哪些创业行为更加关键

弗雷德里克·德尔玛（Frédéric Delmar）和斯科特·谢恩（Scott Shane）于2004年在《创业学杂志》上发表了《合法化优先：创建活动与新企业存活率》一文，较为系统地阐述了制度压力、创建活动与新企业创建成功之间的作用关系。他们的研究工作启发了一种新的研究思路，即组织生成过程必然存在着一系列的关键活动与关键要素，但这些关键活动可能会因创业者、环境、机会的不同而不同，也就是说，组织生成研究的重点应立足于挖掘在特定环境下创业者优先开展哪些活动更有助于提升新企业创建的成功可能性。

他们将制度理论作为构建假设的理论依据，认为注册新企业、撰写商业计划是有助于创业者为新企业赢得合法性，从而推动其他创建活动开展的两项关键活动，通过对瑞典223位新生创业者的跟踪调查数据的统计分析，结果发现：①创业者优先注册新企业能显著降低新企业解散的可能性，同时，完成商业计划的创业者也更容易成功地创建新企业；②注册新企业与完成商业计划能给创业带来合法性，从而推动产品开发、首笔销售、获取投入、与客户交流等其他创建活动的开展。

基于此，他们认为，组织生成过程难以存在一般性的行为顺序模式，但可能存在着一些具有较强优先性的活动。在组织生成过程中，不同活动之间存在着潜在的因果关系，一些活动仅影响着组织创建成败，而另一些活动则影响着新企业成立之后的绩效，并且，实施某项活动的能力与绩效可能会因其他活动的完成而得到强化。在创业情境下，不确定性与新颖性使得创业者举步维艰，难以获取资源、争取客户、购买原料，因此，赢得外部利益相关者的认同就成为创业者在组织生成过程中的行为重点，也就是说，创业者优先从事有助于提升新企业在外部利益相关者眼里合法性的活动不仅能提升新企业创建成功的可能性，而且能降低新企业在成立30个月内倒闭的风险。

这篇文章一经发表，迅速引起创业学者的广泛关注与争论，主要表现在以下三个方面：①合法性是影响组织创建成败的关键，但在大多数情况下，创业者的自身禀赋（社会关系、地位、人力资本）可能给创业带来一种与生俱来的合法性，而并非创业者的合法化活动导致了新企业创建的成败，未来研究应从更微观的层面剖析要素、行为与结果之间的因果关系。②尽管德尔玛和谢恩的研究认为撰写商业计划存在着积极作用，但也有一些利用类似数据的研究发现撰写商业计划的影响很微弱甚至没有影响。即便承认撰写商业计划是一项关键活动，但不同创业者做商业计划的动机、形式以及投入等细微差别都可能影响其作用效果。③因变量的界定误差可能影响研究结果。德尔玛和谢恩的研究并未细致区分仍在努力创业中的创业者与已放弃创业的创业者的差异，而是进行了简单的合并处理。对此，卡特等学者的研究发现已成功创建新企业的创业者与已放弃创业的创业者之间的活动特征看似相同，但与仍在努力创业中的创业者相比存在很大差别。

尽管如此，德尔玛和谢恩的研究成果在推动组织生成过程研究朝深层次方向发展方面仍功不可没。近年来，越来越多的创业学者开始注重从成熟的主流组织理论中吸取营养来剖析组织生成现象，制度理论、社会资本理论、复杂理论、认知理论等相继被引入组织生成研究，从更微观层面针对一些基础性问题展开有价值的研究工作，不断引发一些深层次的争论。以撰写商业计划为例，尽管基于制度理论视角下的研究承认它是一种赢得合法性的重要手段，但关于它对组织创建成败乃至新企业后续绩效表现的影响，并未形成一致的看法。有的研究认为它并不能提高新企业创建的成功率，而另一些研究则认为它不仅能提升新企业创建成功的可能性，还能改善新企业的后续绩效表现。这些矛盾性的结论推动着学者们进行更深层次的探讨，研究结果也日渐贴近创业本质。例如，有学者将环境动态性与竞争性同撰写商业计划的价值相联系，发现在财务水平和竞争不确定性较高的条件下，越早准备商业计划越有利，而在财务水平和竞争不确定性较低时，越晚准备商业计划越有利（Liao, Gartner, 2006）。

斯科特·谢恩和桑卡兰·文卡塔若曼：基于创业机会的创业过程研究框架

斯科特·谢恩和桑卡兰·文卡塔若曼（Sankaran Venkataraman）于2000年在《管理学评论》上发表了《作为独特领域的创业研究前景》一文，为规划创业研究的目的、边界与问题方面做出了非常有价值的探讨，试图基于过程视角来构建创业研究框架。他们的研究工作将创业领域带入了探索独立学科地位的新阶段。这篇文章也成为2000年以后创业研究工作所广泛引用的重要文献，并且于2012年获得《管理学评论》杂志二十年"最佳论文奖"。

在这篇文章中，他们认为创业研究是立足于解释能在未来创造新产品或服务的机会从何而来、由谁发现、如何被发现，以及相关评价与开发的独特研究领域。创业研究应该从分析"什么人会成为创业者"转变为探索创业机会从何而来、创业者又是如何与创业机会相结合的，挖掘创业机会的来源、识别、评价与开发过程规律。具体而言，他们借鉴经济学家的观点，认为创业机会是一种可以为经济系统引入新产品、新服务、新生产原料和新生产方式，并能以高于成本价出售的可能性，在此基础上，他们提出了创业研究的理论分析框架，即关注以下三个基本问题：①能带来新产品或服务的机会为什么、何时以及如何存在？②某些人为什么、何时、如何能看到并开发创业机会？③为什么、何时以及如何采取不同的行动来开发机会以收获机会价值？进一步地，他们围绕创业机会识别、评价与开发的基本框架提出了一系列有价值的研究问题。例如，社会网络、认知特征、知识和经验、信息获取渠道等因素如何影响创业者的机会识别；机会性质、创业者特征如何影响个体在感知机会后做出机会开发决策；在机会开发过程中，哪些因素影响着创业者机会开发途径与战略选择，以及创业者如何根据特定条件来选择恰当的机会开发途径与战略；等等。

该文章一经发表，迅速引起了学者的广泛关注与争论，这主要表现在以下两个方面：①机会并不能成为创业领域的独特问题，在战略管理领域，如何把握机会与开发机会始终是研究关注的重点问题。创业研究难以简单借此谋求作为独立学科领域的合法性，而解释新企业从何而来则更可能为创业研究谋求合法的独立学科领域增添砝码（Zahra, 2001）。②机会定义过于狭隘（Singh, 2001）。如果将创业机会定义为"一种可以为经济系统引入新产品、新服务、新生产原料和新生产方式，并能以高于成本价出售的可能性"，那么，如何在研究实践中预先判断某个机会是不是创业机会就成为最大挑战。更为重要的是，在创业实践中，大部分创业者并没有带来新产品、新服务、新生产原料和新生产方式，仅仅是创新性模仿或直接复制。这样定义机会不仅无助于研究实践的开展，还会增加研究偏离创业实践的风险。

尽管如此，谢恩和文卡塔若曼的研究成果在推动创业研究朝着学科独立性方向发展仍旧功不可没。后续创业研究更加关注创业机会，所取得的研究成果逐步贴近并丰富了他们提出的以创业机会为中心的理论框架。更为重要的是，这篇文章的价值不仅在于引发了对创业自身理论框架的探索，而且在于进一步强化了对创业过程连续性的关注。他们将创业视为创业者以创业机会识别、评价与开发为行为主线，从而实现机会价值的连续性过程，这就意味着创业活动是从创意产生到新企业成长的连续过程，推动创业研究在理论构建与研究设计层面更加细致地考虑到创业过程的连续性，避免孤立或静态的考察创业过程中的某个层面并不能充分解释复杂的创业现象，从而推动了创业研究的进步。

创业过程研究对主流管理理论做出的贡献

20 世纪 80 年代，创业研究从关注谁是创业者转向探索创业者如何创业，在之后的二十多年里，创业过程研究蓬勃发展、高度活跃，创业过程研究特别是有关新组织从何而来的研究迅速取得突破性进展，成为创业研究学术版图的主导性主题。2001 年，《创业理论与实践》刊发了"十年创业研究评价"的专刊，作为对洛（Low）和麦克米伦（MacMillan）（1988）有关创业研究框架主张的回应，该专刊所涉及的 6 篇文章再次围绕目的、理论基础、分析层次、关注焦点、分析方法等层面系统评价了 10 年来创业研究取得的进展，系统梳理了创业研究转向关注创业行为与过程以来所取得的进展，夯实了创业研究成长为独特学术领域的基础。

2000 年以后，创业过程研究聚焦机会主线进一步深化，其中，最突出的特征是理论驱动研究开始出现，学者们开始注重在细致的理论或概念推导基础上提出并检验具体假设，诸如人力资本、社会资本、合法性、制度压力等来自成熟理论领域的关键概念开始出现在组织生成过程研究中。从研究主题上看，有关机会识别、创建行为及其后续影响、创业过程影响因素等的文献快速增长，成为学者们竞相关注的热点问题。与之相互呼应，学者们逐渐认识到，创业活动是创业者与创业机会之间的结合，是创业者、创业机会、创业过程以及环境之间的动态匹配过程（Newbert, 2005）。这意味着在外部因素的制约作用下，创业者与创业机会的结合驱动着创业者实施创业活动来创办新企业并实现创业机会价值，同时，外部因素不同，创业者与创业机会之间的结合关系可能就不一样，而创业者与创业机会的结合关系的异质性，必然预示着创建活动数量与顺序安排之间的差异性。

这一判断构成了创业过程研究在理论设计方面的基本原则和立场，"情境－要素－行为"构成了创业研究的基本研究范式，这一范式到今天仍具有很强的学术生命力，特别是对于我们理性认识和理解互联网与数字技术驱动的新兴创业实践具有很强的指导性。这一点非常重要，面对当下乃至未来创业实践的变化，喊口号和炒概念没有出路，也不是学者应该干的事情，我们比以往任何时候都更需要以科学理性的态度来审视新兴创业实践。我们不妨追问自己：新兴创业活动的情境发生了哪些难以被已有研究解释的变化，如果存在又应该如何凝练并概括这些变化的学术内涵？新兴创业活动的要素发生了哪些变化，涌现了哪些新要素以及这些新要素如何改变创业行为？新兴创业活动的行为又发生了哪些变化，这些变化是在改变创业本质还是基于新情境的新适应？

更为重要的是，创业过程研究针对主流管理理论做出了突出贡献，这一贡献来自学者们对创业现象中独特行为的不断挖掘与提炼。在这里，借用布森利兹（Busenitz）等学者（2003）有关环境、个体、机会和组织模式的创业研究框架来梳理创业过程研究对主流管理理论做出的理论贡献。在个体与机会结合层面，形成了创业警觉、偶然发现、直观判断等系列化观点，挑战了传统的心理与行为理论，有助于启示大公司如何改造组织结构，以更低的成本和更快的速度识别并做出机会开发决策；在个体与组织模式结合层面，形成了因果倒置、有限资源创造性利用、即兴而作、超前行动、创业学习、创业导向等理论观点，正开始冲击着决策理论、资源基础理论、组织学习理论等主流管理理论，有助于启示在当今动态复杂的环境下大公司如何改变战略、行动与竞争策略以收获竞争优势。在机会与组织模式结合层面，形成了不同机会所对应的开发活动与组织模式各不相同的结论，有助于启发学者从新的角度去挖掘大公司多元化为什么失败，如何管理多元化更有助于成功等主流管理领域的深层次问题。

有趣的是，谢恩和文卡塔若曼（2000）获《管理学评论》杂志 20 年最佳论文奖以后，谢恩（2012）和文卡塔若曼等学者（2012）分别撰文反思了当年论文思想的是非对错，同时对创业研究的未来提出了主张和建议。两位学者这次并未继续合作，而是分别撰文阐述自己的看法，尽管分别撰文，但两位学者不约而同地都关注了熊彼特式创新问题，也就是打破经济系统均衡的新的创造性组合问题。谢恩（2012）认为，创业过程研究不应该局限甚至受制于组织生成，而是应该从更加广阔的时空情境下探索个体如何与机会结合来实现价值创造，特别是熊彼特式破坏性价值创造的过程。文卡塔若曼等（2012）则更加激进地提出创业过程研究不应该拘泥于挖掘个体与机会结合的创造性新组合，而是应该关注个体与机会结合诱发的变革甚至是革命。在这篇文章中，文卡塔若曼等（2012）说了这么一句有意思的话：尽管所有的创造性组合都具有变革性，但并非所有的变革都来自创造性组合。推算起来，两位学者在大约10年前的思考都隐喻了今天波澜壮阔的新兴创业活动所诱发的超强破坏性和影响力。新情境诱发新实践，创业研究必然因此而迈入新时代。

◆ 参考文献

Busenitz, L.W., et al., 2003, "Entrepreneurship research in emergence: Past trends and future directions", *Journal of Management*, Vol.29, No.3: 285-308.

Gartner, W.B., and Gatewood, E., 1992, "Thus the theory of description matters most",

Entrepreneurship Theory and Practice, Vol. 17, No. 1: 5-9.

Gartner, W.B., Bird, B.J., and Starr, J.A., 1992, "Acting as if: differentiating entrepreneurial from organizational behavior", *Entrepreneurship Theory and Practice*, Vol. 16, No. 3: 13-31.

Liao, J., and Gartner, W.B., 2006, "The Effects of pre-venture plan timing and perceived environmental uncertainty on the persistence of emerging firms", *Small Business Economics*, Vol. 27, No. 1: 23-40.

Low, M.B., and MacMillan, I.C., 1988, "Entrepreneurship: past research and future directions", *Journal of Management*, Vol. 14, No. 2: 139-161.

Newbert, S.L., 2005, "New firm formation: a dynamic capability perspective", *Journal of Small Business Management*, 2005, Vol. 43, No. 1: 55-77.

Shane, S., 2012, "Reflections on the 2010 AMR decade award: delivering on the promise of entrepreneurship as a field of research", *Academy of Management Review*, Vol. 37, No. 1: 10-20.

Singh, P.R., 2001, "A comment on developing the field of entrepreneurship through the study of opportunity recognition and exploitation", *Academy of Management Review*, Vol. 28, No. 1: 10-20.

Venkataraman, S., Sarasvathy, S., Dew, N., and Forster, W.R., 2012, "Reflections on the 2010 AMR decade award: whither the promise? Moving forward with entrepreneurship as a science of the artificial", *Academy of Management Review*, Vol. 37, No. 1: 21-33.

Zahra, S., Dess, D.G., 2001, "Entrepreneurship as a field of research: Encouraging dialogue and debate", *Academy of Management Review*, Vol. 28, No. 1: 8-10.

▣ 文献推荐

Carter, N.M., Gartner, W.B., and Reynolds, P.D., 1996, "Exploring start-up events sequences", *Journal of Business Venturing*, Vol. 11, No. 3: 151-166.

Delmar, F. and Shane, S., 2004, "Legitimizing first: organizing activities and the survival of new ventures", *Journal of Business Venturing*, Vol. 19, No. 3: 385-410.

Shane, S., Venkataraman, S., 2000, "The promise of entrepreneurship as a field of research", *Academy of Management Review*, Vol. 25, No. 1: 217-226.

◉ 代表性学者

南希·卡特（Nancy M. Carter）

  1995 年在内布拉斯加大学获得哲学博士学位，现任圣托马斯大学创业学讲席教授。她先后在马凯特大学创办家族企业研究中心，担任马凯特大学创业研究中心主任，以及科尔曼创业研究基金会主席等。她长期聚焦于组织生成过程研究，重点剖析女性发起的创业活动规律，作为核心成员发起并参与了 PSED 与 GEM 研究项目的设计与实施工作，多次作为核心作者之一撰写 PSED 与 GEM 的年度研究报告。

弗雷德里克·德尔玛（Frédéric Delmar）

1996年在斯德哥尔摩经济学院获得经济心理学博士学位，目前担任里昂商学院研究副校长、创新和创业方向教授。他的主要研究领域是组织生成过程及其初期成长，是较早关注这一问题的学者，在《战略管理杂志》《创业学杂志》《创业理论与实践》等期刊上发表数十篇学术论文。他当前的研究兴趣是创始团队的过程管理。E-mail：delmar@em-lyon.com。

斯科特·谢恩（Scott Shane）

1992年在宾夕法尼亚大学沃顿商学院获得经济学博士学位，现任凯斯西储大学经济学教授，主要研究领域是创业和创新管理。他当前的研究兴趣是：创业者如何发现和评价机会、整合资源和设计组织；高校裂变创业和技术转移；天使投资和创业的基因因素。在《管理科学》（*Management Science*）、《管理学杂志》、《管理学评论》、《战略管理杂志》等期刊上发表90多篇论文。E-mail：scott.shane@case.edu。

桑卡兰·文卡塔若曼（Sankaran Venkataraman）

在明尼苏达大学获得博士学位，现任弗吉尼亚大学达顿商学院万事达冠名管理学教授，主要研究领域是战略、伦理和创业。他的研究兴趣包括创业机会、新企业战略、创业教育、公司创业等多个主题。在《管理学评论》《战略管理杂志》《创业理论与实践》《创业学杂志》等期刊上发表数十篇论文。E-mail：VenkatS@virginia.edu。

创业研究从行为过程向认知与决策深化转型[⊖]

◎ 杨 俊

浙江大学管理学院、南开大学创业研究中心

21 世纪初,在创业过程和行为研究的热潮背后,另一股研究潮流悄然兴起。创业研究开始从关注创业过程中创业者的行为理性(如何行动)深化为研究创业者的认知理性(如何认知和决策),致力于归纳并识别具备共性规范与合理性的创业认知和决策特征,进而探索其对创业行为和绩效的作用机制,这一研究潮流被称为创业研究的认知学派,至今已持续盛行了二十多年,在创业领域产生了不小的轰动(Mitchell, et al., 2002, 2004, 2007; Baron, 2004)。在当下乃至未来,这一学派会继续保持在创业研究领域的主流地位。

创业认知研究始于对创业特质论的反思。理性地评价,创业特质论强调创业者对于创业成败的重要性并没有错,但其局限性在于将创业者同创业过程和行为以及情境割裂,片面归纳创业成功者的人格心理特征。20 世纪八九十年代,与创业特质论关注"谁是创业者"不同,创业认知学者此时关注的是"为什么有人会选择成为创业者"。既然创业者与非创业者相比较在人口统计特征、人格特质等方面并没有显著差异,那么,究竟是什么原因让某些人而不是其他人选择成为创业者。基于已有研究证据,创业意图形成是一系列独特认知因素组合的结果,包括成功概率感知、更强的行为控制力及直观推断等。进一步地,创业认知学者将这些认知因素的集合概括为创业认知,首次指出创业认知不同于组织和管理认知,而前者更多地依赖启发式等存在大量偏见和偏差的认知过程(Busenitz, Barney, 1997)。

在过去二十多年里,创业认知和决策研究发展迅猛,基本假设是创业活动的独特性并非来自行为表现,本质上是创业情境特殊性诱发的独特认知和思维过程。具体而言,创业情境以相关数据和信息难以获得同时也尚未确定的不确定性和模糊性为特征,加之面临着高度的资源约束和时间压力,创业者往往会形成不同于常规的信息处理过程、思维方式以及独特的决策方式。目前的主流研究以"情境 – 思维 – 行为"为基本框架,立足于探索"情境如何影响创业者认知和决策过程特征,进而导致行为结果差异"这一具有挑战性的深层次问题,目的是归纳可以被教授的创业认知过程。在创业研究进一步深化到认知与决策研究的过程中,

---

⊖ 本文是国家自然科学基金重点项目"新创企业商业模式形成与成长路径"(71732004)、青年项目"市场创新信号对新企业竞争行动的影响机理研究"(71902065)资助的阶段性成果。

有两个问题非常值得关注：一是为什么要关注创业者认知和决策；二是创业认知学派与创业过程研究的整合。

罗伯特·巴伦：创业者思维为何以及何时不同于其他人

罗伯特·巴伦（Robert A. Baron）于1998年在《创业学杂志》上发表了《创业的认知机制：创业者思维为何以及何时不同于其他人》一文，它是对创业认知和决策研究起到重要推动作用的经典文献。可以说，这篇文章赋予了创业认知与决策研究的学术地位和理论高度：创业者表现出不同于普通人的思维和决策过程，创业者认知和决策过程因此而值得研究。但是，研究的重点不在于归纳总结和提炼创业者与其他人群的差异，因为创业者的思维过程不同并非因为创业者独特，而在很大程度上归结为创业者所面临的情境以高度不确定性、新奇性、高度资源约束、高度时间压力等为主要特征。换句话说，在创业情境下，大多数人都可能表现出独特的思维过程，但不同的是，有些人可能更适应、更擅长、更能够；而另一些人可能更纠结、更痛苦、更挫败。

20世纪80年代末，创业特质论被学术界摒弃，他们认为片面归纳创业者的人格特质没有出路，创业行为和过程研究自此迅速崛起。理性地评价，创业行为和过程研究主要关注的是"新企业从何而来"的问题，侧重于提炼新企业生成之前的行为规律及其关键影响因素，但对创业情境，即创业活动本身的独特性关注不足。创业特质论则恰恰关注了高风险、高度不确定性等创业情境特征，但在研究设计上却先入为主地形成了情境独特行为人独特的判断，拘泥于归纳和识别创业者独特的人格特质。

巴伦教授敏锐地注意到了这一点，在情境和行为之间，恰恰是思维起到重要作用。情境诱发思维，思维产生行为。巴伦教授站在认知科学的高度，提出了认知科学中的三个基本命题：①我们接收和处理新信息的能力非常有限，人人都会不断丢掉旧的而追求新的；②我们在天性上是认知懒惰的，更倾向于简单决断而不是充分思考；③基于有限信息的处理能力和认知懒惰，我们的认知都是非理性的，存在着大量偏见和偏误。巴伦教授强调，与普通人相比，创业者所处的情境特征更容易诱发其认知偏见和偏误，这些情境特征主要表现为过量信息、高度不确定性、高度新奇性、强情感投入、高度时间压力、高度疲劳等，正因如此，如果我们仔细探究，就会发现创业者会表现出与普通人不同的思维过程。例如，创业是高风险活动，但创业者人群的风险倾向并不显著高于普通人群，那么，为什么有些人会选择创业而另一些人不会？一个可能的解释是，与非创业者相比较，选择创业的人的认知具有更突出的偏差，更看重的是环境中蕴含的优势、机会、高额回报，而不是背后蕴藏的劣势、风险和巨额成本。

巴伦教授进一步论证了创业者可能不同于普通人的思维过程，并提出了假设性命题，这些命题对于后续研究起到了重要的引领性作用，很值得我们进一步体会和思考。在此简要提炼如下：①与普通人相比较，创业者在面临困境时更善于利用反事实思维，恰恰是这种懊恼思维让创业者更敏锐，更容易看到被别人忽视的机会；②与其他工作相比较，创业者在创业前往往深思熟虑，这种深度思考让创业者在创业之初就开始注入情感，创业者的思考、决断和决策因此而更具有情绪化和感性化；③大多数创业者更容易将成功归结为内因、将失败归结为外因，但成功创业者却不是这样的；④创业者计划的谬误偏见更加突出，这在很大程度上导致了他们对未来结果的过分自信以及他们盲目产生自己可以做得更多更好的行动理念；

⑤与普通人相比较，创业者具有更强的承诺升级倾向，即该放手时不放手。

创业者是创业成败的关键，这句话没有多少人会反对。但在 20 世纪 90 年代，创业者被迫走下神坛，甚至被过度普通化，大多数研究开始有意或无意地漠视创业者与其管理者近亲可能存在的差异。巴伦教授的研究及时纠正了这一片面性，调和了创业特质论与创业过程研究的长处，将创业情境重新纳入创业研究的分析框架，启发我们重新审视创业者及其在创业过程中的角色，极大地启发了创业认知与决策研究的研究主题，事实上，这篇文章提到的创业者思维偏见，在后续成为创业认知与决策研究的重要议题。这篇文章强调了关注创业者认知和决策的重要性，如果仅仅停留在提炼和总结创业者思维的偏见上，创业认知和决策研究也难免会陷入创业特质论的困境。关注这些议题可能会给创业研究带来什么样的贡献呢？

罗伯特·巴伦：认知与行为学派的整合框架

在创业过程研究日趋繁荣的情况下，创业认知和决策研究会给创业研究带来怎样的理论贡献？罗伯特·巴伦在论证创业情境诱发创业者思维独特性的基础上，于 2007 年进一步在《战略创业杂志》上发表了《创业活动中的行为与认知因素：作为创业活动核心要素的创业者》一文，将认知和行为因素整合起来并构建成研究框架，强调了创业认知和决策研究可能给创业研究带来的理论贡献。

创业情境诱发创业者思维独特性，这是基本事实，也仅仅是事实。如果不能将创业者思维与创业行为相联系，即便发现了创业者思维存在独特性的证据，研究发现本身也难以对创业实践与创业研究带来实质性的理论贡献和启发。这种学术判断有助于从两个方面进一步深化创业研究并做出理论贡献：

一是挖掘和提炼创业行为背后的认知和决策成因，更有助于我们在认识创业过程中的关键行为基础上，进一步理解在相似情境下，哪些创业者又是借助何种思维过程产生了更好的行为绩效。例如，尽管在机会识别过程中，创业者往往遵循"信息搜集和感知 – 信息分析和判断 – 形成目的 – 手段关系"的行为逻辑，但恰恰是创业者在行为背后看不到的认知过程差异导致了所识别机会质量和数量上的差异。

二是从行为和认知互动角度探索成功创业者是如何炼成的。尽管不少研究已经提炼并归纳了成功创业者在经验、网络和学习等方面的特征，但这些结论都是象征性的而不是决定性的，换句话说，经验丰富的创业者并不必然比"菜鸟"更容易成功，但值得注意的是，成功创业者却往往会表现出高度的相似性，只不过这种相似性并不表现在行为的一致性上，而是体现在知识结构以及思维过程的相似性上。那么，是什么因素使成功创业者殊途同归的呢？可能是基于行为反馈的认知调整，以及基于认知调整的行为适应。这是创业认知和决策研究可能做出的重要理论贡献。

巴伦教授还为我们重新审视创业行为和过程研究，从而进一步拓展研究视野带来了重要启示。以机会识别为例，创业行为和过程研究强调社会网络、人力资本等因素对于创业者是否能发现机会以及所发现机会质量的影响，审慎判断，创业行为和过程研究在时间维度上存在着过度简化创业行为的倾向，忽视了社会网络或人力资本等因素发挥作用的过程和机制。站在认知科学立场上，机会识别本质上是创业者在头脑中识别、发现或建构某种联结模式的过程，这一过程需要信息，网络因此而重要；这一过程需要判断，自然经验和知识也很重要。但是，与创业行为和过程研究不同的是，这一过程将机会识别理解为基于认知视角的联结模式,那么我们就可以将这种联结模式予以阶段性划分,包括产生创意、概念化、联结模式等阶段,更为重要的是,有助于我们看到之前被忽视的认知过程对于机会识别的影响,这些认知过程可能会包括注意力、情感、警觉、元认知、调节焦点等因素。

迪安·谢泼德等学者:聚焦信息搜集和处理,提炼创业思维

创业者行为和认知的独特性,首先表现为信息搜集行为。道理非常简单,决策是行为的基础,而信息搜集是决策的前提。反过来看,如果创业行为因情境而不同,那么其决策可能就具有独特性,作为决策前提的信息搜集更可能具有特色。简言之,正如巴伦(2007)的理论所讨论的,"情境–认知、决策–行为"构成了创业认知学派的基本框架,那么作为情境与认知之间的中介机制——信息搜集活动,自然就显得非常重要,也是破解创业思维的重要突破口。正因如此,关于创业者如何搜集信息这一问题,学者们很早就予以了探索和关注。库珀等学者(1995)系统揭示了在创业过程中,创业者信息搜集过程的基本特征及不同创业者之间的差异,发现缺乏创业经验的创业者往往会搜集更多而不是更少的信息,自信程度越高的创业者搜集的信息越少。如果在创业者熟悉的领域内创业,其搜集的信息会更少,但在不熟悉的领域内,新手创业者则不会搜集太多信息,而创业老手的信息搜集活动并不会因对创业所在行业熟悉与否而发生任何改变。

如果说库珀等学者(1995)侧重于描述并揭示创业者信息搜集过程差异及其影响因素,但并没在逻辑上揭示创业者信息搜集过程的独特性,那么,迪安·谢泼德(Dean A. Shepherd)等学者于2012年在《创业学杂志》上发表的《验证性搜寻是一种有效的直观推断?检验创业者判断的合理性》一文,在更深层次上揭示了创业者信息搜寻的独特性,更加贴近高度不确定性诱发的创业者思维偏见,而这种思维偏见会直接诱发创业者信息搜寻活动的偏差,并进一步塑造创业者独特的行为路径。

学者们已经反复论证了验证性搜寻(confirmatory search)存在的问题,它根本不可能达成一个令人信服的推断。但是,不少研究已经发现,因其认知偏见,创业者很容易或更倾向于忽视那些否认其判断的信息,正因如此,创业者对有关成本、收入、机会和收入分配等关键问题的判断往往都是错误的。创业者更容易基于其固有的观念或判断进行信息搜集和推理,这种主观性推理恰恰就是验证性搜寻。

在学者们看来,创业者的机会决策是基于判断的逻辑推理过程,而信息搜集只是服务于判断推理的客观证据。换言之,创业者的信息搜集并不是为了了解更多来提高机会决策的全面性和有效性,恰恰相反,创业者的信息搜集是为了聚焦于某个判断起点的逻辑深化。具体而言,在创业过程中,创业者往往会先入为主地代入某个判断,这个判断可能意味着最初的机会信念或最初的机会怀疑,以此为依托,创业者开始检验其判断的真实性,而在这个过程中,创业者有可能会依据初始判断的不同,而形成两个极端的搜寻策略:乐观搜寻,只搜寻那些支持其初始判断的信息;悲观搜寻,只关注那些否定其初始判断的信息。少数创业者可能会走中间路线。更为重要的是,在策略选择方面,可能会受到对于机会判断的过度乐观、对于机会成本的过度估计,以及搜寻成本等因素的影响。基于此逻辑,他们提出了三个值得关注的研究命题:①最初持积极判断的创业者往往会采用乐观搜寻,而那些持有怀疑判断的创业者则更倾向于悲观搜寻;②创业者初始的机会信念越高就越倾向于采用乐观搜寻;③创业者初始的机会怀疑越高就越倾向于采用悲观搜寻。

那么，更有趣的问题是，既然创业者的信息搜寻都是有偏见的，那么为什么有的会正确而有的会错误呢？在他们看来，核心是取决于初始机会信念与搜寻决策的匹配，其中，最关键的仍是创业者初始机会信念或判断的洞察力。在这篇文章中，他们依据初始机会信念与现实机会之间的差异程度，在逻辑上推导出了四种类型。例如，创业者的初始机会信念属于现实机会的子集（比如针对一项新技术，创业者初始判断除了市场 A，还可以有更多的潜在市场 B、C 等），在这种情况下，如果创业者采用的是乐观搜寻，必然会验证和发现现实中存在的机会，但仅仅限于初始判断的 A 市场，不可能再看到更加广阔的市场空间；如果创业者采用的是悲观搜寻，那么针对 A 市场的机会自然就会被错误地否定掉，但又可能会在其他市场 B 产生并验证新的机会。但在另外的情形下，机会属于创业者的初始信念子集（比如针对一项新技术，创业者初始判断除了市场 A、B、C，但事实上只能应用于市场 A），如果创业者采用的是乐观搜寻，那么创业者将会面临很大的风险，有可能在 A 市场上验证而发现机会，但更多的可能性是在 B 和 C 市场上的自我验证导致完全错误的结论。如果创业者采用的是悲观搜寻，那么有可能得到的结果是创业者偏离了自身的初始机会信念，转移到完全不同的机会轨道上去了。

这篇文章对于我们进一步认识创业思维有着非常重要的理论价值。基于验证性搜寻的推理，可以判断创业者的固执甚至偏执并不是天生的，而是来自创业情境中资源和信息约束条件下个体寻求满意化决策的一种主观诉求，这种诉求导致了创业情境下往往倾向于基于初始判断来逐步塑造其信息搜集和决策路径，形成了更强的路径依赖效应。值得注意的是，正确与否取决于最初的判断，但这种判断又似乎不取决于基于偏见的认知，而关乎其知识深度。

创业认知学派研究的贡献、挑战和未来趋势

创业认知学派主要表现为三种研究潮流和思路：一是以巴伦等学者为代表，强调将成熟的心理行为科学理论和构念引入创业情境以解释创业行为，致力于基于认知视角的行为研究，目的在于探索行为背后的认知成因（Baron，2004）；二是以谢泼德及其研究团队为代表，注重从创业情境独特性出发去挖掘创业者基于认知过程的决策机理，取得了显著成效（Shepherd, et al., 2010）；三是以美国弗吉尼亚大学萨阿斯·萨阿斯瓦斯（Saras Sarasvathy）教授及其研究团队为代表，强调创业者异质性，侧重从剖析专家型创业者的角度提炼创业情境下独具特色的创业思维和行为逻辑（Sarasvathy，2001）。创业认知学派的研究有助于我们深入理解创业行为背后的认知成因，甚至对于创业思维和企业家精神培育也起到了突出作用。概括起来，有关创业认知和决策的研究主要在两个方面做出了突出贡献：

一是基于创业情境的独特性，识别出了创业者相对于管理者的独特认知方式，验证了看似不合理的认知偏见的有效性。例如，创业者在归因时存在自我服务偏差（Baron，1998）；更多地使用代表性偏差、锚定效应、可得性偏差等启发式的认知捷径（Busenitz, Barney，1997）；过度乐观和自信（Hmieleski, Baron，2009）；更关注自身能力而非环境（Moore, et al., 2007）；基于傲慢的偏见，对信息进行盲目赋意和过度推断（Forbes，2005；Simon, et al., 2000）；面对企业内外部的消极信息和反馈而过度坚持（McCarthy, et al., 1993；Holland, Shepherd，2013）；更善于把握机会的创业警觉（Tang, et al., 2012，2021）。这些研究成果让我们清晰地看到了创业者在思维方式上超越常人的不同，为难以解释的创业行为提供了富有洞见的学理阐释。

二是揭示了创业者如何思考的认知过程规律。这类研究并不拘泥于解释独特创业行为的认知成因，而是试图去揭示创业者在开展创业行为中的思维过程与认知偏好。这类研究往往从概括和凝练创业行为的本质特征出发，透过认知科学的基本理论和研究方法来研究创业者，目的是归纳可以被教授的创业认知和决策过程（Mitchell，et al.，2007）。谢泼德教授是这方面的杰出代表，他与研究团队开展了极富理论洞见的系列化研究（Grégoire，Shepherd，2012；Haynie，et al.，2009；Haynie，et al.，2012；Mueller，Shepherd，2014）。在其中，最具有代表性的是格雷格（Grégoire）和谢泼德（2012），他们揭示了采用结构相似性思维过程的创业者往往更容易看到更具有创新性的机会，而这一思维过程与创业者先前的知识结构关联密切。这些研究结果让我们看到无限希望和曙光，训练创业者自然有必要从已经识别到的思维要素抓起，似乎把这些思维要素组合起来就能实现创业思维的全过程培养。

尽管创业认知学派贡献不小，但经过冷静地反思会发现，在繁荣背后潜藏着危机。回顾创业研究历程，创业特质论因假设创业者拥有异于常人的人格特质而备受批评，其中，最尖锐也最有力量的批评就是：如果将研究识别到的一长串特质清单汇聚到某位创业者身上，那么这样的创业者可能就不再是普通人，而是主观想象出来的神一般的存在。在这里，倒不是说创业认知学派会陷入创业特质论的困境，基于创业认知学派将认知与行为相关联的事实，这不现实也不可能。但值得我们警觉的是，情境不同故认知独特，这是创业认知研究得到学术界认同并追随的基本判断。如果在研究中仅将情境视为研究所关注认知变量的前提或背景，但并未将情境有效地嵌入到研究模型，那么这一认知变量在脱离情境支撑的情况下是否还会产生预期的洞见？例如，虽然不确定情境会诱发认知偏见，但确定情境下诱发认知偏见的可能性并不一定会比不确定情境下低，只不过对于后者，坊间会将此描述为"脑子不开窍、不会转弯、固执甚至偏执等"。基于情境分析的深化和细化，创业认知研究越来越微观化，思维和行为之间的联系并没有边界，在无限细分背后累积的海量知识碎片是否以及如何能拼凑出创业者思考和行动的认知地图？进一步地，已有研究识别出了大量行之有效的认知偏见，如果把这些偏见全部汇集到某位创业者身上，这位创业者又会是什么样的创业者，在现实中真的会存在吗？思维必然有客观基础，如果不能识别到思维背后的客观基础，那么就算不会成为玄学，也可能会成为鸡汤式学问。事实上，格雷格等学者（2011）早已提出了这样的警示，创业认知研究不能拘泥于识别特定情境下的认知有效性，还应该注重探索这种行之有效的认知从何而来。但近年来创业认知研究在这方面的努力还很不够，现实中面临的挑战着实不小。

创业思维源于创业情境。面向未来，创业认知研究很有必要进一步深入研究创业认知从何而来，特别是可能影响或塑造创业认知可得性的社会机制，还要继续关注微观创业情境的影响，更要关注可能影响微观创业情境的情境因素的作用机制。

第一，可能影响或塑造创业认知可得性的创业者社会情境。在选择创业之前，创业者的家庭背景和社会地位、学习和工作经历及其所形成的人际网络等构成了创业者所嵌入的社会情境，这些社会情境是创业者在个人生活、成长和工作中与外界紧密互动的关键场景或环节。这些场景或环节在塑造创业者社会感知方面可能会起到非常重要的作用，让创业者形成对自我、他人及社会群体特征的个性化判断与参考框架，进而塑造创业者的创业认知风格，即习惯或偏好于采用特定方式而不是其他方式来观察、解释并与环境互动（Shepherd，et al.，2017）。简言之，创业者在创业前所嵌入的社会情境可能会影响其审视潜在机会的视角（例如，是从未来收益还是潜在损失的角度看机会）、影响其对机会价值的判断（是乐观判断还是悲观判断）、影响其搜集和处理信息的思维习惯（是直觉式还是分析式），基于这些机制，不仅可能影响创业者是否选择创业以及开展什么样的创业，还可能会影响其在创业过程中的行为选择。

第二，关注可能影响微观创业情境感知的宏观社会情境因素（Mitchell，et al.，2000）。近期研究展现出的新动向是不再拘泥于从制度特别是正式制度角度来解释国家或地区间的微观主体行为差异，而是注重从历史和文化等社会情境角度来解释行为差异的深层次成因。例如，陈（Chen）（2013）发现语言结构可能会对个体偏好储蓄还是偏好消费产生重要而有效的解释力度。现实中的感知，因国家或地区内的制度和文化差异而有所不同，不同国家或地区之间的人群在思维方式上可能会存在着显著差异。换句话说，基于制度和文化等宏观社会情境的影响，特定国家或地区内的创业者可能存在着约定俗成的集体认知，而这一认知可能会对创业决策和创业过程中的行为选择产生潜在而深远的影响（Tang，et al.，2021）。例如，创业者亲社会动机是创业者重要的社会属性，但这一社会属性可能与更加宽松、富于信任和宽容失败的宏观情境之间紧密关联。概括起来，如果我们关注可能影响微观创业情境感知的宏观社会情境因素，有可能会对于国家或地区间创业活动数量与结构差异的研究增添认知视角的理论解释。

◆ 参考文献

Baron, R.A., 2004, "The cognitive perspective: a valuable tool for answering entrepreneurship's basic 'Why' questions", *Journal of Business Venturing*, Vol. 19, No. 2: 221-239.

Busenitz, L., and Barney, J.B., 1997, "Differences between entrepreneurs and managers in large organizations: biases and heuristics in strategic decision-making", *Journal of Business Venturing*, Vol. 12, No. 1: 9-30.

Chen, M.K., 2013, "The effect of language on economic behavior: Evidence from savings rates, health behaviors, and retirement assets", *American Economic Review*, Vol. 103, No. 2: 690-731.

Forbes, D.P., 2005, "Managerial determinants of decision speed in new ventures", *Strategic Management Journal*, Vol. 26, No. 4: 355-366.

Gartner, W.B., 1988, "Who is an entrepreneur? Is the wrong question", *American Journal of Small Business*, Vol. 12, No. 4: 1-22.

Grégoire, D.A. and Shepherd, D.A., 2012, "Technology-market combinations and the identification of entrepreneurial opportunities: An investigation of the opportunity-individual nexus", *Academy of Management Journal*, Vol. 55, No. 4: 753-785.

Grégoire, D.A., Corbett, A.C., and McMullen, J.S., 2011, "The cognitive perspective in entrepreneurship: an agenda for future research", *Journal of Management Studies*, Vol. 48, No. 6: 1443-1477.

Haynie, J.M., Shepherd, D.A., and McMullen, J.S., 2009, "An opportunity for me? The role of resources in opportunity evaluation decisions", *Journal of Management Studies*, Vol. 46, No. 3: 337-361.

Haynie, J.M., Shepherd, D.A., and Patzelt, H., 2012, "Cognitive adaptability and an entrepreneurial task: The role of metacognitive ability and feedback", *Entrepreneurship Theory and Practice*,

Vol. 28, No. 6: 505-518.

Hmieleski, K.M. and Baron, R.A., 2009, "Entrepreneurs' optimism and new venture performance: A social cognitive perspective", *Academy of Management Journal*, Vol. 52, No. 3: 473-488.

Holland, D.V. and Shepherd, D.A., 2013, "Deciding to persist: adversity, values, and entrepreneurs' decision policies", *Entrepreneurship Theory and Practice*, Vol. 37, No. 2: 331-358.

McCarthy, A.M., Schoorman, F.D., and Cooper, A.C., 1993, "Reinvestment decisions by entrepreneurs: Rational decision-making or escalation of commitment?", *Journal of Business Venturing*, Vol. 8, No. 1: 9-24.

Mitchell, R.K., Busenitz, L., Bird, B., Gaglio, C.M., McMullen, J.S., Morse, E.A., and Smith, J.B., 2007, "The central question in entrepreneurial cognition research", *Entrepreneurship Theory and Practice*, Vol. 31, No.1: 1-27.

Mitchell, R.K., Busenitz, L., Lant, T., McDougall, P.P., Morse, E.A., and Smith, B., 2002, "Entrepreneurial cognition theory: rethinking the people side of entrepreneurship research", *Entrepreneurship Theory and Practice*, Vol. 27, No. 2: 93-104.

Mitchell, R.K., Busenitz, L., Lant, T., McDougall, P.P., Morse, E.A., and Smith, B., 2004, "The distinctive and inclusive domain of entrepreneurial cognition research", *Entrepreneurship Theory and Practice*, Vol. 28, No.6: 505-518.

Mitchell, R.K., Smith, B., Seawright, K.W., and Morse, E.A., 2000, "Cross-cultural cognitions and the venture creation decision", *Academy of Management Journal*, Vol. 43, No. 5: 974-993.

Moore, D.A., Oesch, J.M., and Zietsma, C., 2007, "What competition? myopic self-focus in market-entry decisions", *Organization Science*, Vol. 18, No. 3: 440-454.

Mueller, B.A. and Shepherd, D.A., 2014, "Making the most of failure experiences: Exploring the relationship between business failure and the identification of business opportunities", *Entrepreneurship Theory and Practice*, Vol. 40, No. 3: 1-31.

Shepherd, D. A., McMullen, J. S., & Ocasio, W., 2017, "Is that an opportunity? An attention model of top managers' opportunity beliefs for strategic action", *Strategic Management Journal*, Vol. 38, No. 3: 626-644.

Shepherd, D.A., McMullen, J.S. and Jennings, P.D., 2010, "The formation of opportunity beliefs: overcoming ignorance and reducing doubt", *Strategic Entrepreneurship Journal*, Vol. 1, No. 1-2: 75-95.

Simon, M., Houghton, S.M., and Aquino, K., 2000, "Cognitive biases, risk perception, and venture formation: How individuals decide to start companies", *Journal of Business Venturing*, Vol. 15, No. 2: 113-134.

Tang, J., Kacmar, M., & Busenitz, L., 2012, "Alertness in the pursuit of new opportunities". *Journal of Business Venturing*, Vol. 27, No. 1: 77-94.

Tang, Jintong, Yang Jun, Ye, Wenping, and Khan, K.A., 2021, "Now is the time: the effects of linguistic time reference and national time orientation on innovative new venture", *Journal of Business Venturing*, 36(5): 106142.

▣ 文献推荐

Baron, R.A., 1998, "Cognitive mechanisms in entrepreneurship: why and when entrepreneurs think differently than other people", *Journal of Business Venturing*, Vol. 13, No. 4: 275-294.

Baron, R.A., 2007, "Behavioral and cognitive factors in entrepreneurship: entrepreneurs as the active element in new venture creation", *Strategic Entrepreneurship Journal*, Vol. 1, No. 1-2: 167-182.

Shepherd, D.A., Haynie, J.M., and McMullen, J.S., 2012, "Confirmatory search as a useful heuristic? Testing the veracity of entrepreneurial conjectures", *Journal of Business Venturing*, Vol. 27, No. 6: 637-651.

● 代表性学者

罗伯特·巴伦（Robert A. Baron）

1968年在艾奥瓦大学获得哲学博士学位，现任俄克拉荷马州立大学斯皮尔斯商学院管理学教授、创业学讲席教授。他长期从事创业认知研究工作，也是组织行为领域的杰出学者，对于创业者认知如何影响创业行为的研究起到了重要的推动作用，在《管理学评论》《创业学杂志》等期刊发表数十篇创业研究论文。E-mail：Robert.baron@okstate.edu。

迪安·谢泼德（Dean A. Shepherd）

1997年在邦德大学获得战略和创业方向哲学博士学位，现任圣母大学门多萨商学院创业学讲席教授，主要研究领域是创业，特别专注创业决策和创业学习方面的研究。在《组织科学》、《应用心理学杂志》（*Journal of Applied Psychology*）、《战略管理杂志》、《管理杂志》（*Journal of Management*）、《创业学杂志》等期刊上发表过70多篇论文。曾任《创业学杂志》主编。E-mail：dsheph1@nd.edu。

创业研究正在回应新问题和新挑战中突破转型

◎ 杨 俊

浙江大学管理学院、南开大学创业研究中心

2007年，沙克尔·扎赫拉（Shaker A. Zahra）在《创业学杂志》上撰文讨论创业研究应如何密切联系情境来创新理论并提升理论和实践影响力这一关键问题（Zahra，2007）。理论研究自然离不开情境，在创业研究领域这一坚守显得格外重要。一方面，创业研究作为独立学科领域的合法性根植于创业情境与实践有别于其他企业行为的特殊性（Shane，Venkataraman，2000），基于创业情境和实践吸纳其他学科理论来研究并解释创业现象甚至是创造新的理论，这是创业学者承担的责任和使命。另一方面，创业具有更强的环境敏感性，往往更早和更快地适应环境变化创新实践，理论迭代、变异和演进的速度自然会更快，紧跟创业实践变化及其背后的情境变化来提炼新问题、开展新探索，自然成为创业学者始终面临的挑战和机遇。

扎赫拉在文章引言中直言不讳地指出："阅读近期的创业研究论文，鲜有研究注意到研究情境的现实性、重要性或动态性。研究中的变量往往侧重于统计测量表述，尽管通俗易懂，但难以让读者了解任何有关研究情境的信息。读者并不清楚研究人员所观测、感知或思考的现象是什么……就像在默片电影中，尽管演员有肢体动作，但观众观看时必须高度集中以便揣测演员所言和所行，观众必须要阅读演员的唇语才能破译出情节。少有创业研究文章为读者提供足够的线索以帮助其了解研究情境的本质，相反是在要求读者利用想象力来领会这些研究究竟做了些什么（Zahra，2007：444）。"情境不同，实践不同，科学问题和理论机制显然存在差异。面对当下乃至未来创业情境和实践已经发生并将会继续上演的重大变革，无论是使命担当还是机遇挑战，我们准备好了吗？我们是否会在研究工作中重蹈脱离情境来讨论创业的覆辙，继续产出默片电影式的研究论文？我们所采用的理论包括被证明行之有效的理论用来解释新现象在多大程度上会诱发结论不确定甚至是错误的，进而让问题变得更加复杂和不确定？

信息社会和数字经济时代，创业情境和实践已经发生了重大转变，相信大家都能感知得

○ 本文是国家自然科学基金重点项目"新创企业商业模式形成与成长路径"（71732004）、重大项目"创新驱动创业的重大理论与实践问题研究"（72091310）课题三"大型企业创新驱动的创业研究"（72091311）资助的阶段性成果。

到，创业研究应该基于新的创业实践续航理论构建、检验和发展，这也成为大多数学者的共识。方向清晰，但路径却并不那么容易，难就难在如何提炼新情境属性、定义新研究问题，同时寻觅在既有理论版图中延续和突破的学术理性。尽管喊口号和"炒概念"的做法存在，但可喜的是，近年来基于严谨的学术理性的讨论声浪越来越高，越来越多的学者从凝练情境特征出发，在与已有研究和理论对话中凝练新问题和新挑战，形成了不少具有洞察力的学术判断。

加里·杜希尼茨基和莎伦·马图西克：新实践正在挑战创业研究的基本假设

基于互联网及后续数字技术的普及和应用，创业实践发生了很大变化，这些变化是否以及在多大程度上挑战了创业研究基本假设并诱发新的基础性问题？加里·杜希尼茨基（Gary Dushnitsky）和莎伦·马图西克（Sharon F. Matusik）于2019年在《战略创业杂志》上发表了《重新审视创业领域的基本假设和理论模式：我们能学到什么》一文，采用学者和实践者交互对话的研究设计，讨论了新兴创业实践是否以及在多大程度上挑战了创业研究的基本假设，创业研究又如何基于理性科学的设计来回应新实践背后的新问题，进而谋求理论创新，这篇文章虽然不长，但其设计巧妙，思想理性且深邃，非常值得体悟。

两位学者在开篇旗帜鲜明地指出，新兴创业实践正在倒逼我们反思创业领域内积累的约定俗成的知识是否仍奏效。无论创业实践如何变化，行为始终是重要的分析和观测单元。回望20年前，理论和实践反复交互证明的是创业过程涉及制订商业计划、购买厂房设备、寻求资本支持、开发产品原型等活动。今天，创业者看似仍在开展上述行为，但行为背后的基本逻辑发生了变化。例如，谷歌趋势（Google Trend）显示，商业计划书在过去15年的热度持续下降，而与精益创业相关的迭代和最小可行性产品的热度在持续上升。这只是创业实践丰富变化的简单映射。那么，我们有必要关注的是，基于当下新的创业实践，有哪些新的前因变量值得重视？创业理论的基本假设是什么，它们是否以及在什么情况下仍能解释新的创业实践？我们能否通过拓展已有创业理论的边界条件来解释新的创业现象？我们是否又需要一个新的研究框架？如果需要，哪些学科理论和方法论应该被引入？

为了回应这些重要问题，两位学者采用理论与实践对话的研究设计展开研究。在这里，理论和实践对话并不是学者与创业者圆桌对话，而是两位学者聚焦于创业研究领域内的创业机会、组织化与规模化、资源获取（看到这三个主题，你是否会联想到经典的"蒂蒙斯模型"）三个关键主题，系统梳理已有理论，澄清并梳理已有理论背后的基本假设和理论模式，在此基础上，两位学者进一步邀请TechStars、Oracle、The Foundry Group等头部公司以及重要的政府与教育机构人员进行开放式讨论和座谈，主要聚焦于过去15年里创业活动是否发生以及发生了哪些值得学术研究关注的新变化。读到这里，我想到了新冠肺炎疫情前参与张玉利教授主持的两场企业家座谈，以及在新冠肺炎疫情期间开展的企业家线上问卷调查。真想不到在大洋彼岸，有同行采用相似的思路做着相似的研究。也许经济社会环境的重大变革给理论带来的冲击和挑战超越了学者们的想象空间，借助这种方式的理论与实践对话真的是摸清未来的有效途径。

借助这一研究设计，两位学者提出了一些非常有洞见、更重要的是充满学术理性的理论判断和未来趋势。在这里，仅以论文中涉及的创业机会主题为例来详细展现两位学者的洞见产生过程。他们先是聚焦理论的梳理、凝练和讨论，把握理论背后的基本前提和假设。机会关乎创业的价值创造可能性，有关机会从何而来的理论基础不外乎来自柯兹纳的非均衡理论以及熊彼特的创造性破坏理论,而这些理论的潜在假设为信息是机会的载体,机会被发现或创造是因为个体具有信息获取优势,从而能接触到别人接触不到的信息,而这一潜在假设的客观基础是20世纪初期的信息相对稀缺。

今天的经济社会环境在很大程度上摧毁了上述理论成立的现实基础和基本假设,因为今天的社会不再是信息稀缺社会,而是信息爆炸甚至冗余的社会,信息广度和可得性已经相比于20世纪初发生了根本性的变化。那么,基于信息稀缺环境下凝练的机会识别机制在今天的信息爆炸甚至冗余时代是否依然适用呢?我们很有必要探索,信息稀缺情境下机会发现的认知和行为过程是否仍能在数据冗余环境下奏效?在其中,有什么已有机制或新机制在起作用?这是基于理论上的讨论而形成的认识。

进一步地,两位学者与实践者的对话佐证、丰富并细化了环境变化给创业机会主题理论所带来的挑战以及衍生的新的基础性问题。总体来看,实践者认为,他们以前主要依据创业者有什么信息优势来评价创业者(例如,是否掌握新技术或新市场),而今天他们主要依据创业者聚焦机会雕琢和开发所开展持续性努力的水平和能力来评价创业者。什么意思呢?技术性技能可能不再是有潜力创业者或创业机会的表征指标,专业教育或管理经验本质上表征的是信息接触能力,而在数据爆炸时代,获取或接触信息不再是重点,如何利用、洞察信息以及在此基础上具备的执行能力和有效的执行力才是关键。那么,创业者如何在信息丰富以及试验友好的情境下发现并创造机会,这就是已有创业机会理论没有关注到但源于新情境的新问题。换句话说,已有理论研究反复验证有利于机会发现或创造的技术性技能、教育背景、行业经验等知识因素可能在今天不再重要,有另外一些诸如价值观、同情、责任感等新的社会心理层面因素可能成为主角。更为重要的是,之前研究关注的创业经验尽管被实践者认同,但可能会产生新的理论内涵,在研究设计上关注创业经验的有无以及多少可能难以奏效,深度挖掘创业经验的内容属性可能更加重要,例如,之前创业所积累的执行力偏好及支撑这些偏好的能力。读到这里,不妨想想,在身边有多少年少成名的明星创业者,又有多少年少受挫的失败创业者,后者数量必然远远大于前者,在缺乏技术性技能的同一水平线之上,成败之间不会仅是运气的原因,也许运气背后的普遍规律是新时代创业者之间竞争的底层逻辑,这一逻辑可能恰恰是培育创业者和企业家精神的关键抓手。

在通篇行文中,两位学者都保持着对未来展望的高度谨慎,甚至对于来自理论和实践对话的每一个洞见和问题,两位学者在大多数情况下会用"可能""或许"等字眼加以修饰,尽管这些洞见和问题让人读起来会产生高度共鸣。这是一种学术理性和谦逊,也是对所要挑战的既有理论的学术尊重,这一点很值得我们学习。更为重要的是,正如两位学者在结论中所指出的,环境变化诱发创业实践变化,这是事实,但如何理性地展开学术讨论和理论发展则并非易事,顶着学者荣誉去喊口号和"炒概念"没有出路,回归实践,基于理论与实践展开理性的对话也许会让学者更加自信地看到我们未来应该做什么、为什么要做以及如何做。

约翰·维克朗德等学者:创业研究应该且也能回应人类社会的重大挑战

信息社会和数字经济时代除了改变创业行为和实践,也赋予了创业活动更强大的经济社会影响力。大家不妨想想,除了成长速度快等行为表征,当今快速成长起来的大多数创业企业在经济社会影响力方面都不容小觑。谁在影响甚至决定你看什么新闻?谁在影响甚至决定你在冰箱里存放什么食物?谁在影响甚至决定广大农村地区的GDP和人均收入?如果说20

世纪 70 年代创业研究受到重视是来自人们意识到创业在解决就业和促进经济活力方面做出了突出贡献，那么后续微观层次的创业研究自然就会拘泥于讨论创业者成败得失背后的一般规律，即便是宏观层次的创业研究也将主要精力放在验证创业是否有助于或什么样的创业结构更有助于促进经济增长。今天，基于时代赋予创业实践的经济社会影响力，创业研究有必要也应该能在回应人类社会重大挑战方面做出贡献。

约翰·维克朗德（Johan Wiklund）等学者于 2019 年在《创业理论与实践》上发表了《叩问实践关联性：创业研究的重大挑战》一文，旗帜鲜明地指出创业研究要进一步提高研究成果的实践关联性，这一关联性并不仅仅体现为讲创业者关心、同时对创业实践有指导作用的理论知识，更重要的是可能也应该为人类社会回应重大经济社会挑战而做出贡献，并进一步提出了创业研究提升实践关联性的行动方法和策略。

有趣的是，维克朗德等学者开篇花大量篇幅，使用道理与数据并重的方式披露了商学院管理研究面临重大挑战甚至困难的事实，随后话锋一转，强调与商学院管理研究不同，创业研究的未来更加光明同时会产生更强的社会影响力，原因恰恰来自创业学者曾经认为的创业研究的劣势。首先，创业研究是新兴学科领域，与传统管理研究诞生之初一样，创业研究发端于实践同时密切关注创业实践（不少人批评创业研究理论驱动不足，甚至没有理论），以管理研究为镜子，创业研究真正发力的日子还未到来，但即将到来。其次，创业研究自诞生之初就具备广泛的学科基础（不少人批评创业研究是大杂烩），因此创业研究绝不可能局限于商学院，商学院日子不好过，创业研究随时都可另寻良宅。最后，创业研究迄今为止都没有形成公认统一的定义（不少人批评创业研究太发散），学者们基本上是按需选择适合的创业定义，这一需要主要取决于学者们所依托的学科和所选择的理论，特别是今天创业实践已经发生突变，跨理论分析恰恰更容易谋求创新。

这些仅仅是创业研究所具备的有利条件，但将条件变为现实影响力，则需要提高创业研究的格局，在回应人类社会的重大挑战方面做出贡献。在这篇文章中，维克朗德等学者认为有几方面的趋势非常值得关注：①大多数人研究创业活动好的一面，但忽视了创业研究不好的一面，而不好的一面恰恰可能在微观和宏观层面回应重大挑战。例如，创业活动创造经济价值但存在着剥削员工或污染环境等问题，同时诱发创业者个人以及家庭的幸福感危机，这些问题都具有深远而广阔的社会性。②创业与平等问题，1966～2017 年，绝对贫困人口从 50% 下降到了 9%，这中间肯定有创业的贡献，但同时伴生的收入和财富不平等问题愈演愈烈，这不仅关乎创业实践问题，还关乎政府和公共政策问题。③基于证据的创业政策。大多数国家都在积极推进鼓励创业的政策措施，但大多数政策的制定都缺乏足够的微观证据支撑。例如，似乎每个国家都在积极通过公共政策打造各自的硅谷，但成败两重天，收效甚微。如何提高创业政策的科学性和有效性，特别是基于创业实践和区域环境来谋求差异性政策，需要微观研究提供的证据支撑。④气候变化及其后果。气候问题是全球的大问题，这是不少经济学家和公共管理学家关注的焦点，但应对气候问题需要新思维、新模式和新方案，而这必然会诱发新的创业机会和新的创业物种，这些创业物种显然会有利于解决气候问题。创业与可持续发展问题非常值得研究。

维克朗德等学者进一步指出，基于科学严谨性和理论创造性，创业研究的学术合法性和接受度越来越高，但大多数研究看似没用的深层次原因是创业学者往往凭着自己的兴趣开展研究，并未考虑利益相关者想要创业学者开展什么研究；创业学者关注的是如何打磨自己的研究成果，但并不注重向观众传播研究成果并将研究成果向实践应用转化。面向未来，创业学者有必要在研究选题和研究工作方面做出调整和改变，一旦如此，创业研究成果必将产生更广阔而深远的经济社会影响力。

迪安·谢泼德等学者：步入理论丛林时代的创业学科

除了环境变化诱发的实践变化，创业研究自身的理论发展也呈现出挑战性。迪安·谢泼德等学者于2019年在《管理杂志》上发表了《我们在解释什么？有关创业活动发生、开展、结果和情境化主题的回顾与展望》一文，从凝练创业研究文章涉及的因变量入手，剖析创业研究关注并解释的问题边界，基于此勾勒了创业研究的学术版图及未来研究趋势。

在该文章的开篇，谢泼德等学者引述了一段很有趣的对话。谢泼德教授有一位研究战略的同事，他对谢泼德教授讲："你们创业研究有太多的因变量，战略的因变量只有绩效，创业研究要的是一切因变量。"谢泼德教授这样回复："是的，我们有很多不同的因变量，但这不正是好事吗！"大胆猜测，也许是这段对话刺激到了谢泼德教授，为了给创业研究正名，才有了这篇文章的构思和写作。具体而言，谢泼德等学者系统总结和回顾了2001～2018年发表在10本顶级创业和管理期刊的918篇文章中所涉及的因变量及其研究问题，在文献研究设计方面，分类是最重要的方法，这篇文章的特色在于以因变量作为归类的依据，将918篇文章分别归入了创业发生、创业过程、创业结果、情境化创业四个范畴，分别回顾并展望了这四个范畴内已有研究所关注的研究问题及其理论进展，并在此基础上提出了各个范畴内的未来研究方向以及范畴间潜在关联所隐喻的新趋势。在这里，不对这篇文章的梳理和展望内容做具体介绍，感兴趣的朋友可以阅读原文。

值得一提的是，浙江大学管理学院沈睿博士详细记录、整理了这篇文章中文献回顾所涉及的因变量数量，总计397个。其中，创业发生范畴涉及85个因变量、创业过程范畴涉及165个因变量、创业结果范畴涉及61个因变量、情境化创业范畴涉及86个因变量。进一步对397个因变量进行主题归类，也就是将相近或相似的因变量依据理论含义归入特定主题，397个因变量总共涉及62个主题。这一结果既表明了创业现象的复杂性、多样性和多维性，也隐喻创业研究已经步入了理论丛林阶段，来自不同学科领域的学者基于不同的理论研究创业并发展各自的理论。那么，在这背后的潜在挑战是，步入理论丛林阶段后，除了解释创业现象，创业研究可能会给组织和战略等相邻领域带来什么样的理论贡献？如果能带来贡献，那么在丛林中的哪一部分更可能实现这一目标？这是当下乃至未来创业研究面临的战略性问题。

对于这一问题，谢泼德等学者在文末的总结可能更值得我们继续思考。一方面，尽管创业研究关注的因变量规模庞大，但少有因变量关乎经济社会变革和新趋势。例如，没有任何因变量关乎电子商务等新兴创业活动。这一结果并不是否认创业学者没有关注电子商务等新兴创业活动，而是警示研究深度不够可能会与时代脱节。另一方面，创业研究高度微观化，认知心理和行为科学对创业研究的影响越来越大。绩效尽管仍是主导性因变量，但其占比却在过去17年间显著下降，2001～2007年，30%的创业研究采用了绩效作为因变量，而2014～2018年，这一比重下降到了16%；心理幸福感、动机等因变量占比快速攀升。微观化并不是坏事，如何结合新情境和新实践谋求新理论创新和贡献，是步入理论丛林时代的创业研究在当下乃至未来正面临的关键挑战。

创业研究正经历新一轮的突破转型

创业研究正在回应新问题和新挑战中经历新一轮的突破转型。大胆地判断，这一轮突破转型根本不同于创业研究在发展过程中所经历过的重大转型。20世纪80年代以来，创业研究大致经历了从开展"实践导向研究"到"科学范式研究"、从关注"谁是创业者"到"创业者如何创业"、从揭示"创业者如何创业"到"创业者如何思考决策"等历次重大转型，这些重大转型的驱动力量主要来自理论发展，在研究层面可以概括为采用更好的理论、设计、方法来探索更加深刻透彻的学术问题，创业研究因此而迅猛发展。但是，创业研究新一轮转型和深化的驱动力量首先是创业情境变革诱发的新实践，加之宏观环境变革赋予创业的新价值，以及创业研究学术版图扩张伴生的理论整合挑战，这三股力量的交互和叠加，使创业研究必将呈现出新面貌。在当下乃至未来，创业研究正在探索新问题、回应新挑战、建构新理论。

创业情境变革诱发新实践，新实践孕育新问题。创业活动如何发生？创业结果因何而不同？这是创业研究需要回答的基础问题，但这一基础问题的学术内涵自然会因情境和实践变化而不断推陈出新，甚至发生根本性变化（Zahra，2007）。过去、当下乃至未来，互联网、信息技术和数字技术等新兴技术的进步和应用普及诱发了创业情境变化，创业更依赖于情境，也具有更强的情境敏感性，创业实践在适应新情境中悄然变革，在这一变革背后，有哪些问题和现象是创业研究已有发现的情境应用和拓展，又有哪些新问题和新现象可能会推动创业研究进一步实现理论发展？创业研究已经准备好拥抱并接受这些转型和变化带来的挑战了吗？这些问题尽管很难回答，但至关重要。近年来，这些问题已经引起了学者们关注，尝试凝练信息社会和数字经济时代下新兴创业实践的特征及其诱发的新问题（Briel，et al.，2018；Nambisan，2017；Nambisan，et al.，2019）。基于新的创业情境，理解并认识新兴创业实践在行为、过程和结果方面的变化（Davidsson，Gruenhagen，2020），提出这一变化背后所蕴含的新问题及其学术价值，显然将推动创业研究进一步转型、深化和发展。

宏观环境变革诱发新挑战，新挑战带来新价值。21世纪以来，人类社会不得不应对气候变化、人口老龄化、经济不均衡、能源短缺、政治危机等一系列重大挑战，不少学者呼吁管理研究有必要为人类社会应对重大挑战贡献智慧（George，et al.，2016）。特别是信息社会和数字经济时代，创业活动不再拘泥于个人或团队成败，而是在更大的范围内（行业、国家甚至全球）创造或定义新的资源配置机制和产业运营规则，展现出了前所未有的强劲经济社会影响力，积极和消极影响都非常显著。面向未来，创业研究如何回应这些重大挑战并因此而做出新的价值贡献？这很有必要引起学术研究重视，哪些创业可能加剧我们面临的重大挑战？又有哪些创业有助于解决我们面临的重大挑战？在宏观层面，我们又应该采取什么样的政策、朝着什么方向引导和优化创业结构？

创业研究已步入理论丛林阶段，亟待突破理论瓶颈。21世纪初，创业研究以独立研究领域的姿态融入主流管理研究领域，此后的二十多年里，创业研究在与其他领域融合中迅速扩张学术版图，创业机会、创业行为、创业认知、创业决策、创业网络、创业资源、创业团队、创业领导、创业合法性等理论构念不断涌现；研究对象也在不断细化和拓展，国际创业、社会创业、家族创业、跨代创业、公司创业、制度创业、女性创业、边缘创业、移民创业、农村创业、数字创业、文化创业等与现象高度相关的研究主题日益丰富。创业研究已经步入理论丛林阶段，这一理论丛林不同于战略管理等其他领域的本质在于，创业研究所关注的因变量呈现出高度多样性、跨学科和多层次性等基本特征，我们很难像"战略管理就是研究企业行为和绩效为何不同的领域"那样精练概括创业研究领域。这是我们面临的客观事实，既表明了创业现象的多样性和复杂性，也带来了理论建构和发展挑战。在过去10年里，创业研究并没有继续产生诸如资源拼凑、奏效逻辑等源于创业情境和创业活动的新理论，甚至资源拼凑和奏效逻辑等理论也在停滞不前。在理论丛林中进行探索，如何把握基于不同领域、不同理论甚至不同学科视角下创业研究的学术主张和发展脉络，增进领域内对话和互动并在此基础上推动理论建构和发展？创业研究与其他领域的融合必然会加速，创业研究如何在与组织和战略等相关领域融合中做出新的理论贡献？

◆ 参考文献

Briel, F., Davidsson, P., and Recker, J., 2018, "Digital technologies as external enablers of new venture creation in the IT hardware sector", *Entrepreneurship Theory and Practice*, Vol. 42, No. 1: 47-69.

Davidsson, P., and Gruenhagen, J.H., 2020, "Fulfilling the process promise: a review and agenda for new venture creation process research", *Entrepreneurship Theory and Practice*, Doi: 10.1177/1042258720930991.

George, G., Howard-Grenville, J., Joshi, A., Tihanyi, L., 2016, "Understanding and tackling societal grand challenges through management research", *Academy of Management Journal*, Vol. 59, No. 6: 1880-1895.

Nambisan, S., 2017, "Digital entrepreneurship: toward a digital technology perspective of entrepreneurship", *Entrepreneurship Theory and Practice*, Vol. 41, No. 6: 1029-1055.

Nambisan, S., Wright, M., and Feldman, M., 2019, "The digital transformation of innovation and entrepreneurship: progress, challenges and key themes", *Research Policy*, Vol. 48, No. 8: 1-9.

Shane, S., Venkataraman, S., 2000, "The promise of entrepreneurship as a field of research", *Academy of Management Review*, Vol. 25, No. 1: 217-226.

Zahra, S.A., 2007, "Contextualizing theory building in entrepreneurship research", *Journal of Business Venturing*, Vol. 22, No. 3: 443-452.

▣ 文献推荐

Dushnitsky, G., and Matusik, S.F., 2019, "A fresh look at patterns and assumptions in the field of entrepreneurship: what can we learn?", *Strategic Entrepreneurship Journal*, Vol. 13, No. 4: 437-447.

Shepherd, D.A., Wennberg, K., Suddaby, R., and Wiklund, J., 2019, "What are we explaining? A review and agenda on initiating, engaging, performing, and contextualizing entrepreneurship", *Journal of Management*, Vol. 45, No. 1: 159-196.

Wiklund, J., Wright, M., and Zahra, S.A., 2019, "Conquering relevance: entrepreneurship research's grand challenge", *Entrepreneurship Theory and Practice*, Vol. 43, No. 3: 419-436.

◉ 代表性学者

加里·杜希尼茨基（Gary Dushnitsky）

在纽约大学获得哲学博士学位，现任伦敦商学院战略与创业副教授。他的研究兴趣是从经济学视角来研究创业和创新，具体关注创业融资、公司风险资本、众筹融资，在《组织科学》《战略管理杂志》等期刊上发表过多篇论文。2013 年获得战略管理学会（SMS）新秀学者奖，担任《战略创业杂志》联合编辑以及《组织科学》高级编辑。E-mail：gdushnitsky@london.edu。

莎伦·马图西克（Sharon F. Matusik）

1998 年在华盛顿大学取得战略管理方向哲学博士学位。现任科罗拉多大学利兹商学院战略和创业学教授、院长，她的研究兴趣包括公司战略、创新和成长战略、风险资本、公司风险资本和创业等，在《战略创业杂志》《战略管理杂志》《管理杂志》等期刊上发表过多篇论文。现任战略管理学会（SMS）董事会成员。E-mail：sharan.matusik@coloado.com。

约翰·维克朗德（Johan Wiklund）

在延雪平大学国际商学院取得创业方向哲学博士学位。现任雪城大学马丁·惠特曼管理学院创业学教授，他当前的研究兴趣是创业者心理幸福感与脑神经多样性。在《创业理论与实践》《创业学杂志》《战略创业杂志》等期刊上发表过 100 多篇论文，引用次数超过 35 000 次。现任《创业理论与实践》主编。E-mail：jwiklund@syr.edu。

迪安·谢泼德（Dean A. Shepherd）

1997 年在邦德大学获得战略和创业方向哲学博士学位，现任圣母大学门多萨商学院创业学讲席教授，主要研究领域是创业，特别专注创业决策和创业学习方面的研究。在《组织科学》《应用心理学杂志》《战略管理杂志》《管理杂志》《创业学杂志》等期刊上发表过 70 多篇论文。曾任《创业学杂志》主编。E-mail：dsheph1@nd.edu。

国家自然科学基金支持下的创业研究项目：回顾、发展与展望

◎ 杨 俊[1]　◎ 赵新元[2]

1. 浙江大学管理学院、南开大学创业研究中心；2. 中山大学管理学院

改革开放以后，创业活动在我国日趋活跃，社办企业、乡镇企业、集体企业和私营企业等迅速相继涌现并蓬勃发展，创业活动在释放民间活力、搞活并促进经济社会发展方面起到了突出作用。经济学家和社会学家在解读区域经济社会发展中关注到了创业和中小企业问题，例如，社会学家费孝通先生聚焦乡镇企业提出了"苏南模式"。20世纪90年代，伴随私营企业的崛起，少数管理学家开始关注到创业和中小企业中的管理问题，例如，南开大学张玉利教授和对外经济贸易大学林汉川教授关注中小企业（张玉利，1996；林汉川、魏中奇，2000），中山大学李新春教授关注企业家和家族企业管理（李新春，2000），吉林大学蔡莉教授关注高技术产业（蔡莉，1989）；同时聚焦创业理论的学术讨论和研究论文开始零散出现，林强、姜彦福和张健于2001年在《经济研究》上发表了《创业理论及其架构分析》一文，系统梳理并归纳了国外创业研究的理论流派与基本架构，但创业研究此时在国内还并未成为一种研究领域。

21世纪初，伴随改革开放的深化，我国迅速融入了起源于欧美等发达国家的信息技术革命浪潮，信息技术在我国的普及和应用掀起了新一轮创业热潮，这一轮创业热潮更注重新兴技术应用、更富有创新性，对经济社会发展的推动促进作用更强。尽管企业家的作用非常突出，但如何科学引导并管理创业活动就成为时代赋予的新命题，要回答这一命题，客观上需要从管理角度来开展创业研究。基于这一背景，国内学者以学术会议形式积极推动创业研究，例如，2003年9月张玉利教授在南开大学组织召开"首届创业学暨企业家精神教育研讨会"；2005年9月蔡莉教授在吉林大学组织召开"创新与创业国际学术会议"；清华大学、南开大学、吉林大学、中山大学、浙江大学等高校相继成立研究中心来推动创业研究及其队伍建设。在以张玉利教授、蔡莉教授、李新春教授等为代表的奠基性学者坚持不懈的促进和推动下，随后国内创业研究迅速形成热潮，研究队伍不断发展壮大。值得一提的是，尽管国内创业研究在发展初期学习和借鉴了国外研究成果，但国内创业研究并非起源于对国外创业研究热潮的引进和模仿，国内创业研究在很大程度上源于我国改革开放和经济社会发展的实践需求，从这个意义上讲，服务国家重大战略和重大实践需求，是国内创业研究与生俱来的学术使命。

正因如此，国内创业研究在后续快速发展过程中吸收并借鉴国外研究成果，融合我国经济社会发展实践产生了鲜明特色。

2008年，国家自然科学基金委员会管理科学部在工商管理学科增设"创业与中小企业"（后更名为创业管理）二级学科代码，这是国内创业研究发展历程中的里程碑事件，创业研究正式作为独立学科融入我国管理科学领域。在国家自然科学基金的支持和推动下，国内创业研究取得了跨越式发展。以国家自然科学基金"创业管理"二级学科代码下2008～2021年资助项目为分析对象，我们回顾了国内创业管理研究跨越式发展的历程，展望了未来创业管理研究的挑战与机遇，融合国际国内双循环的新发展格局等重大战略背景，拟为国内创业研究提出路线图式的策略。

国家自然科学基金资助的创业研究课题总体概况

2008～2021年，国家自然科学基金在"创业管理"二级学科代码下共资助各类项目244项，其中重大项目6项、重点项目5项、面上项目123项、青年项目102项、国际（地区）合作交流项目3项、地区科学基金项目5项。资助总经费达10 833.57万元，平均资助强度为44.4万元/项。

图1-2展现了2008～2021年国家自然科学基金资助项目的变动趋势。2008年国家自然科学基金首次增设"创业管理"二级学科代码，不少学者出于个人习惯等原因仍在其他学科代码下申报创业研究课题，因此2008年该学科代码下的资助项目为2项。2009～2021年，创业研究课题资助量从7项增长到242项，资助项目规模增长迅猛，平均每年增长约19项，同时呈现出每四年形成增长周期的波浪形趋势。2009～2012年是首轮资助量快速增长期，从7项/年增长到18项/年；2013～2016年是第二轮增长期，从11项/年增长到23项/年；2017～2020年是第三轮增长期，从19项/年增长到31项/年。

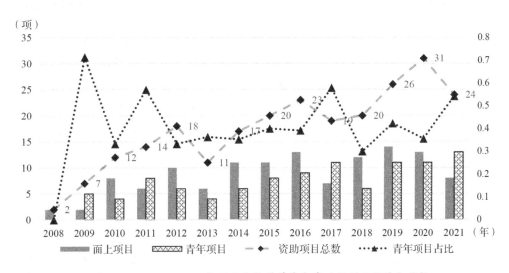

图1-2　2008～2021年国家自然科学基金资助的项目数量与结构

在国家自然科学基金适度向青年项目倾斜的总体资助方针指引下，2009～2021年，国家自然科学基金资助的面上项目和青年项目呈现出稳定增长、适度向青年项目倾斜的态势。总体上看，青年项目数量从2009年的5项增长到102项，平均每年增长约8项，青年项目资助量对资助总量的平均占比为41.8%。从资助量上看，2010年和2013年青年项目资助量最低（均为4项），2021年青年项目资助量最高（13项）；从资助占比上看，2009年青年项目占比最高，为71.4%，2018年青年项目占比最低，为30%。

表1-1展现了2008～2021年获得过2项以上国家自然科学基金项目资助的学者所在高校。整体上看，2008～2021年，170位学者获得过重大项目、重点项目、面上项目和青年项目这四类项目资助，共计236项，涉及82所高校，平均每位学者获得资助项目数为1.39。其中，分属24所高校的42位学者（占比24.7%）获得过2项及以上的资助项目，分属17所高校的19位学者（占比11.2%）获得过3项及以上的资助项目，分属5所高校的5位学者（占比2.9%）获得过4项资助项目。

表1-1　2008～2021年获得过2项及以上国家自然科学基金资助项目的学者所在高校

5位获资助4项的学者所在高校	中国人民大学、西南政法大学、南开大学、上海大学、吉林大学
14位获资助3项的学者所在高校	吉林大学、东南大学、中山大学、北京林业大学、中央财经大学、南京大学、北京大学、华中科技大学、南开大学、浙江工商大学、浙江大学
23位获资助2项的学者所在高校	重庆大学、南开大学、西安交通大学、中山大学、浙江财经大学、吉林大学、西安理工大学、上海财经大学、浙江大学、安徽财经大学、广东工业大学、合肥工业大学、厦门大学、浙江理工大学

连续获得基金项目资助意味着研究延续性，在19位获得过3项及以上资助项目的学者中，16位学者在10多年内持续研究创业问题并连续获得不同类型的项目资助且研究具有很好的连续性，他们在完成青年或面上项目之后，连续获得"2～3项面上项目"资助或获得"面上项目+重点项目或重大项目"资助。更为重要的是，在其他23位获得2项资助项目的学者中，17位学者的项目资助具有连续性。这表明在国家自然科学基金的支持和资助下，创业研究已经逐步形成了以吉林大学、南开大学、中山大学等高校为代表的一支骨干研究队伍和研究力量。

2020年，聚焦创新驱动创业的重大理论和实践问题，吉林大学蔡莉教授牵头，南开大学、北京大学、浙江大学和中南大学等高校联合申报的课题获得重大项目资助。2008～2021年，项目资助量排名前三的高校分别是吉林大学（25项）、南开大学（18项）、中山大学（16项），占资助总量的24.2%，图1-3展现了这三所高校的资助项目类型分布。2008～2021年，国家自然科学基金共资助了11项重大或重点项目，其中吉林大学承担3项（蔡莉教授）、南开大学承担3项（张玉利教授和杨俊教授）、中山大学（李新春教授）、浙江大学（魏江教授）、北京大学（路江涌教授）、中南大学（李大元教授）、西南政法大学（韩炜教授）等高校研究团队各承担1项。前三所高校资助项目总量反映出其研究实力与水平，同时在过去5年里，国家自然科学基金资助项目的高校范围和规模呈现快速增长势头，上海大学、广东外语外贸大学等一大批高校申报并获得国家自然科学基金面上和青年项目资助。

总体上看，国家自然科学基金在推动国内创业研究发展方面起到了关键作用，这在客观上表现在资助项目规模、资助总经费、重大或重点项目数量等方面。更为重要的是，在国家自然科学基金的大力支持下，国内创业研究在研究队伍建设和研究主题方面取得了长足进步，不断缩小与国际研究之间的差距，甚至在某些主题研究上与国际研究开始齐头并进。

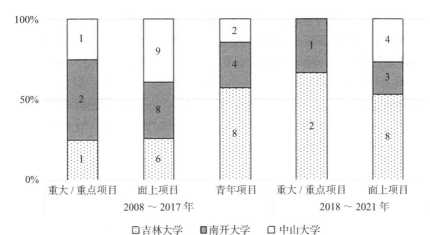

图 1-3　国家自然科学基金项目资助量排名前三的高校资助项目类型分布

在国家自然科学基金资助下国内创业研究队伍取得的突出成绩

国家自然科学基金的资助和支持有力地促进了国内创业研究的队伍建设，项目主持人结构明显呈现为年轻化趋势。重大或重点项目方面，45周岁及以下的主持人占比为27.3%。面上项目和青年项目方面，图1-4展现了2008～2021年项目主持人的平均年龄变化以及40岁及以下项目主持人的占比情况。2009～2021年，面上项目和青年项目主持人的平均年龄为37岁，2009年的平均年龄为34.3岁；2018年的平均年龄最高，为39.1岁。2009～2021年，40岁及以下项目主持人的总体占比达到76%，其中，2013年的比例最高，达到了90%；2010年的比例最低，为58.3%。更为重要的是，从趋势上看，40岁及以下项目主持人占比呈现为明显的上升态势，从2010年的58.3%上升到2021年的80%。35岁及以下项目主持人总体占比为47%，2018年的比例最低，为33.3%；2017年的比例最高，为77.8%。从态势上看，35岁及以下项目主持人的比例呈现为阶段性波动，2009～2017年构成第一轮波动，从2009年的71.4%逐渐下降后再上升到2017年的77.8%，2017～2021年构成了第二轮波动，自2017年的峰值开始下降，到2021年回升到61.9%。

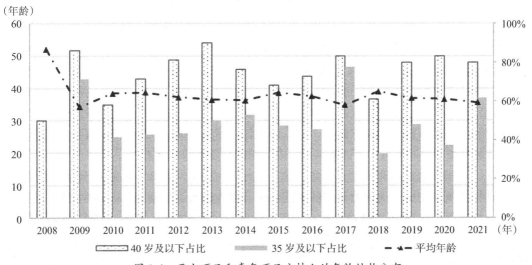

图 1-4　面上项目和青年项目主持人的年龄结构分布

图 1-5 展现了面上和青年项目主持人的职称结构分布。2009~2021 年，教授职称主持人占比总体上呈现明显下降的态势，到 2021 年仅占 23.8%，并且在大多数年份中这一比例均低于副教授和讲师职称的占比；副教授职称主持人占比也呈现为下降态势，从 2009 年的 42.8% 下降到 2021 年的 23.8%；讲师职称主持人占比则在总体上呈现为明显的上升态势，从 2009 年的 28.6% 上升到 2021 年的 52.4%。在创业管理领域，主持人的职称结构正在从正高、副高和中级职称三分天下的格局逐渐转变为中级职称为主导的资助格局，这在很大程度上反映出国家自然科学基金向创业研究青年学者倾斜的力度。

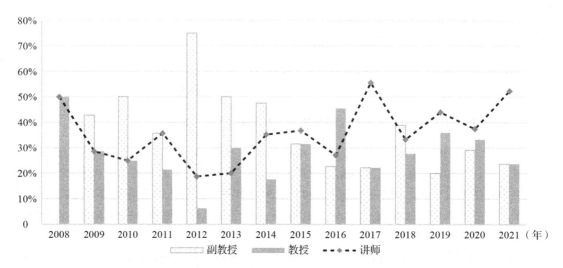

图 1-5　面上项目和青年项目主持人的职称结构分布

国家自然科学基金对青年学者的倾斜力度显著促进了青年人才成长。在获得过 2 项及以上的资助项目的 42 位学者中，至少有 27 位学者（占比为 64.3%）在连续开展基金项目研究过程中取得了职称晋升，一批青年学者逐渐成长为所在高校创业学科的青年学术骨干或学术带头人。

在国家自然科学基金资助下国内创业研究水平取得显著提升

在国家自然科学基金资助下，国内创业研究迅速从追随国际创业研究前沿转向与国际创业研究前沿并行，同时在研究过程中融合我国经济社会发展实践呈现出鲜明特色，研究水平得到显著提升。总体上看，2008~2021 年，236 项重大、重点、面上和青年项目主要关注了创业导向、创业决策、创业认知、创业失败、创业团队、创业网络、风险投资、公司创业、国际创业、社会创业、商业模式、家族创业、创业行为、创业战略、创业生态等十多个主题领域，这些主题领域涉及 184 项课题，占资助课题总量的 78%。图 1-6 展现了上述主题领域内资助课题数量的时间分布，可以概括出国内创业研究发展的基本态势。

首先，与国际创业研究的主流话题一致，立足于"要素－认知－决策－行为"框架解释创业活动科学规律构成国内创业研究的主流话题，创业决策、创业认知、创业失败、创业导向、创业行为等主题领域的 64 项课题，占资助课题总量的 27.1%。其次，基于我国经济社会发展实践形成了研究特色，创业团队、创业网络、风险投资、家族创业、公司创业等体现我国经济社会情境特征的特色主题得到长期重视和发展，这些主题涉及 72 项课题，占资助课题总量的 30.5%。最后，从时间脉络上看，国内创业研究开始从追随国际创业研究前沿转变为与国际研究前沿并行，研究能力和水平得到显著提升。2008～2017 年，国内创业研究基本追随国际研究前沿，同时结合我国经济社会发展实践开展研究，这表现为上述国际创业研究框架中的主流话题以及融合我国创业实践的特色主题占据主导地位的基本事实。上述主流话题和特色主题在 2008～2017 年涉及 82 项课题，占这期间资助课题总量的 57.7%。2018～2021 年，"创业行为"主题下的研究项目开始与我国互联网和数字经济发展实践融合，研究主题更加前沿；创业生态、创业战略以及商业模式等国际研究的前沿主题开始在国内研究得到重点关注，在时间上与国际研究同步甚至是超前，这些主题方向涉及 61 项课题，占这期间资助课题总量的 64.9%，例如，在过去 4 年里，创业生态主题从 2008～2017 年的 1 项迅速增加到 14 项。国内创业学者独立地凝练新现象、论证科学问题、开展理论设计，研究水平和能力取得了显著进步。

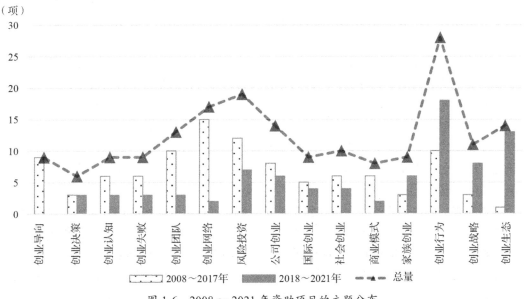

图 1-6　2008～2021 年资助项目的主题分布

国内创业研究的进步还表现为高层次的项目资助，在主流话题、特色主题与前沿主题方面设计的 11 项课题得到重大和重点项目资助。在主流话题方面，创业行为方向资助重点项目 1 项、创业认知方向资助重点项目 1 项，"认知-行为"的重点资助格局促进了国内研究与国际研究的融合；在特色主题方面，创业网络方向资助重点项目 2 项，推动基于我国创业实践的创业网络理论的建构与发展；在前沿主题方面，商业模式方向资助重点项目 1 项，基于互联网和数字经济情境下的创新驱动创业的基础理论、数字创新驱动的创业行为、大公司创新驱动的创业、创新驱动的创业生态系统、创新驱动的国际创业等方向资助重大项目 5 项。

尽管国内创业研究在总体上进步显著，但在各个领域方向的发展存在着不对称性，某些领域领先与其他领域滞后并存。具体而言，相对于国际研究，在某些主题领域特别是主流话题方面仍处于学习和模仿阶段，在研究话题方面落后于国际研究前沿。例如，在创业决策主题方面，大多数资助项目更多的是基于 Effectuation 理论的情境化研究，聚焦在不同创业阶段和不同创业情境下展开理论检验和应用，这样的研究具有学术价值，但与国际创业研究中引入心理学和行为科学来研究创业情境下的决策方式、过程及其驱动因素的研究相比，国内创业研究在研究深度和贡献方面略显不足。如何基于创业情境引入多学科理论和方法来开展研究，是国内创业研究当前乃至未来在主流话题方面寻求理论突破的重要途径。

另外，国内研究在创业行为、创业生态、创业战略等主题领域与国际前沿并行，表现出了很强的学术引领性和探索性。具体而言，在创业行为主题领域，近年来资助项目开始关注"用户创新驱动下的创业""数字经济下的创业基础理论""数字创新驱动的创业行为""数字创业企业的非线性成长机理""数字创业企业迭代创新行为规律""数字化情境下创业者与用户互动的形成机理"等前沿问题，这些问题是国际创业研究当下正在关注的前沿课题，具有很好的学术引领性。在创业生态主题领域，资助项目主要从两个角度展开研究，一是将现实中的创业生态系统作为新的研究情境与视角来探索创业研究领域的基础性问题，如创业机会来源、新创企业成长、新创企业战略及新创企业技术创新；二是注重结合我国在互联网和数字经济发展中的领先实践，结合前沿理论来探索生态系统形成和演化、生态系统参与者的协同机制与竞争优势、生态系统治理机制等问题，这些问题具有更强的超前性，有可能在基于新兴创业实践的理论建构和发展方面做出突出贡献。

在创业战略和商业模式领域，国内研究在吸收国际研究的基础上迎头赶上，在探索新商业模式的形成和调整的过程机理基础上，资助项目深化探索基于多元利益相关者互动的最优区分战略、新创企业高度灵活竞争行为动态性的形成机理、新创企业社会责任的前因与影响效应、商业模式创新与竞争优势、区块链技术与商业模式创新等前沿问题。基于这方面项目的研究，国内创业研究不仅在理论问题上与国际前沿研究并行，而且在探索我国情境的独特影响以及研究设计方面做出了大量积极探索。

概括起来，国内创业研究在国际创业研究的创业过程学派鼎盛时期兴起，国内创业研究兴起的早期，尽管相关研究体现了基于我国创业实践的独特性，但在研究主题和问题上基本是在吸收国际前沿研究基础上的理论创新。在过去 10 年里，基于国际创业研究从行为过程转向认知决策的理论背景，国内创业研究不再拘泥于追随，开始与国际创业研究并行探索前沿研究问题，特别是基于我国经济社会发展的新实践，国内创业研究在新兴主题方面与国际研究同行，甚至在某些主题上更具有前瞻性。

新时期国家自然科学基金资助下的国内创业研究发展与展望

国家自然科学基金对于国内创业研究的发展和进步起到了重要的推动和促进作用。这一促进作用主要来自两个途径，一是聚焦关键领域资助重大或重点项目，对研究方向和选题发挥引领作用，2007 年，国家自然科学基金资助了"基于资源观的新企业创建与早期成长机理研究""新创企业创业模式与成长机理" 2 项重点项目，对于国内创业研究迅速融入创业过程研究的国际研究前沿，特别是在"要素 – 行为"的研究框架及动态跟踪的创业调查研究设计方面起到了推动作用，促进国内创业研究迅速融入国际学术社区。二是基于面上项目的研究积累，融合我国创业实践独特性凝练优先领域方向，通过资助重点项目进一步推动并促进创业研究迈上新台阶。在国家自然科学基金的支持下，近年来国内创业学者聚焦新时代的情境特征、国家重大战略需求和学科前沿开展了研究方向和优先领域探索。

2019 年 5 月 16～17 日，国家自然科学基金委员会第 236 期双清论坛在长春召开，本期论坛以"创新驱动的重大创业理论与关键科学问题"为主题，湖南商学院（2019年6月更名为湖南工商大学）原校长、中南大学商学院名誉院长陈晓红院士，吉林大学党委常务副书记蔡莉教授，浙江大学管理学院王重鸣教授和中山大学管理学院李新春教授共同担任论坛主席。来自中南大学、吉林大学、浙江大学、中山大学、南开大学、北京大学、清华大学、中国人民大学、同济大学、中国科学院大学等33所高校的45位"院士""国家杰出青年""长江学者"和教授齐聚论坛开展学术研讨。与会专家围绕"创新驱动的重大创业理论与关键科学问题"这一主题，分析和凝练了创新驱动的创业理论研究领域的重大科学问题，提出了今后5～10年的重点研究方向。

2019～2021年，国家自然科学基金立项了"工商管理学科发展战略及十四五发展规划研究"专项项目，南开大学张玉利教授担任项目负责人。在融合学科发展前沿的基础上，重点结合新时期我国经济社会发展实践涌现的新需求和新问题，国内创业研究领域的专家同行与领先企业的企业家协同，注重理论研究和实践需求的交互，凝练了创业管理领域"十四五"期间的优先发展领域，这些优先发展领域显然会对国内创业研究起到重要引领作用。

除了上述侧重研究方向的战略性探索，聚焦创业研究领域的新兴实践和前沿议题，国内创业领域的学者还开展了富有成效的理论探索和研究框架构建工作。其中的代表性研究成果至少包括：张玉利和谢巍（2018）讨论了我国改革开放实践与创业活动的共同演化，并在此基础上进一步指出未来的研究议题；周青等（2018）分析了创业管理研究热点的国际比较与学科资助建议；余江等（2018）、蔡莉等（2019）讨论了数字技术如何影响创业活动及其未来研究议题；朱秀梅等（2020）聚焦数字创业问题讨论了其要素与生成机制；周冬梅等（2020）系统回顾了创业研究进展并提出了未来研究方向；李新春等（2020）聚焦家族企业研究开展了理论述评和未来展望；李加鹏等（2020）讨论了制度与创业研究融合的未来研究方向；韩炜和邓渝（2020）聚焦商业生态系统展开文献述评与展望；杨俊等（2020）构建了商业模式创新是否及如何诱发竞争优势的理论框架；刘志阳等（2021）讨论了数字创业研究的新挑战和新范式；贾建锋等（2021）分析了数字创业团队特征并构建了理论框架。

当下乃至未来，在创新驱动发展战略、国际国内双循环的新发展格局等国家重大战略背景，加之信息技术、数字技术等新兴技术的普及应用，创业活动必将在我国经济社会高质量发展中起到更加突出的作用。国内创业研究正在积极响应国家重大战略，融合学科前沿、聚焦研究方向和主题，在立足新起点、把握时代机遇中迈上新台阶。

◆ 参考文献

蔡莉. 高技术产业及其发展规律初探 [J]. 技术经济，1989（5）：26-29.

蔡莉，杨亚倩，卢珊，等. 数字技术对创业活动影响研究回顾与展望 [J]. 科学学研究，2019，37（10）：1816-1824.

韩炜，邓渝. 商业生态系统研究述评与展望 [J]. 南开管理评论，2020，23（3）：14-27.

贾建锋，刘梦含. 数字创业团队：内涵、特征与理论框架 [J]. 研究与发展管理，2021，33（1）：101-109.

李加鹏，吴蕊，杨德林. 制度与创业研究的融合：历史回顾及未来方向探讨 [J]. 管理世界，2020（5）：204-219.

李新春. 企业家过程与国有企业的准企业家模型 [J]. 经济研究，2000（6）：51-57.

李新春，贺小刚，邹立凯. 家族企业研究：理论进展与未来展望 [J]. 管理世界，2020（11）：207-228.

林汉川，魏中奇. 中小企业的界定与评价 [J]. 中国工业经济，2000（7）：12-19.

林强，姜彦福，张健. 创业理论及其架构分析 [J]. 经济研究，2001（9）：85-94.

刘志阳，林嵩，邢小强. 数字创新创业：研究新范式与新进展 [J]. 研究与发展管理，2021，33（1）：1-11.

杨俊，张玉利，韩炜，等. 高管团队能通过商业模式创新塑造新企业竞争优势吗？——基于CPSED II 数据库的实证研究 [J]. 管理世界，2020，36（7）：55-77+88.

余江，孟庆时，张越，等. 数字创业：数字化时代创业理论和实践的新趋势 [J]. 科学学研究，2018，36（10）：1801-1808.

张玉利. 小企业增强竞争力的十条措施 [J]. 中外管理，1996（6）：37-38.

张玉利，谢巍. 改革开放、创业与企业家精神 [J]. 南开管理评论，2018（5）：4-9.

周冬梅，陈雪琳，杨俊，等. 创业研究回顾与展望 [J]. 管理世界，2020，36（1）：206-225.

朱秀梅，刘月，陈海涛. 数字创业：要素及内核生成机制研究 [J]. 外国经济与管理，2020，42（4）：19-35.

▣ 文献推荐

陈晓红，蔡莉，王重鸣，等. 创新驱动的重大创业理论与关键科学问题 [J]. 中国科学基金，2020，34（2）：228-236.

周冬梅，陈雪琳，杨俊，等. 创业研究回顾与展望 [J]. 管理世界，2020，36（1）：206-225.

周青，顾远东，吴刚. 创业管理研究热点的国际比较与学科资助建议 [J]. 中国科学基金，2018（2）：198-202.

◉ 代表性学者

蔡莉

　　1990 年在吉林工业大学获得技术经济博士学位，是我国第一位技术经济专业博士。吉林大学管理学院教授、博士生导师，吉林大学创新创业研究院院长，国家杰出青年基金获得者，中国科学学与科技政策研究会副理事长，中国管理现代化研究会创业与中小企业管理专业委员会主任委员，国家自然科学基金委员会管理科学部专家咨询组成员。她是国内创业研究领域的主要推动者和引领者，牵头主持国家自然科学基金重大项目 1 项、重点项目 3 项。她指导培养了近三十名博士、博士后，分别在吉林大学、中山大学、郑州大学、上海大学、西安电子科技大学、中央财经大学等高校任职，这些学生已成为创新创业研究与实践的骨干。E-mail：cli@jlu.edu.cn。

张玉利

　　1998 年在南开大学获得经济学博士学位，南开大学商学院教授、博士生导师、教育部"长江学者"特聘教授、全国优秀博士学位论文指导老师。他是国内创业研究的主要推动者和引领者，主持国家自然科学基金重大项目 1 项、重点项目 2 项。他创立了南开大学创业研究中心，因其在创业与中小企业研究领域的杰出贡献获得 2016 年"复旦管理学杰出贡献奖"。他指导培养的三十多名博士、博士后，分别在南开大学、浙江大学、东南大学、中山大学、吉林大学、天津大学、山东大学、合肥工业大学等高校任职，他们已成长为创业研究领域的青年骨干。E-mail：ylzhang@nankai.edu.cn。

李新春

  1995年在洪堡大学获得经济学博士学位，中山大学管理学院教授、博士生导师，教育部"长江学者"特聘教授，享受国务院政府特殊津贴专家，"复旦管理学杰出贡献奖"获得者，中国管理现代化研究会创业与中小企业管理专业委员会及公司治理专业委员会副主任委员。《管理学季刊》的联合创始人，1999年创立了中山大学中国家族企业研究中心。长期致力于战略联盟、家族企业和创业管理的研究，是国内较早开展家族企业和创业研究并有着广泛学术与社会影响力的学者之一。主持国家自然科学基金重点项目1项、国际（地区）合作交流项目1项、面上项目6项，其研究已形成一系列学术成果，并在国内外重要期刊上发表。E-mail：mnslxc@mail.sysu.edu.cn。

关键学者与学者网络

本章呈现了创业研究的发展脉络以及20世纪80年代至今的重要转型，你可以了解创业研究在不同阶段的关键问题及其背后的学术判断，这显然有助于你把握你正在探索的研究问题在创业研究学术谱系中所处的位置，特别是你关注的研究问题所依托的理论思想源泉，你的研究自然不会是无源之水、无本之木。前沿研究在很大程度上并不取决于发表时间，它往往根植于理论思想源泉中看似朴素但颇具挑战性的基本判断，这些基本判断穿越时间河流继续引领新的前沿学术思想。站在巨人的肩膀上，关注学者甚至比关注学术观点更加重要。哪些学者贡献了学术思想、哪些学者值得持续跟踪关注？

关于创业者职能、创业机会和创业情境的理论思想来自理查德·坎狄龙（Richard Cantillon）、吉恩·萨伊（Jean B. Say）、弗兰克·奈特（Frank H. Knight）、约瑟夫·熊彼特、伊斯雷尔·柯兹纳等经济学家的论著。20世纪70年代之后，不少经济学家开始聚焦创业理论开展研究，甚至试图发展创业经济学，其中以马克·卡森（Mark Casson）、威廉·鲍莫尔（William Baumol）和戴维·奥德兹（David B. Audretsch）为代表与领军人物。

威廉姆·加特纳（William Gartner）、杰尔姆·卡茨（Jerome Katz）、保罗·雷诺兹、卡尔·维斯珀（Karl H. Vesper）、杰弗里·蒂蒙斯（Jeffery Timmons）、威廉·拜格雷夫（William D. Bygrave）、霍华德·史蒂文森（Howard H. Stevenson）、伊恩·麦克米伦（Ian C. MacMillan）、阿诺德·库珀（Arnold Cooper）、芭芭拉·伯德（Barbara Bird）、霍华德·奥尔德里奇（Howard E. Aldrich）等学者在20世纪八九十年代倡导创业管理不同于公司管理，特别是在推动创业过程研究相关理论基础、研究方法和研究范式等方面做出了突出贡献。他们大都在20世纪六七十年代取得了经济学、心理学和社会学等博士学位，少数取得的是工商管理博士（DBA）学位，这些学者花费10年甚至20多年持续开展并坚持推动创业研究，他们是创业研究的开拓者和奠基者，没有他们的思想和贡献，就不会有创业研究今天的繁荣。

凯利·谢弗（Kelly Shaver）、罗伯特·巴伦、洛厄·布森利兹（Lowell W. Busenitz）、迪安·谢波德、罗纳德·米切尔（Ronald K. Mitchell）、杰弗里·麦克马伦（Jeffery McMullen）等学者在推动创业研究向认知决策转型方面起到了突出作用，除了凯利·谢弗和罗伯特·巴伦教授，其他学者大都在20世纪八九十年代取得战略和创业方向的博士学位，在攻读博士期间开始研究创业，目前是创业研究领域的领军人物，例如，迪安·谢波德和杰弗里·麦克马伦曾是印第安纳大学凯利商学院的同事，他们长期合作研究、共同发表文章，同时分别担任创业研究顶级期刊《创业学杂志》的前任和现任主编。

CHAPTER 2
第 2 章

创业在创造什么

什么是创业？这是学者们不断追问的基础问题，也是推动创业研究学术版图扩张的基本依据。20世纪80年代至今，不少学者从创业主体或创业情境差异视角来抽象、概括创业实践，从不同理论视角去探索创业现象的本质，形成了不少"主体 + 创业"或"情境 + 创业"的概念或术语，创业研究对象也因此而不断细化和拓展。个体创业、公司创业、女性创业、草根创业、移民创业、社会创业、国际创业、家族创业、农村创业、绿色创业、网络创业、数字创业等研究主题如雨后春笋般涌现，这在客观上反映了创业实践的普遍性、多样性和丰富性。

大多数成熟学科领域的研究对象和情境都具有丰富多样性，正因如此，总会有一些被长期坚守的基础性认识和判断支撑着学科领域的鲜明特色。这些基础性认识和判断，立足而又超越纷繁芜杂的现象，是融合基础理论思想、洞察现象本质而形成的高度抽象和概括。它们像约定俗成的基本命题，必然蕴含在研究之中，又不必然显露在研究之中。正如战略理论关注不同行业不同企业的行为和结果差异，有关企业性质的不同判断可能构成了学者定义和分析问题的基础之一。在解释相似现象时，基于不同的基础性认识和判断可能会定义出不同的科学问题，这恰恰构成了研究领域内不同流派或思潮之间交互、对话并在相互融合中推动理论发展的基础。对创业研究而言，对创业本质的理性认识构成了支撑创业研究在扩张中保持收敛、在与其他理论交融中保持独立性的基础性判断。

创业在创造新价值。这是经济学家特别是奥地利经济学派论著中赋予创业实践的基础认识：创业的新价值创造来自富于创业精神的个体与创业机会的结合，同时创业机会天生的风险和不确定性使得创业实践不同于一般意义上的企业行为。个体与创业机会的结合及其在价值创造中的新奇性、风险性和不确定性等特征构成了创业研究作为独立学科屹立在管理学科之林的根本基础，也促进了创业研究与战略管理之间的天然亲密性（战略管理仍源于经济学，战略管理关注企业间利润差异或价值创造问题），还诱发了试图建构基于创业活动而非企业理论的创业经济学的学术努力。正因如此，除了从微观层次去研究个体与机会的结合规律，在宏观层次研究创业与经济社会发展之间的潜在关联在创业研究诞生之初就成了重要主题，至今仍经久不衰。

新价值创造需要组织。因此，"创业在创造新组织"成为学者们的学理性共识。具体而言，创业是"从0到1"的组织生成过程，"0"意味着资源匮乏，"1"意味着组织诞生。创业过程自然不仅需要机会、组织化活动，还需要创业者在与环境互动中想方设法地获取资源，同时在赢得利益相关者认同的基础上与外界达成产品、服务和资源的交换活动。除了应对创业机会的不确定性和资源约束等情境外，创业者还需要通过适应或改变来处理环境中的规则约束，以及通过言行举止来赢得利益相关者的认同。因此，一些学者提出了创业在创造新制度的观点，概括新颖组织打破规则的制度属性；另一些学者提出创业在创造新文化的见解，强调新颖组织重塑身份和价值观的文化属性。人们很早就注意到，大多数创业的"0"具有高度相似性，但少数创业创造的"1"可能具有高度新颖性。换句话说，大多数创业创造的新组织之新在于"时间意义上的新生"；但少数创业创造的新组织之新在于"新颖"，也就是人们说的"新物种"（如沃尔玛）。结果不同，创业过程和行为自然会存在差异，但创业研究并未深入探索"新颖组织是什么及其从何而来"。

信息社会数字经济时代的创业情境发生了重大变化，与工业社会相比较，致力于创造"新物种"的新兴创业实践越来越普遍，诱发了不少难以被已有理论概括和解释的新的组织特征和属性。新兴创业实践起步于"0"的资源匮乏，在行为过程中不再是拘泥于同在位企业错位竞争，而是在与其正面对抗中强调破坏性极强的颠覆与竞争。"创业在创造新模式"已成为学者们对创业本质的新的学术判断，近年来进一步深化为"创业在创造新生态"（见图2-1）。

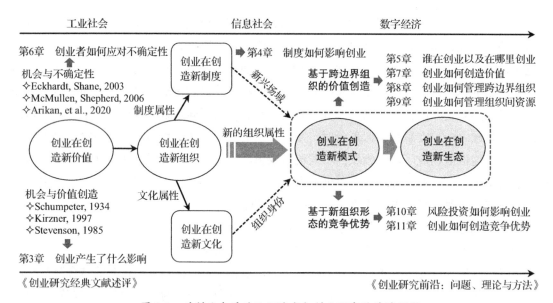

图2-1 对创业本质的认识演变与创业研究的关键问题

创业研究正在突破转型，经典问题展现了新特征（详见第3章、第4章、第7章、第9章、第10章），同时涌现出了不少极富挑战的新问题（详见第5章、第6章、第8章和第11章）。创业研究尽管在突破但不是全盘否定过往，喊口号和炒概念没有出路，我们比以往任何时候都更需要坚守学术理性，利用严谨论证来凝练老问题的新内涵、重新定义新问题，这也是本书编写团队共同的初心。

创业在创造新价值

◎ 尹珏林　◎ 赵嘉欣　◎ 林星雨　◎ 华欣意

中山大学管理学院

早在2000年,谢恩和文卡塔若曼在《管理学评论》(Academy of Management Review)上发表了《创业作为一个研究领域的前景》一文,创造性地提出了以"创业机会的识别、评价与开发利用"为主线的创业过程研究主张,强调从创业机会的角度去探索创业过程的一般规律。此后,谢恩又多次撰文指出了区分创业和其他学科的两个特征因素:一是作为研究对象的个人与机会的关系(Eckhardt,Shane,2003);二是这种关系的内在新奇性、不确定性、风险性特征。随着创业研究的逐渐深入,越来越多的研究者意识到创业的核心在于有利可图的机会与有创业精神的个体之间的结合,这突破了以往片面强调创业者作用的偏见,将创业机会摆到了突出的位置。

要素或产品市场的竞争不完善使得市场存在创造新经济价值的机会(Barney,1986;Shane,Venkataraman,2000),即创业机会往往起源于不明确的市场需求、未使用的资源与能力(Kirzner,1997),或者创新性产品与服务(Schumpeter,1934),是能经由创新性资源组合传递更高价值满足市场需求的可能性。创业活动的本质是创业者识别开发创业机会并采取创业行为以实现新的社会和经济价值创造。创业活动表明了创业机会的发现与构建可以通过具体行为填补市场空缺为创业者带来经济收益和社会绩效。这使得自从创业机会成为创业研究的核心议题以来,创业机会来自何处、又是如何被发现或创造,以及如何影响个体创业行为等都成了创业学者的重点研究问题。创业学者对这些重点问题的探索对于构建系统全面的创业机会研究领域发挥着至关重要的作用。

杰弗里·麦克马伦和迪安·谢泼德:不确定性、创业机会与创业行为

2006年,麦克马伦和谢泼德在《管理学评论》上发表了《创业行为和不确定性在创业者理论中的作用》一文,结合已应用于分析创业者行为的经济理论,通过考虑感知不确定性和

⊖ 本文是国家自然科学基金面上项目"社会企业使命漂移机制研究:基于制度复杂性的视角"(72072188)与"在华跨国公司企业社会责任行为机制及其权变策略研究:基于组织合法性的视角"(71672146)资助的阶段性成果。

承担不确定性意愿两方面，构建了一个更为完整的用于分析个体创业行为的概念模型，为分析不确定性、创业机会与创业行为提供了坚实的理论依据和分析框架。

两位学者旗帜鲜明地提出，成为一名创业者就是要根据已经确定值得追求的创业机会并在创业知识和创业动机影响下采取具体行动，而且由于创业行为是随着时间推进的，未来的不可预知性和创业行为固有的新颖性使得创业行为本质上受到不确定性的重要影响。在有风险的决策制定环境中，个体可以收集到有关决策的足够信息以预测与该决策相关的可能结果以及这些可能结果发生的概率。然而，存在不确定性的决策环境更多表现为个体决策时无法收集到有关决策所需的信息进而难以预测决策结果。由于创业行为是否发生取决于个体在多大程度上依赖自我判断，而自我判断又取决于决定是否采取行动时所经历的不确定性程度，使得不确定性成为个体创业行为的重要影响因素。然而，学者们对于不确定性在阻止创业行为方面所产生的影响尚未达成一致意见。有学者认为不确定性程度是潜在创业者和创业行为之间的障碍，也有学者认为缺乏承担不确定性的意愿才是阻碍潜在创业者参与创业活动的原因。

麦克马伦和谢泼德认为个体是否采取创业行为必须同时考虑各种行动要素，例如与感知不确定性有关的创业知识、与承受不确定性意愿有关的创业动机及激发创业行为的特定刺激，这些行动要素中所产生的不确定性都可能潜在影响个体创业行为。基于此，麦克马伦和谢泼德提出了一个"机会注意－机会评估"两阶段的创业行为概念模型（如图2-2所示）。他们对外部环境中的第三方创业机会（third-person opportunity，an opportunity for someone）与个体可开发的创业机会（first-person opportunity，an opportunity for the actor）进行了区分，揭示了创业者如何将第三方创业机会转化为个体可开发的创业机会。具体而言：第一阶段是个体对创业机会的识别与注意阶段，个体拥有的特定的先验知识与个体创业动机结合共同触发个体对第三方创业机会的注意。第二阶段是个体对创业机会的评估阶段，在这一阶段创业者对第三方创业机会中的不确定性的感知触发了其决策过程，个体对第三方创业机会能否成为可开发的创业机会进行创业知识上的可行性评估（feasibility assessment）以及创业动机上的合意性评估（desirability assessment）。如果个体评估后发现该第三方创业机会的回报能够证明承担必要的不确定性是合理的，那么个体会认为该创业机会具有可开发性，进而有足够创业动机来开展具体创业活动以把握该机会。

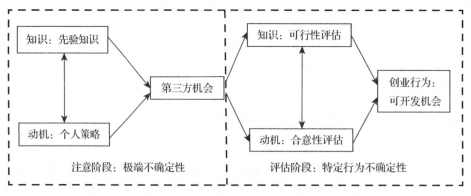

图2-2 不确定性视角下创业机会与个体创业行为分析框架

基于所提出的两阶段个体创业行为分析模型，麦克马伦和谢泼德重新解读了以熊彼特、柯兹纳、奈特三位代表性经济学家的研究观点在预测个体创业行为时的有效性和不足。

首先，熊彼特认为在创业机会注意阶段，所有个体都可以感知到同样的机会存在，而在创业机会评估阶段，个体由于承受不确定性的程度存在差异使得个体对于创业机会的新颖性评估有着不同标准，进而导致了个体对创业机会评估以及创业行为开展的差异。熊彼特的观点虽然隐含着个体需要有承受不确定性的意愿，但相对忽略了由于个体知识差异造成的感知不确定性的差异，使得熊彼特观点在分析创业活动中仅适用于难以先验评估的突破式创新领域，在经验适用范围上存在较大局限。

其次，与熊彼特聚焦于创业机会评估阶段不同，柯兹纳聚焦创业者对创业机会的注意阶段，而相对忽略个体承担不确定性的意愿，重点从认识论角度关注了创业者的创业警觉性以及成功创业者的共同心理特征。创业警觉是指创业者对市场呈现出有利可图的机会的关注敏感程度，这种警觉性是市场的产物。然而，柯兹纳将创业警觉转化为与市场环境分离的创业者个体判断力，将创业机会识别等同于创业行动，并认为个体拥有的先验知识能帮助其消除创业不确定性。此外，柯兹纳的观点并未考虑到创业动机存在的必要性。事实上，如果缺乏创业动机，那么个体的创业警觉就难以转化为创业行为。

最后，奈特注重分析创业机会评估阶段，对个体创业行为的决策过程进行讨论，认为利润来自不确定性，个人决策时需要对预测需求和成本进行评估。遗憾的是，奈特的观点在分析个体创业行为时难以体现个体对创业机会注意力的分配差异所导致的创业行为差异。

总体而言，麦克马伦和谢泼德的研究通过考察感知不确定性和承担不确定性意愿两方面，构建了个体创业知识和动机如何影响不确定性与个体创业行为之间关系的分析框架，提出了分析个体创业行为的"机会注意－机会评估"两阶段概念模型，为从创业机会视角分析个体创业行为提供了强有力的解释框架，不仅完善了我们对于不确定性与个体创业行为关系的理解，而且对极具影响力的现有经济模型在个体层面上对创业者行为预测有效性的重新阐释也指明了未来研究的重要方向。

罗伊·苏达比等学者：创业机会来源及其内在机制

麦克马伦和谢泼德的研究明确了个体如何将不确定的第三方创业机会转化为具有可行性的创业机会并采取创业行为，突出了创业机会识别在促进个体创业活动开展中起到的重要作用。然而，创业机会的存在是抽象且隐蔽的。对于创业机会来源的探讨有助于创业者及时发现创业机会的"藏身之处"并有效把握创业机会，这使得创业机会来源的探讨日渐成为创业研究领域核心问题之一，尤其是"创业机会是环境中客观存在还是创业者主观塑造"这一基本问题受到了越来越多的关注与讨论。一部分学者在创业者特质理论、构型理论等基础上秉持创业机会的"发现观"，认为创业机会是存在于环境中的客观现实，先于创业者个人观念而存在，需要创业者基于自身特征而从环境中发现，因此他们的研究多聚焦于分析创业机会的环境条件及创业者个人特质。而另一部分学者则从制度理论、创业认知等理论视角出发，认为创业机会并不是由外部环境决定的，不能独立于创业者个人观念而客观存在，秉持创业机会的"创造观"，主张创业机会更可能是一种通过创业者的创造性想象力和社会技能进行社会性建构的结果。值得一提的是，不同于阿尔瓦雷茨（Alvarez）等（2015）所提出的创业机会完全是创业者行动的内生产物这一观点，"创造观"在强调创业者的主观认知的决定作用的同时，一定程度上承认环境中的某些客观条件有助于产生创业机会，例如技术进步、政治或监管范围和人口变化,并承认外部资源环境在创业机会创造中的作用,而这也为在研究中对这两种观点的融合提供了一定的基础。

基于有关创业机会来源这一核心问题的已有研究成果,罗伊·苏达比(Roy Suddaby)等学者2015年在《创业学杂志》上发表了《定性视角下的创业:对创业机会的建构或发现的洞察》一文,将"印记"(imprinting)、"自反"(reflexivity)两种核心构念与"创业机会从何而来"这一核心问题结合起来,为"发现观"与"创造观"提供了相对应的解释机制(见表2-1)。苏达比等学者对9篇发表于《创业学杂志》的有关创业机会的定性研究文章进行梳理,采用扎根理论方法识别出了支撑两种创业机会来源观点的内在机制,即印记与自反。一方面,"印记"是指创业主体所嵌入的社会、政治和经济环境对其所产生的重要且持久的影响。在"发现观"中,复杂的社会历史情境通过影响创业者的感知系统进而限制了他们发现机会的能力,而印记作为一个关键的过程,解释了一些创业者如何比其他人更容易发现创业机会。另一方面,"自反"是指创业主体对由其所嵌入的社会、政治和经济环境所构成的约束的高度自我意识与认知,这种洞察力使创业者能识别这些制约因素并且可以进行设想和改变原有的制度安排。在"创造观"中,自反可以帮助创业者突破客观环境以及印记的限制与约束。

表2-1 创业机会来源观点及核心机制

	发现观	创造观
基本观点	创业机会是存在于环境中的客观现实,先于创业者观念而存在的,并且是创业者基于其自身特征而发现的结果	创业机会并非独立于创业者观念的客观现实,而是通过创业者的创造性想象力和社会技能进行社会性建构的结果
理论基础	创业者特质论、构型理论	制度理论、创业认知理论
核心机制	印记:创业主体所嵌入的社会、政治和经济环境对其所产生的重要且持久的影响	自反:创业主体对由其所嵌入的社会、政治和经济环境所构成的约束有着高度自我意识与认知
环境观	外部环境是具体的、不变的。创业者与环境之间的界限更加明显,外部环境相对创业者而言更具能动性	外部环境是抽象、灵活、易被重构的。创业者与环境间的界限相对不明显,创业者与环境间的力量分布较为均匀
时间观	线性、客观以及路径依赖	循环、迭代
创业过程	外部环境的客观因素为创业决定因素	创业机会的主观因素为创业决定因素
分析层次	关注个人和群体层面的创业	关注行业以及制度层面的创业
代表论文	马赛尼斯(Mathias)等学者(2015)	阿尔瓦雷茨等学者(2015)

苏达比等学者进一步从环境观、时间观、创业过程侧重点及分析层次四个方面对基于印记与自反这两种机制的"发现观"与"创造观"之间的联系与区别进行了分析。

第一,在创业者对外部环境性质的感知上,"发现观"认为外部环境是具体的、不变的,外部环境比起创业者而言更加具有能动性,并且创业者与环境之间的界限也更加明显;而"创造观"则认为外部环境更抽象以及易于被重构,创业者与环境之间的界限没有那么明显,并且创业者与环境之间的力量分布较为均匀。

第二,在时间观方面,"发现观"强调时间的影响具有线性、客观以及路径依赖的特征,对创业者而言,创业者早期经历的关键事件随着时间推移对其识别创业机会的能力有着重要且持续的影响,使创业者在发现机会过程中存在一定的路径依赖。不同于"发现观","创造观"则认为创业者与环境会不断互动并在互动中改变自身以相互适应,随着时间推移,创业机会在双方反复互动中得以构建,"创造观"强调时间影响的循环性特征。

第三，在描述创业过程的主观或客观程度方面，"发现观"将外部环境中具体的、可衡量的客观因素作为创业的决定因素，在对个体发现创业机会能力的差异的解释时更强调创业行为与实践本身。而"创造观"则倾向于描述创业机会的主观因素，即强调通过创业者主观的和解释性的内心世界提升其想象力，从而突破现有约束、创造新的机会。

第四，在分析层面方面，由于研究者的研究视角不同，"发现观"更侧重于较低层面的分析，关注个人和群体，而"创造观"往往从更宏观的分析层面上开展分析，更加关注行业以及制度层面的创业。通过分析比较两种观点内在机制的联系与区别，苏达比等学者进一步提出这两种观点并非完全对立。印记与自反两种机制也包含一些共同的假设，比如它们都强调社会共享认知（social shared cognition）是创业机会的一个基础因素。因此，对创业者而言，分析创业机会的存在可能更加依赖于如何更有效地将两种机制巧妙地结合在一起，以识别合适的创业机会并及时把握。

总的来说，苏达比等学者所提出的印记与自反这两种内在机制，揭示了创业机会两种来源及其过程的核心区别，为创业机会来源的两种观点的辩论提供了一种新视角，同时也完善了我们对于"创业机会究竟是从何而来"这一问题的理解，为后续有关创业机会的来源与识别过程等研究提供了理论参照。此外，苏达比等学者通过采用定性方法来研究创业机会的来源这一创业领域的核心问题，一定程度上也突破了过往定量方法为创业领域发展带来的限制，推动了创业研究理论范式的发展。

阿斯利·阿里坎等学者：创业者认知如何作用于创业机会形成与开发过程

如前所述，不同于创业机会"发现观"认为个体在创业机会产生这一过程中扮演着被动响应的角色，即强调创业机会源于现有市场的外生冲击，创业机会"创造观"则更强调创业机会形成是创业者搜寻创业机会过程中的内生现象。然而，目前基于"创造观"视角探究创业机会形成过程的研究中仍有两个重要问题一直悬而未决：第一，创业机会形成早期，在奈特不确定性（风险无法被衡量或预判）情况下，创业者为何愿意去创造并建构创业机会？第二，创业机会形成后期，创业者如何创造更多的可能方式去开发创业机会？阿斯利·阿里坎（Asli M. Arikan）等学者2020年在《管理学评论》上发表了《创造机会：创业好奇心、生成性认知与奈特不确定》一文，通过整合认知理论与机会创造理论（creation theory of opportunity）对这两个问题进行了深度剖析并提出可用于解释创业机会形成的新见解，有助于理解创业者的主观能动性如何影响创业机会形成，对创业者创造并识别出创业机会进而开展创业活动有重要启示。

通过探究"创业机会创建阶段"，阿里坎等学者回答了"在不确定条件下，创业者为何愿意去创造并建构创业机会"。具体而言，他们首先论证了在个体无法预判风险的情况下开展创业过程中创业警觉与创业者独有的认知属性解释力失效的原因：一方面，创业警觉源于人们受到与市场相关的外部不完善信息或线索的刺激，而奈特不确定性条件下不存在外源刺激，这使得创业警觉不太可能成为个体创造机会的动机；另一方面，不确定性条件下创业者更容易产生功利性的认知偏差进而影响对于给定机会的捕捉和价值创造，且这些认知偏差也不足以解释创业者为什么要创造机会。

基于此，阿里坎等学者从认知心理学视角提出了创业好奇心作为创业者认知与创业机会建构之间的中介机制，具体解释了在无法预判风险的情况下创业者认知如何以创业好奇心为中介进而影响创业者建构创业机会（见图2-3）。首先，个体在已知情境下无意识的逆向思维或发散思维可能会触发好奇心，熟悉情境与未知属性的碰撞容易激起个体的求知欲从而产生好奇心。其次，有好奇心的个体就会继续在头脑中无意识地模拟认知场景，试图通过重构情境记忆来解决发散或逆向思维产生的不确定性。因此，正是好奇心引起的思维转变激发了创造机会的形成，通过"从熟悉到未知"的心理活动演绎产生了新知识，从而形成可能的创业机会。

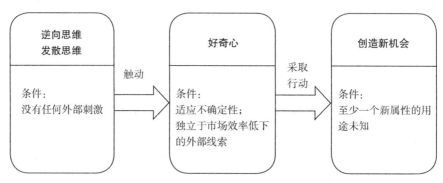

图 2-3 好奇心驱动创业机会的过程

然而，由好奇心驱动构建的创业机会是一个自然推演的过程，尽管创业机会已初具雏形，但创业者如何有效利用这一机会仍存在高度不确定性。在创业机会形成的后期阶段，创业者如何创造更多的可能方式去开发创业机会就显得尤为重要，这也是文章要重点解决的第二个问题。因此，阿里坎等学者进一步探究了"创业机会开发阶段"，认为影响创业机会开发的核心并非"发现观"所强调的搜索活动，而是不确定条件下创业者认知的生成活动。创业者需要利用创造出的机会对可能的产品和服务理念进行概念化，这些理念对应无法预判风险情况下尚未存在的市场需求。阿里坎等学者以创造性认知、概念认知和记忆分类为基础，解释了创造机会如何通过相应的候选产品转化为尚未存在的市场需求。就文章的理论体系而言，这些认知生成过程使创业者能重新配置其所创造知识的属性以解决创业者的好奇心，并为尚未存在的市场需求提供相应的候选产品以实现创业机会的有效利用。此外，为便于读者更好地理解创业机会形成过程，阿里坎等学者以3M公司研发"便利贴"项目为例，解释了好奇心如何引发奈特不确定性下的机会创造并将其转化为有市场价值的产品。具体来讲，3M公司的西尔弗博士在好奇心的驱使下无意中制造出黏性高却容易剥离的黏合剂，但3M公司对如何将黏合剂市场化毫无头绪，后来实验小组的员工佛莱伊所在的教堂唱诗班需要一类既具黏性又不会损坏赞美诗的书签，这一无关需求使西尔弗博士察觉到纸质书签与黏合剂的结合可以满足条件，由此，3M公司最终推出被公众津津乐道的"便利贴"这一新型办公产品。

总的来说，阿里坎等学者通过"理论构建为主，案例解释为辅"的分析模式明确解释了认知在创业机会形成过程中的作用机理。作为最早探究好奇心如何作用于创业机会过程的研究之一，这篇文章不但扩展了机会创造理论论据，而且对创造机会的评估和治理具有启示。考虑到现实情境中创业者很少独自完成整个创业过程，三位学者在这篇文章末尾提到创业机会形成及有效利用的过程对其他利益相关者的不同挑战：一方面，创业好奇心是一种自我反省、无组织和自我启发的认知过程，需要心理模拟和想象；另一方面，个体的创业好奇心在团队创业环境中是否发挥同样作用，目前仍缺乏明确答案，这需要后续研究整合认知心理学及创业相关理论来进行解释。

推动创业研究产生的理论贡献与未来趋势

创业活动的本质是创业者识别创业机会并通过开展具体的创业行为开发创业机会，实现新的社会与经济价值创造。随着越来越多学者聚焦创业机会问题，从认知、行为等多方面探究创业者如何识别、评估与利用创业机会并展开创业活动，创业机会逐渐过渡到了创业研究的舞台中心。上述三篇经典文章对创业机会的来源、创业机会的形成和开发以及创业机会如何转化为创业行为进行了探讨，不仅"追本溯源"、详细地阐述了创业机会产生背后所蕴含的本体论和认识论观点及其产生过程和适用条件，而且从创业机会视角建构了用于分析不确定性与个体创业行为之间关系的"机会注意－机会评估"两阶段概念框架，对创业机会研究产生了重要推动。

一方面，创业机会的来源及其形成，既是创业机会研究的基础，也是实践中展开创业的开始。当前关于机会来源的大部分讨论都集中在被更广泛接受的客观主义观点"发现观"和较少关注的建构主义观点"创造观"，以及这两种观点之间的本体论和认识论的辩论。"发现观"认为，机会的产生独立于创业者存在（Alvarez，Barney，2007；Shane，Venkataraman，2000）。已有许多学者基于机会"发现观"，探究个体拥有的社会网络、创业知识和经验、认知方式等多方面对个体识别创业机会与开展创业活动的影响（Singh, et al., 1999; McMullen, Shepherd, 2006）。例如，麦克马伦和谢泼德从创业机会视角所提出的个体创业行为的"机会注意－机会评估"两阶段概念模型体现着机会"发现观"的基本思想，强调机会是独立于创业者的客观存在，个体认知与动机则影响个体对创业机会的识别与开发。不同于已被广泛接受的机会"发现观"，机会"创造观"认为机会是通过社会建构的过程而产生的，并且不能脱离创业者而存在（Arikan, et al., 2020; Baker, Nelson, 2005）。近年来，越来越多的学者认为"创造观"能解释那些"发现观"所无法阐明的一些机会的产生，对创业机会来源的理论起到了重要补充（Alvarez，Barney，2007）。例如，伍德（Wood）和麦金利（McKinley）（2010）基于机会"创造观"提出个体在初始阶段主要依赖个人想象力来想象出机会，但无法确定想象的机会的可行性，需要经过社会网络与他人进行互动来实现机会的意义建构，即个体可以通过参与社会结构来试图吸引潜在的利益相关者支持，将想象的机会转化为客观可行的机会。

由这些代表性研究可以发现，无论是"发现观"还是"创造观"都承认创业者在机会识别与开发中的重要性，但是，正如苏达比等学者所强调，"发现观"与"创造观"的核心机制存在区别。由于受环境被动影响与个体主动认知，不同的创业者认知对创业机会的形成与开发有着不同影响。阿里坎等学者的研究基于"创造观"视角进一步帮助我们理解了创业者的认知能动性如何影响创业机会的形成，对创业者创造并识别出机会进而开展创业活动有着重要启示。苏达比和阿里坎等学者的研究极大程度丰富了我们对创业机会来源及形成的理解，为后续学者深入研究提供了理论参照。

另一方面，创业机会的存在并不天然意味着新的社会与经济价值被创造，只有将创业机会转化为具体的创业行为才能实现所期望的价值创造，因此"创业机会如何转化为创业行为来实现创业价值创造"成了创业机会研究的重要议题。麦克马伦和谢泼德从创业机会视角所提出的个体创业行为的"机会注意－机会评估"两阶段概念模型，同时关注了个体在感知创业机会与承担创业机会不确定性的意愿，阐述了创业者个体把握创业机会并开展创业活动的内在机制，不仅丰富并拓展了对于创业机会与个体创业行为之间关系的理解，而且为后续学者从不确定性视角研究创业机会识别提供了重要的分析思路和研究方向。例如，参照麦克马伦和谢泼德所提出的两阶段概念模型，奥蒂奥（Autio）等学者（2013）结合个体认知理论研究发现，在机会评估阶段创业者的认知风格会因不同外部信息接触产生不同特点。然而，遗憾的是，目前研究分析创业机会创造与后续识别开发为具体创业行为时大多聚焦于个体特征（如创业知识、创业经验、创业网络等），如分析哪些特征的个体更可能主动与环境交互进而创造和开发创业机会并实现成功创业，对于复杂创业环境如何影响个体创造创业机会以及如何与个体认知共同影响个体识别创业机会和开展创业行为尚未得到深入研究，存在较大研究空间。

当今社会经济环境发展呈现 VUCA 特征，即易变性（volatility）、不确定性（uncertainty）、复杂性（complexity）、模糊性（ambiguity）。VUCA 的发展背景是否意味着更多的机会客观存在？是否会增强或减弱创业者个体创造机会的主观能动性？个体成功识别和开发创业机会的具体过程如何受到具有 VUCA 特征的情境影响？学者们尚未对这些相关疑问达成共识。由于有助于揭示机会"发现观"与"创造观"的情境适用边界，这些问题值得在未来研究中进行深入探讨。

以数字化技术这一具体情境为例，数字创业活动所面对的创业环境更具变化性与挑战性。未来的研究可以在麦克马伦和谢泼德所提出的分析个体创业行为的两阶段模型基础上，将数字创业所面对的环境复杂性考虑在内，分析数字技术驱动情境下的个体创业机会识别与个体创业行为。以互联网大数据、区块链、人工智能为代表的数字技术的快速发展使得个体获取知识不再受地理限制而可以从世界范围内获取海量知识和信息。创业者依靠数字技术学习积累大量先验知识将极大影响个体对于不确定性的感知与承担意愿，对个体创业机会的识别和开发有着不容忽视的重要影响。同时，数字技术快速变革对创业者创业警觉与好奇心产生的潜在影响如何进一步影响创业机会的形成与后续创业活动的开展同样值得未来深入思考。

此外，在研究设计方面，这些研究鼓励我们在研究中采用定性研究方法界定清晰的创业现象与问题，并通过归纳推理建立新的理论构念与分析框架以推动创业研究中理论范式的发展。尤其我们可以立足于中国情境，选取典型的创业企业来分析中国文化、价值观、历史事件等塑造下的个体认知如何影响创业者的创业机会发掘与创业行为开展。比如斯晓夫等学者（2016）基于中国大众创业的情境研究创业机会的形成，该研究采用定性方法与扎根理论识别出了创业机会的第三种来源，那就是创业机会的"发现＋构建"以及产生创业机会的多路径来源。尤其，越来越多学者提倡在未来的创业研究中可以基于整体的分析视角，运用组态思维和定性比较分析（qualitative comparative analysis，QCA）方法通过集合分析发现要素组态和结果的集合关系，为创业机会与创业行为的因果复杂性研究提供方法上的有效支撑。除了定性方法外，近年来采用实验法观察个体创业行为已成为创业研究的热门方法，为研究个体如何将创业机会转化为创业行为和价值创造提供了更为客观的研究情境。例如，研究者在实验中通过创造与现实创业高度类似的情境，并在严格排除其他干扰的情况下，通过人为操纵提供给实验参与者的创业环境信息、激发特定创业认知模式等来观察个体在复杂创业情境下识别、创造机会与开发机会的具体过程，并进一步区分这一过程带来的价值创造结果，可以更稳健地揭示创业机会与创业行为之间的因果关系。

◆ 参考文献

Alvarez, S.A. and Barney, J.B., 2007, "Discovery and creation: Alternative theories of entrepreneurial action", *Strategic Entrepreneurship Journal*, Vol. 1: 11-26.

Alvarez, S.A., Young, S.L., and Wooley, J.L., 2015, "Opportunities and institution: A co-creation story of the king crab industry", *Journal of Business Venturing*, Vol. 30, No. 1: 95-112.

Autio, E., Dahlander, L., and Frederiksen, L., 2013, "Information exposure, opportunity evaluation, and entrepreneurial action: An investigation of an online user community", *Academy of Management Journal*, Vol. 56, No. 5: 1348-1371.

Baker, T. and Nelson, R.E., 2005, "Creating something from nothing: Resource construction through entrepreneurial bricolage", *Administrative Science Quarterly*, Vol. 50, No. 3: 329-366.

Barney, J.B., 1986, "Strategic factor markets: expectations, luck and business strategy", *Management Science*, Vol. 42: 231-1241.

Eckhardt, J.T. and Shane, S., 2003, "Opportunities and entrepreneurship", *Journal of Management*, Vol. 29, No. 3: 333-349.

Kirzner, I. M., 1997, *How markets work: Disequilibrium, entrepreneurship and discovery*, London: Institute of Economic Affairs.

Mathias, B.D., Williams, D.W., and Smith, A.R., 2015, "Entrepreneurial inception: the role of imprinting in entrepreneurial action", *Journal of Business Venturing*, Vol. 30, No. 1: 11-28.

Schumpeter, J. A., 1934, *The theory of economic development*, New Brunswick, NJ: Transaction.

Shane, S. and Venkataraman, S., 2000, "The promise of entrepreneurship as a field of research", *Academy of Management Review*, Vol. 25, No. 1: 217-226.

Singh, R.P., Hills, G.E., Lumpkin, G.T., and Hybels, R.C., 1999, "The entrepreneurial opportunity recognition process: examining the role of self-perceived alertness and social networks", *Academy of Management Proceedings*, Vol. 1: G1-G6.

Wood, M.S., and McKinley, W., 2010, "The production of entrepreneurial opportunity: a constructivist perspective", *Strategic Entrepreneurship Journal*, Vol. 4: 66-84.

斯晓夫，王颂，傅颖. 创业机会从何而来：发现，构建还是发现+构建？——创业机会的理论前沿研究[J]. 管理世界，2016（03）：115-127.

◼ 文献推荐

Arikan, A.M., Arikan, I., and Koparan, I., 2020, "Creation opportunities: entrepreneurial curiosity, generative cognition, and Knightian uncertainty", *Academy of Management Review*, Vol. 45, No. 4: 808-824.

McMullen, J. S. and Shepherd, D. A., 2006, "Entrepreneurial action and the role of uncertainty in the theory of the entrepreneur", *Academy of Management Review*, Vol. 31, No. 1: 132-152.

Suddaby, R., Bruton, G. D., and Si, S.X., 2015, "Entrepreneurship through a qualitative lens: insights on the construction and/or discovery of entrepreneurial opportunity", *Journal of Business Venturing*, Vol. 30, No. 1: 1-10.

● 代表性学者

杰弗里·麦克马伦（Jeffery S. McMullen）

在科罗拉多大学取得战略管理和创业学博士学位，现任印第安纳大学凯利商学院创业学教授。他主要从事有关商业、社会、可持续发展等背景下的创业认知、创业行为和创业机会研究，研究成果发表在《管理学杂志》《管理学评论》《创业学杂志》等期刊上，现任《创业学杂志》主编，曾任《商业视野》（*Business Horizons*）杂志主编。E-mail: mcmullej@indiana.edu。

迪安·谢泼德（Dean A. Shepherd）

1997年在邦德大学获得战略和创业方向哲学博士学位，现任圣母大学门多萨商学院创业学讲席教授，主要研究领域是创业，特别专注于创业决策和创业学习方面的研究。在《组织科学》《应用心理学杂志》《战略管理杂志》《管理杂志》《创业学杂志》等期刊上发表过70多篇论文。曾任《创业学杂志》主编。E-mail: dsheph1@nd.edu。

罗伊·苏达比（Roy Suddaby）

在阿尔伯塔大学取得博士学位，现任维多利亚大学彼得·古斯塔夫森商学院温斯皮尔管理系主任、华盛顿州立大学卡森商学院和利物浦大学管理学院的管理学教授。他长期从事组织理论与制度变迁研究，曾任《管理学评论》编辑，《管理学杂志》《行政科学季刊》《管理研究杂志》（*Journal of Management Studies*）和《创业学杂志》编辑委员会成员。E-mail: rsuddaby@uvic.ca。

阿斯利·阿里坎（Asli M. Arikan）

在俄亥俄州立大学获得博士学位，现任肯特州立大学战略管理副教授。她的主要研究方向为企业战略、技术投资决策、企业生存、创业机会、估值和认知以及无形资产与企业绩效的关系等。在《战略管理杂志》《管理学评论》《国际商务研究杂志》（*Journal of International Business Studies*）等期刊上发表了多篇文章。现任《战略管理杂志》和《管理学评论》编委会成员。E-mail: aarikan@kent.edu。

创业在创造新组织

◎ 杨 俊

浙江大学管理学院、南开大学创业研究中心

古典和新古典经济学家较早地关注到了创业者与创业活动在经济系统中的角色和功能，但经济学固有的数学模型思维导致其难以通过合理的函数表达式将创业者引入经济分析模型，正因如此，创业者和创业活动长期被主流经济模型所摈弃（Baumol，1993），被视为对经济周期性运行有着重要影响的外生因素之一。为了更完美地包装自己对创业者和创业活动的理解，经济学家不仅赋予了创业者一系列的超凡职能：风险承担、追逐不确定性、利润驱动、启动创新等，而且将这些职能神化到一个抽象个体身上，形成了创业者乃天生而非后天塑造、创业并非常人可及的特殊活动的基本判断，从而促使了创业特质论这一主要研究流派的产生。

在约瑟夫·熊彼特先生的倡导下，哈佛大学在20世纪60年代创办了创业历史研究中心，旨在站在历史研究方法的立场研究创业问题。研究中心的主要任务之一就是建构从芸芸众生中识别创业者的科学途径，因为在他们看来，创业者是天生而非后天塑造的，在相当长的一段时间里，创业历史研究中心是创业特质论阵线的支柱力量。然而，中心所付诸的研究努力并不尽如人意，时任中心主任的阿瑟·科尔（Arthur H. Cole）教授曾发出过这样的慨叹："我们专门成立了一个研究创业历史的专业研究中心，并为之奋斗了10年，在这10年里，我们执着于定义'谁是创业者'，但从未成功过，因为我们每个人都有着各自的定义，而且我坚信，其他学者也不外乎如此而已。"（Cole，1969）

20世纪80年代末期，在创业特质论研究热潮持续十余年之后，学者们发现彼此之间根本难以形成建设性的对话，对创业活动的认识也止步不前，少数学者开始在喧嚣中反思创业特质论。加特纳教授指出，创业者具备着数量惊人的特质和特征，这些研究汇总的创业者"心理轮廓"往往将创业者描述为超现实的人物，充满着矛盾，具备所有这些特质的个体必然成为超凡脱俗的天才。无谓地比较创业者与非创业者，以及创业者与创业者，只会将问题复杂化（Gartner，1988）。尽管经济学家描述的创业功能神圣而强大，但所有的功能都来自同一个起点，那就是创造新组织，创业是创造新组织的观点迅速成为主流共识。

⊖ 本文是国家自然科学基金重点项目"新创企业商业模式形成与成长路径"（71732004）资助的阶段性成果。

尽管创业研究应关注新组织从何而来的判断成为主流，但学者们对创业所创造新组织的属性理解存在着差异。一些学者强调新组织在时间意义上的"新生"，将新组织视为在特定行业内产生的新组织增量，也就是统计公报中常常涉及的新增企业数量。可以说，20 世纪 80 年代至 21 世纪初，这一认识占据了主流，并掀起了创业研究过程学派的研究热潮。另一些学者强调新组织在空间意义上的"新颖"，将新组织视为在特定行业内产生的新物种。在这一视角看来，尽管关注普遍意义上的新增企业数量有价值，但在其中不同于既有组织特征的创新性组织形态更具有研究价值。角度不同，意义不同，有关新组织从何而来的研究文献也展现出了明显分水岭。

威廉姆·加特纳：创业是创造新生的组织

加特纳 1988 年在《美国小企业杂志》(*American Journal of Small Business*) 上发表了《谁是创业者是一个错误的问题》一文。这篇文章是众多反思创业特质论研究中的经典文献。与其他研究不同的是，加特纳从挑战特质论所依托基本假设存在片面性的立场出发去揭示了创业特质论结果之间彼此冲突、矛盾的深层次原因。在他看来，创业特质论研究关注"在同等条件下，为什么有的人成为创业者而另一些人却没有"这一问题本身并没错误，但是，它的根本缺陷在于其基本判断的片面性导致了错误的研究逻辑。具体而言，创业特质论认为个体成为创业者是因为他具备一些独特的人格心理特征，进而试图通过识别创业者特征来解释"谁会成为创业者"的原因。在这个逻辑链条下，如果创业特质论研究如愿以偿地识别出了创业者群体的共性特征，并且这些共性特征是其他人群所不具备的话，那么，创业特质论堪称完美。

但事实却并非如此。首先，创业特质论研究始终没有对创业者的概念界定达成一致。难以保证研究样本选择的同质性将导致创业者群体与对照群体之间的边界模糊不清。利用对 20 余篇代表性创业特质论研究文献的分析，加特纳教授发现不同研究对创业者的界定各不相同，研究样本之间也存在着很大差异。有的研究将创业者局限于成立时间在 2 年以内的新企业"所有者 – 管理者"，而有的研究却将创业者群体延伸到了成立时间长达 15 年的企业"所有者 – 管理者"。其次，创业特质论研究并没识别出创业者群体所独有的共性特征。从研究结果看，大多数研究并未发现创业者群体与非创业者群体之间的人格特质因素表现存在着显著性差异，并且，在不同研究所识别出的创业者特质之间的差异并不比创业者群体与对照群体之间的差异来得小。最后，创业特质论研究识别出的特质清单相当冗长，彼此之间相互矛盾甚至冲突，很难找出与之对应的现实个体。尽管直观来看，创业者的确做到了并非所有人都可能做到的事情，认为其独特特质起到一定作用的观点并非谬误，但并非所有创业者都应具备相同的特质，也不是某种特质因素会作用于每一位创业者。

加特纳认为，创业者或新企业之间的差异并不比创业者与非创业者或新企业与非新企业之间的差异来得小，创业特质论研究假设的片面性决定其研究设计的不合理性，最终导致研究结论之间相互矛盾甚至冲突的事实。创业者并非先天塑造而是受后天环境因素影响，关注创业特质论的研究没有出路。创业本质上是创造新组织，创业研究的任务就在于从行为层面探寻组织为何以及如何形成的过程规律（Gartner, et al., 1992）。

创业就是创办新组织，这是创业研究过程流派对创业本质的基本认识；新企业从何而来就顺理成章地成为创业研究过程学派关注的基本问题。更为重要的是，时间动态性是组织生成过程的本质属性，即创业过程由若干需要花费一定时间的活动构成，并且，尽管这些活动数量与顺序可能存在着内在规律，但不太可能拘泥于某种固定模式。一些研究者在此基础上提出了跟踪调查是创业行为和过程研究行之有效的研究设计的观点。其中，最引人注目的是雷诺兹发起并实施的创业动态跟踪调查项目。创业动态跟踪调查项目于1998年同时在美国和一些欧洲国家相继实施。创业动态跟踪调查项目的调查设计核心内涵是，以抽样出具有代表性的已打算创业的创业者样本为前提，进而通过多轮次数据搜集来跟踪已打算创业的创业者的创业努力，目的在于深入认识创业过程特征及结果决定因素。项目最初设计的调查期限为24个月，随着项目实施过程中的资金补充，项目实际实施的调查期限为36个月，也就是说，1998～2001年，创业动态跟踪调查项目对已打算创业的创业者每年进行一次跟踪，总共开展了4轮跟踪调查，采集了丰富的原始数据，不仅解决了长期制约创业研究的数据获取难的问题，而且探索出了一套行之有效的调查设计体系。迄今为止，这一项目仍在开展，全球至少有二十余个国家参与到了这一项目研究，在创业研究领域形成了PSED类研究（PSED-type research）。中国于2009年加入这一国际研究联盟，南开大学创业研究中心发起并实施了中国创业动态跟踪调查项目（Chinese Panel Study of Entrepreneurial Dynamics，CPSED）。

保罗·特雷西等学者：创业是创造新颖的组织

在空间维度上看，少数创业在创造着不同于既有组织的新颖组织，用现在的话表述，是在创造新物种。继承熊彼特创新理论和组织演化理论思想的学者们认为创业之所以重要，关键在其相对于现有状态的改善甚至突破，而这一改善或突破的途径来自创新性的组织创造。例如，星巴克咖啡的组织原型发端于意大利，是意大利当地的特色咖啡零售店，霍华德·舒尔茨（Howard Schultz）将其引入美国市场并缔造了连锁咖啡品牌。当时美国市场的咖啡店只售卖低质量咖啡，所有消费者认为这是理所当然的。从这个意义上说，舒尔茨先生的贡献不在于增加了一个咖啡店，而在于通过引入新物种改变了美国人的咖啡消费习惯。如果说创业能改变人们的生活习惯，那么这一结果往往产生于新颖的组织，更为重要的是，这一新颖的组织大多数情况下并非来自原创，而是来自嫁接，嫁接于其他组织、其他行业甚至是其他地域。那么，创业者如何创造这种在空间上具有新颖性的组织呢？

保罗·特雷西（Paul Tracey）等学者2018年在《管理学杂志》上发表了《离水之鱼：转换、合法化与新企业创造》一文。文章采用案例研究的设计，研究了意大利企业孵化器公司H-Farm的创办过程，尽管企业孵化器这种组织在美国硅谷等区域率先浮现，但在意大利却是地地道道的新物种。这篇文章构建并提出了"错位平移的创业"（entrepreneurship through misaligned translation）理论模型来解释新物种如何在克服既有制度约束下破壳而出。其中，创业者需要开展当地认证工作、类别认证工作及最优区分工作，这些工作展现出的交互和时间动态性很值得后续研究进一步探索，非常有趣。

与时间意义上的新生组织生成强调如何从行为层面构筑组织要素和活动不同，在空间意义上具备新颖属性的新物种生成强调合法性问题。什么意思呢？哪怕是构筑好了组织要素和活动，但如果新物种不能被外部利益相关者所接受，那么这一新组织也难以实现与环境的结合得以切实存在。更为重要的是，对新物种而言，组织要素和活动的构筑行为首先要考虑的就是合法性问题。具体而言，创业者可能面临着双重合法性压力：一是当地合法性（local-level legitimacy），新企业赢得创办所在地利益相关者的认同（例如，滴滴赢得中国政府和消费者的认可）；二是类别合法性（category-level legitimacy），新企业赢得其起源地利益相关者的认同（例如，滴滴还要赢得网约车发源地加利福尼亚州利益相关者的认同）。如图2-4所示，特雷西等学者在文章中将新颖的组织来源划分为了四种区间：区间 1 是具有当地合法性和类别合法性的新组织迁移；区间 2 是具有类别合法性但当地合法性缺失的新组织迁移；区间 3 是类别合法性缺失但当地合法性存在的新组织迁移；区间 4 是类别合法性和当地合法性均缺失的新组织迁移。毫无疑问，区间 4 更具有挑战性和研究价值，而该文章所选择的案例 H-Farm 就处于区间 4。

	制度高匹配	制度低匹配
既有组织	区间1 同种组织的空间引入 Uber进入加拿大	区间2 当地异种组织引入 Uber进入印度
新组织	区间3 类别异种组织引入 Hailo（英国）引入网约车	区间4 双重异种组织引入 中国创办滴滴

图 2-4　基于既有组织形态转移的新组织类型

这是案例研究理论抽样的典型范本：基于理论问题的理论抽样。基于理论层面的分析和分类，清晰地定义了研究问题和研究情境，在后文案例选择部分，重点就是要说明 H-Farm 为何处于区间 4，仅此一点，就具有很强的典型性和代表性了。代表性和典型性来自当地合法性和类别合法性的双重压力。基于对案例企业创办过程的细致分析，该文章发现，新颖的组织创办的主要挑战是如何满足来自不同地理区域的利益相关者的期望进而得到他们的认同。在实践维度上看，创业者首先要为新物种塑造当地合法性，这是生存之本，随着时间推移，创业者迟早要面向起源地利益相关者进行合法性管理。基于当地利益相关者和类别利益相关者的诉求差异，创业者可以通过最优区分策略来有效地应对双重合法性压力，而且最优区分策略往往发生在引入阶段的后期。更为重要的是，来自发源地的新组织形态很可能会随着时间推移在多个情境下迅速扩张。因此，在类别层次，有限资源的竞争就会加剧，创业者可能同时需要相对于新组织发源地的趋同和区分策略。与此同时，在当地层次，随着新物种企业合法性提升可能会诱发新进入者，有限资源的竞争仍会加剧，创业者可能同时需要相对于其他新进入者的趋同和区分策略。在这一过程中，创业者需要在类别和当地两个层次开展双重最优区分策略，这指引了未来研究的重要方向。

尽管制度理论深奥且晦涩，但这篇文章却写得相当生动。生动性不仅来自案例故事，而且特雷西等学者在理论阐述部分引用了信手拈来的案例实例补充。几位学者对于创业者如何跨界迁移创办出新颖的组织这一现象有着长期的理论和案例追踪。长期的思考累积出的思维高度使得写作自然游刃有余。更为重要的是，这篇文章为组织生成研究打开了一扇新的窗户。信息社会数字经济时代，新组织的创办，特别是组织要素和活动上的创办可能不再是难事，而在实践中涌现出的恰恰是大量有别于过去、有别于当前的新物种，这些探索新物种组织的创业失败率高得惊人，或许原因就在于并没找到恰当的行为逻辑来应对这一情境下的新问题。

推动创业研究产生的理论贡献与未来趋势

创业是创办新组织。这一对创业本质的判断简洁而有力，它将创业研究与组织理论紧密联系起来，毋庸置疑的是，交易成本理论告诉了我们企业为什么会存在，但几乎没有任何组织理论告诉我们新企业从何而来，这一论断让创业研究在管理学术社区赢得了合法性，直接推动了过程视角下创业研究的兴起和繁荣。甚至可以说，从20世纪90年代至21世纪初的十余年里，有关组织生成的研究主导了创业研究的学术版图。这些研究共同致力于揭示组织形成过程规律。其中，第一种思路侧重于"要素－行为"的分析框架，探索哪些要素或行为导致或有助于新组织生成（Delmar, Shane, 2004; Honig, Karlsson, 2004; Liao, Gartner, 2006; Shane, Delmar, 2004; Zhang, et al., 2013）。第二种思路侧重于行为规律或行为模式的总结和提炼（Carter, et al., 1996; Lichtenstein, et al., 2006; Tornikoski, Newbert, 2007）。这些研究丰富了我们有关组织生成过程的认识，提出了用创业行为绩效来观测组织生成过程中的里程碑事件、基于人力资本等新特质论来剖析创业者如何影响创业成败、形成中组织的弱组织约束诱发创业行为和决策独特性等一系列理论判断，甚至对于创业研究从关注创业行为转向研究创业思维和认知都起到了很大的推动和促进作用。

不可否认的是，近年来特别是过去五年里，有关组织生成过程中的行为顺序和行为逻辑的研究热潮开始慢慢地淡出了创业学者的研究视野。面向未来，创业可能不再拘泥于创办新组织，或者说至少不是我们经典理论所定义的新组织。组织生成过程研究可能会因新组织属性变化以及情境变化而呈现出新面貌和新问题，其中至少包括三点递进式理由：一是经济社会转型诱发新组织属性和形态发生根本性变化，在理论上界定的意图、资源、边界和交易等属性可能会被实践颠覆，事实上不少新兴企业的边界已经高度模糊；二是互联网、信息和数字技术等的广泛应用，企业之间的交易方式开始发生变化，创业者的行为模式也相应发生变化，这直接导致新企业生成过程中创建行为的时间和成本发生根本性变化；三是机会属性开始发生根本性变化，如果说从一般意义上看，机会理应属于创业者或创业团队，但开放和合作可能会让不同的创业者或创业团队共同拥有或共同造就特定机会，如平台。由于可以感受到并在未来可能会进一步加剧的经济社会变化趋势，新组织属性可能发生变化，创业行为也会因此而发生变化。过程视角下的创业研究仍然重要，但未来研究显然不会再拘泥于解释创业如何创办时间意义上的新组织。

从当下的创业实践来看，创业者往往更加注重创办不同于既有企业的新颖性组织。这一新颖性组织的内涵极其丰富，也给创业赋予了更加丰富的意义。例如，有些学者基于跨边界组织设计的立场从商业模式角度来解读新颖性组织，还有些学者基于互补和耦合的角度从生态系统角度来解读新颖性组织。这些观点是当前乃至未来创业研究的前沿和热点。相关研究仍很具有启发价值，但这些解读缺少的是与组织理论之间的对话。事实上，从微观角度来看，新颖性的组织还可能体现为身份、形态和逻辑。正如特雷西等学者的研究所启示的，基于身份、形态和逻辑的新颖性可能诱发新的行为挑战。如何应对这些行为挑战可能是创业者在新颖性组织创办探索实践中决定成败的底层逻辑。

◆ 参考文献

Baumol, W.J., 1993, "Formal entrepreneurship theory in economics: existence and bounds", *Journal of Business Venturing*, Vol. 8, No. 3: 197-210.

Carter, N.M., Gartner, W.B., Reynolds, P.D., 1996, "Exploring start-up events sequences", *Journal of Business Venturing*, Vol. 11, No. 3: 151-166.

Cole, A.H., 1969, "Definition of entrepreneurship", In: J.L. Komives, Karl A. (Eds.), *Bostrom Seminar in the Study of Enterprise*, Milwaukee: Center for Venture Management:

10-22.

Delmar, F. and Shane, S., 2004, "Legitimizing first: organizing activities and the survival of new ventures", *Journal of Business Venturing*, Vol. 19, No. 3: 385-410.

Gartner, W.B., Bird, B.J. and Starr, J.A., 1992, "Acting as if: differentiating entrepreneurial from organizational behavior", *Entrepreneurship Theory and Practice*, Vol. 16, No. 3: 13-31.

Honig, B. and Karlsson, T., 2004, "Institutional forces and the written business Plan", *Journal of Management*, Vol. 30, No. 1: 29-48.

Liao, J. and Gartner, W.B., 2006, "The effects of pre-venture plan timing and perceived environmental uncertainty on the persistence of emerging firms", *Small Business Economics*, Vol. 27, No. 1: 23-40.

Lichtenstein, B.B., Dooley, K.J., Lumpkin, G.T., 2006, "Measuring emergence in the dynamics of new venture creation", *Journal of Business Venturing*, Vol. 21, No. 2: 153-175.

Shane, S. and Delmar, F., 2004, "Planning for the market: business planning before marketing and the continuation of organizing efforts", *Journal of Business Venturing*, Vol. 19, No. 6: 767-785.

Tornikoski, E.T., Newbert, S.L., 2007, "Exploring the determinants of organizational emergence: a legitimacy perspective", *Journal of Business Venturing*, Vol. 22, No. 2: 311-335.

Zhang Yuli, Yang Jun, Tang Jintong, Kevin Au, Xue Hongzhi, 2013, "Prior experience and social class as moderators of the planning-performance relationship in China's emerging economy", *Strategic Entrepreneurship Journal*, Vol. 7, No. 3: 214-229.

▣ 文献推荐

Gartner, W.B., 1988, "Who is an entrepreneur? Is the wrong question", *American Journal of Small Business*, Vol. 12, No. 4: 1-22.

Tracey, P., Dalpiaz E., Phillips, N., 2018, "Fish out of water: translation, legitimation, and new venture creation", *Academy of Management Journal*, Vol. 61, No. 5: 1627-1666.

● 代表性学者

威廉姆·加特纳（William Gartner）

1982年在华盛顿大学获战略管理博士学位，现为百森商学院创业学杰出教授。他是创业研究的先驱和开拓者之一，迄今为止发表了上百篇创业研究论文，他是国际性合作研究项目"创业研究动态跟踪项目"的重要发起人和实施人之一。鉴于他在创业领域所做出的杰出贡献，瑞典小企业研究基金会于2005年授予他全球创业与小企业研究杰出贡献奖。E-mail：wgartner@babson.edu。

保罗·特雷西（Paul Tracey）

在斯特林大学取得博士学位，现任剑桥大学贾奇商学院创新和组织学教授、剑桥社会创新研究中心联合主任。他的研究领域包括创业、制度和制度变迁、区域发展与社会创新等，在《管理学杂志》《组织科学》《管理学评论》等期刊上发表多篇论文。现任《管理学杂志》编委会成员，曾任《行政科学季刊》编委会成员。E-mail：p.tracey@jbs.cam.ac.uk。

创业在创造新制度

◎ 李加鹏[1]　◎ 杨德林[2]

1. 中央财经大学商学院；2. 清华大学经济管理学院

创业研究是过程研究，创业学者关注从创意产生到创业企业发展的创业活动全过程。创业活动是开放性活动，不仅会受到环境影响，也会影响所处的环境。近年来，学者注意到创业不仅能产生经济效益，还可以带来新的理念和范式。这一发现有助于解释某些制度的来源。该领域逐渐演变为创业创造新制度这一重要研究主题，与组织、社会学领域的制度创业不谋而合（Battilana，et al.，2009；DiMaggio，1988）。需要强调的是：①在组织、社会学领域，制度是指个体或组织对于恰当的结构和实践的共同信念和理解（DiMaggio，Powell，1983；Meyer，Rowan，1977），通俗的表述就是"游戏规则"；②制度创业关注的是制度从无到有的问题，创业更多的是作为制度创业的一种研究情境，且并非唯一的情境，因此创业创造新制度可以视为制度创业的子集之一。

创业创造新制度的研究源于组织生态领域，这或许有其必然性。组织生态研究关注组织与环境之间的关系，从全生命周期视角探索组织的产生、发展和变化规律。这类研究更容易发现创业活动的副产物。组织生态学关注缝隙市场和环境对于组织形式的影响，发现技术因素会导致组织形式同构。种群内的组织使用相同的技术，在组织形式上呈现出同质化趋势（McKelvey，Aldrich，1983）。以技术创新为特征的创业企业与在位企业竞争时，不仅颠覆了在位企业的技术，还改变了技术运用和市场竞争的"游戏规则"，即改变了相应的制度（Tushman，Anderson，1986）。在此基础上，迪马吉奥（DiMaggio）（1988）最早提出了制度创业者（institutional entrepreneur）的概念，指那些在获利机会驱动下，利用个人资源来创造和（或）重塑制度结构的人，这为制度创业的研究打下基础。

制度研究假设制度稳定不变，这给制度创业的研究带来了障碍。《管理学杂志》2002年出版专刊质疑这一假设并探索制度变革问题（Dacin，et al.，2002）。制度变革是反映有组织行动者权力和利益的政治过程，他们带头发现机会、描绘愿景和动员民众，身先士卒将新的

⊖ 本文是国家社会科学基金重大项目"'互联网+'促进制造业创新驱动发展及其政策研究"（17ZDA051）和国家自然科学基金重点项目"我国核心信息技术创新规律与创新体系研究"（71834006）资助的阶段性成果。杨德林为本文通讯作者（yangdl@sem.tsinghua.edu.cn）。

信仰、规范和价值观注入现有社会结构。格林伍德（Greenwood）等学者（2002）给出了制度变革的过程机制模型，依次是突然动荡–去制度化–准制度化–理论化–扩散化–制度再生，其中突然动荡是制度变革的原因，制度再生是制度变革的结果。这一过程模型为后续的制度创业研究提供了基础模型。在肯定格林伍德等学者（2002）的贡献的同时，我们也应考虑其模型的不足之处。模型仅考虑了制度从旧到新的变化，却没有考虑制度从无到有的变化，而且尽管模型考虑了制度从旧到新的变化，但没有考虑变化发起人的差异。

制度变革涉及多种行动者，为此学者提出了场域的概念。场域是指聚集在一起、构成公认的制度生活领域的组织，主要有供应商、资源与产品的消费者、规则制定者，以及其他提供类似产品和服务的组织。依据所在场域的不同，制度创业可以分为新兴场域的制度创业和成熟场域的制度创业，前者的目标是创造新的制度（Maguire, et al., 2004），后者则是要改变现有制度（Greenwood, Suddaby, 2006）。不论是改变旧制度还是创建新制度，都涉及准制度化–理论化–扩散化–制度再生这四个阶段（Greenwood, et al., 2002）。不同的是，成熟领域的制度创业从去制度化开始，而新兴场域的制度创业则从准制度化开始（见图2-5）。

图 2-5　制度创业过程模型

资料来源：作者根据格林伍德等学者（2002）的文献绘制。

罗伊斯顿·格林伍德和罗伊·苏达比：成熟场域的制度创业

成熟场域内的行动者面临嵌入能动性悖论，他们嵌入到成熟的场域，其观念和行为都受到场域内既有制度环境的塑造。在制度约束下，行动者如何发挥自身能动性并改变既有制度环境？场域不仅限定了行动者是谁，还限定了行动者的位置；不仅包括正式的层级位置，还包括建构出来的非正式位置。不同的位置给行动者提供了制度利益和机会，以及特定时刻影响他人的资本。在理论上，处于成熟场域中心位置的行动者受到制度环境的同构作用更大，更不可能有动力进行制度创业。

管理学者善于发现理论上不太可能出现的现象，并以此提升原有理论。2006年，罗伊斯顿·格林伍德（Royston Greenwood）和罗伊·苏达比在《管理学杂志》上发表了《在成熟场域内的制度创业：五大会计师事务所》一文，以挑战嵌入能动性悖论为切入点，通过引入网络位置和辩证理论对格林伍德等学者（2002）的制度变革模型进行细化，致力于回答"在高度制度化情境中，为何、在何种情况下，嵌入成熟场域的精英企业有动力进行制度创业"。会计师事务所是提供会计服务的专业化机构，这早已是社会共识。20世纪八九十年代，有些会计师事务所开始涉足法务会计、诉讼支持和管理咨询业务，由此产生了多元化事务所（multidisciplinary practice）这一新的组织形式。这本是普通的商业现象，但是格林伍德和苏达比发现了其中的特殊之处：多元化事务所这一新的组织形式诞生于全球顶尖的五大会计师事务所。按理说，这些精英事务所是行业的表率，不太可能去做容易招致监管调查和客户抵制的变革。现实是，五大会计师事务所不仅做了，还做成了行业的"新规则"。

格林伍德和苏达比以"五大会计师事务所"打破规则推出多元化事务所为研究对象，采用自然调查（naturalistic inquiry）方法，探索成熟场域核心在位者发起的制度变革问题。研究发现处于成熟场域的核心在位者对变化不仅没有更为迟钝，反而更为警觉。由于连接了不同的组织场域，核心在位者更有可能接触到矛盾的逻辑，从而对旧有逻辑进行反思和改变。此外，核心在位者的市场活动超出了本场域制度的管辖范围，因此他们不受强制性和规范性制度的影响。两位学者创造性地将这两个过程定义为边界桥接（boundary bridging）和边界错位（boundary misalignment）。这两个过程使得核心在位者暴露于场域层面的"矛盾"，降低了他们对原场域的嵌入程度。当低嵌入性与制度变革动机相结合时，核心参与者就会成为制度创业者。

格林伍德等学者（2002）的制度变革模型仅考虑了成熟场域的制度变化过程，却没有考虑变革发起人的差异。格林伍德和苏达比这篇文章中关注成熟场域核心在位者发起的制度创业，是对格林伍德等学者（2002）的拓展，丰富了学者对制度创业过程的认识。写作技巧方面，该研究首先树立嵌入能动悖论这个靶点，让读者顺理成章地认为成熟场域核心在位者不可能进行制度创业；接着作者提出确有成熟场域核心在位者发起的制度创业，并提出他们为何、如何进行制度创业的问题以引起读者的兴趣。两位学者从一个大众习以为常的商业现象中找到有违逻辑之处，通过质性研究方法，将成熟场域精英企业克服嵌入能动性悖论的过程机制勾勒出来，并将该机制理论化，给出成熟场域核心企业制度创业过程模型。行文思路和写作技巧都有很大的借鉴意义。

这篇文章考虑了成熟场域核心在位者制度创业，自然引出了成熟场域边缘新进者制度创业相关的研究，由此催生了新的研究。目前的研究发现，成熟场域的制度创业可能由核心的在位企业发起（Greenwood, Suddaby, 2006；Townley, 2002），也有可能由边缘新进者发起（Levy, Sculley, 2007；Maguire, Hardy, 2009）。前者具有制度变革的资源和推广新制度的影响力，但他们受到所嵌入场域制度的约束较大，往往缺乏变革的眼光和动力；后者具有变革的眼光和动力，但是缺少制度变革的资源和推广新制度的影响力（Garud, et al., 2007；Hardy, Maguire, 2017），其制度创业过程更为复杂（见表2-2）。因此，学者普遍关注制度创业者如何成功实现制度创业，尤其是他们在制度创业过程中采纳了哪些战略措施（Hardy, Maguire, 2017；Zhang, White, 2016）。这些研究仍将制度创业者视为理性经济人，几乎没有考虑制度创业的组织内部的协调过程。成熟场域利益格局复杂，并非所有管理者都支持制度创业，未来探索成熟场域制度创业的微观过程机制具有重要意义。

表 2-2　成熟场域和新兴场域制度创业对比

	核心在位者	边缘新进者
成熟场域	有资源和能力，缺少眼光和动力	有眼光和动力，缺少资源和能力
新兴场域	有眼光和动力，缺少资源和能力	

史蒂夫·马奎尔等学者：新兴场域的制度创业

制度创业研究兴起后很长一段时间内，学者多在关注成熟场域的制度变革问题，很少有学者考虑新兴场域的制度创造问题。史蒂夫·马奎尔（Steve Maquire）等学者2004年在《管理学杂志》上发表了《在新兴场域内的制度创业：加拿大艾滋病治疗机构的案例》一文，敏锐地发现了新兴场域制度过程这个研究空白，并从新兴场域制度创业者职位特征及新制度的扩散过程两个问题着手开展研究。该文章以加拿大艾滋病治疗场域为研究情境，探索新的范式和规则是如何出现和传播的。艾滋病是20世纪80年代突然出现的严重疾病，制药公司没有可用的药物,迫切需要研发新药,与患者的沟通是新药研发的关键。另外,艾滋病患者受到社会的排斥,甚至还由此引发了一些动荡。在这一悖论下,加拿大出现了一种由社区和医药公司共同构成的组织,并产生了全新的咨询和交流模式。采用定性研究方法,作者发现由于新兴场域内制度结构不成熟、行动方位置不明确且关系松散,即使某个行动方率先提出并推广了某项理念或行为范式,也未必能得到其他行动者的支持。因此,新兴场域制度创业的第一步,是占据具有广泛合法性并在不同利益相关者之间架起桥梁的"主体位置",为新的实践争取到合法性并为后续的制度推广聚集更多的资源和影响力。这一发现是这篇文章的重要贡献。此外,作者指出新的规则和范式出现后,需要通过话语和政治手段将其理论化,然后与利益相关者的习惯联系起来,最终实现制度化。

马奎尔等学者重点对比了新兴场域和成熟场域的差异。新兴场域与成熟场域在制度结构、行动方位置和行动方关系三个方面存在明显差异。首先,成熟场域经过长时间的建构,形成了相对成熟的制度体系,用以衡量场域内行动方观念、行为等的合法性;而新兴场域尚未形成稳定的制度,因此难以衡量行动方的观念、行为是否合法,制度创业者因此拥有更广阔的发挥空间。其次,成熟场域内既有处于核心位置、掌握资源配置、影响力更大的支配者,也有处于边缘位置、资源相对不足、影响力更小的被支配者;而新兴场域行动方处于群龙无首的状态,资源分散在多个行动方手中,支配关系尚未确定,彼此之间缺乏影响力。最后,成熟场域内行动方之间具有稳定的组织关系,可以经受住较多的内外部冲击;新兴场域内行动方之间的关系较为松散,容易受到内外部冲击。如表 2-3 所示,新兴场域与成熟场域的种种差异,导致两个场域制度创业过程不同,尤其是采取的战略措施和技术手段。

表 2-3 成熟场域与新兴场域对比

	制度结构	行动方位置	行动方关系
成熟场域	成熟	从属明确	关系稳定
新兴场域	不成熟	从属不明	关系松散

总体来说,马奎尔等学者的研究、格林伍德和苏达比的研究分别探索了如何在新兴场域创造新制度、如何在成熟场域改变旧制度这两个细分问题,是对格林伍德等学者(2002)的进一步延伸,具有较大的代表性。但是,这些研究仍存在不足,例如未充分考虑制度的复杂性、制度变革的方向、与创业活动的联系等。事实上,成熟场域制度更为成熟,行动者之间的结构关系更为完善,这种情况下的制度创业者受到较大的限制和约束,制度变革的程度相对较低,新制度推广的难度也较高;相比之下,新兴场域缺少成形的规则,制度创业者具有更大的发挥空间,制度创新程度也相对较高。制度作为一种游戏规则,界定了行动者的思想和行为边界,制度创业因此具有不同的方向,例如变得更加严格或宽松、明确或模糊、人性化或反人性化、高质量或是低质量。此外,成熟场域制度创业与创业的关系不够密切,少数特例仅限于公司创业行为;新兴场域的制度创业和创业之间的关系较多,不少新制度是与创业活动相伴而生的,尤其是近年来兴起的人工智能领域的创业和制度创业。

朱莉·巴蒂拉娜等学者:制度创业文献综述

行动者发起制度创业是有意还是无意?制度创业者是新制度的发起者还是实施者?创业是不是制度创业的必要条件?更一般的制度创业模型是怎样的?学术研究细化到一定程度后,需要有学者对这些问题进行总结和提升。朱莉·巴蒂拉娜(Julie Battilana)等学者 2009 年在

《管理学通讯》(Academy of Management Annals)上发表了《行动者如何改变制度：构建制度创业的理论》一文，对制度创业的文献进行了系统的梳理，提出制度创业的本质是改变现有的制度逻辑，即通过引入新的制度来改变当前关于目标及目标实现方式的共识。因此，不论制度创业者最初的意图是不是改变环境，也不论变革是否已成功实施，他们都是发起并积极实施与现有制度不同的变革的代理人。虽然创建不同商业模式的创业者也可能是制度创业者，但创建一个新的企业并非制度创业的必要条件，也不足以使参与者有资格成为制度创业者。与之前的研究相比，巴蒂拉娜等学者对制度创业的界定至少有三点延伸：改变制度可能并非制度创业者的初衷；制度创业者需要发起并实施新制度；创业不是制度创业的充分条件，也不是必要条件，创业创造新制度只是制度创业的一个子集。

巴蒂拉娜等学者在对制度创业理论系统总结的基础上提出更一般的制度创业过程模型（见图2-6）。在制度创业的原因方面，该研究跳出了之前研究认为业绩不良、技术变化、利益冲突等具体原因的研究范式，提炼出行动者与制度环境间的匹配是制度创业的驱动因素——当行动者感受到与当前制度环境不匹配，并且他们能获取资源改变当前制度环境时，制度创业往往就会出现。这一观点将制度创业的原因泛化，并且与战略管理领域常见的匹配观点联系起来。同其他变革过程类似，制度创业的过程可以分为提出制度愿景、获取民众支持、鼓励民众采纳并维持新制度三个阶段。在提出制度愿景阶段，制度创业者需要发现当前制度存在的问题，提出更优的制度方案；在获取民众支持阶段，制度创业者需要充分利用资金、社会资本等资源，将制度愿景传递出去，以获得其他行动者对新制度的支持和接受；在鼓励民众采纳并维持新制度阶段，制度创业者需要鼓励他人接纳新的制度并反复实施，使得新制度逐渐制度化，最终实现制度变革。制度创业过程的三个阶段并非一次完成，可能会出现多次的反复，最终建构出新的制度；而新制度在未来可能会被新的制度创业者改变，实现新一轮的制度迭代。

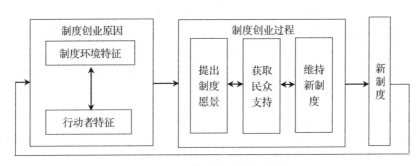

图 2-6　制度创业的过程模型

资料来源：作者根据巴蒂拉娜等学者（2009）的文献绘制。

巴蒂拉娜具有明显的组织和社会学研究背景，这篇文章从更宏观的视角对制度创业进行了梳理和归纳，给出了更一般的制度创业过程模型。制度创业与社会创业、学术创业相似，本质上也是一种创业。但是截至目前，学术界尚未将不同类型的创业进行归纳提炼并给出更一般的创业模型。

推动创业研究产生的理论贡献与未来趋势

创业是创造新制度，这一对创业本质的洞见将创业研究和制度理论联系在一起。例如，奥尔德里奇和菲奥尔（Fiol）（1994）发现，创业企业缺少合法性，更容易受到环境的影响从而接受环境中既定的规则,但是有些企业却通过集体推广其创新活动,创造了新的产业和制度环境。该研究突破了创业研究大多关注经济产出的范式,为制度创业这一研究领域的诞生奠定了基础。但是事与愿违,此后较长一段时间内,制度创业的研究进展较为缓慢,究其原因,制度理论研究仍坚持制度一成不变的基本假设,而创业研究仍受到经济学理论的影响较大,对于非市场产出关注不足。

制度创业从特殊现象上升为一般理论,需要制度理论和创业研究突破既有的研究范式,进行更深层次的对话,这种突破一般需要领域外的力量推动。顶级管理学期刊敏锐地发现了制度理论和创业研究存在的不足,并出版专刊进行了讨论,例如,《战略管理杂志》在 2001 年推出专刊,呼吁将创业研究和制度理论等战略管理理论相结合(Hitt, et al., 2001)。紧接着,《管理学杂志》在 2002 年推出专刊,质疑制度理论研究中制度一成不变的基本假设,呼吁探索制度变革的来源和过程(Dacin, et al., 2002)。值得强调的是,格林伍德等学者(2002)在这一期专刊中给出了制度变革的过程机制模型,为后续制度创业研究提供了基础模型。这两个管理学顶级期刊专刊的推出为创业创造新制度的研究打通了道路,相应的研究成果开始大量出现。这个阶段的研究具有以下共性:①文章的作者多为组织管理领域的学者,而非创业领域的学者;②研究方法基本都是定性研究,用以探索制度创业的过程机制;③重要研究成果主要出现在顶级管理学期刊而非创业期刊上。

从 2010 年开始,创业期刊意识到制度与创业之间的重要关系,陆续推出专刊进行讨论。2010 年《创业理论与实践》推出专刊回顾制度视角的创业研究,呼吁扩大制度理论在创业研究中的应用(Bruton, et al., 2010);2013 年《创业学杂志》推出专刊探索制度和创业之间的关系,呼吁采用更多社会学理论丰富创业研究(Jennings, et al., 2013)。这些专刊将创业创造新制度作为新兴研究议题呈现于学者面前,促进了制度和创业研究的融合。

改革开放过程中,中国的政府、企业等多方力量共同构建出多项新的范式、规则,为制度创业的研究提供了绝佳素材。例如,中国手机行业在发展过程中,通过框架、聚集和桥接三种战略构建其合法性,最终推动政府取消对手机生产的行政审批(Lee, Hung, 2014);中国民营企业在进入光伏领域的过程中,通过利用合法性资源、调整自身行为符合既有规则以及推动制度环境改变对合法性的认识三种策略克服了新进者劣势。成熟场域边缘新进入者主导的制度创业过程(Zhang, White, 2016)与成熟场域核心在位者主导的制度创业过程(Greenwood, Suddaby, 2006)存在较大差异。除了素材丰富,中国情境中的制度创业方向也有其特殊之处。通常,制度创业者采用从下到上的战略(bottom-up strategy)进行制度创业,即先建立场域内行动者对新事物的认知,后构建行业规范,再推动政府层面的立法。但是蔡尔德(Child)等(2007)发现中国环境保护体系的制度创业采用了自上而下的战略(top-down strategy),即政府出台环境保护法案在先,民众建立环保理念在后,并且这一过程是由政府及其代理机构主导的。这一过程机制的方向恰好与美国环保体系的制度创业方向相反。

创业活动不仅产生经济效益,还带来新的认知、范式和规则等,有助于解释制度的来源。创业创造新制度成为制度创业的重要构成部分,但这不等于二者可以画等号。越来越多的研究认为,制度创业的本质是一个新制度从无到有的过程,恰似新企业从创意产生到企业创立的过程;创业创造新制度只是制度创业的一种特殊情境,创业既非制度创业的充分条件,也不是必要条件。正如创业研究学者所强调的,创业活动的主要目的是产生经济效益,以改变制度为目的去创业只是少数;也有些创业活动将改变制度作为一种手段,以实现其他目的。

创业者为何要改变制度？有意改变还是无意间改变？如何在目标之间、目标和手段之间权衡？这些问题值得进行更深入的探索。

◆ 参考文献

Aldrich, H.E. and Fiol, C.M., 1994, "Fools rush in? The institutional context of industry creation", *Academy of Management Review*, Vol. 19, No. 4: 645-670.

Battilana, J., Leca, B., and Boxenbaum, E., 2009, "How actors change institutions: towards a theory of institutional entrepreneurship", *Academy of Management Annals*, Vol. 3, No. 1: 65-107.

Bruton, G.D., Ahlstrom D., and Li H.L., 2010, "Institutional theory and entrepreneurship: where are we now and where do we need to move in the future?", *Entrepreneurship Theory and Practice*, Vol. 34, No. 3: 421-440.

Child, J., Lu, Y., and Tsai, T., 2007, "Institutional entrepreneurship in building an environmental protection system for the People's Republic of China", *Organization Studies*, Vol. 28, No. 7: 1013-1034.

Dacin, M., Goodstein, J. and Scott, W., 2002, "Institutional theory and institutional change: introduction to the special research forum", *Academy of Management Journal*, Vol. 45, No. 1: 45-56.

DiMaggio, P.J. and Powell, W.W., 1983, "The iron cage revisited: institutional isomorphism and collective rationality in organizational fields", *American Sociological Review*, Vol. 48, No. 2: 147-160.

DiMaggio, P.J., 1988, "Interest and agency in institutional theory", In L.G. Zucker (Ed.), *Institutional Patterns and Organizations*, Cambridge, MA: Ballinger: 3-32.

Garud, R., Hardy, C., and Maguire, S., 2007, "Institutional entrepreneurship as embedded agency: an introduction to the special issue", *Organization Studies*, Vol. 28, No. 7: 957-969.

Greenwood, R., and Suddaby, R., 2006, "Institutional entrepreneurship in mature fields: the big five accounting firms", *Academy of Management Journal*, Vol. 49, No. 1: 27-48.

Greenwood, R., Suddaby, R., and Hinings, C.R., 2002, "Theorizing change: the role of professional associations in the transformation of institutionalized fields", *Academy of Management Journal*, Vol. 45, No. 1: 58-80.

Hardy, C., and Maguire, S., 2017, "Institutional entrepreneurship and change in fields", In R. Greenwood, C. Oliver, T. Lawrence, and R. Meyer (Ed.), *The SAGE Handbook of Organizational Institutionalism*, SAGE Publications Ltd: 261-280.

Hitt, M.A., Ireland, R.D., Camp, S.M., and Sexton, D.L., 2001, "Strategic entrepreneurship: entrepreneurial strategies for wealth creation", *Strategic Management Journal*, Vol. 22, No. 6-7: 479-491.

Jennings, P.D., Greenwood, R., Lounsbury, M.D. and Suddaby, R., 2013, "Institutions, entrepreneurs, and communities: a special issue on entrepreneurship", *Journal of Business*

Venturing, Vol. 28, No. 1: 1-9.

Lee, C.K., and Hung, S.C., 2014, "Institutional entrepreneurship in the informal economy: China's Shan-Zhai mobile phones", *Strategic Entrepreneurship Journal*, Vol. 8, No. 1: 16-36.

Levy, D., and Scully, M., 2007, "The institutional entrepreneur as modern prince: the strategic face of power in contested fields", *Organization Studies*, Vol. 28, No. 7: 971-991.

Maguire, S., and Hardy, C., 2009, "Discourse and deinstitutionalization: the decline of DDT", *Academy of Management Journal*, Vol. 52, No. 1: 148-178.

Maguire, S., Hardy, C. and Lawrence, T.B., 2004, "Institutional entrepreneurship in emerging fields: HIV/AIDS treatment advocacy in Canada", *Academy of Management Journal*, Vol. 47, No. 5: 657-679.

McKelvey, B., and Aldrich, H., 1983, "Populations, natural selection, and applied organizational science", *Administrative Science Quarterly*, Vol. 28, No. 1: 101-128.

Meyer, J.W., and Rowan, B., 1977, "Institutionalized organizations: formal structure as myth and ceremony", *American Journal of Sociology*, Vol. 83, No. 2: 340-363.

Townley, B., 2002, "The role of competing rationalities in institutional change", *Academy of Management Journal*, Vol. 45, No. 1: 163-179.

Tushman, M.L., and Anderson, P., 1986, "Technological discontinuities and organizational environments", *Administrative Science Quarterly*, Vol. 31, No. 3: 439-465.

Zhang, W., and White, S., 2016, "Overcoming the liability of newness: entrepreneurial action and the emergence of China's private solar photovoltaic firms", *Research Policy*, Vol. 45, No. 3: 604-617.

文献推荐

Battilana, J., Leca, B., and Boxenbaum, E., 2009, "How actors change institutions: towards a theory of institutional entrepreneurship", *Academy of Management Annals*, Vol. 3, No. 1: 65-107.

Greenwood, R., and Suddaby, R., 2006, "Institutional entrepreneurship in mature fields: the big five accounting firms", *Academy of Management Journal*, Vol. 49, No. 1: 27-48.

Maguire, S., Hardy, C., and Lawrence, T.B., 2004, "Institutional entrepreneurship in emerging fields: HIV/AIDS treatment advocacy in Canada", *Academy of Management Journal*, Vol. 47, No. 5: 657-679.

代表性学者

朱莉·巴蒂拉娜（Julie Battilana）

2006年获欧洲工商管理学院和法国卡尚高等师范学院联合培养博士学位，现任哈佛大学商学院工商管理讲席教授。她的研究和教学领域包括制度创业、制度变革、社会创业、社会创新、混合型组织、权力与影响力等，现任《行政科学季刊》《管理学杂志》编委会成员。E-mail：jbattilana@hbs.edu 或 julie_battilana@hks.harvard.edu。

史蒂夫·马奎尔（Steve Maguire）

2000年获蒙特利尔高等商学院哲学博士学位，现任悉尼大学商学院战略、创新和创业教授。他关注人类健康和环境风险所驱动的技术和制度变革，研究领域包括制度创业、制度变革、可持续发展战略、组织政治管理等，在《管理学评论》《管理学杂志》《战略管理杂志》等期刊上发表多篇论文。E-mail：steve.maguire@mcgill.ca。

罗伊斯顿·格林伍德（Royston Greenwood）

1976年在伯明翰大学获得博士学位，现任阿尔伯塔大学商学院战略管理教授和副院长，他的研究领域覆盖创业行为、组织变革与战略管理等，曾任多个国际管理学顶级期刊编委会主席，并多次获得优秀论文奖。他多年来持续深耕制度理论研究，现任《管理学评论》《管理研究杂志》编委会成员，《管理学通讯》顾问委员会成员。E-mail：royston.greenwood@ualberta.ca。

创业在创造新文化

◎ 吴茂英　◎ 童逸璇

浙江大学管理学院

尽管传统的经济学研究本身并未系统探讨过创业现象，但创业研究中的许多经典思想，如熊彼特提出的创新型企业家对于生产要素和条件的创新组合、柯兹纳强调的创业者对于尚未实现的利润机会的警觉、奈特主张的企业家对于不确定性的把握和利用，仍带有浓厚的经济学色彩（Foss, et al., 2019）。这些研究将创业视为一个高度抽象去情境化的过程，将创业者看成高度同质化、去个性化的理性人（Foss, et al., 2019；Lounsbury, et al., 2019）。在研究内容上，这些研究大多关注创业的经济结果（如社会经济变革、市场均衡实现、企业利润获取等），很少关注创业过程本身，以及与创业过程密切相关的社会文化情境（Foss, et al., 2019；Lounsbury, et al., 2019）。这些由经济学范式主导的研究及理性人等基本假设，有时难以精确地描摹现实中的创业实践，并可能导致创业研究中的一系列偏误。比如早期创业机会研究中的"机会发现说"（opportunity-discovery perspective），倾向于认为创业机会外生于创业行动，忽视了创业者及其与环境的互动在建构或创造创业机会中的作用。21世纪初，一些创业学者开始倡导打破经济学范式的桎梏，以多学科的视角促进对创业现象的理解。文化创业（cultural entrepreneurship）研究便在这一背景下涌现出来。这一领域的研究将创业过程置于文化和符号意义的范畴中考量，强调文化在创业过程中扮演的独特角色，体现出创业研究的文化转向（cultural turn）。

这一研究范式的转向，与20世纪90年代以来社会科学领域对文化认识的发展息息相关。社会学和组织研究等多个领域中关注文化研究的学者均表示，文化兼具限制性和激励性的双重属性（Lounsbury, et al., 2019；Weber, Dacin, 2011；Friedland, Mohr, 2004；DiMaggio, 1994）。在传统的认知里，文化具体表现为社会规范和价值观念，是个体行为的限制性因素。新近的文化研究则将文化概念化为行为的激励性因素，认为文化是一组能为人们创造和利用并以此解释世界的工具包（Lounsbury, et al., 2019；Weber, Dacin, 2011；

⊖ 本文是国家自然科学基金重点项目"新创企业商业模式形成与成长路径"（71732004）、重大项目"创新驱动创业的重大理论与实践问题研究"（72091310）课题三"大型企业创新驱动的创业研究"（72091311）资助的阶段性成果。

Swidler，1986）。文化的限制性和激励性属性在文化创业研究中得到了充分体现，即文化创业研究既强调个体或集体创业者通过讲故事积极利用文化资源、创造文化形象和观念的能动性，又强调个体的文化符号活动需与广泛的社会文化观念相匹配（Lounsbury，Glynn，2001；Wry，et al.，2011）。文化的双重属性恰好也体现了吉登斯（Giddens）（1984）结构化理论的思想，即社会结构（social structure）和个体能动性（agency）的二重性特征。根据吉登斯的观点，文化的限制性作用（制度规范）是在创业者循环往复的创业实践（文化的激励性作用）中逐渐形成的。创业者具有个体的能动性，能在日常实践中创造性地利用和组合资源与规则，生产出文化身份和价值规范；而这种不断更新的价值规范又会反过来制约创业者的行为。在这一文化转向的引领下，创业者不再是完全遵循文化规则而行动的文化傀儡，而是有技巧的文化运作者，能在制度制约下创造性地利用文化资源以实现创业目标（Lounsbury，Glynn，2001；Lounsbury，et al.，2019）。

文化创业研究本身也经历了几个不同的发展阶段。文化创业研究发轫于文化创意产业，最初仅指文创产业中的创业现象，即文化资本家（cultural capitalists）和文艺工作者（cultural workers）将自己的艺术与文化理念付诸实践，并以此创建文化机构、生产和销售文化产品的过程。在这一阶段，文化仅仅作为创业活动发生的特定情境（Gehman，Soublière，2017）。自劳恩斯伯里（Lounsbury）和格林（Glynn）（2001）的奠基性文章开始，文化的内涵大大拓宽，文化不再只是作为创业的背景而存在，而贯穿在创业的全过程中，与企业身份构建、合法性获取、价值创造等议题密切相关。创业的过程，同时也是新的文化身份和价值观念的创造过程。这一阶段开始，学者们将文化创业应用于各行各业，如纳米科技、卫星广播、信托投资、社会创业等（Lounsbury，Glynn，2001；Lounsbury，Glynn，2019）。

迈克尔·劳恩斯伯里和玛丽·安·格林：创业在创造新的文化身份

迈克尔·劳恩斯伯里（Michael Lounsbury）和玛丽·安·格林（Mary Ann Glynn）2001年在《战略管理杂志》上发表了《文化创业：故事、合法性和资源获取》一文，它是文化创业研究的开山之作，在结合资源基础观、制度理论、组织身份和文化研究相关理论的基础上，通过理论探讨和创业轶事分析，刻画了创业中涉及的复杂多变的文化过程，即创业者通过讲故事这一文化和符号活动，构建出全新的、具有合法性的文化形象和身份。这种新的文化身份应当具备文化的工具属性，即能帮助创业企业获取资源、创造财富。

对大多数初创企业而言，它们的能力、资源、履历等并不为外界所熟悉，它们的创业身份和前景包含着高度模糊性和不确定性，面临着很强的合法性危机。因此，这些初创阶段的创业者面对着一个棘手的问题——如何向手握资源的关键受众（如股东和投资机构）传递出一个可理解的、有意义的、值得信任的企业文化身份，以谋求新企业的生存和发展？劳恩斯伯里和格林认为，创业故事在这个过程中发挥着重要作用。创业故事能传递出创业者关于"我们是谁""我们想要做什么""为什么我们能获得成功""为什么我们有资格获得资助"等一系列身份问题的设想，能反映出企业的管理策略、战略目标和价值观念。作为一种重要的企业文化符号，创业故事从诞生之初含糊不清甚至充满矛盾的行动和言语集合中，抽象出叙事的逻辑和线索，形成一个简化的、相对一致的身份描述，并降低身份的不确定性。

那么，在现实的创业实践中，创业故事究竟如何构建并合法化企业文化形象，从而助力企业的资源获取和财富创造？劳恩斯伯里和格林从创业故事的功能和内容、创业故事与创业资本的关联两个层面给出了回答。从创业故事的功能和内容方面看，想要构建并合法化新兴的文化身份，创业者需要在以下几个方面做出努力：首先，创业故事需要保持叙事的忠实度（narrative fidelity），将创业者的文化使命、身份和资源与关键受众的价值观念、利益诉求和未来愿景相匹配，形成文化上的共鸣。在反复的叙述过程中，创业故事会逐渐成为一种为创业活动提供基本原理和说明的制度化的解释框架；而这种解释框架中包含的可理解性，则是合法性建立的基础。其次，创业故事也可以通过把控和调整内容的侧重点，来构建文化身份及其合法性。一方面，创业故事应从企业自身拥有的独特的、可识别的、有价值的资源出发，强调新企业的独特性；另一方面，创业故事应将文化身份的构建置于更广泛的行业层面，关注自身与行业中盛行的文化理念、规范和价值观的匹配程度，强调整个行业的独特优势而非自身特点。在具体的实践中，创业者应根据自身情况采取最优区分策略，在战略独特性（strategic distinctiveness）和规范一致性（normative appropriateness）之间寻求平衡。

不同创业企业所拥有的内部资源和所处的行业环境千差万别。这些异质的资源和制度资本如何渗透到创业故事中，并影响文化创业者构建文化身份及合法性的过程？劳恩斯伯里和格林结合资源基础观和制度理论的相关思想，指出成功的创业故事往往能很好地体现创业企业的资本存量，包括企业的资源资本（如科技、财务、智力、人力和社会资本）和制度资本（如行业合法性、行业规范和价值观、行业基础设施）。这两类资本塑造了创业故事的基本内容，并对创业的文化过程施以影响。关于企业资源资本的讨论体现了资源基础观的思想。作者表示，创业者在创业故事中不仅需要强调企业所拥有的资源和获取资源的能力，还需要展示这些资源的价值和市场关联度。两位学者特别关注三种形式的资源资本，包括有信誉的机构或个体的背书、与高声望群体的关联所带来的社会资本，以及创业者过往的成功经历和出色表现所带来的人力资本。在创业故事中展现出这三种资源资本的企业更容易建立文化身份的合法性并获取资源。关于企业制度资本的讨论，则体现了两位学者希望将创业行为和过程置于更加广阔的社会文化情境中考量的决心。一个能成功建立身份合法性的创业故事，要能把握宏观制度环境的基本特征，并据此灵活地调整创业故事的侧重点。在一个相对成熟、已经具有合法性的行业中，创业故事更加强调自身的独特性；反之，则强调行业的独特优势。当创业企业提供的产品或服务为行业带来了连续性创新，创业故事更突出产品或服务与行业现行实践之间的匹配性；反之，若带来破坏性创新，则突出产品和服务自身的独特价值。

这篇文章突破了以往创业研究忽视社会情境因素的局限，深入细致地揭示了创业的文化过程，即创业者通过讲故事创造出了"新文化"——一种可理解的、有意义的、有价值的文化身份。相较于组织在实体形态上的形成，文化创业视角更关注新组织的诞生所伴随的文化和符号意义，即创业者如何向关键利益相关者讲述新生的组织，如何在讲述过程中构造并合法化新兴的企业身份和形象，并借助这种文化形象进一步获取资源和财富。在该文章的写作过程中，劳恩斯伯里和格林两位学者引入了包含微软、网景、苹果等在内的许多知名企业的创业轶事，深入浅出地阐释了文化创业的理论内涵，使读者的阅读过程更加轻松有趣。这些为人熟知的企业和它们的创业故事，再次证明了讲故事的独特价值——能让陌生的事物变得熟悉，让模糊的思想变得具体可信，让艰深的理论变得清晰易懂。

弗洛里安·尤伯巴赫等学者：基于文化能力的创业叙事过程

劳恩斯伯里和格林及其引领的一系列文化创业研究，将讲故事视为创造合法且独特的文化身份，从而获取资源和合作伙伴的重要方式（Lounsbury，Glynn，2001；Wry，et al.，2011；Garud，et al.，2014）。这些研究默认创业者天生就具备讲故事的能力，从一开始便懂得如何有目的、有技巧地运用文化资源以创造合法的文化身份。然而，事实往往不尽如此。弗洛里安·尤伯巴赫（Florian Überbacher）等学者 2015 年在《组织研究》（*Organization Studies*）上发表了《创业者如何成为有技巧的文化运作者》一文，关注了创业者在创造新文化过程中必备的文化能力是如何发展的，深入探究了"创业者置身于不熟悉的市场环境时，如何逐步锻炼并提升文化能力，以实现新组织的生存和发展"这一问题。

在回答这一问题之前，尤伯巴赫等学者首先从创业者符号管理角度阐释了什么是创业者的文化能力。在创造一种能引起广泛共鸣的身份宣称的过程中，创业者往往需要有技巧地使用符号语言（如类比和隐喻），来塑造资源所有者对于企业文化形象和符号意义的理解。符号语言一方面能帮助创业者强调企业的独特价值和成就，以及企业与利益相关者的独特关系；另一方面，如果企业真实的创业计划和愿景与目标受众的价值观念相冲突，符号语言也能帮助企业在迎合目标受众的同时，隐藏并保护自身的真实利益诉求，这一过程被称为脱耦（decoupling）。总体而言，当创业者能根据特定目标受众的文化框架定制相应的符号管理策略，并在符号行动中表现出高度的自反性（即对于自身能力和局限的考量）时，便可以认为创业者具有较强的文化能力。

那么，创业者的文化能力究竟是如何发展的呢？为了更好地回答这一问题，尤伯巴赫等学者将目光聚焦于文化复杂性较高的创业环境中。这种环境中包含着多种不一致，甚至相互矛盾的文化观念。因此，创业者在文化符号行动（即创造身份宣称以获取资源）中展现出的价值观念，不一定能精确地把握住市场中蕴含的文化资源、机会和限制，甚至可能跟资源所有者的价值主张相冲突。在这种情况下，创业者在一开始并不具备娴熟的文化能力，他们需要在反复的摸索、试错、反思和调整过程中，不断地提升对文化环境的认知，增强自身的符号管理能力。尤伯巴赫等学者关注了这一充满不确定和波折、在反思中不断前行的文化能力发展历程。为了更加深入地揭示文化能力发展的具体机制，尤伯巴赫等学者引入了适应性意义建构（adaptive sensemaking）概念，来诠释创业者面对复杂文化环境中与预期不一致的反馈时，如何理解和思考、如何建构意义，并以此指导接下来的符号应对策略，以逐步提升形象宣称与目标受众文化框架之间的匹配程度，同时也保障了企业自身的自治性和利益诉求。

在研究设计方面，尤伯巴赫等学者采取了纵向单案例研究，关注在欧洲的公共部门外包市场进行公司创业的创业者弗雷德里克（Frederic）及其成立的子公司 BluePublic。由于企业本身的营利性价值观与公共部门的公益逻辑之间存在天然的矛盾，弗雷德里克在创业早期经历了巨大的文化冲击，他的创业过程也是他不断增进对于公共部门文化观念的理解、提升符号应对技巧的过程。文章关注了 BluePublic 在 2005～2010 年间的 5 次面向地方政府公共部门进行外包服务的投标活动（3 次成功、2 次失败），并将这种外包合同获取行动看成企业的资源获取尝试。在投标过程中，掌握资源的公共部门组织处于主导地位，给出一系列非常复杂的投标指南和要求，并对竞标企业的投标文件给出反馈。竞标企业需要在整个投标过程中尽可能地满足公共部门组织的期望，从而获得合同。这个过程涉及双方的持续性交互，往往持续 1～3 年。

案例研究的结果表明，创业者文化能力的发展是由两种适应性意义建构（即赞同驱动的意义建构和自治驱动的意义建构）共同促成的，这个过程能帮助创业者增强文化警觉（gaining cultural awareness），从而修正符号设定（calibrating symbolic enactment）（见图2-7）。具体而言，在创业者不断进行形象宣称和资源获取行动时，手握资源的目标受众也基于其自身的文化框架，不断地对创业者的符号行为和设定（symbolic actions and enactments）进行评估，并给出反馈。这些反馈中，偏离创业者预期的部分促使创业者进行适应性意义建构，并相应调整未来的符号设定策略。在获取认可和共鸣的"赞同动机"（approval motive）的驱动下，创业团队更加清楚自身的哪些资源可以跟公共部门的文化框架相匹配（识别文化资源），并在接下来的资源获取行动中，采取符号耦合（symbolic coupling）策略，更加强调能跟公共部门的价值观念形成共鸣的身份宣称。在维护自主性和自身利益的"自治动机"（autonomy motive）的驱动下，创业团队更加了解公共部门的哪些文化框架与自身的基本经济诉求相矛盾（识别文化限制），并在之后的身份宣称中，进行符号脱耦（symbolic decoupling），将企业的这部分特征模糊处理，使其可以免受公共部门特定价值观念的限制。

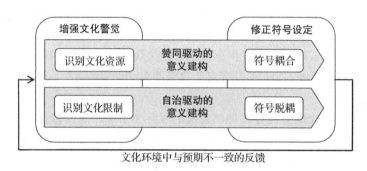

图2-7 创业者如何发展文化能力的理论模型

在劳恩斯伯里和格林的基础上，这篇文章深化了我们对创业的文化创造方式的认识，揭示了创业者文化能力的发展过程。首先，它将研究情境从之前的低文化复杂性和低文化冲突，转向了高文化复杂性和高文化冲突，基于创业者不熟悉的文化情境，提出创业者的文化技能并不是与生俱来的，探讨了意义建构过程在文化能力发展中的重要作用。其次，它表明，在创造具有合法性的身份宣称的过程中，创业者并不是一味地顺从资源所有者提出的要求和期许。当资源所有者的价值观念威胁到了企业自身诉求的实现时，创业者将会通过符号语言的技巧性使用捍卫自身的自主性和资源，这也是创业者文化能力的重要体现。

利安娜·赫德伯格和迈克尔·劳恩斯伯里：创业在传播新的文化观念

尤伯巴赫等学者的研究关注个体企业在面对复杂的文化环境时，如何建立和发展文化能力，以创造合法且独特的身份宣称。尽管尤伯巴赫等在文中指明了企业所面临的"文化冲击"源于公共和私人领域市场中截然不同，甚至互相冲突的文化价值观，但他们的重点仍是面临不同制度逻辑冲突的个体企业如何建构意义和获取资源，并没有关注到更加宏观的制度环境中，拥有不同制度逻辑的市场之间如何交融互动、互相影响。利安娜·赫德伯格（Leanne Hedberg）和劳恩斯伯里2021年在《组织科学》上发表了《不只是小土豆：市场道德化中的文化创业》一文，关注以社会和环境价值为核心的道德市场（moral markets）如何通过文化创业，吸引以经济利益为核心的大型组织的加入，以实现道德市场的规模化，助力于道德观念在社会上的广泛传播。

以往创业研究大多将财富创造作为企业创业的终极目标，而道德市场相关研究则为企业的经济活动赋予了更加多元的价值观念，即企业在创造经济价值的同时，还应该致力于社会、文化和环境价值的实现。然而，考虑到市场往往由效率和利润逻辑主导，在市场中贯彻道德观念是一项艰巨的任务，这在新兴道德市场的规模化过程中得到了更加充分的体现。与道德市场的早期形成过程不同，道德市场的规模化涉及拥有不同利益诉求的多元主体的合作，尤其是以经济目标为导向的大型成熟组织的加入和参与。在这种情况下，大型成熟组织的市场逻辑和初始道德市场成员的社区发展逻辑（如社会福利、可持续发展）常常互相冲突，导致了制度缺口（institutional void）的出现。制度缺口指多种互相冲突的制度逻辑使得市场中的游戏规则变得含糊不清的情况（Mair, et al., 2012）。因此，如何消除不同制度逻辑的冲突，以实现道德市场在外部大型组织介入下的规模化成长，是这篇文章关注的核心议题。

为了回应文章的研究问题，赫德伯格和劳恩斯伯里针对加拿大西部的一家社区组织"本地食品采购研究室"（以下简称研究室）进行了为期5年的民族志调研。杰姬（Jackie）是这家研究室的发起人，现受雇于一家致力于发展本地食品市场的区域农业文化组织。她曾经是一家餐馆的老板，也是本地食品思潮的积极倡导者，深谙大型组织和本地食品市场的不同制度逻辑。这家研究室联合大型组织（包括1家大型公共医疗系统、1家私人医疗系统、4所大学和2个大型会议中心）的食品采购商，通过一系列会议共同探讨如何将本地食品采购的价值观念融入他们的组织架构中。事实上，在研究室介入前，这些大型组织尝试过自己与本地食品市场建立联系，但都以失败告终。这正是因为这些大型组织所习惯的工业化食品体系与本地食品市场的社区逻辑之间存在巨大冲突。因此，研究室的系列活动中所涉及的观念和实践的改变，对于我们理解道德市场的规模化至关重要。

研究表明，文化创业（即创业者对于文化元素的技巧性使用）在填补制度缺口上发挥了关键作用。在文化创业过程中，创业者改变和调和不同制度逻辑之间的关系，以提升新兴市场的合法性。在该研究案例中，杰姬所主导的研究室通过一系列文化创业过程，使得本地食品市场和工业化食品市场的制度逻辑能够兼容，从而促使大型组织在购买工业化食品的同时，也提升了本地食品的购买量，促进了本地食品市场的规模化和相关价值观念的传播。这个过程先后涉及了价值观和实践的脱耦（decoupling values and practices）、填补制度空缺（bridging the institutional void）、价值观和实践的再耦合（recoupling values and practices）三个阶段。在最初的脱耦阶段，杰姬在跟食品采购商沟通过程中，弱化了本地食品的社会和环境价值，并强调其经济价值，以减少食品采购商感知到的制度逻辑冲突，争取他们的认可、支持和合作。战略性的脱耦过程推动了制度缺口的弥合，这主要通过三种途径实现：①食品采购商开始自主尝试与本地食品供应方的合作，并积极地共享信息；②研究室通过一系列活动帮助采购商建立与本地食品供应方之间的联系；③政府机构开始完善相关的基础设施，比如为小型供应方提高食品安全证书、制定采购政策、建立本地食品集散中心等。在弥合了制度缺口之后，大型组织变得更容易接受本地食品市场的制度逻辑。于是，研究室的成员开始重新将本地食品市场的价值观念跟购买实践相耦合；同时，大型食品采购商开始意识到自身在当地社区的嵌入性。

以往的文化创业研究多关注创业者在创业初期如何发展文化能力、创造并合法化新企业等议题。这篇文章在此基础上，将目光转向创业中后期的文化过程，关注已经创造出来的新兴市场如何扩张和规模化，是对现有文化创业研究的进一步深化和发展。此外，这篇文章也积极响应劳恩斯伯里、格林等学者的号召（Lounsbury, Glynn, 2019；Lounsbury, et al., 2019），丰富和拓展文化创业的结果变量，关注经济价值之外的社会和环境价值的创造。该文章也揭示出企业或市场在创造并传播社会和环境价值的过程中可能遇到的制度性阻碍，以及文化创业在减少冲突、填补制度缺口方面的重要作用。这一发现对于气候恶化、环境污染、食品安全等社会问题日益突出的当代社会具有非常重要的借鉴意义。

推动创业研究产生的理论贡献与未来趋势

创业是在创造新文化，这一判断从本质上凝练了创业活动言行二重奏的重要属性。尽管这一属性在其他组织活动中仍普遍存在，但基于高度不确定性和资源匮乏的创业情境，如何实现言行之间紧密互补甚至是互动强化显得更加重要。长期以来，创业研究更注重关注行为，甚至在文化创业研究兴起的早期也仅限于文化创意产业内的创业活动，并未对创业者行为对应的叙事和意义建构予以足够的关注。令人欣喜的是，近年来，创业者基于言语和表述的文化视角研究开始日益成为主流，研究情境也不再局限于文化创意产业，而是拓展到了高科技等更加主流的研究情境，发展势头非常迅猛，甚至有学者提出了创业型表述（entrepreneurial framing）的概念，并借助文献梳理和研究的方式来构建理论框架，呼吁在未来开展相关研究（Snihur, et al., 2021）。

创业创造新文化的过程包含三个递进的层次：第一层次是创业活动创造文化产品和服务；第二层次是创业活动创造文化身份和符号；第三层次是创业活动创造文化价值观和制度规范。这三个层次的递进也体现出企业在面对制度压力和期望时，战略性地使用文化资源、表达自身诉求的能动性差异，分别对应着奥利弗（Oliver）（1991）的战略制度化过程的不同模式——从适应、遵从环境，到协调、对抗环境，再到操纵、创造环境。第一层次的文化创业指早期文化创意产业中的创业活动。在这一创业过程中，创业者所采取的对于制度压力的回应多为顺从（acquiescence），即文化创业者生产出的文化机构、产品、服务或实践，多为文化创业产业中盛行的艺术理念和文化观念的具体体现。第二层次的文化创业由劳恩斯伯里和格林（2001）的开创性研究引领。相关的研究虽然也关注创业者迎合制度中的文化规范以获取合法性，但更加强调创业者通过讲故事等文化符号活动，构建自身独特且合法的文化身份的过程。创业者构造出的文化身份及其符号意义不一定与制度规范完全吻合，因此这一新文化的合法化过程包含着更积极的战略应对技巧，可能表现为妥协（compromise）、回避（avoid）或否认（defy）。例如，尤伯巴赫等学者（2015）发现，文化创业者能够战略性地使用文化脱耦策略，在制度压力下隐藏自身的真实诉求，以捍卫企业的自主性。第三层次的文化创业则体现出创业者面对制度环境时更强的能动性，即他们不再仅仅受制度规范的限制，而是更加积极地推动制度的变革和新型价值观念的普及。此时他们的制度应对策略以操纵（manipulate）为主，尽管过程中也需要配合妥协、回避和否认等技巧的使用。赫德伯格和劳恩斯伯里（2021）的研究便体现了这一层次的文化创业。他们关注在效率和利润至上的制度环境中，遵循社区发展逻辑的道德市场如何进一步扩张和规模化，从而推动新型价值观念的普及。文化创业在这个过程中的作用在于，通过有技巧地使用文化资源和符号语言，减缓甚至消除不同制度逻辑的冲突，帮助市场实现扩张。通过赫德伯格和劳恩斯伯里的探索，我们可以看到文化创业在制度环境复杂多变、多元价值观念交融碰撞的情境中所能发挥出的巨大潜力。在这个过程中，文化创业不仅能帮助已经生成的文化身份实现规模化，还能在蕴含着不确定性和矛盾冲突的环境中创造、引领和传播新的价值观念。

从理论上看，创业在创造新文化这一论断揭示了创业过程中伴随的文化和符号意义，表明了创业不仅关乎新组织或新行业在物质形态上的生成，而且关乎这些新生组织的符号意义和价值观念的形成和传播。也就是说，创业者在创造新兴事物和实践的同时，需要有技巧地组合和利用自身和行业的文化资源，讲述创业故事，构建出具有某种价值和目标导向的文化身份和符号形象，以此赢得关键利益相关者对于新事物和新实践的认可，实现企业的可持续生存和发展。因此，文化创业研究与资源基础观、制度理论，以及组织身份、合法性等研究领域具有天然的紧密关联。在劳恩斯伯里和格林（2001）关注个体企业的基础上，后续研究进一步探究了跨组织（Wry, et al., 2011）和跨时期（Garud, et al., 2014, 2019）视角下，讲故事与身份构建、合法性获取之间更加复杂的互动关系。此外，由于以故事促进合法性获取的创业实践大多建立在环境复杂、身份模糊、前景不明等现实情况的基础上（Lounsbury, Glynn, 2001；Wry, et al., 2011；Überbacher, et al., 2015），因此，文化创业和意义建构理论有着较高的契合度，为创业和组织研究的进一步融合提供了新的方向。

　　文化创业对于创业研究的理论贡献，还在于其引入了社会学及文化研究等跨学科视角，以此揭示了创业过程中复杂多样的文化因素。总体而言，文化创业研究将文化视为人们为自己和社会集体的行为赋予意义的解释框架（Lounsbury, Glynn, 2001；Überbacher, et al., 2015）。然而文化创业研究中，文化的具体表现形式非常多元。首先，文化可以表现为制度环境中的文化规范和价值观念。文化创业中创造出来的新文化身份需要在一定程度上契合社会文化规范，才能取得其生存发展所需的合法性。这体现了文化研究早期强调的文化的限制性作用。除此之外，文化创业研究更加强调文化的激励性作用，这体现在文化的资源和工具属性，以及文化的能力属性上。具体而言，文化创业学者将文化看成一组可供调用的工具包，并强调创业者灵活地调用工具包，以实现自身或组织发展目标的文化能力。文化能力和文化资源的结合能进一步创造出新的文化，即兼具独特性和合法性的企业文化身份，以及文化身份中折射的价值观念。这种新的文化身份也具有工具属性，能帮助企业进一步获取资源和财富。新的文化观念作为创业者能动地创造新事物的结果，也并不完全受到社会现有文化规范的束缚。具有技巧的符号设定和管理过程（文化能力）能使新兴文化价值免受限制性文化规范的影响，甚至还能促进不同制度逻辑的和解，助力新观念的进一步扩散和传播。

　　从当代社会的发展趋势来看，文化创业将会在未来的创业研究和实践中展现出越来越重要的作用，文化创业的过程和机制也会变得更加复杂、更具有情境性。这主要由以下三个现实因素导致：首先，随着数字和信息技术的广泛应用和自媒体的普及，企业或组织讲故事的途径和对象正变得日益多元，它们用以展示自身文化身份的媒介也变得更加丰富，这为创业者的文化创业提供了更多便利，但同时也提升了创业故事在多渠道传播中维持连贯性和一致性的难度。其次，众筹等新型筹资方式的出现，降低了创业活动的门槛，更多有创业想法的个体有机会参与到创业活动中。因此，创业过程中创业者、投资者、消费者和供应商之间的界限变得模糊，角色流动性的增强也使得创业创造新文化的过程变得更加复杂多变。最后，当代社会经济活动的快速发展也伴随着日益突出的社会、文化和环境问题，单纯追求效率和利润的市场逻辑已不再能适应社会经济可持续发展的要求。社会福祉、文化传承和生态保护等价值观念应该得到更加广泛的关注和认可。而文化创业在推广这些新型价值观念方面的重要作用，也使得相关的研究更具有现实意义。在研究设计方面，大多数研究提倡采用档案研究、民族志、访谈等质性研究方法来探究文化创业的过程和机理（Lounsbury, Glynn, 2001；Überbacher, et al., 2015；Hedberg, Lounsbury, 2021）；同时，文化创业学者也提倡通过纵向研究设计来探究故事的真实性和动态变化过程（Lounsbury，Glynn，2001；Garud，et al.，2014）。一些新近的研究开始进行量化尝试，比如通过对创业者传记内容分析建立衡量文化创业程度的指标，在此基础上探究文化创业的前因及后果变量（Park，Zhang，2020）。

◆ 参考文献

DiMaggio, P.J., 1994, "Culture and economy", In Smelser, N. J., and Swedberg, R., (Eds.), *The Handbook of Economic Sociology*, Princeton: Princeton University Press: 27-57.

Foss, N.J., Klein, P.G., and Bjørnskov, C., 2019, "The context of entrepreneurial judgment: organizations, markets, and institutions", *Journal of Management Studies*, Vol. 56, No. 6: 1197-1213.

Friedland, R., and Mohr, J., 2004, "The cultural turn in American sociology", In Friedland, R. and Mohr, J., (Eds.), *Matters of culture: Cultural sociology in practice*. New York: Cambridge University Press: 1-68.

Garud, R., Schildt, H.A., and Lant, T.K., 2014, "Entrepreneurial storytelling, future expectations, and the paradox of legitimacy", *Organization Science*, Vol. 25, No. 5: 1479-1492.

Garud, R., Lant, T.K., and Schildt, H.A., 2019, "Generative imitation, strategic distancing and optimal distinctiveness during the growth, decline and stabilization of Silicon Alley", *Innovation*, Vol. 21, No. 1: 187-213.

Gehman, J., and Soublière, J.F., 2017, "Cultural entrepreneurship: from making culture to cultural making", *Innovation*, Vol. 19, No. 1: 61-73.

Giddens, A., 1984, *The Constitution of Society: Outline of the Theory of Structuration*, University of California Press.

Lounsbury, M., Cornelissen, J., Granqvist, N., and Grodal, S., 2019, "Culture, innovation and entrepreneurship", *Innovation*, Vol. 21, No. 1: 1-12.

Lounsbury, M., and Glynn, M.A., 2001, "Cultural entrepreneurship: stories, legitimacy, and the acquisition of resources", *Strategic Management Journal*, Vol. 22, No. 6-7: 545-564.

Lounsbury, M., and Glynn, M. A., 2019, *Cultural Entrepreneurship: A New Agenda for the Study of Entrepreneurial Processes and Possibilities*, Cambridge University Press.

Lounsbury, M., Gehman, J., and Glynn, M.A., 2019, "Beyond homo entrepreneurs: judgment and the theory of cultural entrepreneurship", *Journal of Management Studies*, Vol. 56, No. 6: 1214-1236.

Mair, J., Marti, I., and Ventresca, M.J., 2012, "Building inclusive markets in rural Bangladesh: how intermediaries work institutional voids", *Academy of Management Journal*, Vol. 55, No. 4: 819-850.

Oliver, C., 1991, "Strategic responses to institutional processes", *Academy of Management Review*, Vol. 16, No. 1: 145-179.

Park, S.H., & Zhang, Y., 2020, "Cultural entrepreneurship in corporate governance practice diffusion: framing of 'independent directors' by US-listed Chinese companies", *Organization Science*, Vol. 31, No. 6: 1359-1384.

Snihur, Y., Thomas, L.D., Garud, R., and Phillips, N., 2021, "Entrepreneurial framing: a literature review and future research directions", *Entrepreneurship Theory and Practice*, doi: 10.1177/10422587211000336.

Swidler, A., 1986, "Culture in action: symbols and strategies", *American Sociological Review*, Vol. 51, No. 2: 273-286.

Weber, K., and Dacin, M.T., 2011, "The cultural construction of organizational life: introduction to the special issue", *Organization Science*, Vol. 22, No. 2: 287-298.

Wry, T., Lounsbury, M., and Glynn, M.A., 2011, "Legitimating nascent collective identities: coordinating cultural entrepreneurship", *Organization science*, Vol. 22, No. 2: 449-463.

▣ 文献推荐

Hedberg, L.M., and Lounsbury, M., 2021, "Not just small potatoes: cultural entrepreneurship in the moralizing of markets", *Organization Science*, Vol. 32, No. 2: 433-454.

Lounsbury, M., and Glynn, M.A., 2001, "Cultural entrepreneurship: stories, legitimacy, and the acquisition of resources", *Strategic Management Journal*, Vol. 22, No. 6-7: 545-564.

Überbacher, F., Jacobs, C.D., and Cornelissen, J.P., 2015, "How entrepreneurs become skilled cultural operators", *Organization Studies*, Vol. 36, No. 7: 925-951.

◉ 代表性学者

迈克尔·劳恩斯伯里（Michael Lounsbury）

在西北大学获得社会学和组织行为学博士学位，现任阿尔伯塔大学商学院战略创业与管理学系教授、创业创新领域的加拿大研究主席，曾任美国管理学会组织和管理理论分会主席。他担任《组织社会学研究》（*Research in the Sociology of Organizations*）的系列编辑及多份学术期刊的编委。他的研究兴趣包括组织和制度变革、创业动态、新兴行业和实践的涌现等。E-mail：michael.lounsbury@ualberta.ca。

玛丽·安·格林（Mary Ann Glynn）

在哥伦比亚大学获得工商管理博士学位，现任波士顿学院卡罗尔管理学院的约瑟夫·F·科特管理与组织教授、温斯顿中心研究主任，曾任美国管理学会主席。她的研究兴趣包括身份理论、制度动态性和文化创业等，在《管理学评论》《管理学杂志》《战略管理杂志》《行政科学季刊》等期刊上发表过多篇文章。E-mail：maryann.glynn@bc.edu。

弗洛里安·尤伯巴赫（Florian Überbacher）

在圣加仑大学获得管理学博士学位，现任蒙彼利埃商学院副教授，曾任苏黎世大学讲师和高级研究员。他的研究包括组织理论、制度理论、商业和社会、政企关系、组织权力和影响力、全球化等；教学领域涉及可持续发展管理、经济、人力资源和多样性。在《行政科学季刊》《组织研究》《管理研究杂志》等期刊上发表过多篇论文。E-mail：f.ueberbacher@montpellier-bs.com。

创业在创造新模式

◎ 杨 俊

浙江大学管理学院、南开大学创业研究中心

在大多数经典创业模型中，商业模式与创业之间并没有多少交集，商业模式设计也不构成创业过程的必要行动（Bhave，1994；Bruyat, Julien, 2001；Gartner, 1985；Reynolds, Miller, 1992；Timmons, 1999）。原因非常简单，尽管创业活动注重并善于创新，但这一创新主要来自对新机会的追寻，而新机会之新体现在产品、服务或市场维度上相对于在位企业的不同（Eckhardt, Shane, 2003），这样的创新显然有利于创业企业生存和发展，但很难影响更谈不上撼动产业格局。正因如此，大多数学者认同小企业不是规模小的大企业，除了在产品、市场、组织和战略等方面可能显著有别，小企业与大企业之间可比较的基础并不是它们都是"企业"，而是在特定行业内，它们都遵循着相似的价值创造和获取逻辑，这一思想被制度理论学者概括为被行业内参与者广泛理解和认同的主导运作模式（dominant template of organizing）（DiMaggio, Powell, 1991），俗称行规，意思是做事首先得像样，否则就没有合法性可言、不受他人欢迎。

这一判断源于工业社会向信息社会转型的过渡时期，但在随后的二十余年里，基于互联网和信息技术的不断进步及其在全行业领域的应用普及，新兴创业实践不再拘泥于产品或市场创新，而是更加注重商业模式创新。新商业模式在新创企业群体更为集中并已形成一股强劲浪潮改变着竞争规则，重塑了行业格局并创造着成长神话（Amit, Zott, 2001；George, Bock, 2011）。这一现象并非昙花一现，而是有着深刻的经济社会基础的重大转变。首先，互联网和信息技术显著降低了信息传递、信息沟通、交易管理等成本，组织间边界被削弱甚至被彻底打破，行业间以及行业内企业核心资源或能力的隔离机制消失殆尽（Casadesus-Masanell, Ricart, 2010），价值创造逻辑因此而发生根本性变革，从以组织资源和能力为核心转变为以跨越组织边界的组织间合作与协同为主导，新创企业有可能在短时间内创造性地跨界整合资源改变行业价值创造流程、要素和逻辑（Zott, Amit, 2010）。

⊖ 本文是国家自然科学基金重点项目"新创企业商业模式形成与成长路径"（71732004）、青年项目"市场创新信号对新企业竞争行动的影响机理研究"（71902065）和"迁移距离、社会网络嵌入与异地创业成长研究"（71902072）资助的阶段性成果。

其次，互联网和信息技术显著降低了供应商和顾客等要素接触成本，借助新兴技术的应用，新创企业能以极低成本大范围接触潜在的顾客和供应商，在位企业曾经清晰定义的市场边界和战略优势因此而变得支离破碎。竞争逻辑突破行业边界，基于顾客和市场为导向的跨界竞争和产业融合势不可挡。在这样的条件下，新创企业往往能在缺乏关键资源和能力条件下借助商业模式设计实现跨界竞争，改变甚至重塑行业价值。颠覆性已成为新创企业成长的重要属性，新创企业不是逐步替代在位企业的竞争而是迅速横扫前进道路上的一切障碍。例如，苹果公司从没有生产过一张音乐光盘却迅速成了最大的音乐零售商；优步（Uber）公司不拥有一辆出租车却在短短五年内将租车应用服务扩张到全球51个国家的230个城市；爱彼迎（Airbnb）没有建造过一栋酒店却在短短六年内运营了超越洲际酒店和希尔顿等全球顶级酒店集团房间数量的民宿客房。面向未来，信息技术与人工智能、区块链、云计算、大数据等数字技术的融合进步势不可挡，创业必然会继续创造新商业模式。

与之相呼应，如何设计和创新商业模式迅速成为创业领域炙手可热的新兴主题，这一主题兴起的基础是创业在实践中诱发的新理论内涵。创业不仅在创造新组织，还在创造着新模式。借助商业模式创新，创业活动的价值不仅体现在微观层次创业者、创业团队的成败得失，而且在更大范围内（行业、国家甚至全球）创造或定义新的资源配置机制、产业运营规则，甚至是解决经济与社会协同发展问题的新途径和机制（Demil, et al., 2015）。与创业过程学派关注创业如何创造新组织的行为过程不同，这类研究主要关注创业如何创新商业模式甚至是创造新商业模式的过程规律。从新组织到新模式的转变，表面上看是一种跨越，但实际上是一种延伸和深化。商业模式的本质在于跨边界组织设计，强调跨越组织边界来设计并布局与利益相关者协同创造并获取价值的交易系统（Amit, Zott, 2001）。换句话说，新商业模式并非脱离新组织存在。基于新商业模式，创业创造的新组织不再拘泥于加特纳（1985）描述的组织原型，重点在于跨边界的组织设计，与之相伴的不确定性等问题也更加突出，自然也给创业研究带来了新挑战和新机遇。

杰拉德·乔治和亚当·博克：基于商业模式的创业研究新框架

20世纪末期以来，基于互联网的应用普及，不少新兴创业活动特别是电子商务企业与常识相悖的成长过程迅速引起学术界和实践界的普遍关注。这些新兴企业往往并不具备与所创造价值相匹配的资源或资本基础，实践界曾用"轻公司"来概括这一新物种，但这一概念很快就被现实抛弃，因为它根本难以解释这些企业所展现出的超强破坏性，更何况这一趋势已经逐步向重资产为主的传统行业领域渗透。2017年，特斯拉市值是600多亿美元，但其总资本仅有90亿美元；通用汽车同年的市值是500多亿美元，而其总资本高达800多亿美元。更为重要的是，特斯拉于2003年创立，在此后相当长的一段时间里，它都是默默无闻、悄无声息，甚至2010年在纳斯达克上市也没引起多大波澜，但自2012年后开始井喷式增长，成为举世瞩目的新能源车企。特斯拉的发展不是个例，而是普遍现象。为什么越来越多的新兴创业活动能以少量资本干大事？在这一过程中，为什么它们大都经历了一段默默无闻的低调期，直到某一天突然爆发便是一发不可收拾，并在行业内卷起摧枯拉朽式的竞争飓风？

这些问题毫无疑问值得追问，但学者们很快发现无论是从创业、组织还是战略角度，任何单一要素或活动似乎都无法解释这类新兴创业活动的成长之谜。因此，商业模式被学者们纳入了分析视野，他们认为基于商业模式层次开展研究是破解这些新问题的关键途径（Amit,

Zott, 2001）。随后十余年，组织、战略乃至技术创新等领域的学者纷纷涉足这一领域，但理论探索成果并不尽如人意，因为理论和视角差异诱发的分歧远远大于共识。有趣的是，创业是新商业模式涌现的重要主体，但大多数学者却忽视了创业与商业模式之间是否以及如何构建理论和实践联系这一重要问题。

2010年前后，学者们开始重视创业与商业模式之间的潜在联系及其理论价值。杰拉德·乔治（Gerard George）和亚当·博克（Adam J. Bock）2011年在《创业理论与实践》上发表了《实践中的商业模式及其对创业研究的启示》一文，表面上看是在回应如何定义并解构商业模式这一理论难题，实际上是在理论层面挖掘从创业角度如何定义商业模式，进而将其纳入创业研究框架。基于对已有研究文献的系统梳理以及对管理者调研的定性话语分析，这篇文章建构了商业模式的资源结构、交易结构和价值结构三维理论，同时将这一理论与创业实践相融合并提出了商业模式是聚焦创业机会开发的组织结构设计的论断，隐喻了基于商业模式的新的创业研究框架。

两位学者首先系统梳理了已有研究所积累的知识。尽管大多数学者认同创业与商业模式之间紧密关联，但大多数有关商业模式研究成果，特别是对于如何理解并定义商业模式这一问题的探索却从组织、战略、技术创新与创业等多个领域展开，分别将商业模式理解为组织设计、资源基础、组织叙事和意义建构、新的创新类型、机会推进器及交易结构。尽管这些认识和理解从各自理论出发都有其合理性，但难以整合并且没有触及商业模式的本质属性。既然学者善于从理论出发看问题，同时也会因此而形成理论偏见，两位学者在研究设计上转换视角，着重研究实践中的管理者如何看商业模式以及他们是否会更容易出现共识性认识。

两位学者采用面向管理者调研的研究设计来探索这一问题。依托高管培训项目，他们针对参与培训的182位印度企业高管展开调研，这些高管在企业规模、成立年限、销售收入以及所属行业等方面均具有很好的代表性。调研过程也非常简单，请182位高管以书面形式回答两个开放式问题：什么是商业模式？什么是你公司的商业模式？其中，有18位高管因没有书面回答而被剔除，还有13位高管因回答偏差而被剔除，最终进入话语分析的资料包括151位高管针对"什么是商业模式"问题的文字回答材料，包括2 417个词语（平均每位高管的填答包括16个词语），剔除重复涉及的650个词语。此外，两位学者还针对13位英国高管复制了上述调研过程，他们是商业模式实践论坛的参与者。海外学者总能利用EMBA课程或EDP课程邀请学员投入并参与到研究素材的收集过程中。

话语分析的基础是定义分析标准，要从高管的填答中分析出共性，那么首要问题是定义不同词语语义背后的理论内涵。基于此，两位学者基于前面的文献研究工作定义了话语分析的基本词库，这一词库的类别范畴基本遵循已有研究对于商业模式的理解和认识展开。基于话语分析结果，两位学者发现学者们对于商业模式的理论认识与实践中管理者的理解存在着偏差，有些理论认识并没有扎实的实践基础。例如，商业模式可能具有创新属性，但创新并不是商业模式的基础要素；商业模式需要赢得外部认可，因此有必要展开故事性描述以赢得合法性，但叙事和合法性也不构成商业模式的核心要件。另外，管理者对商业模式的理解与将商业模式理解为交易结构、资源基础和机会推进器的理论认识相一致。

基于这一归纳逻辑，两位学者进一步提出并阐述了基于资源结构、交易结构和价值结构的商业模式三维理论，本书在这里不再赘述，感兴趣的朋友可以阅读原文。如果两位学者的理论探讨仅停留于此，就好比好戏开场就结束，自然会让人失望。这篇文章更有价值的是后续有关商业模式问题在创业和战略研究领域的定位和价值。两位学者行文背后透露出了其基本学术思想和理论洞察。商业模式显然有别于战略，但天然关联于创业。创业研究很有必要构建基于商业模式设计和形成的新研究框架，这一研究框架是对已有创业研究的重要补充和发展。具体而言，商业模式有别于战略，在实践调研资料中，仅有10%的高管在回答"什么是商业模式"问题时明显提到了战略，涉及战略的词语相对于词语总量的占比不到5%。从理论上看，商业模式与战略的区别就好比是房屋的户型和装修的差异，户型难以改变，而装修是基于户型的价值最大化行动。更为重要的是，商业模式与创业之间存在着天然联系。商业模式是基于特定机会的组织设计和构造行动。新组织形成过程首先是机会驱动，而其实现过程却显性或隐性地依赖于商业模式设计，换句话说，商业模式设计与新组织形成之间是硬币的一体两面。这一判断并非在信息社会才成立，在工业时代仍适用，只不过如前所述，工业时代背景下的创业活动无须或不太需要考虑商业模式设计问题。创业在创造新组织，这一过程就简化为构筑新生组织的要件和活动（Gartner，1985）。从这个意义上看，正如两位学者在结论中指出的，如果不理解商业模式的形成过程，创业研究就缺失了关键的另一半，无法真正揭示创业者如何定义和开发机会的过程机理，这是时代变革和经济社会转型赋予创业研究的新命题和新使命。

如果说加特纳（1985）在理论上定义清楚了创业研究如何解释新组织形成过程，成为后续创业过程研究所依托的重要理论基础的话，那么乔治和博克的研究就是立足于信息社会和数字经济的时代背景，在理论上澄清了创业研究为什么要关注商业模式问题以及如何研究商业模式问题。尽管两位学者没有直接指出创业在创造新模式，但是他们是在构建基于商业模式的创业研究新框架，并提出了创业研究以商业模式而非一般意义上的新组织设计、形成与演化为主线的研究主张。我们有理由相信，随着时间推移和研究推进，这篇文章可能会散发出更加迷人的学术价值。

罗里·麦克唐纳和凯瑟琳·艾森哈特：新商业模式形成的过程模型

既然创业在创造新模式，那么探索新商业模式形成就显得尤为重要。但令人遗憾的是，不少文献综述研究发现，尽管有关商业模式的研究文献呈现井喷式增长，但鲜有研究系统而深刻地揭示了商业模式的设计和形成过程，我们关于新商业模式从何而来的理论认识仍非常匮乏（Wirtz, et al., 2016；Zott, et al., 2011）。近年来，针对新商业模式设计和形成过程的高质量研究开始涌现，并且呈现出了两条清晰的研究脉络，一条是挖掘新商业模式形成的行为特征和过程机理；另一条是探索创业团队、高管团队如何设计出有别于在位企业的商业模式。我们首先来看看第一条脉络中的经典研究文献。

罗里·麦克唐纳（Rory M. McDonald）和凯瑟琳·艾森哈特（Kathleen M. Eisenhardt）2019年在《行政科学季刊》上发表了《平行游戏：新创企业、新兴市场和有效商业模式设计》一文，以互联网金融行业的新创企业为研究对象，采用针对5家新创企业的跨案例比较分析，构建了在新兴市场情境下新商业模式形成的过程模型，对于后续研究有着重要的启发价值。值得一提的是，两位学者都以案例研究来构建新理论见长，他们开始关注新商业模式如何形成问题，也在某种程度上佐证了这一问题的学术和实践价值。

为什么叫平行游戏？在该文章中，两位学者给出了简单而明了的解释。平行游戏来自幼儿发展文献，描述的是学前儿童特殊的成长行为，他们往往紧挨着一起做游戏但并不是一起分享游戏（挨着但各玩各的游戏），尽管他们大都独自游戏，但遵循平行游戏的学前儿童很关注他的同伴在做什么，也常常会模仿他们，甚至有时会突然抢夺其他儿童的玩具，甚至某些早熟的儿童还有能力自我停顿并在继续之前进行反思。两位学者基于案例资料分析浮现出的理论框架非常明确，为什么某些创业者有效地设计了商业模式而其他创业者则不能，其原因在于成功创业者往往遵循类似于平行游戏的行为过程来设计商业模式。从这些简要描述中不难看出，其中的关键至少包括新创企业应该采取什么态度面对或如何面对同行（平行游戏中的同伴），以及新商业模式设计过程是否存在特定的行为逻辑或节奏。

为什么是新兴市场？这一情境选择在很大程度上体现了两位学术研究大师的理论设计和理论驾驭能力。正如该文章中所描述的，新兴市场是之前并不存在而被创业者创造出来的新市场。在这一情境下，除了一般意义上的不确定性问题，更重要的是，新创企业往往是唯一的进入者，它们几乎没有任何商业模式，甚至也没有一个清晰的商业概念，而是仅有最原始的创意。然而，任何新创企业都不清楚的是，这些不成熟的创意能否转变成为一个现实可行的商业模式。换句话说，这样的情境不仅有助于我们观测新商业模式如何形成，而且从0到1的事实意味着这样的情境非常干净，更有助于我们清晰地看到哪些行为发挥作用以及如何发挥作用的证据链。

与两位学者其他高水平文章一样，这篇文章非常引人入胜。这里不对该文章内容做过多评述，感兴趣的读者可以认真阅读原文，相信会带来不一样的启发。我想与大家分享的是这篇文章在揭示新商业模式从何而来的过程机制方面做出的重要贡献，这些贡献可能对于后续研究继续深化和发展有着重要启发作用。首先，在新兴市场情境下，新商业模式设计成功与否的第一个里程碑事件是新创企业能否正确地区分谁是它的敌人以及谁是它的朋友。具体而言，成功设计商业模式的新创企业往往将赛道内其他新创企业玩家视为朋友，犹如学龄前儿童一般，独立探索但关注同行甚至向同行学习，而将在位企业视为敌人，密切关注且在行为和策略上寻求远离和差异；反之，如果将在位企业视为朋友来学习同时将其他新创企业视为敌人来防范，那么会很快在新商业模式中失败，不可能走到下一步。其次，在跨过第一个里程碑后，第二个里程碑就是新创企业能否做到开放试错来有效探索未来的多种可能性，并基于这一理性探索来最终确定新商业模式设计方向。成功的新创企业善于试错并验证关键假设来降低其探索商业模式可能设计方向的成本，这不是在浪费时间和资源，而是在不确定环境下收获新知识的必要行动；反之，简化甚至抛弃这一过程，无论是"拍脑门"还是采用其他方法快速确定新商业模式设计方向的新创企业，往往都会最终陷入泥塘而无法自拔。最后，基于所确定的商业模式设计方向，第三个里程碑也是个拐点：是否选择短暂驻停后再精心布局商业模式。这一选择并不会关乎成败，但会关乎收益与成本比率。与在确定商业模式方向后快速布局商业模式的新创企业相比，有过短暂驻停再布局的新创企业往往在绩效上的表现更好。

基于这些发现，未来研究大有可为，这篇文章隐喻着一些重要而基础的新的研究问题。为什么有的新创企业正确地选择了朋友和敌人而另一些却犯了错误？为什么有的新创企业进行了更加开放包容的多角度试错而另一些却快速决策确定方向？为什么有的新创企业选择驻停而另一些却急切布局新业务？这些问题可能与环境有关联，更重要的是与新创企业的决策者们有关联，与决策者们的经验和知识、认知和偏见、决策过程和风格等有着潜在关联。从这一点意义上看，麦克唐纳和艾森哈特的研究的学术价值不仅在于首次系统揭示了新商业模式形成过程的行为模型，而且在于在揭示行为的基础上进一步引发学者们将新商业模式如何形成问题的分析焦点转移到新创企业的创业团队或高管团队。这一点至关重要，新技术是驱动新商业模式的重要力量，但不可能是塑造新商业模式的关键力量。回归到人本主义角度来审视新商业模式从何而来更有助于我们去管理商业模式创新，这必将是研究的巨大进步。

尤利娅·斯尼胡尔和克里斯托夫·左特：新商业模式源于创业团队的印记过程

创业团队、高管团队是新创企业的决策者，尽管新技术等外部环境使商业模式创新成为可能，但要将这一可能转变为现实，关键就在于创业团队、高管团队的决策和行动（Martins, et al., 2015）。创业团队、高管团队如何创新商业模式？这一问题非常值得研究，这也是近期研究的前沿和热点话题。其中，尤利娅·斯尼胡尔（Yuliya Snihur）和克里斯托夫·左特（Christoph Zott）2020年在《管理学杂志》上发表了《新颖烙印的遗传和变异：商业模式创新如何在新创企业中浮现》一文，仍是采用案例研究设计，重点关注创业团队是否以及如何诱发商业模式创新问题，揭示了创业团队思维和行动模式驱动新创企业商业模式创新的三种机制：跨行业搜索、复杂系统思维风格、强有力的集权式决策。这篇文章最动人的地方是揭示了创业团队诱发商业模式创新的过程机制，对于未来理论检验和发展有着重要的推动作用。

在理论设计上，两位学者创造性地引入印记理论来探索创业团队诱发商业模式创新的内在机制。创业团队往往会给新创企业留下组织烙印，同时这一烙印会在相当长的时间内存在并发挥作用，这是事实，也是被不少理论所认可的观点。具体到商业模式创新实践，商业模式形成于新创企业的创立初期，构成了新创企业最基本且难以被改变的架构和逻辑，那么，创业团队留给新创企业的组织烙印自然也会充分体现在商业模式设计中。但是，为什么某些创业团队选择复制成熟商业模式而另一些创业团队却能设计出创新性商业模式？基于印记理论，这一问题背后的答案是否由创业团队在设计商业模式过程中的印记行为存在差异所致？不难看出，这篇文章的理论贡献显然不局限于解释创业团队如何驱动商业模式创新，而是进一步贡献于印记理论如何发生作用的过程机制。

好的研究往往建立在有说服力的研究工作基础上，好的定性研究更是如此。2011～2017年，两位学者持续追踪、观测和调研被调查的新创企业，算上2011年研究之前开始的回溯性调查，每家样本企业的总观测期大概为10年。在6年的研究周期里，两位学者至少做了这些事情：①访谈创业团队、员工、投资者、董事会成员、顾客及后续追踪邮件和电话来补充资料；②到样本企业进行现场观察；③搜集公司文件，这些文件具有高度机密性，包括公司商业计划和战略相关的机密性文件；④阅读公司网站、年度报告、博客和视频等信息并从中获取档案数据。借助这些扎实的研究工作，两位学者共开展了53轮访谈、现场观察了16次公司会议、搜集了1 270页的公司内部文件。这些数字直接而有力地表明了研究工作的严谨和扎实。

但是，定性研究的根本挑战在于如何获取更有价值的数据和信息，如何设计调研来服务问题则需要靠专业和能力。两位学者设计了三轮次的数据搜集方案。2011～2012年启动第一轮调研，目标是了解自创立以来，新创企业商业模式中是否、如何以及为何嵌入了新颖元素。这一轮调研以半结构访谈为主，每次访谈时间为1～4个小时。在结构化问题部分，两位学者主要询问："贵公司或贵公司合作伙伴主要做哪些事情（内容和治理）""贵公司如何采用这种方式来连接这些活动（结构）""这些选择的想法来源是什么""这些想法如何随着时间推移而变得清晰"。在非结构化部分，两位学者主要是围绕团队、招聘和产业前景等方面展开讨论，目的是揭露新概念。半结构化访谈是两位学者凝练创业团队新颖导向概念的重要基础。2012～2013年启动第二轮调研，两位学者深入企业现场观察和调研，通过重复性的企业调研和创业团队互动观察进行现场数据搜集，在这一阶段，两位学者还进一步访谈了投资者和员工，特别是从创立之初就一直存在的投资者和员工。为了考察并验证印记过程是否发生，两位学者2017年开展了第三轮数据搜集，这一轮数据搜集仍以访谈为主，访谈对象包括CEO、经理和员工等涉及多个部门和多个层次企业内部人员，还包括投资者和董事会成员等企业外部人员，访谈主要关注的是在新创企业成立9～10年之后，商业模式是否发生变化以及如何发生变化。

除了理论方面的贡献，这篇文章如何将问题与研究设计匹配起来的研究设计更值得关注。大家不妨结合这篇文章的理论设计思考：为什么两位学者要设计三轮调研和数据搜集？同时，为什么每轮调研和数据搜集的重点各有不同？这些设计又如何服务于研究问题？基于扎实而深入的案例研究，这篇文章揭示了创业团队诱发商业模式创新的两条印记路径：一条是结构印记路径，这一路径有助于解释创业团队新颖导向如何驱动商业模式创新；另一条是认知印记路径，这一路径是创业团队新颖导向诱发商业模式创新的群众机制，创业团队通过影响新创企业其他成员来理解并践行其新颖导向。与此同时，除了独立作用，结构印记和认知印记还可能会在互动中彼此强化共同促进商业模式创新。

这篇文章有着重要的理论价值，为未来研究打开了重要的机会窗口。新商业模式首先起源于创业团队的新颖导向，同时这一导向的属性主要表现为创业团队在信息搜集（跨行业）、思维风格（系统）和责任担当（集权）等方面所表现出的行为特征，但是为什么有的创业团队具有更高的新颖导向而另一些则表现出低水平的新颖导向，这一问题非常值得未来研究探索。另外，结构印记和认知印记之间的交互意味着商业模式创新是自上而下与自下而上的互动过程，那么创业团队如何影响新创企业其他成员共同朝向创新方向努力，是人格魅力、领导行为还是利益机制起到主要作用？研究这一问题可能有助于我们进一步了解和认识有助于驱动商业模式创新的初始组织设计，找到诱发商业模式创新的组织结构和行为微观基础，自然会进一步丰富创业者如何创造新组织的实践和理论内涵。

推动创业研究产生的理论贡献与未来趋势

经济社会转型诱发创业实践变化，创业实践不再拘泥于创造新产品、服务及经典意义上的新组织，而是在创造新的组织物种，而这一新组织物种的底层基础就是新商业模式。创业在创造新模式，是时代赋予创业实践的新动能，更是时代赋予创业研究的新使命，创业研究将更加重视从商业模式角度来解读创业实践的前因、过程和结果。

特别是近年来，以创业和新企业为情境，研究商业模式特别是新商业模式的形成与演化以及这一过程背后的资源、网络和能力机理已形成一股强劲的浪潮，相关研究已经开始取得突破性进展，除了揭示新商业模式从何而来的过程机制，很可能会推动创业研究面向组织和战略理论做出新的理论贡献。比奇洛（Bigelow）和巴尼（Barney）（2021）认为，将商业模式作为分析单元或视角展开研究有可能会对战略管理领域的基本问题产生新的贡献；兰佐拉（Lanzolla）和马凯兹（Markides）（2021）更是直接提出了基于商业模式的战略观点。这至少包括以下两个方面：第一，揭示信息社会数字经济时代企业竞争优势的新来源。商业模式能带来竞争优势，并不是因为商业模式本身而在于其背后所蕴含的关键属性在特定环境下发挥作用。阿米特（Amit）和左特（2001）在这方面做出了开创性的理论探索，识别出效率、新颖、互补、锁定等商业模式创造价值并塑造竞争优势的关键属性，并进一步检验了商业模式的效率和新颖属性对于新创企业绩效的促进作用（Zott，Amit，2007，2008）。第二，揭示基于新商业模式的跨边界、多元化和松散化组织新形态的结构、治理和行为机理。基于新商业模式，创业所创造的新组织日益演化出平台型组织和生态型组织等更加复杂有趣的新形态。如果说互补、相互依赖和松散耦合是平台型组织和生态不同于传统科层组织的基本属性，那么以商业模式为研究视角，探索实践中涌现的新兴组织形态背后互补、相互依赖和松散耦合的前因、作用机制和结果，显然会产生出新的理论洞见。

面向未来，基于商业模式视角的创业研究已经在两个方向上展现出重要趋势。第一，从基于定性研究的理论建构朝向基于定量研究的理论检验和发展深化，定性研究不仅贡献了商业模式构念的明确性和一致性，也贡献了有待未来检验的有价值理论命题。基于商业模式的系统性和整体性，定量研究设计的挑战不小，除了左特和阿米特（2007），近期的研究，如纳拉扬（Narayan）（2020），在定量研究设计特别是如何观测商业模式创新方面做出了大胆的尝试和突破。第二，商业模式是新现象，注重在现象背后挖掘出新构念（Prescott，Filatotchev，2021），定义研究问题开展理论驱动研究，注重与经典组织和战略理论关联起来展开研究，更注重提升研究的理论严谨性和实践关联性。更为重要的是，近期前沿研究在揭示新商业模式从何而来这一问题方面为我们打开了一扇窗。未来研究非常有必要站在这些前沿研究的基础上，进一步细化和明确科学问题，从环境、创业团队、高管团队、新创企业行为等角度出发来探索商业模式特别是新商业模式形成、调整和演化的一般规律及背后蕴含的深层次理论机理。

◆ 参考文献

Amit, R. and Zott, C., 2001, "Value creation in e-business", *Strategic Management Journal*, Vol. 22, No. 6-7: 493-520.

Bhave, R.A., 1994, "A process model of entrepreneurial venture creation", *Journal of Business Venturing*, 1994, Vol. 9, No. 3: 223-242.

Bigelow, L.S., and Barney, J.B., 2021, "What can strategy learn from the business model approach?", *Journal of Management Studies*, Vol. 58, No. 2: 528-539.

Bruyat, C., and Julien, P., 2001, "Defining the field of research in entrepreneurship", *Journal of Business Venturing*, Vol. 16, No. 2: 165-180.

Casadesus-Masanell, R., and Ricart, J.E., 2010, "From strategy to business models and onto tactics", *Long Range Planning*, Vol. 43, No. 2: 195-215.

Demil, B., Lecocq, X., Ricart, J. E., and Zott, C., 2015, "Introduction to the SEJ special issue on business models: business models within the domain of strategic entrepreneurship", *Strategic Entrepreneurship Journal*, Vol. 9, No. 1: 1-11.

DiMaggio, P., Powell, W.W., 1991, *The New Institutionalism in Organizational Analysis*, University of Chicago Press, Chicago.

Eckhardt, J.T., and Shane, S., 2003, "Opportunities and entrepreneurship", *Journal of Management*, Vol. 29, No. 3: 333-349.

Gartner, W.B., 1985, "A conceptual framework for describing the phenomenon of new venture creation", *Academy of Management Review*, Vol. 10, No. 4: 696-706.

George, G. and Bock, A., 2011, "The business model in practice and its implications for entrepreneurship research", *Entrepreneurship Theory and Practice*, Vol. 35, No. 1: 83-111.

Lanzolla, G., and Markides, C., 2021, "A business model view of strategy", *Journal of Management Studies*, Vol. 58, No. 2: 540-553.

Martins, L.L., Rindova, V.P., and Greenbaum, B.E., 2015, "Unlocking the hidden value of concepts: a cognitive approach to business model innovation", *Strategic Entrepreneurship Journal*, Vol. 9, No. 1: 99-117.

Narayan, S., Sidhu, J.S., and Volberda, 2020 In Press, "From attention to action: the influence of cognitive and ideological diversity in top management teams on business model innovation", *Journal of Management Studies*, doi:10.1111/joms.12668.

Prescott, J.E., and Filatotchev, I., 2021, "The business model phenomenon: towards theoretical relevance", *Journal of Management Studies*, Vol. 58, No. 2: 517-527.

Reynolds, P. D. and Miller, B., 1992, "New firm gestation: conception, birth and implications for research", *Journal of Business Venturing*, Vol. 7, No. 5: 405-417.

Timmons, J.A., 1999, *New Venture Creation: Entrepreneurship for 21 Century*, Illinois: Irwin.

Wirtz, B.W., Pistoia, A., Ullrich, S., and Göttel, V., 2016, "Business models: origin, development and future research perspectives", *Long Range Planning*, Vol. 49, No. 1: 36-54.

Zott, C. and Amit, R., 2007, "Business model design and the performance of entrepreneurial firms", *Organization Science*, Vol. 18, No.2: 181-199.

Zott, C. and Amit, R., 2008, "The fit between product market strategy and business model: Implications for firm performance", *Strategic Management Journal*, Vol. 29, No.1: 1-26.

Zott, C. and Amit, R., 2010, "Business model design: An activity system perspective", *Long Range Planning*, Vol. 43, No. 2: 216-226.

Zott, C., Amit, R., and Massa, L., 2011, "The business model: recent developments and future research", *Journal of Management*, Vol. 37, No. 4: 1019-1042.

▣ 文献推荐

George, G. and Bock, A., 2011, "The business model in practice and its implications for entrepreneurship research", *Entrepreneurship Theory and Practice*, Vol. 35, No. 1: 83-111.

McDonald, R., and Eisenhardt, K., 2020, "Parallel play: startups, nascent markets, and effective business model design", *Administrative Science Quarterly*, Vol. 65, No. 2: 483-532.

Snihur, Y., and Zott, C., 2020, "The genesis and metamorphosis of novelty imprints: how business model innovation emerges in young ventures", *Academy of Management Journal*, Vol. 63, No. 2: 554-583.

● 代表性学者

杰拉德·乔治（Gerard George）

现任新加坡管理大学李光前商学院院长、创新和创业李光前讲席教授。他的研究和教学兴趣包括资源、能力和创业、组织设计与商业模式创新、科学商业化、网络和创新等。在《管理学杂志》《战略管理杂志》《创业理论与实践》等期刊上发表了多篇有关商业模式创新、数字创业及组织间网络的相关论文。曾任《管理学杂志》编委。E-mail: ggeorge@smu.edu.sg。

罗里·麦克唐纳（Rory M. McDonald）

2012年在斯坦福大学取得管理科学与工程博士学位，博士论文答辩委员会主席是艾森哈特和丽塔·凯蒂拉（Riita Katila）教授，现任哈佛大学商学院副教授，他主要研究企业如何成功在新市场中巡航探索，具体研究管理者如何开发可行的商业模式以及这一过程中创业资源提供者起到的作用。在《管理学杂志》《行政科学季刊》等期刊上发表了多篇研究论文。E-mail: rmcdonald@hbs.edu。

凯瑟琳·艾森哈特（Kathleen M. Eisenhardt）

1982年在斯坦福大学取得博士学位，现任斯坦福大学讲席教授。她的研究兴趣包括战略管理和组织管理，当前的研究兴趣包括在新市场和新生态系统中的启发式决策和战略互动、市场战略决策及商业模式设计。在《管理学杂志》《组织科学》《行政科学季刊》《战略管理杂志》等期刊上发表100余篇高水平论文。E-mail: kme@stanford.edu。

尤利娅·斯尼胡尔（Yuliya Snihur）

在西班牙IESE商学院取得管理学博士学位，现任图卢兹商学院战略、创业和创新系副教授，她的研究和教学兴趣包括商业模式与可持续发展、多元商业模式管理、商业模式创新、破坏性创新等。在《管理学杂志》《创业理论与实践》《管理研究杂志》《战略创业杂志》等期刊上发表了商业模式相关研究论文。E-mail: y.snihur@tbs-education.fr。

克里斯托夫·左特（Christoph Zott）

在英属哥伦比亚大学取得博士学位，现任西班牙IESE商学院创业学教授、创业学系主任。他的研究和教学领域包括商业模式创新、创新战略和新企业创业等，在《管理学杂志》《行政科学季刊》《战略管理杂志》等期刊上发表了许多关于创业和商业模式的论文。曾任《战略创业杂志》副主编，现任《战略管理杂志》编委会成员。E-mail: czott@iese.edu。

创业在创造新生态

◎ 李雪灵[1,2]   ◎ 刘 晶[1]   ◎ 李 巍[1]

1. 吉林大学商学与管理学院；2. 吉林大学创新创业研究院

数字技术变革正掀起一波新的创新创业浪潮，数字技术的迅猛发展带来创业机会的不断涌现，催生出大量以小米、阿里巴巴和腾讯等为代表的互联网和电子商务领域的新兴企业。这些创业企业的建立和成长不再局限于传统意义上的组织规模扩张，而是组织边界不断模糊和跨界拓展的生态化成长。例如小米致力于打造涵盖移动互联网、智能硬件和电商平台等的小米生态圈，连接同行业或跨行业的多家企业实现资源共享和价值共创。新兴创业活动不再拘泥于创造新组织，而是创造新生态，在这一过程中通过创造生态、利用生态、发展生态和转变生态来实现卓越的价值创造。

创业生态系统研究源于自然生态系统和创业学的整合，1935年，生态学家斯利（Tansley）首次提出生态系统（ecosystem）概念，试图以系统视角研究生物与自然环境的关系，把生态系统理解为包含各种复杂生物体和物理环境的集合。1996年，穆尔（Moore）将"生态系统"概念引入管理研究中，并将其定义为"一种基于组织和个体互动的经济联合体"，强调的正是生物学中"主体间相互依赖"的关键特征（韩炜等，2021）。随着创业研究的快速发展，人们认识到创业活动深受创业环境及其相关主体互动作用的影响，创业生态系统日益受到学术界和实践界的关注，逐渐成为企业战略与创业研究领域的前沿问题。

目前，三个研究视角受到广泛关注。从结构视角看生态系统，阿德纳（Adner）（2017）提出创业企业的价值创造和获取不再拘泥于新商业模式设计，而是与价值共创者共同构筑商业生态系统，这已成为当下乃至未来商业实践的基本路径；从过程视角看生态系统，斯皮格尔（Spigel）和哈里森（Harrison）（2018）将生态系统视为创业者获取资源、知识和支持的持续过程，这种互动过程推动了创业生态系统的发展和转型；从数字技术视角看生态系统，奥蒂奥和南比桑（Nambisan）等学者（2017）认为创业生态系统是一种利用数字可供性和空间可供性的数字经济现象，二者的结合促进了新企业通过商业模式创新发现和追求创业机会，塑造了创业生态系统的结构要素和过程机制。

⊖ 本文是国家自然科学基金重点国际（地区）合作研究项目"基于机会视角的创业生态系统形成机理研究"（71620107001）资助的阶段性成果。李雪灵为本文通讯作者（xueling@jlu.edu.cn）。

罗恩·阿德纳：基于参与者匹配互补的生态系统结构

有关生态系统的已有研究集中于探索新兴生态系统为何以及如何塑造焦点企业的竞争优势并促进其成长，涌现了一些极具理论启发性的研究。近期研究以2017年达特茅斯学院罗恩·阿德纳（Ron Adner）教授在《管理杂志》上发表的《作为结构的生态系统：一个可操作的战略结构》文章为代表，提出并凝练了生态系统研究的"结构"视角，并聚焦于生态系统背后基于相互依赖性的价值创造问题（Adner，2006，2017；Adner，Feiler，2017；Adner，Kapoor，2010，2016）。

结构视角认为生态系统始于一个核心价值主张，据此识别出一组行动参与者，这些行动参与者不断互动以促进价值主张的实现（Adner，Kapoor，2016）。阿德纳教授在文章中着重强调了生态系统四个方面的关键特征：第一，核心价值主张（focal value proposition）是构成生态系统的最为重要的特征之一。生态系统的核心价值主张是生态系统向参与者做出通过努力能实现的收益承诺，使得生态系统的价值主张不单纯聚焦核心企业，同时要包含参与者需求（Adner，Kapoor，2010）。价值主张作为生态系统的基础，创建了生态系统的（内生）边界。第二，匹配结构（alignment structure）作为基本架构构成生态系统的关键特征。生态系统的成员已经确定了他们之间的位置和活动，匹配（alignment）是指成员之间就生态系统的核心价值主张、参与者在生态系统中的位置及其所从事的价值活动达成共识的程度。第三，多边结构（multilateral structure）是生态系统的本质特征，不仅意味着合作伙伴的多样性，而且意味着不能分解为双边互动的集合关系，这些关系之间必须存在关键相互作用，才能发挥生态系统的结构功能。第四，合作伙伴集合（set of partners）。生态系统中合作伙伴的定义是实现价值主张的参与行动者，他们将共同创造价值作为总体目标，这个目标最终可能会实现，也可能不会实现。

活动（activities）、参与者（actors）、位置（positions）和链接（links）四个基本要素构成了生态系统结构观的基础，描述了实现价值主张所需要的活动和参与者的配置。活动指定了为实现价值主张而采取的独立行动；参与者就是开展活动的实体；位置指定了跨系统参与者在活动中所处的位置；链接指定了物资、信息和资金在参与者之间的转移。这四个结构要素描绘了在以价值主张为核心的生态系统中如何通过协作创造价值——考虑实现价值主张的具体活动并匹配生态系统不同位置的参与者，通过物资、信息和资金等资源的交换共同创造价值，实现核心价值主张。

当价值主张依赖于生态系统结构变化时，引发的企业战略问题涉及匹配性。创新者将如何创造动力，促使其他可能与创新者没有直接联系的参与者做出改变？管理这些由于结构变化导致的相互依赖的变化，需要生态系统战略。阿德纳教授在这篇文章中对生态系统的定义是"为实现核心价值主张，需要相互作用的多边合作伙伴的匹配结构"。基于此定义，阿德纳教授将企业的生态系统战略定义为：焦点企业与合作伙伴匹配，并确保其在竞争生态系统中的地位。传统企业战略的核心是寻求竞争优势，生态系统战略的核心则是寻求匹配。除此之外，对比传统组织，生态系统结构和战略的关系由"战略决定结构"转为"结构决定战略"。传统企业战略管理"设计学派"认为企业的组织结构形成必须随企业战略需求的变化而改变（Chandler，1962），对生态系统而言，基于核心价值主张的参与者匹配结构决定了其寻求匹配的生态系统战略。

阿德纳从结构视角解读了生态系统的关键特征和结构要素，指出创业企业的价值创造和获取不再拘泥于新商业模式设计，而是与价值共创者共同构筑商业生态系统来实现价值最大化。因此，创业企业寻求匹配的生态系统战略而不是寻求竞争优势来确保其在生态系统的地位。在数字经济蓬勃发展的今天，这已成为当下乃至未来商业实践的基本路径。创业不仅仅是单个企业生命周期前端的活动，而是通过和其他合作伙伴共同创造生态来实现价值的持续创造和获取。

本·斯皮格尔和理查德·哈里森：创业生态系统形成和发展的过程模型

阿德纳教授从结构视角定义了生态系统，本·斯皮格尔（Ben Spigel）和理查德·哈里森（Richard Harrison）则从过程视角揭示了创业如何创造生态并改造生态。两位学者2018年在《战略创业杂志》上发表了《创业生态系统的过程理论》一文，提出了创业企业和生态系统的互动过程模型，将生态系统理解为企业家获取资源、知识和支持的持续过程。这种过程视角有利于探索创业企业和规模化企业从其区域环境中获得竞争优势的机制，以及生态系统和创业企业之间的互动过程推动创业生态系统发展和转型的方式。

斯皮格尔和哈里森认为，生态系统过程模型包括以下三个部分。首先，是资源获取和流动（resource acquisition and flow）过程。创业企业要想有效扩大规模并持续发展，资源的作用至关重要，但并不是所有创业者都能以相同的方式获得和使用资源，他们在社会网络中的位置、自身能力、作为创业者的合法性、个人特征都将影响他们利用生态系统中可用资源的能力。重要的创业资源往往与社会网络密切相关。本地社会网络是创业者在其生态系统中获取知识和其他资源流的重要途径（Casper，2007）。创业者通过参加本地创业社区的创业活动并与其他创业者建立社会联系，积极发展社会网络，使得创业者成为创业企业社区中的合法成员。与生态系统接触并建立起密集的、基于信任的本地社交网络的创业者能增加获取知识、资金、人力资本等资源的能力，并提高其生存和竞争优势。

其次，是创业资源的创造和回收（creation and recycling of entrepreneurial resources）过程。创业知识、金融资本、成功的导师和技术工人等关键生态系统资源由创业企业的活动和政府公共投资所创造或吸引。创业企业与生态系统的不断互动能促进生态系统内创业资源的创造。创业者退出生态系统，资源在整个生态系统中"回收"，并可以被其他人使用，资源回收是生态系统内资源流动的关键过程。创办并成长为新企业的成功创业者，在成功退出之时，极少会离开生态系统（Bahrami，Evans，1995）。相反，他们更有可能在出售企业后，立即将他们新获得的部分财富、时间以及积累到的经验投入到其他具有明显经济利益的多项创业活动中（Mason，Harrison，2006）。成功的创业者往往作为天使投资者、连续创业者、交易商或顾问留在生态系统中，他们获得的宝贵经验和合法性，可以帮助他们吸引支持和投资（Toft-Kehler，Wennberg，Kim，2014）。通过收购或首次公开发售退出可能会刺激拥有股票期权的员工的投资活动，从而通过生态系统进一步推广创业资源。这些成功事例有助于建立和加强该地区的创业文化，并鼓励其他创业者创办自己的企业，形成创业企业和生态系统的良性循环，促进创业企业和生态系统的持续发展。

与失败企业相关的知识、技能和人才也通过生态系统进行回收。创业企业失败常常是市场时机问题，而不是技术或管理不佳，这意味着失败的创业者也可以获得宝贵经验，来自失败企业的员工被释放回员工队伍中，并将他们在以前的工作中发展出来的技能和见解带入其中（Corona，Doutriaux，Mian，2006）。

最后，是创造和维持创业资源（creating and sustaining entrepreneurial resources）过程。回收不仅仅是生态系统内的资源流动，还展示了这些资源如何随着时间的推移而持续存在。成功（或失败）的创业所产生的人力资本、技能和人脉都与人息息相关。尽管很少有关于成功退出后创业者迁移的数据，但现有研究表明，在一个地方生活更久、社会关系更深的创业者往往比新来者更成功。在成功退出后，创业者倾向于留在该地区，通过连续创业或对新一代创业者的指导和投资，确保其成功创业所创造的资本、知识、网络和技能留在生态系统中。但是，这不是创业资源的线性积累，随着资本、人员和机构的离开，例如核心企业遭受到全球金融危机、新冠疫情等冲击，会导致并加速生态系统中的资源流失。

综上所述，斯皮格尔和哈里森从过程视角解读了创业企业和生态系统之间的互动如何影响创业生态系统的发展和转型。这些互动过程包括资源创造、资源回收以及不同行动者之间的资源流动。初期在新兴生态系统（nascent ecosystem）中，由于创业者和高增长企业之间的联系较少，创业者之间的资源流动相应较少。随着创业成功，不断推动新兴生态系统发展为强化生态系统（strengthening ecosystem），企业的流动和劳动力技能的提高会不断在系统内创造新资源，也不断从系统外吸引新资源（外来移民和外来投资）。随着时间推移，生态系统可能会沿着两种不同路径演化：一种是创业企业和生态系统之间不断互动，得到巩固的创业企业文化帮助维持创业生态并吸引更多的资源、创业者和劳动者，创造出一个韧性更强的生态系统（resilient ecosystem），抵御诸如主要创业企业流失、外生经济冲击或技术范式变化等挑战；另一种是内部或外部的冲击可能切断生态系统和创业企业之间的联系，并压制企业文化和社区，导致众多重要的资源和创业者流出，演变为脆弱的生态系统（weakened ecosystem）。

埃尔科·奥蒂奥等学者：数字技术驱动的创业生态系统形成机制

结合结构和过程视角，埃尔科·奥蒂奥（Erkko Autio）和萨蒂什·南比桑（Satish Nambisan）等学者2017年在《战略创业杂志》上发表了《数字可供性，空间可供性和创业生态系统的起源》一文，提出将创业生态系统视为一种数字经济现象，这种现象利用技术支持，塑造了创业生态系统的结构要素和过程机制，通过颠覆式商业模式创新促进新企业创业机会追求。尽管创业生态系统不可避免地包含了在当前数字时代之前发展起来的结构，但对创业而言，数字技术和基础设施的快速发展再次创造了影响经济活动组织的新能力。奥蒂奥和南比桑等学者构建了数字背景下的创业生态系统概念模型，揭示了数字技术和基础设施提供的技术可供性（即数字可供性）（Gibson，1977）与空间可供性（即邻近性）是创业生态系统这一独特集群的发展动力。

数字可供性（digital affordances）的三个关键特征既塑造了创业机会的轨迹，也支持了追求这种机会的有效实践。首先，数字化促进了形式和功能间的去耦合（decoupling），从而改变影响决策的重要因素，并可能降低资产专用性在制造业价值链中权力和依赖关系的重要性（Tilson，et al.，2010；Yoo，et al.，2010）。其次，数字化促进了非中介化（disintermediation），降低了对价值链特定位置资产和资源的依赖，赋予供应商更大的自由来配置其产品和服务交付的活动系统（Bakos，1998；Gellman，1996），也为与终端用户的价值共创提供了新机会。最后，数字化推动了生成性（generativity），即互联网提升大规模、非协同（uncoordinated）的受众自发创新投入的能力（Zittrain，2006）。生成性能协调地理上分散的受众，开辟了建立和利用平台的新途径（Nambisan，2017；Thomas，Autio，Gann，2014），降低了交互的交易成本，并为创业带来一定程度的不可预测性和流动性。因此，数字化创造了强大的数字可供性，重塑了新创企业价值创造、传递和获取的方式，通过支持颠覆式商业模式创新对经济活动的组织产生变革性影响（Nambisan, et al.，2017）。

阿尔弗雷德·马歇尔（Alfred Marshall）基于集群（cluster）和集聚（agglomeration）的相关研究提出了空间可供性（spatial affordances）的两个主要好处：提高生产力和创新产出。马歇尔认识到由于专业化效应、劳动力汇集以及知识溢出，区域集群内积累了外部规模经济（Marshall，1920）。专业化效应源于价值链内区域供需的集中，这使得集群参与者更容易发现细分市场；熟练劳动力的汇集降低了招聘生产性员工的成本；知识溢出效应主要是由于集群内的企业能在创新项目中更好地相互合作和竞争（Bathelt, et al.，2004）。这些空间可供性支持外部规模经济和范围经济，提高集群参与者的生产力和创新产出。

数字可供性支持在全经济范围内重新设计价值创造、交付和捕获过程；空间可供性则支持在通用业务流程上创造和传播集群知识和商业模式创新，启动创业并扩大规模（Tallman, et al.，2004），二者共同塑造了"传统"集群与创业生态系统之间的程式化差异。创业生态系统既不是灵活的生产系统，也不是现有文献中描述的学习和创新系统，而是发现和追求创业机会的系统（Acs, et al.，2014）。作为一种独特的集群类型，创业生态系统外部性和特有的结构要素主要围绕新企业机会发现和创业过程来呈现和形成，创业者和创业企业是核心主体。相较于其他集群类型，创业生态系统还具有的显著特征包括：发现和追求创业机会的集群外部组织、商业模式创新的主导地位（相对于产品、过程和线性的"技术推动"创新）、横向知识溢出（相对于用户－生产者的垂直溢出）的普遍性和集群之外（相对于集群之内）的创业机会轨迹。特别是相较于其他集群中"商会、行业协会、科技园"等结构，创业生态系统具有典型结构要素，如新企业加速器、共享空间、创客空间、网络活动和创新挑战等。

数字和空间可供性的结合促进了商业模式创新以发现与追求创业机会，而这反过来又成为创业生态系统的特征。奥蒂奥和南比桑等学者通过关注结构要素和创业过程来扩展创业生态系统结构框架。借鉴托尔曼（Tallman）等学者（2004）对组件知识（component knowledge）和结构知识（architectural knowledge）的定义，两位学者将创业生态系统视为专门用于促进和创造"关于如何实现商业模式创新和创业机会追求"的特定结构知识的系统，并将创业生态系统中的企业视为组件知识的载体。根据创业过程把创业生态系统划分为"萌芽"（stand-up）、"启动"（start-up）、"扩大"（scale-up）阶段。"萌芽"阶段涵盖个人和团队自我选择进入创业过程有关的所有活动和机制，运作良好的"萌芽"活动将吸引高潜力个人和团队加入；"启动"阶段涵盖新企业所有实际启动的活动和机制，包括概念搜索、改进以及商业模式实验；"扩大"阶段涵盖一旦发现稳健且可扩展的商业模式后的规模化活动。创业生态系统的结构要素影响创业不同阶段的关键活动和机制："萌芽"阶段通过"黑客马拉松"和"创新挑战"等吸引创业人才；"启动"阶段通过"共享办公空间"和"创客空间"进一步推进结构知识的创造和传播；"扩大"阶段通过"天使投资"和"风险投资"支持成功商业模式的发展和扩张。

奥蒂奥和南比桑教授等学者从结构和过程视角解读数字技术下的创业生态系统。数字创业时代独特的数字可供性塑造了创业机会的轨迹，提供了追求创业机会的技术支持，并结合空间可供性，共同塑造了创业生态系统的结构要素和过程机制。

推动创业研究产生的理论贡献与未来趋势

基于新技术应用驱动的新兴创业活动，创业研究开始从以往关注组织层面的创业行为、过程和结果转向基于生态系统层面的多视角研究：创业活动不再局限于创造新组织，创业企业的价值创造和获取不再拘泥于新商业模式设计，而是与价值共创者共同构筑商业生态系统来实现价值的持续创造和获取，以实现价值最大化。因此，创业企业通过寻求匹配的生态系统战略而不是寻求竞争优势来确保其生态系统中的地位。从结构和过程上看，创业企业与价值共创者构筑的这一生态系统并不是静态的、固定的。创业企业和生态系统之间的互动不断通过资源创造、资源回收及资源流动影响生态系统的发展和转型。生态系统既会随着创业活跃度的提升、新资源的创造和吸纳得以巩固和强化，也会因内部或外部的冲击切断生态系统和创业企业之间的联系，变得脆弱和失衡。特别是在数字经济时代，数字创业利用数字可供性和空间可供性重塑了创业生态系统的结构要素和过程机制，从某种程度上让生态系统的结构和形成过程变得更加多元、动态、复杂和有趣。创业在创造新生态，这是信息社会数字经济时代赋予创业的新的理论和实践内涵。基于这一新的理论挑战，创业研究正在关注并在未来会进一步朝向三个领域和方向深化与聚焦。

第一个领域是创业生态系统多主体价值共创机制研究。企业之间的竞争正在升级为生态系统之间的竞争，需要积极寻求资源能力互补的外部合作方实现集团作战和价值共创，在生态系统竞争层面重新探讨价值创造和价值分配机制。结构视角认为生态系统起源于一个价值主张，据此识别出一组行动参与者（即多主体），多主体不断互动以促进价值主张实现（Adner，Kapoor，2016）。结构视角下的多主体价值共创研究以一个共同的价值主张为核心，识别并匹配多主体（活动）构筑生态系统以实现价值创造和捕获。生态系统结构视角下的多主体包含焦点企业可能无法控制、与其没有直接接触的主体，未来可以进一步探索焦点企业与直接参与主体和非直接参与主体之间价值共创机制的异同。另外，基于活动、参与者、位置和链接四个基本要素的生态系统结构观认为，价值共创是利益相关者通过协同合作以满足各主体的价值需求（Vargo，Lusch，2008），未来还可以从服务交换视角和网络协同视角探索开展创业生态系统多主体如何实现价值共创。

基于服务交换视角，学术界提出一种新兴的服务主导（S-D）逻辑⊖（Vargo，Lusch，2004，2008）代替传统商品主导（G-D）逻辑⊜，以更好地理解数字时代下的服务创新。S-D 逻辑超越有形和无形的界限，反映了向以信息和体验为中心的创新焦点的转变，关注一个行为者利用其技能和能力同另一个行为者交换服务的过程，而不是交换产品作为结果。勒斯克（Lusch）和南比桑（2015）开发了一个基于服务主导逻辑的集成框架，包含三个相互关联的元素：服务生态系统、服务平台和价值共同创造。未来可以从服务交换视角，探索服务生态系统中不同主体提供的服务类型以及通过服务平台交换服务实现价值共创的具体机制；特别是客户价值在数字背景下被无限放大，未来研究可以进一步挖掘大数据时代的客户价值，探索客户和企业之间交换服务实现生态系统价值共创的具体机制。

基于网络协同视角，无论哪种类型的生态系统，都是基于不同价值目标的复杂协同网络，未来可以从网络协同视角探究生态系统多主体间形成的商业网络、项目网络、解决方案网络

⊖ 服务主导逻辑，service dominant logic，简称 S-D 逻辑。

⊜ 商品主导逻辑，good dominant logic，简称 G-D 逻辑。

等协同机制差异问题。

生态系统结构视角强调多主体之间的不断互动以实现核心价值主张，随之而来的价值分配问题同样重要。任何经营性企业，都隐藏着一个看不见但无时无刻不在循环运作的机制，包含生存、创造价值和分配价值三个要素，共同构成"企业生存铁三角"。"利可共而不可独"，企业内部的价值分配是企业存在的基础，价值分配越合理，企业发展越好。同理，焦点企业应当主导合理的价值分配模式，实现有效激励、维持生态系统持续发展（王子阳等，2020）。生态系统内主体的多样性影响了焦点企业的战略权衡（trade-offs），这些权衡不仅发生在焦点企业及其直接合作伙伴之间（传统双边议价能力），同样发生在和焦点企业没有直接接触的企业及其合作伙伴之间（Adner，2017）。探索生态系统多主体实现价值共创后的价值分配机制和策略，以促进创业生态系统的可持续发展，也是未来值得关注的议题之一。

第二个领域是创业生态系统价值共毁研究。生态系统多主体间价值共毁的研究源于价值共创。在价值形成过程中，生态内部资源整合出现问题，或生态外部的致命冲击，可能会导致走向价值共创的对立面：价值共毁。生态系统多主体间会形成复杂的价值网络，价值网络中的任一元素或环境发生变化都会造成整个网络的变化。价值共毁会造成至少一方参与者的利益降低，即期望价值未达到，结果可能是共同毁灭，也可能是行动者之间的价值失衡。目前价值共毁研究尚处于起步阶段，文献数量相对较少，研究内容主要集中在内涵界定、原因探索与类别分析方面，研究层次还停留在简单的顾客-企业二元关系，情境也相对单一（马婕，刘兵，张培，2021）。未来研究可以突破顾客-企业二元关系，探究生态系统内多主体价值共毁的诱发机制和形成机理，从而有效地避免生态系统多主体之间价值共毁或价值失衡的产生；同时在对比同类情境中的价值共创和价值共毁现象的基础上，未来可进一步探究价值共创和价值共毁的临界条件和行为，指导实践中企业的战略选择和实施。

第三个领域是创业生态系统动态演化和治理机制研究。无论是从领导者还是从跟随者的角度，生态系统治理都有很多值得研究的地方（Altman，2016；Kapoor，Agarwal，2016）。首先，斯皮格尔和哈里森（2018）从过程视角解读了创业企业和生态系统之间的互动如何影响创业生态系统的发展和转型，未来还可以探究多类型主体与创业生态系统之间的互动作用如何影响创业生态系统演化。例如，政府机构、监管机构和资助机构及其与创业企业之间的相互作用如何影响创业生态系统的演化。其次，生态系统是一个多边匹配结构，存在关于协调（coordination）和排序（sequencing）的关键未决问题（Hannah，Eisenhardt，2016；Jacobides，et al.，2015；Li，Garnsey，2013）。因此，未来研究需要重新审视不同主体在创业生态系统中的作用及其协调、排序和分权。例如，对企业来说，不同类型企业（如平台型企业）在创业生态系统内的定位及发挥的具体作用；对政府机构和监管机构来说，不仅要考虑政策内容，还要考虑政策实施的位置。最后，以往关于创业生态系统治理的研究更多停留在静态和横向层面，未来应该更加强调随着生态系统的演化进行动态和纵向治理，同时可以探究对于创业生态系统的不同演化阶段什么才是"好"的治理策略或治理的目的是否因演化阶段的不同而存在差异。已有学者探究了平台生态系统治理策略和平台优势的协同演化，表明平台领导者的平台优势和治理策略会随着时间变化而变化，类似地，可以进一步探究其他类型或不同行业的创业生态系统治理策略随时间变化及其协同演化因素。

此外，还有数字创业生态系统的核心主体研究。奥蒂奥和南比桑等学者解读了数字技术视角下创业生态系统具备的独特结构和过程，突出强调了数字化在创业生态系统概念中的核心地位。无独有偶，苏珊（Sussan）和阿克斯（Acs）(2017)通过整合"数字生态系统"和"创业生态系统"两个概念，首次提出了"数字创业生态系统"的概念性框架，融合了数字生态系统中数字基础设施和用户核心要素以及创业生态系统中的制度和相关主体概念。结合学术界关于数字创业生态系统的研究（Autio，2017；Nambisan，2016），未来可以围绕处于数字创业生态系统核心位置的数字平台、非平台型数字创业企业和数字用户等主体展开进一步研究。首先，数字平台连接着非平台型数字创业企业和数字用户等众多主体。已有研究探讨了数字平台具备的典型特征，例如数字平台分层模块化架构、核心和边界资源等。未来研究可以进一步探索不同类型数字平台特征，如工业互联网平台和消费互联网平台的架构、核心和边界资源有何异同；同时可以从平台视角出发探究其与非平台型数字创业企业和用户之间的价值共创和平台治理机制。其次，非平台型数字创业企业是数字创业生态系统数量最多的创业主体。众多学者已经从资源编排、动态能力、数字化能力和商业模式创新等角度进行了研究。由于其提供的数字产品或服务的特殊性，进一步探索（非平台型）数字企业创业团队和过程的典型特征，尤其是数字创业企业如何与客户等利益相关者进行资源交互以实现价值共创也是未来可开展研究的议题。最后，可以根据具体的研究问题、研究对象和研究视角，进一步划分供给端和需求端数字用户，挖掘不同类型用户作用及其与数字型企业互动以实现价值共创的机制。

◆ 参考文献

Adner, R., 2006, "Match your innovation strategy to your innovation ecosystem", *Harvard Business Review*, Vol. 84, No. 4: 98-107.

Adner, R., and Feiler, D., 2017, "Innovation interdependence and investment choices: an experimental approach to decision making in ecosystems", *Organization Science*, Vol. 30, No. 1: 109-125.

Adner, R., and Kapoor, R., 2010, "Value creation in innovation ecosystems: how the structure of technological interdependence affects firm performance in new technology generations", *Strategic Management Journal*, Vol. 31, No. 3: 306-333.

Adner, R., and Kapoor, R., 2016, "Innovation ecosystems and the pace of substitution: re-examining technology S-curves", *Strategic Management Journal*, Vol. 37, No. 4: 625-648.

Altman, E.J., 2017, "Dependencies, complementor evolution, response strategies: joining a multi-sided platform ecosystem", *Academy of Management Annual Meeting Proceedings*, Vol. 2017, No.1: 1.

Acs Z.J., Stam E., Audretsch, D.B., et al., 2017, "The lineages of the entrepreneurial ecosystem approach", *Small Business Economics*, Vol. 49, No. 1: 1-10.

Bahrami, H., and Evans, S., 1995, "Flexible re-cycling and high-technology entrepreneurship", *California Management Review*, Vol. 37, No. 1: 62-89.

Bakos, Y., 1998, "The emerging role of electronic marketplaces on the internet", *Communications of the ACM*, Vol. 41, No. 8: 35-42.

Bathelt, H., Malmberg, A., Maskell, P., 2004, "Clusters and knowledge: local buzz, global pipelines and the process of knowledge creation", *Progress in Human Geography*, Vol.

28, No. 1: 31-56.

Cooke, P., 2007, "Regional innovation, entrepreneurship and talent systems", *International Journal of Entrepreneurship and Innovation Management*, Vol. 7, No. 2: 117-139.

Casper S., 2007, "How do technology clusters emerge and become sustainable: social network formation and inter-firm mobility within the San Diego biotechnology cluster", *Research Policy*, Vol. 36, No. 4: 438-455.

Corona, L., Doutriaux, J., and Mian, S.A., 2006, *Building knowledge regions in North America: Emerging technology innovation poles*, Cheltenham, U.K.: Edward Elgar.

Gellman, R., 1996, "Disintermediation and the internet", *Government Information Quarterly*, Vol. 13, No. 1: 1-8.

Gawer, A., and Cusumano M.A., 2002, *Platform leadership: how Intel, Microsoft and Cisco drive industry innovation*, Harvard Business School Press: Boston, MA.

Hou, H., and Shi, Y., 2021, "Ecosystem-as-structure and ecosystem-as-coevolution: a constructive examination", *Technovation*, Vol. 100: 102193.

Hannah, D., and Eisenhardt, K.M., 2018, "How firms navigate cooperation and competition in nascent ecosystems", *Strategic Management Journal*, Vol. 39, No. 12: 3163-3192.

Jacobides, M.G., MacDuffie, J.P., and Tae, C.J., 2016, "Agency, structure, and the dominance of OEMs: Change and stability in the automotive sector", *Strategic Management Journal*, Vol. 37, No. 9: 1942-1967.

Kapoor, R., and Agarwal, S., 2017, "Sustaining superior performance in business ecosystems: Evidence from application software developers in the iOS and Android smartphone ecosystems", *Organization Science*, Vol. 28, No. 3: 531-551.

Lusch, R., and Nambisan, S., 2015, "Service innovation: a service-dominant logic perspective", *MIS Quarterly*, 3 Vol. 9, No. 1: 155-176.

Mason, C.M., and Harrison, R.T., 2006, "After the exit: acquisitions, entrepreneurial recycling and regional economic development", *Regional Studies*, Vol. 40, No. 1: 55-73.

Moore, J.F., 1996, *The Death of Competition: Leadership and Strategy in the Age of Business Ecosystems*, Harper Business: New York.

Marshall, A., 1920, *Principles of Economics*, London, U.K.: MacMillan.

Nambisan, S., 2017, "Digital entrepreneurship: toward a digital technology perspective of entrepreneurship", *Entrepreneurship Theory and Practice*, Vol. 41, No. 6: 1029-1055.

Nambisan, S., Wright, M., and Feldman, M., 2019, "The digital transformation of innovation and entrepreneurship: Progress, challenges and key themes", *Research Policy*, Vol. 48, No. 8: 103773.

Spigel, B., 2017, "The relational organization of entrepreneurial ecosystems", *Entrepreneurship Theory and Practice*, Vol. 41, No. 1: 49-72.

Sussan, F., and Acs Z.J., 2017, "The digital entrepreneurial ecosystem", *Small Business Economics*, Vol. 49, No. 1: 55-73.

Song, A.K., 2019, "The digital entrepreneurial ecosystem: a critique and reconfiguration",

Small Business Economics, Vol. 53, No. 5: 569-590.

Thomas, L.D.W., Autio, E., and Gann, D.M., 2015, "Architectural leverage: Putting platforms in context", *Academy of Management Perspectives*, Vol. 30, No. 1: 47-67.

Tiwana, A., Konsynski, B., Bush, A.A., 2010, "Platform evolution: coevolution of platform architecture, governance and environment dynamics", *Information System Research*, Vol. 21, No. 4: 675-687.

Tilson, D., Lyytinen, K., and Sørensen, C., 2010, "Research commentary-digital infrastructures: The missing IS research agenda", *Information Systems Research*, Vol. 21, No. 4: 748-759.

Toft-Kehler, R., Wennberg, K., and Kim, P.H., 2014, "Practice makes perfect: entrepreneurial experience curves and venture performance", *Journal of Business Venturing*, Vol. 29, No. 4: 453-470.

Tallman, S., Jenkins, M., Henry, N., and Pinch, S., 2004, "Knowledge, clusters, and competitive advantage", *Academy of Management Review*, Vol. 29, No. 2: 258-271.

Vargo, S.L., and Lusch, R., 2008, "From goods to service(s), divergences and convergences of logics", *Industrial Marketing Management*, Vol. 37, No. 3: 254-259.

Wenjie Li., Wenyu Du, and Jiamin Yin, 2017, "Digital entrepreneurship ecosystem as a new form of organizing: the case of Zhongguancun", *Frontiers of Business Research in China*, Vol. 11, No. 1: 1-21.

Yoo, Y., Henfridsson, O., and Lyytinen, K., 2010, "The new organizing logic of digital innovation: An agenda for information systems research", *Information Systems Research*, Vol. 21, No. 4: 724-735.

韩炜，杨俊，胡新华，等．商业模式创新如何塑造商业生态系统属性差异？——基于两家新创企业的跨案例纵向研究与理论模型构建[J]．管理世界，2021，（1）．

王子阳，魏炜，朱武祥，等．商业模式视角下的天虹数字化转型路径探索[J]．管理学报，2020，（12）．

■ 文献推荐

Adner, R., 2017, "Ecosystem as structure: an actionable construct for strategy", *Journal of Management*, Vol. 43, No. 1: 39-58.

Autio, E., Nambisan, S., Thomas, L.D.W., Wright, M., 2018, "Digital affordances, spatial affordances, and the genesis of entrepreneurial ecosystems", *Strategic Entrepreneurship Journal*, Vol. 12, No. 1: 72-95.

Spigel, B., Harrison, R., 2018, "Toward a process theory of entrepreneurial ecosystems", *Strategic Entrepreneurship Journal*, Vol. 12, No. 1: 151-168.

● 代表性学者

罗恩·阿德纳（Ron Adner）

1998年在宾夕法尼亚大学获博士学位，现任达特茅斯学院塔克商学院战略与创业教授，他长期从事战略、创新和创业研究工作，是商业生态系统方面研究的权威学者，在《战略管理杂志》《组织科学》《管理杂志》等期刊上发表过多篇生态系统研究论文,现任《管理学评论》《战略管理杂志》编委。E-mail:ron.adner@dartmouth.edu。

本·斯皮格尔(Ben Spigel)

爱丁堡大学商学院创业学副教授,国际公认的创业生态系统、创业政策和高增长创业地理方面的专家。他调查研究了美国、加拿大和英国的创业生态系统的成长、发展和影响。在《创业理论与实践》《战略创业杂志》等期刊上发表过多篇论文。他目前的研究侧重于苏格兰科技企业家从当地创业生态系统中获取资源的方式,以及这如何影响他们的成长和创新潜力。E-mail:ben.spigel@ed.ac.uk。

埃尔科·奥蒂奥(Erkko Autio)

在赫尔辛基工业大学获得博士学位,现任伦敦帝国理工商学院创业与技术转移中心主任,也是阿尔托大学的访问教授、全球创业和发展指数[①]的合著者、全球创业监测的创始团队成员。他获得过全球 50 位最具影响力的年轻管理学者荣誉。他的研究重点是创业、国家创业制度和国际创业、创业生态系统、创新生态系统、商业模式创新等热点问题。E-mail:erkko.autio@imperial.ac.uk。

[①] 全球创业与发展指数(Global Entrepreneurship and Development Index)自 2015 年起更名为全球创业指数(Global Entrepreneurship Index),自 2010 年起每年由全球创业发展研究所(Global Entrepreneurship and Development Institute,GEDI)以报告形式发布。

关键学者与学者网络

本章呈现了对创业本质认识的演变过程及其内在逻辑，这些认识在很大程度上引领了创业研究在不同阶段的热点主题和关键问题。为什么创业研究不能像组织和战略等其他成熟学科具有相对稳定甚至固定的基本认识？因为创业研究是新兴而不是成熟学科领域。这一答案没有错误但不充分。基于"个体–机会"结合的基本属性，创业活动对环境变化更加敏感，创业实践更容易因环境变化而变化，这可能是有关创业本质认识不断演变深化的主要原因。站在巨人的肩膀上，关注学者甚至比关注学术观点更加重要，聚焦抽象概括创业本质论证的学术观点和判断方面，有哪些学者贡献了学术思想、哪些学者值得持续跟踪关注？

关于创业在创造新价值的基本判断，来自经济学背景的谢恩融合奥地利经济学派的理论思想，在定义创业机会方面做出了突出贡献，同时较早地验证了创业机会与创业者知识之间存在的内在联系；将创业机会与不确定性结合起来并在讨论创业活动的性质方面做出突出贡献的是谢泼德和麦克马伦，他们博士学位的学科背景是战略和创业；在将创业机会与不确定性结合并进一步推动创业研究与战略理论之间的对话和融合方面，杰伊·巴尼（Jay B. Barney）、莎伦·阿尔瓦雷茨（Sharon A. Alvarez）、柯尔斯滕·福斯（Kirsten Foss）和尼古拉·福斯（Nicolai J. Foss）等战略管理学者试图论证并构建基于创业的企业理论。

在新组织的组织、制度和文化属性方面，加特纳、卡茨、伯德等学者论证了形成中组织的特征，并设计了测量办法。值得一提的是，加特纳旗帜鲜明地批判创业特质论并提出了创业就是创造新组织的论断，2020年他与合作者在《创业学洞见》（*Journal of Business Venturing Insight*）上发表了《谁是创业者：仍是一个错误的问题》一文，进一步讨论了创业活动的本质。格林伍德、苏达比、劳恩斯伯里、格林等来自组织理论的学者是论证创业活动的制度和文化属性的主要贡献者，如果读者对这方面的话题感兴趣，可以进一步了解他们的团队和合作网络，持续追踪他们的研究成果。

在新的组织形态和属性方面，拉斐尔·阿米特（Raphael Amit）、戴维·蒂斯（David Teece）、艾森哈特、阿德纳、乔治等战略管理领域的顶尖学者注重采用理论和定性研究开展理论构建；麦克唐纳、左特、南比桑、斯尼胡尔等青年领军学者的研究也非常值得关注。

CHAPTER 3

第 3 章

创业产生了什么影响

创业的价值是什么？对这一问题的回答有助于我们理解研究创业活动的目的，也让创业研究越来越受到学术界的重视。在创业研究尚未确立学科独立性、合法性的年代，不少学者都曾疑惑："为什么我们需要研究创业活动？"为了回答这一问题，早期的创业学者们主要关注创业活动的经济影响，探究其在促进创新和经济增长方面的作用。

对创业的经济影响的广泛研究始于 20 世纪七八十年代，那时的世界经济开始发生很多转变：知识作为生产要素的重要性不断凸显；信息和通信技术的发展促进了协作与分工；经济全球化提供了更多的机会；等等。这些变化驱动传统的管理型经济向创业型经济转变。由此，经济学者基于以知识为基础的经济内生增长逻辑，探究创业对经济增长的贡献。研究表明，创业通过四条主线推动经济增长：①开发新的市场，形成新的行业；②创造新的工作，促进就业增长；③打破在位企业的市场权力，推动企业提高效率；④促进经济的结构性改革，淘汰不适应新环境的旧产业和企业，创造新的产业，重新配置释放的资源。

显然，创新是创业推动经济增长的核心路径，因此"创业如何推动创新"自然成为相关研究的热点。为了回应这一问题，学者们从初创企业与成熟企业的比较中寻找突破口。成熟企业相较于初创企业拥有更多支持创新的资源，但初创企业往往是创新的关键推动者。一方面，为了在激烈的竞争环境中生存，初创企业不可能跟随成熟企业的战略，只能以更有效率的新方式提供更具价值的产品或服务。由于组织规模小、决策快速、协作高效，初创企业能更好地进行创新探索。另一方面，初创企业高风险、自由、高协作的工作环境形成了一种对人才的自我筛选机制，更能吸引那些愿意承担风险、重视自主性和喜欢探索的个人，从而产生更多的创造力。

如同对创业的最新认识不再局限于创造新组织，创新也不再是初创企业的专利，成熟企业也可借鉴创业的精髓激发更多创新，而不仅仅限于利用资源和规模优势进行渐近式的改良。就个人层面而言，如果领导者能保持创业精神，即使企业经营年限和规模增长，组织也能保持创新活力与投入。从以往文献来看，成长环境的烙印和创业经历形成的情感都可能成为保持创业精神的基础，而主动的创业衍生，让有创业精神的个体施展抱负，成为企业界防止领导层丧失创业精神的一种实践思路。就组织层面而言，成熟企业能识别出束缚自身创新动能的陷阱，并通过设计有针对性的组织安排进行规避。内部的创新空间和鼓励探索的工作环境是企业成长后为留住创新人才、激励创新的探索。如今不少成熟企业都开始营造类似创业企业的内部创业生态，以更大限度地激发人才的创新动能。

近年来，作为一种创新解决现有问题的方式，创业被越来越多地引入社会领域，其社会价值也越来越受关注，尤其是在社区复兴和乡村振兴、减少贫困和消除不平等方面。社区创业研究关注创业对复兴衰落社区的作用，用创业的思路来探讨如何重振旧工业城市和资源枯竭城市。向新产业转换需要建立新的社会经济基础，以社区重振为己任的社区创业者面临的首要问题是如何重新配置社区现有的资源，如何重构社会经济网络，如何为新产业及其创业者（包括潜在创业者）建立有利的情境与舞台。对当地社区的网络嵌入、身份认同和情感附着支撑着社区创业者坚持工作的社会心理基础，使他们成为复兴社区的核心。

社区创业和乡村创业都面临着一个共同的问题：如何解决本地资源的不足？由于缺少与外部网络的连接，本地创业者往往难以引入外部资源。社会企业和返乡的本地创业者往往作为联系当地社会与外部资源的中介，对改善当地的资源供应发挥着重要的桥接功能。但与社区创业相比，乡村创业面临着更多的挑战，尤其是在新兴经济体中的乡村。这些经济体中普遍存在城乡二元结构，乡村不仅资源匮乏，还面临着人力资本不足、制度不完善等多重约束。因此，这些区域的乡村创业者不仅承担着减少贫困和经济不平等的任务，也担负着消除社会不平等的责任。响应上述社会需要的创业者不仅应是机会发现者和经济资源的创新配置者，也是社会创业者和制度创业者。

由于人力资本向城市和社会上层集中，乡村和社会底层创业面临着人力资本缺乏的困境。随着数字技术的广泛运用，这种差距可能越来越大并成为数字鸿沟。这种背景下创业需要承担起帮助乡村和贫困人口吸纳外部知识的任务，培育他们自身的动力和能力，为消除不平等注入内生动力。社会企业和返乡创业者作为人们身边可观察学习的样板和知识流入的关键节点，可以激活本地贫困人口的学习动力，同时发挥知识外溢的作用。在这些外来中介的催化作用下，数字技术有可能发挥积极作用，成为乡村人口和贫困人口了解外部市场、获取更多知识的有效渠道，助力他们实现能力的提升和创业模式的更新。

乡村和社会底层存在的贫困与落后往往还存在着深刻的制度根源，这是减贫和消除不平等的最大挑战。在这些场域中，不仅缺少支持市场和创业活动的正式制度（即所谓制度真空），还存在文化传统、宗教等束缚创业活动的非正式制度。人们更多地依赖家族制度、传统习俗和宗教来治理商业关系与社会生活，这些非正式的制度安排往往排斥妇女和低社会地位的群体参与经济生活。解决上述问题需要外部的制度创业者填补正式制度的真空，为弱势群体清障，或是在现有非正式制度之外创设新的制度安排，来为弱者开辟平等参与的空间。

本章通过6篇经典文献述评文章，从不同角度来加深读者对创业价值的认识。本章内容的逻辑线索如图3-1所示。

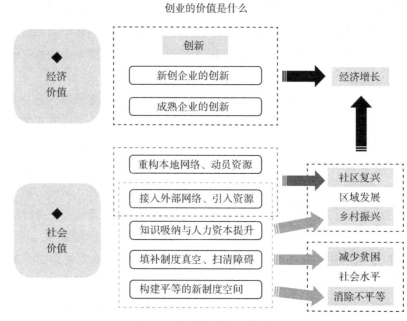

图 3-1 本章内容的逻辑线索

创业型经济与经济增长①

◎ 李　政[1,2]　◎ 张菀庭[2]

1. 吉林大学经济学院；2. 吉林大学中国国有经济研究中心

20世纪头10年，马萨诸塞州的经济一直以纺织业为主；第二次世界大战结束后，随着美国境内的大部分劳动密集型产业转移至南方各州，马萨诸塞州的经济陷入低迷。到20世纪80年代，马萨诸塞州依托医疗、教育、金融和高科技行业迅速崛起，失业率由1975年的12%下降至3%，被称为"马萨诸塞奇迹"。这种高速增长奇迹背后的原因是什么？拜格雷夫（1998）认为是创业精神（entrepreneurship，也被称为企业家精神）。马萨诸塞州没有优渥的自然资源，但具有雄厚的教育资源。以哈佛大学和麻省理工学院为首的40多所高等院校为波士顿地区输送了大量优质人力资本。宽松的创业融资环境和税收减免政策使得许多人力资本转变为创业人才，进而拉动了马萨诸塞州的经济。

讲到这里，或许有人会质疑，单一的案例分析可能存在过度拟合、以偏概全的问题。因此，拜格雷夫（1998）将分析扩展至美国全境，他提出美国经济腾飞的核心就在于创业精神。其依据包括：美国所有小企业财富的总和能匹敌世界第三大经济体；微软的三名创始人在1998年的《福布斯》全球富豪排行榜中分别列于第一、第三和第六。只要有能力、肯奋斗，每个人都有机会成为亿万富翁。这种创业精神是美国人积极投身创新创业活动的动力源泉。微软等成功的创业企业除了给创始人带来数不尽的财富外，也为社会带来了巨大福利，并通过缴纳税收、创造就业和创业示范效应等促进美国经济的发展。正如熊彼特（1934）和科斯（1937）所言，创业活动能以更高效的方式重组市场资源、提高生产效率，进而促进经济增长。

党的十八大以来，我国陆续出台了一系列旨在激发创业精神、鼓励创业的政策措施以促进经济高质量发展。例如，2014年3月1日起，注册资本登记制度改革全面实施，旨在着力降低市场主体准入门槛，提高市场主体登记管理的便利化水平，优化营商环境；2015年6月，《国务院关于大力推进大众创业万众创新若干政策措施的意见》发布，旨在改革完善相关体制机制，构建普惠性政策扶持体系，推动资金链引导创业创新链、创业创新链支持产业链、产

---

① 本文是国家自然科学基金重大项目"创新驱动创业的重大理论与实践问题研究"（72091310）课题一"数字经济下的创新驱动创业的基础理论"（72091315）资助的阶段性成果。张菀庭为本文通讯作者（wantingzhang1994@126.com）。

业链带动就业链；2017 年 9 月，《中共中央 国务院关于营造企业家健康成长环境弘扬优秀企业家精神更好发挥企业家作用的意见》发布，指出企业家是经济活动的重要主体，要求加快建立依法平等保护各种所有制经济产权的长效机制，弘扬优秀企业家精神。其实不光是中国，近年来许多国家都在通过出台创新创业政策、完善创新创业环境、扶持创新创业活动促进经济增长（李政，2010）。例如，西班牙在 1998 年实施了诸项旨在促进创业政策推广的措施；芬兰于 2000 年在工业及贸易大臣的主持下颁布并实施了"创业两年计划"；瑞典政府也于 2000 年将优秀创业政策列为国家新工业政策四项主要内容之一；英国政府更是通过制定一系列政策力图把该国建成全世界最适宜创业的国家。

从支撑经济发展的最基本经济细胞——企业组织形态来看，历史上曾经出现过的经济形态有工场手工业经济和管理型经济（即大公司经济）。19 世纪和 20 世纪分别被称为工业时代和管理时代。钱德勒定义的管理型经济在西方国家的繁荣长达四分之三个世纪之久。在此期间，熊彼特（1942）、约翰·加尔布雷思（John Galbraith）（1967）和阿尔弗雷德·钱德勒（Alfred D. Chandler）（1977）等多数经济学家普遍相信，效率和增长只存在于大企业领域，小企业将因其无效率而逐渐消失。20 世纪 70 年代中期，美国经济体系开始出现从管理型经济到创业型经济的转变（Audretsch，Thurik，2000）。德鲁克（Drucker）（1985）率先确认上述趋势并指出，创业型经济在美国的出现是现代经济和社会史上所发生的最重要、最能给人希望的事件（Drucker，2002）。为什么创业对于经济增长变得如此重要？创业促进经济增长的具体机理和机制是什么？政府应如何促进创业活动？

戴维·奥德兹和罗伊·图里克：以"知识"为核心的创业型经济模型

戴维·奥德兹和罗伊·图里克（Roy Thurik）2004 年在《国际创业教育杂志》（*International Journal of Entrepreneurship Education*）上发表了《创业型经济体系模型构建》一文，它是"创业与经济增长"领域的代表作，系统地阐述了为什么创业精神应该被纳入经济增长模型，以及为什么创业型经济模型相较于传统的管理型经济模型更适用于社会发展的需要。这篇文章所构建的创业型经济模型是许多学者研究的基础和起点。

早期，学术界关于经济增长的主流观点承袭自诺贝尔经济学奖得主索洛的结论：资本和劳动力是促进经济增长的最重要因素（Solow，1955）。索洛观点的提出与其所处的时代背景紧密相关。20 世纪 50 年代，美国主要经济模式是以机器为主体的工厂进行大规模生产，大企业经营的规模效应受到广泛接受和认可，而资本和劳动作为大规模生产的两个关键要素，自然而然地被主流经济学家认定为经济增长的关键要素。到 20 世纪 80 年代，随着微软、英特尔、苹果、戴尔、亚马逊等公司纷纷上市，美国迈入信息技术时代。这一时期科学技术的迅速发展让经济学家们开始重新审视经济增长的主要影响因素。罗默（Romer）（1986）、克鲁格曼（Krugman）（1991）和卢卡斯（Lucas）（1993）等学者提出，知识才是促进经济增长的最重要因素。他们把知识当成和资本、劳动力一样的投入品纳入经济增长模型，使知识成为一个内生可控的变量，被称为内生经济增长学派。

内生经济增长学派立足于时代发展，为索洛模型提供了新的分析视角，但它仍忽略了一个重要的现实问题：知识本身不会带来经济增长，它必须依托企业家作为媒介，才能促进经济增长。这就好比避世于草庐的诸葛亮若未能被刘备请出南阳，纵使他有盖世的雄才伟略，也只能尘封于古籍之中，无法影响当时的天下大势。而刘备就像企业家，他让诸葛亮的军事才能得以充分施展并大放异彩，创造了后来三分天下的格局。这便是奥德兹和图里克开创性的理论贡献。他们强调，把知识应用于创业活动，才是新时代促进经济增长的秘密武器。

在回答"为什么创业精神应该被纳入经济增长模型"之前，我们需要先厘清创业精神的定义。事实上，关于"创业精神"，学术界一直没有统一的定义。奈特（1921）认为创业精神是承担不确定性的勇气和应对不确定性的能力，熊彼特（1934）提出创业精神是以优化、创新视角重新组合生产要素的执行能力，莱宾斯坦（Leibenstein，1968）认为创业精神是从信息不对称中挖掘和评估市场机会的远见。而奥德兹和图里克则表示：创业精神是具有专业知识的人才独挑大梁、落地商业机会的倾向。相较于前人，奥德兹和图里克的定义更为具象，容易和现实建立联系。例如从大企业辞职自主创业的高级技术人才，或者像扎克伯格这样技术和想法并存的极客青年。

在奥德兹和图里克的理论中，创业精神的好处在于：它能鼓励大企业中的技术人才自主创业，进而由大企业孵化出更高效、有创造力的小企业。那么，为什么他们认为"刺激技术人才脱离大企业、成立小企业的动机"可以成为促进经济增长的关键因素呢？因为创业精神补全了"从知识到经济增长"中间不可或缺的一环，即知识的应用；技术人才的自主创业能增强理论和实践的结合，进而刺激经济增长。那么为什么技术人才在大企业里不能实现知识的传播和应用，一定要靠自主创业呢？

其一，技术人才在大企业的边际效用较低。当经济增长的重心由资本和劳动力转向知识后，"规模经济理论"的有效性便遭到质疑。当一个大企业内部存在太多"聪明的大脑"时，这些大脑可能由于彼此间的意见冲突将大量时间用于达成共识，而不如自己创业单打独斗带来的社会价值增量多。

其二，大企业和创业企业对于员工的定位和价值需求存在本质不同。前者强调对员工的控制，因为在规模化生产中，员工之于企业的意义在于精确地完成规定任务。这种环境并不鼓励创新。一方面，既定任务几乎会占用员工的所有工作时间；另一方面，偏离既定要求的想法和创新需要承担较大的风险，而即便成功，给员工带来的收益也远小于自主创业。相反，创业企业强调对员工的激励，员工的核心价值在于知识创造。这是因为创业企业没有也不能有太死板的任务。在大企业林立的市场竞争中，创业企业需要在现有技术上取得突破性创新，才能在成本、市场势力等方面远落后于大企业的情况下获得立足之地，甚至实现反超。创业企业的优势在于转换赛道、实施创新的机会成本非常小，因此员工也无须对新想法背负沉重的风险压力。总之，从技术人才的创新参与度与参与效率两方面，他们论证了创业精神对经济增长的重要性。

为什么创业型经济模型相较于传统的管理型经济模型更适用于社会发展的需要？在这篇文章发表之前，学术界普遍认可由大公司主导的管理型经济模型对经济现实的适用性。这种模型强调政府和大企业之间的相互制衡会实现稳定的大规模生产，并认为小企业会带来效率损失，其存在仅仅是为了确保"去中心化"的决策过程。奥德兹和图里克结合社会经济发展中的典型化事实，从十四个维度[⊖]说明了"为何创业企业比大企业更符合现代经济增长模型"。这些维度的特点大致可被总结为经济效率和发展潜力两方面。

⊖ 十四个维度包括：就业与工资间关系、本土化与变化速度三项经济体潜在动力；环境波动、多样性与异质性三项外部环境特征；企业动机、交易类型、竞争合作模式与企业灵活性四项企业特征；政策赋能能力、政策盯住目标、政策盯住范围、政策对创业企业的偏好四项公共政策特征。

经济效率方面：第一，生产规模经济效应的重要性在逐渐减弱。发达经济体的发展逐渐由第二产业向第三产业转型，制造业在宏观经济中的重要性逐渐降低；技术进步也使制造业对规模经济效应的依赖逐渐减弱。因此，以规模经济效应为主要优势的大企业在信息技术时代的价值逐渐降低，不再是经济增长的中坚力量。第二，随着经济的全球化发展，外国企业进入本国市场参与竞争，商业社会中的不确定性与日俱增，由此，小型创业企业的竞争优势凸显。由于小企业组织结构松散且体量轻，其面对市场波动会更加灵活，可以迅速调整战略目标和生产结构。同时，相对扁平化的结构也方便决策者获得最新消息，以及时做出战略决策。相反，大企业内部的层级结构接近官僚体系，专业化分工过于明确，很难面对变化及时进行人员调动和组织调整。此外，层层上报的信息传递制度也使得上位者很难准确、快速地获得一手信息，对市场消息的反应相对迟钝。虽然层级制度使大企业具有内部沟通成本较低的优势，但这种优势只能在市场信息容易预测时发挥作用。面对强外部不确定性时，重要的是企业和外部市场的交互，而非企业内部的信息传递。

发展潜力方面：第一，创业企业能通过创造需求来获得市场份额。与大规模生产统治市场的年代不同，消费主义时代的特点是：在基本的生存需求得以满足之后，人们产生了对精致、美好生活的向往和追求。这种追求的一个突出特征是差异化。因此大企业的规模化生产逐渐式微，人们开始追逐小而美的独特体验。这鼓励创业企业生产更多定制化商品，再通过广告营销的方式创造需求。健康低脂的零食、单款单件的饰品等在满足市场已有的需求之外，还催生创造出了许多过去不存在的需求，进而推动经济增长。第二，创业企业更能促进知识的传播。一方面，从地域视角来看，管理型经济具有全球化特征，而创业型经济更具有区域化特征。虽然后者的业务范围较为局限，但也正是如此，它会把注意力更多聚焦于有限区域。创新知识的传播往往在小圈子内效果更好，例如硅谷、中关村的技术传播与发展，因此技术聚集的创业企业能促进市场创新。另一方面，创业企业间关系也与大企业有所不同。大企业间关系通常或为竞争或为合作，而创业企业间关系可以是既竞争又合作。大企业间的合作主要是垄断定价，排挤其他企业，获得更大的市场势力。而创业企业尚未涉及瓜分市场蛋糕问题，还都处在增强实力的阶段，他们的合作初衷是技术互补，避免重复投资，因此技术的互利共享与产品的竞争可以共存。这种合作和竞争共存的模式能加速创新知识的扩散。

综上，可以发现大企业和创业企业间的诸多不同有一个共同的分歧来源，即对于经济增长归因的差异。大企业关注资本和劳动力的贡献，创业企业强调知识和创新的重要性，这也正是管理型经济模型和创业型经济模型最根本的不同。这两种经济模型代表的是不同的经济增长模式，本身并没有是非对错之分。但这篇文章最大的价值在于，它站在历史的时间线上，从美国经济社会变迁发展的视角指出：美国正在从规模经济主导的生产型社会向信息技术主导的知识型社会转型，创新的重要性开始被提升到前所未有的高度，因此创业型经济模型更能为促进经济增长服务。在大部分经济学家还沉浸在工业革命的规模化生产带来的巨大经济红利之时，奥德兹和图里克已经清醒地察觉到下一个变革时代的悄然降临，他们全面细致地指出了这种蕴含着无限可能的转变，并严谨缜密地提出：为指导实践，经济思想也应随社会变迁而改变。

威廉·鲍莫尔：创业企业与成熟企业在经济增长中的角色

奥德兹和图里克的文章指出，适用于创新主导型经济发展的理论是创业型经济模型而非管理型经济模型，这为政府经济调控提供了有益的方针性指引，但缺少具体的政策细节。事实上，任何一个经济体中都不会只有大企业或创业企业，大企业和创业企业也不是互相排斥的关系。那么为了促进经济更快更好地增长，这两种企业类型应该分别扮演怎样的角色，又应该如何相互配合？2004年，鲍莫尔在《小企业经济》上发表了《创业企业、成熟企业与自由市场增长引擎》一文，将创业企业（多为小企业）和成熟企业（多为大企业）作为研究对象，揭示了两者的搭配组合如何能促进创新与经济增长。不同于奥德兹、图里克将成熟企业和创业企业进行完全对立的比较，鲍莫尔肯定两种企业对于创新经济的价值，并将研究聚焦于两种企业在促进经济增长过程中的互补特征。特征差异明显的两个群体一定存在矛盾冲突吗？妥善利用差异化优势是否能让两个群体服务于同一目标？这种批判性的反思是该文章的最大价值。

鲍莫尔文章的核心观点是：创业企业和成熟企业对于创新和经济增长都不可或缺，创业企业的主要贡献在于突破性创新，而成熟企业的优势是渐进性创新。突破性创新是指企业领先于其他竞争对手率先进入某一领域，首先实行某种技术并进入新的技术轨道的创新行为。电灯、电话和互联网等都属于突破性创新。而渐进性创新是指企业按照主流用户的市场需求对现有的技术进行调整和改进。例如从iPhone 6到iPhone 6s，这种创新的收益可以预计，风险较小。鲍莫尔认为，成熟企业很难进行突破性创新的原因是成熟企业内部具有庞大的官僚结构体系。官僚体系是成熟企业能够高效率实施大规模量产的重要原因——当生产的各个环节被逐一拆解，不同人员的极致专业化分工会实现效率的提升。但官僚体系也会影响突破性创新的产生。官僚体系内部的所有行动结果都需要被量化，如果完不成量化目标，那么企业需要追究相关责任人。这种制度设计使得组织中的每个人具有使命必达的信念，可是当员工的信念都聚焦于"如何完成固定的任务"，天马行空的创意思维就会逐渐衰退和消亡。此外，官僚系统还具备天然的规避风险的特征。因为在官僚系统中，凡事讲究严谨的文书推理和论证。也就是说，当支出一笔创新研发投资时，企业内部的创新者必须提供足够丰富的数据和论据来说明这个研发能带来怎样的产出和收益。这个论证越充分，创新研发投入带来的创新就越接近"渐进性创新"。因为风险与机遇并存，当推理严丝合缝到创新的结果完全可预期时，这就意味着风险很小、有先例可循，而这样的创新一定不是"突破性创新"。

那么，为什么突破性创新容易在创业企业中产生呢？创业型企业规模较小，没有足够的财力去支撑官僚制度，管理结构相对较为扁平化。只有当一个公司大到一定规模时，才需要专门的团队做用户调研、市场营销、运营推广，进而实现专业化分工带来的规模经济效应。但对创业企业来说，未来充满未知和不确定性，不知道搭建一个如此高成本的团队，后期能否有足够的现金流支撑其运转。在初创阶段，创业企业非常注重有限资金的分配，而不是大规模生产经营，因此官僚体系不常存在于创业企业之中，不会阻碍创业企业进行突破性创新。

此外，创业企业也有超出成熟企业的动力去追求突破性创新。创业企业不具备成熟企业的低廉生产成本、广泛市场知名度等优势，如果想在激烈的市场竞争中获得一席之地，那么创业企业必须努力构建其核心竞争力。这个竞争力来源于突破性创新带来的短期垄断优势，创业企业需要依靠这种优势在成熟企业的缝隙中成长起来，以获得长远的发展和未来。同时，创业企业意识到了自己的艰难处境，所以发展出了"技术合作、互利共赢"的商业模式。具体来说，创业企业的技术专利会在同类竞争企业之间传播。技术专利的持有者企业A会以每单位产品X元的价格将专利使用权让渡给企业B，这样企业A和企业B会生产同类型产品，并在市场中竞争。诚然，让渡专利使用权会使企业 A 的销量下降，但同时，收取的专利使用费也能给企业 A 带来收益。在更特别的情况下，企业 A 可能会发现，仅仅依靠让渡专利获得的收益就要高于自己生产得到的利润，这时企业 A 会停止生产，只靠技术创新和专利转让来盈利。

鲍莫尔以 2003 年美国小企业管理协会的调查结果作为论据，支撑"突破性创新总发生在创业企业之间"这一观点。若以低于 500 名员工为标准定义小企业，那么小企业创新与科学研究的紧密程度是大企业的 2 倍，且前者的创新更具有科技含量和前沿性；小企业专利中高影响力专利的比例是大企业的 2 倍；小企业的人均专利数量是大企业的 13 倍。

在奥德兹和图里克的文章中，他们似乎刻意忽视了大型成熟企业对创新的贡献，而将其优势落脚于规模生产带来的高效率。鲍莫尔对这一观点提出了异议，他强调创业企业和成熟企业对经济增长的影响是相辅相成的。成熟企业带来的渐进性创新也是推动增长的决定性因素，因为微小创新的积累也会带来革命性的改变。这就好像我们在强调个人成长时总会说，每天进步一点点，一年后你会惊讶于自己的变化和成长。为了使这一观点更有说服力，鲍莫尔以英特尔公司的电脑芯片创新为例，进一步做出阐释。英特尔芯片性能的一个关键属性是每秒执行的命令数量，又称为主频（clock speed）。1971～2003 年，芯片主频增加了 300 万个百分点，达到每秒 30 亿的计算速度。1968～2003 年，单个芯片中能嵌入的晶体管数量也增长了 1 000 万个百分点，同时成本大幅降低，一美元能买到的晶体管数量增加了 50 亿个百分点。这些渐进性创新加起来显然不是微小创新。芯片性能的大幅提高将极大地促进算力的提升，进而作为一个必备基础条件支持计算机完成更多复杂任务。由此可见，只有结合创业企业的突破性创新和成熟企业的渐进性创新，技术才能真正改变世界。运用规模优势和雄厚的财力，成熟企业能把初创企业中那些难以被大规模量产的高成本技术加以改良，使其能走进千家万户。

鲍莫尔这篇文章的主要贡献在于揭示了创业企业和成熟企业在实现创新、促进经济增长过程中的"互补效应"。虽然多数的突破性创新都发生于创业企业，但这不代表成熟企业就与创新无缘。相反，成熟企业可以利用官僚制度的优势，稳步推进可预测的渐进性创新，帮助创业企业完成突破性技术的优化和普及。鲍莫尔的理论模型看起来非常美好，经济中的不同主体各司其职，一起推动技术进步和经济增长。但在现实生活中，由于信息错配，创业企业和成熟企业未必恰好能具有产生突破性技术和渐进性改良能力。即使信息能够匹配，市场交易成本也让两种企业的合作存在较多顾虑。例如，创业企业会担心成熟企业在了解其核心技术之后搭便车，背叛互利原则；成熟企业也担心若不充分了解专利的关键信息，与创业企业贸然合作可能存在较大风险。这些现实问题导致两种企业的合作存在层层阻碍。那么，如何促成它们以互补模式合作，政府能否在其中扮演积极正面的角色，以最大限度地促进经济增长就成为亟待解决的重要问题。

佐尔坦·阿克斯等学者：促进经济增长的创业政策

如果说创业企业负责突破性创新，成熟企业负责渐进性创新这种"互补模式"最有益于技术进步和经济增长，那么下一个关键问题就是创业企业和成熟企业是否愿意按照这种顶层设计来执行。突破性创新的风险往往较大，如果知识产权未能得到良好保护，创新成果很容易外溢，让其他企业搭便车，进而大大降低创新收益。这种现实困难使得很多创业企业不愿意投资于突破性技术的研发，而只愿意从事低附加值、低风险的生产工作。如何解决市场失灵，让创业企业更愿意投身于突破性技术的研发，成为公共政策调控的一个主要难题。为处理这一问题，佐尔坦·阿克斯（Zoltan Acs）等学者 2016 年在《小企业经济》上发表了《促进创新活动的公共政策》一文。

为了保证经济政策对创业的激励能提高各行业的技术水平，而非仅仅扩大奥德兹和图里克所说的重复性生产，这篇文章首先对创业政策的受益对象做出了区分：一般创业者和创新型创业者。一般创业者是指竞争市场中出现超额收益时进入市场的竞争者，这部分创业者对于市场只有"量"的贡献，而没有"质"的改变。创新型创业者是指将不存在于现有市场的商品引入市场的企业家，他们的创业行为能带来知识的增量。阿克斯等学者倾向于将后者作为创业问题的主要研究对象，这与熊彼特的观点一致。而柯兹纳认为一般创业者才是创业主体，其价值在于将扭曲的经济资源进行重新分配，使市场由不均衡回归至均衡。柯兹纳对"均衡市场"的关切更符合资本和劳动力主导的规模化生产的情境，但正如奥德兹和图里克所强调的，新时代经济增长的主要因素是知识，因此阿克斯等学者的定义对于"技术创新"问题的分析和处理更有价值。

为了设计出能精准激励创新型创业者行动的公共政策，阿克斯等学者进一步聚焦创新型创业者的创业动机。经典理论认为创业者选择创业而非加入企业的原因在于前者带来的收入更高。但阿克斯等学者对此提出质疑，他们提出：创业的利润很难被准确预判，因此并不是创新型创业者的主要动机。一方面，产业中的生产要素信息并非公开透明，竞争企业之间的信息不完全，因而无法对产品的销售情况进行准确估计；另一方面，技术创新本身存在较强的不确定性，企业很难准确预估投入产出比。为检验这一猜想，阿克斯等学者通过丹麦、瑞典等国的数据分析得出：有技能的企业家的创业收入平均比他们的工作薪水低 15%。由此，阿克斯等学者提出创新型创业的核心动机不是利润。因此，直接补贴创业活动较难促进创新型创业，只可能使一般创业活动的出现概率小幅上涨。

由于直接补贴的效果不尽如人意，阿克斯等学者进一步分析促成创新型创业的外部条件，希望公共政策能通过间接渠道提高市场创新水平。阿克斯等学者一共总结了五种通过降低市场失灵促进创新型创业的外部环境条件。一是强网络外部性，即创业者发现机会、拓展机会及获取关键资源的能力。它能提高潜在创新型创业者触及商业机会的可能性。创新型创业者对商机更明确的感知和把握能提高市场中创新型创业活动的频率与成功率。二是强知识外部性，即外部环境中的知识密度、知识外溢的速度。它能加快知识在不同创业企业间的交互速度。信息交互速度越快，创新创业型企业的产品迭代速度就越快。三是低知识外溢效应，随着企业知识外溢效应的增强，企业创新所带来的社会价值将逐渐高于其产生的私人价值，进而减弱企业的创新动力。四是良好的创业氛围，这里主要指的是从众效应。如果一个市场中已经有了一些榜样型创业家，那么市场中的其他潜在创业者将有更大的意愿去创业。五是高沉没成本，这是指人们在一个社会环境中所建立起的各种人脉关系、社会联结和情感寄托。由于这些要素很难被迁移到其他地方，一个地区的决策者们有很强的动力促进当地的创业活动。

阿克斯等学者认为直接干预政策的效果十分有限，如果想有效促进创新型创业，公共政策应致力于满足上述五种环境要求，从与"知识增长"高度相关的环境建设而非潜在创新型创业者入手，实现环境与人的绑定，而非钱与人的绑定，进而促进经济创新。阿克斯等学者研究的核心价值在于：摆脱过去"头疼医头，脚疼医脚"的简单思考方式，真正把注意力放在"效果"而非"努力"上，为创新型创业提供了具有实践价值的政策建议。

未来研究方向

上述三篇文章展开了近年来"创业与经济增长"领域学术研究的发展脉络。首先，奥德兹和图里克对经济发展方向提出了宏观战略指引，即经济体应由"管理型经济"向"创业型经济"转变。随后，鲍莫尔立足于"创业型经济"模型，进一步分析成熟企业和创业企业在这种经济模式下应如何分工合作。最后，结合前两篇文章中关于经济发展的顶层设计，阿克斯等学者深入思考了将理论蓝图付诸实践的宏观经济政策。这三篇文章包含了"创业与经济增长"领域研究的三个关键节点：经济模型、内在机制和政策实践。作为奠基性文章，它们更多从抽象性出发展开阐释和论证，缺少对具体经济场景的精雕细琢，这是未来研究需要补足的地方。

奥德兹和图里克对于"管理型经济"和"创业型经济"的模型建构与特征比较具有开创性和权威性，是对德鲁克 20 世纪 80 年代提出创业型经济理论的继承与深入研究。然而，创业型经济模型是否适合每一个国家，特别是是否适合我国这样一个处在新发展阶段的大国？我国应如何吸收借鉴创业型经济相关研究成果并构建自己的创新创业体系与生态环境？这些显然是非常重大的，需要进一步探索的理论与实践问题。我国目前在芯片、新能源汽车等诸多领域都面临亟待攻关的技术瓶颈，这些关键技术的突破需要大量的前期资本投入以及高效的组织内部信息沟通。结合"管理型经济"和"创业型经济"的特征分析，我们很难轻易判断"创业型经济"模型在高科技领域的适用性，这一问题也值得学者们关注和深入分析。伯托尼（Bertoni）等学者（2021）和布洛姆（Blohm）等学者（2021）提出现代高科技行业创新的难点在于投融资问题。前期投入高和风险大两大特征导致金融机构对高科技企业的贷款发放极为慎重，因此许多经济学家认为对于现代科技行业发展，应采用"管理型经济"模型。但伯托尼等学者（2021）和布洛姆等学者（2021）结合数字化时代的优势提出，日益完善的信息和精准的定量计算模型使得金融投资机构能更合理地评估风险，进而安心地为高科技领域的创业公司提供贷款，因此"创业型经济"模型在当前新的时代背景下仍适用。这种在新的经济环境中挖掘新的因素，纳入原有模型框架进行再分析的思路值得后续研究者借鉴学习。

鲍莫尔提出创业企业和成熟企业在经济增长中的分工有所不同，前者应聚焦于突破性技术的创新研发，后者应专注于渐进性创新，即将突破性技术落地、改良以及实现大规模量产。这一制度设计的巧妙在于充分考虑了罗默内生经济增长模型中创新研发和创新应用之间的互补性。单独的突破性创新和渐进性创新都无法实现社会资源的最优配置，只有创新技术和落地实施相配合，才能持续地促进经济快速增长。然而，鲍莫尔对创业企业和成熟企业过度抽象的特征建模使其缺失了对经济现实复杂性的考察。现实中初创企业和中小企业往往是以模仿和复制为主。应该如何培育创新型创业者进而促进创新型创业活动；如何使大企业保持创新创业精神；创业企业较之成熟企业的融资难度是否会导致突破性创新中的"劣币驱逐良币"；创业企业在不确定市场环境中的存活概率；突破性创新和渐进性创新的最佳比例；如何通过制度设计促进创业企业与成熟企业的合作以更好地实现创业的经济价值等问题都值得后续研究者关注。奥德兹等学者（2021）结合具体的外部环境并对鲍莫尔的研究进行了拓展。他们结合制度、人才培养、地理位置、融资情况、税收水平等多种外部环境特征，提出产品市场规模可以作为一种新的分类标准来判断创业企业适合的创新模式。这种结合具体环境条件拆分细化创业活动的研究思路可供研究者参考。

阿克斯等学者的研究旨在强调：如果想真正促进技术创新，那么不应直接补贴创业者，而应该投资于创业生态的建设，因为阻碍技术创新的根本原因不在于钱。短期金钱补贴只能鼓励复制型创业者进入市场，搭红利的便车，并创造不可持续的经济蓬勃幻象。真正致力于价值创造的企业家更关注的是企业可预见的长期发展前景。这种前景的实现依赖于市场失灵问题的解决以及创业氛围的营造。为此，前文中阿克斯等学者提出了五项促进创业的市场条件。这对我国当前大力支持高新技术产业、促进新能源等战略性产业发展非常具有启发性。然而，研究没有阐释哪些条件的满足是最急迫且重要的，也没有说明"如何制定政策，能使这些条件得以满足"，这两点问题值得学者继续研究。菲尼（Fini）等学者（2020）则从高等教育相关的创业政策切入，提出政策制定应根据具体的制度环境进行调整。具体来说，大学有关创业的相关教育培训应集中在院系内部展开，同时协调中心院系与边缘院系之间的合作。这一文献能为后续"公共政策如何落地"的研究提供参考。

研究设计与应用拓展

近年来与"创业与经济增长"话题相关的研究主要集中于两个领域：一是创业企业的行为对经济增长的影响；二是创业创新政策与环境对创业活动和经济增长的影响。大部分研究主要采用定量研究设计，包括理论假说、指标数据、模型方法和结果分析四个部分。

关于创业企业行为的研究，主要理论基础包括：企业家识别市场商机的敏感度（Kirzner, 1973）、企业家的风险评估和承担能力（Knight, 1921）、企业家组织协调资源的领导力（Ronstadt, 1985）等。指标构建上，研究者们根据具体的研究问题运用企业家性格、知识水平、思考模式以及判断力等维度构建所需要的指标（Foss, et al., 2008），并在数据选取时根据调查问卷数据库的可得数据进一步细化为：受教育程度、父母创业经历、管理经验及创业经验等（Unger, et al., 2011）。这部分研究中常用的数据库是 PSED II（Panel Study of Entrepreneurial Dynamics II）和 CAUSEE（Comprehensive Australian Study of Entrepreneurial Emergence）。两者都是微观领域内，调研初创企业家创业活动的重要数据库，前者包含2005～2008年的美国数据，后者包含2007～2013年的澳大利亚数据（Linder, et al., 2020）。偏宏观研究中，全球创业观察（GEM）的创业活跃度（total entrepreneurship activity，TEA）指标较为常用，其经济含义为：调查对象（18～64岁的成人）中，在创业企业中工作或在成立超过42个月的企业做管理者或股东的人员比例（Van Stel, et al., 2005）。这一指标经常被用于代表创业精神。GEM数据库是以国家为维度评价创业行为的重要数据库，包含1999～2017年三十多个国家的数据，其中每个指标都有对应国家的3 000份左右的有效问卷作为支撑。

关于创业环境的研究主要包括社会文化、政治制度、经济技术、政策法规和市场资源五个部分（李政，金晓彤，2008）。研究的重要理论基础是伦德斯特罗姆（Lundstrom）和史蒂文森（2006）的创业政策模型，具体框架内容包括构建促进市场竞争环境、提供创业融资渠道、构筑新创小企业的支持结构、开展全方位创业教育等。指标方面主要参考全球创业观察数据库中的创业环境指数（entrepreneurial framework conditions，EFC），该指数包含十个维度：创业金融条件（即股票和债券融资渠道对创业企业的可得性）、政府政策的支持度和相关性、政府税收、创业教育在高中及之前阶段的普及率、创业教育在大学或职业教育中的普及率、商业和法律基础建设、物理基础设施、内部市场波动、市场进入门槛以及文化和社会规范。

上面两段主要介绍了创业相关的指标选取，关于经济增长的指标选择相对争议较小。一般来说，研究人员会用国家、省份或地区的 GDP 增长率表示经济增长。但有时为强调创新在其中的重要地位，也会采用全要素生产率或创新产出指数来表示技术增长。全要素生产率是指经济增长中不能被资本和劳动力增长所解释的部分，常通过产出数量指数与所有投入要素加权指数的比例来测算（Abramvitz，1956）。这一指标的经济含义是一国实施大规模创新的潜力，它不仅包括国家创新的实际水平，还包括适宜创新的基础条件、投资环境及关乎创新环境的政策选择。创新产出指数的构建以知识和技术产出与创造性产出为两个主要维度，其中后者主要包括创造性产品和服务、无形资产等。

在模型方法方面，相关研究主要采用回归分析、双重差分模型和倾向得分匹配法。其中回归分析法主要用于检验具体创业行为对经济增长的影响。当扰动项和因变量存在相关性时，会采用工具变量替换自变量，以降低回归偏误；该工具变量应满足"与自变量相关，与误差项无关"的特征。以李宏彬等（2009）的研究为例，由于经济增长会影响"自我雇用率"，会给模型带来内生性问题。因此文章采用滞后30年的国有企业职工数占职工总数的比例作为创业精神的工具变量。双重差分模型主要用于评估政策效果，通过对比处理组和对照组的系数获得实证结果。倾向得分匹配法是在双重差分模型之上叠加一层操作，即给处理组和对照组用户进行一对一无放回匹配。具体来说，研究首先会依据一组独立于实验操作的特征计算"倾向性得分"，然后选择对照组时，会针对每一个实验组用户，在对照组中选取一个倾向性得分最接近的用户进行匹配。倾向得分匹配法能降低与研究主体无关的变量对最终结果的干扰。

◆ 参考文献

Abramovitz, M., 1956, "Resource and Output Trends in the United States Since 1870", *NBER Books*, National Bureau of Economic Research, 1-23.

Audretsch, D.B., and Thurik, A.R., 2000, "Capitalism and democracy in the 21st century: from the managed to the entrepreneurial economy", *Journal of Evolutionary Economics*, Vol. 10, No. 1: 17-34.

Audretsch, D.B., Lehmann, E.E., and Schenkenhofer, J., 2021, "A Context-Choice Model of Niche Entrepreneurship", *Entrepreneurship Theory and Practice*, Vol. 45, No. 5: 1276-1303.

Bertoni, F., Bonini, S., Capizzi, V., Colombo, M.G., and Manigart, S., 2021, "Digitization in the market for entrepreneurial finance: innovative business models and new financing channels", *Entrepreneurship Theory and Practice*, doi: 10.1177/10422587211038480.

Blohm, I., Antretter, T., Sirén, C., Grichnik, D., and Wincent, J., 2021, "It's a people's game, isn't it? A comparison between the investment returns of business angels and machine learning algorithms", *Entrepreneurship Theory and Practice*, doi: 10.1177/1042258720945206.

Bygrave, B., 1998, "Stockton lecture: building an entrepreneurial economy: Lessons from the United States", *Business Strategy Review*, Vol. 9, No. 2: 11-18.

Coase, R.H., 1937, *The Nature of the Firm: Origins, Evolution, and Development*, Oxford University Press USA, New York.

Fini, R., Grimaldi, R., and Meoli, A., 2020, "The effectiveness of university regulations to foster science-based entrepreneurship", *Research Policy*, Vol. 49, No. 10: 104048.

Foss, N.J., Klein, P.G., Kor, Y.Y., and Mahoney, J.T., 2008, "Entrepreneurship, subjectivism, and the resource - based view: toward a new synthesis", *Strategic Entrepreneurship Journal*, Vol. 2, No. 1: 73-94.

Galbraith, J.K., 1967, *The New Industrial State*, Princeton University Press, Princeton.

Kirzner, I.M., 1973, *Competition and Entrepreneurship*, University of Chicago Press, Chicago.

Knight, F.H., 1921, *Risk, Uncertainty and Profit*, University of Chicago Press, Chicago.

Krugman, P., 1991, "Increasing returns and economic geography", *Journal of Political Economy*, Vol. 99, No. 3: 483-499.

Leibenstein, H., 1968, "Entrepreneurship and development", *The American Economic Review*, Vol. 58, No. 2: 72-83.

Linder, C., Lechner, C., and Pelzel, F., 2020, "Many roads lead to rome: how human, social, and financial capital are related to new venture survival", *Entrepreneurship Theory and Practice*, Vol. 44, No. 5: 909-932.

Lucas, R.E., 1993, "Making a Miracle", *Econometrica*, Vol. 61, No. 2: 251-272.

Lundstrom, A., and Stevenson, L.A., 2006, *Entrepreneurship Policy: Theory and Practice*, Science & Business Media, Springer.

Robinson, J.A., and Acemoglu, D., 2012, *Why Nations Fail: The Origins of Power, Prosperity and Poverty*, London: Profile.

Romer, P.M., 1986, "Increasing returns and long-run growth", *Journal of Political Economy*, Vol. 94, No. 5: 1002-1037.

Ronstadt, R., 1985, "The educated entrepreneurs: a new era of entrepreneurial education is beginning", *American Journal of Small Business*, Vol. 10, No. 1: 7-23.

Schumpeter, J.A., 1934, *The Theory of Economic Development: An Inquiry into Profits, CapitaI, Credit, Interest, and the Business Cycle*, Routledge, London.

Scott, W.R., 1995, *Institutions and Organizations*, Sage Publications, Thousand Oaks, CA.

Solow, R.M., 1955, "The production function and the theory of capital", *The Review of Economic Studies*, Vol. 23, No. 2: 103-107.

Stenholm, P., Acs, Z.J., and Wuebker, R., 2013, "Exploring country-level institutional arrangements on the rate and type of entrepreneurial activity", *Journal of Business Venturing*, Vol. 28, No. 1: 176-193.

Unger, J.M., Rauch, A., Frese, M., and Rosenbusch, N., 2011, "Human capital and entrepreneurial success: a meta-analytical review", *Journal of Business Venturing*, Vol. 26, No. 3: 341-358.

van Stel, A.J., Carree, M.A., and Thurik, A.R., 2005, "The effect of entrepreneurship on national economic growth", *Small Business Economics*, Vol. 24, No. 3: 311-321.

Wennekers, S., Wennekers, A., Thurik, R., and Reynolds, P., 2005, "Nascent entrepreneurship and the level of economic development", *Small Business Economics*, Vol. 24, No. 3: 293-309.

德鲁克. 创新与企业家精神[M]. 张炜, 译. 上海: 上海人民出版社, 上海社会科学院出版社, 2002.

德鲁克. 下一个社会的管理 [M]. 蔡文燕，译. 北京：机械工业出版社，2018.

李宏彬，李杏，姚先国，等. 企业家的创业与创新精神对中国经济增长的影响 [J]. 经济研究，2009（10）：99-108.

李政. 创业型经济：内在机理与发展策略 [M]. 北京：社会科学文献出版社，2010.

李政，金晓彤. 发展创业型经济的路径模型与政策趋势 [J]. 经济社会体制比较，2008（2）：154-158.

钱德勒. 看得见的手：美国企业的管理革命 [M]. 重武，译. 北京：商务印书馆，1987.

熊彼特. 资本主义、社会主义与民主 [M]. 吴良健，译. 北京：商务印书馆，1999.

▣ 文献推荐

Acs, Z., Astebro, T., Audretsch, D., and Robinson, D.T., 2016, "Public policy to promote entrepreneurship: a call to arms", *Small Business Economics*, Vol. 47, No. 1: 35-51.

Audretsch, D., and Thurik, R., 2004, "A model of the entrepreneurial economy", *International Journal of Entrepreneurship*, Vol. 2, No. 2: 143-166.

Baumol, W.J., 2004, "Entrepreneurial enterprises, large established firms and other components of the free-market growth machine", *Small Business Economics*, Vol. 23, No. 1: 9-21.

◉ 代表性学者

威廉·鲍莫尔（William Baumol）

威廉·鲍莫尔（1922～2017）是美国经济学家，在伦敦大学获得经济学博士学位，曾任美国经济学会主席、纽约大学经济学教授、伯克利创业与创新中心学术主任、普林斯顿大学名誉教授。他是一位出版了八十多部著作和数百篇学术论文的多产作者。他最著名的学术贡献包括可竞争市场理论、交易性货币需求的鲍莫尔-托宾模型、鲍莫尔成本病、"销售最大化"模型和庇古税的研究。基于他"坚持不懈地努力让企业家在主流经济理论中发挥关键作用，对创业本质的理论和实证研究，以及分析制度和激励对企业家精神分配的重要性"，2003年瑞典小企业研究基金会授予鲍莫尔国际创业与小企业研究奖。

戴维·奥德兹（David B. Audretsch）

奥德兹在威斯康星大学获得经济学博士学位，曾荣获印第安纳大学杰出教授并曾任美国经济发展学院主席，现任印第安纳大学公共与环境事务学院发展战略研究所所长。奥德兹的研究侧重于创业、政府政策、创新、经济发展和全球竞争力之间的联系，在《创业理论与实践》、《美国经济评论》（*American Economic Review*）等顶级期刊上发表100多篇论文。同时，他是《小企业经济》的联合创始主编。2001年，瑞典小企业研究基金会授予奥德兹国际创业与小企业研究奖。E-mail：daudrets@indiana.edu。

佐尔坦·阿克斯（Zoltan J. Acs）

伦敦经济学院和乔治梅森大学教授，在夏尔政策与政府学院任教，并担任创业和公共政策中心的主任。作为 The GEDI Institute（一个位于华盛顿特区的全球智库）的创始总裁，他致力于倡导创业精神对经济发展的重要性。他与 László Szerb 合作构建了全球创业精神和发展指数，为追踪全球创业生态系统做出了开创性贡献。他是《小企业经济》的联合创始主编。E-mail：zacs@gmu.edu。

创业促进了技术创新吗

◎ 杨震宁　◎ 潘丽君

对外经济贸易大学国际商学院

创新技术的快速涌现和普及应用日益成为经济发展的引擎，也推动了新一轮的创业热潮。技术激进的发明可以被认为是随后通过新企业或现有企业的商业化加以利用的机会或选择，相对较少的研究将技术创新或发明作为创业过程的结果变量，更常用于发明的商业化或引入新产品（Anderson, Tushman, 1990）。然而在创业实践中，大部分创业者并没有带来新产品和新服务，而仅仅是创新性模仿或直接复制（Shane, Venkataraman, 2000）。2020~2021年全球创业观察（GEM）报告的数据显示在参与调查的43个经济体中，使用新技术或新流程开展新业务的成年人所占比例仅有1个经济体超过15%，绝大多数经济体难以突破1%，这也引发了大家对创业与创新这种互为成就关系的思考：创业促进了技术创新吗？

随着对创业现象中独特行为的挖掘和创业理论的日渐发展，有关创业能否促进技术创新也成为创业影响的重要研究对象。人们对创业过程中突破性发明的影响因素的研究补充了上述专注于利用机会的研究。创业本质上是一个通过识别机会、利用资源进而开发机会的过程。在这个过程中，能否进行价值创造、实现技术创新，以及如何实现技术创新成为学者们研究的关键问题。我们选择了创业影响技术创新的几篇重要文献，首先从成熟企业内的创业行为入手解析公司内部创业对创新的影响，紧接着对比不同类型创业公司创始人的创业精神对研发投入的影响，最后拓展创业精神来源，从员工角度入手比较初创企业与成熟企业内部员工申请专利数的差异，分别从公司内部、不同类型公司间对比以及创始人和员工影响等不同角度反映"创业促进了技术创新吗"这一主题，借此帮助读者厘清这个领域的研究脉络。

⊖ 本文是国家自然科学基金面上项目"数字化转型背景下中国企业的开放式创新网络：过程模式、影响机制与平衡效应"（72172035）、教育部人文社会科学研究规划基金项目"中国企业的开放式创新研究：边界依赖、技术环境变迁与技术战略"（20YJA630054）、北京市社会科学基金一般项目"在京IJVs控制权动态演进管理决策形成机制与多重效应研究"（19GLB019）、对外经济贸易大学惠园杰出青年学者资助项目"中国企业的开放式创新：基于'竞合'关系与制度环境视角"（19JQ02）资助的阶段性成果。杨震宁为本文通讯作者（yangzhenning@uibe.edu.cn）。

高塔姆·阿胡亚和柯巴·兰珀特：成熟企业的创业行为与技术突破

新企业的创建构成了狭义的创业行为，突破性发明往往来自新进入者，而不是成熟的大公司。孤独的发明家在车库里辛勤劳作的刻板印象也为突破性发明的故事增添了令人难忘的英雄色彩，但事实表明，仍有很大一部分发明来自成熟的上市公司。2001年，高塔姆·阿胡亚（Gautam Ahuja）和柯巴·兰珀特（Curba M. Lampert）在《战略管理杂志》上发表了《大型企业中的创业：在位企业如何创造突破性发明的纵向研究》一文，打破了对创业行为和技术突破来源者的刻板印象。虽然新企业的创建确实是创业的一般过程中最为核心的部分，但是在绝大多数的研究当中，创业过程往往具有广义的含义。阿胡亚和兰珀特通过研究一项大型成熟企业内的创业行为，考察这些突破性发明与大型成熟企业之间的联系，并明确提出：有一些大公司能建立惯例，使它们能实现重大的技术突破，也为企业创业的过程提供了洞察力。研究表明成熟的在位者可以通过分支进入新领域，然后通过重组新旧知识来产生重大的技术突破并在其行业中保持技术领先地位。

基于组织学习的文献，阿胡亚和兰珀特得出这样一个观点：现有组织的程序式发展导致组织陷入有利于专业化而抑制实践的学习陷阱（Levinthal，March，1993）。制约大公司突破性创新能力的是对它们来说必要而有效的实践。导致大公司创造突破性发明的能力明显不足的原因有3个：一是提供可靠和可预测解决方案的动力使得公司将注意力集中在成熟的技术上，缺乏新颖性和实践性限制了公司突破性发明的能力；二是发展竞争优势的动力倾向于保留独特能力和专业化惯例，成熟企业可能更愿意在发展完善、成熟的技术上进行创新，而不是基于新的实践去探索新兴技术；三是建立控制以实现前两个目标的必要性导致官僚程序的产生和倾向于搜索技术的邻近领域，而不是其未知的下层区域。此文将这三种可能阻碍成熟企业创造突破性发明的学习陷阱总结为熟悉陷阱（familiarity trap）、成熟陷阱（maturity trap）和邻近陷阱（propinquity trap），即倾向于熟悉的而不是陌生的；倾向于成熟的而不是新生的；倾向于寻找接近现有解决方案的解决方案，而不是寻找完全从头开始的解决方案。这三种陷阱都基于对成熟企业的重大眼前利益，但最终会限制它们创造突破性发明的能力。

通过对成熟企业的"能力-刚性"悖论的细致阐述，阿胡亚和兰珀特提出能对抗这种功能失调的结果，详细研究这些缺陷以及企业为克服这些缺陷可能采取的策略。具体地说，通过试验新颖的、新兴的、开创性的技术以进行公司内部创业。公司可以克服这些陷阱的不利之处，成功地创造突破性的发明。熟悉陷阱的出现是因为公司原有的解决方案缺乏多样性，补救措施是引入新颖的技术形式来提升多样性。成熟陷阱是由于技术本身的机会而产生的，即随着时间的推移，公司正在使用的技术的发明潜力被削弱了，补救措施是积极参与更前沿或新兴的技术。邻近性陷阱的出现取决于所采用的搜索方法的独创性，补救措施是远离现有的解决方案，探索完全不同的解决方案的可能性。总之，追求创业精神的技术突破需要成熟企业在从事他们已经知道的活动与从事新的活动之间取得微妙的平衡，这种企业内部创业也打破了对创业行为的狭义定义。

与之前创业文献的贡献相比，此文的工作让人们注意到了跨企业创业行为的差异以及"大企业创业的良性循环"。人们确定了哪些类型的企业活动可以帮助企业逃脱这种学习陷阱并成功地创造突破性的发明。在这种良性循环中，人们对新颖、新兴和开创性技术的追求带来突破性发明。突破性发明的出现会创造财富和剩余资源，这些剩余资源可以为下一轮创业试验提供资金,这反过来又导致更多突破性发明,由此形成成熟企业创业行为的良性循环。此文整合了创业精神和组织学习的相关理论,从创业学、技术战略和组织学习的角度开发了一个新的理论模型,研究了成熟企业如何通过创业行为创造这样的突破性发明并重塑竞争力以继续保持其行业的技术领先地位,解释了已建立的公司如何创造基本的技术突破。

更为重要的是,此文提供了实证证据来支持论点,从而有助于填补组织学习文献中的一个重大空白:缺乏系统的大样本实证研究来补充丰富潜在的特殊案例研究(Huber,1991)。此文使用1980~1995年全球化学工业专利活动的纵向数据集,探索企业内部对新颖的、新兴的、开创性的技术试验的程度,以专利引用数量来检验企业的突破性发明成果,展示了企业不同的技术发展战略和突破性发明之间的关联,表明了企业在使用内部创业战略方面各不相同,验证了使用这些创业战略会带来卓越的发明绩效,体现了企业内部创业战略的重要性,为企业复兴提供了重要的见解,具有丰富的理论和实践意义,有助于从长期结果的角度重新审视和改变组织的管理价值观。

亨德里奇·布洛克:创业精神对技术研发投入的影响

相较于直接利用专利表征技术创新成果,不少研究更重视影响创新的技术研发过程。研发投入对于推进创新至关重要,在研发方面的投资可以影响公司开发新产品、创造和采用创新技术的能力,尤其是对研究密集型产业的投资对于创新至关重要,这些投资增加了企业的学习或吸收能力,也催生了技术创新。然而,由于结果的不确定性,研发投资的推进需要冒险的态度和长远的眼光。企业家被视为发现、评估和利用创业机会的个人(Shane,2000),他们作为创新者,向市场推出新产品或创造新的生产方法,从而引发技术变革和进步(Schumpeter,1934)。相对于其他公司所有者,创始人在监督研发进程方面具有优势。集中的所有权、有效的监控措施和对公司商业模式的透彻理解降低了与研发相关的代理成本,并导致更高水平的研发密集度和研发生产率,这对于提高高风险、高回报研发投资的动机至关重要。因此,企业家不仅作为将新知识转化为创新的行为者,而且作为创新过程的监测者,在创新过程中发挥着重要作用。2012年,亨德里奇·布洛克(Hendrich Block)在《创业学杂志》上发表了《家族企业和独立创始人企业的研发投资:代理视角》一文,从代理视角对比家族企业、独立创始人企业和其他企业的研发投资区别,解析了创业精神对技术研发投入的影响,在公司保持创业精神推动技术创新方面与阿胡亚和兰珀特的研究相得益彰,并进一步展现了不同类型创业者主导的企业内部创业精神的差异,从管理人员视角给企业技术创新管理提供了新的见解。

首先,这篇文章区分了三种类型企业的研发强度:一是独立创始人所有的企业,二是家族企业,三是其他企业。从代理理论的角度来看,家族企业和独立创始人所有的企业不同于其他企业,相较于迄今为止的大部分研究将独立创始人所有的企业归类为家族企业,这种区别在家族企业文献中相对较新。研发强度与创业导向的三个维度相关,即创新、冒险和积极主动。对于降低研发支出代理成本的能力而言,家族企业和独立创始人所有的企业是两种不同类型的企业。此文利用美国大型企业的面板数据检验了关于家族企业和独立创始人所有的企业是否比其他类型的企业有更强的创业导向的争论。在分析了家族企业和独立创始人企业相对于其他企业的研发强度和研发生产率后,研究者发现独立创始人的所有权对研发强度和研发生产率都有积极影响,而家族企业在研发的资源投资少于独立创始人所有的企业,甚至出现负面影响，反驳了家族企业比其他企业看得更长远的观点。这篇文章创造性地解决了人们对于家族企业在研发支出和研发生产率水平的疑问，以及它们作为一个整体与独立创始人所有的企业或其他企业的对比。

其次，这篇文章从创业精神方面解释了为何家族企业在研发资源的投资上少于独立创始人所有的企业，为家族企业如何在成长中保持创业导向提供了实际的启示。当第二代家族所有者继承了这家企业时，作为所有者的家庭可能主要寻求私人控制导向的利益，因为他们的主要目标是确保企业的生存，并优先寻求高股息而不是企业增长。相对于作为所有者的独立创始人，他们不太关心企业的成长，而是将企业视为所有者的"摇钱树"，可能选择奉行限制未来增长的保守战略（Miller, et al., 2011）。因此，与独立创始人所有的企业战略相比，家族企业的战略风险更小、更保守，这种情况损害了创业精神。当企业从独立创始人所有的企业发展成为一个家族企业时，家族企业可能会遭受内部家族冲突的困扰。家族企业面临着兄弟竞争、身份冲突和个体家庭成员对企业发展意见不一致的冲突。这种内部家庭冲突可能会导致额外的协调成本，并使有效的监督比独立创始人所有的企业更困难。新的代理成本意味着研发在这些企业的支出相对于其他企业有所减少。随着时间的推移，企业会失去创业方向和发展目标，因此相对于独立创始人所有的企业或其他企业，研发在家庭企业中的支出效率也较低。作为所有者的家庭比作为所有者的独立创始人对有效监督的承诺更低。尽管家庭所有者通过与企业一起成长对业务有着深刻的理解，但与独自创业的创始人相比，这种理解很可能更低，这增加了关于研发投资的信息不对称。随着时间的推移，家族企业往往会忽视对研发的投资。这篇文章的结果告诉我们关于家族企业和独立创始人企业的创业导向是什么，从一个独立的创始人拥有的企业到一个家族拥有的企业的转变与创业导向的减少有关。因此，在企业代际过渡的背景下进行适当管理以保持创业精神对家族企业的生存至关重要。

最后，这篇文章贡献了关于创始人参与对企业后期成长中技术创新的影响研究。通过家族企业和独立创始人所有的企业的对比，这篇文章体现了创始人参与公司治理和创业方向引导对于技术创新的重要性。企业家被视为创新者，他们向市场推出新产品或创造新的生产方法，从而引发技术变革和进步。一些研究分析了创业者在创业或新生创业阶段的创新诱导作用（Koellinger, 2008）。然而事实上，随着公司的成长，许多公司创始人仍留在公司，并继续在公司中发挥重要作用。该文章的结果表明，创始人作为所有者参与公司的后期阶段仍对公司的创新过程有着积极的影响。这一发现可能是因为创始人作为所有者对公司的产品和潜在的商业模式有着丰富的经验，并且他们在公司内有很强的权力地位，能将这种深刻的理解和强大的权力地位转化为监督管理层研发决策的优势。因此，创业精神对减少信息不对称和道德风险很重要，并与研发的支出决策有关。

总之，这篇文章从创业精神角度解读了创业与技术创新之间的联系，在创新开展中，研发支出与投资是创新和创业活动的先驱，对企业开发新产品的能力、创造或采用可提高生产率的创新技术有着重要影响。这篇文章还发现家族企业的研发强度和研发生产率水平低于独立创始人所有的企业，由此对比解析家族企业可能会出现敌视变化，并可能选择追求限制未来增长的保守战略而损害创业精神，进而提出保持创业精神对家族企业的生存与创新至关重要的结论。此外，许多研究分析了企业家在创业初始阶段向市场引进新产品或创造新生产方法的创新诱导作用，却往往忽视了创始人作为所有者的参与仍对企业的创新过程有着积极的影响。这篇文章进一步指出在公司发展后期阶段,创始人持股对研发强度和研发生产率均有正向影响,创业者主导的企业更能推动创新。这篇文章为企业管理团队架构的选择提供了新的发现,也丰富了代理理论在创业公司治理实践中的发展。

亨利·索尔曼:员工动机对技术创新的影响

从熊彼特开始,学者们就研究初创企业和成熟企业在产生技术进步方面扮演的角色,以及某些类型的企业在产生创新方面可能比其他类型的企业有哪些优势(Agrawal, et al., 2014)。创业研究已经强调了创始人的动机和激励与那些在大型知名公司工作的经理和员工的动机和激励的重要差异。越来越多的证据表明这些创始人动机对进入决策、战略选择、企业生存和竞争动态等结果具有重要影响。然而,大量的学术工作研究了创始人的特征,却很少研究那些"加入者"的个人特征。尽管在实践中个体员工通常负责企业内部的大部分创新活动,扩展初创企业和成熟企业在人力资本特征,尤其是员工动机方面是否存在差异这一研究范围,探索初创公司的员工是否与成熟公司的员工不同,以及这种差异是否会导致绩效差异成为创业研究的重要突破口。2018年,亨利·索尔曼(Henry Sauermann)在《战略创业杂志》上发表了《肚子里的火?初创企业与成熟企业的员工动机和创新绩效》一文,将初创企业员工的动机与大型、小型企业员工的动机进行了比较,并提出了独特见解。

初创企业和成熟企业在经济中扮演着不同的角色,它们的组织特征也有所不同。以前的工作着眼于公司的规模或年龄、侧重于员工的技能和经验。最近的研究逐渐开始探讨他们在人力资本方面的差异。这篇文章扩大了人力资本的概念,通过比较初创企业和成熟企业员工的金钱动机和非金钱动机,以及考察员工动机的差异是否会导致不同类型企业的创新绩效差异。这篇文章先是利用组织和经济学理论来考虑不同类型的企业能提供给员工的工作属性的结构特征和约束条件;接着从劳动力市场分类角度认为提供不同工作属性类型的企业应该以不同的条件吸引员工,由此推出初创企业的员工可能与那些加入大、小企业的员工不同;最后,将员工所在的企业内部和跨企业创新绩效进行对比。作者在研究过程中发现动机不仅会影响努力的水平,还会影响努力产生创新成果的生产力,揭示了初创企业和成熟企业之间员工特征的显著差异,探索了创业参与者的个人特征,为初创企业招聘独特的员工提供了见解。

基于组织和人力资本领域的经典理论,索尔曼提炼并总结了五个初创企业和成熟企业不同的工作属性和相应的动机:工作保障、财务收入、独立性、责任和智力挑战。一是初创企业和成熟企业在工作保障方面的差异非常明显,大企业更高的稳定性和企业生存机会可以转化为雇员更高水平的工作安全感;二是大企业更高水平的资源和支付能力使其提供的工资一般高于初创企业,然而小企业和新企业较低的工资水平可能会被更高的可变工资水平部分抵消;三是初创企业的员工可能比大企业的员工享有更高水平的自主权和独立性;四是小企业的员工比在大企业工作的员工从事更广泛的活动,包括技术、商业和管理任务,在初创企业工作的员工比在大企业的员工有更高的责任偏好;五是新企业往往是那些将新技术引入市场的企业,这表明他们可能比成熟企业给他们的技术人员提供更多令人兴奋的工作和智力挑战。

另外,这篇文章使用2003年在美国国家科学基金会的科学家和工程师统计数据系统(SESTAT)中10 585名美国科学家和工程师的数据,通过问卷调查研究了初创公司和成熟公司员工的金钱动机和非金钱动机的差异，以及这种动机的差异所导致创新绩效的差异。针对创新活动和绩效，此文将样本限制在主要工作类型是基础研究、应用研究的受访者，最终获取 580 名在初创企业工作、1 059 名在成熟的小型企业工作、8 946 名在成熟的大型企业工作的受访者的问卷数据。结果发现，与大型成熟企业的员工相比，初创企业的员工对工作安全感和薪水的重视程度较低，但更重视独立性和责任感，反映了更普遍的承担风险的意愿；另外，创业企业中的科学家和工程师比在大型和小型成熟企业中的科学家和工程师拥有更多的专利申请数量，这种绩效差异部分受到员工动机的调节。总的来说，与挑战和独立相关的非金钱动机特别有利于创造力和创新，而与薪酬尤其是工作保障相关的动机可能与创新的关系不太相关，甚至有时候起到了消极的作用。在某种程度上，初创企业和成熟企业吸引的员工动机不同，这些动机的差异导致创新绩效的差异。因此，虽然初创企业员工对安全的担忧较弱可能会促进探索和创新，但初创企业提供的实际工作保障较低就不会探索和创新，研究结果表明创始人可以从雇用具有创业动机的员工中获得显著好处。

现有的大部分研究都集中于企业层面的规模和年龄相关因素，如资源或协调成本，或者作为创始人团队的高阶梯队特征，但很少注意到在企业中实际执行创新活动的个人的特征。此研究通过揭示初创企业和成熟企业之间员工特征的显著差异，强调了未来研究初创企业参与者作为一组独特的员工和重要的创业行动者的价值，试图理解初创企业在更大的经济中所扮演的角色，特别是人力资本的激励特征可能为初创企业提供创新优势，并从员工方面体现了相比于成熟企业而言创业企业的技术创新成就。更为重要的是，这篇文章的研究结果也表明在大企业中创建明确寻求年轻和小型组织特征的创业单位，可能会带来潜在的好处。结果还与阿胡亚和兰珀特研究的成熟企业的创业行为与技术突破不谋而合，印证了大企业内部创业促进技术创新的可行性；并且直接从企业员工角度探寻创业动机，丰富了布洛克研究中以创始人为创业精神主要来源的研究主题。此文贡献了知识密集型环境下人力资本的文献，将人力资本更广泛地概念化，包括能力和动机因素，有助于更全面地理解个人在塑造组织内部和跨组织的重要过程和创新结果方面的作用。

未来研究方向

经过多年的理论和实证研究，创业研究已经取得了大量的阶段性成果。无论是战略还是组织理论，技术创新仍是推动经济社会进步的重要动力。对于创业与技术创新的深入研究有助于人们对公司创业问题进行理解。正如上文所述，我们对于复杂、多元的创业活动如何影响技术创新的认识仍有限，因此，我们仍需要在理论上对创业与技术创新的作用进行更深入的机制分析。这种分析是进一步构建复杂框架的基础。我们在前面述评的三篇文章介绍了以下几点：成熟企业内部创业实现技术突破展现企业内部小型创业单位促进技术创新和企业复兴的实现路径；对于家族企业和独立创始人所有的企业，创始人的创业精神对研发投入的影响；不同类型企业管理者的创业精神异质性及其对推动技术创新的不同影响；初创企业内部员工动机对技术创新的作用。这些文章丰富了创业精神来源主体，包含了公司内创业、创业公司治理和创业精神主体相关研究进展的重要节点与未来研究方向。

首先，创业公司独有的特性将其区别于其他公司，也对创业公司的动态化管理提出了新的要求。创业公司在年龄和规模方面与其他公司不同，虽然小公司可能会一直保持小规模，但存活下来的年轻公司必然会变老，并可能因提供的工作属性而发生变化，如果这些变化与早期员工的动机不一致，员工可能会决定跳槽。未来的研究可能需要更明确地考虑初创企业的某些特征，例如创新性、创造就业机会、人力资本等，尤其需要研究当年轻公司成熟时哪些特征会发生什么显著变化，如何保持"创业精神"和留住具有技术生产力的老员工、实现持续的技术创新仍值得探索。这些潜在的研究方向有助于解释在当今动态复杂的环境下逐渐老化的大公司如何改变战略实现技术突破来收获持续竞争优势，这对促进和拓展创业研究工作具有重要意义。

其次，创业公司新加入员工的创业导向性发现拓展了创新精神主体来源，同时将扩大创业主体对于创新效果的研究范围。公司内部员工的创业导向增加了创新结果的可变性（Patel，et al., 2015）。索尔曼的研究记录了不同公司类型的员工动机的显著差异，展示了个体特征及其在塑造初创企业创新绩效中的潜在作用，但在识别潜在原因方面取得的进展有限。虽然讨论集中在事前选择上，但不能完全区分这一机制与事后选择性保留或雇用期间动机的变化，并且数据难以支撑其评估概念讨论中提出的不同机制的作用，以及最终建立动机和绩效之间的因果关系。如何利用个体动机特征进行创业公司的组织设计，并进行持续跟踪的调查，进而探索其在塑造初创企业创新绩效中的潜在作用仍是值得研究的方向。

最后，创业公司的哪些经营行为是技术创新的助推器，即创业公司的某些具体行为会不会促进技术创新，以及如何影响技术创新。例如，初创企业在成立之初配置的创始人团队的选择和联盟网络的变化如何塑造了它们的研发投入与创新绩效。尽管有研究强调了资源获取和联盟网络在初创企业技术创新中的作用，但除了这些静态的要素影响外，初创企业的创新策略与适应调整之间动态匹配的行为机理仍值得关注，这也要求了对初创企业进行更为长期和细致的纵向跟踪调查。

研究设计与应用拓展

长期以来，在研究设计方面，传统的创业研究数据主要来源于问卷调查或二手的大型数据集，如专利数据库或人口普查数据，然后通过控制其他变量的影响检测自变量的作用，以削弱可能存在的内生性问题，例如第一篇文章使用的是化工行业的专利数据库来探索技术突破性发明成果；第二篇文章以2003年7月31日的标准普尔500指数作为构建样本的起点，收集家族企业的所有权结构和研发投入等数据；第三篇文章以问卷调查的方式研究员工动机，并调查了员工专利申请情况。这些方法的内部效度相对较低，未来的研究可能需要更加富有创造性的调查设计。

首先，随着数字化时代的发展，基于大数据的定量研究也开始涌现，对企业家和研究者来说，大数据提供了观察人类行为和发现商业机会的新方法（George，et al., 2014；Schwab，Zhang，2019），大数据允许对这些现象进行动态建模和过程研究。孵化器、科技园区、软件开发公司和其他现有组织和社区都是捕捉和挖掘活动和事件的场所，为研究创业行为的影响创造了前所未有的机会。因此，大数据对于实证创业研究的巨大潜在机会是难以否认的。研究人员通过扩展现有用于分析传统大数据集的方法来利用大数据的新机遇，从大数据中提取有意义的经验信息，以使归纳、溯源和演绎调查的迭代成为可能。

其次，技术创新既是推动创业的机会，也可作为创业过程的结果变量。创业与技术创新之间的内生性不能单从时间角度进行区分。偶然的和复杂的内生性问题经常出现在观测数据中，不是专门为因果推理收集的数据往往会给标准的回归技术的应用带来严重的挑战。单一的创新技术无法撬动价值链的整体价值，追溯初创企业生命周期的最前端，对于系统剖析新企业的创业机理与成长模式、理解创业活动对经济社会发展产生贡献的机制具有重要的现实意义。创新驱动创业、创业再诱发创新，创业主体的重构、营商环境的变化、创业结果的再评估等研究将逐步揭开创业实施过程的黑箱，在研究创业活动对技术创新的影响时，我们应更多地吸收技术战略、技术管理、技术经济学、技术社会学等领域的理论，加速跨学科研究在创业领域的发展。

另外，已有的丰富研究数据与研究方法虽然极大地推进了创业与技术创新研究，但创业活动丰富的情境，可以通过更丰富的研究方式得以探索。单个或多个案例的追踪研究致力于更大程度的理解和剖析创业现象的本质，比如王凤彬等（2019）通过刻画和分析大型企业内部支持创业的平台组织的总体结构与作用机理，丰富和发展了平台组织理论，并为传统制造业企业向平台型企业转型提供组织变革方案设计启示。因此，以理论推导和演绎为主，以典型案例作为理论推导和演绎的补充论述，研究将案例事实有机地融合到所推导或演绎的新理论命题和框架之中也可成为追踪创业对技术创新影响的重要突破口。

最后，尽管技术创新文献日趋成熟，但创业与企业创新绩效关系的理论研究进展有限，广泛的实证研究也较少。技术发明通常利用专利申请的结果。专利数据库能提供广泛且可靠的数据来源，但不同机构对创新衡量的侧重点可能有所不同，专利申请也体现了企业是否为其发明申请专利方面的战略选择，在初创企业中观察到的更高的专利率并不一定意味着更高的创新率。因此，当人们在多元数据库中寻找变量衡量方式时，务必更进一步观察、比较每一制度指标的具体衡量方式及其数据来源，辨析这一方式是否与文章研究关注点一致。未来的研究可以从技术创新的不同测量方式着手，我们仍需要未来的工作来检验创新措施的结果，这一问题值得持续探索。

◆ 参考文献

Agrawal, A., Cockburn, I., Galasso, A., and Oettl, A., 2014, "Why are some regions more innovative than others? The role of small firms in the presence of large labs", *Journal of Urban Economics*, Vol. 81: 149-165.

Anderson, P., and Tushman, M.L., 1990, "Technological discontinuities and dominant designs: a cyclical model of technological change", *Administrative Science Quarterly*, Vol. 35, No. 4: 604-633.

George, G., Haas, M.R., and Pentland, A., 2014, "Big data and management", *Academy of Management Journal*, Vol. 57, No. 2: 321-326.

Huber, G.P., 1991, "Organizational learning: the contributing processes and the literatures", *Organization Science*, Vol. 2, No. 1: 88-115.

Koellinger, P., 2008, "Why are some entrepreneurs more innovative than others?", *Small Business Economics*, Vol. 31, No. 1: 21-37.

Levinthal, D.A., and March, J.G., 1993, "The myopia of learning", *Strategic Management Journal*, 14(SI): 95-112.

Miller, D., Le Breton-Miller, I., and Lester, R.H., 2011, "Family and lone founder ownership and strategic behaviour: social context, identity, and institutional logics", *Journal of*

Management Studies, Vol. 48, No. 1: 1-25.

Patel, P.C., Kohtamaki, M., Parida, V. and Wincent, J., 2015, "Entrepreneurial orientation-as-experimentation and firm performance: the enabling role of absorptive capacity", *Strategic Management Journal*, Vol. 36, No. 11: 1739-1749.

Schumpeter, J.A., 1934, *The Theory of Economic Development*, Harvard University Press, Cambridge, MA.

Schwab, A., and Zhang, Z., 2019, "A new methodological frontier in entrepreneurship research: big data studies", *Entrepreneurship Theory and Practice*, Vol. 43, No. 5: 843-854.

Shane, S., 2000, "Prior knowledge and the discovery of entrepreneurial opportunities", *Organization Science*, Vol.11, No.4: 448-469.

Shane, S., and Venkataraman, S., 2000, "The promise of entrepreneurship as a field of research", *Academy of Management Review*, Vol. 25, No. 1: 217-226.

王凤彬，王骁鹏，张驰. 超模块平台组织结构与客制化创业支持——基于海尔向平台组织转型的嵌入式案例研究 [J]. 管理世界，2019（2）：121-150.

文献推荐

Ahuja, G., and Lampert, C.M., 2001, "Entrepreneurship in the large corporation: a longitudinal study of how established firms create breakthrough inventions", *Strategic Management Journal*, Vol. 22, No. 6-7: 521-543.

Block, J.H., 2012, "R&D investments in family and founder firms: an agency perspective", *Journal of Business Venturing*, Vol. 27, No. 2: 248-265.

Sauermann, H., 2018, "Fire in the belly? Employee motives and innovative performance in start-ups versus established firms", *Strategic Entrepreneurship Journal*, Vol. 12, No. 4: 423-454.

代表性学者

高塔姆·阿胡亚（Gautam Ahuja）

1996 年在密歇根大学取得战略管理博士学位，现任康奈尔大学的管理学和组织学教授。他的研究兴趣包括竞争分析、技术和创新、全球化及在这些背景下的组织战略，在《管理学评论》《组织科学》《战略管理杂志》等期刊上发表过数十篇论文。他的研究论文被引用了 23 000 多次，现任《组织科学》的主编。E-mail：ga337@cornell.edu。

柯巴·兰珀特（Curba M. Lampert）

在得克萨斯大学取得管理学博士学位，现任佛罗里达国际大学副教授，她的研究方向是技术战略和创新、多样化和资产剥离，以及大公司的创业精神等。在《管理学评论》《管理研究杂志》《组织科学》《战略创业杂志》《战略管理杂志》等期刊上发表多篇论文，现任《战略管理杂志》的编委会成员。E-mail：curba.lampert@fiu.edu。

亨德里奇·布洛克（Hendrich Block）

在威斯敏斯特大学里取得技术与创新管理博士学位，现任特里尔大学教授，研究方向包括创业、创新和家族企业在个人、企业和国家层面的表现。他的研究处于管理学和经济学的交叉点，擅长使用定性和定量的研究方法做研究，在《创业学杂志》《小企业经济》《创业理论与实践》等期刊上发表多篇论文。E-mail：block@uni-trier.de。

亨利·索尔曼（Henry Sauermann）

2008年在杜克大学取得博士学位，现任欧洲管理技术学院教授、创业学科带头人，研究方向是人力资本在科学、创新和创业中的作用，科学家的动机以及动机如何影响企业的创新绩效、学术界的专利申请、职业选择和创业兴趣等。在《管理科学》《组织科学》《战略创业杂志》等期刊上发表过论文。现任《战略创业杂志》副主编，《研究政策》顾问编辑，《战略管理杂志》编委会成员。E-mail：henry.sauermann@esmt.org。

社区创业如何促进乡村发展①

◎ 吴茂英　◎ 张镁琦

浙江大学管理学院

　　创业活动具有社会价值（Acs, et al., 2013）。在创业活动的众多社会功能中，创业对乡村发展的促进作用愈发得到重视。欧洲的区域与乡村发展政策倡导要以创业激发乡村地区的内生经济发展潜力；我国提出的乡村振兴战略强调乡村发展要以产业先行，而创业正是构建产业体系、实现产业兴旺的重要路径。同时，越来越多的研究发现，创业活动有助于带动乡村经济发展（Polo-Peña, et al., 2012）与推动乡村社会变革（Tobias, et al., 2013）。

　　那么，创业如何促进乡村振兴？除了通过以利润为导向的创业活动提高个体收入之外，学者们还倡导往前多走一步，进行"社区创业"（Johannisson, 1990；Johannisson, Nilsson, 1989）。通过改善当地创业环境、激励个体参与创业，甚至带头创建社区企业，社区创业可以解决乡村社区存在的失业、移民、贫困等问题，从而推动乡村社区发展。社区创业的独特优势在于，它始终以社区发展为首要目标，履行当地动员的社会使命，而这有利于激发乡村社区自身的发展潜力，实现内生式发展。

　　社会网络对社区创业实施而言尤为关键。一般而言，社会网络能为创业活动传递知识、信息等资源。而在乡村社区情境下，本地社会网络的作用被进一步放大，社区嵌入性使之成为社区创业者获取独特资源和机会的重要途径；此外，也有学者提出，乡村情境下的创业活动需要超越本地网络，以寻求新的市场、伙伴与资源（Müller, Korsgaard, 2018）。乡村社区创业者如何利用多重网络的资源值得关注。

　　我们选择约翰尼森、麦基弗和里克特等学者的研究进行述评，旨在呈现社区创业者如何利用社会网络促进乡村振兴。需要说明的是，这三篇文章并非都是传统意义上的乡村研究，尤其前两篇文章关注的情境是内涵更加丰富的社区。社区可以由地理位置、集体文化、血缘、种族等共享关系特征来定义（Peredo, Chrisman, 2006）。但是，由于乡村本身即为由地理位置和人口特征界定的一类社区，且所选文章的研究场景主要是乡村社区，因此，这三篇文章仍可以为"社区创业如何促进乡村发展"议题提供有益的参考。

---

① 本文是国家自然科学基金重点项目"新创企业商业模式形成与成长路径"（71732004）、青年项目"迁移距离、社会网络嵌入与异地创业成长研究"（71902072）资助的阶段性成果。

本特·约翰尼森和安德斯·尼尔森：社区创业者引领（乡村）社区振兴

20世纪80年代，西方社会的商业环境经历动荡。面对经济变革压力，大多数西方国家鼓励发挥创业项目的积极作用；然而，当时的创业议题往往在较为宽泛的语境下提出，而没有与特定的地点、社区相关联。本特·约翰尼森（Bengt Johannisson）和安德斯·尼尔森（Anders Nilsson）1989年在《创业与区域发展》（*Entrepreneurship and Regional Development*）上发表了《社区创业者：为地方发展建立网络》一文，提出：当社区遭遇结构性变革的生存挑战时，真正应该关注的是地方经济发展举措的启动与管理，简单来说，即动员当地成员参与经济建设。然而，地方动员（local mobilization）本身并非易事，鼓励、组织社区成员创业需要社区创业的驱动。

社区创业的核心在于动员、组织社区内外的资源，为传统或个体的创业者创造有利于创业的"情境"（context）。而社区创业者便指的是本地创业活动的推手。社区创业者让有意创业的个体意识到他们作为社区成员的能力如何促进商业组织的建立；同时，他们还帮助创业者启动项目，提供行动所需的情感承诺。社区创业者拥有许多与个体创业者相似的创业者特质，例如：他们必须对自己的事业保持自信；他们具有承受风险的能力；他们需要拥有成就感；他们理应在实践中不断学习等。但是，由于使命的不同，社区创业者与个体创业者也具有本质上的区别（见表3-1）。而这种区别也让我们更好地认识与理解社区创业和社区创业者的特征与内涵。

表 3-1 社区创业者与个体创业者的区别

社区创业者	个体创业者
将社区发展作为个人的主要目标	将社区作为实现个人目标的载体
帮助社区成员建立自尊和能力	提高自立及其他能力
争取让自己成为社区管理者	争取以创始人、经理的身份实现自我发展
将自己视为联邦结构中的协调部件	将自己置于（专制）组织的顶端以整合生产要素
激励他人创业	在自己的企业中调动物质、资本和人力资源
将当局与其他外部力量视为潜在支持者与资源提供者	如果当局和社会中其他利益相关者不利于自己目标的实现，他们会被视为障碍与威胁
建立当地舞台（arena）并将不同的个人网络连接起来	利用当地舞台建立自己的个人网络
寻找能降低强加给社区的社会经济风险的项目	寻找具有风险的独立项目

资料来源：约翰尼森，尼尔森，1989。

社区创业的目标在于创造组织情境、激励社区成员创业并最终促进社区的整体发展。约翰尼森和尼尔森进一步指出，实现该目标的秘密在于发展与维持一个社会经济网络。对社区创业来说，建立社会经济网络是必要的，原因在于：①社区创业者的使命在于明确社区生活中社会与经济的相关关系并进行权衡；②与传统经济组织不同，社区当地的项目没有被正式地组织起来；③社区创业的基本思想在于调动（mobilize），即调动内部、"本地"的资源以及外部、"全球"的资源，而网络为社区创业者提供调动资源的工具。一旦社会经济网络被建立之后，个体创业者也能从中受益。网络为个体创业者提供资源库，帮助他们调动创业行动所需的各类资源，包括情感资源、认知资源和物资资源等。

随后，约翰尼森和尼尔森讲述了一个典型的社区创业故事，展现了社区创业者通过建立社会网络、创造创业情境来推动社区复兴的过程。20世纪70年代末，瑞典村落马勒拉斯

（Målerås）陷入了人口锐减、主导玻璃产业衰退的窘境。马茨·乔纳森（Mats Jonasson），一位出色的玻璃设计师，决心重振社区雄风。他将当地为数不多的商人以及其余拥有创业才能的社区成员组织起来，连接成社会经济网络。此外，作为当地运动协会、管弦乐队和村委会的成员，他也在社区活动中识别潜在的社会资源并看到如何调动这些资源来创造商业与就业机会。随着前居民和移民商人的加入，当地的社会网络得到了扩展，而这也加强了当地的内部动员动力。在一次次定期会议中，社会网络的成员不断对新产品和（社区）企业提出想法、批评和意见。同时，在社区网络成员的帮助下，社区与银行、地方当局及其他各类组织进行接触，而这也帮助社区中的个体企业获得了资本、专业建议和廉价的工作场所。五年间，马勒拉斯的企业数量和就业人数翻了一倍，而一些玻璃工坊也组成了由当地居民和雇员共同拥有的社区企业。在发展过程中，马勒拉斯的社区企业经历了诸如敌意收购等的外部威胁，这迫使乔纳森成为企业的管理者（即传统的个体创业者）以保证社区成员对当地产业的控制。但是乔纳森和马勒拉斯社区最终克服了种种困难，让社区和市场的力量共同构建了可行的本地商业结构。

最后，约翰尼森和尼尔森分别对个体创业者和社区创业者进行了关于社会网络的调查。他们发现，社区创业者特别注重培养建立网络的能力以便成功获得公共和志愿部门的资源。他们和个体创业者一样是高效的网络管理者。但与个体创业者相比，社区创业者的网络相对封闭（即网络内部的成员彼此非常了解）。此外，如果社区创业者同时经营自己的企业，这两种身份背后的社会网络则会有可能重叠，呈现更加复杂的关系。

这篇文章收录于《创业与区域发展》期刊的第1期，它开创性地提出了社区创业的概念，定义了何为社区创业者，并指出了他们通过建立网络推动社区发展。这背后实际蕴含了三点非常深刻的洞见。首先，包括乡村在内的社区并不是经济活动的结果，只能被动地接受外界影响；反之，社区本身充满了生命力，当社区成员被集体动员起来时，他们可以通过内部的创业活动重新掌握社区的命运。其次，动员社区成员开创新事业需要社区创业的驱动。履行这项使命的社区创业者具有创业精神与特质，并以社区为导向的手段协调、激励与支持更多创业活动开展。最后，在社区创业的过程，社会网络的重要性不可忽视。社会网络既是社区创业的动力（为社区成员创业提供资源），又是社区创业的结果（将社区成员凝聚在一起）。总的来说，这篇文章将社区创业、社会网络和社区发展结合在一起，为乡村发展研究提供了典型的发展样本，也为乡村振兴实践提供了可能的发展路径。在乡村社区面临困境时，有志之士可以挺身而出，通过协助构建当地良好的商业环境与激励潜在创业者开创事业，将村民们组织起来并走出乡村自主发展之路。

爱德华·麦基弗等学者：创业者投入社区创业的动力来源

约翰尼森和尼尔森的研究将社区创业引入了创业研究，强调了社区创业者对于（乡村）社区发展的重要性。不过，在他们的文章中，社区创业者是一个给定的概念，我们难以从中了解社区创业者是谁，以及社区创业者为何愿意将社区发展作为自己行动的目标。诚然，约翰尼森和尼尔森也指出社区创业者有可能兼任个体创业者的角色，他们在经营私人企业的同时，也激励他人参与创业；但是，他们没有进一步解释，个体创业者为何、如何参与社区创业以成为富有责任感的社区创业者。

爱德华·麦基弗（Edward McKeever）、萨拉·杰克（Sarah Jack）和阿利斯泰尔·安德森

（Alistair Anderson）2015 年在《创业学杂志》上发表了《地方创造性重建中的嵌入性创业》一文，或许能很好地为上述问题提供答案。这三位学者关注枯竭社区的振兴问题，即经历经济衰退及遭遇一系列社会问题的社区如何得以重新发展。面临移民、贫困等问题的乡村也是其中一种枯竭社区。他们从创业者与地方、社区的嵌入关系出发，揭示创业者融入社区的本质，探讨他们为何与如何推动地方的创造性重建。

这篇文章基于两大理论展开论述，分别是嵌入（embeddedness）理论、"跨领域的价值转移"（transfer of value across spheres）学说。嵌入理论强调经济行动者会受到除经济关系之外的社会关系的影响。它关注社会与经济领域的相互依存关系以及社会、经济和地方制度环境之间的相互作用。嵌入理论有助于理解社会群体中的成员行动如何被制约和塑造。而"跨领域的价值转移"学说则强调创业行为对当地社区的影响，关注创业者的本地认同如何创造与转移价值。由于本地创业者了解当地的社会结构和环境特点，他们可以有效地对接、协调面向当地的行动，从而服务个人和公共的利益。"跨领域的价值转移"学说的认识有助于探讨社区与创业者之间的互动。

此外，"地方"（place）一词作为贯穿全文的关键概念，值得我们的关注。有些人可能会觉得，地方只是承载创业活动的空间容器，并无其他特殊的内涵。但是，在研究创业与乡村、社区关系的学者眼里，地方蕴含着丰富的意义。三位学者认为，地方是汇聚物质对象和社会关系的复杂系统，是社会生活各种关系的建构，能赋予人意义与认同。当我们在谈论乡村与社区时，不能仅仅将它们视为生产与消费的背景板，而需要将它们置于更广阔的"地方"视域中；在"地方"的舞台上，经济、政治和社会关系等要素交织在一起，融合、创造出一幕幕富含情感与意义的社会生活场景。而作为其中一员，当地创业者的行动也自然会刻下地方的烙印。

麦基弗等学者选择 Inisgrianan 和 Blighsland 两个社区作为案例发生地进行调研（前者是小城镇，后者是村庄）。这两个社区都具有悠久的小规模农业、纺织品、汽车零部件和食品制造的历史，但因面临经济衰退与认同缺失的危机，是典型的枯竭社区。通过对它们的分析，这篇文章揭示出了创业者与地方、社区的关系，并重点强调了创业者对社区的贡献，尽管创业者认识到了在枯竭社区中经营生意的种种问题，但由于他们与家庭和社区的紧密联系及对地方的承诺，他们最终还是选择留在社区。而在创业的过程中，一方面，社区会影响创业者的经营活动。创业者认为社区是成功经营的秘诀。他们雇用本地人工作，他们向本地企业采购商品与服务，他们与社区保持紧密而亲近的关系。另一方面，创业者也投身于一系列涉及社区发展的活动。他们承担了约翰尼森和尼尔森所称的"社区创业"的责任，激励和帮助个人和社区创办自己的企业并掌握自己的命运。例如，他们组织舞会、加入当地的辩论社团，参与当地的贸易和政治活动，甚至建立和管理社区企业。他们对社区的付出也得到了回报。社区的就业问题被改善，社区成员拥有了社区共有的有形资产，更重要的是，人们对社区充满信心，社区本身变得更加具有创业精神。

当被问到为何愿意投身社区发展事业时，创业者回复了针对失业、就业能力、移民等社会问题的担忧与关切，这反映出了创业者深深地嵌入于社区之中。三位学者进一步阐释，创业者并不认为自己是独立的，反而是扎根、沉浸于社区中。随着时间的推移和生活经验的累积，对环境的熟悉会引起创业者对社区成员的兴趣与关注。这意味着地方对创业者而言是重要的。他们不仅附属于这个社区，而且还期待能为它的发展感到自豪。他们参与社区发展活动，并非单纯出于经济考量，更多是为了帮助社区建设一个更光明、更美好的未来。

同时，创业者开展社区创业，跨越了政治、商业和社区的边界：①创业者通过提供认同与文化框架来动员社区成员参与集体行动，同时，他们也因认同而更好地理解社区远景，并得以将此翻译成政府语言以从"政治同行"那里获取相关资源。②创业者通过创业实践，建立了当地的劳动力队伍，培养了社区成员的技能与能力，并由此满足了社区发展的需求。同时，这一过程也受到嵌入性的影响。学者们指出，创业者与地方的联系体现在情感与物质两大维度。在情感层面，地方创造了人对地方、环境的认同感；这种认同感又会反过来导致创业者对地方的责任感，让他们理解、关怀与珍惜所处的社区，决心通过创业为社区做点什么。在物质层面，嵌入性让创业者们了解当地的潜力及其资源的局限性；这种本地知识和网络会为他们带来有利的社会资本，帮助他们更好地创业与推动社区发展。

这篇文章剖析了创业者与社区的互动关系，这对创业研究和乡村、区域研究而言都具有重要意义。首先，它指出地方是社会生活的建构产物，不仅能影响创业活动的开展，反过来，也能被创业活动重新塑造。这一观点再次强调，乡村、社区具有复杂的地方关系与文化，能让生活在此处的人们拥有依恋、认同等丰富的地方情感；当我们关注乡村与社区时，需要考虑他们独特的地方意义。同时，这也弥补了已有创业研究关注情境对创业的作用却忽视了创业对情境反作用的缺憾。其次，它发现了个体创业者的行动并非完全出自理性的自利动机。社区嵌入让他们乐于"先富带动后富"，在经营生意的同时投身社区创业。这揭示了创业活动所具有的社会价值，也反映了创业精神对于乡村、社区发展的重要性。最后，它体现了社会资源的关键作用。社会资源与创业技能的结合，在很大程度上能塑造与改变创业活动与社区发展。

拉尔夫·里克特："嵌入性中介"特征赋能乡村社区创新

以上两篇文章皆强调社区创业者嵌入于当地社会网络是成功推进社区创业的关键。约翰尼森和尼尔森（1989）甚至提到，社区创业者所处的社会网络更加封闭，这可能是由于"社区创业者联系的大多是本地项目中的利益相关者，不过，这也意味着社区创业者和当地创业项目可能难以获得由弱关系带来的信息和资源优势"。但是，乡村社区创业的推手们真的仅将目光停留在本地关系的维护，而没有向外探寻新的信息和资源吗？

拉夫尔·里克特（Ralph Richter）2019年在《乡村研究杂志》（*Journal of Rural Studies*）上发表了《作为嵌入中介的乡村社会企业：连接乡村社区与超区域网络的创新力量》一文。里克特认为社会企业（可将其视为社区创业者）的社区嵌入性，以及将超区域网络和决策者连接起来的能力，是其产生与促进社区创新的重要先决条件。

社会企业被认为是弥补政府与市场功能空白的组织，他们通过创业的方式，履行社会使命，促进社会创新。在乡村地区，社会企业不仅为当地带来服务与公共商品，还培训与教育村民，为他们提供工作。可以说，乡村社会企业将社区发展视为首要目标，为村民的个体发展提供资源，帮助村民建立能力与信心，激励村民发展自己的事业。因此，乡村社会企业也可以被视为约翰尼森所定义的社区创业者，他们理解并践行社区创业。

里克特博士关注社会网络对社会企业促进乡村社区创新的作用，并引入社会网络方法解决这一研究问题。其原因有以下三点。第一，社会网络是观点与知识转移的无形载体，这对创新而言至关重要；第二，本地社会网络是社会企业嵌入于社区当地的前因和后果，它为创新在乡村社区的扩散提供了机会；第三，社会网络方法有助于揭示社会企业与外界的接触如何促进创新方案的产生。在这里，里克特博士同时考虑了社区嵌入性与外部联系对于创新的作用。但是，他也进一步说明，社区嵌入性并非总能带来积极影响，反倒有可能带来有害的"锁定效应"（lock-in effects）；另外，与其他地区群体和机构的联系也许同样能为创新带来新的知识和资源，因为创新方案往往来自不同地域、不同情境下的想法迁移。

基于以上初步的判断，里克特博士采用跨案例方法展开研究。他通过文件档案、参与式观察和半结构式访谈的方式收集了奥地利和波兰的四个乡村社会企业的相关数据，并从中挑选两个创业项目进行深入分析；这两个社会企业运营的项目分别是开放实验室和主题村庄。随后，他采取自我中心网络方法（egocentric network approach），分析在这两个项目中最具影响力的人在不同尺度上的网络连接情况，并标识各种关系的内容与属性。

根据分析结果，里克特博士指出：第一，社会企业为乡村发展提供了一系列创新方案，它们涉及了教育与培训的环节，这有助于提升人们的就业能力、促进社会包容和提高乡村地区的韧性。第二，社会企业通过对观念的重新情境化（re-contextualisation）推动社区创新。一般而言，如果乡村社会创业者既深深嵌入于他们所处的乡村区域，又与其他区域的人或组织保持外部联系，他们会更加容易推动重新情境化。一方面，社区嵌入让社会企业更好地识别社会问题和需求，并让他们的方案更易吸引当地决策者的支持；另一方面，外部联系帮助社会企业更快、更直接地获取信息、趋势、机会和资源，这有利于他们绕过乡村底层治理机构，自由地推进创新方案。第三，基于这种双重网络嵌入特征，乡村社会企业可被视为"嵌入的中介"。这种嵌入的中介既与"信息经纪人"（information broker）相似，通过连接彼此无直接联系的群体占据"结构洞"的位置以获得战略性资源和社会支持，又和信息经纪人不同，乡村社会企业较之更加关注社会福利。同时，嵌入的中介也拥有与"多重知情者"（multiple insider）共同的特征，他们皆嵌入于社会群体之中并对成员的福祉负有高度的责任感；但是乡村社会企业也与多重知情者存在差异，多重知情者连接两个关系紧密的群体并占据其中的"结构褶皱"（structural folds）位置，社会企业通常连接两个及以上存在空间距离且彼此缺少联系的群体。作为嵌入的中介（见图3-2），乡村社会企业就这样一头连接着联系紧密的乡村本土网络，一头连接着松散却又宽阔的超区域网络（supra-regional networks）。这种特殊的网络结构为乡村地区的社会变革带来了想法、资源和社会支持，也为乡村地区之外的机构组织带去了可以大施拳脚的应用场景。

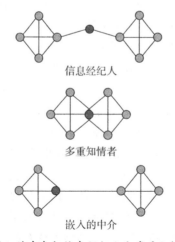

图3-2　嵌入的中介与信息经纪人和多重知情者的对比

资料来源：里克特，2019。

这篇文章的重要贡献在于，它解释了乡村社会企业如何调动社区内外的资源与信息以推动社区创新，并从中抽象出"嵌入的中介"模型。这个"嵌入的中介"模型为进一步探讨社区创业者的创业行为打开了一扇新的窗户。同时，它也可以被应用于乡村情境下其他类型创业者的研究，如返乡创业者、移民创业者等，他们的生活、创业经历或许也令他们拥有连接乡村社区和超区域网络的能力，而这可能会塑造他们的机会识别、资源获取和信息搜集等行为并影响创业绩效。

未来研究方向

上述三篇文章依序介绍了社区创业者对社区发展的引领作用、社区创业者的动力来源，以及社区创业者利用内外部网络促进社区创新的方式。他们构成了"社区创业者－社会网络－社区发展"的研究脉络，共同展现了富有社区责任感与创业精神的个体、组织如何通过建立、维护与利用社会网络促进乡村、社区发展。但是，这三篇文章仅勾勒出社区创业议题的初步轮廓，就具体的创业活动而言，还有很多细节问题有待探讨。同时，尽管乡村包含在社区范围之内，但相较于其他社区类型（如城市中的移民社区），它对（社区）创业活动的影响具有自己的独特性。首先，乡村社区由其地理位置所界定。乡村景观、物种多样性和其他空间物质特征拥有内在价值，能构成促进发展的"乡村资本"（countryside capital）（Garrod, et al., 2006）。其次，乡村社区是典型的"地方"（place）而不是单纯的"空间"（space）。乡村紧密的社会关系极大地影响（社区）创业活动的开展（Muñoz, Kimmitt, 2019）。特别是在中国情境下，乡村社会主要由地缘和血缘维系，其社会结构总体呈现差序格局特征（费孝通，2008），这种社会网络所强调的"攀关系、讲交情"可能会进一步影响社区创业者的创业过程与行为决策，并影响乡村社区创业的绩效。最后，在中国情境下，基于乡村的内生式创业具有低成本的优势（土地成本极低）。成功的关键在于能否发挥能力相对短缺且较为同质化的群体的特长，且进行有效的资源动员、人才动员，形成集体目标并凝聚成集体行动。如果人们继续深挖乡村的情境特征，或许能从中发现更多研究机会。

综上，考虑社区创业与乡村情境特征，有关"社区创业如何促进乡村发展"的研究仍有许多潜在研究的方向，以下列出的几大研究方向供读者参考：

第一，社区创业者的创业过程与行为。以上三篇文章都在案例介绍部分展现了社区创业者的创业故事，但是乡村社区创业过程中特定活动，如动员策略的开发与实施和内部合法化的谋求等，还需要继续探索。在乡村情境下，社区创业者与其他村民的关系不仅是领导者和追随者，还可能是朋友、邻里，乃至拥有血缘关系的亲戚。因此，如果采取一般企业管理中的"从上至下的工具性方法"（top-down instrumental approach）（Drori, Honig, 2013），要求村民共同参与创业活动或遵循某些规章制度，是不现实的。相反，我们可以关注社区创业者与村民的互动过程，分析他们如何"从下至上"地动员村民创业，并促进他们完成对社区创业的合法性判断。同时，正如上文所言，社区创业与社会创业存在重叠部分。当社区创业的终极目标在于实现社会变革，且将社会创业的实践范围限定于社区时，社区创业也可以视为社会创业。事实上，约翰尼森近期的作品也多围绕社会创业展开。在这个层面上，社区创业者的创业过程便可以引入社会创业的思考。例如，社会创业者需要平衡公民逻辑和市场逻辑之间的紧张关系（Hervieux, et al., 2010）；同样，对于同时承担商业经营者的社区创业者，人们可以探讨社区创业者是否存在冲突的行动目标与逻辑，而他们又会在创业过程如何解决这些问题。又如，社会创业活动包括推动当地制度的建立与完善（Mair，Martí，2006）；人们也可以深入讨论，以"再情境化"为目标的社区创业者是否也会在乡村地区采取特定方式开展制度创业活动。

第二，社会网络的作用与演化机制。上述三篇文章揭示了社区创业者的社会网络特征（即嵌入本地网络的同时也连接着外部网络），并着重强调了社会网络对于社区创业、乡村、社区发展的重要性，解决了"什么"和"为何"的问题。大量相关话题的研究也证实了乡村社区创业者利用内外社会网络获取资源与机会（Müller，Korsgaard，2018）。但是，对于"如何"的问题，即社区创业过程中社会网络的作用与演化机制，还可以进行更加细致的考察。例如，在社区创业的过程中，社会创业者连接的多重社会网络是否会发生结构和边界的变化？这些演变过程会如何影响社区创业的行为和绩效？此外，已有研究揭示了社会网络能传递资源、知识和信息，但是社区创业者又会如何结合网络优势进行资源利用、知识学习和信息搜集与加工，以推动社区发展？诸如此类的问题还可以结合网络理论、资源基础观和知识基础观等理论进行深入探讨。同时，在本土情境下，乡土中国独有的社会网络特征如何影响社区动员与集体行动，也值得关注。例如，马荟等学者（2020）研究发现中国传统"熟人社会"中的熟人关系网、人情机制和面子观可以通过助力资源动员、成员动员和观念动员来推动乡村振兴。

第三，社区创业与社区企业。尽管社区创业的概念内涵更加倾向领导力（Johannisson，1990；Selsky，Smith，1994），而非具体的组织类型。但是，约翰尼森与麦基弗等学者的案例研究指出，社区创业的产物除了个体创业的崛起和繁荣，还包括社区企业的建立与成长。从国内外乡村运营实践也可以看出，走社区企业的集体发展之路，往往是乡村振兴的可行之道。佩雷多（Peredo）和克里斯曼（Chrisman）（2006）开创性地将社区企业（community-based enterprise，CBE）概念化，并详细阐述了社区企业的概念特征、出现条件与影响作用。他们将社区企业定义为"承担创业者与创业企业的角色，采取共同行动并追求共同利益"，强调社区企业有利于整合当地经济、社会、文化、环境和政治等多方面要素，推动可持续的减贫与区域发展。《创业与区域发展》曾于2011年组织过以"社区与社会创业"（community-based, social and societal entrepreneurship）为主题的特刊，刊登了一系列与社区企业和社会创业相关的理论与实证文章（Ratten，Welpe，2011）。如果读者对社区企业的话题有兴趣，可以进一步参阅这些文章。然而，目前社区企业的研究仍未成熟。如果读者希望进一步剖析社区企业的行为与绩效，或许可以关注社区企业的组织架构、制度安排与企业成长、社区发展等话题，并结合乡村情境特征进行探索。

研究设计与应用拓展

在研究设计方面，如读者所见，有关创业与乡村、社区发展的研究大多采用案例研究或其他质性研究方法开展。这在很大程度上是由于质性研究方法有利于深入刻画社区创业的动态过程，了解乡村、社区成员的真实生活方式，并从中产生独特而有价值的洞见。约翰尼森和尼尔森基于一项行动研究展开他们对瑞典村庄马勒拉斯的观察；经过10年以上的跟踪调研，他们从中窥探到社区创业者如何逐步营造社区创业环境。麦基弗等学者选择人种志（ethnographic approach）方法展开研究；他们采用理论抽样选定两个合适的社区样本，通过参与式观察、非正式访谈、田野日记等方式记录与收集数据，利用持续比较的方法对数据进行编码，并最终从众多材料中归纳出涉及创业者与社区关系的主题类别。里克特采用比较案例研究方法，展现两个乡村社会企业的网络连接情况；他强调，这种质性的案例研究方法有利于解决"为什么"的问题，也有利于开展以过程为导向的开放式研究。可惜的是，里克特选取的两个案例虽然都很有典型性，但是社区网络的情况比较相似，实际上没有真正实现"比较"的目的。

　　基于这些反思，可以得到以下启发：①创业与乡村、社区发展研究值得通过纵向的案例研究进行探讨，长期的跟踪不仅可以获得丰富的一手资料，还可以看到社区创业中的种种演变过程，为深入分析背后的动力机制与作用过程提供了可能。②除了单一的案例追踪，读者也可以在较长时间内保持对不同案例地的关注，收集不同案例的数据，这将有助于读者构建自己独特的案例池和数据库并对该现象形成全面的认识。乡村振兴背景下国内乡村涌现众多的社区创业案例，如杭州市临安区的乡村运营、丽水市的多个区域公共品牌、全国各地的综合和专业合作社、陕西省袁家村的农民创业平台等。这些或成功或失败的案例，都受到强烈的文化因素和制度因素的影响。读者可以根据研究兴趣进行有选择的关注，甚至进行比较研究。③在对不同案例进行调查之后，读者或许又可以对其中典型却又截然不同的案例进行对比分析，案例之间存在的矛盾（如发展模式、发展条件和发展绩效等差异）可能蕴含着极大的研究张力。当然，采取案例研究或其他质性研究方法并不是排斥定量数据的使用，问卷调查、年鉴数据等可以为乡村社区发展绩效等问题提供佐证材料。同样，读者也可以考虑进行混合研究的方法设计，好处是可以使用不同的方法和视角对同一现象进行多方面的剖析（Strijker, et al., 2020）。此外，针对具体的研究问题，读者也可以相应地采取特定技术手段展开分析；正如读者所见，里克特利用自我中心网络分析方法分析社会创业者的网络连接情况。

◆ 参考文献

Acs, Z.J., Boardman, M.C., and McNeely, C.L., 2013, "The social value of productive entrepreneurship", *Small Business Economics*, Vol. 40, No. 3: 785-796.

Drori, I., and Honig, B., 2013, "A process model of internal and external legitimacy", *Organization Studies*, Vol. 34, No. 3: 345-376.

Garrod, B., Wornell, R., and Youell, R., 2006, "Re-conceptualizing rural resources as countryside capital: the case of rural tourism", *Journal of Rural Studies*, Vol. 22, No. 1: 117-128.

Hervieux, C., Gedajlovic, E., and Turcotte, M.B., 2010, "The legitimization of social entrepreneurship", *Journal of Enterprising Communities: People and Places in the Global Economy*, Vol. 4, No. 1: 37-67.

Johannisson, B., 1990, "Community entrepreneurship: cases and conceptualization", *Entrepreneurship and Regional Development*, Vol. 2, No. 1: 71-88.

Johannisson, B., and Nilsson, A., 1989, "Community entrepreneurs: networking for local development", *Entrepreneurship and Regional Development*, Vol. 1, No.1: 3-19.

Mair, J., and Martí, I., 2006, "Social entrepreneurship research: a source of explanation, prediction, and delight", *Journal of World Business*, Vol. 41, No. 1: 36-44.

Müller, S., and Korsgaard, S., 2018, "Resources and bridging: the role of spatial context in rural entrepreneurship", *Entrepreneurship and Regional Development*, Vol. 30, No. 1-2:

224-255.

Muñoz, P., and Kimmitt, J., 2019, "Rural entrepreneurship in place: an integrated framework", *Entrepreneurship and Regional Development*, Vol. 31, No. 9-10: 842-873.

Peredo, A.M., and Chrisman, J.J., 2006, "Toward a theory of community-based enterprise", *Academy of Management Review*, Vol. 31, No. 2: 309-328.

Polo-Peña, A.I., Frías-Jamilena, D.M., and Rodríguez-Molina, M.Á., 2012, "Marketing practices in the Spanish rural tourism sector and their contribution to business outcomes", *Entrepreneurship and Regional Development*, Vol. 24, No. 7-8: 503-521.

Ratten, V., and Welpe, I.M., 2011, "Special issue: community-based, social and societal entrepreneurship", *Entrepreneurship and Regional Development*, Vol. 23, No. 5-6: 283-286.

Selsky, J.W., and Smith, A.E., 1994, "Community entrepreneurship: a framework for social change leadership", *The Leadership Quarterly*, Vol. 5, No. 3-4: 277-296.

Strijker, D., Bosworth, G., and Bouter, G., 2020, "Research methods in rural studies: qualitative, quantitative and mixed methods", *Journal of Rural Studies*, Vol. 78: 262-270.

Tobias, J.M., Mair, J., and Barbosa-Leiker, C., 2013, "Toward a theory of transformative entrepreneuring: poverty reduction and conflict resolution in Rwanda's entrepreneurial coffee sector", *Journal of Business Venturing*, Vol. 28, No. 6: 728-742.

费孝通. 乡土中国 [M]. 北京：人民出版社，2008.

马荟，庞欣，奚云霄，等. 熟人社会、村庄动员与内源式发展——以陕西省袁家村为例 [J]. 中国农村观察，2020（3）：28-41.

▣ 文献推荐

Johannisson, B., and Nilsson, A., 1989, "Community entrepreneurs: networking for local development", *Entrepreneurship and Regional Development*, Vol. 1, No. 1: 3-19.

McKeever, E., Jack, S., and Anderson, A., 2015, "Embedded entrepreneurship in the creative re-construction of place", *Journal of Business Venturing*, Vol. 30, No. 1: 50-65.

Richter, R., 2019, "Rural social enterprises as embedded intermediaries: the innovative power of connecting rural communities with supra-regional networks", *Journal of Rural Studies*, Vol. 70: 179-187.

◉ 代表性学者

本特·约翰尼森（Bengt Johannisson）

林奈大学商业与经济学院组织与创业学系教授，为创业与区域发展研究、欧洲创业研究和小型企业研究做出卓越贡献。他将创业视为一种社会实践，关注网络、工业区、区域和本地社区等情境对创业的影响。在《创业与区域发展》《小企业经济》等期刊上发表过多篇论文，曾任《创业与区域发展》主编（1998～2007年）。E-mail：bengt.johannisson@lnu.se。

爱德华·麦基弗（Edward McKeever）

在阿伯丁大学取得博士学位，现任兰卡斯特大学管理学院创业与战略系的讲师。他近期的研究兴趣是社区创业和社会创新。在《创业学杂志》《创业与区域发展》等期刊上发表过多篇论文。E-mail：e.mckeever@lancaster.ac.uk。

拉尔夫·里克特（Ralph Richter）

现任莱布尼兹社会与空间研究所的高级研究员。他曾在莱比锡大学、那不勒斯费德里克二世大学修读社会学和传播与媒体科学。他目前正在参与城市物流和社会企业的研究项目。在此之前，他在欧洲各地的乡村社区开展社会创新研究项目。E-mail：ralph.richter@leibniz-irs.de。

创业与乡村发展

◎ 杨学儒　　◎ 陈雅惠

华南农业大学经济管理学院

创业被视为国家经济增长的重要驱动力，以及实现减贫和可持续发展的重要工具（Dhahri, Omri, 2018），创业为当地居民释放了创造就业机会的潜力，满足了当地的市场需求。然而，绝大多数的创业研究都是围绕城市地区进行的（Wortman, 1990），对与城市地区截然不同的乡村地区而言，创业对经济社会发展是否具有类似的影响尚不清楚。特别地，中国乡村不仅与中国城市地区具有显著差异，和外国乡村社会也有明显差异。创业如何作用于乡村振兴需要人们开展系统、深入的研究。

一般而言，与城市地区相比，农村地区基础设施缺乏、与市场和服务点的距离较远、人口密度低、当地市场需求有限等因素阻碍了经济活动的开展。当然，相对充裕的土地、洁净的空气、丰富的水资源、自然风光和独特的文化等，使得农村地区具有一定的资源和成本优势，具备巨大的发展潜力，吸引着不同人群开展农村创业（Fortunato, 2014）。

那么，除了为创业者和新创企业带来或正或负的经济效益外，创业对乡村发展是否具有普遍性的影响，其影响途径又如何呢。为回答这一重要问题，我们选取了创业影响乡村发展的几篇重要文章，借此梳理农村创业是否以及如何直接或间接地影响当地社区的途径与效应，帮助读者厘清相关研究的发展脉络与走向。

萨拉·卡特：农场主创业带动农村就业和社区发展的效应

以往的小微企业研究中，学者普遍采纳传统的企业成长理论将企业成长视为企业从出生到成熟的各个不连续阶段，但事实上只有小部分小微企业能通过企业成长过程成长为大型企业。认识到传统企业成长理论无法充分反映小微企业的活动规律及其对经济社会的贡献，学者对组合创业的研究兴趣越发强烈，但专门研究组合创业的研究仍然较少。在斯托里（Storey）

⊖ 本文是国家自然科学基金面上项目"农村社区参与、企业合法性与农业创业企业成长研究"（71673090）、广东省自然科学基金面上项目"创业主体社区参与视角的可持续创业研究：以现代农业和乡村旅游为例"（2020A1515010464）和广东大学生科技创新培育专项资金资助项目"新冠常态防控下文旅企业创新行为研究——印记理论视角"（pdjh2021b0091）资助的阶段性成果。

（1994）的研究启发下，萨拉·卡特（Sara Carter）意识到小微企业组合创业的重要性。卡特 1999 年在《乡村研究杂志》上发表了《农业部门的多重企业所有权：评估剑桥郡农民对企业创建和就业的贡献》一文，明确提出农场主创业活动除了影响其自身和企业的利益外，还有农村就业、企业创建和社区发展效应。

如果一个小微企业可以在相对较小的规模上有效运行，那么会有更大的动力借助多个业务扩张（组合创业）来实现成长，而不一定是追求单一企业的"做大"（成长为大企业）。对小微企业而言，组合创业的成功依赖于企业的核心能力，这一核心能力在于创业者的所有权技能。卡特的研究在农业部门验证了上述观点，并且指出农场主的组合创业活动是使小规模农业生产得以生存的主要因素。另外，这篇文章指出了农民企业家的组合创业活动对企业创建和就业创造的贡献，开拓了创业对农村经济社会发展的研究。

卡特利用英国剑桥郡 296 个农场的深入访谈和调查数据系统地揭示了农场主的组合创业及其效应。她根据访谈资料确定了三种不同类型的组合创业活动：原有农场从事非传统农业或其他拓展业务①的组合创业、拥有位于农场内外的其他企业和拥有位于农场内但不属于农场负责人的外部公司。她归纳了四种不同类型的就业创造：农业生产中的就业、从事农场的非传统农业或其他拓展业务、在农场主拥有的其他企业就业和受雇于农场的外部企业。卡特的研究结果表明，农场主参与了广泛的创业活动，而这些活动对创造新的企业和新的就业发挥着积极作用，进而影响了乡村发展。上述结论看似简单却饱含深意。

一方面，有别于以往以"企业"作为唯一的分析单位的传统做法，卡特重新审视了农场主组合创业对农村经济发展的贡献。以单一企业为中心的传统分析方法不仅模糊了农场主（农村企业家）的经营活动参与范围，还低估了农场主创业的就业带动、企业创建和社区发展效应，掩盖了他们广泛的经济贡献。卡特探索性的研究指出了农场、农场主和农村地区新的非农企业出现之间的联系。农场主组合创业对农村发展的贡献不仅体现在他们所经营的农场企业上，而且体现在他们开办更多企业，为外部非农企业提供办公场所和其他形式的支持上。换言之，农场主组合创业不仅直接创造农村就业和带来经济增长，而且具有类似"创业孵化"的效果，为当地更多的农业和非农业创业提供有利条件，间接地创造就业和促进经济增长。这种贡献可以从原有的老牌农场企业主创建的或与之相关的新增企业总数中看出，并通过他们创造的就业水平得到进一步验证。总之，卡特以更为精确的方式重新评估了农场主组合创业对农村企业和就业水平的影响，从而强有力地表明，农村创业的价值不仅在于企业本身，未来研究应高度重视创业对乡村发展的影响。

另一方面，通过区分农场主所从事不同类型的商业活动，卡特提供了一个研究农业企业可持续发展的新视角。除了分析农场主组合创业的就业贡献外，卡特提出可将这一分类视为一个连续的过程：从现有企业活动的多元化活动到创建独立的企业。对农场主而言，以农场为中心的多元化为起点提供了一个成本和风险相对较低的机制，从而将现有资源转化为新的业务。因此，以农场为中心的多元化活动可被视为扩大商业利益过程的第一阶段。这个过程的第二阶段是拥有更多企业。这些企业可以是新建立的企业，也可以是在达到成熟和规模后，将多元化活动注册为独立的企业。

---

① 原文为"the originating farm into non-traditional agricultural or quasi-agricultural activities"，具体业务主要指：出租农用机械、农场建筑租赁、农场土地租赁、农产品（食物）价值增值活动（如预制、包装和加工）等。

卡特突破了以往以"企业"为唯一分析单位的观点，将研究的重心转移到农场主组合创业的广泛影响上，回答了创业是否会影响乡村发展的问题，但她的研究止步于企业创建和就业效应等经济层面。实际上，创业对乡村发展的影响是多方面的，创业类型对乡村发展的不同方面的影响也是异质的。自卡特的这篇文章面世以来，后续研究陆续从各个层面开展了研究。接下来，我们介绍两个比较有代表性的研究：苏明明等学者（2019）的旅游创业如何促进农村居民生计可持续发展（特定类型创业对农村居民生计的影响）以及布伊安（Bhuiyan）和伊夫列夫斯（Ivlevs）（2019）的农村创业对创业者幸福感的影响（创业对个体心理层面的影响）。

苏明明等学者：旅游创业促进农村生计可持续性发展

卡特的早期研究指出了农场主组合创业对农村地区新企业创建和就业机会创造的重要价值，但是否所有类型的创业活动都能带来类似的成效呢？或者，创业活动是否只能作用于乡村发展的某一层面？苏明明（Ming Ming Su）等学者 2019 年在《旅游管理》（*Tourism Management*）上发表了《乡村旅游目的地的生计可持续性——中国安徽省河图镇》一文，探讨了乡村旅游创业对农村居民生计可持续性的影响。

创业是否普遍性地有利于农村居民收入的可持续增长，是否有利于缩小贫富差异，学者们对此莫衷一是。另外，以旅游为例，虽然在政策层面常常可见类似"旅游扶贫"等提法，但旅游创业对农村居民和社区发展的影响也未有一致的研究结论（孙九霞，2019），一些观点认为旅游创业为旅游目的地的经济做出重要的经济贡献；一些学者提出旅游创业有时会扩大收入差距（Sharpley，2002）。因此，苏明明等学者认为有必要深入分析旅游参与和经济活动之间的相互作用，以制定实现农村发展目标的管理策略。这篇文章结合了可持续生计框架（sustainable livelihood framework，SLF）并依据五个关键组成部分：宏观条件和趋势、生计资源、转型组织和结构、生计策略、生计结果。这篇文章重构了旅游背景下的可持续生计框架，从而更好地揭示了旅游创业在可持续生计系统中的作用。

这篇文章以中国安徽省岳西县河图镇为研究对象，采用定量问卷调查和定性半结构化访谈相结合的研究方法，对河图镇政府主要官员、河图村与南河村村委会成员，以及明堂山和天峡主要管理人员进行了访谈以了解群众对政策举措及其各种结果的理解；并对居住在两个景区附近的居民（旅游参与者和非参与者）进行了结合半结构式访谈的问卷调查，收集了受访者的社会经济特征、资源及旅游参与策略状况等定量数据，而访谈则更多关注了他们的态度和看法。

研究结果表明，旅游业对农村社区产生了积极影响，如加强当地基础设施和提高家庭旅游业收入等，因此居民对旅游发展表示高度支持。依托旅游业与以农业和当地就业为代表的传统经济活动之间的协同关系，当地居民制定了多元生计策略，将旅游业与传统活动相结合，提供了他们的生计可持续性。此外，文章通过应用生计多样性和生计自由的二维框架对生计结果及其可持续性进行了评估与比较。与非参与者相比，旅游参与者常常拥有更多资产，以用于翻新和购买必要的设施和用品。因此，资产水平低的人很难参与旅游业，从而获得的收益较少。尽管旅游业被视为生计多样化的一种手段，但社区成员的生计自由程度各不相同，旅游和非旅游参与者之间的旅游利益分享水平仍存在差异。

苏明明等学者构建了一个在旅游情境下的可持续生计框架，强调了旅游与农村生计之间的相互作用，提供了增强可持续性的潜在策略。这篇文章为乡村旅游发展及其与传统生计来源的融合奠定了基础，这主要体现在以下两个方面。

首先，通过结合可持续生计框架，这篇文章探讨了五个关键组成部分与乡村旅游间的关系，强调旅游创业不是一项孤立的活动，而是与土地、劳动力、资本等稀缺资源相互作用的活动。研究表明，农村居民的乡村旅游参与和传统经济活动（如农业和手工业）之间存在协同关系，并支持人们通过多种活动的结合来维持自己生活的观点。因此，这篇文章揭示了乡村旅游创业正的溢出效应不仅确实存在，而且因其资源禀赋差异、乡村旅游参与差异而体现在农村居民可持续生计的差异上。

其次，这篇文章提出重构的可持续生计框架，为实现可持续乡村振兴提供了新的系统性视角。基于农村研究提出的可持续生计框架已在发达国家、发展中国家的各个领域得到推广和应用（Wu，Pearce，2014）。过往的研究显示可持续生计框架评估发展举措对社区影响的重要性，但全面的评估框架仍有待开发。这篇文章重构了乡村旅游创业背景下的可持续生计框架，肯定了创业活动对乡村振兴的潜力。这也意味着应用可持续生计框架用于社区生计分析时需明确其内在机制，并应该将其与宏观背景与条件相结合。

穆罕默德·法雷斯·布伊安等学者：小额信贷带来超越经济影响的福祉

卡特、苏明明等学者的研究分别探讨创业活动对农村的经济发展和生计活动的贡献，但其实创业对乡村还具有更广泛的正面影响。因此，有必要扩大创业的乡村影响分析的范围，不仅要考虑经济变量，而且要考虑非金钱的福利指标。

尽管创业活动在促进经济增长中发挥了重要作用，但对发展中国家的群体而言，启动资本有限以及贷款渠道受限仍是其开展创业活动的拦路石。基于这种情况，小额信贷（或普惠金融）得到了国内外学术界和政界的普遍期待。一般认为，小额信贷通过向"无法获得银行贷款"的人提供少量资金以开办新企业，成为赋予最贫困人口权力、改善他们的生计并最终减少贫困的重要机制（Montgomery，1996）。然而，也有研究表明，小额信贷对收入、消费和儿童教育等仅能带来微小的积极影响（Banerjee，et al.，2015）。在小额信贷无法对客观福祉带来明确的积极影响的情况之下，小额信贷以及其扶持的创业活动是否会改变人们的主观福祉呢？为了弥合这一差距，穆罕默德·法雷斯·布伊安（Muhammad Faress Bhuiyan）和阿特乔姆斯·伊夫列夫斯（Artjoms Ivlevs）2019年在《创业学杂志》上发表了《小微创业与主观幸福感：来自孟加拉国农村的证据》一文，分析了小微创业对孟加拉国农村主观幸福感的影响。

布伊安等学者认为，研究小额信贷与客观福祉（如收入和支出）之间的关系，只能部分反映人们如何体验和评价他们的生活，因此关注主观幸福感，如生活满意度、幸福感和抑郁感，为小额信贷创业的影响提供了一个更全面的视角，并可以更全面地评估小额信贷政策的有效性。结合整体生活满意度的生活领域模型和根植于自我决定的程序效用理论，文章建立了一个关于小微创业的主观幸福感影响的综合框架——整体生活满意度模型，包括六个不同的生活满意度领域（生活水平、财务安全、生活成就、健康满意度、家庭满意度和社区满意度），以及小微创业的积极影响（幸福感）和消极影响（担忧和抑郁）。

基于孟加拉国达卡坦盖尔区三个相邻村庄（Bankina、Roail和Shatihat）中1 430个家庭开展的调查，结果表明小额信贷会间接降低借款人整体的生活满意度。同时，没有证据支持小额信贷对任何生活领域的满意度以及整体主观幸福感产生直接的影响。尽管小额信贷创业无法对生活满意度产生影响，但如果进一步考虑小额借款群体中的异质性就会发现一些重要的差异性。具体而言，与男性借款人相比，女性借款人在财务安全和生活成就方面的满意度有所提高，而经济条件较好的小额借款人对财务安全的满意度同样有所提高。鉴于对财务安全和生活成就的满意度会影响到整体的生活满意度，这也就意味着受到小额信贷支持的创业有助于提高女性以及较为富裕群体的主观幸福感。作者认为，生活在传统父权社会中的贫困农村妇女正是社会的边缘群体。她们难以接触外部的工作机会，在收入和工作方面存在高度不确定性，而小额信贷为她们的财务未来提供了一些急需的确定性，并促使其首次踏出家门进入工作场所，并享有一定的自主权以实现自我创业。而资产较多的借款人可能会寻求额外的资金来扩大现有业务，因此额外的信贷来源可以增加他们的财务安全。

长久以来，创业一直被誉为是使发展中国家人民摆脱贫困的有效方式。虽然有大量证据表明创业显著改善了企业家的客观福祉（Banerjee, et al., 2015），但对于创业所带来的更广泛的影响未得到充分研究，尤其是农村创业者和居民的主观幸福度方面（Xu, et al., 2021）。以往的研究更为关注小额信贷的生产力及其创造的社会经济价值这些显而易见的贡献，却忽略了冰山之下由自主性、成就、尊严等构成的隐性部分。

首先，这篇文章通过评估在孟加拉国农村背景下受到小额信贷支持的创业活动对主观幸福感的影响，不仅解决了这个关键但尚未研究的话题，更是以一个全新的视角评估小额信贷项目所带来的超越经济影响的更广泛的福祉。从这一角度出发，该文章对小额信贷对主观幸福感的影响分析帮助我们识别出创业活动为农村地区所带来的除去收入效应之外的非金钱利益。因此，它将研究重点从聚焦于探讨创业活动对农村地区所带来的客观福祉，转移到考察创业对主观福祉的影响，拓展了关于创业影响乡村发展的认识。

其次，这篇文章发现受到小额信贷支持的创业会对主观幸福感带来一些不利的影响，但考虑到群体中的差异性而呈现出异质性结果。最近的研究对小额信贷所实现的可持续发展能力提出质疑（Bateman, Chang, 2012），但他们的研究并未考虑小额信贷在不同群体中是否存在作用差异。布伊安等学者的研究将群体差异性纳入分析当中，以重新评估小额信贷项目的政策有效性。该文章的实证结果表明，对创业活动作用的考察还需要考虑当地的社会文化价值观，围绕父权社会背景下创业活动对农村妇女主观幸福感影响的思考为后续的研究提出了有益的启发。事实上，创业对农村地区的影响重大，已经成为农村发展的一个关键主题。农村地区的自雇率远没有人们想象当中那么低。相反，有时甚至会超过城市地区的自雇率。越来越多的农村社区意识到创业可作为一项地方经济发展战略，以低成本、高影响力的模式替代行业招聘（Barrios, Barrios, 2004）。

未来研究方向

自卡特的研究率先将目光投放在农业创业活动对农村社区的影响以来，随着研究的演进，"创业影响乡村发展"这一观点已逐渐得到认可。一些研究遵循卡特的研究思路，深入探讨了不同类型的创业活动对于促进农村经济的作用。例如，理查德·沙普利（Richard Sharpley）2002年在《旅游管理》上发表了《乡村旅游与旅游多元化的挑战：以塞浦路斯为例》一文，肯定了乡村旅游可以成为农村地区社会经济复兴的有效工具。这篇文章认为，乡村旅游的发展为农村地区面临的许多问题提供了潜在的解决方案。一方面，将旅游业和现有的贸易和手工业相结合可以创造就业并实现经济增长、多样化和稳定；另一方面，借助旅游业为农产品创造新的市场可以扩大一个地区的经济基础。尽管乡村旅游在个体层面和地方层面对农村收入增长做出了重要贡献，但着眼于单一层面的作用可能会忽略潜在的社会和环境后果（杨学儒、李浩铭，2019）。实际上，沙普利的研究中已经留意到旅游业对农业收入的贡献与预想结果之间的差异，这也意味着对于创业活动在农村发展和多样化的有效性还需要结合更多维度进行考察。

学者们逐渐意识到创业活动所带来的经济效益之外的影响，然而与前述的研究相似，大部分的研究都只关注创业活动所带来的单一层面的影响。例如，拉斐尔（Raffaele）（2013）发现，在意大利农村地区开展的乡村旅游活动使得农村家庭进一步发现和开发该地区的土地，并保存该区域的历史和文化特征，有助于改善景观和文化遗产。巴里奥斯（Barrios）等学者（2004）以及赖克特（Reichert）等学者（2014）指出农村新创企业为农村人口就业提供了更多选择，为其技能多样化提供了机会，有助于增强当地资源、文化遗产和人口的生活质量。斯温（Swain）和范（Fan）（2009）则提出，通过小额信贷实现的小微创业提高了农村妇女在财务、家庭以及社区决策当中的影响力，维护了妇女的权利。然而，这些研究只考虑了创业活动对农村发展某一个维度（经济、社会文化、环境等）的影响，缺乏一个更为全面的概念框架考察创业活动的综合影响，实际上，乡村发展的各个维度之间存在紧密的直接或间接关联。

创业活动有能力产生一个具有经济、社会文化和环境效益的农村社区。正如巴比里（Barbieri）（2013）所言，尽管创业活动的开展有助于留住农村年轻人、振兴当地经济和保护自然风光以促进农村发展。然而，在农村社区层面上同时考察创业活动的三个可持续性指标（即经济、社会文化和环境）的研究还有所缺乏。考虑到创业活动的开展需要同时使用土地、水资源、劳动力和资本等要素，因此，她认为进一步评估创业活动对农村经济、社会文化和环境影响的重要性可见一斑，其所产生的影响已经不再局限于农场内。为了填补现有研究的不足，巴比里（2013）考察了具有组合创业的美国农场的可持续性经济、社会文化和环境指标，并比较了农业观光农场与其他创业农场的可持续性指标。她的研究围绕可持续性框架开展，以全面探讨创业活动对农村地区及其周围产生经济和环境等方面的影响。

除此以外，我们尚未清楚创业活动对农村地区产生的不同维度的影响是否存在此消彼长的关系，抑或存在协同效应。虽然巴比里（2013）的研究识别了考察创业活动有效性的关键指标，但并未进一步分析三个不同指标之间的关系。杨学儒和李浩铭（2019）基于中国乡村旅游创业情境的研究发现，创业对农村居民增收和生态环境保护并非必然具有一致性，相反，二者之间存在某种内生的冲突（孙九霞，2019），当创业者推动积极的企业社区参与时可以与环境保护行为兼容。这提出了一个普遍性的问题：创业活动为农村收入增长带来贡献的同时是否会对周围的环境（不仅是生态环境，而且包括乡风文明、乡村治理等社会和政治环境）产生了消极的影响？换言之，创业可以视为推动乡村振兴的重要工具，这一观点的正确性可能依赖于创业的类型，比如，急功近利的掠夺式创业抑或是可持续创业。

研究设计与应用拓展

基于以上讨论，我们不难发现"创业与乡村发展"是非常重要的现实和理论问题，但相关研究的积累还非常零散，后续尚有诸多值得深入研究的方向，包括但不限于：创业对乡村全面发展及不同维度间的差异影响、创业的负外部性、乡村社区的治理、乡村创业的典型群体等。

乡村发展的要义是乡村全面振兴，产业兴旺、生态宜居、乡风文明、治理有效、生活富裕，这些紧密相关而侧重不同的维度，创业对它们的影响常常是存在差异的。比如，一般意义上追求经济目标的农村创业活动虽然具有就业效应和示范效应，但也可能伴随着生态环境污染、社区贫富差距扩大、传统文化破坏等不利影响。另外，乡村发展需要"抓手"，乡村全面发展难以是"同时、同步的"，"以点带面"通常更具实效。产业、生态、乡风皆可能成为带动乡村快速发展的火车头，从而在各维度的动态发展中实现某种平衡。另外，构建和测量各维度差异下的乡村发展综合指标对于检验和评估创业对乡村发展的影响则具有重要意义。因此，借助乡村振兴内涵的理论解剖、乡村振兴相关利益主体一手调查等手段，人们可以进一步明确乡村全面发展不同维度的内涵，进而构建乡村全面发展的综合指标，借助典型案例和统计研究比较创业对乡村全面发展的综合指标和不同维度的影响差异。

在城市环境下，政策法规和舆论监督是解决经济活动外部性的主要力量；然而，这些外部力量在封闭的农村社区虽然是终极力量，但并非日常。当外部约束不足时，如何引导农村创业以克服创业活动可能的负外部性呢？一些成功案例表明，当地社区的主动参与可以为农村创业提供"合法性"支持，也一定程度上规制了创业的负外部性。农村社区参与创业是否具有典型性，其与创业主体如何互动，有何一般规律，后续研究可以从解剖典型案例着手，进而阐明理论机制和开展大样本实证检验。

在农村地区，由于受教育程度低、收入微薄而难以摆脱贫困的群体较为普遍，而这些金字塔底层（base of pyramid，BOP）（Prahalad，Hart，2002）是农村创业的重要主体。BOP群体的创业因为其生计困难，加之资源和技能匮乏，其创业的初衷可能仅仅为摆脱贫困。BOP群体的创业初心（甚至是印记）是否以及如何影响创业和乡村发展的关系。而作为创业减贫的重要载体，政府、帮扶企业或机构等群体如何与BOP创业者互动，进而如何影响到乡村发展。回答这些问题需要相关研究从当前的案例探索向实证检验推进。

◆ 参考文献

Banerjee, A., Karlan, D., and Zinman, J., 2015, "Six randomized evaluations of microcredit: introduction and further steps", *American Economic Journal: Applied Economics*, Vol. 7, No. 1: 1-21.

Barbieri, C., 2013, "Assessing the sustainability of agritourism in the US: a comparison between agritourism and other farm entrepreneurial ventures", *Journal of Sustainable Tourism*, Vol. 21, No. 2: 252-270.

Barrios, S., and Barrios, D., 2004, "Reconsidering economic development: the prospects for economic gardening", *Public Administration Quarterly*, Vol. 28: 70-101.

Bateman, M., and Chang, H.J., 2012, "Microfinance and the illusion of development: from hubris to nemesis in thirty years", *World Economic Review*, Vol. 1: 13-26.

Dhahri, S., and Omri, A., 2018, "Entrepreneurship contribution to the three pillars of sustainable development: what does the evidence really say?", *World Development*, Vol. 106, No. 6: 64-77.

Fortunato, M.W., 2014, "Supporting rural entrepreneurship: a review of conceptual developments from research to practice", *Community Development*, Vol. 45, No. 4: 387-408.

Montgomery, R., 1996, "Disciplining or protecting the poor? Avoiding the social costs of peer pressure in micro-credit schemes", *Journal of International Development*, Vol. 8, No. 2: 289-305.

Prahalad, C.K., and Hart, S.L., 2002, "The fortune at the bottom of the pyramid", *Strategy Business*, Vol. 26: 54-67.

Raffaele, L., 2013, "Rural tourism and ancient traditions: evidence from Italian regions", *Local Economy*, Vol. 28, No. 6: 614-626.

Reichert, C.V., Cromartie, J.B., and Arthun, R.O., 2014, "Impacts of return migration on rural U.S. communities", *Rural Sociology*, Vol. 79, No. 2: 200-226.

Sharpley, R., 2002, "Rural tourism and the challenge of tourism diversification: the case of Cyprus", *Tourism Management*, Vol. 23, No. 3: 233-244.

Storey, D., 1994, *Understanding the Small Business Sector*, Routledge, London.

Swain, R.B., and Fan, Y.W., 2009, "Does microfinance empower women? Evidence from self-help groups in India", *International Review of Applied Economics*, Vol. 23, No. 5: 541-556.

Wortman, M.S., 1990, "Rural entrepreneurship research: an integration into the entrepreneurship field", *Agribusiness*, Vol. 6, No. 4: 329-344.

Wu, M.Y. and Pearce, P.L., 2014, "Host tourism aspirations as a point of departure for the sustainable livelihoods approach", *Journal of Sustainable Tourism*, Vol. 22, No. 3: 440-460.

Xu, F., He, X., and Yang, X., 2021, "Contextualized model of entrepreneur well-being: evidence from rural Chinese entrepreneurs", *Journal of Happiness Studies*, Vol. 22, No.1: 1537-1561.

孙九霞. 共同体视角下的旅游体验新论[J]. 旅游学刊, 2019（9）: 10-12.

杨学儒, 李浩铭. 乡村旅游企业社区参与和环境行为——粤皖两省家庭农家乐创业者的实证研究[J]. 南开管理评论, 2019（1）: 76-86.

■ 文献推荐

Bhuiyan, M.F., and Ivlevs, A., 2019, "Micro-entrepreneurship and subjective well-being: evidence from rural Bangladesh", *Journal of Business Venturing*, Vol. 34, No. 4: 625-645.

Carter, S., 1999, "Multiple business ownership in the farm sector: assessing the enterprise and employment contributions of farmers in Cambridgeshire", *Journal of Rural Studies*, Vol. 15, No. 4: 417-429.

Su, M.M., Wall, G., and Wang, Y., et al., 2019, "Livelihood sustainability in a rural tourism destination-Hetu Town, Anhui Province, China", *Tourism Management*, Vol. 71, No. 4: 272-281.

● 代表性学者

萨拉·卡特（Sara Carter）

斯特拉斯克莱德大学的副校长、斯特拉斯克莱德大学商学院亨特创业中心的创业学教授。她的研究领域包括家庭企业、女性创业、融资渠道、农业重组和农村企业,在《创业理论与实践》《创业与区域发展》等期刊上发表过100余篇论文。现任《创业学杂志》编委,曾任《创业理论与实践》的编辑和高级编辑。E-mail: sara.carter@strath.ac.uk。

苏明明(Ming Ming Su)

中国人民大学环境学院副教授,担任中国自然资源学会旅游资源专业委员会委员。近年来,她的研究更为关注生态旅游、可持续旅游、文化旅游、农业遗产以及旅游影响,在《旅游管理》、《可持续旅游杂志》(Journal of Sustainable Tourism)等期刊上发表过多篇论文,现任《旅游管理视角》(Tourism Management Perspective)副主编,《遗产旅游杂志》(Journal of Heritage Tourism)、《国际旅游人类学杂志》(International Journal of Tourism Anthropology)编委。E-mail: smm52@hotmail.com。

穆罕默德·法雷斯·布伊安(Muhammad Faress Bhuiyan)

卡尔顿大学经济学副教授,现任全球劳工组织研究员、全球地方倡议团队顾问、国际生活质量研究学会成员和美国经济协会成员。他的研究关注主观幸福感、生活质量、小额信贷、感知形成以及收入不平等。在《创业学杂志》、《应用经济学》(Applied Economics)、《幸福研究杂志》(Journal of Happiness Studies)等期刊上发表多篇论文。E-mail: fbhuiyan@carleton.edu。

创业如何减少贫困

◎ 邢小强[1] ◎ 周江华[2] ◎ 刘 丰[3]

1、3.对外经济贸易大学国际商学院；2.北京师范大学经济与工商管理学院

  贫困问题作为世界面临的主要难题一直受到广泛关注。传统发展经济学主要从宏观视角研究经济增长如何缓解或消除贫困，具体措施包括积累资本、提高生产率、投资于人力资源、实现规模经济及增加更多就业岗位等（Jones，Romer，2010；Perkins，et al.，2013）。但研究表明，只是单纯的累积更多资本、完成基础设施项目或投资于教育而不关心创业及其支持性的制度，并不会对贫困的改善产生巨大影响（Bradley，et al.，2012；Godfrey，2014）。越来越多的管理学者与经济学家认为，创业与新企业的创造可能为消除世界范围内的贫困提供了主要的解决方案（Alvarez，Barney，2014；Bruton，Ahlstrom，Si，2014；Si，2015）。

  把创业与缓解和消除贫困建立联系反映出创业在应对人类社会重大发展问题与挑战方面的重要角色，也给学术研究与管理、政策实践提供了新的机会。早期研究主要基于贫困地区的本地情境，探讨如何消除限制创业者脱贫的资源与制度约束等，研究成果深化了人们对于贫困创业者个体及其所在创业环境的理解与认知。但布鲁顿（Bruton）等学者（2014）也指出，很多研究中的创业其实属于生计型创业（subsistence entrepreneurship），无法为创业者本人或其家庭提供显著增长的潜力。而一些资源支持机制，例如小额贷款，也只是帮助穷人通过创业来获得基本的生活用品，很难使其积累更多资本以实现持续改善。近年来，随着技术与经济社会的进步，穷人辨识创业机会并获取资源支持的环境与手段发生很大变化。一方面，互联网与数字技术的普及与应用打破了本地限制，使得贫困人群可以与外部世界建立广泛连接；另一方面，更多组织、机构与个体介入贫困缓解，与穷人一起构建出新的贫困治理网络，改变了穷人的制度环境。在此过程中，贫困群体自身的思想观念也在不断发生变化。这些改变拓展了创业减贫研究的理论视野。研究的重点不再局限于把穷人当成特殊的创业群体纳入传统的创业研究框架，而是要把技术、环境与贫困创业者的改变、交互与带来的后果作为研究对象与情境进行新的理论建构。

  对应于上述改变，萨特（Sutter）等学者（2019）总结了创业应对极端贫困的三类视角，

⊖ 本文是国家社会科学基金面上项目"基于数字技术的商业模式创新与反贫困研究"（19BGL026）资助的阶段性成果。

分别是补救（remediation）、改革（reform）与革命（revolution）。其中，补救强调通过解决创业中的资源约束来缓解贫困，改革则是对创业减贫相关的制度与社会情境进行重塑，而革命最为激进，是对整个经济运行体系的颠覆与替代。我们主要根据前两个视角选取了代表性文章，第一篇考察了穷人通过中介组织创业克服本地制度缺失问题，第二篇探究了数字技术打破贫困地区资源约束来推动电子商务生态系统发展的机制与路径，第三篇则是介于两个视角之间，分析了贫困创业者通过提升后代教育质量来解决长期代际间贫困的问题。

约翰娜·梅尔等学者：如何在制度缺失情境下建立包容性市场

在贫困地区，穷人通过辨识与开发机会来创业面临很大的制度性障碍，即创业所需要的正式制度安排，如畅通的信息渠道、明晰的产权界定、完备的法律规定与有效的执行等均不完善或比较薄弱，被称为制度缺失（institutional void）。约翰娜·梅尔（Johanna Mair）等学者2012年在《管理学杂志》上发表了《在孟加拉国农村建立包容性市场：中介机构如何作用于制度缺失》一文，从制度层面探讨了市场排斥的根源，并基于此提出了如何建设包容性市场以促进贫困人群创业的相关举措。

学者和政策制定者长期以来认为，市场是经济增长的引擎，以市场为基础的活动是社会进步、经济赋权和人类发展的重要工具。本着这种思想，许多政策倡议将贫困人群（尤其是妇女群体）的市场准入和参与作为缓解贫困的核心。然而，这些干预措施往往忽视了一个重要问题：当地习俗、宗教信仰和社会规范等制度会削弱妇女参与经济活动的潜力。梅尔等学者指出，传统文献对制度的理解基本都来自现代西方学者对关键市场制度的解释，强调完美市场的功能，但事实上，制度具有多元属性，不同制度都有自己的意义逻辑和社会实践，而在贫困地区，往往存在多种不同的制度安排，具有制度复杂性特征，对于贫困人群能否参与市场、参与市场的程度及发挥何种作用具有重要影响。

这篇文章主要具体探讨两个问题：①在像农村贫困地区这样的制度复杂环境中，制度缺失是如何产生的，其对贫困人群的市场准入和参与有什么影响；②什么组织和活动能弥补这些缺失，建立起包容性市场。文章主要通过对孟加拉国农村数据和当地社会企业孟加拉国复兴援助委员会（Bangladesh Rehabilitation Assistance Committee，BRAC）[⊖]的案例分析得出主要的研究发现。

事实表明，孟加拉国的情境为探索贫困地区的制度缺失与农村包容性市场的建设提供了绝佳的研究素材。案例选择很好地响应了对"非常规"组织研究的呼吁，通过研究新的组织现象，从中发展出新的知识与洞察。在文章中，作者强调市场建设过程中的组织丰富性（organization-rich）这一观点，将组织理论和市场构建过程相关研究中的其他理论实现了对接，从而促进了不同理论视角之间的对话。文中使用的数据来自多轮数据收集和多种来源，包括参与者观察、档案文件检索，以及两位学者在2005～2011年持续性的深度访谈。文中资料的分析经过了两个阶段：第一阶段主要聚焦于"财产权"和"自治权"这两个市场制度的维度，分析制度缺失的主要特征及对当地市场建立的影响；第二阶段则采取了扎根理论的研究方法，通过三轮编码来提炼出包容性市场构建的核心理论维度。其中，在扎根理论的分析过程中，两位学者详细展示了每一轮编码的分析逻辑，并且用实例展示了编码的基本思路以及核心构

⊖ 由孟加拉国慈善人士法佐·哈桑·阿贝德（Fazle Hasan Abed）于1972年创立。创立之初主要是为了帮助战争形成的难民和受难同胞，它是世界上最大NGO的多层次普惠金融。

念的形成过程，详细地演示了扎根理论的基本过程、规范和使用技巧。

对于第一个研究问题，作者把重点放在财产权和自治权这两个标准的市场概念上，把这些概念与多元制度领域的研究结合起来，将塑造孟加拉国农村生活的3个制度领域（社区、政治、宗教）和正式制度（财产权与自治权）进行了有机整合。在现代社会和经济中，财产权和自治权被理所当然地视为市场运行的支柱，但是这两项正式制度与孟加拉国当地社区（如父权制、强迫早婚）、政治（如腐败、任免权）和宗教（如对宗教信条、深闺制度 [purdah] 的解释）领域的现有制度相矛盾。因此，当世俗与宗教因素的结合界定了孟加拉国的公共和经济生活时，制度缺失就成为地方政治、社区和宗教领域之间冲突和矛盾的产物，进而造成严重的市场排斥，既限制了贫困人群（特别是农村妇女）进入和参与市场，也阻碍了经济和社会的可持续发展。基于案例分析，作者对制度缺失提出了新的解释：制度缺失出现在不同制度碰撞且重新配置社会（和经济）行动的空间中，是相互冲突的制度需求、规范和强化机制的中间结果。对制度缺失的这一分析说明了全面探索一系列相互关联的制度领域对于研究新兴国家中与市场活动相关的制度具有重要意义。

对于第二个研究问题，作者对 BRAC 在解决市场包容问题方面的举措和活动进行了详细考察。与之前的研究强调国家、企业、社会运动或企业家在市场建设过程中的主导作用不同，作者首先关注这一过程中的关键中介组织，并且详细分析了个体行为者、社区、现有社会结构和制度逻辑的作用。同时，文章专注于市场建设而不仅仅是市场形成，更多的是强调其中所涉及的活动和过程。具体而言，在制度复杂的背景下，市场建设活动通过对现有社会秩序进行重新谈判，为市场准入和参与提供了可能性。在孟加拉国的现有制度下，社会精英和宗教领袖等群体建立的社会规范使得贫困妇女被已有市场边缘化，这两个群体之间缺少相应的对话通道和机制。BRAC 作为中介组织，代表上述对立的双方发起谈判，并与这两类群体一起推动市场的建构活动。这一过程包括两类截然不同的关键活动：①重新定义市场架构；②使新的市场参与者合法化。其中，前者主要包括"为市场参与者创造互动的空间""扩充资源供给体系""重新定义当地的问题处理方式"；后者则主要包括"提升不同利益相关者的认知能力""重新整合当地已有的规范与传统"。

这篇文章所提出的这两类关键活动，支持了有关市场建构的理论观点，即市场是与本地化制度一起建立起来的，而并非仅仅建立在现有制度之上。BRAC 正在努力建设的包容性市场并没有形成一个孤立的制度领域，而是与现有的本地化制度安排融合在一起。这些观点为我们更深入理解市场建构的过程提供了新的视角，同时凸显了中介组织如何影响市场的建构，并且强调了为什么在市场建构过程中加入包容性发展的维度，来支持穷人与创业相关的市场活动。上述分析也阐明了市场建构活动如何在不同制度领域的交汇处发挥作用，以及这些活动如何修改现有的规范、信仰和实践，从而改变潜在的社会秩序。这一结论具有的重要理论与实践意义在于，对那些被已有市场排除在外的贫困人群来说，市场准入和参与是可以谈判的，市场边界是可以被打破和重塑的。

这篇文章旗帜鲜明地提出了市场排斥的根源和建设有利于穷人参与的包容性市场的关键活动。然而正如作者所言，所得出的结论并非建设包容性市场的唯一途径。同时，案例研究方法的局限性限制了研究结论的适用性和可推广性。但尽管存在上述限制，这篇文章所研究的复杂制度背景下的包容性市场建构案例有助于理论界用全新的术语来研究一些为人熟知的现象，并充分探讨了前人研究所忽略的关键因素。

潘善琳等学者：数字技术赋能农村创业者共同受益发展

梅尔等学者的研究主要是针对农村地区制度缺失而进行的理论探讨，发现通过中介组织重新定义市场架构与合法化新行动者等活动可以有助于构建更具包容性的本地市场。而数字技术与互联网的发展打破了基于特定贫困区域本地市场空间与资源限制，让贫困人群与本地资源、外部成熟市场建立起了连接，拓展了穷人的创业机会范围并加快了创业速度。潘善琳（Shan L. Pan）等学者 2016 年在《管理信息系统季刊》（*MIS Quarterly*）上发表了《中国偏远村庄自组织电子商务生态系统的兴起：为乡村发展数字化赋权的故事》一文，展示了信息与通信技术（information and communication technology，ICT）如何赋权边缘社区从而形成一个自我发展的乡村电子商务生态系统的过程及关键要素。

由于研究的是与 ICT 引发社会结果相关的新兴、重大且少有的现象，因此该文章采用了探索性案例研究方法，以中国浙江省遂昌与缙云两地的淘宝村为研究对象，探究当地电子商务生态系统的发展历程。文章主要使用了一手的访谈数据和广泛的档案数据，并在数据收集过程中就开始进行数据分析。在数据分析的第一阶段，作者首先分别考察了两个乡村发展过程中社区采取的各类行动以及随时间进展带来的改变，接着辨识出各发展阶段的关键行动者，然后进一步分析了应用 ICT 如何影响人们在社区中的角色和行为，得出一些初步概念与解释。在数据分析的第二阶段，作者把每个乡村电子商务发展的解释并列在一起进行更高阶的理论抽象，得出与乡村情境紧密贴近的综合概念，以更一般性地解释农村电子商务生态系统中行动者与 ICT 带来的改变。之后，作者在数据检查、理论参照与研究归纳之间不断迭代，使得三者之间越来越趋于一致，提升了解释的清晰度与严谨性，最终提出了数字化赋能（digital empowerment）作为主要概念来解释农村电子商务生态系统的发展。

这篇文章表明，淘宝村电子商务生态系统的发展分为初创、拓展与自我更新 3 个阶段，在每个阶段又可以从数字化赋能、ICT 提升关键参与者角色和 ICT 使用对生态系统中关键参与者和社区行为的影响三个方面进行阐述。在初创阶段，数字化赋能主要体现为 ICT 重构了商业交易关系，可以取消农村与外部市场连接过程中的若干中间分销环节，通过电子商务平台直接对接消费者，这事实上为村民提供了取代供应链中间层级的创业机会。因此，该阶段的关键参与者首先是率先抓住机会在平台上开设网店的少数村民（可称之为"草根领导者"），这是推动构建电子商务生态系统的第一步。草根领导者的率先参与为其他从未接触过互联网电商的广大村民起到了引领作用，激发起他们的兴趣并使他们意识到电子商务的潜力。而且作为草根领导者的亲戚、朋友或邻居，这种亲近关系使得草根领导者的成功具有很强的榜样效应，给予了村民很大的信心，克服了农村村民由于贫困和较少接触外部世界而对变革的自然抵制，在全村营造出一种创业的氛围。另外，由于地理范围的邻近，村民可以直接观察和学习草根领导者的行动、策略与带来的结果，促进了相关知识在乡村的快速扩散与传播。因此，在草根领导者的示范下，更多村民开始接连成为网络电子零售商，并开始在淘宝平台售卖产品，进而成为该阶段电子商务生态系统的第二类关键参与者。

在拓展阶段，数字化赋能体现为 ICT 生成了一个开放、灵活的业务平台，推动现有参与者角色的转变与演化。当村民都从事电子商务直接卖货时，很快就会面临进货、资金、物流和供应链等各类问题，其中也孕育了新的创业机会。有的村民就会抓住机会及时调整角色，从零售商转变为电子商务供应链的合作伙伴，为其他创业者提供进货和分销等服务。在此过程中，越来越多的村民将根据自身之前积累的技能与生态系统的需要来填补电子商务供应链的缺口，专注于完成生产供应链的特定任务。这种分工的细化会进一步推动当地电子商务的发展，反过来电子商务的发展又需要更加细致、专业的相关服务，如摄影、图文设计、包装、物流和交付等。因此，与传统农村地区人们面临的非常狭窄的职业选择相比，数字化赋能允许村民根据能力与需要为平台提供各类新的服务，导致大量第三方电子商务服务型创业者的出现，成为生态系统新的关键参与者。由于他们的加入并提供运营和管理服务，农村社区可以更容易地从事电子商务，既提升了效率，也降低了对不确定性的担忧，因为之前很多服务都是村民不擅长或不熟悉的。总体来说，该阶段实现了ICT、电子商务与农村社区的正向互动。本地电子商务产业的发展促使参与者角色与工作类型的多样化，这反过来又提升了电子商务的水平，背后的底层逻辑是ICT的赋能与支撑。

在自我更新阶段，农村电子商务的进一步发展需要政府和基础设施提供者的支持。数字化赋能体现为对这些制度的利益相关者的传统角色进行重新定位，即从农村发展的领导者转变为有利于创业环境的促进者，主要起到帮助改善道路交通、电信服务、扩大影响、提供培训和创业合法性等作用。另外，农村开始发展电子商务时，通常严重依赖农林牧渔等第一产业，村民通常会以本地的自然禀赋为基础来进行产品供给。但随着电子商务的深入发展，网络零售市场开始百花齐放，越来越多的村民不再拘泥于本地禀赋的约束，而会主动去捕捉市场机会，然后根据观察到的需求来生产产品。因此，数字化赋能还使得农村社区打破了对自然资源的依赖，扩大了产品供给的选择与范围，这最终也增强了农村电子商务生态系统应对外部变化与内部张力的适应能力。在本阶段，数字化赋能对传统角色的重新定位和推动的产品可替代性变革表明，在有力的制度与基础设施支持下，农村电子商务生态系统的发展具有很强的自我组织和自主性特征，会遵循市场规律而不断发展壮大。

这篇文章虽然没有直接在研究问题与背景里凸显创业与缓解贫困的关系，但基于研究对象本身的特征（都是浙江省的贫困村），文章内容呈现出ICT如何帮助农民居民完成了从农户、手工业者到网络创业者和经营者的身份转变，进而在当地发展出与外部市场连接紧密并自我更新迭代的商业生态系统，最终实现了集体脱贫。该文章的重要价值在于如下几点：第一，ICT打破了贫困地区的地理边界约束，可以低成本地把低收入群体与更为成熟的市场连接起来，拓展了贫困创业者对外部市场信息的获取与感知，从而为农村村民提供了更为广阔的创业机会。从减贫机制看，ICT不仅扩大了贫困创业者的创业选择范围，还创造出一个与其服务的消费者进行自由交流与交易的虚拟空间，进而由虚拟空间来影响现实空间，以信息流来带动商品与资金的流动，逐渐形成完整的价值链。在该链条上，贫困创业者与贫困地区的资源禀赋因克服地理约束带来的种种限制而创造出更高的价值，从而帮助贫困创业者脱贫。而在本地情境下，在贫困人群内流动的信息基本局限于一个小的强连接范围，信息匮乏、冗余且缺乏多样性，很难激发出有价值的创业机会，其资源禀赋也因有效的市场引导不足而只能得到低效甚至无效的利用，最终无法创造出高的价值。第二，ICT赋能是借助电子商务平台商业模式来发挥作用，是ICT的进步推动着数字平台商业模式的创新，进而为贫困人群提供了进入平台和依托平台进行创业的机会。平台降低了贫困创业者的创业门槛，没有电子商务平台，贫困创业者很难只依靠ICT进行独立创业。第三，ICT技术不仅是对象性资源（operand resource），更是操作性资源（operant resource），能对其他资源施加影响并促进价值创造。案例中，这种影响就体现为ICT在各个阶段对关键参与者与整个农村本地社区的赋权。第四，少数率先利用电子商务进行创业的领头羊具有很强的示范与引领效应，农村地理与社会关系的邻近性会从知识支持与信心建立等方面来推动更多村民投身电子商务。第五，整个电子商务生态系统的发展有阶段性和自发性，呈现出分工的细化与工作的多样化趋势，也需要更多的制度与基础设施支持，而ICT在这些方面都会发挥巨大的赋能作用。总之，利用数字技术与平台商业模式，可以极大拓展与提升贫困地区与人群的创业机会与创业技能，而群体集聚与分工形成的创业生态系统可以帮助其中的参与者不断带来收入、能力与社会关系的提升与拓展，为创业减贫提供了新的研究视角与解决方案。

迪安·谢泼德等学者：改善后代教育的贫民窟创业

梅尔等学者基于制度观点认为贫困产生是因为贫困人群遭到市场排斥，是制度缺失的后果，提倡通过中介组织帮助打破和重塑市场边界，推动穷人更好地参与市场。该理论主要从外部视角讨论如何通过制度变革来实现减贫，契合了改革的创业减贫观点。潘善琳等学者的研究则从数字技术对贫困地区赋能角度出发探究贫困人群如何打破本地市场、资源和能力约束，通过辨识和开发创业机会来实现脱贫目的，契合了资源补救的创业减贫观点。为探索在前述资源补救视角和改革视角之间是否存在一种以创业为基础的中期减贫方法，2021年，谢泼德等学者在《创业理论与实践》上发表了《创业与减贫：健康与子女教育对贫民窟创业的重要性》一文，提出了关于创业减贫更具独特性的洞见。研究发现，贫困人群创业的真正动机并不是为了自身摆脱贫困，而是为了提升后代的教育质量，以此来解决更深层次的长期代际间贫困问题，这种信念的根植更具可持续性和富有远见性。

之前以移民为对象的研究表明，移民父母对孩子较高的期望会使得自己的孩子通常具有雄心勃勃的教育目标以此获得更好的社会地位和经济流动性。该文章认为通过移民的方式获得更好的经济地位的方法也适用于贫民窟的创业者。二者的区别仅在于教育程度和经济流动性方面。贫民窟人群接受的教育程度较低，经济流动性较差。类似于移民的目的，贫民窟的创业者对孩子的教育也会存在较高的期望，而这种期望表现为创业者牺牲自我为后代创造良好的教育条件，进而能离开贫民窟，过上美好生活。因此，该文章主要探索生活在贫困中的创业者如何将其子女的教育作为减轻贫困的一种可能手段。

这篇文章采用的是案例研究的方法，选择印度人口最多的两个城市（孟买和德里）的贫民窟创业者作为案例研究对象，主要采用一手访谈调研数据，包括四种访谈来源：非政府组织人员和线人、贫民窟创业者、创业者家庭成员、教师和雇主。访谈对象来源呈现高度多样性。这篇文章通过滚雪球方式开展访谈，该访谈方式有利于对研究问题进行逐步展开和深入。贫民窟区域的特殊属性为数据的直接获取带来了巨大的挑战，这种特殊属性体现在：住在贫民窟的人很难信任"局外人"，他们往往不愿意与局外人分享他们的故事；由于没有正式的记录贫民窟创业者信息的商业登记处，确定合适的受访者也存在较大困难。为解决上诉问题，该研究主要依赖于当地非政府组织人员和线人，借助于他们在当地积累的社会关系进行数据收集，并以此为桥梁接触创业者进行访谈，针对创业者的回答又进一步访谈创业者的家庭成员和孩子的老师、雇主进行数据验证，层层递进，巧妙地实现了涉及创业者子女教育和就业等相关研究问题的理论抽样。整体的研究设计过程严谨规范，文章的有效性得到了很好的保证。

这篇文章提供了一个贫民窟创业者减贫的模型，解释了贫民窟创业者如何通过参与创业行动使他们的孩子接受更高的教育来摆脱极端贫困。该模型首先强调基于生计需要的外在推动和打破贫困周期的内在驱动，触发了创业者的创业行动，而创业行动的成功受到社区环境的双面影响，一是强大的社区带来的社会资本促进了商业的成功，二是生活在贫民窟潜在的健康风险成了一种阻碍力量。创业的成功最终会有助于后代得到更好的教育。教育水平的提升会带来较好的工作机会，同时，也会得到更好的婚姻，从而有助于走出贫困社区。贫民窟创业者减贫的模型中，创业所带来的子女教育的改善是摆脱贫困的关键环节。该文章主要通过期望和榜样两种作用机制来提升其子女受教育程度。

在期望方面，创业者对孩子较高的受教育程度的期望反映在孩子的自我期望和抱负中。也就是说，父母希望自己孩子接受更好的教育从而可以获得更好的工作机会，或者可以获得更好的婚姻，走出贫民窟，而受到该期望的孩子在学校也会倍加努力。这种期望从老师的访谈中也得到了验证。老师认为那些被寄托了较高的教育程度期望的学生在学校表现更好。研究者发现，创业者对孩子较高的期望可以转变为子女实际的学业表现，这种积极作用也提高了子女未来寻找到好的工作机会的可能性，间接体现了对教育接受程度存在较高期望对后代走出贫困的作用。

在榜样方面，贫民窟创业者在两个方面为他们的孩子树立了"反事实"的榜样。一方面，创业者较低的收入和储蓄向其子女表明了通过提高受教育程度获取更好的就业进而提高收入的重要性；另一方面，创业者恶劣的生活条件和潜在的健康风险向其子女表明了在一个更好的社区生活的重要性。贫民窟创业者的孩子通过他们在学校取得的成绩成功反映了这种反事实的榜样，他们通过努力学习获取更好的工作机会，为的就是他们不需要像父母一样去创业，也可以离开贫民窟去享受更好的生活。总之，在贫民窟的背景下，创业者代表了一个激励下一代不成为创业者、不在贫民窟生活和工作的榜样。

贫民窟创业也具有自身独特属性。首先，体现在贫民窟情境下对创业成功的影响方面。一方面，在贫民窟工作由于其恶劣的环境和较低的医疗保障水平将会损害创业者的健康状况，从而间接阻碍创业成功；另一方面，在贫民窟创业，由于小规模和高密度以及共用基础设施的居住特点，人际间形成了紧密的联系，使得居民之间容易相互合作并且信息传递较快，有助于发展为一个强大的社区，这种强大社区的支持可以降低创业者的运营成本，也可以搭建丰富的社会网络，间接推动了创业的成功。其次，尽管受教育程度较差和收入较低可能会迫使贫民窟的人们进行创业，为他们的孩子能走出贫民窟创造条件，但他们自身却不愿意离开贫民窟，更愿意生活在那里，因为他们的创业依赖于贫民窟所带来的社区支持。最后，贫民窟创业者认识到他们父母较差的健康状况阻碍了自己的受教育程度，但忽视了自己待在贫民窟将会持续恶化的健康问题将阻碍其子女的受教育程度。这些特征为我们理解贫困人口创业提供了一个更真切的独特情境，这种情境和其他类型的群体创业有所区别，这样有助于我们更好理解贫困人口的创业目的、创业方式、创业资源以及他们和环境互动的方式。

谢泼德等学者研究的重要价值在于突破了传统的三种创业减贫的观点——补救、改革和革命，厘清了贫困人群更真实的创业动机和作用机制。关于创业减贫的研究从补救的角度出发，强调资源供给，使创业者容易产生外在依赖，而从改革或革命的角度出发，强调对制度体制的改变，无论局部的变革还是颠覆性的革命，都需要强有力的手段或漫长的过程。这篇文章介于两种观点之间，创业者既不依赖外在资源补救，方式又温和持久，从中期更切实可行的视角出发，发现生活在贫民窟的贫困创业者的创业动机并非为了减轻自身贫困，而是为了后代，他们坚信贫困的彻底解决来源于对家庭后代教育的提升，因此，这些人牺牲了即时满足而投资于子女教育。这篇文章从更深层次的创业者信念层面探究创业减贫目的，内生动力得到激发，得到的洞见更为深刻。同时，如果与变革或革命的创业减贫理论进行比较，那么该文章并未取得创业者从事创业行动进而改变制度的实际证据，反而发现创业者是在现行制度的规则范围内来促进子女教育从而减轻家庭贫困，这种现象本质上受限于贫困创业者自身能力和价值观。也许，子女一旦受过教育，这些孩子可能是那些进行改革或革命所需要的人，研究结论极具启发意义。

未来研究方向

从梅尔等学者倡议构建包容性市场的制度视角，到潘善琳等发现数字技术赋能贫困社区的技术视角，再到谢泼德等学者探索的改善后代教育解决代际贫困的认知视角，上述三篇文章呈现了时间、空间以及理论视角的内在延续性——从短期下脱贫到长期代际解困，从发达经济体到贫困地区，从中宏观的制度变革和创业生态构建再到微观的自力更生。总之，无论是以理论为先导和支撑，还是以创业减贫实践为载体，在质量与数量两个方面，创业减贫研究都在不断总结实践和产生新的理论和思想观点，并向更加动态、系统和全面的方向发展。

制度的补位可以使市场更具包容性（George, et al., 2012）。梅尔等学者延续该观点，发现市场准入的限制性是由于制度缺失导致，而制度的缺失来自不同制度之间的碰撞与冲突，尤其是非市场制度与市场制度之间的矛盾。进而，作者揭示出可通过中介组织的关键活动来弥补制度缺失以建设包容性市场的机制，使得制度在创业减贫领域的作用得到凸显。因此，如何通过制度建设为被排斥的贫困群体构建一个更具包容性的市场是未来值得继续深入探究的问题。同时，在其他制度环境中构建包容性市场是否需要修正该文章的结论，也值得进一步探究。比如，在现代社会中，世俗化进程削弱了宗教制度的中心地位。宗教在公共领域的影响力日益衰退，法律可以为包容性的发展赋予新的内涵，这就形成了区别于过去的新的制度环境，那么，该文章结论在这些新的制度环境中是否仍然适用呢？因此，未来研究还可以在不同制度环境下，以制度因素为主要变量，进行多案例比较研究，这将有助于我们在多样化的制度环境下发掘创业减贫的异质性路径和机制。

相对于从制度视角来探究构建包容性的市场环境，越来越多的研究将当今世界表现最为活跃的数字技术要素纳入创业减贫的研究框架，极大拓展了研究的空间与机会。潘善琳等学者（2016）提出数字技术赋能贫困创业者的概念，认为穷人虽然是在经济金字塔的底层，但并非在知识与创新金字塔的底层。数字技术为贫困阶层提供了前所未有的选择与创业可能性。目前，在世界范围之内的贫困地区，以智能手机为代表的数字技术也得到广泛使用，扩大与提升了贫困创业者的连接范围与频率，改善了运营效率。数字技术的应用也降低了经济与社会的交易成本，促进了穷人创业资源（尤其是金融资源）的可获得性与便利性。最重要的是，在数字技术的支持下，有些企业可能产生出颠覆性、破坏性的商业模式创新，这对于穷人与企业（尤其是创业企业）都代表着新的机会，是未来的研究重点。事实上，斯晓夫等学者（2015）就把中国义乌地区成功减轻贫困的主要原因归结于义乌贫困创业者具有破坏性创新特征的商业模式。而数字技术作为人工智能、区块链、云计算与大数据等技术的统称，对于传统商业模式有着极大的提升、促进甚至颠覆作用，而近年来在中国移动互联网领域涌现出的一批新兴独角兽企业，如字节跳动、快手、拼多多、趣头条等，其商业模式都涉及数字技术的广泛应用和与贫困人群和草根创业者的深度连接。数字技术值得从创业减贫角度进行深入探究。

最后，谢泼德等学者归纳了一种摆脱资源依赖又不改变现有制度体系的提升后代教育的贫困解决方案，成了补救、改革和革命观点的一种重要补充。创业者利用自身的"志"来提升后代的"智"，从认知视角探讨了改善后代教育的动机对创业减贫的作用。另外，通过教育改善的贫困状态的效果具体如何，后代是否通过这种教育程度提升途径彻底摆脱贫困，时间周期涉及多代人，需要进行纵向案例研究设计来跟踪大量贫民窟创业者的商业表现以及孩子的教育程度、职业和生活条件。未来的研究可以从其他维度的视角来揭示影响贫困创业者创业成功的因素，去了解更多类型贫困地区的创业者的真实创业动机是什么，采用的具体创业途径是什么，以及如何和环境进行互动。文章中也揭示了贫困社区对创业者支持和阻碍的双面作用，后续研究可以围绕创业者如何发挥社区的正向力量并降低不利影响来对实现成功创业的机制进行分析。发展往往是脆弱的，尤其是刚刚摆脱贫困的人群承受风险的能力比较低，一些冲击仍会使人们重新陷入贫困，要保证已经摆脱贫困的个人和地区不返贫，该文章论述的提升后代教育程度的方式可以作为一种抗击冲击的能力建设，为我们提供了一种很好的借鉴，但还应探索其他可持续性的创业模式，巩固减贫成果，防止返贫现象的出现，比如现在兴起的社会创业研究值得我们去关注。

此外，有研究认为收入不平等对创业存在明显的抑制作用，因为贫富差距的扩大加剧了中低财富家庭的融资约束，提高了创业的资金门槛，但也有学者认为由于财富差距的存在会迫使更多的人为了提升财富而被动选择创业，因为创业带来的非货币回报比如自治权和自我预期的提升，同样激人奋进。那么作为贫困人群的创业者，这种贫富差距对贫困人群创业的影响具体是正面的还是负面的，还是存在其他影响机制，需要进一步论证。反过来，有学者探究了创业对贫富差距的影响，认为创业可以降低收入不平等程度，并且在创业水平较高的地区，创业改善收入分配格局的作用更加明显。这是因为创业者有可能进入更高的财富阶层，进而带动社会流动（Quadrini，1999）。创业减贫是缩小了贫富差距还是可能扩大贫富差距的研究方向同样值得我们去探索。

研究设计和应用拓展

通过对创业减贫相关的文献进行梳理，我们发现，既有研究大多属于质性研究，采用规范定量研究设计的文章尚不多见，这与创业研究领域其他主题中大量的定量实证研究形成了鲜明对比。我们选取的三篇文章都采取了规范的质性研究方法，通过对翔实的一手资料的收集和规范的数据分析方法，从中提炼和构建出新的理论框架。具体来看，三篇文章针对选取的典型案例都跟踪了较长时间，这凸显出在创业减贫研究中采取纵向案例研究（longitudinal case study）的重要性。创业对制度完善、生态构建、减缓贫困等宏微观因素的影响从来就不是一蹴而就的，其作用的显现需要一个较长的过程，因此，纵向案例研究在这一主题的研究中具有天然的优势。比如，潘善琳等学者的研究中，将淘宝村电子商务生态系统的发展分为初创、拓展与自我更新三个阶段，纵向跟踪每个阶段中数字化赋能、ICT 的作用以及 ICT 对生态系统的影响如何演变，从而刻画出自组织型电子商务系统的动态发展过程；梅尔等学者于 2005～2011 年连续跟踪孟加拉国本地制度缺失的情况、BRAC 所采取的举措以及对当地的变化，从中提炼出"重新定义市场架构""使新的市场参与者合法化"这两个核心概念，从而描绘出包容性市场构建的动态过程。这些纵向案例研究都通过对案例进行较长时间的跟踪，从中捕捉创业扶贫某一领域的动态发展过程，以帮助我们更深刻和细致地了解创业扶贫的动态过程和内部机制。因此，我们呼吁学者们在该领域采用时间跨度比较大的纵向案例研究来继续探究创业对于减除贫困、完善本地化制度等方面的影响，进一步细化创业扶贫的动态过程和内在机理。

虽然梅尔、潘善琳与谢泼德等学者提出了包容性市场构建框架、数字化赋能过程模型与"创业-后代教育-走出贫民窟"模型等，为创业减贫研究提供了新的理论视角及分析维度，但质性研究方法的广泛运用也侧面反映出该领域尚处于理论建构和模型完善阶段，没有形成大多数研究者所公认的模型、概念及测度体系。因此，应在已有质性研究基础上开发更具普适性的理论模型并进行变量测度，通过严谨、规范的定量研究验证已有研究的外部效度，以丰富和推进已有研究。比如，梅尔等提出的市场建构框架对该框架内的低收入创业者有哪些方面的促进作用？是否可以根据这一框架开发量表、建立数据库，以支撑定量研究？潘善琳等所提出的数字化赋能概念，是否可以进一步细化为可操作化的测度体系？对于数字化赋能对创业者的影响，能否建立定量模型进行实证研究？谢泼德等学者所提的模型很像定量研究中被广泛采用的中介机制模型，那么，是否可以围绕该模型构建"创业-子女教育-贫困缓解"的中介机制模型？对这些问题的探究有助于推进该领域进一步走向纵深，同时增强本领域与创业、劳动经济学、发展经济学等领域的对话。

◆ 参考文献

Alvarez, S.A., Barney, J.B., 2014, "Entrepreneurial opportunities and poverty alleviation", *Entrepreneurship: Theory and Practice*, Vol. 38, No. 1: 159-184.

Bradley S.W., Mcmullen, J.S., Artz, K., et al., 2012, "Capital is not enough: innovation in developing economies", *Journal of Management Studies*, Vol. 49, No. 4: 684-717.

Bruton G.D., Ahlstrom D., Si, S., 2014, "Entrepreneurship, poverty, and Asia: moving beyond subsistence entrepreneurship", *Asia Pacific Journal of Management*, Vol. 32, No. 1: 1-22.

George, G., McGahan, A.M., and Prabhu, J., 2012, "Innovation for inclusive growth: towards a theoretical framework and research agenda", *Journal of Management Studies*, Vol. 49, No. 4: 661–683.

Godfrey, P., 2014, *More Than Money: Five Forms of Capital to Create Wealth and Eliminate Poverty*, Stanford: Stanford Business Books.

Jones, C.I., and Romer, P.M., 2010, "The new kaldor facts: ideas, institutions, population, and human capital", *American Economic Journal: Macroeconomics*, Vol. 2, No. 1: 224-245.

Leong, C.M., Pan, S.L., Zhu, K., and Cui, L., 2016, "Digitally enabled grassroots entrepreneurship for rural development", *PACIS Proceeding*, https://aisel.aisnet.org/pacis2016/85.

Perkins, D.H., Radelet, S., Lindauer, D.L., and Block, S.A., 2013, *Economics of Development* (7th edition), New York: W.W. Norton.

Quadrini, V., 1999, "The importance of entrepreneurship for wealth concentration and mobility", *Review of Income and Wealth*, Vol. 45, No. 1: 1-19.

Si, S., Yu, X., Wu A., et al., 2015, "Entrepreneurship and poverty reduction: a case study of Yiwu, China", *Asia Pacific Journal of Management*, Vol. 32, No. 1: 119-143.

Sutter, C.J., Bruton, G.D., and Chen, J., 2019, "Entrepreneurship as a solution to extreme poverty: a review and future research directions", *Journal of Business Venturing*, Vol. 34, No. 1: 197-214.

▣ 文献推荐

Leong, C.M.L., Pan, S.L., Newell, S., and Cui, L., 2016, "The emergence of self-organizing Ecommerce ecosystems in remote villages of China: a tale of digital empowerment for rural development", *MIS Quarterly*, Vol. 40, No. 2: 475-484.

Mair, J., Marti, I., and Ventresca, M.J., 2012, "Building inclusive markets in rural Bangladesh: how intermediaries work institutional voids", *Academy of Management Journal*, Vol. 55, No. 4: 819-850.

Shepherd, D.A., Parida, V., and Wincent, J., 2021, "Entrepreneurship and poverty alleviation: the importance of health and children's education for slum entrepreneurs", *Entrepreneurship Theory and Practice*, Vol. 45, No. 2: 350-385.

● 代表性学者

约翰娜·梅尔（Johanna Mair）

柏林赫蒂治理学院的组织、战略和领导力教授，斯坦福大学慈善与公民社会研究中心的杰出研究员、《斯坦福社会创新评论》(*Stanford Social Innovation Review*)的学术编辑、哈佛肯尼迪学院的高级研究员。她的研究方向是战略和社会创业，在《管理学杂志》《管理杂志》《管理研究杂志》《创业学杂志》《战略创业杂志》等期刊上发表过多篇论文。E-mail: mair@hertie-school.org。

潘善琳（Shan L. Pan）

新南威尔士大学商学院信息系统与技术管理系教授并担任副院长，是学院数字可持续发展中心（DS Hub）的创始主任，他的研究兴趣在于数字技术在创新和可持续发展中的赋能角色，他和团队使用定性方法记录了过去20年来快速发展的企业、城市、偏远村庄和政府机构的数字转型最佳实践。在《管理信息系统季刊》《信息系统研究》(*Information Systems Research*)等期刊上发表过多篇论文。2020年获得首届信息系统协会（AIS）影响力奖，现任《信息系统杂志》编委。E-mail: shan.pan@unsw.edu.au。

迪安·谢泼德（Dean A. Shepherd）

1997年在邦德大学获得战略和创业方向哲学博士学位，现任圣母大学门多萨商学院创业学讲席教授，主要研究领域是创业，特别专注创业决策和创业学习方面的研究。在《组织科学》《应用心理学杂志》《战略管理杂志》《管理杂志》《创业学杂志》等期刊上发表过70多篇论文。曾任《创业学杂志》主编。E-mail: dsheph1@nd.edu。

创业与不平等

◎ 周 翔

广州大学管理学院

不平等所引发的阶层矛盾和增长乏力等一系列社会问题已然成为当今世界各国最为关注的热点。根据乐施会（Oxfam）的分析报告，伴随着货币超发和资产泡沫的持续发酵，财富正在持续朝着金字塔顶端的富人阶层集聚。截至2017年，财富世界排名前8位的富豪所拥有的财富总和约为1万亿美元，相当于世界上财富排名靠后的35亿人（约为全世界人口的50%）所拥有的财富总和，并且这种不平等的趋势仍在加剧。从20世纪50年代起，中国的领导人就高瞻远瞩地意识到了社会平等的重要性。在1955年7月谈农业合作化问题时，毛泽东明确指出，必须"使全体农村人民共同富裕起来"。邓小平在1992年视察南方时的谈话中还解释了自己提出的"共同富裕"的构想："共同富裕的构想是这样提出的：一部分地区有条件先发展起来，一部分地区发展慢点，先发展起来的地区带动后发展的地区，最终达到共同富裕。如果富的越来越富，穷的越来越穷，两极分化就会产生，而社会主义制度就应该而且能够避免两极分化。"以习近平同志为核心的党中央在系统深刻地总结当今中国国家制度和国家治理体系具有的显著优势时，专门总结了一条，即"坚持以人民为中心的发展思想，不断保障和改善民生、增进人民福祉，走共同富裕道路的显著优势"。党的十九届五中全会明确把"全体人民共同富裕取得更为明显的实质性进展"写入2035年中国基本实现社会主义现代化的远景目标中，并把"扎实推进共同富裕"作为实现这一目标的工作要求。在国外，皮尤研究中心发布的报告也显示，欧洲人和美国人都将不平等视为当今世界的最大威胁，其程度超越了宗教与种族仇恨、污染、核武器和艾滋病等。在接受调查的44个国家当中，每个国家的大多数受访者都表示，社会不平等是他们国家面临的最大挑战之一。

社会学家认为不平等是社会的一种组织特征（Tilly，1998）。不平等表现为一个群体或社会中不同社会身份或地位的人获得机会和报酬的机会不平等（Mair, et al., 2016）。它植根于一种建构主义的群体分类，例如，种姓、种族、性别、阶级、年龄、公民身份、教育水平等

⊖ 本文是国家自然科学基金青年项目"'注意力稀缺'压力下的数字创业机制研究：基于信号理论的视角"（71902047）资助的阶段性成果。

⊜⊜⊛⊗ 杨明伟. 共同富裕：中国共产党的坚定谋划和不懈追求［EB/OL］.（2021-07-06）［2022-03-01］. https://www.dswxyjy.org.cn/n1/2021/0706/c428053-32150121.html.

都可以成为分类的标准。在世界上很多地区，基于某种准则将人们分成三六九等是受到普遍认可，甚至被视为理所当然的事情。这种"理所当然"的感觉来源于行为人所嵌入的社会规范、规则和惯例背后的制度基因。根深蒂固的制度、文化或传统导致了社会分层，决定了不同群体间的边界，同时对不同主体的权力和地位予以限定。

高度不平等与高犯罪率、高压力相关的疾病风险和高度的政治极化密切相关（Winkler，2019；Buonanno，Vargas，2019；Mapalad-Ruane，Rodriguez，2003）。在严重不平等的社会环境之中，弱势群体为了维持生存，往往不得不从事一些灰色地带甚至违法的活动；更有甚者，不惜在金钱的诱惑下铤而走险（Demombynes，Ozler，2016）。处于社会底层的人很难做到"延迟满足"，即甘愿为更有价值的长远结果而放弃即时满足的抉择倾向；相比之下，他们更倾向于不顾后果地把握一切眼前的机会，这种鼠目寸光的短期决策模式不仅会给决策者自身带来伤害，对整个社会而言都是巨大的隐患（Laajaj，2017）。另外，由于不平等所带来的阶级对立，则是政治极化和社会分裂的重要根源之一。

因为不平等对于国家稳定和可持续发展所带来的潜在负面效应众多，所以不平等的成因及相关的解决方案一直是学术界关注的焦点（Alesina，et al.，2004）。现有关于不平等成因的研究主要分为两大流派：一类学者认为不平等主要来源于"制度真空"。"制度真空"是指支撑市场正常运作的制度安排缺失、建设薄弱或无法实现预期作用的状态（Mair，Marti，2009）。"制度真空"所带来的市场失灵会导致特定的群体被排除在优质的机会之外，从而导致这些群体陷入低层次的阶层固化（Mair，et al.，2012）。另一类学者则认为不平等来自知识和智力分布的不平衡。对这一类学者来说，即使抛开制度因素，假设获得机会的权利对于每个人而言都是均等的，那么不平等也依然无法被消除，因为就算每个人都拥有同等的机会去参与市场活动，稀缺的优质机会往往也只有少量拥有特定知识和能力并且对机会具有高度警觉的人才能识别出来（Ko，Liu，2015；Audretsch，Keilbach，2008；Tsvetkova，Partridge，2021）。

创业作为一种"制度真空"的修复剂和"知识溢出"的催化剂，对于造成不平等的"制度真空"和"知识分布不平衡"等问题的解决均具有重要的研究启示。首先，从"制度真空"的角度看，"制度真空"通过限制特定群体进入市场从而引发不平等。但是，"制度真空"的存在对制度创业者而言往往意味着机会，他们能通过修复"制度真空"所带来的问题而获利，在完成自身战略目标的同时改进市场秩序，为不同的阶层带来更多市场参与的机会。其次，从"知识溢出"的角度。"知识分布的不平衡"是不平等问题关键成因之一。而创业活动有利于"知识溢出"，即推动知识在不同群体之中普及，进而弱化知识分布的不平衡。在制度完善的前提下，只要群众对于机会的认识和理解趋于平等，那么资源分配的不平等也将得到减缓。总体而言，"制度真空"所带来的不平等问题通常存在于发展相对落后的地区，而"知识分布不平衡"所带来的不平等问题则是相对发达地区需要面对的难题。为了帮助读者厘清创业与不平等这个领域研究的脉络和走向，我们选择了三篇重要文章加以评述。它们之间的逻辑关系是：第一篇重点对发展落后地区不平等问题的成因——"制度真空"，以及在"制度真空"中的制度创业活动进行了理论的阐释；第二篇则在第一篇的理论阐释基础上对创业改善不平等的内在机理进行了实证层面的深入分析和解构；第三篇着眼于发达地区的不平等问题，为通过创业活动来改善由"知识分布不平衡"所导致的不平等问题提供了实证的启示。

约翰娜·梅尔等学者：制度创业修补"制度真空"为不同阶层提供市场参与机会

梅尔等学者 2009 年在《创业学杂志》上发表了《制度真空中的创业活动：来自孟加拉国

的案例研究》一文，深度探讨了制度创业活动对于修正"制度真空"所带来的不平等问题的正面影响。在许多发展相对落后的国家，常常存在由于制度的缺失或制度意识薄弱而导致特定群体无法参与市场活动的现象。例如，在孟加拉国，女性就经常因为社会地位低下而不被允许进入市场，无法通过才华和努力来改善自身的经济条件，所以女性群体很难扭转身处社会底层的不平等状态。为了改善这些问题，BRAC 作为制度创业者去填补"制度真空"，为身处社会底层的群体创造市场参与的机会，进而促进阶层的有效流动。通过对这一机构制度创业过程的案例剖析，这篇文章全面地揭示了落后地区的制度形成、改变和更新的过程。具体而言，这篇文章主要探讨了两个问题：①"制度真空"的本质及其成因；②制度创业者如何从"制度真空"中发现机会，进而修复阻碍弱势群体参与市场活动的制约因素。

第一，"制度真空"是指支撑市场机制有效运作的制度安排缺失、薄弱或无法发挥预期作用的情况（Mair，Marti，2009）。市场作为一种特殊的社会结构和促进交易的重要机制，需要有专门的制度和规则来保障其正常运转并发挥作用（North，1990；Fligstein，2001）。其中，健全、公正的市场制度对于弱势群体参与市场更是至关重要。但在现实中，在许多发展中国家由于支持市场机制有效运转的制度安排缺失、薄弱或无法实现预期的作用而导致"制度真空"的出现。弱势群体则往往由于"制度真空"而无法参与市场交易，进而陷入低层次阶层固化的困境（Mair，Marti，2009）。为了降低不平等所带来的潜在危害，来自经济学、政治学和社会学等不同学科的学者已经开始关注并探索"制度真空"的解决方案。在此背景下，这篇文章将 BRAC 视为改善"制度真空"问题的"制度创业者"。迪马吉奥（1988）提出了制度创业的概念，后续的研究将制度创业者视为拥有充足资源的强大行动者。但是 BRAC 作为一个身处"制度真空"的非政府组织，显然并不具有充足的资源、也称不上强大。因此，和过去的研究以强大的制度创业者为主要的研究对象不同，这篇文章通过关注相对弱势的行动者的制度创业活动，为制度创业分析提供了一种更具有实践性的新视角。

第二，这篇文章将制度真空视为制度创业的机会来源，并探讨了制度创业者通过拼凑来推动制度演进，从而修复制度真空所带来的市场参与机会不平等问题的内在机理。虽然机会是创业研究的一个重点领域，但制度学者很少或根本不关注它，通常只是默认其"存在"，而忽视了机会取决于企业家所嵌入的社会、政治和制度环境这一事实（Baker，Nelson，2005）。作为资源受限环境中创业活动的重要分析工具，"拼凑"（bricolage）最初由人类学家列维－斯特劳斯（Lévi-Strauss）（1966）提出。拼凑的概念为制度变迁研究提供了启示，并在创业研究中发挥了重要作用。这篇文章的目标是将这些关于创业和制度的文献联系起来，并推进制度创业理论和创业拼凑理论的发展。

基于以上结论，这篇文章以制度理论为中介，架起了创业与不平等之间的桥梁。在发展相对落后的地区，由于制度不完善或制度执行不力所带来的"制度真空"是造成特定群体难以通过参与市场活动来实现社会地位流动的主要原因，而由此带来的社会阶层的固化又会使得社会不平等的现象难以得到改善。在此过程中，制度创业者的创业拼凑活动能有效地弥补"制度真空"所带来的约束，为社会底层群体创造市场参与的机会，进而使得不平等状况得到缓解。这篇文章对创业与不平等之间关系分析的贡献主要体现在以下三点。

首先，它以制度理论为纽带在创业研究和不平等问题之间建立起了联系。创业学者指出，应该更多地关注不同环境下的规则和制度如何影响创业活动（Baumol，2004）。尽管学术界已经充分认可了这一观点，但仍很少有学者将行为人如何改变既有市场规则（制度），并引入新规则这一问题视为一个创业的过程来展开分析。另外有学者指出,制度理论的一个主要缺陷是缺乏行动理论(Hirsch,Lounsbury,1997),因此难以回答制度如何产生和演变的问题。通过对创业和制度的相关观点进行整合,这篇文章有效地回答了这些问题。一方面,"制度真空"为创业研究提供了全新的研究场景;另一方面,创业理论也为制度的演化提供了有效的行动理论。作者对BRAC在创业过程中所面对的情境因素进行归纳,进一步具体化了"制度真空"这一概念的细节,这有助于揭示创业机会在社会层面的前因(Baker,Nelson,2005),如不平等问题。

其次,通过BRAC的制度创业实践,这篇文章提出了创业拼凑这个通过创业来缓解不平等问题的理论分析工具,从实证的角度展现了一个极端资源约束情境下的创业拼凑过程。基于这个过程,文章从三个方面推进创业拼凑的研究:①它深化了对推动制度变革过程中的创业拼凑活动的政治因素的理解,例如,研究结果强调了创业拼凑在评估和设计政治进程时充分考虑背景因素的重要性;②通过考察一个拼凑者在不同时期所采取的行动和策略,阐明并提倡将演化的观点纳入制度变革的分析中;③强调了创业拼凑可能产生不可以预测的和潜在的负面后果,从而引发了学术界对于制度创业"黑暗面"的关注(Marti,Mair,2009;Khan,et al.,2007)。

最后,文章关注到了缺乏资源禀赋的行动者在缓解不平等问题上的潜在价值(Margolis,Walsh,2003)。关于缓解发展中国家内部不平等问题的讨论大多集中于宏观层面的变量,如贸易政策、产权、经济增长和区域文化(Pearce,2005)。同时,研究对象也往往是资源充足的行动者,例如政府作为市场存在和良好运行所需制度的建设者和担保人(Fligstein,2001),或大型财团在一些新兴经济体中的辅助作用(Khanna,Palepu,2000)。这种对宏观解决方案的关注挤占了微观(或基层)解决方案的价值。资源有限且实力较弱的行动者试图改变阻碍社会和经济发展的规则的过程机理迄今没有受到多少关注。这篇文章首次提出了缺乏资源禀赋的行动者通过创业拼凑来缓解不平等的可能性。同时作者还认为,这是未来研究的沃土,而这篇文章的意图就是将发展研究(development research)领域中作为新型行动者的制度创业者推向前沿,并研究此类创业者的微观行动与现有宏观制度结构之间的相互作用。作者希望,这项研究不仅将刺激未来的研究,而且还将为发展机构、政策制定者和企业提供关于如何消除不平等的启示。

约翰娜·梅尔等学者:创业活动通过重塑制度打破阶层固化的藩篱

约翰娜·梅尔的研究识别出了"制度真空"这一造成不平等问题的关键前因,并为制度创业者通过创业拼凑来修复"制度真空"问题提供了研究启示。不过作为一项开拓性的研究,梅尔2009年发表的文章更多是对"制度真空""制度创业者""创业拼凑"等概念进行界定和厘清,而对于概念之间的相互影响机理则主要以理论陈述为主。也就是说,梅尔的前期工作提出了"创业能通过消除'制度真空'来降低社会上不同群体间的不平等程度"这一命题。但是,对其中的内在机理和细节则缺乏深入的探究。为了弥补这一不足,梅尔、米里亚姆·沃尔夫(Miriam Wolf)和克里斯蒂安·泽洛斯(Christian Seelos)2016年在《管理学杂志》上发表了《脚手架:小规模社会不平等的转型模式过程》一文。学者们将消除不平等的制度创业过程称为"脚手架○"(scaffolding),"脚手架"可以通过有意识地改变不同群体之间的互动方式来达到在"制度真空"中塑造新制度的目的。具体而言,"脚手架"式的制度创业是一

○ "脚手架"通常出现在建筑工程领域,是为了方便工人在建筑施工过程中便于进行高空作业攀爬和站立而临时搭设的简易工作平台。作者在此运用"脚手架"来隐喻人们从较低的社会阶层向较高的社会阶层跃迁的互动机制。

个通过潜移默化的方式将不利于阶层流动的制度模式逐步转化成为有利于阶层流动的制度模式的过程，这个过程可以细分为三个相互关联的机制：合理化新的制度、程序化新的制度、巩固新的制度①。

制度是决定社会中不同群体身份地位的基础。而不平等的前提正是群体的划分，并且不同群体间的权力分布存在差异（Mair, et al., 2016）。例如，种姓制度被广泛认为是印度根深蒂固的不平等问题的根源，它涉及一系列规范、规则和信仰。这些规范、规则和信仰使得社会被天然地分割成三六九等，从而导致社会分裂不断激化（Dumont, 1980）。这些规则和规范管理着社会生活不同领域的方方面面，包括政治、经济和宗教等（Mair, et al., 2012）。结果，不平等在日常生活中变得显而易见，只要稍微用心观察这些群体的日常行为和固有的互动模式就不难察觉。这些模式让不平等永久化，因为它们让特权阶层得以囤积资源和机会，同时又限制弱势群体去获得本已稀缺的资源和机会（Tilly, 1998）。因此，不平等不是一种单纯的现象，而是深深地根植于社会的制度、文化以及不同群体的互动和行为模式中。

不平等的深层关系和嵌套性质对旨在解决不平等问题的计划和行动组织提出了巨大的挑战。消除不平等的组织活动往往很难获得合法性，因为不平等模式往往因为长期根植于社会认知中而被视为"正常"并被广泛接受。因此，询问一个组织或一个项目如何应对长期存在的不平等几乎是荒谬的，因为当事人可能根本没有把不平等视为一个需要解决的问题。不平等的性质也对组织研究提出了挑战，因为社会系统中社会关系的复杂性使得对不平等程度的界定变得困难（Stern, Barley, 1996）。

在这项研究中，三位学者通过十余年在印度村庄的实地调研，捕捉到了村庄间制度转型的实例，并从中归纳出一个组织如何在制度复杂的环境中干预和应对根深蒂固的不平等的制度创业模式。尽管这些村庄面临的挑战是"小规模"的，并且局限于一个实际的区域，但不平等的挑战仍是多层面、复杂和相互关联的。足够小的样本规模为研究人员提供了深入观察当地现实状况并进行深度分析的可能性。基于这样的研究基础，这篇文章以"项目如何成为组织工具，进而改变小规模社会中根深蒂固的不平等模式"为研究问题，通过对非政府组织 Gram Vikas 的案例分析，归纳出了"脚手架"的过程，即通过合理化新的制度、程序化新的制度、巩固新的制度三个过程，将不利于平等的社会制度模式转化为有利于平等的社会制度模式。

根据这篇文章的研究发现，在制度不完善的地区，用意图非常明确的举措去缓解不平等可能使边缘化群体获得机会。但是，这些计划的效果往往是难以捉摸的、暂时的和可逆的。这是因为，过于清晰的意图可能会被既得利益群体有意识地曲解和利用。例如，社区为妇女提供小额贷款，以期提升她们的生活水平，但是这些福利很可能会被她们的丈夫挪用（Goetz, Gupta, 1996）。因此，梅尔等学者认为，相比直接提供具体的优惠政策或辅助措施，潜移默化的制度演进会产生更稳健、更持久的结果。"脚手架"创造了一个受保护和支持的制度空间，在这里，显性的扶持政策和隐性的潜移默化可以并行地展开，直到有利于平等的新型互动形式涌现并固化下来。这一研究结论超越了关于组织经典研究中将社会情境仅仅视为研究背景的传统思维，对组织如何有目的地参与并实现社会变革的理论实践进行了补充，并为社会不

---

① 本文在此所提到的"制度"，在英文原文中对应的单词是 interaction。我们认为，interaction 和"制度"所表达的都是一种社会认知和行为模式，约翰娜·梅尔之所以采用 interaction 而非"制度"，主要是因为此处更多是一种"非正式制度"，因此，她采用 interaction 以示区别。本文为了使上下文更连贯并方便中国读者理解，在此处将 interaction 翻译为"制度"。

平等问题的解决提供了可复制的经验。

综上所述，这项研究展示了作为制度创业者的非政府组织 Gram Vikas 通过"脚手架"这一机制逐步改善印度乡村中导致不平等产生的制度因素，最终创造出一种能够根除不平等问题的新型互动方式的过程。与上一篇文章一致，梅尔认为不平等的根源是植于社会深层的制度和认知之中的，所以缓解不平等问题的核心在于推动制度的演进。两篇文章组合在一起，全面地为读者描绘了基于制度真空的不平等问题的成因及缓解机制，并在此完善了制度创业这个新兴的理论工具，为后续的研究提供了有益的启示。

戴维·奥德兹和马克斯·基尔巴赫：创业活动通过促进知识溢出缓解不平等

梅尔的两篇文章较好地诠释了在欠发达地区的"制度真空"环境下，制度创业者如何通过自身的创业活动推动制度改进，使得不同的社会群体都可以得到参与市场活动的机会，从而保障社会阶层的正常流动。但是，从社会实践来看，即使身处制度相对完善的发达地区，不平等的现象依然比比皆是。造成这个现象的原因除了有制度的不完善，还有"知识分布的不平衡"。正所谓"每个人赚到的钱，都是认知的变现"，一个人的财富水平往往与其知识水平存在着强相关关系。因为人与人之间知识水平的差异，最终导致不同个体在识别和把握机会上的效果千差万别，那些能识别和把握优质机会的高知识群体必然更加容易积累更多的财富，成为社会的顶层，相反知识水平较低的群体则会逐步脱落到社会的底层。为了探讨如何延缓财富不断向少数"聪明人"身上集聚的问题，戴维·奥德兹和马克斯·基尔巴赫（Max Keilbach）2008 年在《管理研究杂志》上发表了《知识溢出创业理论》一文。

知识已成为几乎所有传统经济分析单位（从个人到企业、地区和国家）竞争力的关键来源。在内生增长理论中，知识创造会带来经济增长是基本的前提假设（Lucas，1988；Romer，1986）。诚然，知识作为一种公共品，当社会上所有的行动者都能从"知识溢出"中受益时，知识经济中的经济增长率将得到提升，社会公平也将得到改善。但是，这些不同层次的理论研究对于知识如何被创造、获取、分配以及最终如何从知识中获益的内在机理依然语焉不详。正如"知识悖论"所阐述的那样，具有潜在价值的新知识既不会自动地被社会上的每个人理解，也不会自动地产生价值（Audretsch，Keilbach，2008）。

这篇文章认为知识是价值的前因但是其本身并不必然产生价值，从知识到价值的桥梁是"知识溢出型创业"（knowledge spillover entrepreneurship）。区别于传统创业理论认为创业机会天然存在于环境之中的观点，这篇文章将已经被创造出来，但是尚未完全商业化的新知识视为创业机会的关键来源。根据文章的实证分析结果：组织的知识含量越高，创业机会就越多；相反，组织知识含量越低，创业机会就越少。创业机会并非天然存在的外生变量这一假设也得到了印证。

"知识溢出型创业"的溢出效果主要体现在两个方面：一是价值增量溢出，即创业活动通过将新知识所带来的增长新机会转化为新的社会价值，从而促使社会财富的总规模得以扩大的过程。例如，互联网技术的相关知识推动了电子商务的发展，截至 2020 年年底，中国 74 家电子商务上市公司总市值达 10.94 万亿元，这 10.94 万亿就可以视为互联网技术的相关知识所带来的一部分价值增量。二是价值分配溢出，即知识的价值通过创业活动，以创业者为中心，朝着越来越广泛的范围扩散。具体而言，知识溢出型创业的创业者通常对于新知识的内涵和新知识的价值转化具有深刻的理解。在创业的过程中，相关的知识会在团队合作过程中逐步向团队成员、利益相关者和更为广泛的社会群体扩散，让更多的人参与到知识相关的机会开发活动中来，共同分享新知识所带来的价值。综上所述，新的知识意味着新的机会，而创业则是将这些机会转化为社会价值的重要渠道，对以知识为基础的财富增长和财富分配都起到了积极的作用，从而为高水平的社会公平奠定了基础。

这篇文章对于"创业与不平等"研究议题的重要启示在于，它提出了一个导致不平等的新兴前因变量——知识分布不平衡，并指明了创业机会的来源就是未完全商业化的新知识。同时，为了解释新知识如何转化为价值，这篇文章还提出了"知识溢出型创业"这种新兴的创业理论，并且在随后的几篇文章中逐步完善相关的理论框架（Audretsch，Keilbach，2007；Audretsch，Belitski，2013）。基于这些研究基础，这篇文章在创业和由知识所带来的不平等之间建立起了理论的桥梁，并给出了基本的分析框架，但是关于创业如何推动知识溢出进而缓解社会不平等的内在机理仍有很大的探索空间。

未来的研究方向

虽然在大多数情况下，创造财富确实是创业的主要目的，然而近年来也有越来越多的证据表明，创业的动机也并非仅限于此。其中，关于创业如何缓解不平等的研究就是一个重要的分支。梅尔和奥德兹分别从制度理论和知识溢出的角度展开的一系列研究为这一分支的发展奠定了重要基础。

首先，在我们讨论的第一篇文章中，梅尔等学者认为，在发展相对落后的地区，往往会存在着限制特定群体参与市场活动的制度约束，即"制度真空"。"制度真空"的存在为制度创业者提供了机会，制度创业者能在资源极度匮乏的前提下，通过创业拼凑的方式推动制度的改善，为弱势群体带来参与市场活动的机会，让他们能通过自身的才华和努力实现阶层的流动（Mair，Marti，2009）。这篇文章通过"制度"这一要素架起了创业理论和不平等问题之间的桥梁，并对制度创业者及其在有限条件下所开展的创业拼凑行为进行了概念的界定。基于这些基础，有三个潜在的研究方向可以进一步展开：①对创业如何修复"制度真空"所导致的不平等问题继续展开探索。虽然梅尔等学者对"制度真空"所带来的不平等问题进行了理论层面的阐述，并指明了制度创业这种潜在的解决方案，但未对其中的细节展开深入梳理和实证分析，这为后续的研究者留下了巨大的探索空间。②对制度创业者的身份、动机进行进一步的剖析。虽然梅尔等学者对制度创业者的定义进行了界定，但是对于其来源和动机缺乏深入的探讨。制度创业者作为既有制度的颠覆者，在其创业过程中必然会触及既得利益者的利益，这是一项艰难甚至危险的工作，谁会愿意承担这样的任务，支撑其坚持下来的动力又是什么，这些问题仍存在着巨大的挖掘潜力。③对缺乏资源的弱势行动者在消除不平等过程中的作用和机理的继续挖掘。在过去的不平等研究中，学者们主要关注政府、大型企业等强而有力的行动者的作用，梅尔等学者则首次发现，缺乏资源的非政府组织也可以参与到消除不平等的活动中来，并进一步提出了"拼凑"的思想，但关于"拼凑"的具体内涵和机理仍缺乏深入的解析，后续研究可以沿着这一脉络，进一步探寻在"制度真空"中缓解贫困的创业拼凑活动的内在机理。

其次，在我们展示的第二篇文章中，梅尔等学者针对导致不平等的"制度空白"问题进一步提出了"脚手架"式的制度创业模式。"脚手架"式的制度创业模式是制度创业者通过潜移默化的方式将制度从不利于社会平等的模式转化为有利于社会平等的模式的过程。这一过程涉及三个阶段：合理化新的制度、程序化新的制度、巩固新的制度。同时还涉及三种推动制度演化的机制：动员（mobilizing）、稳定（stabilizing）和掩盖（concealing）。其中，动员是指释放、创造和重新定义制度、社会组织和经济资源；稳定是指通过正式和非正式治理结构去执行新的制度；掩盖则是指将注意力吸引并集中在不同阶层共同期望的、无争议的目标上（Mair, et al., 2016）。沿着这篇文章的研究脉络，未来的研究可以朝两个方向展开：①现有研究开拓了从制度逻辑的角度来观察不平等的程度和模式演进的先河，后续研究可以基于其基本框架对不平等问题展开进一步分析。在过往的研究中，学者们普遍认为不平等的程度和模式的测量难度极大，同时，从一种模式到另一种模式的变化更不明显，所以针对不平等问题的实证研究非常不易开展。这篇文章突破过往研究限制，借助制度逻辑这一理论工具来描述不平等的程度及演进过程，后续研究可以在此基础上对定性分析的结果进一步进行定量的凝练并展开实证分析。②对"脚手架"式制度创业逻辑的应用情境进行拓展并对其边界条件展开进一步分析。在当今的国际社会中，根植于制度的社会挑战比比皆是。"脚手架"提供了一个理论和实践的视角来审视由制度不完善所引发的社会挑战以及我们应对这些挑战的方式。这篇文章的结论阐明了"脚手架"在解决既有的和新的社会问题方面所具有的潜力。但是，研究归纳出来的"脚手架"机制根植于一个小范围乡村，其理论逻辑是否适用于更加广泛的区域，尤其是发达地区的制度演化过程分析，仍有待相关学者去进行分析和检验。

最后，在我们展示的第三篇文章中，奥德兹和基尔巴赫重点针对知识分布不平衡所引发的不平等问题，提出了"知识溢出型创业"的理论框架。不同于前面两篇文章所关注的制度不完善的情境，奥德兹和基尔巴赫认为即便在制度相对完善，所有群体都能公平地参与市场活动的前提下，机会依然不会在不同的个体之间平等地分配，其根本原因是机会并非先验地存在于市场之中，而是隐藏在未被商业化的新知识背后。所以，在一个制度相对完善的区域里面，社会平等的程度很大程度上取决于知识的分布和被广泛理解的程度。抛开制度因素，假设在一个所有知识都均衡分布且社会上所有个体都理解所有知识的环境中，社会平等应该是普遍存在的。进一步地，"知识溢出型创业"则是一种推动知识均衡分布和广泛理解的有效机制。沿着这篇文章的理论脉络，未来的研究可以朝两个潜在的方向展开：①进一步拓展"知识溢出型创业"的内涵及理论框架。现有研究基于创业机会来源于未被商业化的知识这一理念初步提出了"知识溢出型创业"的定义，即一种将知识转化为价值的创业活动。但是，这一开创性的定义还相对粗糙，其应用情境、影响因素和细分维度等还有待进一步细化。②进一步探索创业对于知识在不同群体间溢出的影响机理和效果。虽然这篇文章在一定程度上暗示了创业能促进知识在不同群体之间的溢出，从而推动知识分布的均衡化。但是，这篇文章并未对这一过程的逻辑机理进行深入的剖析和实证检验，未来研究可以对此进行深入的挖掘。

研究设计与应用拓展

正如前文所言，不平等问题需要分开制度不完善和制度相对完善两种情境来展开讨论。目前，这两个情境下的研究呈现出截然不同的研究设计取向：一方面，在制度不完善的情境下，由于研究对象大多身处欠发达地区所以缺乏稳健的数据基础，相关研究主要采用田野调查等定性的方式展开研究；另一方面，在制制度相对完善的情境下，由于研究对象主要分布在相对发达地区所以数据资源比较丰富，相关研究大多是采用二手数据的实证分析。未来，后续的研究者在研究设计上还可以在以下方面进行尝试：

第一，进一步探索不平等的测量方式并构建更为全面的动态跟踪数据。正如梅尔所言，不平等的相关研究之所以难以开展，其中一个关键的原因就是这个概念的界定和测量非常困难（Mair, et al., 2016）。因为不平等很大程度是由根植于人们意识深处的某种制度基因所导致的，很多人虽然身处不平等的地位，但是他们并不能认识到这个问题。因此，一套科学有效的，关于不平等程度的界定和定量测量机制仍有待建构，相关的动态跟踪数据库也尚待打造。

第二，案例分析与田野调查。因为定量测量难度较大，所以在未来的一段时间里，可以预见不平等研究的主流方法还是会以案例分析和田野调查为主。从案例分析的角度，可以关注有志于缓解社会不平等的公益机构或非政府组织在解决不平等问题方面的实践和绩效。另外，在田野调查方面，可以深入弱势群体内部，了解这些群体的生活状况及实际感受。当然，考虑到现有的不平等研究主要以弱势群体为研究对象，未来研究也可以关注既得利益者对于不平等问题的看法，以及面对消除不平等的一系列举措的态度。

第三，二手数据分析。基于约翰娜·梅尔所提出的以制度逻辑为代理变量去描述和衡量不平等的倡议（Mair, et al., 2016）。未来研究可以尝试通过一些相对成熟的制度数据库去构建衡量不平等的代理变量进而展开定量分析。目前，可以采用的数据库有：世界发展指标、营商环境数据库、全球竞争力报告、经济自由指数、世界治理指标、世界经济自由（Economic Freedom of the World）指标、人类发展指数（Human Development Index）、国家政策和制度评估（Country Policy and Institutional Assessments）、政体数据库（Polity IV）等。

总体而言，创业与不平等的研究仍处于萌芽阶段，这与不平等这个概念的难以界定与衡量有着一定的关联性。但是不能否认的是，不平等问题对于国家稳定、可持续发展有着举足轻重的影响。随着国家共同富裕理念的不断推进，对这个问题的研究也必然会受到越来越广泛的关注。创业作为缓解不平等的重要机制，有着非常巨大的研究潜力，期待越来越多的研究者参与到探索的行列中来。

◆ 参考文献

Alesina A., Di Tella, R., MacCulloch, R., 2004, "Inequality and happiness: are Europeans and Americans different?", *Journal of Public Economics*, Vol. 88, No. 9: 2009-2042.

Audretsch, D.B., and Belitski, M., 2013, "The missing pillar: the creativity theory of knowledge spillover entrepreneurship", *Small Business Economics*, Vol. 41, No. 4: 819-836.

Audretsch, D.B., and Keilbach, M., 2007, "The theory of knowledge spillover entrepreneurship", *Journal of Management Studies*, Vol. 44, No. 7: 1242-1254.

Audretsch, D.B., and Keilbach, M., 2008, "Resolving the knowledge paradox: knowledge-spillover entrepreneurship and economic growth", *Research Policy*, Vol. 37, No. 10: 1697-1705.

Baker, T., and Nelson, R.E., 2005, "Creating something from nothing: resource construction through entrepreneurial bricolage", *Administrative Science Quarterly*, Vol. 50, No. 3: 329-366.

Baumol, W.J., 2004, "Entrepreneurial cultures and countercultures", *Academy of Management Executive*, Vol. 3, No. 3: 316-326.

Buonanno, P., and Vargas, J.F., 2019, "Inequality, crime, and the long run legacy of slavery", *Journal of Economic Behavior & Organization*, Vol. 159: 539-552.

Demombynes, G., and Ozler B., 2016, "Crime and local inequality in south Africa", *Journal of Development Economics*, Vol. 76, No. 2: 265-292.

DiMaggio, J., 1988, "Interest and agency in institutional theory", In Zucker and Lynne (Eds), *Institutional Patterns and Organizations: Culture and Environment*, Ballinger: 3-22.

Dumont, L., 1980, *Homo Hierarchicus*, Oxford University Press, New Delhi.

Fligstein, N., 2001, *The Architecture of Markets: An Economic Sociology of Twenty-first Century Capitalist Societies*, Princeton University Press, Princeton.

Goetz, A.M. & Gupta, R.S., 1996, "Who takes the credit? gender, power, and control over loan use in rural credit programmes in Bangladesh", *World Development*, Vol. 24: 45-63.

Hirsch, P., and Lounsbury, M., 1997, "Ending the family quarrel: towards a reconciliation of 'old' and 'new' institutionalism", *American Behavioral Scientist*, No. 40: 406-418.

Khan, F.R., Munir K.A., Willmott, H., 2007, "A dark side of institutional entrepreneurship: soccer balls, child labour and postcolonial impoverishment", *Organization Studies*, Vol. 28, No. 7: 1055-1077.

Khanna, T., and Palepu, K., 2000, "The future of business groups in emerging markets: long-run evidence from Chile", *Academy of Management Journal*, Vol. 43, No. 3: 268-285.

Ko, W.W., and Liu, G., 2015, "Understanding the process of knowledge spillovers: learning to become social enterprises", *Strategic Entrepreneurship Journal*, Vol. 9, No. 3: 263-285.

Laajaj, R., 2017, "Endogenous time horizon and behavioral poverty trap: theory and evidence from Mozambique", *Journal of Development Economics*, Vol. 127: 187-208.

Lévi-Strauss, C., 1966, *The Savage Mind*. University of Chicago Press, Chicago.

Lucas, R.E., 1988, "On the mechanics of economic development", *Journal of Monetary Economics*, Vol. 22: 3-42.

Mair, J., and Marti, I., 2009, "Entrepreneurship in and around institutional voids: a case study from Bangladesh", *Journal of Business Venturing*, Vol. 24, No. 5: 419-435.

Mair, J., Martí, I., Ventresca, M.J., 2012, "Building inclusive markets in rural Bangladesh: how intermediaries work institutional voids", *Academy of Management Journal*, Vol. 55, No. 4: 819-850.

Mair, J., Wolf, M., Seelos, C., 2016, "Scaffolding: a process of transforming patterns of inequality in small-scale societies", *Academy of Management Journal*, Vol. 59, No. 6: 2021-2044.

Mapalad-Ruane, M.C.M., and Rodriguez, C.B., 2003, "Measuring urban well-being: race and gender matter", *American Journal of Economics and Sociology*, Vol. 62, No. 2: 461-483.

Margolis, J.D. and Walsh J.P., 2003, "Misery loves companies: rethinking social initiatives by business", *Administrative Science Quarterly*, Vol. 48, No. 2: 268-305.

Marti, I., and Mair, J., 2009, "Bringing change into the lives of the poor: entrepreneurship outside traditional boundaries", In Lawrence, Suddaby, and Leca (Eds), *Institutional Work: Actors and Agency in Institutional Studies of Organizations*, Cambridge University Press, Cambridge: 92-119, doi: https://doi.org/10.1017/CBO9780511596605.004.

North, D.C., 1990, *Institutions, Institutional Change and Economic Performance*, Cambridge University Press, New York.

Pearce, J.L., 2005, "Organizational scholarship and the eradication of global poverty", *Academy of Management Journal*, Vol. 48, No. 6: 970-972.

Rindova, V., Barry, D., Ketchen, D.J., 2009, "Introduction to special topic forum: entrepreneuring as emancipation", *Academy of Management Review*, Vol. 34. No. 3: 477-491.

Romer, P.M., 1986, "Increasing returns and long-run growth", *Journal of Political Economy*, Vol. 94, No. 5: 1002-1037.

Stern, R., and Barley, S., 1996, "Organizations and social systems: organization theory's neglected mandate", *Administrative Science Quarterly*, Vol. 41: 146-162.

Tilly, C., 1998, *Durable Inequality*, University of California Press, Berkeley.

Tsvetkova, A., and Partridge, M., 2021, "Knowledge-based service economy and firm entry: an alternative to the knowledge spillover theory of entrepreneurship", *Small Business Economics*, Vol. 56, No. 2: 637-657.

Winkler, H., 2019, "The effect of income inequality on political polarization: evidence from European regions, 2002—2014", *Economics and Politics*, Vol. 31, No. 2: 137-162.

▣ 文献推荐

Audretsch, D.B., and Keilbach, M., 2007, "The theory of knowledge spillover entrepreneurship", *Journal of Management Studies*, Vol. 44, No. 7: 1242-1254.

Mair, J., and Marti, I., 2009, "Entrepreneurship in and around institutional voids: a case study from Bangladesh", *Journal of Business Venturing*, Vol. 24, No. 5: 419-435.

Mair, J., Wolf, M., Seelos, C., 2016, "Scaffolding: a process of transforming patterns of inequality in small-scale societies", *Academy of Management Journal*, Vol. 59, No. 6: 2021-2044.

◉ 代表性学者

约翰娜·梅尔（Johanna Mair）

柏林赫蒂治理学院的组织、战略和领导力教授，斯坦福大学慈善与公民社会研究中心的杰出研究员、《斯坦福社会创新评论》（*Stanford Social Innovation Review*）的学术编辑、哈佛肯尼迪学院的高级研究员。她的研究方向是战略和社会创业，在《管理学杂志》《管理杂志》《管理研究杂志》《创业学杂志》《战略创业杂志》等期刊上发表过多篇论文。E-mail：mair@hertie-school.org。

戴维·奥德兹（David B. Audretsch）

奥德兹在威斯康星大学获得经济学博士学位，曾荣获印第安纳大学杰出教授并曾任美国经济发展学院主席，现任印第安纳大学公共与环境事务学院发展战略研究所所长。奥德兹的研究侧重于创业、政府政策、创新、经济发展和全球竞争力之间的联系，在《创业理论与实践》《美国经济评论》等顶级期刊上发表100多篇论文。同时，他是《小企业经济》的联合创始主编。2001年，瑞典小企业研究基金会授予奥德兹国际创业与小企业研究奖。E-mail：daudrets@indiana.edu。

关键学者与学者网络

本章呈现了创业的经济和社会影响，揭示了当前创业活动与经济增长、区域发展和社会公平之间的内在联系，也展现了其中的关键议题。如同本章内容的跨度，上述议题不仅有创业领域的重要学者参与其中，也吸引了来自经济学、区域和社区研究、组织理论等领域的学者，这意味着创业情境下的研究能从不同学科中汲取营养，并做出贡献。

提到创业的经济影响，两位经济学背景的学者鲍莫尔和奥德兹的贡献难以回避。鲍莫尔是一个具有广泛研究兴趣的经济学家，虽然创业和创新仅是他的研究领域之一，其成果在经济学中也备受推崇，他对创业在突破性创新中的作用的研究增加了创业在经济学研究中的空间。奥德兹则一直关注创业、创新与经济发展的内在联系，他敏锐地识别出 20 世纪管理型经济向创业型经济转换的大趋势，建立了创业与经济成长的核心逻辑。作为《小企业经济》刊物的共同创办人，他长期致力于推动经济学界对创业问题的研究。如果读者对中观区域层面的创业研究感兴趣，约翰尼森的工作值得关注，他关注工业区、社区和网络情境下的创业实践，他的研究较早揭示了创业对于重振衰落城市和社区的作用。

此外，如果你想了解创业在解决社会问题中的作用，梅尔的工作尤其值得注意，这位在欧洲工商管理学院（INSEAD）取得管理学博士学位的女性学者致力于创业的社会议题研究，尤其关注新的组织与制度安排如何减少贫困，促进社会平等。本章选择了她的三篇文章作为重要文献推荐，其中两篇研究了中介组织如何通过制度创业创造包容性市场、填补制度真空，为弱势的女性进入市场打开通路，以及引入新的制度解决根深蒂固的阶层不平等问题，这些研究不仅对于制度创业和社会创业研究具有很多启发，其选题与理论挖掘也有较多方面值得借鉴。

由于创业影响的研究处于创业与很多学科的交叉领域，本章内容的代表性学者也来自多个关联领域。例如，从社会学与传播学领域切入的里克特、从信息技术角度切入的潘善琳，以及从旅游研究角度切入的苏明明等，他们的研究从各自领域角度给创业研究带来新鲜的观察视角和发现，体现了创业研究与多学科研究交融的现状。

创业逐渐成为一个学科领域后，一些创业领域的活跃学者也发掘出相关议题的研究机会。谢波德就是其中的代表，这位高产的创业研究者，善于运用实验研究，在创业认识领域有诸多贡献。其他诸如专注社区创业的麦基弗和专注女性创业和乡村创业的卡特也是相关领域的活跃学者。

CHAPTER 4

第 4 章

制度如何影响创业

创业者并非活动于自由驰骋的空间,而是深深地嵌入在制度环境之中。作为场域中的博弈规则,制度环境对创业者的行动发挥着约束(constrain)、赋能(enable)及引导(orient)作用。如果脱离制度环境研究创业活动,就忽略了国家和地区间创业活动背景的重要区别,其研究结论难言可信。

创业领域的制度视角的研究发端于经济学和社会学的制度研究,随着学术界对国际创业、新兴经济体创业等现象的兴趣愈发浓厚,研究积累日渐增加。虽然制度影响创业的相关研究主题纷繁复杂,研究关注的制度也各不相同,但从制度的类型和特征入手,仍可以看到清晰的研究脉络。从制度的类型来看,基本可以分为正式制度和非正式制度;而从研究所刻画的制度环境特征来看,目前文献主要关注其复杂性与动态性。

正式制度和非正式制度的区分源自经济学。前者最初指官方发布和强制执行的规则,后来逐渐泛化为支持市场规律运行的经济、法律和政治基础;后者则指嵌入在文化、宗教和社会网络中约定俗成的、非文本化和自我履行的规则。对创业活动而言,正式制度的总体价值在于降低创业进入的门槛和商业交易的成本,保障创业者的产权权益和创业租金的合理分配。然而,正式制度是多元、多中心和多层次的,总体的分析不能清晰评价具体制度的作用,个别维度的观察又难以呈现制度之间的相互作用,以及不同层级制度之间的嵌套影响。随着研究的深入,对正式制度作用的认识从多个方向上持续深化:不仅对正式制度进行分解,观察正式制度不同维度对创业活动不同方面的作用差异;而且观察多维、多层次正式制度之间对创业活动的复杂交互作用,这种研究使学术界对正式制度与创业之间关系的认识越来越贴近现实。

相较于正式制度研究,学术界对非正式制度与创业之间关系的深入研究开展较晚,主要有两方面原因:一是人们似乎认为斯科特(Scott)关于规制性制度、规范性制度和文化-认知性制度的分析框架已足以囊括非正式制度的影响;二是非正式制度并不如正式制度那样容易观察和测量,其作用也往往"润物细无声"。行动者常常在不知不觉间为其所引导或约束。近年来,创业研究从跨文化研究中汲取营养,不仅将传统的文化观察维度纳入研究模式,还将一些新的文化维度(如文化紧密度)和新的文化符号(如语言)等引入研究;另外,学者们也积极从社会学中借鉴对非正式制度的测量与刻画,从宏观的宗教观念、社会规范、信任，到中观的社会网络，再到微观的人际信任，都逐渐进入创业研究之中。这些工作补充了以往对非正式制度观察的缺失，不仅让学术界得以更好地理解正式制度缺失情境下创业活动的运行规律，也为后续进一步观察正式制度与非正式制度的共同作用创造了条件。

此外，本章进一步关注了制度环境的两个显著特征：复杂性和动态性。制度环境多元复杂，但这种"复杂性"如何界定、从何而来？它如何影响创业活动？潜在的影响机制又是什么？"制度复杂性如何影响创业活动"一文重点回应了这些问题，梳理了近年来制度复杂性研究的突破性进展，指出格林伍德等学者倡导的"制度逻辑"（institutional logic）视角为研究制度复杂性提供了关键工具。制度逻辑视角指出，制度复杂性源于制度逻辑之间的不兼容程度，而制度逻辑之间的冲突为创业活动带来更多的挑战和可能性。在多重制度逻辑交织的社会结构中，创业者既在被动地响应复杂制度环境的影响，也在能动地配置现有资源，寻求制度环境之中的机会空隙。文章指出，当前学术界对制度复杂性的理解框架和研究框架较为单一，但这种现状也为后续研究带来更多的可能性。

最后，新近的创业研究还注意到，制度环境不仅是多元复杂的，还经历着动态变迁。"制度动态性如何影响创业活动"一文着重解剖制度动态性对创业活动的影响，提炼该领域的关键性探索，并从制度变化幅度、制度变化速度和制度变化平衡性三个方面出发，帮助读者理解动态变化的制度环境会如何塑造创业行为与企业绩效。有关制度变化幅度和速度的研究从动态视角增进学术界对"制度变化-创业"关联的理解。而对制度变化平衡性的研究则更为新颖，相关研究强调了制度的多元性，即制度环境由多个不同的子维度交织而成，这些子维度也在经历着不同幅度和速度的动态变迁，而子维度变迁状态的差异则影响了整体制度的环境变化对创业活动的影响效果。此外，对制度动态性的探索主要集中于发展中经济体，尤其是中国的改革发展，这是中国学者得天独厚的研究优势。

综上所述，本章力图对复杂的"制度-创业"研究抽丝剥茧，剖析制度的两种主要类型（正式制度和非正式制度）、两种显著特征（复杂性与动态性）对创业活动的影响，以期帮助相关创业研究者对该领域的研究脉络有更为具体的把握，并从中收获研究启发。本章内容的逻辑线索如图4-1所示。

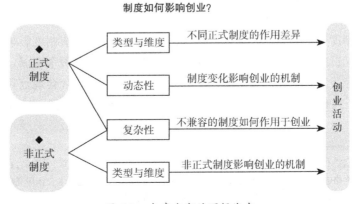

图4-1 本章内容的逻辑线索

正式制度如何影响创业活动

◎ 朱沆 ◎ 王博

中山大学管理学院

随着创业调查在世界范围内的广泛开展,越来越多的直接证据印证了一个事实——创业活动在不同地区间存在着显著差异(Autio,2007)。导致不同国家和地区之间创业活动差异的根源是什么?这是始终萦绕在宏观创业研究学者心头的问题。

早期思考这一问题的学者受创业特质论的影响,试图通过国家层面的文化差异来解释创业活动的地区差异,认为是文化形塑了一个国家或地区个体的心理特征,进而引导他们采取与其他国家和地区个体不同的创业行为。很多研究将吉尔特·霍夫斯泰德(Geert Hofstede)的文化维度与国家创业活跃度联系起来,分析个人主义-集体主义、权力距离、不确定性规避等具体维度与创业活动的联系。然而,后续研究结论表明,仅基于霍夫斯泰德的文化指标并不足以描述创业活动的跨国差异(Davidson,Wiklund,1997;Hayton,et al.,2002)。

伴随着对创业特质论的反思,制度影响创业的研究开始兴起(Busenitz,et al.,2000),创业学者开始从经济学和社会学中寻找理论支撑,尝试为解释创业活动的跨国或地区差异建立制度角度的框架。2008年在华盛顿召开的第三届全球创业观察研究会议(The 3rd Global Entrepreneurship Monitor Research Conference)提出,创业、经济发展与制度之间的广泛联系是一个至关重要的研究领域,探究这种联系对于理解创业活动为什么在不同地区间存在显著差异尤为重要(Acs,et al.,2008)。

我们选择了制度影响创业的几篇重要文献,借此帮助读者厘清制度影响创业这个领域研究的脉络和走向。目前制度影响创业的研究存在经济学和社会学两个流派,经济学的分析聚焦于支持市场的经济、政治等正式制度,社会学的分析则尝试将社会规范和文化认知也整合到一起,聚焦于正式制度如何影响创业,我们主要是沿经济学流派的脉络展开述评。

㊀ 本文是国家自然科学基金面上项目"动态、复杂制度环境下的创业活动研究"(71872193)、青年项目"迁移距离、社会网络嵌入与异地创业成长研究"(71902072)和重点国际(地区)合作研究项目"家族企业国际化与创新:基于制度-文化的比较研究"(71810107002)资助的阶段性成果。王博为本文通讯作者(bwang1993@outlook.com)。

威廉·鲍莫尔的研究：制度引导了创业活动的形态

鲍莫尔 1990 年在《政治经济学杂志》（*Journal of Political Economy*）上发表了《创业：生产性的、非生产性的和破坏性的》一文，开宗明义地指出创业未必一定产生生产性贡献。私营部门并不会自动导向创新，创业活动对经济增长的贡献取决于制度确定的游戏规则。通过制度设定了不同类型创业活动的报酬结构，由此制度不仅影响社会中整体创业活动的供给数量，更决定了创业努力在生产性活动和非生产性活动之间的分配，进而影响社会的价值创造和经济增长活力。文章旗帜鲜明地提出，重要的不是创业者及其目标的本质，而是为制度所引导的创业资源的配置，将创业研究者从微观化研究视角中拉出来，关注宏观制度背景的影响，因此被视为研究制度如何影响创业问题的奠基性文献之一（Minniti，2008；Urbano, et al.，2019）。

鲍莫尔首先突破了对创业的刻板印象。以往受熊彼特的影响，研究者们往往自然而然地将创业都设想为创新性的活动。按照熊彼特的观点，创业者是打破旧均衡，采用创新的群体，自然地，创业者的创业活动就成为经济增长的内在动力。鲍莫尔开篇就引用霍布斯鲍姆（Hobsbawn）（1969）的话语："人们常常假设私营经济会自动偏向创新，事实并非如此，他们偏向的不过是利润"，指出创业活动也并非都具备能促进经济成长的生产性贡献。他回顾了熊彼特的创新定义，指出如果将创业者视为能够敏锐发现机会、主动从事某项创造性活动以增加个人财富、权力和声誉的人，就不能期望所有的创业者都会关心实现上述目标能否增加社会产品，或是成为生产活动的障碍。基于上述认识，他拓展了熊彼特的创业活动框架，区分了两类不同的创业活动：生产性创业，这类创业能够促进创新、增加社会价值；非生产性创业和破坏性创业，这类创业不能创造价值，只是进行价值的再分配，这类活动只是创造了租金转移或再分配的新方式。显然，按照这种区分，只有生产性创业才能促进经济增长，非生产性创业和破坏性创业，例如极端形式下的有组织犯罪或战争甚至会破坏价值。

由于创业者的目标是让自身获益，因此他们如何分配创业资源就取决于不同活动的报酬结构，而不同创业活动的报酬结构则取决于社会的游戏规则。基于古罗马时期、中国封建社会早期以及欧洲中世纪和文艺复兴时期的历史分析，这篇文章提出了两个关键命题：①在不同的时间和地点，确定不同创业活动相对报酬的社会规则会发生剧烈变化。②从一种经济到另一种经济，创业行为会以一种与社会规则变化相对应的方式改变方向。例如，中国封建社会的皇权专制赋予君主没收其疆域内臣民财产的权力，导致那些拥有资源的人避免任何形式的有形资产投资。同时，科举制度赋予了官僚集团丰厚的财富、声望和回报，在这种社会规则下个人的成功并不在于从事生产性创业活动，而在于进入官僚集团。有创造力的人往往致力通过科举制致仕。相反，通过赋予居民免受任意征税、盘剥的权利，以及农奴自由劳动的时间，11 世纪后期的欧洲则迎来了繁荣的农业技术创新和城镇复兴。

在前两个命题基础上鲍莫尔进一步提出了第三个命题：创业者在生产性和非生产性活动中的分配，将对经济创新性及其技术发现的传播程度产生深远影响。尽管非生产性创业活动有助于个人获利，比如通过诉讼和收购等活动获取租金、逃税等，但无益于整体社会财富的增长。特别是，特定的社会规则既会引导创业者从事非生产性活动，也会阻止可能进行生产性活动的创业者进入。因此，鲍莫尔观点的政策含义非常明确：政府与其将重点放在补贴贷款、劳动力教育等旨在增加创业努力的计划之上，更好的途径是通过制度改革来降低非生产性创业的回报，以引导生产性创业活动。

通过生产性、非生产性创业的区分，鲍莫尔构建了一个"制度－创业－经济增长"的理论框架，强调制度决定了创业者进行生产性、非生产性创业活动的相对报酬。优秀的制度会将创业精神引导到生产性创业活动之中，从而维持较高的经济增长率。在鲍莫尔之前，学术界多关注于创业投入（如资本、劳动力）和产出（如新创企业、专利）之间的关系，而鲍莫尔则强调了制度的激励作用。因此，鲍莫尔的观点从根本上将创业研究的重心转移到制度对创业活动的影响力上，被视为自柯兹纳以来经济学界对创业研究做出的最主要贡献（Sobel, 2008）。

这篇文章发表后，对其观点的检验成为早期制度－创业研究的切入点。例如，索贝尔（Sobel）(2008) 考察了美国不同地区政治和法律制度质量与生产性和非生产性创业行为之间的关系，发现更好的制度会带来更高的人均风险资本投资，更高的人均专利率，以及更高的新创企业创办率。而那些制度表现最差的地区则往往伴随着非生产性活动的涌现，这体现在大量政治游说组织和法律欺诈行为之上。沿着这一思路前进，学者们开始拓展研究正式制度对不同类型创业活动的影响，但进一步的研究提示，不同的制度维度会对创业活动产生不同的影响，这意味着深入的制度－创业分析需要将制度拆解开，然后做更细致的考察。

索尔·埃斯特林等学者的研究：基于制度层级的高质量创业诱发机制

鲍莫尔等学者的早期研究明确了制度对于引导生产性创业、促进经济增长至关重要，然而"制度"是一个复杂、多元的抽象概念，不同的制度是否存在相似的作用效力？究竟哪些制度对创业活动起着关键影响，特别是对有助于促进经济增长的高质量创业活动？虽然鲍莫尔的研究刺激了不少相关研究，但对于具体哪些制度对促进高质量的创业活动更为重要的问题学术界仍难以达成共识，而对这一问题的深化探讨已成为研究急待解决的问题。索尔·埃斯特林（Saul Estrin）等学者于 2013 年在《创业学杂志》上发表《哪些制度鼓励创业成长抱负》一文，直接响应了这种需要。

有别早期研究对国家整体制度质量的强调，基于奥利弗·威廉姆森（Oliver Williamson）的制度层级模型，埃斯特林等学者明确了影响创业活动的三个制度基本维度：腐败水平、产权保护程度、政府活动规模。在制度层级模型中，非正式制度位于制度层级的顶部，它们由传统、习俗和宗教观念等构成，是根深蒂固、变化最缓慢的。埃斯特林等学者依据鲍莫尔和斯特罗姆（Strom）(2007) 的观点，提出影响创业的一个关键非正式制度是个人、法律和行政系统的廉洁程度。正式制度位于制度层级的第二层。在这个层次，威廉姆森仅强调产权保护制度，埃斯特林等学者则做了扩展。在他们看来，正式制度既包含宪法层面，它构成了对行政分支的法律约束，也包括管制层面，它反映了政府的政策选择，在他们的研究中采用政府规模（政府积极主义）来衡量。他们指出，尽管两者均是政府权力的重要特征，但可能以不同的方式影响创业活动：稳定和有效的产权能保护高质量创业活动，庞大的政府规模、烦琐的规章制度则会提高创业的运营成本。制度层级的第三层是治理（governance），它对应交易的治理结构，塑造了个人互动的方式。与威廉姆森对交易的宏观社会治理结构的强调不同，埃斯特林等学者借鉴了格兰诺维特（Granovetter）(1985) 的观点，认为能提供资金支持并有助于发展供销网络的个人社会关系是影响创业活动的重要因素。这种微观社会结构不仅将为创业者提供资源支持，而且也有助于他们应对腐败或功能失调的宏观环境。

埃斯特林等利用 2001～2006 年 42 个国家的全球创业观察数据对上述理论进行检验。

他们采用创业者在五年内增加雇用人数的期望值来衡量创业成长抱负。他们的研究结果发现，创业成长抱负受益于强有力的政府产权保护和较小的政府规模，又会受到高程度腐败的压制。此外，尽管微观层面个人社会关系可以在一定程度上弥补制度缺失，但难以完全弥补不利制度因素的影响。上述结论看似简单，却蕴含着对如何理解创业活动中制度作用的深刻启示。

首先，通过扩展威廉姆森的制度层级模型，文章明确提出了法律层面正式制度和规制层面正式制度的差别，提供了一个研究创业活动的多维制度视角。自鲍莫尔以来，大量文献尝试利用实证研究检验创业中的制度影响力，然而，早期研究仍倾向于将"制度"视为单一变量来探究整体制度变化对个体创业决策的影响。在实证检验上，采用"制度完备性""市场自由指数"等对一个国家或地区的制度环境进行整体测量的研究比比皆是。而埃斯特林等学者的研究则表明，薄弱的产权保护和大规模的政府管制都可能导致高质量创业活动的减少，同样的创业活动形态背后可能存在不同的制度前因。例如，在俄罗斯和德国，新创企业的成长抱负都很低，但前者更可能是由于政府产权保护的缺乏，而后者更多是政府过度管制所导致的。因此，以往对制度整体化的简单分析极大地限制了研究的理论发展和解释力。上述发现提示了以往那种抽象化"制度"概念，以"强""弱"来简单衡量制度质量的做法会模糊创业现象背后的深层制度根源，启发了后续制度复杂性方向的研究。

其次，研究响应了鲍莫尔对生产性创业活动的强调，对早期研究过分关注创业数量和创业率的情况进行"纠偏"。事实上，尽管鲍莫尔的奠基性研究强调了制度对生产性创业及经济增长的重要意义，但讽刺的是，不少研究并未重视这一理论内涵，还停留于对创业进入和国家创业活跃度的考察。在埃斯特林等学者看来，那些支持自我雇用和小微企业创立的制度与那些支持创新型、高成长导向型创业的制度可能是不同的。前者关乎创业能否发挥在促进社会公平、减少贫困中的作用（Bruton, et al., 2013）。后者则与创业的经济外部性相关，决定了创业对经济增长的贡献（Minniti, Lévesque, 2010）。受此启发，大量研究开始转向对不同创业类型及其背后关键制度因素的关注。在实践层面，一项以促进创业为重点，而不是促进高质量创业活动为重点的政策将不太可能对经济增长产生太大影响力，这对试图通过制度改革以促进创业的政府而言，具有鲜明的政策意义。

法尔扎娜·乔杜里等学者的研究：基于多元制度框架解释地区间创业活动差异

随着"正式制度如何影响创业"这一问题研究的推进，完善的正式制度与高质量创业活动间的积极关系似乎已成为共识。特别是进入21世纪以来，由于认识到创业对经济发展的重要性，世界各国政府积极实施了许多旨在促进创业的政策和制度改善措施。然而，这些努力并不总能得到积极回报（Minniti, 2008）。一个突出的现象是，尽管大多数发展中经济体已进行市场化改革，但与发达国家相比，其创业活动仍停留于较低水平。因此，制约研究深入的一个重要问题是：遵循相同的路径进行改革，为何制度在不同地区仍表现出显著的效力差异？法尔扎娜·乔杜里（Farzana Chowdhury）、戴维·奥德兹和马克西姆·别利茨基（Maksim Belitski）2019年在《创业理论与实践》上发表了《制度和创业质量》一文，系统性讨论了在不同经济发展水平国家之间，多元制度质量对创业数量、质量的影响差异。

乔杜里等学者认为，由于不同类型创业需要不同类型的资源，而经济发展水平的变化会改变不同类型资源的需求和供给。因此，随着国家经济环境的不断发展，我们需要调整政策，以使这些资源能更有效地结合和利用。换言之，经济发展水平的变化会导致不同的制度产生效力差异，并对创业数量和质量产生不同的影响。结合道格拉斯·诺斯（Douglass C. North）的制度理论，奥利弗·威廉姆森的制度层级模型，理查德·惠特利（Richard Whitley）的国家商业系统观点以及鲍莫尔的生产性创业观点，文章认为一个国家的创业数量和质量可能受到六个方面制度的影响：①金融发展水平；②可利用的创业资本（宏观层面创业者的能力感知和机会感知）；③监管环境；④腐败；⑤政府规模；⑥政府项目与支持。文章进而提出：与发达国家相比，发展中国家中金融发展水平、可利用的创业资本、监管环境对创业数量与质量的积极影响更强。此外，在两类国家中，腐败和政府规模产生的影响也存在差异。在发展中国家，它们对创业数量的积极影响更强，在发达国家，则对创业质量的负面影响更强。最后，发展中国家的创业数量受政府项目与支持的积极影响更大，同时政府项目与支持对两类国家的创业质量都有积极影响。

在实证检验部分，这篇文章对2005～2015年全球创业观察、世界发展指标（World Development Indicators）、营商环境数据库（Doing Business Database）、全球竞争力报告（Global Competitiveness Report）、经济自由指数（Economic Freedom Index）、世界知识产权组织（World Intellectual Property Organization）、世界治理指标（World Governance Indicator）等多元数据库进行整合。在变量测量上对不同方面的制度进行细致识别，同时，进一步对制度的测量进行多指标扩展，比如金融发展水平纳入了三个衡量指标，包括信贷可得性（以银行对私营部门的国内信贷占GDP的百分比来衡量）、风险资本可得性（以创新和高风险项目获得股权融资的难易程度来衡量）、资本市场发展水平（以企业利用资本市场融资的程度来衡量），从劳动力市场监管、企业税率和个人破产的后果三个方面来衡量国家监管环境。

这篇文章的检验结果表明，制度与经济发展之间存在着动态的关系，尽管许多国家都采取了旨在促进创业的政策，但并非所有国家都能获得同样的制度效应。尽管不同的制度对创业数量和质量都很重要，然而在不同的国家并非所有制度都扮演相似的角色。例如，国内信贷可得性和风险资本可得性都与创业的数量和质量正相关，且在发展中国家的影响更强。然而，在两类国家中，风险资本可得性对创业质量的积极影响都比信贷可得性更为明显，而两者对创业数量的影响差别不大。又如，虽然发展中国家的企业税率、劳动力市场监管、破产规制对创业数量都有更为积极的影响，然而在发达国家，企业税率对创业数量的负效应却更为明显。相比之下，在发达国家当企业税率超过商业利润的60%，创业数量就会降到0，而在发展中国家，企业税率超过商业利润的120%，创业数量才会降到0。作者认为这可能是由发展中国家创业者机会成本较低以及更强韧性所导致的，在作者看来，这也反映了发展中国家税收征管薄弱、企业隐藏利润的现实。上述研究结果表明，制度与创业间的关系可能比以往预期的更为复杂。

乔杜里等学者试图对多元正式制度、经济发展与创业活动间的复杂关系提出一个系统性框架并进行检验，这在一定程度上限制了文章对假设的理论论证，以及对复杂检验结果的理论解释（针对这一现象，我们将在下面做进一步讨论）。尽管如此，该文章对于深化该领域的研究及后续研究的开展仍具有重要的价值，这主要体现在以下几点。

第一，通过结合诺斯、威廉姆森、惠特利以及鲍莫尔等学者分别构建的理论框架，文章探讨了多维度正式制度和创业活动间的关系，强调创业决策不是在真空中进行的，而是基于对制度环境和可用支持结构的细致分析。文章的实证结果直接支持了四种不同制度文献间存在的协同作用。这一思路体现了当前制度影响创业研究的理论演进,如韦布(Webb)等学者(2020)就为影响创业的正式制度划定了更宽的范围,即包括正式的法律、规则等(它们不仅提供了限制和激励措施以促进合法行为,而且规定了什么是社会可接受的行为),也包括各种支持因素,如管制、资本、劳动力市场及基础设施关键要素(通信、运输和公共设施)等。因此,在某种程度上制度-创业的研究已表现出独特的领域特色,其对制度的讨论正渐渐脱离经济学的严格界定,而更多从创业这一独特现象出发,关注可能影响创业活动的复杂宏观社会经济结构。

第二,这项研究发现,不同制度对创业数量和质量会产生不同的影响,这种关系强度取决于国家的经济发展水平。这一结论是对"制度重要"观点的进一步深化。埃斯特林等学者批判了早期研究对正式制度单一、机械式强调,识别了影响创业活动的不同关键制度,但他们的研究结论并未凸显同一制度在不同国家是否存在作用差异。乔杜里等学者的研究则在此基础上更进一步,揭示了制度的作用还取决于经济发展水平。以往不少学者受诺斯(1997)观点的影响,将经济发展水平视为制度的结果,将经济发展水平排除在制度分析之外。该文章呈现的结果提示,二者的关系远较上述认识复杂。作为一种影响不同类型资源供应与需求的关键宏观因素,经济发展水平的共同作用不容忽略。研究进一步提示对制度作用的考察需要与其他情境因素结合起来。这也意味着不存在最优的制度设计,也不存在一劳永逸的制度改善方案,研究者必须明晰不同正式制度间的内在机制,并将其与社会情境、个人特征结合起来。

第三,在实证检验层面,文章采用多元数据集对不同制度和创业质量进行更稳健的衡量,包括金融发展(信贷可得性、风险资本可得性和资本市场情况)、创业资本(创业者能力感知与机会感知)、监管框架(劳动力市场、企业税率和破产法)、腐败、政府规模、政府支持等,这将为后续关注不同制度的研究提供有价值的借鉴。同时,文章结论也呈现了很多有趣且出人意料的结果,围绕这些结果进行讨论将为后来者寻找研究方向、思考复杂制度的作用提供有益的启发。

未来研究方向

自鲍莫尔等早期研究以来,经过30年发展,制度影响创业的研究明确了创业中"制度重要",研究的演进不仅体现为对不同类型创业活动的关注,而且体现在对制度作用认识的深化之上。而正如上文所述,我们对于复杂、多元的制度如何影响创业活动的认识仍有限,这极大限制了研究对国家或地区之间创业活动差异现象的解释力。在2019年《管理学季刊》发表的《制度与创业战略》一文中,迈克尔·希特(Michael Hitt)和徐凯(2019)强调了制度源自多个权力中心的观点。在他们看来,影响创业活动的制度可分为多种类型(如正式制度与非正式制度,经济、政治和规制性制度),且存在于多个层级(如国家、城市、行业)。尽管单一制度可能会产生直接影响,但多种制度的组合效应往往更复杂且更具影响力。因此,"只考察某一项制度,或者这些制度里的某一类"并无助于解释制度如何影响创业活动的复杂作用机制。在此基础上,他们呼吁未来研究有必要从单一、整体制度分析转向多元制度共同作用的复杂效应分析。实际上,无论是希特和徐凯(2019)提出的制度多中心观点,还是新近制度领域关于制度逻辑视角与制度复杂性的讨论,都强调了制度环境是由不同类型、相互关联的制度构成。尽管不同制度间存在一定相似,但其内在逻辑差异却将导致不同制度产生不同作用效力，并使得多元制度组合的复杂影响要远大于单一制度的简单影响。

正如我们的评述所呈现的，尽管对制度复杂性的认识已在新近研究中有所呈现，但与乔杜里等学者的研究相似，大量研究都试图通过囊括所有可能影响创业的正式制度环境，以明晰这一制度的复杂效应。一些内容则直接借鉴了社会学的制度框架。例如，瓦尔德斯（Valdez）和理查森（Richardson）（2013）、斯滕霍尔姆（Stenholm）等学者（2013）检验了当规制性、规范性、认知性制度在模型中同时存在时，哪一类型制度对地区创业活跃度更富解释力。梅（Mai）和图尔基那（Turkina）（2014）基于创业折中理论，考察了经济机会、治理质量、宏观水平的资源和能力、社会文化等多种宏观因素对地区创业活动的共同决定模型。然而，这些研究在一定程度上都规避了对制度影响内在机制的分析，在理论分析中并未给出富有解释力的阐述，而更像是基于研究结论进行的逆向归因。上述情况导致不同多元研究的结论并未减少研究争论，比如斯滕霍尔姆等学者（2013）的研究指出对于创新、高增长型新企业的创建，监管环境并不重要（甚至呈负相关关系），但在不少研究者看来这一挑战性结论并不能否定政府角色对创业的积极作用。

因此，我们仍应该在理论上对不同制度的作用进行更深入的机制分析，这种分析是进一步构建复杂制度框架的基础。正如乔杜里等学者的研究所提示的，尽管信贷可得性和风险资本可得性都是国家金融发展水平的直接体现，但两者会表现出明显的作用差异。如果不从理论层面上深入分析不同制度影响创业的作用方式，我们将难以对这些结果进行有效解释。在这方面，扬（Young）等学者（2018）进行了有意义的探索。基于奈特的风险和不确定性观点，他们将正式制度分解为有助于降低创业风险的稳定性制度和有助于降低创业不确定性的灵活性制度。研究指出稳定性制度的完善有助于促进模仿型创业，而灵活性制度的完善则对促进创新型创业更有效。在他们看来，由于制度的复杂性和多元性，不同制度的建立和执行所导致的风险或不确定性程度会有所不同，因此有必要从理论层面对支持创业的制度内在作用机制差异进行辨析。但遗憾的是，目前围绕这一路径所展开的相关研究较少，理论认识仍有待深入。

同时，我们仍不清楚不同正式制度如何相互依赖以影响创业活动。例如，在威廉姆森的制度层级模型中，上层制度决定了下层制度，并决定了后者的实施效力。尽管埃斯特林等学者的研究识别了不同层级制度的关键指标，但并未深入讨论不同层级制度之间的关系。换言之，产权保护是不是更决定性的制度要素，是否会对低层次政府监管活动的作用产生影响？围绕这些问题的思考为我们深化研究提供了广阔的空间，也对后续的研究者提出了更高的理论要求。

研究设计与应用拓展

在研究设计方面，如你所看到的，"正式制度如何影响创业"这一问题的研究从早期经济学的基于历史的案例分析已全面迈向目前的实证检验范式。在实证范式下，数据成为研究的重要基础，当前制度–创业研究最常用的创业数据库是全球创业观察。通过随机选取有代表性的成人样本，全球创业观察每年会在每个参与国进行一次调查，其规模从 1 000 ~ 27 000 人不等。自 1999 年以来，全球创业观察的调查范围已涵盖世界各大洲 115 个经济体，每年可提供近 20 万个个体的调查数据，其调查内容不仅包括创业相关内容（如是否创业、创业动机、创业模式、创业规模、创业失败），也包括许多与创业活动有关的个人和社会特征（如人力资本、社会资本、风险规避、创业文化）。如果读者对创业活动的跨国比较分析感兴趣，基于统一评估标准的全球创业观察将提供坚实的数据支持。

另外，如果读者衡量国家整体制度或不同维度的制度，世界发展指标、营商环境数据库、全球竞争力报告、经济自由指数、世界治理指标、世界经济自由指数、人类发展指数、国家政策和制度评估、政体数据库则能为你提供广泛且可靠的数据来源。但请注意，不同机构对制度衡量的侧重点可能有所不同。例如，尽管经济自由指数和世界治理指标是当前学术界衡量整体制度质量的最常见指标，但前者更侧重从市场自由角度进行衡量，后者则强调国家维持秩序的治理能力。如果读者对产权保护感兴趣，读者将能在经济自由指数和全球竞争力报告中找到相对应的衡量指标，但前者更关注国家对企业的所有权保护，后者则旨在衡量知识产权保护。因此，当读者在多元数据库中寻找变量衡量方式时，务必更进一步观察、比较每一制度指标的具体衡量方式及其数据来源，辨析这一方式是否与文章研究关注点一致。

有关"正式制度如何影响创业"的实证研究兴起与国际数据的可用性密切相关，熟悉并掌握相关数据是加入领域讨论的必要前提。当然，制度和创业活动的地区差异不仅体现在国家层面，也体现在一个国家内的地区层面（省份、城市或区县）。特别是，由于国家之间在历史、社会、经济、文化等多方面存在的显著差异，当难以完全控制其他影响因素时，研究结论往往存在争议，不同研究的结果也往往难于简单比较。就此而言，聚焦于中国内部的地区差异或将为读者排除其他干扰因素提供较好的样本来源。遗憾的是，尽管近年来开展的全国性调查为研究创业提供了一些基础数据（如 CGSS、CFPS、CLDS），但聚焦国内的研究仍缺乏丰富的制度衡量指标，目前基于省份层面的樊纲市场化指数和基于部分城市的世界银行营商环境数据仍是仅有的正式制度指标。因此，如果读者对这一话题感兴趣，探索开发能更好捕捉中国不同地区之间制度差异的可靠指标或将成为做出贡献的有效渠道，这将对国内研究的开展起到重要的推动作用。

对计量方法的使用则是你需要关注的另一重点。为估计宏观制度对创业行为的影响，早期研究常采用 OLS、固定效应模型等预测制度对国家创业率的影响，或者使用 logit、probit 模型预测制度对个体创业选择的影响。然而，尽管我们强调制度对创业活动的引导作用，创业本质上仍是由嵌入在更广泛社会文化背景中的个人进行的。一方面，单纯基于国家层面的研究忽略了个体层面的动机和考虑，容易产生仅凭高层次因素分析结果对个体行为进行推断的生态学谬误，错误地将个体决策完全归因于国家层面。另一方面，单纯个人层面的分析则容易产生个人主义谬误，仅对个人行为进行理论化而忽略了其所处的更广泛决策背景。与之不同，通过承认微观层面是嵌入在宏观层面之中的，分层线性模型（hierarchical linear model）能有效地同时考察国家和个人层面因素，进而可以避免生态和个人主义谬误的产生（Autio, et al., 2013）。可以说，重视运用分层线性模型是聚焦该问题的研究"现象–理论–检验"走向契合的直接体现。因此，当读者试图定量检验宏观制度对个体创业行为的影响时，使用分层线性模型已成为发表在国际主流期刊的必要条件。

◆ 参考文献

Acs, Z. J., Desai, S. & Hessels, J., 2008, "Entrepreneurship, economic development and institutions", *Small Business Economics*, Vol. 31, No. 3: 219-234.

Audretsch, D.B., Belitski, M., and Desai, S., 2019, "National business regulations and city entrepreneurship in Europe: a multilevel nested analysis", *Entrepreneurship Theory and Practice*, Vol. 43, No. 6: 1148-1165.

Baker, T., Gedajlovic, E., and Lubatkin, M., 2005, "A framework for comparing entrepreneurship processes across nations", *Journal of International Business Studies*, Vol. 36, No. 5: 492-504.

Bjornskov, C., and Foss, H.J., 2016, "Institutions, entrepreneurship, and economic growth: what do we know and what do we still need to know?", *Academy of Management Perspectives*, Vol. 30, No. 3: 292-315.

Busenitz, L.W., Gómez, C., and Spencer, J.W., 2000, "Country institutional profiles: unlocking entrepreneurial phenomena", *Academy of Management Journal*, Vol. 43, No. 5: 994-1003.

Mai, T.T.T., and Turkina, E., 2014, "Macro-level determinants of formal entrepreneurship versus informal entrepreneurship", *Journal of Business Venturing*, Vol. 29, No. 4: 490-510.

Minniti, M., 2008, "The role of government policy on entrepreneurial activity: productive, unproductive, or destructive?", *Entrepreneurship Theory and Practice*, Vol. 32, No. 5: 779-790.

Sobel, R.S., 2008, "Testing Baumol: institutional quality and the productivity of entrepreneurship", *Journal of Business Venturing*, Vol. 23, No. 6: 641-655.

Stenholm, P., Acs, Z.J., and Wuebker, R., 2013, "Exploring country-level institutional arrangements on the rate and type of entrepreneurial activity", *Journal of Business Venturing*, Vol. 28, No. 1SI: 176-193.

Urbano, D., Aparicio, S., and Audretsch, D., 2019, "Twenty-five years of research on institutions, entrepreneurship, and economic growth: what has been learned?", *Small Business Economics*, Vol. 53, No. 1: 21-49.

Webb, J.W., Khoury, T.A., and Hitt, M.A., 2020, "The influence of formal and informal institutional voids on entrepreneurship", *Entrepreneurship Theory and Practice*, Vol. 44, No. 3: 504-526.

Young, S.L., Welter, C., and Conger, M., 2018, "Stability vs. flexibility: the effect of regulatory institutions on opportunity type", *Journal of International Business Studies*, Vol. 49, No. 4SI: 407-441.

希特, 徐凯. 制度与创业战略 [J]. 管理学季刊, 2019 (2).

▣ 文献推荐

Baumol, W.J., 1990, "Entrepreneurship: Productive, unproductive and destructive", *Journal of Political Economy*, Vol. 98, No. 3: 893-921.

Chowdhury, F., Audretsch, D.B., and Belitski, M., 2019, "Institutions and entrepreneurship quality", *Entrepreneurship Theory and Practice*, Vol. 43, No. 1: 51-81.

Estrin, S., Korosteleva, J., and Mickiewicz, T., 2013, "Which institutions encourage entrepreneurial growth aspirations?", *Journal of Business Venturing*, Vol. 28, No. 4: 564-580.

◉ 代表性学者

威廉·鲍莫尔（William J. Baumol）

威廉·鲍莫尔（1922～2017）是美国经济学家，在伦敦大学取得经济学博士学位，曾任美国经济学会主席、纽约大学经济学教授、伯克利创业与创新中心学术主任、普林斯顿大学名誉教授。他是一位出版了八十多部著作和数百篇学术论文的多产作者。他最著名的学术贡献包括可竞争市场理论、交易性货币需求的鲍莫尔-托宾模型、鲍莫尔成本病、"销售最大化"模型和庇古税的研究。基于他"坚持不懈地努力让企业家在主流经济理论中发挥关键作用，对创业本质的理论和实证研究，以及分析制度和激励对企业家精神分配的重要性"，2003年瑞典小企业研究基金会授予鲍莫尔国际创业与小企业研究奖。

索尔·埃斯特林（Saul. Estrin）

伦敦政治经济学院管理经济学和战略学名誉教授，也是伦敦政治经济学院管理学系的创始系主任，现任伦敦证券交易所创业研究院研究主任。他的主要研究领域是新兴市场、创业和国际商业，近年来他的研究聚焦于影响创业的制度环境。论文发表在《国际商务研究杂志》《战略管理杂志》等期刊上，谷歌学术总引用量超过20 000次。E-mail：s.estrin@lse.ac.uk。

戴维·奥德兹（David B. Audretsch）

奥德兹在威斯康星大学获得经济学博士学位，曾荣获印第安纳大学杰出教授并曾任美国经济发展学院主席，现任印第安纳大学公共与环境事务学院发展战略研究所所长。奥德兹的研究侧重于创业、政府政策、创新、经济发展和全球竞争力之间的联系，在《创业理论与实践》《美国经济评论》等顶级期刊上发表100多篇论文。同时，他是《小企业经济》的联合创始主编。2001年，瑞典小企业研究基金会授予奥德兹国际创业与小企业研究奖。E-mail：daudrets@indiana.edu。

非正式制度如何影响创业活动

◎ 叶文平

暨南大学管理学院

制度作为人为设定的用以规范人们互动行为的约束条件和社会博弈的规则（North，1991），自迪马吉奥和鲍威尔（Powell）（1983）提出"制度牢笼"（iron cage）这一命题以来，制度如何影响创业活动一直为研究者与政策制定者所关注。创业是市场行动者追逐机会实现新的"手段 – 目标"的过程，或是在企业家的机会警觉性和远见之下的打破市场均衡与新均衡建立的过程？这或许过分理想化，只是建立在韦布理想类型意义上的创业活动，而现实的创业活动往往是个体行动者依赖于自身资源禀赋与外部环境互动的结果。创业作为一个社会化的活动过程，构成社会场域基本运行规则的制度环境如何影响创业一直是研究者关注的焦点，但绝大多数研究主要关注正式制度对创业活动的影响，而忽视了非正式制度在创业活动中扮演的关键角色，其主要原因有如下几点。

第一，非正式制度概念的复杂性导致量化困难。区别于传统经济学或社会学文献从"正式制度来源于权力中心"的基本前提对正式制度给出清晰的概念界定，对于非正式制度概念的界定存在极大的模糊性，往往被界定为"宗教、文化、习俗和关系等的集合"。这种不同要素集合的概念界定极大提升了非正式制度量化的难度，尤其是当非正式制度作为反映一个地区、城市宏观层面概念时。研究者往往只能选择从非正式制度的单一维度展开研究，但这类研究同样也面临可信度与有效度不足的挑战。例如，张维迎和柯荣住（2002）最早尝试对中国不同省份的信任（交易信任）程度进行量化，发放了针对超过 15 000 位企业家的问卷，但最终这一信任指数也因为仅体现基于商业交易的信任而并未被研究者广泛接受。蔡（Chua）等（2019）对中国不同省份"松 – 紧"文化（loose-tight culture）的度量更是发放了超过 10 万份问卷。这些研究所呈现的工作量无一不体现了对非正式制度量化的巨大难度。

第二，非正式制度的稳定性限制了针对非正式制度与创业活动之间关系的因果推断。尽管诺斯（1991）曾指出："制度的稳定性并没有否定其处于变迁中的事实……制度总是处于演

○ 本文是国家自然科学基金青年项目"迁移距离、社会网络嵌入与异地创业成长研究"（71902072）、面上项目"动态、复杂制度环境下的创业活动研究"（71872193）和重点国际（地区）合作研究项目"家族企业国际化与创新：基于制度 – 文化的比较研究"（71810107002）资助的阶段性成果。

进之中的，因而不断改变着我们所能做出的选择"，但相比于正式制度而言，非正式制度具有长期的稳定性。这种稳定性一方面可以凸显非正式制度相比于正式制度对个体行动者可能具有更强的塑造能力，但另一方面在现有创业研究的尤其是定量研究的范式下很难针对非正式制度如何影响创业活动进行有效的因果推断。大量有关正式制度与创业的研究都建立在一个基本事实之上：正式制度长期处于动态变化之中，正是这种动态变化才会导致研究者可以针对制度环境的变化如何影响创业活动展开有效的因果推断。诚然，部分研究者选择了外生冲击引起的非正式制度变化来观察其对创业活动的影响，例如，反腐如何影响创业，但这类外生冲击相对较少且并不足以反应非正式制度对创业活动影响的全貌。

尽管非正式制度对创业影响的研究存在一定的挑战，但创业研究者与实践者均意识到非正式制度对创业活动的影响存在于方方面面。个体行动者与非正式制度的互动-塑造成为指引创业活动行动、意义与价值所在。正如皮奥托·斯托姆普卡（Piotr Sztompak）关于文化二重性的观点指出："一方面，文化作为行动的资源库，为行动提供价值理论的、规范的和认知的方向，它以这种方式来影响个人行动的执行力。另一方面，行动同时创造性地塑造文化，在文化出现或形态发生的过程中是最终决定因素"。基于此，为了更好地呈现非正式制度与创业研究的最新进展，我们选择了三篇文章来尝试从不同角度解析非正式制度如何影响创业活动。这三篇文章分别从非正式制度的三个不同维度：人际信任、文化价值和关系网络来分析非正式制度如何影响创业活动过程中的机会识别、资源动员和创业机会开发。不仅是对已有非正式制度与创业研究的有益补充，同时也为深入理解制度如何作用于创业活动提供了全新视角。

弗里德里克·韦尔特和戴维·斯莫尔本：信任影响创业活动中的双刃剑效应

作为创业活动的两大基本特征，早期创业研究认为创业活动的风险与不确定性内生于市场之中，而信任作为市场经济中最根本的伦理特征，势必会对创业活动产生深刻的影响。作为呼吁深化创业情境化研究的先锋，2006 年弗里德里克·韦尔特（Friederike Welter）和戴维·斯莫尔本（David Smallbone）在《创业理论与实践》上发表了《探索信任在创业活动中的作用》一文，系统地阐述了信任这一重要的非正式制度如何影响创业活动。

研究者首先从创业研究中被广泛关注的社会网络研究着手，强调社会网络对创业机会识别与资源动员扮演了不可替代的作用，而高度信任是构建强关系网络的基础，新创企业面临"合法性"危机的根本原因也在于新组织缺乏历史交易记录和与外部资源提供者难以通过重复的互动博弈过程建立稳定的信任关系。为了进一步阐述信任的形成机制以及对创业活动的影响，两位学者借鉴威廉姆森（1981）的研究将信任分为人际信任与制度信任。其中，人际信任主要是建立在人际间的长期互动过程之中，受商业环境或更广泛的社会中固有的规范、价值观和行为准则的制约。而制度信任则是指对正式组织、制裁机制以及非正式的行为准则和价值观等制度环境的信任，相比之下，制度信任的范围更广泛，超越了原有的人际关系的限制（Putnam，2000）。

两位学者进一步指出，两类信任对创业活动的影响存在动态变化，在创业活动的初期人际信任对于创业活动更为关键，此时个体行动者需要依赖于人际信任动员资源开发创业机会，而外部资源提供者会根据理性计算并不会参与到与新组织的资源交换之中。新创企业在成长期的制度信任更为关键，此时具有一定规模的组织会依赖于制度信任参与到与市场资源提供者的资源交换活动之中。有效的制度信任会极大降低交易成本。尽管人际信任与制度信任对于创业活动不同阶段的影响存在差异，但二者往往都是共同作用而非单独存在于创业活动过程之中。研究者认为两类信任对创业活动的影响主要通过以下三种机制来实现：①作为正式制度的一种替代，可以有效降低创业活动过程中的机会主义行为和交易成本；②增强不同群体之间异质性信息的流动与交换，降低个体行动者信息获取成本，有利于其识别和开发创业机会；③促进不同个人和组织之间的合作意愿，有利于提升个体和组织的社会资本。

尽管信任对于创业活动具有重要且积极的影响，但信任对创业活动的负面作用也不容忽视。研究者认为信任对创业活动的负面影响主要有两方面：第一，过度信任会导致创业者产生控制错觉和过度自信，忽视外部环境的动态变化，提高了创业活动的风险。第二，过度信任会导致信任双方的承诺升级，在一段关系中给予信任会增加对方的信任行为，这可能会导致随后的信任螺旋式上升，偶然的越轨行为也会导致信任快速摧毁，极大地提高了信任构建的成本，进而影响创业活动的展开。

韦尔特和斯莫尔本这篇文章极大地推动了有关非正式制度如何影响创业的研究，在厘清人际信任与制度信任对创业活动影响的不同机理的基础之上，研究者同时也敏锐地指出信任对创业活动潜在的负面影响，这种辩证性视角深化了对信任与创业互动之间关系的理解。延续这篇文章的分析框架，后续相关研究主要从两方面展开：第一，人际信任与制度信任的互动与演进如何影响新创企业的资源获取和融资顺序，其中具有代表性的就是丁（Ding）等学者（2015）、区（Au）和关（Kwan）（2009）等学者关于人际信任与制度信任如何影响创业者创始资金获取的研究。第二，信任对创业活动负面影响的相关研究，其中有代表性的研究是杨（Yang）等学者（2020）关于创业团队信任对创业成长影响的研究。需要指出的是，两位学者在研究中并未直接回应信任是来源于"普遍的道德认识"还是"社会关系的互动"的争论，这也为后续在创业研究中如何量化信任，尤其是制度信任增加了困难。

赵雁飞和泰勒·弗莱：父权主义与女性创业融资

制度如何影响行动者的行为决策，理性计算与文化分析各自给出了不同的观点。理性计算的观点认为制度对行动者的影响主要是通过给其提供关于其他行动者现在和未来可能采取的行动的确定性来实现；而文化分析强调行动者的行动并非完全基于功利性的计算，而是受到个体所持有的价值观的限制和导引。不可否认，人类行动是有理性的和有功利目的的，但文化的路径强调个体行动者在一定程度上往往按照惯例和他所熟悉的行为模式去实现他的目的。尽管正式与非正式制度都会通过影响个人的行为预期来决定创业活动的风险与不确定性，进而影响个体行动者的创业决策，但区别于正式制度的理性计算，非正式制度对创业活动的影响更多是基于价值观的塑造与引导。2016年赵雁飞（Eric Yanfei Zhao）和泰勒·弗莱（Tyler Wry）在《管理学杂志》上发表了《不是所有的不平等都一样：分解父权制的社会逻辑以理解对妇女的小额贷款》一文，从社会文化视角分析了非正式制度如何影响女性创业者对于创始资源的获取。

两位学者首先提出研究的核心议题：集体的社会信仰如何影响个人或组织的行为模式。制度逻辑的观点一直强调共同的信念集会通过不同形式来塑造个人和组织的利益、身份和行动。组织不仅受到行业领域职业知识和社区价值观念的影响，而且受到更广泛的社会信仰的影响，甚至是不同国家的行为模式也可以通过国家文化、价值观念等信仰体系来区分。社会学与管理学的研究者将这些信念概念化为社会逻辑，并认为它们塑造了组织行动。社会逻辑创造了对适当性和理想行为的广泛期望，塑造了管理认知，并影响了外部资源的流动，从而激励了符合逻辑的行为。例如，哈夫曼（Haveman）和拉奥（Rao）（1997）的研究表明，节俭组织的结构和做法随着进步主义的社会逻辑的上升而发生变化；比加特（Biggart）和吉伦（Guillen）（1999）认为，阿根廷、西班牙、韩国和中国台湾的社会逻辑产生的压力，形成了这些国家和地区不同的工业发展模式。进一步地，研究者认为由集体信仰形成的社会逻辑会影响组织社会整体的每个单元，如家庭、宗教、国家、职业、公司、市场和社区等。尽管每个单元都会受到自身独特组织原则的影响，但这些独特原则都是建立在广泛的社会逻辑基础之上的。

为了检验这一理论逻辑，研究者通过不同国家父权主义如何影响小额信贷组织（microfinance organization）对妇女的贷款作为研究对象，小额信贷组织是通过向穷人提供贷款来解决贫困的社会企业。作为一种理想类型，父权主义是一种塑造性别化利益、身份和实践的社会逻辑。它包含了对男性（公共和经济）与女性（私人和家庭）适当角色的信念，以及男性与女性属性和利益的价值。虽然这些信念的具体性质和强度各不相同，但父权主义在世界不同国家都普遍存在并具有广泛的影响力。研究者通过 1995～2013 年 115 个发展中国家 2 326 家小额信贷组织的历史数据发现，在高度父权主义的国家会通过这一价值观念决定男性与女性的社会角色分工，降低女性获得贷款的比例，而不同行业的价值观念会弱化父权主义的关系。

该文章作为非正式制度如何影响创业的经典研究，主要价值在于以下三个方面。第一，它证实了社会层面的非正式制度逻辑同样会受到组织原则的支配和影响，即低层次的组织规则的相容性决定了上层制度逻辑的有效性，而并非传统研究中制度逻辑是单一自上而下的影响。第二，它为非正式制度的跨国比较研究提供了新的视角。传统对非正式制度如何影响创业活动的跨国比较研究主要局限于国家文化、腐败和信任等议题，而较少涉及更深层的社会观念，该文章选择了具有广泛代表性的父权主义这一重要的非正式制度，启发了后续研究。第三，它为非正式制度与创业研究提供了可供借鉴的方法。如何有效测度非正式制度一直是研究者面临的巨大挑战，该文章同时采用了定量研究与定性研究相结合的方法，通过混合研究方法的使用较好地克服了这一难题，为后续相关主题研究提供了研究方法范本。

苏纳西尔·杜塔：社会网络嵌入如何推动社会创业

对于非正式制度如何影响创业活动的讨论，有关社会网络嵌入的讨论势必会成为焦点，一方面固然是因为新经济社会学弥合了针对个体行动者展开分析的"低度社会化"与"过度社会化"争论，更为主要的是研究者普遍认为社会网络嵌入是形成非正式制度的重要载体。随着创业活动的非经济目标被研究者逐渐开始关注，社会创业作为一种创造性地利用商业逻辑，通过市场手段来实现社会使命的组织活动，很大程度上解决了那些被政府、市场和公益部门所忽略或无法充分解决的社会问题，但如何克服"合法性"危机与资源约束难题是社会创业面临的最大难题。苏纳西尔·杜塔（Sunasir Dutta）2017 年在《行政科学季刊》上发表了《在大自然严峻考验下的创造：1991～2010 年加利福尼亚州自然灾害后的社会多样性与当地社会创业》一文，引入了自然灾害作为外部冲击，剖析了社区中非正式组织的多样性如何促进社会创业的产生。

社区作为个体行动者社会活动的重要组织，当社区面临公共品供给不足的挑战，社区成员往往会采用社会创业形式成立非营利性服务组织来动员资源,通过联合行动来解决问题。在这一过程中,社会成员的参与意愿,成员的社区嵌入程度都是构成社区能力的重要因素,也决定了以社区为主体的社会创业能否有效开展。研究者首先就指出现有研究中存在的一个巨大的挑战,对社会创业的研究中忽视了组织能力的问题。社会创业者不仅会面临在选择提供商品或服务方面难以达成共识,更为关键的是面临如何有效地动员资源的组织能力问题。社区成员的社会关系网络嵌入有利于提升新创组织对外部环境的适应能力,例如,个人所处的社区不仅提供信息和资源,还提供解释信息的认知框架、规范性约束,如社会生活的规定和义务,以及制度性约束,如正式的规则、条例和特定类型的经济或社会产品供应的激励结构。但与此同时,高度嵌入形成的默会知识会导致组织形成认知固化,阻碍新创组织对复杂变化的环境做出反应,形成过度嵌入的负面影响。

为了有效解决这一嵌入性悖论的问题,研究者从社区非正式组织的多样性入手来研究非正式制度多样性带来的社会网络嵌入如何避免"嵌入性悖论"来推动社会创业。社区非正式组织的多样性不仅提供了多样化的技能、服务于异质性的资源,而且多样性的非正式组织由于成立时的历史印记、参与方式和治理规则不同形成了组织自身独特的组织形式和组织能力。由于创建组织时需要将正确的人员、薪资、资源集合以应对不确定性和挑战,当自然灾害到来时,具有多样化非正式组织的社区,既可以通过资源拼凑的方式,充分调动组织中的各类型资源,提高组织创建的成功率,也可以借助非正式组织多样性衍生出来的异质性能力有效避免对当地社会网络嵌入所带来的"过度嵌入"的负面影响。基于此,研究者采用自然灾害作为外生冲击来检验社区非正式组织多样性对社会创业的影响。研究发现,社会的非正式组织多样性越高越有利于促进社会创业,另外,当更低概率的自然灾害出现时,这种不可预知性往往需要更丰富的资源解决,并且当灾害种类更多样时,也需要更复杂的解决方案应对组织挑战。因此,结合考虑自然灾害的突发性和复杂性,这两种特殊性都会促进社区非正式组织多样性对社会创业的促进作用。

这一研究极大地推动了社会创业研究由微观创业者特质向宏观制度环境的转变。早期社会创业的研究致力于回答"谁会成为社会创业者",而忽视了外部环境对社会创业的影响。该文章创造性地将新创组织如何有效展开社会创业定义为一种组织能力,而组织成员的不同社会网络嵌入既能为提升组织能力提供异质性的资源和信息,同时也避免了单一社会网络嵌入导致的"过度嵌入"的负面影响。这一研究不仅深化了非正式制度与社会创业的相关研究文献,更为主要的是从社会网络嵌入多样性视角为如何克服"嵌入性悖论"提供了新思路。

未来研究方向

作为一个社会博弈的规则,制度如何影响个体行动者的行为一直是制度研究的核心问题。经济学与社会学的研究从两种不同的视角尝试去解释制度对个体行动者行为的影响机制。经济学延续了理性选择的视角,源于古典经济学的功利主义传统,强调根植于理性的计算之上的人类行动。社会学延续了文化分析的视角,根据社会学对社会规范的研究,通过阐述个体行动者对社会规范的内化来说明制度与个体行动者的关系。前者的研究主要从微观的个体行为层面,通过个人行为的利己动机来解释制度的起源和发挥作用的社会机制;而后者则强调诸如宗教信仰、共同价值规范、文化传统等更大范围的社会结构因素作为选择的社会参数对个体行为所施加的限制。随着制度分析在两个方向上的推进,微观行动与宏观结构联系的缺失问题显得越发明显。处于微观层次的个人选择与处于宏观层次的制度结构通过何种机制相互影响的问题越来越引起理论家们的关注。也正是两类研究的分离导致了经济学与社会学关于制度与行为的研究长期陷入"低度社会化"与"过度社会化"的长期争论之中。结合我们选择的三篇有关非正式制度如何影响创业的经典文献，未来研究可从以下方面扩展。

韦尔特和斯莫尔本的研究启发我们关注信任对创业活动的负面影响。韦尔特和斯莫尔本的研究在指出人际信任与制度信任对创业活动积极影响的同时也强调了过度信任带来的负面作用（如过度自信、控制错觉和资源承诺升级等），但研究者并未针对这种负面效应在不同创业研究议题中的不同作用机制展开充分讨论，例如，创业团队内部成员间的过度信任可能导致激励不足和资源承诺不足，而创业生态系统内部成员间的过度信任可能导致平台内部治理的低效率。与此同时，在数字化情境下人际信任与制度信任对创业活动的负面作用可能会存在更为复杂和多样性的关系，需要进行更为充分和深入的分析。

赵雁飞和弗莱的研究首次关注了父权主义这一独特文化要素对女性创业活动的影响，极大地扩展和启发了我们对非正式制度要素的全新探索。非正式制度往往被抽象为文化价值观或社会信仰，现有对非正式制度与创业的主流研究聚焦于：国家文化、宗教信仰、人际信任和腐败四类。尽管这些研究都极大丰富了对非正式制度如何影响创业的认知，但仅局限于这四类非正式制度显然不能深刻地把握非正式制度与创业的内在关系。未来研究可以通过以下三个途径来进一步丰富对非正式制度不同维度的探索：

首先，关注语言结构对创业活动的影响。语言作为影响个人认知最重要的因素，不同语系的语言结构不仅会影响个人对事物的理解和看法，也会潜移默化的塑造个人的认知，甚至形成社会的普遍偏好。

其次，关注"性别–角色"观念对创业活动的影响。"性别–角色一致性理论"的观点认为外部利益相关方在性别化的环境下评价绩效时，会利用普遍存在的认知捷径——性别刻板印象。因此，女性在男性领域中要取得合法性和可信度将面临更多挑战，因为社会分工中对女性角色的定位是家庭为中心的延伸，而对男性角色的定位是社会竞争为中心的延伸。这种不同"性别–角色"观念的延伸也会影响着创业活动的展开。转型期的中国对这一议题的研究具有更为重要的价值，其原因在于中国传统文化中强调"男主外、女主内"的文化观念深刻影响了社会分工，而改革开放之后的市场经济逻辑对传统家庭"性别–角色"观念产生了巨大的冲击。

最后，关注宗族文化对创业活动的影响。宗族文化是中国传统文化的标志，已经成为一种重要的文化与经济形态。与西方社会依靠城市作为主要生活单位不同，中国数千年来都是依靠宗族作为社会交往的平台。以血缘为纽带聚合而成的亲属团体，是中国最重要和稳定的社会组织之一。中国现代化的商业活动正经历一个从"社会组织"向"经济组织"转变的过程。家族在创业活动中扮演了极为关键的角色，而这背后往往折射出鲜明的中国传统宗族文化所蕴含的价值取向和伦理规范。关注宗族文化如何影响创业活动在转型期的中国显得尤为重要。

杜塔关于社会网络嵌入如何影响社会创业的研究并不拘泥于社会创业活动如何触发，而是关注新组织如何塑造自身能力来应对社会创业活动中存在的风险与不确定性，进而展开社会创业活动。研究者从社会网络嵌入视角出发提出了组织如何提升组织能力的同时避免"过度嵌入"悖论。这一研究思路与早期关于组织战略、竞争优势的研究不谋而合。研究者强调采用战略平衡、最优区分或社会网络嵌入来实现战略的差异化与趋同。由此可以预见的是未来关于非正式制度如何影响社会创业的研究中，研究者更应该关注潜在个体行动者、行动者集合如何通过资源分配的差异化来提升组织能力，以突破社会创业的资源约束并克服"合法性"危机。

研究设计与应用拓展

如何进一步深化非正式制度与创业的研究必须面临的重要挑战是如何有效克服非正式制度测量难题。对于非正式制度的有效量化是展开深入研究的基础，研究关于非正式制度与创业的研究主要聚焦于国家文化、宗教信仰、人际信任和腐败这四类，其中仅有国家文化的测量具有较好一致性，其他概念的测量都面临一定程度的质疑。例如，对信任的测量目前普遍采用的做法是采用世界价值观调查（World Values Survey）中个人对其他人的信任态度来测度人际信任，并将不同国家、地区的抽样样本简单的加总来衡量该地区的人际信任程度。随着大数据与人工智能技术的兴起，在未来的研究中如何借助先进的数据获取方法和统计技术来克服非正式制度的测量难题是深化非正式制度与创业研究议题的关键。

在理论研究方面，已有关于非正式制度如何影响创业的相关议题从制度理论、交易成本理论、资源依赖理论、社会网络理论、信号理论和实物期权理论等不同视角展开了丰富的论述。其延续的基本分析逻辑是将非正式制度视为正式制度的补充或替代，并会影响创业活动的风险与不确定性。个体行动者往往需要通过自身资源禀赋与非正式制度进行策略性互动以克服创业活动中的风险与不确定性，但绝大多数已有研究都过度强调个体行动者被动接受非正式制度的影响，而忽视了个体行动者在应对非正式制度要素制度化过程中的主动应对。未来针对非正式制度与创业的研究可以尝试从最优区分理论、公共选择理论等强调个体行动者主观能动性的理论视角进行探索。

为了进一步丰富非正式制度对创业活动影响的研究，未来的研究可以关注文化的现代性与多元性带来的文化冲击对创业活动的影响。已有对非正式制度诸如文化价值观的研究往往认为其在一定时期是保持稳定且不变的，但互联网的兴起在加速文化多样性的快速融合和传播的同时，也会对被视为稳定且不变的传统文化价值观产生冲击。例如，性少数群体（Lesbians Gays Bisexuals Transgender，LGBT）文化、"黑人的命也是命"（Black Lives Matter，BLM）运动、"Me Too"运动等。奥伦卡（Olenka）等学者（2020）的最新研究发现，在互联网时代新兴的快速传播所产生的放大效应会强化女性在传统男性主导行业中取得的成功的示范效应，会成为冲击传统"性别-角色一致性理论"的重要因素。戈尔巴泰（Gorbatai）等（2021）最新的研究也发现，BLM运动会通过改变美国黑人对个人社会角色的定位进而影响其行为决策。罗（Luo）和张（Zhang）（2021）对于"Me Too"运动的研究也提供了直接的证据表明会降低女性在职业市场中面临的性别不平等。上述这些研究都极大启发了我们关注互联网普及对传统非正式制度的冲击以及由此产生的对创业活动的影响，这是非正式制度如何影响创业的一个至关重要的议题。

在研究设计方面，现有关于非正式制度如何影响创业活动的定量研究都是基于二手数据展开的，其中最为常见的方法是通过一些独特的数据库来测度非正式制度的某一个维度，然后再将这一量化的非正式制度的指标与其他创业相关的数据库进行匹配。例如，研究者普遍采用世界价值观调查来量化不同国家的人际信任程度，然后再将这一指标与全球创业观察项目数据进行匹配，研究不同国家人际信任程度对创业机会识别与创业资源获取的影响；研究者通过中国综合社会调查（Chinese General Social Survey，CGSS）来量化中国不同省份"性别－角色"观念，然后再将这一指标与中国私营企业调查进行匹配，研究"性别－角色"观念如何影响男性与女性创业者的绩效等。这种通过多个数据库的匹配在一定程度上可以提升研究结论的可靠性，但存在的局限性也是显而易见的——对非正式制度的测度过于简单化。为了弥补非正式制度测量有效度不足的问题，越来越多的研究采用了混合研究方法，在大样本的定量研究基础之上补充定性研究，通过定性研究来弥补定量研究存在的不足。

◆ 参考文献

Au, K., and Kwan, H.K., 2009, "Start-up capital and Chinese entrepreneurs: the role of family", *Entrepreneurship Theory and Practice*, Vol. 33, No. 4: 889-908.

Biggart, N.W., and Guillen, M.F., 1999, "The automobile industry in four countries", *American Sociological Review*, Vol. 64, No. 8: 722-747.

Chua, R.Y.J., Huang, K.G., and Jin, M., 2019, "Mapping cultural tightness and its links to innovation, urbanization, and happiness across 31 provinces in China", *Proceedings of the National Academy of Sciences of the USA*, Vol. 116, No. 14: 6720-6725.

DiMaggio, P.J., and Powell, W.W., 1983, "The iron cage revisited: institutional isomorphism and collective rationality in organizational fields", *American Sociological Review*, Vol. 4, No. 4: 147-160.

Ding, Z., Au, K., and Chiang, F., 2015, "Social trust and angel investors' decisions: a multilevel analysis across nations", *Journal of Business Venturing*, Vol. 30, No. 2: 307-321.

Gorbatai, A.D., Younkin, P., and Burtch, G., 2021, "BLM and the fortunes of black entrepreneurs", *Harvard Business Review*, Vol. 99, No. 3: 28-29.

Haveman, H.A., and Rao, H., 1997, "Structuring a theory of moral sentiments: institutional and organizational coevolution in the early thrift industry", *American journal of Sociology*, Vol. 102, No. 6: 1606-1651.

Kacperczyk, A., Kang, S., and Paik, Y., 2021, "Double-edged sword of female political leadership: gender diversity-inducing and gender diversity-reducing effects in the workplace", *Available at SSRN 3866169*.

Luo, H., and Zhang, L., 2021, "Scandal, social movement, and change: evidence from MeToo in Hollywood", *Management Science*, Vol. 68, No. 4: 1-19.

North, D.C., 1991, "Institutions", *Journal of Economic Perspectives*, Vol. 5, No. 1: 97-112.

Putnam, R.D., 2000, *Bowling alone: The Collapse and Revival of American Community*, Simon and Schuster.

Sztompka, P., 1999, *Trust: A Sociological Theory*, Cambridge university press.

Williamson, O.E., 1981, "The economics of organization: the transaction cost approach", *American Journal of Sociology*, Vol. 87, No. 3: 548-577.

Yang, T., Bao, J., and Aldrich, H., 2020, "The paradox of resource provision in entrepreneurial teams: between self-interest and the collective enterprise", *Organization Science*, Vol. 31, No. 6: 1336-1358.

张维迎，柯荣住. 信任及其解释：来自中国的跨省调查分析 [J]. 经济研究，2002（10）：50-70.

▣ 文献推荐

Dutta, S., 2017, "Creating in the crucibles of nature's fury: associational diversity and local social entrepreneurship after natural disasters in California, 1991～2010", *Administrative Science Quarterly*, Vol. 62, No. 3: 443-483.

Welter, F., and Smallbone, D., 2006, "Exploring the role of trust in entrepreneurial activity", *Entrepreneurship Theory and Practice*, Vol. 30, No. 4: 465-475.

Zhao, E.Y., and Wry, T., 2016, "Not all inequality is equal: deconstructing the societal logic of patriarchy to understand microfinance lending to women", *Academy of Management Journal*, Vol. 59, No. 6: 1994-2020.

● 代表性学者

弗里德里克·韦尔特（Friederike Welter）

在波鸿鲁尔大学经济学系获得经济学博士学位，现任锡根大学管理学院教授，同时担任德国波恩中小企业研究中心主任。她主要致力于创业研究情境化与女性创业等相关议题的研究。她曾任欧洲小企业和创业理事会主席（2007～2009）。由于在小企业和创业方面的杰出研究获得了2017年格雷夫研究影响奖。韦尔特长期担任《创业理论与实践》副主编。E-mail：welter@uni-siegen.de。

苏纳西尔·杜塔（Sunasir Dutta）

在斯坦福大学取得管理学博士学位，现任明尼苏达大学卡尔森管理学院战略与创业系助理教授。他的主要研究方向为社会创业与社会运动，相关研究成果先后发表在《行政科学季刊》、《创业学杂志》、《组织行为和人类决策过程》（*Organizational Behavior and Human Decision Processes*）等期刊上。E-mail：sdutta@umn.edu。

赵雁飞（Eric Yanfei Zhao）

在阿尔伯塔大学商学院取得战略与组织理论博士学位，现任印第安纳大学凯利商学院创业与竞争企业系的杰出学者，管理与创业终身教授。他主要致力于结合最前沿的战略管理和组织理论来研究创新创业、社会企业等问题。相关研究成果先后发表在《管理学评论》《管理学杂志》《战略管理杂志》等期刊上。E-mail：ericzhao@indiana.edu。

制度复杂性如何影响创业活动

◎ 梁 强　◎ 章佳媚

汕头大学商学院

随着学术界对创业现象的持续关注和研究推进,我们逐渐认识到创业活动的前因、过程和结果都在合法性与竞争性方面受到制度环境的影响,这进一步拓展了对创业现象的认知边界。特别地,在早期研究中,单单从经济学视角出发将创业视为追求利润最大化的理性行为,这已经难以厘清为何创业的过程与效果存在差异,也无法道明现今社会创业和平台创业等新型创业模式背后的理论逻辑。高速发展的互联网和数字经济催生了全新的创业生态系统,也推动创业研究视角从"互动"向"联动"的转变。机会共生、网络嵌入等机制的出现,让传统的创业特质论、资源基础观、制度理论、社会网络理论分别从创业组织内、外部进行解释具有一定的局限性。特别是在中国不同转型阶段的发展情境下,制度在区域和时间上的差异,新技术赋能的创业组织不断涌现。创业形态为何不同,创业成败如何归因,创业机会背后的决策逻辑如何形成,创业作为扎根于社会环境中的经济活动需要社会学视角的理论来进一步深化解释这些关键问题。

社会学的制度理论从同构效应的角度解释了创业活动的区域性差异,但现有相关文献缺乏来自不同研究视角之间的有效对话,不同研究层次尚未形成统一的分析框架(Gehman, et al., 2016),这使得"制度如何影响创业"的研究走向系统化还有一定的差距。为此,创业领域权威刊物《创业学杂志》2010年开始呼吁"跨学科的对话与多理论视角的融入",进而丰富创业研究的框架。实际上早期的研究已将组织生态学应用于创业研究领域,学者们逐渐意识到尽管创业是内部资源与外部契机的组合,但创业活动嵌入的场域因素更能直接作用于创业的决策与执行过程(Hannan, Freeman, 1977)。因此,创业是复杂制度环境与组织性质互动的产物。结合社会学领域的理论来系统分析不同场域对个体或组织的认知与行为的塑造,是洞悉创业微观基础的关键。

在这样的研究背景下,制度逻辑理论的兴起(Thornton, et al., 2012)为研究复杂制度环境下的创业活动提供了新的思路。弗里德兰(Friedland)和奥尔福德(Alford)(1991)认为,

---

㊀ 本文是国家自然科学基金面上项目"家族企业的多元制度逻辑与长期导向战略研究"(71972119)资助的阶段性成果。

社会是由相互依存又相互矛盾的多重制度逻辑构成的，不同逻辑的意义和规范性的理解内化在仪式和实践过程中产生了不一致的期望。与制度理论不同，制度逻辑的关注重点不是同构，而是冲突逻辑的权衡或结果。通过提供制度与行动之间的联系，制度逻辑在宏观的结构视角与微观的过程方法之间搭建了一座桥梁。当存在多个相矛盾的制度逻辑在影响组织的行为决策时，立足于不同场域因素的分析有助于挖掘更深层次的作用机制。由此，制度逻辑为研究复杂制度与创业的关系提供了整合的视角。

制度复杂性源自多逻辑间的不兼容程度（Greenwood, et al., 2011）。其中，制度场域和制度构型成为重要关注点，围绕复杂制度与创业这一主题，将涉及制度间的替代、重叠、互补模式对创业行为的影响；同时站在创业组织的立场，关注企业主体的能动性可以更好地解释制度复杂性给创业行为带来的异质影响。我们从制度复杂性的奠基性文献着手，首先分析制度复杂性的成因及传导路径；随后依次介绍多种制度构型（替代、重叠与互补）如何直接或间接地塑造创业行为、组织如何发挥能动性调整战略配置以适应甚至利用复杂制度实现创业的可持续性。我们主要围绕以下三方面的文献展开论述：①结合社会学理论视角对复杂制度构型与组织响应模式的研究；②聚焦制度－组织双向互动如何实现稳定与增长的研究；③采用定性与定量及二者混合的研究范式参考。

罗伊斯顿·格林伍德等学者：揭示制度复杂性与创业组织的潜在互动

2010 年格林伍德等学者在《组织科学》上发表了《制度逻辑多样性与组织反应异质性》一文，2011 年在《管理学通讯》上发表了《制度复杂性与组织响应》一文。这两篇文章指出制度环境对组织行为的影响不是单线单向的传递，而是经历了场域因素的调整与组织性质的"筛选"。制度规制了企业生存的游戏规则，但在格林伍德等学者看来，制度并非一成不变的模式，而是碎片化动态的集合。组织所在场域在根本上决定着组织面临的制度复杂性的性质与程度。由此，他们挣脱了以往研究聚焦单一分析层次、囿于二元制度逻辑的桎梏，指出了复杂制度施压于组织的目标与手段，以及制度逻辑之间的秩序左右着组织的决策与行为。这两篇文章不仅构建了制度复杂性与组织响应的系统研究框架，还以实证的形式验证了其解释的有效性，是"制度复杂性与组织行为研究"的开山之作。

格林伍德等学者对隐含在制度视角中的制度过程复杂性及其对组织行为的影响进行了系统阐明，指出制度复杂性根源于多元制度要求的叠加与制度逻辑间不兼容的期望，"当组织面临来自多个制度逻辑间不相容的情境时，它们就会面临制度复杂性"。早期迈耶（Meyer）和罗恩（Rowan）（1977）开始质疑制度"同构"的效力，洞察到组织不仅是繁杂的关系模型的产物，而且是文化规则理性化的产物。制度对组织有很强的印记，这些被理性化的规则像"神话"和"仪式"一样内化到人们的认知中，以至于大多数组织认为符合制度是理所应当的，也就忽略了对"制度如何影响组织"这一过程的思考。格林伍德等学者强调制度复杂性的常态化，并总结出两种研究思路，一是理解组织在面对多重逻辑时所采用的策略，二是洞察多种逻辑在组织身上的外显。所以，逻辑、场域与组织之间的关系模式研究成为解释组织行为异质性的突破口。

格林伍德等学者为研究制度复杂性与组织行为提供了实证范例（Greenwood, et al., 2010）。制度到制度逻辑的理论视角转移，顺应着对组织行为的理解由追求合法性到合理性的演化。弗里德兰和奥尔福德（1991）认为，制度逻辑源于制度间系统的制度秩序，将社会制度核心抽象化为家庭、宗教、国家、社区等中心逻辑，对主导逻辑引出的同构效应成了制度与组织研究的主流，但格林伍德等学者认为非主导逻辑，即如国家、家庭、宗教等非市场逻辑对组织的影响切不可偏废。市场逻辑能解释大部分组织的"趋同"现象，但非市场逻辑对解释组织"趋异"行为具有重要意义。首先，将组织行为置于历史文化情境是解释组织经历制度逻辑过程的前提。格林伍德认为国家逻辑的相对稳定性掩盖了国家对组织市场逻辑的影响，而家族逻辑沿袭了地区宗教的核心价值观。实证研究也表明这两种非市场逻辑嵌入在了组织的裁员决策链条中，即在市场主导逻辑下，绩效差的企业倾向于裁员，但国家逻辑与家族逻辑分别出于对劳动者的保护和对声誉的维护，将减轻企业的裁员行为。其次，遵循"逻辑是分层的且嵌套的"是搭建研究框架的基础，格林伍德等学者验证了国家逻辑与家庭逻辑对主导逻辑（市场逻辑）具有调节的作用，由此也间接反映了不同制度逻辑指导下的目标与手段不一致。市场逻辑以效率为核心，但国家逻辑与家庭逻辑更关注社会的认可与利益相关者的福利。因此，在非主导逻辑的作用下，同构效应被削弱，组织反应的差异性被支持与放大。借鉴本篇实证的研究思路，我们需要关注创业活动发生的社会历史环境，并发现存在于创业决策链条中的多元制度逻辑。

继提供实证范例后，格林伍德等学者（2011）继续完善了制度复杂性与组织反应的研究框架，提出场域结构是促使制度多元性向制度复杂性转变的关键一环。新制度理论学派认为场域（field）适用于研究制度过程，而斯科特（2013）认为场域内的组织受到共同的文化-认知框架、规范性框架或规制性系统的限制，构成了一个公认的制度场域。在此篇文章中，格林伍德等学者通过比较成熟领域与新兴领域中组织面对制度复杂性的自由裁量权的大小，将场域因素如何塑造制度复杂性程度细分为三个维度："碎片化"（fragmentation）、"正规化"（formal structuring/rationalization）和"集中化"（centralization/unification）。具体而言，碎片化反映了组织所面临的多源需求，正规化则考虑这些需求是否来自正式组织，集中化表现为统一权威领导下组织形式的标准化。

循着该思路，对复杂制度环境下的创业研究可围绕以上三个维度进行探究。创业通常在新兴领域表现得更为活跃（York，Venkataraman，2010），但制度复杂性作为创业前因却往往被忽视。场域制度碎片化将影响创业组织对合法性及资源的获取方式。高度碎片化加剧了制度复杂性。创业组织的进入可能会受到来自多方的制度要求，但碎片化的制度环境对新进入的组织而言具有较高的边界渗透性。因缺乏主导的权威，该领域对新进入者具有更强的包容性，或者说，新创企业更容易扎根在由碎片化导致的制度复杂性的场域，而在合法性与资源的获取方面也享有更大的自主权。但场域中的正规化要素对制度复杂性的贡献仍莫衷一是。当来自正规化制度的要求居多时，一方面，组织迫于对合法性的维护不得不直面多元制度逻辑的冲突，而另一方面，正式的需求易于监管，从而降低了组织面临的制度复杂程度。当场域的制度需求较为集中于更高的权力层级（如政府）时，制度逻辑冲突在更高层的权威情境下得到解决。因此，场域结构特征对制度复杂性的影响核心在于制度逻辑的竞争冲突在哪一层次得到解决，即组织对于制度逻辑的决策是否有足够的自由裁量权。当场域制度环境中存在更多的正式组织或更集中的分布形态时，制度逻辑的不相容程度将得到缓解，组织遵循现有的"游戏规则"即可；但当制度复杂性下放到组织决策时，组织有更多的自由裁量权来灵活地应对。因此，制度复杂性是否直接影响创业决策与行为需要从场域结构层面加以分析。正式制度引导了创业形态，制度逻辑分离与集中程度则左右着创业组织的自由裁量权，创业的异质动机也随之放大或缩小。

在经济学视角下，创业行为被视为机会与个人能力的函数，有利可图是创业的主要动机。但随着社会学领域的理论视角的融入，制度多元化的背景扩了"有利可图"的内容，这为研究创业异质性动机提供了重要线索。格林伍德等人对分散的创业实证研究进行梳理，认为逻辑间的不兼容可以被组织属性过滤，如组织所处的场域位置、组织结构、所有权形式与身份认同，因此制度复杂性施加于各组织的压力并非一致。位于场域边缘的个体或组织对盛行的制度逻辑的嵌入程度有限，能更明朗地观察到制度逻辑的竞争状态，因而更易做出合理决策。同时，受逻辑束缚的程度较弱，边缘组织能获得更大的自由裁量权与灵活性，此时创业组织能自主权衡不相容的制度逻辑，识别更多的创业机会。基于此，考虑制度复杂性塑造新兴创业形态的研究应运而生，社会创业便是其中的典型（Battilana, et al., 2015）。

桑顿（Thornton）等学者（2008）假设个人和组织的利益、身份、价值都嵌入到制度逻辑中，决策和结果是个体代理和制度结构相互作用的结果。当出现较明显的主导逻辑时，制度逻辑将反映在个体或组织的决策与行为中；当多个相互竞争的逻辑同时出现时，组织决策的结果将取决于组织内部的权力分配与各逻辑在组织中的价值。即组织不是被动地接受制度规定，而是通过组织身份解释、翻译，甚至在某些情况下，转变或利用场域制度环境。格林伍德等学者采用桑顿等学者提出的制度逻辑视角，描绘了"制度多元性–制度复杂性–组织属性调节–组织响应"的系统研究框架，改变了以往研究将制度环境对组织的影响专注于工具性的结果分析，转向进一步探究结果背后合理性的过程机制。这种关注过程机制的研究视角框架为研究创业动机、形态及行为的异质性提供了新的线索，为解释创业活动的差异及创业结果的成败提供了更为全面且具体的理解思路。

这两篇文章阐明了制度复杂性的主要理论依据是制度逻辑的多元性，以及不同制度逻辑之间的交互影响关系，而这些不同的制度逻辑所形成的制度复杂性，对具有不同特征的组织的影响是有差异的，具体到创业企业也是如此。依托研究框架，近十年来对复杂制度环境与创业组织的研究方兴未艾，研究混合组织与社会创业、制度创业成为热点（Muñoz, Kibler, 2016；Battilana, et al., 2015；Pache, Santos, 2013）。

巴特·巴特扎尔嘎勒等学者：正式制度功能缺失下的非正式制度对创业的影响

格林伍德等学者强调应深耕制度过程研究，并提出"场域结构"与"组织属性"是决定制度复杂性程度与组织响应方式的重要因素。在前文中，碎片化的制度逻辑被认为是形成复杂制度环境的必要条件，但组织所面临的制度场域的正规化（formal structuring）与集中化（centralization）如何塑造制度复杂性仍需进一步讨论。迈耶和罗恩（1977）讨论了正式制度与非正式制度对组织的作用，认为相较非正式组织，组织受到周围正式组织的利益、主权等构成的规则环境的影响程度更强。考虑到不同的场域结构配置可能对创业活动产生不同程度的影响，同时也会触发组织采取不同的应对策略。因此，具象化制度复杂程度对创业的影响机制成为研究趋势。2013年巴特·巴特扎尔嘎勒（Bat Batjargal）等学者在《管理学杂志》上发表了《制度多中心主义、创业社会网络与新创企业成长》一文，对塑造制度复杂性的两个场域结构因素——正规化与集中化进行了更为具体的关系研究。

"制度是复杂且多方面的"。巴特扎尔嘎勒等学者沿着格林伍德等提出的制度多元性到组织响应的逻辑链条，直击场域结构配置的正规化与集中度这一模糊地带，以多制度中心环境下衍生的结构洞作为切入点，实证检验正式制度秩序对新创企业收入增长的影响。他们认为，多中心的制度安排将帮助组织重新设计解决问题的规则；但是，分散或重叠的规则却可能导致决策参照混乱。鉴于制度多中心的优劣，复杂制度对企业的影响在某种场域配置下将可能存在"倒 U 形"的效应。与早期研究热衷于解构或隔离多元制度的思路相异，这篇文章溯源并立足于制度多中心的理论假设（Ostrom，1999），即制度多样性（institutional multiplicity）、制度构型（institutional configuration）及制度情境特殊性（institutional context specificity）。制度多样性主要指制度间的动态互动，如相互强化；制度构型包括制度替代、制度重叠等关系，如薄弱和低效的制度将被其他制度替代，以弥补缺乏的制度效用；制度情境特殊性则强调组织和个人追求目标时会嵌入在特定环境中，受到场域的使能与约束。通过对比不同国家的场域结构配置，巴特扎尔嘎勒等学者聚焦多元制度与制度替代两个重要维度的组合对新创企业收入增长的影响，而社会网络理论的融入拓展了制度多元性与组织响应研究的因果效应框架。制度多元化带来的复杂制度环境可能加剧了创业活动面临的不确定性，但制度的复杂性达到一定程度或许将唤醒其他层面的制度发挥替代功能，从而引发组织的能动反应。

巴特扎尔嘎勒等学者实施了一项跨层次研究，样本来自中国、俄罗斯、法国和美国的 637 名企业家，收集了国家层面的制度、个人层面的社会网络以及公司层面的收入增长数据，使用了强弱复合的制度变量来捕捉国家层面上薄弱和低效的政治、监管和经济制度的汇合点。研究结果发现，在企业家社会网络中，由薄弱且低效的正式制度构成的制度秩序不利于新创企业的收入增长，但正式制度规范作用的缺席将唤醒非正式制度的替代机制。利用社会网络获取资源与合法性是行之有效的办法，当企业面临不利的正式制度秩序时，社会网络中形成的结构洞对新创企业收入增长的积极影响更强。由此可见，薄弱和低效的多制度集合往往容易受到制度间的摩擦而导致"负面强化"，然而，这种看似不利的制度环境却能促使创业者利用其社会网络以代替正式制度支持，即通过非正式制度的途径实现合法性与获得生存和发展的资源，进而产生"负负得正"的意外效果。

有趣的是，这篇文章认为单一或几个制度的交互可能不会对创业活动产生直接影响，相反，多制度汇合导致的复杂性将影响组织获取资源的方式，进而促进协同式的创业增长。这说明制度复杂性影响创业活动不仅是多方面的，也是多路径的，对可能的中介或调节效应的观察是积极有效的。巴特扎尔嘎勒等学者打开了具象化研究制度复杂性与创业关系的思路，呼吁拓展更具象化的研究以厘清复杂的因果联系，为理解制度环境与组织行为的互动提供了更深入的理论思维与更开阔的实践视野。他们率先挑战了制度场域结构特征中正规化与集中度的模糊地带，通过跨层次的分析回应了制度研究领域对垂直制度复杂性的重视（Greenwood，et al.，2011）。尽管制度复杂性与组织反应的研究框架为多维制度视角步入创业领域提供了启示，但后续研究似乎过于依赖该框架的因果链条，专注于探究组织对制度环境的利用或塑造，使社会创业与制度创业的研究得到青睐，以至于束缚了复杂环境与创业活动的研究思路。制度复杂性作为创业前因的研究则鲜有问津。

彼得·贾斯基维奇等学者：组织筛选机制协助竞争逻辑下的冲突管理

在"制度多元化-组织反应"的逻辑传导链条中（Greenwood，et al.，2011），制度复杂性的形式与程度由场域结构决定；复杂制度对组织造成的影响受组织属性调节。随着制度逻辑研究视角的推广，制度的文化-认知维度愈加得到重视（Kodeih，Greenwood，2014）。桑顿等学者（2012）指出现有制度研究中存在理论偏移，认为资源依赖、政治斗争、社会运动等其他机制实际上是推动制度变革的非制度力量。新制度主义将规制（regulation）、规范（normative）和文化－认知（cultural-cognitive）视为制度的三大基础要素。其中，文化－认知决定着行动者作为个体如何理解规范和规制的意义。正如斯科特在《制度与组织》中所言："文化－认知"是指"内在的"理解过程，是由"外在的"文化框架所塑造的。因此，强调制度"文化－认知"维度的嵌入以及如何约束组织行动是对制度理论研究"纠偏"的措施之一。

2015年彼得·贾斯基维奇（Peter Jaskiewicz）等学者在《创业理论与实践》上发表了《家族企业如何在继承中管理家族和商业逻辑》一文，深入分析了制度逻辑的认知与文化层面，为理解组织如何识别与应对制度复杂性提供了更清晰的"透镜"视角。他们研究家族企业如何在家族逻辑与商业逻辑共同作用的制度环境下解决家业传承的问题，认为组织属性中存在的"筛选机制"（organizational filters）塑造了组织对复杂制度的感知程度与响应制度逻辑的方式。通过细分家族逻辑的维度，研究发现在竞争制度逻辑情境下家族企业面临的外部制度"同构"压力将次于其内部家族逻辑的影响力。

受"组织筛选机制"的启发，这篇文章认为"家族文化"和"领导风格"是介于竞争逻辑和组织响应之间的"过滤器"。家族文化是家庭成员共享的行为规范和认知的结合，家族逻辑在早期就已经被抽象化为社会的中心逻辑之一（Friedland，Alford，1991），但是经济学派的研究常常将家庭仅作为分析单位或经济社会参与者，而忽视了家庭背后根深蒂固的规范、价值观等文化植入对个体或组织决策与行为的影响。现实中家业常青的例子引发了学者们的广泛关注（Miller, et al., 2011）。贾斯基维奇等学者认为家族企业同时受两种势均力敌的竞争制度逻辑的作用（家族逻辑与商业逻辑），当面临外部压力冲击（如继承事件）时，制度逻辑间的潜在冲突将有可能被触发进而产生消极的影响。此时，通过家族文化与领导风格的融入，可以从个体与组织的文化－认知层面植入对家族逻辑的偏好，引导组织决策参照点的转移，以缓和逻辑间的冲突。当家族逻辑一贯的文化－认知发生断层时，家族企业传承将难以为继。

在实证部分，鉴于组织筛选机制缺乏理论支撑且相关实证研究较零散，这篇文章采用定性的多案例研究方法，选取德国葡萄酒行业21家面临继承问题的家族酒庄进行比较研究，发现了酒庄对家族连续性和家庭团结的重视程度可能引导其以不同的方式处理相互竞争的制度逻辑，以及选择合适的传承模式来实现家业的延续。与上一篇巴特扎尔嘎勒等学者的研究对场域配置的具象化不同，彼得等学者并未遵循以往研究对组织筛选机制的分类，而是沿着家族企业研究的相关理论路径对数据进行编码分析。

这篇文章探讨了如何实现家业长青的问题，却对复杂制度与创业研究有着丰富的借鉴意义。一方面，文化与认知成为洞悉制度逻辑冲突的重要视角。创业组织的属性或许携带着更为深刻的认知与文化，而这种认知的烙印与文化的延续，将引发不同的创业动机与目标。此外，受传统儒学文化的影响，中国"家"文化下的家族逻辑具有更鲜明的特征与更稳定的作用，这也提示了创业研究者选取家族企业作为探究制度的文化－认知要素的影响机制的方法是更为有效的。另一方面，家族企业创业的研究成果对如何实现创业的可持续性具有重要的借鉴意义。家族企业的社会资本与社会网络为创业提供了独特的支持，这是否也能帮助它们实现创业的"长青"呢？

最后，结合巴特扎尔嘎勒等学者对场域结构配置的研究启示，贾斯基维奇等学者提供的关于组织筛选机制的研究范例完善了对"制度复杂性－组织反应"框架的逻辑验证。前者为深入挖掘场域制度配置打开思路，更重要的是，制度间存在的联系也影响着不同类型制度的效力。而后者为研究组织筛选机制提供了借鉴，但是由于框架体系的匮乏，研究者需要更多篇幅去论述"筛选"机制的发生过程及原理。尽管如此，作为格林伍德等学者提出的研究框架中贡献的两个重要概念，"制度场域配置"与"组织筛选机制"的相关研究尚处于分离状态。由于制度复杂性与创业都包含着宽泛的内容，经验研究的匮乏也阻碍了文献间的有效对话。众多研究制度与创业的文献表明，从理论到实践的发展历程是艰难的，由于制度压力不仅仅是"进入"一个组织，它们还是由在位者来解释、赋予意义和代理的。于是，从实践到理论或许是当下有关研究的主要任务，通过深入情境与案例，从现实中总结并验证理论假设有助于研究框架的不断完善。

瓦迪姆·格里涅维奇等学者：剖析制度替代与制度互补如何影响创业行为

制度复杂性于创业组织而言是机遇还是挑战，目前尚不能下定论。对于新兴领域创业现象的观察发现，新型创业形态的出现以及平台创业的成功是活跃经济的重要因素，但对该现象背后的制度解释仍然没有什么研究者涉及。2017年瓦迪姆·格里涅维奇（Vadim Grinevich）等学者在《小企业经济》上发表了《共享经济中的绿色创业：使用多元制度逻辑》一文。与前几篇文章不同，这篇文章更注重从创业组织主体的立场出发解决实际问题，认为组织具备应对复杂制度环境的能动性。新的社会经济环境会催生新的制度逻辑，例如，共享经济相较传统工业经济所释放的冗余资源助推了"绿色逻辑"（green logic）的出现，组织可以利用该新兴逻辑与其他制度逻辑相融合，以灵活调整组织活动继而实现成功。

可以明确的是，平台经济组织面临着实质性的制度复杂性。共享经济组织扮演中介角色，必须同时参与"多个游戏"（来自供应商、用户、政府、协会等多个利益相关者的制度期望）以获得成功。值得商榷的是，创业组织从场域环境的"非正式"支持中获得的自由裁量权如何帮助其实现成功。正如格林伍德等学者（2011）所言，当组织位于多制度的交汇处时能跳出多层逻辑的嵌套，更清晰地判断局势和做出选择。因此，平台创业组织面临多制度逻辑的交汇，自由裁量权为其带来了审视制度复杂性的选择视角并扩大了识别创业机遇的路径。此外，对制度间关系的利用将帮助创业组织获取合法性与可持续性的资源。于此，格里涅维奇等学者涉足了制度复杂性与动态性的研究领域，认为新兴的绿色逻辑可能是对成熟的制度逻辑的补充，创业组织有条件与能力应对制度复杂性并在不同时期的战略实施中加以利用。

这篇文章通过对英国30家企业的创业者或高管进行访谈，格里涅维奇等学者依据绿色逻辑的重要程度提炼出平台组织逻辑的不同配置模式：①绿色逻辑仅作为共享经济的概念内涵；②绿色逻辑处于次要地位；③将绿色逻辑作为配置其他有效逻辑的关键先决条件；④绿色逻辑不仅是先决条件，而且是嵌入商业模式的资源。除此之外，创业组织还可以通过分离替代逻辑以降低复杂性；或通过整合不同的制度逻辑，将实践和结构混合以吸收复杂性（Smets，et al.，2014）。因此，组织可以通过战略性地使用替代逻辑来获得合法性（Pache，Santos，2013）。文章总结了两种方法：一是"选择性耦合"（selective coupling）战略，允许混合组织从不同的逻辑进行选择性耦合和实施真正的实践，以从利益相关者那里获得合法性。二是"桥接"（bridging）战略，即对现有制度逻辑进行组合以获得它们的互补性（Tracey，et al.，2011）。最后，制度逻辑时间维度的纳入增加了对异质性的解释力度。考虑到绿色逻辑作为实现平台目标手段之一的相对重要性，格里涅维奇等学者认为，绿色逻辑可以在被需要时缩小或放大，即为了企业的可持续发展，绿色逻辑将逐渐让位于商业逻辑。

这篇文章的重要贡献在于，它践行了格林伍德等学者一整套的制度复杂性与组织响应的研究逻辑，在此基础上结合了新兴的创业现象，同时深化了场域结构配置的内容，对制度替代、制度互补、制度逻辑整合进行讨论与应用。首先，它验证并拓展了现有研究框架，对制度间的联系与互动加以讨论，发现了制度兼容性仍有很大的讨论空间，并揭示了制度的替代、互补与整合能帮助创业组织更灵活地管理复杂性衍生的冲突。其次，位于多重制度逻辑交叉点的组织更具备管理制度复杂性的优势，这为跨界的新型创业形态的形成提供了研究切入点。最后，创业组织具有一定的洞察力与能动性，制度复杂性与创业行为的互动并非停留在复杂性的传导表层，更是蕴含在组织认知与判断过程之中。这篇文章的实证研究结果表明，制度逻辑是可调整与应用的，在某些情况下"放大"绿色逻辑为组织获得合法性或创造价值是行之有效的办法。但是，制度逻辑的"嵌入悖论"要求研究不可忽略时间维度的加入，场域结构与组织策略的动态调整是绘制"制度如何影响创业"研究版图的重点与难点。

未来研究方向

制度复杂性与创业研究领域还有很大的探索空间，一方面在于对复杂制度环境的解构未能详尽，制度理论研究框架具有极大的包容性但也为实证研究带来了模糊性。尽管制度逻辑为具象化复杂制度提供了工具视角，但现有研究相互之间缺乏统一的对话框架，仅以格林伍德等人提出的制度复杂性与组织响应的研究框架为起点则存在一定的局限性。但不可否认的是，他们提出的"场域结构配置"与"组织过滤机制"的概念及内涵引导了对制度复杂性影响传导逻辑的分解与深入，道明了制度复杂性的来源以及组织能动回应的前因、过程与效果。然而，现有研究结论相对分散，原因在于制度理论研究的碎片化，对于复杂性与异质性需要更细微的探究。这意味着，研究的层次单位会更加微观和具体，当情境化成为研究的必要前提，该领域的研究也就难免成为小众化的研究。因此，对于制度复杂性与创业的研究，研究者需要关注制度逻辑理论涵盖的要素。对场域的定义往往是现实导向的，对变量或情境做详细的区分提炼是必要的，研究者需要在界定研究对象的场域环境后进行解释，辅以实证验证。

另一方面，创业组织的研究是动态且多角度的，涵盖社会结构的宏观环境到个体认知的微观层面。目前最好的办法就是找到可靠的桥梁对跨层次的传导机制进行对接与转译，如对场域结构、组织属性等可能存在的中介或调节效应的变量的挖掘。同时，创业的自主性及创业的多元归因让实证缺乏说服力，如何将创业行为理解为合理性而非工具性的活动，需要更细致的划分（即现有创业类型与创业模型不足以满足过程性视角的研究）。

总之，复杂制度对创业行为影响的研究版图值得继续深化和拓展。不同制度的逻辑建构对创业的具体作用机制有待进一步探索，如制度互替与互补机制的唤醒因素有哪些，其中哪种构型将作用于创业组织的机会识别、资源获取与可持续性等，都是值得挖掘的方向。需要注意的是，事物之间的因果关系是多重性、双向性、非简单线性的，制度的控制与自治本身具有矛盾性，将二者隔离而后进行讨论是不可取的。制度的力量可能是解放性的，也可能是约束性的，建议研究者从个性中总结共性，定性与定量结合，以过程的视角探究，对要素进行组合与拓展，紧跟创业现象。此外，对"制度如何影响创业"问题开展学科交叉研究很重要，在同一研究视角或同一分析框架下，辅以其他相关的组织理论来解读创业活动的战略制定和实施过程有利于拓宽对该领域的理解。

研究设计与应用拓展

斯科特和戴维斯（Davis）（2007）认为，"只有研究场域层次上的过程才可以拯救组织研究"。在研究设计方面，对场域层次的选择成为制度研究关注的重点。跨层次的研究需要对层次的结构有所把握。然而，制度复杂性与创业的研究大体上以案例分析为主，尽管格林伍德等学者（2011）基于历史的案例分析给出了制度逻辑多样性与组织响应异质性的研究思路，强调制度情境与历史背景是制度逻辑秩序形成的前因，但后续的研究并没有一味地溯源去挖掘烙印在社会文化或认知层面的环境因素，而是转向与塑造组织行为与决策更为紧密联系的场域环境。

在研究模型的构建方面，首先，组织本身的选取最为关键，可从所有权特征（如家族企业、国有企业）、商业模式（平台类企业与非平台类企业）、组织类型（盈利与非盈利）、地缘关系（本土企业与跨国企业）等维度进行界定。其次，对组织所在的场域结构及其影响制度复杂性程度的场域因素进行刻画是探讨多元制度及其之间相互关系的重要基础。最后，尽量从一个动态视角来研究制度复杂性与组织之间的关系，这样才有助于结合适当的研究方法去探究其中的因果机制。

在研究方法方面，考虑到关于"制度复杂性与创业"的研究范式目前较为分散，创业学者与社会学者们更倾向于采用质性比较研究或定性与定量结合的混合研究方法。此外，由于制度复杂性除场域结构外还受到其他外部因素的干扰（如地理环境），早期对不同场域的比较研究往往涉及跨国样本的搜集与分析，但鉴于制度逻辑研究视角的精细化特征，后续研究开始立足于某个行业生态或某种事件背景下创业组织的反应过程，以应对创业研究中的样本选择偏差这一重要问题。

现有相关文献的研究方法趋于单一，以定性比较分析（QCA）为主，尽管这符合对复杂因果联系的探究，但偏向整体性的视角难免在理论层面有所偏差，即往往忽略了制度逻辑作为元理论的包容性，仅关注制度过程或效力导致画地为牢，阻碍了其他理论的进入。制度逻辑为研究制度复杂性与组织行为绘制了版图，多层次的制度逻辑机制需要其他理论的进入与支持。巴特扎尔嘎勒等学者（2013）开创性地结合社会网络理论分析复杂场域中非正式制度与正式制度的互动，表明场域配置中有关创业资源的缺乏可通过其他制度的补充进行替代或缓解。例如，国家制度秩序的低效和薄弱将导致负协同与冲突，此时，社会网络便成为正式制度的替代以及对制度支持功能失调的保护。上述分析表明具象化"制度复杂性"是探究制度场域如何塑造创业活动的"游戏规则"的重要一步，相关理论的补充解释是丰富制度复杂性与创业研究框架的有力工具。同时，场域中不同的制度配置将调整创业组织的目的与手段，这为后续研究纳入动态视角给了启发。

尽管案例研究方法在制度复杂性研究中广泛应用，但实证检验也是不可缺乏的重要部分。在前面，学者们使用了偏最小二乘法（PLS）检验了正式制度功能缺失对社会网络结构洞与组织收入增长的正向调节作用。但是，数据库的局限、衡量指标的模糊让制度复杂性的量化困难重重。此外，制度复杂性更多以结构形式出现，对该议题的精细化研究需要更多的尝试与经验积累。因此，对制度复杂性与创业组织的研究需要设置严谨的研究设计过程，无论是定性研究还是定量研究，对于研究对象的选择及其所在组织场域要有清晰的界定，这才有助于厘清场域结构，同时也要考量组织涉及的利益相关者的场域影响。

最后，如果读者对验证制度复杂性对创业的影响路径感兴趣，可参考巴特扎尔嘎勒等学者（2013）的研究范例，但需要留意可能存在的"样本自选择"问题，即对创业成功的度量不可只局限于唯一指标，对创业失败的案例也要有所顾及。如果读者对案例研究方法感兴趣，可参考贾斯基维奇等学者（2016）的研究思路，并注重对代表性样本的选取进而促进对研究发现的概括与推广。此外，你也可以参考穆尼奥斯（Munoz）和基布勒（Kibler）（2016）采用模糊集定性比较分析（fsQCA）方法对该话题进行探究。

◆ 参考文献

Battilana, J., Sengul, M., Pache, A.C., and Model, J., 2015, "Harnessing productive tensions in hybrid organizations: the case of work integration social enterprises", *Academy of Management Journal*, Vol. 58, No. 6: 1658-1685.

DiMaggio, P.J., and Powell, W.W., 1983, "The iron cage revisited: institutional isomorphism and collective rationality in organizational fields", *American Sociological Review*, 147-160.

Gehman, J., Lounsbury, M., and Greenwood, R., 2016, "How institutions matter: from the micro foundations of institutional impacts to the macro consequences of institutional arrangements", *Social Science Electronic Publishing*, 1-34.

Hannan, M.T., and Freeman, J., 1977, "The population ecology of organizations", *American Journal of Sociology*, Vol. 82, No. 5: 929-964.

Kodeih, F., and Greenwood, R., 2014, "Responding to institutional complexity: the role of identity", *Organization Studies*, Vol. 35, No. 1: 7-39.

Meyer, J.W., and Rowan, B., 1977, "Institutionalized organizations: formal structure as myth and ceremony", *American Journal of Sociology*, Vol. 83, No. 2: 340-363.

Miller, D., Le Breton-Miller, I., and Lester, R.H., 2011, "Family and lone founder ownership and strategic behavior: social context, identity and institutional logics", *Journal of Management Studies*, Vol. 48, No. 1: 1-25.

Muñoz, P., and Kibler, E., 2016, "Institutional complexity and social entrepreneurship: a fuzzy-set approach", *Journal of Business Research*, Vol. 69, No. 4: 1314-1318.

Ostrom, V., 1999, "Polycentricity (part 1)", *Polycentricity and local public economies*, 52-74.

Pache, A.C., and Santos, F., 2013, "Inside the hybrid organization: selective coupling as a response to competing institutional logics", *Academy of Management Journal*, Vol. 56, No. 4: 972-1001.

Scott, W.R., 2013, *Institutions and organizations: Ideas, interests, and identities*, Sage publications.

Scott, W.R., and Davis, G.F., 2007, *Organizations and Organizing. Rational, Natural, and Open System Perspectives (9th Edition)*, Prentice-Hall, Englewood Cliffs: 35-39.

Smets, M., Jarzabkowski, P., Burke, G.T., and Spee, P., 2014, "Reinsurance trading in

Lloyd's of London: balancing conflicting-yet-complementary logics in practice", *Academy of Management Journal*, Vol. 58, No. 3: 932-970.

Thornton, P.H., and Ocasio, W., 2008, "Institutional logics", *The Sage handbook of organizational institutionalism*, Vol. 840, No. 2008: 99-128.

Thornton, P.H., Ocasio, W., and Lounsbury, M., 2012, *The Institutional Logics Perspective: A New Approach to Culture, Structure, and Process*, Oxford University Press on Demand.

Tracey, P., Phillips, N., and Jarvis, O., 2011, "Bridging institutional entrepreneurship and the creation of new organizational forms: a multilevel model", *Organization Science*, Vol. 22, No. 1: 60-80.

York, J.G., and Venkataraman, S., 2010, "The entrepreneur–environment nexus: uncertainty, innovation, and allocation", *Journal of Business Venturing*, Vol. 25, No. 5: 449-463.

▣ 文献推荐

Batjargal, B., Hitt, M.A., Tsui, A.S., Arregle, J.L., Webb, J.W., and Miller, T.L., 2013, "Institutional polycentrism, entrepreneurs' social networks, and new venture growth", *Academy of Management Journal*, Vol. 56, No. 4: 1024-1049.

Greenwood, R., Díaz, A.M., Li, S.X., and Lorente, J.C., 2010, "The multiplicity of institutional logics and the heterogeneity of organizational responses", *Organization Science*, Vol. 21, No. 2: 521-539.

Greenwood, R., Raynard, M., Kodeih, F., Micelotta, E.R., and Lounsbury, M., 2011, "Institutional complexity and organizational responses", *Academy of Management Annals*, Vol. 5, No. 1: 317-371.

Grinevich, V., Huber, F., Karataş-Özkan, M., and Yavuz, Ç., 2019, "Green entrepreneurship in the sharing economy: utilising multiplicity of institutional logics", *Small Business Economics*, Vol. 52, No. 4: 859-876.

Jaskiewicz, P., Heinrichs, K., Rau, S.B., and Reay, T., 2016, "To be or not to be: how family firms manage family and commercial logics in succession", *Entrepreneurship Theory and Practice*, Vol. 40, No. 4: 781-813.

● 代表性学者

罗伊斯顿·格林伍德（Royston Greenwood）

1976年在伯明翰大学获得博士学位，现任阿尔伯塔大学商学院战略管理教授和副院长，他的研究领域覆盖创业行为、组织变革与战略管理等，曾任多个国际管理学顶级期刊编委会主席，并多次获得优秀论文奖。他多年来持续深耕制度理论研究，现任《管理学评论》《管理研究杂志》编委会成员，《管理学通讯》顾问委员会成员。E-mail: royston.greenwood@ualberta.ca。

巴特·巴特扎尔嘎勒（Bat Batjargal）

在牛津大学取得政治学专业博士学位，现任俄克拉荷马州立大学斯皮尔斯商学院创业学教授。他的研究兴趣包括制度、社会网络、文化与新创企业成长等。现任《创业理论与实践》编辑，基于中国情境下的创业研究发表在《战略创业杂志》《哈佛商业评论》(*Harvard Business Review*)等刊物上,研究主题主要围绕社会网络与新创企业成长,近年来关注跨文化的创业活动比较。E-mail:bat.batjargal@okstate.edu。

彼得·贾斯基维奇(Peter Jaskiewicz)

现任渥太华大学特尔弗管理学院创业研究主席、加拿大风险投资(Venture for Canada)的顾问委员会成员,《创业理论与实践》和《家族企业评论》(*Family Business Review*)的评审委员会成员。他的研究重点是家族跨代创业,在《管理杂志》《创业学杂志》《创业理论与实践》等期刊上发表过多篇论文。E-mail:Peter.Jas@uOttawa.ca。

瓦迪姆·格里涅维奇(Vadim Grinevich)

在剑桥大学取得博士学位,现任南安普顿大学商学院教授,担任"包容性和可持续创业与创新中心"(CISEI)主任,研究领域包括创业、创新学习、商业模式创新、创新管理等。在《创业学杂志》《创业理论与实践》等期刊上发表过多篇论文。E-mail:V.Grinevich@soton.ac.uk。

制度动态性如何影响创业活动

◎ 朱沆 ◎ 王博

中山大学管理学院

制度动态变化是大多数新兴经济体和转型经济体的典型特征,然而遗憾的是迄今为止大部分制度研究仍倾向于将制度变化视为静态离散事件(Kim, et al., 2010; Su, et al., 2017),而未明确地将制度变迁这一动态过程纳入理论模型和实证检验之中(Cuervo-Cazurra, et al., 2019)。制度研究的滞后也限制了我们对新兴经济体和转型经济体创业活动的理解。

事实上,早期的制度研究者就注意到了制度变化与企业、组织行为之间的共演现象,并展开了理论归纳和提炼。例如,彭(Peng)(2003)讨论了在制度变革不同阶段,主导制度变化对企业战略选择的复杂影响。然而在后续的实证研究中,学者们较少采用纵向研究设计比较制度变化的影响,而较多采用横向比较来分析不同制度发展水平的影响,导致对制度动态变化的观察在实证研究中缺少落脚点,进而限制了对制度动态性影响的理论发展。

创业是一个在风险和不确定性中追求机会的行动,动态变化的制度环境对创业者和创业活动会产生怎样的影响,本身就是一个重要的问题,对于关注新兴经济体和转型经济体的研究者更是不容忽视。一方面,动态的制度变化可能带来机会,激励创业活动。希特和徐凯(2019)就指出,对新兴经济体制度环境变化的分析有助于确定怎样的制度变化有利于激励创业努力,他们甚至认为这方面的研究对发达经济体激励创业也有借鉴意义。另一方面,动态的制度变化也可能增加不确定性,抑制创业活动。20世纪90年代以后苏联和东欧国家制度的剧烈变化就未带来创业的繁荣和经济的崛起,也推动学者们反思怎样的制度变化进程更有利于创业和经济增长。

近年来,制度领域、国际商务领域和创业领域的研究者都对制度变化和制度动态性产生兴趣,并进行了一些有创新性的探索,也取得了一些有价值的成果。这些成果值得做阶段性的回顾与分析。鉴于这一领域仍处于探索阶段,我们选取三篇代表性文献进行评述。三篇文

⊖ 本文是国家自然科学基金面上项目"动态、复杂制度环境下的创业活动研究"(71872193)、青年项目"迁移距离、社会网络嵌入与异地创业成长研究"(71902072)和重点国际(地区)合作研究项目"家族企业国际化与创新:基于制度–文化的比较研究"(71810107002)资助的阶段性成果。王博为本文通讯作者(bwang1993@outlook.com)。

章分别从制度变化幅度、制度变化速度和制度变化的平衡性三个方面来刻画制度的动态性，以研究其对创业者行动与企业绩效的影响。值得注意的是，这三个研究都是国外学者利用中国的制度情境完成的，均发表于最好的管理学期刊，足见中国情境对于制度动态性研究的价值。

查尔斯·埃斯利：制度变化幅度影响高成长创业的机制

多数关注制度如何影响创业的研究目前仍停留于静态的制度发展水平对创业进入的影响，2016年查尔斯·埃斯利（Charles Eesley）在《组织科学》上发表了《成长的制度壁垒：创业、人力资本和制度变迁》一文，讨论制度变化如何对个体的创业决策产生不同影响。

在埃斯利看来，已有研究将更多的创业活动与更好的创业活动等同起来，导致学者们想当然地认为较低的制度壁垒自然带来了更高质量的创业活动，也自然有利于所有的创业者。而埃斯利则认为创业活动不仅存在进入壁垒，还存在成长壁垒。他指出制度进入壁垒影响创业进入成本，降低制度进入壁垒并不意味着创业者更容易将企业做大。而制度成长壁垒影响创业者（或创业企业）的潜在回报，这才是制约创业企业成长的关键。后者往往来源于制度所创造的不平等竞争场域，在这种场域中资源会更多流向成熟企业而非创业企业，进而制约创业企业的成长。

埃斯利从创业者个人决策角度分析了制度成长壁垒的影响。他将创业和就业（进入劳动力市场）视为两种相互竞争的选择，当个人在劳动力市场上的潜在收益小于创业潜在收益时，创业行为就可能产生。用公式表示就是 $PV_{wage} < PV_{venture} - C$，其中劳动力市场潜在收益 PV_{wage} 是预期工资水平，决定了创业机会成本；而创业潜在收益则取决于创业预期回报 $PV_{venture}$ 和创业进入成本 C（如注册企业所需要的费用）。制度进入壁垒主要影响 C，而制度成长壁垒主要影响 $PV_{venture}$。当制度成长壁垒较高时，由于观察到其他创业者引领企业成长面临困境，潜在创业者将下调其创业预期回报（$PV_{venture}$）并选择退缩。而当制度成长壁垒下降时，创业者获取企业成长的外部资源支持将更为容易，创业的预期回报将显著增加，潜在创业者也将更有动力去进行冒险行为。因此降低成长壁垒不仅能促进创业企业的成长，也能刺激创业者进入。

然而，由于不同人力资本禀赋的个体机会成本不同，制度成长壁垒不同程度的下降可能会对不同人力资本的个体存在不同影响。在成长壁垒温和下降的情况下，由于低人力资本个体的机会成本也低，即使创业企业规模较小，成长壁垒的下降仍可能提供高于其机会成本的创业回报。同时，部分资源开始流向创业企业，即使有限，仍能较大程度满足低人力资本个体创业的需求。只有在成长壁垒显著下降的情况下，高人力资本个体才可能倾向于创业。这是由于他们创业的机会成本较高，只有在能扩大规模，获取与自身能力相匹配的创业预期回报时才会选择创业，而成长壁垒的显著下降使他们青睐的高成长创业机会变得更为可行，同时成长壁垒显著下降也降低了在位企业的优势，让它们面临更多的竞争，进而使得受雇于这些企业的吸引力下降，高人力资本个体的机会成本也相应下降。相比之下，低人力资本个体受限于其有限的能力和资源，即使成长壁垒显著降低，他们的创业预期回报也不会明显提升，难以获取制度成长壁垒显著下降带来的红利。根据上述分析，文章进一步提出当制度成长壁垒由强下降到中度，与高人力资本个体相比，低人力资本个体的创业倾向会增加；当制度成长壁垒进一步下降，与低人力资本个体相比，高人力资本个体的创业倾向会增加。

最后，作者提出在制度成长壁垒显著下降的情况下，由高人力资本个体与低人力资本个体创办的企业的规模差异会加大。这是由于制度成长壁垒的显著下降解除了对高人力资本个体及其所创办企业的约束,使其能发挥最大的潜力。具体而言,高人力资本个体更具备发现和利用新的、高成长创业机会的技能,因此制度成长壁垒的显著下降能促进高人力资本个体对这类机会的利用。而他们更强的能力也使他们在约束减少的情况下,能将低人力资本拥有者也能利用的创业机会发展到更大规模。此外,由于投资者和其他外部资源提供者更青睐高人力资本创业者,后者也有更多机会接触到外部资源提供者,他们的创业活动也更可能得到更多支持并实现更大成长。

这篇文章将中国市场化改革进程中的重要制度变化节点视为检验假设的自然试验机会,使用双重差分法(difference in difference,DID)对不同节点制度变化的影响进行了检验,识别了两次重要的制度变化。第一次是1988年宪法修正案"允许私营经济在法律规定的范围内存在和发展",作者将其视为制度成长壁垒的温和下降;第二次是1999年宪法修正案明确"在法律规定范围内的个体经济、私营经济等非公有制经济,是社会主义市场经济的重要组成部分",作者将其视为制度成长壁垒的显著下降。虽然1988年后民营经济得到较大松绑,但当时的国家政策仍偏向国有企业和外商投资企业,这导致私营的创业企业在谋求资金和其他形式的支持上仍受到较大约束。1999年宪法修正案则明确消除了针对私营经济的所有限制性和歧视性规定,为保障私有产权进一步增强了信心,也向地方政府传递了支持创业企业的信号。由此,文章识别出制度成长壁垒存在差异的3个阶段,即制度成长壁垒高的早期基准期(1978～1988年),成长壁垒温和下降之后的中期(1989～1999年),成长壁垒显著下降后的后期(1999年后)。

文章采用问卷调查方式获取数据,埃斯利通过向1947～2007年26 700名清华大学毕业生发送邮件问卷,最终获得包括1 821份有效问卷,合计44 282份个人-年份观察值的样本,其中包括718个创业者。作者将本科毕业生视为低人力资本个体,将研究生及以上学历的拥有者视为高人力资本个体,研究结果支持了文章提出的假设,即与早期基准期(1978～1988年)相比,受访者在成长壁垒温和下降之后的中期(1989～1999年)和成长壁垒显著下降之后的后期(1999年后)进行创业的可能性均更高,但在中期(1989～1999年),仅具备大学本科学历的受访者更有可能创业,而在后期(1999年后),研究生及以上学历的受访者更有可能创业。而且在后期,与低人力资本个体相比,他们创办的企业也将表现出更大的雇员规模,以及更优的增长率和盈利能力。

这篇文章率先提出并检验了制度成长障碍的影响,由此识别出制度影响创业活动的另一种重要的理论机制。以往制度影响创业的研究基本上都在关注进入壁垒机制和企业创办率,关心制度对人们创办企业难易程度的影响。而埃斯利的文章提出制度成长壁垒的概念,为学者们进一步研究高成长创业活动提供了有力的分析工具。而这一概念的提出,也带来了另一个重要贡献,即不同制度变化幅度对不同个体影响不同,也将引导他们不同的行动。通过引入创业者个体决策模型,这篇文章识别出了不同人力资本个体创业决策关注点的差异,由此理解不同人力资本的个体为何会对不同幅度的制度变化产生不同的反应。即制度成长壁垒的小幅下降对低成本人力资本个体的影响更大,而壁垒的大幅下降对高人力资本个体的影响更大。基于此,这篇文章的政策含义也很明确,要更好地促进高质量创业活动。政策制定者应将改革的重点放在能大幅降低成长壁垒的制度变革上。

敏锐的读者或许注意到这篇文章虽然区分了进入壁垒和成长壁垒,但并未对二者的差别进行检验,同时对制度成长壁垒温和下降影响的分析也很容易让人联想到制度进入壁垒,这是否意味着制度成长壁垒的温和下降等同于制度进入壁垒的下降？受制于这篇文章的研究对象和数据，作者未能对此做出解答，这些问题有待后续研究进一步探索。

埃莉萨·巴纳利耶娃等学者：制度变化速度对不同企业绩效的影响差异

变化速度是最能体现制度动态变化的衡量方式，不同转型经济体的转型实践也提示，制度变化的速度可能有着不同于制度发展水平的影响。然而长期以来，学术界都将动态的制度变化与静态的制度发展水平混同起来，认为市场化改革有利于促进企业的成长与绩效提升。但有研究发现事实并非完全如此，制度变革也可能对企业长期绩效产生消极影响，并由此质疑市场化制度变革的有效性（Chari，David，2012）。如果要回应上述争论，那么需要将动态的制度变化与静态的制度发展水平区分考察。

2015年埃莉萨·巴纳利耶娃（Elitsa R. Banalieva）等学者在《战略管理杂志》上发表了《家族企业何时在转型经济体中具有优势？迈向动态制度基础观》一文，认为这一问题产生的关键原因是前人研究仅仅关注制度变化的范围（在实证层面表现为通过给定年份的市场化程度进行衡量），这一做法实质上是将制度变化视为静态事件，而忽略了转型经济体随时间推移进行制度改革的动态过程（Kim, et al., 2010；Xu, Meyer, 2013）。因此，她们试图引入动态视角以扩展制度基础观，并探索市场化改革速度对企业绩效的影响。

在这篇文章中，制度变化速度指一个国家或地区在一段时间内正式制度提升的速度，不仅反映了一段时间中制度改革的范围，也反映了改革的步伐。有别于静态视角对制度变革积极影响的强调，巴纳利耶娃等学者认为，对于长期处于政府主导的转型经济体中的企业，较快的制度变革速度意味着政府角色的快速退出。此时，激烈的市场开放竞争和消费者需求的快速变化将产生一个动荡的商业环境，迫使企业必须迅速学会根据市场规则制定生产目标，确定利润最大化价格并搜索新客户。由于长期以来习惯的规范和实践在新制度环境中将不再适用，即使企业做出迅速调整，与快速制度改革相伴随的不确定性和波动也将使其难以判断潜在决策的预期成果，并导致企业资源与环境需求间的不匹配。与之相反，通过允许政府逐步退出，渐进的制度改革速度则将为企业提供一个稳定且可预期的环境，给予其"摸着石头过河"的调整空间，以逐步适应市场自由化。因此可以预期，在转型经济体，过快的制度改革速度将削弱企业绩效。

巴纳利耶娃等学者进一步指出，在制度改革速度不同的环境中，企业实现卓越绩效所需要的资源和效率将有所不同。一方面，快速的市场化制度改革要求企业迅速适应新的游戏规则，以更高的效率、灵活性和适应性快速发展并参与市场竞争。另一方面，在渐进式改革中，由于制度真空持续存在，企业仍可通过非正式关系、私人信任等获取资源，并逐步在改革市场中获得供应商和客户。因此，在制度变化较快的地区，强调效率和利润最大化的非家族企业将表现出更强的调整适应能力；而在制度变化较慢的地区，家族社会资本则将赋予家族企业独特的竞争优势。

考虑到中国不同省份之间市场化改革进程的明显差异，巴纳利耶娃等学者基于市场化指数（Wang, et al., 2007）探索性构建了制度改革速度的衡量方式，并利用2004～2009年的中国上市公司数据对上述理论进行检验。由于企业-年份样本是嵌入在企业层面，并进一步嵌入在省份层面之中，这篇文章采用分层线性模型来检验假设。检验结果表明，虽然制度改革的范围（即给定年份的地区市场化制度得分）与企业绩效间呈正相关关系，但制度改革的速度则与企业绩效呈负相关关系，即地区内市场化制度改革速度越快，其对企业绩效的损害越高。同时，家族企业在稳定和渐进改革中具备绩效优势，但非家族企业在激进式改革的省份则会表现出更好的绩效水平。

这篇文章的重要价值在于，通过引进动态视角，对制度基础观进行了扩展和完善。特别是，强调了静态的制度发展水平变化和动态的制度变化速度可能会产生不同的复杂影响，凸显了关注制度动态性的必要性。有别于以往研究对市场化改革重要性的强调，文章指出虽然更大范围的制度改革有助于提高企业绩效，但这些改革应逐步实施，以便企业有机会调整其能力，并学习如何在不断变化的环境中竞争。因此，不应将制度变革视为离散静态事件，相反，我们应综合静态和动态视角，以更好地捕捉转型经济体中制度变迁的整体影响。同时，文章研究也表明，并非所有企业都会受到制度动态变化的均等影响，相反，制度变化的快慢将决定企业现有资源的有效性，塑造不同企业的竞争优势。此外，这篇文章也探索性地构建了制度变化速度的衡量方式，为后续研究的深化做出实证贡献。

虽然巴纳利耶娃等学者的研究关注的是制度动态性对企业绩效的影响，并非涉及创业研究，但这篇文章仍可以给创业研究带来很多启发。她们的研究表明，制度变化存在两面性。既有有利于创业者和创业企业的一面，可以让成熟企业的某些资源失效，从而打破现有的市场均衡，改变创业企业与成熟企业之间竞争力量对比，创造新的创业机会；同时，制度变化带来的不确定性也会给创业者和创业企业带来较大的困难，尤其是在他们缺乏资源、难以缓冲不确定性影响的情况下。受此启发，我们探索了正式制度改善速度与机会型创业之间的复杂关系（王博和朱沆，2020）。

查尔斯·埃斯利等学者：制度之间不一致对创新型创业绩效的负面影响

前两项制度动态性研究或是关注制度整体的变化速度，或是仅关注某方面制度变化的作用。然而很多学者都指出制度是多维或多中心的，由于不同维度或不同领域的制度变化快慢存在差异，不同制度之间就可能出现不一致或不匹配的情况。虽然之前的文献曾暗示异质的制度、多中心的制度或相互冲突的制度力量可能会产生创业机会（Batjargal，et al.，2013；Bylund，McCaffrey，2017），却鲜有关注制度冲突或不匹配带给创业活动的负面影响。

2016年查尔斯·埃斯利等学者在《组织科学》上发表了《大学中的制度变迁是否影响了高技术创业？来自中国"985"工程的证据》一文，探究当一项尝试制度化个体信念的制度变化与其他制度环境存在不一致时，目标个体的行为和组织绩效会受到怎样的影响。埃斯利等学者指出，制度理论的一个核心论点是对制度的遵从将有助于组织获得合法性、提高内外部成员承诺和组织获取必要资源的能力，进而促进组织成长。然而，这一论点是基于一致制度环境中的讨论，而难以回答制度变迁所引起的制度内部不一致如何影响创业活动和组织行为。

埃斯利等学者认为，由于制度是社群成员共享信念的产物，而制度化过程本身就是排除不一致想法的过滤器，因此在稳定或缓慢变迁的情境下，制度内部往往具备较高的一致性。然而，当社群外部成员，特别是政策制定者试图通过制度改革以改变社群成员信念时，制度内部不同维度之间，如规制、规范和文化－认知制度之间的不一致就可能产生。这是由于制度化行动的发起人往往并非相关实践社区的成员，由于并非面对相关制度环境挑战的实践者，他们往往对实践者面对的情境和挑战缺乏了解，也没有实践者那样强的激励来确保制度化形成的信念、结构和行动与实际的社会经济生活相匹配。教育变革就是一种可能导致制度不一致的制度化行动，这种变革尝试制度化某种特定信念，希望经过教育的学生都能接受这种新信念，并在毕业后都能按与之相应的特定方式行动。在不少教育改革中，政策制定者试图通过改革强化学生对创新、创造力和创业精神的重要性认知，并鼓励这些学生积极实践创新创业行为。然而，由于政策制定者和教育工作者并未实际参与创业的实践，这种在学校中制度化的信念却可能会与学校外更广泛的社会制度环境脱节。

这篇文章将中国大学中"985"工程的推行视为一个上述制度化变革的自然试验，观察当教育改革推动的创新创业信念与其他制度环境不一致时，经历上述改革的毕业生在其创业行为及创业企业绩效等方面可能受到的影响。由于"985"工程试图强化学生创新能力，并寄望他们能有助于国家创新能力的发展。在这一计划指导下，"985"高校通常会积极设立创新创业课程、吸引国外有成就的研究者、建立先进科研所需要的设施、建立专项奖励以鼓励创新等多项具体措施。上述措施可能通过两个方面对学生进行制度化：一方面通过课堂向他们转移知识和技能，同时通过杰出的研究者作为榜样激励学生，让他们形成创新重要的信念；另一方面实验室和其他非正式情境也为学生们提供了实践创新的机会，让学生能直接参与到创新研究之中。通过营造这样一个环境，关于创新的共享信念更可能出现在"985"高校的学生中，并在学生中客观化（制度化有三个阶段，即习惯化、客观化和沉淀，客观化指习惯化的行为转化为一般性的共享意义），并进一步影响他们后续的职业生涯和创业活动。

鉴于对知识产权的关注是创新的核心，埃斯利等学者由此预期在"985"工程实施后，从"985"大学毕业的学生将更可能认识到知识产权保护的重要性。由于创业者的信念决定了他们识别机会、应对竞争的方式，创新重要的信念也会促进这些学生更多涉及研发与创新活动，并更有可能考虑以增加研发投资、开发新产品的方式应对市场竞争。可以预期，这种关于创新和知识产权重要性的信念，也将促进这些毕业生在创业时对技术密集型活动做更多投资。

然而，创业企业的成功不仅取决于创业者的创新信念，更取决于外部制度环境的支持，包括产权保护、法律对合同的保护、发达的金融制度等。在这些制度支持不足的环境中，企业往往通过投资于关系而非创新来获得更多利益（如借助关系以获得优待、争取优势地位和抵御政府官员的机会主义）。因此，当政策制定者在学校中推行教育改革以改变学生创新信念时，变革形成的新制度往往与更广泛的、仍欠发达的外部社会制度环境不一致。此时，投资于技术密集型的创业企业通常会面临成果被竞争对手侵害的风险，而即使他们能从创新中获利，也需要付出额外的成本，如通过与其他管理者或官员的关系运作以保护自己免受盘剥。鉴于此，埃斯利等学者大胆假设，由于"985"工程引导的创新信念与中国外部更广泛的制度环境不一致，由"985"高校毕业生创办的技术密集型企业可能很难从创新活动中获利，甚至可能表现出较差的绩效。

这篇文章采用与埃斯利（2016）相同的清华校友调查数据进行实证检验，样本包括723位创业者，其中570位从"985"高校取得最高学位，153位从非"985"高校获得最高学位。作者通过对比分析在"985"高校和非"985"高校获得更高学位的清华本科毕业生及其创办的企业来检验假设。作者认为，利用同一所学校本科生的数据有助于消除不同学校学生之间潜在能力和社会资本差异的影响。同时，由于最高学位经历会对个人信念产生最深远的影响，因此对比在"985"高校和非"985"高校获得更高学位的本科毕业生可以有效比较"985"工程实施前后，最高学位是否从"985"高校获得对个体信念和创业行为的影响。运用双重差分法的检验结果表明，与毕业于非"985"工程高校的学生相比，在"985"高校获得最高学位的学生(以下简称"985"毕业生)毕业后会表现出对知识产权更高的重视程度,在创业活动中更可能投入更多的研发投资(研发强度更高)。然而更高的研发强度反而带来了更少的收入。作者采用了多指标综合测量(开发时间重要性、产品新颖性和知识产权重要性),检测创立年限不同的企业,测试"985"毕业生是否会减少传统的政商关系运作,以及一项访问了42位创业者、投资者、教授和政府官员的半结构访谈为上述结果提供稳健性支持。

这篇文章的价值在于解析了制度的动态变化如何导致制度的不一致,并进一步揭示了制度不一致对创业企业绩效的负面影响。该文章指出,之前制度化的文献更多强调制度一致性,即在习惯化过程中出现的结构、意义和实践与其他制度保持一致,原因在于它们产生于实践者面对问题时的工作反应。然而,制度化过程并非总是如此,在制度变化过程中,一些变革措施的拥护者和推动者并非实践者,由此就会导致制度化过程及其所产生的信念与实践和制度的其他部分产生冲突。此外,制度理论很少关注制度变化产生期望结果的边界条件,尤其是很少考察制度变化到结果之间的中间过程,这个过程连接了制度变化,信念和行动改变及其结果。这篇文章则建立了一个制度化过程影响个体信念与行动,进而影响组织绩效的完整逻辑链条。与此前观点不同,这篇文章发现制度不一致对创业企业绩效的影响是负面的。总体来看,这篇文章揭示了制度动态性研究的一个重要方向,即制度变化过程中的一致性和匹配性,提示了一项制度变革超前于其他领域的制度,就可能带来不一致和不匹配的制度环境,给创业企业的成长带来挑战。由于受到调查数据可得性的限制,埃斯利等学者仅采用自我报告的创业企业收入来衡量其绩效,数据量也较少(仅有110个受访对象报告了收入),因此创业者行动与创业者绩效之间的关系还需要今后的研究进一步检验。

未来研究方向

上述三篇文章从不同角度呈现了动态制度环境对创业活动和企业经营的影响,为后续研究提供了很多的启发,事实上这个新兴的研究领域也有很大的空间有待研究者探索。归纳起来,我们认为主要体现为以下几个方向。

第一,将制度作为一个整体来考察其动态变化的影响。巴纳利耶娃等学者的研究就是这一方向的代表。这篇文章虽然没有直接研究创业问题,然而其研究视角可以为创业研究所借鉴。研究从速度角度分析制度动态变化对创业活动的影响。王博和朱沆(2020)采用了动态制度基础观来分析制度变化速度对机会型创业活动的影响,发现在控制了正式制度发展水平之后,正式制度的改善速度仍会影响创业者的机会型创业选择,表明制度动态变化的影响确实独立于制度发展水平。制度改善速度的影响机制更为复杂,不仅会通过打破原有均衡创造新的创业机会,也会增加不确定性抑制创业活动。同时,制度动态变化的内涵并不仅仅体现在变化速度上,也体现在制度变化的方向和加速度上。巴纳利耶娃等(2018)提供了进一步的探索方向,基于制度变化的方向和加速度的大小,她们提出了四种独特的制度变化类型,即逐步加强和逐步减弱的制度改善,以及逐步加强和逐步减弱的制度倒退。她们认为改善和倒退并不仅仅是彼此的镜像。改善未必一定积极,倒退也未必一定消极。她们的研究发现,逐步加强的制度改善和逐步减弱的制度倒退均有助于提高企业绩效,而逐步减弱的制度改善和逐步加强的制度倒退则削弱了企业绩效,这一发现提示研究者需要重视制度动态变化所传递的信号效应。相应地,后续研究也可尝试考察制度变化方向和加速度的影响。

第二,识别制度变化对不同创业者和不同类型创业活动的影响。正如埃斯利(2016)所发现的那样，同样的制度变化对不同人力资本个体影响不同，同一制度的不同幅度变化也会产生不同的影响，因此识别不同创业者和不同类型创业活动对制度变化的反应将是前景广阔且实践意义显著的研究方向。这篇文章提出的进入壁垒和成长壁垒概念与创业者决策的联系，为这个方向的分析搭建了一个有潜力的分析基础，可以支撑更多未来的研究。王博和朱沆（2019）也印证了这个分析框架的合理性，该文章发现降低交易成本的制度更多影响进入壁垒和低人力资本个体创业，而产权保护制度则更多影响成长壁垒和高人力资本个体创业。后续的研究可以利用这个框架，借鉴埃斯利（2016）的方法，考察一项具体制度变革对不同创业者和创业活动的影响，丰富对不同维度制度作用的认识。

第三，研究不同制度之间的匹配性对创业活动的影响。正如埃斯利等（2016）的研究提示的，由于制度变革过程中不同方面和不同维度的制度变化速度往往不一致（Williamson，2000），同时制度变革的发动者往往未必能充分考虑创业实践者面对的具体问题和挑战，在很多时候会带来制度之间不一致和匹配度不足的问题，这是创业者，尤其是处在转型经济中的创业者需要经常面对的问题。目前国际商务领域的研究也开始关注上述问题，史（Shi）等（2017）提出的"制度脆弱性"概念实际反映的就是制度的整体匹配性，只是他们的研究关注的是制度脆弱性和中国企业对外直接投资的关系。他们认为制度脆弱性会导致制度不同维度之间的摩擦与冲突增加，进而增加企业的交易成本并导致效率损失，同时不同制度冲突的要求会增加业务前景的不确定性，促使企业规避脆弱性高的环境。在这个研究中几位学者引入了一个计算整体制度脆弱性的方法，为后续创业领域的实证研究铺垫了基础，然而他们的研究也未能建立一个清晰的理论框架来分析制度脆弱性的影响，这些都有待后续的研究来探索完善。

研究设计和应用拓展

如读者所看到的那样，上述三篇代表性文献都是立足中国制度变革的实证研究。这印证了我们在之前提到的认识，还处在制度变革进程中的中国为研究制度的动态变化提供了一个绝好的研究场域，因为渐近式的制度变革提供了超过40年时间纵深的纵向观察机会，同时由沿海到内地的渐次推进的制度变革创造了30余个省级行政区之间和几百个城市之间的横向比较机会。正是这种难得的条件吸引了上述对制度变化和制度动态性有兴趣的国际一流学者，当然他们的成果也警醒我们积极借鉴他们的经验，利用自身难得的研究情境奋起直追。在这一部分我们将向读者分享关于数据、研究设计和测量的一些认识。

如果读者对制度动态性如何影响创业的研究兴趣，有意开展相关的实证研究，数据将是你遭遇的重要约束，尤其是在中国情境下。虽然你可以运用市场化指数等指标来测量制度变化的幅度与速度，或是借助重要的制度变革来构建重要的外部事件冲击，但缺乏创业者和创业企业的数据，仍会让读者难以着手。几项主要的全国性调查虽然多半涉及创业方面的问题，但多限于是否曾创业或在创业，很难更进一步考察制度变化对不同创业者或不同类型创业活动的影响。正因如此，多数制度动态性的实证研究都采用了国际数据。如果读者能获得埃斯利那样的机会，争取到知名高校及其校友的支持，获取高质量的一手数据，那么可以借鉴他们的经验，借助巧妙的设计，充分利用调研数据，支持多个高质量的研究，同时将问卷调查与访问等多种数据结合起来，提升研究设计的可信性。

从研究设计的角度来看，基于外部事件冲击的DID研究设计仍是研究制度变化影响的重要方法，埃斯利等（2016）和埃斯利（2016）就是这种方法的典型代表。这种方法的关键是要找到内在制度逻辑转变的节点性历史事件。具体而言，埃斯利（2016）的设计巧妙地选择了中国宪法改革进程中影响制度成长壁垒的两个事件，而其变革幅度又存在明显差异，给其构建理论逻辑和获得创新发现提供了基础。当然，上述宪法改革包含内容较多，且是一个持续推进的过程，不易完全排除其他竞争性解释的影响。相比之下，基于具体政策实施的DID检验可能更为直接且可靠（Eesley，et al.，2016）。

如果读者能获得有价值的数据，可以运用量化研究方法研究制度的动态变化对创业活动的影响，对制度变化的测量就是你需要进一步考虑的问题。诸如制度变化速度等测量虽有经典文献提供了计算的方式，但仍然可以进一步探讨。巴纳利耶娃等（2015）认为，由于部分地区已达到较高的市场化水平，因此这些地区潜在的改革空间已经较小，其随后的实际改革速度可能会放慢。为规避这种影响，他们通过"实际改革速度、可能的最快改革速度"对制度变化速度进行衡量，即（目标年份的市场化制度得分−基准年份的市场化制度得分）/（可能达到的市场化制度最高水平−基准年份的市场化制度得分）。然而，由于并不存在最优制度的概念（Judge，et al.，2014），我们很难从理论和数据层面说明可能达到的市场化制度的最高水平，这种算法的合理性存疑。具体表现就是，按这种算法"北上广浙苏"等发达地区一直是制度改革速度最快的地区，而落后地区即使进行了较大程度的制度改革，由于分母较大，其数值也难以超过上述地区。因此，如果你对速度问题感兴趣，可以尝试使用多元方法进行概念衡量（Banalieva，et al.，2018；王博，朱沆，2020），同时进一步思考其理论内涵。如果读者对制度的匹配性问题有兴趣，想要借鉴制度脆弱性的测量方法，那么需要花些时间来理解热力学"熵"的试算公式，才能更好理解其理论内涵。

需要指出的是，虽然我们选取的三篇代表性文献都立足于中国改革实践，我们也强调中国是研究制度动态性影响的难得场域，但仍需要指出，以渐进式改革为典型特征的中国仅代表了制度变革的一种形态，因此对制度动态性影响的研究仍需重视跨国比较，这样才能为我们呈现动态制度变化影响的更完整视图（Banalieva，et al.，2018；朱沆，徐鸿昭，2020）。

◆ 参考文献

Banalieva, E.R., Cuervo-Cazurra, A., and Sarathy, R., 2018, "Dynamics of pro-market institutions and firm performance", *Journal of International Business Studies*, Vol. 49, No. 7: 858-880.

Batjargal, B., Hitt, M., Tsui, A., Arregle, J-L., Webb, J., and Miller, T., 2013, "Institutional polycentrism, entrepreneurs' social networks and new venture growth", *Academy of Management Journal*, Vol. 56, No. 4: 1024-1049.

Bylund, P.L., and McCaffrey, M., 2017, "A theory of entrepreneurship and institutional uncertainty", *Journal of Business Venturing*, Vol. 32, No. 5: 461-475.

Cuervo-Cazurra, A., Gaur, A., and Singh, D., 2019, "Pro-market institutions and global strategy: the pendulum of pro-market reforms and reversals", *Journal of International Business Studies*, Vol. 50, No. 3: 598–632.

Judge, W.Q., Fainshmidt, S., and Brown L., 2014, "Which model of capitalism best delivers both wealth and equality?", *Journal of International Business Studies*, Vol. 45, No. 4: 363-386.

Kim, H., Kim, H., and Hoskisson, R.E., 2010, "Does market-oriented institutional change in an emerging economy make business-group-affiliated multinationals perform better? An institution-based view", *Journal of International Business Studies*, Vol. 41, No. 7: 1141-1160.

Peng, M.W., 2003, "Institutional transitions and strategic choices", *Academy of Management Review*, Vol. 28, No. 2: 275-296.

Shi, W.S., Sun, S.L., Yan, D., and Zhu, Z., 2017, "Institutional fragility and outward foreign direct investment from China", *Journal of International Business Studies*, Vol. 48, No. 4: 452-476.

Wang, X., Fan, G., Zhu, H., 2007, Marketisation in China, progress and contribution to growth. In *China: Linking Markets for Growth*, Garnaut, R., Song, L.(eds). Australian National University E Press [u.a.]: Canberra Australia: 30-44. ISBN: 9780731538133.

Williamson, O.E., 2000, "The new institutional economics: taking stock, looking ahead", *Journal of Economic Literature*, Vol. 38, No. 3: 595-613.

希特, 徐凯. 制度与创业战略 [J]. 管理学季刊, 2019（2）.

王博, 朱沆. 一视同仁还是因人而异: 正式制度与机会型创业的关系研究 [C].2019年中国管理学年会优秀论文, 2019（10）.

王博, 朱沆. 制度改善速度与机会型创业的关系研究 [J]. 管理世界, 2020（10）: 111-125.

朱沆, 徐鸿昭. 市场化速度与私营企业的关系投入——基于动态制度观的实证研究 [J]. 管理学季刊, 2020（1）.

▣ 文献推荐

Banalieva, E.R., Eddleston, K.A., and Zellweger, T.M., 2015, "When do family firms have an advantage in transitioning economies? Toward a dynamic institution-based view", *Strategic Management Journal*, Vol. 36, No. 9: 1358-1377.

Eesley, C., 2016, "Institutional barriers to growth: entrepreneurship, human capital and institutional change", *Organization Science*, Vol. 27, No. 5: 1290-1306.

Eesley, C., Li, J.B., and Yang, D., 2016, "Does institutional change in universities influence High-Tech entrepreneurship? Evidence from China's project 985", *Organization Science*, Vol. 27, No. 2: 446-461.

◉ 代表性学者

查尔斯·埃斯利（Charles Eesley）

在麻省理工学院斯隆管理学院获得博士学位，现任斯坦福大学副教授。他的研究着重关注正式制度、非正式制度及大学和行业环境对创业的影响，研究范围涵盖中国、日本、智利、美国等多个国家和地区。同时，他还担任美国国家顾问委员会成员，是许多高科技初创企业的联合创始人、董事会成员和天使投资人。现任《战略管理杂志》编委。E-mail: cee@stanford.edu。

埃莉萨·巴纳利耶娃（Elitsa R. Banalieva）

在印第安纳大学获得博士学位，现任美国东北大学商学院副教授，国际管理硕士学术项目主任。她的研究侧重于制度背景对家族企业和非家族企业战略的影响，尤其是关注新兴市场和转型经济体。曾任《管理杂志》编委。2012年获得国际商务学会40岁以下最具前途学者奖。E-mail: e.banalieva@neu.edu。

关键学者与学者网络

本章介绍了制度影响创业这个领域的重要和前沿研究。传统上,制度是经济学和社会学研究较多的议题。但近年来,随着战略领域中制度基础观的影响逐渐提升、国际商务领域中对新兴市场问题的兴趣增加,越来越多的战略和国际商务等相关领域的学者们介入创业研究,带来了很多新颖的理论视角。在本章论及的四个领域都有值得关注的重点学者,跟踪他们的研究可以更好地把握相关研究的线索和源流。

由于经济学更关注正式制度的作用,研究正式制度时经济学背景的学者更值得重视。本章中提到的两位重要学者与第 3 章有重叠,他们是鲍莫尔和奥德兹。鲍莫尔的重要贡献是对于生产型和非生产型创业的区分,并揭示出正式制度对于引导高质量创业活动的意义。奥德兹和埃斯特林也是该领域的活跃学者,带领一批年轻学者做了很多工作来探究多重正式制度的共同作用。对这个议题感兴趣的研究者还应更多关注一些经济学者的有启发的研究,比如达龙·阿西莫格鲁(Daron Acemoglu)和合作者对正式制度的分解分析。

在非正式制度与创业的研究中,有几位活跃学者的研究让人印象深刻。社会学背景的女性学者奥伦卡·卡茨佩尔契克(Olenka Kacperczyk)长期致力于研究与性别相关的非正式制度与创业的关系,有不少高水平的成果。拉斐尔·康蒂(Raffaele Conti)也长期致力于从非正式制度(如 LGBT、女性劳动法)变迁视角揭示创业活动市场中的男女差异。此外,如果你关注社会网络与创业的相关研究,可以留意一直致力于此议题的巴特扎尔嘎勒的工作。另一位值得注意的学者是具有组织理论背景的年轻学者赵雁飞,他对父权制度、性别角色等非正式制度与创业关系的分析也非常有启发性。

对于制度复杂性背景下的创业议题,则应重视从制度逻辑理论的主流研究中汲取营养。格林伍德等学者在复杂制度和制度逻辑领域的重要研究应着重阅读。兼有组织行为、经济与管理多重背景的巴蒂拉娜则对处于复杂制度情境下的社会创业问题有很多高质量的研究。

最后,如果读者对制度动态性如何影响创业有兴趣,那么既应关注创业领域的杰出学者,也应重视向战略和国际商务领域的学者取经。前者的代表是埃斯利,这位创业领域的重要学者对于战略变革如何影响创业活动有不少高质量的研究,而且对中国的情况非常熟悉。对于制度变革速度的研究,则首推巴纳利耶娃,她专注于研究制度变革速度、加速度和方向的影响。

CHAPTER 5

第 5 章

谁在创业以及在哪里创业

谁在创业以及在哪里创业？这个问题反映了创业研究中两个核心组成部分：创业主体与创业情境。早期不少学者基于对创业实践的观察，从中抽象出了不同创业主体或情境驱动下的创业类型，形成了一系列"主体或情境＋创业"的研究主题。后续研究不断深入，与创业理论和主流组织管理理论之间的对话更为紧密，对创业情境的不确定性来源和创业主体的能动性行为有了更为深刻的认识。近十年，数字经济时代的到来进一步增加了情境的不确定性和复杂性，同时也拓宽了创业主体的边界性，主体与情境之间的交互性日益增强，丰富了对创业企业如何创造价值这一基础问题的理解（见图 5-1）。

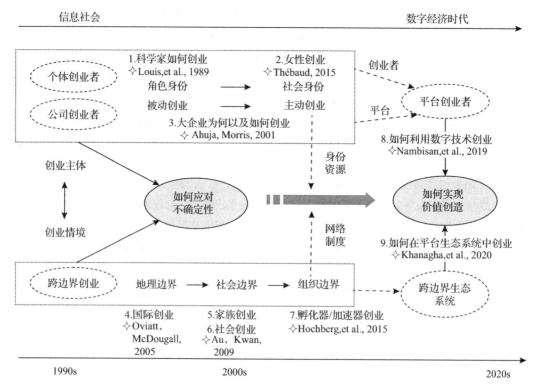

图 5-1 谁在创业以及在哪里创业的关键科学问题

个体创业与公司创业是从创业主体维度对创业实践的抽象和概括。20世纪八九十年代，全球多个国家出台了一系列鼓励科技成果推广和转化的法案，很多研究型大学纷纷通过设立技术转移办公室推动研究成果的商业化，科学家或学者创业开始逐渐兴起。如果说"科学家或学者创业"的兴起得益于政策诱发地对科学家或学者的关注，"女性创业"的涌现则是源于经济发展导致的创业机会分布和女性社会身份的变化。新兴经济体的经济体量与市场规模快速增长降低了女性创业者的准入门槛，同时挑战了传统的社会角色分工，女性创业者群体在该时代背景下不断扩大。

在由工业社会向信息社会转变的过程中，市场竞争环境日益动态化，大企业原有的基于资源能力的可持续竞争优势逻辑不再成立。20世纪80年代初，公司创业的概念首次被提出，学者们认识到创业不再是小企业独有的活动，而是大企业适应环境变化的战略选择，关于"大企业为何以及如何创业"的研究开始受到关注。早期研究大多将公司创业视为大企业被动适应环境的手段，后续研究则更多关注到大企业以机会为导向的主动创业活动，这与信息社会高速发展带来的市场机会的涌现密不可分。在数字经济背景下，大企业与小企业之间的边界日渐模糊、互动关系愈加紧密，大企业为个体创业者提供了平台和资源，而个体创业者为大企业注入了创业活力，由大企业主导的平台创业现象也因此受到越来越多的关注。

时代变化带来的另一个关键转变就是创业情境的变化。虽然说不确定性是创业活动的本质特征，但不确定性的来源在不同阶段不尽相同。在信息技术发展的初期，地理距离仍是企业开展创业活动、扩大市场规模时难以规避的制约因素，以"国际创业"为代表的企业如何应对地理距离带来的不确定性、识别和开发跨地理边界的创业机会的研究话题成了学者们关注的焦点。随着信息技术的普及，地理边界逐渐被打破，社会距离的重要性凸显出来，以"家族创业""社会创业"为代表的研究开始关注创业者如何在不同社会环境中识别创业机会、阐述机会价值、建立合法性以应对环境的不确定性。数字经济时代的到来，既再次加剧了市场环境的不确定性，也改变了企业应对不确定性的行为和活动。地理边界、社会边界与组织边界的模糊化都使得以"孵化器或加速器创业"为代表的生态系统中的创业活动体现出了独特的价值和优势。

尽管从工业时代到信息社会、数字经济时代的转变导致创业主体和创业情境都发生了巨大转变，但创业研究回答的本质问题并没有变，如何应对不确定性并创造价值仍是创业实践与研究的焦点。只不过在新情境下，这些问题的内涵得到了丰富和拓展，并衍生出了极富挑战性的新问题，而基于新情境与新问题的研究发现又不断挑战着传统组织管理与创业理论的假设和边界，反哺于创业理论的发展。

在数字经济背景下，创业企业的价值创造逻辑不再局限于组织内部，而是依赖于组织所嵌入的生态系统，是基于跨边界组织的价值创造过程。"如何利用数字技术创业""如何在平台生态系统中创业"等新问题的涌现正是顺应了上述创业情境的变化，为我们理解不同创业主体之间的互动、创业主体与创业情境之间的互动都提供了有益的参考。

学术创业及其经济社会价值

◎ 邹 波[1]　◎ 郭 峰[2]　◎ 李艳霞[3]

1. 中山大学管理学院；2. 天津大学管理与经济学部；3. 燕山大学经济管理学院

1980年，美国出台《拜杜法案》，统一专利政策，加强公私研究的互动，促进大学专利技术转让。之后又相继出台《联邦技术转让法案》《国家竞争力技术转让法》等一系列法案，加速了由美国联邦政府资助的科技成果的推广和转化（Grimaldi, et al., 2011）。由此，围绕大学生产的科技知识开展的技术转让、专利授权和新企业创建活动在美国掀起了一股热潮。紧接着，一些欧洲和亚洲国家也采取了类似的立法或措施。特别是20世纪八九十年代以来，很多研究型大学纷纷设立技术转移办公室（technology transfer office，TTO），以推动大学专利申请和授权工作的开展。创业型大学（entrepreneurial university）的概念也开始出现并引发关注。政策制定者、大学和学者越来越意识到，将大学研究成果商业化存在着广泛的机会和重要的价值，由此，世界范围内大学和学者的专利申请、技术转让、衍生企业、高校孵化器、大学科技园等多样化的创业形式开始逐渐兴起（张玉利等，2021）。

随着在实践领域学术创业的蓬勃发展，相应的理论研究也不断涌现。路易斯（Louis）等学者（1989）率先进行了学术创业的探索，识别并区分了五种学术创业类型，并指出这几种创业类型的影响因素及其效果。在此基础上，后续的研究将重心放在了学术创业对经济的影响上，研究了学术创业的不同形式所产生的经济效益（Cohen, et al., 2002；Owen-Smith, et al., 2004）。近年来，学者们意识到学术创业不仅会对经济活动产生影响，也会对学术研究产生作用，并开始关注学术创业对科研产出的影响（Bikard, et al., 2019；Fini, et al., 2021）。从学术创业所产生的影响角度看，学术创业的研究经历了从关注学术创业的类型及效果，到学术创业对经济的影响，再到学术创业对科研产出的影响。

卡伦·西肖尔等：区分学术创业类型并凝练其影响机制

1989年卡伦·西肖尔（Karen Seashore）等学者在《行政科学季刊》上发表了《学术界的企业家：对生命科学家行为的研究》一文。基于对研究型大学中生命科学领域学者的调查，

⊖ 本文是国家自然科学基金项目"我是谁？学术创业者的身份悖论整合机理研究"（71902135）资助的阶段性成果。郭峰为本文通讯作者（guofeng22@tju.edu.cn）。

这篇文章区分了五种学术创业的类型，并指出多种因素对不同类型学术创业的影响有所差异，详细回答了学术创业与组织理论相关的一些问题，包括大学中是否存在精英创业现象、创业型大学对个人学术创业的影响机制等，对学术创业的后续研究具有借鉴意义。以往组织与管理的研究，一方面肯定了创业在维持和发展组织有效性中的重要作用，认为创业关系到企业创新、整体竞争力以及应对不确定性以获取高绩效等方面。另一方面，以往研究也对创业的影响因素展开了多方探讨：首先，在个人层面，组织理论领域的学者认为个人特征与态度等个体属性对创业存在影响；其次，在团队层面，有研究强调了地方群体规范等文化特征的重要性；最后，一些学者关注组织层面，指出组织结构与政策制度对个人或团队创业存在激励作用。除此之外，现有研究对探索如何在高校这一不同于企业的情境中进行创业的呼声渐盛，同时也留下了诸多尚未解决的问题，包括是否确实存在多种形式的学术创业，哪些因素驱动了学术创业，是否存在精英创业以及大学是否存在独特的创业战略。

为解答上述问题，在这篇文章中，作者基于对研究型大学中生命科学领域学者的调查，首先定义了五种学术创业形式，包括：大规模科学研究（获得大型、外部资助的研究项目），获取额外收入（有偿咨询等），面向企业筹集资金（运用校企关系为研究提供新的资金来源），专利申请，商业化（创办企业并持有股权）。其次，作者在这项研究中对上述问题做出了回应：①通过一项1985年开展的调查，以研究型大学中生命科学领域的学者为研究样本，指出研究型大学的生命科学家存在适度的学术创业，而具有多种创业行为的新型"创业学者"并不常见；②研究检验了不同形式的学术创业与上述三个层面的影响因素之间的关系，指出了个人特征与态度是传统的大规模科学研究和获取额外收入的最重要影响因素，而地方群体规范在商业化中发挥着更重要的作用，大学的政策和结构特征对学术创业影响甚微；③作者认为存在精英创业现象，通过数据结果发现，大规模科学研究与传统的学术价值并存，即拥有更多研究预算的年轻学者往往科研能力也比较强，因此可以将"大规模科学研究"重新定义为精英创业现象。这种精英创业现象最容易通过个人特征、地方群体规范和其他创业行为进行预测，这也是最传统的创业模式。因此精英创业现象是存在的，并且它体现在个人和制度两个层面。最后，研究分析了大学在学术创业中发挥的作用，表明大学整体水平上的学术创业行为存在聚集性，这篇文章也指出创业型大学并不普遍，"大多数学术机构并未制定鼓励多种形式的学术创业的规范"。

基于上述研究数据与结论，并结合组织理论，作者进一步提出个体学术创业受到所在机构的影响，为了解释为何学术创业集中在特定的机构，作者提出了四种可能的机制：①个体被特定环境所吸引，即自我选择可能产生价值和行为共识；②个体行为会受到所处机构内其他成员的影响，即存在同群倾向；③组织文化在其中发挥了作用，例如更广泛的制度政策、程序和价值观加强了个体对于学术创业的态度和行为；④重视战略管理的作用，一些大学通过人员招聘以改变学术行为模式，以期获得声望和绩效提升，这也会影响个体在其中的学术创业。

作者进一步指出了文章的不足和值得探索的方向。首先，受研究截面数据的限制，上述哪种机制发挥主导作用仍是值得研究的问题。其次，虽然数据显示大学的政策与结构特征对学术创业的影响微乎其微，但作者认为这个结果并不意味着制度因素不重要，因为地方群体规范也是一种制度特征，所以可以进一步考虑多方面的政策与制度因素，并在此基础上开展进一步研究。最后，研究也强调"支持聘请本领域最高质量人才"这一传统战略可能是激励学术创业政策有效性的先决条件,但这需要进一步的研究和证明。

这篇文章对于学术创业的发展具有重要意义。首先,它支持了学术创业合理性的观点,认为科研人员从各种渠道获得更多资金来支持他们的研究项目对科研是有利的,同时研究型大学的生命科学家具有适度的学术创业水平,"创业学者"和"商业化"仅仅是"极端情况"。其次,它研究识别了五种基本的学术创业形式,回答了学术创业研究中的关键问题,阐明了个人特征在学术创业中的重要作用,填补了对诸如大学这样的非商业环境中创业行为的研究的空白。最后,它研究探讨了组织理论的影响,并对大学这类机构在学术创业中的角色进行了讨论,认为个人特征受到所处机构的影响,这为后续研究提供了启示并指明了可研究的方向,具有参考价值与借鉴意义。

卡弗罗萨·马里奥等学者:学术合作与企业创新绩效的关系研究

卡伦·西肖尔等学者在 1989 年的研究中定义了五种学术创业形式,其中获得大型、外部资助的大规模科学研究,即大学和研究机构中的教师在企业的资助下开展的大规模学术合作是学术创业的形式之一。不同形式的学术创业活动为外部参与者和学术界创造了重要的经济与社会价值。2015 年卡弗罗萨·马里奥(Kafourosa Mario)等学者在《研究政策》上发表了《中国学术合作与企业创新绩效:区域性制度的作用》一文,探讨了大学和研究机构与企业开展的学术合作对于提高企业创新绩效的影响,同时关注了地方制度差异在其中所发挥的作用。

对于学术合作的影响研究,先前的研究也提供了很多有价值的见解,例如,学术合作能降低企业的搜索成本、获取科学人才和所需要的知识与信息、提高企业专利成功的概率以及促进企业进入新技术领域和开发新产品等。然而,先前的研究很大程度上是基于西方发达国家的研究,这些国家拥有较为成熟的研究机构、完善的创新体系、世界级的大学和强大的本土研发能力。中国等新兴市场国家与发达国家的显著差异限制了学术界对学术合作在提高新兴市场企业创新绩效方面作用的理解。基于此,这篇文章最大的亮点在于除了关注大学和研究机构与企业之间的学术合作对于企业创新绩效的影响之外,还重点关注了中国情境下的学术合作与新兴企业创新绩效的关系,并探讨了地方制度差异在学术合作和企业创新绩效关系中的不同作用。

制度是创新动力的一部分,中国不同地区的制度在目标和偏好等方面的差异显著,从而产生了不同的制度压力,进而影响学术合作的价值。在这篇文章中,马里奥等学者从以下几个方面分析了不同地区的制度差异是如何影响学术合作和企业创新绩效之间关系的。

首先,区域制度的差异体现在知识产权制度的实施上,强有力的知识产权法律制度通过增加学术合作的稳定性、改善合作伙伴的承诺和打击机会主义行为,为学术合作的合同协议及共同研发提供了一个保护性的框架。基于此,这篇文章提出了第一个研究假设:新兴国家地方知识产权执法力度越强,学术合作对新兴市场企业创新绩效的影响越强。

其次,区域制度差异体现在地区的国际开放程度和外国直接投资上,国际开放程度较高的地区,更能吸引外国直接投资,随着跨国企业的进入,它们与学术机构建立合作关系,增加了对市场的了解,降低了交易成本,通过溢出效应、示范效应和竞争刺激当地企业的创新。基于以上讨论,文章提出了第二个研究假设:新兴国家特定区域的国际开放程度越高,学术合作对新兴市场企业创新绩效的影响越强。

最后,区域制度差异体现在不同地区的学术人才质量的差异上,研究密集型的大学和研究机构往往聘用才华横溢的科学家,致力于前沿技术的研究,并将与之进行合作的新兴企业作为创新商业化、培训学生和进一步获取研究资金的肥沃土壤,而从事学术合作的企业也能从该地区高质量的大学和研究机构开展的基础性与探索性研究中受益。因此,这篇文章提出了第三个研究假设:新兴国家特定区域的大学和研究机构的研究质量越高,学术合作对新兴市场企业创新绩效的影响越强。

该文章认为,中国的大学与企业合作及中国不同区域制度的差异等特征,为检验上述研究假设提供了很好的研究情境。这主要是因为:中国企业的自主研发能力较弱,许多企业需要通过积极开展学术合作的方式来增强其研发能力;同时,中国各地区的经济发展水平不均衡,导致不同地区在知识产权保护力度、区域开放性程度、区域性学术机构研究质量等方面存在较大差异。这篇文章基于中国科技部的创新型企业数据库(IOFD)的数据,以筛选出的375家中国创新型企业为样本,以创新绩效(新产品销售的份额)作为因变量,以学术合作(企业与学术机构的合作程度)作为自变量,以区域知识产权执法(以侵权案件结案数与侵权案件总数之比为衡量标准)、区域国际开放程度(由特定地区的FDI流入与GDP的比率来衡量)、区域性学术机构研究质量(由特定区域内每个学者在国际期刊上发表的平均学术论文数量来衡量)这三个变量为调节变量,对提出的研究假设进行了验证分析。实证结果表明:一方面,学术合作与企业创新绩效之间呈现"倒U形"的关系,即随着学术合作水平的提高,创新绩效达到最大值(学术合作的临界水平),而随着学术合作水平的进一步提高,由于学术合作活动的增加,企业的治理、协调和管理成本也会随之而增加,因此,当学术合作的程度特别高时,学术合作的成本会超过该活动带来的收益,从而导致企业创新绩效的负效应逐渐占主导地位,创新绩效则随之下降。另一方面,关于调节作用的检验,研究结果表明一个地区加强知识产权执法、国际开放水平及学术机构的研究质量都会提升学术合作对企业创新绩效的积极影响,三个调节作用均正向显著。

这篇文章关注了学术合作这一学术创业形式对于新兴市场企业的创新绩效的影响,并分析了学术合作在不同制度环境下的作用,为我们理解学术创业中学术合作这一形式的重要意义提供了新的见解。它的理论贡献在于:①分析了中国情境下特定区域的制度差异对学术合作结果的影响,这一分析超越了企业的界限来解释新兴国家创新的起源不同于发达国家强调企业自身创新能力重要性的既定理论;②论证了跨区域制度差异如影响知识产权执法、国际开放程度、学术机构的研究质量,从而影响学术合作在提升企业创新绩效方面的有效性,帮助研究者在两个重要但之前孤立的文献体系(学术合作和区域创新体系)之间建立了概念上的联系;③发现了企业与大学和研究机构的合作可以提高企业的创新绩效,但仅在一定的阈值范围内,这一发现对当前关于发展企业内部创新(吸收)能力和依赖外部知识来源之间的平衡的思考具有现实意义。

里卡多·菲尼等学者:学术创业促进学者科研产出的机制

在前文所介绍的卡弗罗萨·马里奥的研究中,主要关注的是学术合作这一学术创业形式对于提高企业创新绩效的影响。实际上,学术创业不仅会影响企业创新绩效,也会影响学者的学术绩效。2021年里卡多·菲尼(Riccardo Fini)等学者在《组织科学》上发表了《注重探索:学术创业对科学知识生产的影响》一文,从注意力视角探讨了学者进行学术创业如何影响其科学研究。

这篇文章首先讨论了问题提出的背景，作者认为，科学代表了一个独特的社会系统，致力于知识的生产，经常作为公共物品在科学期刊上公开分享。科学也是技术机会的源泉，已被证明对许多技术创新的发展起到了推动作用。利用科学发现带来机会的一个重要渠道是学术创业——学者创立一家公司将其发明或专业知识进行商业化。尽管科学对学术创业的影响已有大量的文献进行研究，但对这种相反的关系知之甚少。学术创业者通常在他们的大学里创办自己的企业，促进科学成果转化的相关政策要求推动了这一活动的开展。然而，学者参与创业活动将会怎样影响学者核心任务的科学研究呢？创业可能会影响学者对研究项目的投入，并且消耗他们投入的时间和精力。当然，创业也可能会对科学研究有互补性，因为创业项目可以为学术研究提供支持或产生新的研究问题。现有研究也指出，学术创业与科研产出之间存在正相关关系。尽管存在这种经验上的判断和分析，但现有研究并未揭示出创业对学术研究产生积极影响的作用机理。

围绕上述问题，这篇文章从注意力理论的视角探讨了创业对学者后续科研产出的影响。它认为，参与创业会使学者的注意力从科学相关的问题转移到创业相关的技术问题上，而公共科学（public science）与技术研究本身是两个间接相关的不同方面，这两个方面是存在差异的。科研人员参与学术创业需要关注技术，在技术研究的过程中会遇到与原有学术研究不同的现象和问题，这些现象和问题就会反馈到学者的科学研究上，使得科学研究的方向可能与学者原来的学科专业不完全一致。为了解决创业相关的技术问题，学者更有可能超越他们的学科专业的方向和边界，进行与技术密切相关的新学科研究，这将为学者在新领域的学术贡献创造机会——在新知识领域的搜索。该文章进一步认为，这种向前探索的转变会使学者将概念和框架从技术领域引用到科学领域，这对科学研究而言具有新颖性，同时，这个概念和框架已经在技术领域得到验证，具有一定程度的稳健性。学者通过连接学术研究的科学领域与创业活动的技术领域，能带来有用且有价值的研究，从而能产生更有影响力的科学研究。也就是说，学者参与创业活动将通过探索的中介作用来增加科学研究的影响力。

除了研究学者参与创业活动对学者探索行为的影响外，这篇文章也考虑了跨学科整合的调节作用。与远端搜索相比，邻近的选项更加可见，访问和调动的成本更低，风险也更低，学者更倾向于本地搜索。跨学科的研究人员进行跨学科整合，更有能力探索新的知识领域。他们更有可能意识到新知识，成功地将新知识与他们现有的专业知识结合起来探索新的知识领域。在这种情况下，创业的注意力转移效应可能会在较小程度上影响那些跨学科的学者。这些跨学科的学者本身就在跨领域进行探索，他们的知识更加多样化，并有技能整合这些多样化的知识，形成新的联系并产生新的想法。因此，与主要从事本学科研究的学者相比，从事跨学科研究的学者的搜索模式较少受到创业活动对探索强度的影响，也就是说，跨学科整合弱化了创业活动对学术探索的积极影响。

作者采用实证研究的方法对上述假设进行了验证。在研究设计方面，考虑到创业并不是学者研究成果的外生变量，研究成果可能是科学家特质或科学突破引发的，因此，将因果关系与相关关系分开是很重要的。逆概率处理权重加权（IPTW）是一种基于时变观测数据控制选择进入处理的技术，通过标准化倾向性评分处理实验组和对照组，从而排除其他因素干扰而得到因果关系，该文章使用了逆概率处理权重加权模型。在数据方面，作者收集了2001～2012年伦敦帝国理工学院的全部研究人员的面板数据，最终收集了分别包含24 179个和17 526个数据的个人年观察值的两个小组面板数据集，并对数据进行了分析。研究结果表明：学者参与创业活动促进了科研产出，学术探索在创业对科研产出的影响中起部分中介作用，跨学科整合减弱了创业活动对学术探索的正向作用。

这篇文章对于理解学术创业与学者科研产出的关系具有重要意义，它很好地揭示了学者的商业化实践如何有助于促进科研成果的产出。首先，它促进了高校和科研机构对创业有用性的理解，学术创业不仅影响科研成果的转化，而且能促进学者科研成果的产出；其次，它丰富了雇员创业的相关研究，学术创业作为雇员创业的一种特殊形式，公共科学领域的雇员创业也会对他们履行组织职责产生影响，实现个人与组织的共赢；最后，有助于从个人层面上理解探索的后果，探索涉及用其他办法进行试验，未来前景充满了不确定性，科学研究是一个高度协作的活动领域，学者所维持协作的范围和性质可能构成探索（进入新的研究领域）的重要边界条件，可以减少学习掌握新专业领域知识的探索成本，提高了成功的可能性。

未来研究方向

学术创业作为一种创业类型，在广义上可以理解为科学研究成果的商业化过程。传统意义上的大学以教育和研究为使命，但《拜杜法案》出台以来，大学的"第三使命"逐渐浮出水面，即除了教育和研究，大学还承担着将研究成果商业化的使命。创业型大学概念的提出，进一步引导大学通过探索和利用机会在助推区域经济和社会发展方面发挥更为积极的作用。在"大众创业、万众创新"的政策激励下，近年来，我国大学中的学者、学生以不同形式积极开展各种创业活动，丰富的学术创业实践为开展学术创业的理论研究提供了很好的土壤。

上述三篇文章不仅界定了学术创业领域的核心研究问题，对未来的研究趋势也具有较强的启发性。西肖尔的研究是学术创业领域的奠基性作品之一，在这篇文章中，作者提出了学术创业领域的两个基本问题。①学术创业有哪些形式？在这篇文章中，作者基于对生命科学领域的调查，给出了5种学术创业形式。相比于这篇文章成文时的1989年，今天，学术创业的形式更加多样，如加速器、孵化器、产业与校友合作网络、各类创业计划大赛等新的学术创业形式不断涌现，这些新的学术创业形式具有什么特征，它们对于学术成果的转化和商业化有什么样的功能等，都值得进一步深入研究。②哪些因素会影响学术创业的成功？在学术创业领域，这一直是一个重要的研究问题。在这篇文章中，作者从个人特质、群体规范和大学政策等角度对学术创业的影响因素进行了研究。这启示我们可以从微观（如学术创业者自身的特质、能力、认知、身份等）、中观（如大学的制度、组织结构等）、宏观（如区域和国家的制度与政策等）等不同视角对学术创业的影响因素展开深入研究。

马里奥等学者的研究分析了企业与大学之间的学术合作（学术创业的形式之一）对企业创新绩效的影响。根据西肖尔的研究，学术创业有5种常见的形式，这篇文章着重分析了学术合作对于企业创新绩效的影响。在未来的研究中，可以关注学术创业的其他形式对于企业创新绩效的影响，以进一步拓展学术创业与企业创新绩效关系的研究范围。这篇文章的另一个重点是关注了区域性制度在学术合作和企业创新绩效之间所发挥的调节作用，包括区域知识产权制度、区域国际开放制度等。一个地区学术合作价值的发挥不仅受这些制度的影响，还会受到其他制度因素的影响，如不同的地区的市场化程度、政府对创业的支持力度等，未来的研究可以探索更多的制度因素是如何发挥情境性作用的。

从更广泛的角度来讲，这篇文章是在中国情境下开展的，所选择的制度变量具有典型的中国情境特征，未来的研究可以通过考察其他新兴国家的相关制度在学术合作和企业创新绩效之间发挥的调节作用，从而提高研究结论的普适性。菲尼等学者的研究启发了学者们对学术创业与科研成果产出关系的思考。在菲尼等学者的研究之前，学术创业的因变量更多的是关注企业创新绩效，而菲尼等学者探讨了学术创业对科研产出的影响，这一研究视角具有很强的开创性。例如，西肖尔的研究指出，学术创业有 5 种常见的形式（合作研究、有偿咨询、校企合作、专利授权、创办企业），这 5 种形式介入商业化的程度存在较大差异，如相比创办企业，合作研究和专利授权的商业化程度较低；同时，这 5 种学术创业形式所涉及的主体也有所不同，如有偿咨询主要是以高校和研究院所的个体为主，而校企合作则会涉及学校与企业的组织层面。这些不同导致学术创业不同形式的运行机制也存在较大差异。那么，不同形式的学术创业形式会如何影响科研产出？它们之间有什么不同？各自的作用机理是什么？边界条件是什么？这些问题都值得进行深入的探讨。

同时，在菲尼等学者的研究中，只发现了探索（exploration）在学术创业与学者科研产出的部分中介作用，并且只考虑了跨学科合作的调节作用。从逻辑上来看，学者的身份认同、身份整合、同伴效应、组织和政策支持等都可能在学术创业和学术绩效之间发挥中介作用或调节作用（Balven, et al., 2018；Guo, et al., 2019；Perkmann, et al., 2021），这也是未来值得进一步研究的问题。

研究设计与应用拓展

如果你对学术创业领域的研究感兴趣，可以从学术创业的形式这一基本问题出发，在西肖尔的研究中，总结了 5 种基本的学术创业形式，然而，随着时代的发展，学术创业的形式越来越丰富，如加速器、孵化器、产业与校友合作网络、各类创业计划大赛等新的学术创业形式不断涌现，这些不同的形式涉及的对象和情境也存在差异，这是值得探讨的问题。学术创业是一个复杂的过程，涉及社会环境（宏观）、大学系统（中观）和学术创业者个人（微观）等多个层面（Balven, et al., 2018；Garcia, et al., 2011；Perkmann, et al., 2021）。

未来在研究视角上，可以从三个层面对学术创业展开研究：①在宏观层面，可以基于制度理论，着重关注国家制度以及不同地区的特定制度是如何对学术创业产生影响的；②在中观层面，可以从 TTO、大学的组织支持、组织文化、组织结构等方面对学术创业展开研究；③在微观层面，学术创业者的个人意图、认知、身份及行为等会对其选择不同的创业形式、开展不同形式的创业活动产生影响，未来可以从动机理论、身份认同理论、社会认知理论、社会交换理论等视角开展微观层面的研究。目前，微观层面的研究受到越来越多的重视，比如，一些学者从学术创业者的身份悖论、身份认同、身份整合等角度研究了学术创业者的身份问题对学术创业绩效的影响（Shi, et al., 2020；Zou, et al., 2019；Guo, et al., 2019）。

在研究设计方面，对于学术创业的研究，可以使用的客观数据有以下几种：第一，专利发明数据，专利发明数据对于衡量学术创业绩效或结果有着重要的意义（Buenstorf, 2009），可以作为学术创业的一个重要结果变量来使用；第二，学术创业衍生企业数据，学术创业中的一个重要因变量是基于学术成果成立的衍生企业，中国情境下的学术创业衍生企业数据可参考《中国火炬统计年鉴》；第三，文章发表数量，学术创业者作为特殊的创业者，对其考察还可以基于学者所发表的文章数量来衡量（Karlsson, Wigren, 2012）。值得注意的是，基于专利和发明的数据更多集中在生物医药科学、工程学、数学等理工学科上，虽然社会科学领域以技术为基础的创业活动较少，但以人文学科为基础的新兴企业正在涌现。对这些企业的测量不能再以客观的专利发明数据等为基础,需要进一步挖掘这些企业的特点,采用多元数据对这些学术创业问题进行设计和分析。

在学术创业研究中经常使用且较为成熟的研究方法包括:案例研究法(e.g. Hayter, et al., 2017)、问卷调查法(e.g. Lam, 2011)、定性比较分析法(e.g. Wang, et al., 2020)、双重差分法(e.g. Garcia, et al., 2020)、跨层分析法(e.g. Halilem, et al., 2017)、工具变量法(e.g. Banal-Estañol, et al., 2015)等。学术创业是多个层次共同作用的创业过程,社会环境、大学系统及学术创业者个人之间存在不同程度的互动作用,如果想要建立更加细致全面的分析框架,跨层次分析是未来的重要方向(Garcia, et al., 2011;Skute, 2019;Perkmann, et al., 2021)。

◆ 参考文献

Balven, R., Fenters, V., Siegel, D.S., and Waldman, D., 2018, "Academic entrepreneurship: the roles of identity, motivation, championing, education, work-life balance, and organizational justice", *Academy of Management Perspectives*, Vol. 32, No. 1: 1595-1622.

Banal-Estañol, A., Jofre-Bonet, M., and Lawson, C., 2015, "The double-edged sword of industry collaboration: evidence from engineering academics in the UK", *Research Policy*, Vol. 44, No. 6: 1160-1175.

Bikard, M., Vakili, K., & Teodoridis, F., 2019, "When collaboration bridges institutions: the impact of university-industry collaboration on academic productivity", *Organization Science*, Vol. 30, No. 2: 426-445.

Buenstorf, G., 2009, "Is commercialization good or bad for science? Individual-level evidence from the Max Planck Society", *Research Policy*, Vol. 38, No. 2: 281-292.

Cohen, W.M., Nelson, R.R., and Walsh, J.P., 2002, "Links and impacts: the influence of public research on industrial R&D", *Management Science*, Vol. 48, No. 1: 1-23.

Garcia, R., Araújo, V., Mascarini, S., Santos, E.G., & Costa, A.R., 2020, "How long-term university-industry collaboration shapes the academic productivity of research groups", *Innovation*, Vol. 22, No. 1: 56-70.

Grimaldi, R., Kenney, M., Siegel, D.S., & Wright, M., 2011, "30 years after Bayh-Dole: reassessing academic entrepreneurship", *Research Policy*, Vol. 40, No. 8: 1045-1057.

Guo, F., Restubog, S.L.D., Cui, L., Zou, B., and Choi, Y., 2019, "What determines the entrepreneurial success of academics? Navigating multiple social identities in the hybrid career of academic entrepreneurs", *Journal of Vocational Behavior*, Vol. 112: 241-254.

Halilem, N., Amara, N., Olmos-Peñuela, J., and Mohiuddin, M., 2017, "To own, or not to own? A multilevel analysis of intellectual property right policies' on academic entrepreneurship", *Research Policy*, Vol. 46, No. 8: 1479-1489.

Hayter, C.S., Lubynsky, R., and Maroulis, S., 2017, "Who is the academic entrepreneur? The role of graduate students in the development of university spinoffs", *Journal of Technology Transfer*, Vol. 42, No. 6: 1237-1254.

Karlsson, T., and Wigren, C., 2012, "Start-ups among university employees: the influence of legitimacy, human capital and social capital", *Journal of Technology Transfer*, Vol. 37, No.3: 297-312.

Lam, A., 2011, "What motivates academic scientists to engage in research commercialization: 'Gold', 'ribbon' or 'puzzle'", *Research Policy*, Vol. 40, No. 10: 1354-1368.

Owen-Smith, J., and Powell, W.W., 2004, "Knowledge networks as channels and conduits: the effects of spillovers in the Boston biotechnology community", *Organization Science*, Vol. 15, No. 1: 5-21.

Perkmann, M., Salandra, R., Tartari, V., McKelvey, M., and Hughes, A., 2021, "Academic engagement: a review of the literature 2011-2019", *Research Policy*, Vol. 50, No. 1: 104114.

Shi, Y., Zou, B., and Santos, R.S., 2020, "Dr. Jekyll and Mr. Hyde: how do academic entrepreneurs deal with identity conflict?", *Review of Managerial Science*, doi.org/10.1007/s11846-020-00420-1.

Skute, I., 2019, "Opening the black box of academic entrepreneurship: a bibliometric analysis", *Scientometrics*, Vol. 120, No. 1: 237-265.

Wang, M., Cai, J., and Munir, H., 2020, "Academic entrepreneurship in China: individual human capital and institutional context in higher education organisations", *Asian Journal of Technology Innovation*, doi.org/10.1080/19761597.2020.1833354.

Zou, B., Guo, J., Guo, F., Shi, Y., & Li, Y., 2019, "Who am I? The influence of social identification on academic entrepreneurs' role conflict", *International Entrepreneurship and Management Journal*, Vol. 15, No. 2: 363-384.

张玉利, 张敬伟, 等. 理解创业: 情境、思维与行动 [M]. 北京: 机械工业出版社, 2021.

▣ 文献推荐

Fini, R., Perkmann, M., and Michael Ross, J., 2021, "Attention to exploration: the effect of academic entrepreneurship on the production of scientific knowledge", *Organization Science*, doi.org/10.1287/orsc.2021.1455.

Kafouros, M., Wang, C., Piperopoulos, P., and Zhang, M., 2015, "Academic collaborations and firm innovation performance in China: the role of region-specific institutions", *Research Policy*, Vol. 44, Issue 3: 803-817.

Louis, K.S., Blumenthal, D., Gluck, M.E., and Stoto, M.A., 1989, "Entrepreneurs in academe: an exploration of behaviors among life scientists", *Administrative Science Quarterly*, Vol. 34, Issue 1: 110-131.

◉ 代表性学者

卡伦·西肖尔 (Karen Seashore)

在哥伦比亚大学获得博士学位,现任明尼苏达教育和人类发展学院杰出教授、贝克教育理念主席。她的研究兴趣主要集中在知识利用、组织行为、教育社会学、领导力等领域,研究成果发表在《科学》(Science)、《科学通讯》(Science Communication)、《行政科学季刊》、《人际关系》(Human Relations)、《美国行为科学家》(American Behavioral Scientist)、《教育管理杂志》(Journal *of Educational Administration*）等期刊上。E-mail：Louisklouis@umn.edu。

卡弗罗萨·马里奥（Mario Kafouros）

曼彻斯特大学国际商业与创新学院主席，是比较与国际业务组以及联合曼彻斯特商学院的联合研究负责人。他的研究兴趣是公司绩效和战略、研发和全球创新、中国和其他新兴国家的创新、新兴国家公司的国际化、联盟和收购等，在《管理杂志》《国际商务研究杂志》《管理研究杂志》等期刊上发表过多篇论文。E-mail：marios.kafouros@manchester.ac.uk。

里卡多·菲尼（Riccardo Fini）

在博洛尼亚大学获得博士学位，是博洛尼亚大学管理学部副教授和博士项目负责人。他的研究兴趣是企业家精神、科研成果商业化，在《管理学杂志》《组织科学》《管理研究杂志》《战略创业杂志》《研究政策》等期刊上发表了多篇与学术创业相关的论文。E-mail：riccardo.fini@unibo.it。

女性如何开展高质量创业

◎ 叶文平¹ ◎ 叶竹馨²

1.暨南大学管理学院；2.华中科技大学管理学院

创业活动中的性别差异问题一直受到研究者与实践者的普遍关注，创业活动伴随的高风险与不确定性往往被认为与社会角色定位中的女性特质截然不同。创业活动如果被普遍视为一种男性化的活动，处于资源劣势的女性个体行动者为何会选择进入其中？

早期的创业研究主要从结构性与功能性视角对女性个体行动者进入创业活动给出了解释。结构性视角主要强调创业机会数量，延续创业机会发现的逻辑认为创业机会存在于市场之中，新兴经济体的经济体量与市场规模快速增长极大提高了创业机会的分布，降低了女性创业者的市场准入门槛，女性个体行动者面临的资源约束与网络信息劣势也会随之发生改变（McAdam，Marlow，2010）。功能性视角主要强调创业活动的社会功能，经济增长必然伴随社会分工的细化和对传统社会角色分工的冲击，最为突出的就是会加剧女性的"家庭-工作"冲突（Crompton，2006），创业活动所体现的工作灵活性与支配主动性能较好地缓解女性"家庭-工作"冲突，提高了女性创业活动的参与。

尽管创业研究的结构性与功能性视角对处于资源与网络劣势的女性个体行动者为何会参与创业活动给出了一定的解释，但女性创业者的社会角色定位势必会对其创业成长产生重要且深远的影响，而这一决定性影响更可能来源于女性创业者最初的动机。结构性与功能性理论主要是从主动性视角去解析女性创业的影响因素，忽视了绝大多数女性创业者可能是被动参与创业活动。创业研究被视为突破个人社会阶层的重要途径，但创业活动的高风险与失败率是一个基本事实，处于创业资源与社会网络劣势的女性绝大部分更可能是被动参与到高风险创业活动之中。已有创业研究往往将创业活动理想化为市场行动者追逐机会实现新的"手段-目标"的过程，或是在企业家的机会警觉性和远见之下的打破市场均衡与建立新均衡的过程（Kirzner，1982）。由此，回归女性社会角色定位去理解女性创业者的创业成长显得尤为关键。

⊖ 本文是国家自然科学基金青年项目"市场创新信号对新企业竞争行动的影响机理研究"（71902065）和"迁移距离、社会网络嵌入与异地创业成长研究"（71902072）、面上项目"动态、复杂制度环境下的创业活动研究"（71872193）及重点国际（地区）合作研究项目"家族企业国际化与创新：基于制度-文化的比较研究"（71810107002）资助的阶段性成果。

总结起来，女性创业研究大致经历了两个阶段。早期研究基于同质性假设，致力于探索女性创业者这一群体普遍表现出的特征，以及创业过程中女性创业者群体与男性创业者群体的性别差异，同时更多关注这种性别差异带来的刻板印象对女性创业者提出的挑战（DeTienne，Chandler，2007）。近年来，越来越多的研究基于异质性假设探究女性创业过程中可能遇到的独特但又具有普适性的研究问题，强调女性创业者之间的差别，致力于回答"为什么有些女性创业者能实现高质量创业"这一问题。

萨拉·泰博：创业仅是女性的 B 计划吗

2015 年萨拉·泰博（Sarah Thébaud）在《行政科学季刊》上发表了《商业作为 B 计划：24 个工业化国家中创业性别不平等的制度基础》一文，因它对女性创业参与的社会化视角分析而获得了《行政科学季刊》年度最佳论文。

泰博在研究中主要延续了劳动经济学效用理论对女性创业决策进行分析。这一分析框架强调个体行动者会基于资源禀赋与外部环境约束在创业与就业决策中进行理性判断来实现个人收益最大化。正如约万诺维奇（Jovanovic，1994）所强调的，效用理论决定了并非资源禀赋最高的个体一定会成为创业者，区别于一般化的职业选择，创业活动的不确定性与风险决定了创业租金回报不仅依赖于个体资源禀赋，也受到外部制度环境的影响。建立在效用理论上的职业选择模型既承认个体行动者的特质是创业决策差异的重要前提，也强调外部环境的动态变化深刻地影响着其创业意愿，这极大地扩展了已有研究对于创业决策的理解和认识。

显然，基于效用理论的分析框架，特别是认同个体理性判断取决于个体对外部环境认知的研究者更直接明确地指出个体就业和创业的收益函数与外部环境密切相关，外部环境的动态变化会影响个体的创业决策意愿。对个体行动者而言，是否进入创业活动市场不仅取决于其资源禀赋是否有效发现高于就业回报的创业机会，更为主要的是外部制度要素在多大程度上支持或约束个体基于发现的创业机会展开行动（Engelen, et al., 2015）。延续社会学与创业研究的相关文献，区别于男性创业动机，女性选择创业是为了缓解"家庭-工作"冲突，那么外部旨在消除女性"家庭-工作"冲突的制度保障将如何影响创业活动中的性别不平等？

为了回应上述研究问题，泰博首先系统归纳了创业研究中性别不平等的三个重要来源：①女性的社会角色定位导致其被认为拥有更少的创业资源。社会网络被认为是创业者活动资源和信息的重要渠道，但传统社会角色分工导致女性社会网络是以家庭成员为中心的高同质性网络，极大降低了女性创业者通过社会网络获得异质性资源和信息的可能性。②劳动力市场隔离和歧视，导致女性创业者比男性创业者拥有更少的人力资本与管理经验积累。劳动力市场对女性歧视不仅体现在工资差异上，更为主要的是将女性排斥于主流职业市场之外，同时对女性职业晋升要求更为苛刻。这导致女性创业者在创业之前往往缺乏必要的人力资本和管理经验积累，在后期创业资源动员过程中处于劣势。③传统文化形成的刻板印象认知会提高女性创业进入门槛。那些将创业活动与男性特质紧密联系的文化环境，会极大提高女性参与创业活动的门槛。这些研究都为解释创业活动中的性别不平等提供了独特的视角，但延续效用理论的决策分析框架，创业活动中的性别不平等更可能是来源于男、女创业者的创业动机。尽管男性在照顾家庭中扮演了极为关键的角色，但女性独特的社会角色导致缓解"家庭-工作"冲突更可能成为推动其参与创业活动的根源，而女性的"家庭-工作"冲突最为突出的时期就是女性生育期，由此，研究者考察了不同国家生育保护制度的差异将在多大程度上影响创业活动市场的性别不平等。

作者以全球创业观察的跨国数据为样本,主要聚焦于三种不同的生育保障政策对创业性别不平等的影响,即带薪产假、儿童保育和兼职工作。这三类生育保障政策能较好地缓解女性劳动者的"家庭-工作"冲突,同时也能为女性劳动者在生育期提供必要的经济社会福利。如果延续传统的效用理论的决策分析框架,女性创业者进入创业活动市场是受到"家庭-工作"冲突的影响,那么完善的生育保障制度能有效缓解这一冲突,降低女性创业活动参与,从而提高创业活动市场的性别不平等。但与此同时,完善的生育保障制度也成为一种重要的市场筛选机制,会导致那些传统上为了缓解"家庭-工作"冲突而被迫选择创业的女性创业者减少,男性与女性在创业动机上保持更高的一致性,选择进入创业活动市场的男性与女性更多的是机会驱动型,创业活动也会真正回归于传统创业研究中所提倡的在企业家的机会警觉性和远见之下的打破市场均衡与建立新均衡的过程中(Kirzner,1982),男性与女性创业者均朝向高质量的创业活动迈进,传统劳动力市场中呈现的女性创业者更多为生存型创业、男性创业者更多为机会型创业的情况并不存在。

这篇文章对于理解创业活动中的性别差异提供了一个独特的视角。创业的研究者与实践者尽管看到了创业活动中的性别不平等,但往往都将这类不平等归结为性别的社会角色分工所导致男性与女性创业者在创业活动过程中资源与能力的差异。诚然,创业活动作为一个社会化的过程不能独立于社会环境来孤立分析,但过度强化社会角色分工导致女性创业劣势往往会陷入"过度社会化"的桎梏之中。这篇文章回归创业者动机,在效用理论的分析框架中,以承认男性与女性的社会角色分工差异为基础,强调创业活动中的性别不平等并非由于社会角色分工差异所导致,更为主要的是男性与女性创业者对待创业活动的初始动机存在差异,相比于男性更强调创业活动的经济回报与自我实现,女性创业者更多的是将创业作为一种缓解"家庭-工作"冲突的重要手段,如果完善的制度安排能充分缓解女性"家庭-工作"冲突,男性与女性创业者在创业市场中的表现并无实质性差异,女性创业者也具有更大的潜力参与到高质量的创业成长之中。

杨甜甜等学者:女性创业者何时更容易失败

泰博的研究为理解创业活动中的性别不平等提供了一个基于制度安排的视角,即男性与女性创业者的创业动机不同导致其创业决策与成长存在显著差异,如果二者创业动机趋于一致,创业活动市场中的性别不平等会逐渐减小。但在创业活动过程中,即使与男性创业者有相对一致的创业动机,女性创业者也往往会面临更多的挑战,女性创业者在创业活动过程中的挑战来源于何处?杨甜甜(Yang Tiantian)等学者2019年在《管理杂志》上发表了《创立到失败:解释女性主导的创业何时更有可能失败》一文,对这一问题给出了回应。

作者一开始就指出,创业研究者与实践者关注到了进入创业活动市场的性别差异,但研究者忽视了与同等资质的男性创业者相比,女性创业者在领导创业团队时为何会面临更多失败风险的挑战?首先,作者基于"性别-角色一致性理论"(role congruity theory)构建了研究的基本分析框架,在这一理论框架中,领导者所具备的领导特质往往与男性角色的一致性程度更高,例如,我们希望领导者具有进取、果敢和风险承担等特质,而这些特质往往与男性社会角色紧密联系在一起,而与女性社会角色存在巨大差异,尽管女性被认为更热情、友好与体贴。女性性别角色与领导角色之间的不一致直接导致了对女性领导者的两种形式的偏见:

低估女性领导者的实际潜能、对女性领导者的客观评价低于男性领导者，这一偏见在劳动力市场中最直观的体现就是女性职场的"天花板"效应和男性职场的"玻璃扶梯"效应。一个明显的事实是尽管女性占据了美国劳动力市场接近50%的比例，但在以标准普尔500指数为基准的全美大型公司的首席执行官中，女性仅占4%。创业者作为新组织的核心尽管不会受到成熟的科层制组织职业晋升的性别"天花板"效应的影响，但由女性主导的创业项目往往也会面临更高的失败风险，"性别－角色一致性理论"对于新创企业的影响仍然存在，甚至更强，其原因在于新创企业存在的高风险与不确定性对领导者更强的依赖程度扩大了对女性领导者的偏见，由此女性主导的创业项目的失败风险可能会更高。

尽管女性创业者领导的创业项目可能会因为"性别－角色"不一致形成的偏见存在更高的失败率，但这种不利局面并非一成不变。研究者进一步地从三个方面分析了可能影响"性别－角色"不一致性的三种机制：领导者能力、行业特点与配偶团队。①从领导者能力来看，如果创业团队领导的选拔是基于创业者能力而非其他因素，会降低女性"性别－角色"不一致性带来的负面影响，因为此时对于领导者的评估是独立于个人"性别－角色"之外的能力，而非简单的"性别－角色"一致性的参考。②行业的性别特点同样会影响女性主导的创业团队中存在的"性别－角色"不一致偏差，在男性主导的行业中会强化男性的"性别－角色"一致性的积极作用，从而提高了由女性创业者主导创业项目的失败率，而在女性主导的创业行业中，尽管对男性创业者会有更苛刻的要求，但由于"玻璃扶梯"效应与"性别－角色"一致性效应的存在，对女性创业者主导的创业项目的偏见仍然存在。③如果创业团队是配偶团队，女性创业者主导的创业项目失败会更高，因为配偶型的团队扩大了家庭社会期望对女性"性别－角色"的额外需求，而传统的家庭社会分工又会进一步放大女性创业者在"性别－角色"不一致中的劣势。

作者利用创业动态跟踪调查（第2轮）（PSED II）数据对上述理论模型进行了检验，数据支持了研究者的所有假设。相比于泰博从创业者动机的视角揭示创业活动市场中的性别差异，杨甜甜等学者的研究为进一步揭示男性与女性创业者在创业活动上的差异提供了更为具体且全面的证据，对于深刻理解女性在创业活动市场中的表现具有重要的理论启示。一方面，创业企业普遍存在的新创弱性与合法性不足导致外部资源提供者对新创企业领导者的评估更依赖于传统"性别－角色"一致性这一信号，而女性创业者往往在这一传统评估框架中存在天然劣势，这一劣势会直接影响外部资源提供者对创业者及其团队能力的评估，提高了创业活动的风险。另一方面，女性社会角色分工限制了其异质性社会网络的扩展，创业团队的组建更多依赖于强关系的社会网络，尤其是配偶。尽管强关系社会网络的封闭性与稳定性能提高创业团队的资源承诺升级与风险抵抗，但传统社会角色的分工又会进一步放大女性创业者主导创业团队的"性别－角色"不一致劣势。

当然，如研究者团队所指出的那样，对女性创业者而言，尽管基于社会认知所固化的"性别－角色"并不会在短期内得到迅速的改变，但"性别－角色"一致性对女性创业者的禁锢也会随着女性创业者个人能力这一重要信号的提升而发生改变，如果开放的劳动力市场中能以更为公平的制度安排来选拔领导者，那么女性创业者往往更能通过其能力来扭转外部资源提供者对其"性别－角色"不一致性的质疑。这篇文章的理论贡献主要体现在两方面。其一，非正式制度形成的性别刻板印象并非稳定不变。新制度理论学派的观点认为相比于正式制度而言，非正式制度长期处于稳定状态，其形成的制度场域往往也具有更强的约束力。这篇文章敏锐地指出尽管非正式制度形成的刻板印象对于女性创业活动具有强约束力，但这种约束力并非稳定不变，会伴随创业活动参与主体的改变而动态变化。其二，正式制度的变迁是推动非正式制度重构的重要推动力。制度经济学的分析往往将非正式制度作为正式制度的重要补充，认为正式制度在诱致性变迁与强制性变迁的双重路径上，非正式制度往往是应对制度变迁产生市场摩擦的润滑剂，而忽视了正式制度变迁可能是非正式制度重构的重要推动力。这篇文章通过引入劳动力市场激励机制充分展示了正式制度的逐步完善有效消除了非正式制度在创业活动市场中形成的性别刻板印象。

赵雁飞等学者：揭示女性创业选择与成长差异的制度文化根源

"性别–角色一致性理论"被普遍引用于解释男性与女性创业者在创业市场中的表现差异，但绝大部分研究者都普遍认为"性别–角色"是既定存在且稳定不变的，并且相关研究都集中在创业者和资源提供者之间的二元互动上，而忽视了决定"性别–角色"观念稳定性的外部制度根源，以及嵌入宏观制度环境的社会规范和文化观念（Zhao，Wry，2016）。尽管杨甜甜等人（2019）的研究关注到了外部劳动力市场制度安排对"性别–角色"观念的影响，但并未对影响"性别–角色"观念的更深层次的制度文化进行深入讨论。2020年赵雁飞等学者在《创业理论与实践》上发表了《女性能顶半边天？非正式制度、创业决策与创业绩效中的性别差异》一文，从制度与文化视角解析了创业活动市场中的性别不平等的根源。

赵雁飞等学者基于制度理论的视角考察了正式制度（政府对市场的干预）与非正式制度（"性别–角色"观念）对男性和女性创业者"性别–角色"一致性的影响，进而影响男性与女性创业者在创业活动市场中的表现。对于正式制度要素的分析，这篇文章认为在政府对市场干预更强的地区，创业者有效地构建政治联系尤为关键，而政府官员往往由男性主导，女性创业者在构建政治关系的过程中处于天然的劣势，会进一步放大女性创业者在"性别–角色"不一致中的劣势，进而影响外部资源提供者对其创业能力的评估，影响其创业绩效。对于非正式制度要素的分析，作者认为传统"性别–角色"观念强调的"男主外、女主内"所造成的性别不平等观念不仅会影响女性创业者在创业前期的人力资本积累，更为主要的是性别不平等观念导致外部资源提供者认为女性创业者会面临更大的家庭工作平衡，家庭会分散其注意力，使其无法全身心投入创业活动中，进而在男性主导的创业活动中不能获得足够的竞争优势。传统"性别–角色"观念形成的性别不平等观念会进一步强化创业活动中的"性别–角色"一致性，导致女性创业者在创业活动过程中面临更大的劣势。但赵雁飞等学者认为，男性与女性创业者在创业活动绩效上的差异并非简单地取决于外部资源提供者基于"性别–角色"观念一致性的判断，更为主要的是基于文化与制度影响的"性别–角色"一致性观念会影响男性与女性创业者的行业选择（行业利润）与资源动员（社会网络构建）。在政府对市场竞争的干预以及性别不平等观念更强的省份，面对更强的性别刻板印象及其相关风险和不确定性，女性创业者可能会采用两种应对机制：选择性别一致（低利润）和低资源动员（更少的社会网络构建）的行业，这两种机制是导致男性创业者与女性创业者产生创业绩效差异的原因。

赵雁飞等学者通过采用中国私营企业调查数据对上述逻辑框架进行了检验并得到了较好的支持。这一研究最大的贡献在于超越传统"性别–角色"一致性理论对创业者与外部资源提供者二元关系的静态分析，回归于形成"性别–角色"一致性这一刻板印象的文化与制度根源，根植于具有深厚儒家传统文化且处于经济转型时期的中国，巧妙地选择政府对市场干预（经济转型国家特点）与性别角色观念（传统儒家文化特点）两类不同的正式与非正式制度，讨论了正式与非正式制度如何塑造并影响传统"性别－角色"一致性观念的稳定性与动态变化。这篇文章的结论对于透析经济转型国家，尤其是中国创业活动市场中的男女性别差异具有重要启示：第一，尽管非正式制度塑造了创业活动市场中的性别刻板印象，但正式制度（政府对市场的干预）对创业活动市场中的性别刻板印象展现出更强的影响力，根源在于其主导了创业活动市场中的资源配置；第二，创业活动市场中男性与女性的绩效差异并非来源于个体行动者的企业家能力差异，而是源于在制度与文化观念双重影响下个体行动者多重社会身份角色的功能差异；第三，创业作为一种社会化的活动必然会受到"性别－角色"一致性观念的影响，但这一观念并非稳定且不变，而是受制于形成这一观念更深层次的制度文化的非均衡性发展。

未来研究方向

创业活动市场中的性别问题一直为研究者与创业实践者所关注，能否通过更好的制度设计来降低甚至消除创业活动中的性别不平等，取决于我们能否对导致这种不平等背后的机制有更深入的理解与把握。传统的社会角色分工会导致男性与女性在扮演社会角色中存在差异，并且这一差异延伸至劳动力市场，但来源于新兴经济体国家的证据显示，经济快速增长带来的劳动分工细化会冲击传统性别角色分工形成的刻板印象对女性的禁锢，这也为研究创业活动市场中的性别差异提供了重要的契机。

上述三篇文章不仅为揭示创业活动市场中的性别差异提供了重要且独特的视角，也为未来研究方向提供了重要借鉴。泰博的研究从男性与女性的创业动机着手，强调了女性基于缓解"家庭－工作"冲突的创业动机是导致其在创业活动市场中的表现弱于男性的根本，而并非男性与女性创业者在创业能力或资源禀赋上存在根本差异，完善的消除"家庭－工作"冲突的制度安排可能会成为提高女性创业活动质量的重要因素。基于这一研究框架的启示，我们可以从两方面进一步推进研究。第一，完善的缓解"家庭－工作"冲突的制度安排是否真的能消除创业活动市场中男性与女性表现的差异？尽管研究者认为缓解"家庭－工作"冲突的制度安排是一个重要的筛选机制，会降低女性劳动者被迫选择创业的概率，但对转型期的中国而言，一个可以观察到的事实是2015年第一次修改的《中华人民共和国人口与计划生育法》，规定符合政策生育的夫妻可以获得延长生育假的奖励或者其他福利待遇，这在一定程度上缓解了女性的"家庭－工作"冲突，直接产生的影响是劳动力市场对女性歧视的加剧，创业活动市场中男性与女性创业者市场表现的差距进一步扩大，如何结合新兴经济体国家独特的制度与文化背景对这一问题展开更为深入细致的分析是必要且关键的。第二，完善的缓解"家庭－工作"冲突的制度安排是否真的能筛选出自我驱动型的女性创业者？创业活动往往被既定为男性获得自我实现和突破社会阶层的重要途径，而女性仅仅是为了缓解"家庭－工作"冲突，由此男性会表现出更强的创业驱动力与抱负。但回归于认知心理学有关动机的研究会发现，相比于利己主义动机而言，利他主义动机具有更强的驱动力与持续性。有关家族企业的研究者也提供了更为直接的证据，家族企业的非经济目标比经济目标更可能会影响企业的存续与发展。由此，相比于男性创业者基于利己主义的自我实现，女性创业者基于利他主义的缓解"家庭－工作"冲突更有可能成为激发其高质量创业的动力。尤其是受中国传统文化影响的以家庭为中心的女性所体现出来的"韧性"对创业活动的重要程度不言而喻。

杨甜甜等学者与赵雁飞等学者的研究都是从"性别–角色"一致性的视角来分析性别刻板印象将如何影响男性与女性创业者在创业活动市场中的差异性表现的。他们的不同之处在于杨甜甜等学者的研究尽管意识到性别刻板印象的确会受到外部环境（如劳动力市场的选拔机制）的影响，但在研究中假定性别刻板印象是静态且稳定不变的，而赵雁飞等学者的研究回归于形成性别刻板印象的制度与文化根源，强调制度与文化的非均衡性发展会强化或改变性别刻板印象。两个团队的研究同样也为后续研究提供了重要的借鉴。

第一，如果"性别–角色"一致性是影响创业活动市场上男性与女性创业者表现差异的根源，那么"性别–角色"一致性观念还会受到哪些宏观文化制度因素的影响？赵雁飞等学者讨论了正式制度（政府干预）与非正式制度（性别不平等观念）对"性别–角色"一致性的影响，如果"性别–角色"一致性的根源来自社会分工对男性与女性定位的差异，那么中国经历的计划生育政策导致的性别比例失衡，以及由此带来的家庭角色分工的重构（如由上一代父母来照顾小孩）等都将成为影响传统女性"性别–角色"一致性的重要因素。进一步地，奥伦卡等学者（2021）的最新研究给出了一个更为独特的视角，女性在传统的男性主导的行业中取得的巨大成功在社交网络进一步扩散也可能会成为冲击传统"性别–角色"一致性的重要因素。

第二，"性别–角色"一致性之外的其他特质也可能成为影响创业活动市场中男性与女性创业者表现差异的重要因素。尽管"性别–角色"一致性的研究普遍认为男性与女性创业者的性别、角色差异是创业者与外部资源提供者互动的重要来源，但越来越多基于风险投资的研究表明，男性与女性创业者"性别–角色"一致性之外的因素也可能成为影响其获取资源的关键因素。黄（Huang）等（2020）基于解释水平理论的最新研究发现，相比于男性创业者在与风险投资者沟通时聚焦于企业的未来发展，女性创业者在与风险投资者沟通时更聚焦于企业现在的基本情况，男性与女性创业者不同的沟通风格也会导致风险投资者投资决策的差异。尽管创业特质论的研究被普遍质疑，但男性与女性创业者独立于"性别–角色"一致性之外的特质也可能成为解释男性与女性创业者创业绩效差异的重要因素。

第三，超越以简单生理特质为基础区分男性与女性创业者，转向认知心理学研究的性别或性别气质的划分（例如，男性化气质的男性、女性化气质的男性、女性化气质的女性、男性化气质的女性）。性别气质社会建构论认为两性性别气质表现出的差异性并不单纯由生理性别决定（Beauvoir，1949），而是社会文化和社会制度共同建构的结果，并由此提出男性气质和女性气质概念。男性气质（masculinity）是指"具有成就取向与关注完成任务的行动取向的一系列性格和心理特点"，如坚强、果断、理性、智慧；而女性气质（feminity）是指"具有同情心、令人感到亲切、对他人关心等亲和取向的一系列性格和心理特点"（Spence，Helmreich，1979）。人们通常对性别气质形成固有的框架和模板，并产生性别气质二元对立的刻板印象。事实上，个体会在社会文化、心理、认知等多重复杂因素下建构自我的性别意识形态，从而表现出相应的性别特质，同时，这一社会性别与生理性别的相互作用表现出多元化的性别或性别气质划分。然而，现有创业研究仍多以男性化规范为基础对创业者身份进行社会建构，认为创业者更加重视经济维度而非生活维度，表现出对自主性、支配性和侵略性等高需求的男性化特质（Chasserio, et al.，2014）。相比之下，女性创业者研究格外强调同情、敏感与温和等典型的单一女性化特征（Eddleston, Powell，2008），以及这些特征在创业过程中表现出的优劣势。

未来研究也应积极探求消解二元对立的性别意识形态和性别不平等格局，可以从两方面来进一步推进研究。第一，女性创业者需要不断协调创业者男性化规范和自身女性角色间的矛盾，什么样的性别气质更能帮助女性进行高质量创业？面对当前社会建构的创业者身份男性化与女性化特征的不同，女性创业者往往会形成不同的性别意识形态并表现出不同的性别气质，这也是不同女性创业者在创业过程中的表现存在差异的重要原因。探究哪些因素会影响女性创业者的性别气质，进一步地，什么样的性别气质更有利于女性创业者提高创业成功率，是对"为什么有些（女性）创业者更成功"这一创业研究根本问题的进一步回答。第二，创业企业成长过程和外部环境都表现出动态特性，女性创业者的性别特质会如何演化与调整？已有研究基于创业过程的阶段性和情境性，分析了创业者在企业发展的不同阶段应发挥的角色（Chasserio, et al., 2014；Hoang, Gimeno, 2010），而女性创业者如何通过有效的性别气质管理来提高创业质量，也应考虑这一动态性，探究女性创业者如何修正和调节自身的性别气质，来满足创业过程和外部环境变化提出的要求，构建女性创业者性别气质动态管理的过程模型。

研究设计与应用拓展

如果你对女性创业问题感兴趣，首先要明确研究的基本立场和判断，从已有研究来看，大部分学者的潜在假设是从男性和女性对比的视角来审视女性创业者面临的心理、社会和经济劣势或障碍，这种男女对比固然有趣，但可能并不足以充分挖掘女性创业者面临的情境和行为特征，正如已有研究所揭示的，女性创业者在机会、行业和商业模式等方面已经表现出了鲜明的特色（Verheul, et al., 2005；Bulte, et al., 2017；杨俊等，2020）。基于此，在理论判断上，未来的研究可能需要站在女性创业者的立场上开展情境驱动的理论检验和发展，提取女性创业情境（例如，低社会认同情境，与边缘创业者、草根创业者可能存在着相似性），在女性创业者之间展开比较，可能有助于进一步认识和理解女性创业特别是高质量女性创业的一般规律，也有助于丰富基于情境驱动的创业理论（Zahra, 2007）。

在数据来源方面，目前少有研究关注女性创业方面的数据库建设。现有研究绝大多数都立足于综合性二手数据库（如全球创业观察、创业动态跟踪调查、中国创业动态跟踪调查、中国私营企业调查），并从中提取女性创业数据展开研究。这显然不够，未来的研究可以建构更为全面的动态跟踪数据。创业是一个动态、不连续的过程，女性创业也不例外。探究女性创业者高质量创业的过程规律需要针对不同地区的女性创业者、创业团队、创业企业开展更为系统、深入、持久的跟踪调查，这对基于动态视角的女性创业研究尤为重要。然而，现有针对女性创业的数量庞大、质量优良的数据库相对缺乏，因此，建构专属于女性创业过程的动态跟踪数据有它的必要性和紧迫性。未来研究可以尝试组建中国女性创业研究联盟，联合多方力量开展跟踪调查，共同设计调查问卷、调查方式和研究工具等，在数据内容方面充分考虑创业过程的复杂性，详细调研和记录女性创业的启动过程、创业意图、创业过程，以及最后创业成功的原因，以期提供具有信度和效度的研究资料库，进一步助力学术研究发掘女性创业的内在运作规律。

其次，立足于心理和行为角度开展研究，可以注重将实验方法与二手数据结合起来提升理论检验和发展的严谨性。当前普遍采用的二手数据确实有利于研究者快速了解相应的研究问题的背景，帮助研究者更好地定义问题、寻找解决研究问题的思路和途径、构造合适的研究方案、回答和检验某些问题及假设、更深刻地解释原始数据等,但这些二手数据的相关性差、时效性差、准确性差等局限性,也限制了研究者更深入细致地分析女性创业研究领域特定的研究问题。在二手数据基础上,补充应用实验方法能有效弥补上述缺陷,尤其在探究女性创业者的心理、认知及决策过程等问题时,采用实验方法有助于研究者对变量进行有针对性的操作,从而消除"杂音",明确区分自变量和因变量,进而更能揭示变量间的因果关系,同时提高研究的内部效度。

最后,基于女性创业情境驱动的研究可以注重将定量研究与定性研究相结合。定量研究与定性研究这两种研究方法长期处于对立的研究范式当中,定量研究遵循实证主义的方法,重视知识的客观性,强调科学方法的普遍性与妥当性;定性研究则强调主体性在研究过程中的重要性,是在自然情境下采用多种资料收集方法对实践现象进行整体性探究、归纳分析以形成理论的方法。事实上,二者在产生背景、哲学基础、基本方法等方面都各有所长。以往的女性创业研究大多采用定量研究,而较少采用定性研究。考虑到女性创业研究的诸多特殊性和尚未挖掘的现象规律,未来的研究可以先采用定性研究进行探索分析,总结归纳女性创业实践过程中的新现象、新规律,提出新的理论框架,进一步地,结合定量研究检验理论模型的合理性,由此增强女性创业研究的广度和深度。

◆ 参考文献

Bulte, E., Lensink, R., and Vu, N., 2017, "Do gender and business trainings affect business outcomes? Experimental evidence from Vietnam", *Management Science*, Vol. 63, No. 9: 2885-2902.

Chasserio, S., Pailot, P., and Poroli, C., 2014, "When entrepreneurial identity meets multiple social identities: interplays and identity work of women entrepreneurs", *International Journal of Entrepreneurial Behavior & Research*, Vol. 20, No. 2: 128-154.

Crompton, R., 2006. *Employment and the Family: The Reconfiguration of Work and Family Life in Contemporary Societies*. Cambridge University Press.

DeTienne, D.R., and Chandler, G.N., 2007, "The role of gender in opportunity identification", *Entrepreneurship Theory and Practice*, Vol. 31, No. 3: 365-386.

Eddleston, K.A., and Powell, G.N., 2008, "The role of gender identity in explaining sex differences in business owners' career satisfier preferences", *Journal of Business Venturing*, Vol. 23, No. 2: 244-256.

Engelen, A., Gupta, V., Strenger, L., and Brettel, M., 2015, "Entrepreneurial orientation, firm performance, and the moderating role of transformational leadership behaviors", *Journal of Management*, Vol. 41, No. 4: 1069-1097.

Hoang, H., and Gimeno, J., 2010, "Becoming a founder: how founder role identity affects entrepreneurial transitions and persistence in founding", *Journal of Business Venturing*, Vol. 25, No. 1: 41-53.

Huang, L., Joshi, P., Wakslak, C., and Wu, A., 2020, "Sizing up entrepreneurial potential: gender differences in communication and investor perceptions of long-term growth and scalability", *Academy of Management Journal*, https://doi.org/10.5465/amj.2018.1417.

Jovanovic, B., 1994, "Firm formation with heterogeneous management and labor skills", *Small Business Economics*, Vol. 6, No. 3: 185-191.

Kacperczyk, A., Kang, S., and Paik, Y., 2021, "Double-edged sword of female political leadership: gender diversity-inducing and gender diversity-reducing effects in the workplace", *Available at SSRN 3866169*.

Kirzner, I.M., 1982, "Uncertainty, discovery, and human action: a study of the entrepreneurial profile in the Miesian system", In I.M. Kirzner (Ed.), *Method, Process, and Australian Economics: Essays in Honor of Ludwig von Mises*. Lexington, MA: Lexington Books.

McAdam, M., and Marlow, S., 2010, "Female entrepreneurship in the context of high technology business incubation: Strategic approaches to managing challenges and celebrating success", In Wynarczyk, P. and Marlow, S. (Ed.) *Innovating Women: Contributions to Technological Advancement* (Contemporary Issues in Entrepreneurship Research, Vol. 1), Emerald Group Publishing Limited, Bingley.

Spence, J.T., and Helmreich, R.L., 1979, "Comparison of masculine and feminine personality attributes and sex-role attitudes across age groups", *Developmental Psychology*, Vol. 15, No. 5: 583-584.

Verheul, I., Uhlaner, L., and Thurik, R., 2005, "Business accomplishments, gender and entrepreneurial self-image", *Journal of Business Venturing*, Vol. 20, No. 4: 483-518.

Zahra, S.A., 2007, "Contextualizing theory building in entrepreneurship research", *Journal of Business Venturing*, Vol. 22, No. 3: 443-452.

杨俊, 张玉利, 韩炜, 等. 高管团队能通过商业模式创新塑造新企业竞争优势吗?——基于CPSED Ⅱ 数据库的实证研究 [J]. 管理世界, 2020 (7): 55-76.

▣ 文献推荐

Théband, S., 2015, "Business as plan B: institutional foundations of gender inequality in entrepreneurship across 24 industrialized countries", *Administrative Science Quarterly*, Vol. 60, No. 4: 671-711.

Yang, T., and del Carmen Triana, M., 2019, "Set up to fail: explaining when women-led businesses are more likely to fail", *Journal of Management*, Vol. 45, No. 3: 926-954.

Zhao, E.Y., and Yang, L., 2020, "Women hold up half the sky? Informal institutions, entrepreneurial decisions, and gender gap in venture performance", *Entrepreneurship Theory and Practice*, doi.org/10.1177/1042258720980705.

● 代表性学者

萨拉·泰博 (Sarah Thébaud)

在美国康奈尔大学取得社会学博士学位,现任加利福尼亚大学圣塔芭芭拉分校社会学系助理教授。她主要致力于研究文化与制度如何导致社会不平等以及如何有效缓解这种社会不平等,相关研究成果先后发表在《行政科学季刊》《美国社会学评论》(*American Sociological Review*) 等期刊上。E-mail: sthebaud@soc.ucsb.edu。

杨甜甜（Yang Tiantian）

在北卡罗来纳大学教堂山分校社会学系取得社会学博士学位，师从著名的社会学大师霍华德·奥尔德里奇（Howard E. Aldrich），现任宾夕法尼亚大学沃顿商学院助理教授。她主要致力于研究经济社会学、女性创业以及劳动力市场流动性等问题，在《美国社会学评论》《组织科学》《管理杂志》等期刊上发表过多篇论文。E-mail：yangtt@wharton.upenn.edu。

赵雁飞（Eric Yanfei Zhao）

在阿尔伯塔大学商学院取得战略与组织理论博士学位，现任印第安纳大学凯利商学院创业与竞争企业系的杰出学者，管理与创业终身教授。他主要致力于结合最前沿的战略管理和组织理论来研究创新创业、社会企业等问题。相关研究成果先后发表在《管理学评论》《管理学杂志》《战略管理杂志》等期刊上。E-mail：ericzhao@indiana.edu。

大企业为何主动创业

◎ 戴维奇

浙江财经大学工商管理学院、浙江省"八八战略"研究院

现在,大企业参与创业活动的现象异常普遍。与此同时,参与的形式也日益丰富,不仅包括内部孵化和新创企业或业务,还包括公司孵化器或加速器(corporate incubator or accelerator)、公司创投(corporate venture capital,CVC)、合资企业和并购等多种形式。各种形式都得到了不同程度的关注和实际运用。以公司创投为例,2019年我国公司创投占国内创投市场的比重已接近两成。2019年涌现的独角兽企业,背后大多由阿里巴巴、腾讯、百度、华为、联想等大企业提供投资支持。在中国,即使如宗庆后这样年长的成功企业家,也在热切地关注公司创业活动。2021年8月10日《证券日报》等媒体报道,浙江娃哈哈创业投资有限公司通过基金业协会的登记备案,正式开启私募基金业务,引发各界关注。那么,大企业参与创业的积极性为何得到快速提升?这成为创业理论学术界追问的一个问题。

一种主流的解释是,随着VUCA时代的到来,企业面对的环境日益动态化,因而不得不介入公司创业活动(Ireland, et al., 2003;Ireland, Webb, 2007)。特别是,进入第四次工业革命后,数字技术得到了广泛的运用,行业的边界日益模糊,颠覆性技术不断涌现,这使得大企业原有的基于资源能力的可持续竞争优势逻辑不再成立(Ireland, Webb, 2007)。在新的竞争场景下,将时间轴分成若干片段(时间段),并在每个片段内识别和利用新机会,创造竞争优势,最终将这些时间片段上的竞争优势串联起来,这成为VUCA时代企业创造可持续竞争优势的新模式(Hitt, et al., 2011)。考虑到识别和利用新机会本质上就是创业,因此大企业介入创业活动是适应环境变迁的必然选择。

上述解释从"环境–战略"适配的角度,讲述大企业从事创业活动的原因。这一解释固

---

① 本文是国家自然科学基金面上项目"为何不停歇?战略参照点理论视角下公司创业生成与持续机制研究"(71672168)、浙江省自然科学基金一般项目"企业家身份影响企业创业导向吗?政策注意力的中介作用"(LY20G020015)资助的阶段性成果。

② 融中研究. 2020年中国企业风险投资(CVC)发展报告[R/OL]. [2021-08-12]. https://baijiahao.baidu.com/s?id=1673077103015124124&wfr=spider&for=pc.

③ https://baijiahao.baidu.com/s?id=1707755141964327992&wfr=spider&for=pc.

然有说服力,但它将大企业的创业活动视为"被动"适应环境的战略选择。那么,大企业创业具有主动的一面吗?既有理论是如何解析这种"主动性"的?我们选取以成熟市场经济为研究情境的两篇文章和基于新兴经济的一篇文章加以解读,强调无论在何种情境下公司创业最终都是服务于竞争优势的获取,因而都存在主动的一面。基于成熟市场经济的研究表明,公司创业促进了突破性技术的创造和前沿知识的获取,而在新兴经济背景下,公司创业在资源的资本转化方面起到了关键的作用。综上,公司创业不仅加速关键资源的获取,也促进资源的有效利用,最终为企业构建起竞争优势。这是在位大企业主动从事公司创业的核心逻辑。

高塔姆·阿胡亚和柯巴·兰珀特:大企业通过公司创业创造突破性技术

突破性的技术发明能在很大程度上决定新一代技术的轨道和范式,同时也是创造性破坏的一部分。事实上,旧有技术和手段在突破性技术发明后就难逃被替代的厄运。考虑到突破性技术发明是有价值的、稀缺的、不可模仿和不可完全替代的(Barney,1991),因而它也是企业创造财富和获取竞争优势的基础。传统智慧认为,突破性技术发明,通常由新创行业或企业的新进入者来提供。在位的大企业因受到种种限制,通常处于被动地位,最终成为突破性技术发明颠覆的对象。2001年阿胡亚和兰珀特在《战略管理杂志》上发表《大型企业中的创业:在位企业如何创造突破性发明的纵向研究》一文,它认为大企业在创造突破性的技术发明方面的能力远超我们的想象,部分行业甚至是大企业主导了突破性新技术的发明,而大企业创造突破性的技术发明,主要是通过公司创业这一途径加以实现的。大企业之所以被认为难以创造突破性的技术发明,是因为它存在三个"顽疾"。只要这三个"顽疾"能得到有效解决,那么大企业也可能产生突破性的技术发明,而公司创业正是解决或抑制这三个"顽疾"的重要途径。通过这一逻辑,我们就能比较好地理解大企业为何要主动创业。

阿胡亚和兰珀特所说的三个"顽疾",具体是指大企业普遍存在的三种惯性错误:一是喜欢用自身已经熟悉的技术;二是喜欢用成熟的而不是新兴的(nascent)技术;三是喜欢用与现有技术方案相近的方案,而不愿意找寻全新的(de novo)方案。两位学者认为,一旦大企业内部有了这些惯性,那么它们就掉入了熟悉陷阱(familiarity trap)、成熟陷阱(maturity trap)和相近陷进(propinquity trap)而不能自拔,创造突破性技术发明就会无从谈起。

第一,熟悉陷阱。由于对特定技术的使用和与之相应的能力之间存在正向反馈,相较于探索新的技术,使用熟悉的技术往往更可取(Levinthal,March,1993;March,1991),这就是"熟悉陷阱"形成的本源。具体来说,对于特定技术的使用经验越多,企业越可能发展与之相配套的吸收能力和技术能力(Cohen,Levinthal,1990),而更强的技术能力促进企业更多地使用特定技术,进一步增加了使用特定技术的经验。这种使用经验和能力之间的正反馈有助于企业发展专门的能力。然而,这种专门能力通过增强对特定技术的吸收能力,使得企业在特定技术的学习以及运用方面得心应手,进而不愿意学习其他替代性的技术(Levinthal,March,1993;March,1991)。长此以往,企业的知识架构固化,认知地图变得越来越具有刚性,并且企业试图运用熟悉的技术解决所有问题,最终陷入"熟悉陷阱"。由于缺乏对新技术的探索、尝试和运用,企业要形成突破性的技术方案几乎不可能。

第二,成熟陷阱。成熟技术是指已存在一段时间,被行业熟知和理解的技术,而新兴技术则代表了技术的前沿,是新近开发出来的技术。成熟技术与在位大企业存在天然的匹配性。首先,相较于新兴技术,成熟技术通常能提供更高的可靠性,而对于在位大企业而言,运用可靠技术创造稳定的业绩是满足各利益相关者核心诉求的关键。其次，成熟技术通常已发展出高度发达的价值网络以及与这些技术相匹配的内外部组织资产，后者促进了成熟技术的运用和进一步发展。最后，成熟技术在行业内广为人知，具有合法性。然而，即使新技术有望带来卓越的性能，要说服客户也会比较困难，成本也比较高。由于上述三方面原因，大企业更愿意选择和发展成熟技术，同时放弃更多替代性技术。缺乏对新兴技术的接触和探索自然降低了创造突破性技术发明的可能性，最终使得企业陷入"成熟陷阱"。

第三，相近陷阱。对于解决技术难题，大企业的另一个倾向是采用与其自身既有技术方案相近的解决方案。解决技术问题是一件具有高度不确定性的工作，因而企业往往凭借自身经验来降低不确定性，以提高成功率。较之使用完全未尝试过的新技术方案，采用与自身熟悉的、有效的技术方案相接近的方案，能使企业感知到更低的风险和有更大的把握。在大企业的情境中，这种基于现有技术基础的选择更可能保持企业内部流程和运行的稳定，进而也更可能受到青睐。这样做当然有其理性的一面，但长此以往，企业的技术边界难以得到有效拓展，更不用说探索未知技术领域以及创造突破性技术发明了，这就是所谓的"相近陷阱"。

大企业如何应对这三个陷阱？阿胡亚和兰珀特给出的答案是公司创业。具体来说，企业要在公司创业过程中积极探索三种技术：对企业来说的全新技术（novel technology）、对行业来说的新兴技术（emerging technology）、先锋技术（pioneer technology）。对企业来说的全新技术是相对于业已熟悉的技术而言的，对行业来说的新兴技术是相对于行业当中的成熟技术而言的，而先锋技术是相对于所有已知技术而言的，是建构在全新技术根基之上的技术，因此三者分别是"熟悉陷阱""成熟陷阱""相近陷阱"的破解之道。当企业在公司创业过程中积极探索这些技术时，企业的技术边界将得到有效的延伸，视野和思路将会得到拓展，创造性的想法和构思将不断涌现，进而创造出突破性的技术发明。当然，阿胡亚和兰珀特也警告说，过度地探索前述三种技术，将使得企业处于"狂热的新技术探索与开发状态"，引发信息过载、注意力分散以及资源耗尽等诸多问题，最终对突破性的技术发明产生负面影响。

基于相关理论分析，阿胡亚和兰珀特指出上述三种技术的探索与突破性技术发明之间总体上存在"倒U形"关系。接着，两位学者以全球化产业为例，选取1980～1995年的纵向数据，对假设做了检验。研究发现，对三种技术的探索与突破性技术发明之间的确存在"倒U形"关系。这意味着，对于三种技术适度的探索将有助于突破性技术发明的创造。阿胡亚和兰珀特的研究发现既有理论意义也有实践价值。从理论上讲，这一研究成果为"能力－刚性"悖论（Leonard-Barton，1992）提供了一个很好的注解，且通过将公司创业与突破性技术发明联系起来，强调了前者对后者的作用，有助于人们理解启动公司创业的重要意义。从实践启示上讲，该文章不仅指出企业在创造突破性技术发明方面的三个陷阱，还分别给出了破解之策，强调适度的努力有助于期望目标的实现，因而具有较强的实践指导意义。对未来研究而言，既然公司创业通过探索新技术有助于消除对企业成长不利的三个陷阱，那么为何有的企业在公司创业方面积极性较高，而有的却较低呢？哪些因素决定了企业推进公司创业的强度？这些无疑成为令人着迷的话题。

金池渊和凯文·斯特恩斯马：在位企业通过公司创业主动汲取知识

从事公司创业活动不仅有助于企业创造突破性的技术发明，还是大企业与新创企业互动的重要形式，有助于大企业汲取前沿知识，避免被颠覆的厄运。就这一观点而言，肯塔基大学的金池渊（Ji Youn [Rose] Kim）和华盛顿大学的凯文·斯特恩斯马（Kevin Steensma）2017年在《战略管理杂志》上合作发表的《员工流动、裂变企业和知识溢入（spill-in）：在位企业如何向新创企业学习》一文，可谓是其中的典型代表。

传统智慧认为，在大企业和新创企业之间，知识流是从大企业向新创企业流动的。换言之，从知识传递的角度，两方互动结果通常对新创企业是有利的。新创企业通过向大企业"挖人"，大企业的知识就会随着人员的流动而进入新创企业。考虑到新创企业通常"挖取"的是大企业的关键人才，因而其蕴藏着大企业的关键知识。鉴于知识特别是关键知识是重要资源，因而新创企业将从中受益（Almeida, et al., 2003），而大企业则将从失去关键员工当中遭受损失（Shaw, et al., 2013）。为了规避这方面的风险，不少大企业与其员工签署了"同业禁止"协议。然而，尽管这种协议有一定的约束力，但员工在知识和信息的使用方面仍拥有较大的自由裁量权，因而这种协议并不能确保知识的无端溢出。

针对这种认识，金池渊和斯特恩斯马创造性地提出，大企业员工向新创企业流动（employee mobility）并不一定意味着知识从大企业向新创企业的单向流动。这种流动完全可以是双向的。也就是说，曾在大企业服务的员工到新创企业后，会通过与前同事的社会联系，将从新创企业获得的知识"反哺"到大企业。金池渊和斯特恩斯马将这种知识反向流动的情况称为"知识溢入"。特别是，当大企业通过公司创投方式投资了员工所去的新创企业之后，知识溢入将更为显著。从这个意义上讲，员工流动到新创企业，并不一定全是坏事。

金池渊和斯特恩斯马进一步界定了员工流动去到新创企业的两种情形，并认为不同情形下大企业从知识反向流动中获益的程度是不同的。一种情形是，员工离开大企业，自己创办并掌管一个新创企业；另一种情形是，员工跳槽到一家新创企业，但仅提供服务并获取报酬。两种情形下的员工都是到一个新创企业，前者是"做老板"，后者是继续"打工"。两位学者又进一步推断了两个命题：第一，企业若与上述两类新创企业互动（具体形式是公司创投），则更有可能从前员工"做老板"的新创企业那里获得知识溢入——在这篇文章中是指获得有价值的专利知识，而从前员工"打工"的新创企业那里获得有价值知识的可能性较小；第二，若大企业曾有盗用其他企业知识产权的不光彩历史，即使是在前员工"做老板"的情形下，大企业也难以从新创企业那里获得知识溢入。

对于第一个命题，金池渊和斯特恩斯马认为主要有两个原因：①在"做老板"的情况下，前员工有更大的自由裁量权和动机与其前同事分享他们有关自己新创企业的专有知识，因为这种共享可能会进一步推动新创企业与"老东家"的合作。特别是，当"老东家"通过公司创投形式表达对新创企业的合作意愿后，这种知识共享的意义更大。相比之下，若前员工仅仅是在新创企业"打工"，那么他一方面会受制于信息保密协议的约束，另一方面也缺乏与"老东家"分享新创企业知识的动机。毕竟，对他们而言，这样做的好处相对有限。②相较于去新创企业"打工"的前员工，离开大企业自己去创办新创企业、"做老板"的前员工具有更强的能力和更重要的知识。他们往往是在大企业工作期间表现更为出色的员工，因而大企业会更为关注这类员工，也更希望从这类员工身上获取有价值的知识。

对于第二个命题，两位学者指出，尽管"做老板"的前员工有很大的自由裁量权和意愿与"老东家"分享知识与信息，但若"老东家"在尊重他人知识产权、确保知识产权人收益方面存在污点，则"做老板"的前员工在沟通交流方面就会有所顾忌。为避免自己的知识被"盗用"或"滥用"，他们就会刻意减少关键知识的"泄露"。这样，大企业从这类新创企业那里获取重要知识的可能性就会降低。

在前述翔实的理论分析的基础上，金池渊和斯特恩斯马进一步展开实证分析，对命题进行检验。两位学者以美国信息技术产业为例，以专利引用作为知识流动的表征，考察了1990～2006年间370家新创企业的知识流向41家活跃开展公司创投的大企业的情况。统计回归分析表明，前述两个命题都得到了支持。

这篇文章清晰地表明，大企业通过公司创投这一公司创业的具体形式，可以从新创企业那里获得有价值的知识溢入，进而在很大程度上规避动态环境下被颠覆的厄运。当前，新创企业凭借其顶尖的专业知识已成为诸多创造性破坏的始作俑者，完全有能力颠覆大企业。为了避免这种情况，在位企业要与新创企业接触，在溢出知识的同时也要溢入知识，通过汲取和利用最先进的外部知识来更新内部知识。金池渊和斯特恩斯马的研究告诉我们，大企业究竟是如何做到这一点的。他们强调了与前员工"当老板"的新创企业互动的重要性，揭示了知识溢入的机制。文章对于员工流动领域的研究也有重要贡献。它打破了关于大企业和新创企业之间知识流动的传统认知，有效回应了阿加瓦尔（Agarwal）等（2016）提出的"企业如何以及何时更有可能从知识溢入中受益"这一问题，因而具有较高的创新性。

未来研究可进一步揭示知识溢入的途径和机制，考察反向溢入的知识对于大企业战略和绩效的实际影响，扩展研究对象，锁定公司创投和员工流动较为频繁的其他行业展开验证性研究。除公司创投之外，大企业还可以通过哪些具体的公司创业形式与新创企业互动？这一问题也值得探讨。

姚咏仪和刘春明：在新兴经济中企业通过公司创业转化配置资源资本

随着新兴经济和转型经济地位的上升，越来越多的研究者基于新情境展开研究。以创新、冒险和战略更新为核心内容的公司创业研究也越来越多地在新兴经济和转型经济背景下被探讨。霍斯基森（Hoskisson）等（2000）将新兴经济体定义为将市场化作为其增长引擎，具有低收入、快增长特征的国家。而转型经济体是指新兴经济体当中原先由计划经济国家转变而来的国家。新兴经济和转型经济的最大特征是存在制度空洞，即支持市场机制运转的制度体系尚不健全。这就要求企业通过独特的手段获得企业发展所需资源，同时通过公司创业来对资源进行整合与利用，最终推动企业的成长。可见，在新兴或转型经济背景下，公司创业具有独特价值，成为在位企业或企业家争相介入的活动。香港中文大学商学院姚咏仪（Daphne W. Yiu）和刘春明（Chung-Ming Lau）2008年在《创业理论与实践》上合作发表的《新兴经济中公司创业是资源资本配置机制》一文，对上述逻辑进行了全面的阐述和实证检验。

姚咏仪和刘春明两位学者开门见山地指出，无论是在发达市场经济还是新兴经济背景下，企业的发展都需要资源资本（resource capital）。所谓资源资本，是指企业拥有的、具有价值增强功能的资产和能力（Oliver，1997）。尽管如此，新兴经济背景下，企业获取和配置资源资本的方式或许与在发达市场经济下有所差异。在新兴经济背景下，资源资本分为政治资本（political capital）、社会资本（social capital）和声誉资本（reputation capital）三种，且基本上是通过网络连带等非正式制度安排来加以获得的。

政治资本，即政府的支持。与政府的互动以及由此获得的来自政府的支持为企业提供了政治资本。政治资本在新兴经济体中极其重要，因为那里并不存在开放的政治支持市场。帕克（Park）和罗（Luo）（2000）在一项对中国企业的调查中发现，与政府的关系对提高企业绩效很重要。在新兴经济体中，企业在计划开展新的业务时，无论是在国内还是在国外，都必须获得政府的批准。企业与政府和监管机构的各种联系是必要的，有助于企业更好地管理外部依赖和不确定性。

社会资本，即与其他利益相关者的联盟关系。社会资本来源于企业与其商业伙伴之间的联系。与商业伙伴的联系提供了有关其业务的信息，从而形成了与买家和供应商之间的信任基础。例如，连锁董事形式的商业网络为企业提供了廉价、值得信赖和可信的商业信息，这些信息可能会影响企业的战略行动，特别是在其他信息来源不可获得的情况下。与商业伙伴建立更紧密关系的一种方式是建立战略联盟。战略联盟使企业能获得在竞争要素市场中不易获得的资产、能力，以及利用在战略要素市场中难以交易的、时间压缩不经济的和依赖历史的能力。战略联盟不仅为企业提供获取互补资产的途径，而且还允许企业更快地获得资源资本，从而创造了获取先发优势的机会。

声誉资本，即企业获得其他利益相关者的认可与奖赏。声誉资本在新兴市场尤其重要，因为不发达的市场机制导致了信息不对称，而卓越的声誉赋予企业合法性，并有助于满足利益相关者的信息需求（Khanna，Palepu，1997）。在不容易获得客观质量衡量标准的情况下，政府和其他公共机构授予的奖项和认可代表了组织所获得的合法性。在新兴市场，声誉和奖赏通常由不同的机构授予。与研究中心和政府签订合同，与大学和研究机构开展联合研发、技术交流，可能会带来专利等有形成果，更重要的是，可能会带来声誉和认可等无形结果。无形结果相对更重要，因为它给予企业合法性。

进一步地，基于网络获取的资源资本具有一般性，需要通过配置和转化才能真正为企业创造价值。而公司创业通过创新和创办新企业等活动，将通用的资源资本转化为行业所需、企业所需的独特资源资本，最终增进了企业的绩效。可以想象，在位企业要成功地完成创新、启动新业务或开发新市场等公司创业活动，通常需从企业边界之外汲取新的资源资本，然后与自身既有资源资本相结合，形成能满足特定公司创业活动所需要的"新组合"，最终实现公司创业的目标。从这个意义上讲，公司创业成为配置和转化资源资本的一种重要机制。资源资本本身对企业绩效有一定的正向影响，但若未经过转换和配置，则它对企业绩效的影响是有限的。这是因为，从动态能力理论的角度看，一般性的资源资本经过重新部署和使用，才能帮助企业更好地利用市场中涌现的机会，才能助力企业应对环境的挑战，最终才能提升企业的绩效。简言之，通用的政治、社会与声誉资本只有得到重新配置和转化，才能形成真正契合企业所需、具有独特性的资源资本，才能转化为难以复制的能力，满足行业和企业的特定要求，最终发挥出战略价值。

两位学者分别于2003年和2004年对北京、上海、四川、广东四个省市的企业进行了两个轮次的问卷调查。这些调查是在与中国国家统计局的合作下进行的大规模调查的一部分。样本企业根据城市或省份的行业分层抽样，从在当地政府注册的所有企业中随机抽取。样本包括各种所有制类型的企业，包括国有企业、股份制企业、私营企业和合资企业等。最初的样本由600家企业组成，其中35家在第二轮调查中未应答，因此得到了565个可用样本的数据。为了提高内部效度，两位学者进一步删除了服务行业的企业，最终的样本包括458家企业，占原始600家样本企业的76.3%。结构方程建模的结果总体上支持了两位学者的假设。

这篇文章从一个新颖视角对公司创业进行了重新的概念化，深化了我们对于新兴经济背景下公司创业作用和功能的认识。通过验证公司创业在资源资本与企业绩效两者之间的中介作用，我们认识到，公司创业不仅有助于企业获取重要资源，而且也有助于企业进一步用好资源，发挥资源的潜力，最终为企业创造出更大的价值。值得一提的是，这是一篇完全基于中国背景的公司创业研究，其独到的研究发现表明，未来基于中国背景的高度情境化的公司创业研究前景光明。未来的研究也可进一步基于其他新兴经济背景检验和拓展既有理论框架。此外，该研究选择绩效作为新兴市场中成熟企业转型的战略结果。未来的研究可探索其他战略结果，如上市（首次公开发行）。

未来研究方向

我们回顾了三篇证明公司创业价值的文章，揭示了公司创业在创造突破性技术发明、与新创企业互动并获取有价值的新知识以及配置和转换资源资本等方面的突出作用，由此解释了为何大企业主动而不是被动地从事公司创业活动。未来研究者有必要沿着两条路径进一步拓展和深化这一领域的研究。

第一，要进一步佐证大企业从事公司创业不一定是适应环境变迁的被动之举，而是意在创造价值和获取竞争优势的主动行为。基于成熟市场经济情境，未来研究要进一步探索公司创业为企业赢得竞争优势的途径与过程。基于新兴经济，未来研究要结合情境特征，探索公司创业在前瞻式地利用"政策性机会"、把握"一带一路"和"双循环"发展机遇中的作用，进一步揭示主动从事公司创业活动的积极意义（Dai, et al., 2020）。

第二，在为大企业的主动创业行为找到几点切实的理由或依据之后，学术界有必要进一步探索公司创业的前因。现实之中，为何有的企业积极从事公司创业，而有的企业却不以为然呢？哪些因素决定了这一局面？这方面可以说是当下和未来相当长的一段时间内，公司创业研究者需要持续探索的议题。

事实上，已有研究者沿着第二条路径做了初步的探索，运用较为丰富的理论视角形成了若干研究成果。除了早期运用的资源基础观、知识基础观、社会资本、社会网络理论和制度基础观等视角外，近年来研究者开始调用高阶梯队理论、注意力基础观、烙印理论、身份和角色理论以及战略选择理论等对于公司创业研究而言相对较新的理论视角，给出了诸多洞见（Dai, Liao, 2019; Boone, et al., 2019; Dai, et al., 2018; Dai, Si, 2018）。未来研究要适度整合多样的理论视角来揭示企业从事公司创业的前因，这包括但不仅限于高阶梯队理论、注意力基础观、制度基础观、烙印理论、网络理论、组织身份理论等。不仅如此，未来研究者有必要进一步从个体层面、团队层面、企业层面、区域层面和环境层面等各种层面探索问题的答案，不仅要从多个层面进行单独的讨论，而且还要将多个层面的研究结合，形成更多的跨层次的研究设计。

与此同时，在了解公司创业积极意义的前提下，大企业的具体行动步调却不一致，也可能是因为不同的行动主体遭遇到了一定的障碍。那么，大企业在推进公司创业的过程中面临哪些具体的障碍？这些障碍又是如何影响公司创业开展的？企业应当通过何种策略扫除这些障碍？这些都是未来研究重点要讨论的话题。

研究设计与应用拓展

从研究方法来看，无论是分析公司创业的后果还是前因，都有必要依据研究的成熟度选择适宜的研究路径。后果方面，未来研究可进一步探索公司创业在 VUCA 时代的独特价值，采用定性定量混合研究方法，即先采用案例研究、扎根理论等方法建构相应命题，然后再进行大样本定量研究。前因方面，要调用新颖的理论视角，如最优区分理论，建构假设，并通过大样本定量研究加以检验。

从研究情境上讲，考虑到新兴经济体的崛起，未来研究可更多地基于新兴经济情境。数字经济背景下公司创业的发生机制同样值得关注。对中国学者而言，尤其要考虑全球疫情、东西方熔断、"双循环"等国际国内情境要素，做出具有高度情境嵌入特征的研究设计，然后依据科学步骤展开研究。这样做不仅可以贡献新兴经济背景下有关公司创业的新知识，而且还能具有高相关性，起到指引公司创业实践的作用。

从研究数据库来说，未来研究者有必要在我国上市公司数据库的基础上，进一步开发专门用于公司创业研究的数据库。为此，要进一步借鉴国内外已有研究成果，加快公司创业领域诸如公司创业、创业导向、战略创业和内创业等关键构念的操作化，特别是基于二手数据的操作化，然后基于基础数据进行加工整理。在此过程中，要结合运用文本分析以及爬虫分析工具，做好对于定性数据的分析，使得基于定性数据的构念操作化也能顺利实现。最后，要积极探索与全国工商联和各省市区工商联的合作，探索建立定期的针对我国民营企业的公司创业专题调查工作，为后续我国高水平公司创业研究成果的涌现奠定数据基础。如果你对上述工作感兴趣，欢迎加入公司创业研究的行列。

◆ 参考文献

Agarwal, R., Gambardella, A. and Olson, D.M., 2016, "Employee mobility and entrepreneurship a virtual special issue", *Strategic Management Journal*, Vol. 37: E11-E21.

Almeida, P., Dokko, G., Rosenkopf, L., 2003, "Startup size and the mechanisms of external learning: increasing opportunity and decreasing ability", *Research Policy*, Vol. 32, No. 2: 301-315.

Barney, J.B., 1991, "Firm resource and sustained competitive advantage", *Journal of Management*, Vol. 17, No. 1: 99-120.

Boone, C., Lokshin, B., Guenter, H., and Belderbos, R., 2019, "Top management team nationality diversity, corporate entrepreneurship, and innovation in multinational firms", *Strategic Management Journal*, Vol. 40, No. 2: 277-302.

Cohen, W.M., and Levinthal, D.A., 1990, "Absorptive capacity: a new perspective on learning and innovation", *Administrative Science Quarterly*, Vol. 35, No. 1: 128-152.

Dai, W.Q., and Liao, M.Q., 2019, "Entrepreneurial attention to deregulations and reinvestments by private firms: evidence from China", *Asia Pacific Journal of Management*, Vol. 36, No. 4: 1221-1250.

Dai, W.Q., and Si, S., 2018, "Government policies and firms' entrepreneurial orientation: strategic choice and institutional perspectives", *Journal of Business Research*, Vol. 93: 23-36.

Dai, W.Q., Arndt, F., and Liao, M.Q., 2020, "Hear it straight from the horse's mouth: recognizing policy-induced opportunities", *Entrepreneurship and Regional Development*, Vol. 32, No. 5-6: 408-428.

Dai, W.Q., Liu, Y., Liao, M.Q., and Lin, Q., 2018, "How does entrepreneurs' socialist imprinting shape their opportunity selection in transition economies? Evidence from China's privately owned enterprises", *International Entrepreneurship and Management Journal*, Vol. 14, No. 4: 823-856.

Hitt, M.A., Ireland, R.D., Sirmon, D.G., and Trahms, C.A., 2011, "Strategic entrepreneurship: creating value for individuals, organizations, and society", *Academy of Management Perspectives*, Vol. 25, No. 2: 57-75.

Hoskisson, R.E., Eden, L., Lau, C.M., Wright, M., 2000, "Strategy in emerging economies", *Academy of Management Journal*, Vol. 43, No. 3: 249-267.

Ireland, R.D., and Webb, J.W., 2007, "Strategic entrepreneurship: creating competitive advantage through streams of innovation", *Business Horizons*, Vol. 50, No. 1: 49-59.

Ireland, R.D., Hitt, M.A., and Sirmon, D.G., 2003, "A model of strategic entrepreneurship: the construct and its dimensions", *Journal of Management*, Vol. 29, No. 6: 963-989.

Khanna, T., and Palepu, K., 1997, "Why focused strategies may be wrong for emerging markets", *Harvard Business Review*, Vol. 75, No. 4: 41-51.

Leonard-Barton, D., 1992, "Core capabilities and core rigidities: a paradox in managing new product development", *Strategic Management Journal*, Vol. 13, No. S1: 111-125.

Levinthal, D.A., and March, J.G., 2010, "The myopia of learning", *Strategic Management Journal*, Vol. 14, No. S2: 95-112.

March, J.G., 1991, "Exploration and exploitation in organizational learning", *Organization Science*, Vol. 2, No. 1: 71-87.

Oliver, C., 1997, "Sustainable competitive advantage: combining institutional and resource-based views", *Strategic Management Journal*, Vol. 18, No. 9: 697-713.

Peng, M.W., and Luo, Y., 2000, "Managerial ties and firm performance in a transition economy: the nature of a micro-macro link", *Academy of Management Journal*, Vol. 43, No. 3: 486-501.

Shaw, J.D., Park, T.Y., Kim E., 2013, "A resource-based perspective on human capital losses, HRM investments, and organizational performance". *Strategic Management Journal*, Vol. 34, No. 5: 572-589.

▣ 文献推荐

Ahuja, G., and Lampert, C., 2001, "Entrepreneurship in the large corporation: a longitudinal study of how established firms create breakthrough inventions", *Strategic Management Journal*, Vol. 22: 521-543.

Kim, J.Y., and Steensma, H.K., 2017, "Employee mobility, spin-outs, and knowledge spill-in: how incumbent firms can learn from new ventures", *Strategic Management Journal*, Vol. 38, No. 8: 1626-1645.

Yiu, D.W., and Lau, C.M., 2008, "Corporate entrepreneurship as resource capital configuration in emerging market firms", *Entrepreneurship Theory and Practice*, Vol. 32, No. 1: 37-57.

● 代表性学者

高塔姆·阿胡亚（Gautam Ahuja）

1996年在密歇根大学获得战略管理博士学位，现任康奈尔大学的管理学和组织学教授。他的研究兴趣包括竞争分析、技术和创新、全球化以及在这些背景下的组织战略，在《管理学评论》《组织科学》《战略管理杂志》等期刊上发表过数十篇论文。他的研究论文被引用了23 000多次，现任《组织科学》的主编。E-mail：ga337@cornell.edu。

凯文·斯特恩斯马（Kevin H. Steensma）

在印第安纳大学获得博士学位，现任华盛顿大学福斯特商学院管理学讲席教授。他的主要研究兴趣集中在竞争战略、战略联盟、技术和创新战略以及公司创业（特别是公司创投）等。他对新兴经济背景下的管理问题也有浓厚的兴趣。在《战略管理杂志》《管理学杂志》《管理学评论》《组织科学》《战略创业杂志》等期刊上发表过多篇论文。E-mail：steensma@u.washington.edu。

姚咏仪（Daphne W. Yiu）

在俄克拉荷马大学商学院获得管理学博士学位，现任香港中文大学管理学系终身教授、系主任，她的研究兴趣包括公司与国际战略、亚洲新兴市场战略、商业集团、公司创业以及跨国创业。在《国际商务研究杂志》《组织科学》《战略管理杂志》等期刊上发表了多篇论文。现任《管理学杂志》副主编。E-mail：dyiu@cuhk.eud.hk。

如何快速开发跨国创业机会[○]

◎ 林道谧

中山大学管理学院

从 20 世纪 90 年代起，国际创业逐步发展成为一个颇受学者们关注的研究领域[○]。以往企业在国内发展成熟后方才进行国际化的模式被打破，大量新创企业在初创时即进行国际化，甚至全球化。这使得学者们开始关注一个问题：传统的国际化理论是否或者多大程度上能解释国际新创企业（international new venture，INV）这种新兴现象？在传统的国际商务理论中，奥维亚特（Oviatt）和麦克杜格尔（McDougall）（1994）的研究作为国际创业领域的开山之作[○]，把国际新创企业定义为"在创立时就寻求通过多国资源和销售产出获得巨大竞争优势的商业组织"。他们认为传统的国际商务理论不适用于国际新创企业：传统国际化理论认为企业国际化应当采取分阶段的形式，以国内市场为起步，在具备竞争优势（如规模足够大、资源足够充足）后对海外市场逐步增加投入，先进入心理距离相对较近的国家，再进入距离较远的国家。而实际中的国际新创企业却常常在资源短缺、规模较小的情况下就进入了极不稳定且缺乏运营经验的海外市场。因此，国际新创企业的研究关键在于"加速国际化"（accelerated internationalization）或"早期和快速的国际化"（early and rapid internationalization）。

然而，国际创业的关键问题与定义存在着一定的模糊性和局限性。一方面，尽管国际创业强调的是早期和快速的国际化，但并未跳出传统国际化研究所依赖的核心理论——交易成本理论和资源基础理论，企业的国际化时机依旧取决于其公司特有的优势不受地点限制的程度（non-location boundedness）以及海外扩张与国内市场相比的吸引力。从这个角度讲，传统的战略与国际化理论依然可以解释国际创业所关心的早期和加速的国际化的问题（Verbeke，Ciravegna，2018）。另一方面，过往的国际新创企业定义聚焦在"新创企业"这种组织形态和

○ 本文是国家自然科学基金面上项目（71872593）、国家社会科学基金重大项目（21ZDA036）以及教育部人文社会科学研究规划基金（19YJAZH118）资助的阶段性成果。

○ 国际创业领域通常包含两个研究主题：一是创业行为在不同国家的对比；二是跨国的组织创业行为。本文主要关注后者。

○ 该文于 2004 年获得《国际商务研究杂志》（Journal of International Business Studies）的 10 年优秀论文奖（Decade Award）。

"创业初期"这个时间点,然而随后的国际创业研究还包括了中小企业国际化、公司创业等,因此国际创业并不应该局限于新组织的成立。它所关注的关于"新创企业早期国际化"的关键问题需要重新界定,从而更好地定义国际创业的边界并和传统理论得到更好的结合。我们通过三篇经典文献,介绍国际创业领域的发展脉络。第一篇是奥维亚特和麦克杜格尔(2005)的文献,使"国际创业"跳出了"新创企业"的组织形态,把国际创业视为(任何主体的)"跨国机会的识别、设定、评估和开发",嵌入了创业研究的"机会视角",大大拓宽了国际创业的研究范畴;第二篇是菲拉托切夫等(2009)的文献,借助新兴市场的"人才回流"现象,把国际创业对资金和商品国际化的关注拓展到对人才国际化的关注,并借此考察以人为载体的知识与社交网络的跨国流动对跨国机会识别和开发的影响;第三篇是沙赫尔和李卅立(2020)的文章,突出了新兴的数字化国际创业现象。作为跨国开发创业机会的一个超级加速器,数字化与互联网的兴起使企业国际创业所需要的能力和视角产生了颠覆式的改变(从供给方视角到需求方视角)。

本杰明·奥维亚特和帕特里西娅·麦克杜格尔:重新定义国际创业及其速度

2005年本杰明·奥维亚特(Benjamin Oviatt)和帕特里西娅·麦克杜格尔(Patricia McDougall)在《创业理论与实践》上发表了《定义国际创业并建立国际化速度模型》一文,重新定义了国际创业,并结合传统战略和国际化理论,提出了影响创业国际化速度的多因素模型,对后续研究有深远的影响。第一,它的定义以"机会"为焦点,既可以是新创企业,也可以是公司创业,更可以是企业创新,适用于大多数的国际商务领域的研究,有利于国际创业领域和其他传统领域的结合;第二,它聚焦于国际创业研究的关键问题——什么因素影响了企业识别、评估和开发跨国创业机会的速度。随着越来越多的创业企业或成熟企业的创新产品以极快的速度和较大的承诺度(如对外直接投资)进入海外市场甚至直接进行全球化,该问题对于国际创业或传统的企业国际化和战略领域都有重要意义。

该文首先提出了"国际创业"的新定义:国际创业是通过跨国机会的发现(discovery)、设定(enactment)、评估(evaluation)与开发(exploitation)来创造产品和服务。这意味着,国际创业的研究问题从"如何跨国创业"变成了"如何跨国识别、评估和开发新机会",无论是创业者、初创企业、中小企业还是成熟企业,只要通过跨国行为发现、设定、评估与开发了机会来创造产品和服务,都可以是国际创业的主体。在新的定义下,国际创业不仅关注企业创立初期的"早期和快速的国际化",成熟企业对海外机会的识别和开发也是国际创业关注的主题。例如,腾讯作为一家成熟企业,它的游戏团队是如何识别、评估和开发海外市场机会的?同时,研究的关注点也从"早期和快速的国际化"转移到颗粒度更细的"海外机会如何被识别和开发"。例如,我们对字节跳动的研究除了关注其创业初期的国际化,还可以具体到其如何识别海外短视频社交的市场机会、如何评估并做出进入决策,以及如何克服外来者劣势开发机会。新的定义呼应了谢恩和文卡塔若曼(2000)所提出的以"机会"为核心的创业定义及理论框架,为后续学者提供了更细致和明确的研究方向,即可以从识别跨国机会、评估跨国机会、开发跨国机会等多个阶段,从"谁""如何""什么情境下""有何影响"等多个角度对国际创业进行更细致的研究。新定义大大拓宽了国际创业研究的边界,任何国际化活动都可以"机会"为切入点,研究其快速的识别、评估和开发过程。同时,"国际创业"作为一个研究领域,也更明确了其创业学的理论基础,有利于与其他领域(如国际商务和战略管理)的结合。

在拓宽国际创业边界的同时，该文也提出了国际创业关注的关键问题：什么因素影响了跨国机会开发的速度？传统的国际化过程模型强调逐步递进的跨国活动，通过从心理距离近的国家开始学习，化解海外市场风险，继而逐步提高在海外市场的承诺度，进入心理距离远的国家。例如，华为成立于1987年，但直到1996年在国内市场站稳脚跟并面临跨国通信设备巨头在中国市场的白热化竞争时，才开始了国际化。国际化的第一站是离中国地理距离和经济政治距离都较近的俄罗斯，随后是拉丁美洲等地区的一系列发展中国家；1999～2000年前后开始陆续进入地理距离中等但经济距离或文化距离较接近的泰国、新加坡等东南亚市场和中东、非洲等市场；2000年之后，华为才开始进入地理、心理和经济距离都较远的欧美市场；2005年，华为海外销售收入占总体销售收入的比例达到60%。这是传统渐进式国际化的典型案例。

2000年以后，大量企业展现出了快速和非渐进式的国际化路径。例如，字节跳动于2012年创办，2016年"抖音"在中国市场上线，开始进入短视频社交领域；2017年在 App Store 和 Google Play 上线抖音海外版 TikTok，并购美国短视频应用 Musical.ly；2018年针对印度市场推出了本地方言版短视频应用 Helo，并全面进入全球市场，包括心理距离不同的欧美、印度、巴西等国家和地区。根据 Sensor Tower 估算，截至2019年12月，TikTok 在 App Store 和 Google Play 上的累计下载量超过了15亿次，连续两年位于全球热门移动应用(非游戏)全年下载量榜单前5名。除了字节跳动外，滴滴打车、小米等多家企业也在短短数年间完成了全球范围的国际化。这种快速的国际化在传统的国际化理论中缺乏相应的解释。是什么因素影响了这些企业开发海外机会的速度？什么因素影响了它们短时间内所进入的海外市场的范围？什么因素使它们跨越了对心理距离较近的海外市场的积累阶段，而直接进入心理距离远的海外市场？因此，回答"为什么某些企业能快速开发跨国机会"，能对国际商务领域缓慢国际化的视角形成补充。

这篇文章把跨国开展创业活动的速度理解为三个维度：第一个维度是发现或设定机会与实际进入海外市场之间的时间差；第二个维度是所进入的海外市场的范围的扩张速度，包括不同海外市场累积的速度以及进入地理距离远的国家的速度；第三个维度是国际承诺度，如海外销量提升的速度。该模型提出，跨国开发创业机会的速度取决于四类因素：使能(enabling)、动机(motivating)、中介(mediating)和调节(moderating)。使能因素包括跨境交通、沟通和数字技术，这些技术的进步使得跨境交流和交易的成本降低、效率提升，使跨国的创业活动成为可能。动机因素则主要是指竞争带来的国际化动机，即现有或潜在的竞争对手会促使企业尽早实现国际化。中介因素是指创业者对机会或其他相关因素的观察、感知和解读，最终影响其战略决策。因此，使能因素、动机因素都要通过创业者的解读和决策，才能最终形成跨国创业的决策和行动。

调节因素是这篇文章关注的重点。作者提出，知识和创业者的国际社会网络很大程度上决定了跨国机会开发的速度。知识的影响因素包含两个方面：第一，通过组织学习获得海外市场知识会影响跨国机会开发的速度。对海外知识的快速学习能克服外来者劣势；同时，创业者或团队的国际背景会使他们拥有更高的吸收能力，从而通过更快的组织学习加速国际化的进程。作为"新生弱性"的反面，创业团队可能在组织学习中具备"新生组织学习优势"(learning advantage of newness)，其灵活性使他们能更快地学习进入海外市场所需的能力和知识。第二，组织的知识强度也会影响跨国机会开发的速度。知识强度一直被认为是竞争优势的重要来源之一。知识密集的企业通常会有更广阔的海外市场和更快的国际化速度。对跨国创业而言，知识强度具有扩大效应，因为知识密集型企业会积累更强的学习能力，从而能比依赖固定资产的企业对海外市场具有更强的适应性；同时，知识（尤其是显性知识）是可以流动的，可以和不同的固定资产进行整合，从而为开发海外机会提供了一个灵活的资源整合平台。因此，对海外市场知识的学习和获取以及企业本身的知识强度会影响开发跨国机会的速度。

另一个重要的调节因素是社会网络。创业者的社会网络不仅影响他们对跨国机会的识别，也影响他们对海外目的地市场的选择。这篇文章分别探讨了社交网络的强度（strength）、规模（size）和密度（density）三个维度对开发跨国机会速度的影响：①相比强关系，弱关系更可能是和客户或供应商的商业关系，且数量更多、增长更快、更可能包含关键信息，因此更可能影响跨国机会的开发速度。特别值得一提的是和中间人（broker）的弱关系，这种弱关系常常为创业者提供与海外的间接联系，从而帮助他们在识别机会后迅速进入海外进行创业活动。因此，直接或间接的跨境弱关系，尤其是和跨境中间人的弱关系，能加速跨国创业活动的开展。②顺着这个逻辑，跨国社会网络的规模越大，创业活动的国际化则越快，而且海外市场的范围扩张得越快。③社交网络的密度。低密度的社交网络能带来非冗余信息，而高密度的社交网络能带来信任和互惠，这对国际创业活动的开展至关重要。强关系能通过情感投入带来信任和互惠，而高密度的社交网络则是通过社会约束建立信任。因此，高密度社交网络所带来的可靠和高效的海外支持，是快速开发跨国机会的重要条件。

这篇文章开启了国际创业研究的一个崭新的阶段。新的国际创业定义跳出了"新创企业"这个限制，"跨国机会的识别、设定、评估和开发"这个定义大大拓宽了国际创业的研究范畴，为更好地整合创业、国际商务和战略管理研究奠定了基础。另外，该文聚焦于跨国机会开发的速度。快速的跨国机会开发作为区分国际创业和传统国际化的分水岭，开拓了国际创业研究的一个独特的主题。以往的研究大多关注成功国际化的影响因素，而"速度"这个关键问题的提出，则开启了看待"国际化"的另一个维度。它不仅契合了国际创业现象中大量企业快速国际化的现象，也号召学者们聚焦海外机会开发的速度、全球市场范围扩张的速度，以及迅速渗透到远"距离"海外市场的速度。该文还探讨了社会网络和知识两个因素的影响，成为后来国际创业研究的两个主要视角。

伊戈尔·菲拉托切夫等学者：海归现象及其对新兴市场国际创业的影响

随后的国际创业文献从社会网络和知识的角度做了很多深入的探索，包括产业链上下游的社会资本如何影响国际创业、创业者的知识如何影响海外市场的选择等；而伊戈尔·菲拉托切夫（Igor Filatotchev）等（2009）的研究则是其中一个基于新兴市场，从国际人才流动视角所进行的重要突破。以往学术界对国际创业和创业者国际背景的关注常常局限于发达国家，因为发展中国家的企业管理者和创业者相对而言缺乏国际曝光度和国际经历，甚至形成了"人才流失"（brain drain）。但随着20世纪末新兴市场海外人才的回流以及随之而来的"智力循环"（brain circulation）效应（Saxenian，2005），海归创业者成了发展中国家科技创业、行业升级和国际化的中坚力量，为发展中国家解决国际创业领导力短缺的问题带来了契机。这里的海归是指在发达国家拥有几年以上的商业或学习经历，然后回母国创业的科学家和工程师。

海归现象的兴起促使学者们把对新兴市场国际商务的关注焦点从商品国际化（如出口）、资金国际化（如对外直接投资）逐渐转向人才国际化，并形成了一个研究分支，即国际人才回流对新兴市场主体跨国开展创业活动的影响。海归创业（returnee entrepreneurship）和跨国创业（transnational entrepreneurship）的研究进一步促进了国际创业领域的发展。

2009 年菲拉托切夫等学者在《国际商务研究杂志》（*Journal of International Business Studies*）上发表了《新兴市场中小企业的出口导向和出口绩效：基于海归创业者知识转移的影响》一文，它是该分支最具代表性和最早的研究之一。基于知识基础观（knowledge-based view），该文提出了一个核心论断，即海归创业者是跨国知识转移的载体，承载了跨国机会开发活动所需的关键知识。因此，新兴市场企业的国际化不仅可以借助对外直接投资的流入和商品的流入，还可能依赖国际人才回流所带来的经验、网络和知识。

该文首先基于以往的研究，提出研发强度和全球网络会提高企业出口导向和出口绩效，继而把研究的重点放在创业者特征上。该文认为，企业对跨国机会的识别与开发依赖于企业应对海外市场环境不确定性的知识和能力。而对转型经济中的新兴市场企业而言，它们缺乏的恰恰是如何在市场经济中运营企业的通用商业知识。因此，具有一定海外曝光度的创业者，会在识别、创造和开发跨国机会中享有优势，从而更可能做出出口的决策并获得更好的出口绩效。这篇文章检验了"是否为海归创业者、多大程度上接受了海外知识的转移、是否曾在跨国企业有工作经历"等 3 个创业者层面的变量对新创企业出口导向和出口绩效的影响。

这篇文章采用问卷调查的形式，在中关村创业园回收了 711 份问卷。除了通过数据分析在一定程度上消除共同方法偏差所带来的问题，该研究在设计上也体现出一定的优势：第一，对创业企业较难收集一手数据，因此该研究采用了问卷调查的方式，通过和中关村管委会的密切合作，选取中国国家统计局规定的八大高科技行业和已成立 3～5 年的中小企业作为样本并回收问卷；第二，保证所有的问卷回答者都是创业者，避免了问卷回答者无法提供关键信息的问题；第三，对样本中一定比例的回答者进行追踪回访，使问卷数据更可靠。最终的研究结果有力地证明了海归创业者对初创中小企业的国际化导向和国际化绩效有正向的作用，揭示了海外人才回流在跨国机会开发活动中的作用。

菲拉托切夫等学者的研究的重要价值在于引入了新兴市场海归人才的现象，并以此为切入点，回答了"新兴市场的人才回流如何影响跨国创业"的问题。以往对跨国创业活动的关注大多集中在产品出口或对外投资等商品和资金的国际化，而菲拉托切夫等学者的研究为国际创业提供了一个新视角，即创业者的国际化。跨国开展创业活动不仅包括跨国机会的识别、跨国机会的开发，还包括创业者的跨国流动和以海归创业者为载体的跨国知识流动。

另外，该研究把对国际创业的关注焦点从发达国家转向发展中国家，对研究中国、印度等国家的国际创业现象有重要意义。中国国家统计局的相关数据显示，中国每年学成回国的留学人数有更快的增速，并逐步接近每年出国留学的人数。人才的回流对发展中国家有着极其重大的意义，以往发展中国家对国际先进知识的学习大多依赖对外直接投资或海外商品的引入。而国际人才的回流会对新兴市场的创业国际化产生什么影响？这启发了后续大量的海归创业和跨国创业研究。

诺曼·沙赫尔和李卅立：数字化国际创业——从供应方视角到需求方视角

随着电子商务和数字技术的发展，跨国沟通和交流的成本日益降低，国际创业领域最关键的一个核心变量——企业的国际化速度得到了空前的提升。通过虚拟的数字化平台（如 App Store），企业不再需要把实体商品通过轮船或飞机运送到海外，而只需要把数字创新产品放到面向全球的虚拟平台上即可通过虚拟渠道送达客户手中。那么，在物理距离几乎为零的数字化技术背景下，跨国开发创业机会的壁垒是什么？什么能力可以克服这些障碍，帮助企业快速开发跨国机会？这些能力与传统国际化能力有所不同？

2020 年诺曼·沙赫尔（Noman A. Shaheer）和李卅立（Sali Li）在《创业学杂志》上发表了《信息空间中存在距离吗？数字创新如何在虚拟世界实现国际化》一文，从 CAGE①距离和用户采纳壁垒的角度回答了这个问题。第一，在数字化情境中，何时进入市场不再是衡量国际创业及其速度的关键，因为数字化产品可以轻易通过互联网平台"进入"海外市场。其难点在于海外市场的渗透，以及能否快速达到一定的用户数量，因此用户是否采纳才是国际化的关键。第二，根据 CAGE 距离视角，海外市场的进入壁垒取决于海外市场和国内市场的文化、管理、地理和经济距离。尽管距离壁垒在数字化情境中有所降低，但由于数字化创新依旧含有文化、智力、美学等具备国际差异的元素，企业依然需要跨越用户采纳和市场渗透的壁垒。为了寻求数字化时代企业快速进行海外渗透的战略，该研究采用了需求方视角，即基于用户参与（user-engagement）和价值共创（co-creation）的文献，论证了两种用户价值共创的战略：社会分享（social sharing）和虚拟社区（virtual community）。

社会分享是指鼓励用户在社交平台分享他们使用数字创新产品的感受，使现有用户成为产品代言人。一方面，由于跨国网络连接了国际上兴趣相似的现有和潜在用户群，而他们的分享能相互影响，因此社会分享能帮助数字创新企业触达远距离不同国家的目标客户。另一方面，现有用户能通过社会分享，向不同文化的潜在用户传递个性化、有说服力和可信度高的信息，从而帮助数字化产品克服 CAGE 距离带来的有效沟通问题。

虚拟社区是指通过让现有用户互动，使他们对数字创新产品做出贡献或补充。一方面，由于 CAGE 距离，信息具有黏性，即较难从用户向生产者传递。因此，用户在虚拟社区分享的信息能帮助数字化产品克服信息的匮乏，并通过分析信息内容了解客户的独特需求。另一方面，不同的用户可能存在异质化的偏好，而 CAGE 距离可能会让企业放弃满足某一小部分较远距离的需求。虚拟社区作为一个补充，可以让全球分散的客户创作丰富的内容，吸引远距离的新用户。这种多样化用户参与的网络外部性会对新用户产生吸引力。

这篇文章采用了一个特别的样本，即苹果手机中的应用软件（App），并选择了增长迅速和较为多样化的健康与健身应用软件②进行研究。通过 Apptopia 这一应用软件数据提供商，研究者获得了 2014 年 10 月到 2015 年 12 月之间 50 个国家的 App 的每日数据，包括 4 583 个应用软件的排序、下载量和销量。另外，通过网站③爬虫收集其他变量数据，如应用软件在不同国家的使用语言等。最后，把这些数据同世界银行的世界发展指数和贝里等（Berry, et al., 2010）提供的 CAGE 距离整合起来，用以检验新上线的应用软件在某个国家的渗透速度的影响因素。作者选择了 2014 年第四季度上线的应用软件并追踪它们上线后至少 12 个月内在 50 个国家或地区的表现。最终样本包含了 5 757 个"应用软件 - 国家（地区）"观测值。当该应

---

① CAGE 分别代表文化（cultural）、行政（administrative）、地理（geographic）和经济（economic）方面的差距（Ghemawat, 2001）。

② 苹果 App Store 把应用软件分为 28 类，健康与健身是其中 1 类。

③ 主要为 sensortower.com、appannie.com、prioridata.com。

用软件在某国的苹果 App Store 中首次进入前 150 名时，就认为该软件成功完成了海外渗透，若在截止日期内都没有渗透，则处理为截断数据，并运用加速失败参数（accelerated failure time）的风险模型进行统计分析。而社会分享和虚拟社区这两种战略，则由两位程序员根据一定的标准，依据应用软件的描述、截图、网站、社交网页、用户评论，以及相应的社群特征进行主观判断。最终发现 37 款应用软件运用了社会分享战略，19 款运用了虚拟社区战略，只有 9 款用了两种战略。而运用这些战略能抵消 CAGE 距离对海外渗透速度的负面影响。

沙赫尔和李卅立的研究一方面探索了数字经济时代的国际创业，提出了以"海外渗透"代替"海外市场进入"来考察数字化创业的国际化速度，反映了数字经济时代的重要特征；另一方面，通过从供应方视角转变为需求方视角，提出了与以往传统国际化较为不同的数字化国际创业战略——用户共创。以往关于国际化的文献大多聚焦在供应方视角，即企业的资源和能力如何为用户提供价值，而用户仅仅是被动的接收方。但数字化平台给用户方作为外部合作伙伴参与价值共创提供了可能性，也大大加速了初创企业对跨国机会的开发。这促使未来的研究更加关注国际创业领域的新兴现象，并进一步探索新情境下国际创业过程中的独特资源、能力和战略，及其对跨国机会开发速度的影响。

未来研究方向

基于奥维亚特和麦克杜格尔（2005）所定义的"国际创业"，核心问题仍围绕着跨国机会的"识别、评估和开发"。关于跨国机会的识别和开发，大量的研究已经从社交网络、知识流动、制度环境和资源获取的角度进行了深度的讨论（Ellis，2011；Qin, et al., 2017）；但关于跨国机会评估的研究仍相对较少，可能是一个重要的研究机会：是什么影响了创业者评估跨国机会并决定是否开发此机会？什么因素会影响跨国开展创业活动的决策速度？社会心理学、认知建构理论、决策行为理论等是否可以更深入地运用到国际创业机会评估的研究当中？另外，聚焦于"速度"，如何迅速识别、评估和开发跨国创业机会这一问题值得持续探索。例如，为什么新兴市场企业能快速地以承诺度极高的并购模式进入第一个海外市场（Kumar, et al., 2020）？不同类型的知识或学习（如直接学习和间接学习）对新产品的国际化速度有何影响（Hutzschenreuter, et al., 2016）？同时，我们也要关注企业如何从国际创业中获得竞争优势。正如奥蒂奥（2017）所提出的，跨国开展创业活动的企业与本土企业相比有何竞争优势？可以通过什么战略行动激活、扩大并保持此竞争优势？

菲拉托切夫等（2009）关于"海归创业"的研究将人才的国际化纳入国际创业的框架，并促使人们进一步关注新兴市场所特有的国际创业问题。国际人才的回流在新兴市场的国际创业中扮演了多种角色。后续研究进一步探索了海归作为知识转移载体（Liu, et al., 2010）、跨国社交网络中介（Drori, et al., 2009；Pruthi, 2014）、国际通用制度的传递者（Han, et al., 2019）、海外市场的合法性信号（Li, et al., 2016）等角色，并在新兴市场主体的跨国创业活动中发挥了重要作用。关于海归的研究已经建立了一定的基础，但我们对于其文化和心理层面的独特性仍知之甚少。例如，什么因素会影响国际化人才的文化"双融"（ambiculturalism）？其文化"双融"会如何影响跨国机会的识别和开发？另外，随着越来越多的国际人才从发展中国家回流到发达国家（如发达国家来华留学生学成回国），国际上智力循环开始了一定程度的反向流动；同时，2020 年新冠肺炎疫情的发生，加速了"逆全球化"的进展，给国际上人才流动造成了一定的障碍。这些新现象的出现，给国际创业的人才国际化维度提供了新的研究机会。例如，在中美贸易摩擦和美国技术封锁的大环境下，人才的国际化流动会给发展中国家（如中国）的技术跨越（leapfrog）带来什么影响？什么样的因素（包括制度、组织、心理因素等）会促进人才流动所带来的技术转移？

沙赫尔和李卅立（2020）的研究以数字化平台的国际创业为背景，考察了数字化背景下迅速开展跨国创业活动的独特性和克服外来者劣势的用户共创战略，并提出关注需求方的视角。这不仅回应了奥维亚特和麦克杜格尔所提出的关于国际创业速度的关键问题，找到了数字时代快速开发海外市场的独特能力，同时也为国际创业打开了一扇新的大门：在数字化平台迅速国际化的障碍和线下的缓慢国际化有何不同？什么独特的资源、能力或战略使得某些企业能迅速借助数字化力量赋能并开发跨国创业机会？同时，新冠肺炎疫情带来的地理封锁进一步促进了数字化和线上平台的发展，如何借此转危为机，识别并开发跨国创业机会？这些都是未来研究中可以探索的问题。

研究设计与应用拓展

奥维亚特和麦克杜格尔的研究聚焦企业的"早期和快速的国际化"现象，把国际创业定义为跨国发现、设定、评估和开发机会，并着重讨论了知识和社交网络对快速开发机会的影响；菲拉托切夫等学者的研究则着眼于新兴市场的人才回流现象，探索人才的跨国流动对新兴市场主体跨国开展创业活动的影响；沙赫尔和李卅立的研究则基于新兴的数字化经济背景，进一步探索数字化国际创业和传统国际化的差别，并基于用户视角，提出加快海外渗透速度的两种用户共创战略。由此可见，国际创业领域始于现象，未来的发展也在很大程度上需要从现象出发，为跨国开展创业活动的最新实践提供理论解读，由此产生理论贡献。

同时，国际创业作为一个跨学科的研究领域，也可以整合更多的理论背景，不限于资源基础观、知识基础观、组织学习、人力资本等。例如，社会认知（如社会感知、社会互动、社会支持和社会沟通）（Shepherd, et al., 2021）是影响创业者决策和行为的重要因素，可能在创业机会的识别、评估和开发中发挥重要作用。尤其在国际环境中，由于创业者需要与社会环境频繁互动，那么国内和海外的双重社会因素对创业者的认知就会产生影响，或促进或阻碍，或一致或冲突；反之亦然。因此，社会认知因素有可能对国际创业主体识别、评估与开发跨国机会的过程、结果和速度等产生影响。又如，与国际化经历密切相关的文化因素，如多元文化（Vora, et al., 2019），尽管在国际化领域研究较多，却较少运用到创业者和国际创业的关系中。除了人力资本、社会资本外，多元文化也可能是跨国创业者影响海外机会识别和开发速度的重要机制，值得未来研究进行深入探讨。另外，因果推理和效果推理（Sarasvathy, et al., 2014）等新兴的战略理论日益成熟，但仍局限在少量的创业文献中。在跨国背景下，机会表现出更高的不确定性、模糊性和动态性，因此国际创业主体在面对机会时所采取的决策逻辑则更值得探讨，因果推理和效果推理的平衡、即兴和结构化制度的平衡都有可能对跨国机会的识别、评估和开发及其速度产生影响。

从研究设计上看，国际创业每个话题的发展基本上都遵循了从案例或理论文章到定量研究的路径。例如，奥维亚特和麦克杜格尔（1994）的研究从案例出发进行问题提炼和理论推导，之后20多年的发展则以大量的定量研究和少量的定性研究为主。又如海归创业研究，也是从萨克瑟尼安（Saxenian, 2005）对中国、印度的高科技产业案例研究开始，继而出现大量的定量研究和少量的定性研究。从数据的可获得性看，由于创业企业缺乏统一的二手数据获取的渠道，我们很难获得像上市公司数据库这样的面板数据。但随着新三板和科创板等数据的完善，未来将有更丰富的创业企业面板数据。而横截面的问卷调查仍是国际创业依赖的重要研究方法，包括全球创业观察等数据。但正如第三篇文章所使用的研究方法，在数字化时代，数据收集整理更为方便，通过一些特殊的数据公司使用二手数据成为可能；同时，由于线上社区的兴起和网络数据的公开，爬虫和内容分析成为日渐重要的数据获取渠道。而在案例研究方面，由于中国企业多样化程度高，且体现出较强的动态性，为研究者提供了定性研究的沃土。

总之，面向创业企业获取二手数据的难度逐渐降低，二手数据的使用逐渐成为可能；而由于问卷调查存在的一些局限性，在未来使用时将需要更为严谨和具有不可替代性的研究设计；定性研究尤其是案例研究已逐渐受到更多期刊的青睐，定性研究在理论建构方面的优势也对国际创业领域的研究大有裨益（e.g. Monaghan，Tippmann，2018）；而新兴的爬虫和内容分析等手段，同时具备了数据可得性和独特性，也将为研究者提供更多的研究机会（Chandra，2017）。

◆ 参考文献

Autio，E.，2017，"Strategic entrepreneurial internationalization：a normative framework"，*Strategic Entrepreneurship Journal*，Vol. 11，No. 3：211-227.

Chandra，Y.，2017，"A time-based process model of international entrepreneurial opportunity evaluation"，*Journal of International Business Studies*，Vol. 48，No. 4：423-451.

Drori，I.，Honig，B.，and Wright，M.，2009，"Transnational entrepreneurship：an emergent field of study"，*Entrepreneurship Theory and Practice*，Vol. 33，No. 5：1001-1022.

Ellis，P.D.，2011，"Social ties and international entrepreneurship：opportunities and constraints affecting firm internationalization"，*Journal of International Business Studies*，Vol. 42，No. 1：99-127.

Ghemawat P.，2001，"Distance still matters：the hard reality of global expansion"，*Harvard Business Review*，Vol. 79：137-147.

Han，Q.，Jennings，J.E.，Liu，R.J.，and Jennings，P.D.，2019，"Going home and helping out? returnees as propagators of CSR in an emerging economy"，*Journal of International Business Studies*，Vol. 50，No. 6：857-872.

Hutzschenreuter，T.，et al.，2016，"Speed of internationalization of new business units：the impact of direct and indirect learning"，*Management International Review*，Vol. 56，No. 6：849-878.

Kumar，V.，et al.，2020，"Springboard internationalization by emerging market firms：speed of first cross-border acquisition"，*Journal of International Business Studies*，Vol. 51，No. 2：172-193.

Li，W.W.，Bruton，G.D.，and Filatotchev，I.，2016，"Mitigating the dual liability of newness and foreignness in capital markets：the role of returnee independent directors"，*Journal of World Business*，Vol. 51，No. 5：787-799.

Liu，X.H.，Lu，J.Y.，Filatotchev，I.，Buck，T.，and Wright，M.，2010，"Returnee entrepreneurs，knowledge spillovers and innovation in high-tech firms in emerging economies"，*Journal of*

International Business Studies, Vol. 41, No. 7: 1183-1197.

Monaghan, S., and Tippmann E., 2018, "Becoming a multinational enterprise: using industry recipes to achieve rapid multinationalization", *Journal of International Business Studies*, Vol. 49, No. 4: 473-495.

Oviatt, B.M., and McDougall, P.P., 1994, "Toward a theory of international new ventures", *Journal of International Business Studies*, Vol. 25, No. 1: 45-64.

Pruthi, S., 2014, "Social ties and venture creation by returnee entrepreneurs", *International Business Review*, Vol. 23, No. 6: 1139-1152.

Qin, F., Wright, M., and Gao, J., 2017, "Are 'sea turtles' slower? returnee entrepreneurs, venture resources and speed of entrepreneurial entry", *Journal of Business Venturing*, Vol. 32, No. 6: 694-706.

Sarasvathy, S., Kumar, K., York, J.G., & Bhagavatula, S., 2014, "An effectual approach to international entrepreneurship: overlaps, challenges, and provocative possibilities", *Entrepreneurship Theory and Practice*, Vol. 38, No. 1: 71-93.

Saxenian, A., 2005, "From brain drain to brain circulation: transnational communities and regional upgrading in India and China", *Studies in Comparative International Development*, Vol. 40, No. 2: 35-61.

Verbeke, A., and Ciravegna, L., 2018, "International entrepreneurship research versus international business research: a false dichotomy?", *Journal of International Business Studies*, Vol. 49, No. 4: 387-394.

Vora, D., Martin, L., Fitzsimmons, S.R., Pekerti, A.A., Lakshman, C., and Raheem, S., 2019, "Multiculturalism within individuals: a review, critique, and agenda for future research", *Journal of International Business Studies*, Vol. 50, No. 4: 499-524.

Shepherd, D.A., Patzelt, H., Gruber, M., Nadkarni, S. 瞄准靶心，搭弓射箭——创业者社会构念与认知构念的连接机制 [J]. 管理学季刊, 2021, 6 (3): 1-15.

▣ 文献推荐

Filatotchev, I., Liu, X., Buck, T., and Wright, M., 2009, "The export orientation and export performance of high-technology SMEs in emerging markets: the effects of knowledge transfer by returnee entrepreneurs", *Journal of International Business Studies*, Vol. 40, No. 6: 1005-1021.

Oviatt, B.M., and McDougall, P.P., 2005, "Defining international entrepreneurship and modeling the speed of internationalization", *Entrepreneurship Theory and Practice*, Vol. 29, No. 5: 537-553.

Shaheer, N.A., and Li S., 2020, "The CAGE around cyberspace? How digital innovations internationalize in a virtual world", *Journal of Business Venturing*, Vol. 35, No. 1: 105892.

◉ 代表性学者

本杰明·奥维亚特（Benjamin M. Oviatt）

曾任佐治亚州立大学管理科学教授，创立了赫尔曼·J. 拉塞尔创业国际中心，于 2007 年退休。2008～2009 年曾任澳大利亚新南威尔士大学创新创业中心的迈克尔·克劳奇访问教授。他的研究成就主要在国际新创企业领域，他与麦克杜格尔在 1994 年合作的论文获得了 2004 年《国际商务研究杂志》10 年优秀论文奖。E-mail：BenOviatt@gsu.edu。

帕特里西娅·麦克杜格尔（Patricia P. McDougall）

在南卡罗来纳大学获得博士学位，现任印第安纳大学凯利商学院威廉·L. 黑伯利创业学教授和国际商务研究所主任，她的研究领域包括战略管理、创业和国际商务。曾任管理学会（AOM）创业分会主席和《管理学杂志》《创业理论与实践》《创业学杂志》等期刊编委。E-mail：mcdougal@indiana.edu。

伊戈尔·菲拉托切夫（Igor Filatotchev）

在莫斯科国际关系学院获经济学博士学位，现任伦敦国王学院公司治理和战略教授以及副院长（国际关系）。他的研究领域包括公司治理对国际化战略的影响，创业和战略决策，等等。曾任《管理研究杂志》主编和《公司治理：国际评论》（Corporate Governance: An International Review）副主编。E-mail：igor.filatotchev@kcl.ac.uk。

诺曼·沙赫尔（Noman A. Shaheer）

2019 年在南卡罗来纳大学获得国际商务博士学位，现任悉尼大学商学院讲师。他的研究兴趣集中在数字国际化、数字化创新和线上创业等领域，在《国际商务研究杂志》《创业学杂志》等期刊上发表了多篇论文。现任《管理杂志》的审稿委员会成员。E-mail：noman.shaheer@sydney.edu.au。

李卅立（Sali Li）

在犹他大学获博士学位，现任南卡罗来纳大学达拉摩尔商学院教授。他的研究领域覆盖了企业跨国战略、对资源基础观的重新审视，以及新兴市场的国际创业。在《国际商务研究杂志》《战略管理杂志》《管理杂志》《创业学杂志》等期刊上发表过多篇论文，曾任《管理杂志》编委。E-mail：sali.li@moore.sc.edu。

家族如何影响创业

◎ 连燕玲　◎ 郑伟伟

华东师范大学经济与管理学部

家族对企业创立和成长有重要的影响，作为一种可以驱动和约束创业活动的社会结构（Nordqvist，et al.，2010），被认为是"助燃创业之火的氧气"（Rogoff，Heck，2003），85%的企业在创业时期都在不同程度上获得过家族的支持（Astrachan，Shanker，2003），家族创业对国家经济的发展也起到了重要作用（Uhlaner，et al.，2012）。

早期关于家族创业的研究主要聚焦于探讨家族资源对创业的影响（Aldrich，Waldinger，1990；Chrisman，et al.，2003），认为家族的无形资源（信息、网络、知识等）和有形资源（财务资本、无偿家庭劳动）是影响创业机会识别、启动、执行和创业退出的重要因素。近一段时间学者开始关注家族资源对创业退出后再创业（Bird，Wennberg，2016）、家族创业遗产对跨代创业（Jaskiewicz，et al.，2015）的影响，尤其开始关注家族结构的内部差异性（Verver，Koning，2018）和家族动态演变对创业行为的影响（Minola，et al.，2016），以及创业行为对创业家族发展的影响（Minola，et al.，2016）。

值得注意的是，"家族"这一概念因文化和时间的不同而存在差异性（Randerson，et al.，2015）。西方的"家族"基本指向"家庭"，而中国的"家族"则是基于血缘和亲缘构成的网络。在不同的国家制度与文化背景下，"家族"边界及成员在构成、角色、义务和信任等关系维度上的差异，均会导致家族对创业活动的影响存在异质性。尤其是随着社会历史、制度、文化的不断变化和发展，家族制度、家族结构和亲缘关系也在发生奇妙的演化（Randerson，et al.，2015）。伴随着对"家族"差异性和动态性的认知推进，创业领域的学者们开始结合社会学、家庭科学理论（family science theory）、家庭发展理论（family development theory）和家庭系统理论（family system theory）等（James，et al.，2012；Jaskiewicz，et al.，2015；Combs，et al.，2020），尝试着从家族结构、家族价值观和亲缘关系等视角关注家族异质性与动态性对创业的影响。我们选择了家族影响创业的三篇重要文献，从最初探讨整体家族系统嵌入出发，到关注家族系统内部的价值观差异性以及家族亲缘关系的复杂性，来帮助读者厘

⊖ 本文是国家自然科学基金面上项目"制度期望、投资决策与私营企业成长机制研究"（71972073）资助的阶段性成果。郑伟伟为本文通讯作者（17816876991@163.com）。

清家族影响创业这个领域研究的脉络和走向。

霍华德·奥尔德里奇和珍妮弗·克利弗：基于家族嵌入视角的创业活动观

霍华德·奥尔德里奇和珍妮弗·克利弗（Jennifer E. Cliff）2003年在《创业学杂志》上发表了《家族对创业的普遍影响：基于家族嵌入视角》一文，突破了学者们近20年内将家族和企业视为自然分离的社会机构的传统观点，构建了基于家族嵌入视角的创业研究框架。这篇文章是正式性地将"家族"作为一种社会机构因素引入创业研究中的开山之作，它系统阐述了北美家庭系统的社会历史转变如何影响了创业过程，为更全面地理解创业机会和新创企业的产生奠定了基础，成为后续家族与创业关系研究的重要参考。

在20世纪80年代以后的20年里，创业研究对创业机会与创业过程的研究有了长足发展，但很少人关注家族及家族动态变化对创业的影响。家族和企业被认为是两个自然分离的社会机构或系统，通常由不同领域的学者分别展开研究。然而，家族和创业动态是高度相关的，这种分离导致过往文献对家族系统和创业现象间的重要因果过程视而不见。尽管社会嵌入观点认为企业家是嵌入在社会关系网络中的，但也很少关注一个基本的社会系统——家族的影响，学者对"家族"作为一个特定的社会机构如何影响创业活动和创业成果的关注是有限的。这篇文章旗帜鲜明地提出，在创业研究中忽视家族因素是相当令人惊讶的，家族值得在创业研究中得到更多的考虑。

奥尔德里奇和克利夫根据20世纪中叶至21世纪初北美家族系统变化这一背景，回顾了北美家族系统发生的主要社会历史转变，并讨论了这些变化趋势如何影响或已经影响了哪些创业机会出现、机会识别、创业启动决策和资源调动等创业现象。这篇文章总结了21世纪初北美家族系统所经历的两大方面的社会历史转变：第一，家族构成在普遍性、性质和规模上的变化。该文章指出家庭规模减小、家庭性质发生变化（单身、同居、单亲和再婚家庭比例提升）以及家庭普遍性降低是主要的变化趋势。从生命历程视角来看，这些巨大变化的成因主要源于结婚（初婚年龄提高和结婚率降低）、离婚（离婚率上升）和生育（出生率下降和未婚先孕率提高）等模式上的变化。第二，家族成员在角色和关系上的变化。该文章指出角色转变主要体现在女性和孩子角色的三大转变上，即女性就业率提高、女性家务劳动时间减少、更多孩子为自身可支配收入而加入工作。家族成员关系也随之发生了巨大转变，父母较少地直接参与孩子的活动，父母在孩子社会化过程中扮演的角色减少和代际接触减少。

这篇文章记录了这些转变中一些已经对创业产生影响的具体实例，由此推测了这些转变对创业过程的影响，指出家族系统在家族构成和成员角色关系上的两大转变对创业活动的各个层面产生了巨大影响。

第一，家族构成变化对创业的影响。文章围绕创业的四个关键阶段做了分析：①创业机会出现。家庭规模的缩小为小户型的住宿和消费品提供了机会，家庭性质的变化（单身、未婚单亲和离婚家庭比例的提高）为社交、娱乐俱乐部会员资格、离婚服务、青少年教育等特殊产品和服务提供了机会。②机会识别。应对因结婚、离婚和生育而引起的家庭构成变化，刺激了人们对新产品和服务的认识，并识别出提供这些特殊产品和服务的新机会，以解决未被满足的需求。③创业启动决策。家庭规模的缩小可以降低家族创业风险，减少亲属参与创业讨论的干扰，从而促进创业启动。但家庭规模的缩小也限制了创业者向亲属寻求资源支持的机会，从而阻碍创业启动。④资源调动。缩小的家庭规模导致创业过程中人力和财务资源的调动变得更难；然而，家庭性质的变化（再婚家庭的增加）会增加来自更多"准"家族成员的潜在资金池。

第二，家族角色和关系变化对创业的影响。该文章同样从创业活动的四个关键阶段做了分析：①创业机会出现。女性角色的变化（职业女性增多和家庭劳务时间减少）刺激了家务外包、儿童保育和外部餐饮等行业的增长。而家族关系的变化（家长参与孩子活动和对孩子监管的减少）则为儿童安全系统、便利食品和其他儿童自行操作产品创造了机会。②机会识别。家庭角色的变化促使人们去识别改进组织管理方法和工作流程的新机会。例如，成为母亲的职业女性在休生育假的过程中认识到，她们代表着公司"未被充分利用的资源"，可以通过创造新的工作流程和安排来实现在家的有限时间内工作。③创业启动决策。职业女性起到了促进或抑制创业决策启动的作用，她们认为自身有足够的人力、社会和财务资源进行创业，但又因自身仍承担着工作和家庭责任的双重负担，很难具有足够的时间开办企业。④资源调动。职业女性和青年外出就业数量的增加，使创业过程中对人力资源的调动更加困难，因为这些家族成员不再愿意放弃工作而成为家族创业的廉价劳动力。

这篇文章对于理解家族与创业之间的互动关系具有重要的意义和价值。它突破了将家族与企业视为两个自然分离的社会机构的传统观点，正式将"家族系统"纳入创业研究的理论框架下，最终基于"家族系统特征－创业过程－创业结果"这一关系，提出了基于家族嵌入视角的创业理论框架。该理论框架强调了家族系统特征（转型、资源、规范、态度和价值观）如何影响创业过程（创业机会出现、机会识别、创业启动决策、资源调动和创业战略的执行、过程与结构），以及如何影响创业结果（生存、客观绩效和主观成功评价）。该理论框架也深化了我们对创业如何影响家族系统的认识。通过进一步拓展，该理论框架强调创业结果又会对创业家族系统（家族的转型，家族资源、规范、态度和价值观的改变）产生反馈影响，由此构建了一个家族与创业相互动态影响的闭环模型，在很大程度上启发了后续研究从家族嵌入视角出发来揭示家族与创业之间的复杂而动态的互动关系。

区玉辉和关浩光的研究：基于华人家族主义的创业活动观

奥尔德里奇和克利夫的研究构建了家族嵌入视角的创业理论模型，强调家族系统对创业活动的影响。然而，"家族"系统是嵌入特定的社会历史、制度和文化背景下的，基于北美制度情境下的这类研究，是否对解释其他国家情境下的家族作用具有同样的解释力？尤其是对长期受到传统儒家文化熏陶的中国家族而言，家族参与创业是否会表现出行为异质性？中国创业活动中家族系统的作用是怎样的？关于不同国家制度文化背景下的对比研究，已成为亟待解决的问题。此外，奥尔德里奇和克利夫的研究描绘了一幅丰富的家族嵌入视角的创业理论框架图，但基于定量数据的实证研究仍然缺乏，急需通过实际的数据来证实这些理论上的推理和判断。区玉辉（Kevin Au）和关浩光（Ho Kwong Kwan）2009 年在《创业理论与实践》上发表的《创业资本与中国企业家：家族的作用》一文响应了上述研究需求。

在奥尔德里奇和克利夫家族嵌入视角基础上，区玉辉和关浩光将受到中国传统儒家文化熏陶的家族主义价值观纳入创业活动（初创资金筹集）的研究框架，将家族嵌入视角扩展到家族关系的社会心理方面，重新审视了家族在华人创业中的作用。儒家文化强调对家族的关注，把家族作为社会的核心运作单位，家族主义价值观反映了家族在个人心目中的中心地位。家族主义价值观被认为是"一系列价值观及其相关的态度、信念和行为规范，这些价值观受家族支配，持有这些价值观的人将家族作为基本的社会单位，这种倾向被认为是家族主义价值观。持有强烈家族主义价值观的人在支持、牺牲、忠诚、互惠、亲近和尊重方面更偏向于家族成员，相信家族会照顾成员的利益，而每个家族成员又必须为家族集体利益做出牺牲"。这篇文章将其主要定义为两个方面：共享家族集体利益和维持家族和谐。该文章最大的亮点是基于中国儒家文化下的这一家族主义价值观，构建了一个"家族主义价值观－家族监控（交易成本）和家族冲突（干预压力）－家族创业资本选择"的研究模型，并提出了相应的四个假说。在此模型基础上，它通过实证分析对家族主义价值观的两大作用机制进行了检验：强烈的家族主义价值观如何影响家族内部交易成本（透明度和监控性），以及如何影响家族关系所带来的社会心理程度（限制性和干预性）。其中，高的透明度和监控性意味着对参与创业的家族成员的行为和风格更容易观察，与其做生意更加透明，由此也更容易去监控他们，从而有利于降低交易成本。而高的限制性和干预性则意味着家族成员参与创业感受到的家族对其创业行为的高度限制和干涉。该文章也进一步检验了这两种中介机制最终如何影响家族成员对创业资金筹集渠道的选择——是优先选择通过朋友近邻还是家族资本来筹集。

在研究设计方面，这篇文章利用中国香港准企业家（研究1）和中国内地企业家（研究2）的两组问卷调查数据开展了两项子研究，对上述相关假设和推断进行了验证。考虑到中国本土价值观的独特性，该文章对中国家族主义价值观通过"家族利益"和"家族和睦"两组量表进行了衡量，并结合盖恩斯（Gaines）等（1997）的家族主义量表在内地企业家的问卷调研（研究2）中进行了合并使用。家族控制性通过改编刘（Lau）等（1990）的两个项目来衡量；家族干预性使用该文章自行开发的三个项目来衡量。尽管两项调查在问卷内容的设计上存在一定的差异性，但基于两组调查数据的检验结果获得了一致的研究结论。

这篇文章结论指出中国的家族主义价值观在影响企业家寻求初始创业资本上是一把双刃剑。一方面，强烈的家族主义价值观通过提高家族成员信息透明度和监控性来降低交易成本，导致创业者更倾向于向家族寻求初创资本。另一方面，强烈的家族主义价值观导致家族成员间的矛盾冲突升级，服从家族要求的压力增大，这些家族限制和干预程度的提高降低了企业家的自主性，最终导致创业者为规避家族限制和干预，转而向社会朋友寻求初始资本。换言之，较低的家族交易成本促使中国企业家从家族成员那里获得创业资金，而不是从朋友和外人那里获得，因为高水平的家族主义价值观减少了信息不对称，并使企业家和家族成员对新创企业的评价一致。然而，家族干预的增加和创业者自主权的丧失导致了家族冲突，所以中国企业家决定从朋友和其他外人那里获得创业资金。该文章从中国家族主义价值观所引发的社会心理角度——担忧受到家族干涉和创业自主性受到限制，解释了"中国企业家为何能从朋友那里获得创业启动资金而不是从家人那里获得""家族资本通常不是中国创业企业的主要初始启动资金"的研究问题。

这篇文章很好地回应了奥尔德里奇和克利夫的研究中存在的两个局限性。第一，在中国制度文化情境下重新思考家族嵌入视角下的创业活动观，对于解释中国儒家文化背景下的家族系统特殊性（家族主义价值观、家族和谐和忠诚孝道等）如何影响创业具有重要的拓展价值。该文章突破了西方情境下社会（家族）嵌入视角对家族参与创业的传统解释，将社会（家族）嵌入视角拓展到了家族关系嵌入的社会心理视角解释上。中国的家族关系嵌入具有多面性，除了传统家族嵌入视角认为的，家族关系是获取信息、资源和利益的渠道与手段外，该文章基于"家族主义价值观"的社会心理视角认为，中国家族关系的嵌入也在家族成员间传递情感支持和人际压力。家族参与创业活动可能带来这些心理上的情感支持和干扰压力，需要中国创业者对自己是否嵌入家族关系中（进行创业）做出权衡取舍。该文章为后续研究探索其他国家制度文化情境下的家族关系嵌入的复杂性与创业互动过程提供了重要参考。第二，在两个子研究和两种不同样本对象的问卷调研基础上，构建了关键家族系统特征（价值观、透明、干涉、控制、交易）测量变量，基于定量数据的实证研究使得家族嵌入视角的创业活动观点得到了更清晰的聚焦和检验，在检验过往这一领域的理论思想上前进了一步，为后续研究也提供了重要参考。

米切尔·韦弗和朱丽叶·科宁的研究：基于家族亲缘关系的创业研究框架

区玉辉和关浩光的研究主要阐述了在中国儒家文化熏陶下的家族主义价值观对创业初始资本获取的影响，从家族关系的社会心理学视角重新审视了家族在华人创业中的作用。然而，他们对"家族"的界定依然局限于核心家族关系范畴，而"家族"基于不同的情境与跨文化的多样性则具有不同的理解和更广泛的边界，家族（关系）对于创业活动的影响路径，需要建立在对"家族"关系边界的清晰界定基础上。此外，他们重点强调了家族在参与创业过程中，家族关系所传递的情感支持、家族干涉、家族冲突与人际压力等非正式的家族规范和价值观对创业活动的影响，但这些均处于碎片化的理论论述中，并未形成系统的家族参与创业的理论体系。需要说明的是，他们仅聚焦于分析创业初始资金获取这一特定方面，但对创业的某一特定方面的关注，则会限制对家族关系在创业的不同阶段或对创业的不同方面产生何种以及何时产生影响的全面理解，这些已成为研究中亟待解决的问题。2018年米切尔·韦弗（Michiel Verver）和朱丽叶·科宁（Juliette Koning）在《创业理论与实践》杂志上发表的《亲缘关系视角下的创业》的文章响应了上述需要。

以往家族参与创业领域的研究表现出对传统亲缘关系研究的依赖，即强调通过血缘和婚姻来定义家族亲缘关系，局限于对核心和近亲家族（关系）的关注。韦弗和科宁基于柬埔寨华人企业家的研究突破了这一传统研究视角，将家族亲缘关系的研究推上了新的方向，这一新方向承认亲缘关系可以用除宗谱术语之外的其他术语来描述。亲缘关系表达了人与人之间的联系，这些联系在社会、物质和情感上都具有特殊的重要性。在人类学中，亲缘关系越来越被理解为是社会文化所建构的，而不是单纯与生俱来的。广义的亲缘关系超越了基于婚姻和血缘关系的家谱，应该包括共同居住、频繁互动、祖先追溯、移民经历和共同宗族等方面的联系。基于此，文章将亲缘关系定义为基于"关联性"（relatedness）的人际关系，范围从血缘和婚姻关系（家族内外）拓展到更为广泛的共同祖先、血统和（宗族）身份关系。他们将柬埔寨华人创业中的亲缘关系根据亲密关系程度划分为五类：核心家族、大家族、远亲家族、潮州方言群体和当地华人。核心家族以家庭关系为基础，主要包括父母和子女；大家族以血缘和婚姻关系为基础，主要包括祖父母、父母的兄弟姐妹和核心家族、子女的配偶；远亲家族以祖先和共同家族历史关系为基础，主要包括海外家族成员；潮州方言群体依赖于方言、血统和潮州商业关系建立，主要包括潮汕人；当地华人以相同宗族、共同语言和身份为基础，主要包括当地除潮汕人之外的华裔商人。

在界定了五种亲缘关系的基础上，他们基于现有研究中广泛涉及的各种亲缘道德秩序，提出了亲缘关系影响创业行为的两大社会文化动力机制：互惠和信任，在此基础上将以往关于亲缘关系碎片化的社会文化动力进行了系统的理论化。该文章借鉴了萨林斯（Sahlins，1972）

对广义互惠和平衡互惠的区分，以及韦尔特（2012）的个人与集体信任的概念，基于不同亲缘关系构建了体现不同亲缘道德秩序的互惠和信任体系：第一，在互惠体系上，包含了从核心家族代际广义互惠，到大家族的"送大礼物的"广义互惠互利，到远亲家族的"送小礼物"的广义互惠互利，再到潮州方言群体所体现出的"平衡互惠"，然而在当地华人之间存在平衡互惠与消极互惠两种关系，主要取决于他们是否具有共同的第二语言能力。第二，在信任体系上，他们认为一级和二级个人信任分别存在于核心家族和大家族之中，一级和二级集体信任则存在于潮州方言群体和当地华人之中，而个人信任和集体信任都会存在于远亲家族之中，这是因为华人通常根据姓氏相同与否来判定宗族关系的强弱。

这篇文章强调互惠和信任作为两大社会文化动力支撑了亲缘关系在创业中作用的发挥。基于不同亲密程度的亲缘关系，以及所对应的不同互惠的信任类型，该文章最终构建了基于亲缘关系视角的创业理论框架。该框架认为存在以下基于不同"亲缘关系－互惠信任－创业"的创业活动模式：①核心家族以家庭关系为基础，通过代际广义互惠和一级个人信任为创业、扩张和多元化集中资源，并负责核心管理职位；②大家族以血缘和婚姻关系为基础，通过广义互惠和二级个人信任为创业获取和集中资源；③远亲家族以祖先亲缘关系为基础，通过广义互惠和个体（集体）信任为创业提供投资、消费品和原材料、多元化想法、二代教育；④潮州方言群体以方言和血缘关系为基础，通过平衡互惠和集体信任为创业扩张和多元化提供消费品、获取信贷支持等；⑤当地华人处于亲缘谱系的最远端，但仍以语言和身份关系为基础，通过平衡互惠和集体信任为创业提供消费品、原材料和机械，同时还提供创业扩张与多元化的商业想法以及发展相关贸易伙伴关系。该文章凸显了由强到弱亲密程度下的亲缘关系对于创业特定过程的重要影响，回应了以往研究中对核心家族和大家族之外的亲缘纽带关注不足的问题。

在研究设计上，该文章通过对柬埔寨首都金边的华人企业家的调研，得出了上述基于亲缘关系的创业研究理论框架。这项调研主要通过访谈、非正式对话、现场观察、报纸和文件等渠道获取了与华人企业家的商业生活（公司管理、商业网络、运营、资源获取、新商业活动）和个人生活（抚养、教育、移民、家族、宗族）相关的信息。同时，为了剖析互惠与信任两种社会文化动力对于创业的作用机制，作者以熟人和商业协会为媒介，通过对当地记者、商业顾问、政府官员、协会领导和研究人员等的访谈，了解柬埔寨的商业部门背景、经济情况及其利益相关者、地区文化、社会历史问题。在数据分析过程中，该文章遵循"循环螺旋模式"，通过多次重复研究素材叙述、研究主题归纳和研究主题理论思想总结等过程以强化分析深度。为提高结论可信度，该文章还采用开发矩阵和编码等分析工具，通过连续的评估和迭代过程来提升对创业活动的理解。

这篇文章对于从更为广义的亲缘关系视角理解家族与创业研究具有重要意义。首先，它突破了亲缘关系的传统研究对于血缘和婚姻的过度依赖。该文章聚焦于柬埔寨金边的特定社会文化情境，将家族（核心家族、大家族和远亲家族）与宗族（潮州方言群体和当地华人）作为亲缘关系的子集以识别两者之间的一致性。同时，它强调亲缘关系的类型划分根据具体情境的转移而存在差异，未来研究应当在特定情境下的创业研究中不断地、更加全面地去界定和挖掘亲缘关系的其他子集。其次，它在亲缘关系的社会文化动力碎片化研究的基础上，通过互惠和信任两个动力机制进行了理论化，清晰地解释了亲缘关系通过何种机制在创业活动中发挥作用。再次，它为家族和宗族创业研究架起了潜在的桥梁。通过将家族和宗族关系列为广义亲缘关系的子集,该文章减少了将家族和宗族群体作为不同研究背景来研究创业的缺陷。该理论框架突出了家族、宗族和创业之间的相互依赖关系,有利于拓展家族和宗族创业间相互促进方面的研究。最后,它突破了对单一特定创业维度的关注,强调亲缘关系影响创业的不同阶段(初始阶段、扩张阶段和多元化阶段)和不同方面(商业伙伴关系、销售渠道、资源获取渠道),有助于形成一个更全面的亲缘关系影响创业行为的理论研究框架。

未来研究方向

自奥尔德里奇和克利夫等学者的早期研究以来,"家族如何影响创业"这一主题经过近20年的研究演进也得到了一定的发展。该领域的研究不仅聚焦于不同文化与制度背景下的家族对创业的普遍影响,也关注了家族结构、家族变迁、家族角色和关系等与创业活动之间的关系。正如对上述三篇经典文献的评述,学者已经尝试对家族、家族结构、亲缘关系等概念与边界给予新的定义和理解,已有文献也突破了关于家族同质性和静态性的传统假定,但对于核心基础理论的忽视与整体性理论框架的缺失,导致了已有研究目前依然呈现碎片化的特征。李新春等学者(2020)认为现有家族创业的研究在理论上更多的是借助已有理论,如管家理论、嵌入理论、资源基础观、创业理论等,他们强调挖掘家族创业过程的独特性,建立以家族为分析对象的家族创业理论。为此,学者们呼吁将跨学科的家庭科学理论作为分析家族如何影响企业决策行为的理论基础(Combs, et al., 2020)。因此,在"家族如何影响创业"理论体系构建上,未来研究也需要通过挖掘家族和家族创业过程的独特性,重在以家庭结构、家庭关系、家庭成员角色和家庭体系变迁等为分析对象,将家庭科学理论、家庭系统理论、家庭发展理论等纳入其中,在此基础上构建家族创业理论,这将是值得家族企业和创业领域研究者高度重视的理论探索路径之一。

上述三篇文章隐喻了该领域研究的发展趋势,也体现了学者在探讨"家族如何影响创业"的研究视角上的转变。奥尔德里奇和克利夫开创了"家族嵌入"的创业活动观,基于北美家庭系统的转变强调学者需要动态地观察家族结构演化,以及家族成员角色和关系转变对创业活动的影响。同时,通过探讨创业结果对家族系统转变的影响,他们呼吁未来研究者也应当关注家族与创业之间的动态性互动关系。区玉辉和关浩光的研究则是进一步基于中国制度文化背景开创了"家族主义"的创业活动观,将具有中国传统儒家文化特征的家族主义价值观引入家族嵌入的创业研究框架之中,辩证地解释了强烈的家族主义价值观通过对不同社会心理情感和人际压力的塑造,而对中国家族成员创业活动起到的促进或抑制作用,由此突出探索国家制度文化背景的差异性在"家族如何影响创业"研究中的重要意义。韦弗和科宁的研究开创了最新的"家族亲缘关系"视角的创业活动观,通过重新界定家族亲缘关系的边界,构建了家族与宗族关系之间的潜在桥梁,利用互惠和信任机制来解释不同类型亲缘关系如何为创业活动提供重要的支持。从上述三篇文章中不难发现,"家族"本身的差异性是学者持续推动"家族如何影响创业"这一主题研究演进的原动力,而家庭科学正是研究家庭及其结构、关系、过程和结果等复杂性的学术领域(James, et al., 2012;Jaskiewicz, et al., 2015),它包含的家庭系统理论(Bacallao, Smokowski, 2007)、家庭沟通模式理论(Ritchie, Fitzpatrick, 1990)、家庭发展理论(Spanier, et al., 1975)等,能为分析"家族如何影响创业"这一研究主题提供基于"家族"视角的系统理论基础,值得未来研究高度关注。

奥尔德里奇和克利夫的研究有助于启发关于家族演变视角下的家族系统复杂性和动态性,

与创业机会发现、机会识别、创业启动决策和资源调动的研究，为未来探讨家族与创业间互动关系提供了参考。家庭系统作为一种基本的社会机构，其构成、成员角色和关系等总是伴随着社会历史的演变而呈现更多的复杂性、异质性和动态性变化。例如，我国家庭在1982年9月计划生育政策出台后呈现出家庭规模缩小的普遍特征，2021年5月三孩生育政策的出台，也将影响我国家庭结构的演变，而理解这些社会历史性变化对解释家族与创业之间的动态关系也至关重要。未来研究需要结合家庭科学领域中的相关理论，从家族构成、家族成员角色、家族关系、家族的社会历史趋势变迁等多维度来探索家族与创业关系的互动关系和动态演化。

区玉辉和关浩光的研究则启发了学者们将国家制度文化情境纳入家族系统与创业的互动关系研究，有助于理解不同文化、法律制度和宗教的家族及创业行为之间的差异性，以此推动跨文化和制度环境的家族创业的对比研究。更为重要的是，这篇文章也关注到了家族关系嵌入所带来的个体微观心理层面上的影响，为未来探讨家族成员参与（或规避、退出）家族创业，以及家族跨代创业的研究提供了社会心理学视角的研究参考。未来研究可以进一步融合家庭科学理论（如父母控制理论和家族沟通模式理论），探讨何种家族治理和沟通机制能使得家族创业者或代际创业者参与家族创业后，规避强家族关系纽带所带来的人际压力、家族监控干涉和创业自主权的丧失。

韦弗和科宁的研究启发了学者从更广义的视角来重新理解家族与亲缘关系的边界，有助于学者突破过度依赖以核心和近亲家族为亲缘关系边界的传统创业研究。未来研究可以进一步推动基于"更大亲缘关系"的创业研究，即从基于"家族关系"的创业向更为广泛的"宗族网络"创业进行拓展，将亲缘关系作为家族创业与宗族创业研究的桥梁未来值得关注。尤其在我国关系导向的文化背景下，要挖掘我国家族创业的本土模式，就不能忽视在中国传统宗族文化影响下，以血缘联系为基础从家族伦理和人际关系发展出来的宗族网络（李新春等，2020），需要融合宗族网络与创业活动构建本土家族创业理论，这对于深入理解我国家族创业行为、特征和模式无疑是非常重要的。

研究设计与应用拓展

如果你对"家族如何影响创业"这一问题感兴趣，首先需要思考的是选择从哪个研究层面和基于哪个理论基础去探讨两者之间的关系，然后设定与之契合的研究设计方案。考虑到"家族如何影响创业"的研究更多的也是嵌入"家族创业"和"家族企业"研究，我们应该部分针对家族创业和家族企业领域的研究设计一并进行分析。如果你想对家族创业研究中所使用的研究方法有深入的了解，我们推荐你去关注齐齐等（2017）的文章，我们在此基础上更新了2017～2021年的40篇最新文献，总计选取2007～2021年国内外权威文献104篇，从分析视角、研究设计、研究数据、样本选择四个方面，对现有家族创业的研究设计进行梳理与总结，以下内容可以为你的未来研究提供一些方法指引。

在分析视角方面，如你所看到的，按照三种本体论视角（个体、家族和家族企业层面）划分（Bettinelli, et al., 2014；齐齐等，2017），在我们总结的95篇非综述性文献中，个体层面共20篇（21.05%），聚焦于家族成员个性特征（任期、性别、学历、职业和年龄等社会属性）、个体社会网络、CEO创业行为、家族继承人选择、跨代成长等方面。家族层面共12篇（12.63%），以外文文献为主，主要包含家族嵌入、家族结构、家族亲缘关系、家族创业团队、家族创业遗产、家族跨代参与、家族共同治理有效性等方面。家族企业层面共63篇

（66.32%），占据实证研究的"大半壁江山"，囊括了创业战略、创业导向、家族关系、网络关系、文化、资源、制度等对家族企业创业的影响。不难发现，家族结构、家族关系、网络关系、家族遗产等因素对家族创业的影响不言而喻，你可以尝试继续基于这些视角做进一步探讨。此外，家族企业创业研究依然主要集中在家族企业层面，家族（家庭）层面的研究依然较为缺乏，如果你想尝试，未来可沿着家族（家庭）层面对创业行为做进一步探索。当然，也鼓励你尝试进行三个不同的研究层面跨层次交互的研究，探讨跨层面之间的创业行为的相互作用。

在研究设计方面，现有学术研究包括实证类（70篇，67.31%）、理论类（25篇，24.04%）和综述类（9篇，8.65%），但值得注意的是，现有研究往往三选一，而两两结合的研究方式较为少见，未来你可以考虑多研究类型相结合。在研究方法方面，正如你所见到的，定量研究依然是现有的主流方法，在我们选取的104篇文献中，只采用定量方法的有53篇（占50.96%），只采用定性方法的有49篇（占47.12%），定量与定性结合2篇（1.92%），建议你在未来研究中重视定量与定性相结合的方式，研究方法的多样性有利于提供互补性的见解（齐齐等，2017）。在定性研究中，除了问卷调查与深度访谈外，你也可以尝试多案例对比的方法。另外，定性研究也不局限于以上常用方式，诸如生活日志、历史档案、在线资料、科学实验、实地观察等也值得学者借鉴（Raitis, et al., 2021）。

在研究数据方面，"家族如何影响创业"的实证研究的兴起与发展，始终与研究数据的可获得性和测量的精确性密切相关，熟悉并掌握相关数据是加入该领域讨论的必要前提。现有创业研究数据获取主要通过问卷调查、深度访谈、公开数据库。现存的公开数据库主要包括全球创业观察、中国家庭跟踪调查数据库（CFPS）、中国工业企业数据库（CIBP）、国泰安数据库（CSMAR）、万得数据库（Wind）、中国经济金融数据库（CCER）、中国私营企业调研数据库（CPES）等。这些数据库提供的标准化数据集有助于当前一些研究数据的收集，但真正能聚焦国内外家族创业（及三个不同层面的创业）的研究，仍缺乏丰富与精确的家族和创业方面的衡量指标。因此，如果你对这一话题感兴趣，除了未来充分重视和使用这些标准化的公开数据库外，探索开发能更好捕捉国内外家族创业和跨层面创业行为的可靠数据库，或将成为做出贡献的有效渠道，这将对国内外家族创业研究的开展起到重要的推动作用。在104篇文献中，我们也发现了数据收集方式的交互与多样化的优秀案例（Raitis, et al., 2021），未来也可以尝试借鉴赖蒂斯（Raitis）等（2021）的数据收集方式，丰富数据获取渠道，一二手数据使用相结合。此外，在现有研究的数据结构中，截面数据占据主导地位，纵向及面板数据则较少使用。然而，任何创业行为都是一个长期的过程，如果你想尝试自己构建一个数据库，用于研究家族与创业的阶段性和长期影响关系，那么时间效应和动态性可能是值得你去思考的方向。未来你需要重视纵向数据与面板数据的使用，加入时间变量，发掘样本主体在不同发展阶段的特征与变化。比如赖蒂斯等（2021）对芬兰一家大型全球家族企业长达45年的纵向案例研究，以探索家族领导者的价值观对家族企业创业成长的影响。

最后值得注意的是，"家族如何影响创业"的研究始终在呼吁将国家文化和制度背景考虑进去（Minola, et al., 2021; Basco, et al., 2019; Randerson, et al., 2016），强调重视不同国家文化和制度背景下的家族创业行为的对比性研究，可能会收获更大价值。然而，在样本选择方面，现有研究多采用单一国家样本，在我们总结的66篇明确了样本来源的文献中，仅有3篇采用两个及以上不同国家的样本作为支撑（王世权，王丹，2011；Arregle, et al.,

2013；Fang, et al., 2021）。而在 66 篇文献中，国外学者对中国家族创业的研究仅有 3 篇，对除中国外的转型经济背景下的其他发展中国家的研究仅为 6 篇。如果你想尝试在领域内做出更多探讨，新兴转型经济背景下的家族创业研究尚有较大研究空间值得你去努力，探索不同国家经济、制度和文化背景下，以及不同发展阶段中的家族创业行为具有重要意义。我们建议你除了在研究主题和研究问题的选择上将"国家制度情境"考虑进"家族如何影响创业"的主题，在未来样本搜集和数据库构建上，你可以扩大样本收集的国家范围。为了便于读者更好地了解该领域的研究方法，我们汇总了 104 篇文献和研究方法总结表，如果你感兴趣，欢迎你随时联络我们。

◆ 参考文献

Aldrich, H.E., and Cliff, J.E., 2003, "The pervasive effects of family on entrepreneurship: toward a family embeddedness perspective", *Journal of Business Venturing*, Vol. 18, No. 5: 573-596.

Aldrich, H.E., and Roger W., 1990, "Ethnicity and entrepreneurship", *Annual Review of Sociology*, Vol. 16: 111-135.

Arregle, J.L., Batjargal, B., Hitt, M.A., Webb, J.W., and Tsui, A.S., 2013, "Family ties in entrepreneurs' social networks and new venture growth", *Entrepreneurship Theory and Practice*, Vol. 39, No. 2: 313-344.

Astrachan, J.H., and Shanker, M.C., 2003, "Family businesses' contribution to the U.S. economy: a closer look", *Family Business Review*, Vol. 16, No.3: 211-219.

Au, K., and Kwan, H.K., 2009, "Start-up capital and Chinese entrepreneurs: the role of family", *Entrepreneurship Theory and Practice*, Vol. 33, No. 4: 889-908.

Bacallao, M.L., and Smokowski, P.R., 2007, "The costs of getting ahead: Mexican family system changes after immigration", *Family Relations*, Vol. 56, No.1: 52-66.

Basco, R., Calabrò, A., and Campopiano, G., 2019, "Transgenerational entrepreneurship around the world: implications for family business research and practice", *Journal of Family Business Strategy*, Vol. 10, No. 4: 100249.

Bettinelli, C., Fayolle, A., and Randerson, K., 2014, "Family entrepreneurship: a developing field", *Foundations and Trends in Entrepreneurship*, Vol. 10, No. 3: 161-236.

Bettinelli, C., Sciascia, S., Randerson, K., and Fayolle, A., 2017, "Researching entrepreneurship in family firms", *Journal of Small Business Management*, Vol. 55, No. 4: 506-529.

Bird, M., and Wennberg, K.J., 2016, "Why family matters: the impact of family resources on immigrant entrepreneurs' exit from entrepreneurship", *Journal of Business Venturing*, Vol. 31, No. 6: 687-704.

Ceipek, R., Hautz. J., De Massis, A.D., Matzler, K., and Ardito, L., 2021, "Digital transformation through exploratory and exploitative internet of things innovations: the impact of family management and technological diversification", *Journal of Product Innovation Management*, Vol. 38, No. 1: 142-165.

Chrisman J.J., Chua, J.H., and Steier, L.P., 2003, "An introduction to theories of family business", *Journal of Business Venturing*, Vol. 18, No. 4: 441-448.

Combs, J.G., Shanine, K.K., Burrows, S., Allen, J.S., and Pounds T.W., 2020, "What do we know about business families? Setting the stage for leveraging family science theories", *Family Business Review*, Vol. 33, No. 1: 38-63.

Fang H., Memili, E., Chrisman J.J., and Tang, L., 2021, "Narrow-framing and risk preferences in family and non-family firms", *Journal of Management Studies*, Vol. 58, No. 1: 201-235.

Jaskiewicz, P., Combs, J.G., and Rau, S.B., 2015, "Entrepreneurial legacy: toward a theory of how some family firms nurture transgenerational entrepreneurship", *Journal of Business Venturing*, Vol. 30, No.1: 29-49.

Minola, T., Brumana, M., Campopiano, G., Garrett R.P., and Cassia, L., 2016, "Corporate venturing in family business: a developmental approach of the enterprising family", *Strategic Entrepreneurship Journal*, Vol. 10: 395-412.

Minola, T., Kammerlander, N., Kellermanns, F.W., and Hoy, F., 2021, "Corporate entrepreneurship and family business: learning across domains", *Journal of Management Studies*, Vol. 58, No. 1: 1-26.

Nordqvist, M., and Zellweger, T., 2010, "Transgenerational entrepreneurship: exploring growth and performance in family firms across generations", *International Small Business Journal*, Vol. 29, No. 6: 730-731.

Raitis, J., Sasaki I., and Kotlar J., 2021, "System-spanning values work and entrepreneurial growth in family firms", *Journal of Management Studies*, Vol. 58, No. 1: 104-134.

Randerson, K., Bettinelli, C., Fayolle, A., and Anderson A., 2015, "Family entrepreneurship as a field of research: exploring its contours and contents", *Journal of Family Business Strategy*, Vol. 6, No. 3: 143-154.

Randerson, K., Dossena, G., and Fayolle, A., 2016, "The futures of family business: family entrepreneurship", *Futures*, Vol. 75: 36-43.

Rogoff, E.G., and Heck, R.K.Z., 2003, "Evolving research in entrepreneurship and family business: recognizing family as the oxygen that feeds the fire of entrepreneurship", *Journal of Business Venturing*, Vol. 18, No. 5: 559-566.

Spanier, G.B., Lewis, R.A., and Cole C.L., 1975, "Marital adjustment over the family life cycle: the issue of curvilinearity", *Journal of Marriage and Family*, Vol. 37, No. 2: 263-275.

Uhlaner, L.M., Kellermanns, F.W., Eddleston, K.A., and Hoy, F., 2012, "The entrepreneuring family: a new paradigm for family business research", *Small Business Economics*, Vol. 38, No. 1: 1-11.

Verver, M., and Koning, J., 2018, "Toward a kinship perspective on entrepreneurship", *Entrepreneurship Theory and Practice*, Vol. 42, No. 4: 631-666.

李新春，贺小刚，邹立凯.家族企业研究：理论进展与未来展望[J].管理世界，2020（11）：

207-228.

齐齐，赵树宽，胡玮璇. 家族创业研究现状述评和未来研究展望 [J]. 外国经济与管理，2017（10）：18-39.

王世权，王丹. 创业型家族企业政府交往能力的归因研究——以日本三井公司与河北大午集团为例 [J]. 管理学报，2011（9）：1332-1338.

▣ 文献推荐

Aldrich, H.E., and Cliff, J.E., 2003, "The pervasive effects of family on entrepreneurship: toward a family embeddedness perspective", *Journal of Business Venturing*, Vol. 18, No. 5: 573-596.

Au, K., and Kwan, H.K., 2009, "Start-up capital and Chinese entrepreneurs: the role of family", *Entrepreneurship Theory and Practice*, Vol. 33, No. 4: 889-908.

Verver, M., and Koning, J., 2018, "Toward a kinship perspective on entrepreneurship", *Entrepreneurship Theory and Practice*, Vol. 42, No. 4: 631-666.

◉ 代表性学者

霍华德·奥尔德里奇（Howard E. Aldrich）

在密歇根大学获得博士学位，现任美国北卡罗来纳大学教堂山分校凯南-弗拉格勒商学院社会学教授和管理学兼职教授。他的研究主要集中在创业团队组建、小企业创业及其存活率、主动学习等方面，在《美国社会学评论》《创业学杂志》等期刊上发表过多篇关于家族和创业的论文。曾任《行政科学季刊》副编辑。E-mail：howard_aldrich@unc.edu。

区玉辉（Kevin Au）

在英属哥伦比亚大学获得博士学位，共同创办香港中文大学创业中心并且现任其主任，同时担任家族企业中心主任。他的研究和教学领域包括创业精神、家族企业、社会网络、国际化管理、公益风险投资等，在《国际商务研究杂志》《创业理论与实践》《战略创业杂志》《家族企业评论》等期刊上发表过多篇关于家族和创业的论文。E-mail：kevinau@cuhk.edu.hk。

朱丽叶·科宁（Juliette Koning）

在荷兰阿姆斯特丹大学获得博士学位，现任牛津布鲁克斯大学商学院教授，同时担任商业、社会和全球挑战研究中心主任。她早期的研究兴趣是宗教、种族、亲属、伦理等社会学主题，近年来开始关注中小企业成长、创业的价值与意义等，在《创业理论与实践》《商业伦理杂志》（*Journal of Business Ethics*）等期刊上发表过多篇论文。现任《人际关系》副编辑。E-mail：j.koning@brookes.ac.uk。

"软技能"如何提升社会创业的合法性

◎ 厉 杰

西交利物浦大学商学院

合法性概念最早由韦伯（Weber，1978）提出，他认为"合法性"是指社会对恰当秩序和规则的一套信念，是组织权力构成的基础与前提。组织能否被外界环境所接受，由社会系统对组织行为的认可程度所决定（Kostova，Zaheer，1999；Scott，1995）。因此，合法性对组织在证明社会价值和获取资源方面具有非常重要的作用（Lounsbury，Glynn，2001；Oliver，1991）。由于自身资源有限，社会企业需要借助社会系统提供的各种资源来渡过生存期，而社会创业合法性就是社会系统对其能力、效率、价值观与规范性等的判断，这决定了社会系统是否为社会企业或社会创业者投入资源。与商业创业相比，社会创业强调采用创新的手段以商业的方式来解决社会问题，而创新所造成的信息不对称往往使社会公众对创业活动缺乏理解与认识，从而降低社会创业的认知合法性（Delmar，Shane，2004）。这需要社会创业者改变社会价值与经济利益不兼容的公众认知，从而让公众接受这一新的组织形式。例如，老爸评测采用"自媒体评测 + 优选电商"的形式向全网输出专业的科普评测内容，同时也为大众提供美食、美妆、母婴等多方面的好产品，是一家典型的社会企业。为了能持续检测下去，其发起了众筹检测费的行动以平衡社会价值和商业价值。因此，社会创业在资源获取上具有独特的挑战，创业者需要在平衡社会价值和商业价值的同时帮助企业获得合法性。社会创业领域的一个重要的研究问题是：当合法性建立在企业想要改变某种社会规范的基础上时，社会创业者如何为社会变革获得必要的合法性？

对寻求社会变革的创业者来说，在获取合法性的过程中遇见的挑战会在很大程度上影响着他们创造社会变革的能力。他们需要面对不同类型利益相关者所提出的差异化诉求，通过某种途径与利益相关者建立联系、达成"共识"显得尤为重要。文化创业（cultural entrepreneurship）的观点为企业家提供了"一套灵活的工具"。社会企业家可以借助文化层面的"软技能"（soft skills）塑造适合的创业故事以影响利益相关者。"软技能"不同于传统规模增长率、盈利水平等硬指标，而更强调语言风格、修辞策略、情感符号等文化工具的作用。

⊖ 本文是国家自然科学基金青年项目"社会创业合法性的形成机制及其对社会创业绩效的影响：语言期望理论的视角"（71702095）资助的阶段性成果。

已有研究证实了"软技能"的重要作用,例如,利用语言沟通等方式有助于获得信任感并更好地塑造社会现实(Boje,et al.,2004)。社会创业者如何通过"软技能"来讲好创业故事,不仅仅是实践问题,挖掘其背后的理论逻辑同样具有重要意义。理解"软技能"发挥作用的理论逻辑,将有助于社会企业家更好地塑造创业故事,增强他们创造社会变革的能力。

在社会企业获取资源的过程中,不同的利益相关者参与社会创业过程的目的不同,而社会创业者可以通过"讲好创业故事"以说服各利益相关者为企业提供必要的发展资源。对寻求社会变革的创业者来说,获得合法性所面临的挑战可能会对他们变革社会的能力构成挑战。社会创业者如何通过"软技能"来讲好创业故事以获取或提升社会创业合法性?社会创业者该采用何种语言方式讲故事,不仅仅是实践问题,其背后的理论逻辑也具有重要研究意义。在此背景下,我们应该关注在讲故事的过程中,社会创业者以什么样的语言风格更有助于组织获得资源,以什么样的修辞策略更可能帮助社会企业获得合法性。

特里什·鲁巴顿:修辞策略帮助社会企业在社会变革中建立合法性

建立合法性对新组织至关重要。组织拥有了合法性,利益相关者才会认为该组织是重要的、可预测和可靠的(Suchman,1995)。在建立合法性的过程中,社会创业者需要从客户、资源提供者、风险资本家或员工等处获得积极的支持。越来越多的研究表明,修辞策略在新生事物建立合法性的过程中起到重要作用(Lawrence,Suddaby,2006)。

2013年特里什·鲁巴顿(Trish Ruebottom)在《创业学杂志》上发表了《社会创业修辞策略的微观结构:通过主角和反派对手建立合法性》一文,探讨了社会企业如何为社会变革建立必要的合法性,特别是这些组织使用的修辞策略以及这一策略的微观结构。

多数研究假定社会创业的社会变革目标都会得到社会大众的普遍支持,但研究表明,社会企业的创立会遭到来自受众、投资人、社会大众的阻力。那么资源有限的社会企业是如何克服这一障碍从而为组织获得合法性的呢?鲁巴顿在这篇文章中首先从修辞的角度来分析社会企业如何组织合法性的问题,突出强调了语言作为中介工具的作用。进一步地,作者补充了现有研究中在其他背景下修辞策略的作用,并确定了以原型主角(hero)和反派角色(villain)作为建立合法性的关键方法。

鲁巴顿以访谈、观察、互动的方式从10家社会企业获取数据,收集过程也比量化研究更为灵活、开放和具有动态性。通过对访谈结果和档案资料进行编码,对经验数据抽象,形成概念并揭示现象本质:社会创业者采用修辞策略将本组织当成主角,将抵制变革者视为对手。接着,他继续对社会创业中修辞策略(rhetorical strategy)的微观结构进行探索性研究。这篇文章关注的是社会企业如何在"讲故事"中通过适当的修辞策略来获取公众的认可,涉及社会创业者的语言及沟通能力等。修辞策略的微观结构共包括4个方面:①使用词汇集来挖掘5个元叙事(慈善、草根社会运动、科学、商业和社会创业者),然后将3个元叙事组合起来描述对手(经济、意识形态和官僚主义);②文化元叙事,采用4种主要的修辞手段用来强调主角元叙事的积极作用和对抗性元叙事的消极作用(对比的类型化、理论化、问题化、一致性和评价性陈述);③提高主角元叙事积极度的修辞手段,将积极的元叙事结合起来从而创造出作为主角的组织,而消极的元叙事则用来创造那些挑战变革的组织;④增加对抗性元叙事的负面,将主角和对手的主题组合在一起,制造紧张局势,凸显行为人之间的对比,从而使受众相信组织的合法性。

在质性研究中，多来源收集数据更能保证数据的信度，也可以在数据收集过程中对不同来源数据进行比较，以把握更有价值的信息和研究议题。鲁巴顿除了对 10 家社会企业的高管、投资人、顾客等进行大量半结构化访谈外，还从各网站、博客、小册子、研究报告、公开文档等渠道采集这些社会企业的相关信息。对不同来源的数据进行三角验证，有效确保了数据信息的真实性和可靠性。这也表明，多数据获取源、多收集者正在成为未来社会创业质性研究最常用的数据收集方案。

这篇文章从制度视角探讨社会企业如何获得社会变革的合法性。组织在建立合法性的过程中衍生了主角和对手的主题，它们可以被视为挖掘其所借鉴的每一种文化元叙事的道德和认知合理性。鲁巴顿的研究有助于启发社会企业未来研究将潜在元叙事的认知合法性通过混合主角和对手来适应自己的情况，创造了一个独特的框架。特别地，其提出的消极的对立创作强调了社会价值与现状之间的矛盾，当这种矛盾与主角主题中的积极价值交织在一起时，就会产生一种张力，而这种张力将由所提议的社会变革来解决。这对社会企业创业领域和修辞领域都产生了很大的影响。

安娜莉娜·帕尔汉坎加斯等学者：语言风格对社会企业合法性获取的重要性

鲁巴顿的研究从制度视角探讨社会企业如何获得社会变革的合法性，提出了修辞策略对于社会企业在社会变革中合法性的获取具有重要作用，为社会企业合法性的获取打开了一扇新的大门。很多学者受其启发，开始关注语言对于社会企业合法性获取的影响。其中，2017 年安娜莉娜·帕尔汉坎加斯（Annaleena Parhankangas）和迈娅·伦科（Maija Renko）在《创业学杂志》上发表了《社会和商业企业家的语言风格与众筹成功》一文，基于语言期望理论，主要探讨了创业者语言风格对于社会创业活动合法性获取的影响。

语言期望理论指出，人们通过观察语言行为，会对他人和自我的交流方式形成期待。人们会在语言沟通过程中，通过他人的交流方式、词汇复杂度、语言强度等语境判断对方的身份、诉求和目的，以此形成对他人的期望（Burgoon，1995；Burgoon，Miller，1985）。对需要通过语言描述来让社会大众认可自己的创业者来说，他们会面临着各式各样的听众，这些听众对企业的期望也存在差异，创业者若想更好地通过语言交流方式来使企业获得社会大众认可，则可能需要根据不同的听众期望调整语言风格，所以，不同语言风格对企业合法性获取可能会产生重要影响。那么，语言风格到底会对企业合法性的获取产生怎样的影响呢？

为了探索上述问题，两位学者从语言期望理论视角出发，通过对社会和商业创业企业所开展的众筹活动进行对比，分析企业在网站平台上进行商业或社会创业活动的展示时，使用不同的语言风格对于众筹结果的影响。研究发现：与商业企业相比，社会企业创业者在创业活动展示时使用不同语言风格对于企业的众筹资金获取具有重要影响，使用具体的、准确的、因增加问答环节而形成互动的、心理距离较低的语言风格对于社会创业的众筹成功比商业创业更重要；而对商业企业来说，语言风格对于其众筹资金的影响不大。对商业企业来说，公众对于它们的认可主要来自其产品和技术，如果产品或技术能吸引公众，那语言风格对于企业的影响就不会太大；但对社会企业来说却不一样，因为它们一般是为了解决社会问题而存在的，很少有有形的产品能展示给公众，只是能向他们描述自己企业所做的事和所期望达到的愿景，所以语言风格会影响公众对社会企业的认可度。

这篇文章在设计上有两大特点：一是在理论设计方面，之前关于合法性获取的研究大都从企业间建立战略联盟、采取资源拼凑战略等角度出发来探讨合法性的获取机制，或者就是探讨语言交流的内容对于合法性获取的重要性，很少有研究关注语言风格对于社会企业合法性获取的内在影响机制，但这篇文章将语言期望理论引入创业领域，关注语言风格对于合法性获取的影响，为社会创业活动合法性获取提供了新的路径，产生了有价值的研究发现。二是在数据设计方面，这篇文章采用了大量的二手数据，数据具有代表性和广泛性。这篇文章主要以 Kickstarter 上列出的 656 个众筹项目为样本，其中包括 411 个商业创业项目和 245 个社会创业项目。在商业活动方面，作者主要搜索了在 2013～2014 年期间，在"硬件、软件与技术、电脑（视频）游戏和产品设计"等产品类别中所有使用 Kickstarter 而开展的活动；在社会创业方面，主要通过搜索"社会""社会正义""经济发展""健康""教育""饥饿"等项目关键词来锁定样本的目标范围，所有以这种方式确定的样本项目都会经过进一步筛选，最后选出仅包括旨在创造社会变革的活动，结果共包含 245 个活动，通过使用 DICTION 和 LIWC（Language Inquiry and Word Count）软件对收集到的众筹活动材料的语言风格进行分析，逐字逐句地分析这些文本，并将文本里的单词归类到预定义的语言类别中。通过对这些样本的数据量的描述，就能让人感觉到其背后研究工作量的庞大，这是非常具有挑战性和复杂性的。为了排除只使用一个平台（Kickstarter）会造成结果具有偶然性的这种可能，这篇文章又在 Start Some Good 平台上选取了 160 家社会企业作为样本，充分保证了研究结论的可靠性。

  这篇文章可以说是研究创业者语言风格在创业融资方面所发挥作用的开山之作，对之后的研究开展提供了较大的参考价值。具体主要体现在三个方面：一是拓展了关于社会企业合法性获取的理论研究，为新兴企业获取合法性提供了新的视角，打破了以往的研究大都重点关注有形产品或企业家等相关因素的局限性，试图解释创业者如何通过使用不同的语言风格去获取合法性，这与早期的研究有很大的不同。二是首次将语言期望理论这一语言学理论应用于创业领域，重点关注了社会企业，与大众熟知的商业企业相比，社会企业的运营逻辑和可交付成果更加复杂，由此产生的模糊预期给社会创业者带来了额外的沟通挑战，他们希望自己的活动能被理解，并吸引潜在的支持者。这篇文章通过讨论语言风格在社会企业和商业企业合法性获取过程中的作用，为之后关于语言风格在创业研究中的作用提供了一定的参考价值。特别地，这篇文章发现了语言风格对新创企业的合法性获取有重大影响，使用合适的语言风格更有利于其获得众筹资金，这对社会企业的初期成长和后期发展来说都是具有极大益处的。三是打破了以往关于语言期望理论的研究都只强调信息特征（如引起恐惧的诉求）、语言强度等是达到语言效果的关键的局限性，从容易被人忽略的词的作用出发，如冠词、介词和代词，探索它们是如何影响语言语气的，这是一个很大的创新。

  帕尔汉坎加斯等学者的研究的重要价值在于揭示了语言风格对于社会企业活动合法性获取的重要影响，为社会企业合法性获取打开了新的大门。从理论方面来看，这篇文章补充了社会企业合法性获取的研究，拓展了语言期望理论的应用范围；从实践方面来看，这篇文章为创业者提供了新的视角，他们可以调整语言风格，精心策划创业活动的视频展示，这将有助于提升企业获得合法性的可能性，有助于企业实现可持续发展和成长。总之，这篇文章不仅限于认同之前的研究，如修辞策略对于社会企业在社会变革中获取合法性具有重要作用的研究发现，并且还在此基础上进行了更加深入的研究，提出了基于语言期望理论，社会创业者语言风格对社会创业活动合法性获取的重要作用，在很大程度上启发了后续研究从不同角度揭示语言与社会企业合法性之间的更深层关系。

戴维·巴贝拉-托马斯等学者：通过视觉来促进社会变革的"情感-符号"策略

鲁巴顿学者和帕尔汉坎加斯等学者的研究分别论证了修辞策略、语言风格对于社会企业在社会变革中建立合法性的作用，这些研究主要聚焦于单一方式的语言互动对于社会变革的促进作用，但多模式的互动会不会更能捕捉受众的注意力，有效地传达相关信息？同时，关于社会企业获取合法性的研究成果颇丰，但人们对社会企业家如何试图促使他们的事业目标实现知之甚少，尤其是当这个事业目标难以被接受时，又该如何实现？社会企业家要想寻求改变制度和行为以创造对社会有益的结果，就必须获得关注和支持其事业的追随者，使得人们认同他们的事业，并说服支持者参与他们的事业。2019年戴维·巴贝拉-托马斯（David Barberá-Tomás）等学者在《管理学杂志》上发表了《视觉激励：社会创业者如何利用"情感-符号"工作来推动社会变革》一文，关注的现象正是社会企业家说服他人支持自己事业并促使他人参与其中的变革过程。

巴贝拉-托马斯等学者通过对一家在60个国家拥有超过700个组织的反塑料污染的非营利性组织进行了历时超过8年的纵向研究，重点讨论了社会创业者如何使用视觉图像和文本互动来影响其目标并推动其事业。研究表明，社会企业家使用所谓的"情感-符号"工作，包括使用视觉和文字引发道德震撼，进而引发负面情绪，然后将这些情绪转化为实施的情感能量。情感转变过程需要将目标行动者与事业、集体身份及社会企业家本身联系起来。该文章关于"情感-符号"的研究强调使用多种方式的交互影响情感，进而影响目标支持者参与社会创业。

基于塑料污染这一全球环境问题，巴贝拉-托马斯等学者选择了一个关注塑料污染并使用视觉符号激励目标行为者的非营利组织为研究对象，研究该组织创建者、员工、指导顾问、联盟成员、志愿者如何执行"情感-符号"工作，即如何使用视觉符号和文本互动来激励目标行动者，并影响他们参与"拒绝"使用塑料而不是回收塑料的事业。值得注意的是，数据收集时间为2010～2018年8月，历时超过8年；数据来源也十分丰富，包括半结构式访谈、自然观察、档案数据以及在线平台和社交媒体数据（如Facebook[①]等），尽可能广泛且有代表性地记录非营利组织使用符号的情况。在具体的研究过程中，第一步，执行开放编码来识别关键的参与者、非营利组织的活动以及社会企业家和目标行动者之间的互动。2名研究者在数据中寻找初始模式，确定一系列编码。4位研究者对这些初始编码进行细化并定义一级主题。第二步，作者采用了溯因推论法，通过轴向编码在数据和理论之间迭代，以定义包含经验主题的理论结构。作者将最初的经验主题提炼为10个理论结构，包括社会企业家为影响目标行动者的情绪和反应所做的工作。第三步，聚合维度与模型发展。在发展了一套理论结构并确定了总体主题之后，作者通过逐行分析Facebook数据中的对话片段来寻找这些主题之间的关系和因果顺序。社会企业家和目标行动者之间的这些互动遵循经常被复制的独特模式，使作者能开发一个基于经验的模型（"情感-符号"工作模型）。该模型解释了企业家如何使用围绕符号的多模式互动来促进目标行动者的情感能量，以唤起新道德标准的制定。

几位学者构建的"情感-符号"工作模型说明了社会创业者旨在产生情感能量的过程，将目标行动者转化为认同的、情感唤起的、与道德立场一致的、参与非营利组织事业的支持者。这一过程由"情感-符号"工作所驱动，作者将其定义为有意地生产和使用符号，经常采用多种方式来管理目标行动者的情感和情感能量，以影响他们的行为。首先，在"情感-

---

[①] 2021年10月，Facebook改名为Meta。

符号"工作中，符号的生产和扩散会引发目标行动者的道德震撼。道德震撼是对意想不到的事情的强烈情绪反应，有时会导致对道德原则的重新思考。在作者的例子中，道德冲击包含不同的情绪，主要是悲伤、愤怒和绝望。其次，社会创业者利用"情感－象征性"工作促进情感转换，试图将情绪转化为情绪能量，促使目标行动者嵌入社会运动中。这一情感转换过程，社会创业者致力于三重嵌入目标行动者：将目标行动者与一项事业、一种集体身份和社会创业者本身联系起来，以促进他们的情感转变和对事业的持续实施。将符号引发的道德震撼转化为持久的情感能量则是非营利组织社会创业者"情感－符号"工作的最终目标。作者在"情感－符号"工作中发现了情感能量的三种元素：能量唤醒、认同和道德情感。总之，积极的唤醒、认同和道德情感共同构成了目标行动者因非营利组织社会创业者的"情感－符号"工作而体验到的情感能量。最后，所有"情感－符号"工作旨在管理目标行动者的情感和情感能量，以鼓励他们参与社会创业者的事业。在该研究中，作者确定了三种参与形式：行动承诺、参与事业、传播事业。非营利组织工作人员指出人们的反应，表达了他们打算在接触到非营利组织的"情感－符号"工作后打算采取的行动。最初的情感震撼因此被转化为情感能量，以激励目标行动者承诺采取行动；目标行动者不仅承诺采取行动，还执行了拒绝使用塑料的事业，以回应非营利组织的"情感－符号"工作；在某些情况下，目标行动者的参与不仅包括承诺采取行动和执行非营利组织的事业，还包括通过传播符号向他人传播事业。

特别地，鉴于巴贝拉－托马斯等学者所研究的图像符号（信天翁）的视觉效果如此强大，作者还通过补充数据研究了如果没有社会创业者多模式（视觉图像和文字）的"情感－符号"工作，"信天翁"的视觉刺激能否直接激励目标行动者参与事业。结果表明，如果没有社会企业家的"情感－符号"工作，即使是非常强大的视觉效果也不太可能引起情感转变为行动的过程，补充验证了多模式的"情感－符号"工作对于激励目标行动者参与事业的重要性。由此，作者的严谨性可见一斑。

这篇文章的重要价值在于，通过影响他人实施变革本身就是一个广泛的战略问题，适用于多个领域。"情感－符号"工作适合于试图以使用符号来说服他人改变的策略，代表了一种非常强大的社会影响工具，社会企业家和其他影响者可以使用它来鼓励目标行动者积极地从事他们的事业。然而，很少有研究将视觉符号的使用与影响情绪联系起来，作者的工作有助于这一主题的研究。不同于大多数关于情绪和企业家精神的研究只关注企业家的情绪如何影响创建追求社会价值的组织的决策，巴贝拉－托马斯等学者聚焦于企业家如何引发其他参与者的情绪，即利用情绪影响他们的受众，从多模式（视觉图像和文字）互动的角度，构建了社会创业者利用"情感－符号"工作管理目标行动者的情感和情感能量，以影响他们行为的过程机制，产生了富有洞见的研究发现。同时，作者的研究不再拘泥于社会企业家精神的积极情绪，而是观察到更多的消极情绪，包括愤怒、内疚、悲伤和绝望的组合。此外，社会企业家的"情感－符号"工作有助于通过与共同实施事业相关的希望与团结来减轻目标行动者的悲伤和内疚。作者确定了由社会企业家执行的几个相互关联的"情感－符号"工作，包括符号的产生和传播，随后是多模式互动，以使符号有意义，并利用它将目标行动者嵌入社会创业者的事业中。巴贝拉－托马斯等学者的研究结果对社会创业者和新兴的组织研究中使用视觉的文献具有重要意义。基于这一发现，视觉图像在社会创业中的作用值得学者们重视；同时，多模式互动是如何成为社会企业家和其他领导者的强大工具的，也是学者们亟待解决的重要科学问题。

未来研究方向

作为一种新的创业模式,以"解决社会问题"为导向的社会创业已经成为极具理论价值与实践意义的研究领域。与商业创业相比,社会创业改变了商业创业以个人利润最大化作为唯一的、传统的目标的局面,并将满足社会需求和解决社会问题作为追求的目标,创造社会价值意味着社会企业要做的事需要长期才能凸显成效,在短期内可能很难产生有价值的产品和影响,这使得社会创业很难被公众所理解和接受,从而面临着获取公众认可和资源的挑战。资源获取的过程中,资源的需求者、供给者、利益相关者等都在其中扮演着重要角色。社会创业者需要不断向社会大众输出组织的价值以获取各相关者的支持,帮助组织获得合法性。无论是学术研究还是社会创业实践,关键都在于如何创造优势来获得组织创立的合法性。更为重要的是,社会创业者如何讲好企业故事背后的规律可能恰恰具有很强的学术价值。社会创业者如何通过"软技能"(如修辞策略、语言风格等)来获取或提升社会创业的合法性,不仅是理论问题也是现实问题。上述三篇文章展示了相关研究进展的关键节点与未来方向。

鲁巴顿的研究对社会创业中修辞策略的微观结构进行了探索性分析,将研究重点聚焦于修辞策略,探索社会创业者如何在"讲故事"中通过加入适当的修辞策略来获取公众的认可。这一研究创造了一个独特的框架,有助于启发社会创业的未来研究将潜在元叙事的认知合法性通过混合主角和对手来适应自己的情况,此外,这一研究为语言进入社会创业领域开启了一扇大门,使学者们开始去关注语言修辞策略等对组织的影响。随着组织分类的复杂化,社会企业面临的利益相关者的类型在不断发生变化,利益相关者种类与多种修辞策略相结合以及语言的其他因素会对组织产生怎样的影响?这些问题值得进一步探索。

基于鲁巴顿的研究,帕尔汉坎加斯和伦科的研究从语言期望理论视角出发,探讨了社会创业者的语言风格对组织获得合法性的影响。这篇文章首次将语言风格应用到了创业融资领域,研究得出语言风格对于社会企业合法性的获取具有重要影响,为社会企业合法性的获取提供了新的视角,也补充了之前学者的研究。但除了语言风格,是否还有其他因素会影响社会企业合法性的获取呢?在当今这个信息技术发达的时代,短视频、创业者与大众之间的互动等因素是否会对合法性的获取产生影响?这一问题也是非常值得深入研究的。

巴贝拉-托马斯等学者的研究就在这方面做出了贡献,他们开展了关于社会创业者使用视觉图像和文本互动来获取合法性的研究。不同于之前大多数研究,该文章聚焦于创业者如何引发其他参与者的情绪,从多模式(视觉图像和文字)互动的角度,构建了"情感-符号"工作模型,社会创业者通过管理目标行动者的情感和情感能量来影响他们的行为,尽管之前的研究取得了很大的进展,但在什么条件下视觉效果比其他文化元素更有说服力?在多模式交流中,视觉如何与其他文化元素协同工作?这些问题仍值得持续关注。

此外,网红经济和直播扶贫的发展也为社会创业本土化问题带来新的研究视角。网红个体从个人直播带货转变为农村农民直播创业,直播扶贫以解决社会公共问题为导向,但是其是否符合社会创业的内涵范围,直播扶贫模式下的社会创业应该遵循什么样的发挥模式,值得探讨。

研究设计与应用拓展

如果你对社会创业者如何帮助组织获得合法性这一问题感兴趣,你首先需要明确的是:社会企业获得合法性受哪些因素影响,社会创业者在其中又扮演了什么样的角色,以及社会创业者的哪些"软技能"可能影响合法性获取的过程。

如大家所见，社会创业的研究目前仍以质性研究为主。社会创业的质性研究同样遵循研究设计、数据搜集与分析及文案撰写这一程序。质性研究更多地关注"为什么"以及"如何"研究等类型的研究问题，因此，在研究设计阶段：①需要弄清研究问题的类型与方法的契合度，同时要注意方法对研究对象的适合性。②需要建立理论框架，但是这并不意味着我们要建立全新的理论。例如，在社会创业研究中，我们需要对社会创业的复杂现象进行诠释与区别，清晰完整地描绘出理论贡献，借此改进已有理论，推动现有研究的进一步发展。③质性研究中抽样方案的选择多种多样，包括理论抽样、极端或典型案例抽样、完全抽样、最大变异抽样、方便抽样、分层抽样、同质性群体抽样等抽样策略。抽样在质性研究中是极为重要的环节，研究者需要平衡理想中的研究与现有资源情况，决定样本的数量和范围。其根本目的是回答研究问题，实现研究目标。④质性研究的效度问题备受学者关注，三角验证是提升质性研究效度最常用的方法（Eisenhardt，1989；Yin，2009），即从多重来源收集数据，并对所有数据来源进行三角测量，相互验证。三角验证可以避免不同的资料来源影响效度，并检验证据间的逻辑性是否合理。例如，鲁巴顿除了对10家社会企业的利益相关者进行访谈外，还从各信息渠道如网站、博客、研究报告等采集社会企业的相关信息，进行三角验证以确保数据信息的真实性和可靠性。

另外，值得注意的是，在研究设计方面对社会创业过程开展跨层次和时间维度的动态分析非常必要。社会创业过程涉及创业者在个体、组织和制度等多个层次的制动行动（Tracey，et al.，2011），以及创业者动员和利用多种类型的资源（Dacin，et al.，2010）。先前已有的研究探讨了在社会企业中如何在内部管理它们所包含的制度逻辑（Pache，Santos，2013）。同时，社会创业者的资源和能力具有时间动态性。社会创业者的资源和能力不是一成不变的，而是基于创业者在创业过程中的不断学习而不断变化。因此，社会创业的研究要从跨层次和时间维度的角度进行设计，进而有助于建立起更加全面的社会创业过程理论。此外，质性研究在社会创业的应用中需要关注社会企业的使命漂移（mission drift）和可持续发展（sustainable development）等话题。社会企业的可持续发展包含社会企业能持续地存活和发展，能立足于社会需求、提供产品或服务，从而可持续地创造社会价值（Battilana，Dorado，2010）。

现有研究中质性研究方法占主导地位，今后有必要在已有研究方法的基础上，借助内容分析工具，结合定量研究、实验法、fsQCA等进行混合方法研究，加强社会创业学科交叉融合发展和方法论研究，多学科交叉、微观和宏观技术相结合，从制度、技术、经济和社会多方面进行整体创新。这需要创业管理学、社会学、公共管理学、经济学、心理学、金融学等多学科理论、研究方法和研究范式的有效交叉渗透与方法集成，整合研究将为未来区域性乃至全球范围的社会创业研究提供有力的支持。

◆ 参考文献

Battilana, J., and Dorado, S., 2010, " Building sustainable hybrid organizations：the case of commercial microfinance organizations", *Academy of Management Journal*, Vol. 53, No. 6：1419-1440.

Boje, D.M., Oswick, C., and Ford, J.D., 2004, " Language and organization：the doing of discourse", *Academy of Management Review*, Vol. 29, No. 4：571-577.

Burgoon, M., 1995, "Language expectancy theory: elaboration, explication and extension", In C. R. Berger and M. Burgoon (Eds.), *Communication and Social Influence Processes*, East Lansing, MI: Michigan State University Press: 29-51.

Burgoon, M., and Miller, G.R., 1985, "An expectancy interpretation of language and persuasion", In H. Giles & R. Clair (Eds.), *Recent Advances in Language, Communication, and Social Psychology*, London, UK: Lawrence Erlbaum Associates Ltd: 199-229.

Dacin, M.T., Dacin, P.A., and Tracey, P., 2011, "Social entrepreneurship: a critique and future directions", *Organization Science*, Vol. 22, No. 5: 1203-1213.

Delmar, F., and Shane, S., 2004, "Legitimating first: organizing activities and the survival of new ventures", *Journal of Business Venturing*, Vol. 19, No. 3: 385-410.

Eisenhardt, K.M., 1989, "Building theories from case study research", *Academy of Management Review*, Vol. 14, No. 4: 532-550.

Kostova, T., and Zaheer, S., 1999, "Organizational legitimacy under conditions of complexity: the case of the multinational enterprise", *Academy of Management Review*, Vol. 24, No. 1: 64-81.

Lawrence, T.B., and Suddaby, R., 2006, "Institutions and institutional work", In S. Clegg, C. Hardy, T. B. Lawrence and W. Nord (Eds.) *The Sage Handbook of Organization Studies (2nd ed.)*, London, England: Sage: 215-254.

Lounsbury, M., and Glynn, M.A., 2001, "Cultural entrepreneurship: stories, legitimacy, and the acquisition of resources", *Strategic Management Journal*, Vol. 22, No. 6-7: 545-564.

Oliver, C., 1991, "Strategic responses to institutional processes", *Academy of Management Review*, Vol. 16, No. 1: 145-179.

Pache, A.C., and Santos, F., 2013, "Inside the hybrid organization: selective coupling as a response to competing institutional logics", *Academy of Management Journal*, Vol. 56, No. 4: 972-1001.

Parhankangas, A., and Renko, M., 2017, "Linguistic style and crowdfunding success among social and commercial entrepreneurs", *Journal of Business Venturing*, Vol. 32, No. 2: 215-236.

Scott, W. R., 1995, *Institutions and Organizations*, Thousand Oaks, CA: Sage.

Suchman, M.C., 1995, "Managing legitimacy: strategic and institutional approaches", *Academy of Management Review*, Vol. 20, No. 3: 571-610.

Tracey, P., Phillips, N., and Jarvis, O., 2011, "Bridging institutional entrepreneurship and the creation of new organizational forms: a multilevel model", *Organization Science*, Vol. 22, No. 1: 60-80.

Weber, M., 1978, *Economy and Society: An Outline of Interpretive Sociology*, University of California Press.

Yin, R.K., 2009, *Case Study Research: Design and Methods*, Thousand Oaks, CA: Sage.

▣ 文献推荐

Barberá-Tomás, D., Castelló, I., de Bakker, F.G.A., and Zietsma, C., 2019, "Energizing through visuals: how social entrepreneurs use emotion-symbolic work for social change", *Academy of Management Journal*, Vol. 62, No. 6: 1789-1817.

Parhankangas, A., and Renko, M., 2017, "Linguistic style and crowdfunding success among social and commercial entrepreneurs", *Journal of Business Venturing*, Vol. 32, No. 2: 215-236.

Ruebottom, T., 2013, "The microstructures of rhetorical strategy in social entrepreneurship: Building legitimacy through heroes and villains", *Journal of Business Venturing*, Vol. 28, No. 1: 98-116.

◉ 代表性学者

特里什·鲁巴顿（Trish Ruebottom）

在约克大学取得博士学位，现任麦克马斯特大学德格鲁特商学院副教授，研究方向是社会创业和社会变革，在《管理学杂志》《管理学评论》《创业学杂志》等期刊上发表了多篇社会创业相关的学术论文。她曾任世界精神分裂症和相关疾病协会的执行主任，组织了以社区为基础、以康复为重点的医学护理方向的国际会议。E-mail: ruebottt@mcmaster.ca。

安娜莉娜·帕尔汉坎加斯（Annaleena Parhankangas）

在赫尔辛基科技大学取得博士学位，现任艾奥瓦州立大学工商管理学院副教授，她的研究和教学领域包括商业模式创新、社会创业及创业众筹等，在《组织科学》《创业理论与实践》《创业学杂志》等期刊上发表了多篇论文。现任《创业学杂志》《美国管理学会展望》（*Academy of Management Perspectives*）编委。E-mail: leena@iastate.edu。

迈娅·伦科（Maija Renko）

在佛罗里达国际大学取得博士学位，现任德保罗大学德里豪斯商学院教授。她的研究领域主要聚焦于社会创业，研究重点是企业发展的早期阶段、成功创业的因素以及创业在社会变革中的作用等。在《管理杂志》《创业理论与实践》《创业学杂志》等期刊上发表过多篇论文。E-mail: maija.renko@depaul.edu。

戴维·巴贝拉-托马斯（David Barberá-Tomás）

在法国巴黎大学获得博士学位，现任西班牙瓦伦西亚理工大学知识管理与创新研究中心副教授。他的研究和教学领域包括创新战略与创业等，主要利用来自组织和创新研究的见解研究与创业和创新相关的不同领域。在《管理学杂志》《政策研究》等期刊上发表过多篇论文。E-mail: jobarto@ingenio.upv.es。

新创企业孵育:从孵化器到加速器

◎ 李纪珍　◎ 陆澄林

清华大学经济管理学院

　　新创企业的蓬勃涌现是经济增长和社会进步的重要动力来源。然而,新创企业在早期创业成长过程中面临着巨大的风险和挑战,技术和市场的不确定性使得企业最终的存活率不高,成功率更低。因此,近几十年来,支持新创企业发展、携手企业渡过初创期难关、帮助创业企业解决成长与发展过程中问题的支持组织逐渐涌现,如孵化器、众创空间、加速器等(广义上也可以统称为"孵化器")。孵化器之于新创企业,正如保温箱之于刚出生的早产儿,在一个适宜的环境中获得充分的养料、安全的保护,直至孵化对象度过最危险的时期并存活下来。

　　随着互联网时代的到来、人工智能和生物医药等技术的兴起和演进,很多领域的新创企业不断诞生,孵化器、加速器和相关衍生组织如雨后春笋般高速发展,在全球范围内已达到数万个,从孵化器中"毕业"并长期经营发展下去的企业已达上百万家,对产业变革、技术进步乃至地区经济发展都产生了重要影响。随着孵化器的高速发展及其越来越广泛的社会影响力,孵化器及其演进自然成为研究的热点。在创业研究领域,孵化器已经成为不可或缺的一部分(Barbero, et al., 2012)。

　　早期对孵化器的研究聚焦在概念讨论,即孵化器"是什么"的层面。最早的观点认为孵化器就是技术、创新、创业精神和风险资本的结合。后续学术研究表明,孵化器不仅能提供场地,还能帮助新创企业链接大学科研机构的资源(Mian, 1996)、提供咨询和专业领域的帮助(Sherman, Chappell, 1998)、引入天使投资网络(Aernoudt, 2004)等。可以说,孵化器对新创企业来说是很有必要的,能有效地提高其存活概率并实现快速发展(Hackett, Dilts, 2004)。

　　与此同时,越来越多的学者意识到了一般孵化器的局限性,开始研究加速器这种孵化周期更短、孵化企业更多的新型孵化形式。学术界早期认为,加速器是比孵化器更为后期的企业支持组织,即企业需要在孵化器中培养成熟、具有自主发展能力后再进入加速器(Hannon, 2004)。后续研究者在此基础上进一步提出加速器是新一代的孵化模式(Wise, Valliere, 2014),通过在一定时间内提供培训、咨询、指导等服务来加速企业成长(Cohen, Hochberg, 2014)。需要说明的是,学术界讨论加速器之于孵化器,绝不是停留在"概念的创新"这个层面，而是重点考虑加速器相比孵化器在新创企业成长过程中发挥的独特演进价值。已有研究重点关注孵化器与加速器这两者愿景和模式的共通性和异质性，并思考背后的运营逻辑。

内容结构如下：首先，从早期的孵化器研究入手，梳理鲁迪·阿尔诺特（Rudy Aernoudt）对孵化器的最早系统研究，读者可以对孵化器有一个全面的认识，同时意识到早期的孵化器存在但未能解决的问题。其次，介绍耶尔·霍赫贝格（Yael V. Hochberg）在种子加速器上的最早研究贡献：种子加速器不仅能解决孵化器面临的问题，且影响力不局限于企业，更辐射至当地甚至多地的区域经济发展。再次，总结夏洛特·保韦尔斯（Charlotte Pauwels）和巴特·克拉利斯（Bart Clarysse）等学者对种子加速器和孵化器的全面阐述，梳理加速器、孵化器背后的运营逻辑和模式。最后，本节对现有研究进行了总结，并对新创企业孵育的未来研究方向给出建议。

鲁迪·阿尔诺特：孵化器研究的开山之作

鲁迪·阿尔诺特 2004 年在《小企业经济》上发表了《孵化器：创业工具？》一文，它可以说是孵化器研究领域的系统性开山之作。这篇文章完整地阐释了孵化器的类别、功能，并对其给不同国家和地区带来的影响做出了系统性分析，为后续众多针对孵化器的研究提供了重要参考和依据。

孵化器概念涵盖范围很广，功能和作用众说纷纭。因此，阿尔诺特的研究没有直接从孵化器本身的功能切入，而是从概念入手，系统地梳理了孵化器在历史上的发展和演进过程，并由此出发，对各国、各地区的孵化器类别和功能进行对比，提炼出"创业精神 – 孵化器 – 天使投资网络的动态过程"分析框架。

孵化器的概念起源于古罗马，后来在医学上引申为照顾并养育早产儿的保温箱，帮助某些新生儿健康成长、发育。企业孵化器同样如此，培育新创企业并帮助其在最脆弱的初创期生存和发展。孵化器的出现还与解决失业问题、发展地区经济密切相关。1959 年，为了应对工厂关闭所带来的工人失业问题，第一个孵化器在美国诞生。1975 年，欧洲的第一个孵化器在英国成立，同样是为了解决钢铁厂倒闭所带来的地区失业问题。随着时间的推移，孵化器的概念在各国被接受，并逐步与高等教育机构和科技园区等紧密结合。1983 年，德国在柏林大学建立了其国内的第一个孵化器，旨在促进研究成果向产业转移；1985 年，法国在索菲亚科技园（Sofia-Antipolis）内建立了孵化器；1987 年，我国在湖北武汉成立了第一家孵化器。20 世纪 90 年代，孵化器在全球多国广泛兴起，"企业孵化"服务成为公众认可的一个新兴行业，其概念和功能都变得更加宽泛。

由于各国孵化器的主要目标、功能、涉及的行业各有不同，基于其多样化的发展情况，阿尔诺特将全球各地的孵化器归纳总结为五大类：①混合型孵化器，主要任务是孵化各个领域的新创企业、创造就业岗位，帮助企业解决商业发展问题；②经济发展型孵化器，主要目标是促进地区经济发展，带动地区的商业活力；③技术型孵化器，主要帮助初创的科技类企业，如 IT、生物医学领域等，促进科技创新领域企业的成长；④社会型孵化器，一般是非营利组织，主要是整合社会资源、创造地区就业机会；⑤基础研究型孵化器，主要是对高精尖领域的科技研究、基础科学研究等进行扶持。

不同类别的孵化器在不同国家和地区的表现是否会有所不同？在分类的基础上，阿尔诺特探究了美国和欧洲的、具有代表性的国家级孵化器的发展情况。研究发现，美国国内的孵化器发展情况好、新创企业存活率高、社会效益大、创造就业岗位多,欧洲和其他地区的孵化器发展则相对落后。阿尔诺特总结全美共有孵化器约 650 个,其中约 60% 是混合型孵化器,约四分之一是技术型孵化器,平均每家孵化器能孵化 16 家新创企业,新创企业的存活率高达 87%。这些被孵化的新创企业创造了极大的经济和社会价值,平均每个孵化器所孵化的企业创造了 370 多个就业岗位,且绝大多数企业选择留在当地,促进了当地经济社会发展。值得注意的是,占比四分之一的技术型孵化器与高校科研机构结合紧密,且从数据来看,其孵化的企业在各类孵化器中拥有最高的存活率(90%)、提供了最多的就业岗位(678 个)、在孵化结束后基本全部留在当地(留存率 97%),将一个工作岗位对应的公共财政支出降低至 1 100 美元,极大地促进了当地经济的发展。

阿尔诺特进一步研究发现,美国的企业孵化器注重孵化器自身发展和孵化器之间的链接网络,绝大部分孵化器中的企业相互之间建立了合作关系,且和已结束孵化的企业实现联动;不同孵化器之间也搭建链接平台,为各自孵化的企业提供交流机会。在这样的平台赋能下,绝大部分被孵化企业借助孵化器的资源与上下游企业取得联系,实现了商业合作。

对比来看,尽管欧洲的孵化器发展更为多元化、孵化的模式更多样,但不论是利润驱动的以英国和芬兰为代表的"盎格鲁-撒克逊模式",还是非营利状态下进行长期孵化的以德国和奥地利为代表的"日耳曼模式",抑或主要提供办公、会议场所的以法国和意大利为代表的"拉丁模式",在孵化企业成长、帮助孵化企业获得融资、带动当地经济发展等方面均远远落后于同期的美国孵化器,且孵化器中的新创企业普遍较为缺乏创业精神。

对比分析后,阿尔诺特总结了欧洲的孵化器在发展过程中遇到的三类主要问题:①孵化器发展快但走进了非营利文化的怪圈,这样很难孵化出快速增长的高附加值公司;②孵化器没充分介入新创企业的融资历程,基本没有帮助孵化器内的企业筹资成功的经验;③孵化器的创始人或负责人普遍缺乏创业精神,难以对接天使、种子基金找到优秀的创业项目去投资。

基于这些问题,阿尔诺特凝练出孵化器支持新创企业发展的"创业精神-孵化器-天使投资网络的动态过程"分析框架。在这样的一个动态发展过程中,孵化器和天使投资网络的联动将带来更好的创业氛围,促进创业精神在当地的发展,进而为孵化器引入更多更好的创业项目,为天使投资机构带来更多优质标的,最终驱动区域高新技术企业的飞跃和区域经济的发展。

具体而言,蓬勃发展的孵化器将更好地助力新创企业发展,带来更好的创业氛围和更多的商业成长空间,这为有潜力的新创企业提供了机会,为有企业家精神的创业者创造了环境。与此同时,天使投资网络与孵化器的联动不仅能用资金支持、促进优质企业的发展,还能将资金投向发展迅猛的孵化器中的企业。另外,随着地区内有企业家精神的创业者发展越来越好,高新技术将在这样的环境下被引领、发展,从而带动一批优质的技术型企业,助力区域经济发展,带来地区长期发展的良性循环基础。更进一步,高新技术企业的增长将激励更多具有企业家精神的创业者和蓬勃发展的新创企业,从而反哺为这些企业带来资源的孵化器,帮助孵化器中的其他项目成长。

在"创业精神-孵化器-天使投资网络的动态过程"的发展基础上,阿尔诺特进一步提出欧洲的政策导向建议。政府经济发展的长期目标是企业更具创新性、企业家更具创业精神,围绕这个目标,一要建立充满活力的商业环境,让创业企业能在竞争激烈的市场中发展、创新,并由风险投资机构给予资金支持;二要鼓励企业的冒险精神和创业精神,在市场环境、政策、税收等方面给予充分支持；三要给予风险投资机构充分的项目评估信息和辅助工具，助力天使投资网络和孵化器的联动。

阿尔诺特的研究对于了解孵化器的演进及其对新创企业的帮助具有重要意义和价值。他的研究首先在理论上给出了孵化器概念的清晰界定，宏观上从孵化器的内涵、类别入手，系统梳理了不同类别的孵化器在不同国家和地区的运作模式、成效，对孵化器的发展、演进历程做出清晰阐释；微观上用美国、欧洲不同类别孵化器的实际发展情况来给出实际案例，总结出孵化器发展过程中的常见问题。更重要的是，这篇文章没有拘泥于描述性的讨论和研究，而是提炼出一种模式和动态网络，从不同地区、不同类别的孵化器、企业、投资机构的动态关联中发现全球的新创企业在获取资金上所面临的共通问题，并用"创业精神－孵化器－天使投资网络的动态过程"发展观去分析问题，以此总结出政策层面的建议，为后续研究孵化器和新创企业融资打下了坚实的理论和实践依据。

耶尔·霍赫贝格等学者：种子加速器的形态及其与企业融资的关联

阿尔诺特对孵化器做了全面系统的论述，发现孵化器发展过程中的主要问题是很难有效帮助创业企业获得融资，即使在孵化器发展最快、企业股权融资最活跃的美国，这个痛点同样存在。为此，阿尔诺特在他的研究中提出了"创业精神－孵化器－天使投资网络的动态过程"，并尝试从政策角度给出建议，以推动孵化器发展。但阿尔诺特没有想到的是，在孵化器的后续演进过程中，种子加速器兴起并解决了他所总结的孵化器面临的诸多问题，包括融资难题。

2014 年，霍赫贝格等在《科学》(Science) 上发表了"加速器和生态系统"的短评，提出加速器是一个新的制度安排，促进了创业生态系统 (entrepreneurial ecosystem) 的演化；随后他又于 2015 年在《创新政策和经济》(Innovation Policy and the Economy) 上发表了《加速的创业企业家和生态系统：种子加速器模型》一文，系统地论证了（种子）加速器对企业融资、企业成长和区域生态系统发展的影响。

种子加速器在 2014 年方兴未艾，但彼时学术界少有系统的研究。霍赫贝格由加速器的概念入手，界定加速器是在固定期限内为企业提供指导并在"路演日"(demo day) 为企业提供公开推介的帮助企业成长的平台。绝大部分种子加速器都有一个或多个与之密切合作的投资机构，这些机构会在公开推介日当天来选择投资标的。从功能上看，加速器所提供的正是新创企业所需的各个方面要素的集合：获得投资，与其他企业建立连接，在企业快速成长时获得支持和建议等。

霍赫贝格参考了前人对企业是否得到"加速"的研究，对加速器进行了两组对比研究后的总结。第一次对比是成功加入了加速器的企业和被加速器拒绝的企业，这些企业的共同点是后续都得到了风投机构的投资，但是从员工数量、融资金额、网络声量等指标来看，被加速器接收的企业都显著表现出优势，也就是说，被"加速"的企业发展更好。然而，如果纳入更多的企业进行比较，即对比有过加速器经历的企业和没有加速器经历的企业（特别是没有申请加速器的企业），却发现这两者在关键的企业发展指标上没有显著差异，且顶尖加速器 (Techstars 和 Y Combinator) 所培育的项目呈现出"发展加速"的特点，这是第二次对比，即不论是企业成功发展还是企业倒闭，都比其他同类别企业速度更快，既有"催化反应"的加速成长，也存在"拔苗助长"的快速倒闭。霍赫贝格总结到，这种现象可能是顶尖加速器对项目的筛选有一个标准,比如加入这类顶尖加速器的企业具有某种程度上的"同质性",如创始人具有顶尖的教育背景、热门的学科背景等,而更大范围的企业成功也存在外部其他机构的人力投入、资源链接、经验指导等,不能笼统地将其概括为"加速器效应"。

在此基础上,霍赫贝格进一步研究了加速器对区域发展的影响。她从区域企业发展生态的角度出发,探究加速器落地某个区域与这个地区风险投资活跃程度的关联性。结果表明,资本在加速器所在的区域显著活跃,加速器的到来使得早期投资事件数增加104%、投资总额增加289%、投资人数量增加97%,且绝大部分是当地的本土投资集团参与。同时,加速器重点关注的领域投融资事件会有大幅度增加,换句话说,如果这个地区新增的加速器重点关注软件领域,那么随着加速器的到来,软件领域的投融资事件将大幅提升,其在区域的企业投融资事件中所占的比例也将提升。霍赫贝格进一步探究发现,资本的活跃并不只覆盖被加速器孵化的项目,而是整体覆盖,对参加和没参加种子加速器项目的企业均进行更多投资。这说明,加速器项目在某个区域的到来能有效激发当地的资本活力,促进当地的风投机构对新创企业的投资,从而带动地区经济的发展。

霍赫贝格等学者研究的重要意义在于率先针对新兴的加速器开展系统化的实证研究。此前学者对于加速器的探究大多是描述性、统计性、经验性的,对于加速器是否助力新创企业发展、是否解决企业融资难题、是否对区域经济生态有正面积极的影响等问题,很难给出量化的判断,且由于新创企业的发展变数较大,加速器之间、不同行业之间的异质性较强,此前的学者研究都没有解决企业自身发展的内生性问题。霍赫贝格从对比研究入手,先分析企业是否加入加速器的重要参数,再分析特定行业、领域的情况,最后通过对都市统计区(metropolitan statistical area)的设计和匹配,确认了加速器促进地区风投机构活跃度的事实,并基于这一结论,研究加速器和孵化器对新创企业的帮扶情况。因此,为各地加速器设计更精准、更有帮助性的项目便成为学者们后续亟待解决的实践问题。

夏洛特·保韦尔斯等学者:基于多维系统支持的加速器孵化模式

霍赫贝格的研究让加速器这一新兴的企业支持组织被更多的地区和企业接受,加速器这个模式也部分地解决了阿尔诺特在孵化器研究中所提到的众多企业孵化器面临的共通问题,但此前的研究在理论层面都没有阐明一个问题:加速器和孵化器同样是企业支持组织,除了概念、名称、形式体现出来的特点不同,两者在内核上的异质性和联系是什么?有学者认为加速器是孵化器的演进和更高阶的形态,但同时又有很多加速器却在朝孵化器的方向发展。在实践上,对于加速器自身,怎样才是一个"好"的加速器?除了举办公开推介日吸引投资者、进行导师集体培训以外,加速器还可以为企业提供哪些方面的价值?地方政府、企业等不同的主体可以通过加速器实现哪些不同的目标?

2016年保韦尔斯和克拉利斯等学者在《技术创新》上发表的《了解新一代孵化模式:加速器》一文很好地从理论和实践层面对加速器做了全面系统的阐述。保韦尔斯和克拉利斯从概念入手,梳理了加速器作为一种新兴孵化模式与孵化器的异质性和共通性,分析了此前加速器和孵化器在概念上的"割裂"问题,并以欧洲的13家孵化器为研究对象,从大量的访谈资料入手,研究加速器创始人和企业创始人视角的加速器关键构建模块、加速器主要类别和对应的目标,是加速器研究的集大成之作。

从功能和作用来看,加速器有着集中训练、集中指导、集中演练、集中推介的特点,与普通的孵化器有明显的区分：①加速器的培育时间比传统的孵化器显著缩短，孵化器往往是3年以上的时间，而加速器则是一段时间的"新兵训练营"，普遍在3～6个月时间不等，且不以提供物理办公空间作为主要服务；②加速器往往自带投资基金，通常是用小额投资换取初创企业一定的股权，能解决孵化器所面临的孵化企业融资难题；③加速器对于企业后续的大额融资关注度较低，但和更早期的天使投资、个人投资联系紧密，因为种子加速器所培育的企业不是"资本密集型"企业，而是主要关注科技领域的初创企业；④不同于孵化器的"单体孵化"，加速器会在短期内引入其他创业者、企业高管、投资人等作为导师，"队列式"地给予新创企业集中指导。

在研究中，保韦尔斯和克拉利斯等学者通过对大量的加速器、创业者进行半结构化访谈，并对不同的企业主、加速器之间进行模式对比分析，总结形成了加速器的五大关键模块和对应的17项重点要素。

一是加速器项目包含的所有服务内容。如前文所述，加速器项目包含：导师的指导，通常是经验丰富的企业家；内部的培训课程，涵盖各类主题，供创始人全方位学习；重要问题的咨询解答，为公司提供业务等领域的帮助；新创企业办公地点的选择，通常会建议企业选择公共的开放办公空间，因为企业可以形成内部互相学习和合作的氛围；公开推介日和获得投资支持的机会，如给顶尖的投资机构进行路演，或用3%～10%的股权来换取加速器的少量资金支持。

二是加速器的战略重点，主要是行业和地理位置。行业方面，有些加速器是"通才"，各个领域都会涉及；有些加速器是"专才"，只会涉及特定的重点行业。从趋势来看，越来越多的加速器选择集中在某些行业领域而非通用板块。地理位置方面，有些加速器专注于本地，有些则希望在全国范围和海外拓展，如 Techstars，其最初只关注美国的新创企业，后来通过在伦敦和柏林的分支实现了国际化，并帮助其支持的企业实现多地资源共享。

三是加速器的筛选门槛和团队组建。一般而言，加速器会定期地进行公开招募，接受企业的申请、注册，并在此后进行标准化的筛选、面试。值得注意的是，大部分加速器在招募过程中都首选优秀的创业团队，一部分甚至会帮忙参与组建团队，如在加入后提供 CTO 人选和其他高管人选等。

四是加速器的资金来源。大部分加速器不能通过研讨会、组织活动等创收方式实现盈亏平衡，需要公共机构、企业、个人投资者等外部股东来提供资金，股东有自身的利益考量，因此加速器往往需要服务于大股东。

五是加速器的"校友"网络。在加速器中孵化并"毕业"的企业被称为"校友"，绝大部分加速器都会保持与这些校友项目的联络，这些项目反过来也会成为加速器后续若干项目的导师和外部支持企业的重要来源。

在此基础上，由于加速器本身营收渠道有限，普遍不能实现盈亏平衡，需要有外部大股东的长期资金支持，因此其战略重点与发展方向往往由企业、风投机构和公共部门等外部大股东的目标决定，主要分为以下三类。

（1）"生态系统建设者"，外部大股东往往是大企业，如微软、埃森哲等。这些大企业的利益相关者深度参与加速器的运营过程，希望借助加速器在公司经营范围内和利益相关者建立起有效的生态。这让我们想到了国内腾讯投资和小米战略投资的例子。通过腾讯众创空间以及投资近千家外部企业，腾讯在文娱传媒、消费零售、金融科技、民生教育等领域建设起牢固的生态，其中不乏美团、京东、拼多多、快手等巨头企业；小米通过品牌加持、流量扶持、供应链支持和股权关系绑定，孵化了几百个围绕手机和电子数码领域相关硬件产品的企业，建立起了牢不可破的生态链，并正在构建其生态系统。

（2）"交易机会发现者"，外部股东往往是风险投资机构。由于投资机构很难覆盖过于早期的新创企业，而这类企业中的明星项目往往在成长起来后得到众多资本青睐，因此风投机构出资设立加速器，由其在某一特定领域筛选有较大发展潜力的早期新创企业，并由风投机构的投资者担任加速器导师，便于在新创企业成长发展后给予投资。

（3）"地区发展促进者"，外部股东往往是政府或公共部门，主要目标是在特定领域或地区激励创业活动、促进地方经济发展。因此，这一类加速器往往有最丰富的服务内容，如培训课程、研讨会等，但这类加速器没有明确的商业模式和收入来源，且公共部门的资金支出不是无限制的，所以需要尝试获取课程费用、企业培训费用等收入来源。

在此基础上，还有部分是混合加速器，往往结合了两类甚至更多的股东，并努力同时满足这几类外部股东的目标。

这篇文章是加速器研究领域的集大成之作，为后续相关研究打下了坚实基础。在理论上，保韦尔斯和克拉利斯第一次全面地总结了孵化器和加速器的异质性与关联性，体现了加速器这种"新一代孵化器"对上一代孵化模型问题的解决，并完整地总结了加速器的关键模块和重要功能；在实践上，面对加速器在各地、各企业大受追捧的情况，这篇文章给热点降温、"泼冷水"，通过若干案例证实了加速器在脱离资金支持的情况下基本没有盈利可能，从而要求出资方在创办加速器时要有清晰的愿景和策略。同时，对不同类别的加速器支持者，保韦尔斯给出了其对应的不同目标、定位和需要的投入，供加速器的资金提供方和支持者认真考虑，避免了加速器"追热点"导致无谓的资源浪费。

未来研究方向

无论是区域经济发展还是资本市场繁荣，创业企业成长始终是最重要的源动力之一。经济发展较快的地区，往往都具备商业环境好、企业发展快、高新技术企业不断涌现的特点；资本市场繁荣的地区，初创企业如火如荼地涌现，大企业持续发展，市场上基金、股票的底层资产往往都是企业的股权或债权。不论是苹果、微软这样连续多年独占鳌头的全球巨头，还是特斯拉、宁德时代这样快速崛起的明星企业，都在近50年内诞生，都曾经历早期初创阶段，且伴随着网络与通信设备的不断发展、移动互联网时代的到来、人工智能和绿色能源等新兴技术的快速兴起。在世界500强榜单中，企业平均年龄为64岁，中国企业仅24岁，而小米成立8年即跻身其中[⊖]。这些明星企业从创立之时便不曾停歇，渡过了初创期的若干惊险，一路狂奔、高速发展，而同期的绝大部分企业，都已淹没在企业发展的长河之中。以国内市场为例，团购市场曾上演"百团大战"的局面，但2年之内就决出胜负，美团作为胜者杀出重围；打车市场曾"百花齐放"，各家企业投入上百亿补贴展开厮杀，最后3年时间胜负已定，滴滴占据了80%以上的市场份额。基于这样的现实情况，孵化器和加速器对大量初创企业的服务与支持便尤为重要，学术界对于孵化器和加速器的研究也有着重要的学术意义与实践价值。

⊖ https://www.hurun.net/zh-CN/Media/Detail?num=7IULITN8XVIG。

学者们辨析孵化器（以及加速器）的概念、探究不同孵化器的功能、分析孵化器解决的不同问题，最终的落脚点都是帮助初创企业实现更好的发展、带动区域经济的活力，具有极强的现实生命力。上述三篇文章是众多企业孵化（或加速）研究的缩影。

阿尔诺特关注的是天使投资网络在企业孵化中起到的作用。他从孵化器的概念、特点入手，对比研究了不同国家和地区、不同类别孵化器的功能与特点，发现当时所有的孵化器都没有解决初创企业融资难的问题，进而提出"创业精神－孵化器－天使投资网络的动态过程"，希望天使投资网络和孵化器的联动可以促进创业企业的发展，进而带动区域经济发展，形成良性循环。后续的研究中，阿尔诺特持续深入研究天使投资网络，并给出了多个方面的政策建议，如增加孵化器网络和天使投资网络的联动，消除其中的信息不对称，增进投资人对初创企业的了解程度并促进投资（Jose, et al., 2005），以及从政府的角度出发，用增加资本供给等多种方法来促进天使投资，并鼓励银团参与和共同出资成立投资基金（Aernoudt, 2005），或是给予天使投资网络一定的财政补贴来帮助初创企业存活发展和带动区域发展潜力（Collewaert, et al., 2010）。对孵化器而言，在获得地方支持、与天使投资网络联动的情况下，解决初创企业融资难题还有哪些方法可循？这需要众多孵化器持续探索。

霍赫贝格等学者的研究开启了一个新的视角，将研究视野由孵化器转向了加速器这种新一代的孵化模式。霍赫贝格实证研究了加速器对企业发展的影响、对地区资本活跃度和经济发展的影响，并讨论了加速器在地理空间、行业领域、目标和主体的发展，给后续的研究提供了广泛的空间。既然加速器能专注于某个领域发展起来，对地区经济和社会发展产生影响力，那么这样的发展过程是否具备可复制性，能否拓展到其他行业？同样地，加速器在某一个地区能带动当地的经济活力，那么在其他地区拓展是否也是如此，同一个加速器在不同地区的分支又将产生怎样的联动作用？这是值得未来学者深入探索和思考的，非常值得研究。

克拉利斯等学者将这一问题的研究上升到企业孵化最贴近应用的层面：加速器的孵化目标是什么？能否提供对应的功能？在无法实现盈亏平衡的情况下需要长期资金输血来维持运营，这是否符合设计初心和最初的发展愿景？保韦尔斯的研究避免了对加速器兴趣过热的情况，在各地的加速器大受追捧、快速涌现的时候适时地泼了一盆冷水，加速器背后的出资主体需要对此进行思考。不仅如此，保韦尔斯更进一步地，一边给出警醒，一边给出方法，详尽阐述了在众多加速器及其投资者眼中，一个成体系的、完整的加速器包含的五大模块和对应的 17 项重点要素，同时也留给未来研究者思考：在这些部分的基础之上，还有哪些是很重要的因素？不同的国家、地区、环境下，加速器的重要组成部分是否有所不同？这些问题也需要持续的探索和研究。

最后，如果我们再进一步思考孵化器（或加速器）如何支持创业企业成长，我们还可以从孵化器及其生态系统视角考虑更多因素。相关的内部因素如孵化器链接的个体、与孵化器密切关联的风投机构，外部因素如孵化器的股东和资金支持方，甚至孵化器发展的外部环境和政府政策。对这些因素及其利益相关群体的研究都有助于促进孵化器或加速器更好地为初创企业创造价值。

研究设计与应用拓展

在研究方面，迄今为止绝大部分和新创企业孵化相关的文献都是定性研究，定量研究较少。现有相关研究的整体主题和对应的设计思路主要分为以下三类。

第一类研究以对孵化器或加速器的阐释、分析为主体，在此基础上进行推导和论述，并将一个或多个、当地或不同地区新创企业孵化的例子融入分析的框架中。这类研究设计以阿尔诺特（2004）为典型代表，对某一类或某一模式的孵化器做出全面且系统的归纳，也是目前大多数与孵化器相关的研究所采取的方法。这类研究的难点在于研究的创新度，当一种企业孵化模式悄然兴起并蓬勃发展时，不论是最早的孵化器，还是后来演进的加速器、科技园、创客空间，如果没有在早期阶段及时地捕捉到这种现象并予以大量的关注，如果不能在其方兴未艾之时就予以深度的研究，如果不能时刻保持对新兴主体的高度敏感认知，是很难做出学术创新的，很难再从孵化器或加速器的阐释总结和推演层面取得创新性的突破。

第二类以分析孵化器或加速器的根本目的，以及对应的模式演进为主要研究对象，在此过程中对新老模式予以全方位、多角度的对比，并延展出对未来模式的思考。如前文所述，这类研究以保韦尔斯和克拉利斯（2016）的研究最为经典。在保韦尔斯和克拉利斯（2016）的研究之前，孵化器的研究已经汗牛充栋，加速器的研究也已经得到学术界的广泛关注，但大部分研究仍然认为孵化器和加速器泾渭分明，罕有学者意识到这两者本质上是同源之水，都是由最早的孵化器所演进出来的不同类别，直到保韦尔斯和克拉利斯（2016）清晰地阐明了两者的特点、关联性、共通性，我们才发现孵化器和加速器只是对企业帮扶的不同表现形式而已。因此，这类研究的难点在于从复杂的演进过程中抽丝剥茧，抓出其内核和本质。

第三类是对孵化器（或加速器）的评价或评估研究。孵化器（或加速器）对企业的帮扶、对风险资本的带动、对地区经济的促进是否实现、如何实现、实现程度几何、未来如何长效保持，均是研究框架的切入点。这类研究定性定量兼备，以霍赫贝格等（2015）为代表，但难点在于如何给出全面的、系统化的评估标准，如何合理地给出标准下的评价依据，如何在早期企业成长发展带有巨大不确定性的情况下避免研究的内生性。

在研究中需要注意的是，孵化器已经不再仅仅是孵化器，其概念和范围已经越来越广，甚至延伸出去会发现我们身边处处是企业孵化器，如科技园区、创客空间等，本质上都是孵化器的一个类别和演进（Hallen, et al., 2020; Mian, et al., 2016; Phan, et al., 2005）。另外，孵化器演进的过程不是像断点似的，而是持续的，演进的过程也是其不断解决更多企业问题的过程。以早期的孵化器为例，各个国家和地区的孵化器都没能解决企业融资的问题，于是新一代的孵化模式——加速器在演进中诞生，推出了公开推介日等吸引投资者的方法，甚至与投资机构紧密绑定，直接在公开日当天宣布投资。同时也需要看到，这种演进的过程是分化的，由早期一个模式出来的孵化器，若为企业提供长期、稳定的办公空间，即演进为"创客空间"；若与周边的高校、实验室等紧密联系乃至有特定的一大片地方用于科创企业发展，即演进为"科技园区"；若希望缩短孵化周期、更快速地通过公开推介的方式帮助企业获得融资，即演进为"加速器"。对于不同的地区，演进的过程也是因地制宜、适应环境的。欧洲的孵化器模式搬到美国不一定适用，美国发展好的在我国国内可能就会遭遇水土不服。例如，Y Combinator 是全球最早的一批企业加速器，在中国设置分支机构一年后就关闭并由奇绩创坛接管。

◆ 参考文献

Aernoudt, R., 2005, "Executive forum: seven ways to stimulate business angels' investments", *Venture Capital*, Vol. 7, No. 4: 359-371.

Barbero, J.L., Casillas, J.C., Ramos, A., and Guitar, S., 2012, "Revisiting incubation performance: how incubator typology affects results", *Technological Forecasting and Social Change*, Vol. 79, No. 5: 888-902.

Cohen, S., and Hochberg, Y.V., 2014, "Accelerating startups: the seed accelerator phenomenon", *Working Paper*.

Collewaert, V., Manigart, S., and Aernoudt, R., 2010, "Assessment of government funding of business angel networks in Flanders", *Regional Studies*, Vol. 44, No. 1: 119-130.

Hackett, S.M., and Dilts, D.M., 2004, "A systematic review of business incubation research", *The Journal of Technology Transfer*, Vol. 29, No. 1: 55-82.

Hallen, B.L., Cohen, S.L., and Bingham, C.B., 2020, "Do accelerators work? If so, how?", *Organization Science*, Vol. 31, No. 2: 378-414.

Hannon, P.D., 2004, "A qualitative sense-making classification of business incubation environments", *Qualitative Market Research*, Vol. 7, No. 4: 274-283.

Hochberg, Y.V., 2016, "Accelerating entrepreneurs and ecosystems: the seed accelerator model", *Innovation Policy and the Economy*, Vol. 16, No.1: 25-51.

Mian, S., Lamine, W., and Fayolle, A., 2016, "Technology business incubation: an overview of the state of knowledge", *Technovation*, Vol. 50: 1-12.

Mian, S.A., 1996, "Assessing value-added contributions of university technology business incubators to tenant firms", *Research Policy*, Vol. 25, No. 3: 325-335.

Phan, P.H., Siegel, D.S., and Wright, M., 2005, "Science parks and incubators: observations, synthesis and future research", *Journal of Business Venturing*, Vol. 20, No. 2: 165-182.

San José, A., Roure, J., and Aernoudt, R., 2005, "Business angel academies: unleashing the potential for business angel investment", *Venture Capital*, Vol. 7, No. 2: 149-165.

Sherman, H., and Chappell, D.S., 1998, "Methodological challenges in evaluating business incubator outcomes", *Economic Development Quarterly*, Vol. 12, No. 4: 313-321.

Wise, S., and Valliere, D., 2014, "The impact on management experience on the performance of start-ups within accelerators", *The Journal of Private Equity*, Vol. 18, No.1: 9-19.

■ 文献推荐

Aernoudt, R., 2004, "Incubators: tool for entrepreneurship?", *Small Business Economics*, Vol. 23, No. 2: 127-135.

Hochberg, Y. V., and Fehder, D. C., 2015, "Accelerators and ecosystems", *Science* 348(6240): 1202-1203.

Pauwels, C., et al., 2016, "Understanding a new generation incubation model: the accelerator", *Technovation*, Vol. 50-51: 13-24.

● 代表性学者

鲁迪·阿尔诺特（Rudy Aernoudt）

在欧洲学院和鲁汶大学均取得硕士学位，担任比利时根特大学公司金融学教授近30年，2015

年至今担任欧盟委员会的高级经济学家。他是唯一曾先后在欧洲、比利时担任了内阁部长级别高官的学者。他在天使投资领域极有影响力，是公认的"欧洲天使投资之父"。E-mail：rudy.aernoudt@vlaanderen.be。

耶尔·霍赫贝格（Yael V. Hochberg）

在斯坦福大学取得金融学博士学位，现任美国莱斯大学商学院教授，主要研究和教学领域是创业、创新和创业活动的融资，在《科学》、《金融杂志》（Journal of Finance）、《金融研究评论》（The Review of Financial Studies）、《会计研究杂志》（Journal of Accounting Research）、《金融经济学杂志》（Journal of Financial Economics）等期刊上发表了多篇风险投资、加速器和公司治理相关论文，任《银行与金融杂志》（Journal of Banking and Finance）、《实证金融杂志》（Journal of Empirical Finance）副主编，曾任《金融评论》（Review of Finance）主编。E-mail：yaelpublic@rice.edu。

巴特·克拉利斯（Bart Clarysse）

现任瑞士苏黎世联邦理工学院管理技术与经济系的创业领域首席教授，此前曾任英国帝国理工学院商学院创业首席教授，并担任欧盟委员会、比利时政府的科技创新顾问。他的研究与教学方向是创新和技术管理、创业营销和创业，曾在高新创业、企业成长与管理领域发表成果50余篇，曾创办数家高科技企业，业务领域包括数字影院、移动互联网和创业孵化器等。E-mail：bclarysse@ethz.ch。

如何利用数字技术来创业

◎ 周冬梅　◎ 周　阳

电子科技大学经济与管理学院

在过去的十几年里，移动服务、社交媒体、云计算、物联网、大数据和人工智能等技术的发展，快速而深刻地改变了竞争环境，并重塑了传统的业务战略、模型和流程（Bharadwaj, et al., 2013）。数字技术对创业的影响已经不同于传统的技术创业，不再仅仅是对技术转化的影响，而是一种根本性的改变，是技术范式的一次革新。传统的技术创业强调开发新技术知识的新企业创建行为，是一种围绕技术解决方案去识别、创造和利用机会以及整合资源来进行创业的活动。而数字技术所创造的新的技术范式，是一组处理问题的原理、规则、方法和标准的总称，关注数字技术所依赖的知识、数字技术所需的资源、数字技术应用的场景及体现数字技术特性的产品等（Malerba, Orsenigo, 1996）。所以数字技术对创业的影响是一个超越简单"物理技术"（physical technologies）的概念，它同时也塑造着新的创业生态、建立起新的资源与机会互动方式、造就新的创业过程，构成了一个"物理-社会"技术共演化（沙德春，2017）的新模式、新情境。

数字技术是"体现在信息和通信技术中或由其实现的产品或服务"（Lyytinen, et al., 2016），它们以数字工具和基础设施（Aldrich, 2014）、数字平台（Tiwana, et al., 2010）或具有数字化组件、应用程序、媒体内容的人工制品（Ekbia, 2009）的形式存在。所有类型的数字技术的共同点是将数字信息与物质设备的物理形式分离，并将符号功能逻辑与执行它的物理实施方式分离（Yoo, et al., 2010）。数字技术对企业创业行为的影响体现在两个层次上：第一，对新创企业创业行为的影响。数字技术推动了数字初创企业的创建，这些新企业将新颖的技术纳入其业务模型和运营之中，并成为重要组成部分。实际上，阿里巴巴、腾讯、百度、Google、Facebook、Amazon、Uber 和 Airbnb 等已跻身于全球企业巨头之列的公司起初就是数字初创公司。数字技术对创新和创业的影响是多方面的，它可以作为新企业创业行为的促进者、中介者或结果，也可以作为其整体业务模型的一部分（Stanninger, 2018）。第二，

○ 本文是国家自然科学基金重点项目"新创企业商业模式形成与成长路径"（71732004）、重大项目"创新驱动创业的重大理论与实践问题研究"（72091310）课题三"大型企业创新驱动的创业研究"（72091311）资助的阶段性成果。

对既有企业的创业行为的影响。数字技术重塑了企业既有的业务和运营过程，推动了既有企业的数字化转型。数字化转型被定义为"使用新的数字技术来实现重大业务改进，例如增强客户体验，简化运营或创建新业务模型"（Fitzgerald, et al., 2014），现在大量的既有企业选择通过数字化转型来应对数字技术对它们已有业务模式的冲击。

数字技术的快速发展催生了许多新实践、新问题、新逻辑，甚至产生了一些新的原理和机制，所以大量的学者开始关注，各种思想流派进行碰撞和交汇，但有关利用数字技术创业的研究仍面临一些挑战。该领域的知识整体性和动态术语经常出现令人困惑的状态，对于相关现象的研究遍布不同学科。因此，有人呼吁融合信息系统、战略管理、创业管理等各个学科来研究。随着相关研究的快速推进，学者们已经注意到数字技术对于个体创业、组织（平台）、行业（生态），甚至国家（经济与政策）等多个层面差异化的作用机制。

萨蒂什·南比桑：基于数字技术创业的理论基础

2017年萨蒂什·南比桑在《创业理论与实践》上发表了《数字创业：面向数字技术的创业观》一文，它可以说是数字创业研究的奠基之作，从数字技术对创业冲击的视角出发，阐明了在日益数字化的世界中创业机会是如何形成和实施的，明确指出数字创业将是未来创业研究的一大重点领域。

创业研究的一个主要关注点是了解创业背后的不确定性以及在这种不确定性中创业行动的展开方式，不确定性也成了大多数创业理论的"概念基石"。而随着数字技术的注入，创业过程和结果中固有的不确定性的性质产生了巨大改变。数字化颠覆了两个广泛的创业研究基础假设，一是数字技术使创业结果和过程的边界变得更加模糊，从离散、不可渗透与稳定的边界转变为日益渗透和流动的边界；二是数字化导致对创业主体所在地（即获得创业创意的能力和开发它们的资源的位置）的预定义减少，从预定义的焦点主体转变为具有不同目标、动机和能力的动态主体集合。这种数字技术的独特性挑战了传统的创业理论，也使大量学者开始关注数字创业的相关研究，那么数字技术对创业研究产生了什么样的影响？带来了哪些新的机遇与挑战？南比桑的这篇文章就从数字技术的视角进行了理论解释。

这篇文章界定了三个不同但相关的数字技术要素，即数字工件（digital artifacts）、数字平台（digital platforms）和数字基础设施（digital infrastructure）。数字工件代表了作为新产品或服务部分的数字组件、应用程序或媒体内容，数字工件可以是物理形式的也可以是虚拟的，并为最终用户提供特定的功能或价值。数字平台被定义为提供通信、协作或计算能力的数字技术系统，它们是基于可扩展代码库创建的基于软件的平台，该平台可提供与其互动的模块和接口共享的核心功能。数字基础设施是指提供通信、协作和计算的一组数字技术工具、系统和能力，是一组共享的、通用的服务和体系结构，用于托管补充产品，包括数字产品。所有类型的数字技术的共同点是将数字信息与物质设备的物理形式分离，并将符号功能逻辑与执行它的物理实施方式分离。根据数字技术的强度，其对创业的影响可以是温和的（对传统模式的补充）、中度的（数字化转型）或极端的（整个企业都是数字的）（Elia, et al., 2020）。

了解数字技术是打开数字创业研究黑箱的基础条件，一般而言，数字工件、数字平台和数字基础设施这些数字技术基础元素的特征主要影响了关于创新和创业边界的性质以及创业主体分布，数字技术也逐渐成为创业机会的固有部分。具体而言，数字技术的影响主要表现在两个方面：①越来越模糊的关于创业结果和过程的边界。先前的创业研究大多预设了一组稳定或固定且离散的边界，用于作为创业机会基础的新产品（或服务）理念，但随着数字技术的注入，基于其数字工件的可编程性（programmability）、开放性（openness），数字平台的生成性（generativity）等，这种边界变得更加多孔和多变（porous and fluid），创业过程也变得越来越不受限制，特别是时间结构方面。②越来越少的对于创业主体的预设。现有创业文献大体上都集中在一个预先确定的创始人（或一组创始人）的角色上，这一角色推动创业想法从开始到实现。然而，随着数字技术的注入，创业主体的角色、位置变得不那么预先确定，而是更加分散，其中具有不同目标和动机的动态且经常出乎意料的参与者共同参与了创业计划。例如，数字平台允许参与者（包括个人与企业）和行为者群体创造共享价值，数字基础架构（如众包系统）提供的新功能可能会影响到"参与架构"（architecture of participation）。

在厘清数字技术特征对于创业研究产生影响的基础上，该篇文章借鉴戴维森（Davidsson，2015）的创业机会框架指出，数字工件和数字平台是新创业理念（结果）的一部分，而数字基础设施则是外部推动者（支持流程）。一方面，数字产品和数字平台主要作用于数字创业的理论进步，为创业研究带来了三个方面的主题：①在创业研究中纳入反映数字产品与平台以及它们彼此（以及与其他背景特征）相互作用的理论概念和结构，可以提供关于数字创业背景中表现出的生成性以及随之而来的创业计划不断变化和流动的边界的重要见解。②将社会物质性和相关理论观点与概念（如反映人类[企业家]和物质[数字]机构在不同背景下的混合）纳入创业研究，可以提供关于企业家知识（叙事）、变化的批判性见解，同时为企业家在感知到不确定性以及随后的创业行动变化时提供批判性见解。③结合反映数字工件与平台在创业计划中促进的增量和非线性路径的理论概念、方法论方法，可以为创业过程的流动和不断变化的边界及其影响提供重要的见解。另一方面，数字基础设施从外部推动数字创业研究的进展，引发我们对于以下研究主题的思考：①将反映数字基础设施及其潜在社会技术过程（如数字化）的理论概念和结构纳入创业研究，可以提供有关其在创业过程和结果中注入流动性或可变性能力的宝贵见解，并丰富我们对创业行动中不确定性的理解。②在创业研究中纳入反映数字平台架构和治理（以及它们与创业或风险级别能力的相互作用）的理论概念与结构，可以提供关于创业者追求新事物的能力（知识）和意愿（动机）的关键见解机会，从而影响创业主体分布的性质和范围。③在创业研究中结合反映数字基础设施使用性质的理论概念和结构（如技术承载力和约束），结合现有的理论视角（如效果、叙事视角等），可以提供关于分布式创业主体的性质、结构和结果的宝贵见解。

这篇文章作为数字创业研究的奠基之作，具有深刻的理论意义，它指出了数字创业逐渐成为创业研究的重要部分，对于开展更进一步的数字创业研究有重要意义和价值。第一，它从数字技术视角阐明了数字创业的特征：创业过程与结果无边界，以及创业主体无预设，这一研究发现与传统创业研究的核心问题——创业不确定性的本质以及企业家（个人和集体）解决它的方式相互呼应，更加凸显了这篇文章的理论价值。第二，它更为系统地提出了数字技术对创业研究产生的影响，从而做出研究展望，将数字制品与数字平台划分为新创业理论的一部分，而数字基础设施是创业理论变革的外部支持者，清晰地指出了将数字技术引入创业研究可能产生的影响，进而启发学者们思考未来数字创业的研究方向，具有深刻的参考和借鉴价值。

弗雷德里克·冯·布里尔等学者：数字技术对行业发展的实践证据

南比桑的研究从数字技术特征的角度出发提出数字技术与创业研究结合后的研究展

望,也指出了将数字技术注入创业实践与理论可能产生的影响,但这一研究仍停留在理论构建层面,数字技术对于创业企业的实践活动到底产生了何种影响仍有待考证。弗雷德里克·冯·布里尔(Frederik von Briel)、佩尔·戴维森(Per Davidsson)和简·雷克(Jan Recker)2018年在《创业理论与实践》上发表了《数字技术作为IT硬件领域新创企业的外部推动因素》一文,将数字技术作为创业过程外部促成因素进行理论化,构建了数字技术推动创业活动的6个机制,同时使用该理论来分析在IT硬件行业中新创企业发展的各个阶段中创业活动的实现,研究结论提供了对于数字技术如何影响行业发展问题的深层次洞见。

基于戴维森(2015)的外部使能器(external enablers)观点,布里尔等学者专注于数字技术,将其作为一种重要的创业活动外部促成因素。为了描述数字技术并解释数字技术如何作为创业者活动的外部推动力,该文章以南比桑(2016)关于边界(boundaries)和主体(agency)之间的区别为基础,作为分析创业者行为的重要属性。研究选择IT硬件行业为研究对象,探究数字技术如何在IT硬件初创企业的不同发展阶段提供不同的支持机制。IT硬件行业是高科技制造业,其中公司使用类似的输入和技术来生产各种数字设备(即以数字技术实现或启用的物理设备)。传统上,IT硬件行业的特点是存在许多进入壁垒,包括高资源强度、低灵活性、缓慢的处理速度以及较高的外部依赖性。尽管存在这些入门障碍,但最近在这个行业的新企业呈现激增的趋势,其中数字技术的进步可以说起了重要的作用,所以作者选择了这个行业为主要研究对象。

在这篇文章中,作者首先提出了数字技术的独特性和关联性,其中,独特性表明了数字技术的适应性和延展性。原则上,数字技术的适应性和延展性是由于其逻辑与实施方式的分离,信息与功能的分离,可以对其进行更新。但是,高度特定的数字技术通常比较僵化,因为它们的专业性和局限性限制了它们重新组合成不同功能的能力。相反,具有低特异性的数字技术具有较少的限制,因此具有适应性和延展性,可以对其进行适当的修改以促进新功能。而关联性主要是从过程边界的角度来看,它是指与利用数字技术促进其功能完整的其他参与者之间的关系集。数字技术和其他参与者之间的关系形成了资源流动的渠道,因此更多的关系意味着能更多地访问这些关系中固有的资源。就像独特性一样,数字技术的关联性也可能有所不同。在一个极端情况下,具有低关联度的数字技术可以一次与单一类型的参与者建立单一连接。另一个极端是具有高度关联性的数字技术,它可以与大量潜在的参与者多样化地联系在一起。因此,一种类型的数字技术可以表现出不同程度的独特性和关联性,由此对创业过程产生不同的影响。

基于此,作者提出了6种、3对的机制:"压缩和保存机制"(compression and conservation mechanisms)、"扩展与替代机制"(expansion and substitution mechanisms)、"组合与生成机制"(combination and generation mechanisms),这些机制是作为外部推动者的数字技术与某个部门中的创业活动产生更高层次关系的基础。第一,"压缩和保存机制"。压缩机制缩短了执行动作所需的时间,而保存机制则减少了执行动作所需的资源。随着数字技术的独特性增加,其启用压缩和保存机制的潜力也在增加;随着提供压缩和保存机制的数字技术的关系不断增加,其启用这些机制的整体能力也随之增加。第二,"扩展与替代机制"。扩展机制可提高特定资源的可用性,而替代机制可将一种资源替换为另一种资源。关联性加强了数字技术实现扩展或替代机制的能力,随着数字技术的关联性增加,其启用扩展与替代机制的潜力也随之增加。独特性降低了数字技术实现扩展或替代机制的能力,随着提供扩展或替代机制的数字技术的独特性增加，其启用这些机制的总体能力也随之增加。第三，"组合与生成机制"。组合机制通过捆绑资源来创建新的工件，例如设备和功能，而生成机制则通过更改现有工件来创建新的工件。数字技术在新企业创建过程中实现组合或生成机制的潜力取决于技术的特殊性和相关性。数字技术的独特性与其实现组合和生成机制的潜力成反比，随着数字技术独特性的提高，其实现组合和生成机制的潜力将下降。随着数字技术的关联性增加，其启用组合与生成机制的潜力也随之增加。

最后，该文章引入了巴克（Bakker）和谢泼德（2017）的"勘探、发展、开发"三阶段创业流程模型，基于该阶段的划分来探索数字技术对一个行业里新创企业活动的影响如何取决于所启用的阶段。文章中指出，一般而言，IT 硬件行业的初创企业在其发展过程中往往会受到"死亡谷"（death valley）的挑战，当 IT 硬件初创企业进入发展阶段时，它们必须建立有效且可扩展的系统和例程，以生产、营销和分发它们一直在有效开发的产品。而数字技术为 IT 硬件行业的初创企业提供机制，从而缓解了进入发展三个阶段的特定进入障碍。因此，作者得出结论，当数字技术支持某个行业的新创企业创建过程时，需要考虑数字技术的支持内容、支持力度以及支持的不确定性，合理使用勘探、发展和开发三种机制。

在南比桑（2016）那篇文章的基础上，布里尔等学者进行了行业应用的拓展，结合理论机制和相关假设来探索从勘探、发展再到开发过程中数字技术是如何赋能新企业创业过程的，同时提出了在行业层面阶段性的主张。该文章把数字技术对创业的影响扩展到行业层面，使我们认识到特定行业中数字技术在创业企业的不同发展阶段提供不同的支持机制。该文章将他们提出的 6 种机制与数字技术的独特性和关联性联系起来，虽然这些机制可能并不代表一个全新的发现，但这种将数字技术特性与创业机制结合进行深入讨论的研究结论对拓展数字技术在行业层面的理解具有重要的理论与实践价值。

瓦希德·贾法里 – 萨德吉等学者：数字技术在国家层面的定量实证研究

2021 年瓦希德·贾法里 – 萨德吉（Vahid Jafari-Sadeghi）等学者在《商业研究杂志》(*Journal of Business Research*) 上发表了《探索数字化转型对技术创业和技术市场拓展的影响：技术准备、勘探和开发的作用》一文，从国家层面进行技术创业研究，这项研究的目的是通过研究技术创业（technology entrepreneurship）和技术市场扩展（technological market expansion）来探究数字化转型对价值创新的影响。

过去 10 年中，企业一直在实施探索和开发新数字技术来进行技术创新，大量企业的数字化转型也引起了人们对技术与创业之间关系的关注，前面两篇文章分别从理论层面和行业层面分析了数字技术对于创业行为的影响。但纵观现阶段的研究，对于数字技术在国家层面的研究确实十分有限，这篇文章的重要贡献就是从国家层面进行分析，通过多层次和跨层次的分析，接受来自多个领域、学科的想法和概念，以及明确承认数字技术在转型中的作用，进而确认宏观政策的变化极大地影响了创业行为。

瓦希德·贾法里 – 萨德吉等学者的研究目的是要厘清数字化转型对技术创业以及技术市场扩展的影响，为了实现文章研究的目标，将数字化转型分为 3 类，即技术准备（technology readiness，如 ICT 投资）、技术探索（technology exploration，如研究与开发）和技术开发（technology exploitation，如专利和商标），探索 3 类数字化转型对技术创业和技术市场扩张的影响，并在此基础上构建了研究的理论框架。这篇文章在研究过程中利用大量静态面板数据，采用了固定效应模型和随机效应模型分析。为了检验文章提出的假设，整个研究使用了 4 个数据库作为其数据源，包括世界发展指标（WDI）、世界银行的经商便利度指数（EDBI）、经济合作与发展组织（OECD）以及全球创业观察。在数据收集上，这篇文章的数据来源为国家级别数据，基于上述 4 个数据库收集了 2009～2015 年欧洲地区的 28 个国家和地区的相关数据。作为数字创业研究中少有的实证研究，这篇文章的特色表现在文章中的变量选择与测量上，文章在变量的设定上比较有特色，但关于其在不同国家的适应性与准确度也值得后期斟酌和完善。对于"数字技术准备"（digital technology readiness）、"数字技术探索"（digital technology exploration）与"数字技术开发"（digital technology exploitation）3 个自变量的选择很有趣，其中"数字技术准备"包括信息技术投资（ICT investment）、互联网接入（internet access）、成年人教育水平（adult education）。信息技术投资指对信息和通信技术的投资（以自然对数表示）；互联网接入表示可以访问互联网的家庭的百分比；成年人教育水平讨论了成年人的教育水平（这可以使他们有能力使用最低限度的技术）。现有研究支持信息技术投资作为数字技术就绪的一种衡量变量，而互联网接入、成年人教育水平两个变量的有效性仍有待考证，尤其对于"数字化技术的准备"用互联网接入及成年人教育水平来衡量是否合理需要进一步验证。

而对另外两个自变量"数字技术探索"与"数字技术开发"而言，该文章大多参考了先前的相关研究，从投入及产出的角度进行变量设计，可行性与可信度较高。对文章的因变量而言，"技术创业"用活跃在（高或中）技术领域的早期创业活动指数来衡量，"技术市场扩张"着眼于未来的价值创造，代表早期创业活动指数中的技术市场扩张活动，以上两个变量的选择为后续我们研究数字化转型对于国家层面的影响提供了良好的借鉴。

研究结果显示，信息和通信技术投资在其中发挥了重要作用，它促进技术创业和技术市场拓展；研发支出对技术创业和技术市场的扩展具有显著的积极作用；专利申请对技术创业具有重大而积极的影响，专利申请对技术市场的扩张没有正向影响；商标申请对技术市场扩张的影响为负；研究结果也显示了科学技术期刊文章的数量与技术市场的扩张之间存在正相关性等。整个研究确定了数字化转型和创业的概念，这将使决策者努力创建一种环境，以在宏观层面上支持技术市场的扩张和技术驱动的创业。该研究与全球数字创业的实践观测是一致的，即数字企业的特点是高度利用新型数字技术（尤其是社交、大数据、移动和云解决方案）来改善业务运营，发明新的业务模型，增强商务智能以及与客户和利益相关者互动，它们创造了未来的就业机会和增长机会。

虽然现阶段对信息和通信技术的重要性达成了共识，但萨德吉等学者的研究进一步指出这些要素中的每一项对不同国家的技术创业与市场扩张产生了不同程度的影响，政策制定者需要根据国家发展情况进行适当的宏观政策调整，进而推动国家层面的数字化转型进程。此外，这篇文章的一些研究结论十分有趣并且实践价值丰富，例如，萨德吉等学者强调，发表科学文章不会促进欧洲国家的创业活动，但有助于寻找新的市场机会，而专利和商标申请会带来更多的技术创业活动。该文章基于欧洲国家的数据进行了研究，是国家层面一次大胆的尝试和探索，虽然里面部分变量有待进一步的完善，但它也为相关研究提供了一个全新的视角。

未来研究方向

事实上，目前国内外已有许多学者在致力于该领域的研究（Nambisan，2017，2019；

Forman, Zeebroeck, 2019; Brunswicker, Schecter, 2019; Saadatmand, et al., 2019; Miric, et al., 2019; Elia, et al., 2020; Gregori, Holzmann, 2020; 蔡莉等, 2019; 刘志阳等, 2021; 李扬等, 2021）。但总体而言，数字技术与创业相结合的研究，尚处于比较早期的阶段。在研究中也可以发现现阶段的创业理论并不能充分解释数字技术驱动下的创业活动，由此产生了一系列新实践、新问题，等待我们进一步拓展。

南比桑的研究基于数字技术特征的视角阐述了数字技术对创业研究产生的影响，不仅奠定了数字创业的理论基础，更为数字创业研究指明了方向。首先，未来可以将更多的数字技术相关构念融入创业研究中，如社会物质性、技术承载力、技术生成性等，进一步阐明数字技术驱动的创业过程如何展开。并且未来研究需要跨层次地考虑这些问题，从个体、集体、企业、生态系统等多个层次开展研究以生成数字创业活动的深层次洞见。其次，对于数字技术特征的解读是数字创业研究的重点，但这种研究更需要建立在基础的创业理论上，如创业不确定性、创业机会创造、创业认知等，将数字创业现象与理论相结合才能做出更大的贡献。再次，未来可以采用一些跨学科的方法来开展数字创业的研究，如利用数据挖掘和机器学习的方法分析创业者如何利用社交媒体挖掘创业机会，这些新的研究方法有利于解释数字世界中复杂而动态的创业现象。最后，数字创业研究启发了公共政策的制定，而由公共政策转变带来的数字技术设施建设以及政策转变，如政府及非营利机构的"数据开放"，推动了社会创业研究领域新的创业机会的产生与发现。

布里尔等学者的研究确定用独特性和关联性来表征数字技术的两个维度，我们首先要肯定这两个维度理论化的重要贡献。但这两个维度的划分是否已经完全覆盖了数字技术的独特性有待进一步论证，例如，郭海等（2021）归纳出了10个数字技术特征，并对这些特性进行了不同层次的划分。这些特性颠覆了传统创业行为的底层逻辑，对创业行为产生不同力度的解释，并对创业过程产生了根本性的影响，所以从这个角度来看，研究需要进一步将数字技术的先天特征作为对创新与创业的本质和过程进行理论化的关键解释因素，数字技术的内在特征为学者们提供了新的视野。同时，特定的行业背景可以为发展理论机制提供良好的环境，但这种理论机制是否适用于其他具有相似特征的行业有待进一步论证。例如，在生物技术领域，新的基因测序技术提供了保护机制，大数据技术提供了压缩机制，可以显著降低发现新的生物技术所需的成本，缩短所需的时间。

萨德吉等学者的研究最重要的贡献就是基于国家层面分析了数字技术如何影响创业活动，现有研究对国家层面或社会效应（积极和消极）的关注相对有限。从更广泛的角度来看，数字技术推动的数字环境，对不同区域的经济社会发展都产生了重大影响，未来的研究也可以关注不同城市、地区、国家层面的差异化发展，例如我们可以通过研究文化因素的差异（如人口统计、心理特征、创业教育、专业知识和行业知识及网络），解释数字技术的采用差异，也可以用来解释企业在数字战略转移方面为什么在其他国家不能克服某些文化障碍。另外，该研究基于面板数据分析检验了文章提出的18个假设，而在这其中大量的数据界定与测量在不同的区域和国家会存在较大的差异，所以数据的甄别与筛选在不同国家的适应性和准确度也值得后期斟酌及完善。最后，作者也提出技术准备、技术探索和技术开发不是研究的唯一主题，这些构念只是作者探索数字技术与创新创业之间联系的一种途径，未来的研究可以在更广阔的领域进行探索。

研究设计与应用拓展

据统计,现阶段的创业研究在数字技术商业化这一宏大研究领域的占比不超过10%(Zaheer等,2019),所以数字技术在创业过程中的作用和影响是一个非常有潜力的研究领域,未来将有丰富的主题值得我们去探索和研究。如果你对"数字技术如何推动创业活动发展"这一问题有研究兴趣,可以从不同的角度进行探索。例如,可以将数字技术的先天特征作为对创新与创业的本质和过程进行理论化的关键解释因素,用来解释数字技术的特征如何导致不同类型的有效认知和行为(并因此产生不同的结果),数字技术的独特创造力如何塑造新型创业机会的动态出现?数字技术对创业的影响已经在个体、组织(平台)、行业甚至国家层面有不一样的作用过程和结果,其内在作用机制的差异是什么?总体而言,对于数字技术与创业结合的相关研究需要在新的情境下进行重新塑造和构建,数字技术改变了创业活动的生命周期,将创业视为"旅程",而不仅仅是"行为"(McMullen,Dimov,2013)。

在研究理论方面,正如南比桑所言,数字技术使得创业的过程、结果以及创业主体发生了巨大改变,那么传统创业研究理论是否仍被用于解释数字创业研究?或者说,有哪些理论适用于研究如何利用数字技术来进行创业这一问题呢?目前,资源基础观、资源编排理论、突破式创新理论、权变理论、网络嵌入理论、企业联盟、知识流动与管理、组织生态系统、动态能力理论、合法性理论等理论都是值得思考和借鉴的基础理论。在这个过程中,我们需要确定对于理论的解释不是就数字创业而讨论数字创业,而是将数字技术作为一种情境与已有研究和新兴实践对话中发展新问题,建立新的理论模型。在这个过程中,需要关注在新的情境下,传统理论的理论边界拓展以及理论情境深化,提高研究的理论价值。

在研究设计上,由于数字创业研究尚处于起步阶段,现有研究大多是定性研究,以理论演绎、推导、构建为主的论述类文章,代表性的有南比桑(2016)关于数字创业的理论构建文章,在此之后,施泰宁格(Steininger,2018)、南比桑等学者(2019)的文章也都延续了这一风格,从理论演绎的角度阐述了数字技术对于创业研究的影响以及未来研究展望。理论研究是现阶段数字创业研究的重点方向之一,数字创业的理论研究不仅仅是"就事论事"的简单评述,我们需要尝试概念化数字创业的本质,将数字技术理解成一种新的情境,进而在与已有研究或新兴实践对话中发展新问题、新理论模型。

而除了理论类文章外,案例研究也是现有数字创业研究的另一大主流,布里尔等(2018)以IT行业为案例进行的研究就是其中典型代表之一,此外萨达特曼德(Saadatmand)等(2019)、格雷戈里(Gregori)和霍尔兹曼(Holzmann)(2020)的研究也都是以单案例或多案例研究的形式展开,在数字创业理论与实践均处于起步阶段的状况下,采用案例研究方法对于隐藏在现象背后的理论进行挖掘成了研究的主流。而对数字创业案例研究的研究设计而言,如何选择代表性案例?如何选择并针对新兴数字化创业展开研究?针对数字创业企业的案例数据获取与传统创业案例研究的数据获取是否存在差异?这些是需要学者考虑的重点问题。

此外,现有研究中也有零星的定量实证研究,比如我们上文提到的萨德吉等(2021)的研究。造成数字创业中实证研究缺乏的原因也不难想到,一是研究数据的缺乏,二是实证研究设计中的科学性问题,但我们相信随着数字创业实践的快速发展,基于大数据的实证研究也将会兴起。对于这种定量的研究,萨德吉等(2021)的研究为我们提供了一些创新的思路,研究者可以采用来源于不同数据库的二手数据相互支持,这种二手数据更为客观可信,得出的研究结果也更加有说服力。但需要指出的是,这些数据库的数据以宏观层面的数据为主,在涉及企业层面的实证研究时，大部分数据库的数据难以起到支撑作用，如何解决数据来源问题仍是困扰实证研究推进的重要问题。而除了这一问题，定量研究设计的另一大难点在于新构念和概念的产生与测量，如何解决这些新构念和概念的关键测量难题是定量研究设计的核心问题。或许以左特和阿米特（2007）的研究为代表提出的基于二手数据的编码与打分相结合的方式来采集数据更加适合于这一问题的研究。

◆ 参考文献

Bakker, R.M., and Shepherd, D.A., 2017, "Pull the plug or take the plunge: multiple opportunities and the speed of venturing decisions in the Australian mining industry", *Academy of Management Journal*, Vol. 60, No. 1: 130-155.

Bharadwaj, A., Sawy, O.A., Pavlou, P.A., and Venkatraman, N.V., 2013, "Digital business strategy: toward a next generation of insights", *MIS Quarterly*, Vol. 37, No. 2: 471-482.

Brunswicker, S., and Schecter, A., 2019, "Coherence or flexibility? The paradox of change for developers' digital innovation trajectory on open platforms", *Research Policy*, Vol. 48, No. 8: 103771.

Davidsson, P., 2015, "Entrepreneurial opportunities and the entrepreneurship nexus: a re-conceptualization", *Journal of Business Venturing*, Vol. 30, No. 5: 674-695.

Ekbia, H.R., 2009, "Digital artifacts as quasi-objects: Qualification, mediation, and materiality", *Journal of the American Society for Information Science and Technology*, Vol. 60, No. 12: 2554-2566.

Elia, G., Margherita, A., and Passiante, G., 2020, "Digital entrepreneurship ecosystem: how digital technologies and collective intelligence are reshaping the entrepreneurial process", *Technological Forecasting and Social Change*, doi.org/10.1016/j.techfore.2019.119791.

Fitzgerald, M., Kruschwitz, N., Bonnet, D., and Welch, M., 2014, "Embracing digital technology: a new strategic imperative", *MIT Sloan Management Review*, Vol. 55, No.2: 1-12.

Forman, C., and van Zeebroeck, N., 2019, "Digital technology adoption and knowledge flows within firms: can the Internet overcome geographic and technological distance?", *Research Policy*, Vol. 48, No. 8: 103697.

Gregori, P., and Holzmann, P., 2020, "Digital sustainable entrepreneurship: a business model perspective on embedding digital technologies for social and environmental value creation", *Journal of Cleaner Production*, doi.org/10.1016/j.jclepro.2020.122817.

Jafari-Sadeghi, V., Garcia-Perez, A., Candelo, E., and Couturier, J., 2021, "Exploring the impact of digital transformation on technology entrepreneurship and technological market expansion: the role of technology readiness, exploration and exploitation", *Journal of Business Research*, Vol. 124, No. 1: 100-111.

Lyytinen, K., Yoo, Y., and Boland Jr, R.J., 2016, "Digital product innovation within four classes of innovation networks", *Information Systems Journal*, Vol. 26, No. 1: 47-75.

Malerba, F., and Orsenigo, L., 1996, "Schumpeterian patterns of innovation are technology-specific", *Research Policy*, Vol. 25, No. 3: 451-478.

McMullen, J.S., and Dimov, D., 2013, "Time and the entrepreneurial journey: the problems and promise of studying entrepreneurship as a process", *Journal of Management Studies*, Vol. 50, No. 8: 1481-1512.

Miric, M., Boudreau, K.J., and Jeppesen, L.B., 2019, "Protecting their digital assets: the use of formal & informal appropriability strategies by app developers", *Research Policy*, Vol. 48, No. 8: 103738.

Nambisan, S., 2017, "Digital entrepreneurship: toward a digital technology perspective of entrepreneurship", *Entrepreneurship Theory and Practice*, Vol. 41, No. 6: 1029-1055.

Nambisan, S., Wright, M., and Feldman, M., 2019, "The digital transformation of innovation and entrepreneurship: progress, challenges and key themes", *Research Policy*, Vol. 48, No. 8: 103773.

Saadatmand, F., Lindgren, R., and Schultze, U., 2019, "Configurations of platform organizations: implications for complementor engagement", *Research policy*, Vol. 48, No. 8: 103770.

Steininger, D.M., 2019, "Linking information systems and entrepreneurship: a review and agenda for IT-associated and digital entrepreneurship research", *Information Systems Journal*, Vol. 29, No. 2: 363-407.

Tilson, D., Lyytinen, K., and Sørensen, C., 2010, "Digital infrastructures: the missing IS research agenda", *Information Systems Research*, Vol. 21, No. 4: 748-759.

von Briel, F., Davidsson, P., and Recker, R., 2018, "Digital technologies as external enablers of new venture creation in the IT hardware sector", *Entrepreneurship Theory and Practice*, Vol 42, No. 1: 47-69.

Yoo, Y., Henfridsson, O., and Lyytinen, K., 2010, "The new organizing logic of digital innovation: an agenda for information systems research", *Information Systems Research*, Vol. 21, No. 4: 724-735.

Zaheer, H., Breyer, Y., Dumay, J., and Enjeti, M., 2019, "Straight from the horse's mouth: founders' perspectives on achieving 'traction' in digital start-ups", *Computers in Human Behavior*, Vol. 95, No. 2: 262-274.

Zott, C., and Amit, R., 2007, "Business model design and the performance of entrepreneurial firms", *Organization Science*, Vol. 18, No. 2: 181-199.

蔡莉, 杨亚倩, 卢珊, 等. 数字技术对创业活动影响研究回顾与展望 [J]. 科学学研究, 2019 (10): 1816-1824+1835.

郭海, 杨主恩. 从数字技术到数字创业: 内涵、特征与内在联系 [J]. 外国经济与管理, 2021, 43 (9): 3-23.

刘志阳, 林嵩, 邢小强. 数字创新创业: 研究新范式与新进展 [J]. 研究与发展管理, 2021, 33 (1): 1-11.

朱秀梅, 刘月, 陈海涛. 数字创业: 要素及内核生成机制研究 [J]. 外国经济与管理, 2020, 42 (4): 19-35.

▪ 文献推荐

Nambisan, S., Wright, M., and Feldman, M., 2019, "Digital entrepreneurship: toward a digital technology perspective of entrepreneurship", *Entrepreneurship Theory and Practice*, Vol. 41, No. 6: 1029-1055.

Vahid, J.S., et al., 2021, "Exploring the impact of digital transformation on technology entrepreneurship and technological market expansion: the role of technology readiness, exploration and exploitation", *Journal of Business Research*, Vol. 124, No. 1: 100-111.

von Briel, F., Davidsson, P., Recker, R., 2018, "Digital technologies as external enablers of new venture creation in the IT hardware sector", *Entrepreneurship Theory and Practice*, Vol 42, No. 1: 47-69.

● 代表性学者

萨蒂什·南比桑（Satish Nambisan）

现任凯斯西储大学韦瑟黑德管理学院技术管理讲席教授。在加入凯斯西储大学之前，他曾在伦斯勒理工学院拉利管理学院和威斯康星大学密尔沃基分校卢巴尔商学院担任教职，在西北大学凯洛格管理学院和奥地利维也纳经济与工商管理大学创业与创新研究所担任客座教授。他的研究兴趣主要在创业、技术和创新管理以及产品开发领域。在《管理科学》《组织科学》等期刊上发表过100余篇论文。他是创新管理和创业领域广受认可的学者。E-mail：spn24@case.edu。

弗雷德里克·冯·布里尔（Frederik von Briel）

昆士兰大学商学院的战略和创业讲师。他的研究重点是创新和创业机会如何出现，以及从初创企业到成熟企业的组织如何识别和抓住这些机会。当前的大部分研究是数字技术如何为数字创业创造机会，基于数字技术创建新企业，以及数字创新，基于数字技术创建新的或改进的商业模式、产品和服务。他在基于研究的证据和创新促进方面成功地帮助了许多企业。E-mail：f.vonbriel@business.uq.edu.au。

瓦希德·贾法里-萨德吉（Vahid Jafari-Sadeghi）

纽卡斯尔商学院国际创业高级讲师。此前，他是考文垂大学战略与领导力学院的商业战略讲师。曾在都灵大学担任博士后研究员，并在里贾纳大学做访问研究。在《商业研究杂志》《国际商业评论》(*International Business Review*)、《国际创业杂志》(*Journal of International Entrepreneurship*)等期刊上发表过多篇论文，现任《电子商务理论与应用研究杂志》(*Journal of Theoretical and Applied Electronic Commerce Research*) 的客座主编和审稿人。E-mail：vahid.jafari-sadeghi@northumbria.ac.hk。

如何在平台生态系统中开展创业

◎ 王节祥[1]　◎ 瞿庆云[2]

1.浙江工商大学工商管理学院；2.浙江大学公共管理学院

平台生态系统（platform-based ecosystem）作为协调非通用互补性的结构安排（Jacobides 等，2018），在生产和消费领域占据越来越重要的位置，成为支撑创新创业活动的基础设施（Nambisan，2017）。例如，全球移动程序总体消费规模从 2018 年的 1 010 亿美元上升至 2020 年的 1 430 亿美元，支撑起 844 147 家移动程序开发公司的创新创业活动。平台生态系统为创业企业提供难以获得的各种资源，诸如市场合法性、品牌形象和营销资源（Ceccagnoli, et al., 2012；Huang, et al., 2013）、知识产权和技术工具（Nambisan，Baron，2013）等，减少了新创企业的"新生劣势"。因此，加入平台生态系统开展创业（Cutolo, Kenney, 2021），不失为企业的明智之选。然而，创业企业如何在平台生态系统中开展创业？已有创业研究较少关注到平台生态系统这一新的创业情境（周冬梅等，2020）。

通过对文献的梳理，我们发现已有研究大致提及了三种在平台生态系统中实施创业的行动策略。一是创业企业作为平台生态系统的供方服务商开展创业。平台作为基础区块，需要更多的供方加入，为需方提供产品和服务，因此创业企业首先可以考虑作为供方服务商，加入平台生态。但是由于平台企业可能利用权力优势对创业企业进入的市场进行价值侵占（Wen, Zhu, 2019），因此创业企业要考虑如何利用独占性机制来帮助自身顺利完成价值获取（Huang 等，2013）。二是创业企业采取多属策略在平台生态中开展创业。创业企业不一定要隶属于某一平台生态系统，可以实施多属策略（Doganoglu, Wright, 2006）。事实上，即便新创企业只在某一平台生态中实施创业活动，它也可以隶属于不同的生态种群（王节祥等，2021）。不过平台生态系统中的创业企业面临一个权衡难题：平台生态系统的根本特征是非通用互补性（Jacobides, et al., 2018），要为特定生态提供互补性就要做定制开发（Tavalaei,

---

⊖ 本文是国家社会科学基金"平台治理：组织边界、生态开放度与制度环境问题研究"（20FGLB012）和浙江省省属高校基本科研业务费专项资金"平台生态系统参与者的数字化转型战略及治理政策研究"（XR202103）资助的阶段性成果。王节祥为本文通讯作者（jiexiangwang@zjgsu.edu.cn）。

⊖ 关于"2016～2020 年全球移动应用消费者支出情况"与"2020 年美国应用程序开发者数量"的分析报告，可参见 https://www.statista.com/statistics/1119872/number-united-states-app-publishers/。

Cennamo，2021），但定制又会增加锁定风险。三是创业企业采取镶嵌策略在平台生态中开展创业。上述两种创业策略都是以遵从在位平台企业的架构设计为前提的，是否可以突破这一前提？现有研究就关注到一种在平台生态系统中镶嵌一个新平台的策略（Khanagha，et al.，2020），这一思路极大拓展了创业企业的能动空间。

黄鹏等学者：作为供方服务商在平台生态系统中开展创业

2013年黄鹏（Peng Huang）等学者在《管理科学》（*Management Science*）上发表了《独占性机制与平台合作决策：以软件行业为例》一文，分析了新创企业要不要作为供方服务商，加入平台生态系统的问题，其背后机理性的科学研究问题则是什么样的供方服务商更能抵御平台企业的价值侵占，更能从平台生态系统中获利。研究重点关注供方服务商的独占性机制对上述问题的影响。这篇文章研究了创业企业如何以供方服务商身份在平台生态系统中开展创业。

新创企业作为供方产品或服务提供商，如何才能更好地从平台生态系统中获取价值？早期为了吸引互补者的加入，平台企业往往会做出不进行价值侵占的承诺（Gawer，Henderson，2007）或放弃平台标准的声明（Katz，Shapiro，1986）。但是在巨大利益诱惑下，平台企业常常不会兑现承诺，也就是说单纯依靠"声誉"机制很难奏效。因此，新创企业要寻求知识产权保护（专利、版权等）、下游互补能力（商标、软件咨询服务）等更为有效的价值独占机制，来防范平台企业的价值侵占行为。黄鹏等（2013）关注的问题就是：知识产权和下游互补能力两种独占机制会如何影响互补者的价值获取，进而影响互补者加入平台生态系统的决策。

研究选择软件行业作为回应上述问题的实证情境：第一，独立软件开发商进入软件平台时，会面临一个两难权衡。一方面，加入软件平台可以获得更加广阔的市场；另一方面，为了兼容软件平台而披露的无意信息，使得平台企业能轻易进入自己所在的市场。第二，平台企业有条件和动机对新创企业的目标市场进行价值侵占。有条件是指软件开发商为了实现与软件平台兼容需要披露软件设计信息，这使得平台企业可以减少产品研发（进入）成本。有动机是指软件平台主为了通过规模效应从众多溢价的软件服务中捕获价值，以进入独立软件开发商目标市场为威胁，压榨软件服务的价格。

黄鹏等学者收集了1996～2004年间1 220家与SAP软件平台有潜在合作可能的新创企业，并研究它们是否选择加入SAP软件平台来讨论上述研究问题。研究发现，知识产权保护机制和下游互补能力机制都能产生价值独占保护，从而驱动新创企业加入平台生态系统。不过，拥有知识产权保护的新创企业决定加入平台生态系统的倾向达到99.8%，而拥有下游互补能力的企业只有70.1%的倾向加入平台生态系统。由于软件平台企业模仿拥有知识产权保护的新创企业将侵犯法律，因而知识产权保护可以直接防范平台企业的价值侵占；拥有下游互补能力的新创企业可以为平台企业进入目标市场设置困难，但只能间接防范平台企业的价值侵占。此外，作者还考虑了软件开发商所处目标市场特征的影响。当新创企业所在目标市场处于高速增长阶段时，拥有知识产权保护的新创企业会更倾向于加入软件平台。这是由于目标市场高速增长，平台企业进入目标市场可以获得极高的收益，而知识产权保护对于防范平台企业进入目标市场的作用更大，因而新创企业更倾向于做出加入平台生态系统的决定。

这篇文章关注创业企业以供方服务商身份加入平台生态系统，如何才能获得价值，避免平台企业的价值侵占。一方面，相较于平台企业的承诺机制，它提出新创企业可以采用知识产权保护、下游互补能力等价值独占机制防范平台企业的价值侵占，并采用了二手数据进行实证检验。另一方面，发现知识产权保护机制和下游互补能力并非发挥同等作用，知识产权保护机制起直接作用，下游互补能力起间接作用。

马赫迪·塔瓦莱和卡梅罗·琴纳莫：以多属战略在平台生态系统中开展创业

2021年马赫迪·塔瓦莱（Mahdi Tavalaei）和卡梅罗·琴纳莫（Carmelo Cennamo）在《长期规划杂志》（*Long Range Planning*）上发表了《寻找平台生态系统之间的互补性：移动应用程序生态中互补者的相对站位和绩效表现》一文，从"对单一还是多个平台生态系统进行定制"和"对单一还是多个产品类别进行定制"的权衡出发，率先探讨了新创企业的多属定制战略对绩效的影响。黄鹏等（2013）的研究隐含地指出可以作为供方服务商加入平台生态系统开展创业，该文章进一步指出可以通过在同一个平台生态系统中做多个产品类别或加入多个平台生态系统来开展创业。

互补者面临着平台生态系统层面和产品开发类别层面的定制权衡。由于平台生态系统间技术架构和治理规则存在巨大差异，围绕某一平台生态系统制定的质量标准、开展的产品设计，很难与其他平台生态系统完全匹配，这要求互补者决定在平台生态系统层面进行多大程度的定制。另外，受到市场边界和平台生态系统内用户群体差异性的影响，互补者也需要基于竞争环境和用户偏好理解，决定自身要聚焦于什么样的产品类别。在此情境下，到底如何实施定制战略取决于企业在平台层面和产品类别层面的权衡。基于此，马赫迪·塔瓦莱和卡梅罗·琴纳莫围绕"对单一还是多个平台生态系统进行定制"和"对单一还是多个产品类别进行定制"两个维度，将定制战略划分为"过度定制"（overspecialization）、"产品类别定制"（category specialization）、"平台生态定制"（platform ecosystem specialization）和"缺乏聚焦"（unfocused）四种类型，并探讨四种定制战略对企业成长绩效的影响。

这篇文章在研究设计上最大的难点在于数据收集与成长绩效的衡量。作者将研究情境锚定于2012年9月至2014年12月移动手机应用程序开发平台生态系统。这是由于该阶段市场存在多个平台生态系统，包括苹果、谷歌、微软、塞班和黑莓等移动操作系统，这要求应用程序开发企业选择进行单一还是多个平台生态系统进行定制投资。幸运的是，不同于已有采用手工数据采集的研究（Wen，Zhu，2019），该文章的数据是从一个数据分析公司（App Annie）发布的每月数据报告中手动获取的。针对企业成长绩效衡量问题，作者利用每个移动应用程序的月度总排名作为代理变量。这是因为该分析公司通过统计单个移动应用程序的月度下载价格、月度多平台生态系统总下载量、单个移动应用程序月度内购买收入等数据，计算单个应用程序的月度总收入，并以此给出月度总排名。

通过收集数据的回归分析发现，实施"过度定制"和"缺乏聚焦"战略的互补者的成长绩效较差；而实施"产品类别定制"和"平台生态定制"战略的互补者成长绩效更好。这表明，尽管多平台生态系统能为企业提供更大的用户触达机会，但是为了实现创业成功，企业需要将平台生态系统层面的战略决策与产品类别层面的战略决策结合起来考虑。具体来说："过度定制"战略要求企业在特定平台生态系统内对单一产品类别进行定制投资。尽管企业可以与平台生态系统治理规则和战略目标对准，并在特定缝隙市场上积累深度的产品开发与提供经验，但是存在风险，可能遭遇平台企业的价值侵占。"缺乏聚焦"战略要求企业同时对多个平台生态系统内多个产品类别进行定制投资。尽管企业可以凭借此战略减轻对单一平台生态系统绑定风险,也拥抱了更加广阔的产品市场,但是存在多个平台生态系统标准适应、多种用户需求偏好满足的巨大挑战。

"产品类别定制"战略要求企业对单一产品类别进行定制投资,并探索跨平台生态系统的产品开发机会。该战略可以利用规模经济效应,使企业可以在多个平台生态系统获得单个产品类别最大的市场空间,从而获得较好的成长绩效。"平台生态定制"战略要求企业利用单个平台生态系统内产品的定制实践(如对治理规则的理解),同时跨类别探索产品开发机会。由于该战略可以利用范围经济效应,可以使得企业在单个平台生态系统内获得多个产品类别的市场发展机会,从而获得较好的成长绩效。

该研究承袭了黄鹏等(2013)以互补者角色加入平台生态系统中开展创业的思考,继续深化剖析互补者采用什么策略能在平台生态系统中实现更好的创业成长。基于已有研究对简单连接多个平台生态系统思考,作者引入产品层面的专有资产投入,提出两种有利于创业企业成长的新策略,即"产品类别定制"和"平台生态定制",前者强调立足单一产品类别在平台生态间"多属",后者强调在单一平台生态系统内具有"多重身份"。

萨伊德·卡纳哈等学者:以镶嵌战略在平台生态系统中开展创业

不难看出,上述两篇研究都是遵从在位平台企业的主导架构前提下开展创业。那么是不是只能遵从在位平台企业的主导架构,有没有突破的可能? 2020年萨伊德·卡纳哈(Saeed Khanagha)等学者在《战略管理杂志》上发表了"互利共生与新平台创造的动态过程:以思科雾计算平台为例"一文,提出在位企业可以采取公司创业的形式,构建一个邻近平台(adjacent platform)嵌入在位平台生态系统中,从而打破已有平台生态系统的主导架构。该文章的启示是,在平台生态系统中开展创业,不是只能遵从已有平台架构,可以充分发挥自身的能动性。

为了拥抱平台化发展趋势,企业往往面临两难选择:加入在位平台生态系统,还是自主构建平台生态系统。选择前者,可能致使公司核心能力退化,并阻碍公司作为领导者在平台生态系统中发声。选择后者,即使在位企业使出浑身解数,可能依旧无法战胜具有先发优势的对手。面对数字技术,导致自身优势快速丧失的情况,在位企业要如何应对?为了解答该疑惑,卡纳哈等学者探讨:在位企业如何在已有平台生态系统中,创建一个新平台并重新获得领导者位置。

卡纳哈等学者以思科(Cisco)在亚马逊云计算平台生态系统中创建雾平台(属于匿名处理)的过程作为研究对象。2009年前后,云计算平台生态系统涌现,思科只能作为硬件互补者在其中寻求成长。然而,由于物联网(internet of things,IoT)设备产生的海量数据,市场对去中心化数据计算产生需求。于是,思科利用自己的核心优势,创建了一个分布式计算的雾平台。在研究的信度与效度方面,该文章有两个特色值得关注。一是数据收集呈现出高度多元化特征,包括:①一手调研访谈,涉及公司内外部正式半结构化访谈32次,并形成850多页的录音转录文档;②二手数据,涵盖2013~2019年的新闻报道、CEO公开演讲、音频资料、内部交流文档、投资公司电话会议、行业报告、分析师报告、公司年报等文档资料;③参与式观察,2015~2019年进入开放式雾平台联盟(OpenFog Consortium)直接参与6次讨论和9次正式访谈,并且与董事会成员累计进行了32次非正式访谈。二是做了数据分析方法的整合。大量案例文章的数据分析，要么采用兰利（Langley，1999，2007）的分析方法，要么采用乔娅（Gioia）等学者（2013）的数据分析方法。这篇文章将兰利（1999，2007）倡导的时序分区（temporal bracketing）和乔娅等学者（2013）倡导的编码方法统一起来，从而提升了数据分析的效度。

当平台生态系统中存在未被满足的用户需求时，在位企业可以抓住机会，创建一个邻近平台。该过程分为两个阶段：第一阶段，强调共生（symbiosis），以此启动邻近平台。共生是一种纯互利（mutualistic）的方式，通过瞄准非重合的缝隙市场，组织并提供具有互补价值的商品。具体策略包括：①利用资源集合初始成员；②发展排他性以建立领导身份；③释放互补性和协作性，培养积极的相互依存关系，努力与主导平台生态系统共生。第二阶段，强调共栖（commensalistic），以此做大邻近平台。共栖是一种部分竞争的互利方式，在位企业提供具有部分重合的互补价值商品。具体策略包括：①促进标准化和共同发展，以鼓励更广泛的成员加入；②放弃排他性，并发挥领导身份的迟滞效应持续获利；③显示镶嵌平台的独特性，并与主导平台生态系统进行部分竞争。在第二阶段在位企业更加开放且更具有竞争性，但是仍通过持续不断地服务和提升主导平台生态系统，与其保持一种互利共赢的关系。

这篇文章对如何在平台生态系统中开展创业具有极强的启发意义：第一，关注到在位企业的公司创业情境。的确，当平台生态系统成为日益主导的组织形态时，不仅新创企业要考虑这一背景，在位企业也需思考如何应对。这篇文章提供了在位企业在已有平台生态系统中镶嵌一个邻近平台的新思路。第二，关注到合法性机制对创业企业在平台生态系统中成长的重要性。创业企业要构建新平台，同时又要依赖于已有平台生态系统，这背后需要处理的是双重合法性挑战。这提醒我们不仅要关注效率机制的影响，还要将合法性机制纳入分析视野。

未来研究方向

归结而言，已有研究提及的在平台生态系统中的创业策略可以划分为两类。一类是遵从在位平台企业构建的主导架构，尝试与其形成互补，以黄鹏等（2013）、塔瓦莱和琴纳莫（2020）学者为代表。另一类则是突破在位平台企业构建的主导架构，更大限度地发挥战略能动性，以萨伊德·卡纳哈等学者（2020）为代表。未来研究可以延续这一框架，做进一步拓展。

创业企业遵从在位平台企业构建的主导架构，以互补者的角色加入平台生态系统开展创业，如何能实现更好的成长？黄鹏等（2013）分析了知识产权、互补性资产等独占性机制的差异化作用。塔瓦莱和琴纳莫（2020）分析了产品类别定制和平台生态定制策略。未来研究可做如下拓展：第一，进一步探讨创业企业的差异化策略选择。例如，创业企业在平台生态系统中应该如何构建商业模式，里特维尔德（Rietveld，2018）分析了游戏开发商应该选择免费模式还是会员付费模式（freemium or premium business model）。第二，进一步区分创业企业作为互补者的异质性，研究不同类型的互补者身份，创业企业应该采用何种策略实现创业成长。已有研究较多关注的是创业企业作为平台供方服务商，而忽视了生态服务商的角色。例如，为天猫商家提供代运营服务的壹网壹创等创业企业。此外，随着平台垄断监管的加强，去中心化治理或将加速到来（Chen, et al., 2021a），新的创业生态位不断涌现，值得研究关注。

创业企业突破在位平台企业构建的主导架构，既需要更强的创业能动性，也需要资源和能力的支撑。卡纳哈等学者（2020）基于思科在云计算平台生态系统中搭建雾平台的过程，提出了创业企业实施平台镶嵌战略这一新思路。未来研究可以做如下拓展。

第一，平台镶嵌战略的机理阐释和适用边界。卡纳哈等学者（2020）是基于合法性机制的解释，其实在平台生态系统构建和规模化的过程中，资源能力、网络效应等机制如何起作用也值得进一步探讨。此外，创业企业镶嵌的子平台，既要获取在位平台生态系统的合法性，又要建立自身的独特性，这十分契合最优区分理论的分析框架（Zhao, et al., 2017）。

第二，其他突破在位平台生态系统架构的创业策略。一方面，创业企业还可以采取平台分岔的方式嵌入在位平台生态系统。平台分岔（platform forking）是指创业企业绕过平台企业控制的边界资源，利用平台生态系统提供的开放共享资源，创建一个新的平台（Karhu, et al., 2018）。例如，小米就是安卓开放平台的第一个平台分岔创业者，构建了米柚平台（MIUI Platform）。与平台镶嵌不同，平台分岔的数字技术特征更为明显，这种创业策略在产业数字化转型背景下将大有可为。但可以想象，平台宿主（platform host）显然不会"坐以待毙"，平台分岔者要如何处理与平台宿主的关系是重要的理论议题。另一方面，创业企业可以独立构建新平台，与在位平台生态系统开展竞争。网络效应导致平台市场具有极强的"赢家通吃"特征，使得新创平台很难实现追赶和超越。但是，这并不意味着毫无机会，"后来居上"的实践案例也时常发生，如Facebook与聚友网（Myspace）、阿里巴巴与慧聪网。特别地，为什么国外的互联网平台在中国市场具有先发优势，却总是被中国企业打败（Li, 2019）？这也是兼具实践和理论意义的议题。

此外，需要注意：第一，在平台生态系统中选择何种创业策略与创业企业的资源和能力基础是相关联的。我们推荐的第三篇文章，创业企业实施平台镶嵌战略，并不是新创企业，而是在位企业的公司创业。这样才能与在位平台生态系统开展竞合互动。未来研究可以将创业企业异质性纳入分析（Mcintyre, Srinivasan, 2017；Rietveld, Schilling, 2021），研究与企业特征相匹配的创业战略，或讨论哪些因素决定了创业企业的策略选择。第二，不同的创业策略之间并不是孤立的关系。从创业企业的角度看，战略与能力之间是一个共演关系，随着能力的跃迁，可以发挥更大的能动性。从单一产品到多产品、从单一生态到多生态、从遵从架构到突破架构，跃迁背后的过程、共演机理值得深入探究。

研究设计与应用拓展

如果你对如何在平台生态系统中开展创业这一问题感兴趣，那么以下理论视角可能会为你带来一些启示。首先，平台架构理论能为识别创业机会提供一个基本框架。平台架构中包括供方、需方、平台企业和生态服务商等角色，已有研究对前三种角色在平台生态中开展创业均有提及，而对生态服务商的关注较少。其次，最近研究还关注到平台主（platform owner）和平台提供商（platform provider）的不同（Chen, et al., 2021b），例如安卓平台属于谷歌，而平台提供商是三星、小米等手机制造厂商。最后，随着数字技术的广泛使用，数字平台的相关研究也具有重要启示意义。例如，信息系统领域讲数字生态划分为数字产品、数字平台、数字基础设施三层架构（Nambisan, 2017），创业企业如何嵌入这一架构开展创业。实际上，这一架构与产业互联网平台情境十分契合，包括应用层（SaaS）、平台层（PaaS）和基础设施层（IaaS），多层嵌套的平台生态中蕴含着广阔的创业机会。

更值得强调的是，直接研究如何在平台生态系统中开展创业这一问题的并不多，我们选择的三篇文章主要基于创业企业作为互补者角色在平台中开展创业。而现有研究指出，平台生态系统为创业企业提供了更易于发现机会的创业环境（Nambisan，2017），同时为创业企业提供自生能力范围内难以获得的资源（Ceccagnoli 等，2012；Huang 等，2013；Nambisan, Baron，2013），从而减少"新生劣势"。在此情境下，经典创业研究的意义建构（Garud, Giuliani，2013）、机会观（Alvarez 等，2013）、手段导向（means oriented）（Sarasvathy，2001）、资源拼凑（Garud, Karnøe，2003）等理论要如何创新？以手段导向为例，数字平台生态提供了广泛的可供性（affordance），创业企业新生劣势不再是突出问题，关键是创业企业如何识别和预判平台生态系统发展的重点方向，以此指引创业战略的制定和能力构建，在此背景下，手段导向如何更好地应用于平台生态系统中的创业？

在研究设计方面，未来研究可以沿着以下方向继续深化。第一，概念框架性研究。作为一个新兴现象，需要现象归纳和理论演绎的框架构建性研究，以便指引新兴领域的发展。例如，库托罗（Cutolo）和肯尼（Kenney）（2021）等学者提出了平台依赖型创业者（platform-dependent entrepreneurs）的概念，作者指出在平台生态系统中开展创业与传统创业情境的一个最大不同是创业者需要处理与平台企业的权力不平衡，这会给创业者带来风险，需要研究应对之策。第二，案例研究与定性比较分析，探索因果关系和过程机理。例如，我们推荐的第三篇文章采用单案例研究，揭示思科在平台生态中开展公司创业的过程。此外，平台生态系统作为一个复杂情境，比较适合定性比较分析（Fiss，2011），例如分析平台生态系统特征、平台企业治理策略、创业企业特征等对创业企业绩效的组态效应。第三，从消费互联网平台转向产业互联网平台的实证研究。出于数据可得性考量，目前大量的定量研究都是针对卖家、App 开发者、视频游戏开发者等中心化平台情境（Rietveld, Schilling，2021），而产业互联网会走向去中心化的治理结构，基于多层嵌套的平台生态系统开展创业的现象会越来越多，为研究提供了丰富素材。消费互联网平台中创业企业与平台企业的关系是基于技术接口的高度非对称关系，深度共创相对较少；而在产业互联网平台中创业企业与平台企业的关系可能需要线下频繁互动和信任构建，关系的非对称性也并非一成不变，而是易变、动态均衡。第四，数据库建设和大数据分析技术的引入。例如，我们推荐的第一篇和第二篇文章采用数据库收集数据，前者利用 CorpTech 等数据库收集独立软件供应商相关的数据，后者利用 App Annie 数据库收集应用软件开发商相关的数据。此类研究在数据库尚未建设完备的情况下，可以在网络爬虫技术的配合下手动收集数据，进一步地引入大数据分析技术。例如，创业企业发布和迭代升级产品均会修改应用描述，凸显关键功能与特征，这就比较适合应用自然语言处理等文本分析技术（Barlow 等，2019；Wen, Zhu，2019）。

◆ 参考文献

Alvarez, S.A., Barney, J.B., and Anderson, P., 2013, "Forming and exploiting opportunities: the implications of discovery and creation processes for entrepreneurial and organizational research", *Organization science*, Vol. 24, No. 1: 301-317.

Barlow, M.A., Verhaal, J.C., and Angus, R.W., 2019, "Optimal distinctiveness, strategic categorization, and product market entry on the Google Play app platform", *Strategic Management Journal*, Vol. 40, No. 8: 1219-1242.

Ceccagnoli, M., Forman, C., Huang, P., and Wu, D., 2012, "Cocreation of value in a platform ecosystem! The case of enterprise software", *MIS quarterly*, Vol. 36, No. 1: 263-290.

Chen, Y., Pereira, I., and Patel, P.C., 2021a, "Decentralized governance of digital platforms", *Journal of Management*, Vol. 47, No. 5: 1305-1337.

Chen, L., Yi, J., Li, S. and Tong, T.W., 2021b, "Platform governance design in platform ecosystems: implications for complementors' multihoming decision", *Journal of Management*, doi.org/10.1177/0149206320988337.

Cutolo, D., and Kenney, M., 2020, "Platform-dependent entrepreneurs: power asymmetries, risks, and strategies in the platform economy", *Academy of Management Perspectives*, Vol. 35, No. 4: 584-605.

Doganoglu, T., and Wright, J., 2006, "Multihoming and compatibility", *International Journal of Industrial Organization*, Vol. 24, No. 1: 45-67.

Fiss, P.C., 2011, "Building better causal theories: a fuzzy set approach to typologies in organization research", *Academy of Management Journal*, Vol. 54, No. 2: 393-420.

Garud, R. and Giuliani, A.P., 2013, "A narrative perspective on entrepreneurial opportunities", *Academy of Management Review*, Vol. 38, No. 1: 157-160.

Garud, R., and Karnøe, P., 2003, "Bricolage versus breakthrough: distributed and embedded agency in technology entrepreneurship", *Research Policy*, Vol. 32, No. 2: 277-300.

Gawer, A., and Henderson, R., 2007, "Platform owner entry and innovation in complementary markets: evidence from Intel", *Journal of Economics & Management Strategy*, Vol. 16, No. 1: 1-34.

Gioia, D.A., Corley, K.G., and Hamilton, A.L., 2013, "Seeking qualitative rigor in inductive research: notes on the gioia methodology". *Organizational Research Methods*, Vol. 16, No. 1: 15-31.

Huang, P., Ceccagnoli, M., Forman, C., and Wu, D., 2013, "Appropriability mechanisms and the platform partnership decision: evidence from enterprise software", *Management Science*, Vol. 59, No. 1: 102-121.

Jacobides, M.G., Cennamo, C., and Gawer, A., 2018, "Towards a theory of ecosystems", *Strategic Management Journal*, Vol. 39, No. 8: 2255-2276.

Karhu, K., Gustafsson, R., and Lyytinen, K., 2018, "Exploiting and defending open digital platforms with boundary resources: Android's five platform forks", *Information Systems Research*, Vol. 29, No. 2: 479-497.

Katz, M.L., and Shapiro, C., 1986, "Technology adoption in the presence of network externalities", *Journal of Political Economy*, Vol. 94, No. 4: 822-841.

Khanagha, S., Ansari S., Paroutis, S., and Oviedo, L., 2020, "Mutualism and the dynamics of new platform creation: a study of Cisco and fog computing", *Strategic Management Journal*, Vol. 42, No. 3: 1-31.

Langley, A., 1999, "Strategies for theorizing from process data", *Academy of Management Review*, Vol. 24, No. 4: 691-710.

Langley, A., 2007, "Process thinking in strategic organization", *Strategic Organization*, Vol. 5,

No. 3: 271-282.

Li, F., 2019, "Why have all western internet firms (WIFs) failed in China? A phenomenon-based study", *Academy of Management Discoveries*, Vol. 5, No. 1: 13-37.

McIntyre, D.P., and Srinivasan, A., 2017, "Networks, platforms, and strategy: emerging views and next steps", *Strategic Management Journal*, Vol. 38, No. 1: 141-160.

Nambisan, S., 2017, "Digital entrepreneurship: toward a digital technology perspective of entrepreneurship", *Entrepreneurship Theory and Practice*, Vol. 41, No. 6: 1029-1055.

Nambisan, S., and Baron, R.A., 2013, "Entrepreneurship in innovation ecosystems: entrepreneurs' self-regulatory processes and their implications for new venture success", *Entrepreneurship Theory and Practice*, Vol. 37, No. 5: 1071-1097.

Rietveld, J., 2018, "Creating and capturing value from freemium business models: a demand-side perspective", *Strategic Entrepreneurship Journal*, Vol. 12, No. 2: 171-193.

Rietveld, J., and Schilling, M.A., 2021, "Platform competition: a systematic and interdisciplinary review of the literature", *Journal of Management*, Vol. 47, No. 6: 1528-1563.

Sarasvathy, S.D., 2001, "Causation and effectuation: toward a theoretical shift from economic inevitability to entrepreneurial contingency", *Academy of Management Review*, Vol. 26, No. 2: 243-263.

Shipilov, A., and Gawer, A., 2020, "Integrating research on interorganizational networks and ecosystems", *Academy of Management Annals*, Vol. 14, No. 1: 92-121.

Tavalaei, M.M., and Cennamo, C., 2020, "In search of complementarities within and across platform ecosystems: complementors' relative standing and performance in mobile apps ecosystems", *Long Range Planning*, Vol. 54, No. 5: 101994.

Wen, W., and Zhu, F., 2019, "Threat of platform-owner entry and complementor responses: evidence from the mobile app market", *Strategic Management Journal*, Vol. 40, No. 9: 1336-1367.

Zhao, E.Y., Fisher, G., Lounsbury, M., and Miller, D., 2017, "Optimal distinctiveness: broadening the interface between institutional theory and strategic management", *Strategic Management Journal*, Vol. 38, No. 1: 93-113.

王节祥, 陈威如, 江诗松, 等. 平台生态系统中的参与者战略：互补与依赖关系的解耦 [J]. 管理世界, 2021 (2): 126-147.

周冬梅, 陈雪琳, 杨俊, 等. 创业研究回顾与展望 [J]. 管理世界, 2020 (1): 206-225.

▣ 文献推荐

Huang, P., Ceccagnoli, M., Forman, C., and Wu, D. 2013, "Appropriability mechanisms and the platform partnership decision: evidence from enterprise software", *Management Science*, Vol. 59, No. 1: 102-121.

Khanagha, S., Ansari, S., Paroutis, S., and Oviedo, L., 2020, "Mutualism and the dynamics of new platform creation: a study of Cisco and fog computing", *Strategic Management Journal*, Vol. 42, No. 3: 1-31.

Tavalaei, M.M., and Cennamo, C., 2020, "In search of complementarities within and across platform ecosystems: complementors' relative standing and performance in mobile apps ecosystems", *Long Range Planning*, Vol. 54, No. 5: 101994.

● 代表性学者

黄鹏（Peng Huang）

在佐治亚理工学院获得信息系统方向博士学位，现任马里兰大学史密斯商学院信息系统系副教授。他目前主要聚焦平台生态系统、技术创新等领域。研究成果发表在《管理科学》《信息系统研究》《管理信息系统季刊》等期刊上，同时获得过信息系统国际大会（International Conference on Information Systems）最佳论文（2009，2018）等奖励。E-mail：huang@umd.edu。

卡梅罗·琴纳莫（Carmelo Cennamo）

在马德里国际商学院取得战略管理方向博士学位，现任哥本哈根商学院战略与创业系教授。他目前主要聚焦数字平台、市场、生态系统中的竞争。他的研究成果发表在《战略管理杂志》《组织科学》《管理杂志》等期刊上，同时获得过战略管理学会（Strategic Management Society）最佳论文奖（2014，2018），AOM最佳论文奖（2017）等。E-mail：cce.si@cbs.dk。

萨伊德·卡纳哈（Saeed Khanagha）

在伊拉斯姆斯大学取得博士学位，现任阿姆斯特丹自由大学组织与管理系助理教授，主要研究方向是战略管理。他目前主要聚焦于平台生态系统中的数字技术战略开展研究工作。近年来做出了不少高水平的研究成果，发表在《战略管理杂志》《管理研究杂志》等期刊上。E-mail：s.khanagha@vu.nl。

关键学者与学者网络

本章呈现了对创业主体和创业情境认识的演变过程及其内在逻辑，这些认识在很大程度上决定了不同阶段的研究主题和关键科学问题。由创业主体与创业情境构成的创业研究对象的多样性也为不同领域学者们的加入和对话提供了机会。希望本章所呈现的"谁在创业以及在哪里创业"下丰富的研究话题能让你更好地理解创业研究中的变与不变，认识到不同主体、不同情境下创业活动的独特性和内在共性。那么，围绕创业主体和情境问题，有哪些学者贡献了学术思想、推动了该主题下研究的发展？

关于创业主体身份特征的判断。从关键学者来看，他们所关注的创业主体类型与其学科背景密切相关。来自教育学背景的卡伦·西肖尔最早定义了科学家或学者创业的内涵和典型类型；来自社会学背景的萨拉·泰博和师从著名社会学大师霍华德·奥尔德里奇的杨甜甜从社会学视角探讨了女性创业行为及影响。公司创业研究的关键学者大多来自技术创新领域，例如，高塔姆·阿胡亚和凯文·斯特恩斯马等将公司创业视为大企业适应环境变化、识别和开发新机会的过程，是大企业保持创新活力的关键。

关于创业情境特征的判断。学者们对于创业情境的理解同样依赖于他们的学科背景。以本杰明·奥维亚特、伊戈尔·菲拉托切夫和诺曼·沙赫尔等为代表的国际商务学者关注到了跨国创业情境下的不确定性和机会识别问题；以霍华德·奥尔德里奇、特里什·鲁巴顿等为代表的社会学学者探讨了不同社会情境下创业的机会识别和价值创造问题；以鲁迪·阿尔诺特和耶尔·霍赫贝格等为代表的金融学者突出了创业生态系统中的关键参与者投资人的作用，丰富了我们对于创业情境的理解；来自信息管理背景的萨蒂什·南比桑、黄鹏和卡梅罗·琴纳莫等学者引领了数字技术创业和平台生态系统创业等热点主题的研究，为数字经济背景下创业研究的发展做出了贡献。

不同学科背景的碰撞与融合深化了我们对创业主体多样性和创业情境复杂性的理解。赵雁飞、李卅立、萨伊德·卡纳哈等战略管理领域的青年领军学者的研究也非常值得关注，他们利用战略管理和组织理论来研究新情境下涌现出来的新问题，在创业实践和理论之间搭建了桥梁，也促进了创业研究和战略领域的融合与共同发展。

CHAPTER 6

第 6 章

创业者如何应对不确定性

"不确定性"是创业活动的核心特征之一。VUCA 时代不仅要求创业者从容应对创业环境和创业过程的不确定性,更重要的是,要学会从不确定性中受益,实现企业的可持续性成长。面对时常发生且不可预测的"黑天鹅",创业者需要一个能不断利用随机事件,不可预测的冲击、压力和波动实现自我再生的决策与行动机制,作为引导自身在 VUCA 世界中持续生存下去的决策和行动指南。本章的述评内容围绕创业融资、创业失败、创业转型等不确定性情境,探讨其内部认知机制与交互决策过程,并寻求外部意义建构的有效策略以实现创业企业合法性(见图 6-1)。

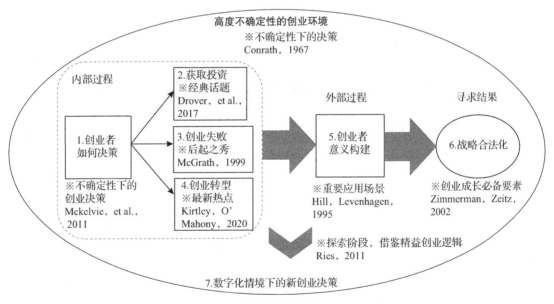

图 6-1 不确定情境下的创业决策与意义建构

不确定情境下,创业者如何科学决策?这是创业学的核心研究议题。研究发现,优秀的创业者不会预测企业将会面临怎样的环境,而是尝试通过自己的认知、技能和行动等来创造环境,通过动态评估的决策演化机制,为自身生存和发展赢得空间。近年来,基于数字技术的可重新编程性、开放性等特征,创业活动正在发生两个重大变化:一是创业过程越来越没有边界，产业边界、组织边界、产品边界、创业过程的边界都变得非常模糊；二是创业代理越来越难以预设，创业者很难预先设计哪些人由于什么动机在什么时候参与到创业过程之中。这些变化进一步加剧了创业的不确定性，创业决策面临更多复杂的挑战，精益创业方法应运而生。精益创业决策方法主张基于手段导向，依据多元化与快速变化的客户需求迅速迭代产品和服务，改变了传统的线性思维和决策模式。一些学者已开始深入挖掘精益创业方法在数字创业企业中的实践应用，并比较了因果逻辑、手段导向和精益创业方法等三种决策逻辑对数字企业商业模式开发的作用。不过，探究数字化背景下新涌现的，或者通过传统方法演化的创业者决策方法和路径，仍是一片"蓝海"。

创业者面临三个重要决策场景，分别是实现快速成长的第一步——获取早期投资；东山再起的必经之路——创业失败学习；发展道路上的关键转折——创业转型（pivot）。应对早期创业投融资的情境、行为和结果的不确定性时，创业者需要根据融资环境和融资对象的具体情况，有效调动直觉认知，灵活调配周边资源，实现融资目标。数字技术加剧了创业系统内部的相互依赖关系或非线性反应，在早期投融资过程中，找准"可依之人"，既要设法维持"亲密关系"，也要学会保持"适当距离"，探寻新型的融资模式、融资渠道和治理模式。作为解构数字经济发展过程中不确定性的方法论，创业失败管理的核心是创业者能充分利用数字技术设计"聪明的失败"，不惧怕可逆的小错误，并从这些经验中有效学习，以实施高质量的创业活动。这也是创业生涯反脆弱性的极致表现，即实现"杀不死我的，只会使我更强大"。不确定性尤其是数字技术的可供性，也使得市场和客户的个性化、定制化需求处于急速变化的状态，需要创业企业随时准备好对核心逻辑进行结构性迭代。这使得学者近期开始关注创业转型，即通过多次战略调整从量变到质变的一个演化过程，需要创业者协调自身、内外部利益相关者的身份属性和认同属性，这意味着创业转型是一个涉及多主体、多层次的系统工程。找准方向立刻动手，在实践的过程中自由探索和反复试错，是持续创造瞬时竞争优势的最佳动态手段。

创业转型意味着创业企业对战略方向、价值主张等做出重大转变，这不仅是创业者自身的认知、学习或资源调动的过程，也需要采取话语、修辞等策略对创业团队、公司员工、外部利益相关者以及社会大众进行解释或阐述，以重获支持或重建合法性，这一过程被称为创业者的意义建构与意义赋予。这一方向既是创业与战略管理的经典研究话题，也在数字经济下焕发新的生机。数字技术助力下的即时沟通系统、即时传递系统、即时反馈系统使得创业者的意义建构方式也在发生重大转变，意义建构不再是创业者单向地说服和影响他人，利益相关者乃至社会大众也会参与到意义建构过程中，并依靠点赞、评论、转发等手段引导舆论风向，改变意义建构的初衷乃至结果。这种双向的意义建构过程也对其追求的战略合法化结果提出了重大挑战。

数字技术等加剧了创业环境、创业行动、创业过程和创业效果的不确定性，创业者需要用非常之举、行非常之力、持非常之效，才可成非常之功。究竟该如何应对不确定性并从中获益？本章或许能为你提供一些答案或启发。

创业者如何在不确定环境下决策

◎ 贾建锋¹　◎ 孙柏鹏¹　◎ 刘　勇²

1. 东北大学工商管理学院；2. 辽宁工程技术大学工商管理学院

相较于创业者过去的知识范式，当前的创业情境越来越成为一个未知领域。这意味着以往的创业决策模式不再具有完整意义上的适应性，创业者的决策方式和行为需要随着不确定情境的加深而持续演变。如何在不确定甚至是不可知的情境下依然做出有效的创业决策与行动，对于创业成功至关重要，也是创业研究的关注焦点。

从实践层面来看，创业决策蕴含着极大的不确定性，甚至整个创业活动过程都笼罩在不确定性之中。同时，不确定性也增加了创业决策的诱惑力，正如恩格尔（Engel）等学者（2017）所言，"缺少不确定性的创业，即使获得了商业上的巨大成功，创业过程也是枯燥、循规蹈矩、难以产生成就感的"。在不确定情境下，创业者无法预估决策结果的概率分布，甚至连决策结果本身都可能未知，但往往要针对其所面临的不确定性做出决策进而采取行动，因而创业者对不确定性的理解和应对能力常常决定着创业者的成功或失败。

从理论层面来看，有关不确定性行为决策的理论研究尽管在20世纪50年代才蓬勃兴起，但其理论内核早在古典经济学研究中就有所体现。然而尽管如此，不确定性如何对创业决策产生影响仍模糊不清。弗朗西丝·米利肯（Frances J. Milliken）在尝试定位个体层次的不确定性结构时，第一次提出了环境不确定性的3种不同类型，每种不确定性都与一定的客观因素相关联，但更重要的是通过创业者自身的判断来影响决策过程。这3种类型的环境不确定性自提出以来便被广泛引用，以扩展和重新构建固有的理论假设，相关研究涉及不确定性与领导力（Waldman, et al., 2001）、新产品开发（Moenaert, Souder, 1990）、社交网络（Gulati, Higgins, 2003）和交易成本理论（Sutcliffe, Zaheer, 1998）等多个领域。

米利肯的研究为多数企业实践奠定了理论基石，也为创业中不确定性的研究开了先河，但其未解决不确定性如何以及在何种条件下能影响创业者的问题。亚历山大·麦凯尔维（Alexander McKelvie）等学者（2011）基于米利肯提出的3种不确定性类型，从认知层面探究了环境不确定性与创业者参与创业行动意愿的关系，探索了环境不确定性影响创业者参与创

⊖ 本文是国家自然科学基金面上项目（72172032）、辽宁省"兴辽英才计划"资助项目（XLYC1807218）、中央高校基本科研业务费专项资金资助项目（N2006005）资助的阶段性成果。

业行动意愿的边界条件，是对米利肯研究成果的应用和重要拓展。然而，在传统的创业研究中，学者们通常将决策看成一个离散的或静态的判断过程，忽视了创业决策的动态演化过程。为突破这一理论囿限，马克·帕卡德（Mark Packard）等学者（2017）审视了不确定性情境下创业者决策的本质，并重新定义了不确定性类型，探索了不确定性情境下决策过程的动态变化，为不确定性情境下的创业决策研究提供了新的视角。

弗朗西丝·米利肯：基于感知不确定性的经典分类模型

1987年弗朗西丝·米利肯在《管理学评论》上发表了《环境感知不确定性的三种类型：状态、效果和反应不确定性》一文，从感知的角度出发，将环境不确定性进一步区分为状态不确定性（state uncertainty）、效果不确定性（effect uncertainty）和反应不确定性（response uncertainty），揭开了感知不确定性和创业决策关系研究的黑箱。

米利肯认为，尽管环境不确定性在组织设计理论以及创业决策中扮演着不可或缺的角色，但由于其测量工具信度、效度较低，导致研究结果不一致且难以解释。除此之外，相关研究也未能证明环境的客观特征和感知不确定性之间的关系（Downey, et al., 1975; Duncan, 1972; Tosi, et al., 1973）。鉴于此，米利肯基于个体感知视角，提出了3种感知的不确定环境类型，分别为状态不确定性、效果不确定性和反应不确定性。3种不确定环境的具体内容如下。

（1）状态不确定性。创业环境中的状态不确定性是指个体感知到无法预测特定环境的组织部分是如何变化的，也无法完整理解环境中元素之间的相互关系。具体来说，在创业中，这种状态不确定性是个体无法确定未来事件发生的概率，可用组织运营环境特征的函数表示（Duncan, 1972）。其中，社会文化趋势、人口变化、技术的重大进步与发展以及供应商、竞争对手、消费者、政府和股东等可能采取的行动都是米利肯列举的可能引发状态不确定性的因素。随着状态不确定性的增加，个体确定未来事件发生概率的难度也在增加，即随着创业环境的波动性、复杂性和异质性不断增长，创业者很难预测创业环境的变化趋势。因此，相较于稳定的环境，环境状态不确定性给创业者的决策带来了更大的挑战。

（2）效果不确定性。创业环境中的效果不确定性是指事件或环境的变化会对焦点组织产生影响，且个体对这种影响的性质、严重程度以及影响的时间无法预测。换言之，效果不确定性是组织在给定未来状态下运作时可能产生的影响的不确定性。米利肯在其文章中也给出一个生动的例子来解释效果不确定性："你知道飓风会朝你的房子袭来，但你不知道你的房子会遭受怎样的影响，例如，你的房子是否会一直保持矗立状态。"效果不确定性的结果复杂且多样，在创业环境中，决策者可能会根据政治、经济、文化等预测到创业环境的变化趋势，但他无法预测创业环境的变化会给他的企业带来怎样的影响，他的企业是否会有效抵御环境变化带来的冲击。因此，对创业决策者而言，相较于状态不确定性，效果不确定性给决策带来的挑战更为突出。

（3）反应不确定性。创业环境中的反应不确定性是指缺乏做出反应方案的知识或无法预测反应方案所带来的可能后果。换言之，反应不确定性是指决策者缺乏应对不确定环境的经验，无法给出相应的应对措施，也无法对应对措施产生的结果进行预测。米利肯强调反应不确定性给创业带来更多机遇的同时，也带来更多的挑战。同时，米利肯也同意康拉特（Conrath, 1967）对反应不确定性的解释：反应不确定性意味着创业决策者不具备提供可行的方案的知识和能力，且决策者缺乏方案实施及产生结果的经验，更缺乏方案实施产生结果所带来的价值和效用的知识。因此，对创业决策者来说，缺乏这三方面的知识和经验都会降低创业者的创业意愿，甚至可能导致他们搁置或放弃创业。由此可以看出，反应不确定性较状态不确定性和效果不确定性对创业决策产生的影响更大。

这篇文章对于理解感知不确定性与创业决策关系具有重要的理论和现实意义，为后续学者研究感知不确定性和创业决策之间的关系提供了重要的参考价值。首先，这篇文章挑战了早期学者对感知不确定性的研究，重新定义了感知不确定性，并将感知不确定性分为三种类型，为概念化、使用和测量不确定性结构打开了更精确的大门。其次，这篇文章指出每种类型的不确定性对创业者决策具有不同的作用，对更有力地研究不确定性与创业者决策之间的复杂作用关系产生了深远的影响。最后，这篇文章给出的三种不确定性厘清了环境波动特征与感知不确定性之间的关系。这一研究结果补充说明了三种感知不确定性之间的关系，帮助创业者清醒地认识到目前创业所面临的困难，能有效激励或抑制创业者的决策行为。

亚历山大·麦凯尔维等学者：解开不确定性结构对创业行动的影响

尽管米利肯的研究为多数企业实践奠定了理论基石，也为创业中不确定性的研究开了先河，但理论界和实务界对不确定性如何及在何种条件下能影响创业者行为知之甚少。2011 年麦凯尔维等学者在《创业学杂志》上发表了《解开不确定性结构：对创业行动的影响》一文，基于米利肯（1987）提出的三种不确定性类型，从认知层面探究了环境不确定性与创业者参与创业行动意愿的关系，探索了环境不确定性影响创业者参与创业行动意愿的边界条件，拓展了不确定情境下的创业决策行为的研究。

这篇文章是米利肯区分三种不确定类型的延续。首先，它认定不确定性是一种多维结构，由状态不确定性、效果不确定性和反应不确定性组合而成，且不确定性与创业行为之间存在一定的联系。这一结果是麦凯尔维对米利肯研究的肯定，也是麦凯尔维后续研究的基础。其次，它表明，决策者在面对不同的不确定性组合时，其参与创业行动的意愿表现不同。这一结果补充了不同的不确定性对创业决策影响的研究，为麦凯尔维寻找不确定性与创业行动之间关系的边界条件奠定了基础。最后，它发现，不同类型的不确定性在环境中的表现方式、开发规模以及企业家的专业知识都是不确定性与创业行动之间关系的边界条件。这一研究结果有助于决策者以反直觉的方式缓和不确定性与创业行动之间的关系。

具体而言，该文章以 2 800 家创业软件公司的决策者对于是否愿意开发新产品的决策策略为研究对象，采用度量联合分析和分层线性建模技术来研究不确定性如何影响决策者对客观上"值得"追求的机会采取行动的决策。通过这种方法，研究从根本上重新解释了不确定性如何影响企业家的决策和行为，也重点强调了不确定性如何影响企业家的认知。基于此，这篇文章打开了反直觉的大门，也为更全面地理解创业者在面对不确定环境时如何做出决策提供了进一步的理论依据。

正如萨阿斯瓦斯（2001）所言，这篇文章表明创业决策者可能不会预测未来企业将会面临怎样的环境，他们会试图通过自己的认知、技能和行动等手段来创造环境。因此，状态不确定性可能不会对创业决策者的行为产生消极影响，反而反应不确定性将会成为创业决策者行动的最大阻碍。此外，该文章基于资源基础观，强调当创业决策者经历不确定性时，根据经历的不确定性类型，决策者会根据环境的变化趋势重新部署或组合所拥有的资源，从而改变其参与创业行为的意愿。其中，该文章对不确定性、风险、动荡环境做出了区分，认为不确定性产生的未来结果的概率是不可知的，而风险带来的未来结果的概率是可知的，动荡的环境则构成了不确定性的外部因素。

关于不确定性类型与创业决策者行为的边界条件，该文章首先肯定米利肯研究中存在的潜在假设：个体间的异质性可能会影响不确定性和创业决策者行为的关系。专业知识则是个体异质性的一种，正如认知心理学所说，专业知识有助于构建不确定和动态决策任务的复杂认知表征，从而提高决策绩效。换言之，拥有相关领域专业知识的决策者与新手小白相比，由于他们拥有不同的认知过程，从而有助于减少决策过程中的不确定性所带来的行为偏差。然而这种不确定性只能是效果不确定性，因为"专家们"更关注创造未来而非预测未来，并且"专家们"比较自信，认为他们所拥有的专业知识足够克服反应不确定性带来的决策挑战。开发规模则是第二种异质性，文章认为与高度不确定性环境相比，当企业处于中度甚至低度的不确定性时，创业决策者更愿意开发较大规模的行动以实现利益最大化；反之，在高度不确定性环境中，创业决策者则更倾向于开发较小规模的行动以实验的方式保障企业的安全，并借此机会了解其所处的环境。

这篇文章结构清晰，极具理论价值和实践价值，并且有很大的影响力。首先，它发现了创业决策者对不同类型的不确定性具有不同的重视程度，即他们更重视效果不确定性和反应不确定性，因为在他们的认知中，状态不确定性在他们的可控范围之内。此外，该文章的研究结果与有效性理论有异曲同工之妙，即与效果不确定性和反应不确定性相比，状态不确定性是次要障碍。这一研究结果有望成为一个新的创业领域理论的研究起点，因此这篇文章为后续的研究做出了不可磨灭的贡献。同时这篇文章与权变理论也有相似之处，但其强调应寻找其他权变因素而不是环境不确定性。其次，它还发现了一个有趣的现象，即每种类型的不确定性以需求变化的表现形式对创业意愿的影响和以技术变化的表现形式对创业意愿的影响有所不同，这一结果为未来研究提供了关键指向。最后，它的建模方法和研究设计为未来研究创业中的不确定性提供了有效参考，也为更多关于不确定性情境下的创业决策研究提供了新的研究思路。

马克·帕卡德等学者：不确定情境下的创业决策具有动态性

在传统的创业研究中，学者们通常将决策看成一个离散的或静态的判断过程。然而，事实真的如此吗？2017年帕卡德等学者在《组织科学》上发表了《创业过程中不确定性类型和过渡期》一文，打破了传统的研究思想，认为判断或为不确定性做决策是一个动态持续且需要重复评估的过程。这篇文章重新审视了不确定性情境下创业者决策的本质，并重新定义了不确定性类型，从构建创业决策过程理论的角度，探索了不确定性如何在判断的过程中持续动态变化，开发了一个创业决策者判断的连续性和递归性的框架，拓展了不确定情境下创业决策的研究。

创业是一个动态演化的过程，且这种动态性在创业决策过程中发挥着不可忽视的作用（Dimov，2011；McMullen，Dimov，2013）。为了将这种连续的、动态的决策过程应用到创业领域当中，首先，这篇文章探索了不确定性的本质，并重新将感知不确定性分为风险和模糊性、环境不确定性、创造性不确定性和绝对不确定性。其次，这篇文章借鉴了动态决策理论和控制理论的论断，探索了创业决策者如何在特定的不确定环境下做出决策，以及用于判断的认知机制，并举例说明。最后，这篇文章根据新的感知不确定性类型，初步构建了创业决策过程理论，并重点强调不确定性环境、创业者的决策，以及在创业过程中动态的、递归的决策对创业行为的影响。

决策是一个认知过程，这就意味着创业决策者在决策时会基于其思想或知识做出相应的选择（Shackle，1961）。由此，该文章认为创业者决策并非基于已知概率，而是通过其理解和直觉判断而来的。根据集合论的说法，决策是由两个集合组成的，分别为选择集和结果集，当一个或两个集合被认为是开放的时候，不确定性才存在。换言之，不确定的本质是概率未知。基于此，该文章给出四种不确定性类型。

第一，风险和模糊性。这种类型的不确定性在选择集和结果集都为封闭的情况下才会出现，也就是说，个人可能采取的行动是有限的，行动导致的后果也是有限的，在这种情况下，事件发生的概率是可预测的。

第二，环境不确定性。这种类型的不确定性在选择集封闭而结果集开放的情况下才会出现，也就是说，个人采取的行动有限而行动导致的结果无限，这与米利肯所提出的三种不确定性类似，都是由于环境的复杂性和动态性才导致行为结果不可预测。

第三，创造性不确定性。这种类型的不确定性在选择集开放而结果集封闭的情况下才会出现，也就是说，个人采取的行动无限而行动导致的结果有限，好比一个任务有一个期望的结果，但并没有确定的解决方案。这种不确定情况可能是由选择方案的可替代性或对最优方案的无知造成的，因此创造性不确定性可能会使决策者产生如何得出更优选择的困惑。

第四，绝对不确定性。这种类型的不确定性在选择集和结果集都开放的情况下才会出现，也就是说，个人采取的行动无限且行动导致的结果也无限。这种情况在创业初期时常可见，决策者无法知道哪些需求可以得到满足，也无法知道哪些方案可以满足顾客的某种需求。因此，这种不确定性是绝对的，也是决策者面临的最困难的情境。

根据这四种类型的不确定性，该文章发现创业者的决策很大一部分是受不确定情境的影响，且这些不确定性类型的差异可能会对决策者做出决策产生影响，也会随着时间推移对决策过程产生重要的影响。

该文章根据给出的四种类型的不确定性，探索不同类型的不确定性对决策过程的影响。①风险和模糊性情境下的决策。在风险和模糊性的不确定情境中，创业决策者可能会推迟做决定，直到收集到更多可靠的信息。随着时间的推移，决策可能是重复的，或者根据经验可以填补一些信息空白，因此风险和模糊性情境下的动态决策是低风险的。②环境不确定性情境下的决策。创业决策者可根据其经验或认知来想象有限行为可能产生的结果，并根据决策者对结果的惊讶程度来对结果出现的可能性排序，基于此，决策者将做出判断和决策。③创造性不确定性情境下的决策。创业决策者可根据其经验和知识来想象各种解决方案，然而这些解决方案可能不是最佳的，因为经验会抑制创造力产生，因此，在创造性不确定性情境下的决策受决策者的经验和创造力限制。④绝对不确定性情境下的决策。在这种情境下，决策者通常会通过消除不可信的选择方案和不希望发生的行为结果来缩小决策范围。

这篇文章期望创业决策者所遇到的不确定情境能从绝对不确定性过渡到环境不确定性或创造性不确定性，甚至转化为风险和模糊性。然而，当决策者反复推敲"选择–结果"（递归判断）时，环境、信息及决策者的新判断总会发生相应的改变。随着时间的推移，不确定性可能过渡为两种可能，一种朝向低不确定性水平（风险和模糊性）转变，一种朝向高不确定性水平（绝对不确定性）转变。向低不确定性水平的转变是通过判断发生的，而向高不确定性水平转变则是由外部冲击和内生决策引起的。总之，开放的选择和结果改变了决策的环境，外生因素打开了结果集，这反过来又促使内生的重新审视选择集，这个过程反复出现，因此动态的决策更值得被关注。

这篇文章开创性地阐述了创业决策者动态决策的过程，深化了不确定性在创业研究中的关键影响。这篇文章做出了三个主要贡献：第一，它提出了一种理解不确定性的新方法。这一结果有利于创业决策者重新认识环境不确定性，也对决策理论和效果理论进行了有益的拓展。同时，这一研究结果对创业者的决策是如何做出的以及为什么决策结果不会完全确定提供了新解释。第二，它探索了不同的不确定情境下创业者决策的本质。这一研究结果阐明了创业决策者如何看待不确定性促进决策过程，有助于解释为什么一些创业决策者会以特定的方式感知不确定性。第三，它很好地回应了"在何时以及为什么会随着时间的推移而做出新的判断决策"这一问题。随着时间的推移，决策者面临的环境、决策者所得到的信息以及根据信息想象的选择方案或行为结果都会发生改变，那么在此情况下，创业者的决策也会受此影响，从而改变决策方向。这一基于动态视角的研究打破了传统决策研究的静态思维，为未来研究提供了新的视角。

未来研究方向

2021 年政府工作报告指出，"十四五"期间要"加快数字化发展，打造数字经济新优势，协同推进数字产业化和产业数字化转型，加快数字社会建设步伐"。而在数字化转型的过程中，我们首先需要了解的关键词便是不确定性。众所周知，不确定性一直伴随着人类社会的发展和演进，人们对不确定性的恐惧也从未消减，我们一直在寻找对抗不确定性的方法，但也从未得到过解决这一问题的答案。不确定性源于信息约束条件下人们有限的认知能力，应对不确定性是每个个体、企业甚至国家的永恒挑战。聚焦到创业过程中，决策者面临着如何在不确定情境中做出决策，这些决策的正确与否决定着创业者的创业行动意愿，也决定着企业的命运。因此，未来研究可深入探讨在数字化转型背景下，不确定性如何影响创业者决策，决策者应做出什么样的决策才能有效应对数字转型带来的不确定性。

通过回顾上述三篇文章，其不仅解释了不确定性与创业者决策之间的关系，也为未来研究不确定性如何影响创业者决策提供了方向。米利肯（1987）基于个体感知视角，提出了 3 种不确定性类型，分别为状态不确定性、效果不确定性和反应不确定性。这三种不确定性影响了其后 30 多年的创业领域关于不确定性的研究，可以说米利肯开创了"不确定情境下，创业者如何决策"这一研究主题的先河。麦凯尔维等学者的研究在一定程度上回应了米利肯研究中暗含的假设，并基于米利肯提出的 3 种不确定性类型，从认知层面探究了环境不确定性与创业者参与创业行动意愿的关系，探索了环境不确定性影响创业者参与创业行动意愿的边界条件，拓展了不确定性情境下的创业决策的研究。帕卡德等学者的研究打破了传统的研究思想，重新审视了不确定性情境下创业者决策的本质，并重新定义了不确定性类型，从构建创业决策过程理论的角度，探索了不确定性如何在判断的过程中持续动态变化，开发了一个创业决策者判断的连续性和递归性的框架，拓展了不确定性情境下创业决策的研究。从这三篇文章中不难看出，不确定性是影响创业者决策的关键因素，从关注不确定性对创业者决策的静态影响到关注不确定性影响创业者决策的动态演化过程，这也印证了"不确定情境下，创业者如何决策"这一话题的重要性和前沿性，值得未来继续深化探索。

米利肯的研究启示我们未来可探究"数字化转型情境下，不确定性对创业者决策的影响"。首先，需要明确的是数字化转型的情境具有怎样的特征。其次，这些属性特征可能会产生哪种类型或组合的不确定性，不同种类或不同组合的不确定性如何影响创业决策者的决策行为。最后，不同种类或不同组合的不确定性对创业者决策的影响机制是什么，边界条件又是什么。以上仍值得研究者通过不同的方法进行探索。

麦凯尔维等学者的研究启示我们未来可探索"不确定情境下，数字创业团队创业决策过程的双刃剑效应以及边界"。当前，"创业者"往往以创业团队的形式出现，创业决策往往以团队决策的方式进行，因此"不确定情境下，数字创业团队如何决策"值得未来继续进行研究。除此之外，现有研究表明，数字创业团队创业决策的积极作用结果涉及数字创业团队的创新绩效和团队核心能力，未来可继续寻找其他方面的积极作用结果。此外，数字创业团队成员决策过程中或团队协作过程中很可能产生心理资源等的消耗，从而产生情绪耗竭等消极结果。因此，未来还可关注数字创业团队创业决策过程的双刃剑效应，并且寻找可能的边界条件。

帕卡德等学者的研究启示我们未来可探索"不确定情境下，数字创业团队决策的动态演化机制"。未来研究可基于数字工件、数字平台以及数字基础设施视角，探索不确定情境下，数字创业团队决策的动态演化机制，以揭示数字技术对数字创业团队决策的赋能过程。也可根据时间推移，探究不同的创业阶段中数字创业团队决策的动态过程。

研究设计与应用拓展

如果你对"创业者如何在不确定性环境下决策"这一话题感兴趣，首先，需要思考的是如何定义不确定性情境的特征及其表现形式。其次，对不确定性如何影响创业者决策的研究大多是基于理论研究和质性分析，很少通过大规模开展问卷调查的方式进行，这是由于不确定性情境的测量工具以及创业者决策的测量工具的信度和效度较低，且大规模问卷调查创业者决策的难度较大、精度不准。因此，基于麦凯尔维等学者研究的启发，未来在创业决策的研究设计上，可以从以下三点入手。

第一，未来可通过数据挖掘技术构建创业决策的"数据库"，并利用机器学习技术探索创业者决策规律。首先利用数据挖掘技术将文字、图片、音频、视频等载体呈现的信息进行可视化处理，结合案例分析以及实地调研等方法，对不确定性情境和创业者决策的属性特征进行分析。然后通过马尔科夫等方法，从创业决策"数据库"中获取不同不确定性情境下的创业决策信息，从而得出创业决策的规律，在此基础上进行机器学习，为创业者在面临新的不确定性情境时如何决策提供有力的参考。

第二，未来可基于认知神经科学视角，探索不确定性情境下创业者如何决策。通过设计情境实验探索不同类型的感知不确定性对创业者决策的影响。采用脑电、眼动、皮电等实验方法获取不同个体感知不确定性的异质性数据，探索在认知神经科学视角下，感知不确定性是如何影响创业者决策的。这一研究视角和实验方法有助于解决问卷调查难以解决的困难，如决策者的回忆偏差等。除此之外，这一研究视角和实验方法可用于实时监测创业者决策的数据，便于在后续研究中探索创业决策者的决策规律。

第三，未来可基于情报视角构建不确定性情境下的创业决策体系。一方面，情报子系统与创业决策子系统协同联动，情报子系统获取不确定性情境及与创业相关的数据，处理成信息后再编制成情报传递给创业决策子系统，这有助于实现不确定性情境的监控与预警。创业决策子系统基于获得的情报，及时反映到创业决策响应与实施过程中。另一方面，创业者可以利用神经网络等评价方法评价创业决策的有效性。

◆ 参考文献

Conrath, D.W., 1967, "Series B, managerial & organizational decision making behavior under varying conditions of uncertainty", *Management Science*, Vol. 13, No. 8: 487-500.

Dimov, D., 2011, "Grappling with the unbearable elusiveness of entrepreneurial opportunities", *Entrepreneurship Theory and Practice*, Vol. 35, No. 1: 57-81.

Duncan, R.B., 1972. "The characteristics of organizational environments and perceived environmental uncertainty", *Administrative Science Quarterly*, Vol. 17, No. 3: 313-327.

Engel, Y., Kaandorp, M., and Elfring, T., 2017. "Toward a dynamic process model of entrepreneurial networking under uncertainty", *Journal of Business Venturing*, Vol. 32, No. 1: 35-51.

Gulati, R., and Higgins, M.C., 2003, "Which ties matter when? The contingent effects of inter-organizational partnerships on IPO success", *Strategic Management Journal*, Vol. 24, No. 2: 127-144.

Mcmullen, J. S., and Dimov, D., 2013. "Time and the entrepreneurial journey: the problems and promise of studying entrepreneurship as a process", *Journal of Management Studies*, Vol. 59, No. 8: 1481-1512.

Moenaert, R.K., and Souder, W.E., 1990. "An information transfer model for integrating marketing and R&D personnel in new product development projects", *Journal of Product Innovation Management*, Vol. 7, No. 2: 91-107.

Sarasvathy, S.D., 2001. "Causation and effectuation: toward a theoretical shift from economic inevitability to entrepreneurial contingency", *Academy of Management Review*, Vol. 26, No. 2: 243-263.

Shackle, G., 1961. "Decision order and time in human affairs", *Journal of Political Economy*, Vol. 14, No. 4: 605-606.

Sutcliffe, K.M., and Zaheer, A., 1998. "Uncertainty in the transaction environment: an empirical test", *Strategic Management Journal*, Vol. 19, No. 1: 1-23.

Tung, R. L., 1979, "Dimensions of organizational environments: an exploratory study of their impact on organization structure", *Academy of Management Journal*, Vol. 22, No. 4: 672-693.

Waldman, D.A., Ramírez, G.G., House, R.A., et al, 2001, "Does leadership matter? CEO leadership attributes and profitability under conditions of perceived environmental uncertainty", *Academy of Management Journal*, Vol. 44, No. 1: 134-143.

▣ 文献推荐

Milliken, F.J., 1987, "Three types of perceived uncertainty about the environment: state, effect, and response uncertainty", *Academy of Management Review*, Vol. 12, No. 1: 133-143.

Mckelvie, A., Haynie, J.M., and Gustavsson, V., 2011, "Unpacking the uncertainty construct: implications for entrepreneurial action", *Journal of Business Venturing*, Vol. 26, No. 3: 273-292.

Packard, M., Clark, B.B., and Klein, P.G., 2017, "Uncertainty types and transitions in the entrepreneurial process", *Organization Science*, Vol. 28, No. 5: 840-856.

◉ 代表性学者

弗朗西丝·米利肯（Frances J. Milliken）

在纽约市立大学取得组织行为学博士学位，现任纽约大学伦纳德·斯特恩商学院的管理学教授和创业讲席教授。她的研究领域包括创业和组织领导力等，在《管理学评论》《战略管理杂志》《管理杂志》《管理研究杂志》《人力资源管理》(Human Resource Management) 等期刊上发表过多篇论文。E-mail：fmillike@stern.nyu.edu。

亚历山大·麦凯尔维（Alexander McKelvie）

在延雪平大学国际商学院取得创业学博士学位，现任雪城大学惠特曼管理学院创业学教授，担任学院副院长。他的研究和教学领域为创业学，在《创业学杂志》《创业理论与实践》《战略创业杂志》《美国管理学会展望》等期刊上发表了多篇与创业相关的论文。E-mail：mckelvie@syr.edu。

马克·帕卡德（Mark Packard）

现任内华达大学里诺分校商学院助理教授，主要从事商业管理、组织研究和创业经济学方面的研究。他目前正在研究创业不确定性和创业理论。在《创业学杂志》《管理学评论》《组织科学》《战略创业杂志》《小企业经济》等期刊上发表了多篇创业研究论文。E-mail：mpackard@unr.edu。

创业者如何获取早期投资

◎ 蔺 楠 ◎ 张 茜 ◎ 陈思睿

上海财经大学商学院

在早期发展阶段，创业者和创业企业常常通过主动寻求金融资本助力企业跨越式发展、优化治理结构等。全球共享经济和互联网创业的蓬勃发展催生了大量定制化加速器项目和众筹等支撑平台。早期阶段的资金供给新模式、新业态不断涌现，创业融资情境处于复杂动态变化中。新兴融资方式的出现，一方面与传统融资方式共同拓展了创新创业与市场资源、社会需求的对接通道，丰富了创新创业组织形态；另一方面也改变了传统风险投资的所有权结构，从理论和实践上对创业融资、公司治理和国家监管提出了巨大挑战（Ahlers, et al., 2015；Hathaway, 2016）。结合创业情境来看，不确定性贯穿创业始终，解释和应对不确定性的能力决定了创业成败（Knight, 1921；McMullen, et al., 2007）。融资情境和制度环境的高度不确定性，要求创业者甚至在不可知的未来面前采取行动（Sarasvathy, et al., 2003；Townsend, et al., 2018）。因此，不同类型和具有不同融资认知的创业者往往会做出差异化决策，并对融资绩效和企业成长产生重要影响。另外，我们需要知道的是，创业不再是简单的机会发现，而是整个创业过程个人的知识、动机、身份、情感与各方之间的互动（Shepherd, Patzelt, 2018）。所以，面对如今融资情境的高速变化，充分认知融资环境的动态性和复杂性，了解各类投资者异同，掌握其决策驱动因素，从更加宏观和整体的角度考虑资金来源途径、作用等对早期投资者与创业者而言都十分必要。

在多个学科领域中，创业者如何获得金融资本为研究个人、分析组织和市场层面的理论提供了肥沃土壤。早期创业融资的相关研究倾向于描述性，即研究风险投资（venture capital，VC）、公司风险投资或天使投资（business angel，BA）等关键参与者的参与方式、作用与结果，投资过程如何运作以及一些重要的概念和框架。随着风险融资领域和创业环境的不断发展，研究进展到强调风险投资评估的主观性、互动性和偶然性（Kirsch, et al., 2009）对投资决策的影响，天使投资中的启发式捷径（Huang, Pearce, 2015）以及风险投资机构和天使投资集团的决策标准、构成、影响（Dutta, Folta, 2016；Ewens, Townsend, 2020）等。此外，在研究方法上，早期研究数据多局限于实地研究和二手数据，这种数据局限也阻碍了前沿研究的持续推进。

然而，金融资本的动态性质继续挑战现有研究范式，并创造出新的研究机会。例如，在研究理论和研究视角上，更为复杂的融资情境要求从更加社会化的视角看待风险投资，将风险投资决策过程看成一个相互作用的决策者集合，借鉴社会动态等相关理论进行探讨；深入研究不同类型投资者的决策动机、决策方法、结构和战略差异以及与社会网络的联合等因素；从行动和整体视角综合考虑创业者行动、资金来源间的相互联系等。在研究方法上，众筹平台与加速器的发展也提供了新颖的研究窗口和大量市场数据。因此，我们以"创业者如何获取早期投资"为主题，从创业融资的整体环境、投资人、创业者三个视角，为读者推荐三篇经典文献，提供一些有益思考。例如，在应对早期创业投融资的情境、行为和结果的不确定性时，创业者应注意"知行"结合，根据融资环境和融资对象的具体情况，灵活制定、调整融资策略。

威尔·德罗弗等学者：现代股权融资研究的关键融资机制与未来研究机遇

2017 年威尔·德罗弗（Will Drover）等学者在《管理杂志》上发表了《创业股权融资研究的回顾与发展路径：风险投资、公司风险投资、天使投资、众筹和加速器》一文，可以说是从股权融资角度深入了解整体创业融资环境的基础之作。它之所以选择股权融资作为切入点，是因为相较于债务融资，股权融资是追求高增长企业的重要选择，并且已有研究讨论较为充分，因此选择股权融资进行文献回顾。这篇文章从个人、组织、市场三个层面系统地回顾了 1980~2016 年的风险融资研究，概述构成现代股权融资格局的关键融资机制，并以此为基础指出未来研究机会以及它们之间日益增长的相互联系，是后续研究重要的指导性读物。

尽管股权融资的相关研究蓬勃发展，但缺乏一个整体和联系的视角看待这几类融资方式。具体而言，不同类型的风险资本在投资阶段、投资金额、战略目标、地理集中度以及提供资本之外的参与性质存在差异，这些差异进一步体现在投资人驱动因素、创业者行为、团队决策，以及正式、非正式环境对创业者融资获得的后果上。鉴于这种独特性，威尔·德罗弗等学者对每一种股权融资类型进行简要概述，然后在动态的融资环境中挖掘新型融资机制、融资形式的研究方向。

在写这篇文章前，他们首先在领先的管理学、创业学、金融学和社会学期刊（16 种重要期刊）上搜索相关文章，将 418 篇文章分为 1980~2003 年、2004~2016 年两个阶段，并且将研究重点聚焦于 2004 年以后的文章上，从而对 2000 年初形成的研究趋势进行更全面的评估。研究发现：①风险投资方面，个体角度的相关研究集中在投资者对潜在交易的评估和投资过程中的主观判断，创业者寻求风险投资的决定及创业者与投资者之间的关系；组织层面的研究则探讨了缓解金融市场的信息不对称问题、风险投资增值和业绩结果、缓解风险和联系机制等；市场方面的因素则考虑了如何影响行为和结果、政府激励措施、正式和非正式结构在塑造风险投资市场中的差异。②公司风险投资方面，个体角度的研究较为缺乏，多集中在公司风险投资人员思维方式和决策者的个人报酬；组织层面的研究探讨了公司风险投资的经济和行为前因、公司风险投资单元、公司风险投资和创业企业的绩效结果；市场方面研究了公司风险投资活动的趋势，以及将其视为研发战略的一部分。③天使投资方面，个人角度的研究大多探讨了个人天使投资者的投资决定以及创业者追求天使资本的动机，团队层面的研究聚焦于天使团队内的决策及其对创业企业绩效的影响，市场层面则将天使市场与其他机制进行比较。但由于近年来关于众筹和加速器的文章才逐渐形成体系，所以这篇文章没有对众筹和加速器情境下的文章进行回顾。此外，相较其他两类研究，关于天使投资的文章数量较少。为尽力弥补这两个遗憾，我们所选的后两篇文章分别从天使投资人的决策认知逻辑和众筹环境下的创业者行为进行补充，从认知和行为角度为创业者如何获取早期投资提供借鉴。

其次，他们指出在未来的研究中，风险投资研究需要采用一个更加社会化的视角，了解团队决策过程、内部社会动态和行为风险承担方面的不同及其影响，挖掘风险资本家面临的多种代理问题，考察现有战略理论的边界，分解正式和非正式制度因素对风险投资活动的影响。公司风险投资研究需要对其前因后果和对母公司及其他关键利益者的影响进一步了解，扩展公司风险投资总体战略目标的概念化，更深层次探索个人层面变量的作用。天使投资的研究首先需要考虑不同类型的天使投资在理论和经验上的差异。例如，观察对独立天使投资决策的研究，确定其如何做出决定及评估潜在交易的标准，后文中黄乐仁（Laura Huang）的研究很好地呼应了这一号召，她建立了一个基于投资者直觉的决策过程模型，丰富了投资人的动机研究。此外，观察天使集团内的投资决策、结构和战略差异，将天使群体特质、行为和过程的不同配置与纵向回报表现联系起来也十分必要。

最后，新型融资方式不断补充或挑战现有理论和假设（如代理理论、网络理论、社会动力学和认知等），例如股权众筹给传统公司治理和激励调整的代理理论带来了挑战，并且其结构性嵌入的作用也尚未清楚，因此众筹环境下投资者如何评估机会，信号如何起作用，创业者的沟通、设计和行为又会产生何种作用需要进一步探索。第三篇文章默里（Murray）等学者的研究响应了此号召，描绘了创业者在众筹环境中实现资源调动的三个过程。加速器作为组织形式的研究、成功的衡量标准、企业的动态和网络影响也是未来的重要研究途径，并为研究行动中的创业学习提供了一个方便、自然的实验环境。

这篇文章囊括了处于早期阶段的创业者寻求资源的各种正式和非正式渠道，反映出扩大研究范围和理解整个创业融资环境的重要性。它呼吁学者们进一步识别股权投资者之间的重要异质性来源，以及探讨不同类别投资者之间的互动关系，从而划分出与既有理论相关和需要建立新理论的地方，使得实践变化与理论探索相辅相成、共同发展。更为重要的是，这篇文章以动态的视角认为各类资金来源不是孤立的，在很大程度上启发了各种机制相互联系是未来研究的重要转变。例如，蒂斯（Thies）等（2019）评估了早期融资活动（众筹）的特定信号如何影响风险投资的后续融资抉择，从长远角度回应了信号管理如何减少结果不确定性。遗憾的是，出于发表时间原因，该篇文章没有对近年来蓬勃发展的众筹和加速器的内在机制进行详细解析，这同时也为未来研究提供了一个潜在机会。

黄乐仁：基于风险与不确定性视角的投资者直觉决策

德罗弗等学者整合和评估了风险投资、公司风险投资、天使投资、众筹和加速器的相关研究，确定了创业融资领域的关键考虑因素，凸显了创业者在寻求、获取早期投资前，了解整个创业融资环境的重要性。但是，早期创业处于一个极具复杂性的环境中：一方面，从投资者那里获得金融资源是许多早期创业企业面临的关键挑战；另一方面，由于财务报表与市场数据等客观和可量化的信息少，投资者也可能会面临大量资金、精力和时间的损失。因此，早期的创业投资被认为是"风险极端"和"极有可能失败"的，是投资者应该避免的，早期的创业投资往往出于快速、无意识的投资者直觉。投资者为何会投资已知的风险极高的早期创业企业？直觉是如何作用于创业投资决策的？2018年黄乐仁在《管理学杂志》上发表了《投资者直觉在管理复杂性和极端风险方面的作用》一文，从投资者视角探究投资者是如何受到风险和不确定性倾向的引导，通过融合认知和情绪的直觉过程做出创业投资决策的。

这篇文章的结构清晰且极具启发价值。先前的研究发现，有经验的投资者严重依赖直觉进行创业投资。个人决策的相关研究提出了两种不同的决策处理系统：无意识、快速、整体的"系统1"和有意识、缓慢、深思熟虑的"系统2"。"直觉"通常与前者联系在一起，被视为一种非理性和非逻辑的思维模式，可能会导致决策者做出不准确或次优的选择，被认为是决策过程中错误和噪声的来源（Kahneman，Tversy，2000；Kahneman，Frederick，2002）。但是，由于受到工作记忆的限制，"系统2"在复杂决策中可能会降低细节处理效率从而阻碍决策。早期创业投资处于风险巨大、回报不确定的决策环境下，投资者不仅依赖客观和可量化的信息进行分析，也整合自己的意见和感知，对投资机会进行主观细致的鉴别。黄乐仁认为，这个复杂的"直觉过程"实际上融合了认知和情绪，同时具有分析性和主观感知性，鼓励投资者进行原本被认为风险过高、可能导致失败的投资。在此基础上，构建了基于投资者直觉的决策过程模型。

黄乐仁对来自美国三大天使投资网络的110位活跃的、经验丰富的、主要投资于高科技及高增长初创企业的天使投资者分别进行了时长为40～165分钟的半结构化访谈，访谈内容涉及投资者对他们投资决策的深度描述、做出最终投资决定的过程、决策考虑等。为了避免可能存在的回顾性偏见和事后合理化风险，研究者还参加了每月一次的投资者会议，查看了投资者要求提供的材料以及他们在投资过程中做的笔记，通过实地观察对访谈结果进行交叉验证。此外，作者还采访了72位从主样本投资者处获得资金的创业者，从焦点目标的角度深入了解投资者的决策过程，作为补充数据加强调查结果的真实性。

基于访谈和分析，研究者描述了投资者在考虑投资机会时是如何实施直觉过程的。接近一个投资机会的关键先决条件是投资者对创业风险根深蒂固的看法，投资者受到对风险和不确定性预设倾向的引导，并最终做出不同的投资决定。投资者对风险的态度包括"控制型"（control-focused）和"选择型"（choice-focused）。"控制型"投资者关注风险管理，他们承认创业投资不确定的本质，但认为自己拥有他人不具备的理解、捕捉、管理风险的能力，依赖于经验和专业知识，"控制型"投资者将风险和决策中可衡量的部分量化，通过计算管理控制风险。"选择型"投资者更加关注无法准确预测未来投资结果的风险或可能的不确定性，对他们来说，创业投资就是要承担风险以增加成功的机会，比起投资失败，他们更在意是否找到了可能带来巨大收益的机会。

对投资风险的态度为投资者如何处理和理解投资机会的复杂性以及极端风险提供了不同的心理模型，它与投资者形成直觉和使投资行动具体化的方法相关联。作者发现，投资者直觉过程的展开包括两种方法：清单法（checklist）和切分法（syncopated approaches）。寻求风险量化和识别的"控制型"投资者以清单法构建直觉，将业务可行性数据作为"锚"，将自身的系统整合、解释稀缺信息的能力视为独特优势，提供对机会和认知的基础解释，对投资的真实性质和潜在风险有更充分的了解。"选择型"投资者以切分法构建直觉，将对创业者的认知视为理解投资机会的基础，将识别和捕捉交易的本质与特殊性的能力（对信息的独特认知）视为自身优势，依靠对创业者特征的感知来归因他们的行为，对机会进行情感解释，对投资回报有更深入细致的理解。

这篇文章是基于投资者视角的早期创业投资的代表性成果，对早期创业中投资者直觉对决策的影响进行了深入的讨论。它突破了先前研究中投资者使用经济指标、硬性财务指标等作为投资决策的标准，指出投资者之间的区别在于他们对风险的态度以及因此形成的对决策因素的自我聚焦。同时，它强调投资者结合相互关联的经济信息和行为线索的重要性，指出投资者直觉不是快速、无意识的感觉，而是认知和情感有目的的整合过程，为判断与决策提供基础。它为投资者直觉的具体形式和功能提供了情境化视角，投资者直觉没有取代经济原理，而是让投资者形成一种自我聚焦的叙事，从而接受和应对不确定性和极端风险，做出决策和行动。

亚历克斯·默里等学者：面向非专业资源提供者的创业者早期资源动员过程

黄乐仁从投资者的角度，为研究创业者与投资者之间的互动及其对投资决定的影响提供了借鉴。亚历克斯·默里（Alex Murray）等学者2020年在《组织科学》上发表的《基于社区的资源动员：创业者如何通过众筹从分散的非专业人士那里获得资源》一文，从创业者角度描绘了众筹环境中的三个资源调动过程，进一步回应了创业者如何在众筹环境下成功获得早期创业融资的问题。

长期以来，创业学者一直试图理解当创业者面临内在不确定性时，是如何为他们的早期创业筹集急需的资金的？传统研究讨论了创业者如何从专业投资者和天使投资者处获得财务支持，但是，与传统的寻求股权投资回报的募集资金方式不同，越来越多的创业者开始在创业初期和充满不确定性的阶段，以未来产品或服务的预售为交换，利用互联网众筹从非专业资源提供者处获得财务支持。众筹是一个持续的过程，为了理解和描述这一过程，需要评估众筹活动是如何随着时间的推移展开的，以及在活动前和活动过程中创业者与资源提供者之间发生了什么互动，但有关众筹的实证研究忽略了这种资源动员的动态过程。

默里等学者采用复制逻辑，使用多案例匹配的归纳理论构建、可视化映射和阶段回溯来解决如何在众筹环境下成功地为早期创业企业筹集资金的问题。作者基于非股权众筹平台Kickstarter，选取了2012～2014年期间在Kickstarter上发起四种不同类别产品众筹活动的8家（4对）早期创业公司，在2014～2017年期间，分两次对创始人和项目支持者进行了38次半结构化访谈，并对众筹平台员工等进行了一般性采访，收集了外部采访者对焦点企业创始人进行的现场采访（34次）和播报（7次）。此外，作者使用了包括创投公司的Kickstarter页面和外部网站、博客、媒体文章、创始人个人社交媒体账户等档案数据进行文本分析，同时，从第三方机构Kicktraq收集众筹活动每日指标的定量数据，并亲自参与到观察众筹活动的过程中，对分析数据进行补充。

研究发现，成功的创业者通过三个与社区相关的时间顺序的过程：社区建设（community building）、社区参与（community engaging）、社区跨界（community spanning），确定并说服潜在的资源提供者在众筹活动过程中为他们提供金融资源。

首先，寻求通过众筹筹集资金的创业者在启动筹资活动之前，可以利用三种社区建设机制——激励特定对象、招募未来用户、构建共同叙事，与拥有领域相关知识的潜在资源提供者建立心理纽带。激励特定对象能增强对产品有兴趣的个体的项目承诺，并增加他们提供资源和分享活动的可能性。招募未来用户为具有领域相关知识的个体提供了参与到产品持续开发中的机会。构建共同叙事允许未来用户参与到早期创业企业的故事生成中，将创业者与未来用户之间的协作和社会凝聚力传递给潜在的资源提供者。总的来说，社区建设过程允许创业者在寻求资金资源之前确定哪些人对企业发展有内在的兴趣，通过开发承诺的心理纽带，社区建设机制为围绕企业形成社区、公开交互奠定了基础。

其次，成功的创业者在社区参与方面投入了大量的时间，通过公开征求反馈意见、显而易见地整合想法、承认未使用的想法三种机制，社区参与过程为现有的活动支持者和潜在的资源提供者提供了在公共论坛上相互联系的机会，培养支持者之间的社会认同感，激发潜在资源提供者对活动的兴趣，鼓励广泛的社会共享，促进额外的资源调动。公开征求反馈意见使个体能向创业者表达自己的想法，并与其他同样关心类似风险的支持者讨论自己的想法。显而易见地整合想法允许现有的支持者对企业产生切实的影响，增强支持者的群体认同感和在其社会网络中分享这一活动的可能性。进一步地，承认未使用的想法公开承认了支持者想法的优势。通过这个过程，围绕早期创业企业的社区开始成形，并逐渐为外部观察者所识别。

最后，创业者可以利用中介机构获得更多普通受众的关注，通过利用外部活动和请媒体宣传实现社区跨界。利用外部活动使创业者能对其他众筹活动和创业者进行剖析，在企业各自的社区之间建立起交流的桥梁。媒体宣传则能向更广泛的受众传播企业的信息。通过完成最初声明的资金目标，创业者向第三方中介（包括其他活动创始人、媒体机构）发出质量信号，催化有关活动和企业信息的传播，向更多普通受众传递企业可行且可信的印象。

默里等学者通过多案例匹配分析，构建了一个整体的、按时间顺序的、基于社区的资源动员框架，从非专业资源提供者处获得金融资源支持，是创业者视角的早期创业融资的代表性成果。先前研究大多强调专业投资者在早期创业投资中的重要作用，对众筹的研究也大多采用档案数据和实证研究，并着重强调身份声明的作用，这篇文章通过阐明创业者从非专业资源提供者和专业投资者处动员金融资源的过程中的异同，指出无论是在筹集资金活动之前还是期间，创业者都使用不同的、按时间顺序的流程来识别、调动不同的资源提供者群体，通过培育一个可识别、可信任的社区，促进创业者与创业者、资源提供者之间的互动、承诺、社会认同，扩大活动的覆盖范围，构建众筹环境下的社区资源动员框架，为资源动员和众筹研究做出贡献。

未来研究方向

长期以来，组织理论学者和创业学者一直试图了解，当创业者面临不确定性时，如何为处于早期阶段的企业调动持续的金融资源。以往研究多聚焦于专业投资者、投资机构（风险投资、公司风险投资和天使投资人）背景，考察创业者如何获得早期投资。然而，在互联网金融快速发展的当下，新型融资模式持续涌现，为创业企业的融资选择和企业发展提供更多可能。相较于专业投资者，这类非专业的资源提供者（如众筹等）处于不同融资阶段，具有不同投资目标和驱动因素。据此，创业者面对纷繁的融资渠道，如何识别并赢得投资人支持，对于减少不确定性和增强企业生存的长期前景至关重要。

面对处于早期阶段和高度不确定性的创业企业，想要有效获得融资首先需要做的是熟知各类融资渠道的融资机制，然后确定融资方式和识别潜在支持者，掌握投资者决策逻辑和动机，最后采取相宜的沟通和行动，赢得投资者信任和支持。上述三篇文章与该逻辑链条紧密契合，也反映出了创业金融相关研究的重要节点和未来研究方向。

德罗弗等学者回顾股权融资的相关研究，总结出了各类融资方式内在的融资机制，强调了不同创业资金来源的差别和动态关系，并且讨论了融资情境快速发展所带来的理论挑战。

该文献彰显了创业资金来源的复杂性和条件性，以及考虑各类筹资模型之间及其内部的互动关系和深远影响。未来研究也是按照此方向不断发展的，例如，米格洛（Miglo, 2019）研究在不同类型市场完善程度的情况下，创业者在两类众筹方式和传统融资渠道之间的选择，进一步回应了如何减少融资情境的不确定性。

黄乐仁的研究揭示了投资者直觉并非情绪化和非理性的，而是一个复杂的过程，帮助我们更好地理解基于投资者视角的创业投资决策。这篇文章启示我们继续探索与直觉相关的早期创业决策过程。投资者直觉模型可能不适用于投资者与创业者接触较少的投资环境（如众筹平台），或者投资者与创业者之间的参与预期较低的投资环境（如私募股权），投资者的背景和经验也可能导致他们以不同的速度和程度形成直觉过程。未来研究既可以探究直觉在其他类型的投资者和融资环境中对决策过程的影响，也可以深入探究特定投资者的心理和背景基础，还可以在实验室和实地设置定量研究，检验、扩展这篇文章的理论与方法，帮助理解潜在的调节因素和边界条件，以及其他更客观的结果。

默里等学者的研究则打开了以非股权的方式从非专业投资者处寻求早期创业投资研究的大门，未来研究可以继续探究三个问题。首先，众筹环境决定了创业者与资源提供者之间是接触相对较少的、交互的、反馈式的关系，基于此形成的资源动员过程对寻求通过二元的、面对面的交流，期待从少数专业投资者处调动资源的创业者来说是否有效仍有必要研究。其次，由于资源提供者在非股权环境中并不寻求财务回报，因此，创业者能随着活动的展开，结合心理人际关系（社会认同）和理性动机（可行性和可信度）来动员资源提供者。相比之下，股权众筹中的资源提供者的投资更具有外在财务动机。因此，研究非股权和股权众筹之间的异同，以及创业者在这两种环境下可用的资源动员流程显然是有必要的。最后，未来研究可以探究创业者在其长期融资轨迹中的资源动员过程，如何从众筹开始，随后通过从天使投资人和专业投资者处募集金融资本，扩大他们的企业规模。

研究设计与应用拓展

处于早期阶段的创业企业大多缺乏客观数据支持，加之基于商业保密性的考量，创业企业往往不会公开具体融资数据。另外，在创业投资中也一直缺乏客观标准，投资者的认知因素和决策过程难以获得。因此，已有创业融资研究多从案例访谈或实验设计中获取数据，或者基于风险机构名单展开论证。但这类实证数据的数量和广泛性常受到限制，也无法体现出早期阶段的创业企业特质，最终影响了理论推进和研究普适性。但互联网金融的蓬勃发展，带来了多样的数据收集和研究窗口。例如，众筹的一个核心组成部分是它发生在虚拟环境中，潜在投资者通常会观看推介视频并选择在互联网上进行投资（Mollick, 2014），这给予了研究者巨大的研究空间。具体来说，在创业者寻求早期投资的研究设计上，可以从以下四个方面入手。

第一，使用视频分析法，全面观察创业行动。由于调查、访谈、实验和二手数据等主流方法对创业行动发生时的洞察力有限，因此越来越多的研究者呼吁通过观察（并参与）创业实践者在其社会、经济和环境背景下的"行动"来进一步开展创业研究（Chalmers, Shaw, 2017）。与此同时，基于视频的方法为研究者提供了一种强大而又方便的方法来观察和理论化创业行动的情境、互动、物质与情感等因素（Christianson, 2018）。奥米斯顿和汤普森（Ormiston, Thompson, 2021）通过对使用视频方法的创业实证研究文章进行梳理，发现创业实证文章中主要有三种视频研究方法。第一种是"实地"（field）创业的视频拍摄（如路演等展示活动和其他自然发生的实践）；第二种是创业者生成的视频内容分析，如众筹和档案视频等；第三种是"制造"情境下的视频引出，如通过访谈和焦点小组、实验和干预等。在国外，可以通过 Kickstarter 或 Y Combinator 获取创业融资的相关视频；在中国，可以从以下链接获取路演视频：全景网中国网上路演中心（http：//rsc.p5w.net），或者通过阿里云创新中心获取路演信息。通过对创业者路演或推荐的视频分析，你可以全方位地了解创业者的行为、与投资人互动的表现以及创业结果。

第二，利用开放的网络资源建立创业融资数据库。已有研究以参加创业大赛的创业企业为样本进行研究（Kanze, et al., 2018），另外也有部分研究选择具有较大影响力的大型创业真人秀节目作为样本来源，例如，依靠《赢在中国》《创业英雄汇》等节目反映投资决策的具体过程与结果。因此，未来研究可以依靠各类创新创业大赛（如中国创新创业大赛、创客中国创新创业大赛等）、众筹平台，或者结合爬虫技术、互联网资料，以及天眼查等平台构建丰富的创业融资数据库。

第三，依靠机器学习和大数据方法，为了解投资决策提供更多依据。在不确定性的背景下，数据驱动的投资决策方法可以提供更有效的结果。具体来说，机器学习技术的应用可以为股权投资者和创业金融领域的学者们提供关于成功的初创企业常见模式的新见解。机器学习是更广泛的人工智能科学领域的一个子集（Zomaya, Sakr, 2017）。机器学习被定义为赋予系统自动学习和改善经验的能力的研究领域，而无须明确编程。机器学习使用数据输入和输出来训练算法，以便从数据中自动制定规则，从而生成一个程序（即模型）。一旦算法确定了模式，并学会了一个现象的数据输入和输出之间的关系，生成的模型就可以用来计算输出，从一个新的输入开始计算。已有研究介绍了使用 Crunchbase 以支持股权投资者的决策过程（Francesco, Moreno, 2021）。未来研究可以综合其他网站或数据库结合机器学习进一步了解投资者的决策标准。

第四，采用定性和定量相结合的研究设计，从宏观角度探索投资逻辑的动态演变。除了实验、调查和统计等定量研究方法外，通过扎根理论方法和一手访谈，构建本土文化下的投资人决策逻辑和演变过程也是十分重要的。以往研究多从微观角度探寻投资人的认知因素，而忽略了行业、文化、制度等动态发展对投资人决策和创业者认知因素的影响。因此，希望学者们在借鉴各种研究方法的基础上，使用多维度方法，从更加宏观和动态的视角综合推动研究进展。

◆ 参考文献

Ahlers, G.K., Cumming, D., Günther, C., and Schweizer, D., 2015, "Signaling in equity crowdfunding", *Entrepreneurship Theory and Practice*, Vol. 39, No. 4：955-980.

Chalmers, D.M., and Shaw, E., 2017, "The endogenous construction of entrepreneurial contexts：a practice-based perspective", *International Small Business Journal*, Vol.35, No. 1：19-39.

Christianson, M.K., 2018, "Mapping the terrain：the use of video-based research in top-tier organizational journals", *Organizational Research Methods*, Vol. 21, No. 2：261-287.

Dutta, S., and Folta, T.B., 2016, "A comparison of the effect of angels and venture capitalists on innovation and value creation", *Journal of Business Venturing*, Vol. 31, No. 1：39-54.

Ewens, M., and Townsend, R.R., 2020, "Are early-stage investors biased against women?", *Journal of Financial Economics*, Vol. 135, No. 3: 653-677.

Francesco F., and Moreno M., 2021, "Entrepreneurial finance: emerging approaches using machine learning and big data", *Foundations and Trends in Entrepreneurship*, Vol. 17, No. 3: 232-329.

Hathaway, I., 2016, "What startup accelerators really do", *Harvard Business Review*. https://hbr.org/2016/03/whatstartup-accelerators-really-do.

Huang, L., and Pearce, J.L., 2015, "Managing the unknowable: the effectiveness of early-stage investor gut feel in entrepreneurial investment decisions", *Administrative Science Quarterly*, Vol. 60, No. 4: 634-670.

Kahneman, D., and Frederick, S., 2002, "Representativeness revisited: attribute substitution in intuitive judgement. In Gilovich, T., Griffin, D., and Kahneman, D. (Eds), *Heuristics and Biases: The Psychology of Intuitive Judgment*", Cambridge, UK: Cambridge University Press.

Kahneman, D., and Tversky, A., 2000, *Choices, Values, and Frames*, Cambridge University Press.

Kanze, D., Huang, L., Conley, M.A., and Higgins, E.T., 2018, "We ask men to win and women not to lose: closing the gender gap in startup funding", *Academy of Management Journal*, Vol. 61, No. 2: 586-614.

Kirsch, D., Goldfarb, B., and Gera, A., 2009, "Form or substance: the role of business plans in venture capital decision making", *Strategic Management Journal*, Vol. 30, No. 5: 487-515.

Knight, F.H., 1921, *Risk, Uncertainty and Profit*, Houghton Mifflin.

Miglo, A., and Miglo, V., 2019, "Market imperfections and crowdfunding", *Small Business Economics*, Vol. 53, No. 1: 51-79.

Mollick, E., 2014, "The dynamics of crowdfunding: an exploratory study", *Journal of Business Venturing*, Vol. 29, No. 1: 1-16.

Ormiston, J., and Thompson, N.A., 2021, "Viewing entrepreneurship 'in motion': exploring current uses and future possibilities of video-based entrepreneurship research", *Journal of Small Business Management*, doi: 10.1080/00472778.2020.1866184.

Sarasvathy, S.D., Dew, N., Velamuri, S.R., and Venkataraman, S., 2003, *Three Views of Entrepreneurial Opportunity*, Springer.

Shepherd, D.A., and Patzelt, H., 2018, *Entrepreneurial Cognition: Exploring the Mindset of Entrepreneurs*, Palgrave Macmillan.

Shepherd, D.A., McMullen, J.S., and Jennings, P.D., 2007, "The formation of opportunity beliefs: overcoming ignorance and reducing doubt", *Strategic Entrepreneurship Journal*, Vol. 1, No. 1-2: 75-95.

Thies, F., Huber, A., Bock, C., Benlian, A, and Kraus, S., 2019, "Following the crowd—does crowdfunding affect venture capitalists' selection of entrepreneurial ventures?", *Journal of Small Business Management*, Vol. 57, No. 4: 1378-1398.

Townsend, D.M., Hunt, R.A., McMullen, J.S., and Sarasvathy, S.D., 2018, "Uncertainty, knowledge problems, and entrepreneurial action", *Academy of Management Annals*, Vol. 12, No. 2: 659-687.

Zomaya, A.Y., and Sakr, S., 2017, *Handbook of Big Data Technologies*, Springer.

■ 文献推荐

Drover, W., Busenitz, L., Matusik, S., Townsend, D., Anglin, A., and Dushnitsky, G., 2017, "A review and road map of entrepreneurial equity financing research: venture capital, corporate venture capital, angel investment, crowdfunding, and accelerators", *Journal of Management*, Vol. 43, No. 6: 1820-1853.

Huang, L., 2018, "The role of investor gut feel in managing complexity and extreme risk", *Academy of Management Journal*, Vol. 61, No. 5: 1821-1847.

Murray, A., Kotha S., and Fisher G., 2020, "Community-based resource mobilization: how entrepreneurs acquire resources from distributed non-professionals via crowdfunding", *Organization Science*, Vol. 31, No. 4: 960-989.

● 代表性学者

威尔·德罗弗（Will Drover）

现任俄克拉何马大学普莱斯商学院战略和创业学副教授。他的教学和研究主要集中在新创企业融资领域，涉及风险投资如何决策等研究议题。在《创业理论与实践》《管理杂志》等期刊上发表多篇论文，并被《福布斯》等媒体报道。现任《创业学杂志》领域编辑。E-mail：drover@ou.edu。

黄乐仁（Laura Huang）

在美国加利福尼亚大学欧文分校获得管理学博士学位，现任美国哈佛大学商学院工商管理副教授。她的研究考察了早期创业，以及人际关系和隐性因素在天使投资与风险投资等投资者决策中的作用，在《管理学杂志》《行政科学季刊》等期刊上发表多篇研究成果，被 Poets & Quants 评为 40 岁以下最佳商学院教授之一。E-mail：lhuang@hbs.edu。

亚历克斯·默里（Alex Murray）

在华盛顿大学获得管理与组织博士学位，现任俄勒冈大学伦德奎斯特商学院管理学助理教授。他的研究侧重于发展理论框架，以解释创业者与组织如何调动资源、招募初始利益相关者和协调活动。他的项目基于众筹、多边平台、区块链公司和分散的自治组织等一系列背景。E-mail：amm16@uoregon.edu。

创业者如何从失败中学习

◎ 于晓宇　◎ 贾迎亚

上海大学管理学院、上海大学创新创业研究中心

　　面对不断攀升的创业失败率，试错是创业者探索不确定性的主要手段。低成本试错、快速迭代，是在当前高度不确定商业环境中存活下来，并逼近预期的核心原则。然而，创业者通常在失败后陷入悲痛、倦怠等消极情绪中难以恢复，如何在这种状态下激发学习这一高阶认知能力，挖掘创业者的智慧与潜能，不仅是创业者降低不确定性、解码成功之道的一把钥匙，也在一定程度上决定了创业热潮后整个社会的成本和收益（于晓宇等，2019）。

　　早期的创业失败研究存在"反失败偏见"，认为失败是一个负面事件，研究的重点在于"如何避免失败"。针对这一偏见，丽塔·麦格拉思（Rita G. McGrath）在1999年首次提出创业失败的期权价值，指出创业失败是试错的重要手段，创业者要学会降低试错成本，提高期权价值，以失败"逼近"成功。自此之后，研究开始关注失败的价值，尤其是如何应对失败以及失败的学习价值。谢泼德提出"悲痛恢复理论"，并围绕失败后的恢复及学习开展了一系列微观层面的研究，研究情境包括自雇（Shepherd, 2003）、家族企业（Shepherd, 2009）、项目管理（Shepherd, et al., 2011）、公司创业（Shepherd, et al., 2013）等。谢泼德系列研究成果的核心观点认为失败恢复和学习是一个相互缠绕的过程，创业者从失败的负面情绪中恢复之际也就完成了学习过程。这个观点非常直观，指出了创业者从失败中学习的主要障碍与解决办法。遗憾的是，谢泼德并未揭示创业者到底从失败中学习到什么，以及创业者从失败中学习是否有不同模式。

　　在"创业学习理论"和"悲痛恢复理论"的基础上，贾森·科普（Jason Cope, 2011）使用案例研究揭示了创业失败学习的成本、内容和模式，构建了创业失败学习的全过程模型，为后续研究进一步从认知、动机、归因、社会网络等视角挖掘创业失败的学习价值提供了理论指南。谢泼德等学者进一步聚焦创业失败对后续创业行为和创业成效的学习价值，探

⊖ 本文是国家自然科学基金青年项目"突破有限理性的创业者：创业者反思型思维的形成及其对创业企业可持续绩效的效能机制"（71902112）、国家自然科学基金面上项目"大型企业创业型项目失败的情绪反应与恢复机制：一个多层模型"（71972126）、上海市教育委员会科研创新计划（重大项目）"中国本土创业学核心理论的突破与建构：基于社会网络视角的创业失败管理研究"（2019-01-07-00-09-E00078）资助的阶段性成果。

索了失败经历对创业机会识别、再创业决策及企业成长的作用（Mueller，Shepherd，2016；Yamakawa，et al.，2015）。创业失败研究近年来也开始涌现新话题，例如，谢泼德等学者聚焦逆境管理，探寻创业者走出困境，寻找平衡之道（Shepherd，Williams，in press）。

站在更宽的视域，"最小化创业失败成本，最大化创业失败价值"不仅体现了创业失败研究从前端（如何避免失败）向后端（如何应对与学习）转移的重要趋势，对高不确定环境下的创业研究也有推动作用，启发创业研究者跳出"成功逻辑"，探寻失败视域下的创业者和创业现象的独特性与普遍性。

亨利·福特（Herry Ford）曾说，"失败只是东山再起的一个基点，并且，下一次还会更聪明一些"。专家型创业者的核心逻辑是"向死而生"，凭借超强的危机意识、应对失败的意志、从失败中学习的卓越能力，让企业先立于不死之地，才一次次跨越企业、产业、经济和历史的周期，存活至今。"以终为始，向死而生"正是他们有别于"昙花一现"创业者的入场姿势，也是企业能持续进化的原始基因。然而，真正从创业失败中学习并不容易，我们选取了三篇"创业失败学习"的代表性文献进行评述，以期研究者快速了解这一领域的发展历程和研究前沿。

贾森·科普：基于失败学习过程的"全景视图"

2011年贾森·科普⊖在《创业学杂志》上发表了《创业失败学习：一个解释性现象分析》一文，承袭了谢泼德（2003）提出的干扰失败学习的"悲痛恢复"（grief recovery）视角，还开启了创业失败学习研究的新纪元。它通过质性研究系统识别创业失败学习的内容、模式和障碍，提出了"余波–恢复–重建"的"学习之旅"全过程，揭示了创业者从创业失败中学习成效差异的主要来源。

进入21世纪，随着对创业失败价值的认可（McGrath，1999），失败学习研究开始涌现。科普在2003年曾提出，创业者经历的非连续性、非常规性事件（如失败事件）会激发高阶学习，奠定了失败学习研究的理论基础。谢泼德基于心理学和组织行为学的研究，围绕微观层面的创业者情感和恢复过程及其带来的创业失败学习效果，开展了一系列论证（Shepherd，et al.，2003，2009，2011），极大地推动了失败学习领域的研究进展。不过，这些研究以理论论证和模型建构为主，缺乏基于丰富的、情境化的学术资料的扎根理论探讨，亟待提供相关实证证据。

尽管创业失败是一个灾难性的经历，但也蕴藏着丰富的信息和知识，为创业者提供了持续进行动态性意义建构的"学习之旅"（Cardon，McGrath，1999）。一方面，并非所有的失败都值得学习，每一次失败所蕴藏的学习价值也存在差异；另一方面，并非所有创业者都能从创业失败中高效学习，因此，也要揭秘失败"学习之旅"的全过程，包括创业失败学习的阶段、创业失败学习的内容和模式，以及创业失败学习的主要障碍。

科普的这一研究回答了上述过程的三个问题。这篇文章开发了创业失败学习阶段和内容的深度概念化模型，提出恢复和重建是失败学习的高阶结果，有利于创业者应对未来挑战。此外，文章着重强调了失败学习不仅是自我（个体和企业）反思的过程，也要将社会关系和创业网络的作用纳入学习过程。研究揭示了创业者如何从失败的巨额成本中剥离情感和自我疗愈，如何在复原后进行深度反思和行动以完成高阶学习，重建未来事业的全过程，回答了创

⊖ 贾森·科普英年早逝，学术期刊《创业与区域发展》专门发表悼词，缅怀并致谢科普在创业失败学习研究领域开创性的理论贡献，详见doi：10.1080/08985626.2012.694268。

业失败学习差异性的来源的基本研究问题。

这篇文章也是创业失败学习领域的首篇质性研究。科普认为质性研究可以提供情境化的观点、丰富的细节和详尽的描述，实现对情境和过程的双重关注。应用解释性现象分析（interpretative phenomenological analysis），科普基于便利抽样，深度访谈了直接经历过创业失败、愿意分享失败经历的8位创业者，涉及软件、通信、培训、制造业等行业，其中4位来自英国，4位来自美国。研究发现，创业失败学习包括"余波–恢复–重建"三个阶段，每一阶段的具体内容如下。

第一，余波（aftermath）：失败后，创业者需要"暂停"其他活动，思考失败事件，主要围绕着对失败成本的认识，包括财务、情感、身心、社会、职业和创业六个方面。需要特别指出的是，这篇文章在财务和情感成本的基础上，首次正式提出和探究了失败者的社会成本。创业失败需要经历社会过程，例如，对投资人、同事和家人的愧疚使得创业失败者陷入社交隔离状态，加剧了失败者的焦虑感，周边关系逐渐淡化。悲痛恢复与失败复原都需要创业者重拾社会关系和重获周边支持，这也是高阶学习的必要条件之一。

第二，恢复（recovery）：失败恢复是一个随着时间演进而不断剥离痛苦、自我复原的学习过程。研究发现，恢复阶段包含三个相互联系的学习要素。①初期脱离，创业者从心理上短暂逃避以自愈；②关键反思，创业者用心解读和理解失败；③反思行动，创业者尝试走出失败，重新追求新机会。此外，损失导向（直面失败，直接处理和解决失败事件），而非恢复导向（回避失败或从失败中转移注意力），有助于帮助创业者在反思中"向前看"，激发反思行动，投入积极的、全新的事业，着眼于未来而不再沉迷于过去的失败损失。

第三，重建（re-emergence）：失败是"试错学习"的终极形式，学习结果是对失败学习的最终检验。与经验学习的三种形式相结合，科普总结了四种类型的失败高阶学习结果。①自我学习，了解自身的优势、劣势、技能、态度、价值观等，失败通常成为创业者的人生转折点（转化学习）；②企业学习，了解企业的优势和劣势，尤其是失败原因，重新认知企业的基本假设，灵活运用于未来工作场景（双环学习）；③关系学习，认知内外部社会网络的本质与运作方式，在此基础上重新思考组织方式和团队构成（转化学习与双环学习）；④企业管理学习，了解如何在动态环境下经营创业企业，为再次创业奠定知识和技能基础（再生式学习）。总的来说，失败学习帮助创业者重塑了心智模式，帮助他们在未来道路上避免失败，走向成功。

这篇文章对全面认识创业失败学习的要素和过程具有重要理论价值和实践价值。①它是对"悲痛恢复理论"（Shepherd，2003）的补充和延伸，描绘了余波、恢复、重建这三个相互关联的失败学习过程，形成了有特色的"创业失败学习时间轴"。研究引导创业者在失败短暂的精神脱离后，主动认识和评估失败成本，采取损失导向，深度反思并及时行动，形成一系列高阶学习成果。②这篇文章强调了失败的社会性质，指出创业者不仅要克服财务和情感成本，更需克服社会（关系）成本，发挥社会关系在失败学习和重建中的重大作用。③失败有助于塑造创业者的心智模式。通过失败学习，创业者会反思过去的无效行动和错误，修正创业相关技能和知识，为下一次成功奠定基础。让失败通过学习转化为"再生型（transgenerative）失败"（即可以东山再起的失败），发挥创业失败的期权价值。

布兰登·米勒和迪安·谢泼德：检验失败提升认知技能的理论模型

尽管科普等指出，失败是转化学习（transformative learning）的前奏（Cope, 2011），不过，

学者们更多地以理论研究、概念文章或案例研究展开讨论，少有研究对转化学习发生的具体条件以及特定成效进行实证探究。究竟哪些原因导致失败经历对创业者的转化学习成效存在差异性影响？布兰登·米勒（Brandon A. Mueller）和谢泼德 2016 年在《创业理论与实践》上发表了《失败价值最大化：创业失败与商业机会识别的关系探究》一文，基于认知心理学和学习视角，检验了失败经历与创业机会识别中结构相似性的应用水平之间的关系，进一步探索了三种认知工具对这一关系的调节作用。

  这篇文章的结构简单，但极具理论价值。一方面，它是最早开发失败的创业价值，检验失败对创业的核心概念——机会识别的影响的实证研究之一，打破了创业失败学习早期更注重个人学习和事件学习的局限。另一方面，它引入认知心理学特征来解释学习过程和学习成效，补充了过去研究重点考虑制度环境或失败特征的影响作用的观点，引领未来研究持续关注创业者认知特征对复杂环境解读和信息提取的差异性。此外，它在研究方法上也很有特色，结合结构化访谈和情境问卷方法，开展了针对 114 位创业者的大样本调研，使用口头报告分析和内容编码的方法对主要变量进行测量。

  米勒和谢泼德选择了"机会识别中的结构相似性"作为转化学习成效的重要表征，它也是这篇文章的因变量。结构相似性是机会识别中的一种思考方式，指产品或科技的技术功能和市场需求逻辑的认知匹配性，是提高机会识别质量的关键，对科学创新、新产品构思等创新性任务具有重要作用。创业者在识别机会时采用结构映射方式比较技术与市场之间的关系（Gregoire, et al., 2010）。技术与市场之间结构相似性高，意味着技术的内部性能（如技术的原理、功能等）类似于市场潜在需求的形成原因和机制（如顾客需求的原因）。技术功能逻辑和市场需求逻辑间的匹配性，不仅关注技术是否满足市场需求，更注重为什么能满足这种需求。

  米勒和谢泼德首先提出创业者的失败经历会提高创业机会识别的结构相似性应用水平。失败这类负面事件更会激发个体结构化地思考，并高度抽象地探寻不同领域的事物之间的区别和联系，提高了心智模式的成熟度和丰富度。在此基础上，作者认为在经验转化过程中，创业者认知差异性（如熟悉程度和特定经验）均会影响个体对失败事件因果关系的解读，进而对后续学习行为和结果产生不同影响。这篇文章接下来选择了三种认知工具：专家机会原型、专业知识和认知风格，分别阐述了其调节作用。①对具有较高水平的专家机会原型的创业者来说，失败经历与结构相似性应用的正向关系得到增强。专家机会原型，即个体对理想型创业机会的认知模型，帮助个体更丰富、更精准地理解创业成功的特征，例如对解决客户问题的把握、风险的预警与管理等。专家机会原型水平越高，创业者越能从失败中汲取其积极养分，并将之融入自身对市场和技术的认知模型中，越有利于在机会识别的结构相似性中得到应用。②创业者越少依赖既有的专业知识，失败经历与结构相似性应用的正向关系越强。由于信息替代机制的存在，当创业者更多依靠参考其丰富的专业知识（具体知识、技能）激活结构相似性应用时，失败经验的助力作用反而减弱。③相较于分析型认知风格的创业者，直觉型认知风格的创业者可以强化失败经历与结构相似性应用的正向关系。认知风格是创业者组织和处理信息的内在指南。直觉型认知风格的创业者更有效地将创业失败揭示的模糊和复杂的信息处理为结构相似性应用所需要的知识，使用类比手段延伸至全新情境，进一步识别机会。

  作者邀请 114 位新创企业决策者参与现场调研，请被试在 30 ~ 60 分钟的约定会议中完成 3 个基于真实场景（一个技术导向场景，即 3D 打印；两个市场导向场景，即不断增长的新一代拉美人口和婴儿潮出生人群的大规模退休）的机会识别练习。研究流程为，请被试依次阅读场景素材，描述他们从中识别的技术或市场机会，评估和解释哪个机会是最好的。依次完成3个场景后，被试还需要填写一个包括失败次数和认知风格的简单问卷。随后，作者团队采用口头报告分析（verbal protocol analysis）的方法进行内容编码，测量结构相似性应用、专家机会原型和专业知识这3个变量。

研究发现，尽管失败经历并不直接提高机会识别的结构相似性应用，不过，当创业者具有较高水平的专家机会原型、直觉型认知风格、较少依赖专业知识的认知特征时，失败经历有助于机会识别的结构相似性应用。这意味着，创业者需要配备合适的"认知工具包"，才能更有效地从失败中学习。从理论价值来看，这篇文章回答了"失败赋予了创业者哪方面的知识"的问题，即围绕失败对机会识别的结构相似性应用的作用进行研究。文章进一步回答了"为什么创业者失败转化学习的成效存在差异性"的问题，根据认知特征选取了相机因素。

米勒和谢泼德的这篇文章是创业失败学习的机会价值探究的代表性成果。在这一时期，创业失败的研究者从聚焦解读失败原因转向对失败价值的挖掘，探究如何通过失败学习推动后续的创业，例如机会识别、再创业的成长和职业成功。代表性研究还包括：山川（Yamakawa）等学者（2015）基于归因和动机的认知视角，发现创业失败的内部归因、创业者失败后再创业的内部动机，以及创业者失败的程度均会影响后续企业的成长；埃格斯（Eggers）和林（Lin）（2015）则基于创业学习的观点，发现经历失败的连环创业者更倾向于将失败归咎于外部环境，从而在后续创业中转换行业，但是，这种转换并不利于后续创业的绩效；鲍（Bau）等学者（2017）基于职业发展观，使用瑞典的二手数据发现，在职业生涯早期和晚期，创业失败与再创业行动具有正向关系，而在职业生涯中期，创业失败与再创业行动具有负向关系，性别对以上关系具有调节作用。

王大顺等学者：探寻失败动力学的科学规律

在科学研究过程中，研究者倾向于将胜败归因于运气、学习能力和个体差异。事实真的如此吗？2019年王大顺等学者在《自然》（Nature）杂志上发表了《量化失败动力学：来自科学家、创业者和恐怖组织的证据》一文，它通过他们所构建的新模型给出了新观点：即使个体间的初始差异并不大，但在经过反复的学习过程后，所表现出来的结果却有着天壤之别。正所谓：君子慎始，差若毫厘，谬以千里。

为了完成这项研究，作者团队收集和使用了来自3个领域的大数据。①科学家：1985～2015年，提交给美国国家卫生研究院（National Institutes of Health，NIH）的来自139 091名研究者的776 721份与健康有关的科研经费申报及其中标情况，从中提取出经历多次失败最终获得成功的"生物医学研究员奋斗史"。②创业者：来自美国风险投资协会（National Venture Capital Association）VentureXpert数据库，包含1970～2016年253 579名创业者创办的58 111家公司的数据。作者基于此重建创业者的历次创业经历，将创业成功定义为：IPO或被大公司收购。③恐怖组织：来自全球恐怖主义数据库（Global Terrorism Database，GTD），1970～2017年3 178个恐怖组织策划的170 350起恐怖袭击事件。造成了至少一人死亡为袭击成功，无人伤亡则表示袭击失败。

在研究中，作者首先使用以上3个数据库检验已有的成功或失败归因于运气（chance）和学习（learning）假说的可靠性，并发现，多次失败的互补累积分布曲线与假设曲线无法重合，说明单一的运气与学习模型都无法解释人为何会成功或失败。

作者继续从简易的单变量模型（学习数量变量 k）入手探索失败的动力学机制，建立 k 模型（k model），从质量和效率两个角度评估两种极端的 k 模型的结果。研究发现，在 k=0（运气模型）中，反复尝试并不能带来总体质量和效率的提高，成败完全取决于运气。而在 k→∞ 的模型中，经验积累明显能提高质量与改进效率。

作者进一步检验学习数量的作用是否存在一个从量变到质变的阈值，即 k 值的变化对成功概率的提升是不是连续的。研究发现，学习数量对成功概率的影响是由两个阈值点带来的三级相变过程，只有当 k 值大于一定临界值时，学习才能有效。也就是说，学习经验太少（k 太小）时，学习质量和效率都很低。但是，当 k 超过了一定的范围时，k 的增长也不再对成功有累加作用。超过临界状态的人能从过去的学习中受益，但未达到临界状态的人却几乎止步不前。

最后，作者提出并检验了四个假说，也是这篇文章的重要结论：第一，并非所有的失败都会带来成功，每个领域都有屡战屡败但锲而不舍的群体。第二，早期信号即可区分成功者和失败者。失败动力学遵循幂律分布，个体微观行为的微小差异也会在后期带来巨大的结果变化。第三，学习能力的提升导致了分流的出现，也就是说，绩效提升的根源主要在于对以往正确经验的复用和错误行为的避免。第四，失败曲线的长度服从韦布尔分布（Weibull distribution）。这意味着，个体在做一件事情多次失败后，只要拟合了失败曲线的形状，即可估计该事件未来能否成功以及成功的时间表。

王大顺等学者的研究开创性地阐述了失败的动力学机制，指引人们从动力学所得到的早期信号中"明察秋毫"，或许可"未卜先知"未来成败及时间安排。这篇文章深化了对"失败是成功之母"的认识，对失败学习尤其是创业失败学习研究来说，有两大贡献：第一，失败学习并非一个渐进的过程，失败的动力学是一个存在两个阈值点的三级相变过程。也就是说，如果两个个体的学习能力相差不大，但恰好处于临界值的两侧，最后的学习质量和学习效率都相距甚远。超过临界状态的个体能从过去的学习中受益，但恰恰是低于临界状态的个体几乎止步不前。这个发现为创业失败学习的研究提供了两点反思：研究者通常将失败作为一个连续变量或二元虚拟变量，缺少了对失败动力学机制的探究；研究尚未从更长期的创业生涯或职业生涯视角，探究失败对未来成败的信号机制。第二，从科学学（science of science）视角和研究设计来说，王大顺教授使用多个场景、多个研究对象、海量数据来反复验证一个研究发现的做法，值得我们借鉴学习。

未来研究方向

新兴技术的快速发展缩短了创业周期，提高了创业失败的概率。创业者必须提高低成本试错并从各类失败中快速学习的能力。然而，无论是创业者还是研究者，都需要重新思考如何界定"失败"。一方面警惕由于"虚假成功"的假象，错失了学习机会；另一方面，也要避免被"虚假失败"误导，过度反思导致错失良机。那么，该如何判定"失败"？达林（Dahlin）等学者（2018）构建了"过程×结果"的矩阵："虚假成功"是指由于存在信息噪声，虽然企业采取了错误路径，但误打误撞暂时取得了成功的结果。"虚假成功"现象在具有资源禀赋的大企业内部创业的活动中非常普遍，其中蕴藏了巨大的失败学习价值。"虚假失败"是指尽管企业运营的过程、行为和路径都遵循了正确的方式，但未取得预期的结果。这种现象值得对运气等概率问题进行反思，探寻未来更好的入场时机，不必为此大动肝火。不仅是创业活动的实践者，我们研究者也需要延伸创业失败的研究范围，包括各类创业活动失败的学习机制，以及"虚假成功"现象、"近赢"与"近输"等临界状态蕴含的失败学习机会。未来研究可进一步挖掘不同类型的失败带来的学习机会（信息与时机）、学习动机（行动意愿）和学习能力（行动竞争力）方面的差异性。

上述三篇文章不仅是失败学习研究的重要节点，也在一定程度上提供了失败学习研究的未来方向。科普的研究勾勒出创业失败学习的全景，也为近十年创业失败研究从前端转向后端奠定了坚实基础。科普是基于欧美的 8 位经历过由于经营不善导致公司被迫关闭的创业者，得出"余波－恢复－重建"的失败学习三阶段模型。然而，基于案例研究得出的这些结论在过去十年间并未得到充分验证和延伸，例如，重建阶段四种失败高阶学习结果分别在哪些前提条件下才会发生？在中国，创业失败者也必然会经历这三个阶段吗？在数字技术导致创业周期加速的背景下，失败企业的数字遗产也存在重新被开发利用的可能，失败学习的方式和结果还与科普的研究发现一致吗？此外，科普的研究尤其启示我们基于动态的社会网络视角探究创业失败学习的过程、模式与成效。研究已指出，当利益相关者等工作盟友及家人朋友等生活伙伴给予失败者最大限度的支持时，有助于失败者的情感恢复和失败学习。不过，过度的社会支持是否会导致创业者"沉醉温柔乡"而难以自省？社会关系究竟在哪些方面给予失败者包容和支持更能促进其情感恢复，在哪些方面助力失败者深度反思更能推动其东山再起？如何设计同路人（有创业失败经历的个体）之间的参与式学习机制以最大化激发彼此的失败学习效能？在"余波－恢复－重建"的不同阶段，社会关系的破裂、维护或重建又是如何发生、如何真正助力学习成效的？以上失败后的动态社会互动过程，仍值得研究者采用多种方法深度探索。

创业失败学习的价值之一在于推动高质量创业和激发企业家精神。米勒和谢泼德等学者的系列研究揭示了创业失败经历与机会识别这一创业中最重要的要素的关联，开始真正探索失败学习对创业这件事本身的价值，而不再只是对创业者个体、关系、企业等方面的学习价值。这篇文章启示我们继续探索创业失败后再创业的具体行为规律及其背后的认知逻辑。未来研究既可以从个体视角切入，挖掘创业失败经历和类型对再创业的产业、地域、时间间隔、所有权构成、团队延续性、投资人选择等具体行动偏好的差异性影响，也可以从关系视角切入，探索创业者的网络结构与规模如何助力其洗刷污名、重新赢得投资人的信任以获取再创业资源，还可以从宏观制度角度切入，为政策制定者寻找扶持与激励失败后再创业行动的可行路径等。不仅仅是再创业，研究对象还可以进一步延伸至组合创业者或连环创业者，探究失败经历在连续创业进程中的震动力、阻断力与推动力。

王大顺等学者的研究则为我们打开了创业失败学习研究的科学学大门。顺着这一研究思路，创业失败学习的研究至少可以继续探究两个问题。一是既然失败经历并不能提供线性学习的规律，而是两个阈值点带来的三级相变的过程，那么，对同一个创业者来说，不同时点、不同阶段的失败存在着差异性的学习价值。过往研究单纯使用"失败次数"代表失败经验，发现失败次数越多，失败学习的效果越好的结论（Mueller，Shepherd，2016）需要重新考量。二是我们也要探索在创业过程中，失败学习效用的两个阈值点在什么情况下产生，能否预测，以及到达阈值点后会带来哪些学习结果。此外，我们也应关注创业失败对创业者职业生涯高光时刻的信号作用，探究何时、何地、何种姿态、何种程度的失败能对创业者未来的创业成功产生预测。

最后，我们呼吁研究者关注创业失败学习的新问题与新挑战，从生态学、进化论、科学学等视角探索创新驱动创业失败过程与学习机制。例如，结合数字创业的三大支柱（开放性、可视性、繁衍性），数字资产为创业失败学习提供了资源和机会，降低了失败学习的成本，但是也带来了更大的挑战，机会窗口越来越短，环境动态性越来越高，要求创业者要快速从创业失败中学习，否则就只能学到"陈旧的、废弃的知识"。另外，从共创价值的视角，创业失败学习也要实现创新创业生态内的"共学"，避免"僵尸企业（项目）"对生态资源的侵占和拖累，最小化其对生态活力的伤害。

研究设计与应用拓展

你或许已经发现，创业失败应对与学习的研究中，理论研究和案例研究占据极高的比例，这是由于受社会固有的"失败偏见"的影响以及样本生存偏差的限制，基于大样本的创业失败实证研究在开展问卷调查或形成大规模数据库方面存在很大障碍，也限制了这一领域的研究进程。王大顺教授团队基于科学家职业发展历程、创业者连环创业经历，甚至恐怖分子的连环袭击行动等科学大数据的研究给我们带来颠覆式的启发，如果致力于从事失败相关的科学研究，需要学会使用科学的方法，寻找和构建相关数据库，寻找全人类底层的客观规律，并对此规律进行三角验证以形成笃定的研究结论。此外，创业失败的测量方式也需要采用更加多元化的手段。具体来说，在创业失败研究的研究设计上，你可以从三点着手。

第一，使用认知神经科学等方法探索创业失败的问题。这一方法有助于突破访谈、问卷方法中由于失败偏见、回忆偏见等原因而难以获得真实数据的局限性，攻克数据的不可得性这一固有难题，进一步深化创新创业研究。例如，剑桥大学的研究者利用 EMG 研究发现参与者在"近赢"或"近输"状态下对自我感知运气、投注行为和面部肌肉活动的影响。类似地，你可以利用 EMG 研究接近失败的风险投资、创业活动是否会激励风险投资人为类似的创业企业投资或激励连环创业，进而解释创业中非理性的投资行为。利用神经学、生物学机制解释和预测创业成败，这样的学科融合是趋势，更是责任。

第二，建设创业失败相关的数据库，利用开放的网络资源获取多种形式的"数据"（也包括文字、图片、音频、视频等）。当前已有学者基于全球创业观察、世界银行、GLOBE 文化评估等跨国数据库，从宏观制度和文化角度探索破产法、管制制度、包容文化等对于失败后再创业的影响，在创业失败的二手数据研究方面做出了有益贡献（杨学儒等，2019）。除了跨国数据库之外，你也可利用大数据网络爬虫等技术获取多个公开网站中的相关信息，例如，天眼查、企查查等社会实体信息查询网站可提供连环创业者追踪数据，包括企业退出的原因、投资者情况、再创业企业的基础信息等，IT 桔子等新经济创投数据提供商也设置了新创企业的失败专栏。未来，你可结合这些新兴的网络数据库，传统的新三板、创业板、上市公司等数据库，以及国家统计局、科技部等宏观政策层的数据，构建融合了创业者个体（失败）经历、创业生态与网络、创业政策与文化环境等的跨层数据库，为失败研究注入新的生机。

第三，仿照自然科学的研究设计，解决学科的基础问题。王大顺教授团队追踪创业者、科学家、恐怖组织等不同群体的研究给我们创业研究者提供了基于自然科学范式探讨创业失败尤其是失败学习议题的重要借鉴。自然科学研究往往聚焦于一个简单现象或议题，设计多个系列实验或选择多个数据库进行反复验证。除了上述第三篇文章，王大顺教授团队的另一项研究表明（Wang, et al., 2019），科学家基金申请中的早期失败在"劝退"了部分科研人员的同时，也会使坚持和存活下来的科研人员的成果更丰厚，研究价值更高，证明了德国哲学家弗里德里希·尼采的格言："杀不死我的，只会使我更强大"。你如果对这些基于科学研究发现的失败相关的结论感兴趣，建议你也可以"转化学习"，将其引进到管理学或创业学情境，探究创业者职业生涯管理、创业者组合创业或连环创业中的胜败规律。

在高度不确定的时代，失败管理是逼近成功的重要方法。从失败管理的视角，更有可能构建适合中国本土情境的创业学及相关理论。因此，也希望更多学者能结合多元的研究议题、理论视角、方法和数据，探索这一紧贴时代脉搏的命题。

◆ 参考文献

Baù, M., Sieger, P., Eddleston, K.A., and Chirico, F., 2016, "Fail but try again? The effects of age, gender, and multiple-owner experience on failed entrepreneurs' reentry", *Entrepreneurship Theory and Practice*, Vol. 41, No. 6: 909-941.

Cardon, M.S., and McGrath, R.G., 1999, "When the going gets tough…toward a psychology of entrepreneurial failure and re-motivation", paper presented at the *Frontiers of Entrepreneurship Research Conference*, Babson College.

Cope, J., 2011, "Entrepreneurial learning from failure: an interpretative phenomenological analysis", *Journal of Business Venturing*, Vol. 26, No. 6: 604-623.

Dahlin, K.B., Chuang, Y.T., and Roulet, T.J., 2018, "Opportunity, motivation, and ability to learn from failures and errors: review, synthesis, and ways to move forward", *Academy of Management Annals*, Vol. 12, No. 1: 252-277.

Eggers, J.P., and Song, L., 2015, "Dealing with failure: serial entrepreneurs and the costs of changing industries between ventures", *Academy of Management Journal*, Vol. 58, No. 6: 1785-1803.

Gregoire, D.A., Barr, P.S., and Shepherd, D.A., 2010, "Cognitive processes of opportunity recognition: the role of structural alignment", *Organization Science*, Vol. 21, No. 2: 413-431.

McGrath, R.G., 1999, "Falling forward: real options reasoning and entrepreneurial failure", *Academy of Management Review*, Vol. 24, No. 1: 13-30.

Mueller, B. and Shepherd, D.A., 2016, "Making the most of failure experiences: exploring the relationship between business failure and the identification of business opportunities", *Entrepreneurship Theory and Practice*, Vol. 40, No. 3: 457-487.

Shepherd, D.A. and Cardon, M.S., 2009, "Negative emotional reactions to project failure and the self-compassion to learn from the experience", *Journal of Management Studies*, Vol. 46, No. 6: 923-949.

Shepherd, D.A. and Williams, T.A., 2020 "Entrepreneurship responding to adversity: equilibrating adverse events and disequilibrating persistent adversity", *Organization Theory*, doi:10.1177/2631787720967678.

Shepherd, D.A., 2003, "Learning from business failure: propositions of grief recovery for the self-employed", *Academy of Management Review*, Vol. 28, No. 2: 318-328.

Shepherd, D.A., and Haynie, J.M., 2011, "Venture failure, stigma, and impression management: a self-verification, self-determination view", *Strategic Entrepreneurship Journal*, Vol. 5, No. 2: 178-197.

Shepherd, D.A., Covin, J.G., and Kuratko, D.F., 2009, "Project failure from corporate entrepreneurship: managing the grief process", *Journal of Business Venturing*, Vol. 24, No. 6: 588-600.

Shepherd, D.A., Haynie, J.M., and Patzelt, H., 2013, "Project failures arising from corporate entrepreneurship: impact of multiple project failures on employees' accumulated emotions, learning, and motivation", *Journal of Product Innovation Management*, Vol. 30, No. 5: 880-895.

Shepherd, D.A., Patzelt, H., and Wolfe, M., 2011, "Moving forward from project failure: negative emotions, affective commitment, and learning from the experience", *Academy of Management Journal*, Vol. 54, No. 6: 1229-1259.

Wang, Y., Jones, B.F., and Wang, D., 2019, "Early-career setback and future career impact", *Nature Communications*, Vol. 10, No.1: 1-10.

Yamakawa Y., Peng, M.W., and Deeds, D.L., 2015. "Rising from the ashes: cognitive determinants of venture growth after entrepreneurial failure", *Entrepreneurship Theory and Practice*, Vol. 39, No. 2: 209-236.

杨学儒，叶文平，于晓宇，等．哪些创业失败者更可能卷土重来？——基于松紧文化与制度环境的跨国比较研究 [J]．管理科学学报，2019（11）：1-18．

于晓宇，杨俊，厉杰，等．失败管理：破解不确定环境下创新创业成功的密码 [J]．研究与发展管理，2019（4）：1-3+151．

▣ 文献推荐

Cope, J., 2011, "Entrepreneurial learning from failure: an interpretative phenomenological analysis", *Journal of Business Venturing*, Vol. 26, No. 6: 604-623.

Mueller, B. and Shepherd, D.A., 2016, "Making the most of failure experiences: exploring the relationship between business failure and the identification of business opportunities", *Entrepreneurship Theory and Practice*, Vol. 40, No. 3: 457-487.

Yin, Y., Wang, Y., Evans, J.A., and Wang, D., 2019, "Quantifying the dynamics of failure across science, startups and security", *Nature*, Vol. 575, No. 7781: 190-194.

◉ 代表性学者

贾森·科普（Jason Cope）

在兰卡斯特大学获得管理学博士学位，曾在企业家精神与企业发展研究所（Institute for Entrepreneurship and Enterprise Development）担任讲师，接着在思克莱德大学担任高级讲师和教学主任。他的研究领域包括创业失败和创业学习等。曾任《创业理论与实践》等编委会成员，于2010年因病逝世。

迪安·谢泼德（Dean A. Shepherd）

1997年在邦德大学获得战略和创业方向哲学博士学位，现任圣母大学门多萨商学院创业学讲席教授，主要研究领域是创业，特别专注创业决策和创业学习方面的研究。在《组织科学》《应用心理学杂志》(Journal of Applied Psychology)、《战略管理杂志》《管理杂志》(Journal of Management)、《创业学杂志》等期刊发表过70多篇论文。曾任《创业学杂志》主编。E-mail：dsheph1@nd.edu。

布兰登·米勒（Brandon A. Mueller）

在印第安纳大学获得创业学博士学位（迪安·谢泼德为他的导师），现任艾奥瓦州立大学创业学院副教授。他的研究和教学领域包括创业和企业成长等。在《创业学杂志》《创业理论与实践》《管理杂志》等期刊上发表了多篇创业相关的研究论文。E-mail：muellerb@iastate.edu。

王大顺（Dashun Wang）

西北大学凯洛格商学院终身教授，也是西北大学科学与创新科学中心（CSSI）的创始主任。他目前的研究重点是科学学（science of science），于2021年2月与艾伯特-拉斯洛·巴拉巴西（Albert-László Barabási）合作出版专著 The Science of Science。曾是美国国立卫生研究院（National Institutes of Health）和陈-扎克伯格倡议（Chan Zuckerberg Initiative）等组织的顾问。E-mail：dashun.wang@northwestern.edu。

创业者何时及如何实施创业转型[①]

◎ 于晓宇 ◎ 贾迎亚

上海大学管理学院、上海大学创新创业研究中心

在《精益创业：新创企业的成长思维》一书中，埃里克·莱斯（Eric Ries）在精益创业的方法论中首次提出了"转型"（pivot）的概念，认为转型是当客户反馈打破了企业核心逻辑时，创业企业采取的一种对核心逻辑进行结构性修正的过程。这类转型主要针对方向性的改变，用来测试新的产品、战略和增长引擎的基础假设。近年来，"pivot"开始进入学术研究领域，研究者将"pivot"称为创业企业的"组织巨变"（Hampel, et al., 2019）或"战略重新定位"（strategic reorientation）（McDonald, Gao, 2019）。为了与成熟企业的战略转型或更新（strategic change or renewal）进行区分，我们将"pivot"译为"创业转型"。

创业转型研究的基础来自成熟企业的战略转型，但与成熟企业的战略转型存在本质上的差异。成熟企业转型通常基于可观测的、可比较的绩效落差，而创业企业由于"绝对的不确定性"导致了绩效不可比、不可得，因此绩效落差无法作为创业转型的基础。考虑到创业企业的资源约束，创业转型的动机、过程和结果均与成熟企业战略转型都存在显著差异，对创业转型的研究具有独特的价值。

创业实践中转型的普遍性和困难性也提高了创业转型研究的迫切性。众所周知，创业者很难在一次尝试中找到绝对正确的路径，"小步快跑，不断迭代"是常态，当量变发生质变时，创业企业也就完成了自身的转型。例如，从美团10年的成长经历来看，经历了"'to-C服务网页端团购'→'移动端本地服务'→'团购+外卖+社区'布局→融合'到店+大零售+酒旅+出行'四大业务"的"本地服务超级平台"的四次正式转型，其中包含了无数次的试错和迭代。可以看出，创业企业成长与创业转型相伴相生，创业者不断在自我颠覆中实现创业梦想。然而，现实中也不乏"转型找死，不转等死"的"魔咒"，创业者到底何时转型、如何转型、转型如何促进企业成长，始终是摆在创业者和研究者面前的重要问题。

[①] 本文是国家自然科学基金青年项目"突破有限理性的创业者：创业者反思型思维的形成及其对创业企业可持续绩效的效能机制"（71902112）、国家自然科学基金面上项目"大型企业创业型项目失败的情绪反应与恢复机制：一个多层模型"（71972126）、上海市教育委员会科研创新计划（重大项目）"中国本土创业学核心理论的突破与建构：基于社会网络视角的创业失败管理研究"（2019-01-07-00-09-E00078）资助的阶段性成果。

我们根据创业转型的全过程视角进行梳理（见图6-2），下面三篇关键文献分别对应了三个阶段：①转型前阶段，主要探究转型的条件与动机，当前研究发现信息的不一致性、关系承诺和时间承诺等要素会作为转型前重点需要考虑的因素；②转型阶段，聚焦创业者的内部管理，从个体和群体特质（如身份认同、创业激情）着手，考察创业者如何克服过度承诺，带领企业实现自我突破；③转型后阶段，聚焦创业者的外部管理，面对核心利益相关者的合法性质疑与认同背离，如何重建利益相关者认同，并重新寻求利益相关者支持。

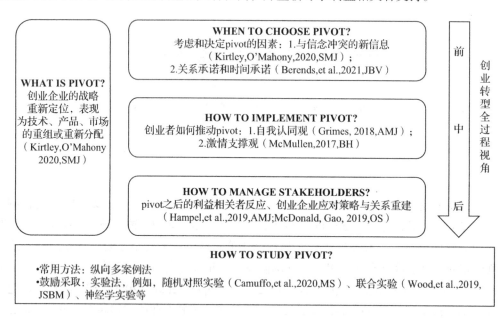

图 6-2 创业转型研究的脉络梳理

注：加粗文献为重点述评文献。

杰奎琳·柯特利和西奥班·奥马霍尼：创业转型发端于与创业者信念冲突的新信息

宾夕法尼亚大学杰奎琳·柯特利（Jacqueline Kirtley）和波士顿大学西奥班·奥马霍尼（Siobhan O'Mahony）2020年在《战略管理杂志》上发表了《什么是转型？解密创业企业何时及如何决定战略调整和转型》一文，在成熟企业战略变革研究的基础上，探索处于早期阶段的创业者何时和如何做出战略调整的决策，并以此为基础，提出创业转型的构成要素和基础内涵。

战略变革或转型是一个相对成熟的研究领域，研究者为何仍要探索"创业转型"过程？一方面，二者转型的动机（触发因素）存在差异。成熟企业战略变革的文献指出，战略变革是领导层感知的绩效落差的结果，但是由于早期阶段企业绩效数据的不稳定性、不可得性和难比较性，因此，绩效落差无法作为处在不确定情境下创业企业的转型动机。另一方面，成熟企业的战略变革多是企业应对外部环境变化的积极行动，而创业企业是基于自身的产品或技术创新，在"做中学"的实验过程，无法预料结果。因此，有必要探寻创业者在"绝对不确定性"（absolute uncertainty）的创新中如何接收和反馈新信息，如何开展实验从"做中学"，以揭示创业企业的战略转型演化过程。

在这篇文章中，柯特利和奥马霍尼首先界定了创业转型的概念，即创业企业通过重新分配和重新安排业务、资源和注意力的方式，转变企业战略导向的过程。这一界定并不将企业的变化局限于科技、产品或市场,而是从战略层面指出企业必须在资源承诺的基础上,做出战略的重新定位。

为了回答"在既定的战略路线执行过程中,当出现了不利于既定战略的信息,面对无尽的替代方案和难以估计的结果时,创业者应该何时决定转型,以及如何推进转型"这一问题,柯特利和奥马霍尼使用理论抽样的方式,实地追踪调研了能源和清洁科技行业的7家创业企业。能源和清洁科技行业的创业企业通常面临来自科技、管制、金融等资源状态的随机变化,在挑战既有科技手段和规模企业方面存在着极大障碍。7家样本企业均处于波士顿大都市圈,每一家创业团队至少包括3位成员;企业均处于"售前"阶段,尚未形成客户、市场、价格等承诺体系,比较容易发生战略调整。作者深度访谈和观察了创业者、创业团队、创业企业中的93个需要冒险去做出改变(而非形成)的战略决策过程(不管最后结果是否实施转型),这些决策对公司成败和长远发展存在关键影响。随后,作者使用归纳和迭代的理论构建方法,分五个阶段进行质性数据的分析,解释了以下四个问题。

第一,创业企业什么时候冒险求变?研究发现,当新获取的信息与既有信念发生冲突,能引发一个新的战略设想时,创业决策者开始考虑战略转型。他们质疑既有战略,出现了接受变化的"苗头"。导致转型的信息可分为两类,一是问题型触发因素,意味着企业价值的损耗或提高失败的可能性,会带来不利的结果;二是机会型触发因素,这类信息带来产品和公司价值提升的有利结果。尽管两类触发因素非常普遍,但并不意味着触发因素必然引致战略调整或创业转型。

第二,创业企业什么时候会选择战略调整?研究发现,在绝大多数情况下,决策者会收回他们的质疑并拒绝战略调整;仅有五分之一最终做出决策进行战略调整。拒绝战略调整,意味着创业者考虑过调整的决策,但最终没有做出改变或只做出微不足道的调整,这可能是因为决策者接受了问题型触发因素潜在的风险和负面影响,也可能是因为决策者可以完美地将机会型触发因素作为强化企业现有战略的一个助推器。进行战略调整,意味着决策者所接触的新信息与他们对当前企业、产品、科技和战略的信念存在着极大的冲突,必须改变企业战略的某个要素。

第三,创业企业如何进行战略调整?当企业决定进行战略调整时,并不意味着它们立刻"推倒重来",而是在既有战略基础上尝试删除或增加一个要素,循序渐进。当面对问题型触发因素时,决策者在调整中会选择相关要素的战略退出(strategic exits);当面对机会型触发因素时,决策者会在与客户或合作伙伴交互的过程中提出新的价值主张或增加公司的新业务模块,这种行动被称为战略增益(strategic addition),并增强和延伸决策者对企业的信念。

第四,什么情况下,战略调整可以被称为战略转型?并非所有的战略调整都可以实现战略转型。调整只是对某一个战略要素做出变化,而创业转型意味着企业的所有业务和资源要进行重新分配和重新安排,绝非某一次决策的产物,而是在每一次决策中战略要素退出或增益的长时间积累过程,最终渐进地实现创业转型。研究发现,7家样本企业中的6家至少实施了一次战略调整,但是只有3家样本企业最终实现了创业转型。

柯特利和奥马霍尼的研究对于创业转型研究有重要影响。基于对创业决策在微观层面和随时间变化的中观层面的探索,这篇文章回答了创业企业何时和如何进行战略调整,以及战略调整如何演化为创业转型的问题。此外,它指出了创业转型与成熟企业的战略转型差异,即存在着不同的背景条件(高度不确定与相对稳定)、不同的触发因素(信息冲突与绩效落差)

和不同的转型路径（小步快跑与大刀阔斧），为创业转型研究提供了新的视角。同时，这篇文章的发现也可以反哺战略转型研究。当前，许多大型企业通过公司创业、内部孵化等形式进行自我"革命"，其战略转型的方式或许正在发生变化，开始与创业转型的条件和路径存在某些相似性。我们主要想启发成熟企业战略转型研究关注、探索创业转型触发条件与转型路径的适用性和差异性。

马修·格兰姆斯：创业转型的关键在于创业者克服对过去的自我认同

柯特利和奥马霍尼发现，在综合考量战略调整的决策后，多数企业都不愿意实施创业转型。这是为什么？剑桥大学的马修·格兰姆斯（Matthew Grimes）2018年在《管理学杂志》上发表了《转型：创始人如何通过创意工作和身份认同对外部反馈做出回应》一文，在一定程度上回应了这一问题。创始人将创意作为自己身份的一部分，在转型中存在抵制心理。面对外部负面反馈，尽管创始人选择创意优化会提升创意响应外部市场的能力，但矛盾的是，这会损伤创始人的心理所有权和身份认同感。

过往研究主要对创意优化中创始人如何克服信息局限性进行探究，指出外部反馈可以帮助创始人降低环境不确定性和信息不对称性，因此创始人致力于开拓信息来源和方式，以提升创意反馈的质量。不过，这些研究忽略了外部反馈对创始人身份的颠覆。在实践中，频繁的外部反馈必然会导致个体对创意的新颖性和实用性感知的偏离，以及对自身作为创新工作者身份的质疑。绝大多数创始人认为创意工作绝不是工具性的任务，而是非常个性化的事业，与个体的身份紧密联结。由于创始人对创意倾注了大量的心血，提高了其心理所有权，创始人经常对自己的创意做出"完全正确"的高度评价，但这会成为创意优化过程中的关键障碍，使创始人降低创意优化的意愿。基于此，格兰姆斯将"创意工作"和"身份认同"首次连接起来，认为创意工作塑造了创始人的身份认同，这一过程受到反馈发生的群体情境和创始人经验差异的影响。

格兰姆斯采用归纳、扎根理论等方法研究这一问题。他做了8个月的实地调查，深度访谈了59位创始人和创始人的反馈提供者，收集了一系列访谈数据、非参与式观察数据和二手数据。在两个创业孵化器的支持下，格兰姆斯采用目的性取样的方法寻找资源受限的创始人和潜在的资源提供者之间的频繁交互的样本，要求每位参与者满足三个条件：一是创意优化的想法必须由外部发起；二是受影响的创意必须是创始人主要提出和推动的，是他身份不可分割的一部分；三是创始人踊跃地寻求反馈或资本的机会，并处于早期商业化阶段。作者以每个创始人作为分析单元，采用持续比较法进行分析，通过三级编码过程提炼了相关主题和创意修订过程模型。

第一，该文章的核心发现是创意优化过程的三个核心要件：心理所有权、创意工作和身份认同。在收到外界反馈后，创始人重新评估心理所有权，表现出三种方式；这三种方式分别引发了创始人采取三种路径进行创意修订活动，并影响随之而来的身份认同感。

（1）重新确认、防御和超越的"超越者"[⊖]：部分创始人重新确认对创意的心理所有权，认为创意与自身紧密相连，使得在创意优化的过程中受到自身注意力和意愿局限，无法做出

⊖ 为了便于理解，我们根据作者提出的面对外部反馈做出不同回应的三类创始人，在评述中赋予了不同的"标签"。

个人妥协。面对外部反馈，创始人采取"防御"方式，阐述、辩护和延伸支撑创意的基本假设，并感受到自我概念与"科学家角色"⊖的不一致性。为了减少这种认知失调，创始人脱离了科学家角色，并认同愿景型角色。他们采用"超越"的方式，认为自己的创意是有优越性的、与众不同的，从而在面对外部的负面反馈时选择了坚持，而非改变。

（2）提炼、修复和解耦的"解耦者"：部分创始人开始提炼和反思"创意的内核究竟是什么"，寻找创意的真正意义和影响力。在创意优化过程中，这部分创始人非常灵活，他们会夸张地继续为创意的核心主张进行辩护，也会在结构上从事部分创意修复活动，对其中有问题的环节或部件进行删除、更换或改进，小修小补，但不会改变最初的设想。这些行动使得创始人对外表现出对科学家角色的认同，这是他们获取合法性的一个方式；但事实上，创始人内心仍偏向于愿景型角色，坚持自身创意的内核，这一现象我们称之为认同"解耦"。

（3）放弃、再造和专业化的"专家"：部分创始人选择放弃或让渡创意的心理所有权，美其名曰这是自己的一次创业尝试、游戏、赌博，这些人在创意优化过程中呈现出最大的灵活度和可变性。对原有创意的不过度承诺，助力创始人开阔眼界和心胸来接受每一条批评与反馈，大幅度地更改核心要件、假设，甚至完全实现"再造"。此时，创始人不仅统一了自身创意与外部反馈，也高度认可外部期待的科学家角色，将创新迭代工作作为一种专业化和程式化的工作。

第二，在探究创意认同过程核心要件的基础上，该文章发现了这一过程的两个边界条件，即集体意义建构与过往经验的丰富性，解释为什么不同创业者会采取不同的路径。当创始人处于一个高度交互的创业社区或团队时，同僚会通过聊天、对话、协商、鼓励、帮忙出主意等方式帮助创始人拓展注意力，理解外部需求，从而跳出自身的认同局限。此外，创始人过往关于创新工作的经验广度也起到关键作用，当创始人拥有横跨多个行业或领域的创新经验时，更能理解外部反馈的价值，也加速了对"科学家身份"的真正认同。

第三，上述创意优化过程的三种路径带来了不同的"最优区分"结果。对于"超越者"，他们对创意极度自信，不接受批评，也不愿参与社区的社交活动，差异性高但同质化过低，会被社区当成"局外人"，不再为其提供资源和资金支持。对于"专家"，符合社区对科学家角色的预先认知，属于志同道合的"内部人"，但盲目认同也损伤了他们的独特性。对于"解耦者"，虽然这类创始人内外不一，但对外宣称的科学家角色使他们感受到极高的同质性，对内依旧保持创意的心理所有权，又让他们感受到独特性。"解耦者"才是最终的赢家，既能融入社区，又能有所建树。

格兰姆斯这篇文章有很大的实践启发和理论价值。从实践角度来看，提醒创业者和创始人，创意优化过程既需要坚守内心最初的想法，不轻易动摇基本的价值主张；又要在对外沟通与宣传的过程中积极响应外界反馈，呈现科学家身份，以提高创意在社区的认同感和支持度。这就需要创始人需要具备"双面手"（ambivalence），对内是认定一件正确的事就不管不顾、坚持到底的"偏执狂"，但是对外，需要具备高度的灵活性和适应性。

从理论贡献来看，这篇文章首次提出了创意优化过程中创始人自我概念和自我认同的作

⊖ 文中提出的创始人的两类身份：一是"科学家角色"，强调将创意作为实验的一种手段，先提供最小可用品，在与客户等交互的过程中不断优化，当外部反馈出现负面状态就及时转型。创始人的科学家身份符合资源提供者、孵化器管理者等关键利益相关者的期望。与之相对的是"愿景型角色"，即极端维护自身创意，无法接受外界的批评和指正，即使遭到拒绝或市场的负面反馈也保持不变。这类创始人像乔布斯一样极度自信，坚信自己的天才创作终将得到外界认可。

用,引入基于身份的观点,指出心理所有权这一关键因素如何影响了后续的创意优化活动和身份认同观念的统一性。此外,这一研究回答了创意优化过程的关键障碍与解决路径,指出创意优化和创新转型需要克服的是心理所有权和自我认同的障碍;最能帮助创始人实现最优区分的路径是将内在的心理所有权和外在表现的科学家身份"解耦"。最后,指出创意优化过程中集体意义建构的作用,研究发现那些积极嵌入所在的创业社区并参与交互活动的创始人,最能接受外界建议进行变革。这说明,"同辈交谈"可以说服创始人放弃对创意的极高心理所有权,真正深度考虑假设重塑与产品再造。

克里斯蒂安·汉佩尔等学者:创业转型的艺术在于重构与利益相关者的关系

伦敦皇家学院克里斯蒂安·汉佩尔(Christian Hampel)、剑桥大学特雷西和西北大学克劳斯·韦伯(Klaus Weber)2020年在《管理学杂志》上发表了《转型的艺术:新创企业战略变革中如何管理利益相关者的认同关系》一文,为新创企业在转型过程中管理和重建关键利益相关者的认同提供了一个基于过程的理论框架。与柯特利和奥马霍尼以及格兰姆斯聚焦于新创企业"0→1"阶段的概念性转型不同,该文章关注新创企业"1→n"阶段的实质性转型,即已形成固定身份并吸引忠实客户的新创企业,如何在战略巨变中重建核心利益相关者的认同感。

由于"新生弱势",新创企业极度依赖关键利益相关者(例如,以"粉丝"为代表的用户社区)的支持。这些关键利益相关者高度认同企业的产品或战略,与新创企业的生存、成长和发展融为一体。不过,新创企业在"变中求机"的道路上,往往面临着破坏与当前核心利益相关者关系的风险。企业战略、身份和总体目标的巨变使得核心利益相关者感受到认同威胁,不再一如既往地无条件支持新创企业。这种现象在新创企业转型的过程中时有发生,导致企业失去赖以生存的根基。因此,我们非常迫切地需要探究新创企业如何在转型中重建核心利益相关者的认同感。基于转型过程的不同阶段,汉佩尔等学者从两个阶段回答了这一问题:第一阶段关注创业企业宣布实施转型的决策对于核心利益相关者认同的影响,第二阶段探究新创企业在转型中如何管理核心利益相关者的攻击和质疑,重建利益相关者的认同。

汉佩尔等学者使用定性归纳的方式,选择"Impossible"项目进行单案例的追踪研究。Impossible起始于2008年,是一家聚焦缝隙市场的模拟即时胶卷生产商。Impossible的"粉丝"成立了"先行者"用户社区,大约3 500人,社区成员高度参与胶卷产品的测试和优化,在社交网站发帖记录使用感受并宣传,也是即时胶卷的消费生力军。2013年随着数字时代的到来,Impossible开始转型为面向更广泛市场的模拟数字摄影厂商。然而,未曾预料的是,转型面临了一个重大困境:从中长期来看,数字产品可以保证企业增长和利润;但从短期来看,转型加剧了与"先行者"社区的冲突,引发他们的抵制和停止购买。

研究者追踪Impossible从开始转型到转型成功的全过程。通过访谈、二手数据和参与式观察3种方式获取多源数据。共进行了74次访谈,与Impossible员工、经销商、社区成员探讨Impossible的挑战与变化,厂商与社区的交互方式和社区反馈,用户社区与企业关系的演进过程等。二手数据包括公司给订阅者发送的业务通讯稿,公司的社交网络足迹,以及新闻影片等记录Impossible与用户社区的互动的素材。第一作者还连续8周在Impossible的总部担任市场部实习生,进行深度的参与式观察。根据以上3类数据,作者分两个阶段对创业企业转型过程中的利益相关者认同破坏和认同重建进行理论构建,研究发现如下。

第一阶段"转型初始期":Impossible释放强烈创业转型信号。新CEO上任,大胆地做出企业全新的身份声明，从上到下开始执行全新的战略路线。不过，出乎预料的是，Impossible 转型引起了高度认同即时胶卷产品的用户社区的极度不满，表现为"攻击企业"和"质疑企业"。①攻击者（"粉转黑"）：这个群体是在用户社区中获得归属感的"死忠粉"，企业转型后，他们从情感上认为被背叛和抛弃，转而成为 Impossible 的攻击者，公开"开黑"使得整个外部舆论环境急速恶化。②质疑者（"粉转路"）：对即时胶片产品高度认同的社区成员成为转型的质疑者，他们担心由于企业的流程重组和资源倾斜而不能持续获取他们期待的产品，使得胶片产品完全被数码产品替代。社区成员的攻击和质疑极大地降低了产品的销量，Impossible 岌岌可危。

第二阶段"处理认同危机期"：陷入困境的 Impossible 开始通过一系列"认同重建工作"寻找一个新的情感纽带，重建利益相关者关系，公司采取分类处理的策略：①面对攻击者，采取"寻求同理心"策略。Impossible 大力宣扬自己在技术上面临的巨大挑战，并定期发布在道德上面临的极大困境与挣扎，以寻求攻击者的同情。Impossible 还力劝社区成员要跳出自身注意力的局限，转而观察整个行业的行动，来争取利益相关者的理解。最终，大部分攻击者停止攻击选择转身离去，但也不会再支持 Impossible；也有少部分成员仍保持攻击。②面对质疑者，采取"神化公司技术"和"夸大产品承诺"策略。Impossible 通过多个社交渠道，宣传和赞扬胶片技术的最初形态，唤起"回忆杀"，声明数字技术是对胶片技术的一种传承，即强调公司技术战略的连贯性。Impossible 也强调决不放弃对即时胶卷的技术迭代，通过对产品的持续投入、展示攻关进展和列出权威支持者三种方式实现。最终，一部分质疑者停止质疑，与公司和解；另一部分转而重新支持 Impossible，尊重公司为胶片产品优化而付出的努力，理解公司面临的挑战，重建与公司的身份联结。

通过开发创业转型利益相关者认同管理的过程模型，汉佩尔等学者对创业企业的认同管理领域做出了重要贡献，揭示了当创业转型开始后，战略方向的巨变威胁了利益相关者的认同感，引起利益相关者攻击和质疑，需要新创企业利用"寻求创业转型的同理心"和"神化本公司技术和产品承诺"等"认同重建工作"，结束利益相关者的敌对与质疑状态，与利益相关者建立一个全新的认同关系。这一发现将组织认同理论延伸到新创企业的研究情境：①创业企业的"认同重建工作"需要采取"揭短"策略，"说出自己的苦衷"，暴露自身的重大挑战和脆弱性，唤起用户的共情；这与成熟企业认同管理通常采取的展示优势策略形成鲜明对比；②成熟企业的研究多集中于组织内部利益相关者（员工）的认同管理，而该文章聚焦外部利益相关者（用户）的认同管理，为组织的外部交互活动提供了新指南。

这一研究对处于创业转型阶段的创业者也有启发：第一，谨慎选择"粉丝"，不要过度承诺，要警惕"死忠粉"给企业战略转型带来的巨大成本，包括财产、声誉、时间等多方面。第二，在重建认同的过程中，可适当使用"拟人化"手法，引发关键利益相关者的情感共鸣，产生"四两拨千斤"的效果，提高了转型的合法性与正当性。第三，创业者需要意识到，即使公司执行了正确的认同重建路线，转型仍不可避免地流失很大一部分"死忠粉"，可以说，新创企业的战略巨变隐藏着极大的风险，在转型前，创业者需要全面评估当前业务核心客户的损失和新用户的增长所需的资源成本与时间周期，从中寻求平衡点。

未来研究方向

识别和评估机会是创业研究的核心议题，然而，创业研究一直以来更关注"元机会"，却忽略了创业过程中推进战略演变的新机会。事实上，在高度不确定环境中，创业企业始终暴露在各种未知的、不可预测的机会之下，但是，创业者如何抓住这些稍纵即逝的新机会，优化战略路径，寻求"第二曲线"，这是在理论上和实践上都非常重要、值得研究的问题。上述三篇文章基于不同的阶段，提供了创业过程中再次发现机会、开发机会的指引，为未来研究提供了方向。

柯特利和奥马霍尼的研究指出转型的前提是获取与信念冲突的新信息，从信息视角引发了新的研究议题，例如，创业者如何获得推动转型的新信息？社会网络是一种重要的、可靠的触发转型的信息来源吗？如何衡量触发信息的潜在价值？卡穆福（Camuffo）等学者（2020）提出的科学方法是否可以作为检验信息真伪的方法论？信息或信念冲突到何种程度才会触发战略调整或创业转型？频繁的创业转型能否有益于创业企业的生存和发展？面对相同信息冲突，为什么有的创业者选择大刀阔斧开启创业转型，而有的创业者却"按兵不动"？此外，柯特利和奥马霍尼指出，创业转型的实质是多次战略调整从量变到质变的一个过程，那么，什么样的战略调整过程更能助力创业企业最终实现创业转型？从长期来看，战略调整必须是有增有减的战略平衡过程，还是可以只增不减地不断寻求扩张路径？

格兰姆斯和汉佩尔等学者的研究都聚焦转型的认同管理，但存在两点差异：①前者聚焦创业者自身的身份认同和创意优化过程，后者聚焦转型后利益相关者的"认同重建工作"。②前者聚焦创业的初期阶段，即未获投资、未获得收入的创意阶段，此时主要需要解决"概念性转型"问题，后者选择创业企业产品相对成熟、形成一定客户群体后的中后期阶段，此时主要矛盾在于面对关键利益相关者背离的"生存型转型"问题。未来研究一方面要根据创业企业的发展阶段、创意的演化阶段进行分类，具体化研究场景，从中寻找到转型需要解决的关键困境；另一方面也可以整合创业转型中的内外部认同问题，探索两者的相互作用对转型推进和转型结果的影响。

格兰姆斯的研究表明，创业者与创意的深度身份联结，甚至类似于自己与子女的情感亲密关系（Lahti, et al., 2019），会妨碍创业者转型或退出（Rouse，2016）。那么，创业者如何进行身份"解耦"或"脱离"？创始人有两种类型的身份——社会身份（达尔文主义者、传教士等）和角色身份（发明家、开拓者等），二者共同定义创始人回答"我是谁"的答案。格兰姆斯提到的科学家角色（满足外部期待的社会身份）和愿景型角色（坚持自我的角色身份），以及劳斯（Rouse，2016）提出的自我强化型（自我驱动，实现个人成功）和管家型身份（社会驱动，做对社会有益的正确的事），均从社会和角色两个类型的身份对创业者转型或退出过程中的身份动态性进行了探究。未来研究可继续探究这种身份动态性，尤其是转型中社会身份和角色身份之间是存在此消彼长的关系，还是相互助益的关系，以及二者关系如何影响创业转型的进程。另外，在转型过程中，持有不同社会和角色身份的创始人采取哪些不同的策略对外发布修辞策略，重获外部利益相关者的认同和支持，可以结合麦克唐纳和高（Gao）（2019）的研究探讨这一问题的答案。

汉佩尔等的研究为创业转型中的利益相关者管理提供了"模板"，既与创业的意义建构、意义赋予、叙事方式、修辞策略、印象管理等研究形成有益对话，也为未来研究从这些视角继续探究创业者的话语建构如何降低投资人、客户和媒体等利益相关者的威胁感并且重获认同提供了方向（McDonald，Gao，2019）。未来研究有两个具体方向：一是深入探究转型过程中用户社区内部的动态性如何影响企业的认同管理策略和其他社区成员的行动。例如，在大数据时代，用户社区的发起人或核心领导者（"大V"）是否更可以发挥舆论引导作用，企业是否可以通过先争取"大V"的重新认同进而通过其潜移默化地改变大多数用户的看法等。二是新创企业转型时面临的不同生存状态可能会影响核心利益相关者的情感和行动，如果企业是在陷入巨大的财务困境或生存难关的情境下选择积极转型，而非坐以待毙，很有可能得到核心利益相关者的支持而非背离。因此，差异化情境，尤其是情境的理论化也具有一定的研究价值。

最后，我们鼓励学者们考虑全新的数字技术（Nambisan，2017）与未来创业转型的动机、形式、路径和结果之间的关系。①从创业转型的定义来看，创业者如何利用数字工件、数字平台的可再编程（re-programmability）和重组性（re-combinability），通过较低成本实现对产品、服务、功能的重新定位，成功创业转型以更好地适应环境？②伴随数字创业活动的无边界性，从创业转型的源头和动机来看，创业转型的发起者可能不再局限于创业者或创业团队，而可能由终端用户或合作者发起，这种来自终端用户的创业实验是否以及如何触发创业转型？③从转型过程来看，数字工件、数字平台、数字基础设施的哪些技术特征，更有可能推动创业转型，并助力创业转型成功？④从转型结果来看，面对不同分布和结构的创业代理，创业者该采取哪些印象管理或意义建构策略，让不同类型的创业代理对转型后的企业产品和战略形成新的认同？

研究设计与应用拓展

以上创业转型的研究均基于追踪型案例研究方法，揭示转型前企业的困境、转型中的个体与团体行动、转型后的利益相关者管理。这些研究极有价值，但成本也很高。一些使用实验法的研究设计值得借鉴。

第一，随机对照实验。来自意大利博科尼大学的卡穆福等学者（2020）提供了使用实验法研究创业转型的新范式，他们采用随机对照试验（randomized control trail，RCT）配合长期跟踪调查研究，探索创业决策中的科学方法对创业绩效、转型、退出的影响。研究者们雇用了116位意大利创业者，随机分成实验组和控制组，提供为期四个月的创业决策培训，包括如何搜索、收集和提炼信息来提高早期创意的可行性，如何开展实验评估商业模式并进行修正等内容。与控制组最终依靠自身直觉做出决策不同的是，实验组会额外讲授如何识别问题、优化理论、清晰定义假设、开展严谨实验、科学评估实验结果，以及基于以上工具做出决策的科学方法。在培训过程中和培训后的一年内，研究者持续追踪两组的创业状态（退出、转型）和绩效表现。依据RCT的方法，卡穆福等学者（2020）发现创业决策的确可以从科学方法中获益，创业者可以获得更好的绩效，也可以在合适的时机进行创业转型或退出。科学方法可帮助创业者减少对市场判断的偏差，降低假阳性和伪阴性的错误判断概率。

第二，联合实验。伍德等学者（2019）使用联合实验（conjoint experiment）法探究创业者战略转型决策的影响因素——失败程度、失败原因、损耗时长的单独作用和联合作用。这种方法要求被试在阅读或操作研究者提供的实验材料基础上，模拟进入研究情境，做出一系列判断和决策。实验材料根据研究者计划探究的影响因素会呈现不同的操纵方式，一般来说，如果有两个影响因素，一般会根据2×2的规则设计四种类型的实验素材。联合实验的可操作性是最高的，不过，并不意味着这个方法很容易，如果使用联合实验法，要确保可以设计出有效的实验素材，不仅可以参考伍德等学者（2019）关于创业转型的材料，还建议参照格雷格和谢泼德（2012）、海尼（Haynie）等学者（2009）有关创业决策研究的实验材料、学习素材的设计与科学操控。联合实验法既可用于验证和延伸柯特利和奥马霍尼发现的创业转型的信息冲突前提，也可以用于设计不同的转型背景和转型类型的素材以测试利益相关者的不同反应，响应汉佩尔等提出的未来研究方向。

第三，神经学实验。结合神经学实验可以探究创业转型决策的神经学机制。如前所述，格兰姆斯提供了一个新视角，即创业者转型的最大阻碍是对创意过度的心理所有权和身份认同，后续研究可以继续挖掘创业转型过程的不同阶段创业者的心理过程、情感联结和行为轨迹。我们建议该方向的研究考虑结合功能性磁共振成像（functional magnetic resonance imaging，fMRI）等神经学手段测量创业者与创意的情感亲密度、外部反馈导致的情绪波动、面对创业转型机遇的大脑活跃度等指标，使用生理学证据探究创业者特质如何影响创意升级、创业转型的评估与决策。拉赫蒂（Lahti）等学者（2019）应用 fMRI 发现了创业者与企业的感情和父母与孩子的亲密关系，未来更多地使用来自跨学科领域的方法来助力创业转型的研究设计与规律探索。

◆ 参考文献

Berends, H., van Burg, E., and Garud, R., 2021, "Pivoting or persevering with venture ideas: recalibrating temporal commitments", *Journal of Business Venturing*, doi.org/10.1016/j.jbusvent.2021.106126.

Camuffo, A., Cordova, A., Gambardella, A., and Spina, C., 2020, "A scientific approach to entrepreneurial decision making: evidence from a randomized control trial", *Management Science*, Vol. 66, No. 2: 564-586.

Gregoire, D., and Shepherd, D., 2012, "Technology-market combinations and the identification of entrepreneurial opportunities: an investigation of the opportunity-individual nexus", *Academy of Management Journal*, Vol. 55, No. 4: 753-785.

Haynie, J., Shepherd, D., and McMullen, J., 2009, "An opportunity for me? The role of resources in opportunity evaluation decisions", *Journal of Management Studies*, Vol. 46, No. 3: 337-361.

Lahti, T., Halko, M., Karagozoglu, N., and Wincent, J., 2019, "Why and how do founding entrepreneurs bond with their ventures? Neural correlates of entrepreneurial and parental bonding", *Journal of Business Venturing*, Vol. 34, No. 2: 368-388.

McDonald, R., and Gao, C., 2019, "Pivoting isn't enough: managing strategic reorientation in new ventures", *Organization Science*, Vol. 30, No. 6: 1289-1318.

McMullen, J., 2017, "Are you pivoting away your passion? The hidden danger of assuming customer sovereignty in entrepreneurial value creation", *Business Horizons*, Vol. 60: 427-430.

Nambisan, S., 2017, "Digital entrepreneurship: toward a digital technology perspective of entrepreneurship", *Entrepreneurship Theory and Practice*, Vol. 41, No.6: 1029-1055.

Rouse, E., 2016, "Beginning's end: how founders psychologically disengage from their organizations", *Academy of Management Journal*, Vol. 59, No.5: 1605-1629.

Wood, M., Palich, L., and Browder, R., 2019, "Full steam ahead or abandon ship? An empirical investigation of complete pivot decisions", *Journal of Small Business Management*, Vol. 57, No. 4: 1637-1660.

埃里克·莱斯. 精益创业：新创企业的成长思维 [M]. 吴彤, 译. 北京：中信出版社, 2012.

▣ 文献推荐

Grimes, M.G., 2018, "The pivot: how founders respond to feedback through idea and identity work", *Academy of Management Journal*, Vol. 61, No. 5: 1692-1717.

Hampel, C.E., Tracey, P., and Weber, K., 2019, "The art of the pivot: how new ventures manage identification relationships with stakeholders as they change direction", *Academy of Management Journal*, doi.10.5465/amj.2017.0460.

Kirtley, J., and O'Mahony, S., 2020, "What is a pivot? Explaining when and how entrepreneurial firms decide to make strategic change and pivot", *Strategic Management Journal*, doi.org/10.1002/smj.3131.

◉ 代表性学者

埃里克·莱斯（Eric Ries）

2000年毕业于耶鲁大学计算机专业，他是一位企业家，创立了许多初创公司，包括IMVU，并担任CTO。他曾在哈佛商学院、IDEO和Pivotal担任过驻地企业家，并且是长期证券交易所的创始人兼首席执行官。他也是《纽约时报》畅销书《精益创业》的作者，是精益创业方法的创造者，该方法已在全球商业活动中被广泛运用。

保罗·特雷西（Paul Tracey）

在斯特林大学取得博士学位，现任剑桥大学贾奇商学院创新和组织学教授、剑桥社会创新研究中心联合主任。他的研究领域包括创业、制度和制度变迁、区域发展与社会创新等，在《管理学杂志》《组织科学》《管理学评论》等期刊上发表过多篇论文。现任《管理学杂志》编委会成员，曾任《行政科学季刊》编委会成员。E-mail: p.tracey@jbs.cam.ac.uk。

马修·格兰姆斯（Matthew Grimes）

在范德堡大学获得博士学位，现任剑桥大学贾奇商学院组织理论与信息系统方向副教授和创业中心联合主任。他的研究领域包含创业学、创业和社会等方面，研究考察了个人和组织如何通过创业创造、引入和维持积极的社会改革。在《管理学杂志》《战略管理杂志》等期刊上发表过多篇论文，现任《行政科学季刊》《管理学杂志》《创业学杂志》编委会成员。E-mail: m.grimes@jbs.cam.ac.uk。

克里斯蒂安·汉佩尔（Christian Hampel）

在剑桥大学贾奇商学院获得博士学位，现任帝国理工学院商学院创业和战略助理教授。他的研究和教学领域结合了创业学与组织理论，目前专注在社会创新和金融技术领域研究新企业在成长过程中如何经历和管理社会评价（如耻辱感、合法性、认同感），其研究成果发表在《管理学杂志》《管理学评论》等期刊上。E-mail: c.hampel@imperial.ac.uk。

杰奎琳·柯特利（Jacqueline Kirtley）

在波士顿大学战略与创新系获得博士学位，现任宾夕法尼亚大学沃顿商学院创业管理学助理教授，她的研究和教学领域是技术创新与创业，专注于研究在开发革命性和颠覆性技术的早期创业公司中，战略和技术如何演变，在《战略管理杂志》等期刊上发表过多篇论文。E-mail: jkirtley@wharton.upenn.edu。

创业者如何进行意义建构

◎ 吴茂英 ◎ 童逸璇

浙江大学管理学院

在韦克（Weick）等学者的经典定义中，意义建构指当个体面临不确定的外部环境时，或者当事件的发展与预期不一致时，个体通过对环境中的线索进行提炼和诠释，构造出一套能用言语清晰表述的解释框架，并以此指导后续行动的过程（Weick, 1995；Weick, et al., 2005）。意义建构研究的起源和发展大多集中于组织管理领域，多关注企业管理者在面对危机时或希望推动组织变革时，如何通过意义建构应对危机、消除不确定性、促进组织内部的创新（Maitlis, Christianson, 2014）。这个过程中往往涉及与组织的关键利益相关者（包括投资人和员工等）之间基于言语沟通的持续互动。相对而言，意义建构在创业中的应用较晚。但考虑到创业过程本身包含着诸多不确定性（Hill, Levenhagen, 1995），在创业研究中融入意义建构视角是十分必要的。从不确定性的来源进行分类，创业者进行意义建构的诱因包括不确定的外部环境（Hill, Levenhagen, 1995）、特定的社会问题（Hoyte, et al., 2019；Kimmitt, Muñoz, 2018）、不确定的创业前景（Holt, Macpherson, 2010；Cornelissen, Clarke, 2010）、模糊的企业身份（Grimes, 2010）和创业失败（Byrne, Shepherd, 2015；Cardon, et al., 2011）等。

随着移动互联网技术的发展和自媒体时代的来临，创业者进行意义建构的路径更加多元，参与对象更加广泛，过程中的交互性更加突出，意义建构对于创业过程的影响也更加深远。例如，短视频领域的创业者李子柒，起初是一位名不见经传的淘宝店主，她在店铺竞争激烈、生计艰难的情况下（生意前景的不确定性），基于自身熟悉热爱的乡村生活和中国传统文化（抽象和凝练环境中有价值的线索），在美拍、微博等平台进行了一系列短视频创作（以视频清晰生动地阐述价值）；在这些平台上，她接触并建立起了跟投资人、专业团队的联系与合作，也维持着跟其他短视频创作者和"粉丝"的持续互动，从这些多元主体的互动反馈中持续提升视频创作的质量（社会互动的持续影响），并最终创立了"李子柒"东方美食生活家

⊖ 本文是国家自然科学基金重点项目"新创企业商业模式形成与成长路径"（71732004）、重大项目"创新驱动创业的重大理论与实践问题研究"（72091310）课题三"大型企业创新驱动的创业研究"（72091311）资助的阶段性成果。

品牌。李子柒的创业过程，也是她通过短视频这一媒介进行意义建构的过程。从这个案例中，我们不难发现，社交媒体等新兴技术的发展使得创业者的意义建构过程更具有公众可见度和大众参与性，并且渗透在创业的全过程中，甚至可能成为新企业成立和发展的重要途径。因此，有必要在新的时代背景下对创业者如何进行意义建构这一问题进行更加深入系统的探讨。

与组织研究类似，创业研究中的意义建构大致存在两种流派：认知流派和社会建构流派（Maitlis, Christianson, 2014）。认知流派将意义建构视为个体的认知过程，关注个体通过发展心理模型来解释和应对环境中的不确定因素（Hill, Levenhagen, 1995）。尽管认知流派也会涉及创业者与其他主体的沟通，但这里的沟通大多是单向的，更强调创业者如何说服和影响他人，促使他人认可自己的心理模型。采纳认知流派视角的研究大多集中在20世纪90年代。一些更加新近的研究关注到了社会情境因素对个体意义建构过程的影响，由此产生了社会建构流派（Maitlis, Christianson, 2014）。这一流派认为意义建构是在不同主体的持续性互动过程中实现的，强调通过分析语言、沟通来探究群体成员共创意义和主体间性（intersubjectivity）的过程（Kaffka, et al., 2021；Strike, Rerup, 2016；Cornelissen, Clarke, 2010）。为了更好地勾勒出创业研究的最新发展趋势，我们选取的三篇文章中，前两篇采纳了社会建构流派的观点，第一篇关注新企业创造和合法化过程中，创业者修辞性语言的使用选择和调整对于新企业创造和合法化的作用；第二篇则将创业者的意义建构拓展到了跨组织层面，关注不同组织中的个体在企业身份建构中的互动和竞争；第三篇则更进一步，融合了认知和社会建构视角，从微观互动层面探讨了批判性反馈、意义阻断、意义建构、创业共享认知和创业机会开发之间的持续性交互过程。

乔普·科内利森和琼·克拉克：基于类比和隐喻的动态意义建构过程

2010年乔普·科内利森（Joep P. Cornelissen）和琼·克拉克（Jean S. Clarke）在《管理学评论》上发表了《想象和合理化机会：归纳推理和新企业的创造与辩护》一文，从意义建构角度，探讨语言在新企业的创造和合理化过程中的作用。具体而言，文章关注归纳推理（inductive reasoning）在创业者构想和生成创业机会、争取相关利益群体支持过程中的角色，并探讨了两种不同的归纳推理在何时以及如何发挥作用，揭示了认知和符号活动在创业早期的交互过程。

新企业的创造是创业研究的经典议题。以往关注新企业创造的研究大致存在两种视角：认知视角和制度视角。认知视角的研究将企业生成过程视为创业者的个体认知过程，关注创业过程的前因变量，特别是创业者从过往经历中发展出来的认知图式和心理模型的作用。这一视角的局限在于，将个体创业者和他们所在的社会环境区隔开来，忽视了语言等社会情境因素对于个体思考过程和思维模式的塑造作用。制度视角的研究将创业过程置于社会情境中，聚焦新企业生成过程的文化和符号意义。这一视角的研究关注创业者如何使用特定话语（discourse）引起文化共鸣，并建立新企业的合法性。然而，遵循制度传统的研究过于强调制度性规范对于创业者言语和行为的制约，忽视了个体创业者在意义建构过程中的能动性和创造力。科内利森和克拉克认为，不能仅仅将新企业的创造过程理解为个体认知活动或制度规范的结果，而是应该综合认知视角和制度视角的优势，将个体创业者与之深深嵌入的社会情境联系起来。

为了实现上述目标，科内利森和克拉克引入了意义建构视角，以更加全面地了解新企业创造过程中的认知和符号因素。在创业过程中，意义建构的需求源自创业者必然面临的不确定的创业环境和难以预料的创业前景。在这种情况下，创业者需要在一系列模糊不清的事件之中，凝练出确切的创业愿景，并将其通过言谈的形式传达出去，以收获外界的反馈和支持。这一以言语重构和加工创业者的内心想法，使之变得清晰明确、容易理解，并能预示未来行动的过程，便是创业者的意义建构。在这个过程中，语言对于思想的塑造作用得到了充分体现。另外，创业者的意义建构也受到社会互动的影响。除了设想并自我陈述出创业想法，创业者还需要通过语言和沟通说服利益相关者，并根据外界的评价和反馈调整意义建构的方式，以进一步合法化他们的创业想法。在不间断的社会互动与交往中，创业者的语言、想法和符号设定在具体的情境中互相交织、紧密关联，创业者为创业企业和创业机会赋予的意义也在不断地动态发展。

那么，处于初创阶段的创业者，是如何面向自我和他人进行意义建构，从而构想出并合法化创业机会的呢？考虑到初创期企业缺乏直接的经验和明确的绩效表现，科内利森和克拉克指出归纳推理是这一阶段的创业企业主要的意义建构方式，并重点关注了类比（analogy）和隐喻（metaphor）的作用。两位学者表示，在创业的意义和指向性不甚明晰的情况下，类比和隐喻这两类归纳推理能将初创企业与其他已经得到广泛认可的案例建立关联，从而降低创业行动的不确定性，帮助创业者更加了解他们所处的商业环境，也使其他利益相关者更能理解并支持创业者的想法和行动。类比和隐喻指创业者以语言形式呈现出来的某一创业想法与现有案例之间的相似性。类比和隐喻的区别则在于跨案例比较的方式与相似性的来源不同。类比指同一类型的案例或经历之间的直接比较，类比中采取的参考案例往往也源自创业或商业情境；隐喻指不同类别的案例之间具有修饰意义的非直接比较，隐喻中涉及的比较案例往往源于众所周知的生活情境（如养育子女、运动等），创业者通过隐喻传达出来的相似性指的是文化符号意义上的相似，而非直接的、字面意义上的相似。

科内利森和克拉克通过理论探讨表明，在意义建构过程中，创业者对于类比和隐喻的使用选择，取决于创业者的过往经历，以及创业者在社会互动过程中，对于消除不确定性和获取合法性的实际需求（见图6-3）。两位学者首先探讨了创业者的过往经历对其归纳逻辑选择的影响。他们指出，创业者是否以及在何种程度上拥有与创业相关的深度行业经验，会影响到他们对于类比或隐喻的选择和使用。拥有多个行业的深度经验的创业者，在意义建构过程中更倾向于使用类比来强调目标行业和其他行业之间的共同点；缺乏相关行业经验的创业者则倾向于使用隐喻这一归纳推理方式。在凭借初始的归纳推理创造出企业的基本形象之后，创业者还需要公开地说服利益相关者（如投资者和员工），争取他们对于创业企业的认可和支持。这个过程中，创业者需要向利益相关者展示出企业的两方面特征：一是创业企业在未来能获得成功的可预见性（predictability）；二是创业企业的认知合法性（cognitive legitimacy）。在互动过程中，利益相关者对于企业这两方面特征的感知和反馈，会影响创业者在后续的沟通过程中类比或隐喻的使用情况（即创业者强化、调整、替换最初的类比或隐喻）。两位学者指出，如果整个行业难以预见企业未来成功的可能性，创业者倾向于调整或替换最初的类比或隐喻；反之，则倾向于强化最初的类比或隐喻。如果企业在行业中的认知合法性较低，创业者倾向于调整、替换最初的类比或隐喻；反之，则倾向于强化最初的类比或隐喻。

这篇文章最大的贡献在于，从社会建构视角，揭示了创业者的意义建构方式（即对类比和隐喻的使用选择）是一个动态变化的过程，受到社会互动过程中来自利益相关者的反馈的影响。这一观点极大地挑战了以往认知流派的研究中，将意义建构视为单纯的个体认知过程的观点。具体而言，它通过聚焦创业者在创造和合法化新企业过程中的归纳推理方式，揭示了类比和隐喻两类归纳推理的使用选择如何受到创业者过往经验的影响，又如何随着外部利益相关者的反馈而动态调整。在这篇文章的基础上，后续研究进一步贯彻了语言对于认知的积极塑造作用这一观点，对于隐喻、类比以及其他语言形式（如手势）在意义建构中的角色进行了更为深入细致的探索（Clarke, et al., 2019; Cornelissen, et al., 2012）；也有一些研究开始更加深入地探索社会互动对于新企业创造过程的影响（Haines, 2021; Hoyte, et al., 2019）。

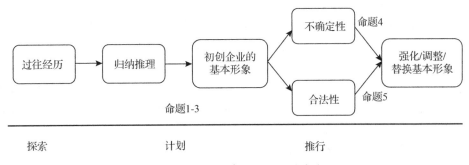

图 6-3　创业意义建构与企业创造过程

资料来源：根据科内利森和克拉克（2010）文中的模型翻译。

马特·格兰姆斯：跨组织意义建构中的竞争关系

科内利森和克拉克的研究表明，创业企业的意义建构过程受到社会互动的影响。但在科内利森和克拉克的文章里，社会互动对意义建构的影响仅仅指利益相关者感知到的不确定性和合法性如何影响创业者后续的意义建构方式。然而，现实的创业实践中，关键利益相关者（特别是投资人）在创业企业意义建构过程中的角色，并不局限于反馈的传达，他们还会更加积极地参与到企业的意义建构过程中，与创业者共同建构出企业的身份、定位和发展方向。2010 年马特·格兰姆斯在《创业理论与实践》上发表了《资助关系中的战略性意义建构：社会部门中绩效测量对组织身份的影响》一文，关注社会部门中的出资机构与受资组织如何共同建构出"社会创业组织"（social entrepreneurial organizations）这一新兴的组织身份。

格兰姆斯的研究着眼于社会部门的资助关系。在这一行业中，大致存在两种不同类型的受资组织：只承担社会使命的非营利组织，以及兼顾了社会和商业目标的社会创业组织。然而，社会部门中广泛存在着"哪种性质的组织更值得获得资助"的争议。由于资助关系往往涉及多个出资机构和受资组织，因此，对于受资组织身份、愿景和战略定位的不同理解也存在于资助关系中，并在合作组织的持续互动过程中逐渐突显，导致了受资组织身份的模糊性。因此，不同组织需要共同进行意义建构，以消除组织身份的不确定性。这一情境为理解不同组织如何对意义建构过程施加影响并重构组织身份的过程提供了良好契机。在跨组织的意义建构中，不同组织对意义建构过程的影响能力和影响程度各不相同。一般而言，社会部门的出资组织在意义建构中占据主导地位，它们为受资组织制定行为规则和业绩目标，督促其符合相应的组织标准。在这种情况下，受资组织（相对于出资组织而言）对于自身身份的意义建构过程有多大的影响力？它们如何以及何时能在资助关系中拥有一定的主动权，对自身的意义建构和身份重构施加影响？这是文章关注的第一个研究问题。此外，在社会部门的资助关系中，绩效测量反映了合作双方对于受资组织绩效表现的共同期望，对于受资组织身份的塑造具有积极影响。因此，文章的第二个研究问题是：在社会部门的资助关系中，绩效测量何时以及如何影响意义建构过程，从而塑造组织身份？

为了回答上述问题，格兰姆斯采用了多案例研究的方式。具体而言，通过理论抽样选取了地理位置和产品组合各不相同的6家组织，并将它们配对成3个案例。其中，前两个案例关注社会创业领域的出资组织和受资组织，第3个案例是控制案例，聚焦非营利组织。前两个案例的共同点在于，它们关注的资助关系中，社会创业组织对资助方都有一定程度的资源依赖，也就是说，资助关系对于受资组织的意义建构过程均存在较大的影响。前两个案例也存在一定的区别。这两个案例中的出资组织在绩效测量与意义建构两方面的理念和做法各不相同；受资组织在地理位置和产品市场（卫生保健、农业发展和乡村经济建设）方面也具有较大差异。控制案例中选取的非营利组织在规模、运营时间、资助关系等方面均与前两个案例中的小型社会创业组织有着明显区别。从这一控制案例中得到的信息有助于将研究发现拓展到更加广阔的社会部门。针对这三个案例的调研均采用半结构访谈，访谈对象为对受访组织的合作关系和绩效表现具有全面了解的关键线索人。

多案例研究表明，受资组织（相对于出资组织）对意义建构的影响力度、量化的绩效测量（相对于叙述等定型测量方式）在意义建构中的采纳程度，很大程度上取决于资助关系，并能进一步影响社会部门组织身份的复杂性和多样化程度。根据受资组织以及量化的绩效测量在身份建构中的影响比重，可以将社会部门的意义建构形式划分为4个象限，分别为情境化的意义建构、客观化的意义建构、官僚化的意义建构和标准化的意义建构（见图6-4）。

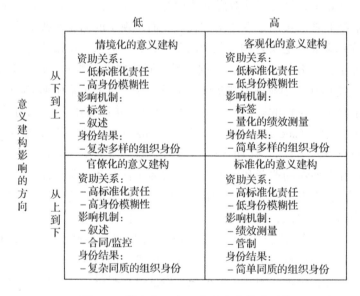

图6-4 社会部门中四种意义建构的形式

资料来源：根据格兰姆斯（2010）文中的图翻译。

这4种不同形式的意义建构所体现的资助关系特征、意义建构机制和组织身份构建结果均有明显差异。总体而言，受资组织在意义建构中的影响力取决于资助关系中的信任程度、标准化责任要求和身份模糊性。信任程度较高、标准化责任要求较低、身份模糊性较低的资助关系更倾向于采取自下而上的身份构建方式，赋予受资组织更多的能动性（如情境化的意义建构和客观化的意义建构）；反之，则倾向于由出资组织主导身份构建过程（如官僚化的意义建构和标准化的意义建构）。受资组织参与程度的提升，能使行业内的组织身份更加个性化和多样化；而出资组织主导和掌控的意义建构过程则使得组织身份趋向于同质化。在实际的案例中，社会创业组织在资助关系中往往拥有更强的主动权和影响力，而非营利组织则倾向于依赖层级制的管理，其意义建构过程由出资组织主导。

量化的绩效测量在意义建构中的采纳程度，取决于资助关系中组织身份的模糊程度。身份模糊性较低的资助关系中更可能以精确的量化测量方式取代叙述等较为模糊的绩效测量，有助于资助关系中的合作方形成对于组织身份的一致期望。在自上而下的意义建构中，量化绩效测量的采纳使得出资组织规定的标准化责任要求变得更加正式化和制度化（标准化的意义建构）；而在自下而上的意义建构中，量化的绩效测量能够提升受资组织、出资组织之间交换信息和资源的效率（客观化的意义建构）。精确的绩效测量能使组织对于"要做什么""如何实现成功"等一系列身份问题的理解更加明确，使得社会部门中的组织身份更简单明晰。总的来说，社会部门中的组织都希望在未来更多地采用量化的绩效测量以形成更加明确的身份共识。

这篇文章通过三组案例的比较研究，帮助我们更加深入地理解资助关系中的关系属性及其对意义建构和身份构建过程的影响。首先，它将组织身份的意义建构视为出资机构和受资组织之间互相竞争、互相博弈的过程，并探究了何时出资机构占据主导地位，何时受资组织拥有更高的自主性，挑战了以往研究中默认创业者主导自身组织身份建构的观念。其次，它表明除了叙述、贴标签等定性手段之外，量化的绩效测量在组织的意义建构中发挥了积极影响，并指出这种凝聚着多方共识的绩效测量能在实践过程中塑造组织身份、指导组织行为。最后，尽管这篇文章聚焦社会创业领域的受资组织和出资机构之间的关系，但考虑到一般的创业情境中同样存在创业企业及其投资人之间的依赖关系（尤其是创业早期），这篇文章的研究结果在其他领域的创业中也具有一定的参考价值。

加比·卡夫卡等学者：基于微观互动的意义阻断-重构过程

格兰姆斯的研究表明受资组织和出资组织在组织身份的意义建构中存在不同甚至互相冲突的理解；同时，科内利森和克拉克也指出了利益相关者在创业者意义建构中进行负面反馈的可能性，以及这种负面反馈可能导致的意义建构方式的调整（调整、替换初始的类比或隐喻）。然而，这两篇文章都没有揭示出不一致的理解引发的负面反馈导致意义建构方式改变的具体机制，以及可能的结果。2021年加比·卡夫卡（Gabi A. Kaffka）等学者在《小企业管理杂志》上发表了《"好的，以及；但是，等一下；糟糕，不！"：理解创业者如何处理批判性反馈的社会情境化认知方式》一文，探究了利益相关者的批判性反馈所引起的意义阻断（sensebreaking）如何引发全新的意义建构，从而促进创业者及其利益相关者共享认知的改变。

与其他研究相比，这篇文章最大的亮点在于，整合了意义建构中的认知流派和社会建构流派的观点，提出了社会情境化认知（socially situated cognition）视角，聚焦不同主体的意义建构及共享心理模型的形成过程。与认知流派类似，社会情境化认知视角同样关注创业者的认知和心理模型。不同之处在于，这一视角对于认知和心理模型的理解更加情境化，认为它们是由不同主体共享的。社会情境化认知框架下，创业意义建构和创业机会发展过程是由创业者及利益相关者共同参与并完成的。在创业机会发展过程中，利益相关者就创业意义建构给出多样化的反馈。其中，与创业者现有的认知和期望不一致的批判性反馈引发创业者的意义阻断，即创业者感受到了现存意义建构方式中的意义空缺（meaning void），并开始重新评估创业企业现行的理解、观念和做法。创业者的意义阻断包含三种机制：再定位（redirecting）、再构造（reframing）和质疑（questioning）。这三种机制也同样嵌入具体的社会情境，由创业者和利益相关者共同执行。再定位指改变创业团队的注意焦点，转变现行的战略，寻找新的行动方案；再构造指改变现有的想法和价值观念，调整看待与解释事物的视角和逻辑；质疑指打破了创业团队所持有的基本假定的强烈反对意见，这种意见迫使创业者重新评估行动的基本准则。情境化的意义建构和意义阻断之间互相促进、不断循环迭代，通过改变创业者和利益相关者的心理模型来发展共享认知，帮助创业团队重新设想和实行创业机会。

  研究设计方面，卡夫卡等学者进行了历时一年的纵向研究，关注了30位创业者的创业周记。这些创业者都来自同一个创业孵化项目（该项目为参与者提供创业空间、指导和培训、市场调研数据、行业合作机会等服务），并且都处于创业机会寻找与开发的早期创业阶段。他们的创业周记中涉及了很多创业者与利益相关者的沟通互动过程，是从微观层面分析创业者的情境化意义阻断和意义建构的理想载体。周记这种相对实时（real-time）的质性数据能较为真实地反应创业者当下的所思所想，较少受到事后回忆偏误的影响。为了进一步保证创业周记的相关性和有效性，研究团队为参与研究的创业者提供了详细的写作指南，明确提出了创业周记应该包含以下四方面内容：①学习，在上一周中学到了哪些重要的事情；②结果，在上一周实现了哪些结果；③问题，上一周最关心的问题包括什么；④后续行动，接下来打算采取的后续行动有哪些。最后，研究团队通过话语分析（discourse analysis）对创业周记进行编码。研究团队首先将周记中的意义阻断实例编码为再定位、再构造和质疑三类。再针对每一例意义阻断经历，识别出其中涉及的利益相关者、特定的机会开发活动和相应的认知结果。

  创业周记的分析结果表明，创业者在机会开发过程中，与利益相关群体保持着密切的互动。这些早期利益相关群体既包括孵化器项目相关人员（如创业教练、助理、同伴和专家等），又包括创业者自身社会网络中的群体（包括顾客、供应商、投资者、政府机构、朋友和家人等）。这些利益相关群体在互动过程中，就创业者的机会开发过程给出多样化的反馈。其中的批判性反馈挑战了创业者的现有观念和做法，能激活创业者的意义阻断实践。创业者的意义阻断通过再定位、再构造、质疑三种机制实现，并能促使创业者采取全新的意义建构方式。全新的意义建构能进一步引发两类结果。一类是创业者及利益相关者的共享认知和心理模型的改变。其中，由再定位引起的意义建构聚焦于科技、产品和市场领域，并且与创业者现有实践密切相关，因此作者将这类认知改变理解为认知毗邻（cognitive adjacency）。由再构造引发的意义建构促使创业者调整他们现有的态度和价值观念，并以此重新评估创业机会开发的相关活动（主要体现在商业模式设计、价值主张和社交网络三方面），作者将这个过程涉及的认知改变定义为元认知重构（metacognitive restructuring）。以质疑为机制的意义阻断往往出现在顾客或资助关系中，体现为资助或合作关系的终止。相对而言，与质疑相关的反馈最为消极，极大挑战了创业者行动的基本假设，并在认知层面上引起创业者暂时的认知崩溃（temporary cognitive breakdowns）。另一类是在认知变化之余，全新的意义建构还会引发具体的创业行动，以调整创业机会开发进程。创业者的具体行动又会进一步引发利益相关者的反馈，以及后续的意义阻断、意义建构和认知改变。在这个过程中，意义阻断和全新的意义建构随着创业机会开发的进程不断循环迭代，逐步累积并建立起创业者的共享认知（即帮助创业者进行创业决策的知识结构）。

卡夫卡等学者的研究进一步深化了我们对于创业者与利益相关者的互动过程及其影响结果的理解。以往研究大多关注创业者与利益相关者互动过程的积极因素与建设性反馈，少数关注负面反馈的研究也很少探讨负面反馈影响创业过程和结果的具体机制。针对这一研究缺口，这篇文章深入揭示了互动中产生的批判性反馈如何引发创业者的意义阻断和全新的意义建构，并最终导致创业者及利益相关者共享认知的改变。此外，这篇文章将意义建构的落脚点从认知流派关注的心理模型和社会建构流派关注的语言，转向情境化的共享认知，促进了认知和社会建构两大流派的融合。在研究设计上，这篇文章基于实时性的创业周记展开纵向研究，很好地还原了创业机会和意义建构的动态发展过程，解决了以往回溯性质的纵向研究中可能存在的回忆偏差。

未来研究方向

创立新企业的过程本身包含着巨大的不确定性（Hill，Levenhagen，1995；Mitton，1989）。面对复杂多变、机遇与挑战并存的外部市场环境，创业者及其团队需要从中概括提炼出企业生存发展的机会和可能性；在将机会付诸实践并争取利益相关者支持的过程中，创业团队需要对模糊不清的发展前景与实现路径加以诠释和说明，使其变得清晰可信；在新企业的运作过程中，创业者同样需要灵活应对由制度变革、技术进步、产品更新、重大突发事件等引起的宏观和微观环境的变动，才能在瞬息万变的现代社会中维持蓬勃的生命力和发展潜力。创业全过程中包含的种种不确定因素，以及创业者积极应对不确定的天然使命，为意义建构理论在创业研究中的扎根发芽提供了丰沃土壤。

与组织领域的相关研究所强调的意义建构的回溯（retrospective）性质不同（Weick，1995；Weick，et al.，2005），意义建构在创业研究中体现出更多的面向未来的（prospective）特征，这是由于创业本身便是面向未来创造有价值的创业机会（Kaffka，et al.，2021；Cornelissen，Clarke，2010）、塑造有意义的企业身份（Grimes，2010）的过程。为了阐释这种面向未来的意义建构是如何开展的，科内利森和克拉克、格兰姆斯、卡夫卡的研究分别从创业者语言的使用选择、创业者和投资机构的互动博弈、意义阻断和意义建构的循环迭代三个角度展开论述。同时，由于创业过程受到社会互动的持续性影响，这三篇文章在探讨创业意义建构的过程和机制时，均考虑了创业者与利益相关者的互动，只是互动的影响程度各不相同。科内利森和克拉克的研究对互动的考虑体现为利益相关者基于感知不确定性和合法性向创业者进行反馈，以及创业者基于这两方面的反馈对后续归纳推理策略的调整。卡夫卡等学者的研究同样关注利益相关者的反馈，但是其中包含的互动更加全面深入，反馈的内容也更加多样，涉及创业机会开发的方方面面。格兰姆斯的研究赋予了利益相关者（投资机构）更强的主导性，探究了创业企业和投资机构如何在意义建构中进行竞争与博弈。这三篇文章也暗含了创业领域意义建构研究的发展趋势。

科内利森和克拉克关注有助于启发语言在意义建构中的作用，具体探讨类比和隐喻如何帮助创业者设想并合法化创业机会。然而，这篇文章仅仅关注了口头沟通这一类语言形式。但事实上，语言的表现形式非常多样，还可以体现为书面语言、肢体语言等（Clarke，et al.，2019；Cornelissen，et al.，2012）。另外，隐喻不仅仅存在于语言之中，还广泛地存在于图片、姿势、工艺品、声音或音乐中；但同时，这些不同形式的隐喻也需要通过语言构建并传达出来（Cornelissen，et al.，2008）。后续研究可以进一步挖掘和梳理语言、隐喻、类比等概念的丰富内涵和互动形式，从而更加全面深入地揭示语言如何通过与其他物质和非物质要素的互动组合影响创业者的意义建构过程。除此之外，未来研究还可以将视角从创业初期转向创业中后期，探究随着直接创业经验和绩效表现数据的积累，创业者会如何开展并动态调整意义建构的方式。

格兰姆斯的研究一方面启发了学者们对于意义建构的政治过程的关注，即不同主体（社会创业组织和资助机构）在意义建构中的互动、竞争与博弈。具体而言，在何种情况下，社会创业组织在自身身份的意义建构中有更大的主动性？在何种情况下，社会创业组织需要服从于投资机构？格兰姆斯的研究从资助关系的角度回应了上述问题。后续研究可以在此基础上，从资源、能力、社会网络、权力关系等多重视角进行更为深入的探索。对意义建构参与主体的关注，也可以在创业者和投资机构的基础上进一步拓展，融入政府、消费者、捐赠人、学术机构等更为多元的主体，将意义与身份建构的议题置于组织场域（organizational field）中考虑。另一方面，格兰姆斯的研究还有助于启发未来研究考虑绩效测量在意义建构中的作用。以往研究多将绩效作为创业的结果变量，认为绩效是衡量创业者市场表现和创业成效的重要指标；格兰姆斯则认为绩效测量体现了利益主体对于企业发展方向的共识，能有效地降低组织身份的模糊性。后续研究可以继续探讨绩效测量的内容、结构等如何影响它在意义建构过程中的影响效力；以及当意义建构主体拓展到资助关系之外时，绩效相关的指标是否、如何、在何种程度上影响组织身份的意义建构过程。

卡夫卡等学者的研究启发了学者们从微观互动的视角探究意义阻断和意义建构的循环迭代过程，并从社会情境化认识视角分析这个过程中伴随的认识变化。他们的研究发现，产生于创业者和利益相关者微观互动过程的批判性反馈会引发意义阻断和新的意义建构方式，并引起创业者认知的变化，包括认知毗邻、元认知重构和暂时的认识崩溃三类。其中，认知毗邻和元认知重构带来的影响较为积极，能帮助创业者发现新的产品和市场、更新商业模式设计的思路；暂时的认知崩溃则可能导致创业活动的终止和失败。在此基础上，后续研究可以进一步探究创业者如何从暂时的认知崩溃中恢复过来，转向认知毗邻或元认知重构，从而减少批判性反馈对创业过程的负面影响。或许可以从创业者个体和创业环境等角度对上述问题进行探索。此外，卡夫卡等学者的研究还发现，创业者的认知与行动紧密关联，认知的变化也伴随着与机会开发相关的行动的改变，如获取新知识等。因此，未来的研究还可以更加关注意义建构的结果变量，比如意义建构与创业学习等概念的关系。

研究设计与应用拓展

如果你对创业者如何进行意义建构这一问题感兴趣，你可以参考迈特利斯（Maitlis）和克里斯蒂森（Christianson）（2014）总结的研究框架，首先思考：你更加关注意义建构的具体过程，还是意义建构所指向的结果？如果你希望探究创业者意义建构的具体过程，以下几个思考的角度或许能帮助你在研究设计的初期厘清思路：意义建构是由哪些事件引发的（外部环境的动荡变化、创业机会的寻找与开发、创业前景的不确定性、创业企业的身份或形象危机、创业失败）？主体间的意义是如何构建出来的（意义建构的过程包含哪些主体，他们做了什么、他们如何互动）？意义建构引发了哪些后续行动？如果你希望探究意义建构的结果，也即创业者希望通过意义建构实现什么，你可以关注与意义建构密切相关的创业过程，比如创业机会开发、创业企业合法化、身份建构、创业学习等。

在研究设计方面，如你所见，与意义建构相关的研究大多采用定性研究设计，这是由于定性研究十分强调自然情境和真实世界的复杂性，关注具体情境中涌现出来的符号与意义，有助于还原出意义建构的全过程。这些定性研究中，一类是以建构理论为目标的概念性研究，以希尔和莱文哈根（Hill，Levenhagen，1995）、科内利森和克拉克（2010）为代表。这些研究将理论推演与典型案例相结合，提出一系列具有深刻学术洞见的理论命题和框架，以指导后续研究。另一类研究则以实证数据推动理论验证与发展，所应用的具体研究方法包括案例研究（Hoyte，et al.，2019；Byrne，Shepherd，2015；Überbacher，et al.，2015）、民族志研究（Cornelissen，et al.，2012）、文本分析（Kaffka，et al.，2021；Cardon，et al.，2011）等，并形成了访谈数据、观察数据、档案数据、视频图片数据等一系列定性数据。在开展这类研究时，语言在意义建构中的作用是一个值得关注的话题——你可以参考希尔普（Zilber，2007）的做法，从叙事分析（narrative analysis）角度探究意义建构中的故事呈现；你也可以沿着科内利森和克拉克（2010）的思路，关注类比或隐喻的作用，并借助卡梅伦（Cameron，1999）、Pragglejaz（2007）等学者开发的隐喻识别和分析程序，进行更加精确系统的分析和比较；你还可以学习科内利森等学者（2012）的方式，拓宽思路和视角，将肢体语言纳入分析的框架，并参考克拉克等学者（2021）开发的肢体语言分析流程。另外，你还应该注意到，意义建构是一个不断动态发展的过程（Maitlis，Christianson，2014）。因此，研究设计时还应该着重考虑纵向研究和实时性数据的获取。可以借鉴的做法包括，卡夫卡等学者（2021）通过历时一年的创业周记探究批判性反馈如何通过意义阻断和意义建构重塑创业认知；Überbacher等学者（2015）通过创业者5年内的先后5次招投标活动，探究意义建构促进文化能力提升的过程；Hoyte等学者（2019）通过对孵化器中的创业者进行为期一年的跟踪，探究从创业想法到新企业成立的动态过程。

也有部分学者进行了定量研究上的尝试。这些研究多将企业年度报告（Wolfe，Shepherd，2015a）、新闻发布会（Wolfe，Shepherd，2015b）中对于某一事件（特别是失败经历）的叙述，视为意义建构的结果；通过计算机辅助文本分析技术（computer-aided text analysis，CATA）提炼叙述中的情感因素，探讨叙述情感与绩效表现等变量的因果关系。这些研究中关注的叙述，多处于同一时间截面，难以反映意义建构的动态变化过程。如果你想在定量研究上进行尝试，或许可以尝试搜集不同时间节点的叙述，建立起自己的数据库。另外，你也可以尝试通过实验研究，通过严格的变量操纵与控制，探讨意义建构的结果变量（如创业学习等）。你还可以尝试融合定性与定量研究的思路，进行混合研究设计，从不同视角对意义建构的过程和结果进行分析。

◆ **参考文献**

Byrne，O.，and Shepherd，D.A.，2015，"Different strokes for different folks: entrepreneurial narratives of emotion, cognition, and making sense of business failure"，*Entrepreneurship Theory and Practice*，Vol. 39，No. 2：375-405.

Cameron，L.，1999，"Identifying and describing metaphor in spoken discourse data"，In Cameron，L.，and Low，G.(eds)，*Researching and Applying Metaphor*，Cambridge：Cambridge University Press：105-132.

Cardon，M.S.，Stevens，C.E.，and Potter，D.R.，2011，"Misfortunes or mistakes? Cultural sensemaking of entrepreneurial failure"，*Journal of Business Venturing*，Vol. 26，No. 1：79-92.

Clarke, J.S., Cornelissen, J.P., and Healey, M.P., 2019, "Actions speak louder than words: how figurative language and gesturing in entrepreneurial pitches influences investment judgments", *Academy of Management Journal*, Vol. 62, No. 2: 335-360.

Clarke, J.S., Llewellyn, N., Cornelissen, J., and Viney, R., 2021, "Gesture analysis and organizational research: the development and application of a protocol for naturalistic settings", *Organizational Research Methods*, Vol. 24, No. 1: 140-171.

Cornelissen, J.P., Clarke, J.S., and Cienki, A., 2012, "Sensegiving in entrepreneurial contexts: the use of metaphors in speech and gesture to gain and sustain support for novel business ventures", *International Small Business Journal*, Vol. 30, No. 3: 213-241.

Cornelissen, J.P., Oswick, C., Christensen, L., and Phillips, N., 2008, "Metaphor in organizational research: context, modalities and implications for research-Introduction", *Organization Studies*, Vol. 29, No. 1: 7-22.

Haines, H., 2021, "The room where it happened: conversation analysis of entrepreneur meetups", *Journal of Small Business Management*, doi:10.1080/00472778.2021.1896721.

Hill, R.C., and Levenhagen, M., 1995, "Metaphors and mental models: sensemaking and sensegiving in innovative and entrepreneurial activities", *Journal of Management*, Vol. 21, No. 6: 1057-1074.

Holt, R., and Macpherson, A., 2010, "Sensemaking, rhetoric and the socially competent entrepreneur", *International Small Business Journal*, Vol. 28, No. 1: 20-42.

Hoyte, C., Noke, H., Mosey, S., and Marlow, S., 2019, "From venture idea to venture formation: the role of sensemaking, sensegiving and sense receiving", *International Small Business Journal*, Vol. 37, No. 3: 268-288.

Kimmitt, J., and Muñoz, P., 2018, "Sensemaking the 'social' in social entrepreneurship", *International Small Business Journal*, Vol. 36, No. 8: 859-886.

Maitlis, S., and Christianson, M., 2014, "Sensemaking in organizations: taking stock and moving forward", *Academy of Management Annals*, Vol. 8, No. 1: 57-125.

Pragglejaz, G., 2007, "MIP: a method for identifying metaphorically used words in discourse", *Metaphor and Symbol*, Vol. 22, No. 1: 1-39.

Strike, V.M., and Rerup, C., 2016, "Mediated sensemaking", *Academy of Management Journal*, Vol. 59, No. 3: 880-905.

Überbacher, F., Jacobs, C.D., & Cornelissen, J.P., 2015, "How entrepreneurs become skilled cultural operators", *Organization Studies*, Vol. 36, No. 7: 925-951.

Weick, K.E., 1995, *Sensemaking in Organizations*, Sage, Thousand Oaks, CA.

Weick, K.E., Sutcliffe, K.M., and Obstfeld, D., 2005, "Organizing and the process of sensemaking", *Organization Science*, Vol. 16, No. 4: 409-421.

Wolfe, M.T., and Shepherd, D.A., 2015a, "What do you have to say about that? Performance events and narratives' positive and negative emotional content", *Entrepreneurship Theory and Practice*, Vol. 39, No. 4: 895-925.

Wolfe, M.T., and Shepherd, D.A., 2015b, "Bouncing back from a loss: entrepreneurial orientation, emotions, and failure narratives", *Entrepreneurship Theory and Practice*, Vol. 39, No. 3: 675-700.

Zilber, T.B., 2007, "Stories and the discursive dynamics of institutional entrepreneurship: the case of Israeli high-tech after the bubble", *Organization Studies*, Vol. 28, No. 7: 1035-1054.

▣ 文献推荐

Cornelissen, J.P., and Clarke, J.S., 2010, "Imagining and rationalizing opportunities: inductive reasoning and the creation and justification of new ventures", *Academy of Management Review*, Vol. 35, No. 4: 539-557.

Grimes, M., 2010, "Strategic sensemaking within funding relationships: the effects of performance measurement on organizational identity in the social sector", *Entrepreneurship Theory and Practice*, Vol. 34, No. 4: 763-783.

Kaffka, G.A., Singaram, R., Kraaijenbrink, J., and Groen, A.J., 2021, "Yes and..., but wait..., heck no!: A socially situated cognitive approach towards understanding how startup entrepreneurs process critical feedback", *Journal of Small Business Management*, doi.org/10.1080/00472778.2020.1866186.

● 代表性学者

乔普·科内利森（Joep Cornelissen）

现任鹿特丹伊拉斯姆斯大学公司通信与管理领域的教授，现任《组织理论》(*Organization Theory*) 主编，曾任《管理学评论》副主编。他的研究兴趣包括创业创新活动中的沟通和意义建构，在《管理学评论》《管理学杂志》《管理研究杂志》等期刊上发表过多篇论文。E-mail: cornelissen@rsm.nl。

加比·卡夫卡（Gabi A. Kaffka）

在特文特大学获得博士学位，现任乌得勒支大学经济学院法律、经济与管理系讲师。她的研究兴趣包括创业中的社会情境化认知、创业意义建构和意义阻断等。在《小企业管理杂志》等期刊上发表过多篇论文。E-mail: gabikaffka@hotmail.com。

琼·克拉克（Jean S. Clarke）

在利兹大学商学院获得博士学位，现任里昂商学院教授。在加盟里昂商学院之前，她曾于英国利兹大学商学院任教授。她的研究主要关注创业者如何运用语言和其他文化资源（包括肢体、服饰、空间等）来创造意义、建立合法性；同时也关注创业中的社会情境化认知。在《管理学杂志》《管理学评论》《管理研究杂志》等期刊上发表过多篇论文。E-mail: clarke@em-lyon.com。

马修·格兰姆斯（Matthew Grimes）

在范德堡大学获得博士学位，现任剑桥大学贾奇商学院组织理论与信息系统方向副教授和创业中心联合主任。他的研究领域包含创业学、企业和社会等方面，研究考察了个人和组织如何通过创业创造、引入和维持积极的社会变革。在 *Academy of Management Journal*、*Strategic Management Journal* 等期刊上发表过多篇论文，现任《行政科学季刊》、*Academy of Management Journal*、*Journal of Business Venturing* 编委会成员。E-mail: m.grimes@jbs.cam.ac.uk。

创业者如何制定并实施合法性战略

◎ 苏晓华[1]　◎ 杨赛楠[2]　◎ 刘浏[3]

1. 暨南大学管理学院；2. 汕头大学商学院；3. 南方科技大学商学院

在制度理论中，合法性被视为对接受性、适当性、可取性的社会判断（DiMaggio, Powell, 1991），萨奇曼（Suchman, 1995）给出了迄今有关合法性最权威的定义，即"一种普遍的看法或假设，即在一些社会构建的规范、价值、信仰和定义的体系中，一个实体的行为是可取的、适当的或恰当的"。后来学者所界定的合法性也大多沿袭这个定义，比如将合法性定义为社会的价值观、规范和期望与组织的活动和结果之间的一致性（Ashforth, Gibbs, 1990; Dowling, Pfeifer, 1975），合法性不仅仅是另一种资源，而是"一种反映文化一致性、规范性支持或与相关规则、法律一致的条件"（Scott, 1995）。已有研究讨论了已成立的企业如何维持和修复合法性的问题（Suchman, 1995），而对于新创企业如何获取合法性的讨论则比较零碎和缺乏系统性。在新创企业的创建、生存和成长的过程中，合法性起到了关键作用。我们可以将合法性看成如同资本、技术、网络关系等属于新创企业的一种资源，不同的是，合法性可以帮助新创企业获取生存与发展所需的其他资源，是其生存的必要条件，因此也成为影响新创企业成长的关键因素，所以了解创业者如何通过构建合法性战略和推动合法性流程并最终获得合法性就变得非常必要。

合法性战略的研究起源于企业应对制度环境的研究（DiMaggio, Powell, 1983），企业行为也不断从被动的制度嵌入转向主动的环境影响，合法性也逐渐从单一的被动接受行为演化为手段丰富的合法性战略。在这方面，萨奇曼（1995）与齐梅曼（Zimmerman）等（2002）提出的顺从环境、选择环境、操纵环境和创造环境的战略具有奠基与里程碑意义。在具体获取合法性策略的研究中，瓦拉（Vaara）等（2008）开始关注话语框架战略在组织合法性获取中的重要作用，肯定了语言及社会符号体系在组织合法性获取和制度的社会构建过程中的关键作用。在有限的关于新创企业合法性获取的研究中，加鲁德等学者（Garud, et al., 2014）研究了期望在新创企业合法性获取中的关键作用，并探讨了创业者如何通过投射相应的创业故事来设定期望，以及通过建立新创企业合法性来获取利益相关者的认同与支持，而费舍尔（Fisher）等学者（2016）则研究了不同生命周期企业的组织身份如何动态地满足关键资源提供者的期望，他们认为新创企业在不断发展与壮大过程中将面临多重合法性门槛，需要满足不同时间段的规范和价值观受众的期望。创业者可以根据企业的生命周期通过制度多元化、风险认同嵌入和合法性缓冲三个关键战略来克服多重合法性门槛，这一多重合法性门槛的研究是对齐梅曼等学者（2002）提出的单一合法性门槛的有益补充。

马克·萨奇曼：提出组织合法性的三维度框架

1995年马克·萨奇曼（Mark C. Suchman）在《管理学评论》上发表了《管理合法性：战略和制度方法》一文，认为大多数有关合法性的研究仅涵盖整个现象的有限方面，缺乏系统性观点，这可能使组织合法性的研究退化，使相关学术话语显得支离破碎。因此，这篇文章突出了合法性在战略和制度方法之间的异同，认为战略视角的合法性更多强调管理者从组织内向外看（looking out），管理者试图证明组织惯例与社会规范、价值观和信仰相一致；而制度视角的合法性则更多强调旁观者从组织外向内看（looking in），即旁观者感知组织惯例与社会规范、价值观和信仰相匹配。萨奇曼采取了战略合法性和制度合法性的中间路线，既肯定了战略合法性在焦点组织中起到的管理作用和推动作用，也肯定了文化环境作为组织生活的根本组成部分带来的制度合法性的宏观指导作用。萨奇曼认为，合法性内涵所包含的内容多样性决定了其在不同环境下运作模式和战略选择的异质性，所以他在合法性（legitimacy）概念的基础上，根据企业、公众和社会系统三个维度，将合法性分为基于受众自身利益的实用合法性（pragmatic legitimacy），基于规范性认可的道德合法性（moral legitimacy），基于可理解性的和被视为授予性的认知合法性（cognitive legitimacy）。三者在大多数现实环境中共存，也存在一些区别，比如，实用合法性建立在受众自身利益的基础上，认知合法性则不依赖于话语评价等。

实用合法性涉及组织与利益相关者之间的直接交换，也涉及更广泛的直接影响公众利益的政治、经济或社会的相互依存关系，可以进一步分成三个子维度：交易合法性，仅从交易的利益角度考虑，当某些参与者感知到组织的政策对其有价值时，就会支持这些政策；影响合法性，更侧重于社会建构的视角，参与者支持组织并不是因为组织提供了具体的、有利的交易，而是因为他们应对组织能否获取更多的收益负责；倾向合法性，由于当今社会组织常常被人格化，人们会将合法性赋予那些诚实的、值得信赖的、体面的以及聪明的组织。道德合法性，涉及社会公众对组织及其行为的评价，与实用合法性不同，道德合法性的评价标准不是基于组织是否对于评价者有利，而是依据组织的行为是不是"对的"来做出评价。这种判断是根据组织的行为是否有利于提高整个社会的福利，是否符合广为接受的社会价值观来进行的。某种程度上，实用合法性反映了社会公众对组织是否"正确地做事"的判断，而道德合法性反映的是社会公众对组织是否"做正确的事"的判断。一般来说，道德合法性可采用三种评价形式，即对产出和结果的评价、对技术和流程的评价、对部门和结构的评价。萨奇曼在此基础上，增加了对领导者和代言人的评价，这四种评价形式分别对应四种不同的合法性，即结果合法性（consequential legitimacy）、程序合法性（procedural legitimacy）、结构合法性（structural legitimacy）和个人（组织领导者）特质合法性（personal legitimacy）。

萨奇曼接着分析了获取、维持及修复每种合法性的战略，获取合法性的战略之间存在着主动性递进关系：顺从环境 – 选择环境 – 操纵环境。顺从环境是指努力在组织当前的环境中符合现有受众的要求；选择环境是指努力在多种环境中选择支持当前实践的受众；操纵环境则指通过创造新的受众和新的合法性信仰来操纵环境结构。维护合法性的战略包括感知变化和保护成就,提高组织识别受众反应和预见新挑战的能力并寻求巩固他们已经获得的合法性。而修复合法性通常代表着对无法预见的危机的反应,通过战略重组或结构变化来象征性地把组织与不良影响拉开距离,还要求面临合法性危机的管理者避免恐慌,提高从容应对危机的能力。

莫妮卡·齐梅曼等学者:构建基于新创企业合法化战略的成长过程模型

在萨奇曼研究的基础上,2002年莫妮卡·齐梅曼(Monica A. Zimmerman)等学者在《管理学评论》上发表了《超越生存:通过建立合法性来实现新创企业成长》一文,补充提出组织还可以通过创造环境这一合法性战略来获取合法性,并探讨了新创企业建立合法性的过程,率先提出了合法性门槛的概念等。

齐梅曼等学者认为,在新创企业最初几年,合法性是至关重要的,合法性是获得其他资源(如高层管理人员、优质员工、财政资源、技术和政府支持等)的重要资源,提供了获得其他资源的机会,这些资源可以通过新创企业的战略行动来加以获得,从而使生存和发展成为可能。其中,"新创企业"是指处于创业初期的组织,可以是由一个已建立的组织发起的,也可以是独立于已建立组织的。在对合法性的效果和影响的考量上,齐梅曼等提出了效率、增长、利润、规模、流动性、生存、市场份额和杠杆率八个考核指标,并且认为合法性可以推动其中任何一个指标的增长。其中特别提及了资源和销售增长两个方面,构建了基于资源增量导致的销售增长所产生的合法性因果链。

齐梅曼等学者在斯科特对合法性分类的基础上,除了将合法性的来源分为监管合法性(sociopolitical regulatory legitimacy)、规范合法性(sociopolitical normative legitimacy)以及认知合法性(cognitive legitimacy),还新加入了行业合法性(industry legitimacy)。监管合法性来自政府、认证协会、专业机构,甚至是强大的组织所制定的条例、规则、标准和期望;规范合法性来自社会的规范和价值,或者与新创企业相关的社会环境的三个层面(个人、组织、职业);认知合法性则明确了组织与个人在社会系统中的角色和行动规则,通过表面上的认可和实施方法、模型、实践、假设、知识、想法、现实、概念、思维模式等来证明其在企业中的可接受性和可取性,最终通过支持与实践在其各个活动领域内被接受的广泛持有的信念和假设来获得合法性;行业合法性假定整个行业都可以有或多或少的合法性赋予在其中运作的公司,这是基于行业成员的集体行动所产生的各种行动和后果,而新创企业也可以从它们的行业中获得合法性。

然而在实践中,新创企业常处于一种窘境:它可能没有什么资源,也可能缺乏获得这些资源所需的合法性和过往的业绩记录作为其合法性要求的基础。因此,齐梅曼等学者认为,存在着一定的合法性"门槛",低于这个门槛,新创企业就会为生存而挣扎甚至灭亡,而高于这个门槛,新创企业就可以在合法性和资源方面取得进一步的收益。这要求新创企业需要通过利用那些促进合法性的活动来跨过这个合法性门槛,只有达到被判定为合法的标准才能进一步获得资本和其他资源。新创企业如何跨越这个合法性"门槛"呢?齐梅曼等学者认为,新创企业至少要采取两种行动:试图改变自己,如创建一个新的结构、管理团队或商业模式,以及试图改变其环境和在其环境中运作的其他组织。除了使用萨奇曼等学者提出的顺从环境、选择环境和操纵环境的战略外,还可以通过创造环境跨过这个合法性门槛。新创企业可以通过明显地符合政府、资格认证协会、专业机构,甚至强大的组织所制定的法规、规则、标准和期望来获得合法性，或者通过明显地认可与实施在其各个活动领域内广泛持有的价值观和规范来获得合法性，或是更高层面地，通过战略性地选择、操纵甚至创造其所处环境来实现合法性。

埃罗·瓦拉：话语框架在构建合法性战略中的作用

经典的组织分析更多地侧重于研究合法性的认知和规范基础（Suchman，1995），很少有研究从话语的视角来考察合法性，且对于确定跨国公司行为合法性的具体战略方面的分析也较少。2008年埃罗·瓦拉（Eero Vaara）在《管理学评论》上发表了《跨国公司合法性战略的话语视角》一文，通过关注在跨国公司中使用有争议的行为合法性的文本战略来补充以制度为导向的现有研究，即采用批评性话语分析的视角，补充了现有的合法性研究。

从话语的视角来看，合法性的意义是相对于特定的话语而产生的：话语提供了人们理解特定问题并给予其意义的"框架"，而这些框架对话语参与者而言是很重要的。一方面，特定的话语会限制行动者理解特定的行动并予以意义；另一方面，参与者可以为了具体或特定的话语来有目的地定位自己。由此可见，话语充满了意识形态，而合法性也必然涉及意识形态的再生产。这意味着，围绕有争议行为的具体讨论也是意识形态斗争，而话语斗争的具体性质取决于语境（内容）。在跨国公司的发展中，经常会发生一些斗争，这些斗争中引发争议的行为往往与一些意识形态联系在一起，如全球资本主义、民族主义等。而跨国公司背景下的合法性就经常产生复杂的相互冲突，通过具体的话语和意识形态为其合法性的特定行为提供替代性、竞争性的方式。

根据瓦拉等学者的观点，话语框架有四种类型，分别是授权（authorization）、合理化（rationalization）、价值观评估（moral evaluation）、神话（mythopoesis）。授权是指通过引用传统、习俗、法律的权威以及被赋予某种制度权威的人的权威而获得的合法性；合理化是指通过引用特定行为的效用而使之获得合法性，这些行为则基于在特定语境中被接受的知识主张；价值观评估是通过参考为合法性提供道德基础的特定价值体系而进行的合法性行为；神话是通过叙事传达的合法性，这意味着讲故事或构建叙事结构，以表明问题与过去或未来的关系。重要的是，合法性战略通常交织在特定的文本中，多重合法性往往是最有效的合法性形式。对此，作者在跨国公司并购话语合法性的其他研究基础上，进一步提出了五种合法性战略：规范化（normalization）、授权化（authorization）、合理化（rationalization）、道德化（moralization）和叙事化（narrativization）。总的来说，这种话语方式允许人们通过考察所动用的话语和所使用的战略来关注跨国公司内外部合法性的形成过程，瓦拉等学者的研究肯定了语言及社会符号体系在组织合法性获取中的关键作用，及话语框架在构建合法性战略中的重要作用，把话语框架进一步用到其他组织合法性构建中仍有着广阔空间。

拉古·加鲁德等学者：讲创业故事在构建合法性战略中的作用

对新创企业来说，话语框架同样对创业过程中的资源获取、网络建构、机会识别和利用等起着关键作用。2014年拉古·加鲁德（Raghu Garud）等学者在《组织科学》上发表了《创业故事、未来期望和合法性悖论》一文，讨论了期望在新创企业合法性获取中的关键作用，并探讨了创业者如何通过投射相应的创业故事来设定期望，以及建立合法性来获取利益相关者的认同与支持。加鲁德等学者同时揭示了一个合法性悖论——通过投射创业故事设定的获得企业合法性的期望也可能成为未来失望的来源，因为投射创业故事掩盖了固有的不确定性，新创企业很可能会达不到之前创业故事所带来的期望，从而使利益相关者失望，反过来导致合法性的丧失。

新创企业往往无法吸引生存和增长所需的资源，因为利益相关者常常难以理解或质疑新创企业的未来目标合理性从而导致其合法性缺失，而创业故事在解决这一问题中起着重要作用，作为一种组织建立合法性的有效战略，创业故事通过其设定的未来期望激发利益相关者的支持。然而，现有研究还没有系统地探究过这些期望是如何通过投射创业故事来设定的，以及其展现出来的动力是怎样的。对此，这篇文章提出了两种期望——认知期望和务实期望。认知期望代表了对企业未来特征和环境的理解，包括市场、技术和竞争；务实期望代表了企业的利益相关者可能获得的未来利益，如金融家的投资回报与职业前景、员工的股票期权以及客户的有价值产品。

加鲁德等学者指出创业存在合法性悖论，认为投射的创业故事呈现了可视的美好未来，但也表明新创企业在实现既定期望时会遇到挑战，而由于固有的不确定性，新创企业或多或少不能完成全部期望，其认知和务实合法性都可能会受到损害，而合法性的丧失则导致更多资源的退出，进而降低新创企业履行其义务的能力，最终的结果会进一步耗尽合法性。同时，创业者在将自己的创业故事与新兴的成长故事联系起来的过程中，新创企业更容易因为合法性环境的改变而受到整个行业集体的失望和更广泛期望转变的影响，这种行业合法性的缺失一定程度上对新创企业发展造成负面影响。因此，加鲁德等将创业视为一个超越初始资源获取的动态过程，认为创业者在努力修改他们的创业故事以保持或恢复合法性时可能面临挑战，合法性的维护和重建很可能会涉及修改创业故事，以补充和重新配置创业故事的构成要素，从而设定新的期望。

当新创企业未来的前景不清晰且充满不确定时，如何通过设定期望（认知的和务实的）来建立新创企业合法性？创业故事的投射不仅构成了公司和制度资本的现有存量，还通过基于其内部连贯性和与受众的共鸣诉诸"叙事理性"来设定预期。对一个创业故事而言，其连贯性是通过发展一个情节来建立的，"情节"是创业故事获得意义的手段。而它的共鸣则是通过与其他故事的互文联系（intertextual linkages）建立的，与其他关于技术、行业和市场未来发展的故事的互文联系（Fairclough，1992）能增强故事在观众中的共鸣和可信度，而由科学家、政府专家和媒体等较高地位的行为者创作的创业故事之间的互文联系可以为引人注目的未来愿景产生一种无可阻拦的感觉（Van Lente，2000）。

在认知和务实期望的设定及相关的合法性方面存在着紧张关系的情况下，可以用适当的抽象层次讲述创业故事。面对新创企业面临的合法性差距，可以通过修改创业故事的方式来重建企业的可理解性和合理性，理解所发生的事情，应对认知和务实合法性的威胁，如回复、重新配置链接等。而在修改创业故事之后，新创企业也会面临一些挑战，创业者可以构思一个与利益相关者产生共鸣的创业故事的修改，或者让利益相关者通过参与的方式赋予他们与创业者共同创造新创业故事的机会。对创业故事的修改，旨在解决单个新创企业无法满足期望和合法性冲击的问题，包括重新设计和重新配置链接，以设定新的期望，让利益相关者再次发现这些期望是可理解和合理的。这些修正会缓解企业家信誉的丧失、利益相关者的怀疑等问题。加鲁德等学者认为，未来研究可以更多地通过新创企业的创业故事与流行的创业故事建立联系来设定期望。

格雷格·费舍尔等学者：基于合法性缓冲战略来克服多重合法性门槛

现实中，新创企业在跨越单一合法性门槛之后合法性仍会下降，可以看出，齐梅曼等学者（2002）提出的单一合法性门槛的假设存在局限性，因此有必要做进一步研究，来探索对新创企业的合法性评估如何"在不同的受众背景下有所不同"。对此，2016年格雷格·费舍尔（Greg Fisher）等学者在《管理学评论》上发表了《与时俱进：身份、合法性和新创企业生命周期的观点》一文，讨论了技术企业的组织身份如何在其组织生命周期的每个阶段以满足关键资源提供者的期望。

费舍尔等学者认为，新创企业面临的需求和挑战将随着时间的推移而变化，新创企业在不同的发展阶段会根据不同的合法性评估标准从不同行为者那里获取资源。因此，为了获取资源，新创企业需要被视为合法的，其身份必须有所发展、演变和适应，以满足不断变化的受众的不同期望，保持组织的合法性。不同的受众在评估与判断合法性时会采用不同的制度惯例，而用于评估新创企业合法性的标准也应发生系统性变化，随着新创企业的发展和壮大，标准可能更加严格，甚至产生新标准。因此，新创企业在发展过程中将面临多重合法性门槛，门槛由不同受众对新创企业的不同预期转化而来，每个门槛都对新创企业提出越来越高的期望和要求。这篇文章确定并讨论了创业者在不同组织生命周期阶段努力跨越这些门槛的三个关键战略，即创业者可以根据企业生命周期的不同阶段通过制度多元化（institutional pluralism）、风险认同嵌入（venture-identity embeddedness）和合法性缓冲（legitimacy buffering）三个关键战略来克服多重合法性门槛。这些理论主张单独或结合起来，为新创企业的合法性获取和管理提供了一个新颖、独特、全面的视角。而提出的多重合法性门槛研究也是对齐梅曼等学者（2002）单一合法性门槛研究的有益补充。

费舍尔等学者主要以学术环境中开始的技术企业为研究对象，探究科技企业的金融资源提供者对其做出的合法性评估。而由于新创企业合法性在组织生命周期的各个阶段都会产生相应的变化，且几乎所有寻求成长为实质性企业的新创企业在发展和演变过程中都需要吸引具有不同合法性标准的不同受众，因此，这一研究在其他创业情境中也具有普适性。此外，其他特定的受众类别和相关的合法性评估标准在其他环境中可能也有所不同，与多重合法性门槛、制度多元化、风险认同嵌入和合法性缓冲相关的挑战与机遇也很可能存在于其他情境中。对此，文章依据组织生命周期模型，将新创企业的生命周期划分为四个阶段，即构想、商业化、成长和成熟，并主要讨论了前三个阶段以更好地理解组织合法性和身份挑战。研究认为，在新创企业生命早期获得合法性并不一定能确保其长期持续，而新创企业在转变为一个成熟企业的整个生命周期中，一直会面临与合法性实现和管理相关的重大挑战，创业者可以通过管理合法性的机制来确保持续获得资源。

一方面，研究假设新创企业面临着显著的制度多元化条件，在这种条件下，新创企业对资源提供者有吸引力，这些资源提供者对什么是合法企业有不同的看法。新创企业从生命周期的一个阶段过渡到下一个阶段的过程会面临着不同受众的多元需求，残留在上一阶段的制度惯例与新阶段特有的制度惯例都会对企业身份造成持续影响，导致过渡行为会在制度多元化的条件下进行。而制度的多元化往往容易使新创企业无法准确地回答有关身份的问题，并且身份主张的变化容易对组织造成强大的去合法性效果，导致新创企业被资源提供者误解为不合法。因此，在这些阶段，创业者需要高度认识到哪些受众正在密切关注他们的身份诉求和行动，并应仔细考虑不同受众群体是如何根据他们的发展阶段来解释他们的行动的。另一方面，在一个组织的某个生命周期阶段具有高度合法性的新创企业，在过渡到下一个阶段时，会使得新创企业难以适应其合法性要求，面临着风险认同嵌入的挑战。简言之，就是由于关系、认知的锁定，创业者在新创企业过渡期间会抵制改变企业生命周期早期的身份主张和制度惯例，造成组织惯性，加剧了未来资源提供者采用新的合法性标准时出现的认知失调，减缓了组织内部的决策过程。因此，新创企业应该应对变化的期望做出必要的调整。

相比于制度多元化和风险认同嵌入在创业者试图跨越面临的多重合法性门槛时所发挥的抑制作用，合法性缓冲可能会成为这类创业者的关键推动因素。合法性不仅是获得资源的一种方式，当积累起来时，它本身也是一种重要的资源，因为它使新创企业能吸引其他资源，如利益相关者、员工和金融资本（Suchman，1995；Zimmerman，Zeitz，2002）。而作为一种资源，合法性也是可替代的，并且可以转移到有不同受众进行合法性评估的其他环境中。例如，当一个新创企业在一个受众群体中拥有很高的合法性，而这些合法性的存量被转移到另一个受众群体时，新创企业在新受众群体中享有的自由可能会促使它以不同的方式做事，这可能会向受众发出一个信号，即有另一种方式可以实现预期的结果，由此便促进了合法性缓冲的形成。"合法性缓冲"是指新创企业在前一个生命周期中积累了较高的合法性"储备"，因此当它偏离原环境进行过渡时，往往能获得观众更多的宽容，从而获取更大的回旋余地，以适应新环境的相关制度惯例预期。同时，一个新创企业在先前生命周期阶段的合法性越高，它满足合法性阈值并成功过渡到下一阶段而继承的合法性缓冲也就越大。而在极少数情况下，新创企业也可能会利用其合法性缓冲来挑战新生命周期阶段中理所当然的期望和制度惯例。

总之，新创企业在成长和发展过程中会面临多重合法性门槛，而随着新创企业的成长，执掌这些新创企业的创业者也会遇到制度多元化、风险认同嵌入等相关挑战，这些挑战可能会阻碍他们的新创企业在转型期间成功跨越这些合法性门槛。相反，试图跨越多个合法性门槛的新创企业可能会受益于合法性缓冲，因为其前一个生命周期阶段的高合法性存量能延续下来，并为创业者提供适应时间和偏离新环境的既定规范与制度惯例的能力。因此，费舍尔等学者进一步指出，新创企业不仅要获得合法性，还要学会积极管理合法性，并通过制度多元化、风险认同嵌入和合法性缓冲战略在企业生命周期的不同阶段不断过渡与演变以跨越多重合法性门槛，促进对新创企业主体身份和合法性管理的理解，从而实现持续发展。

未来研究方向

合法性缺失是构成新创企业"新进入缺陷"的重要原因（项国鹏等，2020），合法性的获取作为新创企业成长的关键因素是毋庸置疑的。合法性战略的研究起源于企业应对制度环境的研究，企业行为也不断从被动的制度嵌入转向主动的环境影响，合法性也逐渐从单一的被动接受行为演化为手段丰富的合法性战略。我们提到的几篇文章涉及了合法性研究的主要进展，这些研究所提出的企业合法性挑战与合法性战略对于未来的理论研究和企业实践方面都具有重要的启示意义。

目前关于新创企业合法性获取的解释基本趋同，忽略了在特殊情境下不同阶段合法性的门槛跨越问题。以往关于合法性的探讨更多的是探究新创企业如何跨越单一合法性门槛问题，而费舍尔等学者（2016）提出的"多重合法性门槛"概念为接下来的研究提供了新的思路，我们了解到合法性获取是一个动态的过程，新创企业在成长过程中的不同阶段将面临不同的合法性门槛，只有跨过不同的门槛，才能得到外部环境认可并获取所需资源。而在中国独特的制度环境和文化环境下，新创企业在合法性的问题上往往受到各种门槛的牵绊。周雪光（2013）提出，一方面中国政府将合法性基础建立在绩效之上来推动经济发展，另一方面也要看到政府趋于成为自为一体的经济主体，也需要机会和资源推动自身发展。再加上政府和消费者对新兴事物的接受需要一定的时间，导致了新创企业在追求合法性上的进程缓慢。不少文献通过以过去10年互联网公司的崛起为研究对象，大多都是通过柔性游说、制度拼凑、制度嫁接等方式来确定并向合法性的边缘靠近。而后随着行业规模、受众认知以及政府监管的不断扩大和深入，进而推进合法性标准的建立。近十年来互联网行业的快速发展催生了一批各个行业的佼佼者，回过头来剖析各个企业在发展过程中应对各个阶段的合法性问题的方法与操作有助于未来在新兴领域的创业者模仿和借鉴。

而且，目前中国处于转型经济的关键时期，不断变革的制度环境使得企业处于高不确定性的市场情境之中，这样会让新创企业面临更加复杂的合法性获取难题。因此，在中国高度复杂化和动态化的外部环境下，新创企业在成长的过程中如何不断获取合法性成为创业者关注的重点问题。改革开放以来，中国政府在通过各类规章制度实现对经济运行指导的同时，也开始强调发挥市场机制在社会经济发展中的作用，实际上构成了中国新创企业成长面临的"政府指导，市场主导"的宏观情境格局。在这种独特情境下，新创企业发展既要契合市场逻辑，也要满足制度逻辑的需求，这使得新创企业在合法性获取的道路上将面临更多挑战，例如新创企业的发展模式与市场多元化需求之间的矛盾，可能导致其无法寻求稳定的运营模式而一直处于初创或转型阶段。而推广渠道难以打通也会使得社会公众对于新创企业的独特创新性产品持有较低的接受程度和认可度。由此可见，新创企业想要成长为既不失自身风格又符合市场逻辑要求，并且具有本土化特色的企业将面临大量合法性挑战。不过，中国政府一直在努力探索，为新创企业提供良好的制度环境和文化环境，在证券市场上，从设立中小板、创业板到设立科创板，再到现在基于新三板精选层成立的北京证券交易所，打造服务创新型中小企业主阵地，为新创企业不断获取合法性提供沃土和支持。

构建合法性的另一个具有中国独特环境问题的方向体现在走出去的中国新创企业，尤其是"一带一路"沿线的新创企业。在国际市场中，来自新兴国家与发展中国家的投资或注资往往受到东道国的怀疑和否定，在合法性的构建上存有疑虑，外来性是跨国公司先天所具有的属性，是相对于本地公司而言的一种认知特征，直接导致跨国公司在合法性方面存在天然的缺失（朱鹤，何帆，2019）。现有文献研究将吉利集团、迈瑞医疗等行业巨头作为研究对象，分析了中国新创企业在海外环境中如何构建合法性，主要通过文化尊重、政策缓行、本土对接、沿用旧人旧制等方式来实现海外合法性的建构。而且，中国政府也一直支持中国企业"走出去"，在"一带一路"倡议的推动下，在各种政策和制度的支持下，中国企业未来海外投资的规模会进一步扩大，为进一步提高中国对外投资的效率，有效管理和规避企业在此过程中面临的各类风险，获取合法性，中国政府和企业需要做到：在遵守国际惯例和当地政策法规的前提下，认真维护与东道国政府的关系；企业应重视与当地工会、环保组织等非政府组织的关系，积极实践企业社会责任；企业应积极参与当地社区的建设，强化与社区之间的交流；企业应重视维护员工的各项权益，提高本土员工对企业的认同感；中国相关部门应主动搜集并整理中国企业在对外投资过程中遇到的各类非经济风险（朱鹤，何帆，2019）。唯有如此，依托国家有利的政策和制度环境，中国新创企业在国际市场中才能顺利生存和成长。面向未来，在中国独特的制度环境和文化环境下，中国新创企业如何实现合法性的问题非常值得深入思考和研究。

研究设计与应用拓展

合法性战略的多样性为新创企业在环境不确定性中应对生存与成长的挑战提供了很好的思路。诚然，没有一个组织能完全满足所有的受众，也没有一个创业者能完全跳出使组织对自己和他人都保持信任的框架体系，要想建立组织并长久地生存下去，关键环节是要获取利益相关者的认可与信任，尤其对新创企业来说，合法性的获取更是重中之重。从已有研究来看，有关新创企业的合法性研究主要聚焦于制度视角、行为视角、资源视角等。制度视角下新创企业的合法性战略主要强调制度嵌入的服从和驱动，这一视角的研究以迪马吉奥（1983）和萨奇曼（1995）的研究为主要代表。行为视角下的合法性研究主要聚焦于企业战略层面，企业可以通过主观能动性来适应和改变外部环境。资源视角下的研究主要是将合法性看成类似于资本、技术、网络关系等属于新创企业的一种资源，是可以帮助新创企业获取其他资源的一种工具。对新创企业来说，整合多种因素视角，进行多重合法性战略的探索是其未来生存与成长的关键。

在研究设计上，通过对文献的大量梳理，我们可以发现近几年创业领域中有关合法性的研究发展缓慢，并且主要以理论推导和案例分析为主，基于数据的定量研究较少。究其原因可能为合法性是一个抽象、不可观察的构念，概念较为混乱且不统一，很难对其进行度量。因此，对于合法性衡量标准的统一性将是推动合法性研究的关键。此外，国内学者对于企业合法性的研究也大多基于国际经验，以西方相关理论和实践为主，忽视了中国独特的制度环境和文化环境等因素。目前有关合法性的定性研究主要是以纵向的案例分析为主，多以访谈和档案数据来衡量各种类型的合法性，或是专注于单个或小群体的新创企业，这些虽然有助于了解新创企业的合法性获取过程，但是可能缺乏适合解释的研究方法。基于以上分析，我们可以通过采取定量和定性相结合的方法来研究合法性。在研究方法上：一方面，通过定性研究（如多案例研究）来深入解释合法性构念，统一概念；另一方面，通过定量分析（借鉴开发一定数量的量表）来研究多重合法性门槛的问题，统一标准，为新创企业获取合法性及跨越多重合法性门槛提供操作性强的战略和方法。在数据来源上，可以选取不同区域、不同行业、不同背景、不同阶段的新创企业作为研究对象，除了通过访谈、观察等方式获取一手数据，还可以利用互联网、媒体公开资源获取二手数据，使合法性研究更加全面，确保研究的可靠性和有效性。

鉴于中国新创企业面临的独特情境格局，对中国新创企业的合法性研究来说，需要更多地结合中国的制度和文化环境，新创企业在不同的特定情境下，应当有所针对地采取恰当的合法性战略应对各种制度环境和市场环境需求。新创企业的合法性获取作为一个持续、动态迭代的过程，未来研究中我们需要跳出框架思维，结合中国情境，针对不同的成长阶段，采用相应的合法性战略，帮助新创企业生存并成长。例如，在中国不断变革的制度环境和快速变化的市场情境下，新创企业可能面临不同利益相关者相互竞争或相互排斥的规范性期望，这就需要企业采用不同的合法性战略来应对复杂的制度逻辑需求。另外，因为新创企业在成长过程中面临同构性和异质性战略需求期望，在后期管理过程中将面临多元化发展的多重价值需求，这种多元化增加了新创企业面临的外部环境复杂性，而新创企业为了满足一方利益需求可能会违反其他利益相关者期望，从而会危及新创企业的合法性。而组织悖论（organizational paradox）（Smith，Lewis，2011）、组织二元性（organizational ambidexterity）（Raisch，et al.，2009）等理论可以为我们提供一定的启发，新创企业可以通过激活不同的合法性战略，平衡各种矛盾和不相容的需求，从而解决矛盾需求困境。这些悖论理论有助于推动新创企业合法性的相关实证研究。

总之，合法性对新创企业的生存与成长而言是一个关键因素和重要环节，它可以被有战略性地用以增加企业资源并实现企业增长。因此，对于新创企业如何获得、建立和使用合法性的探索，不仅可以增加新创企业的存活率，也有助于新创企业加速成长为成熟企业。这也是我们研究创业者如何构建合法性战略的关键原因。因此，创业者需要根据新创企业所处的特定情境，构建适合的合法性战略，获取合法性，跨越多重合法性门槛，实现生存与成长，这也是学者做新创企业合法性研究需要关注的地方。此外，学者也可以在新创企业合法性的获取路径方面展开研究，区分一贯"从宏观到微观"的获取路径与先通过高质量服务满足社群公众的需求，形成内部合法性，再通过创新于现有文化与价值观的组织形态来获取政府、社会的广泛认可的"从微观到宏观"路径之间的差异。未来，学者还可以通过整理自改革开放以来几次创业浪潮中管理层面合法性构建的流程以及创业者自身探索和发掘合法性的过程，总结中国独特情境下的合法性构建模式和构建流程，为将来的创业者构建合法性战略提供参考意见和方法。

◈ 参考文献

Delmestri, G., Wezel, F.C., 2011, "Breaking the wave: the contested legitimation of an alien organizational form", *Journal of International Business Studies*, Vol. 42, No. 6: 828-852.

DiMaggio, P.J., Powell, W.W., 1983, "The iron cage revisited: institutional isomorphism and collective rationality in organizational fields", *American Sociological Review*, Vol. 48, No. 2: 147-160.

Garud, R., Schildt, H.A., Lant, T.K., 2014, "Entrepreneurial storytelling, future expectations, and the paradox of legitimacy", *Organization Science*, Vol.25, No.5: 1479-1492.

Fisher, G., Kotha, S., Lahiri, A., 2016, "Changing with the times: an integrated view of identity, legitimacy, and new venture life cycles", *Academy of Management Review*, Vol. 41, No. 3: 383-409.

Greenwood, R., Raynard, M., Kodeih, F., et al., 2011, "Institutional complexity and organizational responses", *Academy of Management Annals*, Vol. 5, No. 1: 317-371.

Scherer, A.G., Palazzo, G., Seidl, D., 2013, "Managing legitimacy in complex and heterogeneous environments: sustainable development in a globalized world", *Journal of Management Studies*, Vol. 50, No. 2: 259-284.

Suchman, M.C., 1995, "Managing legitimacy: strategic and institutional approaches", *Academy of Management Review*, Vol. 20, No.3: 571-610.

Suddaby, R., Greenwood, R., 2005, "Rhetorical strategies of legitimacy", *Administrative Science Quarterly*, Vol. 50, No. 1: 35-67.

Vaara, E., Tienar, J.A., 2008, "Discursive perspective on legitimation strategies in multinational corporations", *Academy of Management Review*, Vol. 33, No. 4: 985-993.

Zimmerman, M.A., Zeitz, G.J., 2002, "Beyond survival: achieving new venture growth by building legitimacy", *Academy of Management Review*, Vol. 27, No. 3: 414-431.

项国鹏,万时宜,黄大明.新创企业合法性门槛的跨越机制——基于事件系统理论的案例研究[J].南方经济,2020(12):108-125.

周雪光.国家治理逻辑与中国官僚体制:一个韦伯理论视角[J].开放时代,2013(03):5-28.

朱鹤,何帆."一带一路"与企业海外合法性[J].中国金融,2019(8):39-40.

◼ 文献推荐

Fisher, G., Kotha, S., Lahiri, A., 2016, "Changing with the times: an integrated view of identity, legitimacy, and new venture life cycles", *Academy of Management Review*, Vol. 41, No. 3: 383-409.

Garud, R., Schildt, H.A., Lant, T.K., 2014, "Entrepreneurial storytelling, future expectations, and the paradox of legitimacy", *Organization Science*, Vol. 25, No. 5: 1479-1492.

Suchman, M.C., 1995, "Managing legitimacy: strategic and institutional approaches", *Academy of Management Review*, Vol. 20, No.3: 571-610.

Vaara, E., Tienar, J.A., 2008, "Discursive perspective on legitimation strategies in multinational corporations", *Academy of Management Review*, Vol. 33, No. 4: 985-993.

Zimmerman, M.A., Zeitz, G.J., 2002, "Beyond survival: achieving new venture growth by building legitimacy", *Academy of Management Review*, Vol. 27, No. 3: 414-431.

◉ 代表性学者

马克·萨奇曼(Mark C. Suchman)

拥有斯坦福大学社会学博士学位和耶鲁大学法学博士学位,现任布朗大学社会学教授。他的研究兴趣集中在法律、创新和创业之间的关系,特别是信息技术、纳米技术和医疗保健领域。此外,他还撰写了组织合法性、组织间争议实践、公司官僚机构内法律的"内部化"及契约研究的社会科学方法等著作。E-mail: mark_suchman@brown.edu。

莫妮卡·齐梅曼(Monica A. Zimmerman)

在天普大学获得博士学位,是注册会计师,是宾州西彻斯特大学企业与公共管理教授,柯特利尔创业领导中心执行主任。她的研究多关注于新创企业的管理团队、合法性和首次公开发行等。在《管理学评论》《创业学杂志》《小企业管理杂志》《创业理论与实践》等期刊上发表过多篇论文。E-mail: MZimmerman@wcupa.edu。

埃罗·瓦拉(Eero Vaara)

在赫尔辛基经济学院获得博士学位,现任牛津大学赛德商学院组织与影响教授。他的研究重点是组织和战略变革,是论述和叙事视角方面的世界领先专家。他的研究涉及战略过程和实践研究、并购等激进变革研究、制度变革和合法化研究、跨国公司、民族主义和全球化研究。在《管理学杂志》《战略管理杂志》《管理研究杂志》等期刊上发表过多篇论文。E-mail: eero.vaara@sbs.ox.ac.uk。

拉古·加鲁德（Raghu Garud）

宾夕法尼亚州立大学管理与组织教授，也是法雷尔公司创新与创业中心的研究主任。他在明尼苏达大学获得战略管理与组织博士学位。他的研究探讨新奇事物的出现和采用，具体来说，他感兴趣的是理解新思想是如何出现、如何被重视，以及如何被制度化的。曾任《管理研究杂志》和《组织研究》联合编辑，现任《创业学杂志》的编委会成员。E-mail：rgarud@psu.edu。

格雷格·费舍尔（Greg Fisher）

在华盛顿大学福斯特商学院获得博士学位，现任印第安纳大学凯利商学院创业学副教授。他的专业兴趣包括创业、商业战略、公司创业和变革管理等，在《创业学杂志》《管理学评论》《管理研究杂志》《战略创业杂志》等期刊上发表过多篇论文。E-mail：fisherg@indiana.edu。

创业者如何在数字化情境下决策[①]

◎ 朱秀梅　◎ 谢晓萌

吉林大学商学与管理学院

彼得·德鲁克曾说："新的陌生时代已经明确到来，而我们曾经很熟悉的世界已经成为与现实无关的过往。"时代的变迁则意味着环境的巨变，数字技术变革成为第四次工业革命的重要内容。在数字技术的赋能下，数字经济获得蓬勃发展，成为当前经济发展的主旋律，数字化情境对企业生产经营产生巨大影响。数字经济发展具有全球化趋势，也是我国的重要国家战略，十九届五中全会明确提出要加快数字化发展，建设网络强国和数字中国。从代际概念角度理解，数字化是从工业时代到数字时代的转变，是现实世界与虚拟世界的融合并存。陈春花教授在《价值共生》一书中提出数字化情境的即时性连接推动着互联网的商业模式快速迭代和增长。数字化将过去和未来压缩到当下，使其以更大的复杂性、更多的维度交织在一起。数字化情境具有更高的复杂性和不确定性，产品生命周期越来越短，环境不确定性越来越高，跨界颠覆现象非常突出，新模式、新业态、新产业不断涌现。数字化情境下的创业环境和创业行为势必随之变化，数字化情境对创业者的科学创业决策提出了更大挑战。

创业决策一直是创业领域的热点和难点问题，在学术和实践方面兼具挑战性，科学的创业决策能有效应对环境的不确定性。随着环境不确定性的提高，创业决策的逻辑发生了重大变化。传统的创业决策以创业者自我为中心，基于高度可控的创业环境、高度确定的创业参数，创业者通常能根据已知的用户需求，对企业未来的发展进行预测和分析。在这种决策思维指导下，创业企业首先基于初步的市场调查或创业者的直觉提出产品的概念，然后进行产品开发，在进行内部测试和公开测试之后，再正式投入市场。而数字化情境下，创业环境充斥着不确定性和不可预测性，用户痛点和产品解决方案均处于未知状态，传统创业决策的基本假设受到冲击，传统创业决策的局限性也日益彰显。

因此，数字化情境呼唤新的决策方法，此时，"精益创业"方法应运而生，成为数字情境

[①] 本文是国家自然科学基金面上项目"数字创业生态系统形成及演化机理研究"（71972086）资助的阶段性成果。朱秀梅为本文通讯作者（zhuxiumei@126.com）。

下科学创业决策的重要方法。埃里克（Eric，2011）提出的"精益创业"一词逐渐引起学术界和实践界的关注，并被视为一种重要的创业决策方法，这种方法重新审视了客户开发和产品开发过程，改变了传统的线性产品开发方式。精益创业颠覆了"通过调查寻找市场空缺，依据设计者对用户的理解策划出相对完整的产品形态"的工业思维和逻辑。依据多元化与快速变化的环境及客户需求迅速迭代产品和服务，以动态化满足客户的需要。精益创业是基于手段导向的重要执行方法和手段，在将资源和手段作为决策出发点的同时，更加注重效果反馈的效率，在短时间内快速回应市场需求，并促进创业拼凑，提高有限资源的高效利用。数字化时代，机会迅速出现或消失，导致资源组合意外地获得或失去价值，能快速测试、迭代、验证最小可行产品可行性的精益创业方法的科学性日益彰显。对于经验和资源均受到约束的初创企业，精益创业方法能有效实现科学的创业决策，推动初创企业持续学习和创新，激发企业的内部创业，并创造新的创业机会。

数字化情境下，机遇与挑战并存，创业环境充满不确定性且快速变化，机会窗口期时限短，创业者需要利用精益创业方法快速决策，形成最小化产品，实现创业机会的快速迭代。因此，我们将主要围绕数字化情境下精益创业的经典研究文献进行回顾与评述。经过文献搜集、筛选和精读，选择三篇代表性文章：第一篇文章将精益创业方法引入创业领域并进行构念的解析；第二篇文章研究了精益创业方法与因果决策逻辑和效果决策逻辑之间的关联；第三篇文章则研究了精益商业模式对数字创业过程的影响。

安东尼奥·盖齐：精益创业方法在数字初创新企业中的应用

2019年安东尼奥·盖齐（Antonio Ghezzi）在《技术预测与社会变革》（*Technological Forecasting and Social Change*）上发表了《精益创业方法在数字新企业中的应用》一文，以数字新企业为研究对象，利用意大利数字创业公司原始数据库，采用定量的问卷调查与定性的半结构化访谈相结合的方法，对数字创业企业如何采用和实施精益创业方法（LSA）展开研究。盖齐在明确了精益创业方法的内涵和实施过程的基础上，基于对227家数字创业企业的问卷调查和案例访谈数据进行统计分析的结果，围绕以下四个问题展开分析：①数字创业企业如何应用精益创业方法；②数字创业企业采用精益创业方法的结果；③采用和实施精益创业方法的主要优势和劣势；④数字创业公司如何将精益创业方法与其他创业方法和创业工具相结合。他对精益创业在数字创业企业中的应用进行了深入的实践分析，通过定性和定量分析获得了以下重要发现。

第一，精益创业方法在数字创业企业当中的采纳情况。在被调查的227家企业中，有93%的企业采用了精益创业方法，说明该方法在数字创业决策过程中起到了重要作用。这些数字创业企业采纳精益创业方法的原因是：需要快速匹配产品与市场（33%）；需要避免浪费稀缺的资源（21%）；需要组织初创企业的发展过程（17%）；需要找到传统商业计划的替代品（8%）；需要取悦投资者（3%）。这些数字新企业采用精益创业方法主要是为了快速适应产品市场，创业者清楚地意识到，在这样一个动态而复杂的环境中，时间和速度对于维持竞争优势至关重要，需要对其原始的商业模式进行试验，并验证其商业模式是否符合市场需求。数字创业者还借助精益创业方法解决了资源短缺的关键问题，为创业团队提供明确的指导方针和流程，以最大限度地减少创业团队在产品测试阶段所需要的资源。采用精益创业方法能缓解初创企业所面临的不确定性，因而投资者也对采用精益创业方法的初创企业更加青睐。

第二，数字创业企业采纳精益创业方法产生的结果。被访谈的创业者表示从商业模式和最小可行产品（MVP）开始，到合理市场匹配度出现，他们平均花了 8.2 个月的时间，下限为 4.1 个月，上限为 13.5 个月。在实施总成本方面，平均花费 34 000 美元，下限为 19 000 美元，上限为 180 000 美元。受调查的创业者表示，能否就初始商业模式找到团队并达成共识，能否制定正确的最小可行产品并取得其测试的优先级，能否发现早期试用用户并得到信息反馈，都影响着精益创业方法的实施效果。尽管大多数数字新企业表示采用了精益创业方法并在实施中得到了回报，但是这些企业对精益创业方法实施的总体满意度在四点 Likert 量表中仅达到了 2.8，满意度略低于中等水平，这种较差的满意度让我们认识到精益创业方法在实践中的复杂性以及可能存在的缺点。

第三，精益创业方法在数字企业应用实践中的优势和劣势。主要优势包括：减少数字新企业测试的时间和成本（74%）；使企业理念与客户需求保持一致（68%）；验证和修正商业模式的参数（52%）；使公司接受多轮融资（39%）；提供了传统知识产权保护的替代方案（28%）。同时，受调查企业表示在采取精益创业方法过程中遇到了以下问题：如何定义和设计最小可行产品（82%）；如何识别早期使用用户和相关专家（69%）；如何确定测试的优先级（52%）；存在错过其他市场机会的风险（39%）；会向外界透露公司竞争优势的信息（36%）。因此，一方面，精益创业方法能帮助企业验证其价值主张、测试其商业模式，有助于初创企业精准了解目标客户及其需求，正确识别早期用户，不断寻求早期用户反馈，激发进一步的创业学习。另一方面，精益创业方法的实施效果与制定商业模式的过程有关，有些创业者常常将精益创业方法误用于产品特性测试，对初创企业来说，应该将整个商业模式作为企业的分析单元，验证其战略执行情况，检验企业目标与市场需求是否相匹配比验证产品本身更为重要。因此，数字创业企业应最大化精益创业方法的优势，克服其存在的问题。

第四，精益创业方法与其他创业方法和工具之间的匹配情况。精益创业方法通常可以与商业计划、敏捷开发、周期性敏捷实践、功能驱动开发以及 SWOT 分析配合使用。关于数字新企业如何将精益创业方法与其他工具连接并结合起来的问题，采用商业计划的企业占 91%，采用敏捷开发的企业占 82%，采用周期性敏捷实践的企业占 53%，采用功能驱动开发的企业占 44%，采用 SWOT 分析的企业占 41%。正如调查结果显示的那样，精益创业方法作为一种创业决策手段，可与商业计划等其他决策手段相结合，将精益创业方法的试验结果输入到结构良好的商业计划中，供投资者进行评估，也为企业提供借鉴，反思其愿景和使命，战略性地分析其内外部的环境，为创业者提供证伪的机会，帮助创业者设计初步的商业模式。

关于精益创业方法在数字创业企业当中的应用，盖齐的研究具有重要的开创性和引领性。他不但对精益创业方法的实践应用进行了深入分析，而且将精益创业方法与机会创造观相结合，提出精益创业方法的前因和理论根源，构建精益创业研究的未来研究框架。在该研究框架中，盖齐提出了精益创业的九个前因：精益、敏捷、新产品开发、实物期权、组织学习、商业模式创新、手段导向、创业拼凑、机会创造。着重分析了精益创业方法与手段导向、创业拼凑、机会创造的关系。手段导向基于控制未来而非预测未来的假设，精益创业方法的主张与手段导向的假设类似，即未来是由企业家塑造的，而不是过去的事件导致的结果。此外，建立最小可行产品，在市场上试验、测试以验证初创企业商业模式的可行性，反映了以创业拼凑为导向的逻辑，即在资源受限的环境中，应用精益创业方法开展数字创业活动。可以说，精益创业方法以一种科学的方式，为手段导向和创业拼凑提供了可操作的支持。创业者使用精益创业方法是为了创造机会而不是发现机会。机会发现观认为环境是有风险的，企业家通过基于风险的决策工具来识别和利用机会。机会创造观认为环境是不确定的，企业家基于迭代和增量过程来形成机会。初创公司的目标是在初始学习阶段，尽量减少前期投资，在可承受损失的范围内，通过创业反馈寻求与客户循环进行有效的试验和测试，利用有限的启动资源，使用精益创业方法的创业者对创业机会采取创造性的态度，向客户提出问题、设计试验、持续学习，通过增量、迭代和归纳的过程做决策。因此，精益创业方法能促进机会创造，能克服直觉性的、不确定的、偶然的尝试。总之，盖齐的研究将精益创业方法引入数字创业研究领域，提供了一个新的研究视角，对于数字创业的理论发展具有重要贡献。可以说，精益创业方法在一定程度上推动了数字创业企业的发展，但其实际应用的效果以及有效性仍有待追踪，精益创业决策理论需要在实践中不断提升。

徐跃强等学者：数字商业模式的敏捷实施

2019年徐跃强（Yueqiang Xu）等学者在《计算机与人类行为》（Computers in Human Behavior）上发表了《数字化商业模式实施：一种敏捷方法》一文，研究了如何利用因果逻辑、手段导向、精益创业方法三种平行方式促进数字商业模式的敏捷实施。敏捷性是对高不确定性和快速变化环境做出快速反应的能力，在数字创业过程中，敏捷性意味着能快速为客户提供有价值的产品或服务，并使产品或服务的开发周期明显短于传统产品开发流程（Suomalainen，Xu，2016）。针对数字创业企业的敏捷能力的现有研究，徐跃强等学者提出当前存在的理论空白，即因果逻辑、手段导向和精益创业方法作为数字商业模式的开发方法，如何在时间约束的状况下，提升数字新企业创建过程中的敏捷能力？它们对数字商业模式的影响路径和影响效果是否存在差异？同时针对这些问题展开研究，徐跃强等学者与盖齐的研究具有一定的相似性，首先都涉及数字创业情境下精益创业方法的应用问题，并对精益创业方法在数字创业企业当中的应用实践进行了深入挖掘。不同的是，两者的研究具有一定的承上启下的接续性，盖齐在未来研究框架中，提出要对机会创造、手段导向与精益创业方法之间的关系进一步挖掘。徐跃强等学者则在一定程度上回应了这一呼吁，比较了因果逻辑、手段导向、精益创业方法对数字创业模式开发的作用。因果逻辑和手段导向的研究较早，无论在理论发展和实践应用上都相对成熟，相比而言，精益的概念虽然具有悠久的历史，但其在创业领域的应用却刚刚兴起，精益创业方法的理论研究和实践应用均不成熟。通过三者的比较研究，能让人们更深入了解和认知精益创业方法。这也是徐跃强等学者研究的重要价值所在。这篇文章在文献回顾的基础上，凝练了因果逻辑、手段导向、精益创业方法对商业模式的影响。在此基础上，以2016年"挑战芬兰项目"（Challenge Finland）为案例展开研究，该项目旨在以公共组织、中小企业、大企业和研究机构组建创业团队，开发商业模式，转化创新成果，要求创业团队以六个月为期限，开发商业模式，获胜团队可以获得资金用于产品开发和创新。这些创业团队分别使用了因果逻辑、手段导向、精益创业方法进行商业模式开发。研究表明，不同方法的使用会影响创新或创业过程的投入和产出，对商业模式数量、商业模式质量和商业模式能否成功获得下一阶段资金等方面的影响也存在差异。该研究对不同方法的关键过程以及对商业模式的影响进行了归纳（见表6-1）。

表 6-1　三种方法的应用比较

方法	关键流程	最终所形成商业模式的重要贡献
因果逻辑	识别机会领域	确定了 8 个机会领域/部门
	创造商业模式	
手段导向	扩大合作网络	与 7 家合作伙伴（公司和政府机构）组成联盟
	创造商业模式	确定了 2 个具体的商业模式的替代机会领域
精益创业方法	创造初始商业模式	收集了 56 个商业模式原型
	测试-测量-改进周期	验证并选择了有明确目标客户和价值主张的商业模式

首先，因果逻辑为商业模式的实施过程提供了新的资源、知识和网络，并为企业寻找到新的合作者。因果推理过程能够发现大量潜在的机会，基于因果逻辑进行商业分析可以进一步放大机会。这种方法的真正价值在于能够创造商业愿景和吸引外部合作伙伴参与。该方法重在预测，但由于预测失误，可能会错过一些真正的机会，从而导致错误的商业模式。以因果逻辑为导向的规划和预测可能会导致企业对市场中的新技术调查不足，而这些新技术最终可能对企业未来发展产生致命影响。

其次，手段导向在获得潜在合作伙伴，扩大联合体的知识、资源和网络方面发挥着巨大作用，有助于识别高质量的商业机会，并推动商业模式的创建顺利进行。手段导向过程包括两个阶段，一是识别机会，二是开发商业模式。通过与合作者建立联系形成一个较小的项目生态系统，在关系网络互动中发现机会。与因果推理过程相比，该过程提供的商业机会较少。在时间、资源受到约束的情境下，该方法的实施存在较大的偶然性。

精益创业方法在项目初期便锁定了商业模式创建，将大量潜在的商业模式经客户验证、测试迭代，最终确定目标市场，锁定创业机会，建立能够满足客户实际需要的方案。精益创业方法强调商业模式的创建，商业模式的创建是首先创建商业理念，而不是识别机会（Davidsson，2015）。随后进入机会评估阶段，进行持续的"构建、测试和转型"循环。当商业模式或创意得到验证并通过评估后，才会被用来预测机会的市场潜力，以匹配业务的敏捷性需求。

该研究具有重要的理论贡献和实践价值。将敏捷理论与商业模式理论进行结合，基于敏捷视角，提出研究问题，明确敏捷能力、机会识别与商业模式开发之间的关系。数字化敏捷环境要求企业能在短时间内进行敏捷行动。企业所面临的挑战已经从预测未知向控制风险转变，即在竞争对手赶超自己的优势之前快速行动。商业机会可以理解为，以新颖的方式对资源进行效率更高的重组。企业需要识别潜在的机会并协调资源抓住机会。在敏捷环境中，机会识别和商业模式开发需要在有限的时间内完成，以便将技术创新转化为现实的业务模式。商业模式是价值创造的核心，商业模式创新对数字新企业的生存和发展具有重要影响，有效的商业模式是指导数字新企业运营和理顺业务逻辑的重要工具，也决定了企业创造新价值的潜力。波特（Porter，1980）表示产品创新已不足以提供足够的差异化竞争优势，商业模式创新是建立可持续竞争优势的新途径。早期商业模式的概念主要基于因果逻辑提出，商业模式被视为可预知结果的事前计划（Baden，Morgan，2010）。这种商业模式通常从机会识别开始，包括：发现和预测可行的客户价值主张；锁定特定客户群体；配置价值网络以创造客户价值。商业模式描述了交易内容、结构和治理的设计，以便通过开发商业机会创造价值。敏捷性解决了创建商业模式和运营企业以应对挑战的新方法，这将是未来竞争优势的主要来源（Kidd，1994）。

再次，该研究指出虽然因果决策逻辑、效果决策逻辑和精益创业方法分别适用于不同情境，对环境不确定性的应对效果也有所不同，但三者并非完全排斥的关系，而是可以并存且相互促进的。徐跃强等学者的研究证实，创业过程中普遍存在的三个因素（外部促成因素、创业理念和身份或信心）在三种决策逻辑当中的重要性有所差异。对于因果逻辑，"外部促成因素"和"创业理念"因素很重要，但"身份或信心"因素不是关键。相比之下，对于手段导向，"外部促成因素"不太重要，但"身份或信心"因素至关重要。精益创业方法显示了"创业理念"的重要性，而较少关注其他两个因素。对在个人和专业网络方面具有优势的企业家来说，手段导向是一种非常有效的方法。而对技术能力更强，如高科技领域的企业家来说，精益创业方法是一种合适的选择。因此，在复杂情境下，可以采用多种决策逻辑。

最后，该研究分析了因果逻辑、手段导向与精益创业方法对数字企业商业模式开发和敏捷实施的影响，清晰地展现了三种方法在实践中的作用效果，并指出三种方法具有不同的决策逻辑，导致实践中的不同应用效果，在未来的研究中要进一步剖析它们之间的联系与差异。而且因果逻辑、手段导向和精益创业方法相结合有可能会催生新方法，能将预测和测试的优势相结合，也值得未来进一步探索。

拉斐尔·巴洛克等学者：精益商业模式改变数字创业过程

2019年拉斐尔·巴洛克（Raffaello Balocco）等学者在《业务流程管理杂志》（*Business Process Management Journal*）上发表了《精益商业模式改变数字创业过程》一文。他们指出现有的少数研究精益创业方法的文献中，常常将精益思维和精益创业方法对商业模式变革的影响视为理所当然，未能说明精益创业方法在多大程度上影响了商业模式变革的过程？数字新企业如何处理商业模式变革？精益创业方法在商业模式变革过程中起到怎样的作用？针对这些问题，这篇文章给出了独到的见解。

巴洛克等学者在此研究中提出了一个精益创业方法影响数字商业模式变革过程的框架，为正在进行商业模式开发和变革的数字新企业，以及面临商业模式选择的数字创业者提供了重要参考。该框架主要解答了以下问题：数字环境下商业模式变革如何遵循精益原则？如何依据精益原则对商业模式进行试验、验证并随后改变商业模式？米切尔和科尔斯（Mitchell, Coles, 2004）认为，商业模式创新过程可以从改变单个商业模式要素开始，如果在竞争中改进至少四个商业模式要素，形成新的商业模式，并提供与之前不同的产品或服务的商业模式，这个过程可以视为商业模式创新。奥西耶夫斯基和德瓦尔德（Osiyevskyy, Dewald, 2015）对商业模式变革的两种不同形式进行了概念化：探索性（激进）商业模式变革，即重新思考价值的创造和分配方式；开发性（增量）商业模式变革，即对现有商业模式的增量强化。数字新企业可以采用探索性商业模式变革战略或开发性商业模式变革战略，也可以同时实施这两种战略。对初创企业来说，开发新机会，获得可持续的竞争优势，持续的适应、试验和变革至关重要。商业模式变化的过程是一个连续试验、学习的过程，在此过程中通常会有当前商业模式和新商业模式长期共存的情况，甚至会引发组织问题。多重商业模式配置存在多个风险，例如相互蚕食、对质量和网络产生消极影响（Doz, Kosonen, 2010）。

精益是一种思维和行动方式，精益思想围绕着一个核心理念：最大限度地提高客户价值，同时最大限度地减少浪费。这意味着精益要求用更少的资源为客户创造更多的价值。精益思维和精益创业之间的一个共同点是在减少资源浪费的同时，能利用创造力和试验来追求创新（Ghezzi, Cavallo, 2018）。在确立企业战略阶段，精益创业方法对企业的思维方式和经营方式产生了广泛的影响，精益思想让企业以客户为中心，更加专注于改进至关重要的任务，而不是浪费时间去思考大量额外的任务。在企业战略变更阶段，也遵循着精益创业方法的基本原则，在旧商业模式良好的状态下去建立新的商业模式，时间和金钱等资源是有限的，企业必须快速改进所需提供的核心产品或服务，满足客户需求。根据客户发展理论（Blank，2006），持续的客户反馈过程是执行商业模式变革所需的核心资源，与客户进行沟通的过程可以实现资源、活动和合作关系的改进。试验、验证、MVP 和客户反馈等过程在引导商业模式变革执行方面都发挥着根本性作用。

巴洛克等学者着重研究了精益创业方法在整个创业过程中的作用，可以说是对盖齐和徐跃强等学者研究的延展，前者研究了精益创业方法在数字新企业当中的应用，后者则揭示了精益创业方法对数字商业模式开发的作用。基于商业模式变革和精益思想两个理论支柱，结合案例研究结果，巴洛克等学者得出了有价值的结论，对于推进数字创业情境下的精益创业研究具有重要贡献。

第一，案例研究结果揭示了一个多阶段的"共同范式"，大多数新企业在商业模式变革过程时都遵循这一范式。第一阶段是在确定所需的内部变革之后，达成内部一致性，如获取新知识、新资源，创建新的合作伙伴关系，为企业转向新的模式做好准备，以提高效率和可扩展性。第一阶段为第二阶段"为客户做好准备"奠定了基础。企业内部变革对客户来说也是一种冲击，甚至可能会破坏客户基础，因此需要对一部分客户进行测试，不仅使客户做好准备，也向客户传达企业已经做好变更准备，增强客户的信心。在客户测试阶段反馈积极结果之后，才能最终执行商业模式变更过程。

第二，将精益思维与在数字情境下商业模式的试验、验证、创新过程建立联系，引发我们对商业模式变革的思考。将商业模式变革划分为初始、第一、第二和第三这四个阶段，提出精益创业方式影响商业模式变革过程的研究框架，这一框架使得"共同模式"更加正式化。在初始阶段，利用精益创业确定更改设置需要的操作，并确定需要执行的战略，商业模式变革过程首先要确定执行何种战略变革。在第一阶段，要利用精益创业方法做好外部运营准备，此时无须停止内部工作，并确定最小可行产品。商业模式变革需要企业以新的方式去创造价值。这一过程要在客户尚未察觉的情况下进行，在保持当前商业模式运行的情况下也可以引入。在第二阶段，精益创业方法在外部操作完成后转向内部操作，测试和验证商业模式，在获得测试结果以及客户的积极反馈之后，最终执行商业模式变革。该综合框架引入了精益创业方法，可以用于指导商业模式变革的每个过程。精益创业方法在商业模式变革过程中的作用不仅仅限于新商业模式的形成，而且影响着商业模式变革的每一个过程。该研究拓展了精益创业方法在商业模式变革过程中的应用范围。

第三，提出在不断变化的商业环境中，创业者应该采用动态思维看待企业发展。巴洛克等学者提出了商业模式应作为复杂动态要素需要进行评估的主张尤其适用于数字行业，在这种行业中，企业在高度不稳定的环境中运营，在企业的整个生命周期中，灵活性和适应性都至关重要。因此，在数字创业情境中，创业者在企业创建伊始，就应该建立动态发展的思维，将持续变化、适应与创新的过程作为战略和业务发展的核心（Mitchell，Coles，2003）。

未来研究方向

数字创业的实践发展和理论成果均表明精益创业方法是数字创业企业进行科学决策的重

要方法，未来存在巨大的研究空间。我们选择的三篇文章具有一定的前瞻性，使该领域形成了一定的研究基础，能推动后续研究，三者的研究主题也具有一定的连续性，呈现递进关系。盖齐的研究将精益创业方法纳入现有的创业理论体系，与现有的创业理论相结合，深入挖掘了精益创业方法在数字创业企业当中的实践应用。徐跃强的研究则深入挖掘了数字企业发展实践中，因果逻辑、手段导向和精益创业方法三种决策逻辑对数字企业商业模式开发的作用，揭示了三者之间的区别与联系。巴洛克等学者则从动态的视角探索精益商业模式在数字新企业创业过程中的作用。精益创业方法作为数字创业领域新兴的决策方法，无论在理论研究还是实践发展方面均存在巨大的需求，很多问题值得进一步深入研究。

第一，应进一步关注精益创业方法在实践中存在的缺陷，并予以完善，同时，提升相关理论研究，以拉近学术与现实的距离。

第二，盖齐提出存在一个"机会空间"将创业行为、认知逻辑、决策背景及决策工具联系在一起展开研究，同时，需要对决策情境进行进一步的思考和判断，解答在什么样的情境下适合采用精益创业方法？怎样将精益创业方法与商业计划等其他决策工具相结合？如何将因果逻辑、手段导向和精益创业方法等决策逻辑相结合，从而实现预测和试验的叠加优势。

第三，研究精益创业方法对数字创业过程的动态影响。现有研究中，很多学者将精益创业方法对商业模式变革的影响视为理所当然，却忽略了精益创业方法究竟是如何影响商业模式变革过程的。除了对商业模式创新产生影响外，精益创业方法还会通过哪些方面影响数字新企业的发展也值得进一步探索。

第四，在应用范围方面，精益创业方法不仅可以用于数字化情境下创业者的创业决策，未来可进一步研究其在成熟企业、特定行业、企业特定发展阶段等多场景、多情境下的应用。王圣慧等学者（2017）基于精益创业的视角，构建了"公司内新创事业"和"公司外衍生创业"双路径下的内部创业动态过程模型。在"公司外衍生创业"路径下，采用开放式创新战略来弥补创业内部资源和技术的不足。

第五，精益创业研究处于初级阶段，许多问题亟待探索：从系统论的角度，精益创业理论的概念、内涵需要进一步明确，精益创业理论的作用对象和边界不够明晰；从过程论的角度，现有研究多为案例研究，耗时较长，对于创新的网络效应和叠加效应不能超前分析和判断，并且缺乏普适性。而且多以国外案例为研究对象，中国情境下的精益创业研究较为匮乏。未来可以基于中国情境，深入挖掘精益创业的前因和结果变量，推进精益创业的实证研究，使精益创业的研究成果更具普适性，并能为实践发展提供理论支撑。

研究设计与未来拓展

如果你对数字化情境下创业者如何决策这一问题感兴趣，那么就要明确，在数字化情境下，应该采用怎样的决策逻辑和方法。总的来说，传统的创业思维认为，创业所涉及的变量是可衡量的，商业模式、用户痛点以及解决方案都是可预测的。而数字创业情境具有高复杂性和动荡性，精益创业方法具有更强的适用性，能帮助数字企业快速响应市场变化，快速迭代机会，最小化产品，不断积累和更新认知，逐渐得到有效的解决方案。尽管在数字情境下精益创业方法如何提升创业决策的有效性已经形成了一些奠基性成果，但精益思想与创业研究初步结合，在创业领域中的应用并不深入。未来可以在理论高度上，探索精益理论与机会观、资源观等经典创业理论的融合，在实践挖掘上，探索精益创业方法的实践发展规律，通过理论与实践不断碰撞，提出前瞻性研究问题，设计高质量研究框架，形成高水平研究成果，实现理论突破，形成现实指导。

在研究设计方面，大多数学者采用的是案例研究方法。巴洛克等学者进行了典型的多案例研究，按照以下标准选择了三家在数字领域处于运营初期的企业：公司以完全不同的方式实现了商业模式的更改；商业模式变革流程对企业业绩产生了重大影响，比如商业模式变革后的一年内企业收入大幅增加。进而，对三家企业进行多个纵向案例的研究。也有些学者基于问卷调查所获得的数据进行实证研究，朱秀梅等学者（2021）通过204份有效问卷对精益创业、创业者反馈寻求、创业拼凑和创业激情之间的关系进行探究。

有些学者则采用了混合研究方法，在方法上有所突破。一种是使用定性方法来帮助解释和扩展定量结果（Creswell，Clark，2011）。盖齐将数字新企业的定量问卷调查与对典型案例的定性半结构化访谈相结合。对问卷调查数据进行统计分析，同时，利用扎根理论，对访谈内容进行案例内分析和跨案例分析。另一种是将理论与实践相结合，将现有的分析工具相结合，形成更全面的元方法，以探寻推动创业实践发展的更高效的方法和工具。

就研究对象而言，精益创业在国外企业的应用较多，资料更为详尽，现有研究多基于国外案例提出模型和假说，随着数字经济的发展，我国精益创业实践将获得显著发展，国内的经典案例将会增多，可进一步对国内典型企业进行研究。

◆ 参考文献

Amit, R., and Zott, C., 2001, "Value creation in e-business", *Strategic Management Journal*, Vol. 22, No. 6-7: 493-520.

Baden-Fuller, C., and Morgan, M.S., 2010, "Business models as models", *Long Range Planning*, Vol. 43, No. 2-3: 156-171.

Baker, T., and Nelson, R.E., 2005, "Creating something from nothing: resource construction through entrepreneurial bricolage", *Administrative Science Quarterly*, Vol. 50, No. 3: 329-366.

Bice, P., and Johnson, W.H., 2015, "Radical innovation with limited resources in high - turbulent markets: the role of lean innovation capability", *Creativity and Innovation Management*, Vol. 24, No. 2: 278-299.

Blank, S., 2006, *The Four Steps to the Epiphany: Successful Strategies for Startups that Win*, San Francisco: Café Press.

Clark, S.M., and Gioia, D.A., et al, 2010, "Transitional identity as a facilitator of organizational identity change during a merger", *Administrative Science Quarterly*, Vol. 55, No. 3: 397-438.

Creswell, J.W., Clark, V.L.P., 2011, *Designing and Conducting Mixed Methods Research*, London: Sage Publications.

Doz, Y.I., and Kosonen, M., 2010, "Embedding strategic agility a leadership agenda for accelerating business model renewal", *Long Range Planning*, Vol. 43, No. 2-3: 370-382.

Ferreira, J.J.M., Fernandes, C.I., and Kraus, S., 2019, "Entrepreneurship research: mapping intellectual structures and research trends", *Review of Managerial Science*, Vol. 13, No. 1: 181-205.

Griffin, C., 2000, "Basics of qualitative research: techniques and procedures for developing grounded theory, 2nd edition", *Contemporary Psychology Review of Books*, Vol. 45, No. 4: 380-382.

Kidd, P., 1994, *Agile Manufacturing: Forging New Frontiers*, Boston, MA: Addison-Wesley Longman Publishing.

Kohtamaki, M., Heimonen, J., and Heikkila, V., 2020, "Strategic agility in innovation: unpacking the interaction between entrepreneurial orientation and absorptive capacity by using practice theory", *Journal of Business Research*, Vol. 118: 12-25.

Magretta, J., 2002, "Why business models matter", *Harvard Business Review*, Vol. 80, No. 5: 86-87.

Mansoori, Y., and Lackéus, M., 2019, "Comparing effectuation to discovery-driven planning, prescriptive entrepreneurship, business planning, lean startup, and design thinking". *Small Business Economics*, Vol. 1, No. 1: 1-28.

Miller, K., McAdam, M., and Brady, M., 2021, "Business models big and small: review of conceptualisations and constructs and future directions for SME business model research", *Journal of Business Research*, Vol. 131: 619-626.

Mitchell, D., and Coles, C., 2003, "The ultimate competitive advantage of continuing business model innovation", *Journal of Business Strategy*, Vol. 24, No. 5: 15-21.

Osiyevskyy, O., and Dewald, J., 2015, "Explorative versus exploitative business model change: the cognitive antecedents of firm-level responses to disruptive innovation". *Strategic Entrepreneurship Journal*, Vol. 9, No. 1: 58-78.

Porter, M.E., 1980, *Competitive Strategy: Techniques for Analyzing Industries and Companies*, New York, NY: Free Press.

Reis, E, 2011, *The Lean Startup: How Today's Entrepreneurs Use Continuous Innovation to Create Radically Successful Businesses*, New York: Crown Business.

Sarasvathy, S., 2001, "Toward causation and effectuation: a theoretical shift from inevitability to economic entrepreneurial contingency", *Academy of Management Review*, Vol. 26: 243-263.

Suomalainen, T., and Xu, Y., 2016, "Continuous planning through the three horizons of growth", *International Journal of Agile Systems and Management*, Vol. 9, No. 4: 269-291.

Vallaster, C., Kraus, S., and Nielsen, A., 2019, "Ethics and entrepreneurship: a bibliometric study and literature review", *Journal of Business Research*, Vol. 99: 226-237.

Yang, X.M., Sun, S.L., and Zhao, X.Y., 2019, "Search and execution: examining the entrepreneurial cognitions behind the lean startup model", *Small Business Economics*, Vol. 52, No. 3: 667-679.

Zott, C., Amit, R., and Massa, L., 2011, "The business model: recent developments and future research", *Journal of Management*, Vol. 37, No. 4: 1019-1042.

Zott, C., and Amit, R., 2010, "Business model design: an activity system perspective", *Long Range Planning*, Vol. 43, No. 3: 216-226.

陈春花. 价值共生：数字化时代的组织管理 [M]. 北京：人民邮电出版社，2021.

王圣慧，张玉臣，易明. 企业内部创业路径研究：以精益创业走出"战争迷雾"[J]. 科研管理，

2017（3）：144-152.

张玉利，田新，王瑞. 创业决策：Effectuation 理论及其发展 [J]. 研究与发展管理，2011（2）：48-57.

张玉利，杨俊. 试论创业研究的学术贡献及其应用 [J]. 外国经济与管理，2009（1）：16-23.

张玉利，赵都敏. 新企业生成过程中的创业行为特殊性与内在规律性探讨 [J]. 外国经济与管理，2008，30（1）：8-16.

朱秀梅，董钊. 精益创业对创业拼凑的影响研究 [J]. 科学学研究，2021（2）：295-302.

▣ 文献推荐

Balocco, R., and Cavallo, A., et al., 2019, "Lean business models change process in digital entrepreneurship", *Business Process Management Journal*, Vol. 25, No. 7：1520-1542.

Ghezzi, A., 2019, "Digital startups and the adoption and implementation of lean startup approaches: effectuation, bricolage and opportunity creation in practice", *Technological Forecasting and Social Change*, Vol. 146：945-960.

Xu, Y., and Koivumäki, T., 2019, "Digital business model effectuation: an agile approach", *Computers in Human Behavior*, Vol. 95：307-314.

◉ 代表性学者

安东尼奥·盖齐（Antonio Ghezzi）

米兰理工大学管理、经济和工业工程系战略与营销副教授。他在 30 多种科学期刊中担任编辑和审稿人，在学术期刊、书籍和会议论文集上曾发表 100 多项研究成果。他的主要研究方向包括：初创企业和现有企业的商业模式设计、验证和创新流程，精益创业方法（LSA）；数字化战略、创新与转型、数字化商业模式创新；创业生态系统内的战略创业、战略合作。E-mail：antonio1.ghezzi@polimi.it。

徐跃强（Yueqiang Xu）

芬兰奥卢大学商学院博士，目前任职于奥卢大学 Martti Ahtisaari 全球商业与经济研究所，主要研究方向有数字生态、数字化转型、开放式商业模式等，发表过多篇期刊论文。E-mail：yueqiang.xu@oulu.fi。

拉斐尔·巴洛克（Raffaello Balocco）

米兰理工大学管理工程系副教授，Digital 360 的联合创始人兼首席执行官。他是"数字创新观察站"科学委员会的联合创始人和研究组成员，研究重点是数字创新和创业。研究活动主要集中在以下领域：数字战略和数字治理、数字初创企业，特别关注中小企业的发展。E-mail：raffaello.balocco@polimi.it。

关键学者与学者网络

本章围绕不确定情境下的创业者的内部决策过程与外部意义建构,为创业企业提高合法性,为创业者培养反脆弱性提供指南与启示。尽管创业研究本身就是在不确定性视角下展开的,但数字化进程的加速仍导致创业决策逻辑和行动手段的颠覆,在这种情境下,把握由技术发展引致的创业方式、边界、主体、结果的变化至关重要,也是创业研究下一步可能的突破点。

早期研究关注创业不确定性本身及其对创业决策和创业行动的影响。弗朗西斯·米利肯在20世纪80年代提出的三种不确定性类型开创了"不确定情境下,创业者如何决策"这一研究主题的先河。亚历山大·麦凯尔维、马克·帕卡德等学者的研究均是基于米利肯提出的不确定性类型和基础假设,从关注不确定性类型对创业者静态决策的影响演化到对创业决策动态演化过程的探究。而在数字化背景下,埃里克·莱斯、安东尼奥·盖齐等一批应用研究的先行者开始探究精益创业这一新的决策方法,这些研究虽然暂时未能发表到顶级期刊,但具有高度的时间前沿性与研究引领性,值得持续关注。

对不确定情境下重要决策场景的研究也涌现出一批关键学者。创业转型决策是一个近五年来冉冉升起的新研究话题,这与精益创业方法在数字化时代的普及密不可分。杰奎琳·柯特利、克里斯蒂安·汉佩尔等年轻学者举起这一大旗,开始产出具有标志性意义的研究成果。创业转型的一个起点——创业失败学习的研究起源于丽塔·麦格拉思1999年在《管理学评论》上发表的文章,首次提出创业失败的期权价值,指出创业失败是试错的重要手段。此后,迪安·谢泼德、贾森·科普等学者围绕失败后的情感恢复和学习机制展开了系列研究。创业早期投资的研究则一直都是创业领域的关注焦点,威尔·德罗弗、黄乐仁等学者考察了早期创业中人际关系等隐性因素在投资者决策中的作用,他们的研究也成为《金融时报》《福布斯》等媒体关注的焦点。

卡尔·韦克提出意义建构是面对不确定的外部环境时个体的解释框架,在应对模糊的组织或创业者身份、无法预测的企业前景、铺天盖地的负面反馈等创业决策场景中融入意义建构视角是非常有价值和有解释力度的,吉恩·克拉克、乔普·科内利森、马特·格兰姆斯等学者主导了这一领域的研究。其中,格雷格·费舍尔等学者指出,新创企业战略的意义建构存在着极强的合法性诉求,在不同发展阶段存在不同的合法性评估标准并满足变化着的受众的不同期望。

CHAPTER 7

第 7 章

创业如何创造价值

价值是创业活动永恒的追求，也是创业研究关注的焦点。随着全世界创新创业活动如火如荼地开展，以价值主张为原点，以价值创造和价值捕获为交叉的价值逻辑已经初具雏形，为解答"创业究竟创造了哪些价值？谁来创造价值？为谁创造价值？如何创造价值？"等问题提供指南（见图7-1）。然而，数字技术等新兴技术改变了创业要素和创业过程，催生新的价值创造和分配途径，价值创造的主体、客体、过程、结果、边界面临被重构的挑战，这为创业研究创造了新的空间。

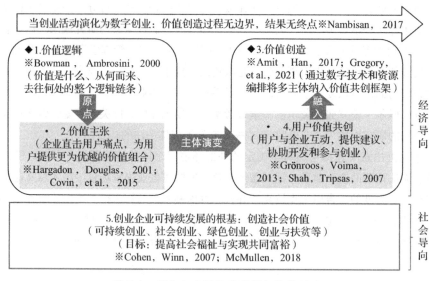

图 7-1 创业企业的价值逻辑与价值创造

价值逻辑是创业企业价值创造的核心。创业企业需要在价值创造、价值构成、价值传递、价值捕获、价值分配等各个环节"劲往一处使"，价值逻辑才能形成闭环，企业才能生存和发展。从21世纪初开始，研究主要围绕"价值是什么""价值从何而来""价值如何创造""价值由谁来捕获""需求侧的用户如何评估价值创造""供给侧的企业如何设计盈利模式""联盟关系中价值创造和价值捕获的动态演进"等议题展开，近年来也有研究开始探索平台经济中人工智能与大数据等新兴技术如何重构价值逻辑。

价值主张是价值逻辑的原点，也是商业模式设计的核心。价值主张是指描述客户从产品和服务中所期望得到的收益。在不确定的情境下，能直击用户痛点的价值主张，是引导创业企业高效配置资源，吸引目标客户为之消费以及获取竞争优势的基础。价值主张是商业模式创新的重点和难点，创业企业既要找准时机，又要考虑用户的接受度，做到"适度创新"，遵从稳健性设计，从细节上激发用户以引发其认同，保持创新发展的灵活性，与自身商业模式中的价值传递、价值获取等要件相互配合，并与其所处的生态环境系统动态适应。

价值主张强调企业作为单向的价值创造主体，为顾客解决痛点和提供价值，而用户社区的普及与数字工件的可再编程性和可重组性，则将此演变为企业与用户、用户与用户的多主体互动式价值共同创造的过程。近十年的研究发现，价值共创不仅体现在使用和消费阶段，用户作为信息来源通过客户体验被动地提出改进建议；还可以发生在产品设计与研发阶段，用户作为协助开发者，通过主动提出诉求与提供原型等方式来参与，甚至主导价值共创；用户共创的终极模式在于，用户作为创新者，在价值共创过程中可以识别未被满足的需求，借助用户社区的集体智慧，即兴选择自己创业并将商品投入市场，学术界将这一现象称之为"用户创业"。

基于数字基础设施提供数字产品或服务的创业模式不断演进，"数字创业"概念应运而生。数字创业重塑了价值主体、价值主张、价值创造和价值逻辑。首先，数字创业具有很难预先设定的价值创造代理。焦点企业、合作伙伴和用户均是"价值共创者"，既提供资源、配置资源，也是价值受益者。其次，数字创业具有独特的在线社会资本。价值共创者以即时沟通工具或社交网络为中介进行沟通，提供了开发和利用数字创业机会的更多机遇。再次，数字技术改变了创业的价值创造过程。数字技术的物理社会性使得创业的边界和代理难以预设，创业的过程和结果也不再相互独立。最后，数字创业增加了环境的不确定性，衍生出新的创业机会，为价值创造提供更多的路径。

以上主题均将带来经济效益的用户作为价值创造的客体，其实，社会也是价值传递和价值捕获的重要对象，社会价值才是创业企业实现可持续发展的基础。自21世纪初尤其是近十年间，可持续创业、社会创业、绿色创业、生态创业、公益创业、创业与扶贫、创业与不平等研究主题呈欣欣向荣之势，这些话题与经济的粗放型增长向高质量发展的转型过程是密不可分的，也与人民群众对美好生活和共同富裕的期待息息相关。挖掘创业企业的社会价值，并非意味着将商业组织转化为社会组织，而是探索创业企业为何、如何在机会创造与开发、目标导向的设置及价值创造过程中纳入对社会公平与人民福祉的考量。实现创业的社会价值，既需要创业者具备企业家精神与自我超越的价值观，也需要打造以创新为驱动力的"混合组织"，还需要在创业生态系统中构建社会价值评价的框架。

当今，数字技术等新兴技术正在不断渗透和重构创业的起点、过程和结果，创业研究要站在"信息－人－价值"的高维空间才能解码创业创造价值的规律。其中，信息是前提，人是核心，价值是创业的落脚点。创业主体不仅要共创商业价值，更要共同推动社会价值观向善变化，共同创造能够共生、共好的社会生态系统，让"美好企业"遍地开花。

创业企业的价值逻辑特征及其演变

◎ 江积海

重庆大学经济与工商管理学院

IT 桔子 2021 年 1 月发布的《2020-2021 中国新经济创业投资分析报告》显示,伴随"大众创业,万众创新"的政策号召、信息通信技术的发展机遇,以及风险投资机构的热钱涌动,2011～2020 年见证了中国新经济创业的腾飞,这期间共出现创业企业 13 万家,覆盖企业服务、电子商务、教育、文化娱乐、本地生活、医疗健康等热门领域。然而光鲜背后,创业失败是主旋律,这十年间仅认知度较高的关停倒闭项目数就高达 1.4 万,2020 年上半年,平均每天就有 5 家新创企业关停倒闭。威纳(Wiener)等学者(2020)曾指出,数字经济时代过于强调用户价值创造,忽视了企业价值捕获,由于没有处理好两者的关系,大量新创企业最终走向了失败。可见,创业企业失败的原因之一在于,价值创造、价值传递和价值捕获的逻辑难以自成一体,或者只是"烧钱补贴""赔本赚吆喝",或者只侧重企业价值捕获而损坏用户价值创造。那么,对创业企业而言,究竟什么是价值逻辑?价值逻辑又该如何构建?

在学术界,价值是指某项产品或服务所带来的收益或效用,这个术语与经济收益、经济租、红利、企业绩效等概念既有关联又相互区别,而价值逻辑(value logic)则是指价值的"来龙去脉",即价值是什么,价值从何而来,又去往何处。此议题吸引了大量学者关注,产生了众多研究成果。我们从已有理论和文献出发,归纳出"动因 – 主体 – 过程 – 客体"的框架来刻画创业企业的价值逻辑(见图 7-2),需要特别说明的是,此框架下的每一个要素,其细分维度在遵循从工业经济时代到互联网时代以及数字经济时代的演进规律的同时,也揭示了相关研究所处的时代特征,而伴随人工智能、物联网、大数据等新一代信息技术的迅猛发展,时代的加速变迁对创业实践影响深远,原有的理论基础(如商品主导逻辑、科层制组织等)对新现象(如网红直播、平台生态等)的解释力度显得越发有限,所以有必要结合新情境,持续对价值逻辑做出新探索和新解读,从而深化和拓展学术界对价值相关概念的探讨,

---

⊖ 本文是国家自然科学基金面上项目"新创企业商业模式创新中场景价值共创的动因、机理及路径研究"(71772020)和中央高校基本科研业务费资助项目"人工智能重塑平台型商业模式的机理及创新路径研究"(2021CDJSKJC08)资助的阶段性成果。

⊖ IT 桔子. 2020-2021 中国新经济创业投资分析报告 [R/OL].(2021-01)[2021-12-15].www.itjuzi.com.

并为业界开展精益创业以提高成功概率、降低失败风险提供指导。

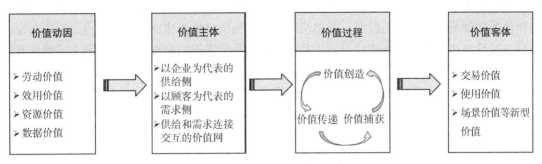

图 7-2　创业企业的价值逻辑

具体而言，价值动因，即价值的来源，包括古典经济学所倡导的劳动价值论，即劳动产生价值（劳动价值）；新古典经济学所倡导的效用价值论，即效用产生价值（效用价值）；资源基础观所倡导的资源价值论，即资源产生价值（资源价值）；以及数字经济时代下的数据生产要素，即数据产生价值（数据价值）（江积海，2019；Gregory, et al., 2021）。价值主体，即价值的参与方，包括以企业为代表的供给侧（Porter, 1985）；以顾客为代表的需求侧（Priem, 2007）；以及供给和需求连接交互的价值网或商业生态（Amit, Han, 2017；韩炜等，2021）。价值过程，即价值的产生及其在企业、顾客、供应商等利益相关者之间的分配，包括价值创造（value creation）、价值传递（value delivery）及价值捕获（value capture），它们层层递进、相互影响，构成闭环关系，即"价值闭环"（value loop）（Teece, 2010；Casadesus-Masanell, Ricart, 2011）。价值客体，即价值的结果形态，包括古典和新古典经济学所提及的交易价值（value-in-exchange, ViE）和使用价值（value-in-use, ViU）（Bowman, Ambrosini, 2000），以及数字经济时代下基于用户多元化、个性化消费体验的场景价值（value-in-context, ViC）等新型价值（江积海，2019；Gregory, et al., 2021）。

围绕上述价值逻辑框架，我们选取五篇具有代表性的经典及前沿文献做详细评述。之所以选取这五篇文章，是因为它们不仅分别体现出创业实践所处的不同时代特征，而且在对价值逻辑的挖掘和解读上具有连贯性，简言之，鲍曼和安布罗西妮（Bowman, Ambrosini, 2000）首次对价值、价值创造和价值捕获进行了较为清晰的界定，在此基础上，普里姆（Priem, 2007）将需求侧视角下的用户获利体验（consumer benefit experienced, CBE）融入价值创造，进一步明确了价值创造和价值捕获的区别，但是这两篇文章均以静态和较为宏观的视角考察价值逻辑，为弥补这一缺陷，戴尔（Dyer）等学者（2018）基于动态关系观，探究联盟关系中价值创造和价值捕获随时间变化的演进路径，同时，斯托尔霍斯特（Stoelhorst, 2021）也基于利益相关者视角，对价值创造、价值分配、价值构成等概念给出了更为细致的解释，然而，前述四篇文章并未直接体现出数字经济时代的鲜明特征，为此，格雷戈里（Gregory）等学者（2021）探讨了人工智能技术赋能下的数据网络效应（data network effects）对用户价值创造的影响机理。

克利夫·鲍曼等学者：界定战略的"朴素价值观"

2000 年克利夫·鲍曼（Cliff Bowman）等学者在《英国管理杂志》（*British Journal of Management*）上发表了《价值创造与价值捕获：战略中价值的一致定义》一文，从资源基础观中"资源的价值性"出发,围绕"价值是什么？价值如何创造？价值由谁来捕获？"的科学问题展开探讨。这篇文章借鉴古典经济学,将价值划分为交易价值和使用价值两大维度,同时明确了企业创造价值的来源及捕获价值的机制,并总结了从价值创造到价值捕获的线性过程,为战略管理领域中对价值逻辑的进一步探讨奠定了基础。遵循价值逻辑的分析框架,克利夫·鲍曼等学者总结了价值动因、主体、过程和客体。

（1）价值动因。资源基础观认为,企业竞争优势源于对具有价值性、稀缺性、不可完全模仿和难以完全替代的资源的占有（Barney, 1991）,然而,究竟什么决定了资源的价值性却较少被关注。该文以此为突破口,认为"资源的价值性"体现在对顾客需求的更好满足,或者以更低成本满足顾客需求上,从而在最大化消费者剩余的同时获取超额收益,并且组织成员的劳动是价值创造的源泉,异质性的员工劳动也是企业竞争优势或利润差异的成因之一。在此基础上,该文指出价值来源于劳动与其他资源的结合与配置。因此,该文所涉及的价值动因主要是劳动价值和资源价值。

（2）价值主体和价值过程。该文认为价值创造来源于组织成员的劳动,组织成员所创造的是使用价值,当使用价值通过市场交易变现时,也就实现了交易价值。企业通过捕获交易价值实现利润,从而继续支撑使用价值创造、交易价值捕获等一系列连贯活动。需要特别注意的是,具有异质性劳动资源的企业能够创造更多价值,进而获取更多的利润空间。此外,企业捕获价值份额的大小还取决于其与顾客和供应商之间的议价关系,例如顾客的其他可替代选项,以及供应商拥有的买方数量,均会削弱企业的议价能力,蚕食企业的利润水平（Porter, 1985）。因此,该文所涉及的价值主体主要是以企业为代表的供给侧,价值过程主要是价值创造和价值捕获。

（3）价值客体。如前所述,该文借鉴古典经济学的相关概念,将价值划分为使用价值和交易价值两大类,其中使用价值是消费者对产品特性及其满足需求程度的主观感知,可通过消费者剩余衡量；交易价值是产品的交易价格,当使用价值通过市场进行交易时,则实现了交易价值。在该文中,价值创造主要指创造使用价值,此时组织成员的劳动是价值创造的重要资源；价值捕获则主要指捕获交易价值,此时企业与顾客和供应商之间的议价关系能决定各自的价值捕获份额或利润水平。因此,该文所涉及的价值客体主要是交易价值和使用价值。

综上,该文借鉴古典经济学和资源基础观的相关概念,对战略管理领域中的价值、价值创造,以及价值捕获进行了较为明确的界定,使得学术界对于价值的内涵有了初步认知,并且对"价值创造和价值捕获不是同一概念,不能混为一谈"也达成共识。由于该文简化的价值概念,以及线性单一的价值创造及价值捕获流程,可将其称为"朴素的价值观"。不可否认的是,该文在传承勃兰登伯格和斯图尔特（Brandenburger, Stuart, 1996）所提出的"价值基础战略"（value-based business strategy）的同时,对后续战略管理及创新创业等领域关于价值逻辑的更加深入的探讨有着深远影响。

理查德·普里姆：基于需求侧顾客体验视角的价值创造

2007 年理查德·普里姆（Richard L. Priem）在《管理学评论》上发表了《顾客视角的价值创造》一文,将需求侧的顾客体验视角融入价值创造,强调顾客在整个价值体系中的核心及主导作用,并将供给侧的企业获利与价值捕获挂钩。在此基础上,该文从需求侧顾客视角出发,提出"用户获利体验"（consumer benefit experienced, CBE）的观点,围绕"顾客如何评估价值创造？如何提升用户获利体验？"的科学问题展开探讨，并进一步明确了需求侧价值创造与供给侧价值捕获的联系和区别。遵循价值逻辑的分析框架，理查德·普里姆总结了价值动因、主体、过程和客体。

（1）价值动因。这篇文章提出"用户获利体验"的观点，认为顾客对利益，即效用的感知驱动其支付行为，使企业资源变得有价值。一方面，顾客体验到的利益对于公司战略的成功至关重要。企业通过提供利益，诱使有意愿的顾客进行支付所产生的价值创造，是企业捕获价值的先决条件，即有消费意愿的顾客决定产品和服务的价值。另一方面，顾客对产品或服务的获利体验受多种因素影响，不同顾客即使在使用同一产品时，也会有不同的获利体验。如果企业忽视顾客获利体验，其制定的战略将无法使顾客感知到足够的效用而拒绝支付，企业无法捕获价值，价值逻辑也难以实现。因此，这篇文章所涉及的价值动因主要是效用价值。

（2）价值主体和价值过程。这篇文章认为价值创造来源于顾客对消费利益的感知和体验。当顾客将感知到的使用价值的增加或交易价值的减少转化为支付行为时，交易价值得以实现，企业在此基础上实现以利润为主要形式的价值捕获。该文指出只有在整个价值体系中的顾客利益最大化时，价值捕获逻辑才会在企业中发挥作用。对此，该文详细分析了影响价值主体评估价值创造的三个因素，即顾客对产品的人力资本积累、消费时间等成本、价值评估的替代系统。具体来说，拥有更多特定产品人力资本的顾客在消费过程中将体验到更大的利益，相应地产生更大的支付意愿；一站式服务通过减少顾客购买特定商品时在时间、运输和信息收集方面的成本促进顾客支付行为；专家顾问等替代系统为最终产品或服务设定价值标准并进行价值检验，允许顾客在特定获利体验水平上以较低的搜索成本进行消费。企业在制定战略时可以改进这三个因素来积累和组合内部资源与能力，从而提升顾客获利体验，将价值创造的"蛋糕做大"，然后企业才能从顾客支付中实现更多价值捕获。因此，该文所涉及的价值主体主要是以顾客为代表的需求侧，价值过程主要是价值创造。

（3）价值客体。这篇文章从使用价值和交易价值方面描述价值创造结果，并将"使用价值"定义为消费者对消费利益的主观评价，决定一个价值体系的上限，这也是该文关注的重点；而"交易价值"是消费者实际支付的金额，代表一个价值体系的收入。该文进一步明确价值创造与价值捕获的概念：价值创造来源于顾客对消费利益的感知和体验，包括使用价值的增加或交易价值的减少，并且使用价值的增加主要通过提升用户获利体验来实现；而价值捕获是企业对顾客基于价值预期而支付的款项的占用和保留，涉及交易价值的分配。因此，该文所涉及的价值客体主要是使用价值。

综上，这篇文章提出"用户获利体验"的观点，认为价值由有消费意愿的顾客决定，确立了需求侧顾客在价值创造中的主导地位，是对企业定位思想、交易成本经济学和资源基础观等供给侧企业视角的传统战略管理研究的补充和延伸，丰富了价值逻辑中有关价值动因和价值主体的探讨。这篇文章分析了需求侧视角下影响顾客评估价值创造的因素，使得价值创造过程更加明晰，从而引导企业通过制定提升用户获利体验的战略来促进价值创造，以此提升价值捕获份额。此外，该文还对价值创造与价值捕获的概念进行了区分，有助于深入理解需求侧与供给侧在价值形成过程中的不同作用。

杰弗里·戴尔等学者：关系观下价值创造和价值捕获的动态演进

2018年杰弗里·戴尔（Jeffrey H. Dyer）等学者在《战略管理杂志》上发表《重新审视关

系观：动态视角下的价值创造和价值捕获》一文，从动态关系观考虑创造价值的合作行为和捕获价值的竞争关系在联盟中如何随着时间推移而发展，重新构想和完善了戴尔和辛格（Singh）（1998）提出的静态关系模型，并系统概括出联盟关系中资源的相互依赖和价值创造的模式，同时分析了导致联盟企业合作关系衰退的因素，提出了价值创造和价值捕获之间动态演进的观点。遵循价值逻辑的分析框架，杰弗里·戴尔等学者总结了价值动因、主体、过程和客体。

（1）价值动因。戴尔和辛格（1998）曾提出关系模型，即将联盟关系和网络视为分析公司绩效的一个独特单元，为研究联盟企业的价值创造提供了理论基础，同时他们提出了联盟中价值创造和关系租金的四个主要决定因素：互补性资源和能力、特定关系资产、知识共享规程及有效治理，其中互补性资源和能力起主导作用。该文在戴尔和辛格（1998）的基础上，考虑了这些价值创造来源之间的动态关系，以及联盟企业部署这些资源的先后顺序。因此，该文所涉及的价值动因主要是资源价值。

（2）价值主体。该文拓展了联盟关系中企业价值创造的静态关系模型，深入解释了四个价值创造来源（互补性资源和能力、特定关系资产、知识共享规程及有效治理）的关系，指出联盟企业之间互补性资源和能力的相互依赖性越大，对投资特定关系资产和知识共享规程所创造的潜在价值就越大，并阐述了特定关系资产和知识共享规程之间的动态共演。此外，该文强调了基于不同依赖程度的互补性资源和能力的联盟关系租金模式，回应了高信任度或重复联系不一定会提高联盟绩效等现实悖论。因此，该文所涉及的价值主体主要是以企业为代表的供给侧。

（3）价值过程和价值客体。该文从三个层面对联盟企业间合作创造价值和竞争捕获价值的动态关系进行了分析。首先，该文认为互补性资源和能力是促使企业发起联盟的最关键因素，并且绘制出不同依赖程度的互补性资源的联盟关系租金模式图：当联盟伙伴的互补性资源和能力之间的相互依存度较低时，关系价值创造通常会遵循一个"倒 U 形"的模式；当联盟伙伴的互补性资源和能力之间的相互依存度很高时，关系价值创造通常会遵循一个 S 形的模式。其次，不同于静态关系模型，该文在动态关系观下，考虑联盟生命周期中引起价值创造（合作）的减少，甚至导致联盟终止的内外部因素。从联盟内部环境分析，伙伴持有互补性资源和能力的比重越大，他们之间的相互依赖性就下降越快，从而导致价值创造减少，此条件下，过度依赖非正式治理则很可能对价值创造产生负面影响；从联盟外部环境分析，环境的动态变化程度越大，联盟中的关系租金就减少得越快。最后，建立联盟的企业不仅需要考虑在联盟中如何实现合作和创造价值，还需要关注如何从联盟中捕获价值。该文总结了四种促进企业在联盟中提升价值捕获能力的方式：一是复制合作伙伴的知识和资源；二是开发或获取更大的资源组合，并与联盟中的价值创造相关资源形成协同作用；三是对特定关系资产的不对称投资使得企业对联盟伙伴的相对依赖性越小，进而从联盟产生的后续价值中占有较大份额的可能性就越大；四是防止竞争者通过模仿它，而顺势成为联盟价值创造中的领先者。因此，该文所涉及的价值过程主要是价值创造和价值捕获，价值客体主要是交易价值。

综上，该文对联盟企业间基于合作的价值创造和基于竞争的价值捕获两者关系提出了一个动态模型，指出合作伙伴的互补性资源和能力之间的相互依赖是决定联盟价值创造模式的最关键因素；并且提供了一系列关于关系租金驱动因素演变的命题，从而利用联盟企业间的关系来应对技术和行业层面的变化，也强调了对关系租金驱动因素演变及其后果理解的重要性，指出企业需要重视关系租金演变中的动态关系，关注影响关系租金创造和分配的动态力量，这也是对静态关系观（Dyer，Singh，1998）的完善和延伸。

简·斯托尔霍斯特：基于利益相关者视角的价值创造和分配

2021年简·斯托尔霍斯特（J. W. Stoelhorst）在《战略管理杂志》上发表了《价值、租金和利润：基于利益相关者的资源基础理论》一文，在资源基础观的基础上，从利益相关者视角出发，基于合作博弈理论以及团队生产理论，构建出一个理论框架，对价值创造、价值分配、价值构成等给出了新的解释，从而拓展和完善了资源基础观理论的价值逻辑。遵循价值逻辑的分析框架，斯托尔霍斯特总结了价值动因、主体、过程和客体。

（1）价值动因。资源基础观理论认为企业获得高于正常水平的收益是源于"竞争异质性资源"，并指出要素市场的不完善是企业获取经济利润的重要条件（Barney，1991）。然而，资源基础观理论是基于古典经济学的单一代理人视角，并未将股东利益与公司利益加以区分，没有进一步考虑利益相关者的价值分配，故难以在价值创造与价值分配上得出一致的解释。而该文考虑了利益相关者，基于合作联盟逻辑和团队生产理论，提出一个理论框架，指出价值是基于买方、卖方和供应商的互利联盟中所创造的最大价值，由此创造的价值被概念化为产品和要素市场之间最优交换的结果。因此，该文所涉及的价值动因主要是资源价值。

（2）价值主体和价值过程。该文基于利益相关者视角，认为价值创造通常以团队生产和团队创新的形式出现，指出价值创造的主体具有集体性。进一步地，按照价值创造主体的差异，价值创造又进一步分为"生产中创造的价值"（value by production）和"交易中实现的价值"（value by transaction）。从本质上讲，"交易中实现的价值"以"生产中创造的价值"为基础，市场交换只是实现了团队生产中实际创造的价值。而无论是"交易中实现的价值"还是"生产中创造的价值"，都是静态的概念，若进一步考虑价值的动态性，则需抛开均衡逻辑。长期而言，创新才是价值创造的最终来源，对应地，该文将创新定义为企业创造新的生产性知识的行为，并指出企业只有持续开发新的生产性知识，如使用新的方法增加购买者的支付意愿或降低生产所需资源的机会成本，才能使得团队持续地创造额外的价值。此外，该文还讨论了价值如何在不同利益相关者之间进行分配的问题，首先指出价值是由多个利益相关者共同创造的，创造的价值总和等于购买者的支付意愿与资源的机会成本之间的差值（剩余价值）（Brandenburger，Stuart，1996）。这些剩余价值在不同主体之间的分配又可进一步分为：归属于买方的剩余价值、归属于企业的剩余价值（经济利润）、归属于供应商的剩余价值（租金）。这种价值的分配是由市场价格决定的，而基于合作博弈理论，市场价格是由利益相关者议价能力决定的。最终，利益相关者的议价能力决定了不同主体可分配价值的多少。因此，该文所涉及的价值主体主要是包含供给侧与需求侧的众多利益相关者（价值网），价值过程主要是价值创造和价值分配（捕获）。

（3）价值客体。如前所述，这篇文章基于利益相关者视角，对价值创造进行分析，强调价值在不同利益相关者之间的价值共创以及价值分配，共同创造的价值等于买方支付意愿与资源机会成本之间的差值。根据价值分配对象的不同，所创造的价值分为买方价值（消费者剩余）、企业价值（经济利润）、供应商价值（资源的租金）。因此，该文所涉及的价值客体主要是交易价值和使用价值。

综上，这篇文章正面回应了目前资源基础观理论对考虑利益相关者的呼吁，从团队生产理论视角分析企业，发展出了一个利益相关者资源基础观理论，在此理论框架下重新审视价值逻辑，并对其展开了深入分析。该文保留了资源基础观理论最初经济推理的严谨性，同时分析了个人与集体之间的交互，以及驱动企业绩效的均衡与非均衡现象。该文也拓展了资源基础观理论，使其能对价值创造与价值分配得出一致性的解释，同时也丰富了价值创造的研究，拓展了价值创造的主体，为未来基于利益相关者的生态价值研究奠定了基础。

罗伯特·格雷戈里等学者：通过数据网络效应打开用户价值创造的"黑箱"

2021年罗伯特·格雷戈里（Robert W. Gregory）等学者在《管理学评论》上发表了《人工智能与数据网络效应在创造用户价值中的作用》一文，聚焦网络效应与用户价值创造的关系，在直接网络效应与间接网络效应的基础上，以平台经济为载体，提出基于数据网络效应（data network effects）的用户价值创造理论。这篇文章一方面打开了平台经济中人工智能与大数据为用户创造价值的"黑箱"，另一方面发展并完善了网络效应理论的价值逻辑，为相关研究打开了新视角。遵循价值逻辑的分析框架，格雷戈里等学者总结了价值动因、主体、过程和客体。

（1）价值动因。网络效应对用户的感知价值具有重要影响，即平台的用户规模越大，则每个用户感知到的价值就越高。一方面，直接网络效应能通过用户之间的互动为用户创造价值；另一方面，在间接网络效应下，平台或产品的使用人数越多，则与之对应的互补产品的开发越完善，从而增加产品对每个用户的价值。但是，网络效应理论无法解释为什么平台的智能化能力可以有效提升用户的感知价值。该文则关注数据的网络效应并对此进行解释，指出如果一个平台对用户数据的学习能力越强，平台对每个用户的价值就越大，那么就可以认为平台产生了数据网络效应。同时，该文引入平台智能化能力的概念，认为用户对平台的感知价值主要取决于平台中数据驱动的学习规模和人工智能实现的学习水平。可见，在数据网络效应视角下，智能算法与数据是创造用户感知价值的主要源泉。因此，该文所涉及的价值动因主要是基于人工智能技术的数据价值。

（2）价值主体。基于大数据和人工智能的平台经济，主要依托于数据与技术创造价值。其中，数据作为战略性的核心资源，处于至关重要的位置。数据并非企业自有，而是由平台中的用户所创造并提供。获取用户数据的过程也是服务于用户的过程，只有用户在平台中持续参与和互动，平台才有机会获得源源不断的数据资源。一方面，智能算法基于准确及时的预测为用户提供服务；另一方面，用户在被服务的过程中产生数据并提供反馈，如隐性的行为数据以及显性的决策数据。在此过程中，智能算法将根据用户的反馈进行迭代优化，不断接近用户的真实需求，提升用户的感知价值。可以将这个过程视为用户与智能算法共同创造价值的过程。因此，该文所涉及的价值主体主要是供给和需求连接交互的价值网。

（3）价值过程。该文提出了平台经济中价值创造的新机理，即数据网络效应，但这并不意味着数据网络效应与已有的网络效应是完全分离的，相反，在价值创造中，数据网络效应往往与已有的网络效应组合起来共同发挥作用，由此归纳出三条新的价值创造路径，即数据网络效应、数据网络效应＋直接网络效应、数据网络效应＋间接网络效应。首先，数据网络效应作为一种新的网络效应类型，侧重于数据驱动的学习与优化，由平台智能化能力实现。用户对平台的效用取决于数据驱动学习的规模及人工智能实现的学习效果，这补充了源于网络规模的用户价值。其次，用户对平台、产品或服务的感知价值也取决于数据网络效应和直接网络效应的组合。源自数据网络效应的用户感知价值会反过来增强直接网络效应，因为数据网络效应能够基于智能技术提升用户的活跃性，进而激发更多的用户交互，增强网络直接效应，提升用户效用。最后，用户对平台或其产品及服务的感知价值可能取决于数据网络效应和间接网络效应的组合。间接网络效应指的是使用产品的人越多，互补产品的多样性和可用性就越大，从而增加用户感知价值。并且数据网络效应可以助力互补产品的有效研发，提高其互补产品的质量，进而增强间接网络效应，提升用户感知价值。因此，该文所涉及的价值过程主要是基于用户感知价值的价值创造和价值传递。

（4）价值客体。基于人工智能与大数据的数据网络效应能以更低的成本更加真实、迅速地识别用户的价值诉求，关注其诸如用户体验、个性化服务、时效性等更高层次的需求。具体而言：第一，平台的智能化能力主要体现在预测的准确性与速度方面，准确及时的预测能为用户创造良好的体验价值；第二，数据网络效应中用户价值还受到其他因素的调节，进而影响用户的感知价值，例如平台以用户为中心的设计能提升用户的个性化价值；第三，平台合法性则能增强用户对平台网络的信任感，提升用户的持续使用意愿，为用户创造持续性价值；第四，平台较好的数据资源，比如大规模优质数据能降低平台算法预测的偏差，进而为用户创造更满意的体验。因此，该文所涉及的价值客体主要是基于用户个性化体验的场景价值等新型价值。

综上，这篇文章围绕"人工智能如何基于数据网络效应为平台中的每个用户创造价值"这一科学问题展开探讨，在网络效应理论的基础上，提出了一个数据网络效应的理论框架。首先，该文揭示了平台经济中价值创造的逻辑，即数据网络效应主导的价值创造，这为目前基于人工智能与大数据等数字化技术实现价值创造提供了可行的理论解释。其次，该文阐释了平台企业创造持续性价值、维持竞争优势的条件，即有效激活数据网络效应中的关键要素，如较高的平台智能化水平、平台合法化、以用户为中心的设计及较好的数据属性。最后，该文将数据资源、智能算法、平台经济学纳入价值逻辑中，拓宽了当前价值逻辑的研究情境。

未来研究方向

对上述五篇经典及前沿文献的价值逻辑的归纳，如表 7-1 所示，可以看出，创业企业的价值逻辑伴随相关研究的演进而变化，并且被刻上了鲜明的时代特征。

表 7-1 五篇经典及前沿文献的价值逻辑汇总

代表文献	价值逻辑			
	动因	主体	过程	客体
Bowman 和 Ambrosini（2000）	劳动价值论、资源价值论	以企业为代表的供给侧	价值创造、价值捕获	交易价值、使用价值
Priem（2007）	效用价值论	以顾客为代表的需求侧	价值创造	使用价值
Dyer 等学者（2018）	资源价值论	以企业为代表的供给侧	价值创造、价值捕获	交易价值
Stoelhorst（2021）	资源价值论	供给和需求连接交互的价值网	价值创造、价值捕获	交易价值、使用价值
Gregory 等学者（2021）	数据价值论	供给和需求连接交互的价值网	价值创造、价值传递	场景价值等新型价值
未来研究方向	数据价值论为主，整合资源及效用价值论	价值网或商业生态	价值创造、传递和捕获的闭环	场景价值等新型价值

较早的研究主要产生于工业经济时代，彼时传统战略管理理论占主导，价值创造来源于供给侧的企业，强调供给侧的价值捕获，难点在于如何改善需求侧的用户价值创造；目前的研究主要产生于互联网时代以及数字经济时代，此时用户体验和用户主权被放大，用户成为整个价值体系的判决者，需求侧的用户价值创造被放置首位，难点在于如何提升供给侧的企业价值捕获（Tantalo，Priem，2016；Gans，Ryall，2017）。因此，在数字经济浪潮加速席卷的时代背景下，创业企业应通过新一代信息技术连接供求双方的利益相关者构建网络生态，并充分发挥生产经营过程中所积累的数据价值，给予顾客更好的场景体验，以及赋能合作伙伴提升效率，同时兼顾价值创造、传递和捕获，从而形成"价值闭环"（value loop）。可见，虽然创业企业和成熟企业都遵循"动因－主体－过程－客体"的价值逻辑框架，但如今创业企业价值逻辑的鲜明特征和演变趋势为"数据价值－供求连接交互的价值网或商业生态－价值闭环－场景价值等新型价值"，而成熟企业在这方面的表现可能就不如创业企业那么"与时俱进"，这也是创业企业和成熟企业在价值逻辑上的最大区别，同时也是值得进一步挖掘的研究点。具体而言，创业企业价值逻辑的未来研究方向可细化为如下四点。

第一，在价值动因方面，充分挖掘数据生产要素的潜在价值。伴随数字经济时代的到来，数据已成为继劳动、资本、土地、知识、技术、管理之后的新型生产要素，也是创业企业获取竞争优势的新型异质性资源，如何更好地发挥数据价值已成为业界和学术界关注的重点。已有研究主要集中在经济学领域，通过柯布－道格拉斯生产函数、内生经济增长模型等方法，探讨了劳动、资本、土地、知识和技术的价值实现路径。对数据这一新型生产要素而言，必须与其他生产要素相结合以充分发挥其价值（谢康等，2020），格雷戈里等学者（2021）也指出，在人工智能技术的加持下，数据具有巨大的价值潜力。然而现有研究仍主要基于传统生产要素归纳价值动因。例如，鲍曼和安布罗西妮（2000）基于新古典经济学，认为劳动是价值产生的源泉；普里姆（2007）主张的用户获利体验，其本质为效用价值论；戴尔等学者（2018）强调联盟企业间互补性资源和能力是促成合作的关键，这隐含着资源价值论。可见，现有研究缺乏对数据生产要素的考虑，所以有必要揭示数据价值发挥作用的路径机制。

第二，在价值主体方面，突出价值网或商业生态内多主体的连接交互。在人工智能、物联网、大数据等新一代信息技术的推动下，创业企业的成长过程应不再局限于传统意义上的组织规模扩张，而是要基于跨界拓展式成长和不断模糊组织边界建立价值网或商业生态，通过广泛连接利益相关者实现供给和需求的更有效交互，达到价值共生和价值协同的目标形态，从而显著提升整个价值系统的体量和抗风险能力（韩炜等，2021）。格雷戈里等学者（2021）关于人工智能赋能下数据网络效应提升用户价值的探讨也表明，生态成员间的连接交互能释放巨大的价值潜力，亟待更深入的研究来揭示这一过程机理。然而，已有文献虽然普遍认同价值网或商业生态的概念，但是大多偏向于供给或需求的某一侧，探讨企业联盟间的关系租等利益生产及分配问题（Dyer，et al.，2018），以及顾客互动对其体验价值和整体价值创造的提升路径（Priem，2007），又或者仅仅将供给和需求的连接交互视为既定条件（Stoelhorst，2021），亟待进一步探究价值网或商业生态内多主体连接交互及其影响价值创造等过程的机理。

第三，在价值过程方面，构建从价值创造、传递到捕获的闭环关系。作为价值逻辑的最关键步骤，价值过程所涉及的价值创造、价值传递和价值捕获三大环节缺一不可，并且它们之间存在类似于"闭环"的关系，即价值创造是前提，价值传递是渠道，价值捕获是目标，同时可持续的价值捕获又能助力价值创造的进一步开展，从而形成良性循环（Teece，2010；

Casadesus-Masanell，Ricart，2011）。然而，现有文献较少系统考虑"价值闭环"，主要聚焦于其中某一个或两个环节。例如，普里姆（2007）强调需求侧用户获利体验的重要性，认为提升用户价值创造是整个价值体系的重点；戴尔等学者（2018）仅考虑了价值创造和价值捕获之间的动态演化，较少涉及价值传递；格雷戈里等学者（2021）虽然探讨了数据网络效应下用户价值创造和传递的路径机理，但忽视了企业价值捕获。或许正是由于价值过程所涉及的价值创造、价值传递和价值捕获没有形成"闭环"关系，大量创业企业才不得不黯然离场，所以有必要构建从价值创造、传递到捕获的"价值闭环"。

第四，在价值客体方面，刻画数字经济时代下诸如场景价值等新型价值形态。伴随数字化、智能化技术的普及和消费升级的趋势，一方面促使用户的消费时间碎片化、消费地点分散化、消费行为复杂化，另一方面促进了人、货、场的互联互通，增强实体经济与虚拟经济的融合，使产品及服务能深入用户的生活方式和应用场景，于是场景价值等新型价值形态应运而生（江积海，2019）。不同于交易价值（凝结在产品中的抽象劳动）、使用价值（客观产品的主观感受），场景价值是客观产品在具体应用场景中的主观感受。已有文献主要基于古典和新古典经济学，将交易价值和使用价值纳入价值逻辑的探讨中（Bowman，Ambrosini，2000；Priem，2007；Dyer, et al.，2018；Stoelhorst，2021），尽管这些文献大多也涉及了数字经济时代下的新价值形态，却没有提出新的价值概念，故诸如场景价值等新型价值形态值得进一步挖掘和探究。

研究设计与应用拓展

"价值""价值逻辑"的概念和范畴比较抽象，初次涉猎的研究者可能会不知道"从何下手"，但是不可否认的是，这一底层逻辑始终贯穿战略管理、创新创业等领域的研究历程，并且经过多年的探索，学术界不断补充和完善"动因-主体-过程-客体"的价值逻辑，并赋予其具象化的含义，从而为后续的深入研究奠定了坚实基础。从研究设计的角度来看，现有探讨价值逻辑的文献主要采用的是理论描述及推演，然而在数字经济时代，有必要重新审视已有理论，同时借助巧妙的研究设计、多元化的研究方法来进一步探析创业企业的价值逻辑。具体而言，从上文所提及的未来研究方向出发，我们给出如下研究建议及举措供参考。

第一，针对价值动因，应进一步强调数据所发挥的作用，以创业企业为分析单位，在数据价值的统领下兼顾效用价值和资源价值，同时选取产品创新、企业成长等研究视角，综合使用经济学或管理学领域的研究方法（如建模优化、案例归纳、计量实证等），并且尝试借助数字经济时代下涉及大数据和人工智能的新型分析工具（如网络爬虫、机器学习算法等），系统探索和挖掘出数据生产要素释放潜在价值的路径机制。例如，谢康等（2020）构建"大数据资源-企业能力-产品创新绩效"链式中介模型开展实证研究，探讨了大数据从可能的生产要素成为企业现实生产要素的实现机制。

第二，针对价值主体，应以创业企业为核心，基于数字化、智能化技术赋能，通过连接用户、合作伙伴等利益相关者所形成的价值网或商业生态，探讨生态成员间如何进行连接交互以实现价值共生和价值协同，可选取电子商务、数字内容平台、新零售等数字经济较为活跃领域的典型案例或大样本数据，基于平台经济学、价值共创、生态网络等新兴理论视角，通过归纳式案例研究、计量实证，甚至模拟实验等研究方法来探索这一过程机理。例如，达蒂（Dattée）等学者（2018）通过多案例研究，归纳出创新生态中从生态建立到价值创造以及价值捕获的过程机理,并且强调占据主导地位的生态成员在这一过程中动态控制所起的作用。

第三,针对价值过程,有必要统筹兼顾价值创造、价值传递和价值捕获三大环节,聚焦创业企业的商业模式,进而构建出"价值闭环"。更进一步地,商业模式作为描述企业创造、传递并捕获价值的基本原理,搭建了连接价值创造、价值传递和价值捕获的桥梁(Teece,2010),这使商业模式成为构建"价值闭环"的重要载体,并且其活动体系的本质使商业模式成为整合众多理论的"黏合剂"(Lanzolla,Markides,2021),这有助于解释"价值闭环"的构建机理。同时,由于"价值闭环"的构建过程涉及价值体系的动态反馈,故在研究方法层面,除案例研究外,还可借助复杂适应系统(complex adaptive systems)理论或系统动力学(system dynamics)建模来展现其构建路径。例如,Cosenz 和 Noto(2018)构建商业模式的系统动力学模型,探讨其关键构成要素的连接交互以形成"价值闭环"的路径机制。

第四,针对价值客体,由于场景价值等新型价值形态属于数字经济时代下的新现象、新概念,相关理论及文献积淀较为薄弱,故可重点关注数字化程度较高的消费及服务领域,通过典型案例研究,深入挖掘和归纳出数字技术赋能消费创新下的新型价值形态(如场景价值),并探讨其理论渊源、本质内涵和创造机理等相关议题,从而弥补数字经济时代下有关新型价值形态的研究缺口。例如,蔡春花等学者(2020)通过对天虹的案例研究,归纳出商业模式场景化创新路径,即用户场景化、价值主张情感化和基础设施网络化,并揭示其创造场景价值的机理。

总之,厘清创业企业的价值逻辑具有深厚的理论及实践意义,其中可供进一步挖掘的议题可能远比我们所呈现的内容丰富。特别是在数字经济时代下,技术发展日新月异,新兴商业模式层出不穷,企业原本恪守的价值逻辑极有可能被颠覆、重构和再定义,这就要求学术界密切关注业界实践,通过一系列具有理论深度的研究,解释和预测创业企业价值逻辑的演变规律,从而在推动学术界研究的同时,也为业界实践贡献思路和方案。

◆ 参考文献

Amit, R., and Han, X., 2017, "Value creation through novel resource configurations in a digitally enabled world", *Strategic Entrepreneurship Journal*, Vol. 11, No. 3: 228-242.

Barney, J. B., 1991, "Firm resources and sustained competitive advantage", *Journal of Management*, Vol. 17, No. 1: 99-120.

Bowman, C., and Ambrosini, V., 2000, "Value creation versus value capture: towards a coherent definition of value in strategy", *British Journal of Management*, Vol. 11: 1-15.

Brandenburger, A., and Stuart, H., 1996, "Value-based business strategy", *Journal of Economics & Management Strategy*, Vol. 5, No. 1: 5-24.

Casadesus-Masanell, R., and Ricart, J.E., 2011, "How to design a winning business model", *Harvard Business Review*, Vol. 89, No. 1-2: 100-107.

Cosenz, F., and Noto, G., 2018, "A dynamic business modelling approach to design and experiment new business venture strategies", *Long Range Planning*, Vol. 51, No. 1: 127-140.

Dattée, B., Alexy, O., and Autio, E., 2018, "Maneuvering in poor visibility: how firms play the ecosystem game when uncertainty is high", *Academy of Management Journal*, Vol. 61, No. 2: 466-498.

Dyer, J.H., and Singh, H., 1998, "The relational view: cooperative strategy and sources of interorganizational competitive advantage", *Academy of Management Review*, Vol. 23, No. 4: 660-679.

Dyer, J.H., Singh, H., and Hesterly, W.S., 2018, "The relational view revisited: a dynamic perspective on value creation and value capture", *Strategic Management Journal*, Vol. 39, No. 12: 3140-3162.

Gans, J., and Ryall, M.D., 2017, "Value capture theory: a strategic management review", *Strategic Management Journal*, Vol. 38, No. 1: 17-41.

Gregory, R.W., Henfridsson, O., Kaganer, E., and Kyriakou, S.H., 2021, "The role of artificial intelligence and data network effects for creating user value", *Academy of Management Review*, Vol. 46, No. 3: 534-551.

Lanzolla, G., and Markides, C., 2021, "A business model view of strategy", *Journal of Management Studies*, Vol. 58, No. 2: 540-553.

Porter, M.E., 1985, *Competitive Advantage*, Free Press: New York.

Priem, R.L., 2007, "A consumer perspective on value creation", *Academy of Management Review*, Vol. 32, No. 1: 219-235.

Stoelhorst, J.W., 2021, "Value, rent, and profit: a stakeholder resource-based theory", *Strategic Management Journal*, doi.org/10.1002/smj.3280.

Tantalo, C., and Priem, R.L., 2016, "Value creation through stakeholder synergy", *Strategic Management Journal*, Vol. 37, No. 2: 314-329.

Teece, D.J., 2010, "Business models, business strategy and innovation", *Long Range Planning*, Vol. 43, No. 2-3: 172-194.

Wiener, M., Saunders, C., and Marabelli, M., 2020, "Big-data business models: a critical literature review and multi-perspective research framework", *Journal of Information Technology*, Vol. 35, No. 1: 66-91.

蔡春花, 刘伟, 江积海. 商业模式场景化对价值创造的影响——天虹股份2007–2018年数字化转型纵向案例研究[J]. 南开管理评论, 2020（3）: 98-108.

韩炜, 杨俊, 胡新华, 等. 商业模式创新如何塑造商业生态系统属性差异？——基于两家新创企业的跨案例纵向研究与理论模型构建[J]. 管理世界, 2021（1）: 88-107.

江积海. 商业模式创新中"逢场作戏"能创造价值吗？——场景价值的理论渊源及创造机理[J]. 研究与发展管理, 2019（6）: 139-154.

谢康, 夏正豪, 肖静华. 大数据成为现实生产要素的企业实现机制：产品创新视角[J]. 中国工业经济, 2020（5）: 42-60.

▣ 文献推荐

Bowman, C., and Ambrosini, V., 2000, "Value creation versus value capture: towards a coherent definition of value in strategy", *British Journal of Management*, Vol. 11: 1-15.

Priem, R.L., 2007, "A consumer perspective on value creation", *Academy of Management Review*, Vol. 32, No. 1: 219-235.

Dyer, J.H., Singh, H., and Hesterly, W.S., 2018, "The relational view revisited: a dynamic perspective on value creation and value capture", *Strategic Management Journal*, Vol. 39, No. 12: 3140-3162.

Stoelhorst, J.W., 2021, "Value, rent, and profit: a stakeholder resource-based theory", *Strategic Management Journal*, doi.org/10.1002/smj.3280.

Gregory, R.W., Henfridsson, O., Kaganer, E., and Kyriakou, S.H., 2021, "The role of artificial intelligence and data network effects for creating user value", *Academy of Management Review*, Vol. 46, No. 3: 534-551.

◉ 代表性学者

克利夫·鲍曼（Cliff Bowman）

克兰菲尔德管理学院教授、战略管理主席。曾担任英国民航局经济学家、阿什里奇研究部主任、欧洲案件清算所主席、克兰菲尔德管理学院院长。他承担了广泛的咨询任务，专注于促进公司内部的战略流程，出版了8部专著，发表了60余篇论文，曾提出著名的战略钟模型（strategic clock model），为企业的管理人员与咨询顾问提供了思考竞争战略和取得竞争优势的方法。E-mail：c.bowman@cranfield.ac.uk。

理查德·普里姆（Richard L. Priem）

在得克萨斯大学阿灵顿分校获得战略管理博士学位，现任得克萨斯基督教大学内利商学院的管理学教授。他的研究聚焦于需求侧战略、高层管理者的决策制定、战略流程、公司治理和公司违法行为。在《市场营销》（*Journal of Marketing*）及《管理学评论》《战略管理杂志》《组织科学》等期刊上发表过90余篇论文。E-mail：r.priem@tcu.edu。

杰弗里·戴尔（Jeffrey H. Dyer）

在加利福尼亚大学洛杉矶分校获得博士学位，现任杨百翰大学马里奥特商学院战略管理教授、沃顿商学院战略管理教授。他的研究兴趣包括通过企业间"关系"的视角看待合作战略与竞争优势，以及创业学领域中机会识别和创新者特质。在战略管理、创新创业等管理学相关专业的期刊上发表了100余篇论文，著有畅销书《创新者的基因》等，被誉为"全球最具影响力管理学者之一"。E-mail：jdyer@byu.edu。

简·斯托尔霍斯特（J.W. Stoelhorst）

在特文特大学获得博士学位，现任阿姆斯特丹大学经济与商业学院战略和国际商务系副教授，他的研究领域主要包括：交叉学科的研究、资源基础观、组织理论、动态竞争战略。他在管理学、经济学等权威期刊上发表过20余篇论文，并撰写了7部书籍，对战略管理以及组织管理的理论发展做出了重要贡献。E-mail：j.w.stoelhorst@uva.nl。

罗伯特·格雷戈里（Robert W. Gregory）

在法兰克福歌德大学获得管理信息系统博士学位，现任弗吉尼亚大学麦金太尔商学院副教授。他的研究领域包括数字创新和战略、平台和技术驱动的变革。在信息管理、创新管理等相关专业的国际期刊上发表过论文60余篇，其中多篇文章被高频次引用，为创新管理理论的发展做出了重要的贡献。E-mail：rg7cv@virginia.edu。

创业企业如何设计价值主张[①]

◎ 张敬伟[1]　　◎ 涂玉琦[1,2]

1. 燕山大学经济管理学院；2. 燕山大学创新与创业研究中心

　　企业的唯一目的就是创造顾客（德鲁克，1954）。而要想创造顾客，企业家或创业者首先要回答的问题就是：谁是我们的顾客？顾客为什么愿意买单？因此，理论上讲，任何企业都要明确其价值主张（Morris, et al., 2005）。例如，携程旨在让顾客的旅行"更幸福"，拼多多告诉顾客"拼着买，才便宜"，沃尔玛声称"天天平价"，奈飞（Netflix，又称网飞）则致力于让顾客"足不出户看电影"，等等。

　　价值主张（value proposition）的概念在20世纪80年代早期由战略咨询师提出，目前已是应用最广的商业术语之一（Anderson, et al., 2006）。价值主张往往被通俗地理解为"顾客为什么要购买企业的产品或服务"（Payne, et al., 2017），"企业为顾客解决什么问题"（Johnson, et al., 2008），这种理解强调了顾客价值，但鉴于顾客价值往往不可避免地被比较（与竞品或替代品），且价值主张具有超出顾客价值的战略意义（Payne, et al., 2017），因此，我们将价值主张界定为企业的一种战略性工具，用以为目标顾客提供更为优越的价值组合。其要义在于：第一，价值主张是具有战略意义的管理工具，引导关键资源和活动的配置；第二，价值主张要有足够的吸引力，目标顾客乐意为之付费，由此企业能获取预期收益；第三，企业的价值主张要比对手或替代企业的更优越，由此避免价格竞争，企业收益可持续。

　　价值主张对创业企业而言尤为重要，甚至是决定其创业成败的关键。缺乏顾客认可的价值主张往往使创业企业的所有努力付诸东流（Ries, 2011），相反，新颖而独特的价值主张常常是创业企业破坏在位企业地位、颠覆现有产业格局的利器（Kim, Mauborgne, 1997；Christensen, 1997）。现有文献指出，价值主张是创业企业在新兴产业中谋求战略定位的工具（Rindova, Kotha, 2001），提出正确的价值主张是创业企业创新商业模式的首要事项（Johnson, et al., 2008），并在商业模式探索过程中引领其他要素的调整（Reymen, et al., 2015）。因此，作为创业企业的战略性工具，价值主张的设计并不等同于构思朗朗上口的产品卖点或响亮的营销口号，而是承载着创业者的战略意图和深谋远虑。随着价值主张的战略意义得到学

[①] 本文是国家自然科学基金面上项目"'连续变革'视域下的新企业适应：创业者认知视角的理论与实证研究"（71672167）资助的阶段性成果。

者的日益关注，价值主张设计出现在创新、创业、战略等广泛的研究议题中。例如，产品创新（Rindova, Petkova, 2007）、价值创新（Kim, Mauborgne, 1997）、破坏性创新（Christensen, 1997）、创新的合法化战略（Hargadon, Douglas, 2001）、战略与组织演化（Rindova, Kotha, 2001；Gavetti, Rivkin, 2007）、商业模式设计与创新（Johnson, et al., 2008；Andries, et al., 2013；Martins, et al., 2015；McDonald, Eisenhardt, 2019）、精益创业（Ries, 2011）、创新生态系统形成（Dattée, et al., 2018）等。

虽然价值主张设计的重要性毋庸置疑，但由于创业企业往往处于新颖、模糊或不确定情境中，这给创业者设计价值主张带来了极大的挑战。第一，新颖的价值主张在设计过程中不仅需要考虑创业者的创意，还需要站在利益相关者的角度，思考怎样设计价值主张才能被利益相关者接受。第二，面临模糊或不确定性情境，设计价值主张往往意味着首先提出某些有待验证的假设，再采取行动去检验假设，对价值主张加以迭代，那么，这一过程背后蕴含的是怎样的理论逻辑？第三，当处于极度不确定的情境下，假设性质的价值主张都无法提出时，创业者又该如何探索并实现其价值主张？这些问题不仅是创业企业经常会遭遇的重大现实挑战，也是价值主张设计研究颇具理论探索意义的前沿性课题。

安德鲁·哈加登和耶洛利斯·道格拉斯：创新性价值主张被接纳的稳健性设计战略

由于价值主张旨在解决顾客的问题（Johnson, et al., 2008），所以设计价值主张的一个有益且有效的起点就是把握顾客的需求是什么，这也是如今精益创业方法论备受创业实践者推崇的原因所在。但对某些创新而言，顾客需求往往镶嵌于制度环境中，其中的文化、惯例、习俗等习以为常的制度要素像空气一样无所不在，却是设计价值主张时不可忽视的关键。站在创新与制度的"碰撞"这一切入点，2001年安德鲁·哈加登（Andrew B. Hargadon）和耶洛利斯·道格拉斯（Yellowlees Douglas）在《行政科学季刊》上发表了《当创新与制度相遇：爱迪生与电灯设计》一文，从理论上回应了创业企业为新技术设计创新性价值主张时可能遭遇的挑战及其应对的逻辑。

众所周知，创业企业往往通过创新实现对现有市场的破坏和颠覆，而创新体现为向市场提供新产品或新服务，从而将新颖与独特的价值主张传递给顾客和大众。然而，在成熟稳定的制度环境中提供和传递新颖的价值主张并非易事，一方面，顾客或大众不仅可能缺乏必要的知识以理解企业提出的新颖价值主张，其认知图式和行动脚本也往往来自现有产品或服务，这导致顾客或大众不会轻易接受企业的新颖价值主张；另一方面，创业企业的创新行动也会激发在位企业和既得利益者的反抗，由此导致新颖价值主张也面临着替代和反替代的激烈博弈。因此，当创业企业通过创新提供和传递新颖价值主张时，必然引发寻求变革和保持稳定这两股力量之间的冲突。而如何应对这些冲突，甚至利用现有制度环境中的认知图式和行为模式化解这些冲突，使创新获得顾客乃至更广泛受众的认可，是创业企业在设计创新性价值主张时需要重点考虑的问题。

为了回答这一问题，哈加登和道格拉斯剖析了爱迪生如何成功地将电灯照明系统商业化的案例。选择这一历史案例绝非随意为之，因为不同来源的二手资料不仅完整地记录了该创新长达十余年的商业化过程，而且能提供现实案例常常因各种原因而无法披露的事实或"真相"；更重要的是，爱迪生商业化电灯照明系统案例并不是一个高性能技术淘汰低性能技术的简单故事，而是一个充满睿智设计、隐含普适规律的经典案例。当1878年爱迪生开始研发电灯照明系统时，他面对的是成熟的技术——煤气照明、成熟的制度领域——煤气照明产业。

煤气照明技术及其既得利益者不仅占据了重要的资源，而且烙印了大众的认知和使用习惯，因此，在这种环境中推广电灯照明系统这一新事物绝非易事。那么，爱迪生是如何在不到15年的时间里，成功地将电力照明系统商业化，并将煤气照明产业彻底颠覆的呢？

在研究思路的设计上，哈加登和道格拉斯认为，抽象地谈论创新无益于解释其引入和被接受的过程，只有从价值主张设计的具体细节中才能找到真相，因为顾客和大众往往是从日常生活和技术使用中接触并理解一项创新及其价值主张的。爱迪生的案例提供了非常翔实的细节资料，有助于作者从中识别爱迪生如何设计技术物件（如电灯、开关），如何设计技术物件呈现的方式（如集中供电、电线铺设）以及与使用者和大众互动的方式（如何开关、如何计量电量），从而洞察其成功的价值主张设计背后隐藏的逻辑。例如，哈加登和道格拉斯发现，虽然爱迪生的电灯在性能上完全能够做到更明亮，爱迪生却在电灯亮度（瓦数）的设计上保持了与煤气灯相似的亮度；再如，爱迪生将电线埋在地下，是因为像煤气照明公司等公用事业都是采取类似的做法；爱迪生甚至为了研制类似煤气灯计量表样式的电表，不得不在缺乏有效计量装置的情况下让用户免费使用电灯长达半年之久。总之，爱迪生这些刻意模仿煤气照明公司的做法意在唤起公众对于电灯照明系统与当时的煤气照明乃至其他公用设施等技术物件和社会结构的熟悉感，这种熟悉感为公众打开了快速理解电灯照明系统价值的大门。尽管模仿了煤气照明的这些做法，爱迪生的电灯照明依然呈现了一些独特而优越的价值，例如，相比煤气照明而言，电灯照明更稳定、更清洁，也更易于使用。不仅如此，爱迪生的电灯照明系统还具有不广为人知的强大延展性，例如，集中发电和电力分销入户不仅可以用于照明，还可以生热、提供机械能，具有非常广阔的前景。

在上述研究的基础上，哈加登和道格拉斯提出稳健性设计（robust design）的概念，认为一项创新的设计需要在细节上激发受众熟悉的图式与脚本以引发其价值感知和认同，同时，创新的发展又不会受制于这些熟悉的理解，而是会随着受众对创新理解的演化产生新的互动方式和新的认知，保持创新发展所需的灵活性。因此，创新性价值主张的设计需要决定哪些细节需要用旧的、熟悉的方式加以展示，哪些细节需要采取新颖方式加以展示，还有哪些细节需要隐藏起来不为人知。作者指出，爱迪生正是遵从了稳健性设计，才成功地实现了电灯照明系统对煤气照明系统的颠覆。

这篇文章的研究情境是新技术对旧技术的替代和颠覆，虽然新技术的功能性价值相对明确，新技术中蕴含的其他价值要素却是模糊和不确定的。而且，不单是技术的新颖性为顾客和大众带来认知困难，被替代者的抵抗和反击，也给新技术的价值主张设计及实现带来重重挑战。哈加登和道格拉斯对爱迪生商业化电灯照明系统的案例研究揭示了创新、设计和制度之间的复杂关系，引导我们思考如何应对这些挑战，进而丰富了我们对于创业企业如何设计创新性价值主张的理解。在理论上，作者旗帜鲜明地指出，围绕新技术开展的新颖性价值主张设计不应忽视制度的力量，将制度因素（而非仅仅技术的或经济的因素）纳入考量不仅必要而且重要。作者提出的稳健性设计的概念，将价值主张设计刻画为一个理性设计过程，为解释创新成败提供了一种新的理论逻辑，也是该文章的一个突出贡献。在实践上，该文章提醒那些试图引入新事物的创业者要善于运用稳健性设计的思想来设计价值主张及行动方案。创业者既要找到并利用熟悉的线索帮助顾客与受众理解和接纳新事物，又要利用新事物的新颖之处、发展潜力来培育顾客与受众新的认知和行为模式。总之，巧妙利用既有制度资源，将新颖性和熟悉性融入创新性价值主张的设计对于创新的成功至关重要。

罗里·麦克唐纳和凯瑟琳·艾森哈特：新兴市场中价值主张的迭代修正过程

在爱迪生的案例中，电灯照明的功能性价值相对明确，爱迪生更为关注的是制度层面的合法性需求。但在"互联网+投资"这一新兴市场情境下，前所未有的创新性价值主张成为可能，这既为创业企业开启了令其兴奋不已的机会空间，又因其内在的模糊性和不确定性为创业企业实现这些机会带来极大挑战。因此，当创业企业对"机会是什么"存在模糊不清的理解时，创业企业又该如何设计价值主张呢？罗里·麦克唐纳和凯瑟琳·艾森哈特2019年在《行政科学季刊》上发表了《平行游戏：初创企业、新兴市场和有效的商业模式设计》一文，采用多案例研究方法探索并构建了创业企业在新兴市场中通过认知、行动与时机的结合以探寻和设计有效的价值主张的过程理论，为理解新兴市场情境下价值主张的设计过程以及与之相伴的商业模式形成过程提供了重要理论洞见。

虽然以往研究指出，在充满模糊和不确定的新兴市场情境下，价值主张往往体现为某种价值假设，其能否被目标顾客接受，需要持续的假设验证的学习过程。然而，新兴市场中价值主张的迭代修正过程究竟如何展开呢？麦克唐纳和艾森哈特选择新兴的金融科技市场上5家处于初创过程中尚无绩效差异的创业企业开展了多案例研究，对此问题展开了探究。由于这些创业企业的初始条件比较类似，而创业结果将随着创业进程的展开而得以显现，因此，这种竞争性案例（racing cases）研究设计比较容易展示哪些价值主张设计比较有效，而哪些则不那么有效，从而为剖析创业结果的差异提供可信的解释逻辑。这一案例研究发现，有效的价值主张设计有赖于认知、学习行动以及时机的结合，具体分述如下。

第一，有效的价值主张设计有赖于注意力聚焦和商业模式模板选择。一方面，成功的企业自我聚焦，它们不关注同行，因为同属创业企业的这些同行也没多少顾客，关注其尚未验证的价值主张意义不大；但它们会借鉴同行的经验，拼凑其做法或创意，因为这样可以节省资源和时间，快速设计出对部分用户有效的价值主张，进而较早地聚焦于某个商业模式模板。另一方面，成功的企业关注替代品企业，并视之为最终的竞争对手，力图提供比替代品更好的价值。这些企业会借鉴替代品企业所使用的概念和标签，从而为其创新性价值主张赢得合法性；同时，替代品意味着深层的和业已存在的需求，参考替代品能为创业企业设计价值主张提供可信赖的需求基础。总之，成功的创业企业通过聚焦注意力于自身及替代品企业并开展借鉴学习，不仅有助于设计出至少对某些顾客来说更优越的价值主张，还能快速和低成本地探索到合适的商业模式模板。相比之下，低效的企业关注自身的独特性，不理会替代品，却关注同行对手，还尽量避免模仿它们，但新兴市场是模糊的、动态的，在新兴市场，什么样的独特性具有合法性很难预测，所以这些企业费尽心力打造的独特性可能最终毫无价值。这不仅导致了时间和财务损失，还限制了视野，失去了探索更广阔机会空间的可能性，导致其价值主张设计缺乏效率和效果。

第二，有效的价值主张设计有赖于持续的多样化的学习行动。成功的创业企业会采取试验、试错等多种行动方法对价值主张及相关的主要假设进行验证，以减少诸多不确定性因素的影响。这些学习行动不仅有助于企业将决策建立在事实而非观点的基础上，并且通过洞察顾客的偏好，有利于探索到合适的目标客户，形成针对目标顾客的价值主张设计的有效思路。相反，低效的企业要么在没有验证假设的情况下，仅凭逻辑判断甚至猜测就选择了商业模式模板，错过了关键的学习环节；要么在不同的商业模式模板之间摇摆而分散了资源和注意力，导致其价值主张设计缺乏成效。

第三，有效的价值主张设计有赖于把握时机和节奏。与学龄前儿童在继续玩耍前会停下来反思自己手中的积木建筑一样，成功的创业企业会在活动体系尚未完全确定时"暂停"，"让子弹飞一会儿"。这种被动学习有助于发现意想不到的机会。例如，出乎创业者意料的是，专业投资人也被公司的服务吸引过来，这一未预期的情况驱动创业者重新调整了价值主张，开始围绕专业投资人设计了一系列价值组合，包括便宜、透明、专业等。通过将专业投资人锁定为目标顾客并设计价值主张，成功的企业围绕最有利可图的机会构筑了商业模式。相比而言，低效的创业企业急于承诺，过早地构建了紧密耦合的活动系统。这种方法或许暂时奏效，但在动态变化的新兴市场中，它有可能失去探索到更好的价值主张的灵活性，由此得到的结果是，要么收益较差，要么改弦易辙，重新设计价值主张。总之，创业企业在动态变化的新兴市场情境中与变化的需求和市场协同演化，有助于有效的价值主张的设计和实现。

这篇文章为创业企业如何在新兴市场中设计有效的价值主张提供了重要洞见。第一，麦克唐纳和艾森哈特提出的理论框架解释了创业企业价值主张设计的有效性问题。这个概念框架采取了过程视角，关注在新兴市场的模糊和不确定情境下创业企业价值主张的探索与设计的完整过程；提出创业企业对认知、学习行动与时机的不同把握及三个要素之间动态结合过程的差异区分了有效的和无效的价值主张设计。以往研究多是单独地从认知（Martin, et al., 2005）或学习行动（Andries, et al., 2013）等视角分别探讨，而实际上认知和学习行动是互动的和迭代的，这篇文章不仅对此展开了深入探究，而且还识别到时机在此过程中发挥的重要作用，对现有研究做出了重要推进。第二，这篇文章也为前述的"如何在合法性和独特性之间达成平衡"提供了新思路，在新兴市场情境下，有效的价值主张设计是一个"和而不同"的过程：创业企业不是简单地通过打造独特性将自身与对手（包括替代品）区别开来，而是在借鉴对手（"和"）的同时与之比较（"不同"），这样能为某些顾客设计出更好的价值主张，因此，从这个意义上讲，这篇文章及上一篇文章都提示，最优区分（optimal distinctiveness）可能是价值主张设计研究的一个有前景的理论视角，值得后续研究加以关注。

布赖斯·达蒂等学者：在极度不确定的生态系统创建过程中设计价值主张

如果说上一篇研究情境中顾客的需求尚可推敲琢磨，那么，当创业企业基于某种新的底层技术与多个伙伴合作开发技术的商业价值，几乎不可能事先预想可能的需求时（即不确定性极高时），企业又该如何设计价值主张，才能从层层迷雾中开辟一条生路？2018年布赖斯·达蒂（Brice Dattée）等学者在《管理学杂志》上发表《在低能见度中操控：企业如何在高不确定性时玩生态系统游戏》一文，通过对两家跨国科技企业中四个嵌入式案例企业的价值主张设计和以其为主导的创新生态系统创建过程进行了案例研究，回答了上述问题，为深入认识极高不确定性情境下创业企业如何通过动态控制实现价值主张的探索、设计提供了一套新的理论逻辑。

以往文献通常假设焦点企业事先知道如何获取控制权，能准确进行价值定位并描述未来的蓝图，但这种假设无法适用于达蒂等学者所关注到的、存在生成性（generative）技术创新的情境。这是一种存在极高不确定性的情境，导致上述假设无法成立。一方面，由于技术的自生长性和层级属性，基于底层技术的开发可以衍生出平台层和组件层的各类软硬件产品或服务的潜在机会，进而衍生出无限多的潜在价值主张，而哪一种或哪些价值主张是可行且最有利可图的，却无法在事前做出预测和判断，所以不仅提出未来蓝图、价值定位困难重重，在事前明确价值主张的设计方向和细节更是无从谈起。另一方面，这种不确定性来自多主体参与，由于技术的复杂性和新颖性以及其中蕴含的风险，企业通常无法依靠自身力量予以开发，因此，引入合作伙伴是必要之举。但当存在多个具有各自动机和利益的行动者、各自的角色和合作模式尚处于动态发展过程之中时，不确定性就几乎是必然的，因而如何寻求有效控制，设计并将价值主张落地，极大地考验焦点企业的智慧。因此，焦点企业如何驾驭集体行动过程并以创新生态系统构建的方式探索、设计和实现复杂而新颖的价值主张，同时又确保企业从集体行动的成果中获益，是一个非常有挑战性的问题。

达蒂等学者的案例研究出人意料地发现，即使是在这种极高的不确定情境下，创业企业仍可以通过动态控制过程设计价值主张，实现其战略目标。具体的控制逻辑详述如下。

首先，缩小未来的可能范围。这涉及谨慎地选择合作伙伴，并在此过程中缩小潜在的有价值的和相互联系的未来的可能范围。因为自身知识的局限性，焦点企业无法预测未来的价值主张，所以它们试图与可靠的客户和潜在合作伙伴接触以了解其想法，这种互动过程检验了焦点企业的一些想法和假设，减少了某些不确定性，有助于明晰技术的商业化开发方向，从而缩小了未来的可能范围，为设想潜在的价值主张提供了可能。

其次，为了追逐更多机会，在合作伙伴的拉动或内部创建生态系统需求的推动下，企业开始为其设想的生态系统描绘蓝图。此时的蓝图非常模糊，无法对最终的价值主张是什么以及如何创造和获取价值等问题提供明确指导。但随着转向生态系统模式，焦点企业开始转变视角，从预测价值主张转向动态地跟踪生态系统的发展，理解其可能的影响，在动态变化中把握价值主张设计的空间和自由度。

再次，转向生态系统模式进一步缩小了未来的潜在范围，但仍存在不确定性。尽管焦点企业仍旧不知道最终会在生态系统中创造什么价值、无法确定最终的价值主张，但仍以某种方式界定企业在未来创造和获取价值的能力，以便理解如何引导生态系统的发展；焦点企业还需要识别和把握控制点，以防止其他参与者在其生态系统中抢占胜利果实。这些努力有助于焦点企业在不断聚焦的未来蓝图中明晰彼此角色，帮助生态系统成员进一步达成共享愿景。在此过程中，强化的反馈循环进一步促使生态系统趋向一个对焦点企业而言更为有利的路径，从而引导其价值主张的方向性设计。

最后，随着未来生态蓝图的潜在范围进一步缩小，在判定价值获取具有可行性的前提下，焦点企业开始说服内部高层和外部参与者进行资源承诺，互惠的承诺强化了内外部参与者对于既定方向的投入，由此产生的路径依赖进一步减少了不确定性，逐渐引导生态系统锁定到某个目标上，随着共享愿景日渐清晰，价值主张的设计方向和内容也变得更为明确。

不过，随着时间推移和设想的蓝图变得越来越清晰，新兴的生态系统可能会偏离设想的轨道，特别是一些外部参与者可能会反对原来的愿景并试图改变其发展方向，这对焦点企业的价值主张设计而言是一个重大挑战。焦点企业需要警惕这些风险，并对可能的生态系统漂移及定位偏移进行管理和干预。

在上述研究的基础上，达蒂等学者总结了动态控制的理论逻辑，提出在生态系统游戏中设计和实现价值主张的关键是保持对耦合反馈循环的动态控制，这种控制必须是连续的、闭环的，并致力于集体行动的协调和焦点企业的操控。动态控制通过影响、监测和更新得以实现：影响生态系统演化的方向，使之朝向明确的愿景和预计控制点发展，监测生态系统的演变和未来控制点的实现可能性，以及更新战略以避免错误匹配。

达蒂等学者的研究探索了创业企业在围绕新兴底层技术与合作伙伴共建创新生态系统的过程中如何设计和实现价值主张的动态控制逻辑，有着重要的理论与实践启发。其一，将价值主张设计置于创新生态系统构建情境中，提出在极高不确定性情境下创业企业如何探索、设计和实现复杂而新颖的价值主张。作者强调了溯因推理在其中发挥的重要作用，即企业不应在一个特定的价值主张方面下赌注，而是要采取分布式策略，探索生成性的潜在价值主张的任务由正在形成中的生态系统的成员共同分担，从而在互动中不断以溯因推理的方式缩小未来的可能范围，进而为探索和设计价值主张指引可靠的方向。其二，作者提出动态控制的逻辑，以解释成功的创业企业如何在设计价值主张的同时获取价值。技术生成性和市场的异质性结合在一起引发了极高的不确定性。在难以明确进行试验的情况下，创业企业通过动态控制持续地强化正向循环，管控和干预负向循环，有助于价值主张的探索、设计与实现。因此，这一研究对于创业企业如何主导创新生态系统游戏，探索价值主张设计的方向并通过一系列动态控制手段获取价值具有重要的启发意义。

未来研究方向

在新颖、模糊和不确定的情境下，价值主张设计是创业企业探索创新的商业化战略、设计和创新商业模式、构建生态系统等问题的关键内容。哈加登和道格拉斯的研究启发我们，当实施创新的商业化时，创业企业需要站在制度环境的角度思考价值主张的设计，因为顾客对创新接受与否往往与创新所处的制度背景紧密联系。一方面，未来研究可以因循哈加登和道格拉斯宏观层面的研究思路，聚焦于创新性价值主张设计过程中的合法化战略问题，特别是基于制度理论、最优区分理论探索如何通过价值主张设计实现合法性和最优区分。另一方面，正如爱迪生案例所提示的那样，顾客对于新产品或技术的理解和认知至关重要，顾客也往往根据对产品意义的理解来做出购买选择（Anthony, et al., 2016），因此，未来研究可以站在顾客的角度，将影响顾客接纳或拒绝的微观心理过程引入价值主张设计。已有研究（Rindova, Petkova, 2007）指出，顾客的价值感知是整体性的，价值维度也并不局限于功能性价值，还涉及符号价值、审美价值等，认知和情感都将影响价值感知过程。因此，从心理学理论出发探究影响价值主张设计背后的微观心理过程，是值得探讨的另一个方向。

麦克唐纳和艾森哈特的研究让我们认识到在新兴市场情境下设计价值主张往往需要认知、行动、时机的结合，并启发我们进一步关注如何在模糊和不确定性中运用认知和行动方法设计价值主张并使之落地。未来研究可以将价值主张设计过程中可能涉及的生成性认知，如马丁斯（Martins）等学者（2015）提出的类比或概念组合，与注意力管理相结合，以解释创新性价值主张的认知来源，同时结合经验学习和借鉴学习等学习方法探究其设计过程的演化。另外，价值主张设计聚焦于商业模式的价值属性（杨俊等，2018），但其探索和实现过程还往往与价值创造、传递、获取等活动相互联系，正是价值主张设计与其他互补性活动的结合和互动（Reymen, et al., 2015），才有助于创业企业实现其创业目标。因此，考察价值主张设计与相关互补性组织活动的互动关系，也有助于挖掘价值主张设计与实现的过程逻辑。

达蒂等学者的研究不仅启发了极高不确定性情境下价值主张的设计思路，而且引导未来研究探索多主体参与情境下价值主张设计的诸多问题。如今多样化市场主体参与价值共创、产销融合、服务化等实践扭转了生产商单向的价值主张设计，推动顾客等利益相关者共同设计价值主张，这在类似百度、阿里巴巴等双边或多边平台，或是基于解决方案的商业模式场景中，变得日益常见。此时，不仅价值主张设计本身是一个多主体的合作共创过程，而且价值主张本身也往往不是唯一的，而是存在一个价值主张集合（Payne，et al.，2017）。那么，在这些新兴的实践中，价值主张如何设计和演化？哪些因素影响这一过程？已有研究（Payne，et al.，2017；Dattée，et al.，2018）提示不同情境下的价值主张设计应该具有不同方法和逻辑，这些问题值得在后续研究中加以探究。

随着数字技术的蓬勃发展和广泛应用，数字化、网络化、智能化在深刻地改变着传统的商业图景，重构着商业开展的方式和逻辑，环境的不确定性、模糊性、动态性日益增强，跨越组织和行业边界的价值主张设计也呈现出新的特征（Antonopoulou，Begkos，2020），价值主张设计的重要性也愈加突出。在新的时代背景下探究价值主张的设计与演化，考察相关的影响因素与作用机制，不仅为理解诸多创新、创业与战略问题提供了重要的分析角度，也是相关问题研究的重要组成部分，值得关注。

研究设计与应用拓展

如果你对创业企业如何设计价值主张这一研究问题感兴趣，那么质化研究方法可能是一个非常好的选择。如前面三篇文章所示，这些文献大都采用质化研究设计，但各有千秋。哈加登和道格拉斯的研究主要使用的是历史案例，因为要考察一项重要创新从出现到获得稳定的市场地位往往需要多年甚至几十年的时间，历史案例提供了研究此类重要现象的机会，在案例分析中，两位学者展示了高超的讲故事的能力，使读者在娓娓道来的故事中自然而然地领会"稳健性设计"的精髓。这篇文章的另一个显著特点是采取了"一主多辅"的案例研究设计，作者使用爱迪生留声机等因过于新颖以及 TiVo 因过于熟悉而失败的例子进一步证明稳健性设计这一概念的解释力，这是案例研究中差别复制（Yin，2009）的典范，通过正反两方面强化自己的观点，凸显其稳健性设计概念的解释效度非常"稳健"。

麦克唐纳和艾森哈特的案例研究关注"有效"的管理实践（比如，如何设计有效的价值主张或商业模式）背后的理论逻辑，竞争性案例研究设计对于理解什么有效、什么无效非常适合。例如，在文章中作者选择了新兴的金融科技市场中 5 家初始条件接近（因此可比）的新创企业，随着时间的延续，有些企业走向成功而另一些则不那么成功甚至走向失败，作者通过成败案例比较做出理论解释。这种研究设计避免了幸存者偏差，而且能搜集历史资料和实时资料，有助于提高研究的效度和信度。此外，值得一提的是，艾森哈特教授娴熟的研究方案设计（尤其是体现其实证主义特点的关键概念的测量），以及案例故事讲述、证据呈现与理论逻辑的完美融合，使得读者即使看不到编码过程也依然信服作者的结论。

达蒂等学者的案例研究的一个特点是采取了嵌入式案例研究设计，作者从两家科技跨国企业中各选择两个子案例加以研究，但并未采用艾森哈特教授的多案例研究范式（Eisenhardt，1989），其案例分析使用的是乔娅等学者（2013）的三级编码方法，关注共性（而非解释差异）。该文在案例分析部分结合系统动力学图示以展示不同概念之间的逻辑关系，能生动地刻画文章所要揭示的动态控制逻辑，是该文案例研究的一大亮点。总之，三篇文章各有特色的质化研究设计非常值得学习。

除了质化研究方法外，量化实证研究设计有助于检验质化研究中提出的一些有价值的命题或假设，而且也有助于对价值主张设计过程中涉及的驱动因素、中介和调节机制以及可能的绩效影响等做出探究（Covin, et al., 2014）。如上所述，无论选择哪种方法，哪一种具体的研究设计，都需要服务于特定的研究问题。研究者需要站在研究问题以及研究对象的角度充分考虑，采用最适宜的方法开展设计和研究，才能得出可靠的且有价值的研究结论。

◆ 参考文献

Anderson, J. C., Narus, J.A., and Rossum, W.V., 2006, "Customer value propositions in business markets", *Harvard Business Review*, Vol. 84, No. 3: 91-99.

Andries, P., Debackere, K., and Looy, B., 2013, "Simultaneous experimentation as a learning strategy: business model development under uncertainty", *Strategic Entrepreneurship Journal*, Vol. 7, No. 4: 288-310.

Anthony, C., Nelson, A.J., and Tripsas, M., 2016, "'Who are you?... I really wanna know': product meaning and competitive positioning in the nascent synthesizer industry", *Strategy Science*, Vol. 1, No. 3: 163-183.

Antonopoulou, K., and Begkos, C., 2020, "Strategizing for digital innovations: value propositions for transcending market boundaries", *Technological Forecasting and Social Change*, Vol. 156: 1-13.

Christensen, C.M., 1997, *The Innovator's Dilemma*, Boston: Harvard Business School Press.

Covin, J.G., Garrett, R.P., Kuratko, D.F., and Shepherd, D.A., 2015, "Value proposition evolution and the performance of internal corporate venture", *Journal of Business Venturing*, Vol. 30, No. 5: 749-774.

Dattée, B., Alexy, O., and Autio, E., 2018, "Maneuvering in poor visibility: how firms play the ecosystem game when uncertainty is high", *Academy of Management Journal*, Vol. 61, No. 1: 466-498.

Gavetti, G., and Rivkin, J., 2007, "On the origins of strategy: action and cognition over time", *Organization Science*, Vol. 18, No. 3: 420-439.

Hargadon, A.B., and Douglas, Y., 2001, "When innovations meet institutions: Edison and the design of the electric light", *Administrative Science Quarterly*, Vol. 46, No. 3: 476-501.

Johnson, M.W., Christensen, C.C., and Kagermann, H., 2008, "Reinventing your business model", *Harvard Business Review*, Vol. 86, No. 11: 50-59.

Kim, W.C., and Mauborgne, R., 1997, "Value innovation: the strategic logic of high growth", *Harvard Business Review*, Vol. 75, No. 1: 102-112.

Leifer, E., 1991, *Actors as Observers: A Theory of Skill in Social Relationships*, New York: Garlan.

Martins, L.L., Rindova, V.P., and Greenbaum, B.E., 2015, "Unlocking the hidden value of concepts: a cognitive approach to business model innovation", *Strategic Entrepreneurship Journal*, Vol. 9, No. 1: 99-117.

McDonald, R.M., and Eisenhardt, K.M., 2019, "Parallel play: startups, nascent markets, and effective business-model design", *Administrative Science Quarterly*, Vol. 65, No. 2: 1-41.

Morris, M.H., Schindehutte, M., and Allen, J., 2005, "The entrepreneur's business model:

toward a unified perspective", *Journal of Business Research*, Vol. 58, No. 6: 726-735.

Payne, A., Frow, P., and Eggert, A., 2017, "The customer value proposition: evolution, development, and application in marketing", *Journal of the Academy of Marketing Science*, Vol. 45, No. 4: 467-489.

Reymen, I., Andries, P., Berends, H., Mauer, R., Stephan U., and Burg, E. V., 2015, "Understanding dynamics of strategic decision making in venture creation: a process study of effectuation and causation", *Strategic Entrepreneurship Journal*, Vol. 9, No. 4: 351-379.

Ries, E., 2011, *The Lean Startup: How Today's Entrepreneurs Use Continuous Innovation to Create Radically Successful Businesses*, New York, NY: Crown Business.

Rindova, V. P., and Kotha, S., 2001, "Continuous 'morphing': competing through dynamic capabilities, form, and function", *Academy of Management Journal*, Vol. 44, No. 6: 1263-1280.

Rindova, V. P., and Petkova, A. P., 2007, "When is a new thing a good thing? Technological change, product form design, and perceptions of value for product innovations", *Organization Science*, Vol. 18, No. 2: 217-232.

Santos, F. M., and Eisenhardt, K. M., 2009, "Constructing markets and shaping boundaries: entrepreneurial power in nascent fields", *The Academy of Management Journal*, Vol. 52: 643-671.

杨俊,薛鸿博,牛梦茜.基于双重属性的商业模式构念化与研究框架建议[J].外国经济与管理,2018,40（4）：96-109.

▣ 文献推荐

Dattée, B., Alexy, O., and Autio, E., 2018, "Maneuvering in poor visibility: how firms play the ecosystem game when uncertainty is high", *Academy of Management Journal*, Vol. 61, No. 1: 466-498.

Hargadon, A. B., and Douglas, Y., 2001, "When innovations meet institutions: Edison and the design of the electric light", *Administrative Science Quarterly*, Vol. 46, No. 3: 476-501.

McDonald, R., and Eisenhardt, K., 2020, "Parallel play: startups, nascent markets, and effective business model design", *Administrative Science Quarterly*, Vol. 65, No. 2: 483-532.

◉ 代表性学者

安德鲁·哈加登（Andrew B. Hargadon）

斯坦福大学博士，任加利福尼亚大学戴维斯校区技术管理学教授、技术管理项目主任、戴维斯校区创业中心主任。哈加登教授是技术管理、创新管理、创业和新产品开发的专家，聚焦于研究技术与创新的结合点，以及产品开发与营销的相互影响。他的研究专长为：组织行为、技术管理、新产品开发管理、技术设计中的创新要素。在《行政科学季刊》等期刊上发表过多篇论文。E-mail: abhargadon@ucdavis.edu。

耶洛利斯·道格拉斯（Yellowlees Douglas）

在纽约大学获得博士学位，现任佛罗里达大学管理沟通学副教授。她的研究兴趣涉及十多个学科，包括管理学、计算机科学、遗传学、眼科、胃肠病学和肺部医学等。研究成果发表在《行政科学季刊》等期刊上。E-mail：Douglas@hnu.edu。

罗里·麦克唐纳（Rory M. McDonald）

2012年在斯坦福大学取得管理科学与工程博士学位，博士论文答辩委员会主席是艾森哈特和凯蒂拉教授，现任哈佛大学商学院副教授，他主要研究企业如何成功地在新市场中巡航探索，具体研究管理者如何开发可行的商业模式以及这一过程中创业资源提供者起到的作用。在《管理学杂志》《行政科学季刊》等期刊上发表过多篇论文。E-mail：rmcdonald@hbs.edu。

凯瑟琳·艾森哈特（Kathleen M. Eisenhardt）

1982年在斯坦福大学取得博士学位，现任斯坦福大学讲席教授。她的研究兴趣包括战略管理和组织管理，当前的研究兴趣包括在新市场和新生态系统中的启发式决策和战略互动、市场战略决策以及商业模式设计。在《管理学杂志》《组织科学》《行政科学季刊》《战略管理杂志》等期刊上发表过100余篇高水平论文。E-mail：kme@stanford.edu。

布赖斯·达蒂（Brice Dattée）

巴黎中央理工学院、都柏林大学管理科学博士，现任里昂商学院战略学副教授，主要研究兴趣为战略、商业模式、商业生态系统、创新管理等。研究多基于定性过程分析并与技术行业知名公司的密切合作，在《管理学杂志》《组织科学》等期刊上发表过多篇论文。E-mail：dattee@em-lyon.com。

数字创业如何创造价值

◎ 董学兵[1] ◎ 于晓宇[2]

1. 上海大学管理学院；2. 上海大学创新创业研究中心

数字经济成为世界各国经济发展的主旋律，各国纷纷通过顶层设计将发展数字经济上升为国家发展战略（Pergelova, et al., 2019）。早在 2008 年，法国就发布了数字经济战略；美国随之发布了"数据驱动创新"的数字政策；《欧洲数字议程》也提出了"数字技术标准和兼容性"的新方针。我国非常重视数字技术赋能创业，在 2019 年 12 月发布的《2019 中国数字企业白皮书》中强调了数字技术在创业中的重大作用。

数字技术是数字创业的基础支撑（贾建峰，刘梦含，2021）。一方面，数字技术可帮助企业构建一个更高效的运行网络，有助于打破企业与企业、企业与市场、企业与政府之间的信息壁垒，从而提高企业应变速度；另一方面，企业利用数字技术搭建数字平台，吸取更多平台参与者的经验，扩展业务范围，并激发内部成员的创新、创意。数字创业是指利用数字技术识别、开发数字经济中的创业机会，创造数字产品和数字服务的创业活动（朱秀梅等，2020）。数字创业的发展在一定程度上改变了经济增长方式和产业布局，已经成为数字经济增长的核心引擎（朱秀梅等，2020）。

与传统创业不同，数字创业可以借助数字技术的规模化和灵活性特征，整合碎片化资源并调动多方参与者参与价值扩散，推动价值共享与治理的价值提升过程（刘志阳等，2020）。目前，对于数字创业创造价值的相关研究比较分散和简略，仍处在"是什么"的阶段，例如数字创业可以协调利益相关者的价值动态匹配，平衡企业供需，改善政府与企业之间的治理关系等。可见，利用数字创业全程可追溯和可视化的特点，深入了解数字创业如何配置创业资源、提升创业能力、开发创业机会等具有重要的实践意义。

数字创业如何创造价值呢？又有哪些研究议题值得深入探讨？以下三篇文章对上述问题做出了初步回答。第一篇分析了数字创业的价值共创主体，并提出四种资源配置原型；第二篇探讨了数字技术（社交媒体）对累加在线社会资本的影响；第三篇强调了数字创业的价值创造过程的无边界。具体而言，第一篇文章揭示创业者并非价值创造的单一主体，用户和其他

⊖ 本文是国家自然科学基金青年项目"移动短视频对消费者购买的影响机理研究"（71702097）、面上项目"大型企业创业型项目失败的情绪反应与恢复机制：一个多层模型"（71972126）资助的阶段性成果。

利益相关者皆为"价值共创者"参与价值创造。在此基础上，作者构建了四种资源配置原型，且阐述在数字创业中资源配置如何实现价值创造。第二篇文章主要研究创业者如何利用社交媒体来建立和累加在线的桥接型社会资本和结合型社会资本。第三篇文章的作者对创业管理理论的前提提出质疑，认为价值创造过程无边界，价值创造结果无终点，并提出了四条有关创业管理理论发展的逻辑。

拉斐尔·阿米特和韩旭：用户和其他利益相关者皆为价值共创者

2017年拉斐尔·阿米特和韩旭（Xu Han）在《战略创业杂志》上发表了《在数字化世界中通过新的资源配置创造价值》一文，具体阐述了企业如何将数字化应用于构想、设计、组织资源配置从而为企业创造价值。

在数字化快速发展的当下，通过数字化设备（如手机、可穿戴设备和物联网）和技术（如大数据分析、图像识别、机器学习和人工智能），个人客户作为可创造价值的资源（如数据）贡献者的潜力已经被释放，个人客户不再仅仅作为价值接受者，也成为资源贡献者；此外在数字化的加持下，企业与其他企业之间的联系合作更加高效。这些发展扩大了企业可以获取和利用资源的范围与类型，促进构思和设计新的资源配置。以共享经济代表优步为例，其创生前提是：①能发现足够多却没有被充分利用的资源；②个人有动力但没有能力自行将其未被充分利用的资源（如时间或空间）货币化。优步用这种新发现的资源去满足他人（个人或群体）的需求，实现了新的资源配置，进而创造价值。

以往研究大多将焦点企业及其合作伙伴作为资源提供者，而将企业的用户视为价值接受者（Adner，2006；Adner，Kapoor，2010）。尽管有研究者洞察到用户作为价值创造者的重要性（Priem，et al.，2013），但过往研究却很少在企业资源配置过程中考虑用户的角色，而拉斐尔·阿米特和韩旭则将用户纳入企业资源配置，以填补上述研究的缝隙。

拉斐尔·阿米特和韩旭认为，在进行资源配置的过程中应基于系统的视角和以价值创造为中心。以系统为基础的观点是在设计系统时明确考虑所有价值创造参与者的价值主张，而不仅仅考虑市场上顾客的价值主张；同时强调能创造价值和捕获价值的驱动因素。价值创造者包括企业、合作伙伴和顾客，他们被称为价值共创者（value co-creator），每一位价值共创者既是资源提供者也是价值受益者。由此，企业的资源配置反映了其对利用何种资源的决策；用资源满足什么需要；如何访问、连接和编排资源以满足所感知的需求。明确资源配置过程后，拉斐尔·阿米特和韩旭提出四种具体的资源配置原型。

第一种是最简单的资源配置，即企业将资源提供给顾客以满足顾客的需求，同时顾客用自己的资源（如金钱）满足企业的需求。第二种是将焦点企业的合作伙伴纳入资源配置的原型，即焦点企业与合作伙伴合作，分别用其资源满足顾客的需求，并从顾客处获得资源来满足自己的需求。在这种情况下，焦点企业与合作伙伴并未将两者的资源进行整合。合作伙伴充当补充者的角色，帮助焦点企业满足顾客的需求并从顾客处获得资源。相较于上述两种原型，接下来的两种原型则更能体现出数字创业的特征。第三种是焦点企业支持双边市场中的资源配置，即焦点企业贡献其资源用以促成两组价值共创者之间的交易。在这里，焦点企业并不直接提供给其他价值共创者资源，而是作为交易促成者推动其他价值共创者之间交易。在数字创业过程中，此种资源配置原型更常见的原因在于，焦点企业可以更容易获取资源从而建立双边市场。第四种是焦点企业桥接双边市场中的资源配置原型。在这种资源配置原型中，焦点企业是交易桥梁提供者，即焦点企业使用其资源来满足一组价值共创者的需求，进而利用价值共创者控制的资源，来满足另一组价值共创者的需求，并从后者那里获得收入。焦点企业作为交易桥梁提供者具有数字关联和数字资源的多样性，更快地获取顾客的特征，这使得它们能在毫无关联的价值共创者之间架起交易的桥梁。

可以看出，焦点企业作为交易促成者和交易桥梁提供者更能凸显出数字创业的特征，但四种资源配置原型只是简单提及焦点企业的作用。在数字创业中企业如何从资源和需求出发进行资源配置从而实现价值创造呢？拉斐尔·阿米特和韩旭提出了三个阶段，包括识别（identifying）、匹配（matching）和构建（bridging）。识别是指识别新需求和新资源，此过程可以通过不断测试和资源众包来实现。不断测试要求企业及其他价值共创者就其拥有的资源和未被满足的需求进行快速反馈循环。资源众包是利用大众的力量以发现和获取未利用的资源。匹配是指将发现的资源和需求匹配起来，可以通过分类和勘探实现。分类是将需求和资源进行分类处理；勘探是利用历史和当前的数据明确价值共创者的需求和资源。构建是在资源和需求之间进行的。在构建阶段，焦点企业可以将以往没有关联的资源和需求进行组合，从而发现新的可能性；还可以在已经构建的资源和需求中加入新的资源，来降低资源和需求之间的不兼容性，从而提高成功创造价值的可能。

这篇文章的内容丰富了资源编排理论，拉斐尔·阿米特和韩旭将企业用户纳入资源编排，并提出"价值共创者"这一概念，强调在数字创业中焦点企业、合作伙伴及顾客均是资源提供者和价值受益者。同时，该文章还为创业企业如何利用交易促成者和交易桥梁提供者这两种资源配置原型进行资源编排提供了具体的建议，以帮助创业企业更好地适应和把握数字创业机遇。

克劳迪娅·史密斯等学者：利用社交媒体累加桥接型和结合型在线社会资本

拉斐尔·阿米特和韩旭的研究探讨了数字创业中资源配置问题，提出了具体的资源配置原型，但并未对数字技术如何赋能数字创业并创造价值进行考察。2017年克劳迪娅·史密斯（Claudia Smith）、布罗克·史密斯（J. Brock Smith）和埃莉诺·肖（Eleanor Shaw）在《创业学杂志》上发表了《拥抱数字网络：企业家的在线社会资本》一文，关注创业者在社交媒体（social network sites，SNS）累加（accrue）桥接型和结合型在线社会资本的行为。克劳迪娅·史密斯等学者提出了一个概念框架，明确了社交媒体的独特技术功能能够帮助创业者累加桥接型和结合型的在线社会资本，进而助力创业能力提升、创业机会与创业资源的开发和利用。

在数字时代，创业者越来越多地使用以计算机为中介的沟通（computer mediated communications）。在线和线下沟通有许多区别，例如，社交媒体中网络透明性（network transparency）特征使得创业者可以在线浏览他人的网络链接，且自己的网络链接对他人可见。过往研究主要关注的是线下环境（Fischer, Reuber, 2011；Morse, et al., 2007；Sigfusson, Chetty, 2013），那么在在线环境中，创业者获取和累加社会资本与线下环境有何不同呢？克劳迪娅·史密斯等学者从数字技术功能的角度提供了答案。克劳迪娅·史密斯等学者总结了社交媒体的四个特征：拥有数字用户档案，能够进行数字搜索，不同用户之间能够建立数字关系，网络透明度，并提出这四个特征的技术功能分别对创业者累加桥接型（弱关系）和结合型（强关系）社会资本产生影响。

在累加桥接型社会资本过程中，创业者可以利用社交媒体的数字用户档案进行同质性评估（homophily assessment）、社会判断评估（social judgment assessment）和自我呈现展示（self-presentation curating），来增强或减弱桥接型社会资本。同质性评估是指评估与他人相似的行为。个体进行同质性评估时可能会发现与他人的相似性或异质性，从而使双方建立联系或关系疏远。社会判断评估是指对他人的认知合法性、社会政治合法性、声誉和地位发表意见的行为。社会判断评估较高，创业者与其他社交媒体用户之间更有可能建立联系。自我呈现展示是指在社交媒体中彼此均可见，创业者需要明确向他人呈现展示哪些资料，作为体现自我的数字身份。在社交媒体中，他人看到创业者的资料后可能形成一种积极或消极印象，进而影响创业者累加桥接型社会资本的过程。此外，创业者还可以通过数字搜索、数字关系、网络透明度来增强或减弱桥接型社会资本。数字搜索可以帮助创业者快速获得大量的信息。社交媒体允许创业者管理一个更广泛、更复杂的数字关系网络。网络透明度使得创业者看到社交媒体中其他用户发布的大量信息，他们可以通过这些信息识别可能的桥接型社会资本的机会。

在累加结合型社会资本过程中，创业者利用社交媒体的数字用户档案进行共同点评估（common ground assessment），通过数字搜索进行实质性信息调查（substantive information finding），通过网络透明度进行网络请求（network requesting）来增强或减弱结合型社会资本。共同点评估的对象包括愿景、目的和目标，相较于同质性评估是更深层次的评估。当创业者之间具有共同点时，更有利于增强关系。实质性信息调查是一种行动机制，关注理解社交媒体中联系人的性格、价值观、态度和行为，与创业者自身特点相关，有可能他人搜索到的是积极性特征，这有助于进一步发展强关系；相反，则可能对发展强关系产生负面影响。网络请求是指从他人那里寻求帮助、支持、信息或资源，这些请求可能会产生积极（互惠行为）或消极（认为发起请求者是缺乏资源的）的社会影响。另外，创业者还可以通过社交媒体的数字关系进行关系网络管理来增强他们的结合型社会资本。当创业者不想进行社交互动时，他们可以通过提前设置与其他人保持有节奏的互动，来深化关系网络。

克劳迪娅·史密斯等学者的研究总结了影响创业者累加桥接型和结合型的在线社会资本的社交媒体特征，并阐述了其影响效果和机制。与此同时，越来越多的创业企业和创业者注册、运营自己的社交媒体账号，并通过社交媒体与其他用户进行互动，管理一个复杂、广泛的社交关系网络，这有助于创业者通过社交媒体来开发和利用更多的数字创业机会。克劳迪娅·史密斯等学者在这篇文章中对创业者利用社交媒体来累加桥接型和结合型的在线社会资本提供了具体的建议。

萨蒂什·南比桑和卡勒·莱汀恩等学者：数字技术导致价值创造过程无边界

萨蒂什·南比桑和卡勒·莱汀恩（Kalle Lyytinen）等学者将视线聚焦在创业管理理论的发展上，2017年他们发表于《管理信息系统季刊》上的《数字创业管理：数字化世界中创业管理研究的再造》一文对以往的创业管理理论提出质疑，并构建了四种新的理论逻辑。

创业过程和结果的数字化颠覆了现有的创业管理理论，萨蒂什·南比桑和卡勒·莱汀恩等学者对创业边界、创业代理、创业过程和创业结果之间的关系等基本假设提出了质疑。在数字创业情境下，创业的边界和代理不再固定不变，过程和结果之间也不再相互独立。以医疗卫生领域为例，在新药发现过程中使用数字技术会带来创业活动焦点的重组，并在科学家群体中创造一系列新的必要活动，这反过来对创业成果有影响（Dougherty, Dunne, 2012）。

现有创业管理理论认为创业是有边界的、固定的（Ulrich, Eppinger, 2011）；创业代理是预先定义好的、集中化的；创业过程和创业结果是相互独立的（Ahmad，et al.，2013；Sivasubramaniam，et al.，2012）。而在数字创业情境中，这些理论的局限性逐一凸显出来。首先，创业的边界不是固定的。数字产品的范围、功能和价值可以在创业启动或实施后继续发展。数字化设计处在不完整和不断变化的状态，创业的规模和范围由于各种创业代理的参与而扩大。除了创业结果，数字技术也打破了不同创业阶段的界限，像新的数字设施（如3D印刷）通过重复性的实验和实施使产品创意迅速形成、实施、调整和再实施。其次，创业代理难以预设，这被称为分布式创业（distributed Innovation）（Lakhani，Panetta，2007；Sawhney，Prandelli，2000）。在分布式创业的环境中，具有不同目标和动机的参与者参与到创业过程中，他们有各自的想法，不受主要创业者的控制。最后，创业过程和结果不再相互独立，而是相互依赖。数字创业过程和创业结果的依赖关系是复杂和动态的。比如，在建筑项目中，使用3D工具作为数字流程设施，引发了不同行业的设计师和其他利益相关者之间的互动与合作，从而在整个项目网络中产生多种多样的创业活动（Boland，et al.，2007）。因此，数字创业涉及过程和结果（产品或服务）的塑造和被塑造。

由此可见，在数字创业情境下，以往的创业管理理论已经显现出局限性，提出新的创业管理理论显得非常必要。萨蒂什·南比桑和卡勒·莱汀恩等学者提出的新的理论逻辑包括：动态的问题-解决方案设计匹配（dynamic problem - solution design pairing）、社会-认知意义建构（socio-cognitive sensemaking）、技术可供性和约束性（technology affordances and constraints）、编排（orchestration）。

首先，萨蒂什·南比桑和卡勒·莱汀恩等学者建议从关注创业过程和结果转向关注动态的问题-解决方案设计匹配。创业问题主要与顾客的未识别的、潜在的需求有关，而解决方案是关于数字技术的功能、特性和社会技术环境。通过关注问题-解决方案设计匹配，以往预定义的创业被创业空间的流动边界和创业代理的分散分布所取代。此外，创业问题-解决方案设计匹配可以被注入记忆，创业能同时依赖现有方法和打破现有方法。

其次，创业边界的流动性、创业问题-解决方案设计匹配的动态性以及创业者的异质性都有助于创业者的认知和意义形成的转变。社会-认知意义是指技术在个体创业者的认知框架和由个人组成的创业者社会系统中同时被理解。当一个创业平台涵盖多个传统产品类别时，单个创业者可能难以理解创业的范围，不同创业者可能对创业本身有不同的认知框架，这可能会导致创业者之间的合作失败。如果创业者以不同的认知框架与他人进行社会交流，他们将有动力打破现有的认知框架，进而使个体通过新的认知框架看到新的可能性，从而产生新的创业机会。

再次，技术可供性和约束性是数字技术的潜在活动，是指一种具有某些特征的技术与使用该技术的用户意图或目的之间的关系。通过将新技术使用作为特定创业者的支持和约束来看，研究者可以解释相同的技术如何以及为什么被不同的创业者重新利用，或者在不同的环境中为什么技术使用带来不同的创业结果。

最后，随着创业边界和创业代理越来越分散，数字技术如何将创业的形式编排为集体行动变得愈加重要。在创业问题-解决方案的组织中，一群松散连接的创业者可以被数字技术临时或长期识别并编排起来。编排包括等待正确的问题进入，以匹配可用的或新的潜在解决方案，或帮助代理者生成新的解决方案。

总的来说，随着数字技术从根本上改变企业和产业，萨蒂什·南比桑和卡勒·莱汀恩等学者的研究揭示了数字技术对创业活动价值创造过程的影响,并在研究中理性质疑创业管理背后的关键假设,并提出这一领域的研究需要纳入新的理论概念和框架,反映和揭示数字技术可以改变创业过程与结果的多种方式。

未来研究方向

已有研究表明,数字创业已经对创业机会识别、创业资源配置、创业企业战略和创业生态系统等产生了深远影响(余江等,2018),是创业者创业方式的最优选择方案。研究者认为数字创业结合数字技术特征在企业组织架构、企业生态系统等方面均创造价值,如优化企业流程、打破企业间信息壁垒等,但目前研究仍处在"是什么"的阶段。在未来的研究中,我们可以对数字创业中价值共创主体,数字技术影响价值创造和持续性的价值创造等研究问题进行深入探讨。

上述三篇文章均在一定程度上为未来有关数字创业如何创造价值的研究指明了方向。拉斐尔·阿米特和韩旭的研究提出了创业企业需要尽可能调用所有价值共创者的资源来满足价值共创者的需求,但是每个价值共创者的资源和需求具有多样性与异质性,那么如何配置多种类型的资源以满足价值共创者的多样化需求呢?在现今比较热点的共享经济中,本应是企业利用闲置资源满足用户的需求,但事实上,企业在"创造闲置"资源,"逼着"用户接受共享。在这种情况下,创业企业如何承担起"交易促成者"和"交易桥梁提供者"的角色,高效地配置闲置资源来满足顾客需求呢?拉斐尔·阿米特和韩旭提出的概念框架假设价值共创者有可识别的需求,未来的研究可以在此基础上进一步利用数字技术追溯企业决策,尝试在现有企业资源配置原型的基础上有所突破,分析资源利用瓶颈,不断迭代数字创业企业价值共创模式。

克劳迪娅·史密斯等学者的研究指出社交媒体的四个主要特征有助于创业者累加在线的桥接型资本和结合型资本,从而有利于创造顾客价值。类似地,社交媒体的元表达(metavoicing)、引发关注(triggered attending)、网络联系(network-informed associating)、生产角色扮演(generative role-taking)可以塑造知识共享和叙事构建(Majchrzak, et al., 2013)。诸如此类,其他数字技术(如云计算、3D打印、数据分析技术)的特征如何通过技术可供性创造顾客价值呢?随着人工智能技术的发展,人工智能如何替代或辅助创业者决策,以及对市场的不确定性和未洞察的顾客需求做出预测,从而帮助数字创业者发掘更多的创业机会,创造新的顾客价值?

萨蒂什·南比桑和卡勒·莱汀恩等学者的研究揭示了数字创业的价值创造过程无边界,价值创造的结果无终点,启发研究者不要局限于以往的创业管理理论,应从动态的视角看待创业管理的边界、代理及过程和结果之间的关系。未来的研究可以探索持续性价值创造问题。比如,企业通过免费交付终端来满足顾客需求,同时,它们可以收集顾客数据并进行分析,了解顾客的潜在需求,进一步创造新的顾客价值。在设计数字工件(digital artifacts),如手机上的App时,可以有意残缺,利用数字创业的无边界,吸引其他创业主体根据不断变化的顾客需求来补充App的功能,达到持续性价值创造的效果(Lyytinen, et al., 2016)。

最后,我们需要明确,数字创业具有高数字性、高价值性和高创新性的特征(朱秀梅等,2020),可以不断优化和迭代创业商业模式,并衍生出新的创业机会,为价值创造提供更多的路径。在未来研究中,我们仍需从数字技术、数字创业能力、数字创业机会、数字创业资源和数字创业商业模式五大数字创业要素出发,探索在不同的产业和组织环境下,这些要素的复杂动态运行过程,并明确这些要素组合对于数字创业价值创造的重要影响。

研究设计与应用拓展

从前文评述可知,数字创业结合数字技术优势拥有高效分析数据的能力,在解决创业问题,对接用户需求,精简业务流程方面有突出贡献,为经济社会发展创造了重要价值。同时,数字创业中技术的融合使企业决策产生的社会影响变得透明化和可视化,为研究者能突破现有研究模式,以多方法、多维度了解数字创业企业对企业组织架构、数字创业生态和国家经济发展创造价值的路径提供了思路(Tilson, et al., 2010)。具体来说,在数字创业如何创造价值的研究设计上,需要突出数字创业与传统创业在研究范式上不同的特点,创新研究方法和研究视角,主要从以下三点着手。

第一,使用计算社会科学、构型分析和复杂理论等创新方法探索数字创业在组织架构的变革历程。相较于传统创业,数字创业依靠的新技术,如云计算、区块链、机器学习等,为计算社会科学(computational social sciences)提供了基础设施,使管理者拥有存储丰富的数据资源和实时监控企业决策的能力,这不仅便于创业者及时复盘和洞悉关键决策因素,还为研究者提供了翔实可靠的面板数据或企业内部数据。一方面,研究者可以通过仿真模拟技术探讨当管理决策发生时,是否存在其他决策因素可以提高企业绩效,或者找出决策发生时数字创业企业之间的共性;通过实证研究方法,研究者可以对企业各个环节数据进行多层次、多方位的分析、处理和预测,探讨数字创业企业在企业管理决策链、生产制造链、客户服务链等组织构架上与传统创业企业存在的不同,有利于发掘数字技术在组织各个环节当中创造的价值(Nambisan, 2017)。另一方面,在研究方法上,研究者可以将定性研究方法和定量研究方法相结合,检验数字创业过程中各类决策形成的各类结果,并进行构型分析(configurational analysis),用于寻找在整个数字创业过程中,商业价值和社会价值创造的最优组合。另外,捕获数字组件与用户实时交互数据并识别复杂涌现现象的相关方法,可以用于分析人机交互过程中创业团队内部出现的各类涌现(Majchrzak, Malhotra, 2017)。

第二,利用社会网络分析方法和动态研究方法构建创业主体的关系和动态过程。一方面,数字创业者可以使用社交平台构建和绑定社会资本。研究者可以利用社会网络分析方法,分析数字创业者之间的联系,构建社会资本与企业绩效等的关系,从而突出数字创业过程中创业者的社交网络对于数字创业价值创造的重要性(Smith, et al., 2017)。另一方面,数字创业是多种技术相互融合、动态演化的综合表现,研究者需要从动态视角观察和分析问题才能清晰解释数字创业如何创造价值。同时,数字技术能帮助数字创业者构建和绑定社会资本,为他们提供良好的在线社交体验。不同类型的数字参与者(企业、政府、公民等)相互作用可以形成更贴近公民需求的社会价值。

第三,交叉学科视角揭示数字创业过程全貌。目前有关数字创业的研究主要集中在信息通信技术、公共管理和社会管理等领域,将多领域、多学科的数字创业进行了割裂,无法整体衡量数字创业的过程。交叉学科视角打破专业领域壁垒,将数字创业的技术、过程和情境相结合,不仅可以探讨数字创业的内在驱动因素和要素之间的逻辑关联,还可以将现有研究和实践相结合,实现数字创业技术产学研融合,挖掘数字创业技术对于整个数字创业生态系统的深层价值。例如,对于数字创业企业的管理问题,可以通过使用生物遗传学的研究方法将数字创业进行结构分解，以确定数字创业企业如何使新技术的创造、转型和使用成为可能，还可以追溯在组织和产业调整的过程中数字创新企业生态系统各个部分的变化、变化来源和变化结果，对数字创业创造的价值进行可视化呈现（Nambisan, et al., 2017）。

总之，对于数字创业价值创造的研究设计方面，研究者需把握住数字创业与传统创业的区别，利用数字技术带来的海量数据和先进的数据分析方法，回顾数字创业企业在运营活动中组织架构发生的变化，并结合当下复杂的数字环境，多平台联合分析和多阶段动态检测，深入挖掘不同数字创业的价值创造者相互作用所创造的各类价值。在深入了解数字创业价值创造的内在机理后，突破现有的管理研究视角，揭示数字创业过程对于数字产业、社会经济等各个部分的深层价值，并对产业未来发展做出预测。

◆ 参考文献

Adner, R., 2006, "Match your innovation strategy to your innovation ecosystem", *Harvard Business Review*, Vol. 84, No. 4: 98-107.

Adner, R., and Kapoor, R., 2010, "Value creation in innovation ecosystems: how the structure of technological interdependence affects firm performance in new technology generations", *Strategic Management Journal*, Vol. 31, No. 3: 306-333.

Ahmad, S., Mallick, D.N., and Schroeder, R.G., 2013, "New product development: impact of project characteristics and development practices on performance", *Journal of Product Innovation Management*, Vol. 30, No. 2: 331-348.

Boland, Jr., Lyytinen, K., and Yoo, Y., 2007, "Wakes of innovation in project networks: the case of digital 3-D representations in architecture, engineering, and construction", *Organization Science*, Vol. 18, No. 4: 631-647.

Dougherty, D., and Dunne, D.D., 2012, "Digital science and knowledge boundaries in complex innovation", *Organization Science*, Vol. 23, No. 5: 1467-1484.

Fischer, E., and Reuber, A.R., 2011. "Social interaction via new social media: (how) can interactions on twitter affect effectual thinking and behavior?", *Journal of Business Venture*, Vol. 26, No. 1: 1-18.

Kallinikos, J., Aaltonen, A., and Marton, A., 2013, "The ambivalent ontology of digital artifacts", *MIS Quarterly*, Vol. 37, No. 2: 357-370.

Lakhani, K.R., and Panetta, J.A., 2007, "The principles of distributed innovation", *Innovations*, Vol. 2, No. 3: 97-112.

Lyytinen, K., Yoo, Y., and Boland R.J., 2016, "Digital product innovation within four classes of innovation networks", *Information Systems Journal*, Vol. 26, No. 1: 47-75.

Majchrzak, A., Faraj, S., Kane, G.C., and Azad, B., 2013, "The contradictory influence of social media affordances on online communal knowledge sharing", *Journal of Computer-Mediated Communication*, Vol. 19, No. 1: 38-55.

Majchrzak, A., and Malhotra, A., 2016. "Effect of knowledge-sharing trajectories on innovative outcomes in temporary online crowds", *Information Systems Research*, Vol. 27, No. 4: 685-703.

Morse, E.A., Fowler, S.W., and Lawrence, T.B., 2007, "The impact of virtual embeddedness on new venture survival: overcoming the liabilities of newness", *Entrepreneurship Theory and Practice*, Vol. 31, No. 2: 139-159.

Nambisan, S., 2017. "Digital entrepreneurship: toward a digital technology perspective of entrepreneurship", *Entrepreneurship Theory and Practice*, Vol. 41, No. 6: 1029-1055.

Pergelova, A., Manolova, T., Simeonova-Ganeva, R., 2019, "Democratizing entrepreneurship? Digital technologies and the internationalization of female-led SMEs", *Journal of Small Business Management*, Vol. 57, No. 1: 14-39.

Priem, R.L., Butler, J.E., and Li, S., 2013, "Toward reimagining strategy research: retrospection and prospection on the 2011 AMR decade award article", *Academy of Management Review*, Vol. 38, No. 4: 471-489.

Sascha, K., et al., 2018, "Digital entrepreneurship: a research agenda on new business models for the twenty-first century", *International Journal of Entrepreneurial Behavior & Research*, Vol. 25, No. 2: 353-375.

Sawhney, M., and Prandelli, E., 2000, "Communities of creation: managing distributed innovation in turbulent markets", *California Management Review*, Vol. 42, No. 4: 24-54.

Sigfusson, T., and Chetty, S., 2013, "Building international entrepreneurial virtual networks in cyberspace", *Journal of World Business*, Vol. 48, No. 2: 260-270.

Sivasubramaniam, N., Liebowitz, S.J., and Lackman, C.L., 2012, "Determinants of new product development team performance: a meta-analytic review", *Journal of Product Innovation Management*, Vol. 29, No. 5: 803-820.

Tilson, D., Lyytinen, K., and Sørensen, C., 2010, "Research commentary-digital infrastructures: the missing IS research agenda", *Information Systems Research*, Vol. 21, No. 4: 748-759.

Ulrich, K.T., and Eppinger, S.D., 2011, *Product Design and Development*, New York: McGraw-Hill Education.

Weill, P., and Woerner, S.L., 2013, "Optimizing your digital business model", *MIT Sloan Management Review*, Vol. 54, No. 3: 71-78.

贾建锋, 刘梦含. 数字创业团队: 内涵、特征与理论框架 [J]. 研究与发展管理, 2021（1）: 101-109.

刘志阳, 林嵩, 邢小强. 数字创新创业: 研究新范式与新进展 [J]. 研究与发展管理, 2021（1）: 1-11.

余江, 孟庆时, 张越, 等. 数字创业: 数字化时代创业理论和实践的新趋势 [J]. 科学学研究, 2018（10）: 1801-1808.

朱秀梅, 刘月, 陈海涛. 数字创业: 要素及内核生成机制研究 [J]. 外国经济与管理, 2020（4）: 19-35.

◨ 文献推荐

Amit, R., and Han, X., 2017, "Value creation through novel resource configurations in a digitally enabled world", *Strategic Entrepreneurship Journal*, Vol. 11, No. 3: 228-242.

Nambisan, S., Lyytinen, K., Majchrzak, A., and Song, M., 2017, "Digital innovation management: reinventing innovation management research in a digital world", *MIS Quarterly*, Vol. 41, No. 1: 223-238.

Smith, C., Smith, J.B., and Shaw, E., 2017, "Embracing digital networks: entrepreneurs' social capital online", *Journal of Business Venturing*, Vol. 32, No. 1: 18-34.

◉ 代表性学者

拉斐尔·阿米特（Raphael Amit）

在西北大学凯洛格商学院取得管理经济学和决策科学博士学位，现任美国宾夕法尼亚大学沃顿商学院罗伯特·B.高尔根创业学讲席教授及管理学教授。他的研究与教学领域涉及家族企业管理、商业模式设计与商业战略等。他创立了沃顿全球家族联盟（WGFA）并担任主席、学术主任；担任沃顿商学院创业中心学术主任、沃顿"企业家管理"项目学术主任等。E-mail：amit@wharton.upenn.edu。

萨蒂什·南比桑（Satish Nambisan）

现任凯斯西储大学韦瑟黑德管理学院技术管理讲席教授。在加入凯斯西储大学之前，他曾在伦斯勒理工学院拉利管理学院和威斯康星大学密尔沃基分校卢巴尔商学院担任教职，在西北大学凯洛格管理学院和奥地利维也纳经济与工商管理大学创业与创新研究所担任客座教授。他的研究兴趣主要在创业、技术和创新管理以及产品开发领域。在《管理科学》《组织科学》等期刊上发表过100余篇论文。他是创新管理和创业领域广受认可的学者。E-mail：spn24@case.edu。

卡勒·莱汀恩（Kalle Lyytinen）

在于韦斯屈莱大学获得博士学位，2016年获哥本哈根商学院荣誉博士学位，现任凯斯西储大学杰出大学教授。他的研究兴趣集中于数字创新理论、新业务创业、设计理论和方法、研究方法和理论。在《信息系统研究》《管理信息系统季刊》《组织科学》等期刊上发表过100余篇论文。E-mail：kalle.lyytinen@case.edu。

布罗克·史密斯（J.Brock Smith）

在毅伟商学院获得市场营销博士学位，现任维多利亚大学彼得·古斯塔夫森商学院教授，曾在加拿大IBM担任各种销售和营销职位，曾担任古斯塔夫森酒店管理项目的本科项目主任和学术主任。他的研究兴趣在创业、营销策略以及创业与营销之间的接口等领域，特别关注"如何（应该）创造价值"这一问题。E-mail：smithb@uvic.ca。

创业企业如何与用户共创价值

◎ 尹苗苗　◎ 王久奇

吉林大学商学与管理学院

移动互联网的普及不仅让终端用户拥有更多途径了解企业提供的产品及服务,还促进了用户与企业沟通。尤其是随着平台经济的繁荣,各大平台企业纷纷构建了用户社区(如花粉俱乐部、小米社区、360 社区、腾讯网用户社区),为用户与企业互动提供了便利。与此同时,App 等数字工件的可再编程性(reprogrammability)和可重组性(re-combinability)等特性使得用户更容易参与到价值创造过程中,甚至让用户也成为创业主体(entrepreneurial agent)。越来越多的用户广泛而深度地参与到企业的价值创造过程中,为企业提供信息和意见并协助企业开发产品,实现二者共创价值的理想目标。这一现象挑战了以企业为主体单独创造价值的传统观点,并引起学术界和业界的关注。尽管国外学者已经开始关注个别行业(如医药器械、运动装备等)中的用户参与企业价值创造这一现象(Christopher,Georg,2007;Christoph,Christopher,2011),然而有关创业企业如何与用户共创价值这一问题还未得到深入探究。特别是价值创造过程中对用户的定位以及用户与创业企业协同创造价值的过程及方式等问题尚未得到深入揭示。

价值共创理论的兴起源于对价值创造主体的重新认识。早期关于价值创造的研究认为,价值创造的主体只能由企业来充当,而用户是纯粹的价值消耗者(武文珍、陈启杰,2012)。但是价值共创理论认为,用户是竞争力的来源,也可以在价值创造的过程中贡献力量(Prahalad,Ramaswamy,2000)。价值共创理论重塑了我们对用户在价值创造过程中地位的认识,认为用户不再是价值的被动受众,而是价值创造的主体(Lengnick-Hall,1996;Prahalad,Ramaswamy,2004)。价值共创理论始于用户体验视角,发展于服务主导逻辑。先前学者认为价值的基础就是用户体验,企业与用户共同创造用户体验的价值,价值共创的核心就是企业与用户之间的互动(Prahalad,Ramaswamy,2000,2004)。但是该理论视角依然认为企业在价值共创过程中发挥主要作用,企业提供体验和互动情境、提出价值主张、提供服务,促进用户与企业通过互动共创价值体验。后续学者从服务主导逻辑进一步发展了价值共创理论,

---

⊖ 本文是国家自然科学基金面上项目"用户创新驱动下的创业活动研究:基于集体创造视角"(71972085)资助的阶段性成果。王久奇为本文通讯作者(jqwang2016@lzu.edu.cn)。

认为价值的基础就是使用价值，价值是由用户创造的，该过程强调用户的主体地位，企业成为价值促进者参与价值共创。因此，企业的战略重点应当是提出价值主张，并推动用户参与和实现价值共创（Vargo，Lusch，2004，2008）。

价值共创是企业在战略上关注的重点问题之一，是创新创业领域的新兴热点问题。价值共创理论描述了企业和用户在价值创造过程中分别与协同发挥的作用，回答了企业和用户为什么参与价值共创以及二者如何进行价值共创的问题。价值共创理论的出现是对价值创造过程中用户地位变化这一问题的正面回应。基于价值共创的理论视角展开研究，可以重塑企业和用户在价值创造过程中的地位，也有助于指导创业企业如何利用用户资源、处理与用户之间的关系等实际问题。因此，研究企业与用户共创价值不仅要分析其独特性，更重要的是要探索企业与用户如何共创价值，以及可能带来的经济社会影响。

基于上述分析，我们主要回答以下三个问题：如何理解用户与创业企业在价值创造过程中的地位和作用？用户为什么参与价值共创？用户如何参与价值共创？为了回答这三个问题，我们选取三篇典型文章作为评述对象。它们展现了用户在与创业企业共创价值过程中的地位和作用逐渐递增。第一篇虽然强调了用户与创业企业之间的"互动"，但依然认为用户在价值共创中发挥被动作用，用户仅为企业提供意见；第二篇总结了用户参与创业企业创新活动的三种形式，突出了用户在价值共创过程中的主体作用；第三篇则认为用户在与创业企业共创价值过程中能更积极主动，甚至用户自己也开展创业活动。

克里斯蒂安·格伦罗斯和帕伊维·沃伊马：用户与创业企业通过互动实现价值共创

2013年克里斯蒂安·格伦罗斯（Christian Grönroos）和帕伊维·沃伊马（Päivi Voima）在《营销科学学报》（Journal of the Academy of Marketing Science）上发表了《批判性的服务逻辑：理解价值创造和价值共创》一文，正式对"价值共创"（value co-creation）这一概念给出了清晰的界定，第一次明确了"价值共创"的适用范围，首次对价值共创过程中企业和用户可能发挥的作用进行系统区分以及详细的阐述，还指出了用户和企业之间的互动对于实现价值共创的关键作用，上述研究结论为后续价值共创方面的研究奠定了基础。

传统观点始终认为企业在价值创造过程中居于主导地位。进入21世纪以来，用户在价值创造过程中发挥的作用得到广泛认可，导致学术界开始重新认识企业和用户在价值创造过程中的作用。但是依然存在一些尚待解决的问题：尽管用户在价值创造过程中发挥重要作用，但是其在价值共创过程中居于何种地位？如何理解价值共创的概念、范围和实现过程？用户与企业如何实现价值共创？

格伦罗斯和沃伊马的研究详细阐述了对上述问题的见解，基于服务逻辑（service logic）这一全新逻辑来回答上述问题。服务逻辑强调服务是用户在日常实践中促进价值创造的互动过程，企业进入用户实践进行互动进而参与到价值共创的过程中。这篇文章指出价值创造存在企业、用户以及二者的联合范围三个区域，价值创造的过程会贯穿于这三个区域，企业和用户在各自的范围内发挥其应有的作用。

这篇文章认为价值就是用户的使用价值，而使用价值的本质就是用户在消费体验的过程中感受到被满足的程度。价值就是用户在消费的过程中所获得的消费体验，是由用户在特定的情境中感知和判断的，在消费之前不会形成使用价值，更无法进行评估。价值创造就是使用价值的创造，价值创造的核心是用户对资料、过程（及其结果）以及环境持续地体验。用户是价值创造的主体,是使用价值的创造者。

这篇文章围绕用户与企业共创价值提出了"互动"(interaction)这一重要概念。互动就是指加入交互的各方参与到彼此实践的情况。互动的核心就是一种现实的、虚拟的或精神上的接触,互动让企业参与到用户的体验和实践中并影响他们的体验过程和结果。互动可以分为两种类型:直接互动和间接互动。直接互动是指企业与用户通过积极的、持续的、和谐的对话来完成双方资料互换的过程。间接互动是指用户使用或消费企业输出的资料。通常,直接互动结束以后,用户才会与企业提供的资料及产品进行互动,但是间接互动也有可能发生在直接互动之前。由此,企业通过与用户进行直接互动才能共创价值。

价值创造过程中企业和用户发挥的作用不同,在企业区域范围内,企业参与到生产的全过程,并且为用户提供可以消费的产品和服务,这些活动可以视为企业为用户提供潜在的使用价值,企业在此期间充当了价值促进者的角色,而用户会将潜在价值转化为使用价值。需要注意的是,企业在此区域范围内只创造潜在价值,而不创造使用价值,潜在价值需要在用户消费之后将其转化为使用价值。在联合区域范围内,用户可以充当两方面的角色:①协助开发者,即用户与企业合作开发新产品;②价值创造者,即企业也可以参与到用户的价值创造过程中来,与用户共创价值。只有在联合区域内企业和用户才可以通过直接互动共创价值。具体而言,用户可以在使用阶段创造使用价值,企业则可以在联合区域内通过直接互动来影响用户在使用阶段的体验和消费,影响用户的价值创造过程,从而实现双方的价值共创。互动让价值创造变成了用户与企业"对话"的过程,互动实质上构建了一个推动企业与用户共创价值的平台。一方面,直接互动的质量对用户创造价值产生至关重要的影响,另一方面,直接互动的过程强化企业对用户独立创造价值的了解,进而推动企业完成从纯粹的价值创造者向价值共创者的转变。在用户区域范围内,用户独立于企业单独创造价值,企业在用户区域内处于被动的地位,用户与企业并不会展开直接互动,而是与从企业获得的资料进行间接互动。用户区域实质上就是体验区域,用户对企业的资料以及产品进行持续的体验,创造使用价值。

总体而言,这篇文章对于理解价值共创过程中企业与用户的地位和作用具有重要意义。作者在理论上解释了"价值创造"和"价值共创"两个概念,并界定二者的适用范围,即划分了价值创造过程中的三个价值区域:企业区域、用户区域以及联合区域,同时认为企业在企业区域中充当了价值促进者的角色,而用户在用户区域中独立地创造价值,并且二者在联合区域中都作为价值创造主体共创价值。这在根本上否定了企业在价值创造过程中的独立主导作用,明确了用户的主体地位,很大程度上挑战了以往研究对二者在价值创造过程中"企业只能充当价值创造者,用户就是价值消耗者"的刻板印象。该文章进一步提出了"互动"这一关键概念,揭示了用户与企业开展价值共创的内在机制,认为企业通过直接互动也可以参与到用户的价值创造过程中,肯定了企业在价值活动中的积极作用。这篇文章不仅对企业如何利用好用户资源、改善经营提供了重要的指导思路,也为后续更深入地探究企业与用户在价值创造中的关系和作用提供了启示。

安娜·崔和吴芳:用户通过参与企业的创新实现价值共创

格伦罗斯和沃伊马的文章强调用户在价值共创过程中的关键作用,并且认为用户与企业的价值共创是通过直接互动这一机制来实现的。但是,他们并未在文中具体解释用户为什么与企业共创价值，用户如何参与价值共创等问题。2016年安娜·崔（Anna S. Cui）和吴芳（Fang Wu）在《营销科学学报》上发表了《在创新中利用用户知识：用户参与的前因及其对新产品绩效的影响》一文，不仅探究了用户参与企业创新的驱动因素，还揭示了用户参与企业创新的具体形式。

这篇文章看似简单，实则具有很强的启发价值。虽然已经有大量的研究探究企业如何促进用户参与创新，但是这些研究依然在强调企业对于促进用户参与创新的作用。事实上，用户参与创新（customer involvement in innovation）意味着企业在新产品开发过程中控制能力的部分丧失，这要求企业进行深入的企业变革，利用好用户资源。此外，基于服务逻辑的研究主要关注用户满意度以及感知服务质量等问题，对于用户作为协助开发者如何影响企业新产品开发仍未得出明确的结论。这篇文章突破了传统思维，深入揭示了影响用户参与创新的驱动因素，以及用户参与创新的具体方式。

这篇文章总结了用户参与企业创新的三种形式：①用户作为信息来源参与创新（customer involvement as an information source，CIS），这需要企业收集并利用用户信息来开发新产品以满足用户需求。此时产品开发仍在企业内部进行，但需要从用户那里获取需求信息。②用户作为协助开发者参与创新（customer involvement as co-developers，CIC），这要求用户与企业共同开发新产品。企业从用户那里获取需求信息以及技术知识和方案，但新产品开发仍在企业内部进行。③用户作为创新者参与企业创新（customer involvement as innovators，CIN），这要求用户能独自设计产品或开发解决方案，且为企业所采用并予以商业化。企业要为用户提供创新平台和技术支持，并最终利用用户的创新方案。

这篇文章从知识管理视角分析了用户参与企业创新的关键驱动因素，包括用户知识的性质、企业的知识管理战略和组织支持三方面的关键因素。其中，用户知识的性质会影响知识利用的效果。具体而言，这篇文章主要关注两种类型的用户知识，即需求异质性和需求隐性。需求异质性是指用户对产品需求具有明显差异；需求隐性是指用户的需求信息难以在个人或组织之间进行编码和沟通。企业的知识管理战略代表其知识管理的目标，影响组织管理用户知识的过程。强调市场探索和市场利用的战略会影响企业对用户信息的反应。市场探索主要指寻求新信息和新市场；而市场利用强调使用与现有市场经验一致的用户信息。组织支持为知识的获取、分享和利用创造条件，是知识管理的核心前提。这篇文章选取了两种组织支持因素，即跨部门协调和战略灵活性。跨部门协调是指一个组织中不同部门之间沟通和协作，这会影响新产品开发过程中用户知识的利用以及企业与用户的有效协调。战略灵活性是指企业重新配置其组织的资源以实施替代战略的能力。

这篇文章提出了用户参与企业创新的三种形式，并构建了"前因-过程-结果"研究模型，分析了用户参与企业创新的驱动因素和具体方式。研究结果为分析用户与企业共创价值提供了重要的理论和管理启示。第一，该文章指出用户参与创新的过程就是知识管理的过程，用户在与企业共创价值的过程中可以为企业传递需求信息，输入技术知识，进而推动企业开发符合市场需求的创新产品，这也就在理论上给予用户更加清晰的定位，更具体地阐明了用户在价值共创中如何发挥作用。第二，该文章探究了三类用户参与创新的驱动因素，实际上阐明了不同的用户参与企业创新的类型应具备的前提条件，对于如何能促进用户参与价值创造的过程提供了有益的参考。尽管这篇文章从知识管理视角为我们理解用户为何要参与价值共创以及如何参与价值共创提供了启示，然而这篇文章依然未能足够重视用户的地位和身份，仍是从用户参与的角度来分析其与企业的价值共创。然而纵观实践情况，随着平台经济的兴起，用户的地位逐渐得到提升，用户在价值共创过程中不再是被动地参与，甚至发挥了很多主动效应。这使得我们对用户如何与创业企业开展价值共创这一内在机理过程依然缺乏深入理解。

索纳利·沙和玛丽·特里萨：用户通过开展创业活动与创业企业实现价值共创

安娜·崔和吴芳的文章尽管探究了用户与企业共创价值的三种方式，但是依然侧重于将企业视为价值共创的主体，关注的重点仍是用户如何服务于企业，对用户在价值创造过程中的主体地位仍未形成高度认可，因此有必要分析用户如何在价值创造过程中发挥其主体作用。

2007年索纳利·沙（Sonali K. Shah）和玛丽·特里萨（Mary Tripsas）在《战略创业杂志》上发表了《偶然的创业者：用户创业的即兴发生和集体创造过程》一文，作者构建了一个用户创业过程模型，将其与传统创业过程模型进行对比分析，并在最后给出了自己的研究命题。

这篇文章相较于之前的研究更加突出用户的主导作用，作者认为，用户相较于企业拥有信息不对称优势，体现在以下三个方面：用户作为产品使用者，他们更加了解自己的需求，而这可能反映出市场的潜在需求；由于市场分工不同，企业可能对产品的了解存在局限性，因此用户可以从整个产品使用过程中更好地了解产品；根据公众或用户社区的反馈了解市场需求。

这篇文章不仅仅局限于突出用户创新对于企业的贡献，更是从用户开展创业活动的角度突出用户在价值共创中的作用。对企业而言，如果一种创新想法的潜在经济效益不值得企业投资，那么企业往往不会予以采纳，只有相关创新方案能满足用户需求，才有可能促成用户创新（user innovation）。因此用户创新往往形成于可行性低的条件下，用户创新形成之后一旦得到商业化，便产生了用户创业（user entrepreneurship）。该文章认为，用户创业是指用户因自身需求未得到满足，而对某一产品或服务开展创新活动，进而将新产品或服务方案予以商业化。用户创业往往不是为了追逐利益，而是为了满足自身需求，是兴趣驱动的，但是用户创业者也可以从创新方案的商业化中获得经济利益。用户创业往往是一个偶然的且集体参与的过程，潜在用户创业者在使用产品的过程中无意间产生一个新的想法，然后与其他用户进行分享，这种分享行为往往不以获取经济利益为目的，但有助于获得意见反馈并实施改进，为实现方案的商业化创造条件。因此可以看出用户创业是基于用户创业者与其他用户共同创造价值的过程。

这篇文章对比了用户创业与传统创业的差异，以突出用户创业企业如何与其他用户共创价值。作者首先引用了奥地利经济学派提出的创业模型。在传统的创业过程中，创业者首先要识别创业机会，这个过程分为两个阶段：①机会的识别；②确定商业机会是否可行。评估商业机会可行性的依据主要包括机会的价值以及潜在创业者的个人特质，例如可供创业者使用的资源、机会成本、创业者的创业经验等，在评估之后创业者决定是否开展创业活动。如果创业者决定创业，他们将在创业后进行市场调查并开发产品。接下来，创业者必须在战略上制定决策，例如确定商业模式，建立同上、下游之间的合作伙伴关系，确定定价策略以及产品路线。产品进入市场以后，创业企业再根据市场的反馈不断进行调整。

基于上述讨论，这篇文章构建了用户创业过程模型（见图7-3）。在用户创业前，潜在用户创业者的需求往往无法通过现有的产品和服务得到满足，这会促使其开展用户创新以满足其个人需求，而在此期间潜在用户创业者一般不会考虑是否可以从创新中获利。接下来潜在用户创业者将自己的创新方案推广到用户社区（user community）和公众视野，并将自己开发出来的产品在公众面前展示，以获得反馈意见，其他用户提出想要体验该产品的想法，促使其发现商机并萌生创业的想法。此外，潜在用户创业者可以通过用户社区成员的反馈了解潜在使用者的需求及其他方面的信息。潜在用户创业者在用户社区中寻求帮助或向其他用户提供帮助，不断反思与改进自己的想法和方案。潜在用户创业者在用户社区中分享自己的创新和想法，进一步会引起用户社区成员的兴趣并激发出社区成员的集体智慧。在用户社区内不断沟通的过程中，潜在用户创业者逐渐意识到创新方案的商业价值，努力将自己的创新方案转化为商品投入市场，开展创业活动。

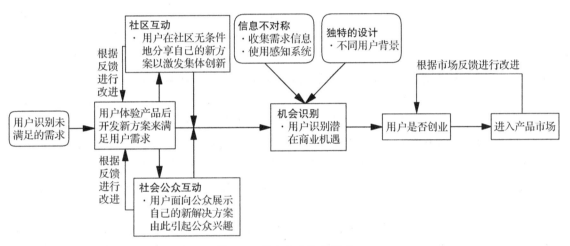

图 7-3　用户创业过程模型

这篇文章认为传统创业与用户创业过程主要有两方面的区别。一方面，用户创业往往是即兴的、偶然的，这意味着创业活动往往是在用户创业者还未进行任何正式的商业机会评估的情况下进行的，潜在用户创业者往往在识别商业机会之前开发产品或编制解决方案。而在传统的创业过程中，创业者则需要评估完商业机会之后开展创业活动。另一方面，用户创业并非创业者个人完成，而是借助用户社区的集体智慧完成的。在用户社区中，社区成员自愿加入，信息自由流动，组织的层级严密程度低于企业。用户创业者要积极参与到用户社区中，通过与其他用户互动获取反馈意见来调整创业想法。

总的来看，这篇文章通过对比传统创业模型和用户创业模型，突出了用户创业者与其他用户如何互动来共创价值，更加突出用户的主体地位，甚至将用户从被动身份反转为价值创造的主导者，为后续深入探究创业企业如何与用户共创价值提供了新思路，并在理论方面挑战了传统理论。一方面，传统的创业理论还是以单个创业者为研究对象，而用户创业则更强调集体智慧，需要创业者与其他用户社区成员实现多主体互动开展创业活动；另一方面，传统的价值共创理论通常认为是企业将产品推向市场之后才与用户共创价值，而用户创业则是在产品开发之前便开始与其他用户开展价值共创。因此，这篇文章对于我们深入理解创业企业如何与用户共创价值提供了新视角，并且开启了新方向。

未来研究方向

激发用户创新和用户创业行为、推动用户与企业共创价值是当下创新创业领域研究关注的热点。在分工协作高度专业化的工业时代下，企业在各自的分工体系下单独创造价值，从品牌定位到开发设计，再到产品投入市场，企业在此过程中独立决策、完全控制。但是随着移动互联网的普及、线上互动平台的兴起，企业同用户之间的边界被打破，用户可以通过多种渠道与企业展开沟通，这在客观上为用户参与价值创造提供了便利，也意味着用户对企业而言不单单是产品的被动接受者，他们还是企业的重要创新来源，甚至是价值创造的主导者。用户和企业的关系越来越微妙，用户不再满足于通过提供反馈意见、开发创新方案等方式与企业共创价值，而且还会反客为主，创造新的市场需求，在价值共创过程中占据主导地位。基于当前的现实情况，有关创业企业如何与用户共创价值的研究就显得很有必要。

上述三篇文章不仅仅是创业企业与用户共创价值研究的重要"里程碑"，同时也在一定程度上为后续研究指明了方向。格伦罗斯等学者的文章不仅对"价值创造"和"价值共创"两个核心概念给出清晰的定义，还指出了价值创造存在企业、用户和二者联合的三个区域，并且强调了直接互动作为用户与企业共创价值的关键机制，属于奠基性的文章。然而，这篇文章未具体分析企业为什么要与用户互动，企业可以在何种情境下与用户展开互动，二者如何实现互动，哪些行业适合企业与用户开展互动等，这些问题有待深入研究。此外，这篇文章以审视的态度来阐述作者对企业和用户如何在价值创造过程中发挥作用的新理解，这是对营销领域传统价值理论的反思和批判，未来研究可以针对价值创造理论的演进予以回顾和分析，并探究成熟企业在这样的理论演变背景下在用户定位、用户资源利用等方面的思想、态度和行动上的变化。

安娜·崔等学者的文章基于知识视角总结了三种用户参与企业创新的方式，并分析了用户参与企业创新的驱动因素和结果。然而，这篇文章存在一定的研究局限，这也为后续研究留下了探索空间。这篇文章以用户参与企业创新的方式为研究内容，却局限于分析用户参与创新的驱动因素，虽然从用户知识性质、企业知识管理战略、组织支持等方面揭示驱动用户参与企业创新的关键因素，但忽略了用户个人的动机，而研究用户创新的文献表明用户参与的意愿和动机非常关键，直接决定其是否愿意参与到价值创造的过程中来，因此未来需要对用户与企业进行价值共创的驱动因素予以深入、系统的揭示。尽管该文章分析了用户参与企业创新的三种具体形式，然而对于用户与企业如何共创价值的内在机理过程尚未深入揭示，因此未来有必要进一步探究用户与创业企业共创价值的内在机理过程。尽管文章将新产品开发作为结果变量，但仍不能很好地评价用户与企业共创价值的效果，因此未来有必要开发一些能够评估价值共创效果的结果变量。

沙等学者的文章则主要突出了用户在价值共创过程中的主导作用和主体地位，通过对比传统创业模型与用户创业模型突出了用户创业的集体创造特点，揭示了用户创业企业与其他用户之间的价值共创过程。这篇文章重点关注的是用户如何翻转"身份"，从被动参与创造价值转变为主动创造价值的过程。而这篇文章在奠定研究基础的同时，也为后续研究提供了方向。这篇文章只是笼统地描述了用户创业过程，而关于用户创业者如何与其他用户共同开发创业机会、精准识别创业机会、高效评估创业机会并有效地利用创业机会等过程值得进一步挖掘和探究；用户创业者如何与其他用户共同完成资源开发过程，相较于传统的资源开发过程有哪些优势，这些问题都是值得思考的。因此，后续研究有必要从用户创业的角度来深入揭示创业企业如何与用户共创价值这一过程，从创业源头上分析用户与创业企业的价值共创过程。此外，这篇文章还强调了用户社区在用户创业活动中的重要作用，未来研究可以探索用户社区在价值共创过程中会给用户创业带来哪些积极和负面影响。

研究设计与应用拓展

如果你对创业企业与用户共创价值这一问题感兴趣，或者你认为用户创新、用户创业等方面的选题有可挖掘的学术潜力，那么你需要转变观念，明确以下问题。第一，用户在其与企业的价值共创过程中发挥着主要作用。用户已经不再仅仅是价值的消费者，更不会被动等待接受企业的产品或服务。用户不仅了解产品痛点，还能通过识别市场需求，掌握和运用技术知识来开发新方案，这不仅有助于价值创造，还在一定程度上使社会化分工下企业触及不到的"盲区"得到了"补短板"的机会。第二，必须要明确互动是创业企业与用户实现价值共创的必要环节。用户与企业要通过用户社区这样的媒介展开沟通、相互协作，完成价值共创。价值共创与传统的企业创造价值之间的主要差异在于价值创造主体和价值创造方式发生了改变。那么哪些理论有助于解释价值共创方面的问题，甚至在解释上述问题的过程中衍生出其他新思想？我们认为，社会支持理论、社会认知理论、社会资本理论、社会交换理论、集体创造理论、马斯洛需要层次理论、期望理论、强化理论等都是合适的理论工具。有些理论（如社会资本理论、社会认知理论、集体创造理论等）适合从整体上思考用户与企业互动的内在逻辑，有些理论（如需要层次理论、强化理论等）适合从个体角度分析用户参与价值共创行为的原因。

在研究设计上，与这一选题有关的研究（特别是用户创业方面的研究）多倾向于采用定性研究设计，因为到目前为止有关用户与企业价值共创的相关问题还处于探索阶段，而定性研究有助于解释不太清晰的社会文化现象，在探索用户与企业共创价值这一类问题方面有独特的优势。从以往的研究来看，有两种质性研究方法可供采纳。一种是访谈法，例如琳达（Linda）等学者（2018）对用户创业者展开半结构化访谈以探索推动用户创业的动因。半结构化访谈在理论延伸、理解概念方面具有一定的优势，受访者在访谈期间不受约束，可自由表达，更有利于保证研究结果的真实性，研究者通过半结构化访谈往往可能会得到意想不到的发现，并可以通过对受访者进行重访以进行验证，这些都意味着半结构化访谈的研究结果效度更高，但受限于样本数量、受访者的个体情况（如受访者愿意受访的时长、受访者出于隐私的考虑等），依靠半结构化访谈取得的研究结果达到理论饱和的难度会比较大。另一种是多案例研究方法。相比于半结构化访谈，克里斯托夫（Christoph）等学者（2011）采取了多案例研究方法来探索用户社区如何推动用户创新方案转化为市场普遍接受的标杆产品。其步骤如下：首先，研究者依据现有文献确定用户创业的高频行业，并选取其中部分典型行业中的案例企业作为研究对象。其次，研究者综合各种渠道（如访谈、档案文件及公开发表的期刊或杂志等）搜集二手数据以进行文本分析。最后，研究者还可以进行半结构化访谈，进一步检验以达到理论饱和的最优目标。这种研究方式要求案例的选择必须具备代表性，否则将会造成研究结果效度的缺失，此外，多条研究路线同时进行，研究工作量大也是这一研究过程的特点之一。

基于数据的定量研究也开始涌现。在主流期刊上发表有关价值共创的文献一般会采用以下方式展开定量研究。一种方式是通过线上问卷调查收集一手数据,网络问卷调查拥有成本低、响应快、响应率高及不受地域限制等优势。以安娜·崔(2016)、许丹(2007)及吴芳(2010)的研究为例,研究者可以向受访者发送电子邮件来收集问卷,也可以在企业构建的虚拟社区、行业内的相关论坛等线上平台发放问卷收集数据。另一种方式以詹卢卡(Gianluca)等学者(2011)的研究为例,研究者可以在虚拟社区或其他线上平台收集二手数据,对二手数据进行编码,然后依据设计好的量表进行打分来测量变量并进行定量分析。这样做的好处在于数据来源于用户的现实活动,有利于使研究结果更具有真实性,还有助于让研究者根据研究需要有选择性地筛选数据,但是这种方式也会对研究者的想象力和创造力提出极高的要求,如何设计量表可能是这类研究最大的难点之一。除以上两种定量研究方法外,还有像拉斯(Lars)等学者(2009)一样的研究者采用将问卷调查和线上平台收集的二手数据相结合的方式来展开定量研究。

随着数字经济和平台经济的蓬勃发展,未来将会有越来越多的用户通过各种途径参与价值共创活动,甚至用户会在价值创造过程中占据主导地位,因此,用户和企业共创价值已经成为学术界和业界不可回避的话题,并且有很大的发展空间和挖掘潜力。开展用户与企业共创价值方面的研究是对这一现实问题的积极回应,有待研究者进行更深入的总结和探索。这一问题的研究不仅对营销领域具有理论贡献,对于推动创业理论发展也具有重要意义。

◆ 参考文献

Cui, A.S., and Wu, F., 2016, "Utilizing customer knowledge in innovation: antecedents and impact of customer involvement on new product performance", *Journal of the Academy of Marketing Science*, Vol. 44, No. 4: 516-538.

Grönroos, C., 2008, "Service logic revisited: who creates value? And who co-creates?", *European Business Review*, Vol. 20, No. 4: 298-314.

Hamdi-Kidar, L., and Vellera, C., 2018, "Triggers entrepreneurship among creative consumers", *Journal of Business Research*, Vol. 92: 465-473.

Hienerth, C., and Lettl, C., 2011, "Exploring how peer communities enable lead user innovations to become standard equipment in the industry: community pull effects", *Journal of Product Innovation Management*, Vol. 28, Issue 1: 175-195.

Hsu, M. H., Ju, T. L., Yen, C. H., and Chang, C. M., 2007, "Knowledge sharing behavior in virtual communities: the relationship between trust, self-efficacy, and outcome expectations", *International Journal of Human-computer Studies*, Vol. 65, No. 2: 153-169.

Jeppesen, L. B., and Laursen, K., 2009, "The role of lead users in knowledge sharing", *Research Policy*, Vol. 38, No. 10: 1582-1589.

Lengnick-Hall, C. A., 1996, "Customer contributions to quality: a different view of the customer-oriented firm", *Academy of Management Review*, Vol. 21, No. 3: 791-824.

Lettl, C., and Gemünden, H. G., 2005, "The entrepreneurial role of innovative users", *Journal of Business & Industrial Marketing*.

Marchi, G., Giachetti, C., and De Gennaro, P, 2011, "Extending lead-user theory to online brand communities: the case of the community Ducati", *Technovation*, Vol. 31, No. 8: 350-361.

Prahalad, C. K., and Ramaswamy, V, 2004, "Co-creation experiences: the next practice in value creation", *Journal of Interactive Marketing*, Vol. 18, No. 3: 5-14.

Prahalad, C. K., and Ramaswamy, V., 2000, "Co-opting customer competence", *Harvard Business Review*, Vol. 78, No. 1: 79-90.

Vargo, S. L., and Lusch, R. F, 2004, "Evolving to a new dominant logic for marketing", *Journal of Marketing*, Vol. 68, No. 1: 1-17.

Vargo, S. L., and Lusch, R. F., 2008, "Service-dominant logic: continuing the evolution", *Journal of the Academy of Marketing Science*, Vol. 36, No. 1: 1-10.

Wu, J. J., Chen, Y. H., and Chung, Y. S., 2010, "Trust factors influencing virtual community members: a study of transaction communities", *Journal of Business Research*, Vol. 63, No. 9-10: 1025-1032.

武文珍, 陈启杰. 价值共创理论形成路径探析与未来研究展望 [J]. 外国经济与管理, 2012, 34 (6): 66-73.

▣ 文献推荐

Cui, A. S., and Wu, F., 2016, "Utilizing customer knowledge in innovation: antecedents and impact of customer involvement on new product performance", *Journal of the Academy of Marketing Science*, Vol. 44, No. 4: 516-538.

Grönroos, C., and Voima, P., 2013, "Critical service logic: making sense of value creation and co-creation", *Journal of the Academy of Marketing Science*, Vol. 41, No. 2: 133-150.

Shah, S. K., and Tripsas, M., 2007, "The accidental entrepreneur: the emergent and collective process of user entrepreneurship", *Strategic Entrepreneurship Journal*, Vol. 1, No. 1-2: 123-140.

● 代表性学者

克里斯蒂安·格伦罗斯（Christian Grönroos）

现任汉肯经济学院教授、市场营销学系主任。在《营销管理杂志》(Journal of Marketing Management)、《营销科学学报》、《市场营销理论》(Marketing Theory) 等期刊上发表过多篇营销领域的经典论文，被誉为"服务营销理论之父"、世界 CRM 大师，由于其在营销领域方面的突出贡献，他荣获了欧洲最有影响力的阿塞尔（Ahlsell）营销学研究奖，并获聘为美国斯坦福大学、亚利桑那州立大学的客座教授和美国第一洲际服务营销中心的特邀研究员。E-mail: christian.gronroos@hanken.fi。

安娜·崔（Anna S. Cui）

2006 年在密歇根州立大学取得市场营销学博士学位，现任伊利诺伊大学芝加哥分校市场营销系副教授。曾担任产品开发与管理协会学术委员会委员，现任《产业创新管理杂志》(Journal of

Product Innovation Management）副主编，在《市场营销》《营销科学学报》《产业创新管理杂志》等期刊上发表过多篇创新创业领域的学术文章，并在 2018 年由于其在国际营销理论与实践方面取得了突出且长期的贡献而获得 Hans B. Thorelli 奖。E-mail：ascui@uic.edu。

索纳利·沙（Sonali K. Shah）

2003 年在麻省理工学院取得管理学博士，现任伊利诺伊大学厄巴纳-尚佩恩分校吉斯商学院副教授，曾任探索伙伴研究所成员。沙的研究领域涉及创新创业、战略管理等，特别是在用户创业领域取得了非常丰富的研究成果。在《管理研究杂志》《管理科学》《研究政策》《组织科学》《战略创业杂志》等期刊上发表过多篇创业领域的学术论文。E-mail：sonali@illinois.edu。

如何认识、评价和提升创业企业的社会价值○

◎ 李华晶

北京林业大学经济管理学院

"治国之道，富民为始。"企业创业之道，也是如此，创业者创富为民，创业企业富民为本。因此，创业企业不等同于商业企业，创造价值不应限于经济价值，创业企业也是社会价值创造的主体。尤其在中国高质量发展的新阶段，共同富裕是中国式现代化的重要特征，创业企业需要始终把满足人民对美好生活的新期待作为发展的出发点和落脚点，这就使得创业者必须把社会价值的实现摆在更加重要的位置，脚踏实地，久久为功。

同时，学术研究领域的最新动态也表明，创业企业的社会价值研究有其重要性、迫切性和独特性。一是从重要性看，社会创业、公益创业、制度创业、公共创业、创业伦理、创业扶贫等研究主题的兴起表明，创业企业的价值"向外"不"向内"，如果用一句广告语来比喻，那就是"大家好才是真的好"，因此，越来越多的研究将社会价值作为创业价值的应有之意，创业企业的价值离不开"大家"，即更多外部主体的合作，而不能囿于为企业"小家"圈地圈钱。二是从迫切性看，虽然数字时代技术创新催生不少快速成长的企业，但研究已注意到创业企业的价值"谋久"不"谋短"，例如不少研究通常都会关注价值的时间效应，用滞后一定时间段的指标尝试全面揭示创业企业的价值创造水平，但是要想评价"网红是否为长红"，考察的时间视野可能并非数年，甚至需要考量几代人的诉求，这就与"前人栽树后人乘凉"的可持续发展理念不谋而合，而且栽树之举时不我待，可持续创业等相关主题研究的日臻完善也反映了理论界对此的响应和呼吁。三是从独特性看，国内外学者对创业企业的社会价值研究具有明显的情境特色，反映出创业企业的社会价值实现先"求己"非"求人"，正如中西方反映股市涨跌的颜色相反，不同情境下创业企业的社会价值提升方向有其独特性，这就向创业者的认知和行动以及对创业企业的管理范式提出了挑战，特别是在中国创新驱动发展的新时代，中国企业家在社会价值创造方面的独特作用和深远影响亟待进行提炼和推广。

为此，围绕创业企业社会价值的认识上"向外"、评价上"谋远"、提升上"求己"的判断和线索，我们选取了三篇文章，尝试进一步梳理和挖掘以下三个问题：创业企业作为经济

○ 本文是国家自然科学基金面上项目"绿色创业生态系统的技术助推与社会创新机制研究"（71972014）和"创业者伦理与制度环境交互作用对绿色创业机会开发的影响机理研究"（71572016）资助的阶段性成果。

组织为何要"向外"实现社会价值？创业企业的社会价值评价如何"谋远"？中国情境下创业企业的社会价值创造有何独特的"求己"之道？对这三个递进问题的探查有助于更好地认识创业企业的社会价值并开展系统性评价，尤其是对立足中国情境提升创业企业的社会价值水平和质量具有参考意义。

杰弗里·麦克马伦：基于社会企业和生态系统关系的"向外"思路

如果创业企业是以盈利最大化为目标的商业组织，为何还需要重点关注并积极追求社会价值的创造？对此，2018年杰弗里·麦克马伦在《创业学杂志》上发表了《作为混合生物的混合组织：社会企业与创业生态系统关系研究探析》一文，基于社会企业和生态系统关系提供了解答"向外"问题的前沿思路，从学科交叉的理论基础、社会企业的典型实例、生态系统的交互分析三个方面，丰富了认识创业企业的社会价值的理论视角。

第一，基于学科交叉的思想实验，为理解创业企业的社会价值属性提供了理论视角。当创业企业不再单纯追求自身盈利，而是兼顾商业和社会价值时，它就具备了混合组织的属性。这篇文章通过生物隐喻方式，将混合组织视为混合生物，在生态学、组织理论和创业研究融合的基础上，为认识创业企业社会价值属性的必要性和重要性提供了解释。从必要性看，当前世界范围和经济领域都在呼唤组织打破商业和社会领域的传统藩篱，研究也表明，相较于商业企业或公益机构，那些具有亲社会性的创业企业以及能实现商业和社会价值双重目标的组织形式，无论是对投资者还是对消费者、员工和政府来说，往往更具有吸引力（Conger, et al., 2018），在这样的特定情境下，混合组织如同混合生物一样应运而生，并实现了快速成长和发展壮大。从重要性看，混合组织有助于实现不同组织形式的活动、结构、过程和价值的整合，引发了如下三种重要潮流：白手起家创建社会企业、强化企业的社会导向、非营利组织从事商业活动，而且如同混合生物一样，混合组织在繁衍生长的同时也会改变周遭环境，带来的变化可能是随机的，也可能具有侵入性或转型性。

实现社会价值的创业企业作为混合组织，具有何种混合生物的结构特征，也可以从这篇文章中找到分析要点。麦克马伦建立了生物学与组织学之间的概念对应关系，通过理论融合和推演的思想实验，为我们从时间和空间维度分析创业企业的社会价值属性提供了多学科交叉的思路。例如，文中提出混合组织的生成过程，与演化生物学领域的渐渗杂交或回交的三阶段过程相同：第一阶段，混合组织创建，相当于混合生物形成；第二阶段，这些组织的规则与特征在众多传统组织中得到广泛传播和应用，相当于回交过程，即混合生物形状渐渗至某一方母体物种；第三阶段，这些规则和特征不仅得以保持，而且在特定环境下能给予具备这些规则和特征的企业更为明显的竞争优势，相当于特定重组形态的自然选择过程。

第二，基于社会企业的组织演化，为提炼创业企业创造社会价值的路径提供了分析脉络。在创造社会价值的创业企业中，社会企业是新兴且典型的组织形式之一。正如麦克马伦在文章开篇所言，社会企业既能代表组织领域形成的新物种，也可反映混合组织改变创业生态系统的渐渗规律，因此，全面认识社会企业和混合组织，对深入认识组织创业与创业生态系统变革的关系大有裨益。目前，对社会企业的概念界定尚不统一且认识视角迥异（Battilana, Lee, 2014），这篇文章梳理了如下四种导向的定义：一是社会目标导向的界定。只要是促进社会目标实现的社会领域新创组织都可以视为社会企业（Murphy, Coombes, 2009）。二是商业活动导向的界定。社会企业应当是那些为了实现自身持续运营而从事商业活动的社会领域新创组织（Haugh，2006；Hockerts，2006；Robinson，2006）。三是机会导向的界定。社会企业是识别、评价和开发能带来社会回报机会的组织（Austin, et al., 2006；Peredo, McLean, 2006；Perrini, Vurro, 2006）。四是创新导向的界定。社会企业着眼于社会问题的解决且采取创新行动（Alvord, et al., 2004；Sharir, Lerner, 2006）。

对此，麦克马伦认为从不同视角对社会企业做出的多种定义，反映出社会企业具有如下三个属性：冲突身份的整合性（社会企业的组织形象既不是纯粹的非营利组织，也不是商业企业）、融资渠道的差异性（社会企业融资虽然面临诸多挑战，但具有善于从不相干资源中获益的特点）和双重目标的持续性（社会企业更倾向于通过交叉补贴的整合模式，而不是买一赠一的差异化模式来保证双重目标的持续）。不难发现，这三个属性也为创业企业创造社会价值路径提供了方向：一是整合创业企业的商业身份与社会价值创造者的社会身份之间的冲突；二是平衡创业融资和社会融资不同渠道的差异性；三是兼顾创业企业的永续成长与社会价值的持续创造。

不过，麦克马伦借鉴演化生物学领域的超亲表型（transgressive phenotypes）概念进一步提醒，整合并不意味着适中，平衡兼顾双重目标并非等同于存在一种中间态。超亲表型是指混合生物的表征不是亲代双方表征的中和，而是比任一方亲代的表征更加鲜明，已经超出了亲代双方变异范围，从而体现出杂交的异象性。例如，不同于白花和红花杂交出粉花，一种杂交鸟的头部的黄色来自亲代一方、腹部的橙色来自亲代另一方，它的新性状超越了双亲表征。对此，麦克马伦认为社会企业作为新的混合组织，其价值创造模式不是由一半商业价值与一半社会价值的创造所构成，而是在商业和社会使命之间创造互惠关系；社会价值创造不是仅依赖于商业价值回报，而是能助力于商业价值实现。由此可见，创业企业创造社会价值并非商业价值的干扰项，还有可能成为商业价值的加速器。

第三，基于生态系统的交互关系，为评估创业企业的社会价值效应提供了方法依据。如同大自然中的生物体一样，身处竞争环境中的创业企业也需要生存和延续，那么，创业企业选择去创造社会价值，是受环境影响还是在改变环境？特别是在资源约束条件下，这种混合组织形式在与传统商业或公益组织抗衡中，是更容易还是更难以胜出？麦克马伦的这篇文章从生态系统的视角做出了回答。

麦克马伦认为，类似于生物学领域的合子后内在和外在障碍，混合组织也会因混合而面对诸多内部和外部障碍，但是，不同于混合生物的选择由自然环境所决定，混合组织所依存的制度环境不仅能被改变，而且经常是新组织创业者在一手推动制度的变革（Battilana，2009）。进一步地，以社会企业为代表的混合组织，嵌套在意义建构的社会环境当中，通过复杂的人工选择得以存续并推动人类社会演化（Hodgson, Knudsen, 2010；Tang, 2017）。因此，创业企业对社会价值的追寻，不应被视为因环境所迫的自然结果，而应从变革传统商业企业或公益组织所构建的社会制度体系视角进行更全面深入的评判。

值得一提的是，麦克马伦在文中还勾勒出混合组织从一种潜在的可能演化到变革的生态系统的路线图（见图7-4），认为混合组织不是环境的随机性或侵入性产物，而是具有转型性的物种，因为它们深刻影响着组织多样性、主导着资源的配置，从而在颇为广泛的领域改变了生态环境的特征、条件、形式甚至本质。他还乐观地表示：以社会企业为代表的混合组织正在重塑身处的制度环境和创业生态系统，这些新型组织在今天遇到的不适应情况远少于过去，而它们未来面临的不适应情况还将更少，并且会获取比传统组织形式更多的相对优势。

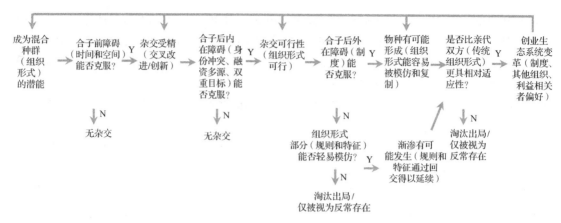

图 7-4 混合组织从潜在可能到改变创业生态系统

在此基础上，麦克马伦从创业生态系统视域出发，论证了以社会企业为代表的混合组织所带来的价值效应。这也从生态系统视角解答了社会价值为何是创业企业价值创造的应有之意，因为创业企业与外部主体和环境之间形成的生态系统，意味着创业企业不可能独善其身，应当也必须有和谐共生的共同体意识。从利益相关者角度看，具有混合属性的社会企业相较于传统商业企业或公益组织，更有优势满足利益相关者的各种需求，因为投向社会企业的资源带给利益相关者的主观效用，要明显大于投向商业企业或公益组织的资源。在这样的情境下，即使社会企业在运营方面可能存在一些弱势，但是对创业生态系统中的利益相关者而言，组织混合性带来的整体效应可以抵消这些弱势带来的问题。从伦理角度看，道德习惯也会演化，而伦理环境的变化趋势将会更有利于混合程度高的组织而非单一的传统企业或非营利组织。此外，麦克马伦还从企业社会责任、非营利组织企业化运营、全球影响力投资等角度阐述了混合组织不是环境的自然产物，而是塑造生态系统的行动力量，创业者通过创新行动创造"社会–经济"价值。

史蒂芬·肖特嘉等学者的研究：基于可持续创业和创新的"谋久"框架

既然社会价值创造是创业企业应有之意，那么，如何突破经济边界来更全面地评价创业企业的社会价值贡献？对此，2011 年史蒂芬·肖特嘉（Stefan Schaltegger）在《商业战略和环境》（*Business Strategy and the Environment*）上发表了《可持续创业和可持续创新：类型划分与交互影响》一文，基于可持续创业和创新的联系提供了解答"谋久"问题的经典框架，从可持续性、创新性和系统性三个方面，完善了评价创业企业的社会价值的分析框架。

第一，以可持续性为导向，拓展了创业企业社会价值评价的维度。社会价值评价的时空维度具有可持续性。从空间维度看，创业企业身处的环境除了人文制度环境，还有自然生态环境；从时间维度看，创业企业创造的价值除了立足当下，还要回顾过去、着眼未来。而这种时空维度上的广泛性和动态性，正是可持续性的典型特征，因此，评价创业企业的社会价值，就需要跳出经济价值评价的封闭框架，从可持续发展的开放性框架来认识创业企业的价值贡献。

肖特嘉在文中对不同目标导向的创业类型及其特征进行了分析（见表 7-2）。他认为，创业和可持续发展的融合催生了诸多思想和理论主题，包括生态创业、社会创业、制度创业和可持续创业等（Isaak, 1999；Mair, et al., 2005；Battilana, et al., 2009；Hockerts,

Wüstenhagen，2010），即便还有文献将生态创业等同于环境创业、将社会创业侧重于公益创业的不同概念认识，但研究共识在于，创业回报不应囿于商业价值，企业目标不只在于经济领域，因此，可持续发展既可以作用于创业企业活动的诸多要素，更有必要成为创业过程最终的目标结果（Schaltegger，2002）。

表7-2 不同目标导向的创业类型及其特征

	生态创业	社会创业	制度创业	可持续创业
核心动因	旨在解决环境问题和创造经济价值	旨在解决社会问题和为社会创造价值	旨在改变监管、社会和市场制度	旨在通过商业活动的成功实施来解决社会和环境问题
主要目标	通过解决环境问题获取经济收益	实现社会目标并为此进行融资保障	以制度变革为指导目标	通过创业型企业活动实现可持续发展
经济目标的作用	结果	手段	手段或结果	手段和结果
非市场目标的作用	环境相关问题被视为整体核心要素	社会目标实现被视为最终结果	制度变革被视为核心要素	可持续发展既是核心要素，也是整体结果
组织发展的挑战	从关注环境问题到整合经济问题	从关注社会问题到整合经济问题	从改变制度到整合可持续性	从自小变大的贡献到实现可持续发展

第二，以创新性为核心，强调了创业企业社会价值评价的基准。实现可持续发展目标的创业活动更具综合性特征，但在评价其贡献水平时，不能仅考察创业企业或组织自身对可持续发展的影响结果，还需要关注可持续创新的核心地位。肖特嘉在文中提出，创业企业为市场和社会带来的可持续发展贡献，要以创新性为核心来实现整体的增长和增值。他通过梳理文献研究的历史脉络发现，虽然实现可持续发展的创业活动有不同类型和差异性特征（Cohen，Winn，2007），但在驱动创业的内因、激活要素的潜力方面，这些类型的创业具有相似性，即都以创新为核心要素和动力（Larson，2000；Gruber，Henkel，2006），换言之，追求可持续创新的可持续创业者才有可能在获取经济价值的同时实现可持续发展的目标诉求。

当然，可持续创新有其独特性和挑战性。肖特嘉认为，可持续创新需要整合一般性和独特性两套逻辑。从一般性逻辑来看，创新通常具有私人性和个体性（Teece，1986；Klepper，1996）；而从独特性逻辑来看，可持续发展的社会价值还要求创新具有公共性和公益性（Larson，2000）。这就使得创业产品和过程的结果，既要保证创新的基础性条件，又要实现创新的可持续效果，而且这种创新应当更具突破性。对此，文中提到了知识溢出和机会开发两个视角（Teece，1986；Utterback，1994）：创新的知识溢出可能有利于第三方，而创新的机会开发往往起源于个体性。如何让个性化的创业机会转变为社会化的创新价值，亟待以可持续创新为核心的可持续创业贡献出发展性价值（Kuckertz，Wagner，2010）。

在此基础上，肖特嘉总结了可持续创业的社会功能定位：以可持续创新为本质，着眼于大众市场，旨在为更广阔的社会带来实效。这就为创业企业的社会价值评价提供了"一收一放"的开放思路："收"在创新是可持续创业的本质内核，比如在更广阔的社会和市场领域进行的突破性、颠覆性的创新（Markides，Geroski，2005；Christensen，2003）；"放"在可持续发展的目标方向，比如为更为众多的利益相关者更加长久地创造价值（Hart，Sharma，2004），探索与开发出更具可持续创新的产品和服务。

值得注意的是，文中还从创业失败的视角进行了说明。肖特嘉从创业失败的研究文献中发现，创业企业失败的根源常常在于欠缺社会或环境领域的行动（Cohen，Winn，2007；Cohen，et al.，2008）。利益相关者对创业企业在生态环境领域和社会活动领域的行动具有期望,比如期望企业与环保组织合作、更体谅消费者以及不雇用童工等,而这种看似"额外"或"边缘"的期望与经济价值实现具有紧密联系,并且日益成为一种引领性趋势,成为创业机会的重要源头,被可持续创业者识别或创造出服务于更广泛市场主体的价值。

第三,以系统性为标准,构建了创业企业社会价值评价的框架。通过明确可持续导向和创新性在可持续创业中的地位作用,肖特嘉构建了可持续创业和创新的关系框架,为多层次、多角度评价创业企业的社会价值提供了系统性的参考框架。具体而言,这个框架以可持续发展理念为基础,勾勒了可持续价值优先于商业价值创造的分析脉络。框架的两个基本分析维度针对两个问题展开:一是"企业影响了谁?",据此形成了企业之外的其他主体维度,主体由少及多分别为社会群体、利基市场、大众市场、市场和社会。二是"环境与社会目标是否为企业的优先目标?",据此形成了企业发展的环境和社会目标维度,目标由低到高分别包括环境和社会目标是商业目标实现过程中的基本义务,环境和社会目标是对核心商业活动的辅助支撑,环境和社会目标就是核心商业目标。更为重要的是,肖特嘉强调两个维度的整合,框架实际上呈现出经济、生态和社会目标一体化态势,从社会小群体到社会大市场形成连续整体,这与前一篇麦克马伦的文章定位相同,即创业企业主体与社会和生态环境是连续统一的整体,因此社会价值创造具有开放性和动态性。肖特嘉明确提出,包括生态环境和社会福利在内的可持续价值,不只是创业企业被委托履行的责任义务,抑或对经济价值的补充,而是企业通过创业管理主动追求的核心目标,即可持续创业方向。

在此框架定位的基础上,肖特嘉还从企业规模、创新动力、制度体系方面对可持续创业价值进行了讨论。从企业规模看,大企业和小企业在可持续创业的价值创造方面虽有差异,但也具有诸多相似之处,比如二者都可以创造出有利于社会和生态价值的产品或服务,不论是对小众用户还是大众市场,在位企业和新创企业都要关注潜在的社会转型(Holm,1995),都可以成为吸引消费者和投资者的创新力量。从创新动力看,文中强调创业企业要重视社会创新,并结合汽车和能源产业的实例进行了说明,提出创业企业应注意创新在带来经济回报的同时可能产生的负面社会影响,同时避免出现为了正面社会效应而只能放弃企业利益的冲突,处理好可持续创新补偿,实现私人与公共创新价值兼收并蓄的创业价值。从制度体系看,能带来经济、生态、社会多领域价值的创业企业是重要的市场创新和制度变革力量,对各个领域的利益相关者会产生方方面面的影响甚至引领,文中以北欧和德国等地区的新兴产业案例说明这类创业企业与政治制度的交互关系。以上三方面的讨论,进一步启发创业企业的社会价值评价研究,在借鉴可持续发展理念的系统性框架的同时,进一步深挖创业企业主体特征和社会价值情境特色,以期提炼更具理论新意和应用价值的研究发现。

张玉利:基于企业家精神和高质量发展的"求己"探索

正如前面两篇文献所指出的,创业企业与所处的环境是统一整体,认识和评价创业企业创造的价值,不能仅衡量其经济效益,而是要从更广阔的时空维度进行考察,那么,在与欧美国家自然生态、社会人文、制度环境存在明显差异的中国,创业企业的社会价值是否有其独特性?又该如何进行解释和评析呢?对此,2019年张玉利在《南开管理评论》上发表《改革开放、创业与企业家精神》一文,基于企业家精神和高质量发展提供了解释创业企业价值何以"求己"的中国方案,从演化情境、中外异同与发展方向三个方面,拓展了提升创业企业社会价值的探索路线。

第一，立足改革开放的进程，梳理创业企业社会价值的演化路径。创业企业创造社会价值，并非单向的线性过程，而是双向的开放进程。从企业成长理论和资源基础理论等西方文献中不难理解，创业企业社会价值的提升，并非一蹴而就，而是动态演化的过程，伴随时间的推移，企业成长和资源整合的空间也在拓展，平台型和生态型等创业企业研究文献也表明，创新型商业模式的出现及其价值实现与所处时空情境高度契合。我们也看到，实践领域一些成功的国外企业或模式进入中国后遭遇"水土不服"，理论领域也同样需要根植中国情境，探寻中国特色社会主义发展之路上创业企业社会价值实现的自身规律。

为此，张玉利在文中首先以改革开放的情境演化进程，挖掘了中国创业主体如何深耕时代土壤，创造出时代的价值、成长为时代的企业。张玉利认为，中央自上而下的改革与广大创业者群体自下而上的创新创业相互促进，成就了改革开放的巨大成就，而且，改革开放40多年又可以细分为四个阶段，每个阶段的创业主体存在差异，既表明了环境的阶段性变迁，也能反映出环境因创业主体变化而发生的变革。

第一个阶段是20世纪80年代，乡村能人、城市经济中的边缘青年、大型国有工厂的下岗人员、找不到工作的退役军人，以及不甘于平庸生活的基层官员成为创业者群体的主体。第二阶段的起点是80年代末，特别是1992年邓小平"南方谈话"后，创业者群体以知识分子为主，他们受国家政策的鼓舞而投入商业活动中。第三阶段大体始于20世纪末，受到东南亚金融危机、互联网公司兴起等因素的影响，海归派和高科技出身的企业家成为这一时期的标志，创业者社会边缘群体的形象被彻底改变。第四阶段基本上是第三阶段的延续，创业者群体日益多元、日趋大众化，创新驱动发展战略以及"大众创业、万众创新"系列举措，使得新技术、新业态、新模式层出不穷，让科学有用武之地的企业家价值得以体现，关注社会价值的创业活动日益活跃。

由此，张玉利在文中提出创业是一种机制，在中国早已突破创建企业的狭义范畴。这也为考察创业企业的社会价值提供了新定位，即创业的界定要拓展到开拓新事业、公司创业、社会创业等更加广义的范围，而不是仅从企业视角进行价值判断；同时，价值的衡量要从关注数量上升到关注质量、从生存导向转向机会导向、从保证稳定性兼顾管理不确定性，而不是仅分析静态的数量指标。正如中国改革开放带来的启示，创新创业主体被改革开放激活，也助推改革开放加速；创业企业是改革开放的社会产物，更是推进改革开放的社会力量，企业创新创业与经济转型升级融为一体，社会价值内化于这段进程中，也溢出了积极的外部效应。

第二，立足中国情境特色，厘清创业与企业家精神的异同联系。研究中国情境的创新创业，绕不开创业与企业家精神的比较。二者有着相同的英文表述（entrepreneurship），而且目前一些国内研究文献存在将创业与企业家精神概念混用的情况，但在中国情境中，创业与企业家精神并非完全对等和可以互换，而是有着差异化和交叉性的内涵、表征、行动方向。尤其对于创业企业的社会价值研究，企业家精神不仅有助于解释中国创业企业何以创造社会价值的主体特质，而且能为创业者提升社会价值创造水平提供努力方向。

张玉利在文中对企业家精神与创业进行了异同分析，指出了彼此的内在联系。虽然中国的企业家与西方的企业家没有什么本质的不同，但由于制度环境不同，中国企业家的精力和时间的分配方式与西方企业家有很大的不同（张维迎，2010）；企业家不仅是一群能引领变化的人，还是一群不断利用变化，实现价值创造的人（陈春花，2018）。张玉利指出，创业、中小企业、民营经济等概念多与就业、产值、利税等指标挂钩，但真正直接挂钩的，毫无疑问是企业家精神。冒险精神、敢为天下先、试错性的进取等，离开创业情境，很难被强化。具有企业家精神并表现出强烈的创新、承担风险与推动改革发展行为的企业经营者、创业者、高级管理人员都可以称为企业家。企业家并不局限于创业者，但企业家群体中创业者比例最大，主要因为创业情境更有助于培育和强化企业家精神。

据此，张玉利在文中进一步指出，优秀的企业家精神应该具有时代特征和引领作用，这个观点一方面与前文麦克马伦和肖特嘉的主张一致，即认识和评价创业企业的社会价值要"向外"紧跟时代、"谋远"引领时代，另一方面也在启发学者如何面向中国情境为创业企业实现社会价值提出中国方案。张玉利认为，优秀的企业家承担起社会责任固然重要，但能看清商业的本质，围绕本质保持警觉性、务实进取更加重要，也更具有持续性。他重点分析了2017年9月国家发布的《中共中央 国务院关于营造企业家健康成长环境弘扬优秀企业家精神更好发挥企业家作用的意见》，讨论了文件中对优秀企业家精神的时代内涵的界定：创新发展、敢于担当、专注品质、追求卓越、诚信守约、履行责任、艰苦奋斗、爱国敬业、服务社会。这既是对企业家精神内涵的指引，也是对以往优秀企业家精神的总结。

张玉利对创业和企业家精神的异同分析，为研究创业企业社会价值提供了开展情境比较研究的要点。一方面进一步挖掘反映创业共性的、相对稳定的价值判断，如创新发展、敢于担当、诚信守约、履行责任、艰苦奋斗等，挖掘中国企业家精神贡献社会价值的科学问题和情境规律。另一方面深入揭示企业家精神的时代性和动态性的价值判断，如专注品质、追求卓越、爱国敬业、服务社会，创业价值评价的目的在于更好地弘扬工匠精神和创造社会价值，让优秀的企业家在创新驱动发展、由经济大国变成经济强国、实现中华民族伟大复兴的中国梦的进程中发挥引领作用，提升中国企业家精神的整体水平。

第三，立足高质量发展新阶段，提炼创业企业社会价值的升级方案。价值评价往往以事后结果为基础，具有回顾性特点，但理论研究目的应着眼于未来，发挥引领性作用。因此，如何提升创业企业的社会价值也是进行评价研究的应有之意和延展方向。张玉利在文中也进一步讨论了如何强化创业机制、如何鼓励和弘扬高质量创业与优秀企业家精神。他认为，创建企业只是创业的一种载体或手段，创业机制支撑的是改变、挑战和超越，不仅淘汰劣质的企业和创业者，还具有孕育和优化的功能，而优秀的企业家精神还不盛行，这是努力的方向。文中提出，西方讨论企业家精神主要分析市场，政府更多的职能是制定规则和监督；但在中国情境下创业者、企业家和政府共同创造了市场，因此优化创业机制、培育企业家精神，需要微宏观结合起来，克服一系列局限，其中政府发挥重要作用。

对此，张玉利提到了如下几点方案：一是科学认识社会价值。企业家应爱国敬业、服务社会，要更多地引导企业家重视社会价值，但重视社会价值、服务社会并不单纯就是捐款、从事慈善及公益事业，解决社会价值和经济利益之间的冲突、将社会价值与经济利益有机融合，必将成为企业竞争优势的重要来源。二是不断完善容错机制。弘扬和保护优秀的企业家精神、落实创新驱动发展战略，更需要鼓励创新、宽容失败。三是深入挖掘创新本质。创业的本质是创新，创新特别是被验证的创新，是应对不确定性和克服资源约束的重要手段，不可替代。创新也不局限于技术创新或商业模式创新，而是指创业行为中的创新性，如创造性地整合资源。四是创业与企业家精神相互促进。中国创业质量仍不佳，创新型创业的比例仍偏低，提升创业活动质量的核心是强化和弘扬优秀企业家精神，企业家精神不强的创业活动即使成功也不可能是高质量的创业活动，企业家精神强的创业活动即使失败也会是高质量的创业活动，创业活动质量不能只用创新程度、投资多少、挣多少钱来衡量。综上可见，这些提升创业质量的方案，也响应了中国高质量发展的时代诉求，把创业企业社会价值创造上升为创业企业与中国高质量发展之间的良性循环，有助于让创业企业成为"改革开放 – 创业驱动发展 – 经济转型升级 – 改革开放"大循环中的核心力量。

值得一提的是，如同创业和企业家精神之间的区别联系，国外相关研究也强调情境差异性和多元性对创业企业社会价值研究的影响（Cherrier, et al., 2018；Chatterjee, et al., 2021）。为此，我们选取另一篇与张玉利文章风格迥异的国外研究（Rawhouse, et al., 2019）进行对比。这是学者在一项针对社会创业的社会影响力测度研究中的观点，他们指出不同情境下的术语往往有很多相关表述，如一些文献出现了社会价值、社会影响力、社会核算和社会投资回报（SROI）等相似概念，但这些概念在特定情境下往往有其独特内涵结构。他们选取并分析了 FT50 期刊（《金融时报》评定的 50 本商学院顶级期刊）中的 71 篇文章，构建了社会影响力的概念维度和测度指标，期望从定量分析和实证研究的角度为认识创业企业的社会价值提供方法上的指导。不过，文中也高度关注了基于发达国家、行业或企业的分析结果，是否对发展中的或新兴的国家、企业也同样奏效。这从侧面反映出，中国创业企业的社会价值升级对策研究，有必要在国际比较和借鉴基础上，深耕中国情境价值，提炼更具情境化和创新性的解决方案。

未来研究方向

一是推进学科交叉，进一步完善对创业企业社会价值的认识。正如前文所评述的杰弗里·麦克马伦的文章，学科交叉有助于丰富全面地认识创业企业的多重价值目标，推动更具开放性和创造性的社会价值评价研究，对此，生态系统等领域都可以提供前沿性研究思路。未来研究方向建议主要有：①通过学科交叉进一步揭示创业企业的演化本质。创业企业作为经济组织创造社会价值，不是企业成长到一定阶段的选择，而是伴随组织创生到成熟全过程的演化进程，但是在每个阶段的社会价值创造是否、如何形成差异，需要立足创业企业的动态成长开展更为深入细致的研究。杰弗里·麦克马伦在文末也提到，他进行生物学和组织理论的交叉分析，不只是为了提出更具综合性的理论体系，而是希望在认识生物和组织的动态性差异基础上，激发混合型组织研究提出新视角（Sackmann, 1989），更好地解决组织领域的重要理论问题。②基于生态系统进一步完善社会价值的评价体系。价值评价必然要系统考察主体与环境的关系，而这种关系既有整体性又有动态性，特别是社会价值评价涉及的利益相关者主体众多、标准多元，而且评价结果不是针对一个时点，而是反映和引导长远方向，因此，整合主体和环境关系、兼具时空维度并具有理论积累的生态系统研究，有助于为认识和评价创业企业的社会价值提供科学参考。同时还需要注意的是，社会价值评价也在反过来影响创业企业成长，换言之，评价创业企业的社会价值要具有双向的或开放性的视野。正如杰弗里·麦克马伦在文中以社会企业为例，讨论了社会企业是创业生态系统的产物，还是在重塑创业生态系统，对这个问题的回答不应是做单选题，而有必要对创业企业与身处环境的复杂关系进行全面和动态解析，这与生态系统思维不谋而合。

二是探索方法创新，进一步丰富创业企业社会价值评价的体系。从史蒂芬·肖特嘉的文章不难发现，社会价值之社会，不仅限于人文社会边界，还有必要拓展至生态和制度等领域

（Shepherd，Patzelt，2011；Anand，et al.，2021）；社会价值之价值，也不仅限于创业企业产生的社会影响，还需要考量在生态和制度等领域产生的效应。为此，相对成熟完备的可持续发展研究可以为开展创业企业的社会价值评价提供方法设计上的框架体系参考。未来研究方向建议主要有：①参考可持续发展理念，规范完善社会价值评价体系。在兼顾经济、生态和社会三重底线时，要明确与突出社会价值判断标准和依据。正如肖特嘉在文中提出的图示框架，有必要明晰创业企业的价值定位，从而通过价值评价做出可持续的价值引领。②紧扣创新核心，深挖创业企业创造社会价值的本质属性。正如前文评述所言，创业企业不同于一般企业，创新是创业活动的核心，同理，创业企业实现社会价值的过程，与企业履行社会责任、开展公益活动虽有联系，但更有差异，因此，在创业企业的社会价值研究背后，更深层次的意义在于解释和揭示其创新性的核心本质。

三是紧扣中国情境，进一步升级创业企业社会价值创造的质量。通过以上讨论不难理解，区域环境是时空体系的典型载体，因此，认识和评价创业企业的社会价值，特别是开展价值引领性研究，须立足不同国家和地区的实际环境。正如张玉利在文中强调的，中国情境具有独特性，尤其是中国创新驱动发展战略和"大众创业、万众创新"政策的实施，意味着国家对创业企业的社会价值有更高、更好的期望，这也为未来研究提供了机会。亟待研究响应和跟进，在需求牵引下做出具有时代性和前瞻性的理论贡献。未来研究方向建议主要有：①紧扣中国创新创业情境，反思并进一步明晰创业企业的价值定位，并立足中国社会实际开展社会价值评价。以张玉利对创业和企业家精神的异同分析为例，开展中国高质量发展新阶段的创业研究和创业企业的社会价值评价。例如，围绕中国"双碳"目标倡导的生态价值、"数字鸿沟"呼吁的社会福祉、双循环引发的命运共同体等情境开展创新研究，读懂中国、讲好中国故事，避免照搬国外理论或方法体系。②吸收中国历史文化精华，重视社会价值评价与人文历史和主体认知的紧密联系（江小涓，2021），紧扣中国高质量发展的新阶段、新理念和新格局，以企业家精神为切入点，为创业企业的社会价值研究提出符合中国国情、服务高质量发展的新主张和新观点。例如，在2021年7月21日召开的企业家座谈会上，习近平总书记强调，企业家要带领企业战胜当前的困难，要在爱国、创新、诚信、社会责任和国际视野等方面不断提升自己。这五个重要方面也可为衡量创业企业社会价值提供重要标准。

研究设计与应用拓展

学科交叉方向的研究设计与应用拓展建议主要包括：①基于组织理论，开展创业企业的组织本源和价值定位分析，重点借鉴生物学、生态学、经济学和社会学等学科知识，从理论上为开展社会价值评价打好组织基础，从实践上为创业者认识企业价值提供科学视野。②立足社会创业研究，推动社会价值评价的多元性和动态性，进一步吸收哲学、伦理学、心理学和复杂科学的相关理论范式，从理论上为构建创业企业的社会价值评价体系提供坚实支撑，从实践上为创业管理者衡量与修正社会价值创造水平和方向提供切实指导。③拓展商业创业研究，在反思创业商业化问题的同时，创新商业模式创新的要素、架构、过程和结果研究，同时嵌入企业成长的时间维度，开展商业创业和模式创新的动态性分析，以及促进商业创业与社会价值导向的其他创业主题的融合性探索。

可持续发展方向的研究设计与应用拓展建议主要包括：①参考可持续发展理念和相关议程，构建可操作性甚至可量化的创业企业社会价值实现路径及其效果衡量标准，例如可以从社会创业、生态创业、制度创业、公共创业、绿色创业、可持续创业、数字创业等不同类型或女性创业、农民工创业等不同主体进行细化分析，从理论上推动不同创业领域的企业社会价值研究，从实践上为创业者和创业企业提供有针对性和实效性的价值实现方案。②重视方法创新，实现研究手段精细化，比如通过量化模型设计相关量表或评测工具等开展分析，除了企业社会责任评价体系，目前已有研究通过SDG（sustainable development goals，可持续发展目标）、ESG（environment, social responsibility, corporate governance，环境、社会和公司治理）、共益企业（B Corps）认证等进行细化分析。③着眼理论创新，通过挖掘科学问题体现研究发现的引领性，比如细化评价社会价值的目的不只是做出静态的判断和结论，而在于在未来引领更多创业企业更加健康的成长，为此，如何从理论上突破经典可持续发展理论，提升研究问题的独特性及其科学贡献就尤为重要，例如一些质性研究方法的引入有助于挖掘创新规律，拓展方法类成果在企业实际管理中的应用领域，提升理论性成果对创业管理者认知和行动的指导。

中国情境方向的研究设计与应用拓展建议主要包括：①围绕企业家精神，丰富中国情境下创业企业和社会价值的内涵体系，特别是新冠肺炎疫情防控常态化背景下以及中国"十四五规划"和"2035年远景目标"，都为创业企业的社会价值研究提出了新方向和新课题，重塑创业企业倡导社会价值的研究，从理论上有助于创业研究更具包容性和价值导向，从实践上有助于创业企业健康发展和可持续成长。②着眼新发展理念，从中国情境下创业企业的社会价值创造中提炼新主张，特别是"创新、协调、绿色、共享、开放"五大新发展理念，在中国高质量发展新阶段、新格局下，为创业企业定位和社会价值标准提供了指导，例如研究边界不仅限于企业层面，可以通过产业和区域层面的融通研究，吸纳产业创业、区域创业、国际创业要点，更好地提炼中国国家治理体系下创业企业的健康成长规律。③立足共同富裕，通过开展国际比较研究、提炼中国发展动态，特别要紧扣创新驱动发展的战略定位，创新是创业企业的核心要素，是社会价值的实现方式，也是共同富裕的动力源泉，因此，着眼创新创业管理研究一体化方向，从理论上为认识、评价和提升创业企业社会价值提供情境化和普适性的创新主张，从实践上为创业企业更好地推动共同富裕、创造社会价值提供中国特色的创新方案。

◆ 参考文献

Alvord, S.H., Brown, L.D., Letts, C.W., 2004, "Social entrepreneurship and societal transformation", *Journal of Applied Behavioural Science*, Vol. 40, No. 3: 260-282.

Anand, A, Argade, P., Barkemeyer, R., et al., 2021, "Trends and patterns in sustainable entrepreneurship research: a bibliometric review and research agenda", *Journal of Business Venturing*, Vol. 36, No. 5: 106092.

Battilana, J., Lee, M., 2014, "Advancing research on hybrid organizing: insights from the study of social enterprises", *Academy of Management Annals*, Vol. 8, No. 1: 397-441.

Chatterjee, I., Cornelissen, J., Wincent, J., 2021, "Social entrepreneurship and values work: the role of practices in shaping values and negotiating change", *Journal of Business Venturing*, Vol. 36, No. 5: 106064.

Cherriera, H., Goswamib, P., Ray, S., 2018, "Social entrepreneurship: creating value in the context of institutional complexity", *Journal of Business Research*, Vol. 86: 245-258.

Cohen, B, Winn, M., 2007, "Market imperfections, opportunity and sustainable entrepreneurship", *Journal of Business Venturing*, Vol. 22, No. 1: 29-49.

Conger, M., McMullen, J.S., Bergman, B.J., York, J.G., 2018, "Category membership, identity control, and the reevaluation of prosocial opportunities", *Journal of Business Venturing*, Vol. 33, No. 2: 179-206.

Hockerts, K., 2006, "Entrepreneurial opportunity in social purpose business ventures", In: Mair, J., Robinson, J., Hockerts, K. (Eds.), *Social Entrepreneurship*, Palgrave Macmillan, New York: 142-155.

Hockerts, K., Wüstenhagen, R., 2010, "Greening Goliaths versus emerging Davids: theorizing about the role of incumbents and new entrants in sustainable entrepreneurship", *Journal of Business Venturing*, Vol. 25, No. 5: 481-492.

Isaak, R., 1999, *Green Logic: Ecopreneurship, Theory and Ethics*, Kumarian: West Hartford, CT.

Larson, A.L., 2000, "Sustainable innovation through an entrepreneurship lens", *Business Strategy and the Environment*, No. 9: 304-317.

Peredo, A.M., McLean, M., 2006, "Social entrepreneurship: a critical review of the concept", *Journal of World Business*, Vol. 41, No. 1: 56-65.

Rawhouser, H., Cummings, M., Newbert, S., 2019, "Social impact measurement: current approaches and future directions for social entrepreneurship research", *Entrepreneurship Theory and Practice*, Vol. 43, No. 1: 82-115.

Shepherd, D.A., Patzelt, H., 2011, "The new field of sustainable entrepreneurship: studying entrepreneurial action linking 'What is to be sustained' with 'What is to be developed'", *Entrepreneurship Theory and Practice*, Vol. 35, No. 1: 137-163.

Tang, S., 2017, "Toward generalized evolutionism: beyond 'generalized Darwinism' and its critics", *Journal of Economic Issues*, Vol. 51, No. 3: 588-612.

陈春花. 中国企业40年与企业家精神[J]. 中外企业文化, 2018(1): 23-27.

江小涓. 数字时代的技术与文化[J]. 中国社会科学, 2021(8): 4-34+204.

张维迎. 企业家精神与中国企业家成长[J]. 经济界, 2010(2): 23-24.

▣ 文献推荐

McMullen S., 2018, "Organizational hybrids as biological hybrids: insights for research on the relationship between social enterprise and the entrepreneurial ecosystem", *Journal of Business Venturing*, Vol. 33, No. 5: 575-590.

Schaltegger S., Wagner, M., 2011, "Sustainable entrepreneurship and sustainability innovation: categories and interactions", *Business Strategy and the Environment*, Vol. 20, No. 4: 222-237.

张玉利, 谢巍. 改革开放、创业与企业家精神[J]. 南开管理评论, 2018(5): 4-9.

◉ 代表性学者

杰弗里·麦克马伦（Jeffery S. McMullen）

在科罗拉多大学取得战略管理和创业学博士学位，现任印第安纳大学凯利商学院创业学教授。他主要从事有关商业、社会、可持续发展等背景下的创业认知、创业行为和创业机会研究，研究成果发表在《管理学杂志》《管理学评论》《创业学杂志》等期刊上，现任《创业学杂志》主编，曾任《商业视野》(*Business Horizons*) 杂志主编。E-mail：mcmullej@indiana.edu。

张玉利

1998年在南开大学获得经济学博士学位，南开大学商学院教授、博士生导师、教育部"长江学者"特聘教授、全国优秀博士学位论文指导教师。他是国内创业研究的主要推动者和引领者，主持国家自然科学基金重大项目1项、重点项目2项。他创立了南开大学创业研究中心，因其在创业与中小企业研究领域的杰出贡献获得2016年"复旦管理学杰出贡献奖"。他指导培养的30多名博士、博士后分别在南开大学、浙江大学、东南大学、中山大学、吉林大学、天津大学、山东大学、合肥工业大学等高校任职，他们已成长为创业研究领域的青年骨干。E-mail：ylzhang@nankai.edu.cn。

史蒂芬·肖特嘉（Stefan Schaltegger）

现任吕讷堡大学可持续管理中心主任，较早开展可持续管理MBA项目，研究主要集中于可持续发展、创业管理、企业财务等领域，在可持续管理与可持续创业方面的研究具有首创性和广泛影响力。E-mail：schaltegger@leuphana.de。

关键学者与学者网络

本章涵盖了创业企业的商业价值和社会价值，界定了创业企业价值创造的几个核心环节，如价值主张、价值逻辑等，揭示了价值创造的主体、客体、来源、过程和结果等核心要件，引入并介绍了新兴起的数字创业对价值创造要件的重塑。由于价值创造是商业模式的核心环节，本章的关键学者与商业模式的学者有部分重合；由于价值创造的复杂性和无边界性，学者队伍不仅包括来自战略与创业领域的学者，还包括营销学、经济学、信息学、生态学等多个跨学科领域的学者；作为新兴研究领域，不仅包括著作等身的"大牛"引领研究领域的合法性认知，也包括多位冉冉升起的学术新星的创造性贡献。

价值逻辑和价值主张的研究起源于战略领域对商业模式的研究。英国学者克利夫·鲍曼2000年首次对价值、价值创造、价值捕获等价值逻辑的关键要件进行理论界定，理查德·普里姆等学者在后续研究中从不同视角解读了这些要件。近年来，"全球最具影响力管理学者之一"、《创新者的基因》作者之一杰弗里·戴尔在价值逻辑研究中引入动态视角，尤其在探讨合作关系与竞争关系中发挥了重要作用。案例研究大师凯瑟琳·艾森哈特和她的学生罗里·麦克唐纳多次基于案例研究探索技术型企业如何开发可行的商业模式，如何设计价值主张等议题。

数字技术对经典创业价值创造理论的颠覆已是大势所趋。以来自创业与创新领域的萨蒂什·南比桑，来自信息管理领域的卡勒·莱蒂宁，来自商业模式创新领域的拉斐尔·阿米特等学者为代表，他们将数字创业的特性融入各自的研究领域，创造出一批数字创业的标志性成果。作为数字技术助力下的新兴研究领域，创业企业与用户的价值共创的学者网络主要集中于营销学，代表性学者包括"服务营销理论之父"克里斯蒂安·格伦罗斯和国际营销理论的权威学者安娜·崔，其中索纳利·沙等创业学学者在用户创业领域取得了诸多成果。

创业企业的社会价值研究融入了生态学、财务管理等跨学科的视角。在这一领域，欧洲学者走在了最前沿，如德国可持续管理中心主任史蒂芬·肖特嘉、英国学者巴勃罗·穆尼奥斯（Pablo Muñoz）、西班牙学者博伊德·科恩（Boyd Cohen）等关键学者，来自美国知名创业学者杰弗里·麦克马伦和迪安·谢泼德也在该领域颇有建树，这些学者将可持续创业在经济、社会和环境"三重底线"的价值创造融入了主流创业研究。

第 8 章

创业如何管理跨边界组织

每个组织都需要建立边界,以将组织与环境区分开来并定义其行动领域。当创业者开始创业时,一个基本的战略决策就是构建企业边界的行为。由于创业者在传统资源获取方面面临挑战,他们被激励通过使用超出其边界的资源进行创业。联盟、承包、合资和其他合作等组织间关系允许企业跨越组织的边界访问外部资源。在这种情况下,组织生命的最初阶段——边界管理对生存至关重要,对组织边界管理的研究已经相当丰富,一些研究采用交换效率观点,将成本最小化视为边界的关键驱动因素;一些研究基于权力视角讨论组织如何控制其交换关系;另一些研究依赖能力观,强调不断进化的资源和组织能力对边界的影响;还有研究采用身份视角,侧重于将"我们是谁"定义为组织成员塑造边界的认知框架。

随着创业情境的变化,新创企业面临着愈发多元的、动态的、复杂的边界组织环境,妥善管理多种外部关系是企业得以生存与发展的关键。在传统市场中,新创企业面临着竞争者、投资者、客户、政府、社会公众等众多利益相关者,如何处理竞争关系以获取竞争优势,以及取得利益相关者认可以获取合法性是企业关系管理的重点。随着供应链关系、战略联盟等合作方式的推进,新创企业需要与外部组织开展有效的合作,如何同时管理竞争与合作关系成为企业价值创造的关键。近年来,平台生态系统这一新的组织情境在各个行业领域兴起涌现,新创企业面临着平台领导者、互补者等新兴外部组织的压力,竞争关系、合作关系、合法性压力等传统关系也开始呈现出新的变化和表现。创业情境丰富的背景下,多种关系交织演化,新创企业管理跨边界组织变得更具挑战性(见图8-1)。

在过去数十年的研究中,组织内部结构和外部结构的差异使新创企业面临管理跨边界组织的难题。组织内部是典型的科层关系,组织权力来源于对所需资产的所有权,从而保证控制权集中和行动一致。而组织外部的市场、供应链、战略联盟、平台生态系统等具有完全不同的结构特征,其中的行为主体跨越了组织边界,不受组织的安排与控制,相对集权的科层关系转变为竞争关系、合作关系、互补关系、依赖关系等更为自主的关系形态。在传统市场中,"看不见的手"推动着市场的运行,从竞争者中脱颖而出获取消费者青睐成为新创企业生存的关键。尽管竞争激烈,新创企业对于采取何种竞争策略以及如何响应竞争者行为具有较高的决策自主性。在供应链关系、战略联盟中,多组织往往为实现共同利益通过合同而聚集在一起。新创企业在坚持自身发展目标的同时需要兼顾供应链、战略联盟的整体目标,单个组织的竞争转变为与各组织合作竞争，合作关系在合同期限内较为稳定。在平台生态系统中，平台领导者通过规则、标准、接口的提供来吸引新创企业等互补者进入，虽然新创企业进入或退出平台生态系统都是自主选择的过程，但一旦进入平台生态系统内，新创企业就需要遵守平台的规则和标准。正是由于以上差异化的外部组织情境，新创企业无法直接控制其他组织行为，实施有效的跨边界组织管理行为和策略成为发展的重中之重。

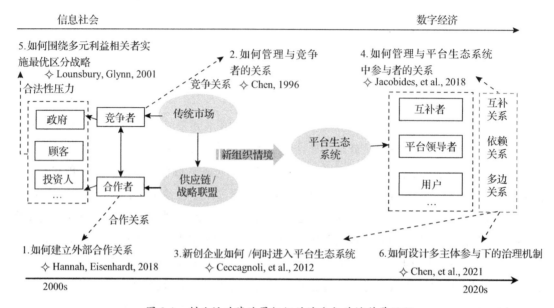

图 8-1　创业活动跨边界组织的演变与关键科学问题

同时，满足异质性期望是新创企业管理跨边界组织的关键。新创企业需要面对纷繁复杂的外部利益相关者，他们具有不同的期望和利益诉求，部分利益诉求甚至可能存在矛盾和冲突。因此，新创企业往往面临着竞争与合作、一致性与区分性、互补与依赖等两难权衡。传统观点认为，竞争与合作相互冲突，无法同时实现。资源稀缺性、技术创新依赖性使企业间形成合作关系，资源依赖性、有限的市场份额使企业间形成竞争关系。而随着战略联盟、产业联盟协同创新的发展，学者们提出，企业间的竞争与合作是一种非零和博弈，能实现双赢，新创企业可以通过合作扩大整体规模和收益，通过竞争在已有规模下获取更多利益。在一致性与区分性的抉择中，新创企业由于存在"新进入缺陷"，需要通过与已有市场组织领域保持一致以获取某领域身份，满足利益相关者的一致性期望；另外，新创企业需要通过新颖性占领独特的市场地位，通过与竞争者相区别以满足利益相关者的独特性期望。新创企业可以通过组织身份、创业故事、战略分类等手段实现最优区分，获取合法性的同时获取竞争优势。在平台生态系统中，呈现出权力非对称下的互补关系和依赖关系，传统的竞争关系、竞合关系也更加激烈和突出，平台领导者的"守门人"角色让企业对一致性与区分性也有了新的权衡。由此可见，新创企业在进行跨边界组织关系管理的过程中，满足相互联系，甚至相互冲突的利益诉求是管理策略的重点。

新创企业如何管理与竞争者的关系[一]

◎ 焦 豪　◎ 杨季枫

北京师范大学经济与工商管理学院

新企业成立时的外部条件对其运营管理有着深远的影响，因此企业了解其所处环境的竞争态势尤为重要（Bamford, et al., 2000）。《孙子兵法·谋攻篇》早已提出："知彼知己者，百战不殆；不知彼而知己，一胜一负；不知彼不知己，每战必殆。"在战争中了解彼此，掌握主动权，为自己创造有利的条件十分重要，这同样适用于新创企业的竞争之道。当一家公司向市场推出新产品以抓住市场机会或满足潜在客户需求时，竞争的号角就吹响了。

传统战略管理理论关于企业竞争者分析的研究，主要集中于企业间的竞争问题。随着产业组织经济学的发展，战略管理研究将企业利润优势与产业结构、企业在产品市场中的位势相联系（Porter, 1997）。紧接着，资源基础观开始强调企业的异质性资源要素及其配置为其带来的市场竞争优势（Barney, 1991; Wernerfelt, 1984）。动态竞争理论阐述了企业竞争行为与竞争对手行为间的对抗制衡作用（Chen, 1996）。同时，动态能力理论为解决企业面临外部复杂、动荡环境所带来的竞争问题，通过不断改变企业内部资源配置以适应环境变化，构建持续竞争优势提供了发展思路（Teece, 2007）。伴随着知识和技术的快速更迭和发展，企业在产品创新和商业化的过程中，其竞争环境边界不断延展，维持企业所在生态系统的平衡和稳定，进行生态体系间的抗衡逐步成为企业参与外部互动的新目标。企业会选择与自身资源互补的竞争者进行合作研发，以此增加市场份额、共同降低研发成本，通过竞合实现生态共赢。随着合作研究的兴起，如战略联盟（Wassmer, 2010）、合作关系网络（Shipilov, et al., 2011）等，竞争者分析研究领域开始逐步重视"竞争与合作"为企业价值创造和获取带来的成果，两者的相互作用也为企业带来了各种可能性。进而，新创企业如何开展竞争者分析并制定相应响应策略？通过何种方式更具预判性地、长期性地、前瞻性地提高竞争实力？企业如何在生态系统中成功地平衡竞争和合作？这不仅是新创企业面临的现实难题，也是我们应该探寻的学术前沿问题。

因此，我们选择以下三篇文章探讨新创企业如何管理与竞争者的关系。新创企业取得

[一] 本文是国家自然科学基金优秀青年科学基金项目"动态能力和持续竞争优势"（72022005）资助的阶段性成果。焦豪为本文通讯作者（haojiao@bnu.edu.cn）。

先发优势的核心是发掘机会，通过重构组织资源来创造新的市场价值。陈明哲（Chen Ming-Jer，1996）构建了竞争者分析结构，从市场共同性和资源相似性两个维度出发，帮助我们厘清新创企业实现动态竞争的必要条件及对应的实施策略。除了外部被动响应，新创企业面临的外部组织环境变化速度具有不可测性、复杂性和敌对性，企业如何在动态环境下持续不断地依靠自我改进来维系长期竞争优势，蒂斯（2007）通过构建动态能力分析框架为企业主观能动性的发挥提供了解决思路。最后，企业不能盲目追逐利润而忽略生存环境压力，必须选准适合自己的生态系统战略并不断保持进化以适应各种环境。道格拉斯·汉娜（Douglas P. Hannah）和艾森哈特（2018）设计的三种具体生态系统战略，即瓶颈战略、组件战略和系统战略，可以帮助企业实现在生态环境中长期良性竞争和发展。

陈明哲：动态竞争框架助力新创企业识别竞争对手

1996年，陈明哲在《管理学评论》杂志上发表了《竞争对手分析与企业间竞争：走向理论整合》一文，利用产业结构或波特理论以及资源基础理论的互补性（Barney，1991；Porter，1997），引入两种针对公司且基于理论的竞争者分析结构：市场共同性和资源相似性，回答了如何进行竞争对手分析以及如何进行企业间竞争分析两大战略问题。"企业可以怎么做，以形塑、预测并有力回应环境与对手？"这在陈明哲教授看来即是动态竞争试图解决的关键问题。

这篇文章开创性地提出了竞争者分析框架。在此之前，战略集团法将企业竞争分析从产业层面，缩小到了行业内的企业集团层面（Barney，Hoskisson，1990；McGee，Thomas，1986），但仍忽略了企业层面的关键要素，如企业资源和总体战略产生的竞争影响。此外，尽管资源基础观根据企业层面的资源禀赋区分了不同企业（Barney，1991；Peteraf，1993），但忽视了企业间关系的不对称性。在这个基础上，这篇文章提出了两个基本概念，即竞争者之间的市场共同性及资源相似性，以此来判断企业间是否属于竞争关系。首先，市场共同性是指竞争对手与焦点企业的市场重叠度。由于市场具有复杂多维结构属性，这里的市场指代广义上的产品市场和顾客市场，如地理市场、细分市场或品牌等。其次，资源相似性是指竞争对手与焦点企业在战略禀赋类型和数量上的可比程度。由于每个企业被视为有形与无形资源和能力的独特组合，拥有相似资源组合的企业可能具有相似的战略能力，即跨行业的两家企业若拥有相似资源也有可能成为竞争对手。基于以上两个组织维度，作者提出了一个2×2的竞争者分析架构，将竞争关系归入四个象限之中。

值得注意的是，与传统等价竞争不同，动态竞争理论的一项重要特质是"竞争不对称性"。在分析企业间竞争关系时，视谁为分析主体尤为重要。从竞争角度来看，意味着A视B为主要竞争者，不等同于B也视A为主要对手。这为新创企业的竞争战略提供了重要思路，要善用竞争不对称性的战略思维，既需要避免被行业中或跨行业的其他企业认定为主要竞争对手，也需要同时从资源与市场层面避免忽略或低估任何"潜在竞争者"。

通过识别竞争对手，企业判断竞争者会采用何种竞争性行动（攻击或是反击）。如果能有效降低对手的竞争对抗性，就能在竞争中进一步取得有利地位。因此，这篇文章基于前文所述的市场共同性和资源相似性的竞争者分析框架，针对如何降低竞争者的对抗性，提出了"察觉–动机–能力"（awareness-motivation-capability）的分析架构，或简称为AMC分析法。其中，察觉是任何竞争行动的先决条件，市场共同性会影响企业的攻击（或反击）动机，资源相似性将影响企业的攻击（或反击）能力。当竞争对手察觉到企业的攻击行动和意图，并具备反击的动机和能力时，其进行竞争反击的概率会上升。

为了进一步阐明以上因果逻辑，作者提出了未来研究的四大命题：①在其他条件相同的情况下，B与A的市场共同性越大，A对B发起攻击的可能性越小，但B越有可能对A的攻击做出反应；②在其他条件相同的情况下，B与A的资源相似性越大，A对B发起攻击的可能性越小，但B越有可能对A的攻击做出反应；③市场共同性比资源相似性更能预测竞争性攻击和反击；④一对竞争对手内部存在竞争不对称，即两个公司不可能拥有相同程度的市场共同性和资源相似性，且由于市场共同性和资源相似性的竞争不对称，A攻击B的可能性与B攻击A的可能性不同，反击可能性也是如此。

为了验证以上命题，作者进一步对美国17家主要航空公司的市场共同性和资源相似性进行了比较，通过公共信息进行实证研究，对163名最高级别高管（主要航空公司的高级副总裁或以上级别）和专家（分析师和顾问）进行了邮件调查，绘制了1989年美国航空业的竞争对手地图，证明了行业管理者对竞争的主观判断与市场共同性和资源相似性的客观衡量标准之间存在高度一致性。

动态竞争理论作为东方哲学与西方管理科学融合的结晶，既关注西方理论，也重视中国传统"阴阳"观中两两主体优势的相对性，从而建立一系列展现动态竞争的基本概念、研究架构与操作方法。自古讲究"上兵伐谋"，即最佳胜局要靠谋略取得，回归到新创企业的竞争问题本身，新创企业可以从"动态性"和"相对性"的角度，运用对偶思维根据市场和资源上的差异识别竞争对手，加深与竞争对手间的不对称关系，保持自己对环境反应的弹性，最小化对手反应带来的不利影响，获取竞争优势。

戴维·蒂斯：动态能力驱动新创企业即时应对复杂竞争环境

达尔文曾说："存活下来的物种从来不是那些最强壮的或是最聪明的，而是那些最能适应环境变化的。"全球化背景下，企业竞争范围早已扩大到全球商业市场，不论是否为新创企业的管理者，都不会为企业运营创造"一劳永逸"的解决方案，而是不断地重新配置或修改企业操作惯例。动态竞争理论强调了新创企业所处环境的动态性和复杂性，以及企业如何针对当下实际情况响应式地制定竞争策略。动态竞争战略的制定是以动态竞争互动为基本前提的，但如何更具有前瞻性、预判性和主观能动性地建立持久竞争优势，蒂斯提出的动态能力理论为企业应对外部动态变化环境和竞争压力提供了解决思路。伴随新创企业的发展，具有既定资源基础的组织可能具有固有刚性，由于知识的路径依赖特征，管理者识别新机会的警觉性会降低。蒂斯提出的动态能力理论框架为企业流程、组织结构、决策规则和纪律的设计提供了框架，帮助企业认识市场中的潜在机会，构建新产品或服务来开发机会，获得创业回报。

此外，正因为具有既定资源基础的成熟组织可能具有固有刚性，且会导致管理者识别新机会的警觉性降低，对新创企业而言，组织的决策者在构建资源基础方面更需要具备灵活性。在开放经济中，新创企业保持卓越企业绩效的能力性质和微观基础是什么？

2007年，戴维·蒂斯在《战略管理杂志》上发表了《阐释动态能力：企业（可持续）绩效的本质和微观基础》一文，提出企业动态能力的三大结构维度，包括感知能力（sensing capabilities）、利用能力（seizing capabilities）和重构能力（reconfiguring capabilities）。感知能力是企业感知和塑造机会和威胁的能力；利用能力是企业抓住机会的能力；重构能力是企业通过增强、组合、保护以及在必要时重新配置无形或有形资源来保持竞争力的能力。三者协同推动企业成功创新和获取足够价值，以获取长期绩效。

回归到动态能力的本质讨论，感知能力、利用能力和重构能力对新创企业而言发挥着怎样的功能呢？第一，感知能力是扫描、创造、学习和解释活动的能力。企业通过不断扫描和搜索行业和市场的结构演进、客户需求变化、新兴技术发展，评估行业内利益相关的响应行动，在此基础上，开拓广泛的商业化机会。第二，利用能力是在感知到新的技术或市场机会后，通过新产品、流程或服务以争取该机会的能力。在技术和市场的冲突演变中，虽然依据资源存量差异，企业进行资源承诺的时间有所不同，但培养利用能力能帮助企业大力投资最有可能获得市场认可的特定技术和设计。这对新创企业尤为重要，因为在创业过程中的成功会促进企业建立"有效"的流程和程序惯例来管理现有业务，并限制在位企业激进创新的可能性。利用能力要求管理者在不确定的情况下做出公正判断，围绕未来需求和多种增长轨迹进行资源投资。第三，重构能力是重新配置资产和组织结构的能力。随着企业的发展以及市场和技术的演进，企业内部已成型的发展制度、规则和例行程序开始制约企业的行为，此时管理者需要突破因认知限制和既定资产产生的偏见，实现资源的重新调整和部署，突破组织惯性（Teece，2000）。

落实到企业具体的业务流程中，动态能力的微观基础有哪些呢？由于组织本身的层级结构，信息自下而上的传递会逐步衰减，因此企业需要设计相应机制和程序以帮助管理者评估市场和技术发展。具体而言，可以通过构建以下四种组织流程来从不确定性的迷雾中获得洞察力，以促进对机会和威胁的感知：①实施内部研发、搜索新技术；②利用外部科学知识或技术；③识别供应商创新或生态互补者创新；④识别目标细分市场、客户需求变化和客户创新。紧接着，为了抓住机会，企业需要着重设计以下四种微观流程，包括：①确立产品架构与商业模式；②确定企业边界；③管理互补者和平台；④避免管理者偏见、错觉、欺骗和傲慢。通过以上流程设计，企业确定了目标细分市场以及价值链结构，在估计成本结构和利润潜力的基础上，配合管理者认知拓展和高质量决策，通过协同专业化形成网络效应，成功抓住市场或技术机会。最后，为了培养整合和协调技能，组织可以通过分散决策（decentralization）、近似可分解性（near decomposability）、共同专业化（co-specialization）、公司治理以及组织学习和知识管理的调整等途径，实现采用松耦合结构去拥抱开放式创新，匹配和整合生态内价值和激励新知识的产生。通过以上一般框架的提出，动态能力被视为企业在快速的市场或技术变革中获取竞争优势的基础。

值得注意的是，识别或开发机会的主体、利用相应机会的主体，以及重构资源和结构的主体在时空上是可以并存的，三者在企业内部需要实现整合。整合过程则是由管理者的创业家精神驱动，管理层突破过去企业已创建的组织流程、系统和结构，通过识别威胁和机会趋势、引导资源重新定向、重塑组织结构和系统，形成新的组织形式和商业模式，从而为投资者创造长期价值。需要澄清的是，只拥有动态能力本身并不一定会为新创企业带来卓越的财务绩效，但这种能力是必要的（Eisenhardt，Martin，2000）。对于两家具备同等运营能力的企业而言，拥有动态能力的一方更有可能及时应对新出现的挑战，在竞争中胜出。同时，动态能力不仅仅是建立对竞争的防御，更是主动地通过创新、连续的资产组合和业务重组，塑造竞争和市场结果，从而帮助企业维持长期的竞争回报。

这篇文章对于解释新兴企业在动态竞争环境中竞争优势的构建具有重要的价值。首先，这篇文章确立了动态能力作为企业应对外部动态变化环境和竞争压力的内部微观基础，有助于帮助学者理解新创企业的长期成功。对新创企业而言，组织的决策者在构建资源基础方面更需要具备灵活性，在开放经济中，新创企业可以通过构建动态能力保持卓越的企业绩效。该框架强调了企业对过去管理惯例所带来的桎梏的突破，体现了新创企业的主体能动性，却没有忽视过去的流程和管理惯例对企业当前和未来业绩的影响，同时，通过强调管理层对支持创新的组织流程和结构的设计，为企业找到新的价值提升组合。此外，该框架整合了战略管理、经济学、组织行为、创新研究的相关概念和成果，提供了一个相对精简的框架来解释企业竞争这一极其重要和复杂的问题。更为重要的是，该文章阐述了动态能力理论的理论优势，即在解决了传统资源基础观的静态性和能力观的核心刚性问题之外，进一步落实到企业实践问题，为新创企业获取竞争优势的具体流程和结构设计提供了思路。针对当前数字平台新创企业的实践问题，动态能力也为其生态系统的构建和商业模式的设计提供了理论范式，通过环境扫描和感知能力以及生态系统协调综合能力构建，数字平台型企业能持续创造竞争优势（Helfat，Raubitschek，2018）。

道格拉斯·汉娜和凯瑟琳·艾森哈特：生态系统战略推动新创企业生态系统平衡

前两篇研究强调站在焦点企业的立场进行竞争分析，但越来越多的企业不再是孤立主体，而是处于生态系统的联盟中。随着环境的不确定性和复杂性的增加，企业之间的竞争也逐渐演变为生态系统之间的对抗。企业如何在日新月异的竞争环境中处理好与其他企业相互制约且又相互依赖的生态关系，共同进化、共生共荣，从而实现可持续性发展的议题日益凸显。由于联盟中竞争与合作的震荡特性（oscillation），既有合作又有竞争的联盟总是不稳定的，往往最终只存在一种状态，但竞争或合作中哪一种状态会在这种震荡中更胜一筹呢？且竞合本质上是矛盾的存在，企业如何均衡企业联盟之间的竞合关系，以便在生态系统中成功地平衡竞争和合作？以上问题成为新创企业长期发展面临的竞争瓶颈。

2018年，道格拉斯·汉娜和凯瑟琳·艾森哈特在《战略管理杂志》上发表了《企业如何在新生生态系统中开展合作和竞争》一文，通过对2007～2014年美国住宅太阳能行业的5家公司进行多案例分析，引入了新的理论框架以解释企业如何在一段时间内保持竞争与合作的平衡。

在研究设计上，这篇文章系统分析了2007～2014年美国住宅太阳能行业中的企业如何平衡竞争与合作的经验，提出了三种生态系统战略——系统战略、组件战略和瓶颈战略，并研究了每种战略的独特优势、劣势和所需能力。选择该生态系统作为研究对象的优势在于该行业由太阳能光伏板、货架、销售、安装、金融服务五个不同部分组成，且处于发展初期，行业中的在位企业规模较小、战略灵活性高，因此便于观察，且有条件控制声誉、网络、资金等初始变量。同时，这篇文章指明了生态系统下的企业竞争研究具有独特特征。首先，生态系统围绕最终产品进行组织，各个组成部分相互补充，因此各个组件企业之间的竞争关系较为复杂。其次，生态系统有瓶颈，占据生产瓶颈的组件企业会阻碍其他组件企业或整个系统发挥其潜力。最后，生态系统中的企业既需要平衡合作、创造价值，也需要通过竞争获取价值，该平衡可能在多个生态系统的不同层面同时以不同的方式展开，这增加了企业平衡竞争与合作分析的复杂性。

为了解答企业如何在不断演变的生态系统中成功地平衡竞争与合作，文章作者们提供了三类具体战略用于指导企业竞合实践。第一，系统战略是指公司在成立时，进入生态系统的大部分或所有组成部分业务。该战略强调竞争，即个体企业通过整合生态组件来创造自身价值，并通过最小化对合作伙伴的依赖、削弱竞争生态系统来获取价值，是积极追求个体公司利益而牺牲其他公司利益的典型。第二，组件战略是指企业参与生态系统的单个或子组件业务，并从其他方获得剩余组件业务。该战略强调通过合作追求共同利益，即通过相互专业化创造价值，并通过组件竞争对手的创新和超越来获取价值。因此，系统战略和组件战略是竞争或合作的单一战略，而瓶颈战略同时整合了竞争和合作。第三，瓶颈战略是指企业在成立时，进入生态系统的瓶颈部分，通过不断开发新能力，重新调整与互补者的关系来创造和获取价值。该战略强调企业在获取价值的同时追求共同利益。可以看到，虽然组件战略和系统战略分别"倾斜"于合作和竞争天平的两边，但瓶颈战略维持住了该天平的平衡，并在两者之间保持着辩证张力。

通过分析，三类生态系统战略的实施对领导力和组织资源条件的要求也存在差异性。首先，针对系统战略，管理者需要具备整合思维和生态意识，能参与大多数组件活动并整合生态组件。因此，实施此类生态战略的扩张速度相对较慢，且需要企业或管理者具备更多生态网络资源，当整体行业正向扩张时，系统战略是最有效的。其次，针对组件战略，管理者需要具备组件思维和合作思维，不仅要考虑企业内部问题，更要观察外部环境，并能随时协调补充资源以改变创新轨迹。由于该战略的实施对象更多的是具有早期生存风险的企业，因此实施该战略的组织资源要求也较少，当企业拥有一个协调良好的生态系统和拥有一个优质组件产品，以及所处市场竞争缓慢时，组件战略是最有效的。最后，针对瓶颈战略，管理者需要拥有卓越的动态能力和弓箭思维，灵活地在瓶颈之间进行有效迁移，时刻改变竞争与合作平衡。由于该战略的实施会导致企业面临更高的风险，因此企业需要具备充裕资源进行缓冲，当瓶颈转移和互补资源充裕时该战略的实施效果最佳。

值得注意的是，尽管这篇文章提出了兼顾竞争和合作的瓶颈战略，但该研究并非一味推崇该战略，而是提醒管理者瓶颈战略的灵活性和复杂性所带来的成本与挑战。一方面，企业需要重视生态系统内部的瓶颈拥挤程度，以及对生态系统中的瓶颈进行预判。当生态系统内有大量公司占据瓶颈位置时，企业很难脱颖而出，因此，创新和合作成为区分企业和吸引高质量互补者的关键。反之，当瓶颈不拥挤时，天平倾向于竞争，企业更宜通过运用市场力量来获取竞争优势。因此，瓶颈战略展示了一种复杂的竞争与合作模式，需要管理者投入大量精力维持平衡。另一方面，识别生态系统中的现有瓶颈相对容易，而预测较难。对企业而言，预判并占据一个不拥挤的生态瓶颈位置是理想的，可以在竞争程度较低的市场中进行组件业务的开发，进而创造价值同时获取价值。但生态系统是不断演变的，瓶颈转移对管理者来说是一个巨大挑战，他们需要远见卓识和动态能力来不断预判瓶颈位置，抢占竞争优势。

未来研究方向

第一篇文章是有关竞争对手分析和企业间竞争的奠基性文章，阐明了企业间的竞合关系，并预测焦点公司如何与每个竞争对手互动。第二篇文章基于企业能力观，进一步确认了动态能力作为企业应对外部动态变化环境和竞争压力的微观基础，帮助学者理解企业长期成功的基础。第三篇文章为企业如何驾驭和平衡生态系统中的竞争与合作提供了战略路径，包括每一种战略的独特优势、劣势及所需的能力支撑体系，为指导企业管理与竞争者关系的实践提供思路。上述三篇文章代表了相关研究进展的关键节点和未来方向。

陈明哲以行动为导向构建了一套有关企业间竞争与互动的系统化理论，强调竞争各方在"攻击-反击"的配对行动中相互对抗与制衡，将中国传统文化中的敌我攻防哲学思维与西方管理科学的理论架构相融合。其被应用于战略管理的诸多方面，然而随着新经济的发展，传统的动态竞争理论已经不足以描述企业当前面对的竞争态势，陈明哲和丹尼·米勒（Danny Miller）扩大了竞争参与者的范围，重新定义了竞争、竞争对手、竞争的发生过程等（Chen, Miller, 2015），这也为未来的研究提供了思路。随着产业与数字科技融合的日益加速，企业不断嬗变，目前的竞争主体早已超越单个企业的界限，形成了生态系统间的对抗。例如，互联网企业利用生态整合能力，已能跨越产业边界创造新产业生态群，重构竞争格局。竞争参与者的范围被数字科技扩大后，企业间的竞争对抗行为是否会发生变化？是商业模式的竞争，平台的竞争还是生态系统的竞争？其"攻击-反击"动态竞争行动框架又会受到何种因素的影响，存在何种差异？

戴维·蒂斯提出的动态能力理论不仅帮助学者们理解了企业长期成功的基础，也帮助管理者勾勒出战略制定的优先事项，摆脱企业在全球竞争市场中的零利润趋势。该框架指出了企业所拥有的技能、流程、程序、组织结构、决策规则是企业级感知、利用和重构的基础，能帮助企业创建、部署和保护无形资产，以支持长期卓越绩效的实现。但目前动态能力的相关研究主要是考察传统行业中在位企业如何获取竞争优势。数字经济下的企业动态能力指标测量体系有无变化？新兴技术及新兴研究情境下的动态能力构建路径与作用机制是怎样的？中国独特文化与制度情境的嵌入对动态能力研究有无启发？是否可以拓展应用行为实验与仿真模拟等多种研究方法进行动态能力研究？以上问题都值得未来进一步探究。

道格拉斯·汉娜和凯瑟琳·艾森哈特细化了生态系统战略的内涵，分析了生态系统中的有关竞合关系平衡的三大战略，以及三大战略各自的独特优势、劣势和所需能力，回答了企业如何在追求竞争和合作的过程中找到合理平衡的问题。虽然组件战略和系统战略分别倾向于合作和竞争，但瓶颈战略在两者之间的"模糊地带"保持着辩证的张力。以上分析默认企业所面临的制度环境或"游戏规则"是公平的，那在不完善或功能失调的制度环境下（如新兴经济体市场），企业又该如何平衡竞争和合作的关系呢？此外，竞争与合作的相互作用仍没有得到充分讨论，竞争与合作如何相互关联？竞争与合作在推动企业行为和绩效等方面是如何动态作用的？显式或隐式的竞争或合作，以及离散或连续的竞争或合作活动，其相互作用机制又是怎样的？以上问题等待学者们进一步解答。

研究设计与应用拓展

哪些理论有可能有助于解释新创企业的竞争者分析问题，并启发新的研究思路呢？结合现有研究的理论建构和发展来看，博弈论、交易成本理论、资源基础观、网络理论、动态能力理论、动态竞争理论、行为认知理论等均是新创企业竞争问题思考的基础理论选择。例如，网络分析不仅可以用于研究社会网络（Ahuja, 2000），还可以用于研究由企业间竞争关系组成的竞争网络，如竞争网络特性、竞争网络中的结构洞、竞争网络中的行为驱动机制等。由于竞争范围从双边拓展到了多边，这种相互作用的性质比以前假设的更加丰富和复杂，为了洞察竞争本质，博弈论提供了本质上预测个体行为和演化结果的机会。此外，将创业者或管理者的文化差异、个性特征和价值观（如利己主义与利他主义），纳入竞争与合作行为的根源研究也可能是一件有趣的事情。在研究方法上，一些方法，例如仿真模拟和行为实验，也有可能进一步促进我们对这种相互作用关系的理解，学者们应该在多个分析层次上研究竞争与合作的直接和间接相互作用之间的区别。

学者未来可以在新创企业的竞争者研究中引入时序维度的分析。现有的关于竞争合作的研究多强调同时开展竞争与合作，因此忽略了时序维度。企业是先开展联盟合作后再开展竞争，还是先进入彼此产品市场竞争后进行合作，学者们可以用两种独特情境进行比较，竞争与合作之间的转变也可能由产业演变的动态而不是二元层面的考虑因素驱动，因此，这是一项具有挑战性的工作。此外，目前我们默认竞争与合作之间是相互约束的内在权衡关系，但竞争对手之间的激烈竞争可能会鼓励他们将合作作为一种更好的选择，虽然竞争在某一特定时间点削弱了合作，但随着时间的推移，竞争也许会促进合作，而合作反过来又可能促进竞争，两者在时序维度上呈螺旋交替上升的态势。因此，在竞争合作的研究中引入时序维度，可以丰富对竞争网络演变的相关洞察。

学者可以进行新兴竞争实践的关键变量新测量或新变量的创新性测量研究。未来新创企业的竞争者分析绝不能简单叠加竞争与合作，任何一方都具有多面性，研究者需要以更微妙的方式来考虑企业间的相互依存关系，不能将竞争与合作视为离散的选择，而应考虑在它们之间进行权衡。但现有研究对包括竞合本身在内的本质概念和边界仍不清晰，未来研究在变量选择上，可考虑竞合存续性、竞合程度、竞合依赖、竞合关系结构、竞合平衡、竞合知识管理等，以竞合的本质概念、前因后果和情境中介进行不同程度的探索和理解，为竞争合作的概念化和操作化提供一个更具细粒度的理解。此外，由于数字化、智能化重塑了企业主体之间的价值共创方式，数字平台、工业互联网、数字创新生态系统间主体、结构、制度、功能如何彼此渗透、相互抗衡？非常值得针对这一系列问题开展深入的本土化研究。

◆ 参考文献

Ahuja, G., 2000, "Collaboration networks, structural holes, and innovation: a longitudinal study", *Administrative science Quarterly*, Vol. 45, No. 3: 425-455.

Bamford, C.E., Dean, T.J., and McDougall, P.P., 2000, "An examination of the impact of initial founding conditions and decisions upon the performance of new bank start-ups", *Journal of business Venturing*, Vol. 15, No. 3: 253-277.

Barney, J., 1991, "Firm resources and sustained competitive advantage", *Journal of Management*, Vol. 17, No. 1: 99-120.

Barney, J.B., and Hoskisson, R.E., 1990, "Strategic groups: untested assertions and research proposals", *Managerial and Decision Economics*, Vol. 11, No. 3: 187-198.

Chen, M.J., 1996, "Competitor analysis and interfirm rivalry: toward a theoretical integration", *Academy of Management Review*, Vol. 21, No. 1: 100-134.

Chen, M.J., and Miller, D., 2015, "Reconceptualizing competitive dynamics: a multidimensional framework", *Strategic Management Journal*, Vol. 36, No. 5: 758-775.

Eisenhardt, K.M., and Martin, J.A., 2000, "Dynamic capabilities: what are they?", *Strategic Management Journal*, Vol. 21, No. 10-11: 1105-1121.

Helfat, C.E., and Raubitschek, R.S., 2018, "Dynamic and integrative capabilities for profiting from innovation in digital platform-based ecosystems", *Research Policy*, Vol. 47, No. 8: 1391-1399.

McGee, J., and Thomas, H., 1986, "Strategic groups: theory, research and taxonomy", *Strategic Management Journal*, Vol. 7, No. 2: 141-160.

Peteraf, M.A., 1993, "The cornerstones of competitive advantage: a resource-based view", *Strategic Management Journal*, Vol. 14, No. 3: 179-191.

Porter M.E., 1997, "Competitive strategy", *Measuring Business Excellence*, Vol. 1, No. 2: 12-17.

Shipilov, A.V., Li, S.X. and Greve, H.R., 2011, "The prince and the pauper: search and brokerage in the initiation of status-heterophilous ties", *Organization Science*, Vol. 22, No. 6: 1418-1434.

Teece, D.J., 2000, *Managing Intellectual Capital: Organizational, Strategic, and Policy Dimensions*, OUP Oxford.

Teece, D.J., 2007, "Explicating dynamic capabilities: the nature and microfoundations of (sustainable) enterprise performance", *Strategic Management Journal*, Vol. 28, No. 13: 1319-1350.

Wassmer, U., 2010, "Alliance portfolios: A review and research agenda", *Journal of Management*, Vol. 36, No. 1: 141-171.

Wernerfelt, B., 1984, "A resource-based view of the firm", *Strategic Management Journal*, Vol. 5, No. 2: 171-180.

文献推荐

Chen, M.J., 1996, "Competitor analysis and interfirm rivalry: toward a theoretical integration", *Academy of Management Review*, Vol. 21, No. 1: 100-134.

Hannah, D.P., and Eisenhardt, K.M., 2018, "How firms navigate cooperation and competition in nascent ecosystems", *Strategic Management Journal*, Vol. 39, No. 12: 3163-3192.

Teece, D.J., 2007, "Explicating dynamic capabilities: the nature and microfoundations of (sustainable) enterprise performance", *Strategic Management Journal*, Vol. 28, No. 13: 1319-1350.

代表性学者

陈明哲(Chen Ming-Jer)

1988年在马里兰大学取得企业管理博士学位。现任弗吉尼亚大学达顿商学院讲座教授、国际管理学会暨战略管理协会终身院士,是第一位三度荣膺国际战略管理学会最佳论文奖的学者,曾创立并指导沃顿全球华人商业计划。目前研究领域为企业战略、全球战略与竞争中国企业与东西方管理。E-mail: ChenM@darden.virginia.edu。

戴维·蒂斯(David J. Teece)

在宾夕法尼亚大学取得经济学博士学位,现任加利福尼亚大学伯克利分校哈斯商学院教授,是动态能力理论创始人。曾在斯坦福大学和牛津大学担任教学和研究职务，曾就监管政策和竞争政策在美国国会作证，著有 200 多部著作，同时也是伯克利研究集团的执行主席和联合创始人，目前的研究领域包括公司战略、企业家精神、创新、竞争政策。E-mail：teece@haas.berkeley.edu。

凯瑟琳·艾森哈特（Kathleen M. Eisenhardt）

1982 年在斯坦福大学取得博士学位，现任斯坦福大学讲席教授。她的研究兴趣包括战略管理和组织管理，当前的研究兴趣包括在新市场和新生态系统中的启发式决策和战略互动、市场战略决策以及商业模式设计。在《管理学杂志》《组织科学》《行政科学季刊》《战略管理杂志》等期刊上发表过 100 余篇高水平论文。E-mail：kme@stanford.edu。

新创企业何时及如何进入平台生态系统①

◎ 周冬梅　◎ 陈雪琳

电子科技大学经济与管理学院

基于平台的市场已经存在了几十年，但是在过去几年中，基于平台的市场规模和经济重要性的增长使其成为一个备受关注的研究主题。平台生态系统文献主要起源于经济学和战略研究，该系统作为一种新的创业情境为新创企业的市场进入带来了大量新变化和新问题。在平台生态系统中，许多新创企业利用平台资源为潜在最终用户提供互补产品或服务，它们的存在和扩展极大地完善和发展了整个生态系统的价值主张（Parker, et al., 2017；Reuver, et al., 2018）。在实践中观察，平台生态系统已逐渐成为新创企业追求机会的场所（Reuver, et al., 2018；Rai, et al., 2019），一方面，吸引新创企业发现并寻求机会，提供互补的产品、技术和服务；另一方面，在这一过程中为新创企业提供重要支持，包括进入成熟市场、提高声誉以及增加IPO机会等（Nambisan, et al., 2017；Srinivasan, Venkatraman, 2018；Briel, et al., 2018）。例如，截至2021年1月，苹果公司的应用程序商店提供了超过500万个应用程序，为开发人员带来的收入累计达640亿美元。新创企业的快速涌现和迭代极大地影响整个平台生态系统的发展与繁荣，在推进其自演化的同时实现生态共生。随着对新创企业作为互补者在平台生态系统中的作用的确认，一个重要的问题浮现出来：新创企业应该何时以及如何进入平台生态系统呢？如果我们不了解这个问题，就难以深刻认识平台生态系统形成和演化的内在机理，更难以充分解释互补者如何在平台生态系统中实现价值创造和价值获取。

市场进入问题一直都是新创企业谋求生存与发展需要解决的首要难题。一方面，新创企业面临着与在位企业的竞争，另一方面，新创企业自身存在明显的"新进入缺陷"。但现阶段大量的文献研究瞄准了企业对进入市场的事后回应，关于企业对进入市场的事前反应的相对较少。对市场进入问题的探讨主要分布在行业市场进入、区域市场进入、产品市场进入、技术市场进入等不同的情境中（Zachary, et al., 2014）。与传统市场相比，平台生态系统中的"二八效应"更为明显，20%的头部企业几乎占据了80%的流量和销量。因为准入门槛较低、

---

① 本文是国家自然科学基金重点项目"新创企业商业模式形成与成长路径"（71732004）、重大项目"创新驱动创业的重大理论与实践问题研究"（72091310）课题三"大型企业创新驱动的创业研究"（72091311）资助的阶段性成果。

竞争激烈，大部分互补者很难在互补产品市场中建立或维持竞争优势，无数新创企业都迷失在平台的海量互补产品之中。由此，新创企业在什么时机进入平台生态系统才能获取竞争优势？新创企业采取何种进入方式才能在平台生态系统中获取更高的创业绩效？这不仅是新创企业面临的现实战略难题，也是学者们应该探寻的学术前沿问题。

马尔科·切卡尼奥利等学者：平台生态系统助力新创企业的创新商业化

马尔科·切卡尼奥利（Marco Ceccagnoli）等学者于2012年在《管理信息系统季刊》上发表了《平台生态系统中的价值共创：以软件企业为例》一文，首次从根本上回答了什么样的新创企业能从进入平台生态系统中获益，并且构建了新创企业从平台借力的同时保护自身的理论模型，为后续研究提供了重要参考。

这篇文章的学术观点看似简单却极具启发价值。新创企业往往在努力探索创新商业化的路径，在这一过程中，它们一般面临两种选择：将创新嵌入到产品中直接与老牌公司展开竞争，或是与老牌公司合作，加入其平台生态系统以获取回报（Gans，Stern，2003）。而加入老牌公司的平台生态系统却面临着技术被平台所有者模仿超越的风险，但为何仍有大量新创企业进入平台生态系统？为解答该疑问，切卡尼奥利等学者基于软件行业中小型独立软件供应商是否进入SAP平台生态系统，探讨新创企业进入平台生态系统对企业绩效的影响，同时分析这种影响是否会因新创企业的知识产权保护和自身下游互补能力的不同而有所差异。

切卡尼奥利等学者选择了独立软件供应商为研究对象，主要数据来源是CorpTech数据库。探讨新创企业进入与不进入平台生态系统对企业绩效的影响，需要解决两个关键难题：如何在软件行业中衡量新创企业进入了平台生态系统的标准？如何确定不进入平台生态系统的新创企业？如果独立软件提供商与SAP建立了合作关系，则表明企业产品与SAP平台具有兼容性，从而可以轻松地出售给SAP平台用户。基于此，作者以存在合作伙伴关系作为进入平台生态系统的衡量指标，并在SAP网站上检索到了411家与SAP合作的独立软件供应商，其中，有206家在CorpTech数据库中。进一步地，为确定不进入平台生态系统的新创企业，作者通过检索与以上206家企业的产品组合相似的企业，从而确定了2 175家潜在的SAP合作伙伴，接着，从潜在合作伙伴中筛选出销售额低于5亿美元、员工少于1 000人以及1980年之后建立的新创企业，最终形成了1 210家新创企业的样本数据集。但SAP网站上的合作伙伴信息缺少具体合作年份，也无法显示以往合作伙伴信息，为克服该难题，作者通过新闻稿来确定样本企业是否与SAP建立过合作关系，从而确定样本中的新创企业是否进入了平台生态系统。

基于对收集数据的回归分析，他们发现，新创企业进入平台生态系统不仅与销售收入的增长呈正相关，而且也能增加IPO的可能性。同时，如果新创企业能更好地保护知识产权和具有更强的下游互补能力，其进入平台生态系统对企业绩效增长的影响更大。具体而言，除了以商标衡量的下游互补能力对进入平台生态系统与IPO可能性关系的调节作用不显著外，其余直接效应和调节效应的回归系数均为正数且达到显著性水平。作者认为商标的调节作用缺乏显著性的原因是数据特征：由于网络泡沫破裂后金融市场环境恶化，样本中IPO数量急剧下降，从而很难将商标对IPO的影响和金融市场环境恶化对IPO的影响区分开来。因此，该文章假设基本得到验证。

这意味着，进入平台生态系统是新创企业新颖可行的创新商业化策略。一般而言，具有创新性的新创企业可以通过进入平台生态系统获取显著的收益，即销售额的大幅增长以及

IPO 可能性的提升。主要原因有二：一方面，进入平台生态系统能使新创企业获取关键的互补性资产（如软件兼容性认证），其能更快、更经济地利用平台所有者庞大的安装基础，加之平台的认证能向用户传递质量信号，使新创企业能获取平台所有者无法服务或服务不足的广阔潜在市场以实现销售增长；另一方面，IPO 是新创企业长期绩效的重要表现方式，而投资者面临着较大的信息不对称性和不确定性，新创企业进入平台生态系统后所能到达的潜在市场和传递的质量信号是减轻投资者眼中不确定性的重要方法，从而能提升 IPO 的可能性。但是，若新创企业没有较强的知识产权保护和下游互补能力，将削弱其进入平台生态系统获取的收益。这主要是由于进入平台生态系统后，新创企业会面临着独占性风险，即平台所有者可能会复制新创企业的技术并提供竞争产品，若新创企业具有较强的独占性机制则可以缓解该风险：其一，若新创企业通过专利和版权等加强知识产权保护，能在一定程度上阻止平台所有者模仿；其二，若新创企业具有较强的品牌、制造、营销等下游互补能力，这些互补能力难以被轻易模仿和篡改，在平台所有者无法模仿和难以模仿的双重阻力下，新创企业在进入平台生态系统时将获取更多收益。

切卡尼奥利等学者的研究的重要价值在于揭示了具有创新性的新创企业进入平台生态系统具有获益的可能性。平台生态系统为新创企业的创新商业化提供了新选择，进入平台生态系统不仅能快速接触到潜在用户市场，而且能向用户和投资者传递出可靠的质量信号，这也是新创企业进入平台生态系统的重要经济性动机。进一步地，该文章强调了独占性机制对新创企业在平台生态系统中获取收益的重要性，为防止平台所有者的模仿，新创企业需要积极开展知识产权保护，或确保下游互补能力，说明了何种新创企业更有能力应对强大的平台所有者的竞争。以上对新创企业加入平台生态系统的经济性动机以及独占性机制的探讨都深刻地启发了后续对新创企业何时以及如何进入平台生态系统的研究。

朱斯特·里特维尔德等学者：基于平台用户异质性的进入时机策略

切卡尼奥利等学者的研究论证了具有创新性的新创企业进入平台生态系统能获取更多的收益以及独占性机制的促进作用，但这一结论基于新创企业进入平台生态系统能接触到大量潜在平台用户以增加获益可能性的假设，仅强调了用户安装基数的重要性，而并未关注到不同用户的异质性。那么，是否平台生态系统中的用户基数越大，企业进入该系统就能获取更高的绩效？平台生态系统中不同阶段用户的异质性对企业进入后的绩效有何影响？朱斯特·里特维尔德（Joost Rietveld）等学者于 2018 年在《组织科学》上发表了《平台市场中的需求异质性：对互补者的影响》一文，从平台早期和后期用户需求异质性出发，率先探讨了企业进入平台生态系统的不同时机对绩效的影响。

在平台发展过程中，不同阶段用户之间存在较大差异。早期进入平台的企业面对的是早期用户，后期进入平台的企业同时面对早期和后期用户。相较于早期用户，后期用户支付意愿更低、对风险的厌恶程度更高、搜索方式更加追求可靠性。因此，随着更加保守的后期用户的加入，增加的用户基数可能对进入企业的绩效产生负面影响。基于此判断，里特维尔德等学者试图划分平台生命周期，探讨平台不同阶段用户异质性对进入企业绩效的影响，以及对提供更加新颖、更加流行的产品的企业的绩效影响是否存在差异。

这篇文章在研究设计上具有以下特色。第一，由于要对平台的发展阶段进行划分，从而需要选择生命周期较为完整的平台。里特维尔德等学者选取了英国的游戏平台，该类平台具有明显的起点和终点，通常 5～8 年发布一次新一代游戏平台，从而平台的早期和后期用户存在较大差异，完美地契合了研究要求。第二，研究需要对不同阶段用户结构进行划分，但一般而言，面对已经安装了平台的用户，如果没有用户层面的数据，往往难以区分已有安装基础中的早期和后期用户。面对这一难题，作者十分高超地基于平台层面数据，采用平台扩散程度和下一代平台用户数量，从侧面对不同阶段的用户结构进行衡量。这主要基于以下逻辑：平台扩散程度是指平台在某时间点的安装基数与平台在生命周期结束时的安装基数的比重，数值范围为 0～1，该数值越大，则表明用户结构中后期用户越多，当数值为 1 时，代表后期用户的数量达到峰值。同时，用户偏好具有稳定性，这一代平台的早期用户更有可能成为下一代平台的早期用户。这意味着，随着下一代平台的普及，仍活跃在原平台的早期用户数量会因人员向新一代平台涌入而下降，从而后期用户的比重会进一步提升。由此可知，下一代平台用户数量越大，从侧面反映出了上一代平台流失的早期用户越多，后期用户的比重就越高。

通过线性回归分析，他们主要有三点发现：第一，随着后期用户的比重逐渐提升，互补产品的单位销量逐渐下降。具体表现为，随着平台扩散程度的提升和下一代平台用户数量的提升，单位游戏销量逐渐降低。第二，互补产品的新颖性越强，后期用户增加对互补产品绩效负向影响的程度更大。具体表现为，具有新 IP 的游戏加剧了平台扩散程度提升和下一代平台用户数量增加对单位游戏销量逐渐降低的影响。第三，后期用户增加加大了流行互补产品和非流行互补产品之间的销量差距。具体表现为，平台扩散程度高对非流行产品具有显著的负向影响，对流行产品的负向影响并不显著；下一代平台用户数量增长对非流行产品的负向影响比对流行产品的负向影响更加强烈。

以上结果表明，进入平台生态系统的企业能否成功并非仅受用户安装基数的影响，同时还受到不同阶段用户异质性的影响，换言之，进入平台生态系统的时机也会影响企业绩效。一般而言，平台生态系统的发展伴随着大量后期用户的进入，平台上互补产品的单位销量会随之减少，越新颖的产品单位销量减少的速度将会越快，同时，流行和非流行产品之间单位销量的差距将进一步扩大。这主要是由于：在无法预知哪个平台会占领市场和没有确定性收益的情况下，早期用户愿意采用创新产品且具有更高的付款意愿。但随着用户安装基数向付款意愿更低的后期用户的扩张，（在控制安装基数和竞争密度的前提下）对互补产品的单位需求实际上是下降的，从而更大的用户安装基数反而导致了企业绩效的降低。另外，早期用户通常较少规避风险，更加重视新颖性，而后期用户搜索信息更加依赖可靠的外部信号，因此新颖的互补产品对早期用户的吸引力远远大于对后期用户的吸引力，同时，为降低风险，后期用户会倾向于更加可靠的流行产品而远离非流行产品。总之，早期和后期用户结构对企业绩效十分重要，随着后期用户的逐渐加入，互补产品的单位销量会减少，尤其是高风险产品，如新颖的和非流行的产品。

这篇文章对解释新创企业应当什么时候进入平台生态系统具有重要的启发价值。它首先打破了用户同质性的假设，强调不同阶段的平台用户在付款意愿、风险倾向、新颖性追求、搜索方式等方面的显著差异，表达了用户安装基数的增长并不意味着用户价值的提升，更加贴合平台生态系统的实际情况，进一步也说明了新创企业选择进入拥有更大用户安装基数的成熟平台生态系统并不一定会实现绩效增长，而初期平台生态系统的用户价值可能会更大。具有新颖的创新产品的新创企业在初期的平台生态系统中可能会获得更好的发展，具有流行可靠的产品的新创企业在成熟平台生态系统中可能会获取更高绩效，新创企业可依据自身优势选择进入平台生态系统的时机。

马修·巴洛等学者：基于平台同行竞争的行为策略

如果说新创企业进入平台生态系统能直接接触到大量潜在用户，那么，新创企业如何吸引用户的注意力，在大量竞争者之中脱颖而出？从理论上看，切卡尼奥利等学者证实了具有较好创新性和独占性机制的新创企业能通过进入平台生态系统获取更多收益，里特维尔德等学者论证了具有不同新颖性或流行性的产品提供能力的新创企业可以选择进入平台生态系统的时机，但都未回答新创企业应该选择何种行为策略进入平台生态系统。从实践上看，新创企业进入平台生态系统面临着众多的互补竞争者，如何进入用户视野而不是迷失在浩瀚的同质产品海洋中，是资源相对有限的新创企业面临的重大难题。那么，新创企业如何在满足用户期望的同时与竞争者区分以获取竞争优势？

2019年马修·巴洛（Matthew Barlow）等学者在《战略管理杂志》上发表了《在谷歌游戏平台上实现最佳区分、战略分类和产品市场进入》一文。在已有市场类别中，新进入者需要进行战略分类，在此过程中往往会面临着相似性和区别性的悖论。作者认为，新进入者具有两种相互依存的类别模式：类别原型（category prototypes）和类别典范（category exemplars）。类别原型是指在市场类别中最具代表性的成员，类别典范是指在市场类别中最突出的成员或明确的市场领导者。新进入者会积极与这两种类别模式保持一致或进行区分。那么，新创企业应该选择何种类别策略以实现最佳区分、获取用户关注？基于该问题，作者选择了2015年2月至2016年8月来自谷歌游戏平台的83 115名新开发人员所发布的139 582个游戏应用软件作为数据集，重点探讨了新进入产品与类别原型和类别典范的相似或区分程度对产品绩效的影响，以帮助新创企业在进入平台生态系统时选择有效的分类策略。

这篇文章在数据收集方面最大的难点在于，如何对新进入产品与类别原型和类别典范的相似度进行衡量。在谷歌游戏平台上发布应用程序时，开发人员必须编写产品的文字说明，这是凸显应用程序的关键特征与功能的机会。从而，作者采用自然语言处理方法（natural language processing methodologies）对应用程序的文字说明进行分析，以衡量原型相似度和典范相似度两个自变量。具体步骤如下：

关于原型相似度，首先，作者按谷歌游戏平台的41种应用类别进行分类，确定各类应用程序（而非仅样本应用程序）描述中50个常用的单词；其次，为了掌握产品进入前所面临的竞争环境，在时间选择上，确定目标应用程序首次发布前一个月所有应用程序描述中常用的50个单词；最后，用目标应用程序文字描述中包含的前50个常用单词的数量除以其文字描述中的单词总数，得出原型相似度。原型相似度得分为0代表该目标应用程序未使用其类别前50个常用单词中的任何一个，表明目标应用程序与该类别的原型应用程序存在显著差异；得分为1代表目标应用程序在文字描述中包含了该类别中所有前50个常用单词，表明其与类别原型高度相似。

关于典范相似度，首先，作者为样本中每个应用程序创建一个向量，向量中包含应用程序的文本描述中的所有单词的列表。其次，为谷歌游戏平台的41个类别中下载量最高的前100个应用程序建立向量。再次，计算目标应用程序向量与前100个典型应用程序每个向量之间的夹角余弦值，以确定两个向量的相似度。最后，从100个得分列表中找出单个最高得分以确定典范相似度。若典范相似度的得分为0，表示目标应用程序的文本描述不包含任何与其类别的前100个应用程序的文本描述相同的单词；若得分为1，表示目标应用程序的文本描述至少与其类别的前100个应用程序的文本描述中的一个相同。同时,不难看出,该文章在数据收集上的另一个特色在于庞大的数据集,不仅体现了工作量,而且较好地模拟了平台生态系统中激烈的竞争环境。

通过对收集来的数据的回归分析,作者发现,产品在进入平台生态系统时与类别原型的相似度越高,产品绩效就越差,与类别典范的相似度越高,产品绩效就越好,同时,与类别原型相似还将削弱与类别典范相似所带来的收益。这表明类别原型和类别典范两种分类模式相互依存,新创企业在进入平台生态系统时需要同时考虑二者的重要性。特别是,与进入传统市场不同,新创企业进入平台生态系统时与类别原型保持一致可能并不会带来预期收益。虽然在传统市场上,与类别原型保持一致可以通过表明组织是类别成员的方式来减少受众的困惑,以获取合法性。但随着市场中进入者增多,类别市场变得拥挤和分散,会使产品面临在大量同质产品中迷失的风险。而平台生态系统进一步加剧了这种拥挤效应,同时削弱了有利影响。一方面,新创企业通过平台认证进入平台生态系统,这是平台给予产品的一定程度的认可,从而降低了企业通过与类别原型保持一致以获取合法性的需要;另一方面,平台中的市场竞争更加激烈,缺乏差异化的高度拥挤效应更加凸显,从而导致了负面绩效。而与类别典范保持一致的分类策略才是新创企业进入平台生态系统获取竞争优势的抓手。这主要是因为,与类别原型保持一致是基于避免惩罚的定位策略,而与类别典范保持一致则是基于奖励驱动的定位策略。与类别典范保持一致的定位策略不仅能符合优质产品的突出属性,以帮助受众评估其产品质量,而且能使企业与众不同,避开竞争激烈的市场中心。

巴洛等学者的研究打开了一扇新的窗户。如果说以往的研究更多关注的是平台生态系统中的用户安装基数等问题的话,那么巴洛等学者的研究则告诉大家新创企业在平台生态系统中面临着激烈的竞争,吸引用户注意力并从竞争中脱颖而出并非易事,关键之一在于靠有效的战略定位实现与竞争者的最佳区分。尽管以往的研究认为与市场类别原型保持一致是获取合法性的重要源泉,但在平台生态系统中可能并不能带来有效收益,与类别典范的一致性更有可能成为竞争优势的来源。

未来研究方向

随着平台经济的发展,具有强大开放性和网络外部性的平台生态系统为新创企业提供了一个全新的充满机遇与挑战的市场场域,传统市场机制被打破,企业市场进入行为开始偏离传统独立性与合法性,在选择进入时机与进入策略上,不仅需要考虑自身实力与在位竞争企业,平台所有者、异质性用户以及其他互补参与者都会影响新创企业进入平台生态系统的决策。基于这样的事实判断,探讨新创企业进入平台生态系统的研究,才能更加贴合发展实践并实现应有的理论价值。新创企业进入平台生态系统只是手段和路径,它们的根本目的在于获取竞争优势,从而实现更高的创业绩效。重要的是,何种新创企业更易在平台生态系统中获得成功,它们采取什么进入策略才能获取更高的创业绩效,这一关键问题恰恰有很强的学术价值。上述三篇文章暗含了相关研究进展的关键节点和未来方向。

切卡尼奥利等学者关注平台生态系统助力新创企业的创新商业化过程,首次系统回答了具有创新性和独占性的新创企业进入平台生态系统更易获取收益。他们并未像其他学者那样立足于平台所有者,而是从新创企业入手,发现具有创新性和独占性的新创企业进入平台生态系统获取了更高的短期和长期绩效,也从侧面反映出了新创企业进入平台生态系统的经济性动机。那么，新创企业的其他特征，如资源禀赋、组织身份、创新导向等，将会如何影响新创企业进入平台生态系统的决策以及创业绩效的获取？新创企业进入平台生态系统除了能获取的销售收入、IPO可能性等经济性收益外，是否也能通过平台独特的创新交流社区、产品评论社区获取其他非经济性收益？

里特维尔德等学者的研究有助于启发未来在研究中将不同阶段的平台生态系统异质性纳入新创企业进入平台生态系统的决策要素。具体而言，在平台的不同生命周期阶段，进入其中的用户、互补者水平以及平台所有者的治理策略都存在较大差异。里特维尔德等学者探讨了平台用户需求异质性对互补产品绩效的影响，早期用户比后期用户更具支付意愿、新颖性追求、风险承受能力和大胆的搜索策略，从而对互补者具有更高的单位价值。那么，平台中早期和后期互补者之间以及治理策略之间存在何种显著的差异？这些显著差异将如何影响新创企业进入时机策略的选择？

巴洛等学者的研究引起了学术界对新创企业进入平台生态系统的行为策略的关注。由于面临平台生态系统中众多互补竞争者，新创企业受资源限制，所提供的产品和服务面临着被忽视的风险，从而需要选择有效的战略分类策略，远离市场类别原型并靠近市场类别典范才能获取潜在竞争优势。那么，新创企业进入平台生态系统还需要采用何种有效的行为策略？创业者和创业团队的认知水平、资源能力、决策倾向等，将会如何影响进入平台生态系统的行为策略的选择及创业绩效的获取？

研究设计与应用拓展

如果你对新创企业何时以及如何进入平台生态系统这一问题的研究感兴趣，首先需要明确以下几点：首先，对平台生态系统概念和类型有明晰的认识。现阶段，平台研究具有大量、多样和跨学科的特点，并包含各种各样的概念（McIntyre，Srinivasan，2017），而平台类型也存在较大差异，包括制造平台、商业平台、工业平台等不同类型，平台类型和演化阶段会触发新创企业进入平台生态的底层逻辑差异。其次，虽然进入平台生态系统与进入传统市场存在相似之处，但前者也有自身情境的独特性，由于平台所有者控制了对最终用户的访问，平台参与者必须先与平台所有者建立联系以创造价值。最后，与成熟企业相比，新创企业虽然具备更多创新活力和新颖性，但面临着更加突出的资源限制，也需要处理更多复杂的平台生态系统关系，因此进入平台生态系统的战略决策需要更加慎重。

在研究理论视角方面，哪些理论可能有助于解释新创企业进入平台生态系统的问题，甚至可能在解释中进一步发展新思想呢？从已有研究的理论建构和发展来看，先动优势理论、战略选择理论、社会认知理论、高阶理论、网络理论、资源编排理论、身份理论、动态竞争理论等是值得进一步思考的基础理论选择。有些理论（如先动优势理论）有助于解释新创企业进入平台生态系统的时机选择；有些理论（如资源编排理论）有助于解释新创企业进入平台生态系统的策略选择；有些理论（如高阶理论）有助于解释创业主体的特征对新创企业进入平台生态系统的决策影响。

在研究的具体问题上，为了更加深入和清晰地解释新创企业何时与如何进入平台生态系统的问题，我们还可以持续关注：新创企业在进入平台生态系统时如何处理与平台所有者的微妙关系？面对平台所有者的"挤出效应"，如何"与鲨鱼共游"（Pahnke，et al.，2015）？同时，如学者所指出，新的互补者进入将会遇到现有平台生态系统成员的阻力（Adner，2012；

Ansari, et al., 2016），那么新创企业在进入平台生态系统时如何处理互补性与竞争性的问题？与此同时，新创企业在进入平台生态系统的过程中还面临多宿主选择的问题，多宿主对互补者来说是有利的，因为可以扩大市场范围，但互补者进入多个平台时会面临权衡取舍，是定制高质量和具有排他性的互补产品还是选择每个平台通用技术规格的产品？而在具体的进入产品决策层面，新创企业在进入平台生态系统时，如何衡量互补产品的品种并处理消费者异质性问题？是选择通过规模经济创造实质价值的高需求产品，还是选择增强网络效应的竞争性产品，抑或是选择带来最多收入的产品？以上一系列问题在回应现实现象所提出的挑战的同时，也为未来研究提出了新的课题。

在研究设计方面，与此话题有关的重要文献几乎都采用定量研究设计，且多是基于二手数据的实证分析，收集的数据主要有两种类型：一是企业层面的数据，比如切卡尼奥利等学者在 CorpTech 等数据库中收集的关于独立软件提供商的数据，以及关于企业是否进入平台生态系统、销售额、IPO 可能性、专利、版权、商标等数据，直接探讨进入平台生态系统对企业绩效的影响；二是平台层面的数据，比如巴洛等学者在谷歌游戏平台上收集的程序开发人员发布的应用程序的数据，包括每个应用程序的文字描述、应用程序的评论数量、应用程序的下载数量等，又如里特维尔德等学者在游戏平台上收集关于视频游戏发行商发布的游戏数据，涉及游戏单位销量、平台安装基数等，通过产品绩效间接反映企业绩效。定量研究将问题与现象用数据来表示，通过分析、考察、解释从而获得启示意义。不可否认，获取数据是开展定量研究的基础。但更为重要的是，好的研究问题才是好的定量研究的根本。因此，只有将令人振奋的研究问题与科学的数据分析过程相结合才能构建出好的定量模型，得出有趣的结论。例如，文闻和朱峰（2019）采用安卓平台层面数据探讨作为平台所有者的谷歌进入互补市场对应用程序开发人员的影响，通过严谨的数据收集和分析，发现了开发人员创新策略的改变。另外，未来在这一主题下开展突破"what"问题的研究，找到进入平台生态系统中具有典型性和代表性的新创企业，更深入探讨"how"和"why"问题，通过单个或多个案例以推导和演绎方式构建新理论是重要的方向。

◆ 参考文献

Adner, R., 2017, "Ecosystem as structure: an actionable construct for strategy", *Journal of management*, Vol. 43, No. 1: 39-58.

Boudreau, K., and Lakhani, K., 2009, "How to manage outside innovation", *MIT Sloan Management Review*, Vol. 50, No. 4: 69-76.

Gans, J.S., and Stern, S., 2003, "The product market and the market for 'ideas': commercialization strategies for technology entrepreneurs", *Research Policy*, Vol. 32, No. 2: 333-350.

Helfat, C.E., and Raubitschek, R.S., 2018, "Dynamic and integrative capabilities for profiting from innovation in digital platform-based ecosystems", *Research Policy*, Vol. 47, No. 8: 1391-1399.

Lévesque, M., and Shepherd, D.A., 2004, "Entrepreneurs' choice of entry strategy in emerging and developed markets", *Journal of Business Venturing*, Vol. 19, No.1: 29-54.

McIntyre, D.P., and Srinivasan, A., 2017, "Networks, platforms, and strategy: emerging views and next steps", *Strategic Management Journal*, Vol. 38, No. 1: 141-160.

Nambisan, S., Siegel, D., and Kenney, M., 2018, "On open innovation, platforms, and entrepreneurship", *Strategic Entrepreneurship Journal*, Vol. 12, No. 3: 354-368.

Rietveld, J., and Schilling, M.A., 2021., "Platform competition: a systematic and interdisciplinary review of the literature", *Journal of Management*, Vol. 47, No. 6: 1528-1563.

Srinivasan, A., and Venkatraman, N., 2018, "Entrepreneurship in digital platforms: a network-centric view", *Strategic Entrepreneurship Journal*, Vol. 12, No. 1: 54-71.

Thomas, L.D., Autio, E., and Gann, D.M., 2014, "Architectural leverage: putting platforms in context", *Academy of Management Perspectives*, Vol. 28, No. 2: 198-219.

Wen, W., Zhu, F., 2019, "Threat of platform-owner entry and complementor responses: evidence from the mobile app market", Strategic Management Journal, Vol.40, No.9: 1336-1367.

Zachary, M.A., Gianiodis, P.T., Payne, G.T., and Markman, G.D., 2015, "Entry timing: enduring lessons and future directions", *Journal of Management*, Vol. 41, No.5: 1388-1415.

Zott, C., and Amit, R., 2008, "The fit between product market strategy and business model: implications for firm performance", *Strategic Management Journal*, Vol. 29, No. 1: 1-26.

▣ 文献推荐

Barlow, M.A., Verhaal, J.C., and Angus, R.W., 2019, "Optimal distinctiveness, strategic categorization, and product market entry on the Google Play app platform", *Strategic Management Journal*, Vol. 40, No. 8: 1219-1242.

Ceccagnoli, M., Forman, C., Huang, P., and Wu, D.J., 2012, "Cocreation of value in a platform ecosystem! The case of enterprise software", *MIS quarterly*, Vol. 36, No. 1: 263-290.

Rietveld, J., and Eggers, J.P., 2018, "Demand heterogeneity in platform markets: implications for complementors", *Organization Science*, Vol. 29, No. 2: 304-322.

◉ 代表性学者

马尔科·切卡尼奥利（Marco Ceccagnoli）

在卡内基梅隆大学取得博士学位，现任佐治亚理工学院战略与创新教授。他获得了William W. Cooper Moberal 博士学位论文奖、欧洲工业经济学研究协会奖等国际奖项。他的研究领域包括战略管理、创新与创业、技术转化等，在《管理科学》《战略管理杂志》等期刊上发表多篇论文。E-mail: marco.ceccagnoli@scheller.gatech.edu。

朱斯特·里特维尔德（Joost Rietveld）

在伦敦大学卡斯商学院取得博士学位，现任伦敦大学学院战略与创业系助理教授。他的研究领域为技术战略、创新管理、数字化、商业模式创新等新兴课题。在《组织科学》《研究政策》《管理杂志》《战略创业杂志》等期刊上发表多篇论文。E-mail: j.rietveld@ucl.ac.uk。

马修·巴洛（Matthew Barlow）

在犹他大学大卫·埃克尔斯商学院获得创业和战略管理博士学位，现任得克萨斯大学埃尔帕索分校管理学助理教授。他的研究领域为创业、新企业战略与组织理论等，在《战略管理杂志》《管理杂志》等期刊上发表多篇论文。E-mail: matthew.barlow@unl.edu。

创业企业如何管理平台生态中的关系[一]

◎ 王节祥[1] ◎ 刘 双[2]

1. 浙江工商大学工商管理学院；2. 浙江大学公共管理学院

平台生态系统（platform-based ecosystem）日益成为支撑创新创业活动的基础设施（Nambisan，2017），由于其具有网络效应特征，会形成分层垄断的市场格局（苏治等，2018），使得自主构建平台生态愈发困难。在此背景下，创业企业加入已有平台生态系统，作为生态参与者[二]来实现快速成长，是近年来创业领域涌现出的一种新现象。然而，在平台生态中开展创业的企业，呈现出了不同的成长轨迹。既有韩都衣舍、伊芙丽和林清轩等积极与平台生态系统（阿里电商生态）合作共创、推出畅销互补品的头部创业企业，也有蘑菇街、美丽说等因威胁平台所有者利益，反遭封杀的创业企业（王节祥等，2021）。如何理解创业企业在平台生态系统中的创业行为及其绩效差异成为热点学术话题，而对平台生态系统中关系的理解是研究这一问题的突破口。在传统的创业情境下，研究已经从创业企业所拥有的资源与能力、知识、网络关系和制度环境等方面探究了创业绩效的影响因素（Garud，et al.，2002；Ireland，et al.，2003；Davidsson，2015；Burns，et al.，2016；Belitski，et al.，2021）。然而，由于平台生态系统中的参与者之间既相互依赖又具有显著的自主性，参与者的创业绩效将会受到这种微妙关系的影响。因此，现有以创业企业为焦点的研究结论在平台生态系统情境下将会发生变化（Nambisan，2017），创业者若想在平台生态系统中取得良好的创业绩效，就必须处理好复杂的多边关系。

已有研究提及了创业企业作为生态参与者需要处理好的三种关系。一是互补关系。生态参与者之间的互补性是生态系统存在的基础（Jacobides，et al.，2018），创业企业想要在平台

[一] 本文是国家社会科学基金重点项目"平台企业社会责任二元体系、风险成因及协同治理机制研究"（19AGL015）、国家社会科学基金青年项目"产业数字化背景下平台生态系统的战略更新机制研究"（21CGL002）、浙江省自然科学基金"平台生态系统中参与者的数字化转型机制研究"（LY22G020006）和浙江省自然科学基金"龙头企业孵化产业互联网平台的机制研究：战略创业视角"（LY22G020004）资助的阶段性成果。王节祥为本文通讯作者（jiexiangwang@zjgsu.edu.cn）。

[二] 在英文论文中生态参与者有"complementor"和"participants"等不同表达方式，因此有参与者和互补者的不同翻译。本文认为参与者和互补者在大部分情况下可以混用，但采用互补者似乎默认这一主体会对平台产生互补性，事实可能并非如此，因此某些情况下采用参与者的翻译可能比较中性。

生态系统内立足，就需要与其中的其他参与者（包括平台所有者、供需方用户等）协同，从而为平台生态系统提供有价值的互补性产品。二是依赖关系。平台所有者在生态中处于权力优势地位，创业企业是基于平台所有者提供的架构和资源、制定的界面规则，开展创业活动。创业企业与平台所有者存在非对称依赖的关系，平台所有者可能利用非对称依赖对创业企业进行价值侵占（Cutolo，Kenney，2020）。这是创业企业在平台生态中无法回避的挑战，要努力寻求与平台所有者的共生。三是多边关系。平台生态系统存在多边架构（McIntyre，Srinivasan，2017；Adner，2017），如何处理多边关系是创业企业面临的挑战，但恰恰也是创业企业发挥能动性的"土壤"。嵌入平台生态系统的创业企业，要将自身的网络关系与平台生态中的关系结合起来考虑，思考如何利用多边关系来提升自身的自主性，从而更好地在平台生态中实现成长。

迈克尔·雅各比德斯等学者：创业企业与平台生态形成互补关系的内涵

2018年迈克尔·雅各比德斯（Michael G. Jacobides）、安娜贝勒·加威尔（Annabelle Gawer）等学者在《战略管理杂志》上发表了《迈向生态系统理论》一文，它是生态系统从现象和情境走向理论的奠基之作，开创性地提出了"非通用的互补性"是生态系统区别于其他组织形态的基石，并进一步探讨了不同类型互补性的性质、方向和强度，以及企业如何影响它们并塑造生态系统的形成和结构，这为创业企业如何在平台生态系统中开展价值创造活动提供了一个重要理论基础。

这篇文章首先指出平台生态系统是介于市场与科层之间的组织形态。平台生态系统由一系列外部互补品供应商通过共享或开源技术规则连接到中心平台，共同为消费者提供价值的结构安排。这与经典的科层关系、市场关系、"买方-供应商"关系或战略网络等均有所不同。第一，平台生态系统与科层关系不同，由于平台互补者具有显著的自主性，平台所有者无法作为中央行动者来指挥和控制互补者，而只能通过提供规则、标准和接口来解决协调问题。第二，平台生态系统与市场关系不同，由于平台所有者与互补者、互补者与互补者之间都存在相互依赖的捆绑关系，它们需要通过合作以提供互补商品，且这些互补者都需要遵守平台所有者制定的标准，这不同于依靠价格机制协调的自由市场。第三，平台生态系统与"买方-供应商"关系或企业战略网络不同：①互补者进入某一平台生态系统的决策是一种自我选择，而不是与平台所有者之间经过协商签订合同的双向选择；②平台生态系统中的终端客户可以选择任意互补者提供的组件或元素，而不是只能固定地选择某一供应商；③尽管平台生态系统参与者不受供需合同安排的约束，但有很强的相互依赖关系。平台生态系统作为一种特殊结构，带来了一系列重要问题：生态系统参与者之间的关系是什么？是什么使生态系统参与者之间的关系如此不同？这种特殊关系将产生何种影响？

雅各比德斯等学者认为，"非通用的互补性"是生态系统区别于其他结构安排的根本所在。具体而言，互补可以被划分为通用性互补（generic complementarity）、独特互补（unique complementarity）和超模块互补（supermodular complementarity）。如果用A和B来代表某个特定的项目、步骤或活动，则通用性互补是指"A的存在与B是否起作用无关"，例如，沏茶不需要特定的茶杯、茶包和开水相互配合才能实现。独特互补是指"没有B，A就无法起作用"或"B可以使A的价值最大化"，例如，堵住管道两端中的任意一端，就会使管道无法发挥作用。独特互补可以是单向的（A需要B，而B不需要A）或双向的（A和B互相需要）。超模块互补是指"更多的A让B更有价值"，例如，在操作系统平台上，应用程序的存在增加了操作系统的价值，操作系统安装的广度也增加了应用程序的价值。超模块互补存在两种情形：一是在生产中 A 和 B 的协同投资产生的回报高于同等的独立投资产生的回报；二是在生产中 A 和 B 的协同投资产生的成本低于同等的独立投资产生的成本。

作者认为，生态系统作为一种协调经济行为的结构之所以存在，在于独特互补和超模块互补这两种非通用的互补，因为它们需要一定程度的定制；而通用性互补可以在市场上发生，即这种经济行为不需要以特定的方式或建立特定的结构（生态系统）来协调。通过对三种互补性的剖析，学者们将生态系统定义为具有多边的、非通用互补性的一组行动者，它们之间没有完全的层级控制，需要建立特定的关系结构来创造价值。生态系统提供了一种协调所有类型互补性的结构，通过标准（而不是科层管理），使参与者能在设计、价格等方面做出自己的决定，生产复杂的相互依赖的产品或服务。

非通用互补性同时也带来了互补关系管理问题。当创业企业进入一个生态系统时必然会产生一些专用性投资，即该投资很难被零成本地重新部署到其他地方。这一成本可能来自需要新投资的产品或服务的配置调整、对其他生态系统的成员资格和交易规则的调整，或与其他生态系统成员的协调成本。创业企业与一个生态系统关联的努力程度，以及这些努力不能在任何其他环境中重复利用的程度，决定了它们依附于该生态系统的经济基础。因此，创业企业与生态系统互补关系的性质（独特性、超模块性或两者都有）和方向（单向还是双向）、潜在互补性的程度及参与投资的可替代性，可以解释其何时、为何会加入该生态系统及其绩效。例如，独特互补的创业企业往往只关心生态系统健康，因为生态系统的消亡会导致该创业企业客户需求的消失，而超模块互补的创业企业往往会更具有合作倾向，因为他们在该生态系统中提供的产品或服务对客户的吸引力更大（即与平台合作创造出更大的价值）。此外，必要的专用性投资有助于创业企业管理其与生态系统的关系。创业企业的超模块互补性越强，其可替代性越低，生态系统就越愿意为该创业企业付出协调努力。然而，进入生态系统所需的超模块互补性越强，创业企业也越容易被锁定。

这篇文章对理解生态系统中参与者之间的关系意义重大，也为创业企业管理生态关系提供了一个思考的基础性维度，即在生态系统内创业必须提供互补价值。第一，它明确将生态系统内参与者之间的关系定义为具有非通用的互补性，从而解释了生态系统与其他组织形态的关键区别，这也为创业企业指明了在生态中创造价值的路径，即必须为平台生态系统提供非通用的互补性。第二，该研究将生态系统中的非通用互补关系划分为独特互补和超模块互补，从理论上将生态参与者之间的合作关系进行了类型划分，打破了参与者同质的假定，这也为后续研究探讨创业企业在平台生态系统发挥能动性的差异化策略奠定了基础。此外，作者还提及了专用性投资对创业企业的"两面性"，既可以提升创业企业对平台生态系统的互补，也可能带来锁定风险。

文闻和朱峰：非对称依赖关系是平台生态中创业企业需应对的重要挑战

雅各比德斯等学者的研究开创性地指出了平台生态系统参与者之间的非通用互补性是生态系统存在的基础，但并未关注生态内不同参与者在权力地位上的差异。尽管平台所有者是平台生态系统的参与者之一，但其常常处于权力优势地位，这为它们对其他生态参与者的价值侵占提供了土壤。也就是说，尽管互补者（创业企业）是平台所有者的价值创造伙伴，但平台所有者可能会依靠自身在数据、规则制定等方面的优势，开发与互补者类似的产品，与互补者形成竞争关系。文闻（Wen Wen）和朱峰（Feng Zhu）2019年在《战略管理杂志》上发表了《平台所有者进入的威胁和互补者回应：来自移动应用市场的证据》一文，研究了互补者在面对平台所有者价值侵占威胁时，是否以及如何调整其价值创造和价值获取策略。

在传统的研发合作环境中，企业并不完全依赖合作伙伴来创造价值。然而，平台市场中的大多数互补者必须通过与平台所有者建立联系来创造价值，而且通常可供选择的平台数量有限。同时，由于平台所有者与互补者之间的权力非对称关系，面对平台所有者巨大的市场力量，互补者几乎不可能阻止平台所有者的进入。一旦大型平台所有者进入互补者的产品市场，便可以通过价格补贴、捆绑或突出展示等方式来使自己的产品获得更高的绩效，这将显著影响互补者创造和获取价值的能力。可见，比起在平台所有者进入后再进行应对，互补者在感知到平台所有者的进入威胁时便做出事前反应至关重要。因此，文闻和朱峰两位学者对互补者在面对平台所有者的进入威胁时，其创新调整策略和定价策略进行了细致的实证研究。

这篇文章研究的一个关键难点是，在实证上如何区分进入威胁与实际进入。在研究设计上，它开创性地对平台所有者的进入威胁进行了度量。作者发现，竞争平台所有者的进入与焦点平台所有者的进入高度相关，即谷歌会密切关注苹果进入了哪些应用市场。因此，该研究通过观察竞争平台（iOS）所有者（苹果）进入某个互补品市场的事实来识别焦点平台（Android）相应互补品市场上平台所有者（谷歌）的进入威胁。在进入威胁这一变量的度量过程中，作者需要依靠大量的手工数据采集。为了得到苹果在iOS上实际进入的应用程序列表，作者首先搜索了App Store中所有由苹果公司自身开发的应用程序，将第一个版本的发布日期作为进入该市场的日期；其次，搜索SDC并购数据库，将被苹果收购的手机应用公司所处的市场（不包括此前苹果已经开展业务的市场）作为被苹果进入的市场，将收购日期作为进入该市场的日期；最后，检索所有的苹果新闻稿，以确定每个iOS版本中会直接与第三方应用开发商竞争的新功能，并将这些新功能的宣布日期作为进入该市场的日期。采用同样的方式，作者得到了谷歌在Android上实际进入的应用程序列表。然后，作者匹配了苹果和谷歌的应用程序，使用苹果在谷歌之前进入的应用市场，作为谷歌进入威胁增加的市场的测度。该研究采取了双重差分法（difference-in-differences model），将受到平台所有者进入威胁的Android应用程序作为实验组，将属于同一类别的其他应用程序作为对照组，研究某一应用程序在平台所有者进入威胁事件前后，在创新努力（以应用程序更新的频率来衡量）和价格方面的差异。

通过实证分析，该研究主要有以下几点发现。第一，随着平台所有者进入威胁的增加，互补者会将创新努力从受影响的市场转移到未受影响的市场。随着实际进入和竞争成为现实，互补者更大程度上减少了创新努力，因为受影响领域的创新预期效益将进一步下降。第二，随着平台所有者进入威胁的增加，互补者将在受影响的细分市场提高价格。这表明在平台所有者的进入威胁增加后，互补者会更关注短期利润。随后，作者对互补者的异质性做了进一步探讨，发现在受到进入威胁的市场中，拥有流行产品的互补者在面对进入威胁时的反应与一般互补者不同。随着平台所有者进入威胁的增加，拥有流行产品的互补者将在所有细分市场都增加创新，不论该市场是否受影响；随着平台所有者进入威胁的增加，拥有流行产品的互补者在进入威胁期间不会采取任何价格行动。这是由于收购是平台所有者的进入方式之一，拥有流行产品的互补者希望在平台所有者实际进入之前尽可能锁定更多的用户，从而成为有吸引力的收购目标。

这篇文章提醒大家关注创业企业在平台生态系统内面临的重要挑战，即由于平台所有者与互补者之间存在非对称依赖关系,为生态提供互补性的创业企业不一定就能获得高绩效,而是可能受到平台所有者的价值侵占威胁。该研究进一步指出互补者是具有策略性和敏捷性的行动者,可以在早期采取行动以适应平台所有者的进入。研究发现,平台所有者的进入威胁导致了互补者创新方向的转变。例如,互补者进入多个市场是降低此类风险的重要手段,互补者还可以专注于不太可能面临平台所有者进入威胁的产品市场。此外,在平台所有者的进入威胁下,互补者的用户基数是其发挥战略能动性的重要基础。没有庞大客户群的互补者更需要及早将创新努力从受影响的领域重新分配到其他领域;而拥有受欢迎产品的互补者,在受影响的领域继续投入创新努力,还是会有所收获,例如成为平台所有者的收购目标等。不过,这一研究背后并没有一个很强的中层理论作为机制,未来研究可以进一步予以揭示。

阿拉蒂·斯里尼瓦桑和文卡·文卡特拉曼:创业企业利用平台内外多重网络关系提升自主性

尽管雅各比德斯等学者在定义生态系统时已在概念上强调了参与者之间的关系是多边的,但后续研究大多仍是聚焦于双边关系。多边关系究竟应该如何刻画?平台生态系统中的参与者应该如何利用这种多边关系来推动创业成长?阿拉蒂·斯里尼瓦桑(Arati Srinivasan)和文卡·文卡特拉曼(Venka Venkatraman)2018年在《战略创业杂志》上发表了《数字平台中的企业家精神:以网络为中心的观点》一文,采用网络视角来理论化企业进行生态创业时所需要处理的关系,为理解企业如何在平台生态系统中获得创业成功提供了有意义的见解。

斯里尼瓦桑和文卡特拉曼认为,创业企业在资源网络(resource networks)和模块网络(module networks)中选择的联结方式决定了它们在平台生态中取得成功的可能性。资源网络是指创业企业用来获得金融和人力资本的关系网络;模块网络则是指创业企业与它们选择支持的平台生态系统形成的关系网络。创业企业利用其地位在资源网络和模块网络中产生关系资本的能力是相辅相成的。与高地位的风险投资者有关系的创业企业更有可能吸引平台所有者的偏爱;同样,与高地位平台生态系统有关系的创业企业也更有可能吸引高地位投资者的投资。因此,作者利用网络视角将资源网络和模块网络结合起来,认为创业企业选择如何以及何时将它们的模块联结到特定的平台,取决于他们利用过去的优势来适应平台设计演变的能力,以及可利用的平台网络效应。

通过整合资源网络与模块网络,作者得出了关于创业企业优先联结决策与其潜在结果的命题。这些命题聚焦于创业企业应如何实现初始启动的成功(第一阶段),以及如何驾驭平台生态系统的动态性(第二阶段)。在创业初期,创业企业的主要目标是取得初步成功,并为未来增长做好准备。首先,创业企业应通过与资源网络中的高地位主体建立联系,增加创业启动成功的机会。当创业企业与高地位的风险投资公司建立关系并获得资金时,它们能显示出自身的吸引力和成功的潜力,并能更好地从平台生态系统等其他网络中调动资源。其次,创业企业应通过链接其模块网络中的主导平台,增加创业启动成功的机会。创业企业链接到主导平台可能会获得来自网络效应、更广泛的组件和工具包的优势,不仅为它们的应用程序提供了最大的潜在市场,还能在不进行重大专用性投资的情况下,更快地推出更好的模块。

随着时间的推移,创业成功将取决于创业企业能否快速扩大规模,以及同时支持多个平台生态系统的技术能力。新平台往往拥有完全不同的技术,创业企业要想链接到新平台,往往面临着知识和流程变革的挑战,以及需要大量投资。首先,创业企业应通过资源网络关系,增加创业规模化成功的机会，创业企业从网络中开发关系资本的能力是其成功的关键。其次，创业企业应通过模块网络关系，增加创业规模化成功的机会。创业团队的多样性和先前经验将在技术变革期间降低创业初期对单一平台的深度嵌入给创业绩效带来的负面影响。同时，创业企业应通过减少其模块网络中与竞争对手模块的重叠，增加创业规模化成功的机会。此外，作者还探讨了资源网络与模块网络之间的联动作用。平台创业企业在其资源网络和模块网络中所做的关系选择是相辅相成的，二者存在正强化的关系。具体而言，模块网络中与主导平台的关系和资源网络中与高地位主体的关系的交互，将增加创业初期启动成功的可能性。模块网络中关系的多样性、与竞争对手模块重叠的减少以及资源网络中的嵌入性之间的交互作用将增加创业规模化成功的可能性。

斯里尼瓦桑和文卡特拉曼的研究的意义在于注意到创业企业需要处理好多边乃至多重网络关系，是从网络视角探究创业企业管理多边关系的有益尝试。研究认为，创业企业若想在平台生态系统中获得成功，就需要对其在生态内外的关系网络进行整合调配。创业企业通过将平台生态系统外的资源网络和在平台生态系统内的关系网络进行交互，能提升创业成功的可能性。不难看出，这篇文章对多重网络关系的刻画、多边互动机理的阐释尚有不足，这也为未来研究留下了可拓展的空间。

未来研究方向

已有研究为思考创业企业如何管理平台生态中的关系，提供了演进框架，即从互补关系到依赖关系、从双边关系到多边关系（多重网络关系）。关系的背后，实际上反映出创业企业作为生态参与者，需要与平台生态系统持续推进"共创、共生和共演"（王节祥，陈威如，2019）。首先，提供非通用的互补性是创业企业在平台生态系统中的立身之本。为此，创业企业要与平台生态系统进行资源和能力的对接，以松散耦合的形式共创出新的价值。其次，创业企业为了加入平台生态系统并提供非通用的互补性，势必要投入大量专用性资产，从而导致与平台所有者形成非对称依赖关系。处于权力弱势的创业企业要谋求与生态系统的共生，即平台所有者不能轻易"侵占或抛弃"。最后，创业企业在平台生态系统中的成功要依靠多边关系的力量。尽管处理多边关系是创业企业面临的难点，但是在多边主体间的"闪转腾挪"也是创业企业发挥能动性、谋求成长的机会所在。创业企业要与平台生态实现战略共演，在"生态更新"的过程中不断提升"自主性"，即能为平台生态系统提供互补性，却又不高度依赖于某一平台生态系统，甚至可以构建起自己主导的生态系统。以"共创、共生和共演"框架为脉络，以上述三篇文章为基础，未来研究可以进行进一步拓展和深化。

雅各比德斯等学者关注生态系统存在的原因，提出生态系统可以通过模块化的结构来解决市场中无法解决的、由非通用互补性带来的协调困难。这为创业企业在平台生态内取得成功提供了重要思路，即需要与平台生态系统共创有价值的互补品。未来研究以独特互补和超模块互补为基点，可以继续拓展创业企业与生态系统价值共创的方式。第一，创业企业可以采取何种策略来为平台生态系统提供独特互补？例如，现有研究提出的多重身份策略，即在不同的利基市场提供产品或服务（王节祥等，2021）。第二，创业企业可以采取何种策略来为平台生态系统提供超模块互补？例如，现有研究提出的平台镶嵌策略，即在已有平台生态系统中嵌入子平台以拓宽其功能边界（Khanagha, et al., 2022）。第三，通过引入时间维度，还可以探究创业企业基于互补性，实现战略演进的过程。例如，创业企业如何从提供通用性互补转向提供独特互补和超模块互补。

文闻和朱峰的研究揭示了创业企业在平台生态中不得不面对的残酷现实，即平台所有者拥有不可阻挡的权力优势，价值侵占行为时常发生。创业企业要如何管理与平台所有者的非对称依赖关系，是值得持续关注的问题。第一，可以继续深化对这种关系前因的理解，即究竟是哪些因素导致了平台所有者与互补者之间非对称依赖关系的形成？这种关系背后的形成机制是什么？在不同类型的平台中这种关系是否依然存在？第二，可以继续探究创业企业应如何应对这种非对称依赖关系。例如，创业企业可以采取哪些策略来降低对平台所有者的依赖水平？解决方式包括现有研究提出的多属策略（Wang，Miller，2020）和多属定制策略（Tavalaei，Cennamo，2021；王节祥等，2021）等。如何匹配创业企业的特征和应对策略才更能带来高成长绩效值得未来研究加以关注。

斯里尼瓦桑和文卡特拉曼的研究开启了对平台生态系统内多边关系的关注。平台生态系统作为承载了多边主体互动的结构安排，对关系管理理论的发展具有重要意义。第一，平台生态系统为研究多边关系提供了合适的场景。当创业企业作为供方（如应用程序的开发商）时，需要与平台所有者、需方用户开展共创；当创业企业作为生态服务商（如淘宝生态中的代运营企业）时，则需要与供方用户、平台所有者、需方用户开展共创。此外，创业企业还要与资源网络中高地位的主体共创。关系极为多样且复杂，未来研究可以深入探讨这些多边关系中的价值共创问题，以及探讨关系租的产生机制与二元关系有何不同。第二，创业企业应如何有效利用和管理平台生态系统中的多边关系，即如何构建多方共创的价值分配机制？创业企业不能抛开价值分配谈价值创造。如何更好地从生态创新中获利是一个重要的研究议题。

研究设计与应用拓展

如果你对创业企业如何管理平台生态系统中的关系这一问题感兴趣，那么以下理论视角可能会为你带来一些启示。首先，对于创业企业如何建立互补性实现与平台生态系统共创的研究，需要用互补性理论来理解互补性的本质、形成、类型和方向；也可用资源编排理论来尝试回答"如何构建互补性"这一问题。其次，在研究平台所有者的竞争问题时，可以用资源依赖理论解构依赖的来源和表现，从而探索创业企业平衡依赖关系的能动战略。最后，对于创业企业如何提升自主性、实现与平台生态系统共演的研究，可以融入社会网络理论（Shipilov，Gawer，2020），探究创业企业应如何利用与其关联的其他网络成员，在生态系统中实现嵌入性自主。此外，比单一理论的使用更为重要的是理论整合。例如将互补性理论和资源依赖理论进行整合，可以探索平台生态系统内的创业企业如何在进行价值创造的同时实现价值获取。

更值得强调的是，直接针对平台生态中创业企业的研究并不多，我们选择的第三篇文章算是特例。我们选择的文章及阅读到的相关文章大多来自信息系统和战略管理领域，这其实为创业研究提供了广阔的空间。在平台生态系统情境中，经典的创业理论是否仍适用，以及需要做何种拓展？例如，平台生态系统是一个介于市场与科层之间的边界模糊组织，当创业主体无法预先被明确定义（Nambisan，2017），创业研究的意义建构（Garud，Giuliani，2013）、机会观（Alvarez，et al.，2013）、手段导向（means oriented）（Sarasvathy，2001）、资源拼凑（Garud，Karnøe，2003）等理论要如何创新？如何与平台生态系统的特征（互补性、非对称依赖、多边网络效应等）进行整合，是理论创新的重要机会所在。

在研究设计方面，与平台生态系统参与者相关的研究涵盖了概念探讨、案例分析和实证研究等类型。

第一，定性研究主要用于打开关系处理的过程"黑箱"，并探索关系处理背后的理论逻辑。例如，卡纳哈等学者（2020）研究了企业在现有平台生态系统中构建互补子平台时处理与在位平台关系的过程，并用合法性理论揭示了过程背后的机制。未来研究可以基于创业企业在平台生态系统中如何开展创业，来开展关系管理的研究。例如创业企业可以作为平台供方主体、平台生态服务商抑或是互补子平台提供商（见第5章中的"如何在平台生态系统中开展创业"），研究可以分别选择相应的案例企业，归纳它们关系管理的内容和策略，并探讨其背后差异的本质，进而为不同类型的创业企业提供基于不同情境的策略建议。

第二，定量研究主要用于分析关系的处理策略与绩效影响。例如，王（Wang）和米勒（Miller）（2020）研究了企业在加入平台生态系统的同时保留线下销售渠道来保持自身议价能力的多属策略，证明了这一战略有助于创业企业创造更多的价值。事实上，还可以探讨关系水平与策略选择之间的机制，即策略选择前因。这类研究中对关系的度量是一个难点，互补关系的水平、依赖关系的水平和多重网络交互关系的刻画，都是研究的机会点。此外，在研究设计上也出现了一些新的尝试。例如，提德哈（Tidhar）和艾森哈特（2020）开创性地将机器学习方法与案例研究进行结合，探索了为什么平台中的App开发商会选择收费式、免费式和免费增值式三种不同的收入模式。这种研究方法解决了案例研究结论难以扩展、实证研究理论建构不足的问题。但值得注意的是，由于数据可得性的考虑，目前大量的定量研究都是针对卖家、App开发者、视频游戏开发者等平台情境，存在较大的局限性。随着创业机会从消费互联网转向产业互联网，我们希望看到更多关于产业互联网平台中创业企业的实证研究。

第三，近年来田野实验（field experiment）方法受到越来越多的关注（Chatterji, et al., 2016），它很适合平台生态创业情境。因为田野实验方法可以实现在真实的平台情境中考察创业企业的行为，并且提供更加坚实可靠的证据。例如，张（Zhang）等学者（2019）研究了品牌商在线下开展快闪店的促销活动，对其在线上平台的销售产生了替代还是互补效应。对于与企业建立了长期信任的研究者，可以将实验法与企业的经营决策相结合，通过策略的分组对照实验，可以在较短的实验周期内（2～4周），帮助企业管理者找到可靠并且更优的管理策略。

◆ 参考文献

Adner, R., 2017, "Ecosystem as structure: an actionable construct for strategy", *Journal of Management*, Vol. 43, No.1: 39-58.

Alvarez, S.A., Barney, J.B., and Anderson, P., 2013, "Forming and exploiting opportunities: the implications of discovery and creation processes for entrepreneurial and organizational research", *Organization Science*, Vol. 24, No.1: 301-317.

Belitski, M., Caiazza, R., and Lehmann, E.E., 2021, "Knowledge frontiers and boundaries in entrepreneurship research", *Small Business Economics*, Vol. 56, No.2: 521-531.

Burns, B.L., Barney, J.B., Angus, R.W., and Herrick, H.N., 2016, "Enrolling stakeholders under conditions of risk and uncertainty", *Strategic Entrepreneurship Journal*, Vol. 10, No.1: 97-106.

Chatterji, A.K., Findley, M., Jensen, N.M., Meier, S., and Nielson, D., 2016, "Field experiments in strategy research", *Strategic Management Journal*, Vol. 37, No.1: 116-132.

Cutolo, D., and Kenney, M., 2020, "Platform-dependent entrepreneurs: power asymmetries, risks, and strategies in the platform economy", *Academy of Management Perspectives*, doi:10.5465/amp.2019.0103.

Davidsson, P., 2015, "Entrepreneurial opportunities and the entrepreneurship nexus: a re-conceptualization", *Journal of Business Venturing*, Vol. 30, No.5: 674-695.

Garud, R., and Giuliani, A.P., 2013, "A narrative perspective on entrepreneurial opportunities", *Academy of Management Review*, Vol. 38, No.1: 157-160.

Garud, R., Jain, S., and Kumaraswamy, A., 2002, "Institutional entrepreneurship in the sponsorship of common technological standards: the case of Sun Microsystems and Java", *Academy of Management Journal*, Vol. 45, No.1: 196-214.

Garud, R., and Karnøe, P., 2003, "Bricolage versus breakthrough: distributed and embedded agency in technology entrepreneurship", *Research Policy*, Vol. 32, No.2: 277-300.

Ireland, R.D., Hitt, M.A., and Sirmon, D.G., 2003, "A model of strategic entrepreneurship: the construct and its dimensions", *Journal of Management*, Vol. 29, No.6: 963-989.

Jacobides, M., Cennamo, C., and Gawer, A., 2018, "Towards a theory of ecosystems", *Strategic Management Journal*, Vol. 39, No.8: 2255-2276.

Ansari, S., Paroutis, S., and Oviedo, L., 2022, "Mutualism and the dynamics of new platform creation: a study of Cisco and Fog Computing", *Strategic Management Journal*, Vol.43, No.3: 476-506.

McIntyre, D.P., and Srinivasan, A., 2017, "Networks, platforms, and strategy: emerging views and next steps", *Strategic Management Journal*, Vol. 38, No.1: 141-160.

Nambisan, S., 2017, "Digital entrepreneurship: toward a digital technology perspective of entrepreneurship", *Entrepreneurship Theory and Practice*, Vol. 41, No.6: 1029-1055.

Sarasvathy, S.D., 2001, "Causation and effectuation: toward a theoretical shift from economic inevitability to entrepreneurial contingency", *Academy of Management Review*, Vol. 26, No. 2: 243-263.

Shipilov, A., and Gawer, A., 2020, "Integrating research on interorganizational networks and ecosystems", *Academy of Management Annals*, Vol. 14, No. 1: 92-121.

Tavalaei, M.M., and Cennamo, C., 2021, "In search of complementarities within and across platform ecosystems: complementors' relative standing and performance in mobile apps ecosystems", *Long Range Planning*, Vol. 54, No.5: 101994.

Tidhar, R. and Eisenhardt, K.M., 2020, "Get rich or die trying ... finding revenue model fit using machine learning and multiple cases", *Strategic Management Journal*, Vol. 41, No. 7: 1245-1273.

Wang, R.D., and Miller, C.D., 2020, "Complementors' engagement in an ecosystem: a study of publishers' e-book offerings on Amazon Kindle", *Strategic Management Journal*, Vol. 41, No. 1: 3-26.

Zhang, D.J., Dai, H., Dong, L., Wu, Q., Guo, L., and Liu, X., 2019, "The value of pop-up stores on retailing platforms: evidence from a field experiment with Alibaba ", *Management Science*, Vol. 65, No. 11: 5142-5151.

苏治, 荆文君, 孙宝文. 分层式垄断竞争: 互联网行业市场结构特征研究——基于互联网平台类企业的分析 [J]. 管理世界, 2018（4）: 80-100.

王节祥, 陈威如, 江诗松, 等. 平台生态系统中的参与者战略: 互补与依赖关系的解耦 [J]. 管理世界, 2021（2）.

王节祥, 陈威如. 平台演化与生态参与者战略 [J]. 清华管理评论, 2019（12）.

▣ 文献推荐

Jacobides, M., Cennamo, C., and Gawer, A., 2018, " Towards a theory of ecosystems ", *Strategic Management Journal*, Vol. 39, No. 8: 2255-2276.

Srinivasan, A., and Venkatraman, N., 2018, " Entrepreneurship in digital platforms: a network-centric view", *Strategic Entrepreneurship Journal*, Vol. 12, No. 1: 54-71.

Wen, W., and Zhu, F., 2019, " Threat of platform-owner entry and complementor responses: evidence from the mobile app market ", *Strategic Management Journal*, Vol. 40, No. 9: 1336-1367.

◉ 代表性学者

迈克尔·雅各比德斯（Michael G. Jacobides）

在宾夕法尼亚大学沃顿商学院取得战略管理学博士学位，现任伦敦商学院创业与创新学唐纳德·戈登爵士教授和战略学教授。他的研究领域涉及数字革命如何重塑企业、行业和生态系统等，在《管理学杂志》《管理学评论》《战略管理杂志》《组织科学》等期刊上发表多篇论文。他被选为2019年世界50大管理思想家之一。E-mail: mjacobides@london.edu。

安娜贝勒·加威尔（Annabelle Gawer）

在麻省理工学院斯隆管理学院取得博士学位，现任萨里大学数字经济系讲座教授与萨里数字经济中心（CoDE）主任。她的研究领域涉及数字经济、数字平台、战略和创新、生态系统等，在《战略管理杂志》《研究政策》《斯隆管理评论》(MIT Sloan Management Review)、《哈佛商业评论》等期刊上发表过多篇论文，被引超过13 000次。E-mail: a.gawer@surrey.ac.uk。

朱峰（Feng Zhu）

在哈佛大学取得科学、技术和管理学博士学位，现任哈佛大学商学院工商管理系教授。他的研究与教学领域涉及数字战略和创新、平台商业模式的设计等，在《美国经济评论》《战略管理杂志》《管理科学》《营销科学》(Marketing Science)、《组织科学》《信息系统研究》等期刊上发表论文20余篇。E-mail: fzhu@hbs.edu。

阿拉蒂·斯里尼瓦桑（Arati Srinivasan）

在波士顿大学取得了战略与创新博士学位，现任普罗维登斯学院商学院助理教授。她的研究领域涉及战略与创新、技术管理等，在《战略管理杂志》《美国管理学会展望》《长期规划杂志》《战略创业杂志》等期刊上发表过多篇论文。E-mail: asriniva@providence.edu。

如何围绕多元利益相关者实施最优区分战略①

◎ 郭 海[1,2] ◎ 陈沁悦[1] ◎ 韩佳平[1]

1. 中国人民大学商学院；2. 中国人民大学数字创业创新研究中心

在数字技术的驱动下，创业过程呈现出日益开放的特点，创业企业与外部环境间的边界日渐模糊，诸如技术开源、生态社群、平台模式、价值共创等理念受到越来越多创业者的青睐。与此同时，以平台、生态为代表的新组织形式崛起，随之带来的就是更为复杂多元的利益相关者压力。例如，维基百科社区和小米 MIUI 论坛等社群可被视为由企业内外部利益相关者自发形成的非正式创新网络，成千上万的网络成员可借助这一互联网平台共享知识和信息，通过紧密而非正式的合作促进共同目标的实现。然而，数量众多且分散的利益相关者的诉求各异，技术的快速更迭更是使它们的诉求处在不断更新的状态。因此，如何平衡复杂、多元且多变的利益相关者诉求，对于新创企业的成长至关重要。

最优区分（optimal distinctiveness）观点认为，企业需要通过管理一致性与差异化之间的矛盾张力，以同时追求制度合法性与战略独特性，从而建立竞争优势。最优区分学者关于上述矛盾张力的讨论，主要是基于不同受众的独特性偏好与感知差异这一基本假设展开的（Deephouse，1999；Zhao，et al.，2017）。一方面，企业的合法性构建以及竞争优势获取均与利益相关者密切相关。制度视角下，企业需要采取符合制度规范的组织形式与组织行为，以满足利益相关者的一致性期望（DiMaggio，Powell，1983）。与此同时，战略理论强调企业需要占据独特市场竞争地位，目的是吸引更多的潜在顾客、投资者的融资及来自其他利益相关者的有利资源（Porter，1980，1996）。另一方面，企业的合法性与竞争优势在一定程度上取决于利益相关者的评价，但不同利益相关者的偏好往往各不相同。例如，它们可能有不同的评价标准，这些标准甚至可能是相互冲突的，如何平衡这些来自不同维度的合法性压力对新创企业来说至关重要。此外，不同的利益相关者对于企业独特性的接受度和容忍度也各不相同。例如，庞蒂克斯（Pontikes）（2012）指出，相对于市场接受者（如顾客），市场制造者（如风险投资者）更偏好那些具有高不确定性与模糊性身份的新创企业。总之，如何围绕多元利益

---

① 本文是国家自然科学基金面上项目"数字化商业环境下创业企业的'最优区分'问题研究"（71872178）与"数字技术驱动的创业企业最优开放战略研究"（72072175）资助的阶段性成果。郭海为本文通讯作者（xjtuhaiguo@163.com）。

相关者实施最优区分战略成为新创企业成长过程中需要解决的一个重要问题。

立足于利益相关者视角考察新创企业的最优区分战略，需要关注以下几个核心议题：第一，利益相关者如何影响企业最优区分战略过程？为解决这一问题，我们选取了劳恩斯伯里和格林（2001）的文章，聚焦新创企业的合法化问题，探讨企业如何通过构建合法且独特的组织身份以从利益相关者处获取合法性。第二，企业最优区分战略是如何被利益相关者所感知与评价的？针对这一问题，我们选取了纳维斯和格林（2011）的文章，该研究聚焦新创企业的一类关键利益相关者——投资者，探究合法且独特的创业身份（entrepreneurial identity）如何影响投资者的投资判断。第三，新创企业应如何在多元利益相关者之间追求一致性与差异化的平衡？为此，我们选取了特雷西等学者（2018）的文章，探究企业如何平衡不同维度的合法性压力，以实现双重最优区分。

迈克尔·劳恩斯伯里和玛丽·安·格林：从利益相关者处获取合法性的过程框架

新创企业能否满足利益相关者的期待并建立合法性，关系到创业资源与创业机会的获取。创业故事是创业者建立新企业、获得所需资本和创造新财富过程中的重要环节，也是创业者与利益相关者沟通的关键手段之一。对新创企业的利益相关者来说，可供参考的客观依据十分有限，因此利益相关者会在一定程度上依据创业故事进行价值判断，从而做出资源决策并采取相应的战略行动。在构建创业故事时，创业者往往需要在遵从外部环境中的制度规范和构建自身独特身份之间寻求平衡。为了弄清创业故事如何在由投资者、竞争者等组成的利益相关者网络中获取合法性，迈克尔·劳恩斯伯里、玛丽·安·格林从战略和制度视角出发，结合文化与组织认同的研究方法，2001年在《战略管理杂志》上发表了《文化创业：故事、合法性和资源的获取》一文，这是一篇奠基性文章，首次提出了文化创业（culture entrepreneurship）的概念，构建了企业通过创业故事构建合法且独特的创业身份以满足利益相关者期望的过程框架，后续许多讨论新创企业如何围绕多元利益相关者实施最优区分战略的文献都是在这篇文章的研究基础上进行的。

创业是具有高度情境依赖性特征的社会行为，创业故事在一定程度上能定义一个新企业并赋予其合法性，从而可在现有企业资源存量与随后的资本收购和财富创造之间进行调和。基于此，作者们将创业过程中这一通过讲故事来获得合法性和资源的方式称为"文化创业"，并构建了一个由"创业资本→创业故事→创业身份与合法性→资本获取→财富创造"构成的过程框架。

作者们首先关注的是创业故事如何为新创企业带来合法性。该文章的第一个命题指出，在新创企业形成早期，创业故事通过让关键受众对这一不熟悉的新企业更熟悉、更理解和接受，使企业获得更多合法性。作者们强调创建组织身份与获得合法性是创业故事的两大功能，创业故事需要满足哪些条件以实现这两大功能？作者们提出了三个命题：①创业故事需要和目标受众、潜在利益相关者的期望和利益产生共鸣，即必须具有"叙事忠诚"（narrative fidelity）(Snow, et al., 1986)；②创业故事要包括一系列核心的、独特的、持久的组织关键属性，同时能提供具有战略独特性和竞争优势的资源；③创业故事需要通过声明企业在行业类别中的定位、成员关系等，从而使组织身份与制度化规则、规范与做法保持一致。综合三个命题，作者们认为，在为企业构建合法的组织身份时，创业者需要寻求与利益相关者的共鸣，并努力实现"最优区分"（Brewer，1991），即平衡战略独特性和制度一致性。

接下来，作者们进一步探究创业者如何利用不同形式的创业资本来塑造创业故事的内容，从而影响他们的目标受众。借鉴奥利弗（1997）的研究，该文章关注两类创业资本：公司特定的资源资本和行业层面的制度资本。

对于资源资本，潜在受众，特别是投资者，会选择那些有突出资源选择优势的初创企业，这里的资源包括有形和无形资源。因此创业故事的内容不仅要展示企业自身已有的资源资本和资源支配能力，还必须展示本企业与相关资源的联系与潜在获取可能，比如现有和预期的技术、能力的组织配置和市场需求。为更易于建立合法性和获得资源，企业家需要在创业故事中突出可信度、与制度环境的关系及过往的成功经历。其中，可信度关注的是潜在利益相关者对创业故事或讲述者的信任程度，受众以此判断创业成功的可能性；与制度环境的关系则为利益相关者对创业故事和创业者能力的判断提供了制度标准；过往的成功经历或第三方的评估证明能有效提高创业成功的可能性，创业者可以据此获得更多的资源。

对于制度资本，创业者要将其所处的制度环境特点融入创业故事中。这一环节同样面临着行业的规范合法性和个体企业独特性之间的张力问题。作者们提出，当行业的合法性仍未建立时，创业故事应担负起构建行业合法性的责任；而当创业企业进入一个成熟行业，此时行业合法性已经形成，创业故事就应更多关注个体企业的独特性。此外，作者们还关注了一类十分重要的利益相关者——媒体。媒体的曝光和关注与新创企业已有的实力之间的关系是相互作用的，存在一定的马太效应，即越成功的企业越容易成为媒体关注的对象，拥有更多资源的新创企业又能更多地通过广告等方式曝光自己，而积极的媒体报道又能为新创企业提供广泛的制度资本。

这篇文章结合了制度理论、资源基础观和组织身份理论等多个理论视角，构建了一个综合的文化创业框架。不同于先前研究将合法性作为组织的结果，该文章的作者们更关注合法性的构建过程，并认为在创业故事的创建和不断调整过程中，其不同的内容会影响利益相关者的判断和提供资源的选择。这篇文章对最优区分视角的发展具有重要的理论意义与价值，为之后对新创企业如何围绕多元利益相关者实施最优区分战略的研究提供了一个重要的基础性理论框架。

查德·纳维斯和玛丽·安·格林：合法且独特的创业身份对投资者判断的影响

创业企业面临一致性与独特性（或差异化）的矛盾张力。制度理论学者指出，企业为了获得合法性，需要与制度规范保持一致；战略与创业学者则认为，符合既定标准与创业研究背道而驰，创业往往更关注新奇性、独特性与不一致性。同样，创业身份也面临着上述悖论，即新创企业的身份主张既应包括合法性主张，例如使创业努力与制度化公约所产生的期望保持一致，也应包括独特性主张，例如以有意义的方式与这些制度化的惯例保持距离。那么，创业者该如何构建这种合法且独特的身份，这样的身份对利益相关者的判断又有何影响呢？为解决这一问题，2011年查德·纳维斯（Chad Navis）和玛丽·安·格林在《管理学评论》上发表了《合法的独特性与创业身份：对投资者关于风险投资合理性判断的影响》一文，探讨了合法且独特的创业身份对投资者投资判断的重要性。

作者们将创业身份定义为关于"我们是谁"以及"我们在做什么"的一系列围绕创始人、风险投资和市场机会的主张。企业通过在竞争市场中开拓一个"身份领域"，可以影响利益相关者对其相对于竞争对手价值创造能力的判断。风险投资者是初创企业获取资源的关键利益相关者,当创业身份能引起投资者的共鸣时,企业更容易从中获得资源。基于制度理论、身份理论以及创业研究,作者们提出了关于创业身份的构建及创业身份对投资者的解释与评价的作用模型,即"市场背景→创业身份主张→投资者意义建构和理解→投资者判断"。

首先,作者基于类别理论(category theory),关注两类不同的市场背景:成熟市场类别与新兴市场类别。成熟市场类别具有高度制度化特征,具有清晰的组织边界,为企业提供了由一系列惯例组成的文化"工具包",创业者可以以此来构建并宣称创业身份。对投资者来说,成熟市场类别为他们提供了强有力的认知锚或意义框架。因此,在一个成熟的市场类别中,创业身份需要通过声称自己是该类别的成员以体现合法性,同时通过展现区别于该类别其他成员的特点以体现独特性。相对于成熟市场类别,新兴市场类别是指处于早期形成阶段的商业环境,具有高度不确定性和模糊性,创业者需要通过塑造类别原型或范例来定义新类别,并为投资者提供认知锚。换言之,在新兴市场类别中,创业身份在某种程度上体现了一个类别的定义,即被视为该类别的原型或范例。此时,创业身份通过体现与现有其他类别的区别以展现独特性,而通过企业家个人角色、创业活动和产品取向等获得合法性。总的来看,创业企业所处的市场类别为构建合法且独特的创业身份提供了参考框架,构建创业身份的形式会随着市场类别的不同而改变。

其次,作者们进一步探究创业身份如何通过嵌入制度要素和模棱两可的线索来影响投资者的感知并塑造投资者的解释和判断。制度要素是指用来区分社会行动者类别及其活动或关系的一套共同规则与类型(Barley,Tolbert,1997),是影响投资者感知和解释的相关模板、规范与准则,在创业身份中融入制度要素能为新创企业带来合法性。对投资者等受众来说,制度要素可以为他们提供分类方案,减少评价时的模糊性,促进和简化感觉的产生,塑造期望和"虚幻的控制感"(Cantor,Mischel,1979)。在不同市场背景下,制度要素也有所不同。具体来说,在成熟市场类别中,制度要素表现为创业身份与被认为理所当然的、已经合法化的逻辑与做法保持一致。而在新兴市场类别中,由于缺乏制度化的规则,投资者会更关注创业者扮演的重要角色,并用创业者原型来判断创业企业的合法性。此时,制度要素通过塑造与被认为理所当然的企业家典型特征、角色或活动一致的创业身份来体现。与确定的制度要素不同的是,在创业行动中,身份独特性的模棱两可会触发投资者的感知。同样,在不同的市场类别中构建这种独特性创业身份的方式也有所不同。在成熟市场类别中,模棱两可的线索体现为类别内的异质性特征;而在新兴市场类别中,则表现为跨市场类别的异质性特征。

最后,作者们将着眼点放到投资者对新创企业合理性(plausibility)的判断上,这既是投资者感知的目的(Weick,1995),也是决定投资者判断准确性以及新创企业后续资源获取能力的关键。作者们认为,当投资者对创业身份的感知能减少因独特性带来的模糊感知,并形成关于合法性的制度期望时,该新创企业更容易被判断为是合理的。进一步地,借鉴前人关于文化创业的研究(Lounsbury,Glynn,2001),作者们考虑了身份叙事在身份构建和受众感知塑造方面发挥的作用。通过为创业身份赋予合理的意义来取代模棱两可,身份叙事可以帮助新创企业实现合理性(Weick,1995)。因此,作者们将身份叙事作为投资者意义建构和合理性判断的中介机制,试图打开二者之间的"黑箱"。身份叙事是为企业身份主张提供意义、共鸣和一致性的机制,具体来说,包含以下几个要素:第一,叙事意义(narrating meaning),这是一种身份锚定的策略,通过隐喻或类比的方式帮助受众在不熟悉的事物上寻找到容易获得和理解的意义;第二,叙事共鸣(narrating resonance),即通过加入诸如地方历史、怀旧、家乡等社会文化元素来引发投资者的情感共鸣；第三，叙事一致性（narrating coherence），即通过叙事将众多复杂的、模棱两可的活动和企业形象组合成一个连续的、相关的整体，使投资者能更好地理解其创业身份。因此，新创企业可以将意义、共鸣与一致性融入其创业身份的叙述中，使得新创企业在减少模糊性的同时增加合法性，从而更有可能被投资者判断为是合理的。

总的来说，该文章构建了一个关于创业身份如何影响投资者判断的理论模型，包括以下三个方面：①提出了在不同市场背景下（成熟市场类别与新兴市场类别）创业企业合法性和独特性的不同获得方式；②探究了两种身份主张与投资者意义建构的关系，即合法性主张是一种制度要素，而独特性主张则代表一种模棱两可的线索，二者都将触发投资者的感知，影响其对企业创业身份合理性的解释和评估。③身份叙事可以将创业身份中合法和独特方面的潜在冲突整合成一个有意义的、连贯的、能引起共鸣的整体，在投资者意义建构和合理性判断之间发挥中介作用。

该文对创业、组织身份以及制度理论研究均有重要意义。对创业领域来说，创业学者们一再呼吁考察创业过程中出现的动态张力，以及它们出现和被解决的特定背景。该文围绕创业身份中的合法性和独特性张力问题，探究其组成要素，考虑不同市场背景的影响以及不同的身份主张要素对投资者受众感知过程的影响。对组织身份研究来说，该文基于组织身份理论，深刻剖析了新创企业创业身份构建的过程。从制度视角来说，该文将创业活动根植于制度环境中，发展了一个与已有制度创业不同的过程。该文对合法性和制度要素的强调是为了突出企业的独特性，而非为了制度变革以建立或推翻制度安排。

保罗·特雷西等学者：面向多元利益相关者的双重最优区分的实现

新创企业是如何创建起来的？让我们回想星巴克的创立过程，这家咖啡行业龙头企业在创立之初就将意大利高端咖啡零售商的组织模式移植到美国的制度环境中。我们的身边也不乏学习海外优秀商业实践的例子，如淘宝、春秋航空等企业的实践。正如前人提到的创业活动应根植于制度环境中的观点（Navis，Glynn，2011），新创企业的一种建立方式就是将一个制度环境中已有的组织形式迁移到另一个新的制度环境中，即转换（translation）。但随之而来的便是由于在不同制度环境间进行转换而带来的复杂的合法性压力，例如本地合法性、类别合法性和最优区分问题。为解决这一问题，2018年保罗·特雷西（Paul Tracey）等学者在《管理学杂志》上发表了《离水之鱼：转换、合法化与新企业创造》一文，从利益相关者期望的角度出发，阐述了企业在这种"转换"的过程中，如何管理和应对不同维度的合法性压力。

作者们通过对一家意大利的孵化器企业 H-Farm 的定性研究，提出了一个基于目标组织形式不断进化背景下"通过错位转换进行创业"的理论模型，包括三个阶段：即兴创作（improvising）、融合（converging）与优化（optimizing）。

第一，即兴创作。即新创企业寻找到在不一致的制度背景下可以模仿与转换的组织形式。在这一阶段，新创企业首先需要面对的便是来自当地利益相关者（包括企业家、投资者和政策制定者）的合法性压力问题。企业家需要进行"当地认证工作"（local-level authentication work），即向当地利益相关者进行解释说明，并根据其期望对目标组织形式进行调整，以求获得当地利益相关者所提供的资源。做法包括具体的组织实践活动（例如新项目在当地的具体建设）以及抽象的意义建构（例如建立与当地文化、符号以及传统等意义体系要素间的联系）。

第二，融合。该阶段强调新组织对两类合法性压力的协调，即类别合法性（主要面向企业所处市场类别的利益相关者）和当地合法性（主要面向企业所在地区的利益相关者）。随着从不同制度背景下转换出来的新项目的成熟，可能会出现新的转换挑战。新创企业需要证明在此制度背景下进行目标组织形式的转换是合法的，即向类别内利益相关者表明其真实的成员身份以获得认可。因此，在开展"当地认证工作"的同时，企业家还需要进行"类别认证工作"（category-level authentication work），即向类别内利益相关者进行解释说明，并根据其期望对目标组织形式进行调整，以求获得类别内利益相关者所提供的资源。作者们提出，新创企业需要从三类类别利益相关者处寻求合法性，分别是国际企业家、国际投资者和类别内的范例。与上述"当地认证工作"类似，"类别认证工作"的具体做法同样包括组织实践活动（例如尽可能模仿类别原型或范例的组织形式）和意义建构（例如模仿类别原型或范例的文化与沟通方式，或与其建立联系或合作）。

第三，优化。单纯地模仿目标组织形式是无法为新创企业带来持续竞争优势的，随着类似组织形式的增多，资源的争夺也更加激烈。因此，该阶段在上述基础上加入了对企业独特性的考量，强调如何在两个维度上实现双重最优区分（dual optimal distinctiveness work）。随着新创企业合法性的建立，为了获得竞争优势，在地区和类别两个维度上均需要实现独特性。在地区维度，当目标组织形式被广泛接受和使用后，除了符合当地利益相关者的期望外，新创企业需要与当地的竞争对手区分开来；在类别维度，为获得类别合法性而对其他制度环境中的类别原型或范例的过度模仿会使新创企业越来越偏离当地制度环境的要求，且缺乏与其他制度环境竞争对手的区分度，但过少的模仿又会面临类别合法性的压力。因此，新创企业也需要在类别维度实现最优区分。为了实现这种双重最优区分，作者们提出可以利用两种维度认证工作的互补。以 H-Farm 孵化器为例，其利用意大利的特殊制度环境和企业独特的业务领域实现了类别层面的最优区分，而通过其在孵化器领域的国际地位实现了地区层面的最优区分。

总的来看，该文探究了新创企业在进行"转换"的过程中，如何应对不同维度的合法性压力问题。作者们分析了对不同制度背景下的组织形式进行转换时新创企业所面临的合法性压力，并给出了一套创业者可以有效应对不同维度合法性和实现最优区分的策略。与此同时，作者们关注了时间动态性，即将新创企业随着时间推移的合法化过程理论化。更重要的是，作者们关注到了跨制度环境创业的话题，对未来如何开展围绕不同利益相关者实现最优区分的研究具有重要启示意义。

未来研究方向

纵观此前关于最优区分的研究，虽然不乏提及利益相关者思想的，但是"应该如何围绕多元利益相关者设计、实施最优区分战略"这一问题却被忽视了。赵雁飞等（2017）曾明确指出，有必要在"利益相关者多样性"（stakeholder multiplicity）背景下开展最优区分研究，以阐明企业如何协调在不同制度环境下利益相关者的不同期望，并"恰当地调整它们的定位策略，以便在动态环境中取得成功"。在数字经济时代，利益相关者与企业战略实施的联系更为紧密，而不同利益相关者的偏好也呈现出日渐异质化的趋势。此时，最优区分战略能否为企业赢得竞争优势，很大程度上取决于利益相关者如何对企业合法性与独特性进行评价。因此，在多元利益相关者视角下研究新创企业的最优区分战略具有重要学术价值。

上述三篇文章暗含了相关研究进展的关键节点与未来方向。劳恩斯伯里和格林首次提出了文化创业的概念，将文化意义纳入企业的身份构建，并提出了一个创业故事如何帮助企业从利益相关者处获取合法性的过程框架，为之后的学者通过叙事等手段将文化意义纳入企业定位、身份构建等过程以实现最优区分战略提供了重要的理论基础，也为后续最优区分与文化创业研究的结合指明了方向。

纳维斯和格林则在此基础上，进一步构建了创业身份影响投资者判断的理论模型，并指出了未来的研究方向。首先，可以进一步对创业身份的前因——市场类别进行更细致的探究，也带给学者们很多思路和启示：①关于市场类别的划分，该文章关注成熟与新兴市场类别，但实际上，还可以探究更多的划分方式，如根据公司间竞争情况、产品或服务的性质等进行分类；②未来可以考虑多个市场环境（而非单一市场上的市场类别）对创业身份的塑造；③可以加入对时间要素的考虑，探究随着时间的推移，市场类别的演化如何动态影响企业身份的塑造；④可以在具体的市场情境外寻找更广阔的文化环境，如一些社会运动等。其次，未来可以关注除投资者外的其他利益相关者，如银行家、员工、合作伙伴、消费者等，挖掘其意义建构是否会随着职业与兴趣的变化而变化。此外，在不同行业中，利益相关者的构成和地位如何影响新创企业的身份构建值得进一步研究。而对处于不同创业阶段的企业来说，它们与利益相关者之间会有不同程度的互动关系，创业身份在这种情况下会动态变化，这一点也极具研究价值。最后，未来可继续探讨创业身份构建的有效性如何随着创业时期、新创企业历史阶段及性质的不同等发生变化。

特雷西等学者真正在最优区分研究中关注到了多元利益相关者的影响，这篇文章提出了一种平衡来自当地和类别利益相关者的合法性压力的双重最优区分方式，对未来的研究有着极大的启发意义。第一，双重最优区分虽然已在这篇文章的案例研究中得到验证，但是其实施仍极具挑战性，如果实施不当，则无法被两类利益相关者所理解。双重最优区分的有效实施方式还需要在不同情境下进行更具普遍意义的检验。第二，这篇文章虽然关注了当地和类别两个不同维度的利益相关者，但是其所聚焦的利益相关者群体是一致的，即均为竞争者和投资者。不同的利益相关者群体有不同的期望，他们所施加的合法性压力是否可以调和以及如何调和，值得未来进一步研究。

最优区分战略的实施强调平衡和节奏，如何处理多元利益相关者的不同诉求对于最优区分战略的实施具有重要意义。数字经济时代催生了众多新组织形式，如平台、社群等，组织边界变得越来越模糊，利益相关者也变得越来越多元。那么，在日益开放、无边界的数字创业浪潮中，不同类型利益相关者会如何塑造企业的最优区分战略？比如，在实施最优区分战略时，多元利益相关者的诉求如何交织在一起？不同利益相关者对于一致性与差异性的判断会发生何种变化？企业又该如何进行战略性应对？上述这些问题都值得进一步探讨。

研究设计与应用拓展

如果你对如何围绕多元利益相关者实施最优区分战略这一话题感兴趣，需要注意以下问题：第一，明确利益相关者的划分方式。基于不同维度，利益相关者可以划分为当地利益相关者、类别利益相关者等；基于不同群体类别，利益相关者可以划分为投资者、顾客和竞争者等。由于不同利益相关者的偏好不同，具体关注的受众类型对于研究设计和研究结果均有较大影响，因此需要针对不同利益相关者的划分方式进行探索。第二，寻找能将利益相关者与最优区分战略实施密切关联的研究情境。例如，劳恩斯伯里和格林（2001）、纳维斯和格林（2011）这两篇文章都从文化创业的角度出发，探讨了新创企业的创业故事与身份构建对利益相关者感知、判断及行为的影响。而特雷西等学者（2018）则研究了在不同制度环境下进行"转换"的过程，在这一过程中，天然会面临来自不同维度利益相关者的合法性压力，是一个十分独特的研究情境。第三，在理论视角方面，已有研究倾向于将最优区分研究与相关理论（如文化创业理论、类别理论等）结合，然后引入利益相关者视角，解释创业企业如何围绕多元利益相关者实施最优区分战略的问题。

在研究设计方面，与此话题相关的研究并不多，还处于起步阶段，且以理论文章和定性研究文章为主。具体来看，主要包括以下两类研究：一类是理论研究，主要以理论推导和演绎为主，辅以不同渠道收集而来的原文论据（如采访、媒体报道、参考文献原文、公开信息披露等）及具体案例作为理论推导和演绎的补充论述，其研究成果是形成新的理论命题和框架，这类研究以劳恩斯伯里和格林（2001）、纳维斯和格林（2011）这两篇文章为典型代表。这类研究设计挑战的是理论深度以及如何将理论与案例事实结合的逻辑思维技巧。另一类是定性的案例研究，案例选择要与文章的研究设计密切关联。正如特雷西等学者（2018）所展现的，该文章的研究问题是新创企业如何应对来自不同维度的合法性压力。为此，作者们选取了通过"转换"进行创业这一独特情境。此种创业过程涉及将一个制度环境中已有的创业形式在另一制度环境中进行复刻，天然存在着合法性压力问题，既包括来自不同制度环境所带来的当地合法性，还包括创业过程中常见的类别合法性问题，可以说这一情境的挑选十分恰当且有创新性。在这一情境中，作者们选择了 H-farm 作为典型案例，其合理性在于 H-farm 作为一家意大利孵化器企业，其创业之初就对美国硅谷孵化器企业进行了模仿，而美国与意大利之间的制度环境有很大区别，具备在不同制度环境下进行创业迁移的研究条件；且该企业的组织形式随时间不断演化，具备多阶段研究的可能性。这类研究的挑战在于选择恰当的案例，从横向的制度环境大背景和纵向的时间维度共同考虑与研究问题的契合度，以及需要展现所关注研究问题的全过程。

在上述研究基础上，未来我们可以尝试采用定量研究方法对该问题进行探究，数据可得性将是学者们需要解决的问题。例如，劳恩斯伯里和格林（2001）提及，选择创业故事作为研究对象时，那些从公开渠道获得的企业对自身主张的阐述并不一定是真实的，如果我们忽略这种潜在的脱耦可能，很可能对研究结果造成影响。纳维斯和格林（2011）也提到，此类实证研究往往需要收集企业的文本数据，需要考虑文本的形式（口头或书面）与来源（企业详细具体的商业计划或广告、网站等泛化渠道）。此外，多样化的数据收集手段与文本分析技术也为未来研究提供了更多可能。

◆ 参考文献

Barley, S.R., and Tolbert, P.S., 1997, "Institutionalization and structuration: studying the links between action and institution", *Organization Studies*, Vol. 18: 93-117.

Brewer, M.B., 1991, "The social self: on being the same and different at the same time", *Personality and Social Psychology Bulletin*, Vol. 17: 475-482.

Cantor, N., and Mischel, W., 1979, "Prototypes in person perception". *Advances in Experimental Social Psychology*, Vol. 12: 1-52.

Deephouse, D.L., 1999, "To be different, or to be the same? it's a question (and theory) of strategic balance", *Strategic Management Journal*, Vol. 20: 147-166.

DiMaggio, P.J., and Powell, W.W., 1983, "The iron cage revisited: institutional isomorphism and collective rationality in institutional fields", *American Sociological Review*, Vol. 48, No. 2: 147-160.

Oliver, C., 1997, "Sustainable competitive advantage: combining institutional and resource-based views", *Strategic Management Journal*, Vol. 18, No. 9: 697-713.

Pontikes, E.G., 2012, "Two sides of the same coin: how ambiguous classifications affects multiple audiences' evaluations", *Administrative Science Quarterly*, Vol. 57, No. 1: 81-118.

Porter, M.E., 1980, *Competitive Strategy*, Free Press, New York.

Porter, M.E., 1996, "*What is strategy?*", *Harvard Business Review*, Vol. 74, No. 6: 61-78.

Snow, D.A., Rochford, B., Worden, S., and Benford, R., 1986, "Frame alignment processes, micromobilization, and movement participation". *American Sociological Review*, Vol. 51: 456-481.

Weick, K.E., 1995, *Sensemaking in Organizations*, Thousand Oaks, CA: Sage.

Zhao, E.Y., Fisher G., Lounsbury, M., and Miller, D., 2017, "Optimal distinctiveness: broadening the interface between institutional theory and strategic management", *Strategic Management Journal*, Vol. 38, No. 1: 93-113.

文献推荐

Lounsbury, M., and Glynn, M.A., 2001, "Cultural entrepreneurship: stories, legitimacy, and the acquisition of resources", *Strategic Management Journal*, Vol. 22, No. 6-7: 545-564.

Navis, C., and Glynn, M.A., 2011, "Legitimate distinctiveness and the entrepreneurial identity: influence on investor judgments of new venture plausibility", *Academy of Management Review*, Vol. 36, No. 3: 479-499.

Tracey, P., Dalpiaz, E., and Phillips N., 2018, "Fish out of water: translation, legitimation, and new venture creation", *Academy of Management Journal*, Vol. 61, No. 5: 1627-1666.

代表性学者

迈克尔·劳恩斯伯里（Michael Lounsbury）

在西北大学获得社会学和组织行为学博士学位，现任阿尔伯塔大学商学院战略创业与管理学系教授，创业创新领域的加拿大研究主席，曾任美国管理学会组织和管理理论分会主席。他担任了期刊《组织社会学研究》的系列编辑，以及多份学术期刊的编委。他的研究兴趣包括组织和制度变革、创业动态、新兴行业和实践的涌现等。E-mail：michael.lounsbury@ualberta.ca。

玛丽·安·格林（Mary Ann Glynn）

在哥伦比亚大学获得工商管理博士学位，现任波士顿学院卡罗尔管理学院的约瑟夫·F·科特管理与组织教授、温斯顿中心研究主任，曾任美国管理学会主席。她的研究兴趣包括身份理论、制度动态性和文化创业等，在《管理学评论》《管理学杂志》《战略管理杂志》《行政科学季刊》等期刊上发表多篇文章。E-mail：maryann.glynn@bc.edu。

查德·纳维斯（Chad Navis）

在埃默里大学取得组织与管理专业博士学位，现任克莱姆森大学副教授。他的研究和教学领域包括市场类别、创业身份等，在《行政科学季刊》《管理学评论》《管理研究杂志》《创业学杂志》等期刊上发表多篇学术论文。E-mail：CHADN@clemson.edu。

保罗·特雷西（Paul Tracey）

在斯特林大学取得博士学位，现任剑桥大学贾奇商学院创新和组织学教授、剑桥社会创新研究中心联合主任。他的研究领域包括创业、制度和制度变迁、区域发展与社会创新等，在《管理学杂志》《组织科学》《管理学评论》等期刊上发表多篇论文。现任《管理学杂志》编委会成员，曾任《行政科学季刊》编委会成员。E-mail：p.tracey@jbs.cam.ac.uk。

创业企业如何设计多主体参与下的治理机制

◎ 韩 炜

西南政法大学商学院

在数字化技术的促进下,以平台为基础的生态系统实现高速成长,推动着平台型新创企业以前所未有的速度发展。这对企业成长理论主张资源扩张驱动企业成长(Penrose,1950)形成了挑战。本就陷入新进入缺陷的新创企业短期内难以调动大量资源,为什么却能实现需要资源支撑的高速成长?一种可能的解释是这些高速成长的平台企业快速聚集了来自不同的产业、能为平台提供互补产品或服务、从事互补性研发与创新的平台参与者,以高效率、高质量的方式建立并调用平台网络,才是真正推动新创平台企业高速成长的引擎。

在高速成长的背后,平台企业需要协调众多参与主体,这些主体与平台之间并不依靠契约安排来保持关系,而是蕴含着多种治理要素共同作用的复杂治理机制。从这个意义上说,尽管都具有多主体参与的特征,但平台生态与经典的供应链理论中的"企业-供应商"关系、波特价值链理论中的价值系统、企业的战略网络存在差异,也使得其治理机制设计有所不同。已有研究也认可这些具有多主体参与特征的结构都不采用科层式治理,但相关研究中关于如何设计用以治理平台生态中多主体结构与关系结构规则的内容仍较为罕见。

立足于平台生态情境,多主体参与下的治理机制复杂而有趣。尽管平台生态具有典型的多主体参与特征,但该领域中相当一部分研究重点突出了平台所有者或领导者在平台治理中的角色,将其称为"领导企业"(Williamson,De Meyer,2012)、"基石组织"(Iansiti,Levien,2004)、"生态领航者"(Teece,2014)。基于这种认知,部分研究主张平台领导者设计了平台生态的系统层目标,界定了平台生态成员的角色,确立了标准和界面规则,这才是平台治理的典型特征(Gulati,et al.,2012;Teece,2013)。然而,新近研究为我们展示了另一幅图景:平台生态中技术界面与标准的管理、知识产权分配与契约形式多样化,塑造了多主体参与的共同治理结果(Ceccagnoli,et al.,2012;Cennamo,2016;Gawer,2014;Wareham,et al.,2014)。如何在平台中不同主体的权力和利益间寻求平衡,以实现对平台核心技术的控制,是平台生态治理需要关注的重要目标(Cennamo,Santalo,2013),也是治理

⊖ 本文是国家自然科学基金重点项目"创业网络影响新企业发展的作用及影响机理"(72032007)、面上项目"创业企业商业生态系统形成的双重路径与互动机制"(71972159)资助的阶段性成果。

设计需要解决的重点问题（Baldwin，2012）。

基于上述背景，我们之所以要述评以下三篇文章，是出于研究视角的对比与转换、静态与动态研究相结合的总体考虑。陈岩等学者的研究基于平台整体视角，在经典的多主体参与系统中集中化与分散化治理机制的基础上，提出两种机制的中间路线——半分散化平台治理方式，及其治理诱因，为我们深入认识平台情境下多主体参与的治理机制提供了方向。奥马霍尼和卡普的文章则将研究视角转向平台参与者，探讨了平台参与者如何调整他们的战略，以适应平台所有者治理规则的改变。有别于上一篇的类型化静态研究，这篇文章则是采用动态过程研究设计，以平台治理机制为过程演进维度，挖掘出了平台参与者针对平台治理机制的策略调整。陈亮等学者的文章则聚焦于平台所有者（或称平台领导者），探讨其在平台治理机制上的开放性设计及其所展现出的复杂性特征，会对平台参与者的多接入行为产生何种影响。

陈岩等学者：平衡集中化与分散化治理的半分散化治理

陈岩（Yan Chen）、伊戈尔·佩雷拉（Igor Pereira）和潘卡·帕特尔（Pankaj C. Patel）2021年在《管理杂志》上发表了《数字平台的分散化治理》一文，详细阐述了区块链技术兴起所带来的数字平台分散化治理趋势。然而，该文并未一味地强调分散化治理之于数字平台的重要作用，而是借助机制设计理论，发展出包含集中化（centralization）、半分散化（semi-decentralization）、分散化（decentralization）三重机制的网络治理理论，旨在寻求集中化与分散化治理间的平衡，并指出半分散化才是有助于绩效提升的治理结构。

数字平台呈现出多主体参与的网络结构，在这一网络中，不同主体所处的地位、所拥有的权力存在差异，引发多主体间权力的不平衡，这使得基于平台的网络治理尤为重要。随着数字平台以其创新的商业模式、破坏传统产业的态势以及不断衍生新产品的竞争优势，逐渐颠覆行业既有的竞争规则与价值逻辑，平台所有者逐渐积累起"号令天下"的力量，在引领参与者为平台创造价值方面扮演着越来越重要的角色。平台所有者甚至能对参与者的战略导向与价值活动产生关键的影响，并以牺牲参与者所获价值为代价来获益。对平台参与者而言，它们一方面受制于平台所有者的战略导向，只能"在黑暗中行走"；另一方面又忌惮平台所有者逐渐壮大的权力，加剧平台中多主体间权力的不均衡。这些问题主要出现在采用集中化治理的平台情境，这构成新治理机制产生的实践前提。

基于对集中化平台治理的实践观察与学理判断，三位学者引入机制设计理论，对集中化与分散化治理的优势和劣势进行了比较研究。首先，他们提出两个要素，用以解构数字平台情境下有效的多主体治理机制：一是个体动机（individual incentives），二是端口信息（local information）。其次，他们利用这两个要素解释了什么样的治理结构才能产生有效的治理效果。他们指出，一个有效的治理结构，应能撬动多参与主体的个体动机与端口信息，从而实现期望结果。为了激发个体动机，数字平台的治理结构应当确保平台所有者与参与者能通过数字平台实现各自的目标与利益；为了撬动各主体的端口信息，数字平台治理结构应当寻求所有可能的信息，以实现有效的治理过程与结果。

从机制设计理论出发，在一个完全集中化的治理架构中，平台所有者拥有完全的治理控制权，这使得他们从自身的利益出发不断塑造治理过程与结果。平台所有者可能会逐渐滥用他们的权力，伤害平台参与者。当平台所有者以牺牲平台参与者利益为代价时，平台参与者可能寻求其他选择，产生多平台接入行为。而在一个完全分散化的治理架构中，平台参与者共同形成对平台的控制,这使得他们能够立足自身视角表达意愿,通过平台治理撬动端口信息。分散化的平台治理能增强平台参与者的权力,弱化平台所有者的权力。但权力过于分散,会导致平台无法创造集体性行动,降低平台治理效率。

基于此,三位学者提出了一种中间路线,即兼有集中化与分散化优势的半分散化平台治理机制,是指平台所有者将部分权力释放给平台参与者,但同时保有少数关键组织或个体集中贡献于平台治理。部分权力开放,意味着平台参与者有机会表达关于自身利益的诉求,以便在治理过程中更好地接入、撬动他们的端口信息;赋予关键组织或个体以治理控制权,在弱化平台所有者绝对自主权的同时,依靠关键组织或个体协助提高治理过程的有效性。关键组织或个体在半分散化治理机制中的作用至关重要,它们减弱了分散化治理中数字平台对平台参与者共同治理的依赖,也降低了集中化治理中过度增长的所有者权力及其权力滥用,因而能创造更为健康、有效的治理结构。

进一步地,三位学者主张这种治理机制从两条路径帮助实现平台期望的治理效果。一是动机兼容性(incentive compatibility)路径,意指半分散化治理结构能匹配不同参与者的动机,协调他们的行动并减缓冲突,从而塑造参与者的共同身份,这有助于提高平台的治理绩效。在半分散化的平台治理结构中,释放的权力使得平台参与者更能彰显其利益,它们为平台所做的贡献以及所收获的权益会受到平台的保护,因而其彼此匹配动机并采取协同行动的意愿更强。二是信息效率性(informational efficiency)路径,意指半分散化治理结构能撬动平台参与者的创造力与主动性,以及由关键组织或个体引导的平台参与者之间活动的协调与整合,这有助于激发参与者共享信息的意愿,提高信息效率性。以区块链平台为例,其以开源技术作为一个主导发展模式,从开源的社群中吸引开发者,来助力数字平台的持续性开发。借助开源知识库、开源代码的半分散化治理结构,在柔性与控制之间寻求平衡,激发开发者的协同动机与信息效率,有助于弥补集中化与分散化的治理局限。

这篇文章以基于区块链的平台为研究对象,利用2018～2019年的两轮调查问卷,获得782个观测值用以验证前述理论。研究发现,平台治理机制的分散化程度与平台市场绩效呈倒U形曲线关系,这意味着半分散化治理机制更能提高平台市场绩效;同时,平台治理机制的分散化程度还与平台参与者的注意力,以及平台参与者的开发活动呈"倒U形"曲线关系,这意味着半分散化治理机制更能吸引平台参与者的注意力,并激发其基于平台的开发活动。进一步地,该研究还发现数字平台的基础层比应用层更为分散化,以及有经验的平台所有者能抑制数字平台基础层的过度分散化,从而立足于数字平台层级与平台所有者经验形成对前述问题的边界解释。

在已有研究广泛关注集中化或分散化平台治理机制,以及聚焦于平台所有者而非参与者的研究情境下,陈岩等三位学者的研究提出半分散化治理结构是一种更为有效的共同治理机制,并论证了其更有助于提升平台的市场绩效,这为数字平台情境下多主体参与的共同治理机制探讨贡献了新的观点。该文进一步挖掘出多主体参与的治理机制关注了不同主体的决策结构和控制权力大小,但其治理目的不仅在于寻求主体间权力的平衡以及整体治理效率,更在于确保不同主体的价值创造与价值获取。因此,可以说治理是以价值为目标,实现权力制衡的过程。集中化、分散化、半分散化可能是不同平台的治理机制,也可能是同一平台在不同发展阶段采用的治理机制,这会对平台参与者带来什么样的影响,下一篇文章对此作出了回答。

西奥班·奥马霍尼和丽贝卡·卡普：动态视角下的平台治理机制研究

西奥班·奥马霍尼和丽贝卡·卡普（Rebecca Karp）2022年在《战略管理杂志》上发表了《从专有治理到共同治理：平台参与者如何做出战略调整？》一文，从一个新颖的视角重新认识平台领导力问题。已有研究普遍认可平台领导力是平台能创造竞争优势的重要原因，且主张这种领导力来自平台初创所有者的战略，而非平台参与者的战略。这篇文章以平台参与者的视角，探讨了平台领导力如何在平台走向共同治理的进程中被逐步分散，并激励关键参与者逐步获得平台领导力，这恰与陈岩等学者（2021）所提出的半分散化治理的内涵相契合。

毋庸置疑，平台领导者（即平台所有者）对平台治理的影响是巨大的，然而这篇文章并未立足于平台领导者视角展开研究，而是从平台参与者角度探讨当平台领导者改变治理规则时，平台参与者如何调整战略以适应新治理规则。已有研究已经发现，平台领导者利用平台接入通路的管理权与控制权实施平台治理，借此调动外部参与者接入平台并形成对平台的依赖。因此，平台领导者时常采用开放性规则促进平台价值创造者的增长，或吸引消费者接入平台。然而，无论是平台领导者的治理决策还是平台参与者的接入决策，都不是静态的，平台领导者要通过创造有利于自己的平台规则来打造竞争优势，而这种规则的改变会影响参与者在平台上的接入、利用、整合等决策与行动。一个有趣的问题应运而生，在一个规则不断演化的平台上，外部参与者的参与过程会发生怎样的变化？

该研究中两位学者对平台的多主体参与特性进行了更为深入的解读，主要表现为两个方面。第一，平台中的关系不仅是双边的，更是多层的。关系中可能存在多个参与主体，也可能发生在平台跨边的参与者之间。第二，平台参与者不仅与平台领导者合作，平台参与者之间也会展开合作。特别之处在于平台参与者之间的互动与合作甚至会挑战平台领导者的地位。因此，对平台参与者而言，其决策不再是简单的参与与否，而是在接入平台、创造基于平台的延伸拓展、挑战平台领导者地位等连续决策链上的一种选择。因此，探究平台规则变化情境下企业参与决策的选择，有助于丰富平台治理如何由集中化走向多主体共同治理相关问题的研究。

该文章采用针对IBM的Eclipse平台长达7年的田野研究，回答上述研究问题。两位学者利用深入的田野调查，追踪了11个随时间变化的治理事件，识别出4种平台参与者采取的治理模式，即专有治理（proprietary governance）、主导治理（dominant governance）、混合治理（hybrid governance）、共同治理（collective governance）。

具体而言，当平台领导者实行专有治理模式时，即Eclipse平台完全由IBM控制，代码归IBM专有，而平台参与者接入平台的通路是封闭的，平台参与者会采取两种战略：一是观察平台的合作战略，表现为积极接入平台，但不贡献自己的代码；二是领跑平台的机会战略，表现为使用Eclipse的源代码延伸开发，但并不贡献于平台。

当平台领导者实行主导治理模式时，即IBM开放了平台代码，但IBM仍拥有并控制平台，此时平台参与者会采取观察、整合、领跑和变卖四种战略。尽管仍有部分平台参与者不将代码贡献给平台，但有部分参与者将产品整合到平台，并贡献代码与开发时间；同时也有部分参与者仍基于平台先前释放的代码开发自己的产品，并将其用于自己的产品上而非所依托的平台上；还有部分参与者为平台提供的是质量低于平台专有技术的代码，拉低了平台的质量声誉。

当平台领导者实行混合治理模式时，即 IBM 推动平台转型为非营利性独立组织，由平台部分成员组成的董事会实施治理，但董事会的角色并不明晰，此时平台参与者采用观察与领跑战略，表现为大多数参与者收紧对平台的贡献，仅利用平台源代码延伸开发，而不贡献代码。

而当平台领导者实行共同治理模式时，即由平台参与者选出董事会代表，实施对平台架构、成员关系等方面的治理，此时平台参与者采用拓展与重塑战略。表现为大部分参与者依靠平台拓展开发新的特征以支持互补性产品，而少数参与者引导平台转型，优先开发有利于自身利益的项目与产品。

两位学者用深入的田野研究呈现了一个平台在推进治理机制转型过程中，平台参与者战略的调整，其中一个有趣的问题是：在平台治理转型过程中，平台领导者逐渐放松了对平台的控制权，平台参与者是会"鸠占鹊巢"地抢夺平台控制权，还是会因平台无领导而选择离开？该文指出，当平台领导者通过调整平台通路（access）和控制权（control）两个要素，逐步开放平台接入通路，并放松控制权时，平台参与者会谨慎地采取尝试性合作战略，如观察、整合等，抑或采取机会主义战略，如领跑、变卖等，其核心在于是仅接入平台而不为平台贡献价值，还是联合其他参与者为平台共创价值。当平台领导者开放平台并释放控制权后，会涌现出致力于拓展或重塑平台的关键参与者成为新的领导者。

该研究的价值在于：第一，研究有助于平台参与的诱发因素识别。已有研究大多聚焦于影响平台参与者行为的技术变革因素，而对治理条件的变化关注较少。这篇文章的研究结论有助于从平台治理的角度解释平台参与者的参与行为变化。与已有结论不同的是，平台领导者对控制权的放松不会减弱平台参与行为，而是会吸引关键参与者成为新的领导者。第二，研究还从动态的视角考察了平台参与的变化过程，揭示了平台匹配的新内涵。已有研究往往以平台参与者的同质性为前提，主张平台参与者以合作的态度接入平台。尽管有学者指出平台参与者并不总是与平台相匹配，但鲜有研究论证这种不匹配的情形如何发生。该研究刚好弥补了这一空白，指出采用机会主义战略而非合作型战略的平台参与者更可能把握在平台实施共同治理的契机，攫取平台领导者地位。因此，这篇文章有助于平台参与的动态过程研究，并有助于拓展对平台情境下多主体匹配的理论解释。进一步地，上述动态过程的最后一个阶段——多主体参与决策的共同治理蕴含着开放性的治理逻辑，大幅度提高了平台生态系统的复杂性，这会对平台参与者行为产生什么样的影响呢？

陈亮等学者：揭示开放性治理设计如何诱发参与者成本

陈亮（Liang Chen）、易靖韬（Jingtao Yi）、李卅立（Sali Li）和童文峰（Tony W. Tong）等学者 2022 年在《管理杂志》上发表了《平台生态系统的治理设计：对互补者多接入决策的启示》一文，关注点由平台所有者与平台参与者两类主体参与的平台，拓展至多层次、多主体、交互关联的平台生态系统，围绕归属于不同群体的平台参与者解构平台生态系统的复杂性，探究平台生态系统复杂性对平台参与者多接入行为的影响。作者追根溯源地将平台生态系统的复杂性归因于开放的平台治理设计，指出这种开放性治理既塑造了生态系统的复杂性，也提高了平台参与者实施多接入策略的成本。

当平台呈现出生态系统的形态时，其治理机制就变得更为复杂。平台拥有着联结自治的参与者、互补者、创新者的标准化界面，当参与者基于标准化界面延伸开发属于自己的用户界面，构建"子生态"时，原有的平台即呈现出复杂的生态化发展态势。以谷歌的安卓系统为例，谷歌（平台所有者）开发出安卓系统（平台），允许众多的平台供给者（以三星、华为为代表的硬件厂商）和互补者（App 开发商）接入平台，所构建的平台生态系统不仅包含前两篇文章所讨论的平台所有者（或领导者）和平台参与者、互补者，还包括一级关键组织，即平台供给者。该研究将平台生态系统的这一复杂性界定为包含多层级交互关联性的关系结构，并认为这是在合作生产（也称价值共创）过程中引发摩擦的根源。

开放还是封闭治理，关乎权力还是成本？陈亮等学者的研究对比了主流平台治理研究的核心观点，发现开放性的平台治理设计意味着将决策权从平台所有者手中分配至其他参与主体，这与前述第一篇文章关于分散化治理的观点一致。更多的决策权被分配给参与平台的互补者，这使得互补者收获更为丰富的知识与信息，增强其提供定制化服务、形成专有知识的程度，使其更好地为顾客异质化的需求提供服务，这进一步提高了平台生态系统整体的价值创造能力。而封闭的平台治理设计，让平台所有者拥有更多的控制权，限制了其他参与主体拥有决策权，这会对平台参与者的接入产生影响。

与前两篇文章关注平台治理中的权力配置问题不同，这篇文章聚焦平台的治理成本问题，着重探讨的研究问题是，平台治理机制如何引发互补者未预期的成本。依照平台治理机制研究的主流观点，这篇文章同样关注了平台治理中的"开放性"规则，认为开放性治理为平台供给者赋能，使后者能设计并管理自己的互补者界面，但同时也诱发了平台生态系统的复杂性。原因在于，互补者不得不面对越来越多独特的平台界面，这增加了其针对不同界面重新设计产品的需要。以智能手机操作系统生态为例，开放性治理因智能手机硬件厂商开发独特的平台界面而增强平台复杂性的同时，也从互补者角度提高了平台生态系统复杂性风险。一个悖论摆在互补者面前：硬件厂商众多的独特界面扩大了互补者的市场范围，但互补者需要以最低的成本实现最大范围的市场覆盖。这意味着，已经接入一个平台的互补者开发商，本身就面临着接入新生态的学习成本与产品定制化成本，若新接入的生态的复杂性程度很高，这种成本将被放大。

基于上述学术判断，这篇文章以苹果的 iOS 操作系统与谷歌的 Android 操作系统为研究对象，在"健康与健身"的 App 类别中选取了 91 个 iOS 系统的 App 和 47 个 Android 系统的 App 为样本进行跟踪，最终形成 997 个月度观测值，以验证该研究的理论假设，研究发现：第一，平台治理的开放性设计会对互补者的多接入行为产生关键影响，当互补者想要接入的新生态具有较高的复杂性时，其产品再定制化的成本会提高，从而抑制其多接入行为；第二，为了克服目标接入平台的复杂性对互补者多接入行为的负面影响，互补者采用内部能力构建和外部能力搜寻的方式予以解决，在企业内部积累了丰富经验的互补者，抑或从外部调用模块化构成与活动的互补者，能减弱平台复杂性的负面影响。

借助平台生态系统复杂性，陈亮等学者的研究让我们对平台治理形成了新的理解。平台生态系统复杂性被作者视为生态系统的一种新型交易成本，但其并不来自经典交易成本理论双边契约中的资产专用性或不确定性，而是源自生态系统中存在交互关联性的多层级主体间的不匹配结构。依照这篇文章的观点，这种交易成本决定了互补者的边界，即互补者是否接入新的平台生态系统或与新生态中其他主体存在关联，这会影响当前生态系统的网络结构。该研究进一步指出，当平台所有者采用开放性治理设计时，平台所有者将放松对硬件厂商、互补者之间协调的控制权，而将协调冲突与结构性不匹配的成本转嫁给互补者。因此，尽管开放性治理在短期内使平台所有者受益，但在长期内却会对整个生态产生不良影响。

这篇文章的研究价值在于：首先，从成本而非竞争的角度解释平台生态系统互补者的多接入行为。对比已有研究关注平台竞争对互补者的影响，认为互补者为了获得竞争优势地位而寻求接入多个平台，这篇文章对互补者的多接入行为成本进行解析，主张平台生态系统的开放性治理引发的系统复杂性，提高了互补者多接入行为的隐藏成本，因而影响其接入新的生态系统。其次，该研究也有助于丰富平台治理文献。相较过去聚焦于治理契约与制度安排的平台治理研究，该研究将契约控制与技术要素结合起来，主张开放性治理及其蕴含的模块化技术内涵，会引发生态系统的技术复杂性，增加互补者接入界面的技术难度与成本。最后，该研究还有助于生态系统的匹配观点。以阿德纳（2017）为代表的学者主张生态系统的领导者扮演着在不同参与者间进行匹配的角色，而该研究通过揭示互补者克服多接入成本的内在机理，发现平台生态系统的互补者一方面逐步建构生态系统的专有知识，形成对知识的吸收与内部化；另一方面通过撬动生态系统中的模块化构成，减少自身对独特知识的投资。这意味着，平台生态系统中的互补者也在生态系统匹配中扮演着重要的角色。

未来研究方向

随着平台日益成为新创企业商业模式设计的重要范式，学者们也逐渐发现平台所有者利用治理设计规则形塑互补者的行为，因而新近关于平台治理的研究集中关注了平台治理规则如何影响互补者对平台的贡献（Boudreau，Hagiu，2009；Tiwana，2014；Zhang，et al.，2020）。在这一研究领域，研究者与实践者均主张平台治理对平台所有者和互补者都非常重要，然而战略管理研究中针对平台治理及其影响效应的文献仍非常少见（McIntyre，Srinivasan，2017）。一个可能的原因是，平台治理的概念仍处在发展阶段，尚需要更为基础的理论发展研究工作作为支撑。而且，我们对于平台治理机制，乃至治理规则变化的观察尚不够深入，以及实证研究层面治理研究的内生性问题尚难以完美解决。

上述三篇文章围绕平台治理这一核心问题，从静态和动态的不同视角，立足于平台所有者与参与者的不同立场，对平台治理的内涵及其产生的影响进行了深入挖掘。从这三篇文章来看，学术界关于数字平台背景下的平台治理研究开始由集中的、封闭的治理机制，转向开放的、分散的共同治理机制，这其中蕴含着一系列有价值、有前景的研究方向与问题。

陈岩等学者的研究关注了平台治理的一个侧面，即分散化程度，尽管这是具有数字平台独特性的重要问题，但仍有其他关键维度有待挖掘。近年来一些研究做出了新的尝试，例如，蒂瓦纳（Tiwana）（2014）、张（Zhang）等学者（2020）关注了平台治理的另一个关键方面，即平台守门（platform gatekeeping）规则，意指平台所有者预先设计一些规则，约定哪些互补者能接入平台，这会对平台参与者行为产生直接影响。张等学者（2020）就探讨了这种规则对互补者知识共享行为的影响。因此，构成平台规则的治理要素，影响联结不同参与者的平台界面设计，这些规则与设计如何影响平台所有者的权力分配，以及平台参与者的合作与竞争行为，都值得深入研究。

奥马霍尼和卡普的研究将平台治理研究由静态的类型化转向动态的过程化，揭示了平台治理如何由集中的专有化治理，转向多主体参与的共同治理，以及在这一动态过程中，平台参与者如何应对平台治理的变化。两位学者的一个进步在于，不是立足于平台所有者视角探讨治理规则设计，而是基于平台参与者视角挖掘对平台治理规则变化的适应过程。然而，尽管这篇文章提炼出了平台参与者不同的调整策略,却并未对参与者进行类型化研究,也就无法回答什么样的平台参与者更可能采取哪些应对策略。例如,平台参与者的商业模式对平台的依赖程度、平台参与者嵌入平台网络的程度、平台参与者在平台多主体价值共创中的地位等,都可能影响其在平台治理变化情况下的策略调整。

陈亮等学者的研究关注了平台生态系统情境下两类主体之间的互动,即经由平台所有者与平台参与者的双边关系解释平台生态系统的复杂性,以及其引发的平台参与者行为。但该文章研究的是已经接入一个平台的参与者接入新平台时的行为,而不是首次接入决策,这使得我们对于新创企业为什么以及如何作为参与者接入平台认识不足。未来研究可重点关注新创企业作为平台价值共创的互补者首次平台接入的决策逻辑与行为特征,并从平台治理的角度挖掘治理规则对新创企业接入平台以参与价值共创的影响,回应平台治理以价值创造为目标,而非单纯地用于约束平台范围内的机会主义行为的主张;也进一步着力揭示平台互补者如何将平台接入作为其创新路径的一环,影响其做出平台专有性投资,从而影响互补者的价值共创、知识共享等行为。

研究设计与应用拓展

针对"如何设计多主体参与下的治理机制"这一问题的讨论,我们主要从平台情境出发,挖掘多主体参与的数字平台或平台生态的治理机制,其研究观点与启示可以拓展至传统的网络治理情境以及互联网与数字技术背景下的新型治理。首先,需要明确的是治理问题所嵌入的情境。尽管生态系统研究的代表学者阿德纳(2017)、雅各比德斯等学者(2018)都提及生态系统具有网络的结构与特征,但不能简单地利用网络理论来解释生态问题,这意味着传统的企业网络与生态系统、平台等新情境的网络存在差异,这表现为主体间关系的维系方式(正式契约还是非正式松散联结)、强调多主体间的匹配(alignment)还是双边主体间的协同(coordination)、形成跨边依赖还是双边依赖等,这都使得不同的多主体参与情境下的治理问题复杂化、多样化。

其次,可从行为理论、集体行动理论、机制设计理论等理论视角寻求对上述问题的解释。韦斯特法尔(Westphal)和扎耶克(Zajac)(2014)基于行为理论提出行为视角下的公司治理,发展出多层次的、基于行为机制设计的治理理论,这一理论观点也有助于解释多主体参与下的网络治理与平台治理问题,因为它以行动者为中心,从不同个体行动集合的角度审视治理这一社会现象。诺贝尔经济学奖得主奥斯特罗姆(Ostrom)(1990)将集体行动理论用于多主体参与的治理研究,在传统的经济学文献所主张的解决集体行动问题的两个途径基础上(将对资源的控制交给私有的手或集中化的权力),创造性地提出第三种途径:将对资源的控制交给集体的手,基于特定的设计规则治理集体性问题,这为我们立足于平台情境认识多主体参与的治理问题提供了适宜的理论。而机制设计理论也有助于识别平台治理中不同主体参与治理的动机、角色及信息局限,强调实现动机相容与信息效率的重要性(Mookherjee,2006)。

在研究设计方面,平台、生态情境下多主体参与的治理机制研究主要采用两类研究设计。一是典型的质化研究设计,无论是乔娅(Gioia)的扎根理论设计还是艾森哈特的多案例理论复现设计,都在多主体参与治理的研究中得到应用。质化研究有助于捕捉平台、生态情境下多主体之间的互动行为与过程,分析平台治理规则引发的参与者行为变化,抑或多主体互动带来的治理机制调整。二是采用数字化平台、操作系统等生态的独特数据。例如,许多研究利用苹果 iOS 与谷歌 Android 操作系统中的 App 数据进行治理规则研究（Zhang，et al.，2020）；也有研究利用淘宝、亚马逊这样的平台的数据（Koo，Eesley，2020）。在分析单元的设计上，已有研究多以平台为分析单元，而以接入平台的 App 开发商或 App 软件为嵌入式分析单元，这有助于揭示平台或平台所有者的治理规则或治理策略对平台参与者（例如 App 开发商）的行为影响。而从样本分布时间来看，由于 App 数据量非常庞大，且更新速度快，研究者一般可以获得每日数据、月度数据、季度数据、年度数据，而多数研究采用月度数据，这足以呈现研究的样本差异。根据研究者研究问题的需要，可建构具有时间趋势的数据结构，用于理论验证。

值得注意的是，已有研究对治理机制的测量主要采用诸如平台开放性、分散性等变量（Bresnahan，Greenstein，2014；Sambamurthy，Zmud，1999；Xue，et al.，2011），一方面由于治理机制本身是一个包含多类型治理要素的复杂问题，难以用特定变量进行测量；另一方面，平台开放性、分散性蕴含着平台或其所有者对治理规则的设计，比如开放性意味着平台对所有有意愿接入平台的参与者展示开放的态度，其参与界面没有契约性约束。如果你对平台、生态情境下的多主体参与治理感兴趣，可以考虑将平台、生态的技术要素融入治理研究，如平台联结多主体的界面设计、模块化设计规则等，这有助于理解平台如何规范不同参与者之间的关系，从而最大限度地为实现价值共创而努力。

◆ 参考文献

Adner，R.，2017，"Ecosystem as structure：an actionable construct for strategy"，*Journal of Management*，Vol. 43，No. 1：39-58.

Baldwin，C.Y.，2012，"Organization design for business ecosystems"，*Journal of Organization Design*，2012，Vol. 1，No. 1：20-23.

Boudreau，K.J.，and Hagiu，A.，2009，"Platform rules：multi-sided platforms as regulators"，In Annabelle，G. (Ed)，*Platforms，Markets and Innovation*，MA：Edward Elgar Publishing：163-191.

Bresnahan，T.，and Greenstein，S.，2014，"Mobile computing：the next platform rivalry"，*American Economic Review*，Vol. 104，No. 5：475-480.

Cennamo，C.，2016，"Building the value of next-generation platforms：the paradox of diminishing returns"，*Journal of Management*，Vol. 44，No. 8：3038-3069.

Ceccagnoli，M.，Forman，C.，and Huang，P.，et al.，2012 "Cocreation of value in a platform ecosystem! The case of enterprise software"，*MIS Quarterly*，Vol. 36，No. 1：263-290.

Cennamo，C.，and Santalo，J.，2013，"Platform competition：strategic trade-offs in platform markets"，*Strategic Management Journal*，Vol. 34，No. 11：1331-1350.

Eisenhardt，K.M.，1989，"Making fast strategic decisions in high-velocity environments"，*Academy of Management Journal*，Vol. 32，No. 3：543-576.

Gawer，A.，2014，"Bridging differing perspectives on technological platforms：toward an integrative framework"，*Research Policy*，Vol. 43，No. 7：1239-1249.

Gulati，R.，Puranam，P.，and Tushman，M.，2012，"Meta-organization design：rethinking design in interorganizational and community contexts"，*Strategic Management Journal*，Vol.

33, No. 6: 571-586.

Iansiti, M., and Levien, R., 2004, "Strategy as ecology", *Harvard Business Review*, Vol. 82, No. 3: 68-126.

Jacobides, M.G., Cennamo, C., and Gawer, A., 2018, "Towards a theory of ecosystems", *Strategic Management Journal*, Vol. 39, No. 8: 2255-2276.

Wareham, J., Fox, P.B., and Cano, Giner, J.L., 2014, "Technology ecosystem governance", *Organization Science*, Vol. 25, No. 4: 1195-1215.

Koo, W.W., and Eesley, C.E., 2021, "Platform governance and the rural-urban divide: sellers' responses to design change", *Strategic Management Journal*, Vol. 42, No. 5: 941-967.

McIntyre, D.P., and Srinivasan, A., 2017, "Networks, platforms, and strategy: emerging views and next steps", *Strategic Management Journal*, Vol. 38, No. 1: 141-160.

Sambamurthy, V., and Zmud, R.W., 1999, "Arrangements for information technology governance: a theory of multiple contingencies", *MIS Quarterly*, Vol. 23, No. 2: 261-290.

Xue, L., Ray, G., and Gu, B., 2011, "Environmental uncertainty and IT infrastructure governance: a curvilinear relationship", *Information Systems Research*, Vol. 22, No. 2: 389-399.

Zhang, Y., Li, J., and Tong, T.W., 2022, "Platform governance matters: how platform gatekeeping affects knowledge sharing among complementors", *Strategic Management Journal*, Vol. 43, No. 3: 599-626.

▣ 文献推荐

Chen, Y., Pereira, I., and Patel, P.C., 2021, "Decentralized governance of digital platforms", *Journal of Management*, Vol. 47, No. 5: 1305-1337.

Chen, L., Yi, J-T., Li, S., and Tong, T.W., 2022, "Platform governance design in platform ecosystems: implications for complementors' multihoming decision", *Journal of Management*, Vol. 48, No. 3: 630-656.

O'Mahony, S., and Karp, R., 2021, "From proprietary to collective governance: how do platform participation strategies evolve", *Strategic Management Journal*, Vol. 43, No. 3: 530-562.

● 代表性学者

陈岩（Yan Chen）

现任史蒂文斯理工学院商学院教授。他的主要研究领域涉及创新、创业和区块链，在《组织战略》(*Organizational strategy*)、《研究与开发管理》(*R&D management*)、《创业学杂志》、《管理杂志》等期刊上发表多篇论文。他长期担任史蒂文斯理工学院商学院管理学术委员会成员、史蒂文斯理工学院商学院本科课程委员会成员，史蒂文斯理工学院本科生研究委员会成员。E-mail：ychen5@stevens.edu。

童文峰（Tony W. Tong）

现任科罗拉多大学利兹商学院战略与创业专业教授，担任战略、创业和运营部（SEO）主任。他的主要研究领域涉及战略、创业和运营，在《管理学杂志》《国际商务研究杂志》《组织科学》《战略管理杂志》《管理杂志》等期刊上发表多篇论文。他获得过SMS最佳论文奖，也是中国专利数据项目的共同创始人。E-mail：tony.tong@colorado.edu。

西奥班·奥马霍尼（Siobhan O'Mahony）

在斯坦福大学获得博士学位，现任波士顿大学凯斯特罗姆商学院教授，曾任达顿商学院巴顿研究所研究员。她的主要研究领域涉及战略和创新，在《管理学杂志》《组织科学》《战略管理杂志》等期刊上发表多篇论文，并获得了美国管理学会学报最佳论文奖（2018年）、亨利·摩根创业杰出贡献奖（2018年）等奖项。E-mail：somahony@bu.edu。

关键学者与学者网络

本章内容呈现了新创企业所面临的竞争关系、合作关系、互补关系、依赖关系等多种外部关系,探讨了如何有效进行跨边界组织的管理以实现生存与发展。这一问题涉及传统市场、供应链关系、战略联盟、平台生态系统等不同的创业情境,涉及战略研究、资源基础观、竞争动力学、供应链研究、联盟网络、协同创新等不同领域。关于跨边界组织的研究源于受到交易成本经济学(transaction cost economics,TCE)的影响,其典型问题是特定交易内部化和外购问题,其学者代表是奥利弗·威廉姆森。随着研究的推进,关于边界组织的问题已经从基于效率的理论经济学解释转向包含多种决策驱动因素的管理学解释,尝试从关系控制、动态能力、身份塑造等多方面进行讨论。

跨边界组织管理的研究重点是对竞争合作关系控制的探讨。战略管理领域的陈明哲从企业层面构建了竞争者分析框架,依据"竞争不对称性"提出了动态竞争理论,通过 AMC 分析进行竞争响应。随着战略联盟的发展,道格拉斯·汉娜和凯瑟琳·艾森哈特关注到生态系统中的合作关系,认为保持合作与竞争的平衡对发展至关重要。塔伦·坎纳(Tarun Khanna)、奥古斯丁·拉多(Augustine Lado)、恩斯特·费尔(Ernst Fehr)等学者都在尝试进一步探讨如何实现竞合关系的最佳均衡。在此过程中,美国学者戴维·蒂斯在竞争压力的基础上进一步关注到了外部环境的动态变化,提出新兴企业构建动态能力对竞争优势获取的重要意义。

在合法性压力下为获取利益相关者认可进行跨边界组织管理方面,迈克尔·劳恩斯伯里和玛丽·安·格林首次提出了文化创业视角,构建了企业通过故事叙述形成合法且独特的组织身份以满足利益相关者期望来获取合法性的理论逻辑,成为探讨这一问题的奠基之作。在此基础上,查德·纳维斯和玛丽·安·格林更加聚焦于组织身份与投资者期望,探讨了在不同市场背景下资源获取的方式。保罗·特雷西则关注了不同制度环境下企业应该如何满足异质性利益相关者期望获取合法性的问题。

平台生态系统情境下对跨边界组织管理问题的研究是新近涌现的一个热点话题。马尔科·切卡尼奥利、朱斯特·里特维尔德、马修·巴洛探讨了新创企业为何以及如何进入平台生态系统的问题;迈克尔·雅各比德斯、文闻、阿拉蒂·斯里尼瓦桑等学者基于互补关系、依赖关系探讨了如何管理多种关系;陈岩、西奥班·奥马霍尼、陈亮探讨了多主体参与下进行平台治理的问题。

CHAPTER 9

第 9 章

创业如何管理组织间资源

通常，初创企业的资源活动从资源识别开始（公司拥有和需要什么类型的资源），经过资源获取（公司在什么条件或约束下获得这些资源），到评估、选择和编排（如何实现最佳开发和组织公司的资源组合），最后是资源利用过程（如何在竞争活动中最佳分配资源、如何安排资源使用顺序，以及如何监督资源的使用）。而在这个过程中，初创企业如何管理资源以获得竞争优势是根本问题。彭罗斯的《企业成长理论》是关于资源组合与成长的文献中引用最多的参考文献。其后的 30 余年间，在此基础上演化出了创业叙事、利益相关者认知、企业联盟、联盟网络等研究流派（见图 9-1）。

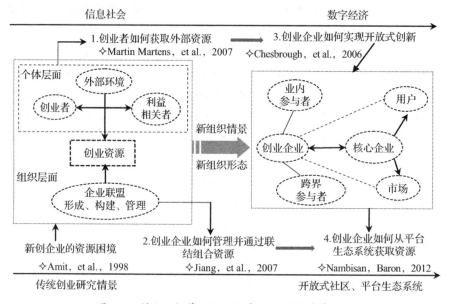

图 9-1 创业如何管理组织间资源的关键科学问题

在实际的资源管理过程中，这是一个"理性"与"非理性"决策的过程，创业者运用他们的判断力以及他们对当前行业的理解，从自己、其他公司以及合作伙伴的经验中学习更有效的管理方式和资源利用。随着时间的推移，初创公司可能会发展出不同的关系，从而能利用这些关系网络以不同的方式访问不同类型的资源或资源提供商，寻求更高的效率。他们甚至可能创建新的关系网络，突破现有关系的局限。同样，一些初创公司也充分利用数字技术访问全球资源、市场和客户的平台。通过上述方式，这些初创公司成功地完善了各自行业的供应链，重新定义了所需的资源包，反而使创业者能获得先发优势，提高他们成功的概率。

首先，创业者个体特性及互动行为是创业资源获取的基础方式。大量研究指出创业者是创业活动的核心，而创业资源获取是创业者特征的函数，创业者基于自身的社会资本构建创业企业的社会网络，通过故事叙述的方式构建企业身份并赋予其意义，这一系列行为是创业资源获取的关键因素。这个过程不能忽视与风险投资者的交互，因此也催生了一系列针对投资决策、社会交互的研究。而随着研究的演进，在个体决策研究中加入偶然因素，使创业资源获取的研究日益贴近现实，也更加生动有趣。

其次，形成、构建、管理企业间联结是创业企业获取资源、提升绩效的有效方式。企业参与广泛的战略联盟已成为当今商业环境中普遍存在的现象，创业企业通过联结的方式与多主体开展合作，从而获取创业所需资源已经成为普遍手段之一。正如联盟组合视角下的核心观点一样，企业除了从单个联盟中获得价值外，还可以通过同时构建多个联盟来获取资源，进而从联盟组合中获得价值。创业企业构建联结的核心也是与多种不同类型的主体进行合作，获取资源并创造价值。一般而言，形成与构建联结对创业企业来说并不困难，如何管理并通过联结组合资源才是关键问题。一方面，构建维系联结是需要成本的，且并不是所有联结都是有效的，创业企业联结管理的关键在于平衡联结的成本与收入，最大化联结效用；另一方面，创业企业的发展具有动态性，如何动态管理从"初创"到"扩张"阶段的联结组合也是创业者需要考虑的关键问题。

再次，开放式创新是创业企业克服脆弱性的一个关键决策。在复杂动荡的商业环境下，创业企业因其脆弱性，往往面临较高的失败风险，而开放式创新为创业企业提供了一个"杠杆"，以较低的成本撬动并获取创业活动所需要的创新资源，从而实现价值的共创共享。创业企业如何进行开放式创新仅仅是起点，最终成功取决于能否持续从开放式创新中创造价值与获取价值，在这一过程中，创业企业需要客观看待开放式创新的双刃剑性质，避免陷入与开放式创新伴生的"开放性悖论"和"与狼共舞"困境之中。总体而言，开放式创新虽然为企业开启了新技术中蕴含的潜在经济价值，但也会诱导企业陷入价值创造和价值获取的主导逻辑陷阱，采用合适的开放式创新策略是创业企业需要考虑的关键问题。

最后，大数据、人工智能等新一代数字化技术的发展催生了一大批以平台生态系统为代表的新组织形态的产生，这为创业企业如何管理组织间资源带来挑战。平台生态系统通过资源的开放和共享为互补者提供开发工具或能力，而互补者又可以使用这些开放资源共同创造增值补充。由于初创企业加入平台生态系统既要考虑与平台所有者、在位竞争企业以及其他互补者的关系平衡，又要在不同的平台生态系统间进行选择和权衡，这使初创企业在平台生态系统中管理资源的行为变得十分复杂。随着数字技术对传统创业活动情境的拓展，初创企业如何管理组织间资源这一研究问题被不断赋予新的意义。

创业者如何获取外部资源

◎ 周冬梅

电子科技大学经济与管理学院

"创业者如何获取外部资源"是创业研究中经典且永恒的话题。对新创企业来说,"获取资源"是创造价值的起点,从外部获取资金、物质、人力和无形资本等资源的过程通常被认为是至关重要的创业任务(Brush, et al., 2001)。由于新创企业的"合法性缺陷"(Navis, Glynn, 2011; Garud, et al., 2014),以及与外部利益相关者之间的"信息不对称"(Ko, Mckelvie, 2018; Colombo, 2021),新创企业面临着资源获取困境(Amit, et al., 1998)。"如何获取资源"就成为一项复杂且具有挑战性的工作——甚至可能是"创业面临的最大挑战"(Brush, et al., 2001)。近年来,数字技术的发展扩大了个体可访问的资源范围,资源的边界被打破,使创业资源的获取有了新的途径与方式。面对这些新现象和新变化,进一步探讨新创企业如何才能获取更多高价值的资源,不仅是紧跟实践发展的理论探索,也是未来研究的重要方向。

既有关于创业资源获取的研究主要分为三类:第一类专注于创业者(企业)及其潜在特征,把资源获取当成创业者(企业)特征的函数,研究聚焦于客观的资源禀赋在资源获取中的重要作用,例如,创业者人力资本(Ebbers, Wijnberg, 2012; Gulati, Higgins, 2003)、社会资本(Florin, et al., 2003)、网络联结(Shane, Cable, 2002)。第二类专注于投资者以及他们的认知风格差异,将投资者及特征作为解释影响新创企业资源获取的重要因素。因为投资者决策并非完全基于客观评价,直觉(Huang, Pearce, 2015; Zacharakis, Shepherd, 2001)、认知(Shepherd, 1999)、偏见(Jahanzeb, Muneer, 2012; Schwenk, 1988)等许多主观因素都对创业资源获取有重要影响。但研究者逐渐发现,在同等条件下,许多未占有绝对优势的新创企业也能获得投资者青睐,由此产生第三类研究,关于投资中偶然因素的研究,如外部物理环境(Dushnitsky, Sarkar, 2020),在客观因素的基础上对偶然因素的探讨使对创业资源获取的研究日益贴近现实。实际上,单一维度的探讨已经难以解释现实中新创企业的资源获取问

⊖ 本文是国家自然科学基金重点项目"新创企业商业模式形成与成长路径"(71732004)、重大项目"创新驱动创业的重大理论与实践问题研究"(72091310)课题三"大型企业创新驱动的创业研究"(72091311)资助的阶段性成果。

题。为此，关注认知、情绪、情感等主观要素对创业资源获取的独特作用，并与客观资源禀赋以及偶然因素的影响相结合，才能对新创企业的资源获取问题有一个更加完整科学的认识。

外部情境不断变化，经济因素与非经济因素交融，必然和偶然汇集，使得关于新创企业资源获取的新情境、新问题不断涌现，与之相关的研究主题、方法和理论视角也在不断丰富和迭代的过程中。在这种情境下，对"如何进行资源获取"这一问题的基本逻辑的梳理反而变得愈发重要，这也是构建新创企业资源获取的新逻辑和新机制的基础。回顾资源获取研究历程，"信号理论"被广泛应用，其中马丁·马滕斯（Martin Martens）开拓性地研究了创业叙事与外部资源获取之间的关系，把"叙事方法"与"信号理论"相结合来解释资源获取的背后逻辑。同时也有大量学者把"社会联系"作为资源获取研究的重要视角，其中黄乐仁（Laura Huang）和安德鲁·奈特（Andrew Knight）用动态的视角探索了创业者和投资者的关系如何影响新创企业的成长和发展，建立起"资源"与"关系"的反馈循环模型。但实际上，除了上述经典的理论和视角以外，很多偶然因素逐渐成为影响资源获取结果的重要因素，获得越来越多研究者的关注，其中，加里·杜希尼茨基（Gary Dushnisky）和萨扬·萨卡尔（Sayan Sarkar）就探索了一个非常有趣的问题——阳光如何影响投资者的情绪并最终导致投资结果差异。

马丁·马滕斯等学者：故事叙事化解资源获取的不确定性

2007年马丁·马滕斯等学者在《管理学杂志》上发表了《讲故事能获取所需的钱吗？创业叙事在资源获取中的作用》一文，采用叙事方法进行资源获取研究，研究讲故事对公司获取资源能力的影响。这篇文章较早采用实证研究探索创业叙事与外部资源获取之间的关系，也是这篇文章把"语言转向"（linguistic turn）引入创业研究领域。

在该文中，作者对创业叙事（entrepreneurial narratives）进行了定义，具体是指关于创业者（企业）的故事。创业叙事可以通过多种方式进行分享，主要是口头和书面模式：口头模式的一个例子是即兴故事，企业家在与员工、客户和供应商的日常对话中分享，另一个例子是在正式演讲中向银行家、风险投资家和媒体代表等观众进行更正式的叙述；书面模式包括出现在公司宣传册、网站和产品包装等宣传材料上，或是在年度报告、商业计划和首次公开募股（initial public offerings，IPO）招股说明书等文件中的故事片段或"最小叙事"（minimal narratives）。该文通过对三个高科技行业1996～2000年所有IPO招股说明书的定性分析揭示了身份构建、故事阐述和情境嵌入如何在叙述中被应用，解释了创业叙事如何通过这些因素最终影响资源获取。

整个研究发展并检验了关于创业叙事如何帮助创业者吸引资源的三个论点：第一，创业叙事在传达新创企业的身份方面起着关键作用。创业叙事通过将有关公司有形和无形资本存量的事实信息打包成一个更简单、更连贯、更有意义的整体，帮助潜在资源提供者理解新创企业的身份（identity）。第二，创业叙事通过叙述将创业的不同部分连接起来，充当意义构建（sense-making）和意义赋予（sense-giving）的工具。故事可以帮助潜在投资者了解公司提出的开发创业机会的方法和潜在价值，讲述机会开发方式背后的逻辑。第三，故事通过一定的叙述背景和叙述方式，把创业故事嵌入更广泛的语境，使故事呈现出独特性和原创性，从而有助于让潜在投资者产生兴趣和承诺。综合起来，这些论点表明，有效地讲故事（story-telling）可以降低与创业机会开发相关的感知上的不确定性和风险，激励和动员潜在的资源提供者将资金投入到新创企业中。

整篇文章的理论逻辑和研究设计非常清晰，采用了混合方法来探索这些论点，在研究方法中结合定性和定量技术。样本包括从 1996～2000 年在美国主要证券交易所首次公开发行的所有半导体、生物技术和互联网内容提供商公司。作者为这些公司的每个 IPO 招股说明书创建了一个"故事地图"，每张地图都代表了 IPO 招股说明书中列出的风险和预期战略行动的网络状阵列。在作者的分析中，重点元素是招股说明书战略部分标题所确定的预期战略行动，以及风险因素部分列出的已确定风险因素。其中，在自变量的选取方面，主要对 IPO 招股说明书进行了潜在内容分析，产生了六个潜在的身份结构，然后对这些类别进行了虚拟编码；同时为了度量具体策略，作者将每个公司的故事地图转换成一个 93×93 的对称矩阵，然后通过矩阵转换方法为新创企业的预期举措创建整体衡量标准。而在因变量的选择方面，作者利用三个因变量来捕捉公司 IPO 过程的不同阶段获取外部资源的能力及其整体有效性，三个因变量包括：①发行估值溢价，计算方法为每股 IPO 前账面价值与 IPO 发行价之间的差额，乘以发行给认购者的股票数量，并转换为对数。②零售市场估值溢价，计算方法为首日收盘价与 IPO 发行价之间的差额，乘以流通股数。③总估值溢价，计算方法为一家公司的首日收盘价与其 IPO 前的账面价值之间的差额，乘以已发行股票总数。为了进一步探索公司现有资源与其创业叙事中描绘的身份之间的关系，将每个公司的资源因素得分划分为"低"、"中等"或"高"三类编码，将其身份构建划分为"公认的领导者"或"不是公认的领导者"两类编码。同时，作者为了对创业叙事中熟悉的上下文符号被调用的程度进行编码，重点关注公司 IPO 招股说明书中阐明的同行业其他 IPO 公司通常提到的预期战略行动。

通过分析，马藤斯等学者发现：第一，创业叙事中为公司构建的身份对潜在投资者的影响超出了他们所获取的关于公司现有资源存量的事实信息。第二，在创业叙事中关于机会开发的详细论证似乎有助于获取外部资源，但过于复杂的叙述有时会削弱创业公司说服潜在投资者的能力。第三，在创业叙事中，新创企业将熟悉和不熟悉的语境元素嵌入创业叙事中，使创业叙事作为资源获取工具将更有效，但也会在超过某一点后效率降低。整个研究的结果表明，有效构建的故事确实有助于创业者（企业）获得资金，特别有影响力的创业叙事应该具备以下特征：①为新创企业构建明确的身份；②详细但不过于复杂的机会开发方式；③援引熟悉的元素来把那些不太熟悉的内容嵌入叙述情境中。研究结果支持了这样一个结果——讲故事是企业家可以利用其现有资本获得额外资源的关键机制。

马藤斯等学者的这篇文章较早地探讨了非经济要素如何影响创业资源获取，不仅拓展了有关资源获取过程的理论，也帮助我们构建了一种方法逻辑，通过把丰富的定性数据转化为定量分析数据，帮助后期的研究捕捉创业叙事的解释性和机构性特征，从而助力更广泛的文化创业研究。与此同时，该文章拓展了信号理论和印象管理理论在创业资源获取中的应用，通过创业叙事所塑造的身份向投资者传递信号，并通过创业叙事进行印象管理，实现外部利益相关者认知的改变以获取外部资源。该文章为进一步探讨主观认知要素对资源获取的影响进行了铺垫，是推动资源获取研究接近创业实践的一次重要尝试。

黄乐仁和安德鲁·奈特：理性与非理性因素双向互动对资源获取产生动态影响

如果说创业叙事为资源获取构建了一个图谱，那么关系就是资源流动的渠道，它可以促进新创企业的成长并帮助投资者从投资中获利。但大部分研究都没有呈现出关系的内在双向动态性，2017 年黄乐仁和安德鲁·奈特在《管理学评论》上发表了《创业中的资源和关系：创业者-投资者关系发展和影响的交换理论》一文，开发了一个基于交换理论（exchange theory）的理论模型，用来解释创业者和投资者如何随着时间的推移共同行动以塑造二者的关系。该文章强调了创业者和投资者共享的双向关系，包括工具性和情感性维度，以及随着时间的推移建立金融和社会资源的双向交换。同时，在研究中，作者阐述了随着时间的推移出现了不同的关系发展模式，以及不同类型的资源交换如何促进新企业的成长。

这篇文章借鉴了克拉潘扎诺（Cropanzano）和米切尔（2005）的交换理论观点，这一理论观点的核心是强调两个主体之间的资源转移。交换理论区分了两大类资源：金融资源（financial resources）和社会资源（social resources），交换是金融或社会资源的双向转移。而该文章中的关系包含了两个核心维度：工具性维度（instrumental dimensions）和情感性维度（affective dimensions），其中，前者反映了与任务相关的承诺和期望，后者反映了个人和社会情感的承诺和期望。创业者、投资者分享工具性和情感性期望的程度对两者之间的资源交换具有重要意义。

基于以上类别的划分，两位学者设计了一个理论模型来解释随着时间的推移出现的不同关系发展模式，以及不同类型的资源交换如何促进新企业的成长（感兴趣的读者可以参考原文中的理论模型）。首先，理论模型解释了创业者与投资者之间的互动如何作为关系发展过程的输入条件。在这个阶段中，人际关系和信息信号可能对创业者-投资者关系的工具性和情感性维度的初始强度产生影响。同时，模型基于两个背景特征差异，即投资者类型（天使投资人和风险投资人）和关系结构类型（二元结构和群体结构），解释了二者如何调节关系与资源的互动。其次，模型解释了工具性和情感性关系维度（一开始可能是弱的或强的）如何随着时间变化通过资源交换的结果进一步削弱或加强。关系促进了交换，而交换的结果又反馈到了关系中，例如有价值的社会资源交换为关系的情感性维度提供了一个强化的反馈循环。最后，模型讨论了不同类型的资源交换如何促进新企业的成长。虽然金融和社会资源在一定程度上可以帮助新创企业跨越发展阶段的成长难关，但不同发展阶段的企业面临的战略问题可能会放大不同资源的价值，同时来自成功资源的反馈循环会改变（加强）创业者-投资者关系。因此可以根据模型解释这一问题，即为什么一些伙伴关系会随着时间的推移而加强，而另一些伙伴关系会减弱并最终分崩离析。

这篇文章根据新创企业的发展阶段，建立起"资源"与"关系"的反馈循环模型，反馈循环体现了由双向资源交换驱动的关系发展过程，该过程可能会随着时间的推移而加强。同时该循环模型还表明，当创业者和投资者相互交换宝贵的资源时，他们的关系就会加强，成功的社会资源交换加强了他们的情感性关系。当企业增长达到或超过预期时，成功的金融资源交换会加强他们的工具性关系。因此，创业者-投资者关系是通过一个强化循环的过程发展起来的，在这个循环中，富人（在关系中）可以（在有价值的资源、新的企业增长以及反过来更牢固的关系方面）变得更富有。然而，模型中的调节变量（投资者类型、关系结构类型和企业发展阶段）也会使创业者-投资者关系陷入不同的发展轨迹。以上"富者愈富"（rich get richer）的反馈循环说明了一个极端的良性循环。反之，当创业者行为与初始环境不匹配，或者资源交换与企业发展阶段不匹配时，也可能会打开恶性循环的大门。当然，文章也表明上述良性循环和恶性循环描绘了两条极端的发展轨迹，而在现实中，新创企业的关系和资源交换轨迹都将介于这两个极端之间。

这篇文章将创业者-投资者关系概念化为包含工具性和情感性维度的多重关系，扩展了创业研究中的"情感转向"（Baron，2008）问题研究。与此同时，它将关系发展和资源交换解释为双向过程，为创业者如何通过印象管理建立其企业的合法性以及投资者在与创业者合作时可能具有的情感期望开辟了新的角度。整篇文章并未拘泥于静态关系的作用，而是建立了新创企业发展的全视角观点，以新创企业发展的阶段为重点，将关系描述为通过资源交换和反馈循环随着时间而加强的客观存在，以过程为中心的观点阐明了如何通过资源交换的动态随着时间的推移加强或削弱关系，通过引入动态变化视角，完善了理性因素与非理性因素双向互动对资源获取的影响。

加里·杜希尼茨基和萨扬·萨卡尔：偶然因素增加资源获取的不确定性

关系与资源的双向互动进一步帮助我们理解新创企业资源获取的问题，但现有研究很难突破不确定性情境下资源获取研究的局限。加里·杜希尼茨基和萨扬·萨卡尔2020年在《管理学杂志》上发表了《太阳来了：偶然事件对创业资源获取的影响》一文，重点介绍了偶然因素如何影响新生、种子阶段初创企业的投资决策，拓展了现阶段对资源获取影响的研究。该文章把阳光作为一个偶然事件，借鉴情绪线索理论（affect-as-information theory），推测面对强烈的不确定性时，阳光明媚的日子可能会正面影响投资者的情绪并带来更大的投资可能性。

种子期企业的投资者面临巨大的不确定性，在此时期，企业在核心业务（技术可行性、产品市场契合度和业务模型可行性）方面几乎没有吸引力，因为关于新创企业运营方面的信息很少或没有，因此，投资决策受到高度不确定性的困扰，资源获取具有一定的偶然性。为理解这种偶然性，文章基于情绪线索理论（情绪即信息理论）中关于"整体"（integral）和"偶然"（incidental）感觉之间的区别，通过描述整体感觉、偶然感觉与核心任务相关的感受来讨论对投资决策的影响。其中，整体感觉描述与核心任务相关的感受，如投资者对创业者的积极直觉。而偶然感觉描述与核心任务完全无关的感受，如投资者可能在他们遇到创业者的那天心情很好。而该文章主要专注于偶然因素——每日阳光（daily sunshine），即一种实际日照时数的每日变化所构成的物理上环境的短暂变化对投资结果的影响，而这种变化与核心任务（投资决策）完全没有任何关系。该文章延续了在不确定性下研究决策的悠久传统，因为暴露在阳光下是一种刺激，通常与更好的情绪有关，进而影响到决策的结果。

这篇文章聚焦于种子期的新创企业，所以创业加速（孵化）器（accelerator）为该研究提供了理想的环境，因为经过一定时间的孵化，加速器会在固定的时间为所有即将毕业的（graduating）新创企业提供向投资者推销其创意和项目的路演机会。基于此，文章构建了一个综合数据集，其中包含1 335个在"领先欧洲加速器"（leading European accelerators）路演的种子期初创企业，它们的路演分散在171个演示日。在路演期间，一些新创企业成功地吸引了投资，而另一些则没有，文章记录了"阳光"对投资结果的影响。在文章中，作者强调阳光是一个偶然的变化，与新创企业的评估任务无关，也就是说，阳光的增加不会影响新创企业的已有特性，也不会暴露有关其经济潜力的任何信息。然而，这个偶然因素可以影响投资者情绪。研究结果表明，新创企业在"阳光明媚"的一天毕业（即演示日比前一天拥有更多的阳光）获得投资的可能性大于那些在"非阳光明媚"的日子毕业的新创企业。

文章在研究过程中采用了两种主要方法：档案数据分析（archival data analyses）和实验法（experiments）。档案数据分析是近年来创业和管理研究中常用的研究方法，在该文章中档案数据收集主要包括：从加速（孵化）器的网站上收集了加速器和它们孵化的新创企业的数据；以及从Crunchbase和Beauhurst收集的投资信息。最后，作者向样本中的加速（孵化）器负责经理发送了电子邮件问卷，这些回复用来验证加速（孵化）器和所毕业的创业企业数据。而关于因变量，文章遵循过去的做法，并将演示日后的 90 天内获取融资视为成功融资，则取值为 1，否则为 0。每日的阳光变化采用随机变量，变量被定义为在演示日和前一天实现的实际日照小时数，具体计算采用从天气在线（www.weatheronline.co.uk）获取的历史天气数据。而调节变量包括新创企业的成熟度（年龄）和创始人人力资本（创业经验的信息和教育程度），接着进行了回归分析。

在该文章中，为了检验理论机制（阳光 – 心情 – 投资的理论机制），研究者开展了投资决策实验。在实验中，通过参与者小组组织多产学者（prolific academic）平台，招募学术研究参与者，在两个场景中随机分配参与者。第一个场景包含两张旧金山晴朗的图片，在同一页面下方以文字提示："想象一下今天是晴天。"第二个场景包含两张旧金山多云的图片，图片下方出现以下文字提示："想象一下今天是阴天。"为了捕捉参与者的情绪，作者管理了正面和负面影响时间表（positive and negative affect schedule，PANAS）问卷，这是衡量情感状态的标准心理学方法（Watson，et al.，1988）。最终实验由 92 名参与者组成，实验复制了新创企业的相关档案，同时记录了阳光和投资者决策之间的相关性，进一步检验投资者情绪是否对投资结果产生影响。

这篇文章通过档案数据分析和实验法进行偶然事件影响的研究，在方法上形成了互补。档案数据分析明确了种子阶段资金筹集对环境因素的敏感，同时通过实验法补充分析测量情绪的作用。该实验证据表明，投资者的情绪调节了正相关关系，这些发现符合作者的假设和潜在的理论机制。整个研究关注了创业者与投资者两类传统因素之外的环境因素，探索情境变化对投资者决策的影响，强调了种子阶段偶然因素的作用，帮助我们更深入地了解种子阶段的投资模式。整个研究突出了投资者决策的非理性情境因素，这也解释了为何融资结果会存在如此多的偶然性。该文章跳出了创业者、投资者特征对资源获取影响的直接探讨，关注了外部偶然的情境因素对认知、情绪等的影响，从而间接影响资源获取问题。研究在客观因素、主观因素的基础上进一步增加了偶然因素，让资源获取问题的版图更加完整和清晰。

未来研究方向

新创企业因自身的环境位势、认知局限等，在资源获取和创业决策过程中不能做到完全理性，所以在完全理性情境下的讨论难以解释现实中的新创企业的资源获取问题。为此，越来越多的学者关注非理性情境下的资源获取问题，以求突破现有研究的局限。

马滕斯等学者着眼于文化创业视角，探究了创业故事、组织身份等具有更高可塑性的主观认知因素的重要意义，但该研究还是存在一定的局限，值得未来进一步探索。首先，IPO 招股说明书能否包含叙事理论家通常研究的那种完整故事，是否需要更加丰富的数据来呈现更加完整的创业故事，例如通过新创企业自身叙述和第三方故事叙述相结合的方式，将多重渠道描述的部分故事整合为一个更加完善的数据库，呈现更加客观完整的"故事地图"。其次，创业故事叙述者的差异也是影响资源获取的一个重要因素。因为在某些情况下，创业故事叙述者本身的特征，如口才、社交技能，可能和故事一样具有说服力。针对这个问题，学者费舍尔等学者（2021）研究了一种特定类型的叙事——机智的叙事，该叙事将显著影响创业者动员资源提供者以求支持的能力。最后，创业叙事的情境变化也需要更加系统地纳入未来的理论和实证研究，例如莫斯（Moss）等学者（2018）研究了在众筹平台情境下，微型企业将自己定位在一个单一的语言范畴中时如何通过语言叙述影响外部受众的资源分配。而随着数字技术的蓬勃发展，故事叙述的载体更加丰富多样，创业故事的传播速度和渠道更加广泛，受众的异质性也更强。那么，如何进行创业故事叙述才能抓住资源持有者的眼球？由创业故事塑造的组织身份是否发生了变化？何种组织身份更易受到受众认可？这些问题都具有进一步研究的价值。

黄乐仁和奈特的研究在工具性维度的基础上，突出了情感性维度在关系中发挥的重要作用。关系的工具性和情感性维度是社会学的基本判断，也是创业学者研究资源获取的基本逻辑之一。如果继续从关系视角关注资源获取行为的话，随着众筹、众包等新兴数字平台的出现，并形成了线上社会资本和线下社会资本的区别（Light，Dana，2013；Colombo，et al.，2015），关系的情感性维度在资源获取中是否依旧发挥着重要作用？关系的工具性维度和情感性维度如何互动？这些问题都值得我们进一步探讨。同时，这篇文章透露出创业者和投资者之间的关系在新企业整个生命周期中的变化也是一个非常有趣的问题。还有很多问题值得进一步探索，例如，从长期来看，印象管理行为和风险投资结果之间可能存在曲线关系；企业家必须建立合法性，但必须避免设定无法实现的期望。其实，早在2014年加德鲁等学者就提出未来期望和企业的合法性悖论问题，认识到在新创企业整个生命周期中，需要通过修订故事来维持或重新获得合法性。所以，在时间维度对资源获取行为进行探索将会是一个非常有价值的方向。

对于偶然因素及其它们引起的情绪变化，一直都有学者通过实验法进行关注，例如曾经有学者关注过由体育锻炼引起的情绪（Emerson，et al.，2018）或暴露在巧克力饼干的气味中所引起的情绪变化（Ditto，et al.，2006）。但杜希尼茨基和萨卡尔的研究有助于启发未来研究将偶然因素纳入新创企业资源获取问题的探讨。不同于以往研究关注创业者特征或投资者特征的重要作用，他们另辟蹊径，探讨了十分有趣的问题，即物理环境变化等偶然的情境因素对资源获取的影响。这一关注点的核心内在逻辑在于：偶然因素能通过对投资者情绪的影响进而影响投资决策。而在现实情境中，新创企业面对更为复杂的情境因素和更多的偶然性，影响投资者情绪的因素更加多样，具体有哪些偶然因素能引发共性问题？在不同的情境中，偶然情绪如何与整体情绪相互作用，进而对最终决策结果产生影响？未来还有很大的探索空间。这一问题的研究难点一方面在于对偶然因素的甄别，另一方面在于保持研究设计的严谨性和科学性。

研究设计与应用拓展

创业资源获取是一个随着创业实践快速发展的研究话题，情境的变化使得资源获取行为的影响因素更加复杂和多元。在研究情境中，"关系"被认为是获取资源的一个重要通道，但如果我们跳出这样微观的层面，从组织视角关注资源获取途径这个问题，会发现许多有趣的话题，例如新企业可以通过与可靠的第三方结盟来向外界展示其潜力，进而获取投资（Plummer，et al.，2016）。如果从更加宏观的视角来看，可以讨论在不同的经济体制下创业者是如何获取资源的。如果再把情境转移到数字平台中，其中的组织间隔和区域间隔被彻底打破，资源获取又将发生怎样的变化呢？伴随新的情境，资源获取领域将不断出现新的议题。

在研究主体方面，外部资源获取研究看似宽泛，但主要是针对创业者、投资者以及二者之间的互动展开。在研究中，如果将不同主体与不同情境相结合，将产生更多有价值的问题，例如在数字平台中,创业者的主观认知、客观资源禀赋、偶然因素是否有新的发展和变化?这些变化如何影响其资源获取?将黄乐仁和奈特文章中对"创业者-投资者"关系和资源的互动模型放到众筹平台情境中,上述理论模型是否还有效呢?在数字平台中出现的新关系模式(社群、社区)是否与新的投资模式一起出现,为早期创业者提供社会资源?因此,新的情境下主体的认知和行为习惯的改变所带来的主体互动新模式将引发对资源获取方式的新讨论。

在研究理论方面,信号理论和印象管理理论在创业资源获取研究中得到广泛应用。信号理论强调新创企业需要向投资者传递关于其质量和能力的积极信号(Plummer, et al., 2016)。印象管理理论强调通过暗示象征行为来创造合法性,使创业者能获得资源。除此以外,网络理论、网络代理理论、身份理论、认知理论等都具有广泛影响,未来基于经济学的交易逻辑(无论是当下资源的交换还是未来资源的交换)、基于社会学的情感逻辑(我相信你,你信任我)、基于心理学的认知逻辑(同等水平线上的偏见)都可以在资源获取研究中大放异彩。

在研究方法方面,与此话题有关的研究既有采用定量方法的,也有采用定性方法的,研究方法相当多样。以上述三篇文章为例,研究方法覆盖了基于二手数据的实证分析、定性理论构建、档案数据分析和实验法等。其中,马滕斯通过定性编码与回归分析相结合的方式,探讨故事叙述对创业资源获取的影响;黄乐仁和奈特采用定性理论构建的方式,探讨了创业者与投资者关系对创业资源获取的影响;杜希尼茨基和萨卡尔采用档案数据分析与实验法相结合的方式,探讨了偶然的情境因素对创业资源获取的影响。由此可见,针对创业资源获取问题的研究方法十分丰富,学者们可以进一步探讨多种定性、定量方法在这一问题中的结合应用。

◆ 参考文献

Amit, R., Brander, J., and Zott, C., 1998, "Why do venture capital firms exist? Theory and Canadian evidence", *Journal of Business Venturing*, Vol. 13: 441-466.

Brush, C.G., Greene, P.G., and Hart, M.M., 2001, "From initial idea to unique advantage: the entrepreneurial challenge of constructing a resource base", *Academy of Management Executive*, Vol. 15, No. 1: 64-80.

Colombo, M.G., Franzoni, C., and Rossi-Lamastra, C., 2015, "Internal social capital and the attraction of early contributions in crowdfunding", *Entrepreneurship Theory and Practice*, Vol. 39, No. 1: 75-100.

Colombo, O., 2021, "The use of signals in new-venture financing: a review and research agenda", *Journal of Management*, Vol. 47, No. 1: 237-259.

Courtney, C., Dutta, S., and Li, Y., 2017, "Resolving information asymmetry: signaling, endorsement, and crowdfunding success", *Entrepreneurship Theory and Practice*, Vol. 41, No. 2: 265-290.

Deeds, D.L., Decarolis, D., and Coombs, J.E., 1997, "The impact of firm-specific capabilities on the amount of capital raised in an initial public offering: evidence from the biotechnology industry", *Journal of Business Venturing*, Vol. 12, No. 1: 31-46.

Ebbers, J.J., and Wijnberg, N.M., 2012, "Nascent ventures competing for start-up capital: matching reputations and investors", *Journal of Business Venturing*, Vol. 27, No. 3: 372-384.

Elia, G., Margherita, A., and Passiante, G., 2020, "Digital entrepreneurship ecosystem: how digital technologies and collective intelligence are reshaping the entrepreneurial process", *Technological Forecasting and Social Change*, Vol. 150: 119791.

Fisher, G., Kotha, S., and Lahiri, A., 2016, "Changing with the times: an integrated view of identity, legitimacy, and new venture life cycles", *Academy of Management Review*, Vol. 41, No. 3: 383-409.

Fisher, G., Neubert, E., and Burnell, D., 2021, "Resourcefulness narratives: transforming actions into stories to mobilize support", *Journal of Business Venturing*, Vol. 36, No. 4: 106122.

Florin, J., Lubatkin, M., and Schulze, W., 2003, "A social capital model of high-growth ventures", *Academy of Management Journal*, Vol. 46, No. 3: 374-384.

Garud, R., Schildt, H.A., and Lant, T.K., 2014, "Entrepreneurial storytelling, future expectations, and the paradox of legitimacy", *Social Science Electronic Publishing*, Vol. 25, No. 5: 1479-1492.

Gawer, A., 2014, "Bridging differing perspectives on technological platforms: toward an integrative framework", *Research policy*, Vol. 43, No. 7: 1239-1249.

Gulati, R., and Higgins, M.C., 2003, "Which ties matter when? The contingent effects of interorganizational partnerships on IPO success", *Strategic Management Journal*, Vol. 24, No. 2: 127-144.

Kammerlander, N., König, A., and Richards, M., 2018, "Why do incumbents respond heterogeneously to disruptive innovations? The interplay of domain identity and role identity", *Journal of Management Studies*, Vol. 55, No. 7: 1122-1165.

Karhu, K., Gustafsson, R., and Lyytinen, K., 2018, "Exploiting and defending open digital platforms with boundary resources: Android's five platform forks", *Information Systems Research*, Vol. 29, No. 2: 479-497.

Ko, E.J., and Mckelvie, A., 2018, "Signaling for more money: the roles of founders' human capital and investor prominence in resource acquisition across different stages of firm development", *Journal of Business Venturing*, Vol. 33, No. 4: 438-454.

Light, I., and Dana, L.P., 2013, "Boundaries of social capital in entrepreneurship", *Entrepreneurship Theory and Practice*, Vol. 37, No. 3: 603-624.

Mcintyre, D.P., and Srinivasan, A., 2017, "Networks, platforms, and strategy: emerging views and next steps", *Strategic Management Journal*, Vol. 38, No. 1: 141-160.

Moss, T.W., Renko, M., Block, E., and Meyskens, M., 2018, "Funding the story of hybrid ventures: crowdfunder lending preferences and linguistic hybridity", *Journal of Business Venturing*, Vol. 33, No. 5: 643-659.

Navis, C., and Glynn, M.A., 2011, "Legitimate distinctiveness and the entrepreneurial identity: influence on investor judgments of new venture plausibility", *Academy of Management Review*, Vol. 36, No. 3: 479-499.

Plummer, L.A., Allison, T.H., and Connelly., B.L., 2016, "Better together? Signaling interactions in new venture pursuit of initial external capital", *Academy of Management Journal*, Vol. 59: 1585-1604.

Shane, S., and Cable, D., 2002, "Network ties, reputation, and the financing of new ventures", *Management Science*, Vol. 48: 364-381.

▣ 文献推荐

Dushnitsky, G., and Sarkar, S., 2020, "Here comes the sun: the impact of incidental contextual factors on entrepreneurial resource acquisition", *Academy of Management Journal*, 10.5465/amj.2019.0128.

Huang, L., and Knight, A.P., 2017, "Resources and relationships in entrepreneurship: an exchange theory of the development and effects of the entrepreneur-investor relationship", *Academy of Management Review*, Vol. 42, No. 1: 80-102.

Martens, M.L., Jennings, J.E., and Jennings, P.D., 2007, "Do the stories they tell get them the money they need? The role of entrepreneurial narratives in resource acquisition", *Academy of Management Journal*, Vol. 50, No. 5: 1107-1132.

◉ 代表性学者

马丁·马滕斯（Martin Martens）

现任温哥华岛大学管理学院教授。他的研究领域为可持续性和公司治理，研究涉及定性和定量社会研究、认知心理学、社会心理学等。他的研究成果发表在《管理学杂志》《哈佛商业评论》等期刊上。E-mail: Martin.Martens@viu.ca。

黄乐仁（Laura Huang）

在美国加利福尼亚大学欧文分校获得管理学博士学位，现任美国哈佛大学商学院工商管理副教授。她的研究考察了早期创业，以及人际关系和隐性因素在天使投资者和风险投资等投资者决策中的作用，在《管理学杂志》《行政科学季刊》等期刊上发表多篇研究成果，被 Poets & Quants 评为 40 岁以下最佳商学院教授之一。E-mail: lhuang@hbs.edu。

加里·杜希尼茨基（Gary Dushnitsky）

在纽约大学获得哲学博士学位，现任伦敦商学院战略与创业副教授。他的研究兴趣是从经济学视角来研究创业和创新，具体关注创业融资、公司风险资本、众筹融资，在《组织科学》《战略管理杂志》等期刊上发表多篇论文。他 2013 年获得 SMS 新秀学者奖，担任《战略创业杂志》的联合编辑及《组织科学》高级编辑。E-mail: gdushnitsky@london.edu。

如何通过构建联盟组合来提升企业绩效[①]

◎ 韩　炜　◎ 吴言波
西南政法大学商学院

企业参与广泛的战略联盟已成为当今商业环境中普遍存在的现象（Gulati，1998），这一实践领域中多联盟同时建立并交互影响的现象，推动着战略管理研究领域对于联盟组合问题的拓展（Zaheer，Gulati，et al.，2000），将战略联盟的研究视角由单一联盟延伸至联盟组合视角（Wuyts，Dutta，2014）。正如许多战略联盟的研究者所指出的，作为新分析单元的联盟组合为研究者们提出了一些新的重要问题，值得进一步开展学术研究（Gulati，1998；Khanna，1998）。

传统的战略联盟研究聚焦单一联盟视角，较多地关注焦点企业如何搜寻、筛选伙伴来构建联盟，如何维系或治理联盟关系，如何推动联盟的研究以及联盟对绩效的作用规律；而围绕联盟组合的研究尝试揭示组合情境下的独特性，如以联盟对象或联盟数量为分析维度的联盟组合规模（size）、联盟组合内部跨联盟间的交互关联性（interdependency）、单一联盟驱动的整体联盟组合重构（reconfiguration），以及联盟组合层面的联盟管理能力塑造（alliance portfolio capability）等。针对这些联盟组合的典型特征，学者们从网络理论（Wassmer，Dussauge，2011）、战略管理理论（Hoffmann，2007；Lavie，2007）、组织理论（Baum，Calabrese，et al.，2000）、创业理论（Marino，Strandholm，et al.，2002）等不同角度做出理论解释。基于这些理论，已有文献的研究主题围绕三个主要问题展开，每个问题都代表了联盟组合在生命周期中的一个重要阶段和挑战：①企业为何以及如何建立联盟组合（formation）；②企业做出哪些组合构造选择（configuration）；③企业如何持续地管理其联盟组合（management）。基于此，大样本定量研究预测了联盟组合对绩效等相关结果变量的影响，开启了学者们对"如何构建联盟组合来提升企业绩效"问题的探索。这不仅是联盟组合研究所面临的现实战略难题，也是我们所应该探寻的学术前沿问题。

我们即将述评的三篇文章回应了上述科学问题。第一篇是关于联盟组合多样性的经典研

[①] 本文是国家自然科学基金重点项目"创业网络影响新企业发展的作用及影响激励"（72032007）、面上项目"创业企业商业生态系统形成的双重路径与互动机制"（71972159）、青年项目"数字生态系统中'双重身份'下角色压力的战略响应与新创企业绩效研究"（7210021397）资助的阶段性成果。

究，全面地展示了焦点企业应构建什么样的联盟组合来提升企业绩效，涉及联盟组合形成问题；第二篇关注了焦点企业管理联盟组合资源双元性的问题，涉及资源层面的联盟组合管理；第三篇则探讨了联盟组合在伙伴与资源双重维度上的构造问题，且将其置于动态视角下揭示联盟组合的重构选择。因此，这三篇文章不仅覆盖了关于联盟组合研究的经典述评文章所提出的三个问题，即形成、构造与管理，而且体现出静态研究与动态研究的结合，有助于启发基于延伸、拓展联盟组合的未来研究方向和议题。

蒋瑞华等学者：联盟组合多样性的多维度复杂效应

2010年蒋瑞华（Ruihua Joy Jiang）、陶庆久（Qingjiu Tom Tao）和迈克尔·桑托罗（Michael Santoro）在《战略管理杂志》上发表了《联盟组合多样性和企业绩效》一文，可以算是回答"如何通过构建联盟组合来提升企业绩效"这一研究问题的奠基性文献，它将多样性视为联盟组合相较于传统联盟的独有特征，核心逻辑是只要深入挖掘并厘清了联盟组合多样性与企业绩效的关系，就能回答如何构建联盟组合的理论问题。因此，正如作者所言，该研究最重要的贡献在于发展了联盟组合多样性的多维概念，全面剖析了联盟组合多样性的结构，包括伙伴多样性、功能多样性及治理多样性，并系统阐释了联盟组合多样性与企业绩效之间的复杂关系，为后续研究如何通过构建联盟组合来提升企业绩效提供了重要参考。

早期关于联盟组合多样性的研究主要集中在联盟伙伴特征，使得该视角下的联盟组合多样性概念、内涵显得比较单薄，该研究在此基础上向前迈进了一大步，考虑了三个维度的多样性特征，并因此极大地拓展了多样性这一核心概念的理论丰富度。该研究所展现的联盟组合多样性，包括联盟伙伴的选择，即与谁结盟；联盟的功能目的，即企业在其联盟中开展哪些价值链活动；治理结构，即企业如何使用不同的组织结构来组织和管理其联盟。在这三个维度上，联盟组合的多样性各不相同，由此形成了对联盟组合多样性、多维结构的全面探讨与整合框架。

该研究基于资源基础观和动态能力的理论框架，全面扩展了影响企业绩效的联盟组合多样性的基本维度，形成包含"伙伴、功能、治理"三重多样性的理论解释。

首先，联盟组合伙伴多样性着眼于伙伴特征，考量联盟伙伴的资源、能力、知识和技术基础的差异程度。基于帕克赫（Parkhe）（1991）对伙伴多样性类型的区分，归纳为以下两种伙伴多样性类型：第一类伙伴多样性形成了"结成联盟的潜在战略动机"，因为合作伙伴之间的差异可以是"促进战略联盟的制定、发展和协作效率"的补充资源。第二类伙伴多样性是指可能阻碍沟通和知识转移、增加协调难度的合作伙伴特征的差异。在此基础上，该研究指出，企业在增加联盟组合伙伴多样性时面临权衡取舍问题。一方面，在伙伴多样性上高度多样化的联盟组合为焦点企业提供了更广泛的搜索选项和丰富的资源库，从而创造了增加附加值和发展能力的机会；另一方面，伙伴多样性的增加还可能带来更多的复杂性、更多冲突的可能性，从而增加协调和管理成本。因此，该研究提出，焦点企业绩效会随着联盟组合伙伴多样性（包括行业多样性、国家多样性、组织多样性等）程度的提高而提升，但当联盟组合中包含的伙伴过于多样时，焦点企业绩效则会下降。

其次，联盟组合功能多样性着眼于联盟目的，考量组合中的联盟所开展的价值活动类型，体现出联盟组合为焦点企业将内部价值活动延展至外部的多样化程度。与普拉哈拉德（Prahalad）和哈梅尔（Hamel）（1990）的观点类似，蒋瑞华等学者认为联盟可以服务于不同的功能目的，具体表现在企业采用营销、制造和分销联盟来扩大其市场覆盖范围，提高价值创造，并进一步开发核心竞争力。因此，与联盟组合伙伴多样性对焦点企业绩效的影响作用不同，更高程度的联盟组合功能多样性与企业绩效呈正相关关系。

最后，联盟组合治理多样性着眼于联盟管理，展现出的是组合中不同联盟内关系被管理的形式差异，如是否围绕特定联盟成立合资公司，是否以股权形式治理联盟关系等。从这一点出发，该研究指出，如何设置和管理特定的治理结构需要时间的反复迭代，因为每个治理结构都需要独特的资源承诺、管理者注意力和关系建立程序。尝试将治理结构与联盟组合中各种关系相匹配，可以被视为处理交易成本问题的一种方式，但企业最好聚焦于熟悉的治理结构，而不是在每个新联盟中尝试一种新的治理结构。此外，过度尝试不同的治理结构会显著增加管理的复杂性，造成学习机会的丧失，同时不利于交易成本风险最小化。基于此，该研究主张联盟组合治理多样性与企业绩效呈负相关关系。

在研究设计方面，蒋瑞华等学者利用 SDC Platinum 数据库来识别 1985 年 1 月至 2005 年 12 月期间全球汽车行业 [标准行业分类（SIC）代码为 3714、3711、3751、3713、3715] 中企业的联盟组合。通过对数据进行三角测量，该研究最终获得了 138 家跨国公司的数据集。通过线性回归分析，该研究发现了联盟组合多样性与企业绩效之间的复杂关系。第一，伙伴多样性中行业多样性维度与企业绩效呈现 U 形关系，进一步回应了高森（Goerzen）和比米什（Beamish）（2005）的观点。第二，伙伴多样性中组织多样性维度与企业绩效呈现正向 J 型关系，这表明与不同类型的伙伴（如私人和公共、营利性和非营利性）合作带来的好处大于管理多种类型关系所带来的成本提升。第三，功能多样性的增加会导致探索式和利用式活动更加平衡，并在获得互补性资源和能力时，扩大其知识库和市场覆盖范围。这种平衡的方法可以扩展企业价值创造活动的范围，增加灵活性，并提高企业的整体绩效。第四，治理多样性与企业绩效呈负相关，反映了重复的知识积累对管理和组织合作关系的重要性。

以上结果呈现出清晰的逻辑思路，即联盟组合多样性究竟对企业绩效产生怎样的影响，主要依赖于多样性水平提升导致的资源与学习效益和管理复杂性、成本之间的关系。组织多样性和功能多样性的增加对企业绩效有利，而治理多样性可能对企业绩效不利，体现了企业为广泛的功能目的而与不同组织合作，所产生的资源和学习效应超过了由此产生的管理成本，而治理多样性所带来的处理各种结构的难度和复杂性则远大于潜在的资源与学习效益。而从实践角度来说，该研究强调了全面发展企业层面联盟战略的重要性，其中，管理人员可以考虑与不同的组织合作以获取不同的资源和知识库，并针对不同的价值链活动，使用联盟来提升价值创造和灵活性。而与来自太多不同国家的合作伙伴结盟或采用多种不同的联盟治理形式则可能弊大于利。

这篇文章最重要的价值在于从多维的角度来构建多样性的联盟组合，弥补了之前研究只关注合作伙伴特征的局限，由此极大地扩展了多样性这一联盟组合理论属性的内涵丰富度，使得人们能全面认识多样性与企业绩效的关系，从而能在这一研究视角下明确回答如何通过构建联盟组合来提升企业绩效。该研究具有开创性地位，并为未来研究留下了丰富的扩展空间，例如如何在具有多样性的联盟组合中平衡异质性资源，这正是下一篇文章研究的焦点。

乌尔里克·沃斯默等学者：资源双元性联盟组合的平衡效应

尽管蒋瑞华等学者的研究表面上探索了联盟组合多样性与企业绩效的关系，但其解释逻辑依赖于分析多样性水平提升导致的资源和学习效应与管理复杂性、成本孰高孰低。乌尔里克·沃斯默（Ulrich Wassmer）、李卅立和阿弩普·马霍克（Anoop Madhok）2017 年在《战略管理杂志》上发表了《联盟组合资源双元性和企业绩效》一文，对上述话题进行了延续，在传统的战略研究关注如何平衡企业资源扩张所带来的收入增加和成本降低的基础上，考察这种基于单一联盟层面上提出的"收入－成本"平衡的观点是否也能延伸到联盟组合的层面。因此，这篇文章是在联盟组合背景下检验资源双元性的首次尝试，它具体阐释了收入增加和成本降低之间的平衡，是否适合延伸到企业联盟组合的层面，以及通过不同联盟获得的伙伴资源与企业自身资源间的平衡是否有利于企业绩效。正如文章中引用的汉莎航空年报所述："确保盈利能力、削减成本并同时提高质量、收入和效率，是汉莎航空的长期任务。"这句话指出了企业要确保长久的生存和繁荣，往往需要同时有效平衡收入与成本的双重目标，以更好地适应环境变化。

收入与成本是典型的冲突性战略目标，而近年来少数先驱性研究开始关注联盟形成过程中对冲突性战略目标的平衡，其突出特点是选择"探索－利用"的经典二元框架，但将其置于单一联盟框架下。例如，焦点企业在"新伙伴－现有伙伴"中进行的联盟伙伴选择（Zheng, Yang, 2015），或者焦点企业在对联盟功能范围做出整体安排时侧重于价值链的上游还是下游（Faems, et al., 2012）。尽管这一类联盟研究将焦点转移到战略双元性问题上，但这种双元性仍局限于联盟层面，即在以联盟为分析单元的单个联盟中非此即彼的选择，而不是联盟组合层面二者兼有的双元选择。从实践观察来看，在联盟组合层面探讨双元性问题更为有趣，这意味着联盟组合中部分联盟是探索性的，而部分联盟是利用性的，组合中的双元特征彰显了对冲突性战略目标的平衡。

沃斯默等学者的研究正是在联盟组合层面回应了上述问题。该研究立足于资源的视角，基于目标冲突管理的相关理论观点，将航空业企业所拥有的 13 种资源划分为具有目标冲突特性的两大类型：一是用于产品拓展，可帮助企业提高收入的资源；二是用于降低成本，可帮助企业提高效率的资源。基于此，该研究通过挖掘焦点企业经由新联盟所获取的资源，与企业借助先前联盟所积累的既有资源之间的平衡，探讨联盟组合内资源平衡对企业绩效的影响。研究发现，当焦点企业从新联盟伙伴手中获取的资源与企业从先前联盟处获得的既有资源相冲突时（表现为二者分别支持相矛盾的收入增长和成本降低目标），联盟组合的绩效会降低。在此基础上，该研究围绕联盟组合层面的哪些资源配置条件可能会约束"资源平衡－企业绩效"的关系，具体考察了联盟组合规模和伙伴资源范围两项约束条件的作用，将其作为获取和利用合作伙伴资源的两种可能策略。

这篇文章不仅回应了联盟组合层面的冲突性战略目标平衡问题，还在探索联盟组合资源互补性而非多样性上有所突破。原因在于，之前的研究多以联盟组合中不同伙伴间存在差异而代指资源多样性，甚至替代性地测量资源互补性（Cui, 2013），其潜在假设在于伙伴属性差异就意味着他们所提供的资源能够互补。然而，这并不能揭示联盟组合中不同资源是否存在以及如何形成相互支撑或冲突的关系，也无法解释资源匹配如何带来跨联盟的协同效应。从这个意义上说，沃斯默等学者的研究取得了重大突破，他们首次提出资源互补性的概念，表现为当焦点企业联盟组合在用于产品拓展提高收入的资源和用于降低成本提高效率的资源相平衡时，资源组合的互补性程度更高，这有助于促进联盟组合绩效的提升。

在研究设计方面，首先，研究以 1994～2008 年期间的全球客运航空业为研究对象，并纳入了：①在研究期间至少在 IATA 世界航空交通统计（WATS）前 100 名中排名一次的航空公司；②在ICAO财务数据库——商业航空承运人（Form EF）数据库中报告数据的航空公司；③世界银行世界发展指标（WB-WDI）数据库。最终样本包括79家航空公司（占研究期间国际客运量的76%）。最终的面板数据集由724个公司年度观察值组成。其次，该研究使用了航空公司商业联盟调查、Factiva数据库和SDC Platinum数据库中的航空公司（横向）联盟数据。最后，通过咨询行业专家和先前的航空行业研究，该研究将与代码共享、航班时刻表、常旅客计划相关的合作伙伴资源视为产品拓展（探索性）资源；将与容量管理、货运、营销、销售、地面运营、采购、人力资源、餐饮、维护和IT相关的合作伙伴资源作为提高效率的（利用性）资源。

  这篇文章极大地深化了人们对如何构建联盟组合来提升企业绩效这一理论问题的理解。首先，同时增加收入和降低成本的企业具有更强的盈利能力，这是对蒋瑞华等学者（2010）的研究基本逻辑的扩展，也是在联盟组合背景下检验这一假设的首次尝试。这表明，联盟组合成为企业在收入增加与成本降低之间寻求平衡的一个重要途径。这使企业在开发和部署自己的资源时更具选择性和重点，即能通过平衡市场扩展资源与效率提升资源，而不是单一强调累积资源提升，同时实现收入增加与成本降低。例如，就全球客运航空业而言，在联盟组合中，当扩展市场的资源（如拓展航线网络、增加班次计划表等）远远超过提高效率的资源（如减少处理、采购效率等）时，航空公司可能无法以合理的成本结构增加乘客量，从而损害其获得回报的能力。相比之下，当过度强调成本效率而将市场增长排除在联盟组合之外时，航空公司可能无法有效地为更加多样化的地理基础提供服务，使其容易受到潜在的外部冲击，进而可能导致区域内的客流量突然下降。更为重要的是，区别于传统研究以联盟伙伴作为资源的替代变量，该研究通过定义两种不同类型的资源以呈现探索与利用的资源双元性，将研究视角从联盟"伙伴"组合转换到联盟"资源"组合，使研究深入到资源层次，这是建立在资源基础观上的联盟组合研究首次探索真正意义上的资源效应。

  其次，三位学者进一步发现联盟组合的配置对平衡绩效关系存在影响。一方面，联盟组合规模对资源平衡与企业绩效的关系没有调节作用。就航空业的行业特征而言，多个合作伙伴获取的资源仅仅是数量上的堆叠，而本质上没有深度整合或相互依赖作用。在这种情况下，合作伙伴数量的增加可能不会成比例地增加联盟组合的管理成本，同时在航空公司的联盟中，协调问题可能不像在知识密集型行业中那么明显。另一方面，合作伙伴资源范围对平衡绩效关系具有负调节作用。这表明与较少的合作伙伴打交道，通过合作伙伴获得更多的资源，可能会增加实现平衡的资源组合的成本。这一研究结论产生的贡献同样源自该研究对资源类型的定义和对资源效应的深入挖掘，正是对资源组合的深入观察与现象捕捉，才使我们真正理解联盟组合如何影响企业绩效。

  最后，该研究还进一步拓展了现有的联盟能力研究进展。三位学者指出，通过联盟组合更有效地配置和部署资源的能力，为企业提供了潜在的竞争优势来源。这将联盟组合的静态资源效应观转向动态资源管理观，意味着应当从动态的角度审视联盟组合的变化。那么，联盟组合演化过程中资源如何与之共演化，在科尔坎·卡武桑（Korcan Kavusan）和汉斯·弗兰克特（Hans T.W. Frankort）（2017）的研究中可以找到部分答案。

科尔坎·卡武桑和汉斯·弗兰克特：动态视角下的联盟组合重构效应

  组合视角下的联盟研究主张，企业能从联盟组合中获得超越单个联盟累加所带来的协同价值（Hoehn-Weiss，et al.，2017）。从这一观点出发，大量的文献围绕联盟组合构造如何促进焦点企业绩效提升展开了研究（Lavie，Rosenkopf，2006；Hoehn-Weiss，Karim，2014；Frankort，et al.，2012；Bos，et al.，2017；Hoehn-Weiss，et al.，2017），特别对联盟组合的某些构造特征（如大规模的、多样的、复杂的）对焦点企业绩效的影响作用进行了解读。这些研究的前提是联盟组合经过多次迭代，不断优化了组合规模以及组合的内容与结构，形成对联盟组合在特定时点的构造判断。然而，一个被忽略的现象是，联盟组合构造经历着不断"重构"的过程，其蕴含着焦点企业在新伙伴、新资源上的迭代选择。这意味着已有静态视角下关于联盟组合构造的研究，尽管有助于解释联盟组合特定结构特征的经济后果，但对联盟组合重构所引发的绩效作用认识不足。

科尔坎·卡武桑和汉斯·弗兰克特2019年在《战略管理杂志》上发表了《行为理论视角下的联盟组合重构：来自制药生物行业的证据》一文，详细阐述了哪些因素会驱动企业对联盟组合构造进行重新配置。在这篇文章中，卡武桑和弗兰克特开发了一个基于企业行为理论（Cyert，March，1963）的联盟组合重构模型，其核心论点包括四个部分：①绩效反馈和冗余资源影响着企业对联盟组合中价值创造和捕获的偏好；②联盟组合层面的价值创造和捕获源自联盟组合中的协同效应和冲突；③这些协同效应和冲突由联盟组合中合作伙伴和资源特征决定；④在新组建的联盟中，企业通过同时在合作伙伴和资源上集中进行决策来重新配置组合，以适应其不断变化的价值创造和捕获偏好。

联盟组合重构属于动态视角下的联盟组合研究领域，已有研究主要围绕在既有联盟组合形成后的新联盟生成展开，着重探讨了伴随着新联盟生成的联盟拓展过程中，新联盟与现有联盟组合的匹配问题（Andrevski，et al.，2013）。相较之下，卡武桑和弗兰克特提出了三种联盟组合重构方式：一是与专注于现有资源的新合作伙伴结成联盟；二是与专注于新资源的现有合作伙伴结成联盟；三是与专注于新资源的新伙伴结成联盟。这三种重构方式的提出立足于"资源–伙伴–企业"的联合视角，基于资源丰富性（resource richness）、伙伴可获性（partners availability）与企业可接受性（firm receptivity）的综合考量。

这篇文章分别阐述了每一种联盟组合重构方式的理论逻辑。当焦点企业将一个新的联盟伙伴引入其既有联盟组合时（先前不存在任何与该联盟伙伴的联盟关系），企业经由联盟组合连接的伙伴可获性提高。这意味着，企业的联盟组合中，新旧联盟伙伴之间的竞争强度提高（Zhu，Chung，2014），新联盟伙伴会与企业既有的联盟伙伴争夺焦点企业对联盟资源的投入与管理的注意力。这进一步造成既有伙伴出于对自身关键资源的保护，以及避免对联盟价值的侵害，而采取竞争防御措施（Singh，Mitchell，1996）。当焦点企业引入新伙伴，同时借助新伙伴撬动新联盟资源时，联盟组合在资源丰富性、伙伴可获性方面均有提升，但这会对新联盟的企业可接受性产生较大的挑战。新伙伴的引入带来的新资源扩充了企业既有的资源组合（Lavie，2007），同时也为焦点企业带来新的联盟利用方式，增强了新资源驱动的联盟组合价值的提升。当焦点企业通过与既有伙伴建立新的联盟，形成重复性联盟结构（即与同一个伙伴建立多个联盟）时，表现为利用既有伙伴开发新联盟资源（Mouri，et al.，2012）。这一方面在不增强既有伙伴竞争威胁感知的情况下，增加与既有伙伴的关系专用性投资（Wassmer，Dussauge，2011），有助于增强联盟的可接受性，使焦点企业保持价值获取能力；另一方面，焦点企业无法获得来自新伙伴的联盟资源利用新方式（Gulati，et al.，2011），因而降低了联盟组合对创新的探索，而满足于与既有伙伴"和平共处"式的联盟开发。

基于上述理论推演，卡武桑和弗兰克特经由伙伴、资源两个维度将联盟组合重构划分为四种类型，但利用旧联盟伙伴开发旧资源，并不属于联盟组合重构的范畴，因其并未对联盟组合构造进行重新配置，故仅存在三种联盟组合重构类型。进一步地，上述三种类型在资源丰富性、伙伴可获性、企业可接受性三个方面呈现出明显的差异（见表9-1），这构成该研究解析联盟组合重构的类型化基础。

表 9-1 联盟组合重构的类型化和特性分析

	资源丰富性	伙伴可获性	企业可接受性
旧伙伴-新资源	高	低	高
新伙伴-旧资源	低	高	较高
新伙伴-新资源	高	高	低

在上述联盟组合重构类型化研究基础上，为了回答企业在何种情况下采用上述联盟组合重构方式，这篇文章提出了一种行为视角，该视角假设管理者是有限理性的，因此在做出联盟组合重构决策时，会依赖于行为理论所指向的启发式行为。企业行为理论的一个关键前提是，组织搜索和风险承担的程度与性质受企业期望绩效与实际绩效的相对值以及冗余资源存量的影响，因此两位学者从绩效反馈和冗余资源角度分析二者对联盟组合重构的影响。

具体而言，首先，当企业的实际绩效低于期望值时，由于相对短期和短视的性质，企业会寻求相对直接和快速的改进方式，以减少或消除负面的成就差异。因此，该研究主张企业的实际绩效相对于期望值来说越低，该企业与专注于现有资源的新合作伙伴的新联盟数量就越多。其次，企业实际绩效超出期望值时，企业将与现有合作伙伴而不是新合作伙伴结盟，并将新资源纳入联盟组合中。一方面，与现有合作伙伴结盟使企业能利用与这些合作伙伴共享的关系资产，提高新的和现有联盟获取的组合资源的有效性。另一方面，高于期望值的绩效作为对企业选择联盟伙伴的隐含验证，会提升对联盟组合中价值捕获的满意度。因此，该研究主张企业绩效相对于期望值来说越高，企业与关注新资源的现有合作伙伴的新联盟数量就越多。以上两点在根据绩效反馈重新配置联盟组合时，将风险限制在伙伴选择或资源集中决策上，因此这两种因素避免了与专注于新资源的新合作伙伴形成联盟的过度风险。最后，当企业拥有较高的冗余资源存量时，即企业拥有超过日常运营所需的资源，企业能进行更实质性的组织变革，因此能探索风险较大但蕴藏新的价值创造的机会。基于此，该研究主张企业吸收的冗余水平越高，企业与专注于新资源的新伙伴结成的新联盟的数量就越多。

利用 1985 ~ 2000 年美国生物技术行业上市公司的联盟数据（涉及 231 家企业、1340 个联盟），该文章通过回归分析研究发现，低于预期的业绩会促使企业在其现有联盟组合的资源范围内与新的合作伙伴结成联盟。与现有合作伙伴的股权关系削弱了这一效应，而企业特有的不确定性则加强了这一效应。相反，高于期望值的绩效会导致与现有合作伙伴建立新的联盟，但这超出了公司现有联盟组合的资源范围。最终，随着组织冗余的增加，企业倾向于与新的合作伙伴结成联盟，且专注于新的联盟组合资源。

卡武桑和弗兰克特的主要贡献在于开发并检验了联盟组合重构的行为理论。①通过将管理者概念化为有限理性的决策者，两位学者证明了他们受到行为启发式的指导，从而为观察到的联盟组合重构的前因提供了新的见解。②虽然行为理论长期以来认为，企业可能会对低于期望值的绩效、高于期望值的绩效或组织冗余做出不同的反应，但这种差异的经验证据很少。这篇文章通过揭示企业对不同行为驱动因素的反应性质有何不同，进而扩充了行为理论方面的文献，并提供更深层次和有洞察力的"行为动机－组织决策"的证据。③行为研究传统上侧重于行为驱动因素与组织决策之间的关系，而很少关注此类关系的边界条件。在联盟组合重构的背景下，这篇文章通过阐明企业的股权关系和企业特定的不确定性如何与行为机制相互作用，来拓展对边界条件的初步理解。

未来研究方向

联盟组合视角的核心前提是，企业除了从单个联盟中获得价值外，还可以通过同时合并多个联盟来获取资源，进而从联盟组合中获得价值。这种附加价值的一个关键决定因素是组合相互依赖的普遍性，即组合中的协同效应和冲突源于"焦点企业与一个联盟伙伴之间的复杂资源交换或流动模式，以及焦点企业与其联盟组合中其他合作伙伴之间的资源流动"（Hoehn-Weiss, et al., 2017）。正如多兹（Doz）和哈梅尔（Hamel）（1998）所指出的，合作伙伴的选择很重要，因为从合作伙伴那里获取或学习新技能是建立联盟的普遍理由。研究表明，联盟数量与更高的企业增长率、更高的创新水平呈正相关关系。然而，哈格多恩（Hagedoorn）和沙肯拉德（Schakenraad）（1994）发现技术联盟对盈利能力没有影响，斯图尔特（Stuart）（2000）的研究表明，并非所有联盟都对企业绩效有积极影响。因此，探究如何构建联盟组合，以及检验与企业绩效的关系，便显得十分重要。上述三篇文章透露出相关研究进展的关键节点和未来方向。

蒋瑞华等学者的研究可以被看成解答"如何通过构建联盟组合来提升企业绩效"问题的奠基性文献研究，它从静态的联盟组合结构特征出发，提出多样性是提升企业绩效的核心要素。在研究联盟组合多样性与企业绩效的关系时，蒋瑞华等学者并未像其他学者那样，仅关注合作伙伴的问题，而是综合考虑合作伙伴、联盟的功能目的以及治理结构三个维度，发现联盟组合多样性与企业绩效之间存在复杂的非线性关系。从多样性的视角考察联盟组合的绩效结果，现有文献已经有了比较坚实的研究基础。未来研究要延续这一思路并进一步深化，进而将多样性效应的理论框架搭建完整。为此，还需从以下角度出发深入研究，例如联盟组合不同维度多样性的交互效应，联盟组合多样性影响企业绩效的约束条件，特定研究情境下联盟组合的多样性特征，以及企业如何在多样化联盟组合基础上优化跨联盟学习和资源效益，这些都是值得进一步研究的话题。

沃斯默等学者的研究从表层的结构特征深入到底层的资源特征，从差异视角转向平衡视角，提出联盟组合提升企业绩效的核心逻辑是资源组合效应。具体而言，合作伙伴资源可以成为企业内部资源的重要替代品，以实现双元性目标和甚至看似不相容的战略目标。沃斯默等学者将关于管理冲突目标的争论延伸到联盟组合层面，发现通过企业的各种联盟获得合作伙伴资源，从而实现收入增加和成本降低之间的平衡，同样有利于企业绩效。未来研究首先可以将该研究最重要的理论贡献（即资源组合）继续深化，例如，沃斯默等学者提炼的13种资源类别被视为具有同等价值，这一假设是否成立？尤其是在不同行业中不同类别的资源是否存在价值高低之分，这可能会影响资源组合所产生的绩效结果；其次，沃斯默等学者仅关注了联盟组合的资源特征，未来研究结合其他理论视角可能会产生有意义的研究贡献，例如联盟组合同样具有比较明显的网络特征（Wassmer, 2011），那么企业在联盟组合中的网络地位如何影响其通过联盟来平衡收入增长和成本降低的能力，也是值得进一步研究的话题。

卡武桑和弗兰克特的研究，从动态的联盟组合变化特征提出联盟组合重构能有效促进企业绩效提升。具体而言，卡武桑和弗兰克特开发了一个全面的行为视角来补充关于联盟组合重构的文献，提出行为启发因素导致企业重构其联盟组合，试图改变其组合的伙伴和资源特征所产生的协同效应和冲突。因此，该研究整合了联盟组合重构的多个维度，强调需要同时考虑企业新组建联盟中的伙伴选择和资源重点。值得注意的是，该研究所提出的联盟组合重构影响企业绩效的底层逻辑源自伙伴与资源的协同和冲突效应，但研究并未对其进行实际的测量与分析，未来研究对其进行补足，则可以更深入地理解企业利用这种相互依赖所产生的协同与冲突效应，以实现价值的过程；另外，重构同时涉及联盟的形成与终结（Asgari, et al., 2017；Ozcan, 2018），但卡武桑和弗兰克特的研究仅仅考察了联盟形成而未考虑联盟终结，未来研究将联盟终结纳入重构模型，尤其是考虑不同类型联盟的终结，将是值得进一步研究的话题。

研究设计与应用拓展

如果你对联盟组合这一话题感兴趣，首先需要明确联盟组合作为分析单元的本质内涵。这并不单纯意味着将企业建立的战略联盟累积"求和"，而是要着力挖掘联盟组合内部跨联盟间的交互关联性（Wassmer, 2010），这也是"组合"含义的本质。因此，在研究问题的选择上，可围绕联盟组合在伙伴层面、联盟层面及联盟所承载的资源层面的交互作用展开。

在研究理论视角方面，不同的学者从不同的理论视角对联盟组合构建及其企业绩效之间的关系展开研究，甚至在解释中进一步完善和发展了已有理论。例如，奥兹坎（Ozcan）和艾森哈特（2009）立足于创业情境，构建了关于创业企业如何构建高绩效联盟组合的理论。他们研究发现，联盟组合的形成是创业企业在三个方面进行战略选择的结果，即塑造产业结构的战略选择、识别和利用机会的战略选择，以及应对产业中不确定性的战略选择。主流的研究仍主要采用社会网络理论、资源基础观、动态能力理论等，其理论依据在于联盟组合具有网络的特征，其中，联盟承载着资源，因而联盟组合在资源层面呈现出交互作用，而跨联盟的协同又关乎焦点企业的动态能力。在此基础上，一些新的理论视角正在逐渐被引入联盟组合研究，因而值得对这一问题感兴趣的研究者关注。例如，借助企业行为理论的"行为诱因－联盟决策"因果关系链，有助于挖掘企业为什么以及如何构建高绩效的联盟组合；基于关系多元性观点（relational pluralism），即多元化关系存在交互影响，有助于探索组织间的联盟关系如何受到其他类型关系的影响（Beckman, et al., 2014）。

在研究设计方面，国外研究大多是基于二手数据的实证分析（Cui, 2013；Lucena, Roper, 2016；Mouri, et al., 2012），如利用 SDC Platinum 数据库（并购与联盟数据库）、ReCap 数据库等。而在采用二手数据的实证分析时，其联盟组合的测量方式通常采用以下形式：①以焦点企业为核心识别与之存在直接联结的每一条联盟；②针对单一联盟进行基础数据测量，如联盟对象的行业属性（行业代码）、组织属性（国有企业、私营企业还是外资企业）等；③利用"组合"层面的测量方式计算相关变量，如采用 Blau 指数计算联盟组合多样性等。国内研究则大多以问卷调查的形式获取实证研究数据（詹坤，邵云飞，唐小我，2017；殷俊杰，邵云飞，2017），或采用质化研究方法挖掘联盟组合的构建过程（韩炜等，2017）。如果你想要围绕联盟组合展开研究，可以从二手数据的收集着手，利用主板、创业板、中小板等上市公司发布的联盟公告作为文本编码的基础，识别焦点企业的联盟数据，从而构建联盟组合数据库，这相较于问卷调查更能准确地刻画联盟组合特征，挖掘其交互关联的特性。

◆ 参考文献

Andrevski, G., Brass, D.J., and Ferrier, W.J., 2013, "Alliance portfolio configurations and competitive action frequency", *Journal of Management*, Vol. 42, No. 4: 811-837.

Asgari, N., Singh, K., and Mitchell, W., 2016, "Alliance portfolio reconfiguration following a technological discontinuity", *Strategic Management Journal*, Vol. 38, No. 5: 1062-1081.

Baum, J.A., Calabrese, T., and Silverman, B.S., 2000, "Don't go it alone: alliance network composition and startups' performance in Canadian biotechnology", *Strategic Management Journal*, Vol. 21, No. 3: 267-294.

Beckman, C.M., Schoonhoven, C.B., Rottner, R.M., and Kim, S., 2014, "Relational pluralism in de novo organizations: boards of directors as bridges or barriers to diverse alliance portfolios?", *Academy of Management Journal*, Vol. 57, No. 2: 460-483.

Bos, B., Faems, D., and Noseleit, F., 2017, "Alliance concentration in multinational companies: examining alliance portfolios, firm structure, and firm performance", *Strategic Management Journal*, Vol. 38, No. 11: 2298-2309.

Cui, A.S., 2013, "Portfolio dynamics and alliance termination: the contingent role of resource dissimilarity", *Journal of Marketing*, Vol. 77, No. 3: 15-32.

Cyert, R.M., and March, J. G., 1963, *A Behavioral Theory of the Firm*, Englewood Cliffs, NJ: Prentice-Hall.

Doz, Y.L. and Hamel, G., 1998, *Alliance Advantage: The Art of Creating Value Through Partnering*, Harvard Business Press.

Dyer, J.H., and Singh, H., 1998, "The relational view: Cooperative strategy and sources of interorganizational competitive advantage", *Academy of Management Review*, Vol. 23, No. 4: 660-679.

Frankort, H.T.W., 2016, "When does knowledge acquisition in R&D alliances increase new product development? The moderating roles of technological relatedness and product-market competition", *Research Policy*, Vol. 45, No. 1: 291-302.

Goerzen, A., and Beamish, P.W., 2005, "The effect of alliance network diversity on multinational enterprise performance", *Strategic Management Journal*, Vol. 26, No. 4: 333-354.

Gulati, R., 1998, "Alliances and networks", *Strategic Management Journal*, Vol. 19, No. 4: 293-317.

Gulati, R., Lavie, D., and Madhavan, R., 2011, "How do networks matter? The performance effects of interorganizational networks", *Research in Organizational Behavior*, Vol. 27: 207-224.

Hagedoorn, J., and Schakenraad, J., 1994, "The effect of strategic technology alliances on company performance", *Strategic Management Journal*, Vol. 15, No. 4: 291-309.

Hoehn-Weiss, M.N., and Karim, S., 2014, "Unpacking functional alliance portfolios: How signals of viability affect young firms' outcomes", *Strategic Management Journal*, Vol. 35, No. 9: 1364-1385.

Hoehn-Weiss, M.N., Karim, S., and Lee, C.H., 2017, "Examining alliance portfolios beyond the dyads: the relevance of redundancy and nonuniformity across and between partners", *Organization Science*, Vol. 28, No. 1: 56-73.

Hoffmann, W.H., 2007, "Strategies for managing a portfolio of alliances", *Strategic Management Journal*, Vol. 28, No. 8: 827-856.

Jiang, R.J., Tao, Q.T., and Santoro., 2010, "Alliance portfolio diversity and firm performance", *Strategic Management Journal*, Vol. 31, No. 10: 1136-1144.

Kavusan, K., and Frankort, H.T.W., 2019, "A behavioral theory of alliance portfolio reconfiguration: evidence from pharmaceutical biotechnology", *Strategic Management Journal*, Vol. 40, No. 10: 1668-1702.

Khanna, T., 1998, "The scope of alliances", *Organization Science*, Vol. 9, No. 3: 340-355.

Lavie, D., 2007, "Alliance portfolios and firm performance: a study of value creation and appropriation in the US software industry", *Strategic Management Journal*, Vol. 28, No.12: 1187-1212.

Lavie, D., and Rosenkopf, L., 2006, "Balancing exploration and exploitation in alliance formation", *Academy of Management Journal*, Vol. 49, No. 4: 797-818.

Lucena, A., and Roper, S., 2016, "Absorptive capacity and ambidexterity in R&D: linking technology alliance diversity and firm innovation", *European Management Review*, Vol. 13, No. 3: 159-178.

Marino, L., Strandholm, K., Steensma, H.K., and Weaver, K.M., 2002, "The moderating effect of national culture on the relationship between entrepreneurial orientation and strategic alliance portfolio extensiveness", *Entrepreneurship: Theory and Practice*, Vol. 26, No.4: 145-161.

Mouri, N., Sarkar, M.B., and Frye, M., 2012, "Alliance portfolios and shareholder value in post-IPO firms: the moderating roles of portfolio structure and firm-level uncertainty", *Journal of Business Venturing*, Vol. 27, No. 3: 355-371.

Ozcan, P., and Eisenhardt, K.M., 2009, "Origin of alliance portfolios: entrepreneurs, network strategies, and firm performance", *Academy of Management Journal*, Vol. 52, No. 2: 246-279.

Parkhe, A., 1991, "Interfirm diversity, organizational learning, and longevity in global strategic alliances", *Journal of International Business Studies*, Vol. 22, No. 4: 579-601.

Prahalad, C.K., and Hamel, G., 1990, "The core competence of the corporation", *Harvard Business Review*, Vol. 68, No. 3: 79-91.

Singh, K., and Mitchell, W., 1996, "Precarious collaboration: business survival after partners shut down or form new partnerships", *Strategic Management Journal*, Vol. 17, No. S1: 99-115.

Stuart, T.E., 2000, "Interorganizational alliances and the performance of firms: a study of growth and innovation rates in a high-technology industry", *Strategic Management Journal*, Vol. 21, No. 8: 791-811.

Wassmer, U., 2010, "Alliance portfolios: a review and research agenda", *Journal of Management*, Vol. 36, No. 1: 141-171.

Wassmer, U., and Dussauge, P., 2011, "Value creation in alliance portfolios: the benefits and costs of network resource interdependencies", *European Management Review*, Vol. 8, No. 1: 47-64.

Wassmer, U., Li, S., and Madhok, A., 2017, "Resource ambidexterity through alliance portfolios and firm performance", *Strategic Management Journal*, Vol. 38, No. 2: 384-394.

Wuyts, S., and Dutta, S., 2014, "Benefiting from alliance portfolio diversity the role of past internal knowledge creation strategy", *Journal of Management*, Vol. 40, No. 6: 1653-1674.

Zaheer, A., Gulati, R., and Nohria, N., 2000, "Strategic networks", *Strategic Management Journal*, Vol. 21, No. 3: 203-215.

Zhu, H., and Chung, C., 2014, "Portfolios of political ties and business group strategy in emerging economies evidence from taiwan", *Administrative Science Quarterly*, Vol. 29, No. 4: 599-638.

韩炜，杨俊，陈逢文，等.创业企业如何构建联结组合提升绩效？——基于"结构–资源"互动过程的案例研究[J].管理世界，2017（10）.

殷俊杰，邵云飞.创新搜索和惯例的调节作用下联盟组合伙伴多样性对创新绩效的影响研究[J].管理学报，2017（4）.

詹坤，邵云飞，唐小我.联盟组合网络特征对创新能力影响的实证研究[J].科学学研究，2017（2）.

▣ 文献推荐

Jiang, R.J., Tao, Q.T., Santoro., 2010, "Alliance portfolio diversity and firm performance", *Strategic Management Journal*, Vol. 31, No.10: 1136-1144.

Kavusan, K., Frankort, H.T.W., 2019, "A behavioral theory of alliance portfolio reconfiguration: evidence from pharmaceutical biotechnology", *Strategic Management Journal*, Vol. 40, No. 10: 1668-1702.

Wassmer, U., Li, S., Madhok A., 2017, "Resource ambidexterity through alliance portfolios and firm performance", *Strategic Management Journal*, Vol. 38, No.2: 384-394.

◉ 代表性学者

蒋瑞华（Ruihua Joy Jiang）

在西安略大学取得战略和国际管理博士学位，现任奥克兰大学工商管理学院助理教授。研究领域包括联盟组合、中国企业国际化等，在《战略管理杂志》、《世界商业杂志》（*Journal of World Business*）等高水平期刊上发表多篇论文。E-mail：jiang@oakland.edu。

科尔坎·卡武桑（Korcan Kavusan）

在蒂尔堡大学获得管理学博士学位，现任鹿特丹伊拉斯姆斯大学管理学院战略与创业系助理教授。他的研究领域侧重于企业间关系，如战略联盟和收购，特别关注公司如何通过联盟和收购开发新的技术和管理能力及不同的利益相关者的联盟和收购活动决策。在《战略管理杂志》、《研究政策》、《战略组织》（*Strategic Organization*）等期刊上发表多篇论文。E-mail：kavusan@rsm.nl。

创业企业如何实现开放式创新

◎ 陈爽英

电子科技大学经济与管理学院

开放式创新被正式提出后的近 20 年间，从企业界到学术界，都主要聚焦于行业领导型企业或成熟企业的开放式创新。在复杂动荡的商业环境中，创业企业因其脆弱性，往往面临较高的失败风险。基于此，理论界和实践界似乎达成共识，创业企业克服脆弱性的一个关键决策，是运用开放式创新。互联网时代，创业企业基于互联网的开放式创新，杠杆化地实现价值共创共享。例如，小米创立之初，在互联网上成功实现了海量消费者参与的"小米式"开放式创新——小米在互联网上向消费者发起小米手机研发设计的畅想，迅速形成拥有 1.8 亿帖子的专门论坛，参与者中被称为"米粉"的发烧友高达 60 万人，他们不仅仅是小米的消费者，更是小米开放式研发设计的重要参与者。近年来，随着 5G、云计算、大数据、物联网、人工智能、区块链等数字化技术的快速发展和应用，开放式创新不断衍生出新范式和新场景，如网络化开放式创新、数字化开放式创新、平台化开放式创新、生态化开放式创新等。这些新变化意味着互联网时代、数字经济时代的创业企业开放式创新，其核心本质与底层逻辑相对于工业经济时代已经发生演变。因此，创业企业开放式创新理论，正富有时代性地拓展。

创业企业开放式创新过程中，我们认为有两个悖论尤其值得学者关注。悖论一，来自创新管理领域的"开放性悖论"（paradox of openness）（Laursen，Salter，2014）：创业企业需要与外部不同伙伴合作，促进整合外部资源与知识（Zobel，et al.，2017）；同时，这一过程中不可避免地会遇到资源浪费和知识产权外泄（Baker，et al.，2016）。悖论二，来自战略管理文献中经典的"与狼共舞"（Katila，et al.，2008）悖论：低位势的创业企业不可避免地要与高位势的成熟型大企业进行竞争与合作（例如，平台网络中的互补性创业企业与平台企业）。一方面，创业企业需要与高位势的合作伙伴建立联系以获取所需资源与知识，另一方面，创业企业由此存在创新价值被侵蚀或破坏的风险（Diestre，Rajagopalan，2012）。基于以上两个悖论，创业企业如何实现开放式创新，既需要权衡开放与保护的"开放度"，又需要杠杆化创造与获取价值的同时规避其可能带来的价值被侵蚀的问题，这些是创业企业实现开放式创新的内在逻

⊖ 本文是国家自然科学基金面上项目"平台企业的网络治理能力及其作用机制研究"（71672020）与"平台企业数字创新获利的影响因素及其作用机制研究"（72072020）资助的阶段性成果。

辑与深层次问题。

综合考虑两个悖论与创业企业开放式创新的新场景、新范式，我们选择了三篇重要文章帮助读者理解创业企业实现开放式创新的本质与内在机理。具体而言，对创业企业如何实现开放式创新而言，有两方面值得我们重点关注：①基于开放与保护的权衡，应如何选择开放的行动策略？②基于杠杆化地创造与获取价值，同时规避价值被侵蚀的风险，应如何进行价值创造以及价值获取？理解以上问题，不仅能从学理层面揭示创业企业开放式创新的开放行动、价值创造与获取的机理与成因，而且有助于启发新场景、新范式下的创业者理性审视开放式创新，并有效地实现开放式创新。

亨利·切萨布鲁夫：开放式创新的价值获取策略

亨利·切萨布鲁夫（Henry Chesbrough）2003 年在哈佛商学院出版社（Harvard Business School Press）出版了《开放式创新——进行技术创新并从中赢利的新规则》一书，首次提出开放式创新（open innovation）概念及基本原理，可以说是开放式创新研究的奠基之作，也是最早阐释创业企业开放式创新的文献。遗憾的是，由于缺乏与原有创新理论清晰的联系，当时在学术界反响较小，但得到了管理者的极大关注，随着后续学者理论性诠释的持续完善，才逐渐被学术界广泛重视。

20 世纪晚期，出现了一些侵蚀封闭式创新基础的新现象。例如，高素质员工的流动性和获得性越来越强，导致研究成果隐性的无偿传播越来越广泛。同时，外部供应商的生产能力不断增强，大企业与这些外部供应商的价值链分工协作有助于更广泛领域的研究。此外，风险投资的发展，促进企业将内部研究成果通过技术外部商业化方式，创立新企业，并快速发展为高增长、高价值的企业。当这些新变化开始侵蚀并冲击行业时，那些曾经使封闭式创新成为有效创新途径的假设前提和思维逻辑变得不再适用，封闭式创新的持续性受到挑战。在这种局面下，开放式创新开始涌现。

切萨布鲁夫通过对行业领导型企业（如施乐公司、IBM 公司、英特尔公司、宝洁公司、美国朗讯科技公司等）开放式创新过程的详尽描述，阐释开放式创新的内涵与系列理论主张。与传统的封闭式、高度集权化的企业内部纵向一体化创新模式的逻辑不同，开放式创新运用知识和技术的逻辑发生了改变，具体体现为，有价值的创意可以从企业的外部和内部同时获得，研发成果商业化的路径可以在企业内部进行，也可以在企业外部进行。可见，开放式创新把企业外部创意和外部市场化渠道的作用，上升到和封闭式创新模式的内部创意和内部市场化渠道的作用同样重要的地位。

此外，基于 IBM、英特尔、朗讯等行业领导型企业的案例，切萨布鲁夫归纳出开放式创新的开放战略：双向开放战略、外部技术内部化战略、内部技术外部化战略。案例一，IBM 公司的知识双向开放战略。作者基于 IBM 从封闭式创新转为开放式创新过程中，使用外部技术来开发自己的产品，同时还售其内部技术供其他公司发展业务，归纳出 IBM 公司同时运用开放式创新的外部流入战略和内部流出战略。案例二，英特尔公司的外部技术内部化战略。英特尔公司从创立开始，就摒弃了许多封闭式创新模式的观点，与其他高科技行业企业相比，英特尔公司很少进行内部研发工作。相反，它主要致力于高效地利用外部技术：一是对企业外部的学术研究活动密切关注；二是对其他新建企业进行风险投资。这两种利用外部技术的战略，就是知识从外部流入的开放战略，即外部技术内部化战略。案例三，美国朗讯科技公司的内部技术外部化战略。美国朗讯科技公司内部的新风险事业集团，承担着内部风险投资的职能，它直接影响着朗讯科技公司的内部研发成果"是否"以及"如何"获得风险投资，实现技术创业。

尽管"商业模式"这个术语通常用于企业经营，但对于开放式创新，商业模式是一个很有用的架构，它有助于理解不同规模的企业应当怎样把技术转化为经济价值。客观而言，技术本身不具有客观价值，技术的价值取决于其商业模式。开放式创新中，企业主要通过以下三种商业模式来创造价值和获取价值：将企业外部技术应用到内部业务中；将内部技术转让给其他企业；建立风险投资企业，通过公司创业实现技术外部商业化。此外，切萨布鲁夫提出开放式创新需要在知识产权管理方面建立起不同于封闭式创新的理解。知识产权管理的目的，并不是通过独占性和排他性来避免竞争对手使用你的知识产权，而是要从别人对你的知识产权的使用中分享利润、共享价值。

尤其值得关注的是，对于创业企业如何实现开放式创新这一研究主题，该书的第7章"利用内部技术创造新的风险企业"可以说是最早阐释开放式创新中公司如何创业的。切萨布鲁夫以美国朗讯科技公司成立的新风险企业集团为例，详细阐释了如何实现内部技术的外部商业化。美国朗讯科技公司成立该新风险企业集团，目的是专门应对"硅谷悖论"的挑战，即最善于进行科技研发的公司，往往也是最不善于从中盈利的公司。因此，新风险企业集团的使命就是充分利用公司的内部技术，创建新的风险企业，从而将技术创新快速高效地推向市场。该使命的核心就是推动美国朗讯科技公司的技术导向型创业。在具体的实现过程中，先评估市场前景，再评估商业计划和风险，最后是商业开发阶段，创立企业并着重进行产品产业化开发和市场渗透活动，尽可能引入外部风险投资家联合投资。在以上过程中，为了平衡风险和收益，新风险企业集团创新运营模式，如激励机制、投资策略、治理模式等。美国朗讯科技公司最终实现开放式创新下的技术导向型创业，即融合战略创业和风险投资的公司创业。

切萨布鲁夫的这部专著在创新领域里闪烁着耀眼的学术光芒，反而掩盖了它在创业领域的学术价值和对创业领域的贡献，可能有些"藏在深山人未识"的遗憾。如果你对"创业企业如何实现开放式创新"这个研究议题感兴趣，强烈推荐你仔细品读这一章，相信会对理解公司创业的开放式创新的价值获取策略大有益处。此外，这部专著对创新管理领域产生了广泛且深远的影响，但经历了"小众反响-百家争鸣-广泛认同"这一比较曲折的学术认同过程。在创业研究领域，这部专著可以说是创业企业运用开放式创新实现价值获取的开山之作，成为后续研究的重要参考。

安妮·格罗伊尔和乔尔·韦斯特等学者：开放战略的行动选择机理

切萨布鲁夫提出开放式创新理论后，学术界聚焦在位大型企业，持续深入地研究开放式创新，而针对创业企业如何实现开放式创新的研究却非常匮乏。众所周知，相对于在位的大企业，新创的小企业面临着其独有的脆弱性、合法性、成长性等诸多挑战。那么，新创企业如何进行开放式创新呢？基于此，安妮·格罗伊尔（Anne Greul）和乔尔·韦斯特（Joel West）等学者2018年在《战略创业杂志》上发表了《创业开放：新创企业为何用（或不用）开放式创新》一文，以生产3D打印机的新创企业为案例研究对象，率先研究创业企业开放式创新的开放度及开放机制的复杂机理。

这篇文章融合了创业理论与开放式创新理论，其学术思想具有很强的拓展性。基于创新过程的开放式创新战略，不仅仅是单向的知识流入或知识流出，往往存在着双向模式，且彼此相互依赖。那么，新兴技术密集型产业中的创业企业，如何进行双向模式的开放式创新？格罗伊尔和韦斯特等学者基于创业者技术能力与创业动机视角，并结合开放式创新的"双向开放"视角，即"内向式"（inbound）与"外向式"（outbound），研究创业企业开放式创新如何实现双向开放，即如何实现双向开放度与双向开放机制。进一步，还探究了双向开放的原因是什么。

为了回答以上问题，格罗伊尔和韦斯特等学者运用扎根理论展开质化研究，其案例研究设计严谨且巧妙。首先，对适用于该研究的产业进行了如下精心而严格的界定。其一，该产业中具有相似情形创业的比率较高，并且行业中存在可供创业企业利用的开放式社区知识库。其二，考虑到行业背景在竞争基础和竞争优势方面的重要性，以及多案例研究的可复制性，为控制行业的差异性，以便能更好地比较创业企业间在开放决策的差异影响，选择以家用3D打印机行业的兴起为案例研究情境。其典型的适用性在于：①打印机行业的一些关键技术的专利保护即将到期；②开发和传播基于此技术的开源3D打印机设计的在线创新社区——RepRap的创建。这些情境使3D打印机行业的新创企业数量井喷式增长。

在此基础上，学者们通过多种渠道，广泛收集适用于该案例研究的候选企业，来源渠道包括关于3D打印机及其业务爱好者的出版物、网站、评论和列表，以及关于3D打印机的展览会，以及有关3D打印机的互联网搜索结果。为了扩展该候选企业列表，学者们还向一些采访对象展示了该列表，并要求他们推荐其他公司。此外，案例研究的候选企业应符合以下四个标准：①必须开发和制造出自己设计的3D打印机；②要么已经发货，要么产品已具雏形并计划在12个月内销售实际产品；③为了关注不断增长的消费市场，该企业至少有一台打印机的零售价格必须低于10 000美元；④为了符合研究问题，样本限制在新创企业范围内。最终确定了25个国家的144家创业企业，且均未上市，其中138家总部设在北美洲、欧洲或亚洲。

为确保能通过访谈创业者深入了解每家创业企业的开放战略，学者们首先通过电子邮件征询候选样本企业接受访谈的意愿，得知28家企业同意接受访谈。这28家企业都是新创小公司，几乎所有公司的员工数量都不到10人，而且大多数公司除创始人之外只有1~2名员工。此外，学者们通过视频会议或电话对样本企业的一位创业者进行半结构化访谈，访谈围绕三个主题：①从准备创业至今，用户创业者在创业和开发产品时所经历的过程和阶段；②创业者参与的开源软件和硬件项目；③公司开放的性质和开放程度。访谈持续时间约为25~73分钟。在此基础上，学者们采访了两位行业专家补充以上访谈。一位是3D打印机行业知名消费杂志的创始人，另一位是3D打印服务局的管理者。这些创业企业及其产品的基本信息来源于公开资料。

学者们基于扎根理论，运用NVivo软件对案例企业的访谈资料以及二手资料，通过迭代过程改进对数据的理解和分析。首先，对最初关键访谈和从研究问题中得出的概念进行编码，扩展数据的编码方案。其次，基于相似性和跨案例模式运用NVivo分析编码，提炼分析模式。最后，这些分析模式被用来识别潜在的结构。在对案例材料的编码处理与概念分析的基础上，构建开放度的测量方式，并从开放式创新视角（专利保护、双向开放的内部依赖两个维度）和创业视角（创业者的技术能力、创业动机两个维度），构建影响开放度的理论框架。

通过以上严谨的案例研究分析过程，学者们从不同研究视角，归纳出以下命题。基于创业视角得出以下命题：新创企业者的技术能力越强，则从开放式社区流入的外部知识越少，从内部流出的非货币化知识也越少。此外，相对于传统创业，用户创业更可能从其内部流出非货币化知识；相对于有目的的创业者，机会创业者更可能从内部流出非货币化知识。基于开放式创新视角得出以下命题：新创企业的知识产权专属性越强，则从开放式社区流入的外部知识越少，从内部流出的非货币化知识也越少。此外，新创企业如果有大量的知识流入，则更可能从内部流出更多非货币化知识。

这篇文章对揭示创业企业开放式创新的开放度选择的复杂机理，具有非常重要的理论意义与学术价值。它洞察了新兴技术产业中，创业企业开放式创新的开放度决策的路径依赖。具体而言，这些路径依赖与新创企业的技术能力和创业意图相关。进一步地，技术能力强的创业企业往往运用自主创新战略，因而对外分享技术（外向式开放）的意愿较低，利用外部技术（内向式开放）的需求也不足。与之相反，技术能力弱的创业企业通常迭代外部技术进行创新，因此高度依赖外部知识流入（内向式开放）。因此，技术能力弱的创业企业，基于技术内向流入的开放选择，会出现开放式创新的内向式开放的路径依赖。更为重要的是，不同于以往文献仅关注企业开放式创新的单向开放，这篇文章在拓展内向式开放的度量基础上，揭示了内向式开放与外向式开放的内在联系。换句话说，这篇文章通过区分不同的开放方式，拓展了企业使用知识流的开放式创新概念（Chesbrough，2006），开发出新的内向式开放性度量，以区分知识再利用、产品组件和整个技术系统。在此基础上，进一步揭示出创业企业内向式开放与外向式开放之间的条件关系，在很大程度上，这篇文章有利于启发后续研究从不同角度揭示创业企业如何选择开放战略的复杂机理。

乔纳森·埃克哈特等学者：开放式创新的价值创造机理

创业企业开放式创新的核心，强调创业行动中通过技术开放来创造价值并获取价值。那么，创业企业在不同的开放式创新场景中，应如何开放？该问题具有理论意义和实践价值。格罗伊尔等学者聚焦新兴的技术密集型产业，以产业创新网络为开放式创新场景，揭示了创业企业在产业网络中如何选择开放度。与此同时，随着数字经济的兴起，平台生态系统不断涌现，价值创造与价值获取的内在机理，演变为平台主与海量的平台互补者（complementors）之间的共生协同与价值共创共享。尤为值得关注的是，这些平台生态系统依赖创造互补性技术的互补者来提高平台价值。因此，平台生态系统互补者开放式创新的技术创业行为（互补技术商业化）是非常重要的。那么，新兴的平台生态系统场景中，创业企业如何实现开放式创新？学术界对此所知甚少。

乔纳森·埃克哈特（Jonathan Eckhardt）等学者 2018 年在《战略创业杂志》上发表了《开放式创新、信息与平台生态系统的创业》一文，依据包含 Palm Store 的 1 602 个软件应用程序的研究样本，收集了 3 年的月度数据，运用韦布尔回归（Weibull regression）模型，实证研究开放式创新的平台生态系统如何促进创业行动。

这篇文献关于平台生态系统的定量研究设计——从研究场景、研究对象、行为事件等界定与选择，严谨且规范，是实证研究的典范。尤其值得后续研究者借鉴和参考的是，这篇文献为确保平台生态系统样本选择的高质量，对样本进行严格合理的筛选。首先，基于平台生态系统具有海量互补者的特性，样本确定为 2004 年 2 月到 2007 年 2 月时段的 Palm 操作系统。其缘由是该时期内，Palm 操作系统是美国占主导地位的掌上电脑平台（其后被 IPhone 替代)，包含22 000多个Palm设备的软件应用程序，这些应用程序的开发者就是该平台生态系统内的互补者。其次，界定平台互补者的开放式创新行为。一方面，收集与移动应用程序相关的每月信息，构建样本的月度数据；在此基础上，确定互补者是否会进行商业化。另一方面，按月度交易数据，进一步区分平台互补者的开放式创新行为。

与此同时，这篇文章对平台生态系统互补者创业行为的测量非常有科学性。作为二手数据，对研究设计的严谨性和合理性而言，该变量的测量既关键又富有挑战性。结合平台生态系统的特性与创业行为理论，埃克哈特等学者谨慎地提出，当互补者推出此前免费的应用程序的商业版本时，创业行为就发生了。为了筛选出互补者是否为首次推出应用程序的商业版本，这篇文章在1 602个免费移动应用中，整理出每个开发者在平台上发布的所有免费和商业移动应用程序的完整记录，并归纳出以下两种情形。情形一，如果发布一个或多个免费移动应用程序，而未发布任何商业应用程序，则这些免费应用程序样本被视为存在商业化风险。情形二，如果推出的软件程序包含免费和商业移动应用程序，则雇用两名独立的评估员，根据平台提供的软件标题和软件说明，检查每个移动应用程序的产品描述和历史记录，以确定该免费移动应用程序是否早于同款的商业移动应用程序。结果，从收集的1 602个免费移动应用程序中，筛选出了39个商业化事件。

这篇文章在定量研究过程中，创新性地运用信息视角，提出两方面的研究假设。一方面，基于技术信息，提出假设——平台生态系统中，互补者的技术使用频率越高，或技术具有高质量的外部信号越强，平台互补者将该技术商业化（进行创业行动）的可能性就越大。另一方面，基于市场信息，提出假设——平台生态系统中，技术市场中商业化的产品销售额越高，或产品数量越多，则互补者将其技术外部商业化的可能性就越大。但实证研究结果表明，技术信息促进互补者的技术商业化，但市场信息与技术商业化无关。进一步补充分析得出，市场信息能增强部分技术信息提升平台互补者技术商业化的可能性。以上研究结论隐含的前提是，创业机会的信息可以激发平台互补者的机会识别，从而促进互补技术的商业化。

这篇文章的重要价值在于揭示了开放式创新平台生态系统信息对互补者创业行动的作用机理。开放式创新平台生态系统能产生刺激创业的信息，基于信息的机会创业理论（Eckhardt, et al., 2018），这篇文章揭示了开放式创新平台生态系统如何刺激平台互补者创业活动的内在机理。换句话说，互补者基于在开放式创新的平台生态系统中获得的技术信息，促进互补者的技术创业。对平台企业而言，开放式创新能吸引海量互补者为生态系统创造价值并进行创业活动，开放式创新的平台生态系统已成为新兴创业的重要场景。基于该理论主张，开放式创新的平台生态系统中，海量互补者创业的复杂机理，是学者们亟待解决的重要科学问题。

未来研究方向

创业企业实现开放式创新过程中，如何进行开放式创新仅仅是起点，最终能否成功取决于能否持续从开放式创新中创造价值与获取价值。创业企业有其合法性和脆弱性，以及灵活性与敏捷性，如何实现开放式创新，既有新机遇又面临多重新挑战。对机遇而言，更多体现为开放式创新行动或策略的成因。具体而言，内向型（inbound）开放式创新可以使创业企业更容易进入市场，并向市场提供产品，而外向型（outbound）开放式创新使创业企业无须构建技术内部商业化能力，便能从创新中获利（Teece, 2006）。对挑战而言，更侧重于开放式创新价值创造与获取的机理。数字经济时代情境下，开放式创新出现平台化、数字化等新模式

（Shaikh，Levina，2019；Acar，2019；Verstegen，et al.，2019），创业企业开放式创新的底层逻辑不断发生演变或拓展。具体体现为，随着数字经济的兴起，开放式创新的底层逻辑由工业经济时代的价值杠杆化创造与获取的竞合逻辑，演变为价值共创共享的共生逻辑。

值得学术研究和管理实践共同关注的是，客观理性地认识创业企业开放式创新的双刃剑效应。一方面，它开启了新技术中蕴含的潜在经济价值；另一方面，它的成功可能会为创业企业的发展，设置了不易察觉的认知陷阱，即有效的开放式创新商业模式可能会自动形成有关价值创造和价值获取的主导性思维逻辑。因此，研究创业企业如何持续有效地实现开放式创新的规律，非常有学术价值。上述三篇文章对未来研究的方向具有很强的启示意义和指引作用。切萨布鲁夫基于开放式创新视角，聚焦于阐释大型企业如何实现外向型开放式创新。其中，有关开放式创新的外向型开放模式的论述，即如何通过风险企业实现企业内部技术成果的外部商业化，从创业视角来看正体现了开放式创新如何实现公司创业。但该书中，有关开放式创新的公司创业行动策略及其价值获取机理，是工业经济时代的理论成果。在数字经济时代，以产业数字化、数字产业化为重要支柱的中国数字经济发展情境中，代表产业数字化的转型企业——公司战略型创业，如何有效地实现开放式创新，是值得深入研究的方向。

格罗伊尔等学者的研究有助于启发对数字经济时代，新兴的数字产业中创业企业如何实现开放式创新的思考。这篇文章是最早基于相同行业、相同创业历史、相同知识流来源的创业企业的开放式创新选择的研究。研究发现，新兴技术产业中，新创企业的技术能力和创业意图，影响着开放式创新的开放度决策。但是，这些决策机理是静态不变的还是动态演化的？此外，这些决策机制在什么条件有着怎样的情境效应，例如产业层面的产业异质性、技术动态性、市场不确定性等，或者企业层面的新创企业的领导力、企业文化、产品战略等（Homfeld，2019）。这些尚处于未知领域，都值得持续深入探索。此外，在数字经济时代，新兴的数字技术产业化过程中，基于数字技术的创业，其数字创新更多地表现为协同数字技术提供者的定制式对外服务化，或是平台型对外服务化，即多方数字技术提供者的对外赋能，这与工业经济时代的新兴技术产业中，创业企业开放式创新形式与机理有显著不同。因此，数字产业化过程中，基于数字技术的创业企业如何协同数字产业化，实现开放式创新并获取价值，非常值得研究。

埃克哈特等学者的研究有助于启发对不同类型平台生态系统中，海量互补型创业者如何通过开放式创新实现价值共创共享的思考。平台生态系统通过杠杆化的开放式创新，实现平台参与者能量巨大的价值共创与共享。埃克哈特等学者使用一个特定的场景——Palm 软件平台生态系统，该研究场景可以归纳为技术可以低成本共享的市场，如出版、计算机软件、电影和音乐等市场。但是，该研究场景可能无法很好地代表从创意到商业化，存在着高进入壁垒和高固定成本的场景。另外，该"平台"在特定意义上是"开放的"。众所周知，随着数字技术创新，不同类型的数字平台生态系统不断涌现，并且有不同的开放维度和程度。因此，不同开放度的平台或重资产型的平台，其海量的平台互补型创业者如何有效地进行开放式创新，实现价值共创共享的共生协同，是非常值得持续深入的研究方向。

研究设计与应用拓展

如果你对创业企业如何实现开放式创新这个问题研究感兴趣，那么需要明确以下问题：

其一，要明确开放式创新的内涵和类型。自开放式创新概念明确提出后，其开放内涵可分别归纳为知识、组织和流程等方面（Dahlander，2010）；其开放类型根据开放对象、开放过程、开放逻辑等标准也有不同分类结果。因此，创业企业实现不同内涵、不同类型的开放式创新，存在不同的机理。其二，创业企业与成熟企业具有明显差异，因此，如何实现开放式创新，具有异质性。具体而言，创业企业既面临成长脆弱性、组织合法性及资源瓶颈性等约束，又具有决策灵活性、创新敏捷性、战略权变性等优势。因此，不同开放式创新范式下，创业企业如何选择开放度和开放行动策略，以及如何进行价值创造与价值获取，具有其独特性。最后，进入数字经济时代，新业态、新模式、新产业不断涌现，无论是公司创业还是个体创业，用户创业还是传统创业，技术创业还是机会创业等，实现开放式创新的过程中都衍生出了更多新的机遇和挑战。

在研究理论视角方面，哪些理论可能有助于揭示创业企业实现开放式创新的规律，甚至构建或拓展新理论、发展新思想呢？从已有研究的理论建构和发展来看，共生理论、协同理论、平台理论、生态系统理论等，有助于解释数字经济情境下，创业企业如何实现开放式创新；用户参与理论、信息理论等，比较适用于解释创业企业开放式创新的行动策略；商业模式创新、价值创新、知识产权理论等，有助于解释创业企业开放式创新的价值创造与价值获取机理。

在研究设计方面，与此研究主题有关的重要文献，多采用定性研究设计，大致可分为两类：一是描述型和例证型相结合的案例研究设计。这种案例研究的特色是案例的典型性以及研究深度，如切萨布鲁夫对朗讯集团的开放式创新的案例研究。描述型案例分析将侧重于描述案例，其任务是讲故事；例证型案例分析则强调文献研究的重要性以及通过文献研究，提出文章分析框架或理论命题，之后运用相宜的案例进行实证，其研究重心50%以上应放在文献回顾及理论命题提出。二是非经典意义上的案例研究。由于开放式创新是比较新颖的范式（Chesbrough，2006），创业企业的开放式创新通常需要选择有丰富数据支持的理论构造方法，这种方法是根据既定程序，从定性数据入手并采用归纳法从较大规模的案例（通常是20个以上案例）研究中构建出管理研究理论。

基于数据的定量研究也开始出现。值得注意的是，当前国际主流期刊发表的定量研究既有采用二手数据的也有采用问卷调查数据的。首先，大样本选择的合理性是高质量研究设计的前提。具体而言，这些大样本必须是创业企业，又同时进行开放式创新，这给符合定量研究的样本带来选择的难度，但这仅是样本选择的基本门槛。其次，问卷调查的开放式创新量表不断提升其情境适用性。开放式创新不同维度的测量可能发生在不同的文化情境、创业情境或开放式创新情境下，有待进一步开发和完善测量方式，以增强其情境适用性，从而提高其信度和效度。最后，对关键变量，如创业行为、创业倾向、开放式创新行为的测量，以及对开放过程等变量的测量，从量表主观评估拓展为二手数据挖掘。特别地，新出现的"大数据方法"（如文本挖掘）(Hoornaert，et al.，2017），可能会成为非常有前景的变量测量方法。

◆ 参考文献

Baker, W.E., Grinstein, A., and Harmancioglu, N., 2016, "Whose innovation performance benefits more from external networks: entrepreneurial or conservative firms?", *Journal of Product Innovation Management*, Vol. 33, No. 1: 104-120.

Chesbrough, H., Vanhaverbeke, W., and West, J., 2006, *Open Innovation: Researching a New*

Paradigm, Oxford University Press, Oxford.

Dahlander, L., and Gann, D., 2010, "How open is innovation?", *Research Policy*, Vol. 39, No. 6: 699-709.

Diestre, L., and Rajagopalan, N., 2012, "Are all 'sharks' dangerous? New biotechnology ventures and partner selectionin R&D alliances", *Strategic Management Journal*, Vol. 33, No. 10: 1115-1134.

Homfeldt, F., Rese, A., and Simon, F., 2019, "Suppliers versus start-ups: Where do better innovation ideas come from?", *Research Policy*, Vol. 48, No. 7: 1738-1757.

Hoornaert, S., Ballings, M., Malthouse, E.C., and Van den Poel, D., 2017, "Identifying new product ideas: waiting for the wisdom of the crowd or screening ideas in real time", *Journal of Product Innovation Management*, Vol. 34, No. 5: 580-597.

Katila, R., Rosenberger, J.D., and Eisenhardt, K.M., 2008, "Swimming with sharks: technology ventures defense mechanisms and corporate relationships", *Administrative Science Quarterly*, Vol. 53, No. 2: 295-332.

Laursen, K., and Salter, A.J., 2014, "The paradox of openness: appropriability, external search and collaboration", *Research Policy*, Vol. 43, No. 5: 867-878.

Nambisan, S., Siegel, D., and Kenney, M., 2018, "On open innovation, platforms, and entrepreneurship", *Strategic Entrepreneurship Journal*, Vol. 12, No, 3: 354-368.

Verstegen, L., Houkes, W.N., Reymen, I.M., 2019, "Configuring collective digital-technology usage in dynamic and complex design practices", *Research Policy*, Vol. 48, No. 8: 103696.

Zobel, A.K., Lokshin, B., Hagedoorn, J., et al., 2017, "Formal and informal appropriation mechanisms: the role of openness and innovativeness", *Technovation*, Vol. 33, No. 1: 44-54.

▣ 文献推荐

Chesbrough, H., 2003, *Open Innovation: The new Imperative for Creating and Profiting from Technology*, Harvard Business School Press, Boston.

Eckhardt, J.T., Ciuchta, M.P., and Carpenter, M., 2018, "Open innovation, information, and entrepreneurship within platform ecosystems", *Strategic Entrepreneurship Journal*, Vol. 12, No. 3: 369-391.

Greul, A., West, J., and Bock, S., 2018, "Open at birth? Why new firms do (or don't) use open innovation", *Strategic Entrepreneurship Journal*, Vol. 12, No, 3: 392-420.

◉ 代表性学者

亨利·切萨布鲁夫（Henry Chesbrough）

在加利福尼亚大学伯克利分校哈斯商学院取得管理经济学和公共政策博士学位，现任国际社会科学自由大学开放式创新首席教授。曾任加利福尼亚大学伯克利分校哈斯商学院教授；担任加利福尼亚大学伯克利分校哈斯商学院加伍德公司创新中心主任等。他被誉为"开放式创新之父"，并将这一范式引入学术研究与产业实践，他发表或出版了140多篇研究成果。E-mail: chesbrou@haas.berkeley.edu。

乔尔·韦斯特（Joel West）

在加利福尼亚大学欧文分校获得管理学博士学位，现任克莱蒙特凯克应用生命科学研究院教授。他的研究和教学领域包括创业和创新，他曾在软件行业担任工程师、经理和企业家。他与亨利·切萨布鲁夫和维姆·范哈弗贝克合著了《开放式创新：创新方法论之新语境》，除了研究开放式创新，他还开展过关于开放源代码软件和开放标准的研究，在《信息系统研究》《管理研究杂志》《研究政策》等期刊上发表了多篇开放式创新相关的学术论文。E-mail：joel_west@kgi.edu。

乔纳森·埃克哈特（Jonathan T. Eckhardt）

在马里兰大学帕克分校商学院取得管理学博士学位，现任威斯康星大学麦迪逊分校商学院教授。他创立了商业及创业诊所（Business and Entrepreneurship Clinic）并担任主任。他的研究与教学领域涉及创业精神的各个方面，包括公司形成、风险融资、首次公开发行及信息在创业中的作用等。E-mail：jon.eckhardt@wisc.edu。

创业企业如何从平台生态系统获取资源

◎ 魏 峰

同济大学经济与管理学院

平台生态系统和商业生态系统两个概念在实践中被广泛应用,但平台生态系统还没有一个被普遍认可的定义。一般认为,它是由核心企业构建的平台及供应商、分销商、互补商和(新产品)开发企业等利益相关者构成的特殊商业生态系统,所有利益相关者利用该平台提供的基础设施进行交易和增值(Mäekinen, 2014;McIntyre, Srinivasan, 2017),它是商业生态系统的一种特殊表现形式,不仅具有一般商业生态系统的共性,更表现出自己的特殊性。传统商业遵循的是价值链模式,通过上下游的价差获利,而平台企业的盈利模式是以租金、广告费和价值共创等非价差的形式存在。因此,平台生态系统是以平台为媒介、以平台提供者为核心的生态系统。以往研究以切卡尼奥利等学者(2012)为代表,主要从平台领导者的视角探讨如何打造更有吸引力的平台生态系统,吸引具有互补性和竞争力的企业一起进行价值共创,但从创业企业的视角探索如何与领导企业、在位竞争企业及其他互补参与者竞争与合作的研究还比较匮乏。

随着互联网和人工智能成为创业实践的主流,在互联网的各个领域,如电商、搜索、社交、游戏、支付等,创业模式多以平台模式存在,平台生态系统与创业生态系统的边界变得越来越模糊。2021年4月,中国市场监管部门对阿里、腾讯、字节跳动、京东等34家互联网平台企业进行了严肃整治,对滥用市场支配地位强迫用户实施"二选一"以及实施"掐尖并购"、大数据杀熟、信息泄露等违规行为从严从重查处。这体现了平台生态系统中的领导企业执着于利用自己的优势地位,甚至不惜以破坏商业生态为代价追求高利润;同时也反映出,平台中的创业企业和互补者的弱势与被动。因此,从非领导企业的视角来探讨创业企业如何从平台生态系统中获得资源和成长,既是实践的迫切需要,也是创业理论和平台生态系统理论发展的需要。

然而,平台创业与传统创业情境具有明显的不同之处,传统创业主要是处理与上游供应商和下游客户之间的关系,但平台创业需要创业者在处理以上关系的同时,还要与平台核心企业、在位企业进行协作与竞争。这种情境下,我们亟须了解创业者如何平衡自己"创业企

⊖ 本文是国家社会科学基金重大项目"新时代加强中国小微企业国际竞争力的模式与路径研究"(18ZDA057)资助的阶段性成果。魏峰为本文通讯作者(fwei@tongji.edu.cn)。

业领导者"与"平台追随者"的两种角色；如何拓展与平台核心企业的关系并利用该关系构建更大的商业网络；创业企业在创立和扩展的不同阶段，如何处理与平台核心企业的关系以获取最大利益；不同的创业生态系统具有不同的文化和商业底蕴，创业企业应该如何制定和调整目标和战略以适应该生态系统等。我们选择了三篇文章进行研究并尝试解答上述问题：第一篇从创新生态系统中的创业者认知挑战入手，聚焦于创业者如何平衡"创业公司领导者"与"生态系统追随者"两个角色所带来的挑战；第二篇从社会网络视角入手，主要探讨数字平台情境下创业企业在创业不同阶段如何从两种关系网络中获取价值的问题；第三篇则从适应和匹配的视角入手，反观具体的创业生态系统的属性结构，从中寻找创业企业成长所需要的机会和资源。

萨蒂什·南比桑和罗伯特·巴伦：创新生态系统中的创业者认知挑战及其有效性

近几年，许多行业的大公司建立了全球合作伙伴或生态系统网络，以扩大其产品、服务和技术的覆盖范围和深度，如苹果的 iOS 生态系统、Google 的 Android 生态系统、Linux 的开源社区等，学者们由此逐渐关注到创业企业和创业者在创新生态系统这个特定环境中的发展。此前的生态系统文献主要关注的是主导公司或生态系统领导者面临的问题，研究得出自我效能、政治技能、社会技能等多种影响企业成功的变量，而忽略了创新生态系统也是一个创业的场所。萨蒂什·南比桑和罗伯特·巴伦 2013 年在《创业理论与实践》上发表《创新生态系统中的创业：创业者的自我调节过程及其对创业成功的影响》一文，以创新生态系统中的创业企业和创业者为研究对象，关注生态系统创业者的自我调节过程，并总结提出这些过程在创业者成功平衡生态系统领导者设定的要求与自身企业目标中的潜在作用。

这篇文章借鉴并整合了创新创业和认知科学方面此前的研究主题和概念，描述创业者自我调节过程（即个人监控、评估、指导和调整自己的行为以便向预期目标迈进的过程），可能塑造其在生态系统中领导企业成功的各种方式，关注"自我控制（self-control）、毅力（grit）和元认知（metacognition）"等三个自我调节的过程，讲述这些过程如何有效运作，使创业者能更好地应对作为"生态系统追随者"和"独立公司领导者"的双重角色所面临的两个关键挑战——"管理多个不一致目标"和"识别生态系统内外的创新和增长机会"。

这篇文章首先概述了创新生态系统及创业者面临的挑战。创新生态系统是指公司与其他实体的松散互联网络，它们围绕一组共享的技术、知识或技能共同发展能力，并通过合作和竞争来开发新产品和服务。该系统具有三个标志性特征：强大的企业间依赖、共同目标的追求以及共享互补能力的演变。在基于平台企业（即平台领导者，下同）的创新生态系统运营中，枢纽企业定义共同目标和核心价值主张，提供融合共享知识和能力的基础创新平台，以及通过其他手段确保其长期竞争力和市场吸引力，在一定程度上为生态系统中的创业企业提供了成长的平台。与此同时，这些创业者也面临着特殊的挑战，创业者必须在平台企业设定的愿景、目标和结构内工作，确保其公司的业务目标、战略与平台企业和其他合作伙伴保持一致；创业者还必须确保公司具有足够的差异化和独立性水平，追求独特的价值主张，即使特定的创新平台衰落或失败，也能维持新企业的发展。这种生态环境需要创业者具有高度的自我调节能力。

在阐释自我调节过程之前，这篇文章明确了如何定义生态系统内新企业的成功。以往关于合作产品开发的研究集中于解决创新项目中不同合作伙伴的目标差异性所带来的挑战上，虽然大部分文献的研究都集中在产品开发中的二元合作伙伴关系上，但合作伙伴目标的性质也扩展到了生态系统环境。借鉴这些文献，作者主要关注三种具有相关性的目标——绩效目标、技术发展目标和关系目标。绩效目标方面，新企业和生态系统的业绩目标和衡量标准，在范围和时间跨度方面有所不同。作为一家独立公司，新企业的目标是收入和利润的增长、开发新产品的数量等；作为生态系统的追随者，他们还需要实现创新平台的共同绩效目标，这些目标有可能是相互矛盾的。对技术发展目标而言，生态系统创业者需遵循平台企业制定的技术发展战略，这可能会涉及平台的共享能力和基础技术等，而创业者还需要为新企业寻找一条独特的技术路径，投资开发可能具有超越生态系统边界的独特技术资产。除此之外，在生态系统中生存还需注重关系目标，在许多情况下，成员需要与具有互补能力和技术资产的其他成员共同开发产品和服务，因此新企业须将生态系统的其他成员视为潜在的创新推动者和合作者，优化与它们的合作及竞争关系。为实现这些目标的平衡，生态系统创业者需要在生态系统的市场和技术边界之内以及外部寻找和利用机会。

与在其他环境相比，完善的自我调节过程在创新生态系统中更能凸显它的作用，可以极大地帮助创业者在面临多种相互矛盾的目标时，在特定范围内限制和放弃自己的自主权和独立性，更加有效而适时地根据其当时的关键目标和资源选择适当的行动或策略，并能管理生态系统中的竞争角色和关系。

这篇文章关注了三个个人调节行为，分别是自我控制、毅力和元认知。①自我控制包括抵制去做被认为有害或与主要目标不一致的行为的强烈冲动，自我控制是一种可耗尽的认知资源，但可以通过多种方式补充，自我控制还能帮助个人完成目标由近及远的转变和实现。生态系统创业者必须经常完成生态系统及自身公司的多种任务，更可能经历自我控制力耗竭，因此其在这方面的表现尤为重要。②毅力是对明确定义的长期目标保持一致的兴趣或关注，并在实现这些目标的实际努力中表现出坚持的意志，研究数据表明毅力高的人更有可能在严格、困难的环境中表现出色。生态系统内，创业者需要实现多种不同且有重叠或矛盾的目标，在追求平台企业要求的目标和战略的同时，创业者不能忘记与自己公司相关的长期目标，在这样的环境中，毅力对创业者更是不可或缺的。③元认知是个人对自己认知过程的意识和控制。元认知能力包括元认知意识和元认知资源，前者是对自己认知的意识，个人作为信息的认知处理器了解自己的情况；元认知资源是个人设计或选择最有效的认知策略，以在给定情况下采用的知识和经验。先前的研究结果表明，元认知构成了在新的、不确定的环境中进行认知适应的基础，并且是可以通过学习增强的一种能力，这对生态系统创业者来说也至关重要。作者进一步提出，作为生态系统中的合作者和竞争者，创业者的上述三种能力有助于同时获取绩效、技术和关系三种目标的成功，以及获取系统外的创新和成长机会。

南比桑等学者的研究的重要价值在于揭示了创业者在生态系统中需要发挥主观能动性、加强自我管理方可获取尽可能多的资源。在创新（或平台）生态系统越来越普遍地成为一种新的创业环境的情况下，作者敏锐地发现创业者面临着跟传统创业不同的情境，即不仅要抓住机会——作为"独立公司领导者"独立地领导公司成长，还要受到限制——作为"生态系统追随者"确保公司业务目标和战略与平台企业和其他合作伙伴保持一致，这种平衡的要求对创业者的多目标管理能力提出了挑战。为了应对这个挑战，作者从自我调节视角入手，创造性地提出了创业者在创新生态系统中主动作为所需要的特定素质，也为研究生态系统中的创业企业成长开辟了一条认知路径。

阿拉蒂·斯里尼瓦桑和文卡·文卡特拉曼：探索嵌入数字平台的创业网络战略选择

运用社会网络视角来理解创业者的战略行为和创业绩效的呼声越来越高。然而，当前的网络视角局限于社会联系，并未通过数字平台来理解存在互补产品的创业情境。因此，阿拉蒂·斯里尼瓦桑和文卡·文卡特拉曼2018年在《战略创业杂志》上发表了《数字平台中的企业家精神：以网络为中心的观点》一文，采用社会网络的视角试图构建在数字平台上存在互补产品的情境下，创业企业如何从生态系统伙伴那里获得关键资源的创业理论。

研究者根据现有的网络研究和基于平台的竞争研究，描述了数字创业者所建立的资源网络（创业者用于获取金融资本和人力资本的关系网络）和模块网络（创业者与所支持的平台企业建立的关系网络）。在此基础上，研究者提出了在创立和扩张两个阶段，创业者对不同类型网络的选择的影响。最后，研究者讨论了其研究对平台研究和创业研究的意义。

在技术变化速度快、竞争激烈的数字平台中，打造有区分度的产品和快速适应技术变化的能力是生存的关键，其应对之策是获取资源，以快速驾驭技术变化，并随着时间的推移同时支持多个平台。风险投资不但能提供企业扩张所需资源，还为创业者提供了增加合法性的优势，使创业企业能吸引更好的人才，并使其产品对终端客户更具吸引力。创业企业与其他组织形成的网络可以作为获取资源和机会的途径，例如在新创企业高度不确定性的背景下，网络可以作为棱镜，创业者在网络连接中的高社会地位能反映创业企业的高质量，从而使资源提供者对该企业做出积极评估，做出投资决定。相关研究也发现了创业者与投资者分享网络联系的价值，当双方共享网络联系时，投资者更容易获得和发现关于创业者能力和可靠性的信息，从而更愿意投资自身了解的企业。

在技术快速发展的环境中，创业企业需要快速响应变化，这使得模块化系统非常有吸引力，它将商业生态系统划分为一个相对稳定的平台和一套互补的模块。开发模块（兼容应用程序）的创业企业与展示模块的平台企业之间存在强烈的相互依赖关系。为了获得创业企业的支持，平台企业努力建立更广泛的用户基础，激励创业者引入更多模块。由于支持多种技术的成本不断增加，支持一个用户基础广泛的平台对创业者来说更有价值。创业企业在平台上获得的增值被称为间接网络效应（indirect network effects），创业者选择支持哪个平台，很可能受到平台网络效应强度的影响，在创业的早期阶段尤其如此。

虽然网络效应和用户基础优势是平台企业成功的关键决定因素，但平台环境也具有技术创新的特点，往往会吸引新的平台和新的竞争对手加入，这给创业企业的扩张带来了挑战——继续利用与主导平台相联系的优势，还是将资源分散到其他平台上，确保不会被竞争对手淘汰？同时，创业企业的技术创新也需要获得技术资源，才能成功启动模块开发。技术资源通常以工具包、接口和常用模块库的形式存在，创业者可以将其整合到应用程序中。因此，创业者与平台建立的关系越强，从平台获得领先优势的可能性就越高，这让创业者能更快地推出更好的应用程序。

创业者利用资源网络和模块网络的能力是相辅相成的。与地位高的风险投资者的联系是创业者具有潜力的信号，这使其得到平台企业的青睐。同样，与主导平台的联系除了可以获取资源，也可以吸引地位高的风险投资者的资金。因此，从综合的视角出发可以更好地理解创业者在平台环境下的初始行动和后续成功。

在创业的创立阶段，数字平台的创业者一方面需要与资源网络中地位高者建立联系，向平台企业展示自己的潜力，从而提高从平台企业调用资源的能力，增加成功创办企业的机会；另一方面需要与模块网络中的主要平台建立联系，这样既能为开发的应用程序吸引更多网络合作者、提供最大的潜在市场，又能利用平台拥有的更广泛的组件和工具包，推出高质量模块，增加成功机会。

在创业的扩张阶段，由于数字平台创业者的嵌入性也是一种负担，使其被锁定在当前平台的产品中，无法适应不断变化的技术需求，因此，数字创业者可以在模块网络中建立更多样化的联系，以此为创业者带来不同平台的经验和技术，以便跨越多种技术体系，进而更好、更快地扩大规模。另外，在高度重叠的网络中，创业者很容易失去其独特性（区分度）和竞争优势，因此，减少模块网络中与竞争对手模块的重叠，也是增加其扩张成功概率的关键。总之，在扩张阶段，数字创业者需要在竞争强度的增加与平台优势的获取之间取得一种平衡。

这篇文章是理解数字平台情境下创业企业如何从关系网络中获取价值的一篇重要著作，作者以下两个观点为我们提供了重要的理论和实践启示。一是他们把数字平台创业者的关系网络分为资源网络和模块网络，提出了不同类型网络具有互补性和两个网络对企业成长具有相辅相成的促进作用的观点，体现了数字平台生态系统的特殊性，弥补了以往创业研究只专注于某一种类型网络的不足，也扩展了社会网络理论的范畴。二是从动态角度阐述了根据发展阶段调整网络关系以适应企业成长的必要性，提出了创立阶段需要"抱大腿"（与资源网络和模块网络的主导者建立联系），扩张阶段需要平衡的是在单一平台还是在多平台进行资源获取的闪光思想。

本·斯皮格尔：构建创业生态系统的结构属性及其影响创业的机制

创业生态系统被广泛用于解释某个区域内持续快速增长的创业现象，但是现有研究对其结构和其对创业过程的影响的理解仍然不足，大多研究聚焦于文化、经济和政策属性，却忽略了这些属性间的相互关系，以及这些关系是如何创造和复制整个生态系统的。本·斯皮格尔2017年在《创业理论与实践》上发表了《创业生态系统中的关系性组织》一文，通过以下几个方面弥补了这一不足：首先，通过回顾创业生态系统等相关概念和理论，确定了创业生态系统在文化、社会和物质三方面的十个核心属性。其次，通过研究生态系统中各种属性的关系结构，提出生态系统的成功取决于其中各种属性之间的相互作用。最后，对滑铁卢和卡尔加里两座城市的创业生态系统进行案例研究，具体地展示了创业生态系统的不同结构及其对创业过程的影响。

作者通过回顾创业生态系统的相关概念和现有理论，提出了创业生态系统的十个核心属性。这十个属性可分为三大类：文化属性（支持性文化、创业历史），社会属性（投资资本、社会网络、导师和创业模范、人才），物质属性（高校、支持性服务和设施、政策和管理、本地市场）。一般来讲，文化属性支持社会和物质属性，而物质属性的发展和成功可以强化社会属性，进而强化其背后的文化属性。

作者提出，对创业生态系统的研究不仅要关注结果（创业率），更要关注投入，即支持创业活动的当地文化、社会和物质属性，以及这些属性与整个生态系统的互动和复制方式。创业生态系统可以有多种可能的结构（configurations），即多套重叠的属性和机构的存在，是这些属性和机构鼓励创业活动，并提供新企业在扩张和发展时可利用的关键资源。在属性之间关系密集的生态系统中，这种复制是通过支持性的创业文化，创业者、工人和投资者的网络，以及有效的公共项目和组织之间的互动来实现的。在较松散的生态系统中，是一个属性推动了其他属性的产生，例如一个大型的本地市场能为创业者提供多种开发、发展和盈利退出的机会。

作者选取滑铁卢和卡尔加里作为研究对象，通过多故事环境（multiple stories milieu）法，探索生态系统不同属性之间的关系，及其结构如何影响创业者利用资源的能力。在2011～2012年间，研究者在两所城市对71位科技创业者、投资者和经济发展官员进行了半结构化访谈。访谈关注他们对所在创业社区的看法，以及这些看法如何影响创业者创办、经营和发展新创企业。为了避免对更大、更成功的新创企业的创始人的选择性偏差，研究者使用《斯科特商业指南》（Scotts Business Directory），构建了一个在六大技术领域内创办企业的随机创业者池。剔除不出售技术产品的企业、大企业的子企业和创始人已离开的企业后，研究者联系了83家位于卡尔加里的企业和84家位于滑铁卢的企业，分别有28家（34%）和23家（27%）企业同意参加访谈。通过比较被访谈者和未被访谈者的年龄、被访谈企业的成立年份和收入类别，发现被访谈企业都具有足够的代表性。两座城市各有成功的创业生态系统，但它们的结构却大相径庭。

卡尔加里的创业生态系统由石油和天然气部门主导，这个巨大的开放市场为新企业创造了大量的机会，并吸引了大量高级技术工人和金融资本，从而推动了较高的创业率，但是其文化和社会属性较弱。卡尔加里的当地文化关注财富的创造，而非创业的其他方面（例如发展先进技术）。这种文化观影响着生态系统的其他社会和物质属性。在卡尔加里，创业的社会价值很低，这使得新创企业在吸引人才方面难以与油气企业竞争。另外，其文化属性也影响了创业者在发展社会网络过程中的倾向——创业者更倾向于在油气行业内发展网络，因而降低了行业外创业者的收益。这种发展网络的方式也阻碍了创业支持项目和政策的有效性。创业者几乎不参与创业培训项目，因为这些项目缺乏互补的文化和社会属性的支持基础，创业者无法从中获得所需要的联系，因此难以影响更广泛的生态系统。尽管如此，当地油气行业的强大实力造就了一大批天使投资人和风险投资企业为新创企业提供资金。但是许多投资者都具有油气行业背景，因此并非所有创业者都有平等的机会获得这些资本。

滑铁卢的创业生态系统则由一种创业文化驱动，形成了由企业家、顾问、投资者、公共创业培训和支持项目组成的强大网络，具有较强的社会、文化和物质属性，有助于形成高风险、高增长的创业导向，复制该地区的创业文化。这种文化使得创业者更容易找到导师和顾问，来指导他们克服创业过程中的挑战。滑铁卢生态系统的物质属性受益于这种创业文化，同时又复制了这种文化。一些非营利性的创业支持组织在推广科技创业方面非常成功，不仅帮助创业者与志同道合的人建立联系，而且有助于在该地区生态系统内复制创业文化。然而，如果没有当地商业和政治领袖的支持，创业支持组织不可能成就如此成功的物质属性；而这些商业和政治领袖又是由支持技术创业者的既有社会和文化属性所培育的。

这两座城市的生态系统结构与新创企业获取资源的方式之间有很强的关系。2011～2015年，在接受采访的28家卡尔加里企业中，有4家（14.3%）被收购；而在滑铁卢，23家企业中有2家（8.7%）被收购。滑铁卢有3家（13.0%）企业获得了风险投资，而卡尔加里只有1家（3.6%）。并且滑铁卢有更多的创业者选择继续创业，而不是退休或为现有企业工作。

这些差异反映了生态系统的文化、社会和物质属性的配置结构。卡尔加里具有一种市场驱动的生态系统，其潜在的创业文化和经济结构鼓励创业者通过快速增长和最终收购获利。

因此，当地的风险投资者专注于对可能被收购的企业进行后期投资。如果企业业绩没有达到预期，创业者可以很快退出并找到其他工作，从而降低连续创业的比例。滑铁卢则具有一种密集和创新的生态系统，更侧重于通过风险投资来促进持续增长，其目标是通过收购或首次公开募股来获利，这意味着放弃早期收入以快速获取客户和进行长期的研发活动。这些特征早已嵌入其生态系统的创业历史中，并进一步被支持性组织所强化。

斯皮格尔的研究的重要价值在于提出了文化、社会和物质属性之间的相互作用是理解创业生态系统结构的关键的观点，也为创业企业在该系统中的生存和发展提供了指引。首先，通过提出不同属性之间具有多种结构模式，该研究扩展了创业生态系统的研究视角，这表明创业者要在认知层面上有意识对具有当地特点的创业生态系统进行更细致的了解，在创业的任何阶段都有必要对其文化、社会和物质属性进行认知和评价。其次，在行为层面上，创业者应根据所在生态系统现存的属性结构，制定相应的创业目标和策略，因为系统的物质属性如果没有互补的社会和文化属性作为支撑，就不太可能成功，也会给创业带来挑战。最后，从区域创业政策的角度来看，该研究也鼓励为这些创业项目建立基础文化和社会支持，而不是期望这些创业项目本身创造创业文化和社会网络。

未来研究方向

创业企业加入平台生态系统既要考虑与平台所有者、在位竞争企业以及其他互补者的关系平衡，又要在不同的平台生态系统间进行选择和权衡。这里主要涉及两个视角的研究：一是创业企业主体的视角，主要考虑与生态系统内的平台所有者和其他在位企业的竞争与合作，如何使创业企业自身获得资源和成长的问题；二是平台所有者的角度，考虑生态系统的治理问题，比如以"扩大用户基数－锁定用户－破坏竞争对手"为特征的网络利用效应研究、动态网络的自增强（self-reinforcing）效应研究、跨市场网络效应研究（客户基础作为一种重要的战略资产和非独占性资源，使得企业可以通过撬动一个市场的客户来进入使用共享资源的另一个市场）等（McIntyre，Srinivasan，2017）。这里主要聚焦于第一个视角，考察"创业企业和创业者如何在平台生态系统内获得成长"这一关键问题，上述三篇文章也暗示了相关研究的重要节点和未来方向。

南比桑等学者的研究以理论命题的形式提出了自我调节的过程和能力如何有效运作，才能使创业者更好地应对作为"生态系统追随者"和"独立公司领导者"的双重角色所面临的两个关键挑战——"管理多个不一致目标"和"识别生态系统内外的创新和增长机会"，为未来的研究指出了新的方向。与该研究从高阶理论的角度考虑创业者的自我调节过程与新企业在生态系统中的成功的联系不同，未来的研究也可以从企业动态能力的视角来探讨动态环境中创业者驾驭多种不同目标的能力的效果（Helfat，Raubitschek，2018），例如，创业者的自我调节能力是否有助于在他们的新企业中建立这种动态能力？如果自我调节过程确实要消耗有限的认知资源，也有必要探索自我调节对创业者个人压力、健康和创业幸福感（entrepreneurial well-being）的影响，以及各种加强或恢复这种认知资源的方法和技术等。沿着自我调节的思路，还可以探究情绪管理等其他形式的自我调节的影响后果，以及非线性影响的可能性等。

斯里尼瓦桑等学者的研究对理解小型创业企业如何从关系网络中获取更多价值、不同类型关系网络的互补性，以及在企业成长的不同阶段，创业企业应该如何调整网络策略具有重要启示。从创业企业或应用程序开发者的角度出发，研究诞生于数字时代的新组织在其产品和服务需要在数字平台内和跨平台间协调时，如何制定和调整其战略和商业模式至关重要，然而就如这篇文章的研究方法部分所展示的，有关研究多停留于理论探讨，实证研究还非常匮乏。更为重要的是，数字化平台发展非常快速，其发展阶段转变与传统企业不同，其中的独特规律也有待理论和实证研究予以探索。

斯皮格尔的研究着眼于整个创业生态系统环境，探讨文化、社会和物质属性间的相互关系对整个生态系统的塑造，对于系统内创业企业如何选择、适应和调整自己的发展策略具有启发作用。作者也提出未来研究需要更多从动态的视角来思考和理解生态系统的结构和影响如何随着时间推移而变化，通过建立理论框架来理解生态系统的出现、变化和影响创业行为者的活动的过程，不能局限于仅对成功区域进行简单描述，而要对生态系统的内部动态或其在经济发展中的作用提出更一般化的理论框架。未来还需要发展出一系列指标，用于识别生态系统各属性的现状，并在不同生态系统之间进行比较。虽然创业率、风险资本投资和企业退出规模等指标很容易获得，但要收集有关文化观或社会网络有效性的可比较数据还存在困难。

在未来研究中，有两个方向还有待进一步拓展。一是平台生态系统概念基础上的拓展研究。因为目前并没有被普遍接受的关于平台生态系统的定义和外延描述，而由于近些年数字化和网络化在商业领域的主导作用，在线平台的生态系统更加盛行。但是，实体空间仍是创业生态系统的根基，在制造业外包和全球价值链发展的同时，创业群落和创业要素依然呈现出空间集聚状态（赵夫增，王胜光，2015）。新型孵化器、创客空间等实体创业平台依然在发挥重大的集聚效应，而且呈现出与在线平台的生态系统不同的特征。这是不是另一种形式的平台生态系统？该平台上的创业公司如何获取平台系统上的资源必然也需要独立的研究。二是延续南比桑和巴伦（2012）的思路具有广阔的研究空间。他们仅仅研究了创业者自我控制、毅力和元认知等深层和远端的个体特征的效用，但创业者本身的能动性作用仍没有充分体现，网络能动性（network agency）的研究（Tasselli, Kilduff, 2021）提示创业者的具体行动及其效能更值得深入探究，发端于创业者能动行为的平台生态系统研究值得期待。

研究设计与应用拓展

在研究设计上，我们不难发现，本领域的研究目前还是以两种定性研究为主。一种是高屋建瓴的理论建构，对某一特定主题提出一系列前瞻性的设想和框架，为后续研究提供导引（Nambisan, Baron, 2013; Srinivasan, Venkatraman, 2018）；另一种是在丰富现象的基础上进行提炼的案例研究，具有很强的实践启发性和理论开创性（Spigel, 2017）。当然也有少数学者分别使用平台公司数据库信息或基于平台的问卷调查数据（Ceccagnoli, et al., 2012; Nambisan, Baron, 2021; Rietveld, et al., 2020）开展了实证研究。例如，南比桑和巴伦（2021）使用问卷调查的方法研究了数字平台上的创业者在同时充当平台参与者和初创企业领导者两个可能存在冲突的角色时，所承受的压力和角色冲突以及由此造成的创业绩效变化问题。

然而，敏锐的学者可以发现，以上研究方法分别有自己的局限性。高质量的理论先驱性的定性研究虽然对一个学术领域的爆发和繁荣具有开创性意义，但它属于小而精的少量研究范畴，既需要学者具有思维的高度、深度和严密性，又需要对该现象有长期的跟踪和全面的思考，在合适的时间厚积而薄发。基于数据库的实证研究，往往受限于数据的构成，无法对研究现象"想做尽做",已有数据所体现的现象也不总能做到精准测量(测量效度问题),因此,还需要其他方法和其他来源的数据来共同提供佐证。这与问卷调查遇到的困难相似,由于参与调查的企业家并不能保证配合度,所以调查数据的可信性颇受诟病。

由于平台生态系统研究的对象是一个聚集在平台的企业群,它们有相对明确的边界和相对集中的数据积累,适合进行社会网络分析和数据分析基础上的案例研究。因此,针对聚焦于平台生态系统内创业企业的主题,我们建议未来的研究运用包括案例、平台数据库和问卷调查在内的多种混合研究方法。比如里特维尔德等学者(2020)运用苹果公司的移动App平台、Kickstarter公司的众筹平台、Kiva公司的微金融平台和Valve公司的视频游戏平台以及平台上积累的数据,对"平台主导地位的动态变化如何影响互补创业者的绩效"这一问题进行了定性和定量研究。定性研究主要运用了包括年报、官方声明、微博等平台方的档案信息和第三方专业机构的报告、专家访谈等;定量研究主要运用了从平台网站和第三方数据库获取的有关客户和创业者的数量、经营成果和专利等信息。多方法互补和多来源数据确保了研究的深度和可信度,同时也为这一问题的研究提供了一个典范。同时,我们还建议多尝试社会网络分析,毕竟平台生态系统本质上是一个各利益相关者构成的网络。在这里,社会网络研究中的提名法和基于沉淀数据的测量方法则更具优势性,提名法既可以提供大量细节性的创业网络特征描述,又能避免触碰保密性等问题;而基于沉淀数据的测量方法则可以通过平台数据库、行业报告、社交媒体网站等渠道获取大规模数据,以此减少测量误差。

◆ 参考文献

Ceccagnoli, M., Forman, C., Huang, P., and Wu, D. J., 2012, "Cocreation of value in a platform ecosystem! The case of enterprise software", *MIS quarterly*, Vol. 36, No. 1: 263-290.

Helfat, C. E., and Raubitschek, R.S., 2018, "Dynamic and integrative capabilities for profiting from innovation in digital platform-based ecosystems", *Research Policy*, Vol. 47, No. 8: 1391-1399.

Mäekinen, S.J., Kanniainen, J., Peltola, I., 2014, "Investigating adoption of free beta applications in a platform-based business ecosystem", *Journal of Product Innovation Management*, Vol. 31, No. 3: 451-465.

McIntyre, D.P., and Srinivasan, A., 2017, "Networks, platforms, and strategy: emerging views and next steps", *Strategic Management Journal*, Vol. 38, No.1: 141-160.

Nambisan, S., and Baron, R.A., 2021, "On the costs of digital entrepreneurship: role conflict, stress, and venture performance in digital platform-based ecosystems", *Journal of Business Research*, Vol. 125: 520-532.

Rietveld, J., and Eggers, J.P., 2018, "Demand heterogeneity in platform markets: implications for complementors", *Organization Science*, Vol. 29, No. 2: 304-322.

Rietveld, J., Ploog, J.N., and Nieborg, D.B., 2020, "Coevolution of platform dominance and governance strategies: effects on complementor performance outcomes", *Academy of Management Discoveries*, Vol. 6, No. 3: 488-513.

Tasselli, S., and Kilduff, M., 2021, "Network agency", *Academy of Management Annals*, Vol.

15, No. 1: 68-110.

赵夫增，王胜光. 世界互联中的创业生态系统 [J]. 中国科学院院刊，2015（4）.

▣ 文献推荐

Nambisan, S., and Baron, R.A., 2013, "Entrepreneurship in innovation ecosystems: entrepreneurs' self-regulatory processes and their implications for new venture success", *Entrepreneurship Theory and Practice*, Vol. 37, No. 5: 1071-1097.

Srinivasan, A., and Venkatraman, N., 2018, "Entrepreneurship in digital platforms: a network-centric view", *Strategic Entrepreneurship Journal*, Vol. 12, No. 1: 54-71.

Spigel, B., 2017, "The relational organization of entrepreneurial ecosystems", *Entrepreneurship Theory and Practice*, Vol. 41, No. 1: 49-72.

◉ 代表性学者

萨蒂什·南比桑（Satish Nambisan）

现任凯斯西储大学韦瑟黑德管理学院技术管理讲席教授。在加入凯斯西储大学之前，他曾在伦斯勒理工学院拉利管理学院和威斯康星大学密尔沃基分校卢巴尔商学院担任教职，在西北大学凯洛格管理学院和奥地利维也纳经济与工商管理大学创业与创新研究所担任客座教授。他的研究兴趣主要在创业、技术和创新管理以及产品开发领域。在《管理科学》《组织科学》等期刊上发表了100余篇论文。是创新管理和创业领域广受认可的学者。E-mail：spn24@case.edu。

阿拉蒂·斯里尼瓦桑（Arati Srinivasan）

在波士顿大学取得了战略与创新博士学位，现任普罗维登斯学院商学院助理教授。她的研究领域涉及战略与创新、技术管理等，在《战略管理杂志》《美国管理学会展望》《长期规划杂志》《战略创业杂志》等期刊上发表多篇论文。E-mail：asriniva@providence.edu。

本·斯皮格尔（Ben Spigel）

爱丁堡大学商学院创业学副教授，国际公认的创业生态系统、创业政策和高增长创业地理方面的专家。他调查研究了美国、加拿大和英国的创业生态系统的成长、发展和影响。在《创业理论与实践》《战略创业杂志》等期刊上发表多篇论文。他目前的研究侧重于苏格兰科技企业家从当地创业生态系统中获取资源的方式，以及这如何影响企业的成长和创新潜力。E-mail：ben.spigel@ed.ac.uk。

文卡·文卡特拉曼（Venka Venkatraman）

在匹兹堡大学取得博士学位，现任波士顿大学管理学讲席教授和信息系统教授。主要研究成熟的公司如何认识和应对数字技术，他的研究成果发表在《管理学评论》《管理学杂志》《战略管理杂志》等期刊上。E-mail：venkat@bu.edu。

关键学者与学者网络

本章涵盖了创业企业如何获取、组合、管理创业资源以及数字化情境下创业企业的资源获取方式，从不同层次揭示了创业资源获取与管理的多种方式与内涵，引入并介绍了开放式创新以及在平台生态系统等新兴情境下创业资源的获取策略。由于资源获取问题的重要性，本章的关键学者包括大量创业研究的知名学者；且由于这一研究主题的复杂性，学者队伍更包含了战略学、经济学、组织学、生态学等多个领域的学者。

创业者个体特征及行为是影响创业资源获取的重要因素。在拉斐尔·阿米特等学者明确指出创业企业资源获取困境的基础上。马丁·马滕斯、迪安·谢泼德、黄乐仁等创业领域的知名学者指出创业者的特征（包括人力资本、社会网络等）及行为（包括故事叙述、与投资者的交互行为等）是影响企业资源获取的核心要素，也衍生出了一大批有价值的标志性成果。这一系列的研究从21世纪初开始涌现并延续至今，在新的创业情境下仍焕发着强大的研究活力。

通过联盟组合获取资源、提升绩效是创业企业常用的手段之一。美国西北大学兰杰·古拉蒂（Ranjay Gulati）教授1998年首次对战略联盟的概念进行了界定，在此之后，维尔纳·霍夫曼（Werner H. Hoffmann），多维·拉维（Dovev Lavie）等学者从网络理论、战略管理理论、组织理论以及创业理论等不同角度对战略联盟开展研究，推动了战略联盟的研究视角由单一联盟延伸至联盟组合。蒋瑞华等学者2010年发表的关于联盟组合多样性的经典研究，全面地展示了焦点企业构建什么样的联盟组合来提升企业绩效，涉及联盟组合形成问题。此外，法国学者乌尔里克·沃斯默和荷兰学者科尔坎·卡武桑在这一领域也颇有建树。

而随着互联网、大数据等新一代信息技术的发展，开放式创新社区、平台生态系统等一系列新的创业情境兴起，如何在这些新的情境下管理跨组织资源成了研究的新热点。2003年亨利·切萨布鲁夫首次提出了开放式创新概念，为企业获取资源带来新的思维模式，但遗憾的是这一理论在当时反响较小。近些年，安妮·格罗伊尔、乔尔·韦斯特、乔纳森·埃克哈特等学者再次带动了开放式创新研究的热潮。此外，平台生态系统中的创业资源管理逐渐成为研究的热点话题，萨蒂什·南比桑、阿拉蒂·斯里尼瓦桑、文卡·文卡特拉曼和本·斯皮格尔等学者关于互补者创业的研究值得关注。如果你对这方面的话题感兴趣，可以进一步了解他们的团队和合作网络，持续追踪他们的研究成果。

CHAPTER 10

第 10 章

风险投资如何影响创业

创业企业由于面临较高的市场风险，难以通过传统的融资渠道获得足够的资金满足其发展需求。风险投资（简称"风投"）机构在筛选和培育高风险企业方面具有传统金融中介所缺少的知识和技能，因此逐渐成为创业企业重要的资金来源。自 20 世纪 80 年代中期我国出现第一家风险投资机构以来，我国风险投资行业经历了三十余年的迅猛发展，为我国创业企业的成长和创业生态系统的构建贡献了巨大力量。那么，风险投资究竟如何影响创业？风险投资是否重构了创业企业的竞争优势？这些问题在由风险投资支持的创业企业不断涌现的背景下成了创业学者们关注的前沿话题（见图 10-1）。

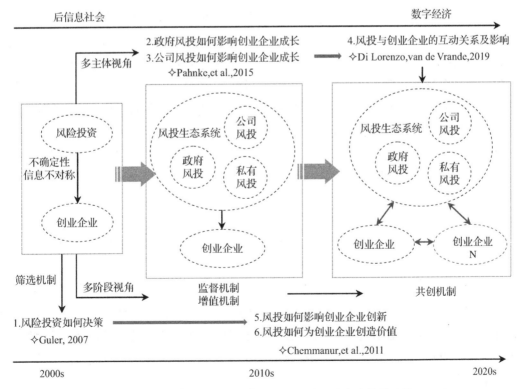

图 10-1　新情境下风险投资如何影响创业的关键科学问题

关于风险投资如何影响创业的研究起步于金融领域。20世纪90年代，学者们大多将风险投资机构视为一种特殊的金融中介，研究风险投资机构与其他金融中介相比有何共性和差异、投资决策和投资绩效有何异同。20世纪末至21世纪初，组织管理领域的学者们开始关注到风险投资机构作为一个特殊的组织群体，群体内部存在着显著的差异性，体现在风险投资机构的组织结构、组织决策等方面。在这一时期，"风险投资如何决策"这一话题得到了学者们的普遍关注。尤其是在信息社会的时代背景下，市场环境的动荡性和不确定性使得风险投资的决策过程变得更为复杂，如何应对不确定性、管理投资方与创业企业间的信息不对称、提高决策的效率和成功率等都是风险投资机构面临的关键挑战，极大地推动了风险投资决策研究的发展。

然而，由于早期投资的外部性和信息不对称性，风险投资行业在高速发展的过程中难免会出现市场失灵，导致资金配置不合理、企业创新动力不足等问题。为了缓解上述问题，政府、大型企业等不同主体纷纷参与到了风险投资活动当中，学者们的研究焦点也随之由私有风险投资逐渐拓展到政府风险投资、公司风险投资等新型投资主体，关注"政府风投如何影响创业企业成长""公司风投如何影响创业企业成长"等话题。政府风险投资作为制度与创业活动的连接者，能为创业企业带来独特的政治资本以应对制度的不确定性，而公司风险投资独有的互补性资产则为创业企业的创新带来了财务资源之外的支持。值得注意的是，不同投资主体之间并不是相互孤立的，而是共同塑造了整个风险投资生态系统，系统视角下的研究也将多主体之间复杂的互动关系及对创业企业的影响带入了学者们的视野。

近十年，数字经济时代的到来进一步助力创业企业的发展，风险投资与创业企业间的关系也在发生转变和重构。一方面，新兴融资渠道的涌现导致市场上的资本供应量激增，另一方面，新模式的兴起使得一些创业者对资本的需求量和依赖性降低，资本市场供求关系的变化导致创业者在与风险投资的互动关系中的主体地位不断显现。该情境下，拘泥于风险投资方或创业企业方单一视角的研究难以系统解释为何同样拥有风险投资支持的企业在绩效上会呈现出显著差异，因此诱发了"风险投资与创业企业的互动关系及行为影响"这一话题的研究。互动视角下的研究将传统的组织内部决策拓展到了跨组织边界的决策，从代理理论、社会网络理论和资源依赖理论等视角为风险投资与创业企业如何共同塑造创业企业的行为和绩效提供了新的解释。

"风投如何影响创业企业创新"和"风投如何为创业企业创造价值"是组织管理学者们持续关注的话题。从信息社会到数字经济时代，风险投资主体的多样性和其与创业企业之间的交互性日益凸显，风险投资的价值创造机制也由投资前的"筛选机制"延伸到投资后的"监督机制"和"增值机制"，并进一步拓展为全生命周期与创业企业的价值"共创机制"。在数字经济背景下，随着创业企业的组织边界不断开放，竞争优势的来源也更为多元而动态，理解风险投资的价值创造过程对创业企业来说尤为重要。新情境下风险投资的功能绝不限于一种金融中介，而是创业生态系统的参与者乃至塑造者，通过生态赋能和价值共创为创业企业带来持续的竞争优势。

风险投资如何做决策

◎ 黄佩媛

北京大学光华管理学院

自 21 世纪以来，风险投资在孵化新创企业、推动科技创新的过程中起着愈发重要的作用。根据 Crunchbase 发布的 2020 年全球风险投资报告显示，即使在第一季度的风投规模因为疫情而大幅受挫的情况下，全球新创企业在 2020 年仍收到超过 3 000 亿美元的各类风险投资。这其中，风险投资者将约 133 亿美元投于天使与种子轮，约 884 亿美元用于早期企业的投资，另外约 1 980 亿美元用于进行后期投资，以促进新创企业主导下的创新与技术进步。由于新创企业与生俱来的高不确定性，风险投资者的决策在不同的时间、地域和社会环境下呈现出极大的异质性（Gompers, Lerner, 2000；Guler, 2007；Li, Chi, 2013）。探索风险投资的动态决策过程并理解这些决策所导致的连锁反应，成了学术界和业界共同关注的研究问题。这些问题在后新冠肺炎疫情时代显得尤为重要——不同的行业受到程度与方向迥异的外生冲击，风险投资如何快速有效地应对这些变化，不仅将显著地决定风投基金的运营回报率，也将直接影响各个行业的发展侧重点及未来创新方向。

从已有研究来看，继早期集中关注风投的整体决策机制研究以后，近年来的研究重点逐步细化到风险投资在注资 – 运营 – 退出的投资生命周期中的不同阶段的决策及其影响。由于风险投资分阶段注资（如种子轮、A 轮、B 轮）创业企业的特点，风投决策在时间维度上的连续性首先受到了学术界的关注（Guler, 2007）。在此基础上，研究者从集团层面进一步探索了风险投资过程中如何实现多方协作（Zhang, et al., 2017）。与此同时，研究还将风险投资的决策与国际商务的背景相连接，关注了风投如何通过与移民创业者之间的联系增加其海外投资的成功率（Balachandran, Hernandez, 2021）。总体而言，这三篇文章分别对应了风险投资生命周期中注资、运营和退出阶段的决策机制；同时，相较于早期集中关注创业企业绩效对投资决策异质性的影响，这三篇文章从时间、合作者关系与地理空间的维度分别扩展了学者对影响风投决策的因素的理解。

⊖ 本文是国家自然科学基金重大项目 "创新驱动创业的重大理论与实践问题研究"（72091310）课题五 "创新驱动的企业国际创业理论与战略研究"（72091314）资助的阶段性成果。

伊辛·古勒尔：政治与制度因素对风投连续投资决策的影响研究

伊辛·古勒尔（Isin Guler）2007年在《行政科学季刊》上发表了《把好钱扔在坏钱之后？政治和制度对风险投资行业连续决策的影响》一文，解释了即使在存在竞争、投资者经验丰富且具有最大化利润的动机的情形下，政治和制度因素会阻碍风险投资机构及时终止不成功的投资。通过定性与定量研究结合的方法，这篇文章系统地证明了当风险投资者参与了更多的投资轮次以后，就算有证据表明投资收益呈下降趋势，投资者将仍倾向于避免终止对该新创企业的投资。其中的主要原因在于无论预期回报如何，组织内政治、来自共同投资者和有限合伙人的强制性和规范性压力，都可能影响风投关于继续或终止投资的决定。该项研究结果表明，旨在减轻个人偏见的组织保障措施可能会引发政治和制度影响，反而破坏风险投资决策过程的有效性。

根据经典的企业行为与组织管理理论，个体的有限理性会制约组织决策的效力（March, Simon, 1958）；组织则拥有多重监督与保障机制促进理性行为，且具有丰富的相关经验从而避免重复的决策错误，多次犯同样的决策偏误的组织在竞争环境中会被逐渐剔除（Pommerehne, et al., 1982；Roth, 1988；Smith, 1989）。基于此，一个自然合理的推论是：作为集合体的组织应该有能力避免个体决策中的偏差。然而，诸多经验事实表明，组织决策中仍持续存在系统性的决策偏误。组织的生存依赖有效的商业决策，并且采用了组织层面的保护措施来确保做出合理的决策，然而，为什么组织还会出现这样的错误？

古勒尔的文章以风险投资在连续投资（sequential investment）过程中的终止决策（termination decision）作为研究对象，从多层次的影响出发，阐释了个体、政治及制度因素如何联动，从而影响组织决策的有效性。这篇文章指出，从企业内部的政治角度来看，当企业组织的各成员追求自己的利益时，组织内就会出现多个目标。在连续投资的情况下，终止不成功的项目可能会给支持这些项目的组织成员带来负面后果（如丢脸或失业）。支持或赞助某一项目的组织成员将从该项目的成功中获益最多，也将因其失败面临最大的风险；因此，这些成员有动机使用各种来源的权力和社会影响力来阻止共同投资者退出所投的项目，并通过谈判与其他组织内成员形成利益相关方联盟，以继续支持该项目。随着组织规模的扩大、权力下放给更多成员及组织结构变得更加复杂，上述政治程序的存在往往变得更加普遍。

与此同时，制度影响也会导致风投对被投资的新创企业的承诺升级。"制度"是指"正式和非正式的规则、监督和执行机制，以及定义个人、公司、工会、民族国家和其他组织相互运作和互动的背景的意义系统"（Campbell, 2004：1）。由于企业的生存机会取决于其所在的组织领域的合法性、外部支持与资源获取，企业组织会选择服从制度压力。制度能够通过强制性、规范性或模仿性途径对企业造成影响：①制度中存在强制性的规定，约束企业活动的范围；②在正式的强制性合约之外，非正式的社会义务也能制裁企业所在的组织领域；③组织对其决策行为的认知还会受到模仿性因素的影响。风险投资的持续性投资决策可能会经由模仿得到扩散。当地位出众或数量众多的风投机构避免做出终止投资的决策时，其他风投机构可能会效仿这一决策行为。

这篇文章采取混合型研究方法（mixed methods），首先作者通过对21家风投企业中的30位投资负责人和高管的访谈，从心理认知、组织内政治、制度影响三大方面总结出风投企业选择不终止投资的九个类别的原因，并提出风险投资公司终止其已有投资的可能性将偏离各轮次成功率的条件概率。根据被访者所提供的信息与阐释，由于复杂的公司架构、与被投资企业逐步建立了情感联系等原因，古勒尔提出如下研究假设：一方面，当风投机构内有更多的专业从业人士、投资过程中有更多的共同投资者、风投基金在对应创业企业中的投资时间更长时，风投机构在往后的轮次中终止该投资的可能性更低。另一方面，当涉及的风投在业内享有更高的地位时，其更有可能终止之前的投资。在定性研究提出假设的基础上，作者对美国1989～1993年间796家创业企业的1862轮次的风险投资数据进行了定量分析，采取两阶段分析法探究风险投资机构在连续投资中的决策范式。数据分析表明，风投的投资内部回报率（internal rates of return，IRR）在第一轮投资后急剧降低，并随着投资轮次的增加而逐步降低，这进一步说明了风险投资公司的决策并未在连续投资中实现利润最大化。此外，数据模型的结果也印证了作者关于政治与制度约束会负向激励风投终止投资决策的研究假设。

这篇文章主要对理解组织决策的制定过程做出了突出的贡献。其一，此前关于组织决策偏误的研究中，学者们侧重关注一次性的、非营利的、具有较高公众知名度的独特项目，而这篇文章则从实证方面关注了企业组织在竞争激烈的环境中的日常决策机制，并进一步印证了尽管有组织层面的保护措施，企业在例行决策中仍会表现出决策偏误。同时，它也丰富了学术界对风投决策内容的理解，将关注点从投资关系建立过程中的决策机制延伸到了投资关系维护过程中的决策机制，在风险投资投不投、如何投的基础上，系统深入讨论了何时停止投资这一科学问题。其二，不同于此前研究中剥离其他外部因素，从而逐一关注承诺升级的每个决定因素的影响，这篇文章提供了影响风险投资终止决策的多层次影响。这篇文章结合了宏观、微观视角对于企业组织决策的见解，剖析了政治和制度动态与个人决策偏见之间的联系。通过定性和定量研究的结合，指出旨在防止组织决策偏误的机制反而会创造出次优决策的不正当激励。这项研究的结果表明，个人和组织对决策的约束之间存在权衡取舍。尽管组织可能会建立保护措施来限制个人决策偏见，但这些保护措施可能会因没有充分预见到的政治和制度影响而脱轨。

这篇文章也对后续研究风险投资人的分阶段投资决策提供了有价值的参考。风险投资分阶段注资的传统研究认为，由于新创企业对风投资金的需求远大于供给，理性的风险投资决策只会选择潜在回报等于或高于现有投资组合的项目。然而古勒尔从制度与政治约束角度入手的本篇研究，则进一步表明非市场因素会降低风投的连续注资模式在管理投资回报率方面的效力。那么，风险投资机构可以通过什么方式打破政治和制度约束导致的次优投资决策？在连续投资过程中提前终止某一项投资会对企业组织带来什么样的影响？这些问题均为此后关于风险投资决策的研究提供了可借鉴的方向。

张蕾等学者：从集团层面对风险投资联合决策的研究

古勒尔的文章从组织内的政治与制度约束探讨了风险投资者的决策受到哪些因素的影响，但并未指出不同的风险投资者的决策之间如何相互关联与影响。张蕾（Lei Zhang）、阿尼尔·格普塔（Anil Gupta）和本杰明·哈伦（Benjamin Hallen）2017年在《管理学杂志》上发表了《先前纽带的条件重要性：风险投资联合的集团层面分析》一文，研究了风险投资过程中的多方协作机制，从而对该问题做出了直接的回应。张蕾等学者的研究指出，集团层级的变量会影响风投中的多方联盟的形成，并且这种多方联盟并不仅是二元协作模型的简单延伸，这两种企业间联盟方式在结构与逻辑上均存在本质差异。

企业间合作是企业获取资源、管理不确定性和合作实现目标的重要机制。在对于企业间关系的研究中，已有文献大多以成对企业为研究对象，探讨二元合作关系的形成、治理与绩效表现。然而在多方合作的情境中，学术界对企业如何选择合作伙伴、多方视角如何扩展到除战略联盟以外的企业间合作等问题，均缺乏系统性的认知。张蕾等学者在这篇文章中明确提出："要理解多方合作的形成，不能简单将其视为一系列相互独立的二元协作的叠加，否则可能会产生误导。"一方面，若对多方协作中的每一组二元关系分别进行研究，会将其他组成员的参与视为给定，因此无法捕捉到企业在合作决策中对所有潜在合作伙伴同时进行考察的情形，从而引发内生性问题；另一方面，在二元视角下也无法从群体层面研究多方合作的成因与结构。

基于现有研究中存在的上述问题，这篇文章以多方协作所独有的集团层级变量作为切入点，研究了风险投资过程中的多方联合决策，既有效拓展了此前集中于战略联合决策的研究情境，又因为多方联合投资在风投决策中广泛存在，从而有助于提高研究的适用性与现实意义。风险投资在选择是否进行联合投资时，需要同时考虑合作性挑战和协调性挑战。其中，前者对应如何解决联合过程中的激励不一致问题，后者对应如何通过共同协作实现预期收益率的问题。根据社会网络理论（Sorenson，Stuart，2001，2008），相互联合的企业之间如果存在先前纽带（prior tie），会增强这些企业组织之间的了解和信任、团体成员间的间接纽带将为彼此提供信息与合法性、提高对成员企业付出更多努力的激励。因此，风投联盟中更高的纽带密度（tie density）既能降低机会主义的可能性从而减少合作性挑战，又能增加相互依存度及决策速度从而降低协调性挑战。值得注意的是，这些先前纽带同样会抑制风投网络的扩张，先前纽带在风投联盟形成过程中的重要性将取决于成员企业所处的集体环境。

鉴于不同的环境因素会改变高纽带密度在形成风投联盟过程中的潜在成本与收益，这篇文章主要关注了三个集团层面变量的调节效应：联盟规模（syndication size）、网络断层线（network faultlines）和地位差异度（status disparity）。当联盟规模增加时，成员企业需要协调的二元关系呈几何级数上升，这些二元关系中任何的观点冲突或利益不一致都会阻碍风投联盟间的有效合作。网络断层线是指联盟中存在"子群"，子群之间具有很强的先前纽带，但与子群外的其他成员缺乏连接。网络断层线会在群体成员间形成分裂，难以在所有的联盟参与者之间建立广泛的信任和一致同意的决策程序，从而降低群体协作中的有效性。人们天然地更愿意与跟自己情况相似的主体打交道（Blau，1977），但是在风险投资的多方联合中，由于利益冲突及话语权分配等原因，地位状态差异较大的风险投资者反而更容易形成同盟。然而，地位差异度高的各风投企业在决策时具有不同的偏好和认知视角，从而在需要共同投资过程中面临更大的协作挑战。这篇文章指出，由于先前纽带的存在能降低多方企业联盟间的合作性与协调性挑战，在联盟规模更大、网络断层线问题更严重、成员间地位差异度更高的情况下，高纽带密度会更有助于促进风投联盟的形成。

为了更好地解释集团形成（以区别于集团演变）对风投决策的影响，这篇文章的研究样本只包含了第一轮投资的。在这种情况下，可以保证所有投资者进入投资的时间是一致的。学者们通过1∶5的样本匹配，构造了包含在1985～2008年期间对美国企业进行第一轮投资的1 336个真实的和6 680个匹配的风投联盟，通过条件逻辑模型进行了定量测试。这篇文章对理解风险投资的协作决策做出了多方面的贡献。首先，通过强调集团层面的动态变化对风险投资中形成多方协作联盟的重要性，与之前的二元协作模型相比，更全面地解析了风险投资公司的"抱团"过程。其次，由于集团层级的因素无法纳入二元协作的社会网络研究，从多元协作角度探讨的联盟规模、网络断层线和成员间地位差异度等集团结构的动态影响，也对理解社会网络的形成机制做出了理论贡献。最后，展示了二元与多元协作之间的状态动态的差异，表明了尤其在网络密度高的情形下进行多元协作时，风投企业更愿意与不同（而不是相似）状态的其他风投企业形成合作联盟。

这篇文章从多方风险投资者形成投资联盟的角度，回应了"风险投资如何做决策"这一问题。在这一领域中，仍有不少有价值的研究问题有待在未来的研究中进一步完善。例如，当前关于风投联盟形成的研究均建立在其得到了所有参与者的一致同意的假设之上，然而，不同的风投机构在同一轮次投资中的职责不尽相同（例如，是否获取董事会席位），未来的研究可以进一步探索不同风险投资者之间的职责分配如何影响投资联盟的形成及后续决策。与此同时，这篇文章只考虑了多方协作的成员之间已有纽带的密度对形成风投联盟的影响，但因为不同纽带的质量存在很强的异质性，未来研究需要更深入地考察先前纽带的质量对风投联盟强度和效度的影响。另一个具有潜力的方向是从创业者的角度进行探索。未来的研究需要更多地考量创业者在面对不同结构的风投联盟时，能通过哪些机制提升自己的影响力和话语权。

萨拉特·巴拉钱德兰和埃克塞奎尔·埃尔南德斯：探索风险投资的跨国投资决策

虽然张蕾等学者将风险投资决策的研究视角从组织内部的影响因素延伸到了对组织间关系的关注，但他们对风投决策的研究仍停留在具有紧密的地域边界的本地网络中。随着风险投资者越来越广泛地进行国际投资，前述文献仍无法解释为什么不同的风险投资者在国际投资的程度与地域选择等方面存在显著的差异。特别地，由于风险投资需要及时掌握创业企业的信息，并且极大依赖紧密的社会网络联系，风投机构大多选择在本地市场进行投资。那么，为何我们会观察到部分风投机构在国际市场上活跃地投资，它们又如何解决国际投资中地理阻隔所带来的信息匮乏问题，这都成了重要的研究问题。萨拉特·巴拉钱德兰（Sarath Balachandran）和埃克塞奎尔·埃尔南德斯（Exequiel Hernandez）2021年在《战略管理杂志》上发表《移民企业家作为通向外国风险投资的途径》一文，对这一问题作出了解答。他们提出，风险投资机构可以通过对位于本国的移民企业家进行投资，不断积累与这些移民企业家的母国相关的知识和联系，从而促进风投机构在这些国家的海外投资决策。

张蕾等学者的研究表明，为了解决投资过程中的信息与竞争问题，风投机构可以通过与其他投资者、企业家和商业界成员组成社交网络，获得可靠的信息和独特的交易机会。然而，对跨境投资而言，其打破了风险投资决策的"就近原则"，并且文化、法律和制度等多方面的复杂性会进一步加剧决策过程中面临的不确定性（Chakma, et al., 2013）。在现实中，各个风投机构在海外投资的规模和地域选择方面都存在较大的异质性，那么，企业的海外风投决策一般基于对哪些战略因素的考量，不同的企业又为何在海外风投方面做出迥异的选择？为了解释这一科学问题，巴拉钱德兰和埃尔南德斯指出，一个重要的传导机制来源于风险投资机构与本地的移民企业家之间建立的社会网络联系，当风投机构与来自某个国家的移民企业家建立起更多纽带时，它们有机会更多地获取关于这些企业家祖国的知识与联系，从而帮助风险投资方在移民企业家的祖国进行后续投资。

这篇文章提出，风投机构与移民企业家之间的纽带的战略价值可以被分解为"拉动因素"（pull factor）和"推动因素"（push factor）两个维度，它们共同影响风险投资机构的海外投资决策。拉动因素衡量的是移民企业家在其家乡的知识和联系的质量,它可以反映在这些移民企业家先前的经历。相比于二代及以后的移民,一代移民企业家具有祖国的一手知识,也通常与家乡有更紧密的联系。与此同时,来自某一特定地区的移民企业家对该地区的了解也远大于其对祖国其他地区的知识和联系。因此,移民企业家对风投海外投资的拉动效应会在其是来自意向地域的一代移民的情形下得到最充分的发挥。推动因素衡量的是风投机构所在国的竞争激烈程度,它促使风投机构更多地考虑海外投资,以获取更多的专有投资机会。然而,并不是每一个风投机构都在其意图投资的海外市场中具有足够的联系与相关知识,此时与根植于本地网络的移民企业家的纽带将发挥尤为重要的作用。因此,在推动因素的作用下,移民企业家在风投所在国的内部竞争激烈时,会对海外投资的决策起到更深远的影响。

另外,风投机构与移民企业家之间的纽带关系也可能会导致风投机构获取不准确的信息或有偏误的联系。巴拉钱德兰和埃尔南德斯因此进一步研究了这些纽带关系是否促进了风投机构在海外投资过程中的绩效表现。他们的理论指出,移民企业家不仅可以帮助风投机构在海外投资前识别和获得优质交易机会,还可以帮助风投机构联系当地的资源与网络,从而有助于风投机构在投资后更好地支持初创企业的发展。此时,与来自初创公司所在国的移民企业家的联系不仅促进了这些海外风投决策,也增加了这些接受海外风险投资的初创公司的成功退出率。

巴拉钱德兰和埃尔南德斯使用美国的风险投资公司2006～2019年对印度的投资数据作为样本,印证了他们的上述推论。通过多元线性回归分析,他们发现风险投资公司通过美国本土的投资与印度移民创始人建立的联系越多,其随后对印度初创公司的投资也会增加。同时,与拉动因素一致,该效应仅适用于与第一代印度移民建立的联系,而不适用于与第二代及以后的印度移民企业家的关联。此外,与推动因素一致,当风险投资公司在国内主要领域的交易竞争更加激烈时,印度移民企业家对风险投资公司在印度的投资产生更大的影响。最后,风险投资公司与在美国的印度移民企业家的联系越多,其在印度投资的初创公司的成功退出(收购或IPO)的可能性也越高。为了应对内生性的担忧,巴拉钱德兰和埃尔南德斯做了一系列的额外检验,以验证他们所发现的移民企业家对风投海外决策的影响并不来自各种可能存在的内生选择。这些检验主要包括子样本分析、对其他机制路径的验证、安慰剂检验和配对分析。

这篇文章对风投机构最主要的意义在于从战略决策的角度,为它们在外国投资的范围、地点和成功率的差异提供了理论解释。与张蕾等学者的文章相似,这篇文章的理论基础也是既定网络驱动下的风险投资机构获取投资的过程。但不同于将视角放在风投的本地联盟决策上,巴拉钱德兰和埃尔南德斯的研究视角延伸到了有地理阻隔的海外投资上,解释了风投机构与移民企业家一起建立的风险投资网络如何促进风投机构在外国的投资决策。他们也阐明了这种网络联系对风投机构产生战略价值的先决条件:移民企业家与其祖国联系的紧密程度及地域差异会为风投机构提供不同的海外投资机会(拉动因素),而本国的竞争动态会影响风投机构选择在何时挖掘海外投资的战略价值(推动因素)。同时,通过展示这种联系对风投机构在海外投资业绩的促进作用,也从侧面说明了研究风投机构与移民企业家之间的关系的重要性。

未来研究方向

风险投资一直是促进技术进步、孵化新兴企业的有效途径。即使在新冠肺炎疫情的影响下，2020年全球风险投资的规模也创下了3 000亿美元的新高。在传统风险投资的基础上，近年来包括成长基金、公司风险投资（CVC）、主权基金、投资银行部等范围更广的非传统风险投资也快速涌入市场。作为紧密依托于商业实践的一个领域，探索风险投资一定要多加关注现实中的商业案例，随着资本市场逻辑的快速迭代，通过不同案例之间的联系与对比也可以很好地反映风险投资决策机制的演进过程（e.g. Drover, et al., 2017）。在关于风险投资决策机制的研究中，不仅要考虑各种行为选择的成本收益分析，还要考虑不同类型的投资者的投资诉求、投资情境及风险承担能力等方面的差异（e.g. Hong, 2020）。基于这种多维度的复杂性分析，才能更好地揭示各个利益相关者（既包括直接参与的投资机构和被投资企业，也包括投资组合或竞争市场中的其他企业，同时还可能包括立法机构、政府部门等非市场主体）之间相互作用的联动关系。

无论是作为投资者还是创业者，你都需要了解风险投资的决策逻辑，而更重要的是，在错综复杂的商业环境中，如何综合地考虑各类直接和间接的非经济因素（如社会关系、制度环境、信任与合法性等）所起到的作用，将对决策的方向和效率起到显著的影响。在传统的组织决策研究中，关注点往往是竞争态势或是绩效表现等经济因素的影响，其理论视角大多集中于如何提高决策的效率（efficiency），而如果考虑到非经济因素，侧重点将转变为社会关系或政治制约等环境因素的影响，更合适的理论切入点大多在于如何提高决策者的势力（power）。上述三篇文章隐含了相关领域研究的几个重要的未来方向，也体现了学术界关于非经济因素对风险投资的决策过程的影响的见解。古勒尔的文章有助于理解制度和政治方面的考量对风险投资终止投资的制约。然而，随着各类非传统机构参与到风险投资活动中，不同类型的机构的制度逻辑差异会如何调节这些非市场因素对风险投资决策的影响？不同特征的投资组合会如何改变风险投资机构与创业企业所能获取的资源类型与数量？这些资源禀赋的差异如何影响决策过程中对于不同目标的权衡取舍？上述问题都与当下的风险投资实践紧密相关并且具有很强的学术理论价值，值得学者们更细致深入地探索。

张蕾等学者的研究引发了对组织间网络关系与风险投资决策之间的联系的关注，他们解释了外部网络的特征如何内化反映在风险投资的联盟决策中。更为重要的是，通过聚焦于多方协作联盟以及集团层面的影响因素，他们有力地拓展了之前研究中局限在二元关系下的简单关联，提出了风险投资的决策是由一个联盟集团中全部成员所表现出来的总体特征所决定。基于这一基本假设，未来的研究可以拓展到社会网络以外的其他集团层面因素对风险投资决策的影响。例如，以曾经的雇佣关系为纽带的分拆公司（spin-out）与母公司所形成的共同体，或是以共同持有技术和专利为纽带的发明人共同体，都是非常值得关注和研究的集团层面因素。

巴拉钱德兰和埃尔南德斯的研究则带来了将风险投资与国际商务相结合的启示，关注国际化背景下风险投资机构如何定位海外投资机会并且获取更高的投资回报。如果说以往的研究深入刻画了风险投资的本地投资战略，巴拉钱德兰和埃尔南德斯的研究则告诉大家怎么样更有效地进行海外投资，尤其是考虑到地理距离会阻碍知识与信息的传递，这一领域的探索能帮助学术界和产业界了解如何跨越这些鸿沟，在风险投资过程中既避免在本地市场上的过度竞争，也降低在海外市场上所面临的知识匮乏与信息不对称。在未来的研究中，将风险投资与其他国际商务决策相结合，考察企业的各类国际战略决策如何交互作用、实现相互协同与促进，具有很大的理论与实践意义。与此同时，由于风险投资是一个快速迭代的决策过程，在本地市场上的投资动态会如何影响机构在海外市场投资的动态变化,也是一个值得继续探索的方向。

研究设计与应用拓展

如果你对风险投资如何做决策这一问题感兴趣,首先需要思考的是你选取的分析对象与切入角度。风险投资是处于战略管理与创业管理交界地带的一个重要问题,因此,对其研究探索既可以从风险投资者的角度,考虑影响投资方在经验、社会网络、知识吸收能力、竞争态势等方面的差异如何影响其投资、运营和终止项目的决策,也可以从创业企业的角度,考虑被投资方创新、网络关联、创始人专业背景等方面的能力如何对具有不同目标的风险投资者(如战略投资者或财务投资者)产生异质化的影响。在确定分析对象之后,接下来需要考虑的问题是你想要从哪一个角度探索风险投资的决策过程。从实物期权理论来看,风险投资是在当下用相对小额的投入换取应对未来不确定性的保障,它的决策过程取决于影响未来行权价值的因素;从资源基础观和资源依赖理论来看,风险投资(尤其是针对战略投资者)是应对投资方在某一特定领域中的资源匮乏的手段,它的决策过程主要受不同投资者自身的资源组合的影响;从动态竞争理论来看,风险投资机构(尤其是大企业投资机构)与创业企业,抑或是投资组合中不同的创业企业之间可能在产品和技术市场上存在竞争,因此会主要关注竞争压力与竞争风险方面的因素对风投决策的影响。不同理论视角的选择同样会改变这些决策对情境的依赖程度,所以在关于风险投资决策的研究中,需要特别注意研究问题、分析对象、理论视角和研究情境的匹配,这也是正确理解风险投资过程中不同决策的动因的前提条件。

在研究设计方面,与此话题相关的重要文献基本都从定量研究入手,近年来的研究则越来越多地从访谈或文本中获取一手观点,以定性研究辅助支持定量研究中所演绎和推导的逻辑链条。学术界对于风险投资的决策研究已经持续了超过20年,仅从传统的金融学或管理学理论和数据出发,已经很难取得足够的学术贡献。针对这一问题,未来的研究可以从三个方面寻求突破。第一,针对理论的突破。现有关于风险投资决策的研究大多从实践中的现象出发,采用归纳的方式总结风险投资决策过程中的常见模式(e.g. Ma,2020),或是依托实物期权和委托-代理等经典理论。如果你能将近几年新兴的管理学理论拓展到风险投资领域中(e.g. Blevins, ragozzino, 2018; Claes, Vissa, 2020; Ozmel, et al., 2020),通过演绎的方式提供新的理论角度解释风险投资的决策过程,将会对推动该领域的研究起到重要作用。第二,搜集新的数据验证与风险投资相关的理论。虽然VentureXpert、Crunchbase、CVSource等二手数据库提供了关于风险投资的轮次的详细信息,同时,学者也越来越多地将风险投资数据与专利、技术关联、知识获取等与企业创新相关的数据相连接(e.g. Bae, Lee, 2021; Ceccagnoli, et al., 2018; Devarakonda, Reuer, 2019),但这些二手数据库往往只能观测到风险投资决策的结果,很难直接刻画风险投资的决策过程,从而难以验证决策机制相关的问题。如果你能通过实验或准实验的方法,或是利用一些外生冲击作为自然实验,又或者深入进行案例调研和跟踪访谈,将可以涉及许多二手数据库难以触及的领域和问题,例如投资人与创始人之间如何建立信任、哪些非市场动因会影响风险投资的决策、不同种类的风险投资的利益冲突如何协调,这些问题都可以有力地推动学术界和产业界对风险投资决策过程的理解。第三,比较风投在不同的应用场景中的决策差异。由于风险投资率先活跃于以北美为代表的西方社会,此领域的研究大多反映了在北美的市场与体系下风险投资决策的逻辑。然而，随着新兴市场的快速壮大，风险投资机构在以中国为代表的发展中国家中以前所未有的速度快速布局，而我们仍缺乏对风险投资在这些新经济体中的决策模式的理解。

◆ 参考文献

Bae, J., and Lee, J.M., 2021. "How technological overlap between spinouts and parent firms affects corporate venture capital investments in spinouts: the role of competitive tension", *Academy of Management Journal*, Vol. 64, No. 2: 643-678.

Blevins, D.P., and Ragozzino, R., 2018, "An examination of the effects of venture capitalists on the alliance formation activity of entrepreneurial firms", *Strategic Management Journal*, Vol. 39, No.7: 2075-2091.

Campbell, J., 2004, *Institutional Change and Globalization*, Princeton, NJ: Princeton University Press.

Ceccagnoli, M., Higgins, M.J., and Kang, H.D., 2018, "Corporate venture capital as a real option in the markets for technology", *Strategic Management Journal*, Vol. 39, No.13: 3355-3381.

Chakma, J., Sammut, S.M., and Agrawal, A., 2013, "Life sciences venture capital in emerging markets", *Nature Biotechnology*, Vol. 31, No. 3: 195-201.

Claes, K., and Vissa, B., 2020, "Does social similarity pay off? Homophily and venture capitalists' deal valuation, downside risk protection, and financial returns in India", *Organization Science*, Vol. 31, No. 3: 576-603.

Devarakonda, S.V., and Reuer, J.J., 2019, "Safeguarding from the sharks: board representation in minority equity partnerships", *Organization Science*, Vol. 30, No. 5: 981-999.

Drover, W., Busenitz, L., Matusik, S., Townsend, D., Anglin, A., and Dushnitsky, G., 2017, "A review and road map of entrepreneurial equity financing research: venture capital, corporate venture capital, angel investment, crowdfunding, and accelerators", *Journal of Management*, Vol. 43, No. 6: 1820-1853.

Gompers, P., and Lerner, J., 2000, "Money chasing deals? The impact of fund inflows on private equity valuations", *Journal of Financial Economics*, Vol. 55, No. 2: 281-325.

Hong, J., 2020, "The financing of alliance entrepreneurship", *Journal of Business Venturing*, Vol. 35, No. 1: 105916.

Li, Y., and Chi, T., 2013, "Venture capitalists' decision to withdraw: The role of portfolio configuration from a real options lens", *Strategic Management Journal*, Vol. 34, No. 11: 1351-1366.

Ma, S., 2020, "The life cycle of corporate venture capital", *The Review of Financial Studies*, Vol. 33, No. 1: 358-394.

March, J.G., and Simon, H.A., 1958, *Organizations*. New York: Wiley.

Ozmel, U., Yavuz, D., Trombley, T., and Gulati, R., 2020, "Interfirm ties between ventures and limited partners of venture capital funds: Performance effects in financial markets", *Organization Science*, Vol. 31, No. 3: 698-719.

Pommerehne, W.W., Schneider, F., and Zweifel, P., 1982, "Economic theory of choice and the preference reversal phenomenon: a reexamination", *American Economic Review*, Vol. 72, No. 3: 569-574.

Roth, A.E., 1988, "Laboratory experimentation in economics: a methodological overview", *The Economic Journal*, Vol. 98, No. 393: 974-1031.

Smith, V.L., 1989, "Theory, experiment and economics", *Journal of Economic Perspectives*, Vol. 3, No. 1: 151-169.

Sorenson, O., and Stuart, T.E., 2001, "Syndication networks and the spatial distribution of venture capital investments", *American Journal of Sociology*, Vol. 106: 1546-1588.

Sorenson, O., and Stuart, T.E., 2008, "Bringing the context back in: settings and the search for syndicate partners in venture capital investment networks", *Administrative Science Quarterly*, Vol. 53: 266-294.

▣ 文献推荐

Balachandran, S., and Hernandez, E., 2021, "Mi Casa Es Tu Casa: immigrant entrepreneurs as pathways to foreign venture capital investments", *Strategic Management Journal*, doi.org/10.1002/smj.3289.

Guler, I., 2007, "Throwing good money after bad? Political and institutional influences on sequential decision making in the venture capital industry", *Administrative Science Quarterly*, Vol. 52, No. 2: 248-285.

Zhang, L., Gupta, A.K., and Hallen, B.L., 2017, "The conditional importance of prior ties: a group-level analysis of venture capital syndication", *Academy of Management Journal*, Vol. 60, No.4: 1360-1386.

◉ 代表性学者

伊辛·古勒尔（Isin Guler）

在宾夕法尼亚大学沃顿商学院获得博士学位，现任北卡罗来纳大学教堂山分校商学院副教授。她的研究主要集中在创新战略、社会网络、风险投资企业的国际化战略等领域，现任《行政科学季刊》《管理学杂志》《组织科学》《战略管理杂志》等期刊编委会成员或副主编。E-mail：Isin_Guler@kenan-flagler.unc.edu。

张蕾（Lei Zhang）

在马里兰大学史密斯商学院获得博士学位，现任南佛罗里达大学商学院副教授。她的研究兴趣主要集中于创业管理、社会网络和全球战略等领域。在《管理学杂志》《行政科学季刊》《创业理论与实践》等期刊上发表多篇论文。E-mail：leizhang@usf.edu。

阿尼尔·格普塔（Anil K. Gupta）

在哈佛大学商学院获得博士学位，现任马里兰大学史密斯商学院讲席教授。他在战略管理、全球化、创业领域享有盛名，被《经济学人》(*The Economis*) 杂志评为"研究新兴市场创新的超级学术明星"。他同时被三大顶级管理学学会——美国管理学会（Academy of Management）、战略管理协会（Strategic Management Society）和国际商务学会（Academy of International Business）评为终身会士。E-mail：agupta@umd.edu。

本杰明·哈伦（Benjamin Hallen）

在斯坦福大学获得博士学位，现任西雅图华盛顿大学福斯特商学院副教授。他的研究主要从创业创新领域关注加速器的作用、社会网络与创新对风险投资的影响等问题，在《行政科学季刊》《管理学杂志》《战略管理杂志》《组织科学》等期刊上发表多篇论文。E-mail：bhallen@uw.edu。

埃克塞奎尔·埃尔南德斯（Exequiel Hernandez）

在明尼苏达大学获得博士学位，现任沃顿商学院副教授。他同时获得了战略管理协会和美国管理学会的新锐学者奖，他的主要研究领域包括移民、全球网络、企业国际化战略、创新与公司战略，他已在《管理学杂志》《行政科学季刊》《管理科学》《组织科学》《战略管理杂志》《管理学评论》等期刊上发表十多篇论文。E-mail：fdl.si@cbs.dk。

萨拉特·巴拉钱德兰（Sarath Balachandran）

在宾夕法尼亚大学沃顿商学院获得博士学位，现任伦敦商学院助理教授。他的研究主要关注公司之间的协作关系如何促进（或限制）创新，并有多项研究成果发表在《组织科学》《战略管理杂志》《战略科学》(Strategy Science)等期刊上。E-mail：sbalachandran@london.edu。

政府风险投资如何影响创业企业成长

◎ 沈　睿

浙江大学管理学院

为了解决市场失灵的问题，很多国家都会通过政府直接或间接为创业企业提供资金的方式来激发企业创新活力，推动高科技产业的发展（Brander, et al., 2015）。近年来，我国各级政府也纷纷通过设立政府引导基金、政府机构或平台出资等方式不断加大参与风险投资的力度。据清科创业的数据显示，截至2021年年底，我国政府引导基金募资规模达12.45万亿元；从股权投资基金出资人的性质来看，以国企、央企、政府引导基金为代表的国资出资额占人民币基金总募资额的70%，政府资本的渗透率不断上升。

政府与企业的互动一直以来都是经济学和管理学研究的热点话题。随着政府风险投资（government venture capital，GVC）的快速发展，越来越多的学者们开始关注政府风险投资能否解决资本市场失灵、对创业企业的发展有何影响等问题，对政府风险投资的理解也逐步深入。早期以勒纳（1999）为代表的研究关注的是政府补贴式的投入，从公共财政视角探讨了政府提供的补贴和背书对创业企业有何影响。近年来的研究更多关注的是政府股权式的投入（Bertoni, et al., 2019；Murtinu, 2021），这不仅意味着政府与其他股权投资者一样需要承担投资风险、追求投资回报，还意味着政府与企业之间的联系比与公共补贴部门更加紧密，影响创业企业绩效的机制也更复杂。

事实上，关于政府风险投资的效果如何一直以来都存在着争议。政府风险投资不仅关乎创业企业的价值创造，而且对区域创新活力的提升和经济均衡发展都有着深远的影响，这也导致了政府风险投资研究多层次、多视角的特征。更为重要的是，政府风险投资扮演的角色也是多元的，它既关联着政策的制定者，又是创业企业的股东，是连接制度和创业企业的关键纽带（Murtinu, 2021），制度、政府风险投资与创业企业之间的交互在该情境下显得尤为重要。因此，拘泥于政府风险投资本身是否有效的研究思路会比较局限，我们应关注政府风险投资如何与其他股权投资者（如私人风险投资）协同、共同塑造风险投资和创业生态系统，如

⊖ 本文是国家自然科学基金青年项目"风险投资与创业企业的互动过程及对创新的影响机制研究"（72002196）、浙江省自然科学基金青年探索项目"联合风险投资的形成机理及对企业绩效的影响研究：基于竞合关系的视角"（LQ21G020007）资助的阶段性成果。

何与创业企业互动以应对制度环境的不确定性,从多主体、动态性的视角去回应政府风险投资是否以及如何影响创业企业成长这一问题。

乔希·勒纳:政府参与的动机和效果

自20世纪60年代以来,多国政府开始将资金以各种方式投向风险投资领域,以缓解市场资金配置失灵的问题,促进高科技产业的发展。以美国为例,政府以公共项目的方式为高科技企业提供的补贴已成为公共财政支出的一大部分,仅1995年就高达24亿美元,这与同年39亿美元的私人风险投资体量相比也是一笔可观的投入。得益于政府公共项目的资助,包括苹果、英特尔在内的一批高科技企业都得到了快速发展。这些现象引发了乔希·勒纳(Josh Lerner)的思考:政府的高额投入能否带来相应的回报?政府以补贴形式注入的资金对高科技企业的发展有何影响?勒纳1999年在《商业杂志》(Journal of Business)上发表了《政府作为风险投资人:SBIR项目的长期影响》一文,回应了上述问题。这篇文章最早关注到政府在风险投资中扮演的关键角色,以美国小企业创新研究(Small Business Innovation Research, SBIR)项目为研究对象,系统分析了政府以补贴形式资助创业企业的动机以及对创业企业的长期影响,为后续政府风险投资领域的研究奠定了基础。

这篇文章尝试对上述问题进行了回应,但勒纳并未在一开始就讨论政府补贴对企业绩效的影响,而是系统梳理了政府参与投资的动机,即政府为何愿意向高科技企业提供补助,再结合美国小企业创新研究项目的特征来讨论政府补贴的作用机制和效果。具体而言,勒纳将政府补贴的动机归纳为以下几方面:首先,政府补贴是为了解决市场失灵所导致的创新动力不足问题,以发挥创新的外部性(externalities)作用。例如,企业在研发支出和污染治理等活动上的投资不一定能为企业本身带来超额回报,但可能会产生积极的溢出效应,使其他公司乃至整个社会受益。其次,政府补贴是为了缓解创业者与潜在投资人之间的信息不对称,向投资人传递积极信号并发挥"认证作用"(certification function)。解决了信息不对称的问题,创业企业面临的融资约束自然也会消失。上述两点都反映了公共财政视角下政府补贴的社会价值动机,然而,政府补贴有时也会因为政府官员追求个人利益或政治利益而出现扭曲。例如,政府官员通过筛选有政治关联的企业以谋求私有利益,或者通过筛选绩效好但并不缺乏资金的企业以最大化投资回报、实现政治目标等,这一动机与政府补贴的初衷显然是相悖的。

基于对上述政府补贴动机的判断,勒纳提出了关于政府补贴如何影响高科技企业长期发展的几点猜想。其一,不论是考虑创新外部性、认证作用,还是潜在的筛选机制,获得政府补贴的企业总体而言都应有着更好的市场表现。其二,政府补贴对不同地区、不同行业的企业可能会产生差异化的影响。在地区层面,政府补贴的外部性和认证作用在高科技企业聚集、风险投资活跃的地区更为显著,而在其他地区更有可能受到政治关联的影响产生扭曲;在行业层面,若遵循外部性和认证作用的逻辑,政府补贴对技术密集型行业的积极影响更为突出,若遵循筛选作用的逻辑,技术复杂度所带来的高不确定性和筛选难度都有可能导致政府补贴的失效。其三,政府补贴的额度可能会影响企业绩效。从外部性的角度来看,政府补贴越多,其溢出效应越明显;从认证作用的角度来看,政府补贴的边际效益是越来越低的;而从筛选作用的角度来看,为获取高额政府补贴所导致的一系列成本反而会对绩效产生不利影响。

勒纳选取了由美国联邦政府发起的规模最大的美国小企业创新研究项目作为研究情境和主要数据来源。该情境的选择在一定程度上降低了以私有利益为导向的筛选机制的影响,其原因在于：①资助额度较小，最高不超过 75 万美元，相较于大额投资不容易产生游说政府官员的行为；②决策权分散，由上百个政府官员共同组成的评审委员会削减了个体利益的影响；③高科技投资导向，项目评价标准中对技术价值而非商业价值这一主观指标的关注降低了投资决策的随意性。在数据方面，这篇文章构建了包括 1983～1985 年间获得美国小企业创新研究项目资助的 835 家企业和与之匹配的 300 家未获得资助的企业在内的样本，并收集了以上企业 1995 年的绩效数据，以检验政府补贴对企业绩效的影响。

值得一提的是，不同于以往文献对研发投入等指标的关注，勒纳认为判断企业成功与否不能依赖该短期指标，而应考虑其长期发展。有些企业虽然未将补贴直接投入到研发活动当中，但利用这笔资金来维持运营，直到获得后续融资，这也体现了政府补贴对企业长期发展的积极影响。因此，这篇文章选择了获得补贴 10 年后的销售额和员工数量作为衡量企业长期发展的指标。研究发现，虽然获得政府补贴的企业整体而言发展更好，但这些企业内部体现出了极大的差异性：在风险投资活跃的地区、在以无形资产为主的行业，政府资金的注入对企业长期发展的积极影响更为显著，而补贴额度高低带来的影响并不显著，进一步验证了勒纳关于政府补贴的认证作用以及可能存在扭曲的假设。

作为最早关注政府以补贴形式资助创业企业的研究，勒纳的文章对后续研究政府参与风险投资的动机和效果有着重要意义。就动机而言，这篇文章揭示了政府补贴动机的复杂性，即解决市场失灵问题、追求公共利益最大化的社会价值动机与追求投资回报和政治利益最大化的私有利益动机并存，为后续研究政府风投与私人风投的制度逻辑差异、对被投企业的差异化影响提供了有价值的参考。就效果而言，它探讨了区域特征和行业属性对政府补贴效果的影响，发现政府补贴对企业长期发展的影响依赖于区域风险资本的活跃度及行业无形资产的重要性。可见，政府与市场的作用并不是孤立的，而是存在相互依赖的关系，这也为后续研究政府风投与私人风投之间的互动提供了依据和支撑。

法比奥·伯托尼等学者：政府风投与私人风投共塑风险投资生态系统

勒纳的研究为政府风险投资的"认证作用"假说提供了证据，发现政府资金作为一种信号有助于缓解企业融资过程中的信息不对称问题，以吸引其他风险资本的加入，但这一发现主要聚焦于企业层面的影响，并未从宏观层面回答政府风险投资是否弥补了私人风险投资的不足，真正起到了解决市场失灵、推动企业创新和经济平衡发展的作用。法比奥·伯托尼（Fabio Bertoni）、马西莫·科隆博（Massimo G. Colombo）和安妮塔·夸斯（Anita Quas）2019 年在《创业理论与实践》上发表《政府风险投资在风险投资生态系统中的作用：组织生态学的视角》一文，揭示了政府风投如何通过影响私人风投的行为，优化风险投资生态系统的资金配置。

这篇文章的核心思想是，政府风投不仅通过直接对被私人风投所忽视的领域进行投资以解决市场失灵问题，而且会引导私人风投将资金投入到这些领域，进而重塑风险投资生态系统。这一思想背后蕴含着组织生态学视角下的两个基本假设。第一，政府风投与私人风投的目标和核心能力有显著差异，在组织生态系统中代表着两类不同的物种。私人风投的主要目标是经济收益的最大化，因此倾向于投资风险回报率较高、信息不对称程度较低、处于有利环境的企业，而政府风投设立的初衷是缓解资本市场的失灵，为受制于高风险、信息不对称和不利环境的企业提供资金支持。相较于私人风投，政府风投在投后管理尤其是提供专业支持方面的能力不足，但在获取政策支持上有独特的优势。第二，作为不同的物种，政府风投与私人风投之间同时存在着竞争（competition）和互惠共生（mutualism）这两种关系，二者之间的关系属性决定了互动的效果，共同塑造着风险投资生态系统。竞争关系会导致资源争夺和目标市场的偏离，而互惠共生关系会带来共赢和目标市场的聚合。

基于以上两个判断，伯托尼等学者指出，政府风险投资需要与私人风险投资建立互惠共生的关系，以发挥政府风投的"涌入效应"（crowding-in effect）。组织生态学认为，生态系统中某一物种的密度越高，另一物种越倾向于寻求共生而非竞争关系，双方互动的频率和效果也会相应提升。将该理论视角应用到风险投资生态系统中，可以推断，生态系统中政府风投的密度可能决定了其能否与私人风投建立共生关系，改变它们的投资行为，进而促使私人资本涌入因市场失灵而被忽视的领域。基于此，这篇文章提出，生态系统中政府风投的密度越高，越有可能吸引私人风投将资金投向企业年龄小、规模小、回报周期长以及经济落后地区的企业。如果事实真是如此，那么政府风投在解决市场失灵、重塑风险投资生态系统过程中扮演的角色便能得到验证。

在研究设计方面，伯托尼等学者采用了由欧盟第七框架委员会推动的 VICO 项目数据库，该数据库收集了 759 家位于欧洲 7 个国家的高科技企业在 1994～2004 年期间获得的风险投资情况。与其他商业数据库相比，该数据库的独特优势体现在两方面：一是对美国以外的风险投资信息覆盖更为全面，对政府风投和私人风投目标市场的刻画也因此更为精准；二是提供了对比不同国家风险投资生态系统的机会，并能展现出它们在 1994～2004 年间的动态变化。实证结果表明，风险投资生态系统中政府风投的密度越高，私人风投越有可能投资原本对它们而言缺乏吸引力的"劣势"企业，即成立年限短、规模小的企业。通过对该效应的进一步分解，伯托尼等学者发现政府风投与私人风投形成的联合投资关系是私人风投涌入的一种方式，但并不是唯一途径，在剔除联合投资的情况下该涌入效应仍然显著。

这篇文章的结论看似简单却极具启发性。首先，与勒纳的研究高度一致的是，伯托尼等学者尝试回答的也是政府风险投资如何解决市场失灵的问题，但前者聚焦于企业层面的解释，强调政府风投对被投企业的直接影响，而这篇文章突出了政府风投的间接作用，将其视为风险投资生态系统中的关键一环，提供了生态系统层面的解释。其次，虽然勒纳的研究发现了政府风投对企业发展的影响依赖于区域风险投资的活跃程度，但并没明确指出政府风投与私人风投之间究竟存在何种关系、二者是如何互动的，这篇文章进一步揭示了政府风投和私人风投作为两个不同物种是如何互惠共生的，通过探讨国家层面政府风投的密度对当地私人风投行为变化的影响，在一定程度上回应了学者们对于政府风投究竟会"挤出"（crowding-out）还是"涌入"（crowding-in）私人风投的争论。以上结论也印证了政府风险投资激发创新活力和推动区域经济平衡发展的社会目标。

萨穆埃尔·穆尔蒂努：政府风投作为制度与创业活动的连接者

伯托尼等学者在研究中提到，政府风险投资与私人风险投资的目标和核心能力有着显著差异，为被投企业创造的价值也有所不同。那么，如何将政府风险投资转化为企业的竞争优势？这是关乎理论和创业实践的重要问题。勒纳的研究虽然从公共财政视角提出了政府补贴发挥作用的三种假说，即外部性、认证作用和筛选作用，但并未考虑到政府风投所采用的股权投资方式使得它与企业之间的联系更为紧密，政府风投的介入对企业的影响自然也更加深入。萨穆埃尔·穆尔蒂努（Samuele Murtinu）2021 年在《战略创业杂志》上发表了《政府对创业者的窃窃私语：公共风险投资、政策转变和企业生产力》一文，对创业企业如何利用政府风投的资源以建立自身竞争优势这一问题进行了回应。这篇文章将政府股权视为企业的一种治理策略，探讨了创业企业如何利用这种治理策略更好地获取政策信息、提高决策质量。

这篇文章与勒纳、伯托尼等学者的相比，最显著的差异体现在研究视角的转变，由关注政府为何进行风险投资转变为关注创业企业为何引入政府风险投资，对政府风险投资作用机制的探讨也由关注政府对企业的单向影响，逐渐深化到政府与企业之间的互动关系。

首先，创业企业为何要引入政府风投？换言之，政府风投与私人风投相比，优势体现在哪里？创业活动的本质是应对和管理不确定性，其中部分不确定性来源于政策的变化。政策的制定和调整既创造了新的商业机会，也带来了高度的不确定性。从资源依赖的视角来看，创业企业高度依赖政府提供的政策信息以把握商业机会并降低决策风险，而引入政府股东是创业企业降低对政府资源依赖的途径之一。由此，穆尔蒂努认为，创业企业寻求政府风险投资的动机是获取政治资本，尤其是政策相关的信息，以便更好地利用政策变化带来的机会，同时降低决策的不确定性。

其次，政府股东的介入在为创业企业带来信息优势的同时，也会产生一定的成本。正如勒纳在研究中所指出的，政府在提供资金时可能会受私有利益和政治目标的影响，产生一定的扭曲，进而导致损害被投企业利益的行为。伯托尼等学者也提到，政府风投的人力资本与私人风投相比存在着劣势，投后为被投企业提供专业支持的能力有所不足。那么，对创业企业而言，引入政府风险投资的效果究竟如何？穆尔蒂努认为，政府风投在创业企业中扮演着"被动的所有者"（passive owner）的角色，使创业企业能最大化政府风投带来的信息优势，同时避免产生冲突和成本。与其他股权投资者相比，政府风投通常只占有无表决权的观察员席位，也不要求任何形式的剩余控制权，对被投企业的干预程度较低。因此，政府所有者带来的价值主要是资源和信息优势，而非投后的监督和管理，同时能有效规避潜在的代理问题，对创业企业而言利大于弊。

这篇文章采用的主要数据同样来源于由欧盟委员会主导建立的 VICO 多国纵向数据库，但在研究设计上很巧妙，利用各国交替宣布的税制改革政策，借助双重差分法（difference-in-difference，DID）分析了税改公告后政府风险投资的介入对创业企业生产率会产生怎样的影响。之所以选择税改这一情境，是因为该情境下的信息优势十分明显，企业若能准确预测税收政策的内容和时间，就能更好地组织其生产和决策过程以提高生产效率。研究结果表明，在税改公告后，有政府风投支持的创业企业的全要素生产率比其他企业高近 17%，该效应会持续四年。进一步地，通过对全要素生产率进行分解，穆尔蒂努发现政府风投带来的积极影响主要体现在产出（销售）的增长和劳动要素效率的提高。这也进一步印证了有政府风投支持的企业在税改政策宣布后表现出了明显的信息优势。

这篇文章的重要价值在于揭示了制度、政府风险投资与创业企业之间的复杂互动关系。政府风投的属性决定了它既关联着政策的制定者，又在企业中扮演着股东的角色，因此成为联结制度与创业活动的关键纽带。虽说政策变动可能会对创业造成一定的不利影响，增加创业活动的风险，但政府风投所带来的政治资本能帮助创业企业更好地预测市场变化，做出更快的反应，并捕捉制度变化带来的新机会。更为重要的是，不同于私人风投，政府风投"被动"参与企业管理的特征大大降低了它与创业企业之间的潜在冲突，使得政府风投成为创业企业应对制度不确定性的理想选择。此外，以往关于政府风投的研究大多从投资方的视角切入，探讨政府参与风险投资的动机、介入创业企业后的影响等，而这篇文章突出了创业企业在选择投资方、撬动投资人资源方面的主动性，发现创业企业可以利用引入政府股东这一治理策略来应对制度环境的不确定性并构建竞争优势。

未来研究方向

作为解决市场失灵手段的政府风险投资，其设立的目的就是缓解创新外部性和信息不对称所导致的资金配置不合理的问题，以达到扶持和鼓励早期创业、推动经济社会发展的目的。然而，考虑到政府投资人自身的政治目标和利益诉求，政府在风险投资过程中也难免会出现扭曲，偏离其最大化社会价值的初衷。因此，政府参与风险投资的动机如何、政府风险投资是否真正有效一直是充满争议的话题，值得深入研究。这三篇文章从不同视角围绕"政府风险投资是否以及如何为创业企业创造价值"这一话题展开了探讨，它们的主要观点是紧密相关、相互承接的，但从研究视角的转变中不难发现，学者们对政府风险投资角色的理解在不断深入，由关注政府单方面的影响，到关注政府、私人风险投资、创业企业等多元主体如何互动并共同决定政府风投的效应。

上述三篇文章也隐含了相关研究进展的关键节点与未来方向。勒纳的研究最早关注到政府在风险投资领域发挥的作用，但他们并未直接从政府影响企业绩效的机制入手展开讨论，而是从政府补贴创业企业的动机切入，揭示了政府的补贴行为同时受到社会价值与私有利益的驱动。受限于当时的数据，勒纳并未能在实证上对上述动机进行区分，但后续有不少学者沿着这篇文章的核心思想，借助更加巧妙的研究设计对不同逻辑驱动下政府风投的作用机制进行了辨析，包括筛选机制、认证机制等（Dutta, et al., 2021；Guerini, Quas, 2016；余琰等，2014）。未来研究可以进一步关注政府风投自身的异质性（如所有权、投资经验、网络嵌入等），探索什么样的政府风投更有可能受社会价值或私有利益影响，不同的政府风投在筛选和赋能创业企业方面有何差异等。

伯托尼等学者认为衡量政府风投能否有效解决市场失灵的问题不应停留在企业层面，而是需要从生态系统层面进行考量。他们发现，政府风投能通过引导私人风投改变原先的投资方向，优化风险投资生态系统中的资金配置，进而发挥生态系统塑造者的作用。伯托尼等学者的研究有助于启发未来研究进一步探索政府风投与私人风投之间的互动关系（Cumming, et al., 2017；Zhang, 2018）。例如，联合投资是风险投资机构之间一种常见的互动方式，那么在何种情况下，私人风投更倾向于与政府风投形成联合投资？现有研究已关注到政府风投与私人风投在目标和能力等方面的诸多差异（Alperovych, et al., 2015；Pahnke, et al., 2015），那么双方在联合投资过程中是否可能产生竞争和冲突，对创业企业有何影响？此外，这篇文章也鼓励我们从更加宏观、系统的角度去思考政府风投作为创业生态系统中的参与者扮演着何种角色，如何与其他参与者共同实现推动创新、缓解经济不平等的社会目标。

穆尔蒂努的研究将焦点从政府风投转移到了创业企业上，从创业企业的角度提出为何需要引入政府风投、如何利用政府风投的资源构建竞争优势等一系列问题。这一视角的转变启发我们进一步思考，与其他获取政治资本的渠道（如与政府官员建立关联）相比，引入政府风投的优势与潜在挑战是什么（Sun, et al., 2016）？更为重要的是，这篇文章所揭示的政府风投在连接制度与创业活动中发挥的纽带作用，为探索制度、政府与风险投资机构之间的互动提供了有意义的借鉴（Grilli，Murtinu，2014）。未来研究可以将国家、地区层面的制度特征纳入分析框架当中（Brander，Hellmann，2015；Munari，Toschi，2015），探索不同制度环境下政府风投与创业企业之间的资源依赖关系如何变化，以及创业者应采取何种与其制度环境相匹配的政治策略，最大化政府风投的价值创造。

研究设计与应用拓展

如果你对政府风险投资如何影响创业企业成长这一话题感兴趣，那么以下两点值得注意：①需要明确的是政府风投的独特性体现在哪里，与私人风投的本质区别是什么，进而导致了二者在投资行为、作用机制和效果方面呈现出的差异。已有研究中不乏对这一问题的探讨，理论视角主要包括公共财政理论、制度逻辑理论、资源基础观、信号理论等。②政府风投与私人风投之间的关系属性是值得进一步思考的基础问题。文献中已从资源依赖理论、网络理论、组织生态理论等视角为二者之间的关系提供了多样化的解释，虽然理论视角有所不同，但都印证了政府风投与私人风投不是孤立存在的，而是存在着相伴相生的关系。二者之间的显著差异和互动关系为理解政府风投如何影响创业企业提供了独特的视角。不论是从政府风投自身的独特性入手，还是从政府风投与私人风投的关系入手解释政府风投对创业企业的影响，都需要注意理论视角与研究问题、研究层次的匹配。

在研究设计方面，如你所看到的，绝大部分与此话题有关的重要文献都是依托二手数据库展开的，这与早期关注政府风险投资的学者大多具有经济学、金融学背景有关。常见的数据来源主要包括 VentureXpert、Asian Venture Capital Journal（AVCJ）、Capital IQ、VICO 数据库等风险投资研究数据库。其中，有些数据库已对风险投资机构的类型进行了区分，例如，由欧盟委员会牵头设计的 VICO 数据库，收集了欧洲 7 个国家高科技创业公司的信息及相应的投资机构情况，为研究政府风投的行为和影响提供了很大的便利（Bertoni，et al.，2019；Guerini，Quas，2016；Murtinu，2021），而有些数据库中仍缺少能直接用于识别政府风投的信息，需要进一步匹配政府资助项目或出资人的数据，以准确判断哪些属于政府风投（Brander，et al.，2015；Pahnke，et al.，2015）。中国情境下的研究同样面临着如何识别政府风投的挑战，为此，近年来已有学者通过从多渠道搜集风险投资机构的股东构成、股权比例等信息，包括 CVsource（投中数据）、Zero2IPO（清科私募通）、中国证券基金业协会、天眼查、企查查等，运用人工识别判断投资机构的性质，用于进一步探索政府风投的投资行为和影响。如有兴趣，推荐你阅读飞（Fei）（2018）和陈晋等学者（2021）的研究，有助于对中国政府风投数据库的构建产生更加深入的了解。

值得注意的是，除了数据库的构建，越来越多的学者在研究方法上采用双重差分法，分析政策变化等外生因素的冲击如何影响政府风投的行为和对创业企业的影响（Dutta，et al.，2021；Murtinu，2021）。采用这种方法，一方面有助于解决内生性的问题，回应关于政府风投是投前选择（selection）还是投后影响（treatment）的争论；另一方面也反映出制度、政府风投与创业企业的互动是未来研究的重要趋势，政府风投如何响应政策变化、如何发挥制度与创业的桥梁作用等都是该情境下值得持续探索的问题。

◆ **参考文献**

Alperovych, Y., Hübner, G., and Lobet, F., 2015, "How does governmental versus private venture capital backing affect a firm's efficiency? Evidence from Belgium", *Journal of Business Venturing*, Vol. 30, No. 4: 508-525.

Bertoni, F., Colombo, M.G., and Quas, A., 2019, "The role of governmental venture capital in the venture capital ecosystem: An organizational ecology perspective", *Entrepreneurship Theory and Practice*, Vol. 43, No. 3: 611-628.

Brander, J.A., Du, Q., and Hellmann, T., 2015, "The effects of government-sponsored venture capital: International evidence", *Review of Finance*, Vol. 19, No. 2, 571-618.

Cumming, D.J., Grilli, L., and Murtinu, S., 2017, "Governmental and independent venture capital investments in Europe: a firm-level performance analysis", *Journal of Corporate Finance*, Vol. 42: 439-459.

Dutta, S., Folta, T.B., and Rodrigues, J., 2021, "Does government fund the best entrepreneurial ventures? The case of the small business innovation research program", *Academy of Management Discoveries*, doi/10.5465/amd.2019.0078.

Fei, Y., 2018, "Linking different data sources of venture capital and private equity in China", Available at SSRN, https://ssrn.com/abstract=3524066.

Grilli, L., and Murtinu, S., 2014, "Government, venture capital and the growth of European high-tech entrepreneurial firms", *Research Policy*, Vol. 43, No. 9: 1523–1543.

Guerini, M., and Quas, A., 2016, "Governmental venture capital in Europe: screening and certification", *Journal of Business Venturing*, Vol. 31, No. 2: 175-195.

Munari, F., and Toschi, L., 2015, "Assessing the impact of public venture capital programmes in the United Kingdom: do regional characteristics matter?", *Journal of Business Venturing*, Vol. 30, No. 2: 205-226.

Murtinu, S., 2021, "The government whispering to entrepreneurs: public venture capital, policy shifts and firm productivity", *Strategic Entrepreneurship Journal*, Vol. 15, No. 2: 279-308.

Pahnke, E.C., Katila, R., and Eisenhardt, K.M., 2015, "Who takes you to the dance? how partners' institutional logics influence innovation in young firms", *Administrative Science Quarterly*, Vol. 60, No. 4: 596-633.

Sun, P., Hu, H.W., and Hillman, A.J., 2016, "The dark side of board political capital: enabling blockholder rent appropriation", *Academy of Management Journal*, Vol. 59, No. 5: 1801-1822.

Zhang, Y., 2018, "Gain or pain? New evidence on mixed syndication between governmental and private venture capital firms in China", *Small Business Economics*, Vol.51: 995-1031.

陈晋, 李卢真, 郝斌, 等. 企业创新信号与政府风险投资——基于制度逻辑视角 [J]. 管理学季刊, 2021（1）: 72-103, 166, 167.

余琰, 罗炜, 李怡宗, 等. 国有风险投资的投资行为和投资成效 [J]. 经济研究, 2014（2）: 32-46.

▣ 文献推荐

Bertoni, F., Colombo, M.G., and Quas, A., 2019, "The role of governmental venture capital in the venture capital ecosystem: an organizational ecology perspective", *Entrepreneurship*

Theory and Practice, Vol. 43, No. 3: 611-628.

Lerner, J., 1999, "The government as venture capitalist: the long-run impact of the SBIR program", *Journal of Business*, Vol. 72, No. 3: 285-318.

Murtinu, S., 2021, "The government whispering to entrepreneurs: public venture capital, policy shifts and firm productivity", *Strategic Entrepreneurship Journal*, Vol. 15, No. 2: 279-308.

◉ 代表性学者

乔希·勒纳（Josh Lerner）

在哈佛大学获得博士学位，现任哈佛商学院创业管理学负责人、雅各布·希夫投资银行讲席教授、哈佛金融学与创业管理学双聘教授。他的研究主要集中在风险投资和私募股权相关领域，大量研究发表在《美国经济评论》《金融经济学杂志》《金融研究评论》《金融杂志》《管理科学》等经济学、金融学和管理学期刊上，著有多部著作。E-mail：josh@hbs.edu。

法比奥·伯托尼（Fabio Bertoni）

在米兰理工大学获得博士学位，现任SKEMA商学院教授。他的研究主要集中在公司金融领域，关注风险投资与企业绩效、公司治理与所有权结构等话题。他的研究发表在《战略创业杂志》《创业理论与实践》《研究政策》《公司金融杂志》(*Journal of Corporate Finance*)等期刊上。E-mail：bertoni@em-lyon.com。

萨穆埃尔·穆尔蒂努（Samuele Murtinu）

在米兰理工大学获得博士学位，现任乌特勒支大学经济学院教授。他的研究兴趣主要集中在国际商务、创业金融与创新的交叉领域，在《国际商务研究杂志》《创业学杂志》《战略创业杂志》《研究政策》等期刊上发表多篇文章。E-mail：s.murtinu@uu.nl。

公司风险投资如何影响创业企业成长[一]

◎ 余 雷

中山大学商学院

创业企业的创新与成长离不开财务资本和产业资源的共同支持。近年来，我国多个产业的大公司纷纷加入风险投资的活动，通过小股权战略投资来支持创业企业的发展，从而形成了风险投资市场中一个新型主体——公司风险投资（简称"公司风投"）。背靠大公司的产业资源和知识基础，公司风投为创业企业提供了不同于独立风险投资（independent venture capital）机构的支持，使很多创业者将公司风投作为重要的融资对象。然而，由于公司风投通常具备战略目标，母公司的战略意图往往也会影响创业企业的独立发展，使另一部分创业企业对公司风投避而远之，或者在接受公司风投的投资后出现严重的业绩危机（Katila, et al., 2008）。因此，有关公司风投如何影响创业企业成长的研究受到学术界和实业界的共同关注。

国内外学者尝试从多个视角来分析公司风投对创业企业的影响。一方面，部分学者强调了公司风投背靠母公司的产业资源优势，能为创业企业提供优越的互补资源支持，如研发实验室、行业专家、生产设备和市场渠道等。这些互补资产的支持，是公司风投不同于传统独立风险投资机构的关键要素（Park, Steensma, 2012；Alvarez-Garrido, Dushnitsky, 2016；薛超凯等，2019）。另一方面，也有学者着重分析了公司风投给创业企业带来的限制。由于公司风投往往是母公司的战略投资单元，它们一般将母公司的利益放在优先位置，从而在投资过程中可能存在牺牲创业企业的利益以满足母公司需求的机会主义行为。换言之，公司风投在为创业企业提供支持的同时，也带来了潜在威胁（如技术获取、市场占领等）（Pahnke, et al., 2015；王雷，周方召，2017）。近年来，有关公司风投对创业企业影响的研究，逐渐从单一视角向多种视角下分析公司风投的综合影响转变。例如，早期研究通常关注公司风投对创业企业技术创新的作用，近年来，一些学者开始探索公司风投对创业企业技术创新和商业创新的不同影响及其具体理论机制（e.g. Uzuegbunam, et al., 2019）。对公司风投影响的综合讨论，对分析创业企业的成长具有重要意义。

[一] 本文是国家自然科学基金面上项目"我国企业进行公司创投的动因、机制和效果研究"（72072003）资助的阶段性成果。余雷为本文通讯作者（ylei7@mail.sysu.edu.cn）。"corporate venture capital, CVC"通常翻译为"公司创业投资"或"公司风险投资"，为了统一，本文采用后者。

赫曼·丹尼斯·帕克和凯文·斯特恩斯马：分析公司风投互补资产对创业企业的作用

赫曼·丹尼斯·帕克（Haemin D. Park）和凯文·斯特恩斯马 2012 年在《战略管理杂志》上发表了《公司风投什么时候能为创业企业提供价值？》一文，指出了公司风投为创业企业成长提供价值的核心机制：公司风投的互补资产能为创业企业的技术创新与产品商业化提供支持。该文章指出，创业企业的创新与成长离不开外部互补资产的支持，基于公开市场交易的手段有时会面临交易成本过高的问题。而通过股权融资的手段，能使创业企业与投资者建立稳定的联系，将投资者的互补资产部分内部化，从而降低交易成本。基于这种理论逻辑，这篇文章首先阐述了公司风投互补资产之于创业企业的价值和成本，然后系统分析了什么情境下，公司风投的投资更有利于创业企业的成长。

这篇文章的理论出发点建立在两支文献基础之上。首先，从 20 世纪 80 年代开始，一些经典文献就开始探讨互补资产对创业企业创新成果商业化的关键作用，认为创业企业的成功取决于其有效获取和利用互补资产的能力（Teece，1986；Tripsas，1997）。其次，有关风险投资的研究也发现，由于风险投资所带来的财务资源是同质的，其背靠的非财务资源才是为创业企业带来价值增值的关键（Hsu，2006）。基于此，该文章首先指出，由于创业企业通常缺乏足够的内部资源来建立互补资产，其需要依赖外部大公司的互补资产来实现快速成长。创业企业能通过两种手段获取外部互补资产：通过公开市场交易的方式来获取，或向公司风投机构寻求融资，从而获得其母公司的互补资产支持。两种方式有着各自的优势与劣势。例如，基于公开市场交易的方式能保持创业企业的灵活性，带来更多选择，但重复交易往往存在较高的交易成本（如搜寻、谈判、合作等成本）。向公司风投机构寻求融资则能将母公司的互补资产部分内部化，降低交易成本，提高效率；但创业企业也会因此失去公开市场中其他资源（如公司风投母公司的竞争者的资源）的获取机会，产生较高的机会成本。因此，公司风投对创业企业的价值取决于创业企业是否需要降低交易成本。

这篇文章系统分析了两类情境因素对创业企业获取外部互补资源交易成本的影响，从而探讨了什么条件下公司风投能给创业企业带来价值。①创业企业所需互补资产的专用性程度。当创业企业所在行业的经营活动通常是建立在高专用性互补资产之上时，创业企业从公开市场获取这类互补资产的交易成本会显著提升。根据交易成本经济学的理论逻辑，当资产专用性程度较高时，无论是资产的使用方还是资产的提供方，都需要建立更严格的契约和控制机制来避免机会主义行为的发生（Williamson，1985，1991）。在这种情境下，股权融资的形式能帮助创业企业与大公司建立长期稳定的契约关系，降低交易成本，从而使创业企业能更高效地利用互补资产来实现成长。与之相反，当创业企业所需要的互补资产专用性程度较低时，通过公开市场的交易就能满足创业企业对互补资产的需求。此时若向公司风投机构寻求融资，反而会限制创业企业获取其他渠道资源的灵活性，增加了机会成本，从而削弱了公司风投对创业企业的积极影响。②创业企业所在行业的市场不确定性程度。当创业企业面临着较高的市场不确定性时，创业企业很难精准地预测自身未来发展对互补资产的需求，重复的谈判和市场交易会给创业企业带来较高的交易成本。此时，公司风投机构的投资能为创业企业提供稳定的互补资产供应，提高创业企业对动荡环境的适应能力。

两位学者采用了美国无线通信服务、计算机硬件和半导体三个行业的创业企业为研究样本。聚焦于 1990～2003 年间获得过首轮融资的 508 家创业企业，并分析它们在 2009 年 1 月

1日以前是否成功进行IPO或破产清算。该研究选用此三个行业的创业企业是因为这三个行业都是公司风投活动较为活跃的行业并且对互补资产的需求存在差异性。例如，无线通信服务行业对专用性互补资产有较高的需求，计算机硬件行业更强调一般性互补资产，而半导体行业恰好处于二者之间。这使得研究者能根据行业的归属来划分不同创业企业对互补资产的需求。同时，作者还通过两种方法对市场不确定性进行衡量，并构建了整合变量。最后，作者采用二元常态机率模型（bivariate probit model）分析了不同资产专用性和市场不确定性条件下，公司风投的投资对创业企业实现IPO或避免破产清算的影响。研究结果较好地支持了作者的假设：当创业企业对专用性互补资产需求较高时，公司风投更有助于创业企业成功实现IPO，并降低失败风险；创业企业所处行业的不确定性较高时，公司风投的投资有助于创业企业降低失败率，但对创业企业的IPO没有显著促进作用。

这篇文章是国内外顶尖期刊上第一篇系统探讨公司风投对创业企业成长影响的研究，对公司风投与创业企业之间关系的研究产生了三个主要贡献。首先，以往研究更多地关注公司风投对母公司的战略影响（e.g. Dushnitsky，Lenox，2005；Wadhwa，Kotha，2006），这篇文章则转向创业企业的视角，采用交易成本经济学的理论逻辑，分析了创业企业利用公司风投互补资产时的收益与成本，从而探讨了公司风投在什么情境下能为创业企业成长提供价值。这篇文章为后续文献进一步探讨公司风投对创业企业的影响奠定了基础。其次，它也为创业企业与大公司之间的关系治理提供了启示。按照其理论逻辑，在行业资产专用性较高或市场不确定性较强时，创业企业更应该采用结构紧密的契约关系来确保稳定的资源供应。最后，它也是交易成本经济学的一个重要应用。以往交易成本经济学更多被用于解释企业的行为，而对企业绩效的关注较少。这篇文章关注创业企业的成长绩效，分析了不同契约安排下创业企业的成长效率。

埃莉萨·阿尔瓦雷斯-加里多和加里·杜希尼茨基：比较不同投资者互补资产的差异

帕克和斯特恩斯马的研究指出了公司风投的互补资产为创业企业成长带来的收益与成本，但其研究主要集中讨论了不同情境下公司风投的影响，并未系统分析公司风投机构与一般传统风险投资机构之间的差异性。与此同时，该研究主要关注了创业企业的整体财务绩效（即在观测期内是否会实现IPO或发生破产失败）。事实上，由于创业企业是技术创新的重要主体，有关不同类型投资者对创业企业技术创新绩效的影响，同样值得关注。埃莉萨·阿尔瓦雷斯-加里多（Elisa Alvarez-Garrido）和加里·杜希尼茨基2016年在《战略管理杂志》上发表了《创业企业的创新效率会受到投资者的互补资产影响吗？比较公司风投和独立风险投资对生物科技型创业企业的影响》一文，关注了公司风投对创业企业技术创新的影响。作者认为，随着风险投资活动的普及，投资机构的特质已经逐渐构成创业企业资源异质性的重要来源。公司风投机构与传统独立风险投资机构是两种存在典型差异的投资机构，其投资能对创业企业的创新活动带来不同影响。基于此，这篇文章系统分析了公司风投机构与一般风险投资机构的差异性，以及公司风投对创业企业技术创新影响的作用机制。

首先，该文章系统探讨了公司风投与独立风险投资的差异性，以及这种差异性如何影响创业企业的技术开发活动和产品商业化活动。独立风险投资一般是以财务收益最大化为主要目标的，投资机构的一般合伙人从第三方机构或有限合伙人处募集基金，并设立特定的投资范围与策略。在一个有效期内（如7～12年），投资机构会对基金进行清算，并把收益分配给有限合伙人。在这一过程中，风险投资经理凭借自己的专业知识为创业企业提供商业化的建议，并利用自身资源网络帮助创业企业获得后轮融资，最终目标是实现IPO。公司风投则通常将投资活动的财务收益和母公司的战略收益同时纳入考虑。公司风投作为母公司的一个业务单元，试图将创业企业的成长与母公司的发展联系起来，并且有着更长的投资期限。在此过程中，公司风投机构能帮助创业企业获取母公司的产业资源支持，如母公司的研发实验室资源、技术专家、生产设备和市场渠道等。这些母公司的产业资源是公司风投机构区别于一般独立风险投资机构的主要特质。对创业企业而言，其技术创新活动需要两方面的支持：新知识的摄入（帮助创业企业完成技术开发）以及规模化生产和商业化渠道（帮助创业企业完成新产品的测试）。因此，公司风投背靠母公司的产业链资源，能促进创业企业的创新效率。

其次，该文章进一步探讨了公司风投的互补资产对创业企业创新效率产生影响的作用机制。具体来说，文章根据创业企业的创新活动阶段，选取了两个调节变量，分别对创业企业技术开发阶段和产品商业化阶段活动产生影响。在技术开发阶段，作者考察了公司风投机构与创业企业之间的地理距离对公司风投互补资产作用的影响。当公司风投机构与创业企业处于相同区域时，创业者与公司风投机构的投资人以及母公司的技术专家之间的沟通成本会降低。而便捷的沟通既能促进创业企业与母公司之间高效的知识转移，又有利于创业企业使用母公司的研发资源来提升创新效率。因此，当公司风投机构与创业企业处于同一地理区域内时，公司风投对创业企业技术创新的促进作用可能更加明显。在产品的商业化阶段，作者则关注了创业企业对食品与药品监督管理局审批的需求对公司风投互补资产作用的影响。在生物科技行业的创业企业中，一部分企业需要得到食品与药品监督管理局的审批才能将产品大规模投入市场。这一审批过程需要创业企业完成多轮次的产品测试，并提供其具备大规模生产的资质。创业企业往往受限于资源短缺，难以通过内部自建的手段来达到审批条件。因此，公司风投机构的投资能极大地为创业企业进行产品测试和投入市场提供便利。基于这一逻辑，公司风投对创业企业创新效率的促进作用可能在创业企业面临审批压力时更为显著。

在研究设计方面，这篇文章聚焦于美国545家成立于1990～2003年的生物科技产业创业企业，分析创业企业获得公司风投机构的投资对其下一年的创新产出的影响。其中，创业企业的创新产出采用专利和研究成果的发表数量来进行衡量，公司风投机构的投资则采用二元变量进行衡量。作者采用两阶段分析模型，在模型的第一阶段利用公司风投资本的可得性等指标分析公司风投对创业企业的选择效应，然后将第一阶段模型的残差项放入第二阶段模型中，分析公司风投对创业企业创新的促进效应。研究发现，公司风投机构投资过的创业企业确实比仅被一般独立风险投资机构投资过的创业企业有更高的技术创新效率。同时，公司风投的这种积极影响，在创业企业对食品与药品监督管理局的审批有需求时，表现得更加显著。说明当创业企业有能力从母公司的互补资产中获益时，公司风投机构的投资更有价值。

这篇文章是有关公司风投对创业企业技术创新活动影响的重要研究。基于互补资产的理论逻辑，它比较分析了不同类型投资机构的投资如何影响创业企业的资源异质性和技术创新效率；加深了现有研究对公司风投互补资产的关注，并基于产业链的不同环节选取了调节变量，进一步分析了公司风投促进创业企业技术创新的作用机制。这项研究对创业企业与投资机构之间关系的相关研究做出三方面的贡献：①它强调了不同类型投资者之间的差异性，并说明这种投资机构的差异性是创业企业资源异质性的重要来源。②它系统分析了公司风投机构与一般独立风险投资机构在多个维度上的差异，并指出公司风投机构相比于一般独立风险投资机构的独特优势，即互补资产（包括有形资产和无形知识）能为创业企业的创新活动提供全产业链的支持。③它聚焦于生物科技行业，深入分析公司风投对生物科技行业创业企业不同维度创新成果（即专利和发表数量）的影响。生物科技行业是创新密集型行业，同时对互补资产有着较强的需求，对这一行业的细致分析，为后续相关研究提供了重要基础。

埃米莉·帕恩克等学者：关注不同制度逻辑影响下互补性资产的可得性

帕克和斯特恩斯马的研究，以及阿尔瓦雷斯-加里多和杜希尼茨基的研究都探讨了投资机构的互补资产给创业企业带来的影响。其隐含的假定是，只要投资机构拥有丰富的互补资产，创业企业就能借用这些资产，并创造出超额价值。然而，即使投资机构拥有充足的互补资产，创业企业使用这些资产也是有成本的。创业企业利用投资机构互补资产所创造的超额收益，并不一定总是高于这些互补资产的使用成本。埃米莉·帕恩克（Emily C. Pahnke）等学者认为，不同类型的投资机构采纳了各自的制度逻辑，它们只愿意向那些符合它们制度规范的创业企业提供资源支持。因此，创业企业使用投资机构的资源，需要承担额外的制度规范成本。基于此，埃米莉·帕恩克、丽塔·凯蒂拉（Riitta Katila）等学者2015年在《行政科学季刊》上发表《谁带着你跳舞？合作伙伴的制度逻辑如何影响创业企业的创新》一文，采用制度理论，对三种不同类型投资机构（一般独立风险投资机构、公司风投机构和政府背景的投资基金）所采纳的制度逻辑进行了系统探讨，并分析了在这些不同的制度逻辑下，投资者如何影响创业企业的技术创新和商业创新。

与之前的研究类似，这篇文章的出发点仍是投资者的互补资源能支持创业企业的成长。然而，作者强调，不同类型投资机构的制度逻辑往往是存在差异的。制度逻辑是一个组织域内的不成文的行为规范，定义了该组织域中的核心价值理念和行为规范。投资机构通常只向那些符合其制度逻辑规范的创业企业提供资源支持，因此这些制度逻辑会给创业企业获取投资机构的资源带来限制。例如，一般独立风险投资机构通常采纳"专业逻辑"，习惯采用合伙制的组织形式。专业的风险投资人将成功的投资案例作为其获取行业认可的关键要素，同时在与创业企业的互动过程中常常扮演着"建议者"的角色，为创业企业提供商业咨询。由于对财务回报的追求，一般独立风险投资机构的投资人将其主要注意力放在创业企业的商业成功上，因此，他们着重关注创业企业能否在特定时间范围内实现既定的业绩目标。在"专业逻辑"的导向下，一般独立风险投资机构通常有助于创业企业进行商业创新，而不利于创业企业开展技术创新。

不同于一般独立风险投资机构，公司风投机构通常采纳"公司逻辑"。作为母公司的一个业务单元，公司风投机构将产业背景作为投资人的一个重要标签。同时，公司风投机构的高级合伙人需要对母公司的战略意图有清晰的认知，对母公司的资源分布十分熟悉，并能调动母公司的产业资源。受到母公司战略导向的影响，公司风投机构的投资人虽然关注创业企业的技术创新，但是更加强调将创业企业的创新成果与母公司的战略发展紧密结合在一起。因此，公司风投机构往往会忽略对创业企业自身独立技术创新能力和商业创新能力的培育。换言之，当创业企业接受公司风投机构的投资时，尽管创业企业能利用母公司的互补资源来提高创新效率，但由于公司逻辑的制度规范要求，创业企业也需要分配资源来配合母公司的战略发展，从而可能会延缓自身的技术创新与商业创新。

政府背景的投资基金则采纳了国家逻辑（state logic）。这类投资机构通常聘用拥有较高技术知识水平的专家，代表社会普通民众来筛选和投资具有前沿技术和社会价值的项目。技术专家在投资机构中具有高度的决策与行为自主权，他们将培育创业企业的技术潜力作为主要行动导向。此外，在政府背景的投资基金中，一个典型的规范是，尽量扩大项目申请范围，从中选取最具技术潜力和公共价值的项目，然后给创业企业充分的创新自由度。在这种国家逻辑的影响下，被投资的创业企业能更有效地获取技术创新相关的资源，但不易于获得商业创新方面的支持。

在研究设计方面，作者选取了美国1986～2007年间微创外科医疗设备领域的198家创业企业作为研究样本，采用双重差分法分析了不同类型投资机构对创业企业技术创新与商业创新的影响。其中，创业企业的技术创新采用其专利申请数量来衡量，商业创新则通过其每年获得审批并投入市场的新产品数量来衡量。研究表明，一般独立风险投资机构倾向于选择技术创新能力较强的创业企业，但其投资并未显著帮助创业企业提高技术创新绩效，相反，有助于创业企业提高商业创新效率。公司风投机构同样选择技术创新实力更强的创业企业作为投资对象，然而其投资没有显著提升创业企业的技术创新或商业创新。此外，在进一步分析中，作者还发现，当公司风投机构与创业企业的业务相关性较高时，其投资更加不利于创业企业的技术创新。这一发现跟现有其他研究存在一定矛盾（e.g. Chemmanur, et al., 2014），值得学者们进行进一步的讨论与拓展。最后，政府背景的投资基金也被发现并不利于创业企业的技术创新。作者的解释是，国家逻辑的导向下，项目主管及其聘请的第三方科学家评审人通常倾向于给创业企业足够的创新空间，以至于互动和资源支持不够积极，从而导致了不符合预期的效果。

这项研究基于制度逻辑的理论视角，综合分析了不同类型投资机构对创业企业成长的影响，丰富和补充了现有研究，有助于学者们更加全面地认识公司风投对创业企业的影响机制。具体来说，这篇文章的理论贡献可以总结为三个方面：①对公司风投的研究而言，它提出了"使用投资者的互补资产需要付出成本"的论断。以往文献更多地考虑了公司风投的互补资源给创业企业带来的赋能效应，而对公司风投带给创业企业的限制考虑较少。值得关注的是，尽管创业企业能借助公司风投的互补资源来创造超额价值，但由于公司风投需要优先满足母公司的战略需求，创业企业并不总是能分享到较高的价值（Dushnitsky, et al., 2021）。因此，这篇文章进一步丰富了有关公司风投对创业企业成长影响的研究。②它也系统比较了不同类型投资机构的制度逻辑，为学者们全面认识风险投资行业中的核心参与主体，以及公司风投在行业中的地位与角色，提供了重要支持。③它对制度理论的发展做出了贡献。以往研究更加关注一个组织域的逻辑对其中组织的影响，而这篇文章进一步考察了投资机构作为制度逻辑的载体，对投资对象的影响，有助于深化制度逻辑的理论探索。

未来研究方向

战略管理研究的一个核心问题是企业的异质性从何而来。对创业企业而言，投资者是重要的资源提供者，但同时也可能给创业企业带来资源使用的限制。从上述分析可以看出，有关公司风投对于创业企业成长影响的研究，学者们已经进行了较为综合全面的讨论——从关注公司风投的影响到比较不同类型投资机构（通常是比较公司风投机构与一般独立风险投资机构）的作用，从考察创业企业的整体成长绩效（如IPO和破产失败等）到更具体的创新绩效（包括技术创新与商业创新等），以及从探讨公司风投互补资产的赋能效应到关注使用投资者互补资产可能带来的成本等。这些研究为我们分析公司风投的影响提供了坚实的基础。与此同时，同样值得关注的是，现有研究也有一些值得拓展的方面。例如，无论在美国情境下，还是在中国情境下，有关公司风投对创业企业的影响，都得到了彼此矛盾的研究发现（Pahnke, et al., 2015; Alvarez-Garrido, Dushnitsky, 2016; 王雷，周方召，2017; 薛超凯等，2019），这些研究发现的边界条件是什么？在研究方法上，现有研究通常聚焦于一个或几个特定的行业，基于这些特定行业的研究结论，能从多大程度上推广到其他行业？可见，未来研究可以在现有文献的基础之上，进一步进行拓展。我们主要从以下几个方面进行讨论：

阿尔瓦雷斯－加里多和杜希尼茨基的研究指出了不同类型投资机构的资源异质性，强调了公司风投机构作为一种新的投资机构所具备的独特资源优势，有助于启发有关不同类型投资机构在风险资本市场中扮演不同角色及其之间交互作用的研究。创业企业在成长过程中通常会向多个投资机构寻求融资，未来研究可以进一步考察不同类型投资机构的资源协同效应。对投资者组合的构建能帮助创业企业建立有竞争力的资源基础。不同投资机构有着异质化的资源背景，这些机构的联合投资（或相继投资）如何对创业企业产生综合影响？

帕恩克等学者的研究则分析了不同类型投资机构给创业企业带来的成本和限制，有助于启发学者们进一步探讨公司风投促进创业企业创新和成长的边界条件。具体来说，公司风投对创业企业的综合影响可能取决于其支持效应（即使用互补资产带来的便利）和限制效应（即使用互补资产带来的成本）的共同作用。基于这一思路，未来研究可以分析边界条件和互动机制如何影响创业企业从公司风投机构的投资中获得的综合收益。此外，公司风投对创业企业的影响也可能体现在多个不同维度的绩效上。例如，乌祖格布南（Uzuegbunam）等学者（2019）分析了公司风投对创业企业在专利产出和商标产出方面的不同作用。未来研究也可以进一步分析公司风投对创业企业不同维度绩效的影响。

帕克和斯特恩斯马的研究则指出了公司风投的互补资产在不同行业中发挥着不同的作用，有助于启发有关跨产业和不同情境下对公司风投效应的研究。值得一提的是，现有研究更多集中于美国市场条件下的高科技产业（如医疗设备、生物科技和计算机相关行业）。我国的市场环境和产业条件都与西方情境存在差异，未来研究还可以结合我国的市场特征，采用多行业的研究数据，分析我国公司风投对创业企业的综合影响。杜希尼茨基等学者（2021）指出，我国的市场环境与美国情境至少在五个方面存在差异：经济增长、产业结构、风险投资市场、技术创新和创业活动的核心驱动力等。这些因素可能会影响我国公司风投在创业企业成长过程中所发挥的作用。例如，我国公司风投活动更多地集中于互联网相关的领域中，在国内消费高速增长的经济背景下发展起来，而现有研究很少关注互联网服务、电子商务等我国公司风投活动活跃的领域。这一研究空白也为进一步的研究拓展提供了机会。

研究设计与应用拓展

如果你对公司风投如何影响创业企业的成长这一话题感兴趣，那么你首先要明确公司风投的互补资产对创业企业是否有价值，以及创业企业使用公司风投的互补资产会产生怎样的成本。互补资产的理论逻辑为这一系列研究提供了关键支撑（Teece, 1986），创业企业利用公司风投互补资产的效率是其获得成功的关键。同时，创业企业使用公司风投的互补资产时面临两类成本：需要分配资源以满足母公司的战略需求（Pahnke, et al., 2015），以及不能获取其他渠道同类资源的机会成本（Park, Steensma, 2012）。对公司风投影响的综合分析，能帮助研究者了解创业者的资源获取策略及其所带来的多样化效果。

在研究设计上，这类研究需要面对的一个核心问题是区分选择效应（selection effect）与处理效应（treatment effect）。具体来说，当公司风投所支持的创业企业获得高绩效时，这既可能是因为公司风投选择了拥有较高绩效的创业企业，也可能是公司风投的支持促进了创业企业的成长。因此，在实证研究中，学者们一般会采用双重差分法（Pahnke，et al.，2015）和两阶段分析方法（Alvarez-Garrido，Dushnitsky，2016）等。此外，为了对公司风投的处理效应进行更深入的分析，学者们也常常采用混合方法，即采用多案例分析配合二手数据分析的方法对公司风投的具体影响机制进行分析。例如，帕克和斯特恩斯马（2012）在研究过程中访谈了多家正在进行融资的创业企业和2家公司风投机构等，并结合二手数据对公司风投的作用机制进行了探讨。类似地，帕恩克等学者（2015）在研究中也对40多位行业专家进行了访谈，并将访谈内容作为理论推演和结果解释的重要支撑。

不仅如此，数据库的构建和变量的测量等，同样值得学者们关注。例如，构建公司风投对创业企业影响的数据库，通常需要基于创业企业来进行数据收集。上文所提及的三篇文章，主要采用了 VentureXpert 和 VentureSource 等数据库来收集创业企业及其投资人信息，同时结合了 Compustat、SDC Platinum、Lexis Nexis 等数据库进一步补充创业企业和投资机构的背景信息，并利用美国专利数据库（USPTO）和 Web of Science 等渠道获取了创业企业的绩效信息，从而构建了面板数据。如果你想尝试自己构建一个数据库，用于研究公司风投对创业企业的影响，那么创业企业信息的可得性和公司风投的识别，是值得思考的方向。若能获取创业企业更细致的行为与绩效信息，并准确识别其投资者的背景，将是在该领域内做出重要研究的关键一步。而在测量方面，当前研究主要采用了二元变量来反映公司风投机构在某一年度是否投资了创业企业，其关键点是识别公司风投对创业企业进行投资的准确时间。如果有条件获得公司风投机构的具体投资比例，未来研究也可以进一步分析其持股比例对创业企业的影响。

◆ 参考文献

Alvarez-Garrido, E., and Dushnitsky, G., 2016, "Are entrepreneurial venture's innovation rates sensitive to investor complementary assets? Comparing biotech ventures backed by corporate and independent VCs", *Strategic Management Journal*, Vol. 37, No. 5: 819-834.

Chemmanur, T.J., Loutskina, E., and Tian, X., 2014, "Corporate venture capital, value creation, and innovation", *Review of Financial Studies*, Vol. 27, No. 8: 2434-2473.

Dushnitsky, G., and Lenox, M.J., 2005, "When do incumbents learn from entrepreneurial ventures? Corporate venture capital and investing firm innovation rates", *Research Policy*, Vol. 34, No. 5: 615-639.

Hsu, D.H., 2006, "Venture capitalists and cooperative startup commercialization strategy", *Management Science*, Vol. 52, No. 2: 206-219.

Katila, R., Rosenberger, J.D., and Eisenhardt, K.M., 2008, "Swimming with sharks: technology ventures, defense mechanisms and corporate relationships", *Administrative Science Quarterly*, Vol. 53, No. 2: 295-332.

Park, H.D., and Steensma, H.K., 2012, "When does corporate venture capital add value for new ventures?", *Strategic Management Journal*, Vol. 33, No. 1: 1-22.

Pahnke, E.C., Katila, R., and Eisenhardt, K.M., 2015, "Who takes you to the dance? How partners' institutional logics influence innovation in young firms", *Administrative Science Quarterly*, Vol. 60, No. 4: 596-633.

Teece, D.J., 1986, "Profiting from technological innovation: implications for integration, collaborating, licensing, and public policy", *Research Policy*, Vol. 15, No. 6: 285-305.

Tripsas, M., 1997, "Unraveling the process of creative destruction: complementary assets and incumbent survival in the typesetter industry", *Strategic Management Journal*, Vol. 18, No. S1: 119-142.

Wadhwa, A., and Kotha, S., 2006, "Knowledge creation through external venturing: evidence from the telecommunications equipment manufacturing industry", *Academy of Management Journal*, Vol. 49, No. 4: 819-835.

Williamson O.E., 1985, *The Economic Institutions of Capitalism*, Free Press: New York.

Williamson O.E., 1991, "Comparative economic organization: the analysis of discrete structural alternatives", *Administrative Science Quarterly*, Vol. 36, No. 2: 269-296.

Uzuegbunam, I., Ofem, B., and Nambisan, S., 2019, "Do corporate investors affect entrepreneurs' IP portfolio? Entrepreneurial finance and intellectual property in new firms", *Entrepreneurship Theory and Practice*, Vol. 43, No. 4: 673-696.

杜希尼茨基, 余雷, 路江涌. 公司创业投资: 文献述评与研究展望[J]. 管理世界, 2021（7）: 198-216.

王雷, 周方召. 公司创业投资比独立创业投资更能促创新吗? ——基于上市公司的实证研究[J]. 科学学与科学技术管理, 2017, 38（10）: 120-134.

薛超凯, 任宗强, 党兴华. CVC 与 IVC 谁更能促进初创企业创新? [J]. 管理工程学报, 2019（4）: 38-48.

▣ 文献推荐

Alvarez-Garrido, E., and Dushnitsky, G., 2016, "Are entrepreneurial venture's innovation rates sensitive to investor complementary assets? Comparing biotech ventures backed by corporate and independent VCs", *Strategic Management Journal*, Vol. 37, No. 5: 819-834.

Pahnke, E.C., Katila, R. and Eisenhardt, K.M., 2015, "Who takes you to the dance? How partners' institutional logics influence innovation in young firms", *Administrative Science Quarterly*, Vol. 60, No. 4: 596-633.

Park, H.D., and Steensma, H.K., 2012, "When does corporate venture capital add value for new ventures?", *Strategic Management Journal*, Vol. 33, No. 1: 1-22.

● 代表性学者

埃莉萨·阿尔瓦雷斯-加里多（Elisa Alvarez-Garrido）

在宾夕法尼亚大学沃顿商学院获得博士学位, 现任南卡罗来纳大学达拉摩尔商学院助理教授。她的研究主要关注国际创业与创新, 包括投资者对创业企业的影响、制度情境、投资者特征和创业企业技术基础的影响等。她在《战略管理杂志》、《自然生物技术》(*Nature Biotechnology*) 等期刊上发表多篇论文。E-mail：elisa.alvarezgarrido@moore.sc.edu。

加里·杜希尼茨基（Gary Dushnitsky）

在纽约大学获得哲学博士学位，现任伦敦商学院战略与创业副教授。他的研究兴趣是从经济学视角来研究创业和创新，具体关注创业融资、公司风险资本、众筹融资，在《组织科学》《战略管理杂志》等期刊上发表多篇论文。他2013年获得SMS新秀学者奖，担任《战略创业杂志》的联合编辑及《组织科学》的高级编辑。E-mail：gdushnitsky@london.edu。

丽塔·凯蒂拉（Riitta Katila）

在得克萨斯大学奥斯汀分校获得博士学位，现任斯坦福大学管理科学与工程系教授。她的研究关注创新战略与组织学习，采用机器学习、统计分析和混合方法对相关主题进行研究。同时，她也是大公司创新、竞争战略和公司创业方面的专家。她的研究成果发表在《行政科学季刊》《战略管理杂志》《组织科学》《管理学杂志》等期刊上。E-mail：rkatila@stanford.edu。

埃米莉·帕恩克（Emily C. Pahnke）

在斯坦福大学获得博士学位，现任纽约大学斯特恩商学院副教授。她的研究主要关注创新、创业和创业融资。具体研究主题如创业者的身份和资源获取对其创新和IPO绩效的影响等。她的研究成果发表在《行政科学季刊》《管理学杂志》《战略管理杂志》《战略创业杂志》等期刊上。E-mail：eacox@uw.edu。

风险投资与创业企业的互动关系及其行为影响

◎ 沈 睿

浙江大学管理学院

风险投资在推动我国新创企业发展和科技创新中扮演着关键角色。据投中数据显示，2021年我国613家新上市的企业中有风险投资支持的比例为68.68%，其中，对科创板企业的渗透率更是高达85.80%。在由风险投资支持的创业企业大量涌现的背景下，风险投资对创业企业行为和绩效的影响却各不相同。如何解释风险投资对创业企业行为和绩效的差异化影响成了值得关注的研究话题。从已有研究来看，风险投资与创业企业的关系问题一直是创业研究关注的热点领域，早期研究聚焦于风险投资与创业企业的关系本质（Arthurs，Busenitz，2003），近年来研究逐渐拓展到风险投资与创业者的特征如何交互影响创业企业的关键决策，关注到二者之间的相互依赖关系（Park, et al., 2016），并进一步深化到风险投资与创业企业如何互动这一话题（Di Lorenzo，van de Vrande，2019；Huang，Knight，2017），研究日益贴近实践。

事实上，尽管风险投资能为创业企业带来资本、知识和社会关系等关键资源，但这些资源要转化为创业企业的竞争优势并非易事，关键在于风险投资与创业企业间互动过程的有效性。风险投资与创业企业间潜在的信息不对称、利益诉求不一致、资源和能力结构不同等都决定了双方之间互动关系的复杂性（Collewaert，Fassin，2013；Lim，Cu，2012；Pahnke，et al., 2015；Paik，Woo，2017）。拘泥于风险投资方或创业企业方单一视角的研究难以系统解释为何同样拥有风险投资支持的企业在绩效上会呈现出显著差异。为此，将风险投资与创业企业的互动关系作为研究焦点，探讨双方的关系属性、关系内容并揭示互动过程机理有利于我们从更加系统、更具动态性的视角理解风险投资和创业企业如何共同塑造企业的行为和绩效，也能为创业者如何理性地选择风险投资人、科学地管理好与风险投资人的关系提供参考。

乔纳森·亚瑟斯和洛厄·布森利兹：重新定义风险投资人–创业企业的关系本质

乔纳森·亚瑟斯（Jonathan D. Arthurs）和洛厄·布森利兹2003年在《创业理论与实践》

⊖ 本文是国家自然科学基金青年项目"风险投资与创业企业的互动过程及对创新的影响机制研究"（72002196）、浙江省自然科学基金青年探索项目"联合风险投资的形成机理及对企业绩效的影响研究：基于竞合关系的视角"（LQ21G020007）资助的阶段性成果。

上发表《代理理论和管家理论在解释风险投资人–创业者关系时的边界与局限性》一文，在对风险投资人与创业者之间"委托–代理"（principle-agent）关系的成因进行剖析的基础上，系统地阐述了代理理论和管家理论在解释双方关系时的局限性，指出创业者在该关系中的主体性作用，以及风险投资研究不能忽视和脱离创业者、创业企业特征，为后续研究风险投资人与创业企业的互动提供了重要参考对象。

早期关于风险投资与创业企业关系的研究大多将代理理论作为解释双方之间关系的主要理论视角（Sahlman, 1990；Sapienza, Gupta, 1994）。该视角下的研究认为，考虑到双方之间的信息不对称，风险投资人作为资金的委托人，很难核实创业者作为代理人产生的侵蚀投资人利益的动机和行为；因此，风险投资人需要通过一系列监督和激励手段加强对创业者行为的管理，以避免投资损失。然而，代理问题产生的前提之一就是委托人和代理人的目标不一致，该前提在风险投资情境下一定成立吗？风险投资人和创业者之间必然存在目标冲突吗？

亚瑟斯和布森利兹的研究对这一问题进行了回应：第一，风险投资人与创业者之间的目标是否一致取决于所处的时间阶段。在达成投资协议前，风险投资人的目标是避免错误决策，而创业者的目标是最大化企业的利益和发展，双方的目标不一致，因此风险投资人会通过尽职调查降低决策风险。在投资决策后，风险投资人与创业者的目标趋于一致，双方都以创业企业能获得成功为最终目的，此时风险投资人与创业者已经超出了委托人–代理人的关系，逐渐形成基于共同目标的合作关系。第二，不同于传统委托–代理关系所假定的代理人需要在委托人的监督和激励下才能关注企业的长期目标，创业者自身对创业企业的成功和长期发展有着强烈的渴望。一方面，即使引入了风险投资人，创业者仍对创业企业保留较高的所有权，企业失败带给创业者的损失并不会比风险投资人小；另一方面，创业者对企业的发展路径有着主观判断和选择，他们往往扮演着主人翁的角色，不会完全依赖和服从风险投资人的规划。因此，代理理论并不能完全解释风险投资人与创业者之间的关系，尤其是在投后阶段，这也为后续学者们探讨双方在投后阶段的复杂互动提供了新的机会。

基于上述核心判断，亚瑟斯和布森利兹在文中明确指出："将注意力从创业者身上转移不利于创业研究理论的良好发展。"代理理论和管家理论过多强调风险投资人的监督和激励措施，忽略了创业者自身动机与能力在机会识别、关键决策形成中的决定性作用。未来的风险投资研究需要考虑到创业者在风险投资人与创业企业关系中的主体地位，尝试以创业者为中心来回应"风险投资人如何帮助创业者更好地利用他们自身的资源和能力，促进创业企业的成长"这一问题。为此，二位学者提出了三个值得继续探索的方向。一是不局限于所有权和管理权的分离。风险投资人与创业者之间并不仅仅是委托和代理的关系，风险投资人的介入也不单纯是一种监督手段，未来的研究需要考虑到双方之间不断建立的信任关系，并将风险投资人的介入视为一种联盟与合作，双方共同作用于创业企业的发展。二是不局限于财务所有权。对创业者而言，他们对企业的心理所有权可能会超出财务所有权，高心理所有权会激励他们持续投入，但同时也让他们难以接受风险投资人的过度介入，如何平衡双方之间的关系，使风险投资人发挥除了财务价值之外的其他价值、助力创业企业成长是值得进一步关注的话题。三是创业者的中心地位。风险投资人毋庸置疑为创业者提供了价值增值（value-adding），但不可忽视的是创业者在双方关系中扮演的关键角色。企业的创立建立在创业者和他们所拥有的独特资源的基础之上，未来的研究需要更多地考虑风险投资人如何发掘和利用创业者的资源和能力以构建企业的竞争优势,将风险投资人与创业者的关系视为一种互补性关系而非单向的资源输入与被动接受关系。

这篇文章对理解风险投资与创业企业的关系有着重要意义,为后续研究风险投资人与创业企业之间的互动提供了有价值的参考。首先,它挑战了早期风险投资与创业企业关系研究的基本假设,即双方目标不一致,指出风险投资人与创业者之间存在着超出传统委托－代理关系的信任和合作,这种合作关系在投后阶段尤为突出。其次,它凸显了风险投资人与创业者关系中创业者的主体性,对早期以风险投资为主体,探讨风险投资如何决策、如何监督和激励创业者的研究形成了有益补充。最后,它所揭示的风险投资与创业企业间关系的复杂性和动态性,很大程度上为后续研究中资源依赖、组织学习、社会网络等不同理论视角的引入和跨阶段的动态研究提供了依据和支撑。

赫曼·丹尼斯·帕克和丹尼尔·扎巴尔:基于相互依赖关系的经典研究

亚瑟斯和布森利兹的研究通过理论分析,阐述了代理理论在解释风险投资人－创业企业关系中的边界性和局限性,尤其是对投后阶段双方关系的解释力度不足,但并未指出风险投资人与创业企业在投后建立的究竟是何种关系,以及该关系对创业企业的发展有何影响。赫曼·丹尼斯·帕克和丹尼尔·扎巴尔(Daniel Tzabbar)2016年在《组织科学》上发表了《风险投资、CEO权力来源及新创企业不同阶段的创新》一文,从资源依赖视角探讨了风险投资人与创业企业的风险偏好、资源能力和相互依赖如何共同作用于创业企业的创新。

与亚瑟斯和布森利兹的观点相似,帕克和扎巴尔也认为风险投资人与创业企业之间的关系并不是传统的委托和代理关系,而是相互依赖的关系。风险投资人拥有对财务资源的自由裁量权,而创业者拥有知识和能力来配置资源以实现组织目标,二者在关键资源和决策上的相互依赖关系塑造着创业企业的战略选择。但与亚瑟斯和布森利兹的研究相比,这篇文章将时间维度的影响刻画得更为具体,明确指出即使是在投后阶段,风险投资人的利益诉求和风险偏好也不是一成不变的。在创业企业的发展初期,风险投资人倾向于鼓励创业者采取高风险行动,以实现市场价值的增长,而在成熟期,风险投资人更加关注企业的盈利能力和商业可行性,可能会阻止创业企业采取高风险行动,以保护企业的现有价值。不同阶段投资人的偏好影响着财务资源的流向和配置,进而影响创业企业的创新活动。

除了对早期和后期风险投资人偏好的考量外,这篇文章将创业者的动机和能力置于风险投资人与创业企业关系中的主体地位,引入了CEO权力来源这一权变因素,看似只是在风险投资与企业创新的关系中额外考虑了CEO权力特征的影响,却很好地揭示了风险投资人与创业企业之间的相互依赖关系是如何发挥作用的。首先,创业企业CEO权力反映的是风险投资人对创业者知识与能力的依赖程度,CEO权力越大,风险投资人在关键决策中对CEO的依赖越明显。这种依赖关系会导致两种相互作用的方式:当双方目标一致时相互加强和促进,而当双方目标不一致时相互制衡或约束。那么,如何判断创业企业与风险投资人的目标是否一致呢?帕克和扎巴尔认为,这取决于CEO的权力来源和企业所处阶段。

具体而言,结构性权力来自对企业核心资源的控制,拥有高结构性权力的CEO往往对企业创新有着乐观预期,希望企业能通过创新获得长足发展;专业性权力则来自专业知识的积累,拥有高专业性权力的CEO能通过自身的专业知识和经验帮助企业达到开发与探索之间的平衡。与风险投资人不同阶段的目标进行对比,不难发现,很多情况下风险投资人与创业者的目标并不一致，但目标不一致带来的相互约束并不一定会损害创业企业的发展。例如，CEO 的结构性权力在企业发展后期能很好地约束风险投资人的行为，避免投资人采取短期导向的逐利行为，保护创业企业的利益；CEO 的专业性权力在早期和后期均有助于企业系统评估创新的风险，做出更为理性的决策。可见，风险投资人与创业企业之间的资源依赖关系在创业企业的关键决策中扮演着积极的角色，有助于双方相互约束和纠偏，提高决策质量，最大化共同价值创造。

在研究设计方面，考虑到生物技术行业大多将专利授权和专利背后的技术视为主要创新产出，数据可得性和代理变量的准确度较高，以该行业为情境开展的创新研究并不鲜见。而这篇文章选取生物技术行业作为研究情境的另一大优势在于，风险投资在生物技术企业的生命周期中扮演着至关重要的角色，不论是在基础研究还是在提交美国食品药品监督管理局（FDA）批准阶段，生物技术企业很大程度上都依赖外部资金来支撑其研发活动，因此为研究风险投资对企业不同阶段创新产出的影响提供了理想的场景。在数据方面，作者从多个数据库中收集了 482 家曾获得风险投资的生物技术企业自创立以来至 2003 年的数据，构建了 21 088 个以企业－季度为单元的观测值，并以企业年龄为标准对早期、中期和后期进行了划分，用于检验不同阶段风险投资的介入与 CEO 对创新的交互影响。

这篇文章很好地回应了亚瑟斯和布森利兹指出的代理理论两个方面的局限性。第一，针对缺乏对投前和投后阶段的区隔以及不同阶段目标一致性的考量这一问题，帕克和扎巴尔将研究聚焦于风险投资的投后阶段，并以创业企业的发展阶段为时间区隔，更为细致地探讨了风险投资人和创业者目标的动态变化和一致性程度，为后续研究探索风险投资人与创业企业的复杂关系、互动过程提供了重要参考。第二，针对对创业者主体性作用关注不够的问题，这篇文章不仅将 CEO 特征作为影响风险投资与企业创新间关系的权变因素引入分析模型中，而且通过 CEO 结构性权力和专业性权力刻画出了风险投资人对创业企业的依赖类型和程度，对理解不同依赖程度下风险投资与创业企业的互动关系如何变化有很大帮助。

在亚瑟斯和布森利兹研究的基础上，这篇文章也深化了我们对风险投资与创业企业间关系本质的理解。不同于由信息不对称和目标冲突导致的委托－代理关系，这篇文章强调的是由风险投资与创业企业在资源与能力结构方面的差异所导致的相互依赖关系，这种依赖关系进一步影响着双方之间的互动过程，以及创业企业的资源配置与行为选择。研究结论也清晰地表明，创业企业的创新程度并非由风险投资与创业者单方面的动机或能力所决定的，而是取决于双方之间的"动态匹配"，这种匹配体现在风险偏好、动机与目标、资源与能力等各个维度。

弗朗西斯科·迪洛伦佐和瓦雷斯卡·范德·弗兰德：基于互动行为和内容的探索

虽然说帕克和扎巴尔的研究将风险投资人与创业者双方的关系特征拉入了研究视野当中，拓展了早期聚焦于投资人或创业者单一主体的研究，但他们对双方关系的刻画仍停留在客观特征的基础上，旨在定义双方之间的关系属性，但对风险投资人与创业企业究竟是如何互动、互动的内容是什么、互动的效果如何等问题尚未展开探讨。弗朗西斯科·迪洛伦佐（Francesco Di Lorenzo）和瓦雷斯卡·范德·弗兰德（Vareska van de Vrande）2019 年在《战略创业杂志》上发表了《挖掘在位企业的知识：公司风险投资和发明家流动性的作用》一文，探讨了创业企业如何与公司风险投资（CVC）建立互动关系、挖掘和利用在位企业价值以实现创新。

不同于帕克和扎巴尔的研究对风险投资人和创业者创新动机的关注，这篇文章将焦点放在创新能力上，探讨风险投资人能否以及如何为创业企业的创新赋能的问题。这一问题看上去并不新颖，早期已有大量研究证实除了资金，风险投资人还能为创业企业带来创新所需的知识、资源与能力，促进企业创新。与以往的研究相比，这篇文章最大的亮点是在财务资源、知识资源的流动之外，识别出了人员流动这一互动机制，并将人员流动视为风险投资人与创业企业之间知识转移的纽带和保障。基于对1992～2005年间获得英特尔投资的创业企业数据的实证研究，学者们发现投资关系本身不足以带来知识的转移，创业企业能否有效利用风险投资人的知识在于是否有发明者从投资方离职并加入创业企业。

那么，为什么会关注到人员流动的机制？这是迪洛伦佐和范德·弗兰德在理论与实践的交互中提出的研究问题。从理论上看，创业企业获取外部知识与资源的两种主要渠道就是建立企业间关系以及雇用外部人员，因此，投资关系的建立和投资方人员的加入都是为创业企业带来新资源的潜在机制。从实践来看，在风险投资情境中，尤其是在公司风险投资中，创业企业能否很好地挖掘并利用企业投资方的知识还有待验证。建立在公司风险投资关系基础上的互动机制，如共同研发等活动，能显著促进双向的知识流动；而创业企业为了避免知识被大企业侵占，往往会选择向跨行业的大企业寻求融资，双方之间知识的差异性降低了创业企业获取大企业知识的可能。此时，建立在人员流动基础上的互动关系可能成为知识转移的纽带，不仅能为创业企业带来隐性知识，而且能促进双方之间的社会互动，促进知识流动。

迪洛伦佐和范德·弗兰德选择了1992～2005年接受了英特尔投资或有从英特尔离开的发明者加入的创业企业为样本。作为1990～2000年半导体行业最大的公司风险投资人，英特尔多次被学者用于公司风险投资相关的研究中。具体的数据构建过程包括以下步骤：第一步，依据发明人专利及所属机构信息，识别发明人的流动情况以及流出、流入的企业名称，形成观测期内有来自英特尔的发明人流入的企业名称列表；第二步，将有发明人流入的企业名录与VentureXpert数据库中企业融资情况进行匹配，得到有融资记录的113家样本企业，这113家企业均有英特尔的发明人加入，涉及233次发明人流动；第三步，收集上述企业各轮次的融资情况，其中有25家企业曾获得过英特尔的投资；第四步，收集英特尔投资过的所有企业名录，识别没有发明人流入但获得过英特尔投资的企业，共计304家。

通过上述步骤，这篇文章构建了三组样本，分别是有英特尔发明人加入但未获得英特尔投资（88家）、获得英特尔投资但无英特尔发明人加入（279家）、同时有英特尔发明人加入和获得英特尔投资（25家），并采用广义精准匹配（coarsened exact matching）的方式匹配了反事实的对照组。基于以上样本，这篇文章发现获得投资和吸引人才是两种不同但互补的渠道，获得公司风险投资的创业企业反而会减少对大企业专利的利用，直到有发明人从大企业流动到创业企业中时，创业企业对大企业专利的引用才会明显增多，由此也反映出两个渠道的结合才能有效提高创业企业对公司风险投资人知识的挖掘与利用。

迪洛伦佐和范德·弗兰德的这一研究的意义在于揭示了公司风险投资人与创业企业之间的复杂互动关系。不同于帕克和扎巴尔对双方目标一致性和资源依赖程度的关注，这篇文章试图回答在双方目标一致、动机与能力恒定的前提下，为何有的创业企业能挖掘公司风险投资人的价值而有的创业企业不能。研究发现，创业企业能否挖掘和利用公司风险投资人的知识取决于双方之间的互动机制，财务资源的流动并不能带来知识的转移，真正起决定性作用的是个体工作流动带来的社会互动，建立在财务关系基础上的社会互动能显著提升创业企业对企业投资人知识的利用。虽然说公司风险投资与普通风险投资相比有一定的情境特殊性，但是上述互动机制对理解一般情境下风险投资人与创业企业的互动关系也有着重要的参考价值。

未来研究方向

组织与战略理论解决的核心问题就是企业行为是如何产生的、绩效差异来源于何处。基于此，大量风险投资领域的学者开始关注到风险投资在创业企业的行为和绩效中扮演的关键角色，从不同视角探讨了风险投资的异质性如何对创业企业产生不同的影响。与此同时，考虑到创业者的动机、资源和能力对创业企业机会识别、开发等活动的决定性影响，创业者自身的作用也不容忽视，由此引发了学者们对风险投资与创业企业关系的关注。正如戈尔曼（Gorman）和萨尔曼（Sahlman）（1989）所指出的，风险投资人在投后管理上大约需要花费60%的时间，在此过程中，风险投资与创业企业之间存在着复杂的互动关系。理解风险投资与创业企业间的关系属性、关系内容与互动机制对解释风险投资对创业企业行为和绩效的差异化影响至关重要。

上述三篇文章隐含了该领域研究的发展趋势，也体现出了学者们对创业企业行为和绩效差异归因的转变。亚瑟斯和布森利兹系统分析了早期研究以风险投资人为主体、将风险投资人与创业者的关系视为委托－代理关系的局限性，呼吁需要突出创业者动机与能力在双方关系中的主体性作用，研究风险投资人如何帮助创业者利用自身的资源与能力实现创业企业的快速成长。帕克和扎巴尔的文章一定程度上回应了代理理论在解释风险投资人与创业者关系时的局限性问题，将风险投资人与创业者之间的关系定义为一种由资源与能力结构差异所导致的相互依赖关系，在此基础上，阐释了同时关注风险投资人和创业者特征以及二者之间的动态匹配如何影响企业决策的必要性。迪洛伦佐和范德·弗兰德的文章则进一步深入风险投资与创业企业究竟是如何互动、互动的内容和效果如何这一话题，发现双方之间基于人员流动的社会互动对创业企业能否挖掘和利用投资人的价值起到了决定性作用。从这三篇文章中不难发现，学者们从将创业企业行为与绩效间的差异归因于风险投资人的异质性，到关注创业者和创业企业的异质性，进一步发展到将该差异归因于风险投资与创业企业间互动关系的异质性，这也印证了"风险投资与创业企业是如何互动的"这一话题的重要性和前沿性，值得未来继续深化探索。

亚瑟斯和布森利兹的研究有助于启发关于风险投资与创业企业关系属性和关系治理的研究。具体而言，在何种情况下，风险投资与创业企业之间存在委托－代理关系，而何时又会转化为信任关系？近年来已有一些研究关注到了风险投资与创业企业之间存在着多维度的关系，大致可划分为以合约为基础的契约关系（Fu, et al., 2019；Hirsch, Walz, 2013）、以社会网络为基础的信任关系（Lim, Cu, 2012；Kim, et al., 2019）和以资源为基础的交换关系（Park, et al., 2016）。那么，不同类型的风险投资与创业企业关系是如何形成的，建立在不同关系基础之上的双方又是如何实现交互的，都是值得进一步研究的话题。

帕克和扎巴尔的研究引发了学者们对风险投资与创业企业间相互依赖关系的关注，有助于启发双方如何实现动态匹配以促进创业企业成长的研究。更为重要的是，这篇文章关注到了CEO权力来源这一微观层面因素的影响，为未来探讨风险投资与创业企业间互动关系的研究提供了参考对象。事实上，风险投资与创业企业间的互动关系很大程度上是建立在个体层面互动的基础上的（Haeussler, et al., 2019；Hegde, Tumlinson, 2014；Huang, Knight, 2017），投资人与创业者在个人特质、工作经历、社会网络等方面的一致性和互补性都有可能影响双方互动关系的形成，进而影响创业企业的关键决策，值得继续研究。

迪洛伦佐和范德·弗兰德的研究则启发了学者们从动态、系统视角思考风险投资与创业企业间的互动机制。如果说以往研究关注的是风险投资与创业企业间关系本身的话，迪洛伦佐和范德·弗兰德的研究则告诉大家，双方之间互动的内容是什么、渠道有哪些、效果如何。在此基础上，未来研究可进一步探索风险投资与创业企业在人员、资源、网络等维度上的互动如何作用于创业企业的行为和绩效。此外，除了风险投资与创业企业的二元互动关系外，其他利益相关者乃至整个创业生态系统如何影响双方的互动过程及结果也是值得关注的理论问题。例如，帕恩克等学者（2015）发现，当风险投资人的投资组合中存在创业企业的潜在竞争者时，会直接影响风险投资人与创业企业之间的信任关系和互动过程。这一现象在公司风险投资中可能尤为突出，值得关注。

研究设计与应用拓展

如果你对风险投资与创业企业的互动关系及其行为影响这一话题感兴趣，首先需要思考的是如何定义双方的关系属性。从代理理论来看，风险投资与创业企业之间的关系是存在信息不对称和机会主义风险的委托–代理关系；从网络理论来看，双方之间的关系是建立在社会关系基础上的信任与合作关系；从资源基础观与动态能力理论来看，双方之间则存在资源依赖和资源交换的关系。不同理论视角的选择和关系属性的界定是高度情境依赖的，取决于风险投资机构的特征（如所有权性质）、投资本身的风险程度（如投资阶段、行业）、创业者的动机与能力（如专业背景、权力大小）等。考虑到风险投资与创业企业的互动关系的多维度和复杂性，研究问题、研究情境和理论视角的匹配是一篇好文章的关键，也是将风险投资这一情境下的研究发现贡献于组织战略管理经典理论的前提。

在研究设计方面，如你所看到的，随着风险投资相关的二手数据库的日益成熟，风险投资与创业企业的研究大多以二手数据库为依托，主要通过将 VentureXpert、VentureSource 等风险投资相关数据库中的投资数据，与来自 Compustat、USPTO、SDC Platinum、Lexis Nexis 等商业数据库的创业企业专利或财务数据进行匹配，构建面板数据以探讨风险投资与创业企业双方的特征如何影响创业企业的战略选择和绩效。那么，究竟如何利用二手数据衡量风险投资与创业企业间的互动关系呢？这里罗列了几类常见的测量方式。第一，专利数据。除了利用专利本身衡量企业创新水平，专利的引用是探讨组织间学习、知识转移的一个关键代理变量，可用于测量创业企业何时以及在多大程度上获取了公司风险投资方的知识（Di Lorenzo, van de Vrande, 2019），此外，也可用于表征双方之间的技术关联性（Kim, et al., 2019）。第二，人员更替数据。风险投资介入所导致的创业团队人员更替是互动的一个重要维度，可利用创始人更替、是否占据董事席位来反映风险投资的介入程度、决策权、与创业团队的互动等（Di Lorenzo, van de Vrande, 2019；Paik, Woo, 2017）。第三，社会网络数据。风险投资与创业企业各自的网络嵌入会影响双方之间的资源依赖关系和互动过程，其中，风险投资的网络大多利用联合投资数据来刻画（Zhang, 2019），而创业企业的网络则多用企业联盟数据刻画（Kim, et al., 2019），基于此，由各自网络嵌入所带来的双方之间的间接关系也是风险投资与创业企业社会关系的常见测量方式（Kim, et al., 2019; Pahnke, et al., 2015）。

但值得注意的是，基于二手数据库的研究往往只能通过代理变量间接反映风险投资与创业企业的互动，或从最终结果反向推导双方的互动，很难真正回应过程和机制相关的问题。针对这一问题，混合研究法可能是更加适合风险投资与创业企业互动研究的设计（Hallen, Pahnke, 2016; Huang, Pearce, 2015）。在风险投资领域已较为成熟并且能与二手数据结合的研究方法包括：案例研究（e.g. Hallen, Eisenhardt, 2012）、问卷调查（e.g. Bottazzi, et al., 2008）、实验设计（e.g. Drover, et al., 2014）等。一些新兴且有趣的研究情境也值得关注和跟进，例如，马克斯韦尔（Maxwell）和莱韦斯克（Lévesque）（2014）利用加拿大广播中心举办的电视真人秀（CBC's TV reality show）、龙穴之创业投资（Dragons' Den）这两档创业投资节目，通过文本编码刻画了风险投资人与创业者在初始阶段的互动和信任建立过程。如果你想尝试自己构建一个数据库，用于研究风险投资与创业企业的互动，那么跨层性和动态性可能是值得你去思考的方向。若能构建风险投资行业（包括基金提供者、风险投资机构和投资人）的多层网络数据，并将二手数据与问卷调查相结合，动态追踪风险投资与创业企业的互动过程，将会对该领域的研究起到重要的推动作用。

◆ 参考文献

Bottazzi, L., Rin, M.D., and Hellmann, T., 2008, "Who are the active investors? Evidence from venture capital", *Journal of Financial Economics*, Vol. 89, No. 3: 488-512.

Collewaert, V., and Fassin, Y., 2013, "Conflicts between entrepreneurs and investors: the impact of perceived unethical behavior", *Small Business Economics*, Vol. 40, No. 3: 635-649.

Drover, W., Wood, M.S., and Fassin, Y., 2014, "Take the money or run? Investors' ethical reputation and entrepreneurs' willingness to partner", *Journal of Business Venturing*, Vol. 29, No. 6: 723-740.

Dushnitsky, G., and Matusik, S.F., 2019, "A fresh look at patterns and assumptions in the field of entrepreneurship: what can we learn?", *Strategic Entrepreneurship Journal*, Vol. 13, No. 4: 437-447.

Fu, H., Yang, J., and An, Y., 2018, "Contracts for venture capital financing with double-sided moral hazard", *Small Business Economics*, Vol. 53, No. 1: 129-144.

Gorman, M., and Sahlman, W.A., 1989, "What do venture capitalists do?", *Journal of Business Venturing*, Vol. 4, No. 4: 231-248.

Haeussler, C., Hennicke, M., and Mueller, E., 2019, "Founder-inventors and their investors: spurring firm survival and growth", *Strategic Entrepreneurship Journal*, Vol. 13, No. 3: 288-325.

Hallen, B.L., and Eisenhardt, K.M., 2012, "Catalyzing strategies and efficient tie formation: how entrepreneurial firms obtain investment ties", *Academy of Management Journal*, Vol. 55, No. 1: 35-70.

Hallen, B., and Pahnke, E.C., 2016, "When do entrepreneurs accurately evaluate venture capital firms' track records? A bounded rationality perspective", *Academy of Management*

Journal, Vol. 59, No. 5: 1535-1560.

Hegde, D., and Tumlinson, J., 2014, "Does social proximity enhance business partnerships? Theory and evidence from ethnicity's role in US venture capital", *Management Science*, Vol. 60, No. 9: 2355-2380.

Huang, L., and Knight, A.P., 2017, "Resources and relationships in entrepreneurship: an exchange theory of the development and effects of the entrepreneur-investor relationship", *Academy of Management Review*, Vol. 42, No. 1: 80-102.

Kim, J.Y., Steensma, H.K., and Park, H.D., 2019, "The influence of technological links, social ties, and incumbent firm opportunistic propensity on the formation of corporate venture capital deals", *Journal of Management*, Vol. 45, No. 4: 1595-1622.

Lim, K., and Cu, B., 2012, "The effects of social networks and contractual characteristics on the relationship between venture capitalists and entrepreneurs", *Asia Pacific Journal of Management*, Vol. 29, No. 3: 573-596.

Maxwell, A.L., and Lévesque., M., 2011, "Trustworthiness: a critical ingredient for entrepreneurs seeking investors", *Entrepreneurship Theory and Practice*, Vol. 38, No. 5: 1057-1080.

Pahnke, E.C., Mcdonald, R., Wang, D., and Hallen, B.L., 2015, "Exposed: venture capital, competitor ties, and entrepreneurial innovation", *Academy of Management Journal*, Vol. 58, No. 5: 1334-1360.

Paik, Y., and Woo, H., 2017, "The effects of corporate venture capital, founder incumbency, and their interaction on entrepreneurial firms' R&D investment strategies", *Organization Science*, Vol. 28, No. 4: 670-689.

Sahlman, W.A., 1990, "The structure and governance of venture-capital organizations", *Journal of Financial Economics*, Vol. 27, No. 2: 473-521.

Sapienza, H.J., and Gupta, A.K., 1994, "Impact of agency risks and task uncertainty on venture capitalist-CEO interaction", *Academy of Management Journal*, Vol. 37, No. 6: 1618-1632.

Zhang, L., "Founders matter! Serial entrepreneurs and venture capital syndicate formation", *Entrepreneurship Theory and Practice*, Vol. 43, No. 5: 974-998.

▣ 文献推荐

Arthurs, J.D., and Busenitz, L.W., 2003, "The boundaries and limitations of agency theory and stewardship theory in the venture capitalist/entrepreneur relationship", *Entrepreneurship Theory and Practice*, Vol. 28, No. 2: 145-162.

Di Lorenzo, F., and van de Vrande, V., 2019, "Tapping into the knowledge of incumbents: the role of corporate venture capital investments and inventor mobility", *Strategic Entrepreneurship Journal*, Vol. 13, No. 1: 24-46.

Park, H.D., and Tzabbar, D., 2016, "Venture capital, CEOs' sources of power, and innovation novelty at different life stages of a new venture", *Organization Science*, Vol. 27, No. 2: 336-353.

◉ 代表性学者

乔纳森·亚瑟斯（Jonathan D. Arthurs）

在俄克拉荷马大学获得博士学位，现任俄勒冈州立大学商学院教授、副院长。他的研究主要集中在公司治理、企业创新、创始人对企业的影响、风险投资等领域，在《管理学杂志》《战略管理杂志》《国际商务研究杂志》《创业学杂志》《创业理论与实践》等期刊上发表多篇文章。E-mail：jonathan.arthurs@bus.oregonstate.edu。

洛厄·布森利兹（Lowell W. Busenitz）

在得克萨斯农工大学获得博士学位，现任俄克拉荷马大学商学院教授、创业中心学术主任。他的研究主要关注创业者如何做出决策、开发创业机会并为创业企业积累资源。他是创业领域享有盛誉的学者之一，也是十大被引用次数最多的创业学者之一，在《管理学杂志》《管理杂志》《创业学杂志》《创业理论与实践》等期刊上发表多篇论文。E-mail：busenitz@ou.edu。

赫曼·丹尼斯·帕克（Haemin Dennis Park）

在华盛顿大学获得博士学位，现任得克萨斯大学达拉斯分校管理学院副教授。他的研究兴趣是风险投资、公司风险投资、知识治理以及技术型创业，研究成果发表在《组织科学》《战略管理杂志》《管理杂志》《研究政策》《创业学杂志》《战略创业杂志》等期刊上。E-mail：parkhd@utdallas.edu。

弗朗西斯科·迪洛伦佐（Francesco Di Lorenzo）

在 ESADE 商学院获得博士学位，现任哥本哈根商学院副教授。他的研究主要关注战略人力资本在个人和组织创新中的作用、风险投资对创业企业的战略影响等，在《管理学杂志》《研究政策》《创业学杂志》《管理研究杂志》等期刊上发表多篇文章。E-mail：fdl.si@cbs.dk。

风险投资对企业创新的影响及其机制

◎ 何文龙[1]　◎ 张般若[2]

1. 中国人民大学商学院；2. 对外经济贸易大学国际商学院

国家知识产权局发布的《2020年中国专利调查报告》显示，我国有约93.4%的专利是通过自主研制方式获取的，所有专利中研发周期在半年到3年（不含3年）之间的占78.3%，企业研发经费支出在100万元以上的占比超过50%。从中可以看出企业的技术创新存在投入高、周期长的特点。而对创业企业而言，往往存在规模较小、经营的不确定性较高等因素的限制，相对较难获得传统金融机构的资金支持，而更依赖风险投资的支持。党的十八大明确提出要实施创新驱动发展战略，将创新摆在国家发展全局的核心位置，并强调了风险资本在其中所应发挥的作用。《中共中央 国务院关于深化体制机制改革加快实施创新驱动发展战略的若干意见》中提到，应强化资本市场对科技创新的支持，壮大创业投资规模。各地也相继出台了一系列政策，通过多种形式对风险投资机构予以扶持，鼓励其积极参与推动企业创新。那么，风险投资是否真的发挥了促进企业创新的作用？风险投资通过什么样的机制对企业创新产生影响？国内外不少学者对这一议题展开了深入的研究和讨论。

不同于以往文献发现的风险投资对被投企业的公司治理、投融资行为等方面存在积极影响（如Suchard，2009；吴超鹏等，2012），风险投资的参与对被投企业的创新活动是促进还是抑制，有着更为复杂甚至互斥的逻辑。一方面，被投企业创新能力的提高会带来更高的市场估值，而更高的市场估值会带来风险投资者更高的退出回报和投资收益。因此，风险投资者有动机积极参与被投企业的研发决策，提供技术、人力等各种资源，帮助企业提高创新能力，提升企业价值。另一方面，创新活动风险较大，回报周期长，而风险投资者受限于其投资目标和投资周期，要求在退出时就实现自身利益最大化，这可能导致其短期目标与创新活动的长期性产生冲突。

针对这一重要且复杂的议题，我们在2013年以来战略管理领域高水平学术期刊发表的论文中，选择了三篇研究该议题的具有代表性的优秀论文，从不同的视角考察了风险投资对被投企业创新活动的影响，并深入剖析了其中的机制。

⊖ 本文是国家自然科学基金项目（项目号：71702031）、教育部人文社会科学基金项目（项目号：17YJC630038）的阶段性成果。

赫曼·丹尼斯·帕克和凯文·斯特恩斯马：公司风险投资的选择和培育效应

多重代理视角（multiple agency perspective）认为，现代企业往往有多个委托人和代理人，将委托人和代理人分为两个同质组对描述现代企业的治理来说过于简单（Hoskisson, et al., 2002；Child, Rodrigues, 2003）。而初创企业通常由多种类型的投资者提供资金，每种投资者的偏好都可能相互冲突，因此多重代理视角特别适合分析初创企业的行为。赫曼·丹尼斯·帕克（Haemin Dennis Park）和凯文·斯特恩斯马（Kevin H. Steensma）2013 年在《战略创业杂志》上发表了《企业投资者对新创企业创新能力的选择与培育作用》一文，探讨了公司风险投资者与独立风险投资者相比，其偏好、资源和影响力如何影响对投资机会的选择以及随后对被投企业的培育，强调了公司风险投资者的选择效应、培育效应和企业声誉对被投企业创新能力的影响，为后续对公司风险投资者的相关研究提供了重要参考价值。

尽管公司风险投资的现象在此之前已得到一定程度的研究，但大多数集中在成熟企业投资初创企业的动机和结果上（e.g. Benson, Ziedonis, 2009；Tong, Li, 2011）。独立风险投资者通常希望通过被投企业市值增加来获得最大的资本收益，而与独立风险投资者不同，公司风险投资者的目标是最大化其母公司的整体价值。因此，帕克和斯特恩斯马提出了一个前提——公司风险投资者通常比独立风险投资者更重视让其投资对象专注于创新，因为公司风险投资者可以从与被投资方的技术协同中获得不成比例的收益。根据这一前提，这篇论文基于多重代理视角，创新性地从被投企业的角度研究公司风险投资现象。

在研究设计方面，帕克和斯特恩斯马选取了 VentureXpert 数据库中 1990～2003 年计算机硬件（111 家）、半导体（199 家）和无线服务（198 家）行业的共 508 家美国企业样本，这些企业均从公司风险投资者或独立风险投资者处获得了第一轮资金。在这些样本中，出现频率最高的 7 家公司风险投资者是英特尔、摩托罗拉、诺基亚、思科、宏碁、三菱和戴尔，由这些公司风险投资者投资的新企业占到样本的 34%。为控制特定的公司风险投资者在被投资方创新水平方面可能存在不同的战略目标和政策，该研究设置了 7 个亚变量来表示被投企业是否由这 7 家公司风险投资者提供资金。在实证检验中，帕克和斯特恩斯马采用了负二项模型对涉及变量进行了分析。

这篇文章有以下几个方面的发现。第一，从选择效应的角度来看，公司风险投资者的投资偏好，即倾向于选择在接受投资前就具有更强创新能力的初创企业，是其投资对象具有强大创新能力的原因之一。由于被投企业的创新可以有效地作为母公司研发部门的延伸，同时被投企业的创新行为和其开发的新产品可能会作为互补产品来刺激对母公司产品的需求，因此与那些由独立风险投资者单独出资的公司相比，公司风险投资者将倾向于为在融资前就具有更强创新能力的新创企业提供资金。第二，从培育效应的角度来看，公司风险投资者会为其投资对象提供更多资源以提高其创新率，使公司风险投资者的被投企业有更强大的创新能力。独立风险投资者通常作为中间人将外部市场的资源与其投资对象的需求相匹配，从而增加其投资对象的价值。而基于投资偏好和目的的不同，公司风险投资者通常与被投企业合作，将母公司的资源与新创企业的需求紧密结合起来，帮助两者实现知识和资源的转移，实现协同效应。因此，与完全由独立风险投资者资助的新企业相比，公司风险投资者的被投对象会在融资后表现出更强的创新能力。第三，并非所有投资者对其投资对象都具有同等的影响力，该影响力部分取决于投资者的声誉。因此，当新创企业由多种类型的投资者（即公司风险投资者和独立风险投资者)提供资金时,在对新企业的引导方面,声誉更高的投资者将在更大程度上影响其被投资方,当公司风险投资者相对于独立风险投资者具有更大的影响力时,公司风险投资者投资对象的融资后创新率将进一步提高。

帕克和斯特恩斯马的研究在以下几个方面有着重要意义。首先,先前关于公司风险投资者的研究大多数集中在成熟公司风险投资的前因和后果,帕克和斯特恩斯马的研究创新性地从新企业角度研究公司风险投资现象,为考虑通过公司风险投资进行融资的新企业的发展提供借鉴对象。其次,这一研究探索了资金来源对初创企业的影响。由于投资偏好和目的的不同,在选择效应和培育效应的作用下,相比于只通过独立风险投资者融资的企业,通过公司风险投资者融资的企业在融资前后具有更强的创新能力,而不是仅仅注重市场价值的提高。最后,该研究拓展了多重代理视角下投资者通过非正式治理机制施加影响的研究。对新创企业来说,公司投资者通常不愿意通过加入董事会等正式治理机制来发挥影响,此时非正式治理机制(如声誉)的作用可能更大。从公司风险投资者角度来看,声誉作为一种稀有的、难以模仿的资源,使其可以对投资对象施加更大的影响,从而导致经济租金的产生。因此,该研究一定程度上也整合了公司治理和资源基础观的相关研究。

埃米莉·帕恩克等学者:嵌入中介组织关系网络的负面影响

埃米莉·帕恩克(Emily C. Pahnke)等学者 2015 年在《管理学杂志》上发表了题为《风险投资、竞争对手关系和创业创新》一文,它与帕克和斯特恩斯马的研究同样关注风险投资与初创企业创新的问题,但不同的是,帕恩克等学者的研究不是侧重于研究不同来源的风险投资对初创企业创新的影响,而是关注通过中介组织(风险投资者)产生的组织间关系网络是否以及如何对初创企业创新产生负面影响。此前的研究主要集中在组织间关系网络的有利一面,认为嵌入丰富的组织间关系网络的企业会获得许多优势。相比之下,这一研究强调了组织间关系网络的缺点——当初创企业通过共同的中介组织间接地与竞争对手联系在一起时,这一关系网络中由强大的中介组织引起的竞争风险可能会抑制创新。

基于这一研究的目的和内容,帕恩克等学者认为检验其假设的理想研究情境是,在研究样本中,初创企业与中介机构的关系普遍存在,竞争明显且可识别,创新是重要且可观察的结果。因此,他们选择了微创外科设备行业,并通过对该行业的各种人士(包括企业家、监管机构人员、风险投资者、行业专家、外科医生和医学教授)进行半结构化访谈,同时通过所获得的定性证据与二手定量资料共同形成了三角验证。根据帕恩克等学者的访谈资料,微创外科设备行业具有以下几个特征:①创新是微创外科设备行业成败的决定性因素,且在该行业中,创新往往产生于严重依赖风险资本的早期小公司。②微创外科设备行业竞争激烈,且竞争是影响企业行为和决定创新成败的决定性因素。③微创外科设备制造商严重依赖风险资本为价格昂贵的新设备商业化提供资金,大多数初创公司都获得了某种形式的风险投资,初创公司与中介机构的关系在行业中很常见。最终帕恩克等学者选取了 1986~2007 年间微创外科设备行业中由风险资本投资的 147 家美国初创公司,获得共 1 400 个公司 – 年份观测值。

通过探索早期关系网络对创业型企业创新的影响,帕恩克等学者提出了"竞争信息泄露"的概念,并进行了多个角度的拓展。首先,通过共同的风险投资者与竞争对手建立更多间接联系的初创企业,其创新能力将更弱。由于缺乏权力、地位和资源,初创企业对其合作伙伴(风险投资者)与其他企业之间形成的关系几乎没有影响力,也可能无法控制风险投资者选择与其他企业共享哪些信息。而风险投资者主要受追求自身利润最大化的目标驱动，这些利益可能与他们投资的初创企业的利益不同。道理类似于"二八法则"，风险投资者的投资回报通常来自数量相对较少的"大赢家"，尤其是当风险投资者投资于"赢家通吃"的市场时，其中一家或几家公司会获得市场中的大部分回报，因此风险投资者可能倾向于将信息从一家初创公司转移到另一家初创公司，以增加他们成为其中一家大赢家的投资者的机会。遭遇"竞争信息泄露"的企业将更难形成专有技术优势和相对于竞争对手的创新。其次，在更早与风险投资者建立关系、与风险投资者的承诺联结更少、与风险投资者间地理距离更远、风险投资者社会地位更高、风险投资者声誉更差的情形下，通过共同的风险投资者与竞争对手建立更多间接竞争关系对初创企业创新的负面影响更强。

帕恩克等学者的这项研究对风险投资、初创企业创新与网络效应相关领域具有重要意义。第一，先前的研究通常认可关系网络对创新的促进作用，尤其对新企业而言，可以帮助其克服"新进入者劣势"。但帕恩克等学者为关系网络对创业企业的负面影响提供了经验证据，并进一步阐明了网络关系对初创企业产生负面影响的机制和情境因素，即通过强大的中介机构建立的间接关系如何导致"竞争信息泄露"。第二，先前的研究主要关注知识流入的障碍，从过度嵌入所施加的约束的角度来看待关系网络的负面影响，即当太多的嵌入关系阻止企业获取新信息时，企业重要的经济活动就会受到阻碍，一定程度上忽视了对信息流出的关注。帕恩克等学者的研究进一步从信息泄露的角度探索了关系网络的负面结果，表明既要关注信息流入，也要同时提高对信息流出的敏感性。

白永旭和禹希真：基于风险投资与创始人的互动关系的探索

白永旭（Yongwook Paik）和禹希真（Heejin Woo）2017年在《组织科学》上发表了《公司风险投资、创始人在职及两者交互作用对创业企业R&D投资策略的影响》一文，与帕克和斯特恩斯马的研究不同，虽然白永旭和禹希真的这项研究同样关注公司风险投资对创新的影响，但是从公司风险投资和创始人之间的交互作用角度入手，为导致研发强度增加的组织机制提供了一种新的解释。另外，帕克和斯特恩斯马在研究中认为，公司风险投资通过正式治理机制对创业企业施加影响的作用有限，而更依赖非正式治理机制（如企业风险投资者的声誉）；而白永旭和禹希真的研究更关注正式治理机制，认为企业风险投资影响着企业的所有权结构，并通过所有权效应（如控制董事会席位等）影响创业企业的研发强度。

在研究设计方面，白永旭和禹希真这篇论文的研究样本是2002～2011年期间上市的由风险投资者提供资金的319家美国创业企业。与帕克和斯特恩斯马的研究类似，这项研究中的样本也包括仅通过独立风险投资者融资和同时通过公司风险投资者融资的企业（独立风险投资者通常与公司风险投资者共同投资）。因为该研究的因变量取决于公司的研发支出，而且这些信息只有在创业企业上市时才公开，所以研究样本只选择了其中的上市公司。该研究在行业类别上选择了技术密集型行业，如信息和通信技术行业，以及医疗、健康和生命科学行业（如生物技术和制药公司）的创业企业。

通过整合委托代理理论、公司治理领域和技术创业领域的研究，白永旭和禹希真对"公司风险投资、创始人在职及两者交互作用对创业企业R&D（研究与开发）投资策略有何影响"这一问题做了如下回答。①公司风险投资者对创业企业的所有权越大，创业企业的研发强度越高。该作用有三个作用机制：直接的公司治理效应、公司风险投资者－创业企业互动效应和技术支持效应。②创业企业创始人担任创业企业现任最高管理者时，创业企业的研发强度更高。③当企业创始人是现任高管时，公司风险投资者所有权与创业企业研发强度之间的正相关关系更强。进一步的机制检验发现，尽管只要公司风险投资者在创业企业的董事会中占有席位时，公司风险投资者对创业企业就存在直接的公司治理效应，但无论创始人的任职情况如何，知识溢出效应都可能通过董事会以外的渠道产生作用，例如与公司风险投资者母公司的供应商、顾客或关键员工的正式或非正式对话等。在此类互动和接触中，创业公司创始人作为最高管理者可以比职业经理人发现更多的投资机会。

与帕克和斯特恩斯马的研究相同的是，白永旭和禹希真的这项研究也是从被投企业的角度关注公司风险投资者对企业创新的影响。不同的是，这篇文章不仅关注投资者，更关注投资者和管理者（创始人）及其互动对企业创新的影响。该研究主要从两个角度对已有研究做出了重要贡献。第一，它强调了公司风险投资者对创业企业的知识溢出效应，以及创始人与公司风险投资者的交互作用。学者们传统上更关注公司风险投资者的主要动机及影响，认为公司风险投资者的主要战略目标之一是从创业企业获取知识，强调了由技术挪用而产生的公司风险投资者和创业企业之间的事前冲突（e.g. Dushnitsky，Shaver，2009；Katila，et al.，2008）。相比之下，这篇文章发现了公司风险投资者对创业企业的知识溢出效应，并认为创始人在与公司风险投资者互动时能够更有效地利用这种溢出。同时，当创始人担任管理者时，由于公司风险投资者和创始人融资后的目标一致，被投企业的研发投入进一步增加。第二，文章认为创业融资和创业企业的公司治理问题并非传统的委托人－代理人之间的冲突（principal-agent conflicts），而更符合委托人－委托人之间的冲突（principal-principal conflicts）。由所有权和控制权分离引起的股东和管理者之间的经典代理问题在大型成熟公司中普遍存在，但在创始人领导的创业企业中不太严重或几乎不存在。

未来研究方向

创新能力是创业企业竞争力的重要来源之一。近些年，大量研究者开始关注风险投资对创业企业创新的影响，认为风险投资不仅可以通过为创业企业提供技术革新、科学研究等创新活动所需的资金，还可以通过提供创新活动所需的其他资源或与其产生协同效应，来对创业企业的创新能力产生影响。但风险投资究竟是否产生了促进企业创新的作用，不同的研究者基于不同的研究视角得出了并不一致的结论。一些研究者认为风险投资可以为创业企业带来稀缺资源，如大量资金、技术和关系网络，因此可以促进创新；但另一部分研究者认为风险投资也可能导致"信息泄露"，反而会对创新起到负面影响。因此，进一步深入探索风险投资与企业创新的关系，梳理其中的作用机制和探究影响该关系的重要情境因素显得尤为重要。

上述三篇文章均从不同角度探索了风险投资与企业创新间的这一议题，同时也有一定的关联，为该领域研究的发展方向提供了启示和指引。整体而言，从研究内容方面，这一系列研究体现出"从单一到复杂""从关注外部到内外结合""由直接影响到间接影响、交互影响"的特征。例如，帕克和斯特恩斯马的研究虽然将风险投资分为公司风险投资和独立风险投资两类进行研究，并重点关注公司风险投资的选择和培育效应，但研究视角仍局限于外部风险投资者这一单一对象。在此基础之上，帕恩克等学者对风险投资的直接影响进行了拓展，更关注创业企业通过风险投资这一中介组织与竞争对手建立的间接联系，并考虑到了投资时间、地理距离等多种更复杂的情境因素。更进一步，白永旭和禹希真的研究将风险投资与企业创始人的作用相结合，探索两者的交互作用对创业企业研发强度的影响，该议题研究进入了"内外结合"的新阶段。

在暗示了该领域研究发展趋势的同时，这三篇文章也提出了一些具体的未来研究方向。帕克和斯特恩斯马提出了关于风险投资与创新相关研究的几个未来研究方向。首先，虽然公司风险投资者提高了融资后的创新率（即融资后的专利数），但也可能使被投企业将过多的资源分配给研发，导致相对较低的绩效。因此，未来研究具有重要意义的一些方向是：这类情况出现的条件是什么、被投企业的哪些替代活动损失最大，以及公司风险投资者的参与导致的多重代理成本有多少等问题。进一步，关注初创企业如何减少因公司风险投资者的存在而增加的代理成本，也有利于实现更有效的治理结构以提高其绩效。其次，之后的研究也可以进一步探索创业者的背景和经验如何影响他们与成熟企业的互动。例如，创业者的知识和资源如何影响初创企业能否通过多家互补性或竞争性的公司风险投资者进行融资。

帕恩克等学者的研究将中介组织（风险投资者）作为作用机制来进行研究，但由于研究行业和样本的限制，只关注了风险投资者这一类中介组织。虽然对初创企业来说，风险投资者可能是最重要和具有决定作用的中介组织，但帕恩克等学者的研究中也呼吁进一步探索其他间接联系（如客户关系）和不同中介组织（如咨询公司）。同时，帕恩克等学者的研究主要通过观察创新成果来推断信息传递和泄露是否发生。未来的研究可以更仔细地分析由于信息泄露而导致的信息传递的不同阶段，并深入研究通过关系网络传递的无用或扭曲信息有何影响。

虽然白永旭和禹希真的样本选取集中于上市的创业公司，但在研究的拓展部分，他们也验证了这项研究的主要结果可能也适用于非上市的创业企业。在该项研究的基础之上，未来研究可以进一步关注直接的公司治理效应、公司风险投资者-创业企业互动效应和技术支持效应这三种作用机制的相对重要性，从而推进对创业企业组织的理解。

研究设计与应用拓展

在风险投资与企业创新这一议题上，首先需要考虑的是选取合适的研究视角和理论。例如，帕克和斯特恩斯马的研究以及白永旭和禹希真的研究采用了多重代理视角，帕恩克等学者在研究中结合了网络理论。未来随着研究的深入和复杂化，在多维度的研究中结合其他研究理论和视角可能会对该议题有更成熟和完善的认识。同时，在研究中清晰地界定研究问题，并匹配合适的研究情境、理论与视角，无疑会进一步推动对风险投资与企业创业影响及机制的认识和理解。

在关键变量测量方面，风险投资的相关变量既可以用连续变量的形式测量，也可以用亚变量的形式测量。例如，帕克和斯特恩斯马的研究中用"0-1"亚变量测量创业公司是否存在公司风险投资者；白永旭和禹希真的研究中用连续变量（公司风险投资者持有的股份比例）测量公司风险投资者的所有权。在企业创新方面，目前研究中常见的测量对象包括专利申请（或授权）的数量、研发支出比重等。

在数据来源方面，目前主要采用二手数据对该议题进行定量研究，少部分研究同时采用定性资料进行补充（如帕恩克等学者的研究）。二手数据中风险投资相关数据和信息主要来自VentureXpert、VentureSource等数据库，并与Compustat、Lexis Nexis等数据库中的财务信息等其他数据进行匹配来构造面板数据。上述三篇研究的研究样本均局限于美国企业，虽然基于数据可得性或风险投资发展程度等方面的考虑，将美国企业作为研究样本可能在当前更便于对这些问题进行检验，但无疑也容易被质疑研究结论是否具有可推广性。正如帕克和斯特恩斯马的研究中提到的，我们也呼吁未来能将研究样本拓展到美国以外的其他国家和地区的企业，尤其是新兴市场的企业，以探索不同的研究情境（如不同的制度环境）对研究结论是否有显著的影响。同时，我们也呼吁未来研究能进一步采用其他数据来源（比如访谈、问卷调查等）获得一手数据。例如，帕恩克等学者的研究中就采用了半结构化访谈的一手数据来与二手数据共同进行三角验证。未来更多基于一手数据或混合数据进行的定量研究和定性研究可能会对该议题的发展产生进一步的推动作用。

◆ 参考文献

Benson, D., & Ziedonis, R. H., 2009, "Corporate venture capital as a window on new technologies: implications for the performance of corporate investors when acquiring startups", *Organization Science*, Vol. 20, No. 2: 329-351.

Child, J., & Rodrigues, S. B., 2003, "Corporate governance and new organizational forms: Issues of double and multiple agency", *Journal of Management and Governance*, Vol.7, No.4: 337-360.

Dushnitsky, G., & Shaver, J. M, 2009, "Limitations to interorganizational knowledge acquisition: the paradox of corporate venture capital", *Strategic Management Journal*, Vol.30, No.10: 1045-1064.

Hoskisson, R. E., Hitt, M. A., Johnson, R. A., & Grossman, W., 2002, "Conflicting voices: the effects of institutional ownership heterogeneity and internal governance on corporate innovation strategies", *Academy of Management Journal*, Vol.45, No.4: 697-716.

Katila, R., Rosenberger, J. D., & Eisenhardt, K. M., 2008, "Swimming with sharks: technology ventures, defense mechanisms and corporate relationships", *Administrative Science Quarterly*, Vol.53, No.2: 295-332.

Suchard, J., 2009, "The Impact of Venture Capital Backing on the Corporate Governance of Australian Initial Public Offerings", *Journal of Banking & Finance*, Vol. 33: 765-774.

Tong, T. W., & Li, Y., 2011, "Real options and investment mode: evidence from corporate venture capital and acquisition", *Organization Science*, Vol.22, No.3: 659-674.

吴超鹏，吴世农，程静雅，等.风险投资对上市公司投融资行为影响的实证研究[J].经济研究，2012（1）.

▣ 文献推荐

Pahnke, E., McDonald, R., Wang, D., & Hallen, B, 2015, "Exposed: venture capital, competitor ties, and entrepreneurial innovation", *Academy of Management Journal*, Vol.58, No.5: 1334-1360.

Paik, Y., & Woo, H., 2017, "The effects of corporate venture capital, founder incumbency, and their interaction on entrepreneurial firms' R&D investment strategies", *Organization Science*, Vol.28, No.4: 670-689.

Park, H. D., & Steensma, H. K., 2013, "The selection and nurturing effects of corporate investors on new venture innovativeness", *Strategic Entrepreneurship Journal*, Vol.7, No.4: 311-330.

◉ 代表性学者

赫曼·丹尼斯·帕克（Haemin Dennis Park）

在华盛顿大学获得博士学位，现任得克萨斯大学达拉斯分校管理学院副教授。他的研究兴趣是风险投资、公司风险投资、知识治理及技术型创业，研究成果发表在《组织科学》《战略管理杂志》《管理杂志》《研究政策》《创业学杂志》《战略创业杂志》等期刊上。E-mail: parkhd@utdallas.edu。

凯文·斯特恩斯马（Kevin H. Steensma）

在印第安纳大学获得博士学位，现任西雅图华盛顿大学福斯特商学院管理学讲席教授。他的主要研究兴趣集中在竞争战略、战略联盟、技术和创新战略以及公司创业（特别是公司创投）等，对新兴经济背景下的管理问题也有浓厚的兴趣。在《战略管理杂志》《管理学杂志》《管理学评论》《组织科学》《战略创业杂志》等期刊上发表过多篇论文。E-mail: steensma@u.washington.edu。

埃米莉·帕恩克（Emily C. Pahnke）

在斯坦福大学获得博士学位，现任纽约大学斯特恩商学院副教授。她的研究主要关注创新、创业和创业融资，对创业者的身份和资源获取对其创新与IPO绩效的影响等具体研究主题有浓厚的兴趣。她的研究成果发表在《行政科学季刊》《管理学杂志》《战略管理杂志》《战略创业杂志》等期刊上。E-mail: eacox@uw.edu。

白永旭（Yongwook Paik）

在加利福尼亚大学伯克利分校获得博士学位，现任韩国科学技术院商学院副教授。他的研究主要关注创业、创新和战略领域，以及这些领域如何与制度和公共政策相互关联。他的研究成果发表在《战略管理杂志》《组织科学》《战略创业杂志》《经济学与管理战略杂志》(*Journal of Economics & Management Strategy*) 等期刊上。E-mail: ywpaik@kaist.ac.kr。

禹希真（Heejin Woo）

在南加利福尼亚大学获得博士学位，现任加利福尼亚州立大学富尔顿分校商业与经济学院副教授。他的研究主要关注公司治理、企业家精神、组织间关系和风险资本。他的研究成果发表在《组织科学》、《国际人力资源管理杂志》(*International Journal of Human Resource Management*)、《管理与决策经济学》(*Managerial and Decision Economics*) 等期刊上。E-mail: hwoo@fullerton.edu。

风险投资如何为企业创造价值[一]

◎ 董 静 ◎ 徐婉渔 ◎ 谢韵典

上海财经大学商学院

近十年来，我国风险投资市场经历了爆发式增长后的全面回调，进入募资"新常态"。风险投资不仅培育了我国一大批优秀的新创企业，而且为我国创新创业生态系统的构建和发展贡献了巨大力量。Crunchbase 的调查报告显示，2018 年我国民营科技企业对风险投资的吸引力超过美国初创企业对风险投资的吸引力，具体表现为收获了更高的风险投资金额。此外，全球创业生态系统也逐步从"美国主导"转向"中国推动"。截至 2021 年年底，全球独角兽企业共计 959 家，其中有 170 家来自中国大陆。面对 2020 年年初的新冠肺炎疫情，我国风险投资将工作重心更多转向投后管理，全力帮扶已投项目，共同抵御外部冲击[二]。那么，"风险投资到底为新创企业创造了哪些价值，而这些价值又是通过何种机制创造的"？

学术界和实业界从不同的视角对上述问题进行了持续的探讨和分析。首先，学者们认为风险投资能极大地提升初创企业的存活率，为其后续经营和发展保驾护航（Casamatta, 2003；Hellmann, 1998；Schmidt, 2003；Ueda, 2004）。其次，也有学者认为风险投资能增强初创企业的创新水平，使它们在面对市场竞争时更具优势（Kerr, et al., 2014；Kortum, Lerner, 2000）。除了对被投企业整体绩效表现的改善，学者们进一步探索了风险投资为新创企业创造价值的微观机制，例如，"筛选假说"认为风险投资能筛选出更富前景的新创企业（Baum, Silerman, 2004；Sorensen, 2007）；"增值服务假说"认为风险投资为被投企业提供监督、管理和提供资源等方面的增值服务，如帮助企业雇用更加有能力的管理者（Hellmann, Puri, 2002）、改善被投企业的公司治理模式（Baker, Gompers, 2003）、激励被投企业的管理层和员工（Hellmann, Puri, 2002），或为被投企业提供更丰富的网络资源（Kerr, et al., 2014）；"认证假说"认为风险投资能为新创企业提供"背书"，通过向外界传递关于被投企业的积极信号

[一] 本文是国家自然科学基金面上项目"'鱼水相依'抑或'与鲨共舞'：公司风险投资的作用机制与双重效应研究——基于多元主体互动的视角"（71872108）资助的阶段性成果。董静为本文通讯作者（dong_jing@mail.shufe.edu.cn）。

[二] 投中信息.投中统计：2020 上半年中国 VC/PE 市场数据报告 [R/OL].（2020-07）[2022-03-22]. https://pdf.dfcfw.com/pdf/H3_AP202007231393522292_1.pdf?1595519768000.pdf.

以增加被投企业的价值（Megginson, Weiss, 1991; Gulati, Higgins, 2003; Hsu, 2004）。此外，部分研究基于风险投资的异质性来探讨其对新创企业的价值创造作用，比如关注不同声誉水平的风险投资对被投企业的影响差异（Chahine, et al., 2021; Hsu, 2004; Sorensen, 2007）。

早期研究除了关注风险投资的"筛选"作用，更多聚焦于风险投资对被投企业的监督和控制，而后研究重点逐步扩展到风险投资更为广泛的价值创造功能，不仅通过提供网络资源或深入企业内部进行改造等方式直接为新创企业创造价值，而且通过自身声誉的"认证效应"为新创企业提供间接的价值创造。在此基础上，学者们进一步探索了具有不同特质的风险投资机构对新创企业产生的不同影响。除了对微观机制的探讨，部分学者通过构建时间跨度大且覆盖范围广的专有样本（proprietary data），并结合多种计量方法，试图厘清、拆解风险投资影响新创企业的作用机制与效果。随着创业和风险投资研究领域的进一步发展，有学者开始关注风险投资对被投企业可能存在的"副作用"，如投资关系终止所致的负面效应等，研究视角也呈现出愈发多元的趋势。

托马斯·赫尔曼和曼朱·普里：风险投资对创业企业提供的增值服务

风险投资机构是一种特殊的金融中介，为新创企业获得融资提供了更多选择，也是传统金融中介（如银行）的有效补充。因此，关于风险投资机构如何为企业创造价值的早期研究大多数聚焦于风险投资机构与其他金融中介的共同特征，即通过加强对新创企业的监督控制来减少管理者的机会主义行为。这一类研究强调风险投资的监督功能，认为风险投资机构介入新创企业的同时，能通过有效的公司治理手段来减少代理成本、降低不确定性，并以此为新创企业创造价值。例如勒纳（1995）发现，当被投企业发生CEO离职导致监督需求提高时，风险投资机构在公司董事会的代表席位比例显著提升，从而有力证明了风险投资机构在新创企业中发挥的监督控制作用。

托马斯·赫尔曼（Thomas Hellmann）和曼朱·普里（Manju Puri）2002年在《金融杂志》（*Journal of Finance*）上发表《风险投资与新创企业的专业化：实证依据》一文，对此问题作出了重要的补充，提出风险投资的介入不仅为新创企业带来财务资源，而且深入组织内部，为新创企业的人力资源管理提供服务和支持。赫尔曼和普里的文章从以下几方面展开：第一，检验风险投资支持对新创企业招聘过程的影响，发现受到风险投资支持的新创企业更倾向于采用专业化的招聘模式，即使用商业或专业联系人来招聘营销人员和管理人员，更加直接的检验表明，有风险投资支持的新创企业在人力资源政策方面受到投资者的影响更大。第二，检验风险投资支持对新创企业采用股票期权计划、首次雇用营销与销售副总裁的影响，实证研究发现，风险投资支持对新创企业股票期权计划的采用以及雇用营销与销售副总裁都具有显著的促进作用。第三，检验风险投资支持对组织顶层领导（即CEO）的影响。聘用外部CEO来替代创始人是新创企业迈向专业化的重要一步，而实证研究发现，风险投资支持显著提高了新创企业委任外部CEO的可能性。更进一步地，这篇文章试图探讨风险投资机构在CEO更替过程中所扮演的角色，是辅助创始人寻找到合适的外部管理者并退居二线，还是强制性地替换掉不愿卸任的创始人CEO导致创始人离开公司，并以此区分了"适应性离职"和"分离性离职"两种CEO离职方式。前一种结果意味着风险投资机构在这一过程中扮演着支持性角色，而后一种则体现了控制性角色。结果表明，风险投资支持对这两种类型的CEO离职都具有重要影响。第四，检验风险投资支持对新创企业的影响是否取决于企业的发展阶段，发现这一影响作用在新创企业处于发展的早期阶段时更加明显。

这篇文章为我们理解和回答"风险投资如何为新创企业创造价值"这一问题打开了新的窗口。先前文献大多关注风险投资机构在新创企业中发挥的监督功能，而这篇文章的研究结论表明，风险投资机构同样能够在公司治理方面为被投企业提供专业的支持和服务。由此，这篇文章为后续进一步挖掘风险投资机构对新创企业的各类增值服务奠定了基础，例如风险投资机构的介入促进了被投企业公司治理的优化（Baker, Gompers, 2003），提供战略指导、帮助被投企业完成后续融资（Bottazzi, et al., 2008），促进被投企业的合作行为，如与其他企业建立研发联盟或技术授权等（Hsu, 2016）。

总体而言，这篇文章为我们进一步揭开风险投资促进新创企业价值增值方式的全貌，即以监督控制"防患于未然"和以增值服务"雪中送炭"，做出了重要贡献。当然，风险投资机构介入公司治理并提供增值服务的具体方式和途径可能存在一定的中西方差异。在以集体主义文化为主导的中国情境下，风险投资机构可能并不会完全模仿西方风险投资机构提供增值服务的方式。例如，中国的风险投资机构很少会采用更换创始人及团队这类激进的做法，而更有可能从建立互信、合作共赢的角度，来帮助被投企业改善或解决治理和发展的问题。此外，由于中西方风险投资机构的资金来源存在较大差异，西方风险投资机构资金的来源分散（包括富有家族和个人、企业、保险公司和各类金融机构等），而中国有大量风险投资机构从政府及相关机构募集资金，这些国有背景的风险投资机构能为被投企业提供完全不同的增值服务，例如释放政府背书的积极信号、帮助企业理解政策并获得政策支持等。继续挖掘中西方风险投资机构在促进被投企业价值增值机制上的差异是一个值得探索的方向。

托马斯·切曼努尔等学者：风险投资对创业企业生产效率的贡献及作用机制

如上文所述，对风险投资影响新创企业的不同作用机制进行区分，并探索风险投资异质性对新创企业的影响，是一个尤为关键的议题。为解决这一问题，托马斯·切曼努尔（Thomas J. Chemmanur）、卡西克·克里希南（Karthik Krishnan）和德巴什·南迪（Debarshi K. Nandy）2011年在《金融研究评论》（*The Review of Financial Studies*）上发表了《风险投资如何提高私营企业的效率？——一个深入研究》一文，从实证上检验了风险投资对新创企业的价值创造作用，并结合多种计量方法厘清了风险投资在其中发挥的作用机制。

首先，这篇文章检验了风险投资领域最为基本的两个问题：风险投资如何以及通过何种机制影响被投企业。具体来说，相比于无风险投资支持的企业，有风险投资支持的企业是否拥有更高的生产效率？如果是，上述影响到底是通过哪种机制实现的？是通过识别高质量的被投企业（即"筛选假说"），还是通过为被投企业提供财务支持之外的增值服务，如监督被投企业的运作与发展、提供专业的建议和网络支持（即"增值服务假说"）？研究采用全要素生产率来反映企业的效率，同时考察风险投资机构介入后被投企业全要素生产率的变化情况。研究发现，在获得投资前，有风险投资支持的企业效率就明显高于无风险投资支持的企业，这说明风险投资对新创企业的筛选作用显著存在；在获得风险投资支持后，这些企业全要素生产率的增长率也明显高于无风险投资支持的企业，这验证了风险投资介入后对被投企业生产效率的提升作用。此外，作者开创性地从投资周期的视角分析了风险投资对企业全要素生产率的提升作用如何随着投资周期的发展而改变。研究发现，在第一轮风险投资介入之后的前四年里，被投企业的全要素生产率增长率出现了持续增加，达到一个较高的水平，并且该较高水平的全要素生产率能一直维持到风险投资退出之后。这种按照投资轮次开展的分析，证明了风险投资对新创企业的价值创造在不同阶段具有明显差异，风险投资对被投企业效率的提升作用在较早期的投资轮次中更为显著。

要想进一步从实证上厘清上述问题中的因果关系，必须解决其中的内生性问题。存在诸多可观测或不可观测的因素同时对风险投资介入和被投企业生产率产生影响；而很难对风险投资的"筛选作用"和"增值服务作用"进行区分，判断被投企业更好的绩效在多大程度上由风险投资机构的早期筛选所致，又在多大程度上由风险投资机构所提供的增值服务所致？这篇文章主要采用三种计量方法来控制研究中的内生性问题。

第一，它采用内生转换的转换回归模型（switching regressions with endogenous switching）进行检验。该模型的优点是能对不可观测的且对风险投资介入和企业生产率产生影响的遗漏变量加以控制。内生转换的转换回归模型可用来进行反事实分析，即如果企业没有接受风险投资的支持，它的全要素生产率会是怎样的（反之亦然）。模型结果表明，如果有风险投资支持的公司没有获得投资，它们的全要素生产率增长率会更小；而那些无风险投资支持的公司如果获得投资支持，它们的全要素生产率增长率会更大。这一结果验证了风险投资确实能为新创企业创造价值（即"增值服务假说"）。

第二，它采用断点回归模型来区分风险投资对企业的"筛选机制"和"增值服务机制"。这种方法使用获得风险投资支持概率的不连续跳跃（discontinuous jump）来识别风险投资介入对企业全要素生产率增长的因果效应。具体来说，切曼努尔等学者认为：当新创企业难以从美国小企业管理局（Small Business Administration）获得资金支持时，它们更有可能寻求风险投资的支持。因此，可通过美国小企业管理局对新创企业受资资格认定的标准来确定每家企业获得风险投资支持的概率。研究结果同样证明了风险投资介入与被投企业效率增加存在显著的因果关系。

第三，它采用倾向得分匹配（propensity score matching）的方法对可观测的遗漏变量加以控制。具体地，研究以受到风投支持的公司为处理组样本，并为处理组样本匹配具有相同特征但无风险投资支持的企业作为控制组。对比分析的结果仍旧证实了风险投资对被投企业生产效率的改善起到的作用（即"增值服务假说"）。

在确认了风险投资对新创企业的价值创造作用后，切曼努尔等学者进一步对其中的微观机制进行了探讨，即风险投资提供的增值服务到底是提高了被投企业的市场表现还是降低了它们的生产成本。研究表明：①在市场表现上，相比于无风险投资支持的企业，有风险投资支持的企业在受资前的销售额更高，在受资后的几年里销售额仍旧有更高水平的增长。②在成本上，相比于无风险投资支持的企业，有风险投资支持的企业在受资前的总生产成本普遍更高，获得融资后这些企业成本的增长率也相应更大。进一步考察员工雇用成本后发现，在风险投资介入之前，有风险投资支持的企业和无风险投资支持的企业在总雇员规模上表现出相似性，但有风险投资介入的企业在风险投资介入后的雇员规模明显更大，总工资水平和工资增长率也比无风险投资支持的公司更高。综上可知，风险投资提高被投企业效率的主要途径是提高了企业产品市场的绩效（即销售额）。企业销售额的增长可能是源自有风险投资支持的公司雇用了质量更高的劳动力。

其次，这篇文章聚焦风险投资自身的异质性，探讨了不同声誉的风险投资机构对企业全要素生产率的影响。结果表明：由低声誉风险投资机构支持的企业在受资前全要素生产率更高,而由高声誉风险投资机构支持的企业在受资后全要素生产率增长率明显高于由低声誉风险投资机构所支持的企业,而且这些企业在每轮融资后的全要素生产率都显著高于被声誉较低的风险投资机构所支持的企业。这说明低声誉水平的风险投资机构更依赖"筛选机制",而高声誉水平的风险投资机构则能为被投企业提供更高质量的增值服务,使被投企业能在生产成本较低的情况下出现更高的销量增长,从而使生产效率有更大的提高。

最后,文章检验了风险投资介入和企业效率提升对企业能否成功进行 IPO 或被收购的影响。研究发现,风险投资的介入与企业成功进行 IPO 或被收购的概率呈正相关关系;企业的年度全要素生产率和全要素生产率增长率都能增加其成功进行 IPO 或被收购的可能性。

基于已有研究从理论和经验上对风险投资价值创造的探讨,这篇文章主要在研究设计上做出了显著的贡献和突破。①切曼努尔等学者结合多来源的数据构建了一个独特的、时间跨度大且覆盖范围广的专有样本(proprietary data)。他们采用了美国人口普查局(United States Census Bureau)的纵向研究数据库(Longitudinal Research Database,LRD),该数据库是美国的一个大型微观数据库,包含全美制造业中的绝大部分企业,具有较强的代表性。在人口普查年份(如 1972、1977、1982、1987、1992、1997 年),LRD 能覆盖全美所有制造业企业。在非人口普查年份,LRD 每年能跟踪大约 5 万家员工规模超过 250 人的制造业企业。此外,LRD 每 5 年都会随机挑选小型企业进行调查和跟踪。这些企业高度集中在计算机、生物技术、电子和其他高科技行业。1972~2000 年,这些公司的风险投资总额超过 1 500 亿美元,占风险投资融资总额的 31%。除 LRD 之外,这篇文章还采用了主流风险投资数据库 Venture-Xpert,它包含风险投资机构所投资的公司以及风险投资机构本身的详细信息。基于上述两个数据库,切曼努尔等学者得到了一个从 1972~2000 年近 30 年内的制造业企业样本,克服了新创企业信息不足的问题。②在分析方法上,通过内生转换的转换回归模型、断点回归模型和倾向得分匹配三种方法来检验风险投资介入和企业效率提升之间的因果关系,不仅从实证上厘清了风险投资对新创企业的"筛选机制"和"增值服务机制",而且检验了风险投资增值服务功能实现的微观表现(增销量与降成本)。③为进一步对风险投资的价值创造进行挖掘,研究从投资轮次和风险投资机构声誉两个方面展开了异质性探索,前者开创性地分析不同投资轮次下风险投资机构对被投企业价值创造效果的改变,后者则验证出不同声誉水平的风险投资机构对被投企业发挥的作用机制存在差异,低声誉的风险投资机构重在"择优",而高声誉的风险投资机构则擅长"造优"。尽管这篇文章并未在理论机制上做出显著的贡献,但是大范围的实证分析对持续多年的理论探讨提供了良好的支撑作用。事实上,除切曼努尔等学者的研究之外,同期很多学者也试图采用范围更广、周期更长的样本对风险投资的价值创造功能进行检验,例如,科图姆(Kortum)和勒纳(2000)采用美国 20 个行业、持续 36 年的数据检验了风险投资对被投企业的创新的影响;普里和扎鲁茨基(Zarutskie)(2012)采用 25 年的数据从整个生命周期的角度分析有风险投资支持的企业和无风险投资支持的企业在各方面的差异。

当然,切曼努尔等学者的文章也存在不足和有待继续探讨之处。例如,①它采用全要素生产率来反映企业绩效的方式过于单一,全要素生产率与企业的利润、成长和创新等情况并不能直接挂钩。②它主要从经济学的视角出发,从生产率和成本的微观机制对风险投资的价值创造进行探讨,忽略了风险投资对被投企业公司治理、战略制定与关系构建等方面的影响。③尽管它探索了不同声誉水平的风险投资对被投企业发挥的不同作用,但仍旧主要关注并检验了风险投资机构声誉对被投企业的积极作用,并未考虑到其可能存在的负面影响。④同大多数研究一样,切曼努尔等学者的研究基本止步于风险投资机构的退出阶段(IPO或并购),对于IPO或并购之后新创企业的情况不再追踪。然而,风险投资机构对被投企业的影响可能持续到退出之后,例如克罗斯(Croce)等学者于2013年发表的研究表明风险投资对新创企业存在更加持久的印记作用。未来研究可对该作用机制进行更加深入的的挖掘。

库罗什·沙菲等学者:风险投资退出对创业企业产生的负面影响

尽管上述两篇文章为我们揭示了风险投资为创业企业提供增值服务的微观机制,并且通过有效的计量方法剥离了风险投资对新创企业的"筛选"和"培育"作用,却忽视了投资关系形成、互动和终止等过程中潜在的负面影响。风险投资在为新创企业创造价值的同时,是否会导致其他问题的出现?随着对风险投资与新创企业间关系的研究继续深入,已经有一小部分学者开始注意到风险投资介入对被投企业的消极影响,例如"逐名假说"认为年轻的风险投资机构会出于提升自我声誉的动机而更快地推动新创企业进行IPO(Gompers,1996)、风险投资机构可能会将新创企业的重要信息泄露给投资组合中的其他企业(Pahnke,et al.,2015)、公司创业投资的介入,甚至可能会导致被投企业的关键技术或知识产权被侵占(Dushnitsky,Shaver,2009)。但是这些研究大多数仍关注风险投资关系的建立对被投企业产生的后续影响,而较少考虑到风险投资退出导致关系中止如何作用于被投企业。基于这一研究空白,库罗什·沙菲(Kourosh Shafi)、阿里·穆罕默迪(Ali Mohammadi)和索菲娅·约翰(Sofia Johan)2020年在《管理学杂志》上发表了《投资关系失败》一文,对风险投资关系的中止对被投企业后续估值带来的潜在负面影响进行了探讨。

沙菲等学者的研究从信息不对称的角度出发,指出了风投机构退出可能导致被投企业估值下降的两种作用机制。一是"私有信息"机制,由于风险投资机构介入新创企业后通常能获得被投企业的董事会席位,并且通过持续的监督来获取被投企业的内部一手信息,因此当被投企业未来的预期经营绩效较差时,风险投资可能会做出中止继续投资的决策。在这种较低预期绩效的情形下,被投企业通常会在后续融资轮次中得到较低的估值。二是"逆向选择"机制,当市场上的投资者无法直接获取关于新创企业的私有信息从而无法准确判断该企业的真实价值时,先前风险投资机构的退出会向外界传递一种被投企业质量较差的负面信号,使得其他投资者感知到较高的投资风险,从而也可能会导致新创企业后续估值的下滑。相较于发展后期的新创企业而言,处在早期阶段的新创企业信息不对称的程度更高,投资者们也因此更加依赖其他外部信号以做出决策。所以,当处在早期阶段的新创企业与风险投资机构关系中止时,会引起后续估值更大幅度的下滑。

这篇文章还在理论模型中引入了新投资者的加入和新入投资者质量这两组中介变量。首先,根据研究的主要观点,当新创企业与既有风险投资机构关系中止时,关于该企业质量的负面信号会打消新投资者加入的念头,降低新投资者加入的可能性。通常,在进行新一轮估值时,新的外部投资者会与既有投资者发生竞争和博弈,从而达到一个相对公平合理的估值。若缺少新的投资者加入,既有投资者则很容易通过压低估值来进入下一轮。因此,风险投资机构的退出对新创企业后续估值的负面影响受到新加入投资者的部分中介作用的影响,即风险投资退出降低了新的投资者加入后续融资的可能性,从而降低了被投企业的后续估值。其次,作者从地位(status)和声誉(reputation)这两个维度来刻画新入投资者的质量。由于具有较高地位的风险投资机构处在网络中心位置，通常能接触到较多的优质投资机会，因此在选择投资对象时更加挑剔。某个新创企业发生风险投资退出时所释放的负面信号，会导致本就拥有更多选择权的高地位外部投资者放弃加入。类似地，对具有较高声誉的风险投资机构而言，谨慎选择优质投资对象以避免降低自身业绩表现尤为重要，同时，高声誉风险投资机构作为极具吸引力的合作伙伴，也同样拥有更多的选择机会。因此，风险投资退出带来的负面信号，会降低高声誉的外部投资者加入后续融资的可能性。无论是从地位还是声誉的角度评价，失去这些高质量新入投资者，都意味着失去它们在估值过程中通过信号作用带来的优势，从而导致后续估值降低。也就是说，风险投资机构的退出对新创企业后续估值的负面影响受到新加入投资者地位和声誉的部分中介作用的影响，即风险投资退出降低了拥有高地位或高声誉的外部投资者加入后续融资的可能性，从而导致被投企业的后续估值降低。

在研究设计方面，这篇文章以处在美国风险投融资最为活跃的五个州的新创企业作为研究样本。值得一提的是，为了凸显新创企业已有风险投资退出所导致的信号作用，同时避免后续里程碑事件（如销售收入达到一定水平）所传递的信号产生干扰，作者仅关注新创企业第二轮融资中的风险投资退出对估值的影响。在计量模型的选择上，作者也考虑到了其中可能存在的内生性问题。由于风险投资的退出可能是由于被投企业本身经营状况不佳，而这一不可观测因素同时也可能是导致企业后续估值较低的原因，因此该文章采用了 Heckman 处理效应模型（heckman treatment effects model）。Heckman 处理效应模型适用于不可观测因素导致的自选择偏误，第一阶段回归以内生的二元选择变量（即风险投资是否退出）为被解释变量，并通过计算得到逆米尔斯比率（inverse mills ratio），将其带入第二阶段的回归模型中。在第一阶段回归中，作者使用了"其他地区（州）风险投资交易轮次的增长"和"地理距离"这两个变量作为排他性约束。"其他地区（州）风险投资交易数量的增长"指的是第一轮融资中的非本地风险投资所在地区在第二轮融资发生当年（相对于第一轮融资年份的）风险投资交易数量增长的最大值。"地理距离"则指的是第一轮融资中所有风险投资与被投企业之间地理距离的最大值。由于风险投资机构本身具有明显的本地投资偏好，在投资机会充足的情况下，风险投资机构更倾向于进行本地投资，且更倾向于投资地理距离较近的企业，因此更可能在第二轮投资中选择退出。

沙菲等学者的研究采用了一种相对独特的视角。通过对前两篇文章的探讨可以发现，此前的研究大多聚焦于风险投资的介入对新创企业价值创造的正面影响，赫尔曼和普里证实了风险投资介入通过对被投企业公司治理方面的提升来促进价值增值的微观机制，而切曼努尔等的研究则从"降本还是增效"的角度揭示了风险投资（特别是高声誉风投机构）在提高企业生产率方面的积极作用，另一些研究则强调风险投资能够向市场释放被投企业高质量的正面信号，起到"认证作用"（Gulati, Higgins, 2003; Hsu, 2004）。那么，当风险投资关系中止时，上述的增值服务和认证功能是否会随之消失甚至产生反作用？本文作者主要从信号作用的角度探讨风险投资退出作为一种负面的信号，如何对被投企业的后续估值造成不利影响。这篇文章的研究结论表明，风险投资的信号作用不仅可以带来积极的认证效果，也可能成为企业质量的"不良认证"。这篇文章的另一个重要理论贡献在于，此前的大多数关注信号作用本身可能存在的异质性对企业带来的影响，例如，许丹（Dan K. Hsu, 2004）强调高声誉风险投资能够为新创企业提供更有利的信号，古拉蒂和希金斯（Higgins）（2003）则关注的是信号提供方类型的异质性，比较了风险投资、投行和战略联盟对企业 IPO 的不同影响，而本文却将风险投资信号的可得性与异质性（即"风险投资的质量"）作为中间机制纳入理论模型中，说明了信号作用之间可能存在连锁反应，即风险投资退出释放的不利信号，会降低企业后续获得优质信号的概率，从而导致企业的估值降低。尽管这篇文章将信号异质性的侧重点放在了中介机制中，但我们仍然可以继续思考的问题是，从企业中退出的风险投资本身所具有的特征，是否会引发不同的信号效果？例如，高地位、高声誉风险投资的退出可能会引发更强烈的负面效应。受众的异质性又是否会导致他们对风险投资退出这一信号做出不同的解读？例如，企业的机构投资者、联盟伙伴、客户或供应商等其他利益相关者，他们之间的信息不对称程度不同，与企业建立关系的目的也不同，因此可能会从不同的角度来理解风险投资退出这一信号。读者们可以就以上问题做进一步拓展和研究。

未来研究方向

风险投资如何为企业创造价值？对这一问题的研究依然存在多个可以拓展的方向。一是对组织间关系及其互动的研究。正如沙菲等学者（2020）的研究所示，投资关系的建立、互动与终止对投资各方都会产生复杂的影响，而风险投资机构及其投资的创业企业之间又共同构成了一个更为复杂的组织间关系网络，风险投资与新创企业、风险投资与其他投资机构之间的关系是如何建立、如何演变以及如何中止的？这些组织间关系的形成和变化如何影响组织策略和行为？如何对企业产生正面价值或负面影响？例如，风险投资机构能给创业企业提供的价值，不仅取决于风险投资机构自身的资源和能力，还取决于被投企业的治理机制、吸收能力等，以及相互之间的信任程度和合作机制的建立。

二是对风险投资异质性的研究。事实上，除了前文综述中提到的风险投资机构的声誉差异之外，风险投资异质性还存在于多个层面：①机构层面的异质性，例如主流的独立风险投资、公司风险投资、政府风险投资及特殊金融机构风险投资、高校风险投资等。由于资本来源及其构成与管理的不同，导致不同背景的风投机构在投资创业企业时，投资目的、投资方式、监控与服务的模式、退出方式等存在较大差异，能为创业企业提供的价值也千差万别。②风险投资家及团队的异质性，例如不同经验背景、专业背景的风险投资家和投资团队能给创业企业提供的价值会存在差异，能形成的信任关系以及互动模式也存在差异；此外，异质性的作用还会出现在经验积累、区域文化、产业特征等能对风险投资提供价值的影响上。

三是对不同情境下价值创造作用的研究。上述三篇文章大多基于单一国家情境，尤其是美国本土风险投资活动展开讨论。随着越来越多的风险投资机构开始进入海外市场寻找投资目标（Madhavan, Iriyama, 2009），风险投资机构的国际化行为值得我们关注。当这些海外投资者进入新的市场，不同的制度环境将如何塑造海外投资者们的投资行为？又是否将持续影响这些海外投资者与新创企业之间的互动关系？例如卡明（Cumming）等（2016）对跨国风险投资的成本与收益进行分析，并通过实证研究发现，跨国风险投资机构投资的企业通过 IPO 退出的概率更高，且 IPO 收益更高。这些新的现象和问题值得继续思考和探索。

四是对风险投资价值创造作用点的研究。从微观层面入手，可以研究风险投资如何影响创业企业的具体战略行动和管理行为，以及其中的价值传递机制。例如，我们发现，风险投资机构在异地投资和多地域投资中形成的经验，会促进被投企业开展异地并购，其中存在战略学习和战略模仿机制。从宏观层面入手，可以研究风险投资对区域经济、产业经济、跨国经贸合作的影响和作用机制。此外，风险投资对创业企业的负面影响值得进一步研究，以客观理性地评价风险投资的价值和作用。例如，新创企业会投入更多的成本以吸引较高声誉风险投资机构的支持，较低声誉的风险投资机构可能对新创企业产生不利影响等。

研究设计与应用拓展

围绕"风险投资如何为创业企业创造价值"这一主题开展研究，其研究设计需要注意以下几个方面：

第一，理论创新性。风险投资可以在很多方面为企业创造价值，如果创造价值的逻辑、机制和边界条件都是类似的，那么这样一项研究的理论贡献就比较有限了。"风险投资""创业企业""价值"是我们研究的客体和情境，要设法从研究中发现新规律、新机制和新条件，这样才能拓宽理论界和实践界对这一主题和这一领域的认知。现有文献已经为本领域关键概念的测量提供了一些方向。例如，采用风险投资机构在企业中占据的董事会席位来测度风险投资机构对被投企业的监督控制程度（Lerner，1995）；用人力资源政策、股票期权计划、专业人员招募和外部CEO的聘用等公司治理变量来测量风险投资机构提供的专业化服务（Hellmann，Puri，2002）；用企业估值间接测量风险投资机构对被投企业的认证功能（Hsu，2004）；用被投企业的雇员数和财务信息代表企业未来的成长空间（Davila, et al., 2003）等。在具体测量上，可通过增量来反映被投企业的价值增加，例如切曼努尔等学者采用被投企业的TFP增长率来反映风险投资后对被投企业生产效率的提升机制。

第二，方法的科学性。关于风险投资的价值创造机制，理论界很早就开始了对"筛选论"和"培育论"的探讨，其中，如何控制内生性问题已经成为目前在检验风险投资作用时的标准处理方法（Chemmanur, et al., 2011；Sørensen，2007），需要研究者充分掌握Heckman处理效应模型、倾向得分匹配法等对内生性、混杂因素进行控制的实证方法。

第三，数据的可得性。受制于数据的可得性，目前国内与这一主题相关的研究基本都选择上市公司作为研究样本，尤其是有风险投资介入且尚未退出的上市公司。因为只有披露完整可靠数据和信息的上市公司，才能使测度"价值"成为可能。例如，陈工孟等学者（2011）以在中国内地中小板和中国香港主板市场上市的中资企业作为研究样本探讨风险投资对IPO折价的影响，董静等学者（2017）以受到风险投资支持的中国内地中小板和创业板上市企业作为研究样本，检验了风险投资通过增值服务和监督控制为被投企业带来价值增值的影响机制。采用上市公司为样本事实上制约了这一研究主题的进一步深化和拓展，因为能够上市的公司通常已经在规模、年龄和行业地位上偏离了对"创业企业"的界定。以下途径可能可以缓解数据和样本的制约：一是随着注册制的推进，越来越多的新上市公司更加符合"创业企业"的特征。二是对特定风险投资机构或创业企业开展长期跟踪调查，通过扎根研究突破现有的数据制约。三是在非敏感主题下的问卷调查，如果调研涉及的被投企业处于未上市阶段，相关风险投资机构及企业高管团队通常对问卷调查十分排斥，因而只有在研究主题不敏感、不涉及商业信息泄露时，才有可能实施问卷调查。四是专有数据的获得和多数据之间的结合，例如王（Wang）（2016）采用中国大学科技园中创业企业的数据作为研究样本；切曼努尔等学者采用美国人口普查局的纵向研究数据库，并结合专业的投资数据库VentureXpert构建研究样本。未来针对我国本土的研究可尝试结合科技园区的企业数据、专业投资数据库如清科、投中数据库，以及天眼查等提供的数据，获取更多初创企业信息。

风险投资如何为企业创造价值？这不仅是风险投资机构关心的问题，更是创业企业关心的问题,还可能是地方政府和中央政府及科技园区、产业园区关心的问题。随着中国经济发展、产业发展、科技发展进入质量提升期,风险投资作为活跃的前端资本,如何在创业活动的全生命周期中发挥积极的价值创造作用,事关中国的创业生态建设和经济成长活力。

◆ 参考文献

Baker, M., and Gompers, P.A., 2003, "The determinants of board structure at the initial public offering", *The Journal of Law and Economics*, Vol. 46, No. 2: 569-598.

Baum, J.A., and Silverman, B.S., 2004, "Picking winners or building them? Alliance, intellectual, and human capital as selection criteria in venture financing and performance of biotechnology startups", *Journal of Business Venturing*, Vol. 19, No. 3: 411-436.

Bottazzi, L., Da Rin, M., and Hellmann, T., 2008, "Who are the active investors? Evidence from venture capital", *Journal of Financial Economics*, Vol. 89, No. 3: 488-512.

Casamatta, C., 2003, "Financing and advising: optimal financial contracts with venture capitalists", *Journal of Finance*, Vol. 58, No. 5: 2059-2085.

Chahine, S., Filatotchev, I., Bruton, G.D., and Wright, M., 2021, "'Success by association': the impact of venture capital firm reputation trend on initial public offering valuations", *Journal of Management*, Vol. 47, No. 2: 368-398.

Chemmanur, T.J., Krishnan, K., and Nandy, D.K., 2011, "How does venture capital financing improve efficiency in private firms? A look beneath the surface", *The Review of Financial Studies*, Vol. 24, No. 12: 4037-4090.

Croce, A., Martí, J., and Murtinu, S., 2013, "The impact of venture capital on the productivity growth of European entrepreneurial firms: 'Screening' or 'value added' effect?", *Journal of Business Venturing*, Vol. 28, No. 4: 489-510.

Cumming, D., Knill, A., and Syvrud, K., 2016, "Do international investors enhance private firm value? Evidence from venture capital", *Journal of International Business Studies*, Vol. 47, No. 3: 347-373.

Davila, A., Foster, G., and Gupta, M., 2003, "Venture capital financing and the growth of startup firms", *Journal of Business Venturing*, Vol. 18, No. 6: 689-708.

Dushnitsky, G., and Shaver, J.M., 2009, "Limitations to interorganizational knowledge acquisition: the paradox of corporate venture capital", *Strategic Management Journal*, Vol. 30, No. 10: 1045-1064.

Gompers, P.A., 1996, "Grandstanding in the venture capital industry", *Journal of Financial Economics*, Vol. 42, No. 1: 133-156.

Gulati, R., and Higgins, M.C., 2003, "Which ties matter when? The contingent effects of interorganizational partnerships on IPO success", *Strategic Management Journal*, Vol. 24, No. 2: 127-144.

Hellmann, T., 1998, "The allocation of control rights in venture capital contracts", *The Rand Journal of Economics*, Vol. 29, No. 4: 57-76.

Hellmann, T., and Puri, M., 2002, "Venture capital and the professionalization of start-up firms: empirical evidence", *The Journal of Finance*, Vol. 57, No.1: 169-197.

Hsu, D.H., 2004, "What do entrepreneurs pay for venture capital affiliation?", *The Journal of Finance*, Vol. 59, No. 4: 1805-1844.

Hsu, D.H., 2006, "Venture capitalists and cooperative start-up commercialization strategy", *Management Science*, Vol. 52, No. 2: 204-219.

Kerr, W. R., Lerner, J., and Schoar, A., 2014, "The consequences of entrepreneurial finance: evidence from angel financings", *The Review of Financial Studies*, Vol. 27, No. 1: 20-55.

Lerner, J., 2000, "Assessing the contribution of venture capital", *The Rand Journal of Economics*, Vol. 31, No.4: 674-692.

Madhavan, R., and Iriyama, A., 2009, "Understanding global flows of venture capital: human networks as the 'carrier wave' of globalization", *Journal of International Business Studies*, Vol. 40, No. 8: 1241-1259.

Pahnke, E.C., McDonald, R., Wang, D., and Hallen, B., 2015, "Exposed: venture capital, competitor ties, and entrepreneurial innovation", *Academy of Management Journal*, Vol.58, No. 5: 1334-1360.

Puri, M., and Zarutskie, R., 2012, "On the life cycle dynamics of venture-capital-and non-venture-capital-financed firms", *The Journal of Finance*, Vol. 67, No. 6: 2247-2293.

Schmidt, K., 2003, "Convertible securities and venture capital finance", *Journal of Finance*, Vol. 58, No. 3: 1139-1166.

Sørensen, M., 2007, "How smart is smart money? A two-sided matching model of venture capital", *The Journal of Finance*, Vol. 62, No. 6: 2725-2762.

Ueda, M., 2004, "Banks versus venture capital: project evaluation, screening, and expropriation", *The Journal of Finance*, Vol. 59, No. 2: 601-621.

Wang, Y., 2016. "Bringing the stages back in: social network ties and start-up firms' access to venture capital in china", *Strategic Entrepreneurship Journal*, Vol. 10, No. 3: 300-317.

陈工孟,俞欣,寇祥河.风险投资参与对中资企业首次公开发行折价的影响——不同证券市场的比较[J].经济研究,2011(5):74-85.

董静,汪江平,翟海燕,等.服务还是监控:风险投资机构对创业企业的管理——行业专长与不确定性的视角[J].管理世界,2017(6):82-103.

▣ 文献推荐

Chemmanur, T.J., Krishnan, K., and Nandy, D.K., 2011, "How does venture capital financing improve efficiency in private firms? A look beneath the surface", *The Review of Financial Studies*, Vol. 24, No. 12: 4037-4090.

Hellmann, T., and Puri, M., 2002, "Venture capital and the professionalization of start-up firms: empirical evidence", *The Journal of Finance*, Vol. 57, No. 1: 169-197.

Shafi, K., Mohammadi, A., and Johan, S.A., 2020, "Investment ties gone awry", *Academy of Management Journal*, Vol. 63, No. 1: 295-327.

◉ 代表性学者

托马斯·赫尔曼（Thomas Hellmann）

在斯坦福大学获得经济学博士学位，师从2001年诺贝尔经济学奖得主约瑟夫·斯蒂格利茨教授，现任牛津大学赛德商学院教授。他的主要研究领域包括创业融资、新创企业的形成及创业政府政策，在《金融杂志》《金融经济学杂志》《金融研究评论》《管理科学》《战略创业杂志》等期刊上发表多篇文章。E-mail: thomas.hellmann@sbs.ox.ac.uk。

托马斯·切曼努尔（Thomas J. Chemmanur）

在纽约大学获得博士学位，现任波士顿学院卡罗尔管理学院金融学终身教授、希伦布兰德杰出研究员。他的研究领域集中在公司金融的理论与实证、创业金融理论与实证、金融中介理论与实证以及企业创新的理论与实证等。尤其对将应用博弈论和经济理论应用于公司金融、金融中介、金融市场结构等研究有浓厚兴趣，在《金融杂志》《创业学杂志》等期刊上发表多篇文章。E-mail: chemmanu@bc.edu。

索菲娅·约翰（Sofia Johan）

在蒂尔堡大学获得法律和经济学博士学位，现任佛罗里达大西洋大学金融学院助理教授。她的主要研究兴趣包括创业融资、金融市场的法律和伦理问题、全球金融市场监管等，在《金融经济学杂志》《管理学杂志》《国际商务研究杂志》《创业理论与实践》《战略创业杂志》等期刊上发表多篇文章。E-mail: sjohan@fau.edu。

关键学者与学者网络

　　本章呈现了风险投资与创业企业关系的演变过程及其内在逻辑,这些认识在一定程度上反映了风险投资研究在不同阶段关注的关键科学问题。也许你会觉得,风险投资只是创业企业众多资源提供者中的一员,为创业企业提供财务资源、行业资源或专业化管理,帮助其克服"新创弱性",希望本章所呈现的热点主题和前沿研究能让你对"风险投资如何影响创业"这一话题有更深层次、更为全面的认识。那么,哪些学者形成了代表性的学术观点和判断,推动了该领域研究的发展?

　　正如在本章开头所提到的,风险投资研究起步于金融领域,具有金融学背景的学者对风险投资研究的贡献不可小觑。以乔希·勒纳、法比奥·伯托尼、托马斯·赫尔曼、托马斯·切曼努尔、索菲娅·约翰等为代表的金融学者们极大地推动了关于政府风险投资的作用、风险投资的经济价值创造和创新影响等话题研究的发展,促进了实业界与学术界的对话和融合。其中,作为风险投资研究的奠基者之一,乔希·勒纳是哈佛商学院创业管理学负责人,哈佛金融学与创业管理学双聘教授,这也体现出创业金融在创业管理中的重要地位。

　　如果说早期研究大多将风险投资机构视为一种金融中介,通过加强对创业企业的监督控制来减少创业者的机会主义行为,以创业金融和公司治理领域的学者为主导,后期研究则更多关注风险投资机构作为一种组织有何特殊性、如何为创业企业带来竞争优势等问题,吸引了大量战略和创业领域学者们的加入。以伊辛·古勒尔、埃克塞奎尔·埃尔南德斯、埃莉萨·阿尔瓦雷斯-加里多等为代表的战略学者们将制度环境、组织特征和结构等因素纳入了风险投资决策形成和绩效影响的研究框架当中;以洛厄·布森利兹、本杰明·哈伦、埃米莉·帕恩克、赫曼·丹尼斯·帕克为代表的创业学者们则更多关注创业企业在投资关系中的主体地位,推动了风险投资与创业企业间互动关系研究的发展,并将风险投资更好地融入了主流创业研究当中。

　　值得注意的是,在风险投资与创业企业关系形成及影响的研究中,另一个具有代表性的群体就是专注于社会网络理论的学者,例如,阿尼尔·格普塔和张蕾。此外,来自国际商务领域的萨穆埃尔·穆尔蒂努、来自组织行为领域的弗朗西斯科·迪洛伦佐和来自信息管理领域的丽塔·凯蒂拉也促进了创业研究的情境化发展。

CHAPTER 11

第 11 章

创业如何创造竞争优势

　　创业如何创造竞争优势，这是一个值得探讨的问题吗？在今天看来，这一问题的答案似乎是理所当然的——当然是！但是，从纵向角度理性审视和把握这一问题，答案可能不是如此干脆的一句"是"。在新技术驱动的经济社会转型、创业实践在适应甚至引领环境变化中的创新，以及在此基础上不断丰富和拓展的创业属性（见第 2 章）等力量的共同作用下，创业如何创造并维持竞争优势这一问题才在今天乃至未来变得重要而有趣，这也是我们将本章放在全书临近结尾处的原因，是总结，更是展望，隐喻创业研究在新时代迎来了新的理论发展甚至是突破机遇，创业研究屹立在管理学科之林并昂首阔步向前发展，必将为主流管理理论领域做出更加突出的贡献。

　　通俗地讲，竞争优势是相对于竞争对手的可持续性优势。创业与竞争优势相关联，竞争优势的内涵因竞争优势的参照系变化而变化，这一变化根植于经济社会转型驱动的创业实践变化。20 世纪 80～90 年代，尽管存在着新创企业相对于大企业具有战略柔性、行为灵活等优势的学术观点，但新创企业竞争优势的内涵主要体现为新创企业群体之间的比较优势，学者们主要关注的是"为什么新创企业之间的绩效表现存在差异"，并针对这一问题发表了不少文章，从资源基础观、战略选择理论、动态能力理论等不同角度展开理论探索和验证，研究样本往往也局限于新创企业群体。为什么新创企业不能形成相对于大企业的竞争优势？根本原因是大多数创业企业是时间意义上的"新生组织"，正因如此，新创企业相对于行业内大企业而言是"微缩组织"，同时新创企业又不是规模小的大企业，形成了以"新创弱性"等为核心的学术判断，所以不拿新创企业与大企业比较，而是注重新创企业之间的比较。就像儿童不是个子小的成人一样，拿儿童和成人比较，显得有失公平。

　　虽然大多数新创企业平淡无奇，但存在极少数扮演了"破坏者"角色的新创企业，它们在空间意义上表现出了极强的"新颖性"，并基于这一新颖性改变甚至重塑行业规则。大企业往往是行业规则的制定者和维护者，既然能改变甚至重塑行业规则，那么这类新创创业（如星巴克、沃尔玛等）显然不仅是新创企业群体中的佼佼者，而且有能力创造并维持相对于行业内大企业的竞争优势。20 世纪末期，组织理论学者注意到了上述现象，率先论证并提出了"制度创业"这一概念，同时开展了不少富有洞见的研究来探索这类创业创造并维持竞争优势的内在机理。在这一时期，这类创业尽管存在，但具有很强的偶然性和稀缺性，这一理论被提出后在创业研究领域的进展非常缓慢，后续大多数研究反而回归经典组织理论，更多关注公共领域内的组织如何打破制度规则的问题。

过去 10 年里,我们迎来了信息社会数字经济的新时代,新的创业实践不断涌现,从新兴行业到成熟行业,呈现出越来越多的"新组织物种",在时空维度表现出了极强的破坏性。在时间维度,它们快速占据并席卷市场;在空间维度,它们摧枯拉朽般地横扫前进路上的一切障碍。IBM 商业价值研究院自 2005 年至今一直坚持开展全球 CEO 调查,近五年的调查中,大企业 CEO 表现出对新组织物种颠覆效应的强烈担忧。环境变了,创业创造的竞争优势不再拘泥于新创企业之间,还包括相对于大企业的竞争优势。基于这一事实,21 世纪初,商业模式首先被纳入分析视野,在与新实践互动中不断深化探索,逐渐与新兴创业实践的竞争优势关联起来,成为学者们的研究焦点,包括巴尼和艾森哈特在内的学者近期都开始关注这一问题,目前已成为一股不小的研究力量。图 11-1 是基于新创业实践的竞争优势与关键科学问题。

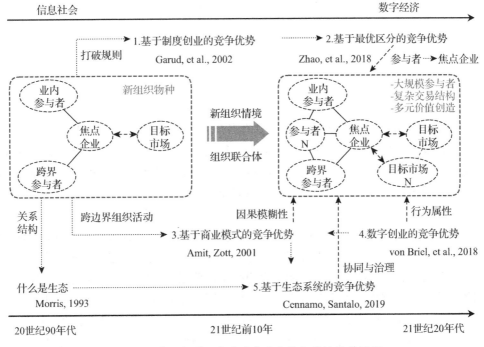

图 11-1 基于新创业实践的竞争优势与关键科学问题

商业模式关注新创企业基于跨边界组织活动的竞争优势,在此基础上,学者们近期致力于探索生态系统诱发的协同和治理等竞争优势。更为重要的是,基于平台等生态系统情境,学者们注意到新创企业之间竞争距离缩短与竞争密度加大的事实,提出了基于最优区分战略的竞争优势问题,强调在求同与存异之间寻求微妙的平衡。新兴创业与数字技术融合还诱发了基于行为属性的竞争优势探索。这些理论探索标志着创业不仅意味着价值创造、创新和就业贡献、经济活力和发展,而且在理论上意味着新时代竞争优势的新来源,越来越多的大企业开始积极引入创业机制、变革商业模式、布局生态系统,目的就是顺应新时代、重塑新优势。

如何通过制度创业来创造竞争优势

◎ 项国鹏[1] ◎ 彭密香[2]

1.浙江工商大学旅游与城乡规划学院；2.浙江工商大学工商管理学院

起始于1978年的经济体制改革使中国成为当今世界的转型经济大国。转型经济的关键是计划经济体制向市场经济体制的转型，实质是一种制度变迁。中国转型经济正在向纵深层次演进，呈现出明显的"中间制度"特性（Droege，Johoson，2007）。这种特殊的制度环境对创业造成了"双刃剑"效应：既提供了丰富的创业机会并激发了大量创业行为，也有一些限制。这些限制主要分为两类：经济体制改革所生成的规制性限制（如民营企业产业准入管制）；制度变迁与技术变迁的互动所导致的规范性限制与认知性限制（比如公众在价值观和认知层面对民营企业创业的曲解）。在这些限制面前，有些企业家缺乏创业设想，有些企业家不能把创业设想转变为现实，但有些企业家却能洞察隐藏于这些限制中的创业机会与潜在收益，发起制度创新，确立新的规则，为企业获得先动性创业所必需的资源——组织合法性。这些企业家正是周其仁（2000）提出的"改变管制规则有横财可发"的麦高文式的制度企业家。例如，李书福领导吉利集团打破民营企业不能造车的产业管制性进入壁垒，倪捷领导浙江绿源集团成为浙江省首家进入非机动车管理目录的电动车品牌并破解制约电动自行车发展的规制性桎梏，王正华领导春秋航空公司积极改进了制约民营航空业发展的政策及行业标准。这些民营企业家领导的先动性创业不仅使自身企业拥有创业合法性及先行竞争优势，而且引发了影响深远的制度变迁。就创业理论而言，这些创业属于制度创业（institutional entrepreneurship）。

制度创业是组织或个体认识到改变现有制度或新制度所蕴含的潜在利益，通过建立并推广获得认同所需的规则、价值观、信念和行为模式，从中创造、开发和利用盈利机会（Maguire，et al.，2004）。制度创业者是在组织场域形成过程中率先发现制度矛盾的潜在利用价值、动员资源、创立新制度并创造巨大收益的行动者。同时，制度创业理论高度强调制度创业者在其中的关键能动作用，并指出制度创业者必须有效识别利益相关者、实施制度创业

⊖ 本文是国家自然科学基金面上项目"核心企业主导的创业生态系统生成及动态演化研究：网络治理机制视角"（71772161）、"市场主导型创业生态系统与创业企业的互动式成长机制研究：机会资源一体化视角"（72172142）资助的阶段性成果。

策略，才能摆脱制度创业约束，从而协调各种利益相关者，完成制度创新（Fligstein，1997；Perkmann，Spicer，2007），获取竞争优势。

虽然早期的研究成果丰富了制度创业的内涵，但依旧难以打开制度创业机制的理论黑箱，将制度创业机制具体化，这引起了不少学者的关注。新制度主义角度的观点强调企业遵从资源供应者的期望来换取合法性与其他资源（Fisher, et al., 2016）。战略平衡、最优区分的观点认为企业应该注意平衡制度性同形的压力和战略差异化的需求（Deephouse，1999）。但是这些观点都是被动视角下的，其实企业还可以采取主动的战略性行动，利用制度场域中的矛盾挣脱原有制度的束缚，获取合法性与有利的竞争地位。制度创业的重要研究任务是打开制度创业机制这只"黑箱"。理解制度创业的概念内涵，有助于了解制度创业具体机制。此外，制度创业涉及利益相关者、能动性和制度创业者角色等多种因素，因此，学者们基本认同制度创业过程是一个极其复杂的文化和政治过程。

很多企业有开展制度创业的愿望，因为成功的制度创业意味着企业将自己的创新主张合法化，也在一定程度上给竞争对手设置了进入壁垒，为自己创造了先行竞争优势。但要实现这个目的，颇具难度与挑战。为了帮助读者理解这点，并厘清制度创业的研究脉络，我们选择三篇文章展开论述：第一篇揭示了制度创业获取竞争优势的困难之处在于确立合法性，并创新性地提出制度创业本身就是创造竞争优势；第二篇在明确制度创业者概念的基础上，基于动态性角度从制度创业过程来关注竞争优势的获取，以尽量避开合法性难题；第三篇强调了制度创业者的主体地位，重点研究何时真正开展制度创业，以期直接从源头解决合法性难题。将制度创业与竞争优势关联起来进行研究，不仅有助于在理论层面了解制度创业的内涵与作用机理，也有助于指导企业真正开展制度创业实践、创造竞争优势。

拉古·加鲁德等学者：借助制度创业获取合法性优势

拉古·加鲁德等学者于2002年在《管理学杂志》上发表了《倡导共同技术标准的制度创业：以太阳微系统和Java为例》一文，以倡导Java成为共同技术标准的过程为案例，阐述了制度创业的概念及具体表现形式，并指出制度创业过程本身就是创造竞争优势，成为后续不少研究的重要参考。

制度理论学者关注社会和经济生活已经成为一种约定俗成的认知，这也是一种制度化规则的体现。事实上，遵守制度化规则可能会产生路径依赖，导致特定的思维和行动方式，而制度的出现及形成过程就是一种制度创业行为。制度创业者通过创建新制度来使自身行为合法化、超越竞争对手，以领导者角色的身份建立全新的行业制度和发展战略，从而实现企业竞争优势。

加鲁德等学者并没直接提及制度创业的形成和产生，而是在新技术打破旧有制度"黑箱"的基础上，结合Java共同技术标准的建立过程提炼出了制度创业的概念内涵，并进一步探索制度创业者如何建立自己的竞争优势。这篇文章展现了一个被公众忽视的重要事实：制度创业本身就是企业创造自身竞争优势的过程，制度创业取得成功就是企业获得合法性并形成竞争优势的重要体现。聚焦制度创业与竞争优势展开研究，不仅是对制度创业的具体解读和剖析，也是对时代巨变下企业应如何转型升级、维持长久竞争优势的提炼和概括。

作者基于案例代表性、案例典型性和数据可得性三个方面的考虑，选择以太阳微系统倡导让Java成为共同技术标准作为研究案例。基于数据整理生成的事件年表，他们发现，研究结果可以推广至其他技术领域，但需要先了解制度化过程背后的生成机制，即如何在制度创业中形成自身竞争优势。太阳微系统倡导让 Java 成为共同技术标准具体分为以下几个过程：①明确定位。太阳微系统希望围绕 Java 创建一个新的技术领域，使其占据互联网信息技术领域的核心地位，以摆脱日益被边缘化的 UNIX 领域，并对抗 Windows 技术的主导地位。②具体行动。太阳微系统在初期采用"开放系统"战略吸引其他人订阅 Java 新标准，并积极营销 Java 品牌。对订阅新标准的公司来说，只有在说服其他人订阅时才会影响到自身利益，因而太阳微系统在与其他公司的合作中逐渐朝合法化趋势发展。微软公司早期并不支持 Java，专注于开发其替代软件，拒绝让 Java 技术抢占 Windows 技术领域的合法性地位。1995 年，太阳微系统在贸易展上展示了 Java 技术后，微软公司考虑到 Internet Explorer 浏览器落后于 Netscape 公司的同类产品，只能无奈支持 Java 技术的推广和使用。但是，微软公司通过扩展和改进 Java 功能，试图让 Java 成为诸多编程语言之一，以淡化其重要性，从而继续维持 Windows 操作系统的统治地位。就太阳微系统而言，它希望 Java 技术能处于顶端地位，但微软公司对 Java 技术的功能扩展可能会使软件产生不兼容的情况，从而影响 Java 成为共同技术标准。于是，太阳微系统将目光转向国际标准化组织（ISO），希望被授予 Java 国际技术标准地位，获得 Java 作为公开规范（publicly available specification，PAS）的认可，以期建立 Java 的共同技术标准、获得对这一技术的发展控制权。因为太阳微系统既想当裁判，又想当运动员，惠普、IBM、诺威尔等大型合作伙伴对太阳微系统的标准控制感到非常不满。为重新获得声誉，太阳微系统于 1998 年改变了许可模式，在 2000 年放弃了更多对 Java 的控制权，即便是 Java 克隆制造商也可以免费使用 Java 品牌。可是，太阳微系统依旧无法使国际标准化组织通过使 Java 作为公开规范的决议。

基于上述讨论，加鲁德等学者提出并提炼了 Java 成为共同技术标准的合法性困难，主要体现在动员认可、维护遵守、利益平衡三个方面。动员认可是指新标准在建立初期会遇到旧有标准的抵制和制约，因此需要围绕新标准动员庞大的集体成员来克服阻力。如果动员能力足够强，即使是潜在竞争者也可能被说服并认同对自己未来竞争不利的新标准。维护遵守是指新兴的集体成员认可新标准，但也可能会出现脱离新技术标准的行为，因此需要借助法律文书、执行机制准则等政治技能来帮助新标准持续有效运行。利益平衡是指新兴的集体成员存在个人利益和集体利益的冲突与平衡，因此确定合适的新标准控制水平就显得尤为重要。深入探究会发现，利益平衡这一现象存在的原因是，新标准的制定者本身也是执行者，这时就容易产生"合法性陷阱"。

这篇文章的重要价值在于揭示了制度创业获取竞争优势的困难，即确立合法性。首先，它以太阳微系统倡导让 Java 成为共同技术标准为例，说明技术创新是制度创业的具体表现形式之一，以帮助阐明制度创业的概念。其次，它从企业自身、竞争对手、中立机构等角度阐述了新技术标准在建立过程中的难点，从动员认可、维护遵守、利益平衡三方面对构建合法性的困难进行梳理，提出相应的解决方法。更为重要的是，这篇文章并非直接阐述制度创业的概念定义，而是通过讲述实际案例将制度创业的概念以具体表现形式展现出来，这对解释抽象概念具有重要的解构意义。

朱莉·巴蒂拉娜等学者：如何借助制度创业过程模型获取竞争优势

加鲁德等学者的研究阐述了制度创业的概念及具体表现形式，并重点指出制度创业成功本身就为企业获取和形成竞争优势提供了机会。但是，他们的这篇文章并没对制度创业过程的一般性规律进行概括和总结。换言之，制度创业能够帮助企业形成竞争优势，那么具体的过程究竟是怎样的？朱莉·巴蒂拉娜等学者于 2009 年在《管理学通讯》上发表了《行动者如何改变制度：构建制度创业的理论》一文，在明确制度创业者概念的基础上，率先构建了制度创业过程模型，以期从动态性过程来了解竞争优势具体是如何形成的。

这篇文章在 DiMaggio 提出的制度创业者概念基础上进行了详细解释，明确行动者被视为制度创业者需满足两个条件：①产生不同的变革。变革包括与现有领域一致的非发散性变革、与现有领域冲突的发散性变革，两种类型的变革都必须和所处的制度环境不同，即打破特定制度背景下组织的制度化变革，此时行动者才有可能成为制度创业者。②积极参与这些变革的实施。比如英国医疗体系中的临床管理者属于个人行动者，美国律师事务所中的戴维斯、波尔克和沃德尔三家纽约律师事务所属于组织行动者，他们都是发起并积极参与变革的主体。

随后，巴蒂拉娜等学者从三方面入手进一步明确了制度创业者的概念：①行动者的意向性。无论行动者最初是否打算改变其制度环境，只要发起并积极参与实施和现有制度不同的变革，制度创业者就可以被定义为变革代理人。②制度创业者的行为结果。无论最终是否成功实施变革，行动者只要参与实施差异化变革，就可以被视为制度创业者。③创业者与制度创业者的概念差异。创业者必须是创办新企业的个体或组织，而且创业者可以遵循现有的商业模式或产生新的商业模式。就商业模式而言，个体只有在产生新的商业模式时才能被称为制度创业者，但制度创业者没有创建新企业的硬性要求。因此，制度创业者不一定是创业者，因为创办新企业不是制度创业者的基本要素。

在明确制度创业者概念的基础上，他们提出了制度创业过程模型（见图 11-2），模型主要包括制度创业的有利条件和实施差异化变革。制度创业的有利条件分为两类：①场域特征。以往研究发现，制度创业多产生于制度化程度低的新兴场域，但制度化程度高的成熟场域也可能产生制度创业。此外，场域的异质性和制度化程度会影响行动者的变革类型（发散性和非发散性），场域的交叉点也更有可能产生制度创业。②行动者的社会地位。组织和个人的社会地位通过单独或互动的形式共同影响行动者参与制度创业的可能性。

制度创业过程模型的另一要素是实施差异化变革。具体而言，差异化变革的实施过程包括发展愿景、动员人们支持愿景、激励人们实现和维持愿景这三组活动：①发展愿景主要体现为诊断、预兆和动机三个方面。诊断是指制度创业者需要明确现有组织或更广泛领域的缺陷，以揭露当前制度的问题并追踪溯源。预兆是指制度创业者优先推广符合自身竞争优势的项目，尽量取消现有制度、反对新制度建立的合法性地位，积极向其他利益相关者及合作伙伴开展促使现有项目合法化的工作。动机是指提供令人信服的理由以推广新愿景。②动员人们支持愿景。这组活动主要体现为话语使用和资源调用。话语使用是指制度创业者需要说服现有机构中的不同支持者，采用修辞式的论点、合适的叙事风格等策略让他们相信变革的必要性，并动员他们支持变革。资源调用是指整合财务资源和与社会地位有关的资源，如正式权力和社会资本，在帮助制度创业者说服其他行动者支持和实施差异化变革方面发挥着关键作用。③激励人们实现和维持愿景。制度创业者通常会打破领域内人们习惯的认知和行为，因此制度创业者需要在各种条件的支持下，为不同的变革制定愿景并吸引愿意实施变革的行动者。

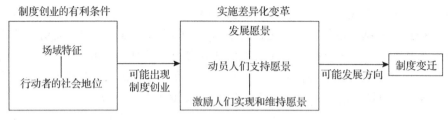

图 11-2 制度创业过程模型

这篇文章对理解如何借助制度创业过程模型获取竞争优势具有重要价值。首先，它在过往制度创业相关文献的基础上，明确了制度创业者的概念，并与创业者进行区分，这是构建制度创业过程模型前的关键步骤。其次，它围绕制度创业的有利条件、实施差异化变革的具体活动两方面构建制度创业过程模型，以动态性过程揭示制度创业者具体是如何获取竞争优势的。更为重要的是，它直接从动态性角度阐述制度创业获取竞争优势的具体过程，有助于在过程中更好地避开"合法性陷阱"。

彼得·谢勒：制度创业何时才能真正形成竞争优势

加鲁德等学者以倡议让 Java 成为共同技术标准为例，对制度创业的概念和具体表现形式进行深入分析，并提出制度创业本身就是创造竞争优势。随后，巴蒂拉娜等学者的制度创业过程模型解释了制度创业如何帮助企业获取竞争优势。可见，制度创业与竞争优势紧密关联，但制度创业者何时才能获取这一竞争优势呢？

彼得·谢勒（Peter D. Sherer）于 2017 年在《创业学杂志》上发表了《何时该停止做同样的旧事？制度和组织创业者如何改变职业棒球联盟》一文，借助外围性悖论解释不同行动者何时产生制度创业想法，以及如何最终实现制度创业，强调了制度创业的主体是创造竞争优势的关键主体。

当制度变革发生时，制度中的多个行为者通过单独行动或协同行动，产生公认的新制度。四个阶段的新制度理论发展，本质上是一个制度化和制度变迁的模型。该模型规定，组织趋向传统规则，而制度创业者挑战这些规则，并将反规则理论化以实现制度变革，随后组织创业者选择、采纳并完善了这些理论，以实现组织的真正变革。

阶段一：制度化和制度同构。组织领域的制度化产生于三个主要来源：①规范压力，通常与特定组织以外的专业和其他正式机构有关。②模仿压力，组织模仿其他组织，特别是成功、有声望的组织所做的事情。③强制压力，强制组织在存在依赖关系时以特定方式行事。而这些来源导致了制度同构，即一个领域内组织之间的实践、形式、结构、行动等方面的相似性和持久性。

阶段二：制度创业者实现制度变革。制度创业者是新关系、新理论的生产者以及合法性的创造者。制度创业者接触组织、机构的核心机会有限，这也使他们比内部人士更不容易受现有传统规则的社会和认知约束，但处于组织边缘位置的他们的影响力很小。因此，处于组织边缘位置的制度创业者或许能挑战传统规则，但他们所处的社会位置不具备实现变革的合法性。

阶段三：组织创业者实现制度变革。组织创业者是为实现组织特定利益而寻求制度变革的行动者，但组织创业者不局限于为特定组织获取利润的个体，他们也可以是非营利组织的代理人。组织创业者所处的组织是变革的唯一或主要受益者，他们可能会试图孤立、隐藏其他组织受益的机制，因此他们的行为容易被认为是自私自利或代表着以牺牲他人为代价来改善自身的变革。因此，处于组织边缘位置的组织创业者无法在自己的组织或更多的组织中实现制度变革。

阶段四：通过制度工作实现制度变革。制度工作是制度创业者和组织创业者之间共生关系的体现，其中，制度创业者从宏观上思考制度改变，组织创业者从微观上落实制度改变。制度工作关注行动者的思想和行动如何影响其他人、如何与其他人互动。虽然不同行动者不一定朝着同一目标努力，但他们各自的努力可能产生变革，这有助于解决嵌入性和外围性悖论。

随后，谢勒以北美的职业棒球联盟为例，采用历史制度分析来证明这一模型。他通过收集报纸、书籍、杂志中与19世纪50年代到20世纪初北美的职业棒球联盟进攻游戏传统智慧相关的文章，制定了事件时间表。考虑到可能会因当时信息的选择性存储、对进攻游戏传统规则挑战失败的信息未被保存等，导致对文件进行历史分析的结果存在偏见，因此作者决定利用资料来预测当时的论述是什么，避免带入现在的看法。

基于资料的整理和分析，作者发现：①质疑传统规则。北美职业棒球最开始是通过击球平均数（击球次数与击球手有机会击球的总次数之比）来使棒球比赛合法化和规范化的。但是这种计分方法存在三方面的缺陷：一是未区分击打量的情况，如本垒打、安打等；二是忽略了步行的因素，与未被多次保送上垒的击球手相比，被多次保送上垒的击球手在垒上的得分不一定会更多；三是更关注击球手的个人表现，忽略了团队表现，不利于团队凝聚力的形成。边缘的制度创业者率先发现了这种计分方法的不合理性，先后有《棒球》杂志编辑莱恩、棒球内幕人士里奇、具有深厚数学和统计专业知识的核物理学博士乔治·林赛从计分方法的局限性角度对这一计分方法发起了合法性挑战。当时，这些观点并没得到公众认可和实施，但为后续新制度、新思维的建立提供了基础。②新制度、新思维的建立。罗伯特博士发起建立的以学术研究为主的美国棒球研究协会（SABR），为制度创业者挑战棒球计分的传统规则提供了可能。此外，制度创业者吸引了许多对传统规则持怀疑态度的北美职业棒球联盟以外的人参与，并试图让"粉丝"收集数据以精准分析棒球计分规则的具体不足和缺陷。③新思维的形成。制度创业者从宏观层面对棒球计分规则进行了批判和创新，但最终得以落地执行还要依靠组织创业者恩肖·库克（Earnshaw Cook）的认可、支持与行动。在奥克兰田径运动中采用新方式、新思维进行比赛的行动者都获得了超出球队预期的成绩，其中波士顿红袜队采用反规则取得了更好的成绩。

这篇文章对揭示制度创业何时才能真正展现竞争优势具有重要的启发价值。首先，它提出制度形成来源于规范、模仿、强制三种压力，并明确制度创业者处于组织边缘位置，因此制度创业者即使发现旧有制度和规则需要变革，也会因自身对制度形成的影响力很小而无法真正改变旧有制度、创建新制度。其次，它进一步提出解决方法，制度创业者可以与组织创业者合作实现制度创业，即制度创业者在宏观上思考制度改变、组织创业者在微观上落实制度改变。更加值得关注的是，它创新性地提出了制度创业的缘由以及制度创业何时能真正产生作用，并帮助个体展现竞争优势。

未来研究方向

制度研究倾向于强调制度力量提升制度连续性和一致性并塑造组织过程的作用，而创业研究则倾向于强调会导致变化的创造性创业精神及其塑造组织过程和制度本身的作用。制度和创业这两个概念结合在一起，就意味着把两种相互冲突的力量整合在一个概念之中，形成了一个具有巨大张力和广阔发展前景的研究领域。

无论是制度创业还是制度创业者，合法性始终是研究关注的焦点，也是企业成功获取竞争优势的关键。因为制度创业是一种创建新制度或改变旧有制度的过程，所以制度创业者作为行动主体可以在制度创业过程中明确有利条件、实施差异化变革，从而避开"合法性陷阱"，建立可持续竞争优势。

无论是理论研究还是实际应用，竞争优势都是一个企业实现永久生存发展的关键，重点在于如何借助制度创业来获取竞争优势。更为重要的是，改变人类社会生产力与生产关系的数字化潮流正在重塑旧制度、创建新制度，研究制度创业机制对指导数字化时代的数字创业如何拥有竞争优势具有重要的现实价值。上述三篇文章展示了制度创业的重要节点和未来发展动向。

加鲁德等学者关注的是制度创业获取竞争优势所面临的困难，创新性地提出制度创业本身就是创造竞争优势，但他们并没直接阐述制度创业这一抽象概念，而是以太阳微系统倡议让 Java 技术成为共同技术标准的案例展现制度创业的一种具体表现，并帮助理解制度创业的概念，以及制度创业获取竞争优势的困难和解决方法。其实，制度创业的表现形式并不仅限于技术创新，还包括商业模式创新、市场创新、企业制度创新。不同表现形式下的制度创业在获取竞争优势时，建立合法性的具体机制也会产生差异，这一问题值得持续探索。

巴蒂拉娜等学者的文章有助于启发未来研究从制度创业过程来关注竞争优势的获取，以尽量避开制度创业的合法性难题。具体而言，制度创业过程如何帮助企业形成竞争优势？他们在明确制度创业者的行动主体作用的基础上，阐述了制度创业的两个有利条件，即场域特征和行动者的社会地位，并主张通过实施差异化变革以实现真正的制度创业，从而成功获取竞争优势。既然制度创业过程是一个动态性、复杂性过程，那么研究制度创业获取竞争优势不可能仅从制度创业者的个体层面入手，基于区域、组织等层面的制度创业过程研究也许发挥着更重要的作用（Battilana，2011）。例如，制度创业者的微观行为与宏观制度结构之间的相互作用是成功实现制度创业、企业获取竞争优势需要着重考虑的因素（Bisel，et al.，2017；Jain，2020；Linneberg，et al.，2021）。这种多层次的研究有助于丰富和完善制度创业过程，并进一步深化对制度创业与竞争优势的关系理解，非常值得研究。

谢勒的研究则引发了学者们对制度创业何时能展现竞争优势的研究兴趣，直接从源头上解决合法性难题。如果说以往研究更多关注的是制度创业在实现竞争优势过程中面临的合法性难题以及如何避开合法性难题，那么谢勒等学者的研究则是从缘由上研究制度创业的产生，并进一步阐述制度创业何时能展现竞争优势。谢勒是从制度创业者与组织创业者的合作程度来展现制度创业何时能展现竞争优势的，但除了合作的形式，制度创业者与利益相关者的非共识角度可能也值得关注。

研究设计与应用拓展

制度创业研究的理论综合性、抽象性都很强，概念及相关理论模型的共识度不高，且获取研究数据的现实难度大。在学术研究制度化的当今时代，对年轻的博士生及青年学者来说，这些都是需要理性面对的巨大挑战。但是，制度创业研究的重大理论与现实意义还是值得有兴趣的青年学者为之努力的。结合前文，就研究设计与应用拓展而言，建议抓住制度创业研究的关键三要素：情境、策略与合法性门槛跨越。

就制度创业情境而言，重点关注制度创业的情境——新兴场域，研究"如何创造有推广前景的新制度"问题。制度创业过程会因场域类型（成熟场域和新兴场域）的差异而有所不同。目前，制度创业过程研究主要针对成熟场域，而针对新兴场域的相关研究为数不多。成熟场域和新兴场域制度创业的主要区别表现为前者往往是从旧到新的过程，而后者则通常是从无到有的过程。可见，新兴场域蕴含着丰富的制度创业因素，应该成为制度创业过程研究的重要领域（Maguire, et al., 2004）。因为新兴场域的结构化程度很低，因此，在新兴场域进行制度创业的关键应该是创造有推广前景的新制度。新兴场域因其制度不稳定性的特性能孕育更多的制度创业机会，中国正在进行的全面深化改革及民营企业的高质量发展预示着中国将成为发展制度创业理论颇具前景的实验场所。2018年中央经济工作会议首次提出"制度型开放"的重要概念，这是中国对外开放进入新阶段的重要标志，这也为全球化情境下研究制度创业提供了制度空间。

就制度创业策略而言，重点关注制度创业阶段中制度创业策略的灵活运用。制度创业策略是指制度创业者根据不同利益相关者的特点开展一系列互动活动，从而获取合法性，使新制度得以确立与推广。它充分体现了制度创业者在创业过程中如何协调自身与利益相关者的关系。无论是在新兴场域中，还是在成熟场域中，制度创业者都会通过制度创业策略来实现与利益相关者的互动，进而建立与推广新制度。因此，正如郭毅等学者（2009）所言，制度创业策略已成为制度创业研究的热点，该问题的研究有利于实质性地揭示"黑箱"式的制度创业机制。但是，从目前国内外研究情况来看，制度创业策略研究具有明显的理论"碎片化"迹象，亟须科学整合。综合相关研究，可以把制度创业策略细化为话语策略、理论化策略、社会网络策略与文化策略。制度创业策略在制度创业的不同阶段有不同的行为表现及作用机制，将其置于制度创业阶段加以系统分析，非常适合制度创业的多元性特点。另外，目前大部分有关制度创业的研究聚焦于场域层面和组织层面。制度创业策略的运用实质上是场域中个体或组织间进行互动的过程，个体层面变量对制度创业过程的影响不容忽视。为了更好地了解制度创业策略如何被运用及其影响因素，需要加强从个体层面去探索制度创业者对制度创业策略的运用，关注他们的嵌入性、个人特征等如何影响策略的运用，加深对制度创业策略的微观认识。

就制度创业的合法性门槛而言，重点关注制度创业者如何跨越合法性门槛。制度创业的关键是成功获取合法性，这是获取竞争优势的先决条件。合法性获取是合法性水平不断积累的动态过程，在这个过程中存在着"合法性门槛"（legitimacy threshold），如果新创企业所获得的合法性水平不能跨越合法性门槛，新创企业将面临失败（Zimmerman, Zeitz, 2002）。费舍尔等学者（2015）提出了"多重合法性门槛"，指出由于不同阶段合法性评价者存在差异，新创企业将面临多个合法性门槛。从理论逻辑来看，合法性门槛及其跨越是对合法性获取过程中具有质变意义的合法性水平节点的比较精准的分析，是对现有合法性获取研究的深化，对制度创业研究具有重要的价值。合法性门槛及其跨越是评价者视角下的结果，重点关注"合法性判断－合法性获取"这个逻辑，这就为合法性门槛及其跨越提供了路径解释。由于合法性门槛是新兴研究议题，研究文献不多，且对不同层次、不同类型的合法性门槛及其跨越机制鲜有讨论，因此，将评价者作为行为主体，研究制度创业中的合法性门槛及其跨越机制很有意义。

就研究方法而言，由于制度理论的复杂性及制度创业的过程演进性，主流研究方法依然是案例研究法，尤其是多案例研究法。定量研究在制度创业研究中扮演辅助角色。案例研究的关键是符合三角互证法的数据获取及规范编码。由于制度创业的长期性与复杂性，大量数据需要在研究对象的理解与配合下才能获取。就此而言，获得符合理论研究设计要求的研究对象的理解与支持比追求时髦的研究方法更重要。

◆ 参考文献

Battilana, J., 2011, "The enabling role of social position in diverging from the institutional status quo: evidence from the UK national health service", *Organization Science*, Vol. 22, No. 4: 817-834.

Bisel, R.S., Kramer, M.W., and Banas, J.A., 2017, "Scaling up to institutional entrepreneurship: a life history of an elite training gymnastics organization", *Human Relations*, Vol. 70, No. 4: 410-435.

Deephouse, D.L., 1999, "To be different, or to be the same? It's a question and theory of strategic balance", *Strategic Management Journal*, Vol. 20, No. 2: 147-166.

Droege, S., and Johosn, N.B., 2007, "Broken rules and constrained confusion: toward a theory of meso-institutions", *Management and Organization Review*, Vol. 3, No. 1: 81-104.

Fisher, G., Kotha, S., and Lahiri, A., 2016, "Changing with the times: an integrated view of identity, legitimacy, and new venture life cycles", *Academy of Management Review*, Vol. 41, No. 3: 383-409.

Fligstein, N., 1997, "Social skill and institutional theory", *American Behavioral Scientist*, Vol. 40, No. 4: 397-405.

Jain, S., 2020, "Fumbling to the future? Socio-technical regime change in the recorded music industry", *Technological Forecasting and Social Change*, Vol. 15, No. 8: 1-14.

Linneberg, M.S., Trenca, M., and Noerreklit, H., 2021, "Institutional work through empathic engagement", *European Management Journal*, Vol. 39, No. 1: 46-56.

Maguire, S., Hardy, C., and Lawrence, T.B., 2004, "Institutional entrepreneurship in emerging field: HIV/AIDS treatment advocacy in Canada", *Academy of Management Journal*, Vol. 47, No. 5: 657-679.

Perkmann, M., and Spicer, A., 2007, "Healing the scars of history: projects, skills and field strategies in institutional entrepreneurship", *Organization Studies*, Vol. 28, No. 7: 1101-1122.

Zimmerman, M.A. and Zeitz, G.J., 2002, "Beyond survival: Achieving new venture growth by building legitimacy", *Academy of Management Review*, Vol. 27, No. 3: 414-431.

▣ 文献推荐

Battilana, J., Leca, B., and Boxenbaum, E., 2009, "How actors change institutions: towards a theory of institutional entrepreneurship", *Academy of Management Annals*, Vol. 45: 65-107.

Garud, R., Jain, S., and Kumaraswamy, A., 2002, "Institutional entrepreneurship in the sponsorship of common technological standards: the case of Sun Microsystems and Java", *Academy of Management Journal*, Vol. 45, No. 1: 196-214.

Sherer, P.D., 2017, "When is it time to stop doing the same old thing? How institutional and organizational entrepreneurs changed Major League Baseball", *Journal of Business Venturing*, Vol. 32, No. 4: 355-370.

◉ 代表性学者

彼得·谢勒（Peter D. Sherer）

在威斯康星大学麦迪逊分校获得博士学位，现任卡尔加里大学哈斯凯恩商学院副教授。他的研究和教学领域包括战略人力资源管理、组织理论、商业战略和研究方法，在《管理学杂志》《创业学杂志》《人力资源管理》等期刊上发表了多篇制度和竞争优势相关的研究论文，现任《管理学杂志》编委会成员。E-mail：psherer@ucalgary.ca。

朱莉·巴蒂拉娜（Julie Battilana）

2006年获得欧洲工商管理学院和法国卡尚高等师范学院联合培养博士学位，现任哈佛商学院工商管理讲席教授。她的研究和教学领域包括制度创业、制度变革、社会创业、社会创新、混合型组织、权力与影响力等，现任《行政科学季刊》《管理学杂志》编委会成员。E-mail：jbattilana@hbs.edu 或 julie_battilana@hks.harvard.edu。

拉古·加鲁德（Raghu Garud）

宾夕法尼亚州立大学管理与组织学教授，也是法雷尔公司创新与创业中心的研究主任。他在明尼苏达大学获得战略管理与组织博士学位。他的研究探讨新奇事物的出现和采用，具体来说，他感兴趣的是理解新思想是如何出现、如何被重视，以及如何被制度化的。他曾任《管理研究杂志》和《组织研究》联合编辑，现任《创业学杂志》编委会成员。E-mail：rgarud@psu.edu。

如何创造并维持基于最优区分的竞争优势[①]

◎ 郭 海[1,2]　◎ 陈沁悦[1]　◎ 韩佳平[1]

1. 中国人民大学商学院；2. 中国人民大学数字创业创新研究中心

　　根据中国信息通信研究院的测算数据，2020年我国数字经济规模达到39.2万亿元，占GDP比重为38.6%，数字经济在国民经济中的地位日益突出。一方面，以大数据、人工智能、区块链、云计算等为代表的数字技术快速发展，催生了一大批以美团、字节跳动、快手、滴滴、小米为代表的新创企业，在中国甚至是全球市场掀起了一股数字创业浪潮。另一方面，数字创业企业的迅速崛起也带来了诸多合法性方面的挑战。例如，数字技术带来的颠覆式创新使新创企业面临如何被各方利益相关者认同的挑战，而诸如数据安全、道德与伦理风险等方面的问题则使新创企业面临更强的监管压力。在此背景下，"最优区分"问题变得尤为突出（Zhao, et al., 2017）。对创业企业而言，既需要通过与制度规范或行业实践保持一致以获取合法性（Bruton, et al., 2010；Fisher, et al., 2017），也需要通过差异化定位与开展创新活动创造竞争优势（Barney, 2007；Porter, 1996）。因此，如何管理一致性与独特性之间的矛盾张力，创造并维持基于最优区分的竞争优势，是创业企业在成长过程中需要解决的一个关键问题。

　　近年来，最优区分文献呈爆发式增长趋势，相关研究已扩散至战略管理（e.g. Barlow, et al., 2019；Haans, 2019）、创业管理（e.g. Vossen, Ihl, 2020）、创新管理（e.g. Boone, et al., 2013）等多个领域。在创业领域，最优区分研究致力于解决创业企业生存与成长的问题，重点关注创业企业如何构建合法且独特的组织身份、如何开展平衡一致性与独特性的创业活动等话题。现有研究已经形成了战略平衡观（e.g. Deephouse, 1999；McNamara, et al., 2003）、战略取舍观（e.g. Cennamo, Santalo, 2019；Miller, et al., 2018）、协奏观（e.g. McKnight, Zietsma, 2018；Zhao, et al., 2017）、权变观（e.g. Goldenstein, et al., 2019；Zhao, et al., 2017）等代表性观点。其中，以 Deephouse（1999）为代表的战略平衡观主张适度的战略差异性能帮助企业平衡合法性与竞争压力之间的张力，从而实现最佳绩效。与之相反，战略取舍观强调，适度的战略差异性可能会导致最差的绩效表现。相较而言，战略平

[①] 本文是国家自然科学基金面上项目"数字化商业环境下创业企业的'最优区分'问题研究"（71872178）与"数字技术驱动的创业企业最优开放战略研究"（72072165）资助的阶段性成果。郭海为本文通讯作者（xjtuhaiguo@163.com）。

衡观可被称为最优区分研究的早期主流观点。

伴随最优区分研究的进一步发展，学者们提出，平衡观与取舍观从静态且单一的维度看待企业的最优区分问题，具有明显的局限性（Zhao, et al., 2017）。实际上，最优区分问题涉及组织活动的多个方面，组织环境也具有复杂性与不确定性的特征。因此，近几年的研究对早期战略平衡观主导的研究发起了挑战，学者们从对比标杆多样性、时间动态性、受众多样性、情境权变性等方面对创业企业的最优区分问题展开了新一轮的讨论，这不仅极大地丰富和发展了最优区分思想，更有助于创业企业在动态多变的环境中实现创业成功。

赵雁飞等学者：新兴类别内新进入者的动态战略定位

赵雁飞等学者于2018年在《组织科学》上发表了《视频游戏行业的最优区分：基于范例的原始类别演化模型》一文，从动态视角关注新兴类别内新进入者基于类别范例的战略定位问题。

这篇文章弥补了早期最优区分研究的两个关键性局限：第一，新创企业应该参照何种基点进行战略定位？传统的战略平衡观主要将类别原型作为对比标杆。类别原型是指在受众心目中最能代表该类别的企业，以往研究主要通过类别内的平均水平来代表类别原型。这篇文章提出，以往研究主要关注具有明确界限的成熟类别，具有明确的、可识别的类别原型，此时以类别原型作为对比标杆是有意义的；然而，对快速变化的新兴类别来说，其原型难以识别，受众缺乏评价与对比的标准，此时类别内最知名或表现最佳的企业（即类别范例）发挥着更重要的锚点作用，因为类别范例提供了关于市场需求的有形信息线索，能集中生产者和消费者的注意力。因此，此研究聚焦美国视频游戏行业这一不断涌现类别范例且处于快速变化中的新兴类别，并提出了基于类别范例（而非原型）的最优区分战略定位。第二，随着类别的不断演化与发展，新创企业的最优区分战略如何进行动态调整？早期的战略平衡观从静态视角考察战略差异性与企业绩效之间的关系，而组织合法性与竞争压力随着企业发展、类别演化以及产业变革等发生变化。因此，该文章进一步关注随着原始类别的发展，新进入者的战略差异性与企业绩效间关系的动态演化过程，并深入挖掘了驱动上述效应的内在机制。

通过对美国视频游戏行业的产品市场的研究，作者们得出以下三点结论：①在原始类别出现早期，类别范例会成为受众认知与评价的标杆，加上此时竞争压力较弱，新产品与类别范例保持一致会带来更好的绩效。②随着原始类别的发展，与类别范例的适度差异对绩效的提升更为有效。③评论家的评价在新产品战略差异性与绩效之间发挥中介作用，且随着原始类别的发展，这一中介效果会变得更显著。

具体来看，在原始类别出现的早期阶段，一个突出和成功的类别范例可以为新进入者提供参考，同时也会成为受众评价新进入者的重要衡量标杆，甚至能影响和指导消费者的购买决策。此时，受众对此类别的定义实际上就是由类别范例的特征组成的。与此同时，原始类别内新进入者的数量少，新进入者面临较小的竞争压力；相反，与类别范例相似的产品可能引起受众更多的关注。因此，在原始类别的早期与类别范例保持一致能带来更好的产品绩效。而随着原始类别的发展，新进入者的数量逐渐增加，为了占据更好的战略地位以获取竞争优势，强调自身的独特性就十分必要了。但此时新进入者同样面临合法性压力，这意味着与类别范例高度偏离的新产品会使其类别成员身份变得模糊，受众无法进行关注和合理判断。因此，作者们认为，此时应采用战略平衡的观点，即随着原始类别的发展，新进入者与类别范例的战略偏离度与其绩效成"倒U形"曲线关系。

接下来，作者们开始探究驱动上述效应的内在机制。作者们提出，在诸如餐饮、电影文化、书籍、电子游戏等体验式产品的消费中，消费者的评价和决策在很大程度上会受到市场中介机构评价的影响，如媒体、行业协会、评级机构和评论家等。市场中介机构通过隐藏产品质量、塑造消费者的评价指标、影响生产者行为来影响市场交易。在游戏行业中，专业的评论家对游戏的评级对消费者的决策会产生巨大影响。因此，作者们将专业评论家的评级作为战略偏离度与绩效关系的重要中介变量。然而，这一中介的效果并非一成不变。随着原始类别的发展，类别内的产品之间的竞争越发激烈，新进入者的异质性开始逐渐显现，这些增加的模糊性与复杂性使消费者对产品分类感到越发困难，此时评论家的角色就变得更加重要。此外，随着原始类别的发展，评论家和消费者都更偏好新奇的产品。当评论家对高偏离度的产品做出更高的评价时，消费者也会以此为参照做出更多的购买决策。因此，作者们认为随着原始类别的发展，评论家的中介作用变得越来越突出。

这篇文章构建了一个基于类别范例的原始类别演化模型，聚焦美国视频游戏行业，从动态视角探究了新进入者在该类别内的战略定位问题。该研究对类别理论和最优区分视角均具有重要意义。对于类别理论，该研究重点关注类别比较标杆与类别演变过程。对新兴和仍在进化中的原始类别来说，类别范例具有更重要的参考价值。这篇文章通过建立基于类别范例的原始类别演化模型，证实了类别原型和类别范例并非两个割裂的概念。在原始类别出现之初，类别原型难以识别，类别范例则成为重要的参照点；随着类别的发展，类别原型慢慢清晰，很大程度上可能是类别范例的特征所塑造的，此时新兴的类别原型将越来越多地取代类别范例，成为受众评估与分类的标准。对于最优区分研究，该研究跳出了以往研究关注的成熟类别，转而在更动态化的情境下进行一致性和独特性之间张力的探究。作者们在战略平衡观的基础上，提出最优区分点并非一成不变，而是会随着时间动态改变。此外，在进入新兴类别时，企业最优区分的策略也应分阶段考虑，即先通过与类别范例保持一致以获得类别合法性，再通过适度的差异化获得竞争优势。

布伦特·麦克奈特和查琳·齐茨马：跨越组织内外部情境塑造的合法性门槛

除了对比标杆的多样性以及动态演化性，实现最优区分的路径和方法，也是学者们关注的重要话题。赵雁飞等学者（2017）指出，战略平衡观从单一维度考察企业的最优区分问题，忽略了企业实践本身的多维性与复杂性，并进一步提出了最优区分视角下的协奏观点。该观点认为，企业应该在包括战略、结构、过程在内的多方面进行协奏以实现最优绩效。具体来说，可以通过补偿性协奏（compensatory orchestration）与整合性协奏（integrative orchestration）实现最优区分。补偿性协奏是指，企业通过在组织实践的某些方面保持一致性以获取合法性，而在其他方面保持差异化以获得竞争优势；整合性协奏主张，企业以一种全新的方式将具有合法性的组织实践整合起来，从而实现最优区分。协奏观点的提出突破了传统战略平衡观的局限，推动并引领最优区分研究进入一个全新阶段。在赵雁飞等学者（2017）研究的基础上，学者们从不同视角对最优区分视角的协奏观点进行了探究，其中布伦特·麦克奈特（Brent McKnight）和查琳·齐茨马（Charlene Zietsma）于2018年在《创业学杂志》上发表了《寻找门槛：一种实现最优区分的构型方法》一文，在整合性协奏与补偿性协奏观点的基础上进一步提出了门槛性协奏（threshold orchestration）的观点，即新创企业在跨越合法性门槛基础上的差异化能帮助企业实现最佳绩效。

这篇文章对最优区分研究具有极大的启发价值。作者们强调，组织的内部特点（例如所处的技术阶段、自身具有的相关经验、对在位企业的依赖等）以及组织所处的情境特征（例如行业与利益相关者的特点等）共同为企业塑造了一个合法性门槛；企业必须达到此门槛水平的合法性要求，才能在此基础之上进行差异化，以谋求最优绩效。因此，作者们运用构型观探索了不同策略和条件的组合如何影响创业的成功。该文章以加拿大清洁科技行业为例，进一步提出了企业实现最优区分的框架结构和合作策略，并探究了两种策略在四种不同情境下的适用性。接下来将进行详细说明。

作者们认为，Deephouse（1999）的战略平衡观实际上隐含了一个假设——"不同"的前提是"同"，即追求独特性的前提是建立一定的合法性，而学者们普遍采用的战略平衡观却无法体现此思想。因此，他们借鉴了齐梅曼和Zeitz（2002）提到的合法性门槛的概念，在战略平衡观的基础上进一步提出最优区分中的"门槛跨越"的观点，即企业首先需要越过合法性门槛，然后才能追求差异化。那么这些门槛是什么，什么因素会影响以及如何影响它们，正是这篇文章关注的问题。作者们选择了清洁科技领域这一新兴行业作为研究情境。此行业缺乏成熟的合法化实践作为可供新进入者参照与模仿的对象，加上新进入者往往面临"颠覆者的困境"，即它们的实力之弱迫使它们需要依靠行业中强大的现有竞争者和这一生态中的其他利益相关者将新技术推广到市场，这就使新进入者的合法性建立变得十分必要且困难，如何构建合法且独特的竞争地位是对这一领域中新进入者的挑战。

进一步地，作者们提出了实现最优区分的两种策略：差异化框架建构（differentiating framing）和合作策略（collaborative strategy）。首先，框架建构实际上是一种意义建构的叙事策略，内容包括诊断（识别问题）、预后（确定解决方案）和激励因素（确定需要采取的行动）（Benford, Snow, 2000）。为了凸显自身的独特性，企业可以采取差异化框架建构的方式，其具体做法是先识别当前环境中的问题，并将自己企业的技术作为解决方案，试图激励人们采用新技术。然而，当新进入者对现存竞争者有依赖时，采用差异化框架又是有风险的，因为差异化框架需要建立在现有竞争者的不足之上。而针对这一问题，前人却鲜有研究。其次，合作策略是指在一个新兴行业中，创新公司积极与其他公司合作，通过模仿行业内的已有做法，或共同制定文化规范或行业标准，来构建行业合法性。

最优区分的实现是情境依赖的。因此，作者们进一步考虑了四方面的情境因素。首先，技术形式，即企业采用的是增量技术（完全建立在现有企业使用的既定知识基础上）还是激进技术（新知识和新技术）。在激进技术情境下，合法性会受到更大的挑战。受众可能对新技术理解困难，而对现有竞争者来说，这些技术很可能会对它们的竞争格局造成破坏，这可能导致它们对新技术进行抵制，包括试图去证明新进入者是不合法的；此外，激进技术与行业内现有技术表现出极大区别。其次，对行业现存者的依赖。许多时候，行业现存者是强大的利益相关者，它们有能力阻碍新进入者，它们有能力影响新进入者对客户的访问及相关政策法规；因此，它们的支持对新进入者来说十分重要，它们的态度甚至还会影响到其他利益相关者对新进入者的行为。因此，为了构建合法性，新进入者会寻求与现存者合作，即与之产生依赖关系。此外，作者们还考虑了创业者之前的相关经历、创业者或创业企业的国际化程度等因素。

两种策略和四个情境因素都会对企业的合法性和竞争优势产生影响。其中，差异化框架策略和激进技术均提高了本企业将自身与竞争对手区分开来的能力，但也带来了获得合法性的困难。与之相反，合作策略显著提高了新创企业的合法性，但也对独特性产生了负面影响。

对行业现存者的依赖为新创企业合法化造成了障碍；而这些依赖关系对新兴行业内的新进入者来说是普遍现象，因此并不会对新创企业的竞争优势造成影响。而另外两个要素，创业者经历和创业企业国际化程度则极可能为企业带来合法性，也可能成为其独特竞争优势的来源。

通过运用定性比较分析（QCA）方法对30家加拿大清洁技术公司的案例进行研究，作者们识别出了可以帮助新进入者通过实现最优区分进而实现成功商业化的6种不同构型，分别是：①差异化框架＋相关经历＋国际化；②差异化框架＋合作策略＋国际化；③差异化框架＋合作策略＋相关经历；④无合作策略＋无激进技术＋无现存者依赖＋国际化；⑤现存者依赖＋相关经验＋国际化＋无激进技术；⑥合作策略＋无差异化＋无激进技术＋无现存者依赖＋无国际化。其中，前三种可以归为平衡差异化类型，这一类新创企业都采用了差异化框架建构方式，但也会辅以不同的合法性机制来弥补因强调独特性而带来的合法性威胁，如合作策略、相关经历和国际化。第四种构型被称为"商业案例型"，这类企业相对来说较为独立，它们不与其他企业产生联系，通过向国际客户销售增量技术来强调成本效益，以同时获得合法性和构建独特性。第五种构型是"依赖型"，与行业现存者的强烈依赖关系给这类公司的合法性构建造成了困难；为此，它们可以利用相关经验和国际化业务的开辟来寻求合法性和独特性，同时还要避免使用激进技术，以免造成合法性压力的进一步扩大。第六种构型是"顾问型"，这一类新创公司只关注与其他公司的合作，即仅强调自身合法性的培养，其所获得的成功被作者认为是反常的。通过对成功商业化的6种构型的研究，作者进一步验证了战略平衡观点，即成功的商业化需要通过一些手段来增加合法性，以抵消由独特性带来的合法性威胁。

接着，作者们关注了合法性门槛发挥的作用。该文章将合法性门槛设定为0分，通过对不同策略和情境要素进行合法性获得的赋分，作者们发现上述6种成功商业化的构型均超过了合法性门槛。那么，超过合法性门槛，就一定能带来成功的商业化吗？答案是否定的。为此，作者对没有成功商业化的案例进行了研究，发现那些超过合法性门槛的新创企业如果独特性得分是0甚至更低时，仍会导致商业化的失败。也就是说，新创企业在跨越合法性门槛时需要遵循战略平衡观，即采取措施以构建合法性与它们面临的合法性威胁相平衡，但一旦越过门槛，寻求二者的平衡就不再是重点，而应该更关注自身独特性的体现。

战略平衡观关注的是企业中单一维度的合法性与独特性的权衡问题。这篇文章通过引入多种情境因素，将这一权衡问题延伸到不同维度，在赵雁飞等学者（2017）提出的补偿性协奏和整合性协奏思想之外，提出了第三类协奏机制：门槛性协奏，即通过产生足够多的合法性来弥补环境中的合法性威胁。与补偿性协奏不同的是，这篇文章中的这些成功构型并非单纯用某一领域的一致性来弥补另一领域的独特性，而是运用一些情境因素（例如激进技术、对行业现存者的依赖和相关经验等）为新创企业设置了一个必须跨越的合法性门槛，它们需要通过努力寻找有效策略以越过这一门槛，然后进行差异化。特别需要注意的是，门槛性协奏并非简单的数字游戏，正如前面所说，不同的策略和情境要素会对合法性和独特性产生不同影响，需要考虑它们之间的相互作用和整体效果。

这篇文章可以看成对赵雁飞等学者（2017）提到的"最优区分并不是一个固定的点，而是会根据不同条件具有多个局部最优"观点的回应。它的最大贡献是提出了最优区分中的"门槛性协奏"观点，即新创企业需要先努力跨越合法性门槛再寻求独特性。通过对6个成功商业化的构型进行研究，该文章还进一步指出构成和影响合法性门槛的情境因素，包括技术的激进程度、对现存者的依赖、相关经验、国际化程度，发展了最优区分的战略平衡观与协奏观,并对合法性门槛研究做出了贡献。对管理者来说,该文章通过对具体案例的研究和6种成功商业化构型的提出,为新创企业如何实现最优区分指明了方向和路径。

亚历山大·沃森和克里斯托夫·伊尔:基于创业叙事的战略差异性与受众评价

除协奏思想外,最新的研究开始关注组织如何利用象征性活动影响受众对企业战略差异性的评价以追求最优区分。象征性活动包括企业利用话语、符号、故事、宣传等方式向利益相关者传递组织的可靠性与合法性信号(Zott,Huy,2007)。例如,通过创业叙事(e.g. Vossen, Ihl, 2020)、引入高地位的合作者或其他网络关系以传递合法性信号(e.g. Buhr, et al., 2020; Taeuscher, Rothe, 2020)。企业可以谋求象征性活动与战略实践在合法性与差异性上的匹配,以实现最优区分。亚历山大·沃森(Alexander Vossen)和克里斯托夫·伊尔(Christoph Ihl)于2020年在《创业学杂志》上发表《不只是文字!锚定性叙事和丰富性叙事如何帮助平衡创业产品的差异化和一致性》一文,探究不同的创业叙事方式如何利用类别的文化规范和意义来影响受众评价,从而使企业实现基于最优区分的竞争优势。

最优区分研究主要涉及两方面的问题:①向谁展示一致性或差异性,即最优区分战略所面向的受众问题;②如何展示一致性或差异性,即最优区分的战略行为问题。该研究指出,现有类别发挥了一种类似"透镜"的作用,受众们通过这一"透镜"确定对一致性或独特性的偏好。创业者可以通过在创业叙事(如对产品的文本描述)中利用产品所在类别的文化意义与文化准则来"聚焦"或"扩大"这个类别透镜。此时,类别本身不仅是用于做出区分的竞争群体,也是创业者可以在创业叙事中加以利用的文化意义与文化准则的储备库。基于以上思想,作者们提出了两种创业叙事方式:锚定性叙事(narrative anchoring)与丰富性叙事(narrative enrichment)。锚定性叙事是指在语义上将创业叙事锚定在所属类别的文化意义与文化准则中,此时创业者使受众"聚焦"于企业为所属类别中的合法且有代表性的成员上。丰富性叙事是指采用那些不明显属于任何类别的文化意义与文化准则来丰富创业叙事,此时创业者"拓宽"了受众的范围,使其产品能出现在更多的、可能零散的受众面前。作者们以视频游戏这一新兴行业为研究情境,得出以下结论:①在某一产品叙述上与所属类别的文化内涵进行语义锚定,可以使企业从差异化中获益(即减少了类别跨越带来的合法性损失),而这种作用在跨越多个类别时更加明显。②当一个产品聚焦于少数几个类别时,在进行产品描述时对这些尚未形成广泛认识的类别的文化内涵进行丰富,可以帮助企业吸引那些潜在的、分散的客户。

该研究从两方面展开论述。一方面,锚定性叙事通过将产品与所声称类别中已有的文化意义联系起来,采用受众更熟悉或更易理解的表达方式,以及使用象征等叙事手法,可有效提升产品的合法性以及受众的积极评价。当新产品需要进行类别跨越时,锚定性叙事也可以通过描述产品与不同类别间的联系,来克服受众因识别产品的不同类别属性的困难所造成的合法性威胁,即锚定性叙事对受众积极评价的影响在跨类别情形下会得到加强。除此之外,锚定性叙事可使产品更容易被理解以及更容易与类别规范建立联系,有助于提高受众对企业产品差异化的容忍度与接受度。特别是对中低程度的战略差异性来说,锚定性叙事可以强化受众的积极评价。然而,随着产品差异度的提高,这一强化效果会逐渐减弱。锚定性叙事强调自身产品与所在类别的联系,其实质是增加合法性但同时降低独特性。因此,这种叙事方式可能会导致具有较高差异化程度的产品看起来不那么独特,从而降低了产品的新奇吸引力,令其无法从竞争对手中脱颖而出。也就是说,对高程度的产品差异化来说,锚定性叙事会弱化战略差异性与受众积极评价之间的关系。

另一方面,虽然通过锚定性叙事,企业可以吸引到核心受众,但无法吸引到边缘、分散的潜在受众。这部分边缘受众往往由于缺乏评估这类产品所需的文化标准,而对相关产品产生怀疑。为了吸引这部分受众,作者们提出了第二类叙事方式:丰富性叙事。创业者通过寻找更丰富的文化意义,以吸引那些已确定类别之外的受众的注意和支持,并为他们提供评估的参考和逻辑,从而对受众评价产生积极影响。然而,当新产品需要进行类别跨越时,受众对该产品的理解本身就存在困难,纳入了类别外要素的丰富性叙事方式会让受众对该产品的感知更加模糊。因此,丰富性叙事对受众积极评价的影响在跨类别情形下会减弱。

此研究对最优区分视角与其他理论的融合具有重要启发意义。以往研究主要关注创业叙事在意义判断方面发挥的中介作用(Lounsbury,Glynn,2001;Navis,Glynn,2011),而该研究将创业叙事引入最优区分研究中,关注创业叙事如何利用类别的文化意义或文化准则来引导受众的评价,以设计最优区分战略,从而实现最佳企业绩效。此外,这篇文章在研究设计方面也有所突破。在企业差异化(或偏离度)的测量方面,以往研究大多强调利用基于特征的精确匹配(Zhao,et al.,2018)或频繁出现的词汇(Barlow,et al.,2019)来进行测量;这篇文章创新性地引入了机器学习中的一些前沿方法(如词嵌入),考察了创业叙事对受众评价的直接影响。该研究代表了最优区分研究的前沿成果,无论在理论思想方面还是在研究方法方面,均具有重要参考价值。

未来研究方向

上述三篇文章隐含了相关研究进展的关键节点与未来方向,并在不同方面引领与启发了此后的研究。赵雁飞等学者(2018)解决了最优区分视角下新创企业应该参照何种基点进行战略定位的问题,并提出了基于类别范例的新兴类别内新进入者的战略问题。之后,学者们在此篇文章的思想基础上进行了丰富与拓展。例如,巴洛等学者(2019)指出,新进入者可同时参照类别范例和类别原型对自己进行战略分类,以便在平台市场上获得竞争优势,并提出市场中的新进入者可通过相对于类别原型的差异性吸引用户的注意,同时通过保持与类别范例的相似性获取合法性;与此同时,与类别原型的相似会弱化与类别范例相似带来的好处。此外,赵雁飞等学者的这篇文章第一次从动态视角考察新创企业的最优区分战略问题,引领了此后的研究。例如,Younger 等学者(2020)的研究指出:在企业进入某一类别的初期,首先通过保持与类别范例的一致性获取合法性;随着企业的进一步发展,需要不断观察类别中的企业,并进行相应的差异化战略试验;最终,实现一种既包含对类别范例企业的效仿,又与类别范例企业竞争的平衡状态。赵雁飞等学者(2018)的这篇文章还启发我们关注更多研究话题:第一,未来可进一步探究新兴类别内企业创造基于最优区分的竞争优势的前因变量。第二,赵雁飞等学者(2018)指出了类别范例在新创企业实施最优区分战略方面发挥的重要参考作用,但是对"范例"为何能成为"范例"这一问题却鲜有讨论。因为类别范例通常代表的是行业内最激进、最偏离现有产品形式的例子,但为什么仍能被市场接受,这其中也暗含着合法性和独特性的相互作用,属于最优区分的研究范畴,值得进一步研究。

麦克奈特和齐茨玛的研究在赵雁飞等学者(2017)提出的整合性协奏与补偿性协奏的基础之上,进一步提出了门槛性协奏观点。此后,学者们继续从不同视角丰富和发展最优区分视角下的协奏观点。例如,Zhang 等学者(2017)强调组织某一战略或实践本身就具有复杂性特征,关注企业社会责任战略内的多维属性间一致性与差异性的协奏问题。研究发现，企业的社会责任战略可通过在活动范围上与产业同行保持一致以获取合法性，同时在其他利益相关者关注的特殊维度上进行差异化，从而实现合法性与竞争优势之间的平衡。此外，麦克奈特和齐茨马的研究也指引我们关注更多研究问题。例如，企业应该如何向不同利益相关者展示自己？不同利益相关者在对企业进行评价时更看重哪些条件？利益相关者评价的多样性如何影响最优区分战略选择？此外，合法性门槛思想应该是情境依赖的，未来可对合法性门槛的边界条件做进一步的检验。

沃森和伊尔的研究则关注组织如何利用象征性活动（如创业叙事）影响受众对企业战略差异性的评价。与此同时，近期研究热点也开始关注其他合法性缓冲途径。例如，Taeuscher 和罗思（Rothe）（2020）认为，平台可以通过和高地位的互补者建立联系，向利益相关者释放合法性信号，从而帮助平台减少由差异性引起的合法性损失。此外，沃森和伊尔的研究也指出了或启发我们思考以下研究话题：第一，在"面向同一类受众推出多种产品"的情境下，企业叙事策略的有效性是否会发生改变？第二，还有哪些文化因素会影响创业企业的最优区分战略选择？例如，在视频游戏情境中，视觉因素是否会对该游戏产品的合法性产生影响，这也是一个有趣的研究问题。第三，囿于数据可得性的影响，作者们只能观察到聚合性的用户评价效果；未来可进一步探究异质性用户如何影响对产品的评估，以更好地捕捉个体特征和偏好的影响。

总的来说，最优区分研究具有高度情境依赖的特点，基于不同情境的研究对探索最优区分视角的理论与实践价值具有重要意义。数字技术的发展催生了大量打破常规的创业实践活动，使得传统创业正在加速向数字创业转型。在此背景下，最优区分研究面临新的机遇与挑战。例如，以大数据、云计算、区块链等为代表的数字技术的普及应用，使产业边界变得日益模糊，不断推动企业开展开放式创新、跨界共享活动。那么，在更加开放、无边界的创业环境中，受众对创业企业一致性与独特性的评价会发生什么变化？对此，创业者与创业企业又该如何做出战略应对？此外，数字技术与商业模式的深度融合孕育了一大批以 BAT 为代表的平台企业，创业企业如何实现基于平台生态的最优区分战略定位，即如何通过获得平台支持以获取创业所需的关键资源，同时在众多平台参与者中脱颖而出？这些问题无疑都值得深入研究。

研究设计与应用拓展

如果你对"如何创造并维持基于最优区分的竞争优势"这一话题感兴趣，需要注意以下几点：第一，学术对话的选择。上述三篇述评文章代表了该话题下三个不同的主题，分别是战略定位问题、战略实施问题、利益相关者评价问题。竞争优势的构建是一个持续、动态且复杂的过程，开展研究时需要选择一个有意义的点切入，与该话题中的权威文献进行对话。第二，研究情境的选择。从上述三篇文章来看，学者们普遍选择创新水平和活力更突出的视频游戏、清洁技术等行业进行研究。在这些情境中，新创企业面临更大、更突出的合法性与独特性张力。然而，最优区分问题具有一定的普适性，未来既可以借鉴前人研究成果，在高度相关的情境下开展研究，也可以拓展到其他情境下进行考察。第三，理论的选择。最优区分视角的出现本身就是综合战略理论和制度理论的结果，具有宏观性、普适性和综合性特点。在考虑特定情境下的最优区分问题时，学者们还需要将最优区分视角同与研究问题高度相关的理论观点（如文化创业、类别理论、身份理论等）有效结合，从而更好地对研究问题给出解释，进而做出理论贡献。

在研究设计方面，这一话题下的研究普遍采用实证研究方法，分为定性研究和定量研究两类。对于定性研究，定性比较分析方法为最优区分视角下的协奏观点提供了更多研究机会。

该方法的好处是不强调从一个或几个案例中抽象出理论框架，而是聚焦于解决组织研究中的"组态"（configuration）问题，能从整体上探寻多重并发因果导致的复杂社会问题。对最优区分研究来说，定性比较分析方法对研究赵雁飞等学者（2017）强调的多种因素对最优区分点的影响十分适用，具有较大发展空间。对于定量研究，与企业独特性相关的变量（差异化或偏离度）测量问题一直是该领域关注的焦点。早期主流的研究主要遵循 Deephouse（1999）的测量方法，利用企业客观数据计算企业战略在多个资产配置上相对于类别（如行业或地区等）平均水平的偏离程度的绝对值之和，即运用欧氏距离的方法来反映企业相对于类别原型的战略偏离度。近年来，对差异化的测量方法逐渐趋于丰富与多样，学者们开始针对不同研究问题开发个性化的测量方法。例如，利用不同维度的余弦相似度（Vossen, Ihl, 2020），以及通过计算代表类别原型核心特征关键词占比的方法进行测量（Barlow, et al., 2019）。从数据收集与测量来看，越来越多的研究不再局限于传统的企业财务与运营数据，而是利用机器学习的前沿方法对企业相关文本进行分析，通过文档主题生成模型（如隐含狄利克雷分布, latent Dirichlet allocation, LDA）、词嵌入（word embedding，如 Word2Vec 模型）、计算机辅助文本分析（computer-aided text analysis, CATA）等方法（e.g. Haans, 2019; Taeuscher, et al., 2021; Vossen, Ihl, 2020），大大突破了传统测量方法的局限，为定量研究设计提供了更多可能。

◆ 参考文献

Barney, J.B., and Clark, D.N., 2007, *Resource-based Theory: Creating and Sustaining Competitive Advantage*, Oxford University Press on Demand, Oxford.

Benford, R.D., and Snow, D.A., 2000, "Framing processes and social movements: an overview and assessment", *Annual Review of Sociology*, Vol. 26, No. 1, 611-639.

Bruton, G.D., Ahlstrom, D., and Li, H.L., 2010, "Institutional theory and entrepreneurship: where are we now and where do we need to move in the future?", *Entrepreneurship Theory and Practice*, Vol. 34, No. 3: 421-440.

Cattani, G., Porac, J., and Thomas, H., 2017, "Categories and competition", *Strategic Management Journal*, Vol. 38, No. 1: 64-92.

Deephouse, D. L., 1999, "To be different, or to be the same? it's a question (and theory) of strategic balance", *Strategic Management Journal*, Vol. 20: 147-166.

Fisher, G., Kotha, S., and Lahiri, A., 2016, "Changing with the times: an integrated view of identity, legitimacy, and new venture life cycles", *Academy of Management Review*, Vol. 41, No. 3: 383-409.

Fisher, G., Kuratko, D.F., Bloodgood, J.M., and Hornsby, J.S., 2017. "Legitimate to whom? The challenge of audience diversity and new venture legitimacy", *Journal of Business Venturing*, Vol. 32, No. 1: 52-71.

Lounsbury, M., and Glynn, M.A., 2001, "Cultural entrepreneurship: stories, legitimacy, and the acquisition of resources", *Strategic Management Journal*, Vol. 22: 545-564.

McNamara, G., Deephouse, D.L., and Luce, R.A., 2003, "Competitive positioning within and across a strategic group structure: the performance of core, secondary, and solitary firms", *Strategic Management Journal*, Vol. 24, No. 2: 161-181.

Pontikes, E.G., 2012, "Two sides of the same coin: how ambiguous classifications affects multiple audiences' evaluations", *Administrative Science Quarterly*, Vol. 57, No.1: 81-118.

Porter, M.E., 1996, "What is strategy?", *Harvard Business Review*, Vol. 74, No.6: 61-78.

Zhao, E.Y., Fisher G., Lounsbury, M., and Miller, D., 2017, "Optimal distinctiveness: broadening the interface between institutional theory and strategic management", *Strategic Management Journal*, Vol. 38, No.1: 93-113.

Zhao, E.Y., Ishihara, M., and Lounsbury, M., 2013, "Overcoming the illegitimacy discount: cultural entrepreneurship in the US feature film industry", *Organization Science*, Vol. 34, No. 12, 1747-1776.

Zimmerman, M.A., and Zeitz, G.J., 2002, "Beyond survival: achieving new venture growth by building legitimacy", *Academy of Management Journal*, Vol. 27, No. 3: 414-431.

▣ 文献推荐

1. McKnight, B., and Zietsma, C., 2018, "Finding the threshold: a configurational approach to optimal distinctiveness", *Journal of Business Venturing*, Vol. 33, No.4: 493-512.

2. Vossen, A., and Ihl, C., 2020, "More than words! How narrative anchoring and enrichment help to balance differentiation and conformity of entrepreneurial products", *Journal of Business Venturing*, Vol. 35, No. 6: 1-19.

3. Zhao, E.Y., Ishihara, M., Jennings, P.D., and Lounsbury M., 2018, "Optimal distinctiveness in the Console video game industry: an exemplar-based model of proto-category evolution", *Organization Science*, Vol. 29, No. 4: 588-611.

● 代表性学者

布伦特·麦克奈特（Brent McKnight）

在韦仕敦大学取得管理学博士学位，现任麦克马斯特大学商学院战略管理系副教授。他的研究与教学领域涉及组织弹性、企业可持续发展、组织战略等。曾任《管理学评论》编委会成员，现任《管理学杂志》《商业伦理杂志》等期刊审稿人。E-mail：bmcknight@mcmaster.ca。

赵雁飞（Eric Yanfei Zhao）

在阿尔伯塔大学商学院取得战略与组织理论博士学位，现为印第安纳大学凯利商学院创业与竞争企业杰出学者，任管理与创业终身教授。他主要致力于结合最前沿的战略管理和组织理论来研究创新创业、社会企业等问题，相关研究成果先后发表在《管理学评论》《管理学杂志》《战略管理杂志》等期刊上。E-mail：ericzhao@indiana.edu。

亚历山大·沃森（Alexander Vossen）

在亚琛工业大学取得心理学博士学位，现任锡根大学助理教授，是该校创业情境研究小组成员。他的研究与教学领域为创业和创新的战略、文化，包括合法性、类别理论、创新、创业等，论文发表在《创业学杂志》等期刊上。E-mail：alexander.vossen@unisiegen.de。

基于商业模式创新的竞争优势

◎ 杨 俊

浙江大学管理学院

互联网及后续发展的数字技术与创业融合,新创企业不再拘泥于产品或服务创新,更加注重探索商业模式创新。基于新商业模式,新创企业不再与在位企业进行错位竞争,而是进行正面交锋的破坏性竞争,成长极具颠覆性。上述情况已成为席卷全球的普遍现象,在音乐行业(Burgelman, Grove, 2007)、电视行业(Ansari, et al., 2016)、软件行业(Snihur, et al., 2018)、媒体行业(Cozzolino, et al., 2018)、电子商务(Amit, Zott, 2001)、零售行业(Markides, 2006)等多个领域相继发生。克里斯腾森(2006)曾坦言:"我将颠覆这一现象归结为破坏性技术是一种错误,事实上,基于技术应用的破坏性商业模式才是颠覆在位企业领导者的关键力量。"在实践中观察,商业模式创新已成为创业者的普遍追求甚至是渴求!但是,成功者的荣耀与失败者的落寞形成了强烈反差,在商业模式创新实践中失败的新创企业数量远远高于被颠覆的在位企业数量,特别是基于商业模式创新实践的高规模参与主体、巨额风险资本投入等基本事实,这一失败成本不再拘泥于创业者或团队的个人损失,商业模式创新失败影响的广度和深度超乎想象。

商业模式创新不仅是关乎价值创造的经济问题,也是具有深远的非经济影响的社会问题,商业模式创新成为研究的热点领域,自然就不足为怪。早期研究聚焦于探索新商业模式相较于以往的价值创造逻辑有什么不同,研究成果丰富了我们有关什么是商业模式,特别是新商业模式独特性的理论认识,但因理论和视角差异诱发了争论,争论是好事,但过分拘泥于概念争论显然不利于理论发展,这引起了不少学者的警觉和反思(Foss, Saebi, 2017;Massa, et al., 2017;Wirtz, et al., 2016;Zott, et al., 2011)。事实上,新商业模式的理论和实践价值不在于它相较以往有多么不同,而在于这些不同为何、如何以及在什么条件下诱发新创企业颠覆式成长及其衍生的经济社会影响。拘泥于提炼新商业模式创新有何不同的研究思路难有出路,我们应关注什么样的商业模式创新更可能具有竞争硬度,更可能具有可持续性。将

㊀ 本文是国家自然科学基金重点项目"新创企业商业模式形成与成长路径"(71732004)、重大项目"创新驱动创业的重大理论与实践问题研究"(72091310)课题三"大型企业创新驱动的创业研究"(72091311)资助的阶段性成果。

商业模式创新与竞争优势关联起来展开研究，不仅有助于在学理层面揭示新商业模式颠覆效应的成因，而且有助于启发创业者理性地审视商业模式创新、负责任地开展商业模式创新。

拉斐尔·阿米特和克里斯托夫·左特：基于商业模式创新的 NICE 模型

拉斐尔·阿米特和克里斯托夫·左特于 2001 年在《战略管理杂志》上发表了《电子商务企业的价值创造》一文，它可以说是商业模式研究的开山之作，系统地阐述了为什么商业模式在新经济时代变得重要，以及新商业模式为何能诱发竞争优势，成为后续不少研究的重要参考对象。

20 世纪 90 年代末期，电子商务企业是互联网与创业融合衍生出的新物种，这些新兴电商企业极大地挑战了我们对企业的传统认知：第一，这些企业并没有与销售收入或市值相匹配的规模，包括资产、人员等，换句话说，这些企业似乎在"空手套白狼"，少数存在是偶然，但多数涌现就可能是趋势，经典的企业模型难以予以充分解释。第二，这些企业不仅是"空手套白狼"，而且在创造新市场和市场扩张方面的表现让人瞠目结舌，在极短的时间内快速创造并守住了大规模市场。第三，这些企业以难以预料的方式打破了行业的竞争规则，重塑行业格局，颠覆性地替代了相当大一部分传统的零售企业。这些独特现象引发了大量学者的关注，来自组织、战略和创业等多个领域的学者都关注到了相似的问题：电子商务企业究竟如何创造价值？

阿米特和左特的研究就是其中的佼佼者，他们并没在一开始就提出商业模式来解释电子商务企业的价值创造问题，而是在系统梳理和回顾已有有关价值创造的理论逻辑基础上，结合电子商务企业的创业实践总结提炼出了商业模式的概念内涵，并借助这一概念内涵来探索电子商务企业看似"空手套白狼"的创新实践如何诱发竞争优势的学理模型。这篇文章反映出了一个基本而重要的事实：商业模式实践因经济社会转型而变得更加普遍和重要，但关注商业模式不仅是关注对新经济时代新兴企业创造价值方式的提炼和概括，更重要的是聚焦商业模式展开研究有助于我们揭示互联网和数字经济时代企业竞争优势的新来源。

在该文中，基于组织和战略领域的经典理论，作者们提炼了企业价值创造的五个重要来源：①基于波特价值链理论的价值活动，将企业活动划分为价值创造的主导活动和支持活动；②基于熊彼特理论的创新租金，强调企业通过创新活动的价值创造；③基于资源基础理论的资源和能力，强调企业拥有独特的资源和能力，会带来价值创造；④基于战略网络理论的协同价值创造，强调基于合作网络机制的价值共创；⑤基于交易成本理论的交易优化，强调企业可以借助改变与外界的交易方式，降低约束交易的不确定性等因素来创造价值。

进一步地，他们采用基于二手数据的跨案例分析，提炼了电子商务企业如何创造价值的新理论：①与交易成本理论相一致，电子商务企业往往通过提升交易效率来创造价值，提升交易效率的办法包括减少买卖双方的信息不对称、缩短产品和服务的渠道流程，进而降低成本，借助提升交易规模来实现买方的规模经济等。②电子商务企业还通过互补来创造价值，这种互补表现为电子商务企业与外部利益相关者的双方或多方的互补效应，站在顾客角度，顾客购买的商品不再是传统意义上的独家提供，而是多方共同参与创造。③电子商务企业还通过强化与外部利益相关者的锁定效应来创造机制，包括增加顾客黏度带来的锁定效应，以及增加供应商或其他战略性合作伙伴的黏度来形成锁定效应。④电子商务企业还可以借助熊彼特式创新来创造价值，这种创新包括引入新产品或新服务、引入新的生产方式、分销方式或营销方式、引入新的市场等。

基于上述讨论，阿米特和左特提出并提炼了概括商业模式创新为何会诱发竞争优势的 NICE 模型。具体而言，他们认为商业模式在本质上描述了企业如何创造和获取价值的交易内容、交易结构和交易治理，是揭示企业竞争优势来源的新分析单元。交易内容指的是企业价值创造体系中交换的商品或信息，以及推动这些交换所必需的资源和能力；交易结构指的是企业价值创造系统中的参与方及其连接方式；交易治理指的是企业价值创造系统中信息流、资源流和产品流的管理和控制逻辑。基于交易内容、交易结构和交易治理的异质性组合，基于商业模式创新的竞争优势可以被表述为 NICE 模型，其竞争优势来源于：效率（源自交易成本理论）、新颖（源自熊彼特创新）、互补（源自资源基础观）和锁定（源自战略网络理论）。

效率（efficiency），即利用交易结构和交易治理创新来降低系统交易成本，从而实现更高的效率。新颖（novelty），即采用新的价值活动（内容）、新的交易方式（结构）或新的交易管理办法（治理）。互补（complementarities），即参与者之间协同诱发的价值增值效应，可能表现为资源、能力和产品等多个方面的协同增值效应。锁定（lock-in），即吸引第三方持续作为商业模式参与者的能力，可以表现为转换成本锁定，或从结构、内容、治理中获得网络外部性。更为重要的是，他们进一步在理论层面上讨论了商业模式创新诱发竞争优势的复杂性和挑战性：一是从空间维度上看，电子商务企业商业模式特征事实上存在着巨大差异，这些差异表面上表现为交易内容、交易结构和交易治理的不同，但在实质上表现为 NICE 模型所概括的四种竞争优势来源组合的不同。二是从时间维度上看，电子商务企业诱发竞争优势的商业模式属性形成并非一蹴而就，交易内容、交易结构和交易治理在新商业模式形成过程中往往会不断调整和演化，并借由这一调整和演化诱发了竞争优势形成的时间动态性。

这篇文章对解释新兴企业的颠覆式成长背后的深层次原因有着重要的意义和价值。它首先在理论上洞穿了商业模式是跨组织边界组织设计的本质属性，也就是说，企业价值创造不再拘泥于企业内部的价值活动，而是与外部参与者共同设计并完成价值活动，将组织间交易和活动设计纳入分析框架的研究思路在很大程度上挑战了特定行业内企业间商业模式的同质性假设，也更加贴近互联网应用普及诱发的企业价值创造实践变革的本质内涵。更为重要的是，这篇文章不拘泥于认同新商业模式相较于以往价值创造逻辑存在不同的理论和实践价值，进一步提出了基于不同的竞争优势塑造才是新商业模式产生破坏颠覆效应的深层次原因，在很大程度上启发了后续研究从不同角度揭示商业模式创新与竞争优势塑造之间的复杂关系。

玛琳·马尔姆斯勒姆等学者：高利润商业模式的认知复杂性

阿米特和左特的研究论证了商业模式创新诱发竞争优势的可能性以及所诱发竞争优势的理论框架，但这一框架主要聚焦于新商业模式的交易结构特征，并没解释其他创业者为何难以模仿或学习新商业模式。换句话说，如果说新商业模式难以被模仿，那么难度究竟来自哪里？玛琳·马尔姆斯勒姆（Malin Malmström）等学者于 2015 年在《创业理论与实践》上发表了《低利润和高利润商业模式的认知结构：一个关于连续创业者的凯利方格研究》一文，以连续创业者为对象，率先揭示了新商业模式为何难以被模仿的认知复杂性。

这篇文章的学术思想看似简单但极具启发价值。商业模式最初的雏形，应该是认知性地存在于创业者的头脑中，它为创业者提供了一个基本的分析框架用于指导创业活动的进程，并最终为新企业创造竞争优势。如果事实真是如此，那么创业者应该能在认识上区分出不同类型商业模式的特征和差异。基于此判断，马尔姆斯勒姆等学者试图以利润潜力为分类标准，采用事后评价和判断的思路，探索和总结创业者有关高利润和低利润商业模式的认知框架，同时分析这一认知框架是否会因商业模式的利润潜力不同而存在差异。

马尔姆斯勒姆等学者选择了5位经验非常丰富的连续创业者为研究对象，他们进行过7次创业，拥有21年的创业经验，年龄在50岁左右，拥有大学教育经历。具体研究过程是这样的：第一步，每一名创业者被要求尽可能从他们曾经所塑造与管理的商业模式中，选择出3种高利润模式与3种低利润模式。5位创业者共选择了34种商业模式，包括16种低利润模式与18种高利润模式，对高利润商业模式来说，在头3年，其报表中至少应有25%的销售利润率，利润至少保持在每年10万～120万美元的范围内。对低利润商业模式来说，在头3年，其报表中的销售利润率低于5%或是负值，利润（或损失）范围在 -13万～ -170万美元之间。第二步，每一名创业者对自身选择出的曾经实践过的高利润与低利润商业模式进行自我评判。创业者基于凯利方格访谈报告中的27个有区别的商业模式属性，对自己经历过的商业模式进行比较与评分。创业者们使用李克特7点量表来对27个商业模式属性分别进行比较与评分。基于这些评分，学者们采用聚类分析和主成分分析揭示创业者对不同商业模式的认知框架差异。

基于聚类分析，他们发现与高利润商业模式相比，低利润商业模式中包含更多数量的属性间高度相关关系。具体而言，低利润商业模式中有30种属性间相关关系的系数在0.7以上，12种系数超过0.8，2种系数超过0.95。相反，高利润商业模式中有8种属性间相关关系的系数在0.7以上，4种超过0.8，没有系数超过0.95的属性间相关关系。在高利润商业模式中，有接近30%的属性间相关关系的紧密度是比较低的，83种属性间相关关系的系数低于0.1；在低利润商业模式中，紧密度较低的属性间相关关系所占的比例较小，仅有63种属性间相关关系的系数低于0.1。尽管两类商业模式的可聚类属性数量上不存在显著差异（高利润商业模式为19种属性而低利润商业模式为25种属性），但所形成的聚类数量却存在着显著不同。以80%的匹配距离为标准，高利润商业模式的认知结构主要包括4种认知聚类，而低利润商业模式的认知结构仅包括2种认知聚类。前者难以形成共识而后者容易达成一致。

这意味着，与低利润商业模式相比，创业者在高利润商业模式属性特征方面的认知结构存在较显著的多样性。换句话说，创业者眼中的高利润商业模式具备更加多元的认知属性分类，同时不同分类之间的关联性松散，这在客观上表明即便是事后分析和判断，创业者们仍难以准确判断高利润商业模式为什么能获得成功，高利润商业模式在认知上具备更强的因果模糊性。与之相反的是，创业者对低利润商业模式的认知结构相似性程度更高，在低利润商业模式中，所有属性聚类的匹配距离在75%左右，然而在高利润商业模式中，仅有三个聚类的匹配距离在75%左右，其他所有属性聚类的匹配距离均在68%左右。

进一步地，他们采用主成分分析来验证创业者基于不同类型商业模式属性认知的复杂性。这是什么意思呢？解释变量变异的成分数量是体现思维结构认知复杂性的重要指标。如果要说明白种族差异，肤色可能是解释种族差异的主要成分；但要说明白民族差异，就需要关注语言、服饰、习惯等多种因素的解释力度。民族差异可能比种族差异更加复杂，不仅在事实上更加复杂，在认知上也更需要复杂的思维过程。主成分分析显示：相对于低利润商业模式（抽取出10个成分），高利润商业模式的认知复杂性水平更高（抽取出13个成分）；从前2项主要成分对变异的解释水平看，高利润商业模式的前2项成分仅仅解释了认知结构中39%

的变异,而在低利润商业模式中的前 2 项成分却解释了 57%;从成分的构成要素来看,高利润商业模式的第一项成分中包括了 7 项商业模式属性,而低利润商业模式的第一项成分中却涉及了 17 项商业模式属性;从极端值分析来看,与高利润商业模式相比,创业者对低利润商业模式产生极端判断(无论是极大还是极小)的属性数量更多。

这意味着,低利润商业模式的认知结构存在着相似性却模糊,即导致低利润的商业模式具体属性特征表现出很强的随机性;与之相反,高利润商业模式在认知结构上更为复杂但清晰,诱发高利润的商业模式属性特征具有更强的可归类性,但不同类别往往并存。换言之,在商业模式情境下,成功商业模式的认知结构复杂但内在属性清晰,而失败商业模式的认知结构简单但内在属性模糊。在事后判断高利润商业模式的特征具有很强的挑战性,而分析低利润商业模式的认知结构看似简单,却难以形成准确判断。

马尔姆斯勒姆等学者的研究的重要价值在于揭示了新商业模式难以被模仿的认知成因。如果说高利润商业模式往往具备竞争优势,或者说至少在短期内具备竞争优势的话,那么其难以被模仿的原因在于对哪些属性起作用的认知复杂性,即便是在事后分析和判断,创业者也很难对这一问题形成准确而一致的认识。更为重要的是,低利润商业模式往往不具备竞争优势,或者说至少在短期内不具备竞争优势的话,那么这些低利润商业模式在实践中一错再错、难以被改善和调整的深层次原因可能在于创业者面临着复杂的认知挑战,特别是难以判断哪些属性在拖后腿以及如何重新组合商业模式的关键属性。基于这一认识,技术等外生因素变革诱发了商业模式创新热潮,商业模式创新成功究竟是基于偶然的运气还是有规律可循的可管理过程,就成为学者们亟待解决的重要科学问题。

尤利娅·斯尼胡尔等学者:将优势在竞争中转变为现实的表述策略

如果说商业模式创新能诱发竞争优势,那么如何将这一优势在竞争中转变为现实?这是关乎理论和实践的重要问题。从理论上看,阿米特和左特的 NICE 模型是对电子商务企业商业模式诱发竞争优势的理论归纳,但并没回答为什么有的电子商务企业能将这一优势转变为现实,而其他大多数却失败了的事实。从实践上看,新商业模式的实施和布局是在竞争中而非真空环境中展开的,基于其颠覆性和破坏性,新创企业面临的主要竞争压力来自其试图颠覆的在位企业,尽管在位企业可能在商业模式上存在着劣势,但在其他大多数方面往往并不逊色于新创企业。那么,创业企业如何让具有颠覆性潜力的商业模式获得成功?

尤利娅·斯尼胡尔等学者于 2018 年在《管理研究杂志》上发表了《破坏性商业模式的生态过程模型:破坏者策略》一文,利用对 Salesforce 公司 1999~2006 年的纵向案例研究,重点讨论新创企业(如 Salesforce)在破坏性商业模式实施和布局过程中如何与在位企业(如 Siebel)开展竞争性互动,构建了破坏性商业模式实施布局过程中的表述与适应过程模型,并将这一模型概括为"破坏者策略"。第一次读到这篇文章,让我想起了一篇有关爱迪生电气照明案例研究中所揭示的稳健设计战略,只不过稳健设计战略的核心问题是新创企业如何赢得利益相关者认可,进而取得合法性,而破坏者策略则强调的是站在创业企业角度,如果在商业模式创新具有足够颠覆性的前提下,如何利用这一优势来扰乱或打破主导在位企业的竞争节奏。

这篇文章在研究设计上有两个特色,值得关注:①该文章的案例研究数据是二手数据,并没进行一手访谈调研,但二手数据呈现出了高度的多样性,包括新闻报道(Salesforce 公司

535 份、Siebel 公司 844 份)、年度报告（Salesforce 公司 2 份、Siebel 公司 7 份)、CEO 或高层管理团队（TMT）媒体采访（Salesforce 公司 14 份、Siebel 公司 30 份)、创始人著作（Salesforce 公司 1 份）等案例企业内部资料，一般媒体文章（Salesforce 公司 264 份、Siebel 公司 1 372 份)、专业媒体文章（Salesforce 公司 1 144 份、Siebel 公司 58 份)、财务分析师报告（Salesforce 公司 535 份、Siebel 公司 282 份)、教学案例（Salesforce 公司 4 份、Siebel 公司 10 份）等外部资料，单看数量就让人感受到背后研究工作的挑战性和复杂性，将如此多的素材资料梳理出清晰的脉络就不容易，何况还要从中抽取出新的理论模型。②大多数已有研究要么关注新创企业如何向外表述新商业模式，要么关注新创企业如何在行动中调整商业模式，但这篇文章将商业模式创新布局的言和行统一起来展开理论分析，从新创企业与在位企业竞争性互动的视角，从过程角度构建了表述策略与适应调整之间动态互动的过程机制，产生了富有见解的研究发现。

与闷声发大财的边缘策略不同，斯尼胡尔等学者发现破坏性商业模式往往采用先入为主的表述策略，破坏者开始就表明其创新和破坏意图，尽管牺牲了保密性，但创造了透明度，这有助于破坏者与潜在的早期采用者建立联系。这种策略留给在位企业的选择是：要么做出回应，这种行动意味着承认挑战者、新商业模式乃至新的生态系统的竞争地位；要么选择视而不见，这很可能意味着失去加入新兴生态系统的机会。颠覆者的策略导致了一个有利于颠覆者的"表述–适应"循环，在位企业的战略忽视导致了不利于在位企业的"表述–不适应"循环。这两个对称过程导致了对称性结果：颠覆者新生态系统的成长往往以蚕食在位企业旧生态系统为代价。破坏者的策略在理论上表现出了三方面重要特征：

一是表述与适应之间紧密关联、亲密互动，颠覆者往往采用整体性表述（如独特的、革命性的，或市场领导者）而不是指出自身商业模式创新的具体要素（新内容、结构或合作伙伴)，借此创造透明度、建立信用度、发起与生态系统利益相关者的关系。与此同时，颠覆者小心且持续地调整其新商业模式内容、结构和合作伙伴来回应生态系统需求。

二是颠覆者的表述往往要避开对商业模式创新的具体要素进行过分承诺，这也给持续的商业模式调整带来了空间和弹性。换句话说，颠覆者的表述过程本身就是学习过程，表述内容是学习过程的产出，指引了商业模式调整和优化的行动路线。如何处理好言和行的互动关系，是破坏性商业模式成功实施的关键。

三是既然破坏性商业模式落地是表述牵引的调整过程，那么表述策略在时间维度上呈现出的动态性就显得尤为重要。颠覆者往往率先利用基于独特性的表述快速形成显示度，转而利用基于领导地位的表述来寻求新生态系统的合法化，进而将颠覆者定位为一个可信赖的专家和系统核心。独特性表述在战略上创造了在位企业的被动和不适应，而后续基于领导地位的表述则在很大程度上在战略上形成对在位企业的碾压。如果顺序调换，不仅不能在竞争上威胁在位企业，反而可能会因破坏性商业模式在初期的不成熟而影响参与者对新创企业的信赖度。正因如此，表述内容可能并不是颠覆者成功的重要因素，在独特性和领导地位表述之间的顺序操控显得非常关键。

未来研究方向

无论是战略还是组织理论，企业行为始终是研究关注的焦点，也是重要而基本的分析层次。在工业时代的理论体系中，企业行为具有基于边界假设的相对独立性，也就是说，做什么以及怎么做在很大程度上是企业基于自身可能做出的行为选择。但在数字经济时代，企业间边界被打破、资源壁垒被渗透，企业行为在很大程度上开始偏离基于边界假设的独立性，在做什么以及怎么做的问题上，不仅要考虑自身，还要考虑与自身相关的整体性布局，也就是与外部利益相关者所形成的复杂关系体系（这一关系可能因交易而产生，也可能因所有权而产生，甚至有可能因共同的顾客而产生）。基于这样的事实和判断，有关商业模式创新是否以及如何诱发竞争优势的研究，才真正具有了根植于实践的理论生命力。

无论是学术研究还是商业实践，商业模式有多新可能并不重要，关键在于如何在竞争中谋求位势。更为重要的是，以新商业模式为媒介，竞争的规则和行为以及背后的决策过程可能会发生微妙但重要的转变，这一转变背后的规律可能恰恰具有很高的学术价值。上述三篇文章隐含了相关研究进展的关键节点与未来方向。阿米特和左特关注的是商业模式的属性特征，开创了商业模式研究的活动学派，他们并没像其他学者那样从描述和概括新商业模式之"新"入手来研究，而是从提炼商业模式诱发竞争优势的 NICE 模型入手，探索基于商业模式创新的竞争优势属性及其与战略选择互动如何影响新创企业绩效（Zott，Amit，2007，2008），反过来再审视商业模式设计和形成中的跨边界"要素 – 活动"耦合系统问题（Zott，Amit，2010；Amit，Zott，2015），近期进一步提炼数字时代商业模式诱发竞争优势的资源编排基础（Amit，Han，2017），基于这一流派的研究不断推进和深化。基于商业模式创新实践的丰富性和易变性，什么样的商业模式结构属性可以以及如何诱发竞争优势？这一问题值得持续探索。

马尔姆斯勒姆等学者的研究有助于启发未来研究将认知框架纳入基于商业模式创新的竞争优势分析框架。具体而言，具备竞争优势属性的新商业模式从何而来呢？既然在事后评价的因果模糊性可能是导致高利润商业模式难以被模仿的重要原因，那么新商业模式的成功显然不可能被简单归结于技术等外生因素的直接影响，新创企业 CEO 和高管团队的认知和决策过程可能发挥着更加重要的作用（Martins，et al.，2015）。不妨大胆猜测，在商业模式设计或形成过程中，新创企业 CEO 和高管团队的信息搜集、学习方式、思维推理、决策过程等多重因素的综合作用可能是诱发新商业模式活动系统因果模糊性的重要机制，非常值得研究。

斯尼胡尔等学者的研究则打开了一扇新的窗户。如果说以往研究更多关注已具备竞争优势的商业模式的属性特征及其来源，那么斯尼胡尔等学者的研究则告诉大家即便新商业模式具备竞争优势属性，但这一属性转化为现实的破坏效应并非易事，关键在于新商业模式布局实施中如何采取恰当的言行组合来威胁甚至是冲击在位企业。尽管有研究强调了资源获取和技术保护等在保护基于商业模式创新的竞争优势中的作用，但除了这些静态的要素影响，新创企业的表述策略与适应调整之间动态匹配的行为机理可能仍值得关注。

研究设计与应用拓展

如果你对商业模式创新是否以及如何诱发竞争优势这一问题感兴趣，首先要明确的是：商业模式创新可能诱发新的竞争优势来源，但这并不意味着商业模式创新与竞争优势关系的研究会独特到"没有朋友"，甚至是脱离已有组织和战略理论来凭空构建新理论，这是非常危险，也是缺乏学术理性的偏见。新现象一是在时间上新出现，二是内涵上的新内容，在时间上的新更可能具有绝对性，内涵上的新则是局部和相对的。哪些理论有可能有助于解释基于商业模式创新的竞争优势问题，甚至在解释中进一步发展新思想呢？从已有研究的理论建构和发展来看，交易成本理论、熊彼特创新理论、资源基础观、网络理论、动态能力理论、资源编排理论、动态竞争理论、象征符号理论等都是很值得进一步思考的基础理论选择。有些理论（如资源基础观、网络理论和资源编排理论）有助于解释商业模式创新为何能诱发竞争优势以及所诱发的竞争优势特征，而另一些理论（如动态竞争理论、象征符号理论）有助于解释新创企业如何在竞争情境下将基于商业模式创新的竞争优势可能性转变为现实的行为和策略。

在研究设计方面，如你所看到的，与此话题有关的重要文献几乎都采用定性研究设计，大致可分为两类：一类是不拘泥于单个或多个案例研究，以理论推导和演绎为主，以典型案例作为理论推导和演绎的补充论述，将案例事实有机地融合到所推导或演绎的新理论命题和框架之中，这类研究以阿米特和左特（2001）以及阿米特和韩旭（2017）的成果为典型代表。这类研究设计挑战的是你的理论高度以及如何将理论与案例事实结合的逻辑思维技巧。另一类是经典意义上的案例研究，但研究设计的创造性和严谨性主要取决于案例选择的合理性，而案例选择的合理性与你所关注的具体研究问题高度相关。正如斯尼胡尔等学者的研究所展现的，选择 Salesforce 与 Siebel 的互动为典型案例，其合理性在于 Salesforce 的商业模式相对于 Siebel（在位企业）具有很强的颠覆性和破坏性，并且这一颠覆性和破坏性已经在现实中发生并完结，这已得到学术同行和实践同行的普遍认同。不妨认真体悟斯尼胡尔等学者在论述其案例选择合理性时的三个要点：Salesforce 通过商业模式创新来颠覆企业客户关系管理（CRM）系统；Salesforce 公司是对 Siebel 公司的颠覆而 Siebel 是行业领导者；自 1999 年 Salesforce 发起颠覆性行动开始，已经过去了约 20 年，形成了足够数量的档案数据。然后，再回看斯尼胡尔等学者提炼的研究问题。这类研究的挑战在于选择好的案例，但好的案例可能与企业知名度无关，而在于所选择的案例是否针对研究问题具有独特性，甚至是排他式独特性，以及能否完全充分展现你关注研究问题的全过程。你甚至可以直接联系相关教授，了解他们是如何想到从言行互动角度展开研究，进而提炼出破坏者的策略这一富有见解的模型的。

基于数据的定量研究也开始涌现。值得注意的是，主流期刊发表的定量研究大都不以问卷调查方式收集一手数据，这主要是因为基于商业模式的复杂性、系统性和整体性，CEO 可能并不能完全掌握与商业模式相关的信息，问卷填答的效度因此会存在问题。以左特和阿米特（2007）的研究为代表，基于二手数据的编码与打分相结合的方式来采集数据可能更加适合这一问题的研究。这并不是否认问卷调查的可行性，可能需要更加富有创造性的调查设计。基于左特和阿米特（2007）开创性研究的发展，我们开发建设了中国创业企业成长跟踪数据库（CPSED II），这是包含上千家新三板企业的综合数据库。如果你感兴趣，欢迎你联络我们。

◆ 参考文献

Amit, R., and Han, X., 2017, "Value creation through novel resource configurations in a digitally enabled world", *Strategic Entrepreneurship Journal*, Vol. 11, No.3: 228-242.

Amit, R., and Zott, C., 2001, "Value creation in e-business", *Strategic Management Journal*, Vol. 22, No. 6-7: 493-520.

Amit, R., and Zott, C., 2015, "Crafting business architecture: the antecedents of business model design", *Strategic Entrepreneurship Journal*, Vol. 9, No. 4: 331-350.

Ansari, S., Garud, R., and Kumaraswamy, A., 2016, "The disruptor's dilemma: TiVo and the U.S. television ecosystem", *Strategic Management Journal*, Vol. 37, No. 9: 1829-1853.

Burgelman, R.A., and Grove, A.S., 2007, "Cross-boundary disruptors: powerful interindustry entrepreneurial change agents", *Strategic Entrepreneurship Journal*, Vol. 1, No. 3-4: 315-327.

Christensen, C.M., 2006, "The ongoing process of building a theory of disruption", *Journal of Production Innovation Management*, Vol. 23, No. 1: 39-55.

Cozzolino, A., Verona, G., and Rothaermel, F.T., 2018, "Unpacking the disruption process: new technology, business models, and incumbent adaptation", *Journal of Management Studies*, Vol. 55, No. 7: 1166-1201.

Foss, N.J., and Saebi, T., 2017, "Fifteen years of research on business model innovation: how far have we come, and where should we go?", *Journal of Management*, Vol. 43, No. 1: 200-227.

Markides, C., 2006, "Disruptive innovation: in need of better theory", *Journal of Production Innovation Management*, Vol. 23, No. 1: 19-25.

Martins, L.L., Rindova, V.P., and Greenbaum, B.E., 2015, "Unlocking the hidden value of concepts: a cognitive approach to business model innovation", *Strategic Entrepreneurship Journal*, Vol. 9, No. 1: 99-117.

Massa, L., Tucci, C., and Afuah, A., 2017, "A critical assessment of business model research", *Academy of Management Annals*, Vol 11, No. 1: 73-104.

Snihur, Y., Thomas, L.D.W., and Burgelman, R.A., 2018, "An ecosystem-level process model of business model disruption: the disruptor's gambit", *Journal of Management Studies*, Vol. 55, No. 7: 1278-1316.

Wirtz, B.W., Pistoia, A., Ullrich, S., and Gottel, V., 2016, "Business models: origin, development and future research", *Long Range Planning*, Vol. 49, No. 1: 36-54.

Zott, C., and Amit, R., 2007, "Business model design and the performance of entrepreneurial firms", *Organization Science*, Vol. 18, No.2: 181-199.

Zott, C., and Amit, R., 2008, "The fit between product market strategy and business model: implications for firm performance", *Strategic Management Journal*, Vol. 29, No.1: 1-26.

Zott, C., and Amit, R., 2010, "Business model design: an activity system perspective", *Long Range Planning*, Vol. 43, No. 2: 216-226.

Zott, C., Amit, R., and Massa, L., 2011, "The business model: recent developments and future research", *Journal of Management*, Vol. 37, No. 4: 1019-1042.

▣ 文献推荐

Amit, R., and Zott, C., 2001, "Value creation in e-business", *Strategic Management Journal*, Vol. 22, No. 6-7: 493-520.

Malmström, M., Johansson, J., and Wincent, J., 2015, "Cognitive constructions of low-profit and high-profit business models: a repertory grid study of serial entrepreneurs", *Entrepreneurship Theory and Practice*, Vol. 39, No. 5: 1083-1109.

Snihur, Y., Thomas, L.D.W., and Burgelman, R.A., 2018, "An ecosystem-level process model of business model disruption: the disruptor's gambit", *Journal of Management Studies*, Vol. 55, No. 7: 1278-1316.

● 代表性学者

拉斐尔·阿米特（Raphael Amit）

在美国西北大学凯洛格商学院取得管理经济学和决策科学博士学位，现任美国宾夕法尼亚大学沃顿商学院罗伯特·B. 高尔根创业学教席教授及管理学教授。他的研究与教学领域涉及家族企业管理、商业模式设计与商业战略等。他创立了沃顿全球家族联盟（WGFA）并担任主席、学术主任；担任沃顿商学院创业中心学术主管、沃顿"企业家管理"项目学术主任等。E-mail：amit@wharton.upenn.edu。

克里斯托夫·左特（Christoph Zott）

在英属哥伦比亚大学取得博士学位，现任西班牙IESE商学院创业学教授、创业学系主任。他的研究和教学领域包括商业模式创新、创新战略和新企业创业等。他在《管理学杂志》《行政科学季刊》《战略管理杂志》等期刊上发表了许多关于创业和商业模式的论文。曾任《战略创业杂志》副主编，现任《战略管理杂志》编委会成员。E-mail：czott@iese.edu。

玛琳·马尔姆斯勒姆（Malin Malmsröm）

吕勒奥理工大学创业学教授。她的研究和教学领域包括创业和创新，在《创业理论与实践》《管理研究杂志》《小企业经济》等期刊上发表了多篇创业和商业模式相关的学术论文，她还关注女性创业问题，致力于破解女性创业者面临的性别刻板效应问题，相关文章发表在《麻省-斯隆管理评论》（*MIT Sloan Management Review*）等期刊上。E-mail：Malin.Malstrom@ltu.se。

尤利娅·斯尼胡尔（Yuliya Snihur）

在西班牙IESE商学院取得管理学博士学位，现任图卢兹商学院战略、创业和创新系副教授，她的研究和教学兴趣包括商业模式与可持续发展、多元商业模式管理、商业模式创新、破坏性创新等。在《管理学杂志》《创业理论与实践》《管理研究杂志》《战略创业杂志》等期刊上发表了多篇商业模式相关研究论文。E-mail：y.snihur@tbs-education.fr。

数字创业如何创造竞争优势

◎ 朱秀梅 ◎ 周 斌

吉林大学商学与管理学院

随着以 5G、大数据、云计算、人工智能、3D 打印及移动互联网为代表的数字技术的迅速发展，新一轮科技革命正带领人类迈入新的数字经济时代。在当前新冠肺炎疫情影响反复持续，世界经济增长乏力的背景下，数字经济无疑成为当下最具活力、最具潜力和最具引领力的经济形态，是推动后疫情时代经济复苏和促进未来经济高质量发展的重要动力。2020 年 10 月，中国共产党第十九届中央委员会第五次全体会议通过的《中共中央关于制定国民经济和社会发展第十四个五年规划和二〇三五年远景目标的建议》提出，发展数字经济，推进数字产业化和产业数字化，推动数字经济和实体经济深度融合，打造具有国际竞争力的数字产业集群。2021 年中国信息通信研究院发布的《中国数字经济发展白皮书》显示，我国数字经济规模已由 2005 年的 2.6 万亿元增加至 2020 年的 39.2 万亿元，短短 15 年的时间增长了约十五倍。即使是在当前受新冠肺炎疫情影响的背景下，我国数字经济依旧实现了在逆势中加速发展，并且展现出其独有的优势。由此可见，这些国家层面的数字战略能颠覆传统创业，引燃数字创业，促进国家数字经济高速发展（余江等，2018）。数字创业是数字技术和数字经济发展的时代产物，而数字创业的极大发展能成为社会发展的强大推动力量（Nambisan, et al., 2019）。数字创业作为数字经济增长的核心引擎，正在从根本上改变经济增长方式、产业布局、企业创业模式及人们的生产和生活方式（朱秀梅等，2020）。

在数字经济时代，数字创业的重要性不言而喻。尽管数字创业能为数字经济发展注入巨大动力，不断推动经济、社会乃至国家发展，但要实现数字创业持续健康发展并非易事。任何创业活动都必须能创造竞争优势，如果一项创业活动创造不了属于自己的竞争优势，那么这项创业活动显然难以获得最终成功，数字创业更是如此。数字经济时代，企业所面临的竞争日益激烈，初创企业的生存压力较之前更大，数字创业创造竞争优势的重要性更加突出。事实上，与传统创业相比，数字创业的失败率更高，但是，数字创业一旦获得成功，则会带来更大的经济效益、社会效益。以互联网为例，美国互联网协会发布的数据显示，

⊖ 本文是国家自然科学基金面上项目"数字创业生态系统形成及演化机理研究"（71972086）资助的阶段性成果。朱秀梅为本文通讯作者（zhuxiumei@126.com）。

2018～2019年，互联网为美国经济贡献了2.1万亿美元，互联网经济约占美国当年GDP总额的10%。而在我国，2018年互联网行业的经济规模已达31.3万亿元（按照实时汇率约合4.4万亿美元），在GDP中的比重约为三分之一。从微观主体来看，以阿里巴巴为例，在企业盈利方面，阿里巴巴2022财年第一季度财报显示，截至2021年6月30日，公司营收为人民币2 057.40亿元（约合318.65亿美元），同比增长34%。净利润为人民币428.35亿元（约合66.34亿美元）。在社会效益方面，截至2019年10月底，由阿里巴巴共同发起的"顶梁柱"公益保险项目惠及贫困人口超789.15万人次；2020年，11万阿里人抗疫（新冠肺炎疫情）100天，阿里巴巴经济体累计投入超30亿元；马云公益基金会和阿里巴巴公益基金会捐赠超2亿件防疫物资，驰援全球150个国家、地区和国际机构；阿里重启"春雷计划"，垫资2 000亿元为商家提供免费的"0账期"服务，设立总额200亿元、为期12个月的特别扶助贷款，帮助小微商家渡过难关。

因此，关于数字创业有两个重要问题引发我们的学术思考：①为什么有的数字创业企业能在同行中脱颖而出，同时对在位企业形成颠覆性冲击？②为什么成功的数字创业仅为少数，大多数以失败告终？数字创业不仅是一种新兴的，有着独特性的创业活动，也可能对传统商业活动进行颠覆性改变，创造新的竞争优势来源。因此，将数字创业如何创造竞争优势作为研究焦点，构建从个体到组织再到生态系统逐层深化的研究框架，进而破解数字创业如何创造竞争优势这一问题就具有了理论和实践的双重价值。

弗雷德里克·冯·布里尔等学者：数字技术赋能的新兴创业过程

弗雷德里克·冯·布里尔、佩尔·戴维森（Per Davidsson）等学者于2018年在《创业理论与实践》上发表了《数字技术作为IT硬件领域新创企业的外部推动因素》一文，从数字技术赋能视角切入，对数字技术的基本属性与各种使能机制的关系进行了详尽的描述，深入分析了数字技术如何以及何时加入初创企业的创业过程，并逐渐发挥积极作用，为后续数字创业过程及新企业竞争优势塑造研究提供了重要参考对象。

近年来，随着数字技术的飞速发展，其向企业产品和服务运作核心环节的渗透不断加深，不断从根本上对产品和服务创新的本质进行重塑。这就使数字化成为创业创新过程不可或缺的一部分。数字技术为创业提供了一种开放、灵活、具有收敛性和通用性的创新环境。此时信息的激增及透明度的提高使研究者开始关注数字技术对创业的影响。与此同时，越来越多的研究人员也开始呼吁对促成创业活动的客观的、独立于行动者的因素进行研究（Davidsson, 2015；Nambisan, 2016；Ramoglou, Tsang, 2016；Shane, 2012）。关于数字技术对创业的赋能作用，南比桑（2016）的研究具有奠基性，他强调数字技术是对创业过程产生深远影响的客观因素之一，并指出现有创业研究在很大程度上忽视了数字技术的作用，数字技术已经对创新创业领域现有研究提出了挑战，他倡导"从理论上解释数字技术在塑造创业机会、进行创业决策、落实创业行动以及创造新企业竞争优势方面的具体作用"。

布里尔等学者的研究对这一问题进行了积极回应。从特异性（预定义的一组特定输入固定性地转化为特定输出的程度）和相关性（可在多个不同参与者之间自由访问和自由传递信息及资源的程度）两个维度对数字技术的特征进行了描述，并将其与数字技术对创业过程的六种赋能机制（压缩、保存、扩展、替代、组合和生成）相结合，对创业过程中数字技术的使能机制何时以及如何发挥作用进行了详细研究。

一是压缩与保存机制，压缩机制减少了执行操作所需的时间，而保存机制减少了执行操作所需的资源。数字技术的特异性和相关性在很大程度上帮助新企业有效利用压缩与保护机制以抵御创业风险。数字技术的特异性越高，其实现压缩和保存机制的潜力也越大。二是扩展和替代机制，扩展机制增加了特定资源的可用性，而替代机制则可以用一种资源替换另一种资源。数字技术的相关性越高，实现扩展和替代机制的潜力也会相应增加。三是组合和生成机制，组合机制通过捆绑资源来创建新的工件，如设备和功能，而生成机制通过更改现有工件来创建新工件。数字技术的特异性及相关性对组合和生成机制产生重要影响。随着数字技术特异性的增加，实现组合和生成机制的潜力会降低，而随着数字技术相关性的增加，实现组合和生成机制的潜力则会增加。

在这篇文章中，布里尔等学者通过理论分析，揭示了数字技术在创业过程中的作用，强调了数字技术的特异性和关系性两个显著特性，提供了数字技术的衡量方法，提出了数字技术影响创业过程的命题，能推进现有的和未来的数字技术研究。这有助于解释数字技术为什么是影响创业过程的关键因素，以及如何影响初创企业的创业过程。此外，他们的研究突出了创业情境在创业研究中的重要性，论证了基于特定行业背景下的理论成果对其他行业部门的适用性，从而证明了独特情境下的理论发现能促进其他情境下的理论应用和理论发展。特别地，他们关于数字技术使能机制的研究具有一定的开创性，对当代创业研究的三大主题具有重要推动作用。

首先，该研究促进了数字技术与创业转化效应关系的研究。布里尔等学者的研究结果响应了南比桑（2016）关于深入解释数字技术在创业过程中的作用的研究呼吁。通过将数字技术的特异性和相关性二维概念化，为进一步揭示数字技术作为创业的推动因素和变革推动者如何创造新企业竞争优势的未来研究提供了重要理论基础。另外，这篇文章提出了数字技术的六种特殊使能机制，即压缩、保存、扩展、替代、组合和生成机制，并将它们与数字技术的特异性和相关性特征建立联系。深入讨论这些机制的影响因素，以及对数字创业过程产生的影响将是未来研究的重要方向。文章中提出的关于数字技术的特性，以及与创业赋能机制之间关系的命题，能为未来进一步的实证研究提供命题基础。

其次，该研究拓展了外部使能因素在新企业创业过程中作用的研究，这一研究主题主要强调外部使能因素的构造作用，并指出其研究潜力超出了现有研究对数字技术的关注。布里尔等学者的研究主要从三个重要方面扩展了戴维森（2015，2021）有关外部使能因素的观点。①它突破了戴维森（2015，2021）集中一个或两个使能因素的研究，对研究范围进行拓展，探讨多个使能因素，并寻求将多个不同类型的使能因素结合起来，以增强对创业过程的促进作用，这也为未来同时分析多个使能因素提供了新思路。②它提出了压缩、保存、扩展、替代、组合和生成等数字技术的赋能机制，能回答数字技术与创业各阶段使能机制的关系问题，并激发进一步的研究。③它有助于将数字技术与其他因素结合起来探讨对创业过程的影响，将数字技术使能机制与现有的创业过程模型相结合，从而为未来创业过程的研究奠定基础。

最后，该研究推动了特定创业情境下的创业理论跨情境广泛适用性的研究。布里尔等学者的研究从两个方面回应了当前创业研究应更加关注情境作用的呼吁（Welter，2011；Zahra，Wright，2011；Zahra, et al., 2014）。虽然支持创业活动的具体技术可能因行业背景而异，但该研究所构建起的六种使能机制为其他背景下初创企业创新研究提供了一个有价值的工具，可以进一步指导其他行业初创企业的创新理论研究。此外，该理论研究还可能为新兴的创业生态系统研究提供动力。

总体来看，这篇文章对理解数字技术与创业过程的关系有着重要意义，但更多的是将数字技术作为数字创业的外部推动因素来进行分析和论述。随着数字经济的不断发展，数字技术与创业的融合日益加深。未来，数字技术并不仅限于作为外部力量为数字创业赋能，而是会不断通过企业的数字创新人才培养、数字化组织与制度构建、数字化创新文化塑造、数字创新战略实施等方式持续将数字技术内化，进而形成一股内外合力，推动数字创业不断实现新的更高层次的发展，这也将成为未来数字创业研究的重要努力方向。

萨蒂什·南比桑和罗伯特·巴伦：探索数字创业的隐性成本及其绩效影响

布里尔等学者对数字技术的基本属性与各种使能机制的关系进行了详尽的描述，并对作为外部推动因素的数字技术如何以及何时加入企业的创业过程并发挥积极作用进行了系统分析。该研究主要是从宏观视角聚焦于数字技术如何为创业过程赋能，并未对数字创业的微观主体（如企业家）进行足够深入的研究。此外，布里尔等学者的研究主要聚焦于数字技术对创业活动的积极影响，但事实上数字技术在促进创业的同时也伴随着一些负面影响。那么，在数字技术为创业赋能的过程中，会给作为创业微观主体的企业家们带来哪些挑战，造成哪些负面影响？企业家们又该如何应对这些挑战和影响呢？萨蒂什·南比桑和罗伯特·巴伦于2021年在《商业研究杂志》上发表了《数字创业成本：基于数字平台生态系统中的角色冲突、压力与企业绩效》一文，揭示了企业家在数字平台生态系统中所面临的角色冲突及创业压力问题，关注了角色冲突对数字创业竞争优势的影响，并从微观创业者层面深化了对数字创业成本这一问题的研究，还以生态系统为情境，关注了生态系统的开放性对数字创业过程的作用。

近年来，随着中外学者对数字创业研究的不断深入，数字平台及相关生态系统（以下简称"数字生态系统"）为创新创业提供了一个充满希望的新环境。数字生态系统的出现也为创业活动提供了一个新的、潜在的重要情境（Nambisan, 2017; Nambisan, et al., 2019; Von briel, et al., 2018）。研究表明，数字生态系统为初创企业发展提供了众多益处。例如，帮助初创企业进入成熟市场，帮助初创企业提高声誉，增加初创企业IPO机会，允许小微企业借助已有平台开发产品和服务等（Ceccagoli, et al., 2012; Huang, et al., 2013）。更广泛地说，数字生态系统为企业家及创业者提供了价值创造和价值分配的基础设施，从而减轻了初创企业的新进入负担。虽然数字生态系统的出现对与之相关的创新创业活动产生了显著的正向推动作用，但不可否认的是，数字生态系统的发展也的确给创业者及其企业带来了潜在的"坏处"或"成本"，当前人们对这些方面的关注却相对缺乏。南比桑和巴伦的研究无疑对此做出了很好的补充，他们通过研究企业家加入数字生态系统所产生的重要潜在成本——角色冲突及其对创业绩效的负面影响来弥补已有研究的不足。

南比桑和巴伦认为，加入数字生态系统会使企业家面临高度的角色混淆和信息通信技术冲突，因为他们必须至少"戴两顶帽子"，并履行两个不同的角色义务：作为生态系统成员的义务和作为初创企业的领导者的义务（Nambisan, Baron, 2013）。作为生态系统中的一员，他们必须在生态系统的领导者所提出的愿景、目标和结构下工作（Gawer, Cusumano, 2002; Nambisan, Sawhney, 2011）。这就要求企业家们必须确保企业的目标、优先事项和战略与数字生态系统的总体目标、优先事项和战略保持一致。但是，作为初创企业的领导者，企业家们又必须寻求对特定平台长期依附命运的不断突破。如果平台生态系统驱动的目标、战略和政策与企业家关于确保其企业独立成长的重点不一致（Srinivasan，Venkatraman，2013），企业家便会面临角色冲突。南比桑和巴伦所研究的角色冲突是数字创业所独有的，因为它是建立在数字平台所创造的创业机会和相关机制之上的，也就是说，这种角色冲突是创业中与"数字"相关的独特特征和独特现象（Nambasan，2017；Briel，et al.，2018）。因此，如果这种角色冲突是成为数字生态系统成员的潜在代价（成本），那么，更好地理解角色冲突及其影响，便可以为企业家提供关键的见解，帮助他们了解是否应该加入这种生态系统，以及需要获得何种能力才能在这种环境中取得成功。基于上述逻辑，南比桑和巴伦提出了理论模型和相应假设，并利用243位初创企业的创业者的调查数据来检验假设。这243位创业者分别来自封闭和开放的两个数字生态系统。首先，学者们假设在数字生态系统中，企业家所经历的角色冲突程度与新创企业的绩效之间存在负相关关系。但实证结果表明企业家所经历的角色冲突强度与企业绩效之间的负向关系并不显著。其次，学者们假设角色冲突与企业绩效之间的关系至少部分是由压力传导的，结果显示这种间接效应显著，即创业者在数字生态系统中面临的角色冲突强度与压力正相关，数字生态系统中企业家所面临的压力与企业绩效负相关。他们还对数字生态系统的开放性与角色冲突和压力间的关系进行了研究，认为在更为开放的生态系统中，创业者在如何平衡两种角色关系方面享有更大程度的酌情处理权，从而有利于减少角色冲突带来的压力影响。换言之，当角色冲突发生在一个特定的情境中时，在更加开放的数字化生态系统中，创业者将寻求其他途径来解决这个问题以降低产生更大压力的可能性。但在封闭的生态系统中，创业者可能只拥有非常有限的自由来采取可行的行动以解决（即缓解）角色冲突，这意味着创业者将面临更大的压力。最后，学者们假设压力与企业绩效之间的负相关关系受到企业家自控力的调节，这种负相关关系在自控力高的情况下要弱于在自控力低的情况下，分析结果支持这一假设。

南比桑和巴伦的研究具有重要价值，主要在于他们能独辟蹊径，将关注的重点放在了挖掘数字技术对创新创业的负面影响之上，将研究的主题聚焦于数字生态系统背景下的个体创业者，提出了特定于此背景下的一个重要成本因素：角色冲突，即创业者必须同时扮演初创企业领导者和平台参与者的双重角色。角色冲突产生的压力会干扰企业家在数字生态系统中对关键任务的执行，从而降低企业绩效。角色冲突与压力之间的正向关系受生态系统开放程度的调节影响，压力与企业绩效之间的负向关系受企业家自控力的调节影响。南比桑和巴伦的研究具有显著的理论创新性和开拓性，为后续的数字创业研究提供了新思路，其对数字创业成本方面的关注为未来数字创业研究开辟了新的研究视角，也为未来对其他相关成本问题及运作机制的研究提供了新启示，更为今后平衡地理解数字创业对个人、公司和更广泛的社会层面的积极和消极影响奠定了基础。

菲奥娜·苏珊和佐尔坦·阿克斯：数字创业生态系统研究框架

布里尔等学者的研究突出了数字技术对创业过程的积极影响，同时呼吁结合新兴数字生态系统背景对创业过程进行研究。南比桑和巴伦的研究则揭示了企业家在数字生态系统中所面临的角色冲突与企业绩效的关系问题，从微观创业者层面深化了对数字创业成本这一问题的研究，同时以生态系统为"小生境"，关注了生态系统的开放性对数字创业过程的影响。两项研究中都提出了数字生态系统对创新创业的重要作用，但对此问题仍需要更为深入的探讨。菲奥娜·苏珊（Fiona Sussan）和佐尔坦·阿克斯于2017年在《小企业经济》（*Small Business*

Economics）上发表了《数字化创业生态系统》一文，将数字生态系统和创业生态系统这两个概念进行整合，提出了一个全新的研究数字创业的概念框架：数字创业生态系统。

这篇文章指出当前的创业研究还未完全置于数字经济的背景下，并且忽略了数字技术以及用户等多主体在数字创业中的作用，也未就数字创业生态系统中多主体如何随数字化发展而改变进行足够的探讨。为了弥补这一空白，苏珊和阿克斯将数字生态系统和创业生态系统这两个概念进行了整合，提出了数字创业生态系统这一新的概念框架，为数字创业研究提供了一个新的研究对象，能从一个新的层面加强对数字创业的理解。数字创业生态系统（digital entrepreneurial ecosystem，DEE）整合了两个现有的生态系统。其中，创业生态系统（entrepreneurial ecosystem，EE）侧重于强调代理商和机构的作用，数字生态系统（digital ecosystem，DE）侧重于关注数字基础设施和用户的作用。DEE 是两个更大、更复杂系统（EE 和 DE）的交集。基于此，学者们将数字创业生态系统定义为：创造性地利用数字生态系统治理和商业生态系统管理，将数字客户（用户和代理商）在数字空间平台上进行匹配，通过降低交易成本来创造参与者价值和社会效用。数字创业生态系统的大小取决于数字技术的采用、吸收和传播。

在构建数字创业生态系统的概念框架时，苏珊和阿克斯认为：第一，拥有信息和通信技术（ICT）技能的创业者可以通过两条路径转化为数字创业者，即利用现有的数字基础设施展开创业活动，通过开发新的平台或系统创建新的数字基础设施来开展创业活动。第二，数字市场包含用户和其他多主体，如建立网络联系的企业、电子商务、电子保健、电子教育和电子政务等。第三，代理人（企业家）和用户（使用互联网的人）的存在创造了一种动态环境，企业需要借此开发能整合数百万客户的商业模式。只有通过这种客户整合，才能为数字业务赋予新的生机。普通消费者的数据化参与（谢康，肖静华，2018）便是数字市场中存在的这种互动的一个方面。第四，数字创业生态系统是一个允许新的数字创业者不断产生的可持续性生态系统。由于数字基础设施治理的本质是对所有参与者开放（Zittrain，2006，2008），所以在数字环境中运营的创业者比在非数字环境中运营的创业者更容易参与创新并改变规则，因此，数字创业生态系统的可持续性是极可能实现的。新的数字创业者在利用数字技术和基础设施创建新企业的同时，也会参与数字基础设施治理。数字创业者的行动可能会领先于数字基础设施的治理，并可能促使新法规的形成。此外，普通数字用户也在不断寻求角色转换，转而成为颠覆性的数字创业者。苏珊和阿克斯在数字创业生态系统研究框架中，引入了四个关键概念：数字基础设施治理（digital infrastructure governance，DIG）、数字用户公民身份（digital user citizenship，DUC）、数字市场（digital marketplace，DM）和数字创业（digital entrepreneurship，DE）。

在数字基础设施治理方面，由于数字基础设施是分散的和开放的，其治理标准和合法化等往往受制于自下而上的约束，数字基础设施治理对数字创业生态系统的可持续发展具有积极的影响。然而，数字基础设施治理中自下而上的标准化和合法化终将达到一个临界点，也就是说数字基础设施治理只能在一定的限度内对数字创业生态系统产生有效的和积极的影响。所以，数字基础设施治理与数字创业生态系统之间成"倒 U 形"曲线关系。在数字用户公民身份方面，随着用户在广泛的活动中不断与其他用户进行在线对话，具有高度自愿参与和授权特性的数字用户公民身份将推动更多普通用户向数字创业者转变，并寻求更大的客户群和更多的价值共创，这反过来将对数字创业生态系统的可持续性产生积极影响。此外，数字基础设施治理越开放、越分散，数字用户公民身份的参与就会越多、越频繁，数字创业生态系统的发展就越可持续。数字市场方面，一个更加依赖用户和代理人之间价值共创的数字市场将对数字创业生态系统的可持续发展产生更积极的影响。由于数字市场中的价值共创依赖用户的参与能力，因此数字用户公民身份可以强化数字市场对数字创业生态系统可持续发展的正向影响。数字用户公民身份与数字市场之间存在双向互动关系，数字用户公民身份参与越多，数字市场就越活跃，反之亦然。数字创业方面，数字创业生态系统中数字创业越多，数字创业生态系统就越可持续。为了不断促进数字创业生态系统的可持续发展，必须有积极且具有高度参与性的数字用户公民身份。此外，数字基础设施治理越开放，数字创业也会越多。数字基础设施治理、数字用户公民身份、数字市场、数字生态系统、创业生态系统和数字创业生态系统间的关系见图11-3。

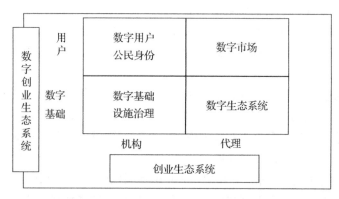

图 11-3 数字创业生态系统的概念框架

苏珊和阿克斯的研究具有重要理论价值，其率先构建了数字创业生态系统研究框架，并引入了四个关键概念：数字基础设施治理、数字用户公民身份、数字市场和数字创业。在同一个概念框架中整合代理人和用户角色，将创业思维融入数字经济当中。其研究对后续数字创业及数字创业生态系统研究具有极大的开拓性和引领性。首先，分析了数字基础设施治理对一般创业的影响，对未来数字基础设施治理的深入研究具有引领性。其次，强调用户在数字生态系统中的作用，并将数字创业者视为数字经济发展的核心，为创业经济学研究（Read, et al., 2009）增加了一个新的维度。最后，通过引入代理人和用户的交互作用，扩展了企业家精神研究，并将"制度－代理"的二元结构扩展为创业生态系统中"制度－代理－消费者（用户）"的三角结构，为后续数字创业生态系统中数字创业者、数字用户和数字市场的关系研究提供了新的视角。

未来研究方向

无论是传统意义上的创业活动，还是数字经济下的数字创业活动，不断创造竞争优势始终是创业活动关注的焦点。在数字经济时代，大数据、云计算、人工智能、移动互联网以及数据分析的运用在很大程度上颠覆了工业时代的创业惯例。在这个全新的时代，追求创业机会和寻求竞争优势的传统方式因无法适应新的情境特征而变得越来越无效。为了更深入地理解这些潜在问题，越来越多的学者将数字技术与现有的创业理论结合起来进行分析，并试图从不同的理论视角和不同的分析层次解释数字创业创造竞争优势的机制。例如，布里尔等学者分析了数字技术的基本属性与各种使能机制的关系，研究了数字技术对创业过程的影响，揭示了新企业如何在数字创业的不同环节合理调整数字技术的相关性和特异性，以更好地发挥各使能机制的积极作用，进而不断强化数字创业优势。南比桑和巴伦则对数字生态系统中的企业家所面临的角色冲突、创业压力及企业绩效三者的关系进行了分析，揭示了数字创业者如何充分利用数字创业生态系统的优势，同时规避其消极影响。苏珊和阿克斯将数字生态系统和创业生态系统这两个概念进行整合并提出全新的数字创业生态系统概念框架，指出适度加强数字基础设施治理、不断增强数字基础设施的开放性、不断扩大用户参与并搭建更加利于互动的数字市场有利于增强数字创业生态系统的可持续性。总的来看，三篇文章从个体到组织再到生态系统层层递进，逐层破解数字创业如何创造竞争优势这一问题。

正如上述文章作者所表述的那样，他们的研究永远只是相关话题的开始而非终结，数字创业如何创造竞争的话题蕴藏无穷的奥妙，有待学者们不断探索和追寻。例如，布里尔等学者的研究只是聚焦于 IT 领域，而 IT 领域本身就是高科技行业，其受到数字技术的影响本身就相对明显。如果是其他行业，尤其是那些非高科技行业，如食品、服装等行业，数字技术对它们的创业过程会有何影响？数字技术会对这些行业的创业过程进行何种赋能？这都是未来可以延伸思考的。此外，也可以对布里尔等学者的理论进行拓展，如具有何种特性的数字技术能更有效地为数字创业活动赋能，并创造企业竞争优势？不同数字技术配置如何催生不同行业的创业活动？在创业的不同阶段，哪些类型的数字技术会提供最大的价值？诸如此类的问题值得进一步探究。南比桑和巴伦创新性地从角色冲突的角度研究了创业者在数字创业生态系统中开展创业活动的成本，但关于数字创业生态系统的消极影响只呈现了冰山一角，仍有大量的未知领域需要探索。例如，可以进一步讨论心理成本（包括角色冲突等，是创业面临的普遍性成本），数字创业情境下这一成本是否有新的表现形式和属性，是否值得结合新兴创业实践来探索，又可能产生什么新的理论认识和理论贡献？此外，数字创业生态系统所带来的行业垄断、平台企业与平台嵌入企业价值分配矛盾等可能的消极影响也值得进一步探索。数字创业具有更为显著的开放性特征，之所以能对社会变迁产生重要影响，不仅是因为数字技术能够为单个创业企业赋能，通过创造新模式、新业态和新产业，实现数字创业企业的快速成长，创造企业竞争优势，更是因为这些领先成长的龙头企业能进一步引领数字创业生态系统的发展，通过多主体价值共生，创造巨大的数字红利，实现现实世界和虚拟世界的孪生，推动更高阶的社会变迁。因此，南比桑和巴伦提出的数字创业生态系统概念具有非常重要的开拓作用，数字创业企业和数字创业生态系统如何相互促进将会产生很多分支问题。

此外，在以上学者现有研究的基础上，还可以结合国内外学者不断更新的研究成果进行拓展。例如，格雷戈里等学者（2021）提出数字创业带来的知识模块化特征有利于促使知识独立于个体行动者的人格特质（隐性知识），加速了知识的组合和创新，改变了创业机会属性，另外，数字创业也能改变传统资源动员的模式和资源的属性，进而影响企业的竞争优势。同时，此类研究也可以结合中国的独特情境展开更深入的分析探讨。例如，我国当前力争 2030 年前实现碳达峰、2060 年前实现碳中和的大背景会对我国数字创新创业产生何种影响？我国当前实施的宽带中国、普惠金融等将如何影响数字创业？这些都是未来值得挖掘探讨的方向。

研究设计与应用拓展

如果你正在关注数字创业如何诱发竞争优势、数字创业活动的绩效差异等问题，或对这些问题感兴趣，首先要注意基于学术理性的讨论，基于情境来挖掘独特性，同时强调新现象与已有理论之间的潜在联系，站在前人研究基础上进一步发展已有理论甚至是创造新理论。正如前文所述，我们反思数字创业如何创造竞争优势这一问题，发现数字技术的嵌入的确对传统的创业理论构成了巨大的冲击，数字创业很可能诱发新的竞争优势来源，例如用户的数据化参与、企业与消费者的协同演化、企业与消费者的价值共创（肖静华等，2020），都成为数字经济时代下企业塑造竞争优势的新途径，但这并不意味着数字创业竞争优势的创造研究会完全脱离传统竞争理论。相反，它更像是对传统竞争优势理论的沿袭和创新。例如，现有研究认为，企业竞争优势源于产出规模、组织结构、劳动效率、品牌、产品质量、信誉、新产品开发及管理和营销技术等方面所具有的各种有利条件，这些有利条件的有效融合可能会创造企业竞争优势，企业竞争优势则是企业竞争力形成的基础和前提条件。这里所指的企业竞争力，即企业设计、生产和销售产品与劳务及参与市场竞争的综合能力。在数字经济时代，企业创造竞争优势的条件发生了巨变，无论是用户数据化参与，协同演化理论，还是价值共创理论，都需要借助数字技术的嵌入而产生，并能通过数字化路径增强企业在生产、运营、产出、销售等方面的传统优势，并最终演化形成数字化竞争优势。

在解释数字创业现象时，传统的竞争优势理论受到挑战，那么哪些理论有可能更清晰地解释数字创业如何创造竞争优势这一问题，如何创造新的理论来解释这一问题，并在这一过程中发展新思想呢？蔡莉等学者（2019）选取了 FT50 和 UTD24 期刊中 1998～2018 年有关数字技术对创业活动影响的研究，并进行系统的整理和分析，进而对数字技术的内涵、属性以及对创业的影响进行了研究，这为后续研究打下了坚实的基础。更为重要的是，从已有研究的理论建构和发展来看，美国信息技术战略家伯纳德·博阿尔（Bernard Boar）的五类竞争优势（成本优势、增值优势、聚焦优势、速度优势、机动优势）理论、战略定位和竞争战略理论（Porter，1980，1985）、资源基础观（Wernerfelt，1984；Barney，1991）、动态能力理论（Teece，1997）、注意力基础观（William，1997）及需求基础观（Priem，Butler，2001）等理论都是研究数字创业如何创造竞争优势问题可能选择并进一步发展的基础理论。

在研究设计方面，与此类话题有关的重要文献大多数采用定性分析的方法，少部分则采用定量分析的方法。其中，有关数字创业本质、数字创业过程、数字创业类型、数字创业生态系统等的分析多采用定性研究设计。这类研究主要是为了对数字创业进行系统的描述以回答数字创业到底是什么的问题。这类研究对研究者的理论高度提出了较高要求，想要进行此类研究必须要有较深厚的文献基础。目前，数字创业实践超前于理论发展，概念不成熟，变量的构建需要发展和验证，量表亟待开发。通过案例研究提升理论成为数字创业理论发展的重要途径，而丰富的实践发展也为案例研究提供了大量素材。近年来，数字化领域已经积累了大量的案例文章，为理论发展做出了重要贡献。例如，肖静华和谢康等学者（2020）曾通过对 B2C 电商企业梦芭莎的案例研究，对互联网经济背景下企业与消费者的协同演化动态能力构建进行了研究；彭瑞梅和邢小强（2019）曾以淘宝村为例对数字技术赋能与包容性创业展开了研究；盖齐等学者（2018）以三家分别将家政服务、电子支付和住宿预订服务作为主营业务的企业为例，对数字创业中的精益创业方法展开了研究。

除了采用定性方法外，也有部分学者采用定量分析的方法对数字创业相关话题展开研究。这类分析主要是借助统计数据对数字创业及生态系统中相关因素的关系及相互作用进行的，这类研究主要回答"为什么"的问题。例如，南比桑和巴伦就对创业者角色冲突与企业绩效关系展开实证研究；埃勒（Eller）等学者（2020）利用193家中小企业的调查问卷进行实证分析，揭示中小企业数字化发展的前因和后果；赵涛等学者（2020）曾测度了2011～2016年中国222个地级及以上城市的数字经济和高质量发展的综合水平，并以企业工商注册信息微观数据刻画城市的创业活跃度，在此基础上进行模型构建与计量分析，对我国数字经济、创业活跃度与高质量发展进行了研究。但数字创业是一个相对新兴的领域，定性研究很少，大量概念和量表需要开发和验证，以支撑进一步的实证研究。总体来看，数字创业的研究方法相对单一，研究方法同样有待创新。

◆ 参考文献

Acs, Z.J., and Audretsch, D.B., 1988, "Innovation in large and small firms: an empirical analysis", *American Economic Review*, Vol. 78, No. 4: 678-690.

Barney, J., 1991, "Firm resources and sustained competitive Advantage", *Journal of Management*, Vol. 17, No.1: 99-120.

Ceccagnoli, M., Forman, C., Huang, P., and Wu, D.J., 2012," Co-creation of value in a platform ecosystem: the case of enterprise software", *MIS Quarterly*, Vol. 36, No. 1: 263-290.

Davidsson, P., 2015, "Entrepreneurial opportunities and the entrepreneurship nexus: a reconceptualization", *Journal of Business Venturing*, Vol. 30, No. 5: 674-695.

Davidsson, P., 2021, "COVID-19 as external enabler of entrepreneurship practice and research", *Business Research Quarterly*, Vol. 24, No. 3: 214-223.

Elle, R., Alford, P., Kallmünzer, A., and Peters, M., 2020, "Antecedents, consequences, and challenges of small and medium-sized enterprise digitalization", *Journal of Business Research*, Vol. 112: 119-127.

Gawer, A., and Cusumano, M., 2002, *Platform Leadership: How Intel, Microsoft, and Cisco Drive Industry Innovation*, Cambridge, MA: HBS Press.

Ghezzi, A., and Cavallo, A., 2018, "Agile business model innovation in digital entrepreneurship: lean startup approaches", *Journal of Business Research*, Vol. 6, No. 13: 1-50.

Gregory, W.R., Henfridsson, O., Kaganer, E., and Kyriakou, S.H., 2021, "The role of artificial intelligence and data network effects for creating user value", *Academy of Management Review*, Vol. 46, No. 3: 534-551.

Huang, P., Ceccagnoli, M., Forman, C., and Wu, D.J., 2013, "Appropriability mechanisms and the platform partnership decision: evidence from enterprise software", *Management Science*, Vol. 59, No. 1: 102-121.

Nambisan, S., 2016, "Digital entrepreneurship: towards a digital technology perspective of entrepreneurship", *Entrepreneurship Theory and Practice*, Vol. 41, No. 6: 1029-1055.

Nambisan, S., and Baron, R.A., 2013, "Entrepreneurship in innovation ecosystems: entrepreneur's self-regulatory processes and their implications for new venture success", *Entrepreneurship Theory and Practice*, Vol. 37, No. 5: 1071-1097.

Nambisan, S., and Zahra, S.A., 2016, "The role of demand-side narratives in opportunity formation and enactment", *Journal of Business Venturing Insights*, Vol. 5, No. 5: 70-75.

Nambisan, S., Wright, M., and Feldman, M., 2019, "The digital transformation of innovation and entrepreneurship: progress, challenges and key themes", *Research Policy*, Vol. 48, No. 8: 1-9.

Nambisan. S., and Sawhney, M.S., 2011, "Orchestration processes in network-centric innovation", *Academy of Management Perspectives*, Vol. 25, No.3: 40-57.

Porter, M.E., 1980, *Competitive Strategy*, New York, The Free Press.

Porter, M.E., 1985, *Competitive Advantage: Creating and Sustaining Superior Performance*, New York, The Free Press.

Priem, R.L., and Butler, J.E., 2001, "Tautology in the resource-based view and the implications of externally determined resource value: further comments", *Academy of Management Review*, Vol. 26, No. 1: 57-66.

Ramoglou, S., and Tsang, E.W.K., 2016, "A realist perspective of entrepreneurship: opportunities as propensities", *Academy of Management Review*, Vol. 41, No. 3: 410-434.

Shane, S.A., 2012, "Reflections on the 2010 AMR decade award: delivering on the promise of entrepreneurship as a field of research", *Academy of Management Review*, Vol. 37, No. 1: 10-20.

Srinivasan, A., and Venkatraman, N., 2013, "Dynamics of platform-based networks during periods of architectural shifts in videogames", *Proceedings of the Annual Meeting of the Academy of Management*, August, 2013.

Teece, D.J., Pisano, G., and Shuen, A., 1997, "Dynamic capabilities and strategic management". *Strategic Management Journal*, Vol. 18, No. 7: 509-533.

Welter, F., 2011, "Contextualizing entrepreneurship: conceptual challenges and ways forward", *Entrepreneurship Theory and Practice*, Vol. 35, No. 1: 165-184.

Wernerfelt, A., 1984, "Resource-based view of the firm", *Strategic Management Journal*, Vol. 5, No. 2: 171-180.

William, O., 1997, "Towards an attention-based view of the firm", *Strategic Management Journal*, Vol. 18, No. 1: 187-206.

Zittrain, J., and Jonathan, L., 2008, "The future of the internet and how to stop it", *Nature*, Vol. 457, No. 7227: 264-265.

Zittrain, J.L., and Jonathan, L., 2006, "The generative internet", *Harvard Law Review*, Vol. 119, No.7: 1975-2040.

蔡莉，杨亚倩，卢珊，等.数字技术对创业活动影响研究回顾与展望[J].科学学研究,2019(10).

彭瑞梅，邢小强.数字技术赋权与包容性创业——以淘宝村为例[J].技术经济，2019（5）.

肖静华，吴瑶，等.消费者数据化参与的研发创新——企业与消费者协同演化视角的双案例研究[J].管理世界，2018（8）.

肖静华，谢康，等.B2C 企业与消费者协同演化动态能力构建：B2C 电商梦芭莎案例研究[J].管理世界，2014（8）.

余江，孟庆时，张越，等.数字创业：数字化时代创业理论和实践的新趋势[J].科学学研究，2018（10）.

赵涛，张智，等.数字经济、创业活跃度与高质量发展——来自中国城市的经验证据[J].管理世界，2020（10）．

朱秀梅，刘月，陈海涛．数字创业：要素及内核生成机制研究 [J]．外国经济与管理，2020（11）．

▣ 文献推荐

Nambisan, S., and Baron, R. A., 2021, "On the costs of digital entrepreneurship: role conflict, stress, and venture performance in digital platform-based ecosystems", *Journal of Business Research*, Vol. 125, No. 3: 520-532.

Sussan, F., and Acs, Z., 2017, "The digital entrepreneurial ecosystem", *Small Business Economics*, Vol. 49, No. 1: 55-73.

von Briel, F., Davidsson, P., and Recker, J., 2018, "Digital technologies as external enablers of new venture creation in the IT hardware sector", *Entrepreneurship Theory and Practice*, Vol. 42, No. 1: 47-69.

◉ 代表性学者

佩尔·戴维森（Per Davidsson）

在斯德哥尔摩经济学院获得博士学位。现任澳大利亚昆士兰理工大学创业研究院教授、创业研究所所长及澳大利亚创业研究中心主任。曾任美国管理学院创业部主席，《创业学杂志》高级编辑。主要从事企业创业流程（新生创业）和小企业成长相关领域的研究，是全球创业研究领域被引用次数最多的学者之一。E-mail: per.davidsson@qut.edu.au。

简·雷克（Jan Recker）

2008年在昆士兰理工大学获得信息系统博士学位。现任汉堡商学院信息系统和数字创新首席教授，昆士兰理工大学商学院兼职教授。《管理信息系统季刊》(*Management Information System Quarterly*)高级编辑，信息系统通信协会通信部主编。2019年被列入全球176个科学领域前10万名科学家数据库。他的论文"Suggestions for the Next Wave of BPM Research"获 *Journal of IT Theory and Application* 年度杰出论文奖。E-mail: j.recker@qut.edu.au。

萨蒂什·南比桑（Satish Nambisan）

现任凯斯西储大学韦瑟黑德管理学院技术管理讲席教授。在加入凯斯西储大学之前，他曾在伦斯勒理工学院拉利管理学院和威斯康星大学密尔沃基分校卢巴尔商学院担任教职，在美国西北大学凯洛格管理学院和奥地利维也纳经济与工商管理大学创业与创新研究所担任客座教授。他的研究兴趣在创业、技术和创新管理以及产品开发领域。在《管理科学》《组织科学》等期刊上发表100余篇论文，他是创新管理和创业领域广受认可的学者。E-mail: spn24@case.edu。

菲奥娜·苏珊（Fiona Sussan）

现任乔治梅森大学政策、政府和国际事务学院高级研究员，曾在香港、伦敦和纽约等地从事国际债券交易工作。她长期从事用户行为、企业绩效和创新创业等领域的研究，在《商业研究杂志》、《国际市场评论》(*International Marketing Review*)、《知识资本杂志》(*Journal of Intellectual Capital*)等期刊上发表了多篇与用户行为、创新创业及企业绩效相关的论文。E-mail: fiona.sussan@phoenix.edu。

如何创造并维持基于生态系统的竞争优势

◎ 韩 炜　◎ 邓 渝

西南政法大学商学院

以数字技术为基础的商业生态系统蓬勃发展，深刻影响了企业生成和发展的方式，在现实观察中，生态系统视域下基于枢纽联结的价值网络是企业价值创造的主要模式，这显著区别于传统战略管理视域下基于关联技术的价值链模式（Eisenmann, et al., 2011）。在理论层面，尝试使用传统的企业竞争理论、资源与能力理论以及网络理论对生态系统价值创造也都显得力所不逮（McIntyre, Srinivasan, 2017），这促使新创企业及其价值共创者设计与构筑生态系统成为价值创造和获取的主要路径（Adner, 2017）。尤其值得关注的是，我国目前已成为全球数字经济的重要引领者和推动者（麦肯锡公司，2017），阿里巴巴、腾讯、小米等新兴企业相较于发达国家的竞争对手较早地布局基于生态系统的成长战略，塑造了我国在数字经济领域的局部领先优势，进而增强了我国企业在互联网和电子商务等新兴行业领域的竞争优势。这些新兴企业通过塑造新生态系统、重塑行业格局并创造成长神话，已成为国家推动并实施创新驱动发展战略的重要支撑。因此，生态系统近年来成为理论界和实践界共同关注的热点问题并在持续升温。但是，相对于实践的丰富性和领先性，有关生态系统情境下新创企业如何实现并获取价值及其与创业成长之间复杂联系的理论探索和总结严重滞后，此时无法回避的一个重要问题涌现出来：新创企业如何通过构建生态系统创造价值？对这一理论问题的有效回答，不仅有助于解释新创企业如何在平台生态系统中进行价值创造和价值获取，还能进一步深化人们对生态系统情境下新创企业成长内在机理的认识。

传统研究强调以顾客作为价值创造的核心，学者们遵循价值创造的产品逻辑，基于需求端而非供给端的战略观，认为新创企业构建生态系统的过程也是与其伙伴进行资源交换与价值共创的过程，意在为顾客创造价值，而价值共创活动是由顾客的价值主张所驱动的。这实际上因循了战略管理理论中企业为所有的价值创造伙伴（包括顾客和供应商）创造总体价值，从而构建其战略内涵的理论观点（Makadok, 2003）。随着实践的发展和人们认识的逐步深化，最新的观点则将生态系统的所有参与者纳入价值创造的核心范畴，甚至包括顾客也成为资源

⊖ 本文是国家自然科学基金重点项目"创业网络对新创企业发展的作用及影响机理"（72032007）、面上项目"创业企业商业生态系统形成过程的双重路径与互动机制研究"（71972159）资助的阶段性成果。

提供者的重要构成部分（Shah，Tripsas，2007；Afuah，2000；Chatain，2011），由此形成了多主体互动的经济联合体共创价值。在这一全新视角下，新创企业构建生态系统需要考虑的核心战略要素是什么？采取何种方式构建生态系统才能更好地创造并保持竞争优势？这是新创企业所面临的现实战略难题，也是推动生态系统理论发展的学术前沿问题。接下来的三篇文章呈现出一条清晰的逻辑线索，可能对读者理解上述问题有所帮助：詹姆斯·穆尔首次将生态系统引入商业研究领域并奠定了以发展和演化为典型特征、以竞争和合作为核心战略要素的理论基调；琴纳莫等学者提出生态系统本身对价值创造存在对立力量，静态视角下无法得出明确结论，因而从发展和演化视角开展了探索；汉娜和艾森哈特则将竞争和合作这一生态系统核心战略要素通过案例研究的方式进一步阐明，明确回答了如何在生态系统中开展合作和竞争这一理论难题。

詹姆斯·穆尔：确立了生态系统演化与竞合的研究主题

詹姆斯·穆尔（James F. Moore）于1993年在《哈佛商业评论》（*Harvard Business Review*）上发表了《捕食者与猎物：一种新的竞争生态》一文，作者的观点源自其对商业创新方式的观察所得到的一个基本判断，即企业创新并非在真空中发展出来的，而是靠吸引各种资源，包括资本、合作伙伴、供应商和客户共同创建合作网络来实现的。在此基础上，作者首次将生态的概念引入管理学研究，意指组织与组织、组织与个体互动所形成的"经济联合体"，联合体中的成员相互依赖、共同演化，如同自然界的猎物与捕猎者一样，既竞争又合作，折射出组织或个体间相互依赖的关系特征，而寄生于生态系统中的个体有条件接入多种类型参与者进行价值共创，依靠匹配的价值主张而非终端产品增强对顾客的锁定效果，进而推动焦点企业在更加广阔的资源基础上实现非线性成长，由此成为企业利用生态系统创造价值的奠基之作，这就与以迈克尔·波特为代表的一批战略管理学者所开创并主导的单一价值链与双边企业竞争理论框架下的价值实现形成了鲜明区隔。

这篇文章的主体内容集中于对生态系统四个阶段的划分与描述。这一写作安排源自作者的一个基本学术判断，即企业想要通过构建生态系统创造价值以获取并保持市场领导地位，管理者需要理解并掌握生态系统的发展过程，这样更有助于处于不同阶段生态系统内的企业明确引领或应对变革的策略。由此，穆尔提出了生态系统的四个发展阶段，包括生成阶段、扩张阶段、领导阶段与更新阶段，并对其产生条件与阶段特征进行了深入细致的刻画。①在生成阶段，为了培育一个生态系统，协同进化的企业要做的不仅仅是满足顾客需求，更需要凸显出一个生态系统领导者引领快速、持续改进的过程，使得整个生态系统展现出宏大的未来潜力。②在扩张阶段，商业生态系统扩展进入更广阔的新领域，为了实现这一目标需要达成两个条件，即更广大用户认可的商业价值与足够的市场空间。③在领导阶段，有两个条件标志着生态系统领导地位争夺开始出现：生态系统本身已经具有足够强大的增长和盈利能力，即具备领导力争夺的价值；生态系统核心价值构成部分与流程结构已经变得比较稳定。④在更新阶段，有可能是成熟的生态系统开始受到新兴生态系统和创新的威胁，也有可能是成熟生态系统的外部环境发生重大变化，包括政府法规、客户购买模式或宏观经济条件的突变，甚至可能上述两个或多个因素同时出现而产生交互效应。

通过对个人电脑、零售、医药领域生态系统的深入观察，穆尔提炼出"合作挑战"与"竞争挑战"两个核心要素来解构生态系统情境下企业的战略要点。在生成阶段，围绕种子创新定义价值主张自然离不开与客户和供应商合作，联系甚至捆绑重点客户、关键供应商以及重要渠道成为应对合作挑战的重点；同时又要坚持自身想法不受上述利益相关者的影响。在扩张阶段，企业有条件通过与供应商和合作伙伴合作扩大供应并实现最大的市场覆盖率，将新产品推向更广阔的市场；同时为了在与同类或具有相似想法对手的竞争中胜出，企业需要通过主导关键细分市场，努力成为同类产品中的市场标准。在领导阶段，领导企业有必要提供令人信服的愿景，以鼓励供应商和客户共同努力、持续改进；又需要在生态系统中的其他参与者中保持强大的议价能力。在更新阶段，在位企业需要与创新者合作，为现有生态系统带来新想法；又要应对竞争挑战，如保持高准入门槛以防止替代生态系统生成，维持较高的客户转换成本以争取时间将新想法融入自身的产品和服务。

在刻画与描述生态系统四个阶段以及不同阶段企业所面临的"合作挑战"与"竞争挑战"基础上，该文章进一步给出具体的操作化建议，即通过审视"合作"与"竞争"格局，做出自身在生态系统视角下的形势判断。具体而言，在合作方面，关注类似于公司是否与最好的供应商和合作伙伴有联系、供应商是否在创新商业化方面处于领先地位等问题；在竞争方面，思考关于竞争对手开发了哪些隐藏的客户和供应商关系网络、他们依靠谁来获得创意和供应商支持、这些关系与我们所拥有的相比如何等问题。有了上述基本判断，企业才能进一步就利用生态系统创造价值做好战略规划，管理者可以开始考虑哪些种子创新可能会使当前的业务过时，怎样才能将一系列想法催化成一个新的、重要的生态系统，需要什么样的网络关系才能将这些新想法推向尽可能广泛的市场。

仅仅提出这些问题对企业而言已经是十分艰巨的任务，也正因如此才显示了穆尔这一研究的重要价值，即首次提出了企业通过构建生态系统实现价值的必要性与可能性。从表面上看，生态系统之间的竞争是对市场份额的争夺，但究其本质，这一新的竞争态势争夺的是谁能引领未来。该文章进一步强调了随着生态管理方法变得越来越普遍，越来越多的管理者意识到多主体共同进化、共创价值所伴随的合作与竞争的重要性，业务与战略变革的速度会变得非常快，而视野受限于传统行业观点的管理者将会发现自己错过了公司面临的真正挑战和机遇。上述内容对生态系统的合作与竞争等战略要素的探讨，极大地启发了后续对构建生态系统创造价值的研究，甚至可以说在很大程度上主导了生态系统研究的方向。

卡梅罗·琴纳莫等学者：基于动态演进视角研究生态系统价值创造的重要意义

詹姆斯·穆尔的开创性文章提出了构建生态系统成为企业创新驱动与价值创造的新路径，而生态系统也因其独特的"生成性"（generativity）特征，即通过来自广泛而多样参与者的贡献创造价值的能力（Zittrain，2008），成为这一新生组织区别于传统结构的最大优势。生态系统研究近30年时间的蓬勃发展既证明了穆尔独到的眼光，也由此吸引了大量学者的关注而成为理论热点。但生态系统是否就是无往不胜的利器，在吸引广泛而多样的互补者的同时，如何协调使其利益一致，成为生态系统价值创造研究的热点与难点。卡梅罗·琴纳莫等学者于2019年在《组织科学》上发表了《平台生态系统中的生成张力与价值创造》一文，开创性地提出生态系统生成性这一核心特征同时存在正负两种效应，而在比较其孰大孰小的过程中，将生态系统所处阶段及生态系统间的竞争格局作为情境因素进行考察就可以得出明确的结果。

在异质互补者的推动下，生成性的变化不断重塑生态系统的用户价值，进而影响互补者参与生态系统的价值和动机。通过增加平台互补者的类别多样性，生成性扩展了生态系统的可能用途，从而提高了最终用户的价值。而随着生成性导致新的非预期的技术使用，进而也可能导致系统内的碎片化程度增加，这将会对用户满意度和生态系统的整体绩效产生不利影响。基于此判断，卡梅罗·琴纳莫等学者明确界定生成性对生态系统同时存在正负效应，分别将其定义为"溢出效应"与"搭便车效应"，而哪种效应更突出则取决于生态系统的进化阶段（即平台成熟度）以及互补者参与多个生态系统运行的程度（即跨平台竞争）。

要用实证研究的方式实现上述研究目标，在研究设计上具有一定的挑战，需要同时考虑互补者的创新贡献、平台的发展阶段与平台之间的竞争态势等信息。琴纳莫等学者选择1995～2008年美国视频游戏产业作为研究样本与分析单元，完美地契合了研究要求。就互补产品即游戏而言，能获取比较全面的互补产品相关基本信息，包括每款游戏的售价、单位销量、推出日期、生产商等，同时能明确互补产品所属游戏类别（如运动类与动作类）及其对游戏平台的创新贡献。就生态系统即游戏平台而言，能明确界定其发展阶段（游戏平台的代际），是否同时存在多个竞争平台还是只有个别占主导地位的平台。就互补产品的重要性而言，提供一流的游戏既是为消费者创造更高价值，也是推动平台自身需求的重要战略因素，这就使得研究样本的选择在特定产业领域内具有突出且显著的战略意义。

从琴纳莫等学者的研究可以发现：一方面，该文章所提出的研究假设获得了支持，随着游戏平台（生态系统）成熟度提高，平台的生成性（被操作化定义为特定游戏平台类型中新发布游戏名称的多样性）会对游戏的用户满意度产生负面影响（被操作化定义为最终用户的评价），当特定游戏平台与同行游戏平台的竞争加剧时，这种负面影响会更加显著。另一方面，与作者关于搭便车问题日益严重的潜在理论机制一致，研究结论表明更高水平的生成性导致了用户更大的满意度差异，这是由于伴随着平台生态系统的发展成熟，反而因创新开发及市场投入相应降低的搭便车行为，导致低质量的互补产品增加。上述搭便车效应无疑损害了生态系统整体价值。具体的数据结果表明，在以季度为单位的周期内，低评级（相对于高评级）游戏的比例增加一个标准差会导致高评级游戏的总收入减少约3 650万美元，同时导致平台整体的市场份额下降3.3%。

以上结果延续了詹姆斯·穆尔所描述的生态系统具有典型的阶段特征这一重要理论判断，说明了平台生态系统协调者在管理其互补者为用户创造价值时面临的组织挑战，由更多参与者加入所形成的更成熟的生态系统的确在价值创造过程中产生正负效应相互矛盾的张力。平台生态系统所有者或协调者处理这一过程的方式，将影响生态系统整体的配置与价值，并最终影响其市场份额所表现出的竞争能力。这一研究结果强调了考虑整个平台生态系统演化过程中的动态性特征以及在不同阶段影响其演化的主要因素的相对重要性，间接提示生态系统治理水平的高低可能成为影响生态系统价值创造的重要因素。例如，作为生态系统核心特征的生成性的提升，在生态系统发展早期阶段会对用户满意度产生积极影响，此时平台可以通过激发更高水平的生成性来创造价值。然而，随着生态系统发展的成熟，这一价值创造驱动因素的负效应逐步凸显，平均用户满意度会随之下降。可以看出生成性呈现出双刃剑效应，作者自己也提出，在特定时间点生成性正负矛盾的张力如何影响生态系统价值与市场绩效，还有待进一步研究，这似乎进一步凸显了生态系统治理研究的重要性，而在这方面当前的战略管理研究确实相对不足（McIntyre，Srinivasan，2017）。

这篇文章对引入新的理论视角看待生态系统治理具有重要的启发价值。正如Tiwana等学者（2010）已经意识到对于平台生态系统不能以传统的委托代理关系来看待，其核心的控制机制在于协调，原因在于平台生态系统区别于科层组织内的股权结构与控制权结构，平台所有者也不具有对互补者的直接控制权力，平台参与者主要依靠平台设计的界面标准（Ghazawneh，Henfridsson，2013）、互动规则（Boudreau，2017）、价格机制（Wen，Zhu，2019）等治理要素做出符合自身利益的战略选择，而有效治理的核心就是如何解决这篇文章所提出的溢出效应与搭便车效应的矛盾。尽管已有文献从不同视角提出了可能的思路，包括选择机制（Wareham，et al.，2014）、筛选机制（Cennamo，et al.，2013）、自选择机制（Hagiu，et al.，2015），但也都被证明存在各自的局限。在此基础上，作者提出了类似于市场背书的奖励计划，即平台所有者并不在事前与互补者进行二元关系谈判，而是简单地设定一个标准奖励政策，该政策只在互补者产品价值被证实后才适用，从而在有效地筛选高质量互补产品的同时为全体互补者提供普遍激励；与之对应的是，平台所有者可以同时设定一个负面背书政策以约束互补者的搭便车行为。

道格拉斯·汉娜等学者：为竞合平衡创造价值提供了明确的理论依据

詹姆斯·穆尔的开创性文章提出并论证了生态系统成功的核心在于企业需要有效地平衡竞争与合作：如果过度合作，企业可能无法获得足够的价值来生存；如果过度竞争，生态系统甚至可能无法形成。由此引发了关于企业如何平衡生态系统中的合作与竞争的系列后续研究。产业组织研究学派定义了系统战略与组件战略的选择，战略研究学派论述了合作创造价值与竞争获取价值的特定行动，联盟研究学派则产生了在竞合关系中的平衡与偏好之争。归纳起来，不同的研究流派共同证实了合作和竞争是生态系统的核心，并为企业合作和竞争的战略、行为和关系组合提供了洞见。但是，企业如何将合作与竞争结合起来以及这些行为如何演变，尚未有明确的答案，因此它成为亟待填补的研究缺口。

道格拉斯·汉娜与凯瑟琳·艾森哈特等学者于2018年在《战略管理杂志》上发表了《企业如何在新生生态系统中开展合作和竞争》一文。作者认为尽管已有大量关于竞争与合作战略的研究，但在企业如何成功驾驭合作与竞争以获取价值方面仍存在明显的研究缺口，在生态系统的研究情境中尤其明显。在生态系统中，企业相互依赖，共同提供组件并为消费者创造价值，但已有研究都没对企业如何在生态系统中成功地平衡竞争与合作做出合理解释。为了推动相关研究尤其是理论进展，作者选择对2007～2014年美国住宅太阳能行业的5家公司进行深入的多案例研究，引入了一个理论框架解释在动态视角下，即随着时间推移，企业如何有效地驾驭新生的生态系统。

鉴于过往研究所提供的研究问题的理论和实证证据都比较有限，作者着眼于理论构建开展了多案例研究。值得一提的是，这篇文章采用的嵌入式设计特别有助于揭示多层次分析中的合作与竞争机制研究。作者选择了美国住宅太阳能产业中的5家创业企业，这一选择在行业与企业特征方面都符合研究需要：在行业特征方面，这一行业呈现出了显著的生态系统特征，包含5个不同的生态系统组件，分别是太阳能光伏板、机架（安装面板的结构部件）、销售与设计、工程安装与金融服务，行业整体分别利用了每个组件不同的功能，而单一组件孤立存在则难以产生价值；这一行业尚处于起步阶段，这使作者能有机会观察到企业表现出的较高水平的战略柔性。在企业特征方面，该文章选择了初创企业，可以从企业成立初始开始追踪它们的发展进化，从而在时间序列方面提供企业成长更完整的纵向描述；同时，该文章的研究情境设定在新兴行业，其中初创企业不仅是关键参与者，通常也是行业增长的引领者。基于上述标准，该文章最终选择的焦点企业成立年限为2006～2008年，作者从2007年至2014年持续追踪它们的发展周期，这样的长时间跨度也保证了成功的企业能够最终浮现出来。

作者在构建理论模型的过程中定义了三种平衡合作与竞争关系的生态系统战略，分别是系统战略、组件战略与瓶颈战略，在此基础上，分三个阶段呈现了研究结论。2007～2009年被定义为围绕融资瓶颈组织生态系统与竞争阶段，这一阶段Jupiter和Saturn两家企业获取了高绩效，一个原因是两家公司都解决了制约行业增长的融资瓶颈问题。由此，作者获得了三个重要理论发现：①同时实现了价值创造（解决瓶颈问题，与互补者合作整合生态系统）和价值获取（在竞争中运用市场力量）的企业能够取得更大的成功；②既忽视竞争又忽视合作的企业，即便解决了瓶颈问题也难以成功；③生态系统起始阶段，不同生态系统战略表现出不同的动态特征，相对而言瓶颈战略能带来更佳的结果。2010～2012年被定义为围绕拥挤瓶颈加强创新与合作阶段，这一阶段瓶颈转移到销售环节，而该环节充斥着数千家企业，异常拥挤。除Pluto以外的四家企业均获得了高绩效，原因在于它们都积极在销售瓶颈上进行创新，同时高度重视合作。由此，作者获得了两个重要理论发现：①三种战略的成功实施，表现出不同的竞合模式。系统战略和组件战略呈现出相对简单的竞争或合作关系，而瓶颈战略既竞争又合作，对管理提出更高要求。②伴随瓶颈转移，不同生态系统战略呈现不同的动态特征。系统战略受影响较小，组件战略受益于瓶颈转移到其优势环节，而瓶颈战略面临远见和动态能力开发的挑战。2013～2014年被定义为围绕非拥挤瓶颈强化竞争与合作阶段。这一阶段Jupiter和Saturn两家企业获得了高绩效，一个原因是它们有效地解决了阻碍行业增长的安装瓶颈问题，另一个原因是两家公司都通过设置进入壁垒、创设并强化新瓶颈，以及善于运用市场势力去竞争。由此，作者获得了两个重要理论发现：①瓶颈是否拥挤影响企业对竞争及合作的平衡，相对而言，瓶颈拥挤时更强调合作，瓶颈不拥挤时，更偏向竞争。②伴随生态系统走向成熟，不同生态系统战略呈现不同动态特征。随着时间推移，系统战略更倾向于提升集成组件的能力；瓶颈战略可能在不断添加新的瓶颈组件时日益向系统战略靠拢，或延续瓶颈战略，随着瓶颈转移而适应性调整自身优势；组件战略则通过不断加强合作和凸显差异化获得成功。

汉娜等学者在开篇提出的问题："随着时间的推移，企业如何成功地平衡生态系统中的合作与竞争？"核心答案是企业通过遵循三种因时而变的生态系统战略之一来实现这一目标。既有研究一方面将生态系统战略视为静态稳定的（Farrell, et al., 1998；Arora, Bokhari, 2007），另一方面往往强调合作视角下的价值创造（Ozcan, Eisenhardt, 2009；Adner, Kapoor, 2010）或竞争视角下的价值捕获（Jacobides, et al., 2015）对单一维度的关注表现出明显的研究缺口。汉娜等学者的研究在生态系统、生态系统战略以及竞合关系等三个领域做出了明确的理论贡献。①在对生态系统本身的研究方面，作者认为瓶颈的特征是生态系统与网络等相关概念的核心区别，通过对瓶颈这一核心概念的定义与刻画及对其所蕴含的战略含义的阐释，深化了人们对生态系统的理解。②在生态系统战略方面，作者不仅通过引入瓶颈战略使得已有生态系统战略更加全面而完整，同时对其时序特征的考察使得该文献突破了既有研究的静态视角，而让人们看到了生态系统战略的动态变化。③正是由于动态研究视角的引入，人们对竞争与合作尤其是生态系统情境下的竞争与合作理解得更加全面，即在不同的生态系统战略中应该采用不同的竞合策略。

未来研究方向

有关商业生态系统的已有研究集中于探索新生态系统为何以及如何塑造焦点企业的竞争优势及其促进成长的内在机制，涌现出极具理论启发性的观点、认识和判断，但是因为我们对生态系统，特别是新创企业构建生态系统创造价值的过程研究不足，在很大程度上导致这些理论判断的现实解释力度不够，这至少表现在三个方面。一是利用生态系统获得竞争优势的过程表现出定义利益相关者的方式差异。传统战略理论中企业在利益相关者问题上主要着眼于自我中心式价值链的延伸，但在生态系统中，价值创造需要来自具有不同观点和目标的不同参与者的贡献（Jacobides, et al., 2018；Nambisan, 2017），利益相关者的内涵和外延都被急剧放大，这就使得如何定位利益相关者成为利用生态系统获得竞争优势的前提。二是生态系统从形成到演化同时也是生态系统治理推进的过程，折射出新创企业对生态系统中参与主体与关系的管理模式。治理方式的选择不仅由生态系统伙伴的类型与关系性质决定，而且与新创企业利用生态系统的战略布局有关。三是利用生态系统创造价值在很多情况下往往要整合甚至依赖多主体参与者来实现，此时新创企业面向多主体的竞合行动选择就显得至关重要。由此可以看出，何种新创企业更易在生态系统中获得成功，它们采取怎样的治理与竞合策略才能获取更高的创业绩效，可能就是如何通过构建生态系统创造价值的答案，而上述三篇文章较好地呈现了相关研究进展的关键节点和未来方向。

穆尔的文章尽管是生态系统研究的起点，但依然十分敏锐地观察到了生态系统的动态演化过程和竞合这两大核心要素。虽然这篇文章整体仅仅是建立在对部分案例的初步观察基础上所得到的归纳总结，作者自己也提出了很多有待进一步探索的研究问题，但"动态演化"与"竞合关系"在一定程度上主导了后续研究的整体方向。

琴纳莫等学者提出并验证了生态系统生成性这一核心特征对用户价值同时具有正向与负向的效应，最终结果取决于两种对立力量的博弈，因此作者进一步指出生态系统成熟度与平台竞争水平是决定正负效应孰大孰小的两项情境因素。但作者没有考虑能够降低搭便车负面效应的事前筛选机制，也就是说作者更多关注的是生成性后端的经济后果而没在文章中考虑前端的影响因素。事实上，什么样的前端因素能通过生态系统生成性影响到最终的用户价值是有趣且重要的研究问题。也许将互补者特征纳入考虑因素会是一个有益的思路，这符合现实观察，即考虑到互补者质量对生态系统价值创造的重要性，已有平台针对互补者技能展开的培训与开发，这一前端的介入如何影响互补者的行为与互补品质量，可能开启平台所有者与互补者如何共同演化以更好创造价值的研究话题。

汉娜等学者的研究以理论建构的方式，定义了三类明确而具体的生态系统战略，并且明确提出了每一种战略的优势、劣势、要求与之匹配的能力，以及执行过程中差异化的竞合策略，首次明确回答了如何在生态系统中开展合作和竞争这一理论难题。以案例为基础的理论建构通常是实证研究的起点，因此可以预见后续会有不少学者将通过更多元化的研究方法对这一案例研究进行扩展，考察新创企业自身的特征，如资源禀赋、组织身份等将会如何影响新创企业采取何种生态系统战略以求更有利于创造并获取价值；平台所有者的特征，如规模、发展阶段等将会如何影响互补者采取何种生态系统战略以求更有利于创造并获取价值；生态系统情境下不同的竞争与合作策略会对新创企业自身产生怎样的经济后果。

为了更清晰地回答如何通过构建生态系统创造价值这一理论问题，三篇文章在长达近三十年的时间周期内既引领方向又奠定基础，使我们有条件对这一问题进行更深入的探索，在继承发展的过程中至少还应该持续关注以下内容：首先，进一步探索生态系统的理论逻辑，尤其是集中于解析生态系统存在哪些有别于传统企业网络、联盟关系的关键构成与特征，以及如何体现围绕核心价值主张匹配参与者的概念内涵。其次，持续挖掘动态视角下的生态系统构建过程，哪些因素是生态系统最终落地的抓手？是新创企业的商业模式创新还是新创企业的高管团队策略？最后，多主体竞合关系是构建生态系统创造价值过程中无法回避的理论与现实挑战，具体到不同的主体如在位企业和新参与者，以及不同主体面对新生态系统构建的不同反应，应该分别采取怎样的竞合策略？对上述问题的有效回答具有明确的理论与现实意义，既是对已有研究脉络的延续，也能指明未来研究方向。

研究设计与应用拓展

关于企业如何通过构建生态系统创造价值这一重要且有趣的研究问题，有三个绕不过去的重要方面需要予以关注：一是生态系统的理论属性与核心要素，尽管学术界尚未就"生态系统是什么"达成共识，但近年来相关研究越来越丰富，已经为系统性解构生态系统奠定了基础。未来研究既可以遵循穆尔等学者所开创的联合体或网络视角对其进行界定，也能按照新近比较活跃的以阿德纳、卡普尔（Kapoor）为代表基于结构的视角审视生态系统，进一步尝试归纳其理论内核的共有要素。二是生态系统的形成和演化过程，只有通过挖掘生态系统形成的驱动因素明确生态系统从何而来，才有可能进一步探索企业在构建生态系统时的战略选择。这就要求我们尝试回答生态系统构建和演化过程中的一系列问题：谁将承担领导者的角色塑造生态系统、设计生态系统结构并吸引其他伙伴参与，以及谁会接受追随者的角色并按照领导者的计划行事等。三是生态系统的竞合策略，在生态系统情境下，竞合蕴含着新情境所赋予的新特征，正如汉娜和艾森哈特所提出的，竞合是生态系统的核心问题，能为企业竞争与合作战略提供新的思维逻辑。

在研究理论视角方面，从已有研究的理论建构和发展来看，有学者已经尝试从新制度经济学视角、战略管理理论、创新管理理论等不同的理论流派入手对生态系统的价值创造进行解释，主要是融合已有理论与新的生态系统现象开展研究；未来研究应更加鼓励发展出新的理论构想并做出富有见解的理论贡献，例如通过提炼不同生态系统属性与不同新创企业特征交互影响下的生态系统机会识别机理，可能对创业机会的理论做出贡献；通过挖掘生态系统构建过程中多主体竞合策略与焦点企业战略选择影响企业成长的过程规律，可能对战略管理的理论做出贡献。

在研究设计方面，尽管生态系统这一研究话题已经产生了接近三十年，数字经济背景下的生态系统在实践中也早已经广为人们所熟知，但由于对生态系统整体性的观测需要整合多主体视角，这使得利用大样本数据刻画生态系统的难度提高；同时，生态系统演化过程涉及时间维度下的多因素变化，因而更难以对这一现象进行持续的追踪，由此形成了整体上定性研究成果数量的占比远远大于定量研究，案例研究是运用最多的方法。具体的进步体现在当前最新的案例研究更加细致，着眼于更深层次的理论建构，如高度不确定性环境下的生态系统可视性问题、生态系统中的竞合问题以及生态系统与商业模式的关系问题等。在定量研究方面，可用的数据越来越丰富，例如学者们能在谷歌应用平台上收集到程序开发人员发布的应用程序数据，在游戏平台上收集关于视频游戏发行商发布的游戏数据，因此可以看到近五年定量研究设计越来越多。尽管如此，数据的可得性仍是制约生态系统研究进一步突破的重要原因之一。目前国内有些学者开始尝试采用编码的方式获取二手数据，主要是针对在新三板、创业板挂牌的新创企业公开发布的二手资料，以及针对经由第三方数据平台获得或利用爬虫等数据挖掘技术识别的新创平台企业数据资料进行文本编码，此方面已经取得了一定的进展，可能是有较大潜力的路径。

◆ 参考文献

Adner, R., and Kapoor, R., 2010, "Value creation in innovation ecosystems: how the structure of technological interdependence affects firm performance in new technology generations", *Strategic Management Journal*, Vol. 31, No. 3: 306-333.

Adner, R., and Kapoor, R., 2016, "Innovation ecosystems and the pace of substitution: re-examining technology S-curves", *Strategic Management Journal*, Vol. 37, No. 4: 625-648.

Cennamo, C., and Santalo, J., 2013, "Platform competition: strategic trade-offs in platform markets", *Strategic Management Journal*, Vol. 34, No. 11: 1331-1350.

Cusumano, M.A., and Gawer, A., 2002, "The elements of platform leadership", *Sloan Management Review*, Vol. 43, No. 3: 51.

Das, T.K., and Teng, B., 2000, "A resource-based theory of strategic alliances", *Journal of Management*, Vol. 26, No.1: 31-61.

Gawer, A., and Cusumano, M.A., 2014, "Industry platforms and ecosystem innovation", *Journal of Product Innovation Management*, Vol. 31, No. 3: 417-433.

Kapoor, R., and Lee, J.M., 2013, "Coordinating and competing in ecosystems: how organizational forms shape new technology investments", *Strategic Management Journal*, Vol. 34, No. 3: 274-296.

Ozcan, P., and Eisenhardt, K.M., 2009, "Origin of alliance portfolios: entrepreneurs, network strategies, and firm performance", *Academy of Management Journal*, Vol. 52, No. 2: 246-279.

Uzzi, B., 1997, "Social structure and competition in interfirm networks: the paradox of embeddedness", *Administrative Science Quarterly*, Vol. 42, No. 1: 35-69.

Zahra, S.A., and Nambisan, S., 2012, "Entrepreneurship and strategic thinking in business ecosystems", *Business Horizons*, Vol. 55, No. 3: 219-229.

▣ 文献推荐

Cennamo, C., and Santalo, J., 2019, "Generativity tension and value creation in platform ecosystems", *Organization Science*, Vol. 30, No. 3: 617-641.

Hannah, D.P., and Eisenhardt, K.M., 2018, "How firms navigate cooperation and competition in nascent ecosystems", *Strategic Management Journal*, Vol. 39, No. 12: 3163-3192.

Moore, J.F., 1993, "Predators and prey: a new ecology of competition", *Harvard Business Review*, Vol. 71, No. 3: 75-86.

◉ 代表性学者

詹姆斯·穆尔（James F. Moore）

在哈佛大学获得认知发展心理学博士学位，曾是斯坦福大学博士后研究员和哈佛大学高级研究员，现为伯克曼克莱因互联网与社会中心高级研究员。他的研究和咨询领域涉及信息和通信技术、经济和社会发展以及复杂演进系统的分析，其作品广泛发表在《纽约时报》《华尔街日报》《财富》等刊物上。他在《哈佛商业评论》上发表的"捕食者与猎物：竞争的新生态"获得麦肯锡年度最佳论文奖。

卡梅罗·琴纳莫（Carmelo Cennamo）

哥本哈根商学院战略和创业学教授，MBA项目创业研究部的联合主任。他是数字平台、数字市场、生态系统方面的专家，研究涉及视频游戏、移动应用程序、石油和天然气、汽车、酒店、区块链等众多领域；在《管理杂志》《战略管理杂志》《组织科学》等期刊上发表多篇论文。E-mail：cce.si@cbs.dk。

凯瑟琳·艾森哈特（Kathleen M. Eisenhardt）

1982年在斯坦福大学取得博士学位，现任斯坦福大学讲席教授。她的研究兴趣包括战略管理和组织管理，当前主要关注在新市场和新生态系统中的启发式决策和战略互动、市场战略决策以及商业模式设计。在《管理学杂志》《组织科学》《行政科学季刊》《战略管理杂志》等期刊上发表100余篇高水平论文。E-mail：kme@stanford.edu。

关键学者与学者网络

本章呈现了创业如何创造并维持竞争优势的实践特征及其学理认识，这一问题至关重要，是创业研究产生理论贡献并影响和改善创业实践的重要基础。如果你善于进行超越文字的思考，你就会发现尽管形式和内容不同，但本章所讨论的能与竞争优势相关联的创业活动往往具有很强的创新性。无论在何种经济社会环境下，在创新探索中失败的创业活动数量远远高于成功的，这是不可能改变的事实。因为稀缺，所以珍贵！

特别是在"新产品-新市场"组合特征更加突出的新兴行业领域，因创新而失败更是家常便饭，在失败中找寻成功之道，一将功成万骨枯。创新赋予了创业意义和价值，但创新并不意味着优势，反而是不确定性甚至是失败，创业与竞争优势相关联在理论和实践上显然会超越创新，这是事实。借用谭劲松教授等学者的表述，我们要让富于创新的创业活动"有意义地生存，有意义地消亡"，从这个意义上说，聚焦创业如何创造并维持竞争优势这一问题的学术探索，除了理论上的创新，更重要的是挖掘消亡背后的意义，迎接有价值生存的美好，让现实变得更加温和，这本身就是学者的社会责任。站在巨人的肩膀上，关注学者甚至比关注学术观点更加重要，那么哪些学者贡献了学术思想，哪些学者值得持续跟踪关注？

关于创业如何打破规则来创造竞争优势，格雷格·费舍尔、苏雷什·科塔（Suresh Kotha）等学者依托社会学领域的制度理论，将组织身份、合法性与竞争优势关联起来进行研究。基于制度理论的逻辑衍生，"最优区分"理论近年来备受关注，实践基础来自创业情境的变化，特别是基于平台或生态情境下的创业活动，它们之间的竞争距离和密度相对于过往明显提升，"求同"和"存异"在时空情境下并存，自然更需要高超的平衡艺术，这是创业者面临的新挑战，也包含着竞争优势的新来源。"最优区分"理论与起源于社会学的类别理论关联密切，戴维·迪普豪斯（David L. Deephouse）、吉诺·卡塔尼（Gino Cattani）、伊丽莎白·庞蒂克斯（Elizabeth G. Pontikes）等学者的研究可能会帮助你夯实理论基础。

对于商业模式创新、生态系统及数字创业如何创造竞争优势等前沿话题，战略学者特别是意大利博科尼大学的战略学者展现出了强劲的学术影响力，其思想源泉往往与破坏性创新理论相关联。哈扎德·安萨里（Shahzad S. Ansari）、罗伯特·伯格曼（Robert A. Burgelman）、阿莱西奥·科佐利诺（Alessio Cozzolino）、弗兰克·罗特尔梅尔（Frank T. Rothaermel）、詹马里奥·维罗那（Gianmario Verona）、拉胡尔·卡布（Rahul Kapoor）等学者近年来聚焦平台和生态系统情境开展的理论、案例和实证研究极富启发性，他们的过往及未来研究都非常值得关注。

第 12 章

创业研究的前沿研究方法

研究方法的多元化是一门学科走向成熟的重要标志，创业研究中方法多样性的快速涌现与日益呼吁的创业研究情境化密切相关。一方面，创业研究的情境化促进跨学科的融合。创业研究肇始于经济学针对"创业租金"与"创业机会"的讨论，但伴随创业研究情境化的呼吁与创业研究议题的多元化，社会学、心理学和组织行为学等不同学科与创业研究的融合在带来多元化的理论视角的同时，也引入了全新的研究范式与方法。另一方面，创业研究的情境化提升了研究问题的复杂性。从早期关注的创业者特质研究，后续的创业行为过程研究到现如今的创业生态系统研究，尽管对情境化的关注极大提升了创业作为一门独立学科的科学性与合法性，但情境研究的复杂性也对创业研究方法提出了更高要求。例如，从早期调查数据的相关分析到基于时间序列与实验研究的因果推断，再到最新的数据仿真和AI机器学习。

研究方法多样性的优势在于总是能针对不同的研究问题选择合适的研究方法，一项好研究的关键不在于选对方法，而在于问对问题并选择最有效的方法回答该问题。不同的研究方法在创业研究中的应用不仅极大地提高了创业研究的严谨性、可复制性和科学性，同时也成为推动创业研究学科发展的重要动力。例如，风险投资者的行为决策一直是创业研究与实践中一个至关重要的议题，但由于传统研究方法的局限性，这一研究议题长期并未取得实质性进展，自实验研究方法被引入到风险投资者的行为决策研究中，以黄乐仁等为代表的学者的一系列研究极大丰富了相关议题的研究。除此之外，创业研究中另一个经典议题是制度如何影响创业，早期对这一议题的研究普遍采用定性研究方法，定性研究为厘清制度如何影响创业的复杂关系提供了极富洞察力的证据，但缺乏大样本的定量研究也限制了定性研究结论的普适性。传统的定量研究又面临内生性问题对研究结论的挑战，而来源于经济学与金融学研究中的事件分析法通过选择制度变迁的标志性事件作为准自然实验进行有效的因果推断，为深入理解制度变迁对创业活动的影响提供了重要的依据。

尽管研究方法的多样性极大推动了创业研究，但如何在多样性的研究方法中选择契合的研究方法是展开高质量创业研究的一个至关重要的内在特征。研究者不仅会面临偏好采用自己擅长的研究方法而遭受质疑，有学者这么隐喻："擅长使用锤子的人倾向于将所有的东西都看成钉子"，也会因单一研究议题中多种研究方法的过度使用而备受批判。同时，由于创业环境的复杂性和动态性，单一方法对于解释创业领域中的研究问题和复杂现象存在很大局限，混合方法在创业研究中的应用逐渐受到关注。显然，混合研究方法在创业研究中的广泛使用导致传统采用实在主义或构建主义二分法的创业研究方法选择面临极大的挑战，那么如何在定量研究（实在主义）、定性研究（构建主义）与混合方法（实用主义）中选择契合的研究方法？关于在组织管理研究中如何选择合适的研究方法的学术讨论为我们提供了指引，如果研究议题对应的理论发展阶段处于初期，应该更多采用定性研究的方法；如果该研究议题对应的理论发展阶段处于成熟期，应该更多采用定量研究的方法；如果该研究议题对应的理论发展阶段处于中期，应该更多采用混合方法。在这一经典分析框架的基础上，我们进一步结合混合方法提出四种分类：同等重要－并列设计、同等重要－序列设计、不同侧重－并列设计与不同侧重－序列设计，确定了创业研究中如何选择契合研究方法的基本准则（见图12-1）。

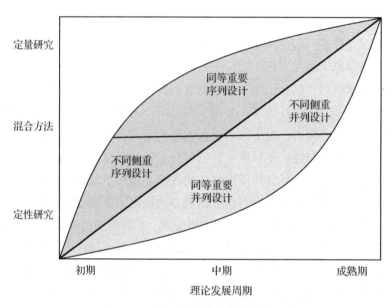

图12-1　创业研究方法选择的契合原则

需要指出的是，相比于战略管理、组织行为等成熟学科，创业研究作为一门"全新"的学科，尽管研究方法的多样性极大地推动了创业学科的发展，但我们对于研究方法特别是新兴研究方法的过度使用应该保持一定的警惕。例如，缺乏有价值问题的引领和厚重理论的支撑，基于大数据方法的研究很可能就沦为数字游戏和理论练习。研究方法多样性并不意味着采用不同研究方法对同一研究问题进行重复检验，更主要的是在不同研究方法的优劣中进行权衡，以期更好地服务于研究问题。虽然研究方法是解决研究问题、通往研究真理的必由之路，但我们应该集中更多精力去甄别"研究问题"的价值，"当我们在路上奔跑时，始终不要忘记当初为什么要出发"。

创业领域如何采用混合研究设计开展研究

◎ 林伟鹏[1]　◎ 卢　娜[1]　◎ 李圭泉[2]

1. 山东大学管理学院；2. 北京大学心理与认知科学学院

现有创业研究大多采用单一的定性方法或定量方法开展研究。然而，每一种单一的方法都存在其固有的缺陷。定性方法一般聚焦于个案的深入分析，外部效度较低，研究结果无法推广；定量方法具有较高的外部效度，但脱离研究情境，对个案的独特性和深度分析不够（Creswell，Plano Clark，2007）。同时，由于创业环境的复杂性和动态性，单一方法对于解释创业领域中的研究问题和复杂现象存在很大局限。因此，混合方法在创业研究中的应用逐渐受到关注。

混合方法是指在一项独立研究中结合使用定性和定量的方法进行数据收集和分析的一类研究方法。将定性和定量方法相结合，一方面，不同方法得到的结果可以互相印证，提升研究结果的可靠性；另一方面，不同方法的作用可以互相补充，如定性研究为定量研究提供解释，定量研究为定性研究提供支持。相较于单一方法而言，混合方法能为复杂的创业问题提供更全面、有效的解答。

尽管混合方法对解决创业研究问题具有很大优势，但其运用进展仍十分缓慢，一个重要的原因在于创业研究者缺乏对混合方法的系统认识，以及缺乏关于如何开展混合研究设计的操作指导。我们选取关于混合方法和创业研究领域的三篇经典文献，首先对混合方法在创业领域的应用状况进行回顾，接着具体介绍如何开展一项混合研究设计，进而提供一个关于运用混合方法开展研究的典型范例，最后提出了未来趋势和研究建议，以期为研究者运用混合方法开展创业研究提供指导。

乔斯·莫利纳-阿索林等学者：混合方法在创业领域的应用概况

2012年，乔斯·莫利纳-阿索林（José F. Molina-Azorín）等学者在《创业与区域发展》

⊖ 本文是国家自然科学基金面上项目"管理者工作不安全感研究：内涵、前因及效应解析"（72171135）和重点项目"新创企业商业模式形成与成长路径"（71732004）、教育部人文社会科学基金青年项目"主动性的代价研究：从多水平视角解析员工主动性的风险"（20YJC630077）资助的阶段性成果。林伟鹏为本文通讯作者（linweipeng@sdu.edu.cn）。

上发表了《创业研究中的混合方法：应用与贡献》一文，这是关于混合方法在创业领域应用状况的一篇经典评述文章，系统梳理了混合方法在创业研究领域的应用和贡献。

莫利纳-阿索林等学者首先对混合方法的概念、使用目的、设计类型进行了介绍。混合方法是指在一项独立研究中联合使用定性与定量方法进行数据收集和分析的一类研究方法。混合方法研究（mixed methods research）与多方法研究（multi-method research）都属于多方法设计（multiple method designs）的范畴。但不同的是，多方法研究指的是使用多种定性或多种定量的方法（如一个研究同时使用实验法和问卷法两种定量方法），而混合方法研究特指一个研究联合使用定性和定量的方法（Creswell, Plano Clark, 2007）。对混合方法的概念进行界定和澄清，有助于鉴别一项研究是否属于混合方法研究。

使用混合方法的目的主要有四种：互补（complementarity），即使用一种方法弥补另一种方法的缺陷；开发（development），即利用一种方法获得的信息来帮助开发或指导另一种方法的使用；启发（initiation），即利用不同方法发现悖论和矛盾以重新定义研究问题；拓展（expansion），即通过多种方法来拓展研究的广度和深度。这四种使用目的在方法论上可统称为三角互证（triangulation），指的是通过定性研究和定量研究相结合，为研究问题提供更全面、更强有力的解释（Turner, et al., 2017）。了解混合方法的使用目的，可以帮助后续研究者根据自己的研究问题需要，决定是否开展混合研究设计。

混合方法涉及定性方法和定量方法的结合，因此，需要考虑两种方法的"实施顺序"和"侧重性"（Creswell, 2014；Morse, 1991）。其中，实施顺序有"并列式"（concurrent, simultaneous or parallel design）和"序列式"（sequential or two-phase design）两种情况：并列式是指定性数据和定量数据同时收集，而序列式是指两种数据先后收集。侧重性则有"同等重要"和"不同侧重"两种：同等重要指定性和定量方法在研究中处于同等重要的地位，不同侧重则指研究中一种研究方法占主导地位，另一种研究方法作为补充（如定性方法占主导，定量方法作为补充；或定量方法占主导，定性方法作为补充）。根据"实施顺序"和"侧重性"两个维度进行不同组合，混合方法的设计类型可以分为四类。第一类，同等重要-并列设计，即 QUAL+QUAN；第二类，同等重要-序列设计，即 QUAL → QUAN 或 QUAN → QUAL；第三类，不同侧重-并列设计，即 QUAL+quan 或 QUAN+qual；第四类，不同侧重-序列设计，即 qual → QUAN、QUAL → quan、quan → QUAL、QUAN → qual。[⊖]

在明确了混合方法的基本概念之后，莫利纳-阿索林等学者对 2000～2009 年发表在 3 本创业期刊和 2 本顶级管理期刊的 955 篇文章进行筛选[⊖]，识别出了 81 篇采用混合方法的实证文章，并对这些文章使用混合方法的目的和类型进行了归类分析。

在这 81 篇文章中，采用混合方法开展研究最主要的目的是开发（50 篇，占 61.7%），也就是通过定性研究获得的具体信息来开发和设计定量研究的工具；其次是互补（18 篇，占 22.2%），即利用不同方法的优势进行相互补充、抵消劣势；再次是拓展（12 篇，占 14.8%），也就是采用混合方法来拓展创业研究的深度和广度；最后是启发（1 篇，占 1.3%），即利用不

⊖ 这里使用莫尔斯（Morse，1991）提出的符号来对混合方法的四种类型进行表示：QUAL/qual 表示定性方法，QUAN/quan 表示定量方法；大写表示该方法占主导，小写表示该方法作为补充；加号"+"表示两种方法同时进行，箭头"→"表示两种方法先后进行。

⊖ 3 本创业期刊为：《创业学杂志》《创业理论与实践》《创业与区域发展》；2 本管理期刊为：《管理学杂志》《行政科学季刊》。

同方法发现悖论和矛盾以重新定义研究问题。在设计类型方面（见图12-2），运用最多的是第四类，即不同侧重–序列设计；其次是第二类，即同等重要–序列设计；再次是第三类，即不同侧重–并列设计；最少的是第一类，即同等重要–并列设计。

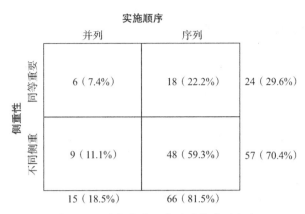

图 12-2　混合方法研究的设计类型分布

莫利纳–阿索林等学者提到，混合方法研究类型的选择受到混合方法使用目的的影响。通过对这81篇混合方法文章的分析可以发现，与"开发"目的相关的典型设计是qual → QUAN 和 QUAL → QUAN，因为在定量方法之前使用定性方法，有助于了解环境和背景的详细信息，能够构建或拓展理论（以供后续的定量研究进行检验），有利于识别关键变量、发展或改进后续定量研究阶段的测量工具。实际上，对于强调创业情境（context-oriented）的创业研究，使用先定性后定量的设计（qual → QUAN 或 QUAL → QUAN）是比较合适的，因为这样能够充分挖掘情境的信息及其作用。与"互补"目的相关的典型设计是 QUAN → qual 和 QUAN → QUAL，因为后面的定性研究能帮助澄清、丰富或解释前一阶段定量研究的结果。由于"拓展"和"启发"的数量较少，所以莫利纳–阿索林等学者没有对这两种研究目的进行系统分析。

莫利纳–阿索林等学者还基于这81篇文章对四类研究设计的实施方法做了说明。第一类研究设计（QUAL+QUAN）可以在问卷（survey）或访谈（interview）中同时设计选择题和开放式问答题，选择题获取的定量数据用于验证假设，问答题获取的定性数据提供更具体的解释。第二类研究设计可以先开展定性研究再开展定量研究，从不同角度或层面考察同一个现象（QUAL → QUAN）；也可以先开展定量研究检验假设是否成立，再开展定性研究以获取更多的细节信息（QUAN → QUAL）。第三类研究设计可以在定性研究的过程中辅以定量研究，如在多案例研究（multiple case studies）过程中辅以现场实验（field experiment）或问卷调查（QUAL+quan）；也可以在定量研究过程中辅以定性研究，如在现场问卷调查中抽选部分被试进行访谈（QUAN+qual）。第四类研究设计可以先进行一项定性研究以获取背景信息，并基于此设计或改进测量工具开展定量研究（qual → QUAN）；也可以先开展定量研究检验假设，再进行定性研究用于补充解释定量研究的结果（QUAN → qual）；还可以先进行定量研究，再进行定性研究以深入探讨统计分析的结果（quan → QUAL）。

最后，莫利纳–阿索林等学者讨论了在创业领域采用混合方法的优势。第一，混合方法可以让创业研究者在一项研究中同时构建和检验理论，还可以用不同的方法对同一现象的不同方面进行研究，从而为较为复杂的创业现象提供更丰富、详尽的解释。第二，相比于单一方法，混合方法能结合定性和定量方法的优势，为创业研究问题提供更准确、有效、科学的解释。第三，对混合方法的了解可以激发研究人员更好地定义和分析创业研究中的创新问题。他们也提到，尽管使用混合方法有诸多优点，但实施这种方法也存在一些障碍。例如，混合方法研究比单一方法研究需要更多的时间和资源，要求研究人员同时具备定量和定性研究的能力，期刊的页数限制阻碍了混合方法研究成果的发表等。

总体来说，这篇文章对创业领域混合方法的运用进行了系统介绍和梳理，让创业研究者尤其是初步接触混合方法的研究者能对混合方法形成基本认识，并对混合方法在创业研究领域的运用情况有较全面的掌握，以及了解该方法运用的优点和局限，为后续研究者提供指导和借鉴。然而，由于这篇文章的主要目的是提供一个混合方法运用的总体概览，因此对于研究者应该如何设计和开展混合方法研究提供的具体指导有限。下面这篇文章将探讨这一问题。

斯科特·特纳等学者：如何开展混合方法研究

2017年，斯科特·特纳（Scott F. Turner）等学者在《组织研究方法》（*Organizational Research Methods*）上发表了《混合研究设计：基于三角互证的研究框架和路线图》一文，对如何使用混合方法做了细致的解读，并且提供了许多实例作为参考，可以作为研究者开展混合研究设计的操作指南。

三角互证是讨论混合方法研究时采用的方法论视角，指的是使用多种不同的方法来理解特定的理论或现象（Molina-Azorín，2007；Torrance，2012）。三角互证分为聚合三角互证（convergent triangulation）和整体三角互证（holistic triangulation），聚合三角互证强调通过不同方法的一致性发现来得出更有效的研究结果，整体三角互证强调通过不同方法的独特或不同的见解和视角来获得更全面的理解（Jick，1979）。特纳等学者就如何设计基于三角互证的混合研究展开了具体阐述，这篇文章的主要目标有两个：①建立一个基于三角互证的混合方法研究设计框架；②在该框架的基础上，提供一个路线图来指导研究者进行混合方法研究。

关于混合研究设计框架，特纳等学者构建的混合研究设计框架主要基于几个核心要素（见图12-3）：前两个要素侧重于理论目的（theoretical purpose）和方法论目的（methodological purpose），即研究的理论目的和研究中使用的方法的目的；第三个要素侧重于在理论和方法论目的下如何将多种研究方法连接在一起，并考察连接过程对现有理论特征的影响。

特纳等学者认为，开展基于三角互证的混合方法研究的基础是理论目的和方法论目的。也就是说，采用混合方法开展研究，首先需要考虑研究问题的理论目的和方法论目的。理论目的包括理论构建（theory development）和理论检验（theory testing）。聚合三角互证方法的理论目的，可以是单纯的理论检验，比如通过使用在不同方面存在缺陷的不同方法来检验一个理论或预测的有效性；也可以是同时包含理论构建和理论检验，比如先使用一种方法进行理论构建，再使用另一种方法进行理论检验，从而得出最终结论。使用整体三角互证方法的研究，其理论目的往往是以理论构建为核心的。

在明确理论目的后，研究者需要考虑方法论目的，以确定使用什么样的研究方法，因为不同的研究方法所能实现的功能和目标是不同的，其优缺点也是不同的。方法论目的包括：最大化研究结果的普遍适用性（generalizability）、精确地操控和测量变量（precision in control/measurement）、提供真实的研究情境（authenticity of context）。不同的方法论目的可通过不同的研究方法来实现，如实验室实验可以精确地控制和测量变量，而现场研究（如案例研究）则提供了观察被试行为的真实情境。具体选用哪种研究方法，通常取决于该研究的方法论目的。表 12-1 中总结了常用的研究方法及其方法论目的。

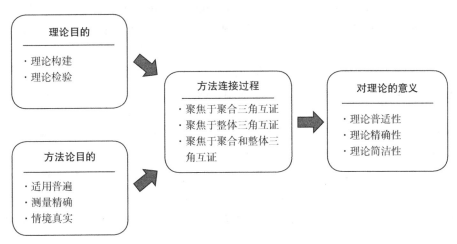

图 12-3　基于三角互证的混合研究设计框架

表 12-1　常用研究方法的方法论目的

研究方法	混合研究设计中的方法论目的
档案数据	提升研究结果的普适性，提高控制/测量变量的精确度，获取真实情境中的信息
案例研究	获取真实情境中的信息，多个案例研究的使用可以提升研究结果的普适性
计算机模拟	提高控制/测量变量的精确度，提升研究结果的普适性
实验模拟	提高控制/测量变量的精确度，获取真实情境中的信息
现场实验	提高控制/测量变量的精确度，获取真实情境中的信息
形式理论（数学建模）	提高控制/测量变量的精确度，获取真实情境中的信息
访谈	获取真实情境中的信息
实验室实验	提高控制/测量变量的精确度
问卷调查	提高控制/测量变量的精确度，获取真实情境中的信息

接下来就是考虑连接过程，即在明确理论目的并清晰把握方法论目的后，如何将多种研究方法结合在一起，以最终解决研究问题并对理论做出贡献。特纳等学者提出，三角互证的框架下主要有三种连接过程：聚焦于聚合三角互证的连接（linking processes focused on convergent triangulation）、聚焦于整体三角互证的连接（linking processes focused on holistic triangulation）、聚焦于聚合和整体三角互证的连接（linking processes focused on convergent and holistic triangulation）。

聚焦于聚合三角互证的连接过程通常有两种基本类型：一种类型侧重于理论检验，即用两种互补的研究方法来检验同一理论或假设，例如，巴多莱特（Bardolet）等（2011）的研究先用档案数据（archival data）进行假设检验，以提供证据支持研究的外部效度（研究结论多大程度上能推广到其他群体或时空背景），继而使用实验室实验（lab experiment）来验证假设，支持研究的内部效度（多大程度上能对变量间关系做出因果推论）；另一种类型涵盖了两类理论目的，即用一种方法来完成理论构建，用另一种方法来完成理论检验，比如格兰特（Grant）等学者（2014）的研究先使用案例研究（case study）来构建理论，然后用现场实验来检验理论。研究者使用这两种类型的聚合三角互证方法，都是为了检验在不同研究方法中能否观察到一致的结果。

聚焦于整体三角互证的连接过程侧重于理论构建，并涵盖至少两种方法论目的。例如，林（Lin）等学者（2006）先进行计算机模拟（computer simulation），构建出危机情境下预测组织绩效的理论模型，再将档案数据法获得的分析结果与计算机模拟的结果进行比较，从而对计算机模拟做出的理论模型进行修正和拓展，最终实现理论构建的研究目的。总体而言，学者们使用整体三角互证，通常是希望从不同方法中获得不同和独特的发现。

聚焦于聚合和整体三角互证的连接过程涵盖两种理论目的，并涵盖至少两种方法论目的。如阮（Nguyen）（2008）对于越南创业者的研究，一开始使用问卷调查的方式来完成理论检验，发现数据结果只支持了三个假设中的一个。于是，两位学者又做了深度访谈（in-depth interview）并使用扎根的方法构建了理论模型。该理论模型不仅支持了问卷调查的结果，这属于聚合三角互证的范畴，而且使作者发现了不同于问卷调查结果的新现象和理论，这属于整体三角互证的范畴。学者们使用这种连接方法，是希望通过不同方法在一些领域得到一致结果（聚合方面），以及在另一些领域提供独特视角（整体方面），从而对其研究的问题或现象获得更好的理解。

前文探讨了不同的方法连接过程，接下来，我们需要考虑不同连接过程对理论特征产生的影响。理论特征包括：理论普适性（generality of theory）、理论精确性（accuracy of theory）、理论简洁性（simplicity of theory）。需要注意的是，尽管研究者希望最大化这三种理论特征，但它们之间也存在矛盾性，因为对社会行为的理论解释不太可能同时具备这三种特征。不同的连接方法对理论特征的贡献有差异，比如，对于聚焦于聚合三角互证的连接，用两种互补的研究方法来检验理论，有利于提高理论的精确性，但对于提升理论普适性的贡献不大。因此，研究者要根据具体的研究问题，对研究方法选取适当的连接过程，来达到对理论的意义最大化。

关于混合研究设计路线图，特纳等学者基于上述研究设计框架确定了设计混合方法研究的四个关键步骤，得出一个基于三角互证的混合研究设计路线图（见图12-4），以期为组织学者提供如何设计和实施基于三角互证的混合方法研究的指导，包括如何选择一套混合方法，通过抵消单一方法固有的局限性来增加研究结果的有效性，以及如何克服在进行混合方法研究中涉及的实践方面的挑战。

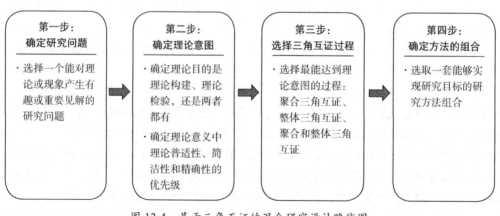

图12-4　基于三角互证的混合研究设计路线图

研究设计的第一步是确定研究问题。研究者需要首先选定一个好的研究问题，该问题有可能对理论或现象产生有趣和重要的见解。由于不同的研究方法可能适用于不同形式的研究问题，因此，在研究设计之前明确研究问题，特别是研究问题的形式（包括"是什么""为什么""怎么样"等），有助于后续选用合适的研究方法。

研究设计的第二步是确定理论意图。理论意图包括理论目的和理论意义。对理论目的而言，确定当前研究的理论目的是理论构建、理论检验，还是同时包含理论构建和检验；对理论意义而言，确定理论普适性、简洁性和精确性的优先级，并给出这些特征之间的权衡。

研究设计的第三步是选择三角互证过程。根据理论意图，选择合适的三角互证方法：①如果只关注理论构建，整体三角互证是比较合适的；②如果只关注理论检验，聚合三角互证是比较合适的；③如果试图将理论构建与理论检验相结合，则可以采用聚合三角互证，也可以采用聚合和整体三角互证。

研究设计的第四步是确定方法的组合。作为基于三角互证的混合研究设计的最后一步，研究者需要结合研究问题、理论意图和三角互证过程，来决定哪些研究方法的组合最符合研究的目标。特纳等学者对每一种情况都提供了实例作为参考：①对于聚合三角互证过程，如果研究者想用一种方法来构建理论，用另一种方法来检验理论，并且希望最大化理论普适性这一特征，可参考科恩和克莱伯（Cohen，Klepper，1996）的研究，将数学建模（mathematical modeling）作为一种有助于构建普适性理论的方法，继而对跨越广泛行业的档案数据进行回归分析，以支持该理论的普适性；如果研究者想用两种不同的方法来检验同一理论，并希望对理论的普适性和精确性做出贡献，可参考巴多莱特等学者（2011）的研究，首先采用跨行业的档案数据做回归分析，这有助于增强外部效度，支持了理论的普适性，接着进行一个实验室实验，基于更精确的控制和测量提升内部效度，支持了理论的精确性。②对于整体三角互证过程，研究者需要构建理论，可参考 Cardinal 等学者（2011）的研究，在这一研究中，理论的精确性是第一优先、理论的普适性是第二优先，他们首先使用计算机模拟这一研究方法来构建理论，这种方法有助于提升理论的精确性，继而开展多案例研究，进一步为理论的普适性和精确性提供支持。在这项研究中，虽然两种研究方法的理论目的都是理论构建，但它们对理论的意义是互补的。③对于聚合和整体三角互证过程，研究者既关注理论的构建，也关注理论的检验，可参考 Dyer 和 Hatch（2006）的研究，这项研究主要以理论的精确性为导向，他们首先使用调查数据的回归分析作为评估理论有效性的一种方法，接着进行一个访谈研究，不仅检验了调查结果是否会被访谈结果支持，还构建了一个与研究问题相关的理论，提升了理论的精确性。

特纳等学者构建的混合研究设计框架和路线图，为混合方法研究者提供了非常实用的操作性指南。除此之外，使用混合方法还需要注意一个问题。混合方法的有效性是建立在这样一个前提下的，即每一种方法的缺点将被另一种方法的优点抵消（Jick，1979）。因此，在进行混合研究设计时，应谨慎选择研究方法的组合策略，确保以一种方法的优势能抵消另一种方法的劣势。一方面，利用不同研究方法之间的差异性，可以减弱单一方法固有的局限。比如，实验室实验在推断因果关系和提升内部效度方面的能力较强，但这种方法存在外部效度的威胁，一个有效的研究设计应该将实验室实验与能解决外部效度问题的研究方法（如问卷调查、档案记录）组合起来。另一方面，也可以利用不同研究方法之间的共性，推动知识积累的进展。比如运用增量法（incremental approach）的混合方法研究模式，包括使用不同的研究方法来分析相同的样本，可以增强研究结果的有效性和准确性。特纳等学者指出，一项有效的混合方法研究需要在差异性和共性之间取得平衡，既不能选用过于相似的研究方法，不然可能使混合设计产生不了应有的效用，也不应在不同的研究方法之间寻求最大的差异化，因为这会使研究结果的有效性和解释力都下降。特纳等学者的文章对如何开展混合方法研究提供了细致的指导。下面我们基于琼·克拉克等学者的一项研究，为在创业领域使用混合方法进行研究提供具体示范。

琼·克拉克等学者：一项采用混合方法的经典研究设计

2019年，琼·克拉克等学者在《管理学杂志》上发表了《行动胜于言辞：在创业路演过程中创业者的形象语言和手势如何影响投资者的投资判断》一文，作为一篇近期发表于管理学顶级期刊的高质量文章，它对理解混合方法的使用有重要的启发。

琼·克拉克等学者以认知科学和创业的相关文献为基础，研究了创业者在创业路演过程中的形象语言（figurative language）和手势（gesturing）对投资者投资判断的影响。在混合研究方法的思路下，作者开展了两个研究，包括一个定性研究和一个定量实验研究。一是基于扎根理论的定性研究方法，琼·克拉克等学者发现了不同的创业者在路演中会使用不同的表达方式，包括形象语言（使用比喻修辞手法来叙述自己的创业计划）和手势（使用丰富的手势来传达创业的想法）。二是基于实验法，琼·克拉克等学者探讨了不同的形象语言和手势对投资者投资倾向的影响。下面是这两个研究的实施过程。

在研究一中，琼·克拉克等学者以英国的17位创业者为研究对象，这些创业者的创业领域涵盖了生物医学、喷墨打印和潮汐清洁能源等高新科技行业。创业者们需要在一个投资论坛上向投资者推介自己的创业方案。可是，由于高新技术的复杂性，这对创业者的表达与沟通技巧提出了一定的挑战。为了获取一手的研究资料，两名研究人员参加了现场活动，观看了创业者的路演过程。而且，研究人员以一种不引人注目的方式，将摄像机分别放置在房间的两侧和后部，从而录制了创业者的路演视频。结合现场的观看和所获取的视频，两位研究人员对17个路演过程的录像进行了更详细的编码分析。第一轮编码过程主要进行开放式编码，研究人员重点关注不同创业者的言语和非言语信息是否存在明显的差异。在完成开放式编码后，两位研究人员经过讨论，一致地发现非言语信息的差异主要体现在创业者使用手势的多少，而言语信息的差异主要体现在创业者是更多地使用陈述性语言还是形象性语言。由于有了较为一致的结果，在第二轮编码过程中，研究人员基于前人的编码手势和形象语言的模板对视频进行编码。基于两轮编码的结果，结合形象语言和手势两个维度，研究人员归纳了创业者路演中的四种不同的策略。第一种策略是陈述式（literal approach），即使用较少的比喻修辞手法和手势；第二种策略是修辞式（rhetorical approach），即使用较少的手势和较多的比喻修辞手法；第三种策略是表露式（demonstrative approach），即使用较多的手势和较少的比喻修辞手法；第四种策略是全面式（integrated approach），即同时使用较多的手势和比喻修辞手法。这种全面的理论解释有助于研究人员理解创业者如何在路演实践中向投资者进行展示，以及这些沟通策略存在的差异。

然而，研究一中还有很多问题没有得到解答，仅仅从研究一中得到的结论远远不够研究人员去深入理解这个现象。例如，在这项定性研究中，研究人员并不能获取投资者对不同沟通策略的反应，也就无法检验不同沟通策略组合的有效性。而实验法能得到稳健的因果推断

（Shadish, et al., 2002），能帮助研究人员评估形象语言和手势对投资者投资判断的影响。于是，琼·克拉克等学者采用实验法开展了第二项研究，以期望能对形象语言和手势的有效性进行因果推断，从而更全面地回答整个研究问题。

在研究二中，研究人员进行了一项实验，参与实验的人员需要评估一位创业者的创业计划。在具体研究过程中，研究人员采用了（形象语言：高与低）×（手势：高与低）的被试间实验设计，从而操纵创业者使用的形象语言和手势的类型与水平。值得注意的是，研究人员对两类样本进行了研究，即以124位专业投资者（样本1）和180位商科学生（样本2）为样本分别进行了实验，从而增强研究结果的稳健性和可推广性。参与者需要想象自己是一个投资者，正在考虑投资一家创业公司。研究人员以视频的方式操纵了创业者的形象语言和手势，参与者需要点击研究人员发送的视频链接，从而观看一位创业者介绍创业想法的演讲视频。在观看完视频后，参与者需要报告观看视频后的感受以及投资意愿。

研究二发现创业者的形象语言对投资者的投资意愿的影响是不显著的。相反，创业者的手势能显著影响投资者的投资意愿，创业者使用更多的手势时，投资者更倾向于做出投资的决策。其中投资者感知到的心理意象（mental imagery）和创业者激情（entrepreneurial passion）起到重要的中介作用。也就是说，一方面，手势呈现了创业者对产品和可能存在风险的感性化的表征，从而激发投资者的心理意象，使投资者间接体验与理解创业公司的产品和服务；另一方面，手势能让投资者感受到创业者的创业激情。这些都使投资者更愿意做出投资的决策。因此，潜在投资者不是直接为形象语言所左右，而是在寻找创业者基本想法的手势描述。在这种不确定的情况下，投资者可能会转向一种直觉的处理模式，将注意力集中在手势等非语言的信息上，以确定他们的投资判断，并加强他们对投资的信心。此外，形象语言能增强创业者手势和投资者心理意象的关系，当创业者表现出高的手势和高的形象语言时（即采用全面式策略），创业者的手势能更大程度地增强投资者的创业想象，进而对其投资意愿起到正向影响。样本1和样本2所得到的结果大体类似，这说明研究的结论具有较高的稳健性。

综合来看，这篇文章采用混合方法开展了两个研究，两个研究循序渐进，揭示了创业者如何在创业路演中通过他们的形象语言和手势影响投资者的投资判断。首先，第一个研究基于归纳法构建了创业者路演策略，发现创业者不仅经常使用形象语言，还使用特定的手势来强调他们的产品或服务的优势；而第二个研究通过实验法检验了研究一所发现的四类策略对投资者的影响，从而为创业路演沟通策略的有效性提供了实证支持。其次，从研究二所揭示的创业者的沟通策略对投资者投资决策影响的中介机制来看，也是来源于研究一的归纳总结。在研究一中，研究人员已经发现手势可能会提升投资者的投资意愿，因为这可以帮助投资者更好地想象与间接体验创业者描述的企业和产品，让投资者对企业的发展路径与产品如何服务于消费者形成更清晰和具体的理解。再次，研究一的编码结果和已有文献显示，创业者演讲时的手势也向投资者传达了创业者的创业激情。基于研究一的归纳结果，研究人员在研究二的实验中，验证了手势对投资者投资判断的重要影响，为研究一的结论提供了强有力的支持。研究二的结果拓展了研究一的发现，验证了研究人员观察到的创业者在路演时使用手势的策略能引发投资者的心理意象，从而影响投资者对其企业投资潜力的评估。心理意象是这篇文章引入的一个新的中介机制，用于解释创业者的手势如何影响投资的判断。最后，也正是因为研究二的实验法的使用，帮助研究人员发现了手势有效性的边界条件。只有当手势与形象语言相结合时，投资者才会有更强的心理意象，从而有更高的投资意愿。从两个研究的前后连接和呼应上看，都体现了混合研究方法在这篇文章中的重要价值，为研究问题提供更好的解答。

这篇文章采用的混合研究方法所得到的研究结论，对未来的研究也有很多的启发。第一，现有文献主要将手势等非语言行为视为局限于传递创业者激情的次要行为。研究人员对这种观点提出了挑战，并对创业者的路演沟通策略提供了一个更广泛的解释，即把手势等非语言行为视为意义与激情的载体，并认为它们是沟通和说服不可或缺的一部分。第二，之前的研究往往没有区分创业者在与潜在投资者交流时使用的特定类型的手势，也没有研究他们如何将手势与形象语言相结合。这篇文章在研究一中通过归纳法，扩展了现有理论，根据手势的独特功能区分不同的手势形式，并阐述了创业者如何将它们与形象语言结合起来，与投资者沟通并说服投资者。第三，研究人员认为心理意象是创业者的沟通策略影响他人对企业投资潜力判断的关键机制，回应了以往学者对探讨此类行为如何在不确定条件下影响投资判断的呼吁。总结来看，这篇文章的贡献体现了混合研究方法的重要价值，对未来的创业研究有重要的借鉴意义。

混合方法的未来趋势

混合方法超越定性与定量之争，在一项独立研究中将定性和定量方法整合起来，能充分发挥定性和定量方法的优势，并弥补单一方法的不足，为研究问题提供更全面、更有效的解释。

然而，需要注意的是，尽管混合方法具有很多优势，研究方法的运用最终是为了解决研究问题。因此，在创业领域进行研究设计时，需要考虑混合设计与单一设计相比，是否更好地解决了当前的研究问题。对于以下四个创业研究的议题，在开展研究设计时可以考虑采用混合方法：第一，特定环境背景下的创业问题。创业活动容易受到所在区域的经济环境、社会环境和政策环境的影响，并且每个创业环境具有独特性。因此，创业活动离不开环境的影响作用，要探讨创业问题，必须将研究置于具体环境中。采用混合方法有助于在进行探讨和检验之前，深入了解创业活动的背景信息，识别外部环境的特点，从而提升研究结果的深度和针对性。第二，涉及多个层面的创业研究。由于创业环境的复杂性，创业活动会受到多个方面、多个层面因素的影响，因而大量的创业研究可能会涉及多个层面进行分析。采用混合研究设计时，不同的定性和定量研究方法可以用于不同层面与视角的分析，从而为研究问题提供更加全面的解释。第三，创业现象、活动的变化过程。创业活动具有很大的动态性，部分创业研究关注创业问题的动态变化过程。采用混合方法研究，在更广泛的时间范围内对过程和结果进行联合分析，有助于研究者实现这一目的。第四，选择或开发更精确的创业研究测量工具。在复杂的创业领域找到精确的测量工具有一定的挑战，在混合方法中，定性研究可为定量研究提供更合适和有效的测量工具。

混合方法在创业领域的运用具有重大前景，但不可否认的是，运用混合方法也面临着较大的挑战。首先，混合方法需要收集定性数据和定量数据，比单一方法需要花费更多的时间和成本；其次，混合方法需要用到定性和定量的分析方法，对研究者的多种方法运用能力提出较高要求；最后，采用混合方法的研究需要介绍定性和定量的具体研究过程，篇幅一般较长，而期刊的页面限制在一定程度上阻碍了其发表。为了应对这些挑战，未来的研究者可以在开展不同方法的研究时利用相似或相同的样本或情境，以节省数据收集的时间和成本。也可以联合不同领域、学科的学者形成一个研究团队，优势互补，合作开展混合研究。此外，对混合方法研究发表的期刊进行准确定位,并说清楚采用混合方法的必要性,这有助于文章的发表。随着创业研究的深入和混合方法的发展,混合研究范式在创业领域的运用势必会受到越来越多学者的关注。但需要注意的是,管理学研究一方面面临着可重复性的危机,同时又面临过度方法化的危机。混合研究并不意味着一个研究使用的方法越多或越复杂就越好,不应该是为了体现研究工作量而选择更多的研究方法。混合研究的初衷是让研究方法为解决问题而服务,如何设计和使用混合研究方法仍取决于具体的研究问题。

◆ 参考文献

Bardolet, D., Fox, C.R., and Lovallo, D., 2011, "Corporate capital allocation: a behavioral perspective", *Strategic Management Journal*, Vol. 32, No. 13: 1465-1483.

Cardinal, L.B., Turner, S.F., Fern, M.J., and Burton, R.M., 2011, "Organizing for product development across technological environments: performance trade-offs and priorities", *Organization Science*, Vol. 22, No. 4: 1000-1025.

Cohen, W.M. and Klepper, S., 1996, "Firm size and the nature of innovation within industries: the case of process and product R&D", *The Review of Economics and Statistics*, Vol. 78, No. 2: 232-243.

Creswell, J.W., 2014, *Research Design: Qualitative, Quantitative, and Mixed Methods Approaches*, Thousand Oaks: Sage.

Creswell, J.W., and Plano Clark, V., 2007, *Designing and Conducting Mixed Methods Research*, Thousand Oaks: Sage.

Dyer, J.H., and Hatch, N.W., 2006, "Relation-specific capabilities and barriers to knowledge transfers: creating advantage through network relationships", *Strategic Management Journal*, Vol. 27, No. 8: 701-719.

Grant, A.M., Berg, J.M., and Cable, D.M., 2014, "Job titles as identity badges: how self-reflective titles can reduce emotional exhaustion", *Academy of Management Journal*, Vol. 57, No. 4: 1201-1225.

Jick, T.D., 1979, "Mixing qualitative and quantitative methods: triangulation in action", *Administrative Science Quarterly*, Vol. 24, No. 4: 602-611.

Lin, Z., Zhao, X., Ismail, K.M., and Carley, K.M., 2006, "Organizational design and restructuring in response to crises: lessons from computational modeling and real-world cases", *Organization Science*, Vol. 17, No. 5: 598-618.

Molina-Azorín, J.F., 2007, "Mixed methods in strategy research: applications and implications in the resource-based view", *Research Methodology in Strategy and Management*, Vol. 4: 37-73.

Morse, J.M., 1991, "Approaches to qualitative-quantitative methodological triangulation", *Nursing Research*, Vol. 40, No. 2: 120-123.

Nguyen, H.D., and Nguyen, N.T., 2008, "Examining personal values and entrepreneurial motives of Vietnamese entrepreneurs in the 21st century: two empirical studies", *African and Asian Studies*, Vol. 7, No. 2-3: 141-171.

Shadish, W.R., Cook, T.D., and Campbell, D.T., 2002, *Experimental and Quasi-experimental Designs for Generalized Causal Inference*, Boston, MA: Houghton Mifflin.

Torrance, H., 2012, "Triangulation, respondent validation, and democratic participation in mixed methods research", *Journal of Mixed Methods Research*, Vol. 6, No. 2: 111-123.

▣ 文献推荐

Molina-Azorín, J.F., López-Gamero, M.D., Pereira-Moliner, J., and Pertusa-Ortega, E.M., 2012, "Mixed methods studies in entrepreneurship research: applications and contributions", *Entrepreneurship and Regional Development*, Vol. 24, No. 5-6: 425-456.

Turner, S.F., Cardinal, L.B., and Burton, R.M., 2017, "Research design for mixed methods: a triangulation-based framework and roadmap", *Organizational Research Methods*, Vol. 20, No. 2: 243-267.

Clarke, J.S., Cornelissen, J.P., and Healey, M.P., 2019, "Actions speak louder than words: how figurative language and gesturing in entrepreneurial pitches influences investment judgments", *Academy of Management Journal*, Vol. 62, No. 2: 335-360.

● 代表性学者

乔斯·莫利纳-阿索林（José F. Molina-Azorín）

在阿利坎特大学取得经济与商业博士学位，现任阿利坎特大学经济与商业学院教授。他的研究领域为战略管理和混合方法，在《组织研究方法》《混合方法研究杂志》（*Journal of Mixed Methods Research*）、《环境管理杂志》（*Journal of Environmental Management*）等期刊上发表了多篇关于混合方法的学术论文。2017年在《组织研究方法》杂志上组织了"混合方法"专刊。E-mail：jf.molina@ua.es。

斯科特·特纳（Scott F. Turner）

在北卡罗来纳大学教堂山分校取得管理学博士学位，现任南卡罗来纳大学达拉摩尔商学院副教授。他的研究领域主要是创新、变革和组织惯例，在《管理杂志》《组织科学》《管理学杂志》等期刊上发表了多篇创新和组织惯例相关的学术论文。E-mail：scott.turner@moore.sc.edu。

琼·克拉克（Jean S. Clarke）

在利兹大学商学院获得博士学位，现任里昂商学院教授。在加盟里昂商学院之前，她曾于英国利兹大学商学院任教授。她的研究主要关注创业者如何运用语言和其他文化资源（包括肢体、服饰、空间等）来创造意义、建立合法性，同时也关注创业中的社会情境化认知。在《管理学杂志》《管理学评论》《管理研究杂志》等期刊上发表过多篇论文。E-mail：clarke@em-lyon.com。

基于科学设计的创业研究大样本数据库及其贡献

◎ 叶文平[1]   ◎ 杨 俊[2]

1. 暨南大学管理学院; 2. 浙江大学管理学院

20世纪80年代,洛和麦克米伦(1988)首次探索创业领域中独特的研究目的、理论视角、焦点问题、分析层次、时间框架与研究方法,为创业理论研究奠定了重要基础,提供了创业学科存在合理性和独立性的批判性思考。自此创业以独立学科身份出现在学术研究舞台,创业研究文献表现出了强劲增长趋势。除了文献增长,期间通过成立专业组织如管理学会创业分会(The Entrepreneurship Division of the Academy of Management,1986成立)、欧洲小企业理事会(The European Council for Small Business,1988成立),以及发起学术会议如英国小企业政策和研究会议(The UK Small Firms' Policy and Research Conference,1979发起)、百森商学院创业会议(The Babson College Entrepreneurship Conference,1981发起)、创业研究会议(Research on Entrepreneurship Conference,1986发起),创业学者研究群体快速扩展及学术社区日趋完善。1985年创办《创业学杂志》、1975年创办《创业理论与实践》(1988年更名)、2007年创办《战略创业杂志》等,这一系列的期刊建设活动极大推动了创业学科的快速发展。

但是,创业研究作为一个独立学科的"合法性"危机并未随之而消除,恰恰相反,当一个学科在发展繁荣的表象之下并未寻找到支撑其存在的独特学术贡献时往往也潜藏着更大的危机。谢恩和文卡塔若曼(2000)指出,一个独立的社会科学领域必须有区别于其他领域的概念框架以解释与预测一系列经验现象,否则缺乏理论框架将导致难以确认相关学者的独特贡献,影响许多重要现象的理解,甚至使领域关键问题浮于表面而仅能作为一种"研究背景"或"教学应用"被排斥在学术研究之外。特别地,现有创业研究已突破特定边界实现跨组织、行业、国家层面的高度拓展,加之全球经济形势变革诱发了许多新问题与新趋势,因此仅凭单向接受其他领域的理论,无法解释丰富而复杂的创业现象和问题,这是创业研究领域当下乃至未来面临的重大挑战(周冬梅等,2020;Arend,2020)。

创业研究从早期的"创业特质论"到后期创业者行为过程视角,一方面在强调创业活

⊖ 本文是国家自然科学基金青年项目"迁移距离、社会网络嵌入与异地创业成长研究"(71902072)、重点项目"新创企业商业模式形成与成长路径"(71732004)资助的阶段性成果。

动独特性的同时，另一方面却运用社会学、心理学、管理学和经济学等其他学科理论来解释创业研究问题。尽管利用已有学科知识极大推动了创业学科的早期发展，但随着创业研究的深入，一个学科发展局限的问题也日益凸显：创业研究现状严重滞后于实践发展，基于其他学科的理论难以推动创业研究领域的进步。为了应对这一危机，创业研究开始逐渐涌现出了脱胎于主流理论但形成于创业实践领域的独特概念，如资源拼凑（bricolage）、手段导向（effectuation）、创业导向（entrepreneurial orientation）、创业学习（entrepreneurial learning）等。对于创业研究领域这些新概念诞生的一个重要挑战是能否经受得住不同情境下研究的验证，并在此基础上谋求理论普适性。韦克（1995）认为对一个新诞生的研究领域而言，构建研究框架和解决研究问题的基本前提是对本领域关注的研究问题的特征与属性要有清晰的描绘。对创业活动的研究而言，高度的情境依赖性凸显了对创业情境研究的重要意义，这也直接导致情境化研究逐渐成为创业研究学者关注的焦点（Zahra，2007）。

创业范围广且多样化的特点要求其比其他领域更需要考察情境化因素。由于创业研究的独特复杂性，开展将其现象、研究问题、理论、发现置于自然环境中的情境化研究能促进创造性与新颖性的分析和解释。创业研究的情境化视角不仅能承认与解释创业的变化和差异，还可以识别发展理论，丰富指导创业思维的各种理论视角，为一系列创业现象提供新的启示（Zahra, et al., 2014）。情境化涉及影响行为发生与意义以及变量之间功能关系的情境机会和约束，由于这些机会和制约因素可能在感兴趣的主要关系集之外，通常与不同层次的分析相关联，并作为情境或时间的边界条件，可能会影响一些较低层次的关系集，因此领域的情境化研究有助于清晰解释一个特定理论是如何在该研究领域中良好运作的（Pollack, et al., 2020）。由于情境化不仅需要考虑创业者的个人特质，还需要结合外部环境的权变因素进行分析，由此构建学科的独特数据库是深化情境的必由之路。

正因如此，创业学者已经逐渐意识到数据库的关键作用，截至目前已经建设三个大型数据库且被研究者广泛应用。①全球创业观察，始于1999年，重点关注创业的跨国比较，并揭示创业活动的驱动因素，为制定政策提供依据；②创业动态跟踪研究，1998年成立项目，是创业领域中的第一个大规模纵向动态跟踪数据库，侧重于新生创业者特征与新创企业的创建过程；③中国创业动态跟踪研究，于2009年实施第1期，并在2017实施第2期，是我国首个揭示微观层面创业活动规律的调研项目。这些大型创业研究数据库促进了创业研究逐渐收敛后的理论和方法探索，使得研究不仅只聚焦在创业者特质上，并开始转移到创业过程本身，也极大地推动了创业研究情境化的发展和创业理论的进一步强化（Zahra，2007）。

全球创业观察：大规模跨国创业调查典范

全球创业观察始于1999年，是美国百森商学院和英国伦敦商学院发起的联合研究项目。该项目主要关注创业是否以及如何促进经济增长，为此每年收集相关的统一数据来提供必要的基础知识。可以说，该项目首次弥补了创业研究领域的国际性数据空白。

全球创业观察侧重于三个主要目标：揭示创业活动水平在不同国家（地区）间的差异；揭示决定创业活动水平的因素；确定可能提高创业活动水平的政策。全球创业观察设计有着鲜明的特色和独特性：第一，它在全球范围内收集原始数据；第二，对个人进行调查，了解与创业愿望、态度、意图和活动有关的各种关键问题；第三，创业现象是在整个创业周期中评估的，从创业机会的概念到其成熟，或者到其终止（见图12-5）。

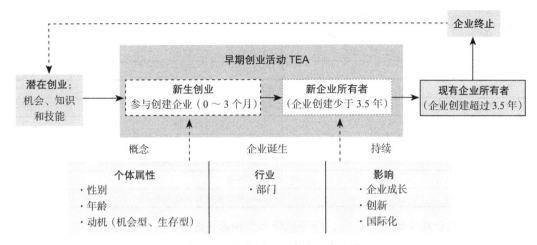

图 12-5　全球创业观察的研究设计

全球创业观察在样本国家中随机抽选样本并采集数据，逐年累积下来已经形成独特的截面数据。数据收集主要包括四项活动：①成人人口调查，主要探讨个人在创业过程中的作用，提供了关于个人的创业偏好、动机、能力、态度和活动的标准化数据。多年来，成人人口调查的核心内容始终保持一致，提供了宝贵的纵向视角。同时，全球创业观察有一个"特殊主题"部分，该部分每年更改，补充成人人口调查核心之外的新鲜内容，此外还会在调查中增加其他题项，调查与国家宏观政策及全球经济形式特别相关的问题（见表12-2）。②国家专家调查，国家专家调查确定了九个被认为对创业产生重大影响的因素（创业融资、政府政策、政府创业计划、创业教育、研发转让、商业和法律基础设施、内部市场动态和准入监管、公共基础设施以及文化和社会规范），这些因素构成了创业生态框架条件。③由不同国家创业研究专家填写的自我管理问卷，其目的是建立一种标准化的衡量标准，以衡量专家们对本国创业框架条件的看法。④从现有的跨国数据集汇编相关标准化措施，来自联合国、经合组织、世界银行、欧盟、劳工组织和全球竞争力报告等各种来源的标准化数据提供了关于企业和一般国家框架条件的额外信息。

表 12-2　全球创业观察每年的参与国家 / 地区数量与特殊主题

年份	参与国家 / 地区数量	特殊主题
1999	10	—
2000	20	风险资本
2001	28	—
2002	37	女性创业，创业融资，家庭支持与创业
2003	31	高增长创业活动，政府政策、项目和创业
2004	33	
2005	35	高期望创业，女性创业
2006	42	创业融资，女性创业
2007	42	女性创业，创新信心指数
2008	43	高增长创业，创业教育和培训，创新信心指数
2009	54	社会创业，经济衰退，女性创业，创新信心指数
2010	59	经济危机，女性创业
2011	59	员工创业活动（EEA），高成长创业

(续)

年份	参与国家/地区数量	特殊主题
2012	69	移民创业，女性创业
2013	70	幸福感，青年创业
2014	73	青年创业
2015	60	创业、竞争力和发展
2016	65	创业、竞争力和发展
2017	54	创业和创新生态系统，社会创业
2018	49	家族创业，全球信息网络和共享经济
2019	50	青年创业
2020	46	新冠肺炎疫情对创业的影响

随着全球创业观察影响力扩大，每年调研参与国家（地区）的数量也在递增。1998年首次在6个参与国（加拿大、丹麦、芬兰、德国、英国和美国）进行了数据收集，自1999年以来每年都会发布一份全球创业报告，参与数目已从1999年的10个上升至目前的约115个，报告样本代表了全球约3/4的人口数量和全球近90%的GDP。

全球创业观察的理论框架如图12-6所示，从创业环境到国家层面的创业活动，最终到就业创造和经济增长。借助这个模型，描述了社会价值、个人属性和各种创业活动之间的假定关系。其中，社会、文化、政治和经济背景是指利用世界经济论坛的12大支柱来分析经济发展阶段，调查竞争力和参与国家创业状况的9个组成部分。创业的社会价值包括社会如何把创业视为一种良好的职业选择，企业家是否具有较高的社会地位，以及媒体对创业的关注如何（不）促进国家创业文化的发展。个人属性包括人口因素（性别、年龄、受教育程度、家庭收入、地理位置）、心理因素（自我效能感、创业警觉性、对失败的恐惧、创业成长预期）和动机方面（基于生存型与基于机会的创业、基于改进的创业等）。创业活动主要涉及创业阶段（初创、新建、已建立、终止）、活动结果（高增长、创新、国际化）和活动类型（早期创业活动、社会创业活动、员工创业活动）。

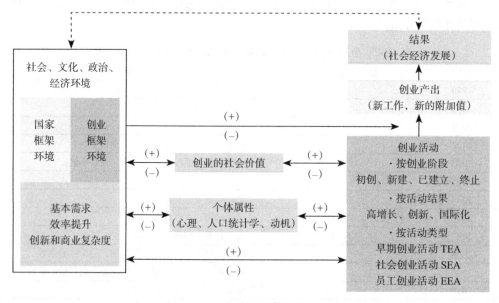

图12-6　全球创业观察的理论框架

全球创业观察数据库为跨国比较研究提供了重要条件。基于此数据库，超过35篇文章发表在《行政科学季刊》《政治经济学杂志》《国际商务研究杂志》《创业学杂志》《管理杂志》《创业理论与实践》和《战略创业杂志》等FT50期刊上，从经济学、社会学、政治经济学、管理学等多个学科视角来研究微观与宏观层次的创业问题。总体来看，基于全球创业观察数据的研究主要分为三类：

第一，比较不同国家正式与非正式制度对创业活动类型和创业质量的影响研究。例如，泰博（2015）采用全球创业观察数据的欧洲国家样本比较了女性生育保障制度（产假、儿童保育和兼职）如何影响男性与女性创业者在创业活动市场中的表现差异。斯蒂芬（Stephan）等学者（2010）将全球领导力与组织调查同全球创业观察数据结合在一起，区分社会支持型文化与绩效导向型文化对创业活动的影响。

第二，创业者个人社会认知与环境互动如何影响创业决策和创业成长。全球创业观察针对创业者个人认知的社会调查主要关注了三类社会认知：自我效能感、创业警觉性和失败恐惧。研究者通过社会认知理论、角色一致性理论等来研究创业者社会认知如何影响其创业机会选择以及对未来企业成长的预期。

第三，创业活动的经济与社会后果。尽管发展经济学最早就提出创业是促进经济增长和缓解就业压力的重要驱动力，但对于创业活动是否以及如何影响经济增长的研究相对较为缺乏，全球创业观察的跨国数据为比较研究提供了可能，研究者不仅比较了不同类型创业活动对经济增长的影响机制，还比较了创业活动带来的社会福祉的影响，如幸福感、社会不公平等。

创业动态跟踪调查：跟踪调查研究范式的先行者

1993年，威斯康星州住房和经济发展局（Wisconsin Housing and Economic Development Authority）对威斯康星州的成年人进行了初步调查，为创业过程提供了可靠的实证描述，建立了项目的基本设计——筛选具有代表性的成人样本，找出正在参与创业的人，获取创业努力的详细信息，并跟踪采访对象以确定结果。在初步取得成功的基础上，密歇根大学调查研究中心于1996年对具有代表性的美国家庭进行了重复研究。研究设计的可行性得到了证实，并促成了创业研究联盟的成立。1998年，由来自34个创业研究中心的120多名学者组成的创业动态跟踪调查研究项目成立，旨在提高人们对创业者如何创业的科学理解。

创业动态跟踪调查的研究设计过程如图12-7所示，数据分三个阶段收集，以18～64岁的成人群体为总体样本，第一阶段对家庭进行电话调查，以创建两个代表全国18岁及以上成年人人口的样本（新生创业者和对照组），如果受访者对"你是否正独自或与他人一起从事创业活动""你是否正独自或与他人一起创建新企业或为你的雇主创建新企业"两个问题中的任意一个回答"是"，并且满足"受访者期望成为新企业所有者或部分所有者""受访者已在12个月前就采取积极行动来创办新企业""新企业仍处于创建阶段"三个条件，那么就被认定为新生创业者。在第二阶段，对两个样本中的个人进行详细的电话采访，然后完成邮寄问卷。第三阶段是对新生创业者进行12个月和24个月的后续访谈（电话访谈和问卷调查）。

创业动态跟踪调查分成2期实施，在学术界分别被称为PSED I（第1期）和PSED II（第2期）。PSED I于1998～2000年开展，通过3次后续访谈，最终选择830名新生创业者提供有关其创业活动的信息，并将其与未参与公司创建的人员（对照组）进行比较。PSED II于

2005～2006年进行调查，随后每年进行6次访谈，最终确定了1 214名新生创业者。

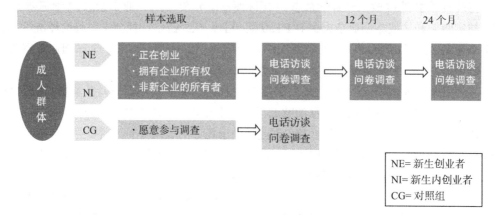

图12-7　创业动态跟踪调查的研究设计

实施PSED II有几个原因。第一，PSED I人群是在1998～2000年互联网热潮期间对公司创建高度关注时确定的；PSED II人群是在2005～2006年确定的，这是一个比较典型的时期。第二，基于PSED I和全球创业观察项目积累的经验，促使了许多方法的改进，因此提出了大改进的研究方案，PSED II更有效，提供了更可靠的调研方法，并改进了调查研究中的关键问题。第三，不同种族群体在参与和经历上的差异——非洲裔美国人进入新公司的机会更多，而在发展新公司方面的成功较少——值得更多的关注。第四，影响结果的因素众多，这表明在多变量分析中，较大样本的初创企业将具有相当大的价值。PSED II将新生创业者样本增加了一倍多，从830人增至2 044人。

创业过程不断受到政治、社会和经济因素的影响，创业动态跟踪调查理论框架也说明了这些因素在整个研究过程中的影响（见图12-8）。如图12-8左侧所示，创业过程的第一阶段涉及所有个人的参与，其中一些人可能会决定创业。这些人有两个潜在的来源：所有参与劳动的人和现有企业的雇员。创业过程中的第一个转折点是概念阶段，来自这两个来源的个人选择创业。如果创业努力的目标是成立一家独立的创业公司，那么那些参与其中的人被称为新生创业者。如果初创企业是由现有企业发起的，那么参与其中的人被认为是新生内创业者。我们称这两个群体为新生创业者。创业动态跟踪调查的重要特色是在普通人口中确定一个不参与创业活动的成年人比较群体，可以将新生创业者样本特征与对照组特征进行比较。作为创业研究领域第一个大规模的微观动态跟踪调查数据库，创业动态跟踪调查的创造性设计不仅为数据开发研究提供诸多想象空间，也为后续的创业调查提供借鉴。其创新之处主要体现在以下方面：

第一，区别于全球创业观察强调宏观环境对创业活动的影响，创业动态跟踪调查主要聚焦微观的创业过程，通过对创业活动过程的动态跟踪来呈现创业决策、创业成长与创业退出的互动和演进。

第二，调查中设置了创业者与非创业者的跟踪对比，通过两组动态跟踪比较结果更为全面地呈现出创业活动的过程性与复杂性，有利于创业研究者与实践者更好地理解新企业的创建过程。

第三，创业动态跟踪调查较早关注到创业团队在创业活动中的重要性，早期的创业研究往往将创业活动理想化为市场行动者个人追逐机会实现新的"手段-目标"的过程，或是在企业家个人的机会警觉性和远见之下的打破市场均衡与建立新均衡的过程（Kirzner，1982），而绝大多数现实的创业活动是以团队为单位而开展的。创业动态跟踪调查通过详细的创业团队调查数据为创业团队在创业活动中扮演重要且关键的角色提供了关键证据，也有力推进了创业团队的研究。

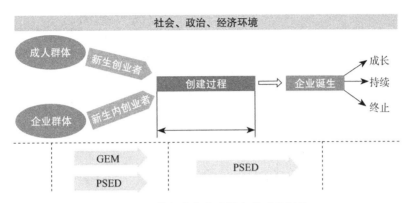

图 12-8　创业动态跟踪调查的理论框架

资料来源：根据现有文献与报告整理。

创业动态跟踪调查是全球首个大样本动态跟踪调查数据库，为创业研究者与实践者深入理解创业活动提供了重要的数据支持。基于此数据库，超过 30 篇文章发表在《组织科学》《管理杂志》《管理研究杂志》《创业学杂志》《创业理论与实践》和《战略创业杂志》等 FT50 期刊上，与全球创业观察不同，基于创业动态跟踪调查数据的研究更加微观，主要集中在管理学科，注重从组织理论、战略理论、网络理论等不同理论角度来剖析创业规律。

概括起来，研究主题主要集中在两个方面：①创业者及创业团队如何形成并影响创业活动的展开。学者们通过这些详细的调查数据尝试去研究创业团队如何组建并展开创业行动，创业者及创业团队的哪些独特资源禀赋对创业活动至关重要等关键议题。②个体行动者展开创业活动的根本动机是什么以及创业活动将如何改变创业者。早期的创业研究将创业者动机理想化为基于企业家精神驱动的个人价值最大化，通过创业动态跟踪调查的动态跟踪调查研究者为揭示创业者动机提供了更为丰富且贴近现实的答案，更为重要的是研究者还通过在调查中与非创业者对照组开展比较研究，更加细致地揭示了创业活动对个人心理行为感知的影响。

中国创业动态跟踪调查：新兴经济体创业跟踪调查的推广者

基于创业动态跟踪调查项目的经验与方法并结合中国新兴经济体的独特创业情境，南开大学创业研究中心于 2009 年组织、建设并实施了中国创业动态跟踪调查。中国创业动态跟踪调查是我国首个大规模揭示微观层面创业活动规律的调研项目，也是新兴经济体中第一个对标美国创业跟踪调查的大型创业微观调查数据库。

中国创业动态跟踪调查的研究对象主要为 18 岁以上成人群体中的新生创业者，筛选过程如图 12-9 所示。中国创业动态跟踪调查采取分层抽样与随机跳号的家户电话抽样相结合的抽样方法，在考虑各地区之间创业强度差异的前提下，总共选择了 8 个城市作为调查样本（分别是东部地区的北京、天津、杭州、广州，中部地区的武汉，东北地区的沈阳以及西部地区的成都、西安）。中国创业动态跟踪调查根据各被调查城市人口规模和 18 岁以上成人数量来确定每个被调查城市的调查样本权重，进而制定各被调查城市的样本量分配方案；然后在被调查城市以随机跳号的家户电话抽样方式同步接触被调查者，按照既定标准从中筛选新生创业者，并对他们进行电话访问调查。

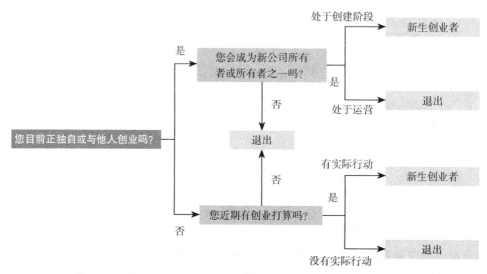

图 12-9 中国创业动态跟踪调查的新生创业者筛选过程

中国创业动态跟踪调查在 2009～2011 年采用 3 次电话跟踪访谈的手段追踪新生创业者的创业活动进展状况。2009 年首轮调查总共电话接触 69 990 户家庭，电话访问 20 424 人，从中识别出 974 名新生创业者，最终有 601 名新生创业者完成访谈。2010 年对 601 个成功样本展开了第 2 轮电话跟踪访谈，最终有 321 位新生创业者完成访谈。第 3 轮调查于 2011 年展开，针对第 2 轮的 321 个样本进行跟踪调查，在前两轮的基础上进行了变量拓展，增加了对创业退出者关于创业过程因素的询问，最终有 121 位新生创业者完成电话访谈。

中国创业动态跟踪调查的理论框架如图 12-10 所示，内容涵盖新生创业者、创业机会、创业环境、创业过程与创业结果等关键要素，设置了新生创业者的关系网络、先前经验、人口统计特征等研究变量，力图从微观视角剖析我国特定情境下的创业活动的路径与内在发展规律。作为新兴经济体国家的第一个大型创业跟踪调查，中国创业动态跟踪调查较为全面地涵盖了新兴经济体国家中影响创业活动的微观与宏观环境，为深入理解新兴经济体创业活动的一般性规律提供了重要的数据支撑，同时也为进一步深化创业情境研究提供了重要的支撑。基于此数据库，超过 20 篇文章发表在《创业学杂志》《战略创业杂志》《小企业管理杂志》《管理世界》《管理科学学报》《南开管理评论》等国内外权威期刊上，推动了国内创业学术社区融入国际创业研究，并促进了国内创业学者与国际创业学者之间的交流对话。

采用中国创业动态跟踪调查数据的研究主要讨论两类重要的创业议题：第一，创业者个人或团队那些独特的资源禀赋在新兴经济体国家中更有利于促进个体行动者展开创业活动。这类研究讨论的一个核心观点是区别于发达国家，在新兴经济体国家中制度环境发展不完备会为创业活动带来更高的风险与不确定性，创业者如何利用自身独特的资源禀赋来降低制度不完备带来的创业活动风险与不确定性，这些研究回答了一个至关重要的问题是新兴经济体中谁会是创业者。第二，个体行动者在识别创业机会之后如何将创业机会转变为创业活动。有效地识别创业机会只是展开创业活动的前提，个体行动者如何在识别创业机会的基础之上有效动员资源，开发机会并展开创业行动更为关键。部分学者致力于通过中国创业动态跟踪调查数据来揭示新兴经济体国家中创业者如何突破制度与资源约束，开发创业机会并获得创业成长的过程机理。

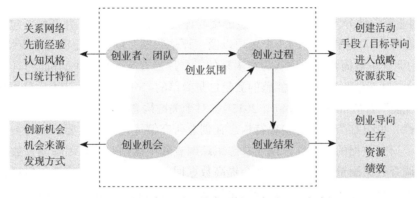

图 12-10　中国创业动态跟踪调查的理论框架

数据库局限与基于数据库的研究设计约束

作为创业研究中极具代表性的数据库，全球创业观察、创业动态跟踪调查和中国创业动态跟踪调查在推动创业研究进展方面起到了突出作用。尽管这三大创业研究数据库在如何展开创业研究主题的大规模调查设计方面提供了重要的经验与参考，但随着基于这三大数据库被创业研究者广泛利用且发表一系列高质量的创业研究文章之后，结合创业研究的未来发展趋势以及数据库设计存在局限性。

第一，缺乏长期的跟踪调查，无法确保研究的动态性与连贯性。创业作为一个动态化的过程，全球创业观察数据缺乏纵向的跟踪数据，导致研究结论主要停留在相关性分析上而缺乏因果关系推断，降低了研究结论的解释力（Schillo, et al., 2016）。并且由于纵向不足的问题，数据集只涵盖相对较短的时间，造成数据缺乏动态性，无法估计组织和个人行为是如何随着时间的推移而共同演变的，仅能从较短时间或静态角度讨论参与创业过程任何阶段的可能性（Boudreaux, et al., 2019）。尽管部分研究利用全球创业观察调查在不同国家的延续性，结合世界银行的数据讨论宏观制度环境变化对个体行动者创业决策或质量影响的研究，但这一类研究往往只能揭示影响创业活动外部环境的单一维度，且无法真正地观察到外部环境变化与微观个体的互动过程，极大地降低了研究结论对实践的解释。创业动态跟踪调查虽然强调了动态跟踪调查，但由于新创企业的高失败率，初期筛选的样本量较少导致大量样本在跟踪调查中缺失，在其组织的两期跟踪调查中存在窗口期，缺乏对创业者持续有效的跟踪调查。中国创业动态跟踪调查对新生创业者进行动态跟踪调查的时间跨度较小，仅调查了新生创业者过去 2 年的创业行为过程，对不同创业者而言，创业行动的关键过程发生的时间周期并不一致，导致对基于调查数据的因果推断存在一定的干扰。

第二，创业研究的相关构念测量不够细致，降低了研究的信度与效度。发展立足于创业研究的独特构念是深化创业研究情境和形成创业研究理论的必由之路，创业研究学者在过去相当长的时间内持续的探索为创业研究贡献了很多独特的构念，如创业警觉性、手段导向、目标导向、自我效能感、资源拼凑和创业导向等，这些独特构念都形成了相对成熟且高信度与效度的测量量表。但在上述三大数据库中，一方面为了降低被调查者对调查问卷的理解难度，另一方面为了适当控制调查问卷的题量，调查中的绝大部分问题都采用简单的二分变量来测度，极大地降低了构念的信度与效度。例如，全球创业观察数据中被研究者广泛采用的两个重要的研究变量是"创业警觉性"和"自我效能感"。对创业警觉性而言，尽管Tang（2012）将创业警觉性分为信息检索、联想链接与评估判断三个维度，并开发了包括"信息检索"的6个题项、"联想链接"的3个题项以及"评估判断"的4个题项的李克特五点量表，但在GEM的调查中被简化为"你认为在未来的6个月是否有适合创业的机会"（Boudreaux, et al., 2019）。对于创业者自我效能感的测量也是简单的二分变量"你认为你是否具有创业所需要的全部技能"（Wennberg, et al., 2013）。对于关键构念的简单化测量极大地降低了研究结论的可靠性，也很难凸显出这些独特构念在创业研究情境化中的重要价值与贡献，同时也极大地制约了研究数据的普及性。创业动态跟踪调查和中国创业动态跟踪调查数据也存在同样的问题。调查数据测量的简单化固然会提高数据回收率和调查的延续性，但现有测量的标准细致程度不足将会导致创业研究过程的粗略化，使得创业发展止步于目前阶段的概念，而无法进一步对相关概念进行细分，从而探索更多子领域的结构与关系。

第三，问卷调查数据来源单一化，调查数据存在较大偏差。尽管共同方法偏差（common method bias）一直是问卷调查中不可避免的难题，但研究方法的不断推进为有效降低共同方法偏差提供了更多可操作性的解决方案，且被广泛应用于问卷调查，其中普遍采用的方法是同一题项数据来源的多元化。对于全球创业观察数据，对创业者个人创业能力和创业项目质量的评估是调查数据中最为核心的部分，但这一部分的测量主要通过自我报告的形式，个人主观判断可能会产生认知偏差，导致严重的共同方法偏差（Darnihamedani, et al., 2018）。在创业动态跟踪调查中，针对创业者动机的调查都是通过个人的回忆来回答，难免会存在回忆性偏差，与此同时，所有试图创业但已经退出、曾经创办了企业（但现在不存在）的创业者都不在样本中，而这些数据仅体现了幸存创业者的观点，并且这些观点仅停留在创业成功之后，而非创业初期（Carter, et al., 2003）。此外，创业动态跟踪调查中针对创业团队结构的调查是问卷调查中的核心，尽管问卷设计中要求创业团队成员参与问卷调查，但仅限于团队成员的人口统计学信息，而并未将团队成员作为创业调查数据的多渠道来源更多地参与到问卷调查之中，以降低调查数据的共同方法偏差问题。

第四，调查样本分布的不均衡导致研究结论偏差。样本分布的不均衡主要体现在全球创业观察的调查设计中，作为一个长周期、大样本的跨国调查数据，尽管平均每年的参与国家高达40多个，样本涵盖量超过30万以上，但是显然其数据的代表性还不足以满足现有研究增长的需求，横向国家数据代表量不足，中高收入国家的样本量远超低收入国家，大多数国家来自西欧或东欧，少数国家来自南美，对于跨国比较而言会带来严重的异质性偏差。此外，不同国家的调查样本量存在巨大的差异也会影响研究结论的可靠性。作为一个跨国的调查研究，全球创业观察项目对于不同国家调查样本的确定并未根据该国人口或经济指标等比例抽样，而是采用固定样本的随机抽样，考虑到对不同国家数据获取的难易程度等因素，不同国家的数据样本存在巨大差异。

基于数据库的研究设计趋势和新动向

基于上述三个数据库的最新研究也为如何克服数据库存在的局限性,推动未来的创业研究提供了重要的借鉴与启发。第一,以多数据的交互验证来克服变量测量的单一化。上述三个数据库对关键变量的单一化测量降低了研究结论的可靠性,为了变量测量的信度与效度,在未来研究中我们可以采用上述三个数据库调查数据的大样本优势对变量之间的因果关系进行推断,再结合对关键变量的问卷测量收集一定的调查数据进行补充检验。通过多种数据来源的交互检验不仅能充分利用大样本抽样调查数据提高研究结论的可靠性,也可以避免关键变量测量单一化对估计结果稳定性的影响。这种通过多数据来源交互检验提高研究结论可靠性的方法,被社会心理学与组织行为学领域的学者、研究者高度倡导(Darnihamedani, et al., 2018),也势必成为未来创业研究领域克服二手数据局限性的有效方法。

第二,采用更为稳健的研究方法提高结果估计一致性。在利用上述三个数据库数据展开创业研究中普遍存在的另一个问题是数据样本局限性影响研究结果估计的一致性,其中最为常见的三种问题就是:双向因果问题、样本选择偏差和遗漏变量导致估计结果偏差。其中,双向因果问题主要体现在全球创业观察数据是一个截面而非面板数据,基于截面数据无法进行有效的因果推断;样本选择偏差和遗漏变量问题都普遍存在于上述三个数据库的数据之中。最新的研究为解决上述问题提供了可能性的途径,我们既可以通过工具变量方法、断点回归等方法的结合来降低数据研究中的双向因果问题,又可以采用 PSM、CEM 和 ER 等最新的数据匹配方法来克服样本选择偏差和遗漏变量问题(王宇和李海洋,2017)。这些最新的统计推断方法都能有效提高估计结果的一致性,降低样本数据存在的局限性。比如泰博(2015)在研究生育保障制度如何影响男性与女性创业者的创业表现差异时,为了提供宏观制度环境对微观决策行为影响计量估计的有效性,并未采用传统的最小二乘法的回归分析结合在国家层面的聚类,而是采用了更为严格的多层线性模型的随机效应估计,通过将宏观层面变量与微观层面变量区分开来估计宏观层面变量对微观层面的影响,极大提高了估计结果的一致性。

第三,大样本调查数据与实验研究方法的混合使用。混合研究方法的使用也越来越成为创业研究的主流方法,尤其是大规模二手数据与实验研究相结合的方法,既可以通过大样本数据提高研究结论的普适性和可靠性,也可以通过实验方法清晰呈现变量之间的因果关系。比如 Tang 等学者(2021)在研究不同语言结构对创业活动创新性的影响时,采用了全球创业观察的大样本数据与实验研究相结合的方法,混合研究方法的应用极大地提高了研究的可靠性和因果推断的准确性。

◆ **参考文献**

Low, M.B., and MacMillan, I.C., 1988, "Entrepreneurship: Past research and future challenges", *Journal of Management*, Vol. 14, No. 2: 139-161.

Shane, S., and Venkataraman, S., 2000, "The promise of entrepreneurship as a field of research", *Academy of Management Review*, Vol. 25, No. 1: 217-226.

Arend, R.J., 2020, "Entrepreneurship: a theory for no theory for now", *Strategic Organization*, 1476127020979041.

Zahra, S.A., 2007, "Contextualizing theory building in entrepreneurship research", *Journal of*

Business Venturing, Vol. 22, No. 3: 443-452.

Pollack, J.M., Carr, J.C., Corbett, A.C., Hoyt, C.L., Kellermanns, F.W., Kirkman, B.L., and Post, C., 2020, "Contextual and interactional approaches to advancing leadership and entrepreneurship research", *Journal of Management Studies*, Vol. 57, No. 5: 915-930.

Thébaud, S., 2015, "Business as plan B: institutional foundations of gender inequality in entrepreneurship across 24 industrialized countries", *Administrative Science Quarterly*, Vol. 60, No. 4: 671-711.

Stephan, U., and Uhlaner, L.M., 2010, "Performance-based vs socially supportive culture: a cross-national study of descriptive norms and entrepreneurship", *Journal of International Business Studies*, Vol. 41, No. 8: 1347-1364.

Schillo, R.S., Persaud, A., and Jin, M., 2016, "Entrepreneurial readiness in the context of national systems of entrepreneurship", *Small Business Economics*, Vol. 46, No. 4: 619-637.

Boudreaux, C.J., Nikolaev, B.N., and Klein, P., 2019, "Socio-cognitive traits and entrepreneurship: the moderating role of economic institutions", *Journal of Business Venturing*, Vol. 34, No. 1: 178-196.

Wennberg, K., Pathak, S., and Autio, E., 2013, "How culture moulds the effects of self-efficacy and fear of failure on entrepreneurship", *Entrepreneurship and Regional Development*, Vol. 25, No. 9-10: 756-780.

Darnihamedani, P., Block, J.H., Hessels, J., and Simonyan, A., 2018, "Taxes, start-up costs, and innovative entrepreneurship", *Small Business Economics*, Vol. 51, No. 2: 355-369.

Carter, N.M., Gartner, W.B., Shaver, K.G., and Gatewood, E.J., 2003, "The career reasons of nascent entrepreneurs", *Journal of Business Venturing*, Vol. 18, No. 1: 13-39.

Tang J., Yang, J., Ye, W.P., and Shaji A.K., 2021, "Now is the time: the effects of linguistic time reference and national time orientation on innovative new ventures", *Journal of Business Venturing*, doi.org/10.1016/j.jbusvent.

周冬梅，陈雪琳，杨俊，等.创业研究回顾与展望[J].管理世界，2020（1）：206-225.

▣ 文献推荐

Gartner, W.B., Gartner, W.C., Shaver, K.G., Carter, N.M., and Reynolds, P.D., 2004, *Handbook of Entrepreneurial Dynamics: The Process of Business Creation*, Sage.

Reynolds, P.D., Autio, E., and Hechavarria, D.M., 2008, "Global entrepreneurship monitor (GEM): Expert questionnaire data", Ann Arbor: Inter-university Consortium for Political and Social Research.

张玉利，龙丹，杨俊.CPSED 概述及其学术价值探讨[J].外国经济与管理，2011（1）.

● 代表性学者

保罗·雷诺兹（Paul Reynolds）

在斯坦福大学社会学系取得社会学博士学位，现任阿斯顿大学阿斯顿商学院创业与经济学荣誉教授。他是 PSED 调查项目的协调人和 GEM 调查项目的主要发起人，因其在创业研究数据调查方面的杰出贡献而获得 2004 年国际创业和小企业研究奖，以及 2012 年美国管理学会创业研究杰出贡献奖。E-mail：p.reynolds@aston.ac.uk。

张玉利

1998 年在南开大学获得经济学博士学位，南开大学商学院教授、博士生导师、教育部"长江学者"特聘教授、全国优秀博士学位论文指导教师。他是国内创业研究的主要推动者和引领者，主持国家自然科学基金重点项目 2 项、重大项目 1 项。他创立了南开大学创业研究中心，因其在创业与中小企业研究领域的杰出贡献获得 2016 年复旦管理学杰出贡献奖。他指导培养的三十余名博士、博士后分别在南开大学、浙江大学、东南大学、中山大学、吉林大学、天津大学、山东大学、合肥工业大学等高校任职，他们已成长为创业研究领域的青年骨干。E-mail：ylzhang@nankai.edu.cn。

杨俊

2008 年在南开大学获得管理学博士学位，2010 年获得全国优秀博士论文奖，现任浙江大学管理学院创新创业与战略学系教授。他作为设计者组织了中国第一个大型创业跟踪调查 CPSED，设计并构建了中国创业企业动态跟踪调查数据库（CPSED II），组建了创业研究的青年学术联盟。主持国家自然科学基金重点项目 1 项，研究成果发表在《创业学杂志》《战略创业杂志》《亚太管理杂志》(*Asia Pacific Journal of Management*)、《管理世界》《管理科学学报》等国内外期刊上。E-mail：nkyangjun@163.com。

创业研究中叙事方法的应用及其趋势

◎ 张慧玉　◎ 魏远虹

浙江大学外国语言文化与国际交流学院

兴起于20世纪80年代的"语言转向"促使组织管理学科重新审视语言与社会的关系，实证主义长期倡导的"镜子逻辑"受到后现代主义及言语行为学派的严峻挑战，学者们将组织及组织现象视为社会性的语言构建，改变以往仅仅将语言文本视为研究工具并对其进行操控的做法，基于语言特性、语言要素及使用情境等挖掘语言性社会构建背后的权力结构、价值理念、制度逻辑等深层含义，其中组织管理话语研究与词汇分析是这一变革性转向的主要内容，而叙事作为组织情境中特殊的话语、语言，受到学者们的重点关注。紧随组织管理领域的这一重要转向，叙事于20世纪90年代中后期进入创业学者的研究视野，并在近年出现研究小热潮。2007年，创业领域顶尖期刊《创业学杂志》推出"创业叙事"专刊，这不仅是创业叙事研究的里程碑事件，还极大地推动了这一研究视角的后续发展。

如图12-11所示，我们在科学网核心合集数据库（Web of Science Core Collection）里同时以"entrepreneur"和"narrati"为主题词进行搜索，发现1980～2020年与创业叙事相关的文章多达1130篇，其中988篇为同行评审的学术期刊文章。从学术文章的具体发表年份来看：1980～2006年发表的仅30篇，其中在该数据库中没有检索到1980～1997年的相关文章，2007～2010年共计72篇，而2011～2020年多达886篇。我们进一步浏览较早的相关文献，发现较多的研究只是提及叙事或将其作为边缘性的研究素材。但值得一提的是，1998年马丁·皮特（Martyn Pitt）在《组织研究》上发文指出，可以通过挖掘创业者有关企业发展的叙事文本来研究其在特定情境下的经验知识及管理行为，这可以视为在创业研究中运用叙事方法的最早尝试。

近十年来，不仅学者们更加聚焦创业叙事本身，而且越来越多的相关文章发表在主流创业或管理期刊上。这一搜索统计情况表明：创业叙事作为一个新兴的研究视角，尽管在语言转向之初并不受重视，但近年来得到越来越多的学术关注，并展现出极大的发展潜力。

⊖ 本文是国家自然科学基金面上项目"创业要素匹配视角下创业话语的形成过程与作用机制研究"（71872165）、重点项目"新创企业商业模式形成与成长路径"（71732004）资助的阶段性成果。张慧玉为本文通讯作者（zhanghuiyu@zju.edu.cn）。

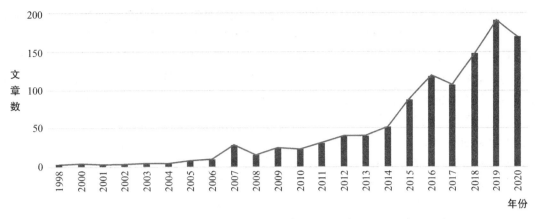

图 12-11　Web of Science 核心合集中 1980～2020 年有关创业叙事的文章统计

威廉姆·加特纳：创业叙事与"想象的"科学

上述数据库检索结果表明，组织管理学科"语言转向"后最早关注创业叙事的文章出现在 1998 年，我们进一步阅读文献发现，1998 年的 3 篇相关文献中有 2 篇只是提及叙事，并非研究的重点，2007 年《创业学杂志》推出"创业叙事"专刊，作为专刊主编，威廉姆·加特纳撰写《创业叙事与想象的科学》一文介绍了推出"创业叙事"专刊的动机、过程与基本情况。在质性研究中，一个本质性的关键问题长期困扰着研究者：研究洞见究竟是源于研究者还是"数据"？具体来说，如果不同的学者研究同样的质性数据，会产生什么样的发现与结果？如果该质性数据恒定不变，我们能否从中产生不同的研究洞见？如果有所不同的话，不同观点的产生是源于理论、方法或研究者在其他方面的异质性，还是源于研究者本身？针对这一困扰，加特纳从 2001 年起即萌生了邀请不同学者对同一质性材料进行研究的想法，直到 2007 年这一想法才得以实现。

加特纳指出，该专刊的目的是要从理论与实证上链接叙事研究与创业研究，以展现如何将叙事的理论与方法运用到聚焦创业现象的研究中。该专刊由 7 篇文章组成。第 1 篇文章是创业者艾伦在 1984 年的创业叙述，讲述了他 1965 年在美国佛蒙特州拉特兰开玩具店的经历（Allen，2007）。加特纳阐述了选择艾伦创业叙事的原因：第一，该叙事转录自创业者在课堂上的陈述，创业者被看成"活案例"，符合诸多大学创业课堂的惯例。第二，该故事具有一般创业者课堂案例故事的典型性，和一般成功创业者对自身久远经历的叙述相仿，反映了从创业新手到老手的重要过程。第三，该故事在结构上具有创业故事的典型性，明确的启示类似于"做我所言，而非做我所为"（Do what I say, not what I do），而实际上，创业者的行为中包含了诸多隐性的知识与洞见。第四，故事中多个情境的描述包含对故事主人公价值观、伦理、性格、想法、动机及行为的丰富内涵。第五，同诸多哈佛案例故事相仿，尽管这个故事的叙事者将自身的成功归于运气，但其用以解决问题的财务智慧将促使读者通过叙事挖掘得出不同的结论。第六，这是一个吸引人的故事，而深度挖掘将揭示其引人入胜之处。因此，加特纳认为，该故事提供了充足的素材供学者们探讨，可能会由此产生一些有关创业本质的敏锐洞见。

后续的 6 篇文章以艾伦（Allen）（2007）为基础，运用叙事的研究方法与设计从不同的角度对这一创业故事进行分析。例如，弗莱彻（Fletcher，2007）指出，尽管真正参与创业学习与教育的人都能意识到好故事的重要影响，关于创业的个人故事或描述颇受欢迎，并激励读者亲自尝试创业，但创业研究中的叙事性描述常常因为其轶事性及表述上的个人性而受到质疑。针对这一情况，他尝试基于艾伦的玩具店故事阐释叙事型调查对创业研究的重要意义。他认为创业叙事研究中非常重要的一点是要考虑与叙事相关的各种关系以及核心创业者与其他角色如何实现创业活动的互动协调。跳出故事讲述者的局限，分析社会经济生活中其他无关者对叙事的理解与意义阐释同样具有重要意义。在叙事分析的过程中，微小创业故事得到"延伸"（stretch away），转换成超越叙事者本身的经济社会关系，这些关系把与故事无关的人"吸纳"（pull in）并链接起来，从而促使我们更好地理解创业过程。叙事分析促使叙事性调查超越创业是"什么"或"如何"的问题，有助于我们从理论上回答"为什么"创业过程能超越不同的文化与情境得到拓展与延伸。

约尔特（Hjorth, 2007）认为，语言与后现代转向下的叙事分析强调研究中的语言和表达问题，有助于我们从实践者的概念与经历中界定、获取更具有实践性的知识，叙事可以看成惯例及反思的仓库。基于创业研究焦点从个体到过程、从是什么到如何形成的转换，叙事视角可以帮助创业过程学习者与研究者更好地把握这些过程中具有娱乐性与戏剧性的因素。由于主流研究聚焦经济与管理方面的因素，所以这些因素基本上被边缘化或忽略了，但对这些因素的理解能促使我们更好地理解创业过程。他建议在创业研究中运用系谱学叙事分析方法，这一方法能促使我们通过上下游分析理解叙事现有情境的形成过程，从而对叙事及其转化而成的叙事进行多视角解读。与其他研究者不同，阿尔（Ahl, 2007）从后结构女性主义视角对艾伦的创业叙事进行分析，认为该案例复制了具有歧视性的性别关系。在创业教育和培训中运用这类案例可能会让学习者获得实际启发，但也会让他们对创业及过程产生诸多具有性别歧视的观点，尤其会促使女性认为自身在创业中无足轻重。为了在创业教育中趋利避害地运用此类案例，阿尔提出了三条补充性策略：一是要在教学案例的选择上考虑性别平衡，至少每个故事中都包含相应的女性主角，并在语言上避免性别歧视性语言；二是批判地看待案例中的信息，有意地采用那些对男性创业概念提出挑战、肯定女性创业角色的案例；三是将叙事分析的方法介绍到课堂中，教授学生们如何分析不同类型的叙事，从而引导其尽可能多地从不同角度挖掘出案例中蕴含的经验与教训，能够批判地对案例本身提出质疑，主动趋利避害。由此可见，从不同叙事视角来描述同一个故事或案例，产生不同的理论洞察，是这一专刊最重要的特色，也体现出叙事视角及方法在创业研究及创业教育中的优势。

加特纳的研究不仅描述了组织"创业叙事"专刊的初衷、目的、素材选择及成刊过程，而且在简要介绍专刊系列文章的基础上表达了作者对创业叙事研究的看法。加特纳将叙事方法简单界定为分析人们讲述的故事。他指出，专刊中的6篇文章体现出创业叙事及其分析方法的三个一般性特征。这三点既肯定了叙事作为一种研究设计路径与方法的独立地位，也指出了其局限性与情境性。专刊中的文章不仅对给定叙事的局限与情境提出了质疑，也就此进行深入的挖掘，以揭示叙事背后甚至叙事之外的各种洞见。

第一，故事本身或相关的故事总是不完整的。这是因为故事总是由某个特殊的讲述者出于特殊的目的，在特殊的情境中讲给特定的听众，当我们用不同的叙事方法对其进行分析时，便可以就所讲或未讲的内容得到各种各样的观点。创业叙事的情境使之与社会、经济、政治、哲学、人际或内心因素联系在一起，使得故事远远超越讲述者的视角及故事本身。在一定程度上讲，叙事的情境性与延伸性体现了创业及创业过程的情境性与延伸性。

第二，故事总是在其他故事或观点的情境中得以讲述，即存在"更大的声音"。这些"更大的声音"与故事相关，由读者或听众自己带进来，而用叙事方法对这些声音进行援引分析颇具价值。这些声音促使我们了解创业性质中更深层次的机理与战略。正如约尔特（2007）所指出的，对创业而言，组织创造中的艺术、政治、伦理及美感是最核心的内容。叙事方法让我们不仅更好地理解创业的性质，也更好地理解人性。

第三，叙事分析应该具备必须满足其需求的认识论、理论与方法，若能如此，叙事分析将在创业研究中发挥越来越重要的作用。与量化研究相比，创业叙事研究缺乏容易上手的方法、术语及引证文献，因此在文章发表方面存在竞争劣势，进一步发展受限。但是，叙事的聚焦点并不在于其与范式方法、逻辑方法相比的相对价值或优势，而是提供了一个了解世界现实的综合方式，在本体论上具有完整性。加特纳呼吁应该对创业叙事研究给予更多的关注，叙事模式对于深度理解创业现象不可或缺，对叙事方法的应用与相关发表都应该有所增加。

6篇文章在撰写时均存在一定的"虚构"空间，鉴于"给定的"（given）事实信息存在不明之处，作者往往倾向于提供自身"制造的"（made）事实信息作为补充。由此不难推测，创业者等个体的"想象"在叙事的产生、转述以及阐释过程中起到了不可忽略的作用，这也正是加特纳将创业叙事视为"想象的科学"的主要原因。这一说法暗含着创业叙事可能实现的独特学术贡献：创业者可以在叙事中加入主观的想法与情感，而研究者可以基于事实与合理的想象对叙事进行多角度阐释，以尽可能接近创业的本质；创业叙事不仅回顾、总结过去，而且提出对世界状况的可能假设，即未来看起来会如何行动。部分研究者可能会就此提出质疑，并担心叙事方法可能会将规范的学术范式带入"一切知识皆为虚构"的困境中。对此，加特纳指出，我们不必在范式方法与叙事方法之间进行博弈斗争，而是应该认识二者内在的相似之处，即二者均可以用于知识的获取。以专刊中的文章为例，这些文章不仅从叙事中探究了创业者如何生成、修改他们各自对未来的愿景，而且作者也生成、修改其他关于未来的愿景。这些文章中运用的技术十分微妙，但这一技术对于理解想象如何起作用至关重要。叙事方法使得当前创业研究中的张力浮现出来，从叙事角度进行创业研究可能会成为想象科学的起源。加特纳还认为，聚焦创业叙事将为叙事研究、基于规范逻辑科学的创业研究乃至整个学术界做出特殊的贡献。

加特纳在结论部分提到，他原以为学术界存在"故事赤字"，因为尽管我们周围存在各种各样由创业者讲述的或与创业者相关的故事，但创业研究界似乎对这些故事缺乏认识与探讨。其实，从专刊文章基于同一叙事阐发的系列挖掘来看，真正不足的是对创业叙事讲述过程的阐释。因此，加特纳希望这期专刊能鼓励更多的学者从事叙事研究，从而逐渐克服这类文章在发表方面的困境。他最后指出，叙事使得研究者和实践者可以"回述"（tell back）创业故事，"回述"的过程呈现出我们用以探讨创业的模式。在专刊系列文章中，艾伦被以较为复杂的方式、从不同视角回述：或被视为拼凑创业者，或被置于读者与叙述者的相互关系中，或与莎士比亚笔下的埃古叙事相配合，或被看成歧视女性者。通过这样的回述，研究者们基于叙事重新描述创业及其过程。

叙事方法不仅揭示我们目前用以探讨创业的模式，而且为我们探讨创业想象提供了新的方法。如图12-11所示，2007年在一定程度上可以看成创业叙事的分水岭，2006年及以前，有关创业叙事的文章数量很少，并且大多是提及叙事的概念或以叙事为辅助性研究材料，而自2008年起，相关文章数量总体上呈稳定的快速增长趋势，并且越来越聚焦于创业叙事本身。不难推测，这一趋势直接或间接受到创业叙事专刊的影响。

金·索因和托拜厄斯·斯凯特：如何运用叙事方法开展跨文化研究

《创业学杂志》2007年的相关专刊将创业叙事正式带入创业学者们的视野，对于创业叙事研究具有开创性意义，但加特纳及专刊中的各位学者并未从方法的视角介绍如何开展叙事研究。事实上，据我们查证，几乎没有文献专门介绍如何运用叙事的方法开展创业研究，但少量学者尝试在更广泛的组织研究范围内对叙事主义设计及方法进行介绍，这些文献可以对创业叙事研究带来直接启示。2006年，金·索因（Kim Soin）和托比亚斯·舍伊特（Tobias Scheytt）在《组织研究方法》上发表了《跨文化组织研究中的叙事方法》一文，虽然将研究领域限定在跨文化研究，但其中有关叙事方法的介绍对于创业研究及其他组织研究均有重要启示。

索因和斯凯特指出，主流组织管理学中的跨文化研究倾向于探究文化对组织的意义和影响，却少有研究关注相应的跨文化研究方法，因此，他们从方法论角度出发，主张应用叙事方法（narrative methods），尤其是故事阐释（stories），为研究组织中的跨文化现象提供了新的思路。他们认为，作为民族志研究的关键部分，叙事方法有助于更好地挖掘、探析组织管理情境下文化与组织生活的构建方式及二者之间的互动。叙事方法在历史学、人类学、心理学和社会学等人文社会科学中已经得到成功的应用，为研究者提供了一种刻画、理解特定情境及特定事件意义的重要途径。这一方法对组织管理研究，尤其是跨文化管理研究同样至关重要。首先，叙事方法有助于探索跨文化背景下组织实践与文化之间的关系。基于来自不同国家、不同组织管理者的差异化叙事，可以获取丰富的文化信息，从而进行组织管理情境下的跨文化分析。其次，叙事方法可从多个层次、多个角度阐述与组织相关的文化现象。以该方法为基础，文化规则的认同与违背都将在叙事中得到体现，因此能让我们更清楚地了解文化的潜在影响。最后，叙事方法能在跨文化研究中反映、挖掘叙述者的情感和态度，有利于理解、阐释情境中的互动。因此，从跨文化角度来看，叙事方法在跨文化组织管理研究中具有良好的适用性。

在诸多的叙事类型中，两位学者重点聚焦了故事阐释型叙事。当我们试图解释不同的文化现象时，主要通过故事或其他类型的叙述方式来获取信息，这些故事以不同的方式呈现，如电影、小说或报纸新闻等。同样，在一个组织中，个人在讲述、倾听故事或在随后的行动过程中，都嵌入了他们对组织内外部现象的理解及解释。同时，故事对组织文化的形成和演变也会产生影响，在文化意义构建中扮演着重要的角色（Gabriel，2000）。然而，虽然一些典型故事具有普遍性，但由于组织的独特性，各个组织的故事大不相同。组织的独特性是外部因素和内部因素共同作用的结果，这也意味着叙事可以链接组织的内外部因素。从认知的角度来看，促使组织具有独特性的，正是组织内部的意义构建过程，特别是个人将意义归因于组织内部或外部特定事件及因素的方式。显然，个体的故事阐释不仅在这个过程中扮演着重要的角色，也是该过程的重要结果。因此，我们很有必要将叙事研究方法，尤其是故事阐释运用到跨文化组织研究及更广泛的组织管理研究中。

相比于单纯的讲述，叙事者在讲故事时不仅仅呈现事实或信息，也会在此基础上进一步表达自我观点及情感，从而有助于研究者更好地了解叙事者为文化与相关事件所赋予的意义。因此，故事阐释作为一种特殊的叙事形式，将个人、社会事件以及组织联系起来，反映了组织中不同群体的想法以及不同文化对个人的影响，是探索组织意义构建模式的有效基础。而对研究者而言，使用叙事方法的定性研究能将研究者自身置于人物、故事和组织之间，并将人的情感和组织环境纳入研究范围，从而区别于传统的定性或定量研究。收集故事的方法有很多种，如组织中的一些正式场合（会议等）或非正式场合（聚会等）、组织报告、采访等；也可以将一个故事转移到另一个不同的文化背景中，由第三方进行阐释。此外，对故事的分析也可以借鉴多种方法，如话语分析、会话分析、符号学分析及解构等。

故事阐释型叙事方法主要有三个特点。第一，在跨文化研究中，故事可以反映叙述者如何阐述自己的文化，从而呈现相关文化背景下，人们对某一事件的不同阐释。由此可见，故事阐释是充满情感和象征意义的叙述，能够丰富、增强并赋予事实意义。第二，故事阐释能够揭示潜在文化现象，即规则、规范和价值观的另一面，这在跨文化研究中特别有价值。为了凸显故事的价值性，叙述者除了讲述在文化规范下的合理行为，同样也会讲述违反文化规范的行为，从而更全面地反映文化差异。因此，故事叙事方法能揭示叙述者阐述、遵守、打破规则的行为。第三，故事阐释型叙事方法关注到了不同的文化语境。从这个意义上讲，故事阐释让我们通过研究叙事者如何在真实情况下使用不同概念，来探索背后的文化意义。由此可见，故事阐释型叙事方法强调了真实社会背景下，叙事者对事件进行诠释和理解的过程。

为进一步阐明故事阐释型叙事方法在跨文化组织研究中的应用，两位学者对几个典型研究进行了回顾。比如，格兰丝（Glanz，1933）特别强调了故事阐释型叙事在组织培训中的重要性。他认为在职员工向新员工讲述的故事比组织内的正式培训更有效果，这表明故事可以传达更为广泛、更真实的组织生活，对跨文化研究及其他组织管理研究具有重要的作用。因此，这种方法的潜在优势在于，在组织的意义构建模式下，故事可以作为探索、识别和概念化文化印记的第一步。阿伦斯（Ahrens，1996，1997，1999）运用故事阐释型叙事方法对德国与英国的会计和管理控制实践案例进行了一系列的研究，进一步证明了该方法在管理研究中的有效性。阿伦斯将两国啤酒公司相关的文件、采访，以及正式和非正式的会议记录作为研究对象，将这些叙事作为故事，并向其他国家公司的经理转述这些故事，进而询问他们的判断和经验。研究发现了英德两国管理文化方面的诸多差异，例如，英国人更注重业绩目标，而德国人更强调业务流程的完整性。这一系列研究表明，当一个文化群体的日常管理实践案例被引入另一个有相似实践但文化不同的情境时，使用故事阐释型叙事方法进行相关研究的优势显而易见。

两位学者也指出故事阐释型叙事方法存在一些局限性。例如，在关注故事时，研究者可能忽视其他揭示组织文化与价值的资料。因此，在研究过程中，应将故事阐释型叙事方法与其他方法相结合。这样，叙事方法尤其是故事阐释型叙事方法将从两方面扩展传统跨文化组织管理研究方法：不仅为研究和解释形成特定情况的文化因素提供了基础，还为揭示故事所反映的组织共同理念以及这些理念如何在管理实践中发挥作用提供了基础。

尽管索因和斯凯特在研究情境中聚焦跨文化研究，在叙事类别上主要关注故事这一特殊的叙事形式，但他们的观点不仅为我们探索跨文化背景下的管理实践与文化之间的关系提供了新思路，也能为更广泛的组织管理研究及更多类型的叙事研究带来启示。从文化情境延伸开来，叙事方法将不同的叙事者放在与其相适应的语境与组织管理情境下，充分考虑到了叙事者在相应环境中所经历事件的具体情况。在研究过程中，不同背景的叙事者对相同事件的描述过程包含了丰富的文化内涵、情感和象征意义，有利于推动跨情境的组织现象分析。以创业叙事为例，两位学者的观点不仅可以直接应用到跨文化创业研究中，也能引导我们深入理解不同情境下的创业故事及其他叙事,并透过叙事本身去探析创业过程的本质。

此外,索因和斯凯特也指出,尽管叙事方法与组织管理中传统的实证主义、定量导向方法存在差异,但也与这些传统方法之间存在着互补关系,而不仅仅是不同,更不是替代关系。这对创业叙事研究及其他组织叙事研究的方法体系构建与应用具有重要启示。未来的组织叙事研究可以将叙事方法与其他组织管理研究方法结合起来,通过多种方法融合增强、丰富组织及组织现象的内在结构,从而深入探究现象背后的过程与机理。

拉古·加鲁德和安东尼奥·帕科·朱利亚尼:基于叙事视角的创业机会来源研究

如加特纳及专刊中各位学者在文章中的显性或隐性表示,叙事作为创业研究中相对较新、较边缘的研究方面,既呈现出独特的解释能力与发展潜力,又因叙事视角及方法根源于语言学,且与传播学、心理学、社会学等学科息息相关,而在认识论上学者们难以达成统一的意见,在方法上存在跨学科应用的障碍,难以构成体系。因而在理论上则急需在打破学科壁垒的基础上实现初步的理论构建,显然,这三方面都绝非易事。尽管如此,加特纳等学者的观点及专刊的问世直接推动了叙事分析在创业研究中的运用。现在距"创业叙事"专刊推出已有15年之久,在这期间,创业叙事研究的发展潜力得到了较好的展现,已有研究分别聚焦不同的关键创业行为或要素,在描述、刻画各种特定创业叙事的基础上,剖析语言在创业过程中的作用。

与其他创业研究情境相比,叙事主义可能在机会情境下更贴近现实。在机会情境中,创业者的设想、构思、计划等主观因素必须与市场、技术、竞争格局等客观存在的外生因素实现有机融合,而语言、叙事和故事表达为这种融合提供了直接而有效的途径。针对创业机会的发现(Shane, 2012)与创造(Lachmann, 1986)之争(Alvarez, Barney, 2007),拉古·加鲁德和安东尼奥·帕科·朱利亚尼(Antonio Paco Giuliani)于2013年在《管理学评论》上发表了《叙事主义视角下的创业机会》一文,基于行动者网络理论(Callon, 1986;Latour, 2005)提出创业机会的"叙事视角",指出发现和创造都是创业机会的组成部分。该视角诉诸关联本体论(relational ontology),认为创业过程中的人、事、物并非既有设置,而是通过行动与互动(actions and interactions)形成、涌现的,这个关联过程涉及人和物的持续互动;同时,从时序上看,叙事视角将过去、现在及未来交织在一起,而关联空间与时序之间的互动则催生了意义建构(meaning making)。因此,叙事视角下的创业主体以及创业机会均具有分布及涌现(distributed and emergent)两种状态,发现与创造也因而在动态的创业过程中并存。

两位学者从关联、时序及意义建构三个维度对创业机会进行了叙事性阐释。叙事视角的关联维度将发现与创造融为一体:传统的发现观认为机会是外置存在的(Shane, 2012),有待警觉创业者把握(Kirzner, 1997),即存在给定的外部情境(context);创造观认为机会是通过创造性想象(Lachman, 1986)或手段导向(Sarasvathy, 2001)等过程在内部产生的,作为机会源泉的创造力具有特殊的"潜在意义"(subtext)——二者实际上并不矛盾,具有"潜在意义"的创业灵感总是在一定的文化"语境"(context)中得以表达出来,而"潜在意义"与"语境"的结合产生了创业叙事"文本"(texts)。关联性的存在说明创业机会涌现于社会性及物质性创业要素的结合与互动,印证了发现与创造的共存状况:创造同时也是发现,反之亦然;创业者总是通过发现现有的想法以创造新的想法;又或者,他们创造性地提出新想法,进而发现各种可能。但叙事视角与发现及创造视角存在本质的不同:发现视角认为"情境"或"语境"是给定的或既有设置的,创造视角特别强调"潜在意义"作为机会之源的重要性,而叙事视角将文本、语境及潜在意义均视为机会的组成要素。语境很重要,因为它构成"潜在意义"发挥作用、产生文本的基础,而文本是创业过程中的特定语言表现,三者随着创业过程的推进不断互动、转化。

叙事视角的时序维度进一步推动了发现与创造的融合。创业叙事具有跨时间性,不仅可以描述或构想特定时间点上发生的事情(Boje,2008),而且可以回顾、解读过去发生的事情(Weick,1995),还可以通过展望未来预测创业进程或走向。这种时序上的延伸对于创业机会具有重要意义。一方面,任何创业机会都不是完全成熟、只待实施的,都需要通过时间与努力实现从概念到现实的转化,而这个非线性的动态过程要求创业者必须在观察现状的同时不断回顾和展望,显然这个过程同时关涉发现与创造。另一方面,由于叙事意味着在时序上过去、现在及未来的交融,因此,基于创业叙事,创业者关于未来机会的创造性想象会对其过去的发现加以塑造,而反过来,他们关于过去发现的描述也会塑造其对未来的创造性想象。简言之,创业者如何看待过去有可能改变他们针对未来构想的机会。从这个维度来看,发现与创造之间的界限进一步模糊化。

最后,从意义建构维度来看,创业叙事在关联与时序维度上的互动催生了意义,即可以阐释甚至赋予创业机会相应的价值。创业者通过叙事对社会性、物质性创业元素及其互动进行描述,将过去、现在及未来的情况糅合成叙事,这一意义构建的过程实际上对创业机会进行了界定。讲述创业故事可以将普通的日常经历转化成有意义的故事,而讲故事的创业者们不是在接受或否定现实,而是通过意义建构不断地塑造现实。这种意义建构不是客观给定的,也不是主观构想的,而是一个持续的关联过程,反复存在于人与事的动态互动过程中,而创业者基于对过去经验的回顾以及对未来状况的预测,从各自的优势角度不断形成自身独特的叙事。

加鲁德和朱利亚尼指出,创业叙事视角下的关联、时序及意义建构这三个维度将创业机会的发现与创造视角融合为一体。他们聚焦的三个维度不仅将创业叙事视角进一步细化,更清晰地阐释、呈现出这一视角与传统视角相比的独特之处,而且通过提炼其中的要素引导我们从叙事这一全新的角度去观察、解读创业机会。这篇文章一再强调创业活动中有关创业机会的发现与创造的有机融合,这促使我们清晰地认识到叙事视角不仅可以运用到创业研究中,而且能跨越时空将创业者的主观因素与外部情境中的客观因素有机融合在一起,是进一步理解创业机会及其他关键创业活动乃至整个创业过程的可行途径。

创业领域叙事方法的未来趋势

创业叙事研究改变了实证主义仅把语言当成研究工具的传统,转而关注创业过程中语言叙事本身及其使用,变革性地为创业研究提供了新的理论视角与研究方法。结合已有创业叙事研究可以发现,其对创业研究的贡献主要体现在两个方面。

一是作为理论视角的叙事研究关注并强调创业者个体及团队的故事性讲述及创业过程中关键的文本资料,不仅改变了以往研究对语言元素本身的忽略,通过深度的语言分析从内容与主题上丰富了创业研究,而且借用语言这一运用广泛、普适的多元化因素将表层创业行为或现象与深层的创业者认知、情绪、逻辑等关键创业要素结合起来,从而为创业研究开辟了新的探索与挖掘空间。与此同时,创业叙事强调的还原主义能从多维度的视角丰富创业情境下的研究，并基于此贡献独特的创业理论。谢泼德（2015）强调通过分析各种元素之间的相互作用来理解创业机会，认为包含个人经验、创业理念等因素的创业者内在认知（精神）与包含创业行为、质询性群体等因素的创业过程（世界）是后续研究理解创业机会的关键之处。创业叙事正是联系精神与世界的桥梁，不仅创业者及相关行动者通过话语进行积极互动，推动创业机会的识别与把握，而且我们往往是通过这些话语观察、捕捉、理解创业者与创业行为及过程的。

二是作为研究方法的叙事分析强调对创业过程中语料文本的直接观察与剖析，并将语言本身作为直接的研究对象，不仅弥补了实证主义传统对创业中语言性要素的忽略，能为现有研究方法尤其是深度案例研究提供有力的补充，而且可以作为相对独立的跨学科研究方法深入探索与挖掘相关研究主题尤其是难以直接观察或量化测度的主题。鉴于创业个体、创业机会、创业行为与过程的高度复杂性，尽管已有研究尤其是量化实证研究通过运用有效的量化数据普适性地得出大量因果性发现与结论，但其局限性也逐渐凸显出来，如测度偏差严重、研究结果深受测度方式影响、难以深入剖析深层复杂研究主题等，而已有制度创业叙事研究以及创业失败叙事研究（Byrne, Shepherd, 2015; Wolfe, Shepherd, 2015a, 2015b）充分说明，这正是叙事研究的优势所在。特别值得注意的是，随着AI及大数据的兴起，基于词频、词语搭配等语言文本分析的语料库分析被广泛应用到包括组织管理研究在内的人文社会科学研究中，这些分析方法也可以成为叙事分析的重要手段。

然而，必须指出的是，尽管创业叙事研究已经取得了较为重要的进展，但依然存在较多的不完善之处，这为后续研究提供了发展方向与空间。

第一，从理论视角来看，尽管创业叙事是从语言视角来探讨创业行为、过程及绩效相关的问题的，具有很强的跨学科性质，但现阶段的研究对叙事或话语视角的运用大多停留在理念性层面，对语言文本的关注缺乏深度，理论上的跨学科融合不够，未能充分发挥语言学基础理论的优势。基于此，未来的创业叙事研究应当在平衡叙事文本与创业情境关注度的基础上，真正把叙事文本本身当成研究对象，关注叙事的本质特征及其前因后果，并通过融合已有创业研究成果与相关的语言学理论（如系统功能语言学、言语行为理论、符号学等），使文本分析与所聚焦的创业问题紧密、有机结合，这是利用跨学科视角实现理论突破、构建新理论并逐步形成独特理论体系的必经之路。

第二，从研究方法来看，尽管叙事分析有力地提升了创业研究尤其是复杂研究主题的探讨空间，但已有研究尚未充分发掘其潜力，对语言分析停留在表层，且与语言分析技术结合不够，主观性较强，研究发现普适性容易受到质疑，因而在方法上缺乏独立性。AI及大数据的兴起无疑为叙事分析方法的发展和完善提供了良好的契机，相关技术的发展促使大规模创业叙事语料库的构建、分析与挖掘变得更为便捷、准确、高效，也为质性和量化叙事分析的融合奠定了基础。后续的创业叙事研究可以遵循其发展路径，一方面运用规范的语言分析技术进行文本分析，以普遍认可的标准方法对语言进行深入、细致、有层次的分析，改善主观性过强的问题；另一方面要在保持自身独立性的同时积极与其他成熟研究方法（如实证主义下的定量、定性研究方法）结合，以提高研究的规范性。此外，基于跨学科特征及叙事研究的性质，未来研究可以更广泛地运用跨学科的方法来提高数据收集效率及研究的信度和效度。

第三，从研究主题来看，已有创业叙事研究依然局限在较少的研究问题上，具有极大的拓展与深化空间。就主题拓展而言，未来研究不仅可以通过叙事分析更多与语言密切相关的重要创业行为（如创业网络构建、新产品市场开拓、创业融资等），还可以围绕创业叙事这一中心，就其前端影响因素及后端作用机制进行探讨。就主题深化而言，未来研究可以在系统刻画创业叙事本质性特征的基础上，深入分析其前因后果机制的中介与边界条件，并结合心理学、认知科学、脑科学等对叙事背后的创业者认知进行深层次分析。

◆ 参考文献

Ahl, H., 2007, "Sex business in the toy store: a narrative analysis of a teaching case", *Journal of Business Venturing*, Vol. 22, No. 5: 673-693.

Ahrens, T., 1996, "Styles of accountability", *Accounting, Organizations and Society*, Vol. 21, No. 2-3: 139-173.

Ahrens, T., 1997, "Talking accounting: an ethnography of management knowledge in German and British brewers", *Accounting, Organizations and Society*, Vol. 7, No. 22: 617-637.

Ahrens, T., 1999, *Management Accounting Practices in Britain and Germany*, Amsterdam: Harwood.

Ahrens, T., and Chapman, C., 2000, "Occupational identity of management accountants in Britain and Germany", *European Accounting Review*, Vol. 9, No. 4: 477-498.

Allen, T., 2007, "A toy store(y)", *Journal of Business Venturing*, Vol. 22, No. 5: 628-636.

Boje, D.M., 2008, *Storytelling Organizations*, London: Sage.

Byrne, O., and Shepherd, D.A., 2015, "Different strokes for different folks: entrepreneurial narratives of emotion, cognition, and making sense of business failure", *Entrepreneurship Theory and Practice*, Vol. 39, No. 2: 375-405.

Callon, M., 1986, "The sociology of an actor-network: the case of the electric vehicle", In M. Callon, J. Law, and A. Rip (Eds.), *Mapping the Dynamics of Science and Technology*, London: Macmillan: 19-34.

Fletcher, D., 2007, "'Toy Story:' The narrative world of entrepreneurship and the creation of interpretive communities", *Journal of Business Venturing*, Vol. 22, No. 5: 649-672.

Gabriel, Y., 2000, *Storytelling in Organizations: Facts, Fictions and Fantasies*, Oxford, UK: Oxford University Press.

Gartner, B.W., 2007, "Entrepreneurial narrative and a science of the imagination", *Journal of Business Venturing*, Vol. 22, No. 5: 613-627.

Glanz, J., 1993, *Bureaucracy and Professionalization*, State College: Pennsylvania State University Press.

Hjorth, D., 2007, "Lessons from Iago: narrating the event of entrepreneurship", *Journal of Business Venturing*, Vol. 22, No. 5: 712-732.

Kirzner, I., 1997, "Entrepreneurial discovery and the competitive market process: an Austrian approach", *Journal of Economic Literature*, Vol. 35, No. 1: 60-85.

Lachmann, L.M., 1986, *The Market as an Economic Process*, New York: Blackwell.

Latour, B., 2005, *Reassembling the Social: An Introduction to Actor-network-theory*, Oxford: Oxford University Press.

Pitt, M., 1998, "A Tale of Two Gladiators: 'reading' entrepreneurs as texts", *Organization Studies*, Vol. 19, No. 3: 387-414.

Sarasvathy, S., 2001, "Causation and effectuation: toward a theoretical shift from economic inevitability to entrepreneurial contingency", *Academy of Management Review*, Vol. 26, No. 2: 243-263.

Shane, S., 2012, "Reflections on the 2010 AMR decade award: delivering on the promise of entrepreneurship as a field of research", *Academy of Management Review*, Vol. 37, No. 1: 10-20.

Shepherd, D.A., 2015, "Party On! A call for entrepreneurship research that is more interactive, activity based, cognitively hot, compassionate, and prosocial", *Journal of Business Venturing*, Vol. 30, No. 4: 489-507.

Soin, K. Scheytt T., 2006, "Making the case for narrative methods in cross-cultural organizational research", *Organizational Research Methods*, Vol. 9, No. 1: 55-77.

Weick, K., 1995, *Sensemaking in Organizations*, Thousand Oaks, CA: Sage.

Wolfe, M.T., and Shepherd D.A., 2015b, "What do you have to say about that? Performance events and narratives' positive and negative emotional content", *Entrepreneurship Theory and Practice*, Vol. 39, No. 4: 895-925.

Wolfe, M.T., and Shepherd, D.A., 2015a, "'Bouncing back' from a loss: entrepreneurial orientation, emotions, and failure narratives", *Entrepreneurship Theory and Practice*, Vol. 39, No. 3: 675-700.

▣ 文献推荐

Gartner, B.W., 2007, "Entrepreneurial narrative and a science of the imagination", *Journal of Business Venturing*, Vol. 22, No. 5: 613-627.

Garud, R., Giuliani, A.P., 2013, "A narrative perspective on entrepreneurial opportunities", *Academy of Management Review*, Vol. 38, No. 1: 157-160.

Soin, K., Scheytt, T., 2006, "Making the case for narrative methods in cross-cultural organizational research", *Organizational Research Methods*, Vol. 9, No. 1: 55-77.

◉ 代表性学者

威廉姆·加特纳（William Gartner）

1982年在华盛顿大学取得战略管理博士学位，现任百森商学院创业学杰出教授。他是创业研究的先驱和开拓者之一，迄今为止发表了上百篇创业研究相关的论文，他是国际性合作研究项目"创业研究动态跟踪项目"的重要发起人和实施人之一，鉴于他在创业领域所做出的杰出贡献，瑞典小企业研究基金会于2005年授予他全球创业与小企业研究杰出贡献奖。E-mail：wgartner@babson.edu。

安东尼奥·帕科·朱利亚尼（Antonio Paco Giuliani）

博洛尼亚大学商学院创业学教授，曾任职于美国伊利诺伊大学芝加哥分校、宾州州立大学、还曾担任贝恩公司的战略顾问。他致力于研究新企业的构成与形成,在《管理学评论》《政策研究》《美国管理学会展望》等期刊上发表过多篇论文。他积极从事创投实践,担任美国、欧洲新创企业顾问及董事会成员。E-mail:agiulia2@uic.edu。

拉古·加鲁德(Raghu Garud)

宾夕法尼亚州立大学管理与组织教授,也是法雷尔公司创新与创业中心的研究主任。他在明尼苏达大学获得战略管理与组织博士学位。他的研究探讨新奇事物的出现和采用,具体来说,他感兴趣的是理解新思想是如何出现、如何被重视,以及如何被制度化的。曾任《管理研究杂志》和《组织研究》联合编辑,现任《创业学杂志》编委会成员。E-mail:rgarud@psu.edu。

如何利用内容分析法开展创业研究

◎ 吴茂英　◎ 张镁琦

浙江大学管理学院

创业研究的重心经历了从创业者特质到创业过程和行为，再到创业认知与决策的转移。面对蓬勃发展的创业认知与决策研究（Wadhwani, et al., 2020），越来越多的学者将目光转向一系列企业叙事，如年报、新闻稿、愿景陈述和访谈文本等，认为其背后蕴含了创业者或其他高层管理者的信念、情绪、价值观、意识形态和心智模型，有助于深入挖掘创业与管理活动的认知行为与决策机制（Morris, 1994；Nicholson, Anderson, 2005；Short, Palmer, 2008）。而内容分析法（content analysis）则是分析此类讯息（主要是文本材料）的重要研究工具。

内容分析法最早被定义为"一种对显性传播内容进行客观的、系统的、定量的描述的研究方法"（Berelson, 1952）。这种形式的内容分析法着重记录词语出现的频次，致力于以科学客观的方式揭示文本或其他符号材料的显性内容，是一种量化的讯息分析工具（Neuendorf, 2020）。例如，在早期的管理研究中，鲍曼（1982）以公司年报作为数据来源，通过记录其中描述的公司收购数量、专门讨论未决诉讼的脚注行数、总裁信中使用单词"new"的数量，考查低利润企业的风险倾向。然而，这种量化的内容分析法也受到质疑，批评者认为频率计数导向可能会掩盖某些讯息的强度和重要性，且无法反映背后的隐性信息。因此，在后续的研究中，内容分析法进一步发展，被用于确定文本蕴含的主题模式，即将文本反映的主题（theme）归入不同的名义类目（nominal categories）（Marino, et al., 1989）。这种更偏"质化"的内容分析法在早期的创业研究中也有所应用，例如 Sandberg 等学者（1989）对创业者口语报告（verbal protocols）的转录文本进行编码，将其中的"思想单元"分配到不同主题类目中，最终得到了初步的创业者决策过程模式。

⊖ 本文是国家自然科学基金重点项目"新创企业商业模式形成与成长路径"（71732004）、青年项目"市场创新信号对新企业竞争行动的影响机理研究"（71902065）和"风险投资与创业企业的互动过程及对创新的影响机制研究"（72002196）资助的阶段性成果。

需要说明的是，我们不讨论内容分析法的量化与质化研究的争论○，事实上，"量化与质化研究之间的分隔界限非常细微……即使是最为惊喜的量化研究仍依赖于自然语言，而众多质化研究也包含一些量化信息"（转引自 Neuendorf, 2020）。但回溯历史，我们至少可以从内容分析法的演变过程和创业研究对其的早期应用中看出，内容分析法可以被灵活地运用，研究者不仅可以通过挖掘词汇运用的特点来分析特定的问题，还可以通过更加精微的编码分析探究讯息背后的认知与思维模式。

目前，创业研究对内容分析法的应用不断演化，呈现以下发展特征。就分析技术而言，在人工编码之外，计算机辅助文本分析（computer-aided text analysis，CATA）不断发展，它可以帮助研究人员快速而准确地对大样本数据进行多功能分析。目前，CATA 可以和自然语言处理（natural language processing）结合，解决情绪、组织文化等复杂构念的测量问题，而支持其实现的重要文本特征提取技术是"词袋模型"（bag of words）。词袋模型在假设文字顺序不影响信息传递质量的前提下，将大量文本内容简化为一个以不同文字为行、文字频数为列的矩阵。它能快速对文本信息进行检索、分类和计数，有助于进行包括情感分析在内的其他复杂分析。就数据来源而言，除了正式的书面文本，内容分析法在近年来还被应用于分析企业社交媒体、纪录片短片等多元讯息材料。就研究议题而言，内容分析法被更广泛地应用于创业研究的不同议题，如创业者的机会决策、快速成长企业的特征、企业社会责任和创业合法性等。不过正如上文所言，认知与决策议题是创业研究应用内容分析的主要领域。

为了更好地梳理"如何利用内容分析法开展创业研究"，我们首先介绍迪里奥等学者对内容分析法应用于管理研究的综述，以全面、系统地展示内容分析法的应用蓝图。接着，以马赛厄斯和拉弗兰奇尼等学者的研究为例，示范内容分析法如何具体应用于归纳式或演绎式的创业研究设计。

文森特·迪里奥等学者：管理研究如何运用内容分析法

2007 年，文森特·迪里奥（Vincent Duriau）、伦达·雷格（Rhonda Reger）和迈克尔·普法雷尔（Michael Pfarrer）在《组织研究方法》上发表了《对组织研究中内容分析文献的内容分析：研究主题、数据来源和方法改进》一文，对管理研究中内容分析的运用进行回顾与展望。尽管这篇综述的文献来源并不局限于创业研究而是立足于范围更广的管理研究，但是方法运用的原理本质相同，该文章仍对"如何利用内容分析法开展创业研究"有所启发。

迪里奥等学者接受了夏皮罗和马尔可夫（Shapiro, Markoff, 1997）对内容分析法的定义，他们认为内容分析是"任何出于社会科学目的的对文本或其他符号材料的测量方法"。在方法论上，内容分析方法运用的关键假设在于：语言对理解人类认知起到重要作用，对文本○进行分析可以让研究者了解人类的认知图式（cognitive schemas）。例如，学者们将词频视为认知中心性的指标，将词语的使用变化至少看成人们注意力的转变，也将词频共现解释为潜在概念的联系。

将内容分析法应用于管理研究，具有以下优势：①内容分析法提供了一种可复制的方法

○ Hijmans（1996）将修辞分析、叙事分析、话语分析、符号学分析和诠释分析总结为"质化内容分析法"（qualitative content analysis）。但是由于以上质性研究方法都有特定的术语、逻辑、流派和分析技术，因此本文对内容分析法的讨论不包括这类广义的"内容分析法"。

○ 这里的表述主要将"语言"视为"文本"，但实际上语言素材不仅包括文本，还包括会话、视觉材料、肢体语言等。

来研究个体或群体的深层认知结构（如价值、态度和认知等），而这些研究话题恰恰难以借助传统的定量研究方法和以财务为导向的档案数据库来讨论。②内容分析法可以被灵活地运用于演绎研究或归纳研究。学者可以在大量文本中捕捉并揭示出文本的显性信息，用以测量或进行其他分析，也可以进行更多的诠释活动，挖掘文本中的潜在内容和深层含义。③内容分析法有利于纵向研究的实施，这是由于内容分析法欢迎多数据来源的输入，其中包括历时长久、可用于比较的公司信息，如年报、行业杂志等。④内容分析法可以提供非侵入、不受研究者需求偏差影响的研究结果，不过，这一优势只适用于除访谈或问卷开放提问之外的文本。此外，内容分析法还拥有其他方法应用上的具体优势。迪里奥等学者指出，内容分析法是安全的（编码方案可修改）、节省成本的（可用于小规模研究）、可复制和扩展的（规范的分类标准有助于建立可复制的数据库）与可实现三角验证的（可以和其他方法结合）。

在介绍完内容分析的定义、方法论及其运用于管理研究的优势之后，迪里奥等学者就过往 25 年运用内容分析的管理学研究进行系统性梳理。他们使用"文本分析"（text analysis）和"内容分析"（content analysis）作为关键词，在《管理学杂志》、《管理学评论》、《管理执行学》（Academy of Management Executive）和《行政科学季刊》等顶级期刊中检索 1980～2005 年运用内容分析法的组织与管理学文章，并从其参考文献中进行扩展检索。最终，迪里奥等学者共检索到 98 篇目标文章。他们紧接着对文献进行内容分析，细致地考察其中的研究主题、数据来源、理论立场与编码分析方法。

在研究主题方面，内容分析法主要运用于战略管理与管理认知研究。战略管理学者利用内容分析法研究战略群组、印象管理、裁员、负面组织绩效、企业生存、企业口碑、战略再形成、CEO 继任等话题。特别需要强调的是，内容分析法还对部分战略管理理论的发展起到重要作用。例如，聚焦动态竞争的学者通过对行业杂志的内容分析探讨竞争反应、竞争行为、竞争技能和竞争惯性等子问题。在管理认知领域，学者们广泛地运用内容分析法研究认知与因果地图、团队心智模型和认知改变等主题。但是，利用内容分析法探讨认知问题也招致争议，批评者认为年报、演讲和行业出版物等文本是面向特定受众群体的，将它们用于推断认知地图时，可能会产生偏误。同时，通过（事后）内容分析得到的主题可能无法捕捉战略决策的实时维度（real time dimensions），而词语中心性等指标也往往无法反映战略决策者的隐藏意图。对此，迪里奥等学者梳理出三个解决以上问题的方法：①使用多来源的数据和更丰富的数据库，以尽可能认识现象的多个维度；②结合因果隐射（causal mapping）、民族志等方法进行方法层面的三角验证，以提高内容的效度；③引入诸如算法映射（mapping algorithms）、语言指标（linguistic indicators）等分析技术，以提高构念测量的精确度。

在数据来源方面，常见的材料是年报、委托书、招股说明书以及行业杂志。年报具有优于访谈和问卷调查的非侵入性特征，能较好地反映高管们的想法。因此，它常常被用于分析企业与环境的互动。不过，年报的使用也因"制定者有可能是专业的公关团队而非高管"以及"在组织行为和绩效的归因问题上出现显著偏差"而受到质疑。迪里奥等学者提醒，对年报进行内容分析，可以在此之前先了解高管与外部利益相关者的沟通策略，并重点关注年报中的非评价性表述（nonevaluative statements）。此外，正如上文所言，也可应用行业杂志研究不同行业的企业在一段时间内的竞争行为。而目前兴起的计算机辅助文本分析方法也为行业杂志的分析安上了加速引擎，配备搜索功能的大型计算机数据库大大提升了获取这类信息的速度和可靠性。除年报和行业杂志之外，学者也可根据特定的研究目的，对问卷中的开放性问题、访谈记录及其他田野调查的资料、企业内部或公开文档、愿景陈述、商业案例和转录的录影带等讯息材料进行内容分析。

在数据的收集与分析方面，迪里奥等学者梳理如下：①关于抽样，三个具体的抽样决策环节值得关注，分别是信息来源的确定、文档类型的定义和特定文本的选取。近年来，也有学者遵循理论抽样原则选择多元数据的来源。②关于编码分析，韦伯（1990）提出了创建、测试和制定编码方案（coding schemas）的八大基本步骤（见表12-3）。同时，其他更复杂的定量分析技术在不断涌现，例如对文本进行因子分析和聚类分析，将内容分析测量的变量纳入多元回归分析等。迪里奥等学者也提醒，由于内容分析法可同时运用于探索性研究和验证性研究，具体的编码与分析手段需要根据特定的研究目的来灵活使用。③关于编码结果的呈现，大多数研究会以频率计数的形式汇报词语的运用情况，但也有部分研究纯粹运用定性术语描述发现的主题类别。

表 12-3　文本编码步骤

韦伯程序（Weber, 1990）
1. 定义分析单元，例如词语、词组、句子和段落
2. 定义编码类目
3. 对文本样本进行编码测试
4. 评估样本编码的信度和精确度
5. 修订编码规则
6. 回到第3步重复编码流程，直到获得显著的信度
7. 对所有文本进行编码
8. 评估编码结果的信度和精确度

此外，迪里奥等学者提出两点方法使用的相关事项。一是内容分析法的信度与效度问题。内容分析法的信度可以通过不同编码者的共同分析来达到，即进行研究者的三角验证。而内容分析法的效度实现则涉及分析结果能否反映深层的管理结构（deep managerial structures），目前该问题仍受到争议。二是计算机辅助文本分析方法的使用话题。计算机辅助文本分析方法指的是"使用软件程序进行文本数据分析"，它代表着内容分析法的应用前沿。利用计算机辅助文本分析方法进行内容分析具有多方面优势，比如说，它允许对大数据集进行灵活的分析，能以更低的成本和更快的速度完成编码并获得可接受的信度和效度。

最后，迪里奥等学者就内容分析研究的未来发展方向，提出三点建议：①将内容分析法和民族志等其他质性研究方法结合起来，采用更丰富的概念框架对文本进行诠释，力求获得有趣而深刻的洞见。②拓宽数据来源渠道，尝试对更多不同形式的材料进行分析，如机构广告、电子邮件和企业网页等。③引入更加复杂的技术来测量和分析新的概念，比如可以借助计算机辅助文本分析方法中链接文本、备忘录和编码的软件功能（如超链接和图形工具）进行理论建构、假设检验和质性与定量研究方法的整合。

布莱克·马赛厄斯和戴维·威廉姆斯：应用内容分析法探究创业者的决策模式

布莱克·马赛厄斯（Blake Mathias）和戴维·威廉姆斯（David Williams）于2017年在《管理杂志》上发表了《角色认同对创业者机会评估与选择的影响》一文，它是归纳式创业研究对内容分析法的经典运用。在这项研究中，马赛厄斯和威廉姆斯构建了启动创业者角色认同的决策情境，并通过对决策过程中的口语报告进行内容分析，解决"角色认同的差异如何影响创业者思考与选择机会"的问题。

马赛厄斯和威廉姆斯从已有文献中提取了创业者的工作角色认同类型，分别是创业者、管理者和投资者。进一步地，他们与由6名创业者组成的专家小组就工作角色认同进行会谈，确认了以上认同类型选取的合理性与重要性。在此基础上，马赛厄斯和威廉姆斯开展后续的研究设计，具体包含以下三个重要环节。

第一，构建决策情境。马赛厄斯和威廉姆斯采用准实验方式（quasi-experiment）间接地启动创业者的角色认同。他们构建了还原创业者日常工作的决策情境（见表12-4），每一个情境对应一个角色认同。为了保证决策情境的现实性，一方面，马赛厄斯和威廉姆斯邀请了12位创业者进行预测试，并请他们对"每个情境在多大程度上反映了他们实际进行的业务决策"评分；另一方面，马赛厄斯和威廉姆斯在正式实验结束的一年之后，对参与研究的25位创业者进行追踪研究，询问他们在过去一年内所做的决策，并比对实验结果与实际情况。两者都证实了决策场景较好地贴近现实。为了保证决策情境的效度，马赛厄斯和威廉姆斯邀请了专家小组和前测参与者评估决策情境是否代表特定角色认同，以及角色场景之间是否具有较强的区分度，评分结果显示情境设计能较为准确地反映角色认同的特征，但是角色之间的差别可能并不明显；同时，他们也召集了专职管理者和投资者各6名进行测试，并将此结果与正式实验结果进行比较，发现创业者确实能像管理者（投资者）一样思考和决策。

表 12-4　决策情境设计

情境／角色	呈现给参与者的文本
情境1：投资者角色	想象一下，你目前持有一只10万美元的优质科技股。你从一位家庭成员那里获得额外的10万美元作为礼物，正在试图决定在哪里投资。你会用这额外的10万美元做什么？为什么？
情境2：创业者角色	想象一下，你的企业在过去的一年里取得了相当大的成功，你还有额外的10万美元可以投资任何东西。你会用这额外的10万美元做什么？为什么？
情境3：管理者角色	想象一下，你是 Thrifty Threads 的副总裁——这是一家位于美国和加拿大的T恤折扣店。你的公司最近运营得很好，CEO 给了你额外的1 000万美元，并要求你找到最好的方式去投资这笔钱。你会用这额外的1 000万美元做什么？为什么？

第二，收集口语报告数据。马赛厄斯和威廉姆斯邀请25位创业者参与正式实验，并采取口语报告法收集相关数据。口语报告法能让研究者"听到"参与者的实时决策战略，具有更好地理解个体决策背后的认知模式的优势。在实验开展的过程中，马赛厄斯和威廉姆斯参考成熟的口语报告法程序，每次向参与者展示一个决策情境，并要求参与者"在决定做什么时大声说出自己的想法"（Think out loud as you decide what you would do）。同时，为了控制顺序效应（order effects），他们随机化了情境展示的顺序。实验过程中的所有音频都被录制下来，并在实验结束后的几天内被转录成文字材料以待分析。

第三，开展内容分析与编码。为了进一步探索、确认与发展蕴含在不同决策情境背后的理论见解，马赛厄斯和威廉姆斯采用内容分析法对转录文本进行编码分析：①他们通读并初步分析所有转录文本，希望能从中发现不同案例（对比参与者）与情境（对比角色认同）的共性与差异。在这个过程中，他们注意到参与者之间的反应模式存在惊人的相似，但在不同的情境下，参与者自身却存在明显不同的反应模式。②他们为文本各部分指定初步的主题。例如，如果参与者回应"我喜欢安全"，那么他们就会将这句话与"风险"这个概念联系起来。在这里，被编码的文本单元可以是词组、完整句子或句子集群。③根据初步得到的主题类目，他们开始开发一个基于三种推理线路的编码方案（coding scheme）。这三种推理线路是在比对案例与情境的过程中涌现出来的，包括"参与者如何看待风险""参与者考虑的机会范围"和"参与者关注的机会类型"。④他们制定了完整的编码方案，借助创业研究和管理研究文献的概念、构念和标签对文本进行更细致的编码。该编码方案的目的在于提供普遍性的解释路径，反映参与者的共同推理路线，而非细致地描绘参与者特定想法的特殊变化。

为了保证编码结果的可靠性与可重复性，马赛厄斯和威廉姆斯进行了两组额外的分析。一方面，基于文献与转录文本，他们为编码方案中的每个构念建立词库（dictionaries），并使用这些词库分析词频、案例出现率以及推理路线与决策场景的相关性。这步分析可以确定参与者的认知决策是否因角色认同差异而有所不同，而分析结果也支持上述发现。另一方面，正如上文所言，他们对比了正式实验结果与由专职投资者或管理者进行的重复实验的结果，分析结果表明，承担管理者或投资者角色的创始人具有与专职管理者或投资者一样的反应模式。

在研究结果与汇报方面，马赛厄斯和威廉姆斯详细地阐述了主题模式及其他细节内容，并列举出相关的转录原文作为佐证。在此基础上，他们进一步凝练出了7个理论命题，这些命题高度聚焦于创始人、管理者和投资人之间在机会识别与判断法方面的差异。马赛厄斯和威廉姆斯巧妙地将准实验、口语报告法和内容分析法结合起来，揭示了创业者并不总是"像创业者一样思考"，在不同工作角色认同的影响下，他们会采取不同的评估与决策机会的方式。这篇文章在研究设计方面具有以下亮点：首先，它别出心裁地引入了准实验方法，构建了基于不同角色认同的创业者决策情境以推动后续数据收集。在这个过程中，马赛厄斯和威廉姆斯还采取了专家小组会谈、预测试、追踪研究等一系列保障措施，极大地保证了决策情境设计的现实性和可靠性，进而确保了后续口语报告数据的质量。其次，它要求创业者大声说出自己的思考过程并进行了音频记录。这种口语报告法尽可能还原了创业者决策的实时过程，弥补了传统访谈、问卷调查等方法的回忆偏差缺陷。最后，它应用内容分析法对口语报告的转录文本进行分析，遵循"通读文本–主题指定–编码方案开发"的编码步骤来挖掘创业者的决策模式。此外，他们还进行多步额外分析以保证编码结果的可靠性、有效性与可复制性。

贾科莫·拉弗兰基尼等学者：应用计算机辅助文本分析测量特定构念

贾科莫·拉弗兰基尼（Giacomo Laffranchini）、约翰·哈德吉马库（John Hadjimarcou）和金思炫（Si Hyun Kim）在《创业理论与实践》杂志上发表了《社会情感财富对家族企业抑制衰退策略的影响》一文，借助计算机辅助文本分析进行核心构念的维度测量与整合，是创业研究对演绎式内容分析法的经典运用。

这篇文章致力于解决的研究问题是，对面临衰退困境、亟须扭亏为盈的家族企业而言，不同的社会情感财富目标如何影响它们采取抑制衰退策略（decline-stemming strategies），包括进行大刀阔斧的资产削减和成本削减，以及关注销售业绩增长。社会情感财富是这篇文章的核心构念，它指的是企业满足家族或家族成员情感需求的非财务利益，譬如维持家族认同、行使家族影响力与延续家族王朝等。贝罗内等学者（2012）进一步将社会情感财富划分为五个维度，分别是家族对企业的控制与影响（family control and influence over the firm，F）、家族成员对企业的认同（family members' identification with the firm，I）、密切的社会联系（binding social ties，B）、家族成员的情感依恋（emotional attachment，E）以及通过传承来更新企业与家族之间的关系（renewal of family bonds to the firm through dynastic succession，R），被称为FIBER模型。在后续研究中，学者们却发现了使用FIBER模型的各种问题：一是部分维度之间存在重叠；二是"家族对企业的控制与影响"维度难以通过问卷测量，一些研究甚至在测量时将此维度排除在外。为了解决以上问题，拉弗兰奇尼等学者另辟蹊径，运用CATA测量FIBER模型中的各维度，并将该模型的五个维度整合到更高阶的限制性社会情感财富和扩展性社会情感财富中去。

限制性社会情感财富（restricted SEW，SEWr）指的是与家族对企业施加影响以实现高度"家庭-中心"目标有关的情感利益。拉弗兰奇尼等学者一开始认为，该维度可以涵盖FIBER模型中的"家族对企业的控制与影响"和"家族成员的情感依恋"。而扩展性社会情感财富（extended SEW，SEWe）则指的是满足不同代际的家庭成员需求和外部利益相关者需求的情感利益。拉弗兰奇尼等学者认为，剩余的"家族成员对企业的认同""密切的社会联系""通过传承来更新企业与家族之间的关系"也许可以归入这一维度。通过文献梳理和逻辑推理，拉弗兰奇尼等学者进一步提出两个研究假设：当家族企业面临危机反转情况时，限制性社会情感财富会负向地影响企业采取资产紧缩、成本紧缩和关注销售提升的抑制衰退策略；与此相反，扩展性社会情感财富会正向地影响企业采取以上抑制衰退策略。后续的研究结果也验证了这两个假设。

让我们把目光聚焦在研究设计部分。经过层层筛选，拉弗兰奇尼等学者从416家在美国主要股票市场上市的家族企业中识别出104家转危为安的企业作为研究样本。随后，他们应用计算机辅助文本分析软件DICTION进行社会情感财富的构念测量与维度整合。

一是数据来源方面，他们选择了"致股东书"（shareholder letters）作为用以分析的文本材料，理由在于致股东书广泛地应用于与家族企业相关的潜在变量测量，同时，尽管致股东书可能受公关与印象管理策略的影响，但是高管仍会积极地投入信函撰写的过程。

二是构念测量方面，首先，他们自定义了一份演绎性的词汇列表（word lists）或词库，并邀请三位熟悉社会情感财富的学者评估该词汇列表涵盖的每个单词是否合适。需要说明的是，词汇列表是CATA测量构念的重要工具，包含了能够代表理论构念各维度的词汇。此外，他们还进行了归纳过程，检测其他同样适合代表社会情感财富维度的词汇。然后，他们将词汇列表上传至DICTION 6.0，该软件将自动对文档反映的构念维度进行评分。最后，他们对分数进行标准化，以控制文档中的单词数量。

三是维度整合方面，他们使用相关矩阵和因子分析对DICTION得出的分数进行维度分析（dimensionality），即检验多个维度之间的相关性，以及它们与整体构念的关系。分析结果印证了社会情感财富的确可以被分为扩展性社会情感财富和限制性社会情感财富两个更加高阶的维度，前者包含了FIBER模型中除"家族对企业的控制与影响"之外的所有维度。

为了全面检验研究的信度与效度，拉弗兰奇尼等学者额外对包含60家家族企业的验证样本进行t检验和方差分析以检验外部效度，并对包含家族企业和非家族企业的配对样本进行组间方差分析以检验同时效度。

与马赛厄斯和威廉姆斯的文章不同，该文章将内容分析法应用于演绎式研究之中，运用计算机辅助文本分析测量特定构念维度并对维度进行整合。这给我们带来的启示在于，计算机辅助文本分析软件[①]能快速分析文本语言特征并对此进行评分，有助于潜变量的精确测量。不过，这种分析建立在有效词库的基础之上，尽管DICTION等计算机辅助文本分析软件内置有内部词库，但若想根据特定研究问题开发自定义词库，还需要耗费大量的时间和精力。如果你对计算机辅助文本分析的方法使用感兴趣，可以详细参考发表在《组织研究方法》杂志

[①] DICTION是应用于管理研究中的热门CATA软件。但是除了DICTION之外，常见的计算机辅助文本分析软件还包括LIWC和Yoshikoder等。Neuendorf（2020）在其著作中全面梳理了各类计算机辅助文本分析软件的功能与特点。

上的一系列相关文章（McKenny 等，2013；Pollach，2012；Short 等，2010；Short，Palmer，2008）。

利用内容分析法开展创业研究的未来趋势

内容分析法的核心在于，通过对语言使用情况的分析，揭示讯息的外延（显性内容）和内涵意义（隐性内容）。在创业研究中，正如你所见的，内容分析法不仅可以归纳创业者的认知与策略模式，也可以为认知模式的维度提供较为精确的评估。因此，在未来的研究议题中，你可以继续运用内容分析法深入剖析创业者的认知与决策基础，例如，创业者的推理逻辑、创业者的非理性决策和特定情绪如何影响创业决策等。同时，你也可以考虑运用内容分析法评估创业的社会效益，因为它往往与受益人的主观认知相关。例如，通过对与社会创业受益人相关的访谈、日常会话、会议记录等文本进行主题模式归纳，或许可以了解他们对创业活动的理解与感受，以及创业活动对个体心理与群体关系的影响。此外，你还可以围绕特定的理论，如注意力基础观、手段导向和情感信息理论等展开研究。计算机辅助文本分析技术为测量相关构念提供了强大的工具。

在实现方式方面，可以进一步整合内容分析和其他分析技术，对不同类型的讯息进行深入挖掘。随着信息技术的发展，计算机辅助文本分析开始同自然语言处理、情感分析、计量语言学等方法嫁接与融合起来，对海量数据进行多方面的挖掘与分析（Neuendorf，2020）。不过，目前大部分计算机辅助文本分析软件只能自动分析文本的讯息，对非文本讯息（如视觉材料）而言，除可以借助更加复杂的图像分析等技术进行分析之外，还可以结合符号学、修辞分析等质性研究方法对其外延内容与内涵意义进行透视。

需要注意的是，尽管计算机辅助文本分析越来越受到欢迎，但是其技术本身也存在缺陷。计算机辅助文本分析就像黑箱一样，研究者从里面输入文本数据，然后等待结果的浮现；然而这个黑箱是否可以有效地分辨歧义、能否真正识别"意有所指"的内容，仍存在很多质疑（Neuendorf，2020）。此外，目前热门的计算机辅助文本分析软件大多只能分析英语文本；对于博大精深的中文，怎么运用计算机辅助文本分析软件乃至其他计算机语言来分析各类实词与虚词的内涵，并识别说话者真正的意图和情感，还需要进一步探索。更重要的是，尽管计算机能对文本（text）进行处理，但是它却难以对文本嵌入的语境（context）进行解读，而这可能会导致文义理解的偏差（Macnamara，2005）。可以说，真正有价值的研究不能完全依赖计算机和人工智能做出，自动化方案并不是万能的，只能为我们的研究提供便利。

◆ 参考文献

Berelson, B., 1952, *Content analysis in communication research*, Hafner.

Bowman, E.H., 1982, "Risk seeking by troubled firms", *Sloan Management Review (Pre-1986)*, Vol. 23, No. 4: 33.

Hijmans, E., 1996, "Logic for qualitative media content analysis: a typology", *Communications*, Vol. 21: 93-108.

Macnamara, J.R., 2005, "Media content analysis: its uses, benefits and best practice methodology", *Asia Pacific Public Relations Journal*, Vol. 6, No. 1: 1-34.

Marino, K.E., Castaldi, R.M., and Dollinger, M.J., 1989, "Content analysis in entrepreneurship research: the case of initial public offerings", *Entrepreneurship Theory and Practice*, Vol. 14, No. 1: 51-66.

McKenny, A.F., Short, J.C., and Payne, G.T., 2013, "Using computer-aided text analysis to elevate constructs: an illustration using psychological capital", *Organizational Research Methods*, Vol. 16, No. 1: 152-184.

Morris, R., 1994, "Computerized content analysis in management research: a demonstration of advantages & limitations", *Journal of Management*, Vol. 20, No. 4: 903-931.

Nicholson, L., and Anderson, A.R., 2005, "News and nuances of the entrepreneurial myth and metaphor: linguistic games in entrepreneurial sense-making and sense-giving", *Entrepreneurship Theory and Practice*, Vol. 29, No. 2: 153-172.

Pollach, I., 2012, "Taming textual data: the contribution of corpus linguistics to computer-aided text analysis", *Organizational Research Methods*, Vol. 15, No. 2: 263-287.

Sandberg, W.R., Schweiger, D.M., and Hofer, C.W., 1989, "The use of verbal protocols in determining venture capitalists' decision processes", *Entrepreneurship Theory and Practice*, Vol. 13, No. 2: 8-20.

Short, J.C., Broberg, J.C., Cogliser, C.C., and Brigham, K.H., 2010, "Construct validation using computer-aided text analysis (CATA): an illustration using entrepreneurial orientation", *Organizational Research Methods*, Vol. 13, No. 2: 320-347.

Short, J.C., and Palmer, T.B., 2008, "The application of DICTION to content analysis research in strategic management", *Organizational Research Methods*, Vol. 11, No. 4: 727-752.

Wadhwani, R.D., Kirsch, D., Welter, F., Gartner, W.B., Jones, G.G., 2020. "Context, time, and change: historical approaches to entrepreneurship research", *Strategic Entrepreneurship Journal*, Vol. 14, No. 1: 3-19.

金伯莉·纽恩多夫. 内容分析方法导论[M]. 李武，等译. 重庆：重庆大学出版社，2020.

▣ 文献推荐

Duriau, V.J., Reger, R.K., and Pfarrer, M.D., 2007, "A content analysis of the content analysis literature in organization studies: research themes, data sources, and methodological refinements", *Organizational Research Methods*, Vol. 10, No. 1: 5-34.

Laffranchini, G., Hadjimarcou, J.S., and Kim, S.H., 2020, "The impact of socioemotional wealth on decline-stemming strategies of family firms", *Entrepreneurship Theory and Practice*, Vol. 44, No. 2: 185-210.

Mathias, B.D., and Williams, D.W., 2017, "The impact of role identities on entrepreneurs' evaluation and selection of opportunities", *Journal of Management*, Vol. 43, No. 3: 892-918.

◉ 代表性学者

伦达·雷格（Rhonda Reger）

在伊利诺伊大学香槟分校获得战略管理博士学位，现在北得克萨斯州大学担任管理学教授。

她从社会认知视角开展战略与创业研究，主要利用内容分析法和计量经济学研究社交媒体上的企业社会评价。研究成果发表在《管理学杂志》《管理学评论》《战略管理杂志》等期刊上。E-mail：Rhonda.Reger@unt.edu。

布莱克·马赛厄斯（Blake Mathias）

在田纳西大学获得博士学位，现在印第安纳大学伯明顿分校凯利商学院担任助理教授。他的研究领域集中在创业管理、认同、对立类别和质性研究等方面。在《战略管理杂志》《创业学杂志》《战略创业杂志》《管理杂志》等期刊上发表过多篇论文。E-mail：bdmathia@iu.edu。

贾科莫·拉弗兰基尼（Giacomo Laffranchini）

在得克萨斯大学埃尔帕索分校获得国际商务博士学位，现在拉文大学担任管理学副教授。他的研究兴趣包括家族企业管理、家族企业战略和家族企业绩效下降的扭亏为盈对策。研究成果发表在《创业理论与实践》、《家族企业管理杂志》（*Journal of Family Business Management*）等期刊上。E-mail：glaffranchini@laverne.edu。

如何利用实验方法开展创业研究[⊖]

◎ 叶文平

暨南大学管理学院

随着创业研究由特质论向过程视角的转变,如何有效揭示在不确定性情境下创业者个人行为的决策过程,对于传统创业研究方法提出了极大的挑战。传统的创业研究主要以二手数据或问卷数据为研究载体,通过用统计方法控制其他变量的影响检测自变量的作用,以削弱可能存在的内生性问题(Reeb,Mahmood,2012),但这种方法的内部效度相对较低。一方面,由于问卷设计的主观性,无法准确地控制创业环境的不确定性对创业者决策的影响(Mcmullen,Shepherd,2006);另一方面,数据搜集过程要求被调查者"重复记忆"当时的决策过程,存在回忆偏差和"修正主义"的结果(Golden,1992)。这会导致获得的因果关系往往不可靠,即使采用工具变量法等方法来控制内生性,也往往因为工具变量过于主观而受到质疑。部分创业研究者尝试借助经验性证据或案例来还原创业研究情境,提炼和检验原理,但这一研究方法可重复性低、过度依赖于研究者的主观认知和偏好。虽然已有研究方法有力地推进了创业领域的研究,但由于其潜在的局限性导致越来越多的研究者呼吁采用更科学、严格的研究方法来展开创业研究,实验方法在创业研究领域的应用由此应运而生(Cook,et al.,2002)。

实验方法在社会科学最早的应用主要集中在组织行为学、消费者心理学和实验经济学领域。实验研究通过构建一个相对简单的实验环境,操控自变量并控制外生变量,通过比较实验组与控制组在该环境下的反应,检验与验证假设和理论。实验研究中通过创造与现实高度类似的情境,能在接近真实(mundane realism)的情境中研究个体的自然反应,在严格地排除其他因素干扰的情况下,通过操纵与研究相关的自变量来观察因变量的变化,从而将其对因变量的影响规律揭示出来(Gregoire,et al.,2010)。相比于其他方法而言,实验研究可以对实验过程和因素进行控制,尽量排除已知的干扰因素,进而获得很高的内部效度和更加稳健

[⊖] 本文是国家自然科学基金青年项目"迁移距离、社会网络嵌入与异地创业成长研究"(71902072)、面上项目"动态、复杂制度环境下的创业活动研究"(71872193)、重点项目"新创企业商业模式形成与成长路径"(71732004)、重点国际(地区)合作研究项目"家族企业国际化与创新:基于制度-文化的比较研究"(71810107002)资助的阶段性成果。

的因果关系（Cook，et al.，2002）。

在现有可追溯的创业研究中，最早采用实验方法的是Kantor在1988年针对加拿大温莎大学学生的创业教育实验。由于实验方法在揭示微观行为决策中的天然优势，现有创业研究中的实验研究方法主要集中于以下议题：创业者或创业团队、创业机会识别、风险投资、网络众筹、创业决策、创业教育与培训、创业失败、创业活动中的性别差异。在上述研究议题中，风险投资、网络众筹与创业决策是采用实验研究方法最为普遍且广泛的研究议题。

随着实验方法在创业研究领域的日趋重要，部分研究者系统梳理了创业研究领域采用实验方法所展开的研究，对"如何"及"怎样"更好地利用这一新的研究方法进行了系统的总结。其中，比较有代表性的是许丹（Dan K. Hsu）等学者和弗朗兹·罗尔克（Franz T. Lohrke）等学者两个研究团队分别发表在《组织研究方法》杂志上的有关实验方法在创业领域的研究回顾。

许丹等学者：如何设计创业实验

许丹等学者于2017年在《组织研究方法》杂志上发表了《设计创业实验：回顾、分类与研究议程》一文，系统梳理了实验方法在创业研究领域的应用与展望。该文章开篇就提出了一个富有启发性的问题：创业研究为什么需要推广实验方法？已有丰富的研究数据与研究方法虽然极大地推进了创业研究，但创业活动丰富的情境性可以通过更严格的研究方法得以探索。同时，实验方法在创业领域的应用并非一味追求研究方法的复杂性，而是致力于更大程度地理解和剖析创业现象的本质。

许丹等学者首先结合创业研究的特点，对创业研究所采用的实验方法进行了详细的比较分析。实验方法准则通常涉及三个基本的问题：组间设计（between-Subjects）与组内设计（within-Subject）选择、实验设置和实验操作。实验研究存在的延滞效应（carryover effects）风险与研究成本决定了实验研究设计的选择标准。随机化（randomization）是实验研究克服潜在变量干扰的重要手段，组间设计的随机性通过不同实验被试随机选择实验情境来实现，而组内设计的随机性主要通过同一实验被试所经历的不同实验情境的随机化来实现。相比之下，组间设计结果能够呈现出更纯粹清晰的因果逻辑，但对实验被试样本数量要求更多，而组内设计对实验被试样本数量要求较少，但因果推导相对较弱。实验设计虽然还存在联合实验（conjoint experiments）、混合设计（hybrid designs）等多种形式，但其根本还是试图结合组间设计与组内设计的优势。

实验设置主要有三种类型：课堂实验、田野实验与自然实验。课堂实验顾名思义实验在课堂展开，主要是以学生或创业者作为被试来展开实验研究。课堂实验的一个优势是能将被试从现实情境中分离开，降低现实情境对实验结果的干扰，这一优势也克服了课堂实验在创业研究应用中的局限性，尤其是涉及有关创业不确定性的决策研究。相比之下，田野实验通过提供现实世界的实验情境，有效地避免了课堂实验对创业研究潜在的外部效度问题。自然实验则主要是指由外部环境中的突发事件将研究对象随机分配在实验组或对照组中。自然实验法在创业领域最经典的例子是戴维森和戈登（2016）有关2008年全球金融危机对创业者行为的影响研究。

实验操作过程中涉及被试群体与过程操作。对实验被试的选择，许丹等学者认为虽然学生一直是众多实验方法中普遍被接受的被试，但在创业实验研究中并非如此。学生作为实验研究样本比创业者更为合适，主要体现在三种条件下：①学生是潜在的实验研究对象，例如对创业决策的研究；②被操纵者的经验会对实验结果产生干扰，例如对创业自我效能感的研究；③实验是以明确而被广泛接受的理论为指导的，例如情绪和风险认知之间的因果关系的研究。此外，对于实验过程操作，互联网的发展为实验操作和数据搜集提供了更多的方法与途径，但是研究中应该保持谨慎的态度，方法与渠道的多样性同样带来了实验风险的不可控，严格地遵循实验研究的基本准则是确保实验研究有效性的根本。

在对实验研究的基本概念进行梳理之后，许丹等学者结合创业的基本特点指出了实验方法在创业研究领域的应用原则。他们认为，创业的风险与不确定性、创业过程的复杂性这两个基本特点决定了选择实验方法的基本准则，对创业研究者而言，需要对创业研究问题与变量有清晰的界定才能指导设计进行更准确的实验操作。例如，风险与不确定性作为两个相似而截然不同的概念，在研究不确定性时应该参考麦凯尔维等学者（2015）设计的实验情境，而同时考虑风险与不确定性时更应该参考霍尔姆等学者（2013）设计的实验情境。相比之下，创业决策过程随着时间要素的卷入会通过多种途径和不同情境来影响创业者的决策行为，这也决定了在实验研究问题中样本选择的差异。例如，对创业机会识别的研究而言，学生和创业新手作为实验样本无可厚非，但对于创业机会开发的研究，非创业者作为实验样本会引起实验结果的偏误。

在随后的研究中，许丹等学者通过统计29本期刊中2000～2015年有关创业研究的46篇准实验研究和44篇联合实验研究的文章，借鉴类型学的概念对创业实验研究进行了归类。根据实验情境与被试的参与程度两个维度将已有的创业实验研究区分为四种类型（见表12-5），并对已有创业实验研究文献进行依次归类，为后续的创业实验研究提供借鉴。

表12-5 不同类型的创业实验

		被试的参与程度	
		影响	判断
实验情境	真实世界	主动参与	被动参与
	角色扮演	积极角色扮演	被动角色扮演

实验研究虽然有诸多的优点，但也存在一些不足。相比于传统的二手数据或问卷调研研究的缺点而言，实验研究虽然拥有较高的内部效度，但其外部效度一直被研究者质疑。实验研究过程中情境的设置与被试角色的扮演并不能确保与研究情境的高度重合性。对于非实验研究，在信度和效度检验完成后就可进行假设检验。对于实验研究，在信度和效度检验完成后还应该进行实验操作检验（manipulation check）来检验实验控制是否成功。如果实验控制成功，则进行下一步的假设检验；若不成功，则重新进行实验设计，实验操作检查的非标准化也会导致实验研究可能存在的偏误。此外，实验研究往往由于实验情境的要求，需要通过虚构情境来操纵被试情绪达到角色进入，批评者认为这种对情绪的人为操控行为不仅会影响实验结果，也存在道德风险。

实验方法在创业研究领域的兴起毫无疑问会加速跨学科研究在创业领域的发展。正如许丹等学者所指出的那样，在未来的创业研究领域，实验方法可以在以下几个方向继续延伸：①个体–创业机会–社区。早期的创业研究主要聚焦于创业者特质论或创业机会类型，将创业研究的个体与情境割裂开。通过实验法操控不同情境因素将个体、创业机会与社区环境形成一个整体，探究更接近现实情境的因果推断。②创业过程决策的因果逻辑研究。③创业者情绪、认知与创业行为的研究。④社会创业研究。实验方法以其独特的优势在这些研究领域的应用与拓展，毫无疑问能更准确地回答："为什么创业者只是少数人""为什么只有这些人才能发现创业机会"。

弗朗兹·罗尔克等学者：面向决策问题研究的联合分析

联合分析（conjoint analysis）作为实验方法的一种类型，在创业研究中的应用主要集中于创业决策与风险投资等相关主题。弗朗兹·罗尔克等学者于2010年在《组织研究方法》上发表了《联合分析在创业研究中的回顾与展望》的相关主题文章，是有关联合分析方法在创业研究领域应用最早的评述性文章。

罗尔克等学者指出联合分析方法能在创业研究领域得以应用的根本原因是联合分析方法是一种个体行为决策过程的现实模拟，能最大限度地刻画个体决策过程中对各类影响因素的权衡（trade-off）。心理学家邓肯·卢斯（Duncan Luce）和统计学家约翰·图基（John W. Tukey）于1964年提出联合分析法，随后在市场营销领域得以广泛应用。联合分析通过分解产品特性，通过消费者采用分值（pathworths）、权重（importance weights）、理想点（ideal points）等方法对产品特性进行赋值，最终计算出消费者偏好。对创业研究而言，联合分析能真实还原影响个体行为决策的因素，一个最有代表性的例子就是对风险投资决策偏好的研究。

通过分析1999～2008年在创业研究领域有关联合分析的文献，罗尔克等学者指出，联合分析方法在创业研究领域中绝大多数的应用主要集中在风险投资决策、创业决策、机会开发等主题。数据回归分析都普遍采用分层线性模型来控制同源性偏差。但一个不得不面对的现实是，联合分析方法作为市场营销研究中的"舶来品"，在创业研究领域的应用面临一定挑战。这些挑战一方面来源于联合分析往往是在"假设"情境中让被试模拟决策，与真实环境中的决策行为存在偏差。另一方面则与创业研究领域的特性有关，联合分析与实验方法一样，其研究的信度与效度需要建立在以被广泛接受的理论为指导的基础之上，而创业作为一个新兴的研究领域，更多理论还在探索之中。此外，联合分析对被试样本来源、随机性（例如，对风险投资的研究必须要求风险投资者作为被试）和操作者的严格要求也限制了其在创业研究领域的应用。

虽然联合分析在创业研究领域的应用存在诸多局限，但需要指出的是，联合分析作为对行为决策研究的有效工具，在"创业机会识别、创业机会评估、创业机会开发"等领域还存在广泛空间。这三个领域构成了个体创业行为决策的不同阶段。特质论的观点迄今为止对创业机会识别还存在一定的解释力，但过程视角的兴起为创业机会识别提供了新的证据。联合分析方法作为一种独特的分析工具，对于创业机会识别的决策研究恰好能为这两派的争论提供证据支持。

奥伦卡·卡茨佩尔契克等学者：一项实验研究的经典设计

2021年，奥伦卡·卡茨佩尔契克等学者在《组织科学》上发表了《创始人惩罚：来自性别、创业和未来就业的调查研究证据》一文，它采用的实地试验与实验室实验相结合的方法被认为是实验研究方法在创业研究中的经典应用，自发表以来受到广泛关注。它详细介绍了实地试验与实验室实验方法作为一种实证方法和工具手段如何脱离于传统的内生性问题，与创业研究相结合，通过提供一种明确的因果关系让研究者更好地理解创业的本质。

这篇文章主要是以劳动力市场理论为基础，探讨未来雇主是如何看待具有创业经验的应聘者，以及雇主的评价如何影响他们重新进入有偿工作后的就业前景。在现实的劳动力市场中，雇主更加关注潜在雇员的工作能力（Rivera，Tilcsik，2016）以及与企业的文化契合度和承诺意愿（Leung，2014），而这些往往难以直接观测，需要雇主从仅有的客观信息中（性别、种族）推测潜在雇员的偏好。卡茨佩尔契克等学者主要关注雇主在招聘过程中对具有创业经验的潜在雇员的评价，这种评价属于雇主对求职者的筛选，而雇主的评价对个人的职业前景具有绝对的话语权。潜在雇员的经验可能被雇主认为是与有偿工作需求相悖的一种行为。此外，由于刻板印象的存在，女性和男性在就业市场中会被赋予不同的信号（Galperin，et al.，2019），被贴上不同的标签，而这些信号和标签也将成为影响雇主对潜在雇员筛选的依据。因为在实践中相比于男性，女性通常被认为是具有较低的创业倾向和流动性。

卡茨佩尔契克等学者开发了一套关于雇主对具有创业经验的潜在雇员的一套评估预测体系，设计了2个具体的实验情境进行分析。在研究1中采用了基于简历的调查，这一研究设计属于多因素实验设计。多因素实验设计是指研究多个自变量的因果关系的统计情况，最常见的数据模式为自变量是类别变量，因变量是连续变量的实验设计，而当因变量也是类别变量时，属于多因素实验设计的特例。在多因素设计中如果包含两个自变量的叫作两因素设计，简写为自变量1、自变量2因素设计，若两个自变量各包含2种水平，则为2×2设计；若两个自变量中一个包含2种水平，一个包含3种水平，则简写为2×3设计；如果包含三个自变量的叫作三因素设计，简写为自变量1、自变量2、自变量3因素设计，三个自变量各包含2种水平，则简写为2×2×2设计。根据对被试安排的不同实验处理方式，多因素实验分为四种类型：完全随机设计、随机区组设计、被试内设计和混合设计。相比于单因素设计的情境简单化，多因素设计可以讨论多个因素对因变量的影响作用，同时也可以对两个及多个自变量之间的交互作用的影响效应进行估计。这种方法不仅可以获取更多的信息，同时取得的成果也可以在更多复杂的现实情境中应用。

这篇文章在研究1中的具体实验设计如下：实验采用了2×2（有创业经历的应聘者与无创业经历的应聘者；男性与女性）设计，包含两个自变量，一个自变量是潜在雇员，分为创始人雇员和普通雇员两种情况；另一个自变量是雇员性别，分为男性和女性两种类型。他们为每个符合标准的职位提交两份简历申请，一份是创始人雇员（实验组），另一份是普通雇员（对照组），并随机改变两份申请的性别。这样就产生了四种实验处理：男性创始人雇员、女性创始人雇员、男性普通雇员、女性普通雇员。这篇文章主要关注的是雇主对潜在雇员的评价，采用这种随机设计，可以在混杂的因素中测验创业经验对雇主评价的影响，并进一步评估这种影响是否会随着创始人的性别而改变。卡茨佩尔契克等学者于2017年7月至2018年4月在美国四个地区（东北、西部、中西部、南部）的12个城市中向一家求职网站发出1 223份求职申请。为了避免其他因素干扰，选取的12个城市规模类似，创业活动不同，竞聘岗位为没有较大性别偏差和约束的全职市场营销岗和人力资源岗。具体在简历构建中考虑不同城市、区域和职业情况是没有显著差异的，设置虚拟地址，排除人口统计学特征，例如社会经济地位、教育水平、就业水平和种族构成等因素对研究问题的影响。

基于研究1中的实验设计，他们发现，与没有创业经验的应聘者相比，雇主对于具有创业经验应聘者的面试意愿较低。这种情况也具有明显的性别差异，具有创业经验的男性应聘者收到面试通知的概率明显低于没有创业经验的男性应聘者。同样，具有创业经验的女性应聘者收到面试通知的概率也明显低于没有创业经验的女性应聘者；然而，在同样具有创业经验的应聘者中，女性收到面试通知的概率明显高于男性应聘者。这意味着，雇主对于具有创业经验的应聘者存在明显的偏见，而与女性相比，男性受到的惩罚更为严重。

同时，卡茨佩尔契克等学者为了进一步证明他们的研究假设成立，即与男性创始人雇员相比，雇主不太可能对女性创始人实施惩罚。他们设计了对招聘经理的调查实验：招募了来自美国不同行业中的 425 名具有丰富市场营销经验的招聘经理，其中女性经理的比例为 53%，超过 5 年工作经验的比例为 89%，有学士学位的比例为 93%，有研究生学位的比例为 10%。实验采用了 2×2 的设计，向每位被试提供四份简历中的一份（男性创始人雇员、男性普通雇员、女性创始人雇员、女性普通雇员），然后他们需要用李克特量表从多个方面来评估应聘者。被试在对每个问题打分之前，需要先解释他们的评分标准。最后，每个被试都需要接受注意力检查和机制检查。通过实验设计，卡茨佩尔契克等学者发现了一个有意思的现象，在劳动力市场中，对那些具有创业经验的应聘者来说，男性的优势远不如女性。具体来讲，男性应聘者收到面试通知的概率要远低于女性，受到的惩罚要高于女性，而在实验中并未发现具有创业经验的女性应聘者会受到惩罚。

卡茨佩尔契克等学者的研究将实验法巧妙地运用到创业领域中，对于实证中的二手数据分析，内生性问题是我们无法完全规避的问题，而这篇文章的实验设计可以通过严密地控制实验条件，有效减少或尽可能多地排除无关因素的干扰，实现自变量与因变量之间"纯净"的因果关系证明。首先，它采用了两个相互独立的实验设计，巧妙融合了实地试验与实验室实验各自的优势，重复验证了研究的理论，使得研究结果更具可靠性。此外，为了达到在不同条件下的平衡，减少潜在的外部干扰因素，卡茨佩尔契克等学者进一步运用数据进行回归分析来验证实验设计及实验结果的有效性。其次，它采用的实地试验真实还原劳动力市场招聘中的现实情境，整个实验情境设计更具随机性，在每一个步骤的设计过程中也力求随机化，因此确保了实验结果具备很强的因果关系可信度和较高的生态效度。最后，它是包含了两个自变量的多因素实验设计，选取的两个自变量（创业经验和性别）间没有必然的联系且相互独立，可以通过对两个自变量分别进行操控，研究其单独或相互结合对因变量的影响效应。

这篇文章让我们理解到在劳动力市场中，由于雇主的刻板印象，对男性来说，具有创业经验的应聘者并不占据优势，甚至创业经验还会成为职业发展中的绊脚石。然而，对女性来说，创业经验为女性提供了一条向上流动的道路，为她们提供了更好的发展机会。也许在创业进入阶段处于劣势，但在退出阶段她们将处于有利地位，因为相比于男性，女性可以在不损害未来就业能力的情况下从事创业活动。这篇文章帮助人们打破了对女性创始人的偏见认知，同时也为男性创始人敲响了警钟，促使他们对未来职业前景产生忧患意识。

创业实验研究的未来趋势

实验研究方法对于理论发展和现实指导均具有重要意义。实验研究方法强调实验的事前控制，在实验设计时采取控制变量的方法，使待验证的机理的变化在实验可控范围内。由此，相比传统的实证研究，实验研究能获得更加稳健且清晰的因果关系。同时，一般而言，实验研究往往可以低成本、低风险地进行多次重复模拟，进而更好地发现、验证和发展相关理论。

尽管实验研究方法很早就被引入到创业研究的议题中来，但这一研究方法真正受到普遍接受且被广泛关注源自陈晓萍、黄乐仁等心理学科背景的学者对创业风险投资决策的研究，相关研究成果陆续发表在《美国科学院院报》（*Proceedings of the National Academy of Sciences of the United States of America*）、《管理学杂志》、《组织科学》、《管理科学》等顶级期刊上，他们通过巧妙的实验设计和严谨的分析方法揭示了创业风险投资的微观机制，形成了一系列可信度高且可复制的研究普适性结论，极大地提高了实验研究方法在创业研究中的合法性和被接受度。

就创业研究的议题而言，以下三个研究议题可以被善于实验研究方法的学者关注：第一，数字经济时代下网络众筹决策机制的相关研究。区别于传统风险投资决策中投资者信息获取与瞬时决策，网络众筹作为一种开放式的信息传递与延迟性决策，哪些因素会影响投资者决策判断是值得被关注的。第二，创业活动的社会价值相关研究。创业活动的社会价值一直被研究者忽视，尽管研究者普遍意识到创业活动会对所在组织或社区产生积极溢出效应。例如，降低犯罪率、提升弱势群体社会融入感、促进社区人力资本提升、提高社区幸福感等，但创业活动对社区的社会价值如何产生以及谁是最大的受益者是应该被关注到的。第三，环境变化下的创业者行为决策相关研究。区别于成熟企业组织决策的程序化与规范化，新创企业存在的高风险与不确定性决定了创业者决策存在高度不稳定性，外部环境的动态变化对创业者决策具有至关重要的影响。情绪线索理论（affect-as-information theory）已经充分表明外部环境中的偶然因素会对面临高度不确定性的决策者产生影响。由此，天气、温度、灾难新闻等外部环境因素如何影响创业者决策的研究不应被忽视。

最近十年来，创业研究中的实验方法被广泛推崇，但需要指出的是，实验方法在创业研究领域的应用同样面临较大的挑战。创业研究领域的实验研究属于社会科学实验，其研究对象主要是由人组成的复杂系统而非复合系统，这一方法与自然科学实验并不完全相同。它是主客观交织在一起（而非简单自然现象）的发现和论证过程，由此需要更大量的重复的试验性测试来提高结论的可靠性，大大增加了研究者的工作量与难度。同时，尽管越来越多的创业研究开始逐渐使用实验方法，但实验方法仍处于起步和探索阶段，在推广和普及过程中会遇到各种阻力，这些阻力一方面固然来自社会科学实验研究所面临的"可重复性"挑战与质疑，另一方面尽管在创业研究中实验研究被越来越多的研究者使用，但实验范式仍未被主流期刊和研究者广泛接受，并未成为领域中主流的研究方法。随着跨学科研究的普遍化以及实验研究方法在社会科学研究中的自我迭代与完善，实验研究终将会成为创业研究领域的主流研究方法。

◆ 参考文献

Cook, T.D., Campbell, D.T., Shadish, W., 2002, *Experimental and Quasi-experimental Designs for Generalized Causal Inference*, Boston: Houghton Mifflin.

Galperin, R.V., Hahl, O., Sterling, A.D., et al., 2020, "Too good to hire? Capability and inferences about commitment in labor markets", *Administrative Science Quarterly*, Vol. 65, No. 2: 275-313.

Golden, B.R., 1992, "The past is the past—or is it? The use of retrospective accounts as indicators of past strategy", *Academy of Management Journal*, Vol. 35, No. 4: 848-860.

Gregoire, D.A., Shepherd, D.A., Schurer, L., 2010, "Measuring opportunity-recognition beliefs: illustrating and validating an experimental approach", *Organizational Research*

Methods, Vol. 13, No. 1: 114-145.

Leung, M.D., 2014, "Dilettante or renaissance person? How the order of job experiences affects hiring in an external labor market", *American Sociological Review*, Vol. 79, No. 1: 136-158.

Mcmullen, J.S., Shepherd, D.A., 2006, "Entrepreneurial action and the role of uncertainty in the theory of the entrepreneur", *Academy of Management Review*, Vol. 31, No. 1: 132-152.

Reeb, D., Mahmood, I.P., 2012, "From the editors: endogeneity in international business research", *Journal of International Business Studies*, Vol. 43, No. 3: 197-210.

Rivera, L.A., Tilcsik, A., 2016, "Class advantage, commitment penalty: the gendered effect of social class signals in an elite labor market", *American Sociological Review*, Vol. 81, No. 6: 1097-1131.

文献推荐

Hsu, D.K., Simmons, S.A., Wieland, A.M., 2017, "Designing entrepreneurship experiments: a review, typology, and research agenda", *Organizational Research Methods*, Vol. 20, No. 3: 379-412.

Kacperczyk, O., and Younkin, P., 2021, "A founding penalty: evidence from an audit study on gender, entrepreneurship, and future employment", *Organization Science*, Vol. 32, No. 3: 1-30.

Lohrke, F.T., Holloway, B.B., Woolley, T.W., 2010, "Conjoint analysis in entrepreneurship research: a review and research agenda", *Organizational Research Methods*, Vol. 13, No. 1: 16-30.

代表性学者

弗朗兹·罗尔克（Franz Lohrke）

在路易斯安那州立大学取得管理学博士学位，现任奥本大学哈伯特商学院洛德杰出教授。他在开启学术生涯之前具有丰富的创业与企业管理经验，曾担任迪士尼主题公园高级管理者。他的研究与教学领域主要是新创企业合法性战略、最优区分以及创业研究方法。E-mail：ftl0001@auburn.edu。

许丹（Dan Hsu）

在雪城大学取得创业学博士学位，现任北达科他州立大学商学院副教授。他的研究领域主要是创业者幸福感、连续创业和创业实验方法，在《创业学杂志》《创业理论与实践》《组织研究方法》等期刊上发表过多篇与创业和实验方法相关的学术论文。E-mail：dan.hsu@ndsu.edu。

奥伦卡·卡茨佩尔契克（Olenka Kacperczyk）

在密歇根大学安娜堡分校获得组织管理博士学位，现任伦敦商学院教授，加入伦敦商学院之前在麻省理工学院斯隆管理学院获得终身教职。她的研究领域主要是女性创业、劳动力市场与企业社会责任。先后担任《组织科学》《管理科学》副主编，现任《行政科学季刊》副主编。2021年在《组织科学》组织了"组织理论中的实验方法"专刊。E-mail：okacperczyk@london.edu。

现场实验方法在创业研究中的新应用

◎ 李圭泉[1]　◎ 杨　俊[2]　◎ 于晓宇[3]

1. 北京大学心理与认知科学学院；2. 浙江大学管理学院；3. 上海大学管理学院

　　由于创业现象的高情境性特征，以往的创业研究大多采用横截面数据或面板数据，以期保证研究结论的可推广性。然而，来自问卷或档案的数据本质上难以克服因果性推断较弱的问题，近年来实验方法在创业研究中得到了越来越多的应用，凸显出对创业研究中因果影响关系的不断重视。但是实验研究，尤其是在实验室进行的以学生为样本的实验研究，常常被贴上与实践相关性低，甚至具有误导性的标签。因此，如何兼顾因果关系检验和研究结论可推广这两个准则，成为未来创业研究面临的重要问题。我们认为，现场实验（field experiment）可以作为解决这一问题的方法之一。

　　虽然现场实验与传统的实验室实验（lab experiment）、准实验（quasi-experiment）等都遵循实验逻辑，但它们之间存在着显著的区别，主要体现在被试群体（participant）、随机化处理（random assignment）、实验材料（information or task）、实验环境（environment）等方面。简单来说，实验室实验通常以在校学生为样本，通过被试随机分配与虚构的任务在实验室环境下开展研究。准实验一般在企业现场开展，由实验者或管理人员对被试进行干预，而不强调对被试的随机分配。现场实验则提出了更高的要求，包括在企业环境下对来自企业的被试进行随机分组处理，使用真实的实验材料或任务，产生真实的实验结果等。经典的现场实验，相信大家都不陌生，那就是霍桑实验。

　　需要指出的是，研究方法本身并无优劣之分。显而易见的是现场实验的"高标准"要求带来了两方面的影响。一方面，现场实验能很好地平衡对因果关系的检验与对研究结论可推广性的需求，对创业研究来说具有十分重要的意义。另一方面，现场实验对研究者提出了十分高的要求，要保证随机化处理和对自变量的操控不改变被试的客观工作环境常常难以做到，稍有不慎便会出错，因而导致现场实验流于形式。

　　在创业领域如何开展现场实验研究呢？我们将分享三篇相关文献以窥一斑而知全豹。第

⊖　本文是国家自然科学基金重点项目"新创企业商业模式形成与成长路径"（71732004）、重大项目"创新驱动创业的重大理论与实践问题研究"（72091310）课题三"大型企业创新驱动的创业研究"（72091311）资助的阶段性成果。

一篇文章于2013年发表在《组织研究方法》上，侧重于介绍现场实验的定义、操作准则，以及适宜探讨的组织话题等。第二篇文章于2020年发表在《管理科学》上，以创业决策为话题，通过现场实验的方法检验了创业决策中科学取向的重要作用。第三篇文章于2021年发表在《战略创业杂志》上，通过多轮次现场实验方法检验了创业培训在促进社会创业中的作用机制。我们期望通过这三篇文章的述评，能为创业研究者使用现场实验方法提供一定的指导和启发。

伊登·金等学者：组织中敏感话题的现场实验研究

伊登·金（Eden B. King）等学者于2013年在《组织研究方法》上发表了《敏感组织话题的现场实验》一文，提出现场实验的方法可以克服组织领域敏感话题研究所面临的问题和困难，并为如何开展高质量现场实验提供了详细的步骤解读，对如何应对数据收集和文章发表方面的潜在挑战提出了具体建议，可以作为研究者开展现场实验研究的操作指南。

伊登等学者将高质量的组织现场实验定义为：通过对工作中的成年参与者（研究者感兴趣的人群）进行随机分配并进行实验操控的研究，使这些参与者在自然工作环境中参与真正的任务或取得真正的结果。相比问卷法和实验室实验法，现场实验方法尚未得到充分利用（Paluck，Green，2009；Scandura，Williams，2000）。高质量现场实验研究的特点使这种方法在探索敏感的组织话题（如组织中的不道德行为或丑闻、欺凌、骚扰、歧视等）时非常有用。当员工或组织与这些行为联系在一起时，其在社会上的声誉将受到负面影响（James，Wooten，2006），有时甚至会被起诉。因此，研究参与者不愿意或无法真实准确地报告这些行为，而这正为现场实验提供了用武之地。

然而，在组织敏感话题研究中有效实施现场实验并非易事，主要取决于三个方面：随机分配的必要性、真实任务的使用、对自然工作环境的依赖。第一，实验条件的等效性决定了实验结果的有效性，即其他实验条件等效时，实验结果仅由实验者的操作引起。因此，实现了随机分配的现场实验，可根据实验结果进行因果推论。尤其值得注意的是，当实验情境与现实情境能够无限贴近时，随机化操作可以带来十分具有说服力的研究结论（Stone，et al.，2008）。第二，实验参与者参与的任务和行为的真实性影响研究设计的有效性。当参与者知道任务或活动是虚构的，可能会表现出不真实的（至少是不具有代表性的）反应模式。第三，研究环境的自然程度是影响敏感话题检验的关键因素。当参与者知道自己身处实验室实验或问卷调查中时，会受到社会期待的影响，在敏感话题中监控自己的行为或反应。而在高质量现场实验中，参与者可能不知道正在参与实验，不知道研究目的，因此表现出的行为更能代表真实发生的事件。

以上要点强调了现场实验与组织敏感主题研究的相关性，接下来就要考虑如何开展现场实验。伊登等学者在文章中为现场实验的实施提供了详细的实践指导。在理想情况下，为了使现场实验的效益最大化，必须充分考虑高质量研究的特点，使用随机分配和真实情境中的真实参与者，并在每次现场实验中去寻求这些特点。根据伊登等学者的建议，现场实验的实施分为实施前、实施中、实施后三个阶段。

现场实验实施前的准备工作是实验成功开展的基础，通常需要考虑六个方面的问题，包括方法适用性、基础工作（许可和法律问题）、研究团队、培训会议、实验刺激选择和招募被试。根据伊登等学者的建议，这篇文章对每一步的关键任务进行了梳理，总结的工作清单如表12-6所示。

表 12-6 现场实验实施前的工作清单

步骤	目的	关键任务
方法适用性	检查现场实验方法与研究问题的匹配性	是否有更好的方法选择,如问卷调查、实验室实验等
		是否具备开展高质量现场实验研究的条件,如随机分配被试、任务的真实度、现场环境对实验开展的支持程度等
基础工作	检查与获取研究许可,甄别实验过程中潜在的法律风险	从组织中各个部门获取许可与知情同意书,包括人力、财务等部门
		从伦理审查委员会获得研究许可
		参与员工的具体要求,如匿名与保密协议、出版协议、数据处理方式等
		研究过程中涉及的法律问题,如录音、录像、公共空间安全等
研究团队	组建研究团队	明确团队成员角色构成及其职责,如主持人(指导数据收集者)、数据收集者(可能包括实验者、共同参与者或观察者)以及独立编码员(他们不知道研究方法,只在数据收集结束后对录音进行编码)
		确保特定角色被告知他们应该知道的信息,确保信息传递到对的人,保持特定角色对实验信息的不知情状态
培训会议	激发热情、培养实验需要的专业技能	培训研究助理在实验中以标准化的方式制定有针对性的行为,保持研究助理在实验中行为的标准性与一致性
		为意外状况的发生做好准备
		审查实验目的、检查与计划数据收集工作相关的流程
		多次练习实验脚本和标准化行为
实验刺激选择	选择合适的实验刺激	保证实验刺激的现实性,确保实验刺激不引起被试的怀疑
		有时需要采取相对较弱的实验刺激,因此通常会产生较小的效应,为相关结果的解释做好准备
招募被试	寻找更具代表性的被试	强化实验前的问卷调查,采取更苛刻的招募过程,以寻找更具代表性的潜在被试
		检查可能导致被试退出研究的刺激或刺激特征
		准备备用计划以应对意外情况,确保适当地实现随机分配

现场实验在实施中主要关注两个方面的问题:预实验和数据收集。由于现场实验通常需要投入大量时间和精力,因此对实验材料的预实验就变得十分重要,尤其是对实验操控的检验(Highhouse, 2009)。在现场实验中,对操控的直接评估有时难以实现,因此在进行正式实验之前,可将实验材料提交给对实验不知情的评分者,以确定操作是否有效传达了预期的构念。此外,预实验可以用来衡量对真实性或可信性等操纵的一般反应,以及比较不同的共同参与者。

在数据收集过程中,研究者应该尽可能地保持共同参与者和其他实验者对实验操作和研究假设的未知状态,以避免实验者偏差的发生。在现场实验中,收集观察的行为指标是一个理想化的目标(Lewandowski, Strohmetz, 2009),更复杂、更有效的设计应该包括多种行为的测量。通常,行为可以通过直接观察或通过录像、录音进行评估,而通过录像或录音进行评估的方法更为可取,原因是数据分析过程可以由完全不了解实验情境和假设的编码员来进行。

现场实验实施后主要关注研究汇报的问题。伊登等学者提供了一系列的文章撰写技巧,主要集中在如何描述现场实验过程。研究者应关注的重点是研究汇报的清晰性和全面性。在研究报告方法部分的汇报中,使读者和审稿人完全理解现场实验中的角色、操作、测量和环境设置是至关重要的。方法部分应该使读者不仅能复制该研究,还能理解为什么该研究是以一种(而不是另一种)特定方式进行的。尤其值得注意的是,由于目前现场实验方法的普及度还有所欠缺，对实验过程详尽的、解释性的汇报虽然有可能导致文章长度的增加，却是必要的，这一点对于采用现场实验方法开展创业研究尤为重要。此外，报告高质量的现场实验研究的学者应该强调方法的优势。学者习惯在讨论部分指出方法选择的局限性，其实更好的方式是去权衡方法的局限性和优点。一定要提醒文章的读者，现场实验研究使在真实情况下面对真实的人进行因果推论成为可能。

在介绍了以上建议后，伊登等学者同时指出，有时现场实验的环境并不那么理想，比如审查委员会（Institutional Review Board，IRB）可能会坚持要求个人获得知情同意，这可能会导致社会赞许性回应，从而影响研究结果。不那么理想的环境并不意味着应该放弃现场实验，相反，研究人员应该充分利用现有的有限机会开展实验。有时参与者知道他们身处研究中，但他们并不知道研究的目的。虽然这样的现场实验可能不能完全体现现场实验的理想状态，但它们利用了现场实验的优势，这对于推动组织研究是非常难能可贵的。

伊登等学者对现场实验实施过程中面临的挑战也做了总结，以期研究者能在现场实验研究准备阶段做好充足的准备。这些挑战包括伦理和机构审查委员会的顾虑、法律问题、测量问题、研究偏离和发表问题（见表12-7）。

表 12-7 现场实验研究可能面临的挑战

挑战	具体问题	可能的应对策略
IRB的顾虑	使用基于欺骗的实验操控、改变人的行为或环境、收集个人数据等操作可能引发IRB的注意	需要说服研究团队与伦理和机构审查委员会，让他们相信实验的操纵所带来的好处远远大于可能强加给参与者的风险
法律问题	敏感问题，如不道德行为、骚扰和歧视，往往触及法律问题	考虑到研究结果很有可能成为证据（即可以在法庭上提出的证据），研究者应在现场实验开始之前向律师咨询
测量问题	为了保持现实性，关键变量的测量通常受到限制，这使测量的可靠性受到质疑	研究者可以以数据收集错误或其他理由，在实验结束几周后让被试重新评估对原始项目的打分，并收集额外的观测变量来保证测量的可靠性，确保被试不是简单地复制他们原来的数字
	使用共同参与者作为数据收集者，在参与实验后完成调查问卷，可能会导致实验者偏差	尽可能从多个角度寻求多种行为测量方法，尝试让独立编码员对视频或录音进行评分
研究偏离	现场实验的极端复杂性所带来的意外情况	研究团队需要花时间考虑各种突发事件，并及时采取行动
		现场实验研究人员与整个研究团队、IRB和合作组织之间的沟通渠道是至关重要的
		要意识到面临着挑战的研究发现往往是有望带来重要研究突破的
发表问题	小样本问题	相比实验室实验，现场实验由于需要投入大量的时间和精力，其样本量要更小。研究者需要尝试说服审稿人相信研究的现实性可能比小样本量更重要
	行为测量问题	在进行现场实验时，有时不可能要求参与者完成关于他们的个人差异、意见和反应的问卷调查，研究者需要尝试说服审稿人积极地评估可靠的行为测量
	机制探索的不足问题	在现场实验中，研究者往往无法测量太多构念，但能提供非常新颖的数据和见解，因此研究者需要说服审稿人积极思考文章的价值

在这篇文章中，伊登等学者为如何开展现场实验提供了详细的操作指南，并对研究投稿过程中可能面临的挑战及其应对策略进行了详细阐述。这些讨论为创业领域现场实验研究的开展提供了宝贵的指导。

阿纳尔多·卡穆福等学者：基于现场实验研究创业决策的科学逻辑

2020 年，阿纳尔多·卡穆福（Arnaldo Camuffo）和阿方索·甘巴德利亚（Alfonso Gambardella）等学者在《管理科学》上发表了《创业决策的科学方法取向：一项随机对照实验的研究》一文，聚焦经典的创业研究话题，应用现场实验方法对科学取向在创业决策过程中的作用进行了检验，研究结论对优化创业决策有着重要启示。

面对变幻莫测的商业环境，对市场信息收集和整合的方式会直接影响创业决策的准确性。卡穆福等学者以战略管理和经济学相关理论为基础，提出了创业决策的科学取向。其核心内容包括：建立商业理念框架并预测其发展趋势，提出具体假设，设计严谨的实验对假设进行检验，据此进行创业决策。其基本命题认为：创业者遵循这一科学取向整合市场信息能提高决策准确性。研究者随后进行了一项随机对照实验，通过培训干预的方式，比较了新的科学决策取向（实验组）和传统的启发式决策取向（对照组）对创业决策准确性的影响，证实了科学决策取向的有效性。

研究者首先以"创业培训课程"的名义在线上收集了 202 份来自意大利的创业者申请表，通过对创业者的简历和商业理念的审核，筛选出 164 名商业理念处于初步发展阶段、尚未盈利以及团队规模不超过 3 人等符合初创特征的创业者。在计算研究成本后，从中随机选取 116 名初创者参与研究，并将其随机分配到实验组和对照组。为了检验随机分配的有效性，作者团队进行了纯随机平衡测试，结果表明在所有候选人中，无论是选中的或未选中的，还是进入实验组的或控制组的，其分布均呈现出随机化的特征。

实验过程为所有参与者均免费参加为期 4 个月的线下课程培训。培训课程在每周六开设，包括学习（讲座授课，每次 4 小时）和指导（一对一导师指导，每次 1 小时）两个模块，两者交替进行，一共 10 次。培训课程的主要内容包括四个方面：①商业模式画布（business model canvas），探索公司的价值定位、盈利模式和目标客户等核心成分；②消费者访谈（customer interviews），探索客户需求以确定公司的潜在市场、市场划分和创意反馈；③最小化可行商品（minimum viable product），即在正式推出产品和服务前，让客户进行初版体验，并预估其付费意愿；④原型展示（concierge or prototype），即对小部分客户展示产品或服务的原型，并汲取反馈。这四个方面的培训能引导创业者搜集和整合信息，进而帮助其判断商业模式或创意能否取得成功。所有参与者的课程内容、培训形式和时长均相同。

实验组和控制组的区别在于，参与者在培训过程中接受的决策取向不同。对于实验组的参与者，他们接受的培训是利用科学决策取向进行信息收集和整合：参与者要对问题进行识别和理论化，建立整体的商业理念框架；提出具体的假设（如价值定位与潜在客户是否匹配）；设计严谨的实验（如寻求消费者和专家的反馈）不断验证假设；创业者基于对这些信息的系统性整合加工做出创业决策。而控制组的参与者还是按照传统的直觉和启发式思想，如试错法、执行与证实搜索做出判断和决策。

访谈数据在培训期间每两周收集一次，在培训结束后每个月收集一次。在培训期间，每次一对一指导结束后研究者会在下一次培训前对每位参加者进行电话访谈。访谈内容包括过去两周的行为表现、如何进行决策，以及创业的盈利情况，每次访谈时间为 45 分钟。培训结束后的 8 个月内，仍以每月 1 次的频率进行同样的电话访谈（最后两次间隔为 2 个月），累计收集 16 个数据点。通过对访谈内容进行文本编码和分析发现，实验组的创业者在课程培训阶段和结束后，能利用科学思想对市场信息进行系统性整合，而对照组的创业者则主要凭借直觉经验和启发式进行决策。

对比发现，经过科学方法培训的创业者能更早意识到早期创意的潜在问题，因而能及时舍弃不好的商业创意、转向其他更具潜质的创意；而且能通过与消费者的频繁互动，不断验证和调整原有的商业模式，因而盈利状况更好，表现出更准确的决策。而控制组的创业者尽管也进行了信息搜索的培训，但其依赖于原有的直觉和启发式方法往往会导致确认偏差，以及高估早期创意的价值而未能及时退出或寻找新的创意，导致创业失败。例如，在消费者访谈阶段，他们主要通过个人的社交账号向熟悉的人发放非结构化的问卷，这不仅难以获得有代表性的样本，在内容设置上也存在很大的确认偏差，难以捕捉消费者真实的体验；样板展示环节本可以用来验证产品或服务是否满足消费者需求，但创业者更关注消费者的满意度，而忽视了消费者对于产品和服务的反馈信息。总体而言，此研究将初创者作为"科学家"并提出和检验了创业决策中科学取向的作用，对于理解创业决策的认知过程也有重要启发。信息本身并不重要，重要的是能否对信息进行科学的、系统的加工和整合，这会影响到对市场信号解读、推论的质量，并最终影响创业绩效。

该研究巧妙地采用现场研究的方式，就创业决策应该持科学取向还是直觉或启发型取向的问题进行了探讨，体现出以下几方面的特点：①从参与者来看，不同于实验室实验经常招募的学生样本，该研究的被试均是实实在在的处于创业初期的创业者；②从被试分配来看，不同于准实验方法不强调对被试的随机分配，该研究通过在关键创业特征上的随机化处理（如创业项目的行业、地区等），较为巧妙且合理地对被试进行了随机分组；③从实验材料来看，该研究的实验被试均高度参与到真实的创业任务中，所有的信息、任务、材料均为真实存在的；④从对创业决策取向的操控来看，该研究在现实情境下，通过改变培训和指导的方式来达成实验操控，被试在整个过程中并未产生一丝疑虑，全身心沉浸于创业活动中；⑤从对实验结果的观察来看，该研究将对创业决策取向的干预巧妙融入真实熟悉的工作情境中，这确保了作者团队能观察和记录参与者在实际的创业决策中真实的行为表现，并进行了长期的跟踪访谈，实验结果测量的可靠性得到大幅提升。

托马斯·奥斯特布罗等学者：利用现场实验研究创业培训的有效性

2021年，托马斯·奥斯特布罗（Thomas Åstebro）等学者在《战略创业杂志》上发表了《基于重复性的随机对照实验来检验有效性：以鼓励社会创业的培训项目为例》一文，采用随机对照实验的方法，检验了创业培训项目在诱发并鼓励社会创业中的重要作用，发现减少领导力同时增加传统的创业技能训练之后，创业培训项目对于诱发社会创业活动起到了显著的促进作用。除了理论价值，这篇文章更重要的是启发了如何在创业领域内开展现场实验研究。

这篇文章中的现场实验研究在法国开展，依托一家叫作"变革之路"（Ticket for Change）的组织，这家组织于2014年创立，致力于在推动并促进社会创业方面开展培训项目，现在已经被誉为法国社会创业活动的"助推器"，在法国社会相当有声望。这家组织的培训项目主要强调领导技能训练和社会创业活动方面的知识训练。培训项目以为期12天的法国不同城市之旅拉开序幕，50名参与者会在这期间与领导力、社会创业以及相关领域的专家会面并接受他们的训练，紧接着是长达6个月的培训项目，这一阶段的培训聚焦于网络化机会以及其他与创业相关支持的系统性训练。

2014 年，变革之路创立之初，奥斯特布罗等学者就与这一组织协商后，被授权参与评价上述培训项目的有效性和影响力。既然要评估，那么可能就需要评估是否接受培训以及培训内容对参与者行为的影响，随机对照实验自然就是最有效的办法之一。有趣的是，这家组织对于奥斯特布罗等学者采用科学严谨（自然会烦琐甚至是代价昂贵）的方法来评估项目价值表现出了极大的兴趣。在文中，奥斯特布罗等学者的表述是"这家组织对此感到兴奋不已"，但奥斯特布罗等学者没有详细说明原因。读到这里，大家不妨想想，如果你与类似的机构沟通类似的事情，采用什么途径和技巧能达到让人家感到兴奋不已的效果？学术研究挑战的可能不仅是学术本身。

奥斯特布罗等学者与这家组织合作，在 2014 年开展了首轮现场实验研究。首先是在这家组织的网站上发布了招募广告（请注意，这与卡莫福等学者开展的第一步完全相同）："我们招募 50 名有志于将聪明才智奉献给社会服务的创业者，你们追求的是通过社会创新和社会创业来改变社会。无论你来自哪里、来自哪个学校，不关乎你的文凭、喜好或技能，我们在乎的就是你，投入、激情、乐观、固守使命的你。"当然，仅仅是网站招募显然不够，这家组织还利用了网络社交媒体进行宣传推广。2014 年，培训项目的主要内容是领导力训练和社会创业方面的知识训练，例如，邀请参与者同知名社会创业者会面交流，分享有关法国的社会问题清单等。

这一培训项目的总预算是 640 000 欧元，其中 275 000 欧元来自捐赠。据这家组织估算，每位参与者的成本在 12 000 欧元左右。2014 年 3 月 17 日至 4 月 30 日，这家组织收到了 397 份参与申请，这些申请者需要填写一份开放式问卷，主要评估其"追梦能力、改变社会的意愿、领导潜质和沟通能力"四个方面的素质，评估工作由这家组织开展，由 3 位人员对每位申请者的填答进行评分，最终得分最高的前 100 名参与者被录取。基于这 100 名参与者，奥斯特布罗等学者进行了实验组和对照组的随机分配，更有趣的是，这家组织从刚开始的兴奋变成了此时的阻拦。在该文中，奥斯特布罗等学者这样写道：在此时，这家组织开始开倒车了，他们的压力在于确保培训项目成功，随机分组显然很不公平。例如，77 号参与者被选中就可以参与培训项目，而 76 号参与者被分入控制组就不能接受任何培训。奥斯特布罗等学者经过反复说服与沟通，最终这家组织同意了随机对照实验的设计。读到这里，如果是你，你遇到这种情况会怎么办？如何说服？凭什么说服？

在培训开始前，奥斯特布罗等学者采集了参与者的数据信息，同时在 6 个月的培训期内也不断采集实验组和对照组的参与者数据。在培训项目完成之后，奥斯特布罗等学者又借助 LinkedIn 平台来采集实验组和对照组参与者的数据，这是重点，因为关乎培训项目的效果和影响力。具体而言，奥斯特布罗等学者不仅追踪参与者的社会创业活动（例如，在完成培训项目之后，你在过去几个月内是否启动了创业项目），还追踪他们的社会领导力发展。

奥斯特布罗等学者在培训项目启动之前以及启动过程中的数据采集涉及一些潜在的控制变量，在这里就不再赘述了。必须要指出的是，实验结果让人沮丧。基于数据的统计分析，奥斯特布罗等学者发现无论是在激发他开展社会创业的意愿和行动方面，还是在提升他的社会领导力发展方面，培训项目对参与者没有起到任何作用，简单来说，就是统计模型中没有任何星号。如果是你，你在此时会是什么样的心情？又打算怎么办？

奥斯特布罗等学者在文章中写道：基于这一结果，我们就要重新设计培训项目的关键内容。这家组织希望经过重新设计，培训项目应该在激发社会创业活动方面表现突出影响力，也应该提供一些在领导力和社会创业方面的基础性训练。为此，2015年这家组织又组织开展了第2轮培训。

2015年的培训项目在"筛选过程、游学内容、培训内容"等方面都做出了新的调整。在筛选过程方面，这家组织决定要提升申请者的质量，提出了申请者至少需要具备先前创业经验的条件。同时，2014年的培训项目出现了很大的逃课问题，因此，这家组织决定在选择上优先考虑那些能全勤参加6个月项目培训的申请人。在游学内容方面，训练内容更加聚焦于创业分析工具，包括商业模式设计以及精益创业方法等，而在这一期间，领导力训练被大幅度压缩。最后，在培训内容方面，更加聚焦于创业能力开发，更注重于社会创业者和行业专家进行结构化的互动，同时通过这一互动来加速推动申请者手上的项目实施。

2015年，这家组织收到了200份申请，采用与2014年一样的程序从中筛选出了100位合格参与者。有趣的是，这家组织不再同意对这100位参与者进行随机对照分组，奥斯特布罗等学者沟通的结果是，排名前25的参与者必须要进入实验组（因此在文章的统计分析中没有被纳入），而对中间的50位参与者进行随机分组。这很有趣，不妨想想为什么是中间的50位？在文章中，奥斯特布罗等学者为这50位被试取名为"中间的50位"，随机实验过程与2014年完全一致。

那么，留给奥斯特布罗等学者的难题是，如何确保2014年和2015年两轮的实验存在随机性？也就是说，这两年的被试群体之间不存在显著性差异。奥斯特布罗等学者做了一系列的检验，如果你感兴趣，请你阅读原文，相信会对你有启发。基于对随机对照实验数据的统计分析，奥斯特布罗等学者验证了前文提到的结论，就事论事的培训似乎不起作用，回归到基本面关注创业技能反而会在激发社会创业意愿和行动方面起到更加突出的作用。

也许你会想，这篇文章的研究选题有那么重要吗？我也在问自己，抛开理论上的贡献，在方法上的贡献足以让我称道。奥斯特布罗等学者开展了两轮随机对照实验，尽管这并非他们研究设计的初衷，反而是在研究过程中进一步发现问题后的修正和深化，更为重要的是，随机对照实验过程充斥着不确定性和挑战，挑战的不是理论设计，而是一种严谨而灵活、专注而系统的学术思维和驾驭能力。

现场实验方法在创业研究中的机会与风险

作为一个能够平衡内外部效度的方法，现场实验有其显著的优势，体现在两个方面。①现场实验能有效契合创业活动高情境性的特征，研究者可以深入创业团队中去，以研究对象正在从事的实际创业活动为基础，设计并开展实验。这可以很好地保证研究结论的可推广性，克服了以往创业研究中采用实验室实验方法带来的低外部效度的问题。②现场实验能提供较强的因果关系推断，这样可以帮助创业研究者和实践者进一步厘清创业活动中的前因后果，克服了以往基于横截面数据仅能展现相关性，因果关系推断不足的问题，为创业活动提供更为可靠的管理建议与启示。

结合以上三篇文章的相关建议，我们认为现场实验方法可以较好契合创业领域的大部分研究问题。原因在于，创业活动的高风险性意味着，在创业团队调研任何涉及创业项目的话题，创业者或创业团队都会有所顾虑，或源于创业项目中关键技术的保密需求，或源于对创业失败的忌惮，有时可能仅仅是因为创业期巨大的压力。可以认为，创业研究的多数话题都属于"敏感话题"，例如创业者和创业团队都不愿提及的创业失败问题，初创团队成员间的关系问题，创业者和创业团队的实际工作压力问题等。这些话题在问卷调查、访谈等方法中可能会面临难以采集到可靠数据的问题，原因在于它们都属于创业者、创业团队、创业企业员工出于种种原因而不愿讨论的问题。采用现场实验的方法则可以通过随机化处理、真实的实验信息与任务、深度嵌入在创业活动中等设计巧妙地避免上述问题。

现场实验方法也具有一定的风险，需要研究者们注意避免。首先，不是所有问题都适合用现场实验方法来研究。限制于现场实验的独特研究情境，实验者往往没有太多机会去测量多个变量，因此在对一个关系中机制的解释与验证方面存在天然的不足。现场实验有助于创业研究者们在排除其他混淆因素后去观测某个影响关系，但往往对这个影响关系的中介机制与边界条件难以进行测量与检验。在现场实验过程中，太多自我报告的测量不仅不易实施，还容易引起被试对当下所从事的创业任务与活动产生猜疑，最终对现场实验的结果带来负面影响。

其次，现场实验往往存在内外部效度间的平衡问题。尽管我们分享的后两篇文章已经为如何在创业领域开展现场实验提供了可行的操作路径，总体来说，其实验设计要求相较于实验室实验或问卷调查研究还要更为苛刻。可能的风险包括，随机化处理可能带来实验情境的改变，导致不真实的实验情境；可行的操控可能引起被试的注意与警觉，导致现场实验流于形式；创业研究者可以充分利用其身份特征，以创业培训的方式开展现场实验研究，从而使随机化处理、真实的实验材料与任务、被试在实验过程中的深度沉浸等变为可行。

最后，现场实验需要研究者具有能够进行随机化处理与自变量操控的机会。现实的创业活动往往留给研究人员较少的空间来开展研究，因此在不引起被试注意的情况下进行随机化处理与自变量的操控需要有恰当的机会。通常来说要找到这样的机会并不容易。例如，创业企业中不同的团队和部门往往具有不同业务或功能，随机化处理难以逃脱自我选择或管理者选择的约束；一些变量如创业团队构成、创业者或创业团队任期、创业企业制度等往往不存在被操控的机会。

◆ 参考文献

Highhouse, S., 2009, "Designing experiments that generalize", *Organizational Research Methods*, Vol. 12, No. 3: 554-566.

James, E.H., and Wooten, L.P., 2006, "Diversity crises: how firms manage discrimination lawsuits", *Academy of Management Journal*, Vol. 49, No. 6: 1103-1118.

Lewandowski, G.W., and Strohmetz, D.B., 2009, "Actions can speak as loud as words: measuring behavior in psychological science", *Social and Personality Psychology Compass*, Vol. 3, 992-1002.

Paluck, E.L., and Green, D.P., 2009, "Prejudice reduction: what works? a review and assessment of research and practice", *Annual Review of Psychology*, Vol. 60: 339-367.

Scandura, T.A., and Williams, E.A., 2000, "Research methodology in management: current practices, trends and implications for future research", *Academy of Management Journal*, Vol. 43, Vol. 6: 1248-1264.

Stone, D.L., Hosoda, M., Lukaszewski, K.M., and Phillips, N.T., 2008, "Methodological problems associated with research on unfair discrimination against racial minorities", *Human*

Resource Management Review, Vol. 18, Vol. 4: 243-258.

Camuffo, A., Gambardella, A., Messinese, D., Novelli, E., Paolucci, E., and Spina, C., 2021, A Scientific Approach to Innovation Management: Evidence from Four Field Experiments. CEPR Discussion Paper No. DP15972, https://ssrn.com/abstract=3816857.

■ 文献推荐

Åstebro, T., and Hoos, F., 2021, "Impact measurement based on repeated randomized control trials: The case of a training program to encourage social entrepreneurship", *Strategic Entrepreneurship Journal*, Vol. 15, No. 2: 254-278.

Camuffo, A., Cordova, A., Gambardella, A., and Spina, C., 2020, "A scientific approach to entrepreneurial decision making: evidence from a randomized control trial", *Management Science*, Vol. 66, No. 2: 564-586.

King, E.B., Hebl, M.R., Botsford Morgan, W., and Ahmad, A.S., 2013, "Field experiments on sensitive organizational topics", *Organizational Research Methods*, Vol. 16, No. 4: 501-521.

◉ 代表性学者

阿纳尔多·卡穆福（Arnaldo Camuffo）

1990年在威尼斯大学取得管理学博士学位，现任博科尼大学教授。他的研究主要集中在精益管理、精益创业、战略人力资源管理和人力资本等领域，在《管理科学》《管理学杂志》《战略管理杂志》《组织科学》等期刊上发表过多篇文章。E-mail：arnaldo.camuffo@unibocconi.it。

阿方索·甘巴德利亚（Alfonso Gambardella）

1990年在斯坦福大学取得经济学博士学位，现任博科尼大学教授，管理与技术系主任。他的研究主要集中在企业战略、技术战略、创新及其对产业结构的影响等领域，在《管理科学》《战略管理杂志》《组织科学》《战略创业杂志》《政策研究》等期刊上发表过多篇文章。E-mail：alfonso.gambardella@unibocconi.it。

托马斯·奥斯特布罗（Thomas Åstebro）

1994年在卡内基梅隆大学取得博士学位，现任巴黎高等商学院创业学讲席教授，研究领域为决策科学与战略，主要研究创业情境下的决策和组织问题，在《战略管理杂志》《组织科学》等期刊上发表过多篇文章。现任《小企业经济》主编、《管理科学》副主编。E-mail：arnaldo.camuffo@unibocconi.it。

创业领域如何使用大数据与机器学习方法开展研究

◎ 李大元　　◎ 潘　壮

中南大学商学院

人工智能（artificial intelligence，AI）是计算机科学领域的一门技术，旨在通过机器的智能学习解决问题（Lévesque，et al.，2020）。AI不仅改变着创业企业的运作方式，更让学者利用AI与大数据进行研究成为可能。虽然AI在企业中的使用已经引起管理学、组织学等领域学者的关注（Ballestar，et al.，2020；Momtaz，et al.，2021；Choudhury，et al.2021），但在创业领域的研究却相对较少。

互联网及大数据模式下的创业活动促使更多高维、复杂经验数据的产生，AI在科学研究领域的应用为新范式下的创业研究提供了新型的研究方法，进而促使创业研究由当前的线性、低维、有限样本、抽象模型向非线性、高维、大样本、复杂模型转变。随着大数据算力与算法的改进，创业领域利用大数据与AI算法的研究热度正不断升高。Lévesque等学者（2020）的研究为创业领域使用AI发展与检验理论提供了有益指导。《小企业经济》杂志更是在2020年制作了1期特刊，讨论AI、大数据情境下新的研究设计、方法、数据对创业研究的影响，涉及创业过程中的信号理论、创业技能、区域大五人格、企业绩效预测等内容。AI和大数据不仅会改变现在的创业研究，更会改变未来的创业活动（Obschonka，Audretsch，2020）。

在互联网及大数据时代，AI可以在创业研究中发挥关键作用。首先，AI可能基于数据发现甚至创造新的变量。相关研究主要在文本数据方面取得了显著的进展。以心理学的大五人格特质为例，已经成为个人特质，甚至逐渐成为地区文化心理方面的普遍指标（McCrae，2004）。然而，对个性的研究往往面临重大限制，其数据只能在地方层面通过心理调查获得，这种方式不仅成本高昂，而且会受到特定的选择偏见影响。研究者可利用AI充分发挥社交媒体等渠道公开可用的信息数据，将大数据编码为个人甚至区域层面心理差异的有效变量。

其次，运用机器学习可以观察数据背后深层次的关联。机器学习可以成为构建理论过程的工具，其虽然无法遵循传统计量经济学侧重于推理的逻辑，自行对事先指定的模型进行演绎推理，但是可以按提前规划的模型分析数据背后的关联。通过对数据的事后分析并与数据

⊖ 本文是国家自然科学基金重大项目"创新驱动创业的重大理论与实践问题研究"（72091310）课题二"数字创新驱动的新企业创业模式研究"（72091313）资助的阶段性成果。李大元为本文通讯作者（bigolee@163.com）。

可视化结合，揭示研究人员在传统计量方法下分析变量时可能忽视的非线性和潜在相关关系。如乔杜里（Choudhury）等学者（2021）对员工入职培训绩效与员工流失的数据处理发现：如果用简单的全局线性拟合（对每个解释变量使用 Logistic 回归），那么可以推断入职培训绩效和离职概率之间存在统计上显著的负相关。而事实上，在培训期间小部分绩效不佳的员工更有可能离职，而且这部分员工仅在前 6 个月内存在离职现象，但这种效应甚至显著影响到了全部样本，导致了统计学上的推断与大部分样本的观察并不一致。

最后，AI 方法可以实现有效的因果推断，提高研究结论的一致性。AI 方法是一种强大的工具包，用于发现数据中的稳健模式。具体而言，机器学习方法可以使定量实证研究人员更接近扎根理论的传统，促进研究人员识别数据中的模式并基于数据构建理论。例如提德哈（Tidhar）和艾森哈特（2020）将机器学习与定性案例相结合，开发了关于苹果 iOS 系统应用程序中的最佳收入模型。此外，研究人员可利用机器学习更好地基于数据制定假设，随后使用传统的计量经济学工具进行检验。

随着大数据与 AI 在创业研究领域的关注度逐渐提高，部分研究者开始采用具体的机器学习等方法展开研究。这些方法突破了传统数据集在空间与时间上的限制，推进了创业研究的发展。在变量构建方面，许多研究基于机器学习方法以文本为对象进行了相关变量的构建，比如个体层面的大五人格（Hrazdil, et al., 2020）、叙事方式（Choudhury, et al., 2019）以及企业层面的多元化（Choi, et al., 2021）、区域层面的大五人格（Obschonka, et al., 2020）等更高层面的指标，也有研究以图像为对象构建了面部信任度（Hsieh, et al., 2020；Duan, et al., 2020）、积极与消极情感分析（Momtaz, 2021）等变量。总的来说，以机器学习为代表的 AI 方法正在逐渐兴起并将深刻影响创业研究。

亚历山大·沃森和克里斯托夫·伊尔：自然语言处理与受众评价

2020 年，亚历山大·沃森和克里斯托夫·伊尔在《创业学杂志》上发表了《不只是文字！叙事锚定与叙事丰富如何帮助平衡创业产品的差异化和一致性》一文。沃森和伊尔认为，在文创行业企业家面临必须顺应潮流以获得合法性，同时又要使自己显得与众不同以获得竞争优势的难题。他们提出，企业家应利用叙述与既定（claimed）产品和类别的文化意义与语义关系来应对这一挑战。类别（category）是反映期望和偏好的社会分类系统（Zuckerman, 1999），公认的（established）和预定义的（predefined）类别是组织在尝试定位自身产品时需要遵守的指南甚至约束条件，代表着对同一类别内的产品的共同特征的一致理解。而受众评估组织及其产品的一个关键因素是如何与其他组织进行比较（Deephouse, 1999；Zuckerman, 1999）。组织需要在让自己看起来合法的同时仍能将自己与竞争对手区分开来。其中，向现有合法的类别模式的看齐或对标被称为战略分类（strategic categorization），而在保持合法性的问题上，如何表达以及向谁表达这种一致性（conformity）被称为战略差异化（strategic differentiation），这会影响到类别的边界（boundaries）和轨迹（trajectories）。而这一思想与最优区分理论中追求认同与寻求差异两种矛盾机制的思想不谋而合。

利用最优区分理论与分类理论，沃森和伊尔从文化创业的视角出发，认为受众以既定的类别为依据确定企业家对产品差异化和一致性声明的好感度。其中，企业家可以通过"锚定"的方式限定自身产品的类别，从而表现出对相同类别受众的认同；通过"丰富"的方式，合理表现出自己与他人的不同。沃森与伊尔基于电子游戏平台 Steam Greenlight 与 MobyGames

的产品与文本描述，使用自然语言处理以及机器学习方法探讨了企业家在文化创业过程中的叙事锚定与叙事丰富对于受众评估的重要性。与以往采用相似词或主题建模等基于全文语料进行变量构建的方法不同，沃森和伊尔采用了更加注重词语上下文语境的嵌入方法，对叙事的锚定与丰富程度进行了测量。这篇文章指出企业家可通过在创业叙事中利用产品类别的文化含义和代码来"聚焦"或"扩大"受众的视角。因此，类别不仅是要区分的竞争群体，还是企业家在构建其叙事时可以使用的文化代码和意义的库。

文化创业文献的核心假设在于受众借助于文化元素去评估与确定新企业的合法性（Lounsbury，Glynn，2001）。此类文化元素包含了符号、名称、叙事等多种因素，其塑造了对创业主张的意义构建和评估（Navis，Glynn，2011）。沃森和伊尔从这些元素中肯定了创业叙事的合法性，因为叙事是"关于企业家或其公司的故事"，能帮助企业家利用资源、向受众传达思想。叙事锚定是通过将叙事的元素限定在具有既定类别的文化代码中，追求熟悉（合法性）和新颖（区分性）的平衡，本质上是利用"以往的和熟悉的"框架使"全新的和不同的"元素变得易于接受并"融入流行的文化框架"。叙事丰富，即企业家可以尝试利用那些往往尚未既定的（unclaimed）文化类别代码和意义，从而建立联系来吸引更多的受众。

数据收集过程中，沃森和伊尔将具体情境放在电子游戏行业，基于创业项目新兴平台Steam Greenlight及成熟平台Moby Games收集了关于既定的类别和创业团队的文字描述信息，以及如用户评价的描述与收藏等用户行为数据。通过分析Steam Greenlight上的2 901项电子游戏提案和Moby Game上的11 651项成熟游戏中包括射击、冒险、教育、音乐、策略、角色扮演等共计15个类别的数据，沃森和伊尔根据其类别和叙事，比较了新兴产品和现有产品，并发现新兴电子游戏市场的受众普遍拥护高水平的战略差异化。如果产品使用牢牢扎根于所宣称类别的文化代码的叙事呈现自身，那么会较少受到合法性不足的影响，而且这种做法有助于向用户传达所需的必要信息，指导用户做出明智选择（Vergne，Wry，2014）。特别是当产品跨越了不常见的和不相干的类别组合时，企业家可利用叙事锚定在不同的产品元素之间创造一种连贯性，让受众获益。

具体而言，沃森和伊尔使用在Steam Greenlight和Moby Games平台上收集的14 552个游戏创业项目文本描述进行语料库构建。该语料库通过标记化、词性还原化和词语标注的方式进行了文本清理，将进一步的分析集中在核心的名词、动词、形容词和副词上。以此语料库为基础构建语义空间，在此空间中，词与词之间的对齐（疏远）意味着相似（不同）的含义，从而得到围绕文化创业和叙事的理论化的衡量。

传统的叙事测量方法基于词语的相似性及主题的相似性来测量（Barlow，et al.，2019；Haans，2019）。沃森和伊尔认为，以往的分析方法存在不足：基于词语的相似性测量是在单个类别的内部进行比较，很难实现跨类别的综合分析；而主题模型基于"词袋"（bag of words）的假设，算法处理过程不依赖于局部词的上下文情境，而使用整个语料库文档中词的全局共现，这意味着文档中词的先后顺序无关紧要。

词嵌入算法遵循"分布假设"，即一个词的意义可以从局部语境中与之一起出现的词得出。该算法在神经网络结构中从其周围的词语预测焦点词，以导出每个词的多维向量表示。例如，搜索类似于"beautiful"的词会得到"lovely"或"gorgeous"，而基于"man""king"的类比词搜索"woman"会得到"queen"。沃森和伊尔认为，同义词和类比在创业叙事中发挥着重要作用，可通过根据已经熟悉的含义领域来定义新产品，以创建对新产品的更广泛理解，并通过段落向量（paragraph vector）实现叙事的词语在相同的语义空间中定位游戏既定的类别。因此，针对创业叙事情境，词嵌入这种能精确定义上下文语义关系（如同义词和类比）的算法更加适合创业叙事的分析。

在核心变量的构建方面，以往关于战略差异化测量的研究基于距离特征（Zhao，et al.，2018）或频繁词（Barlow，et al.，2019），沃森和伊尔则注重捕捉市场领域文化意义空间中的差异化，他们的测量基于新游戏（发布于 Steam Greenlight 平台）的叙事与现有游戏（发布于 MobyGames 平台）的叙事之间的相似性——通过词嵌入计算二者向量余弦相似度得出。叙事锚定计算的是 Steam Greenlight 特定游戏的词嵌入向量和游戏标签标明的类别嵌入向量之间的余弦相似度，若游戏标签有两个以上的类别，则进行平均。游戏的叙事丰富度通过计算 Steam Greenlight 上特定游戏的词嵌入向量与其他类别的词嵌入向量的余弦值来测量，"其他类别"是除射击、冒险、教育、音乐、运动、策略、角色扮演等 15 项主流类别以外的其他类别。类别跨度的计算基于产品标签说明的类别数量，通过 Simpson 多样性函数（Simpson，1949）计算每个产品在每个既定类别的多样性向量（若产品的类别为射击和策略，则在向量中射击和策略的对应值为 0.5，其向量表示为 [0，0.5，0，0.5，0，0，0，0，0，0，0，0，0，0，0]），从而衡量每个产品的类别跨度。

通过负二项回归，沃森和伊尔发现，文化产品的叙事丰富与受众评价之间有显著正向关系，当产品覆盖了多个类别时，这种效应更加显著。此外，战略差异化和受众评价之间是一种"倒 U 形"关系并受到叙事锚定的调节，即当叙事锚定高时，受众评价会更高，而当叙事锚定低时，受众评价会变低。

以往研究表明叙事是决定受众如何感知创业产品的关键因素（Allison，et al.，2015；Navis，Glynn，2011），并且创业者的差异化和分类过程中的努力起着关键作用（Barlow，et al.，2019）。沃森和伊尔的研究印证了上述学者的观点，通过在叙事中表达熟悉的意义，创业者可以增强所提供信息的亲和力、可理解性和凝聚力，这既适用于核心受众顾客，也适用于创业者想要接触的其他受众。通过叙事锚定效应，叙事适合强调企业家在类别跨越的情况下进行战略分类的努力，以及他们在既定产品类别差异化方面的努力。通过叙事丰富效应，叙事有助于受众接触相对冷门的产品类别并获得他们的支持。

通过引入自然语言机器学习算法，沃森和伊尔的研究为企业家提供了一种有效的工具来分析、设计和实施创业过程中的叙事锚定与叙事丰富，努力在不失合法性的同时保持自身的竞争力。他们引入的基于相似含义分析叙事的方法——词嵌入方法，超越了基于相似词（Barlow，et al.，2019）或相似主题（Haans，2019）分析叙事的方法，对多类别和非典型性类别进行了研究，并讨论文化类别与叙事在文化创业中的作用，拓宽了聚焦于单一类别的研究方法，是运用自然语言处理上下文语境研究的一次开拓性尝试。

马克·陈等学者：利用机器学习方法研究金融科技创新价值

马克·陈（Mark A. Chen）等学者于 2021 年在《金融研究评论》杂志上发表了《金融科技创新的价值有多大？》一文，首次运用机器学习算法提供了关于金融科技创新存在和价值的大规模实证证据。作者提出了 3 个问题：哪些类型的新金融科技对创新者而言最有价值？金融科技的运用是否有助于金融机构降低成本，更好地吸引客户，从而获得更高的未来利润？新的金融科技会不会使新创公司侵蚀在位企业的竞争优势，降低整个行业的利润和价值？作者利用由专利申请的完整文本文档构建的新数据集，研究了金融科技创新及其对新创企业、在位企业与行业带来的价值。

首先，马克·陈等学者利用 2003～2017 年的专利申请数据汇编了新的金融术语词典，将专利申请缩小到与金融服务相关的范围。这种方法遵循了以往的金融研究，使用单词列表或文本分析来衡量情绪、检测偏见，或对新闻媒体、金融文件中的研究对象进行分类。通过训练和使用一个或多个有监督机器学习算法并对不同分类器的性能进行比较，马克·陈等学者最后使用聚合线性支持向量机（support vector machine，SVM）、高斯 SVM 和神经网络模型的分类器以实现更好的分类性能。然后，将分类器应用于文本数据，以识别金融科技创新，并将其分为 7 个关键技术类别：网络安全、移动交易、数据分析、区块链、对点网络借款（peer-to-peer，P2P）、机器人咨询和物联网（IoT）。基于此，马克·陈发现大多数金融科技创新都为创新者带来了巨大的价值，在金融科技的 7 个类别中，网络安全和移动交易在金融科技创新中的占比排在前两位，经历的创新规模也更大。区块链是目前金融科技中规模最小但增长最快的创新类别。

其次，马克·陈开发了一种新的估值方法以估计一个或多个申请专利对上市公司的价值。对于每一个专利申请，将其预测的创新强度与公司的股价走势相结合，以推断创新对公司的潜在价值，并解释了市场对不同申请者提交的不同类型的专利申请的预期。利用此方法探究金融科技的个体价值（对专利申请企业自身的价值影响）和行业价值（对金融业的价值影响）。结果表明，金融科技创新对创新者的个体价值（即创新者积累的价值）通常是正向的且巨大的，最有价值的创新类型是区块链、网络安全和机器人咨询。而在探究金融科技创新对金融服务部门及其关键组成行业（银行、支付处理、经纪、资产管理和保险）的影响时，作者对估值方法进行了扩展，结果表明对整个金融行业来说，典型的金融科技创新带来了正向影响，最有价值的创新类型是物联网、机器人咨询和区块链。此外，作者还发现不同技术和行业的组合带来的价值存在显著差异，如移动交易创新带来的影响对银行业是负面的，但对支付行业是正面的。

最后，马克·陈解释了金融科技创新的巨大价值。创新的价值效应由底层技术的内在破坏性以及创新者是否对行业构成竞争进入威胁两个关键因素驱动。当其基础技术具有颠覆性并源自一家新创立的非金融公司时，金融科技创新往往会破坏更多的行业价值。此外，如果市场领导者在自身研发上投入大量资金，其受到外部破坏性创新的伤害往往较小。

马克·陈的研究贡献主要体现在四个方面，第一，补充了利用专利数据研究公司创新活动的研究。虽然以往依赖专利授权数据的研究为企业创新提供了有价值的见解，但是只关注金融创新的专利授权不能准确捕捉过去几年中发生的金融科技创新活动，可能会导致严重的截断偏差。因此，通过关注专利申请和利用批量数据存储系统（bulk data storage system，BDSS）数据，可以减少依赖专利授权所固有的数据截断问题，从而提供了金融科技创新的更完整的趋势和模式。第二，研究结果有助于探索创新在行业竞争中发挥的作用。以往文献研究探讨了一个行业之外的创新如何损害或造福在位企业，以及在位企业如何利用创新保护自己免受外部威胁。虽然传统研究很难从创新中获得受竞争威胁的大量数据样本，但是马克·陈等学者的工作采用了一个新的数据集，并提供了系统的证据，表明潜在进入者的创新可以影响一个行业内的个别公司。第三，结合一系列研究和新的估值方法，马克·陈等学者基于股价反应预测的创新强度有助于对创新事件的真实影响进行更精确的估计。随着时间的推移，结合观察到的股市对美国专利商标局（United States patent and trademark office，USPTO）披露的专利申请的反应来探索创新事件的价值变化，对于其他类型的研究具有一定的借鉴意义，例如结合股价反应修正分析师的估计。第四，丰富了金融学与经济学的研究方法和研究数据。运用文本分析和机器学习算法可以从专利申请文件数据集包含的大量、多样的文本数据中筛选出有价值的信息，从而识别和分类处理科技创新专利文件。机器学习相比于传统的统计方法能拟合更复杂的变量关系，具有更高的模型灵活度和更准确的模型预测能力。基于文本分析和机器学习的方法多应用于处理新闻文章、在线论坛帖子、公司文件、分析师报告等非传统研究数据，通过对其进行情感分析、分类处理等获得更新颖的研究数据，从而获得更深入的研究成果。虽然目前有一些经济学等领域的研究应用了机器学习方法，但是在金融领域的研究依然非常少。这给其他领域研究与专利申请、法律文件、媒体故事和其他文本数据相关的广泛问题提供了一个科学、有效的数据处理方法。

杨段等学者：基于机器学习来观测企业家面部可信度

杨段（Yang Duan）等学者于2020年在《公司金融杂志》（Journal of Corporate Finance）上发表了《企业家的面部可信度、性别和众筹的成功》一文，探讨了企业家的面部可信度（facial trustworthiness）是否以及如何与他们的众筹活动成功关联，并使用基于机器学习的面部检测技术，构建衡量面部可信度的全面的指标，为后续研究提供了重要参考。

尽管人们普遍认为创业活动有助于经济增长，但财务限制仍是众筹成功的主要障碍。传统的企业融资解决方案，如专业的风险投资和商业贷款，只能由少数相对更成熟的企业获得。因此，众筹为那些拥有有限的产品信息或短期记录的创业企业提供了另一种吸引商业资金以解决融资问题的方案。然而，对于这些早期众筹企业，其公开信息通常由企业家自我报告，内容简短而信息有限，不足以向潜在的投资者证明企业家自身的资质。由于众筹不透明的信息环境和缺乏金融中介机构的监控，众筹实践面临严重的信息不对称问题。基于社会资本对可信度的重要性，杨段等学者的研究旨在探讨企业家形象的外表可信度是否会影响众筹活动的成功。杨段等学者以外表的可信度——面部可信度为基础，分析企业家的面部特征如何影响投资者对企业家的能力、仁慈和正直的看法。心理学和神经科学文献表明，人们可以有效地判断他人的面部外观，并迅速发展出对他人面部可信度的认知。这些基于外观的可信度感知在感知者之间高度一致。以往的研究已经记录了各种商业环境中的面部可信度的影响，并发现人们在做商业决策时更有可能信任一个看起来更值得信赖的人。

鉴于众筹市场突出的信息不对称问题，对企业家的信任可能会缓解资助者对与企业家众筹项目相关的道德风险问题的担忧，从而促进融资决策过程。因此，杨段等学者假设，长相值得信赖的企业家更有可能获得众筹的成功。此外，以往的创业研究记录了性别刻板印象的存在，这对男性企业家有利，但对女性企业家不利。与男性企业家相比，女性通常被认为缺乏创新和商业发展技能，风险投资资源更有限，尤其是在高科技等由男性主导的行业。由于这种刻板印象，众筹平台上的资助者认为由女性发起的创业项目可能会有更大的不确定性。因此，与男性企业家相比，女性企业家的面部可信度可能是资助者评估企业家和影响最终资助决策的重要因素。因此，杨段等学者进一步假设，企业家的面部可信度和众筹成功之间的积极联系对女性企业家来说更为突出。

为了验证他们提出的假设，杨段等学者采用了网络爬虫算法来提取Kickstarter平台上

1 770个技术相关项目的详细众筹信息，包括地理位置、起始日期和截止日期、承诺目标、支持者数量、承诺总额、项目文本描述以及企业家的姓名和个人资料照片等。遵循以往使用Kickstarter平台的项目作为研究对象，原因有三：第一，Kickstarter平台是最受欢迎和成功的众筹平台之一，它提供了大量公开数据与丰富的项目特征，包括企业家的头像、项目描述和众筹结果。第二，由于开发技术具有必要的保密性，所以技术相关项目更容易遭受信息不对称问题，特别是在早期阶段。第三，Kickstarter平台的数据在很大程度上与以往文献的数据集一致，为对比研究结果提供了便利，并促进面部可信度在众筹中所起的作用的全面理解。

杨段等学者提取了与企业家的创业项目相关的合格头像照片，基于机器学习的面部检测技术提取了四种独特的面部特征：内眉脊的角度、下巴的宽度、面部的圆形、嘴唇到鼻子的距离。神经科学和心理学研究表明，这四个面部特征同样高度契合了个人的信度。

杨段等学者使用了基于机器学习的人脸检测器，根据每个企业家的头像来识别其面部特征，以衡量面部可信度。根据谢（Hsieh）等学者（2020）的研究，他们确定了四个面部可信度有助于面部可信度感知的特定面部特征。具体来说，EYEBROW测量了内眉脊的角度，眉毛越低，越被人觉得不可信。FACE捕捉到了脸的圆润度，脸部越圆润，越让人觉得可信。CHIN被定义为下巴宽度，下巴越宽，越让人觉得可信。PHILTRUM测量的是人中与上面部高度的比值，这一数值越大，越被人觉得不可信。

基于对收集数据的回归分析，杨段等学者发现，那些看起来更值得信赖的企业家更有可能在众筹市场上取得成功。此外，女性企业家的面部可信度在促进项目成功方面比男性更重要。结果表明，面部可信度与承诺总额、竞选目标承诺总额和支持者总数呈正相关。因此，实验结果支持"长相值得信赖的企业家更有可能获得众筹的成功"的假设。他们进一步发现，面部可信度让女性企业家更易获得资助者的支持。在所有四种众筹成功的指标中，面部可信度与性别的乘积项的系数都显著为负值，这表明相对于男性企业家，面部可信度在决定女性企业家的成功方面更为突出。因此，他们的第2个假设"企业家的面部可信度和众筹成功之间的积极联系对女性企业家来说更为突出"也得到了支持。他们的实证结果表明，企业家的面部可信度与众筹活动的成功呈正相关。此外，在控制了其他项目相关因素的情况下，女性企业家在创业公司的筹款成功中发挥了更突出的作用。

在经济意义方面，杨段等学者计算了项目成功率、承诺资金总额和支持者总数的变化。当保持解释变量的四分之一变化时，面部可信度的变化导致项目成功的可能性增加了2.1%。此外，这种面部可信度的四分之一的变化导致承诺金额增加了13.1%，当控制其他可能影响众筹成功因素不变时，支持者数量增加了4.8%。具体来说，女性企业家更有可能在启动平台上取得众筹成功。筹款目标较低、持续时间较长的项目也更有可能成功获得资助。众筹项目如果包含企业家的视频演示，往往有更高的成功率，这可能与释放出了高质量和充分准备的信号有关。此外，项目如果具有更好的可读性、更多的信息量、积极的语气和更少的不确定性描述，也更有可能成功获得资金。

杨段等学者进一步分析了用于建立信任的四种个人面部特征测量方法（眉毛、面部、下巴和人中），以评估在关注特定的面部特征时如何影响众筹结果。在回归结果报告中，脸圆、人中短的企业家更有可能成功筹集资金。这与之前的文献一致，文献表明面部的圆度可以积极地影响对面部可信度的感知，人中可以负面地影响对面部可信度的感知。

为了进一步探讨性别在众筹成功中的作用，杨段等学者将样本分为男性和女性群体，并进行小组分析，以检查面部可信度对众筹成功的不同影响。样本包括由男性企业家发起的1 590个项目和由女性企业家发起的180个项目。他们重新通过回归来测试企业面部可信度对每个性别群体中众筹成功的不同影响。实验结果为两条假设提供了进一步的支持，表明面部可信度通常会影响支持者的众筹决策，而面部可信度对女性企业家有更大的影响。

杨段等学者的研究的重要价值如下。首先，其研究丰富了社会资本对众筹结果影响的文献，证明企业家面部外观也可能影响资助者的可信度评价，从而影响企业家在众筹中的成功。其次，以前的相关研究中，关于面部可信度对企业家众筹成功的影响的经验证据是有限的。因此，杨段等学者研究采用的基于机器学习的人脸检测算法来衡量企业家的面部可信度，扩展了杜阿尔特（Duarte）等学者（2012）基于奖励的众筹环境中点对点贷款情境下面部可信度的研究，从而扩大了在企业财务环境中基于外观的可信度判断的应用。再次，他们还发现了新的证据，表明女性企业家的面部可信度在决定众筹成功方面比男性更重要的作用。最后，杨段等学者拓展了现有的管理信任和企业财务的文献。以往的研究发现，信任有助于资本市场的参与。这篇文章强调了个人面部可信度对众筹的价值，补充了先前的研究。通过增加更透明和可靠的信息披露政策，可以改善众筹中的信息环境，从而为投资者和监管机构提供重要的实际意义。另外，他们的研究基于以往神经科学和心理学研究开发的最新的图像处理技术，应用了一种新的机器学习方法来测量面部可信度。这种创新的个人层面的可信度测量方法为未来研究各种业务环境中个性化信任的影响提供了有趣而有效的途径。

创业领域大数据与人工智能研究方法的未来趋势

AI可用于解决基本的大数据挑战，驾驭海量数据、整合各种来源的数据以及理解其各种格式（Chen, et al., 2016）。AI作为基本技术与方法，包括有监督学习、无监督学习以及更为复杂神经网络模型在内的多种机器学习方法，其中有监督学习主要用于预测或回归，无监督学习主要用于分类，而神经网络模型则需要更加海量的数据进行学习防止过拟合。有监督学习作为机器学习的重要分支，目前应用最为广泛。表12-8对比了当下流行的有监督学习算法。

表12-8 常见的有监督学习算法

算法	回归分类	可解释性	运行速度	调参难度	说明	一般用途
决策树（Decision Tree）	均可	高	快	中	由于变量与树的可视化，结果高度可解释	快速了解数据中的重要特征和分布
随机森林（Random Forest）	均可	中	中	中	用途广泛，通常比决策树表现更好。与梯度增强树相比，它易于调整且内存占用低	用途较广泛
神经网络（Neural network）	均可	低	慢	低	高度灵活的功能形式；难调参。处理大数据更可靠、更有用。一般难以解释	图像识别、语言处理、预测等
K近邻（K-nearest neighbor）	均可	中	中	中	完全基于K个相邻观测值的惰性非参数估计；内存要求高	当对数据的分布和结构知之甚少时很有用
梯度增强树	均可	中	慢	低	按顺序估计树；通常优于随机森林，但更难调整，速度更慢，需要更多内存	通用；特别适用于不平衡的数据
支持向量机（Support vector machine）	均可	中	快	高	使用铰链损失函数——适用于绘制线性可分类之间的最佳边界；可靠，观察相对较少，特征较多	图像识别（例如字符识别）和文本分类

(续)

算法	回归分类	可解释性	运行速度	调参难度	说明	一般用途
LASSO 或岭（LASSO or ridge）	均可	高	快	中	对具有计量经济学背景的人来说，易于理解和解释。高度可解释的系数。对于分类，则使用广义线性模型（如 logit）	是减少线性模型过拟合和复杂性的简单方法
朴素贝叶斯（Naïve Bayes）	分类	中	快	高	最小的结构；强烈假设特征的独立性，因此不能使用交互项；可扩展用于大样本数据；在观察的数据样本小时也很可靠	多类分类；文本分类，例如将电子邮件分配给"垃圾邮件"或"非垃圾邮件"

资料来源：Choudhury, P., Allen, R.T., and Endres, M.G., 2021, "Machine learning for pattern discovery in management research", *Strategic Management Journal*, Vol. 42, No. 1: 30-57.

未来可基于 AI 实现数据的快速分析与特征提取，进一步构建新型数据研究创业领域的重要问题。一方面，可以从 AI 算法的视角，去重新理解与丰富现有创业理论内涵。例如 Zhang 和 Van Burg（2019）从手段导向出发，认为创业研究可以从遗传算法中寻求新的见解，进一步推动设计科学视角下企业家精神的发展。未来研究可更进一步发掘 AI 算法逻辑情境下机会发现观、机会创造观与手段导向等的丰富内涵。另一方面，机器学习等 AI 算法可帮助研究者重新审视创业者、创业团队在创业过程中的重要作用，从而在创业者的认知与决策方面做出贡献。目前已有学者基于文本分析运用机器学习算法构建了大五人格指标（Hrazdil, et al., 2020；Obschonka, et al., 2021）。未来可基于文本、语音、图像等的分析，构建创业决策过程中创业者与认知的相关指标，如创业者的风险倾向、创业警觉、创业激情等。此外，还可通过语音文本结合视频的分析，探讨创业情境下创业者社会交流信号对于创业成功的重要作用，如通过对面部和眼睛行为（面部表情、凝视行为和注意力集中等）及发声行为（韵律、音调、沉默等）分析并进行指标构建，分析创业活动过程中信号的重要性。

虽然近年来创业研究中对机器学习等方法的关注度不断提高，但也有学者认为，机器学习等 AI 算法是一把双刃剑，其负面效应值得警惕。方法论基础上，机器学习是逻辑实证主义的一种深化，逻辑实证主义的显著特征体现在重视观测和证实，但反对因果、不重视解释。研究范式上，机器学习是数据导向研究范式的一种优化，但是数据导向不一定是问题导向。以基于大数据和 AI 的众筹研究为例，研究者可以轻松获取来自众筹活动和平台的文本数据并进行分析，但基于如计算机文本等算法的分析很有可能会诱使该领域的研究人员停留在描述性水平，低估仔细审查数据和分析的重要性，仅能对该领域做出很小的理论和经验贡献（Pollack, et al., 2021），甚至提不出具体的理论贡献（Suàrez, et al., 2020）。AI 应该帮助学者将现有大数据转化为可以影响创业理论和实践的智能数据，而不是仅仅为了"玩弄令人印象深刻的新数据"而使用 AI 进行大数据的分析与处理（George, et al., 2014）。

◆ 参考文献

Allison, T.H., Davis, B.C., Short, J.C., and Webb, J.W., 2015, "Crowdfunding in a prosocial microlending environment: examining the role of intrinsic versus extrinsic cues", *Entrepreneurship Theory and Practice* Vol. 39, No. 1: 53-73.

Ballestar, M.T., Díaz-Chao, Á., Sainz, J., and Torrent-Sellens, J., 2020, "Knowledge, robots and productivity in SMEs: explaining the second digital wave", *Journal of Business*

Research, Vol. 108: 119-131.

Barlow, M.A., Verhaal, J.C., and Angus, R.W., 2019, "Optimal distinctiveness, strategic categorization, and product market entry on the Google Play app platform", *Strategic Management Journal*, Vol. 40, No. 8: 1219-1242.

Chen, Y., Elenee Argentinis, J.D., and Weber, G, 2016, "Ibm watson: how cognitive computing can be applied to big data challenges in life sciences research", *Clinical Therapeutics*, Vol. 38, No. 4: 688-701.

Choudhury, P., Allen, R.T., and Endres, M.G., 2021, "Machine learning for pattern discovery in management research", *Strategic Management Journal*, Vol. 42, No. 1: 30-57.

Choudhury, P., Wang, D., Carlson, N.A., and Khanna, T., 2019, "Machine learning approaches to facial and text analysis: discovering CEO oral communication styles", *Strategic Management Journal*, Vol. 40, No. 11: 1705-1732.

Duarte J., Siegel S., and Young L., 2012, "Trust and credit: the role of appearance in peer-to-peer lending", *The Review of Financial Studies*, Vol. 25, No. 8: 2455-2484.

Choi, J., Menon, A., Tabakovic, H., 2021, "Using machine learning to revisit the diversification-performance relationship", *Strategic Management Journal*, doi.org/10.1002/smj.3317.

George, G., Haas, M.R., and Pentland, A., 2014, "From the editors: big data and management", *Academy of Management Journal*, Vol. 57, No. 2: 321-326.

Haans, R.F., 2019, "What's the value of being different when everyone is? The effects of distinctiveness on performance in homogeneous versus heterogeneous categories", *Strategic Management Journal*, Vol. 40, No. 1: 3-27.

Hrazdil, K., Novak, J., Rogo, R., Wiedman, C., and Zhang, R., 2020, "Measuring executive personality using machine-learning algorithms: a new approach and audit fee-based validation tests", *Journal of Business Finance & Accounting*, Vol. 47, No. 3-4: 519-544.

Hsieh, T.S., Kim, J.B., Wang, R.R. and Wang, Z., 2020. "Seeing is believing? Executives' facial trustworthiness, auditor tenure, and audit fees", *Journal of Accounting and Economics*, Vol. 69, No. 1: 101260.

Lévesque, M., Obschonka, M., and Nambisan, S., 2020, "Pursuing impactful entrepreneurship research using artificial intelligence", *Entrepreneurship Theory and Practice*, doi: 10.1177/1042258720927369.

Lounsbury, M., and Glynn, M.A., 2001, "Cultural entrepreneurship: stories, legitimacy, and the acquisition of resources", *Strategic Management Journal*, Vol. 22, No. 6-7: 545-564.

Maula, M., and Stam, W., 2019, "Enhancing rigor in quantitative entrepreneurship research", *Entrepreneurship Theory and Practice*, Vol. 57, No. 1: 1059-1090.

McCrae, R.R., 2004, "Human nature and culture: a trait perspective", *Journal of Research in Personality*, Vol. 38 No. 1: 3-14.

Momtaz, P.P., 2021, "CEO emotions and firm valuation in initial coin offerings: an artificial emotional intelligence approach", *Strategic Management Journal*. Vol. 42, No. 3: 558-478.

Murnieks, C.Y., Klotz, A.C., and Shepherd, D.A., 2020, "Entrepreneurial motivation: a review of the literature and an agenda for future research", *Journal of Organizational Behavior*, Vol. 41, No. 2: 115-143.

Navis, C., and Glynn, M.A., 2011, "Legitimate distinctiveness and the entrepreneurial identity: influence on investor judgments of new venture plausibility", *Academy of Management Review*, Vol. 36, No. 3: 479-499.

Obschonka, M., and Audretsch, D.B., 2020, "Artificial intelligence and big data in entrepreneurship: a new era has begun", *Small Business Economics*, Vol. 55, No. 3: 1-11.

Obschonka, M., Lee, N., Rodríguez-Pose, A., Eichstaedt, J.C., and Ebert, T., 2020, "Big data methods, social media, and the psychology of entrepreneurial regions: capturing cross-county personality traits and their impact on entrepreneurship in the USA", *Small Business Economics*, Vol. 55, No. 3: 567-588.

Pollack, J.M., Maula, M., Allison, T.H., Renko, M., and Günther, C.C., 2021, "Making a contribution to entrepreneurship research by studying crowd-funded entrepreneurial opportunities", *Entrepreneurship Theory and Practice*, Vol. 45, No. 2: 247-262.

Simpson, E.H., 1949, "Measurement of diversity", *Nature*, Vol. 163, No. 4148: 688-688.

Suàrez, J.-L., White, R.E., Parker, S., and Jimenez-Mavillard, A., 2020, "Entrepreneurship and the mass media: evidence from big data", *Academy of Management Discoveries*, doi: 10.5465/amd.2018.0177.

Thompson, N.C., Ge, S., and Sherry, Y.M., 2021, "Building the algorithm commons: who discovered the algorithms that underpin computing in the modern enterprise?", *Global Strategy Journal*, Vol. 11, No. 1: 17-33.

Tidhar, R., and Eisenhardt, K.M., 2020, "Get rich or die trying…finding revenue model fit using machine learning and multiple cases", *Strategic Management Journal*, Vol. 41, No. 7: 1245-1273.

Vergne, J.P., and Wry, T., 2014, "Categorizing categorization research: Review, integration, and future directions", *Journal of Management Studies*, Vol. 51, No. 1: 56-94.

Zhang, S.X., and Van Burg E., 2020, "Advancing entrepreneurship as a design science: developing additional design principles for effectuation", *Small Business Economics*, Vol. 55, No.3: 1-20.

Zuckerman, E.W., 1999, "The categorical imperative: securities analysts and the illegitimacy discount", *American Journal of Sociology*, Vol. 104, No. 5: 1398-1438.

◼ 文献推荐

Chen, M.A., Wu, Q., and Yang, B., 2019, "How valuable is Fintech innovation?", *The Review of Financial Studies*, Vol. 32, No. 5: 2062-2106.

Duan, Y., Hsieh, T.S., Wang, R.R., and Wang, Z., 2020, "Entrepreneurs' facial trustworthiness, gender, and crowdfunding success", *Journal of Corporate Finance*, Vol.

64: 101693.

Vossen, A., and Ihl, C., 2020, "More than words! How narrative anchoring and enrichment help to balance differentiation and conformity of entrepreneurial products", *Journal of Business Venturing*, Vol. 35, No. 6: 1-19.

◉ 代表性学者

亚历山大·沃森（Alexander Vossen）

在亚琛工业大学取得心理学博士学位，现任锡根大学助理教授，是该校创业情境研究小组成员。他的研究与教学领域是创业和创新的战略、文化，包括合法性、类别理论、创新、创业等，论文发表在《创业学杂志》等期刊上。E-mail：alexander.vossen@unisiegen.de。

马克·陈（Mark A. Chen）

在哈佛大学获得博士学位，现任佐治亚州立大学罗宾逊商学院副教授，此前曾任教于马里兰大学帕克分校商学院。他的研究兴趣包括公司财务、公司治理，以及卖方分析师的行为和表现，在《金融杂志》、《商业杂志》、《法律与经济学杂志》(*Journal of Law and Economics*)、《经济理论杂志》(*Journal of Economic Theory*)等期刊上发表过多篇论文。E-mail：machen@gsu.edu。

杨段（Yang Duan）

在香港中文大学获得博士学位，现任香港浸会大学工商管理学院金融与决策科学系助理教授。其研究兴趣集中于公司财务、兼并与收购、金融机构等方面。研究成果发表在《公司金融杂志》、《管理信息系统杂志》(*Journal of Management Information Systems*)、《决策支持系统》(*Decision Support Systems*)等期刊上。E-mail：yangduan@hkbu.edu.hk。

创业研究中的脑神经科学方法应用及其趋势

◎ 刘 涛[1] ◎ 于晓宇[2]

1. 浙江大学管理学院；2. 上海大学管理学院

创业领域的研究通常采用问卷调查等自我报告的测量方法。尽管基于自我报告或二手数据的研究方法极大地提高了我们对创业现象的理解，奠定了创业研究的基础，但是这种测量方法仍存在一定的局限性（Plassmann, et al., 2015）。第一，问卷、访谈等方法为后验型测量方法，主要基于受访者对于特定场景和感受的准确回忆。受到认知局限性的影响，基于自我报告的研究方法可能存在错误报告、漏报的可能性；另外，由于受访者可能故意隐藏真实感受，因此测量结果也容易存在主观偏见等问题。而在脑神经科学实验中，脑成像设备可以实时记录被试在完成创业任务或接触商业刺激时大脑的真实反应，采集到的数据更具客观性和时效性（He, et al., 2021a）。

第二，通过问卷等测量方法获得的数据多为经过大脑事后加工处理的结果。创业活动中的很多决策都是在无意识的情况下做出的，而人们常常无法准确回答诸多决定和行为背后的真正原因（Venkatraman, et al., 2015）。脑神经科学的技术手段可以记录自我报告无法捕捉到的、影响我们的感受、态度与行为的无意识过程（Becker, Menges, 2013; de Holan, 2014），可以揭示创业决策背后的微观认知基础，有助于我们在认知层面对创业活动建立更加全面客观的认识（Yu, et al., 2022）。

第三，目前创业研究主要关注的是以创业者为主体的创业活动及其一系列相关行为决策的前因与后果，而创业决策受到复杂的内外部环境或隐藏因素的干扰。现有研究方法大多只能揭示现象层面的创业规律，脑神经科学的方法可以更加真实地还原核心决策过程，不仅有助于探究各种创业规律背后的底层机制（Nicolaou, et al., 2021），还有助于回答创业者与非创业者之间的本质差异。

基因与环境塑造了个体的脑认知加工系统，面对不确定性条件下的创业机会，脑认知加工过程最终决定了个体对机会的识别、评估和开发。不打开认知加工过程的"黑匣子"，就无

⊖ 本文是浙江省"之江青年社科学者行动计划"（浙社科联发 [2021]11 号）、浙江省自然科学基金（LY19G020018）、国家自然科学基金（71972126, 71772117）以及上海市教育委员会科研创新计划（2019-01-07-00-09-E00078）资助的阶段性成果。刘涛为本文通讯作者（liu_tao@zju.edu.cn）。

法全面、准确、客观地了解创业决策的"原貌",探究成功创业的"密码"。因此,创业领域的研究开始越来越多地寻求脑神经科学等新技术与新方法,以对创业决策的认知加工过程进行更直接客观的测量(Nicolaou, et al., 2021)。

目前,常用的脑成像技术主要包括功能磁共振脑成像(functional magnetic resonance imaging, fMRI)、脑电(electroencephalogram, EEG)和近红外光谱脑功能成像(functional near-infrared spectroscopy, fNIRS)。其中,功能磁共振脑成像是一种通过血氧水平改变产生的磁共振信号变化来反映脑区活动状况的脑成像技术。具体来说,血液中的脱氧血红蛋白具有一定的顺磁性,当个体进行认知活动时,局部脑组织神经活动增强,血氧浓度发生变化,进而引起相应脑区的磁共振信号强度发生变化(Logothetis, 2008)。功能磁共振脑成像具有较高的空间分辨率,是目前创业神经科学领域应用最多的脑成像技术。但是,在实验过程中,被试需要躺在狭窄的功能磁共振设备腔体中,对被试的身体活动有非常严格的限制。脑电技术是一种非侵入式的脑成像技术,通过放置在被试头皮表面的电极采集大脑神经系统活动产生的电信号。脑电具有毫秒级的时间分辨率,能追踪极为快速的认知加工过程;但是,脑电的空间分辨率较低,较难准确地定位信号来源。

近红外光谱脑功能成像技术也是一种较新的非侵入式脑成像技术。利用血液组织对650～950nm波长的近红外光具有良好的散射性,近红外光谱脑功能成像技术可以测量认知活动时特定浅皮层脑区的含氧血红蛋白、脱氧血红蛋白和总血红蛋白的浓度变化。相较于功能磁共振,近红外光谱脑功能成像技术的时间采样率较高,成本较低,对被试的身体活动限制小,生态效度较高(Liu, et al., 2016)。与脑电相比,近红外光谱脑功能成像技术的空间分辨率更高,抗噪能力更强,环境适配性更好。因此,近红外光谱脑功能成像技术在较为真实的社会场景的研究中展露出独特的优势,获得了越来越多的关注(Jiang, et al., 2012;Liu, et al., 2021;Yang, et al., 2020)。

在创业领域,脑神经科学技术的应用尚在起步阶段。尼科斯·尼古拉乌(Nicos Nicolaou)等学者于2021年在《创业理论与实践》上发表评述性文章,对神经科学、遗传学、生理学等新技术、新方法在创业行为研究中的应用进行了总结。在实证研究方面,汤姆·拉赫蒂(Tom Lahti)等学者及斯科特·谢恩等学者分别在《创业学杂志》上发表文章,利用脑科学技术探究创业问题,也对如何将脑科学技术应用于创业领域研究做出了很好的示范。

尼科斯·尼古拉乌等学者:生物学如何有益于创业研究

尼科斯·尼古拉乌等学者于2021年在《创业理论与实践》上发表了《创业研究中的生物学视角》一文,介绍了生物学理论与技术在创业行为研究中的应用,总结了遗传学(Nicolaou, Shane, 2009)、生理学(White, et al., 2007)、神经科学(de Holan, 2014;Shane, et al., 2020)和神经发展技术(Lerner, et al., 2018;Wiklund, et al., 2017)如何拓展我们对于创业行为的认识,如何促进创业研究的发展,并提出未来创业生物学领域值得探索的研究方向。

过去10年间,创业生物学研究的数量显著增加,这些成果将创业研究深入到更微观的层面,探索了影响创业活动的生物学机制。其中,创业遗传学领域的研究主要探讨基因对个体创业可能性的影响。研究基因与行为之间关系的方法主要有两种。第一种方法涉及对双胞胎和被收养者的研究,这类研究把在基因方面或环境经历方面相似的个体进行比较,可以较好地控制环境变量,最终分离出导致研究对象间特定差异行为产生的解释因素。第二种方法使用分子遗传学来识别与创业行为相关的特定基因多态性（Rietveld, et al., 2020）。例如，Patel等学者（2020）调查了主观幸福感遗传倾向与创业行为的关系，结果表明，具有幸福感遗传倾向的50岁以上的个体创业兴趣更高。总的来说，创业遗传学领域研究的目标就是用遗传特征、环境影响，或者这些因素之间的相互作用来解释为何一些个体或群体比其他人更热衷于创业。

创业生理学的研究旨在探究创业者与一般人群在某些特质上产生差异的生物学机制。这一领域的研究首先从探索激素水平对创业的影响开始，例如，探索睾酮与创业行为关系的研究表明，睾酮通过影响冒险行为倾向进而影响个体创业的可能性（Bönte, et al., 2016；Greene, et al., 2014；Nicolaou, et al., 2018；Unger, et al., 2015；White, et al., 2006）。还有一些研究探索了皮质醇和肾上腺素的相互作用（Wolfe, Patel, 2017），以及睾酮和企业家成就需求的关系（Unger, et al., 2015）。还有一些研究探讨了生物学标记与企业家心理状态的关系。例如，Patel等学者（2020）研究了压力水平、健康水平相关的生物学标记与企业家心理状态的关系。结果表明，相比员工，创业者身体不健康的风险更大；富含抗氧化剂的饮食可能有助于改善工作压力对创业者身体健康的影响。这一领域的最新研究试图探索睡眠时的生理恢复如何影响创业者的创造力（Weinberger, et al., 2018）和幸福感（Wach, et al., 2020）。还有研究利用压力的生物学标记来了解创业是否比其他职业的要求更高（Lee, et al., 2020；Patel, et al., 2019），并探究创业失败后改善创业者福祉的干预措施（Schermuly, et al., 2020）。

神经创业学领域的学者试图通过研究神经系统与大脑激活来"识别隐藏的心理过程、检验创业测量的区分效度和收敛效度、调查创业变量的前因和时间顺序、区分不同的理论视角"（Nicolaou, et al., 2019）。迄今为止，大多数神经创业学研究都是观点性的，但是，也有越来越多的实证研究开始利用功能磁共振脑成像技术来测量创业任务中的神经认知活动。例如，斯科特·谢恩等学者在2020年的一项研究中发现，创业者在投资者面前演讲时越有激情，投资者的神经参与度就越高，投资兴趣也越强烈。汤姆·拉赫蒂等学者在2019年的研究中探索了创业者与他们的创业企业之间的情感联结的神经表征，并对比了这种创业情感联结与亲子联结之间的相似性。

探究神经发展状况与创业行为之间的关系是一个相对新的研究方向。这一领域的研究通常关注多动症（ADHD）、强迫症（OCD）和阅读障碍等神经发展障碍对创业行为的影响。现有成果表明，有强迫症的人更有可能从事自主创业活动，部分原因是创业让他们对周遭环境有更强的掌控感（Patel, Wolfe, 2021）。多动症的相关研究表明，失眠、较差的睡眠质量和数量与多动症相关的认知行为模式以及创业意愿相关（Gunia, et al., 2020）。穆尔等学者（2019）研究了多动症与认知风格等创业相关因素之间的关系。他们发现，自我报告有多动症症状的个体更有可能采用直觉认知模式和资源导向的应对方式，并具有更高的创业警觉性。另有关于阅读障碍的研究发现，创业者中阅读障碍的发生率高于管理者，阅读障碍患者为了克服这一劣势条件所采取的相应补偿策略，可能为其创业带来了优势。这一领域的研究表明，例如多动症、阅读障碍这些通常被认为是劣势条件的神经系统疾病，实际上可能为创业活动提供了独特的优势（Shane, Nicolaou, 2015；Wiklund, et al., 2018）。

尼科斯·尼古拉乌等学者的这篇文章对目前第一批创业生物学研究进行了总结。这些研究表明，遗传学、生理学、神经科学、神经发育障碍等领域的理论与技术对更深入地理解创业活动至关重要。对于创业生物学领域的未来研究方向，这篇文章指出，研究人员可以进一步对企业家的心率、血压、皮肤电等生理指标进行全天候动态测量，为企业家的压力反应、幸福感等相关研究提供更全面客观的生物学指标。另外，研究人员也可以把遗传学、生理学等不同领域的理论与技术相结合，探究基因、生理指标、神经活动之间的相互作用对创业行为的影响。例如，探究激素如何调节创业的遗传倾向（Nofal，et al.，2018）。最后，创业生物学领域的研究还需要在中介变量的识别上进行更加深入的探索，找到将生理学指标与创业行为联系起来的内在变量与机制。

汤姆·拉赫蒂等学者：揭示创业者感知与决策的脑内认知机制

2018年，汤姆·拉赫蒂等学者在《创业学杂志》上发表了《创业者为何以及如何与初创企业建立联结？创业联结与亲子联结的神经关联》一文，利用功能磁共振脑成像（fMRI）技术探究了亲子联结与创业联结在行为与神经层面的相似性，揭示了创业者如何认识自己的企业，以及创业联结影响创业者决策的神经机制。

亲子联结是指父母与孩子之间建立起的特殊情感纽带，体现着父母对孩子的爱与保护。创业领域的研究表明，这种情感联结不仅存在于父母和子女之间，也存在于企业家和他们所创办的企业之间（Baron，Hannan，2002；Cardon，et al.，2005a，2005b）。创业联结让创业者更有动力去克服创业过程中出现的威胁与挑战。这项研究旨在利用脑神经科学手段探究创业联结的神经机制及其对于企业家认知与决策的影响。

研究人员招募了21位男性企业家和21位父亲来参与实验。其中，企业家参与者的选择标准是企业成立不超过12年，且未来3年内预计年增长率超过20%。研究人员认为，这些企业的创始人更有可能与自己的企业建立较为紧密的情感联结。最终参与研究的企业家平均年龄为32岁，企业创立平均年限为4.5年。由于在报名的企业家中符合要求的女性企业家较少，这项研究最终只聚焦于男性企业家与父亲角色。与企业家参与者类似，研究人员对父亲参与者的选择标准为每天与孩子相处3小时以上，且孩子未满12岁。最终参与研究的父亲平均年龄为35岁，孩子平均年龄为5.6岁。企业家组与父亲组在年龄、教育水平，以及与企业或孩子联结的存续时间上没有显著差异。

在实验开始前，企业家需要给研究人员发送两组照片，一组与自己创办的企业相关，另一组是其他企业（非直接竞争对手）的照片，照片的主题为企业的logo、产品、理念等。父亲参与者则需要发送自己孩子的照片与自己知道的另一个小孩的照片。所有参与者还需要完成情感强度量表（affect intensity measure）、自信程度量表，评估自己与企业或孩子的关系紧密程度（inclusion of other in the self scale）、与其他企业或孩子相比他们的企业或孩子的成功可能性、将企业或孩子的需求置于自身需求之上的频率，以及回答其他测量参与者与企业或孩子依恋行为的问题项。

在实验中，企业家参与者需要浏览四张照片，其中两张与自己的企业相关，另外两张与其他企业相关。自己的企业与其他企业的照片交替出现，每张照片共呈现6次。在浏览照片时，企业家需要保持专注并思考与图片相关的事情。父亲组的实验流程与企业家组保持一致。

行为结果显示，创业者与企业的关系确实类似于亲子联结，创业者看待自己的企业就像父母看待自己的孩子一样。企业家和父亲两组参与者在对自己企业或孩子的亲密程度、对企业或孩子的爱、对企业或孩子的包容、对企业或孩子获得成功的信心、将企业或孩子的需求置于自身需求之上的倾向等方面，均没有显著的差异。

脑成像结果显示，相比于看到其他企业的图片，企业家看到自己企业的图片时，纹状体的激活程度更高。纹状体在大脑的奖赏系统中发挥着重要作用，也就是说，当看到自己创办的企业时，企业家会体会到更多的奖赏。与之类似，父亲在看到自己孩子的照片时，奖赏脑区也有显著激活。激活水平在企业家与父亲两组参与者之间没有显著差异。另外，相比于看到自己企业的图片，看到其他企业的图片时，企业家与负面情绪相关的脑区激活水平更高，父亲组也有相似表现。这意味着，与自己的企业或孩子相关的刺激抑制了处理负面情绪的大脑区域激活。这些结果表明，当面对企业或孩子的相关刺激时，企业家和父亲表现出类似的情感联结。在神经层面，企业家或父亲与企业或孩子之间的情感联结表现为与奖励或快乐相关的大脑区域的激活，以及与负面情绪相关的大脑区域的抑制。

在企业家与企业的联结类型方面，研究结果表明，不同特质的企业家与自己的企业有不同的联结方式。缺乏自信的企业家与企业之间存在焦虑型联结，相比于看到其他企业的图片，自己企业的图片会引发他们杏仁核脑区的强烈激活。以往研究证明，杏仁核在调节焦虑和恐惧方面发挥着至关重要的作用，会增强父母对孩子安全的警惕和焦虑。这一结果表明，企业家的自信程度会影响其与自己创办的企业的联结类型。

创业联结还会影响企业家的决策行为。研究结果表明，企业家与企业之间的亲密程度越高，企业家双侧颞顶联合区的激活程度就越低。颞顶联合区是参与做出社会和道德判断的重要脑区，这一结果表明，创业联结的强弱会影响企业家对于企业的感知和相关决策，创业联结越强，可能导致企业家批判性评估相关脑区的抑制，进而对企业表现出更大程度的包容。

这项研究考察了创业者为何以及如何与他们的企业建立情感联结。研究结果表明，创业与养育子女之间具有很强的行为相似性与神经相似性。像父母对待孩子一样，创业者与企业之间也存在相似的情感联结。这种联结可能带来两方面的结果：创业联结让企业家重视自己的企业，愿意为企业成长而努力付出；而这种联结可能也会导致企业家在做出与企业相关的决策时，无法做到完全客观。另外，创业联结的表现形式也与企业家自身特质相关。这项研究首次在神经层面上支持了创业联结与亲子联结的相似性，并从神经层面揭示了企业家如何认识企业，以及在进行企业相关决策时产生认知偏差的原因。

总结起来，这项研究很好地展现了脑神经科学技术在探究复杂情绪和决策过程中的独特优势。情绪与认知相互影响，在复杂情绪的作用下，个体的认知决策会存在无意识偏差（Allen，et al.，2020）。利用行为学测量方法可以观察到企业家的这种决策偏差，但难以探究背后原因。脑神经科学方法可以聚焦核心决策环节，通过严谨的实验设计再现决策环境，揭示其认知加工过程，使我们可以更深刻地了解创业现象的底层机制，并为创业实践提供更本质的理论指导。这项研究的主题聚焦情绪及其相关的简单感知评价，不仅有效回避了社会环境等因素的影响，还充分发挥了功能磁共振在空间分辨率方面的技术优势。但是，这项研究在实验设计和社会生态效度两个方面也存在一定的局限性。在实验设计方面，企业家被要求在实验前发给研究人员自己企业与其他企业的照片，这种实验操作可能会暴露实验目的，使实验结果产生预期偏差。同时，企业家与其他企业之间的关系也较难确定，研究人员可以收集相关企业信息并自行准备实验材料。在社会生态效度方面，企业家在控制严谨的实验室环境中独立观看相关企业照片，但是在真实的创业环境中，社会因素及其他方面的企业信息，如企业绩效等数据，也会对企业家的感知评价产生较大的影响。在解决此类问题时，可以进一步结合真实数据或行为实验来验证脑神经科学研究结果的鲁棒性和外延性。

斯科特·谢恩等学者：揭示创业场景中人际互动的脑间认知机制

斯科特·谢恩等学者于2020年在《创业学杂志》上发表了《创业者激情、神经参与度与非正式投资者对初创公司路演的兴趣：一项功能磁共振脑成像研究》一文，采用实验研究范式，利用功能磁共振脑成像技术（fMRI）检测了投资人对创业者演讲的神经反应，探究创业者激情影响非正式投资人决策的神经机制。

创业者表现出的激情与热忱是吸引投资者兴趣的关键因素。前人研究表明，在演讲中，富有激情的企业家更有可能诱发情绪感染（Li，et al.，2017），更具说服力（Baron，2008），更有机会获得投资人的青睐（Cardon，et al.，2017；Hsu，et al.，2014）。在这篇文章中，斯科特·谢恩等学者从三个方面对现有研究进行了扩展与补充。首先，虽然学术界已就创业者激情对投资决策的影响做了一定探讨，但主要针对风险投资人和天使投资人等专业投资者，忽略了非正式投资人。非正式投资人是初创企业的重要资金来源，这篇文章将补充探讨创业者激情如何影响非正式投资人对初创企业的评价。其次，现有研究聚焦于创业者激情与投资人决策的相关性，而非因果关系。这篇文章采用随机实验范式，操纵创业者对可能混淆实验结果的外生变量进行控制，以期探究创业者激情与投资者兴趣的因果关系。最后，之前的行为学研究往往把投资者的大脑当成一个黑箱，无法揭示创业者激情影响投资决策过程的内在神经机制，而这项研究利用功能磁共振脑成像技术检测了投资者对创业演讲的神经反应，探究创业路演场景中创业者激情对投资人产生影响的神经机制。

这项研究采用了单因素实验设计，自变量为企业家路演的激情程度，包含高和低两个水平。正式实验开始前，研究人员招募了10名演员来进行路演视频的拍摄。视频内容由在线平台上初创企业真实的筹资演讲改编，共包含10个项目，例如律师中介平台、3D打印业务等。每位演员需要对其中1个项目进行两个版本的演绎：1次充满激情，1次缺乏激情。最终实验包含20个路演视频。在录制视频的过程中，演员们根据指示，从力量感、语调、动作和面部表情这几个方面来控制激情程度的高低。演讲视频平均时长1分钟，每个视频均采用相同的背景，视频中演讲人处于相同的位置，穿着相似的服装。为了确保自变量激情水平操纵成功，研究人员招募了30位参与者对每一个路演视频表现出的热情程度进行打分，另外招募28位参与者对每个视频的激情水平进行打分。结果表明，高激情组的热情水平与激情水平得分显著高于低激情组，自变量操纵成功。

研究人员招募了19名非正式投资人参与实验。在正式实验中，作为投资人的参与者需要戴上耳机，躺在功能磁共振脑成像设备中观看企业家的路演视频。其中，4名参与者因实验过程中身体活动程度过大等导致数据不可用而被剔除，剩下15名参与者的数据。参与者中包括10位男性和5位女性，平均年龄为29岁，平均工作时间为6.4年，有学士学位的比重为40%，有研究生学位的比重为34%。每位投资人需要观看10个不同项目的路演视频，其中包含5个高激情视频和5个低激情视频，视频顺序随机分配。观看视频后，投资人需要基于李克特量表对路演项目和自己的投资兴趣做出评价，具体问题："这家公司对我来说是一个很好的投资机会""这个演讲的内容如何"。在观看视频的过程中，功能磁共振脑成像设备实时记录投资人的大脑活动，研究人员据此计算了所有投资人在观看同一个路演视频过程中的脑活动相似性来表征神经参与度。神经参与度是指大脑对于某一刺激全神贯注的程度，神经参与度越高，大脑对当前的刺激就越专注。

实验结果表明，相比于缺乏激情的路演视频，富有激情的路演视频让非正式投资者神经参与度增加了39%，也让投资者对企业的投资兴趣增加了26%。相对于平均水平，神经参与度每增加一个标准差，投资者对创业公司的投资兴趣就会增加8%。神经参与度可能在一定程度上解释了企业家激情对投资者兴趣的影响。

斯科特·谢恩等学者的这项研究创新地将脑神经科学方法应用于创业研究领域，是利用神经科学技术与理论解答创业问题的重要示范，研究成果对投资决策理论与实践进行了补充完善。首先，这项研究有助于进一步理解非正式投资者如何对企业家路演宣传做出反应。研究结果表明，类似于风险投资者和天使投资人，经验较少的非正式投资人对富有激情的创业演讲有更高的投资兴趣。其次，这项研究提供了激情程度与非正式投资者决策的因果关系。以往关于创始人激情与投资人兴趣关系的研究多为相关研究且结论不一，可能是遗漏变量等原因造成的。这项研究利用随机实验的方法操纵创业者的演讲激情，验证了激情水平与投资兴趣的因果关系，完善了我们对风险投资决策的理解。最后，这项研究创新地利用脑神经科学理论与技术为这一现象提供了一种新的解释：创业者激情水平影响投资者神经参与度，神经参与度则直接影响了投资者的投资兴趣。神经参与度可能成为激情水平影响投资兴趣的重要途径，是这一现象可能的生物学解释。另外，这项研究也为企业家路演实践提供了切实可行的建议，企业家可以通过展现激情的方式来吸引投资人的兴趣，进而增加获得投资的可能性。

基于脑神经科学方法，斯科特·谢恩等学者的这项研究揭示了企业家激情水平在投资决策中扮演的重要角色，并为这一现象提供了神经层面的证据，推进了脑神经科学方法在创业研究领域的应用。更重要的是，传统的研究方法多基于个体层面的测量，这项研究开创性地将社会神经科学领域的群体脑成像技术（hyperscanning）引入创业研究领域，探讨了投资者群体对某一个路演视频的共性神经反应，从群体共鸣的角度揭示了创业激情的积极作用。这项研究极大地扩展了脑神经科学技术在创业研究领域的应用，并提供了崭新的研究思路和实验范式（类似的研究范式可见"He, et al., 2021b"）。利用合适的脑神经科学技术，我们还可以从群体角度，在真实的社会场景中探究创业决策的认知机制（详细的研究方法可见"He, et al., 2021a"）。

脑神经科学方法在创业领域的应用趋势

德·霍兰（de Holan）曾指出"我们不能忽略人类一切决策和行为的微观基础：我们的大脑"（2014：95）。对于创业研究，脑神经科学有助于了解创业决策底层复杂的认知加工过程。为此，越来越多的管理学领域的学者开始关注脑神经科学的相关理论和技术，除了创业领域（Yu, et al., 2022），还主要包括信息系统领域（Loos, et al., 2010）、营销领域（He, et al., 2021a），以及组织行为领域（Becker, Cropanzano, 2010；Liu, et al., 2021）。脑神经科学为创业领域提供了新的研究思路和方法，但是，在具体开展相关研究时，需要正确认识脑神经科学的技术特点，以明确其适用领域、结果可解释性，以及未来的应用趋势。

脑神经科学研究依托于脑成像技术。常见的脑成像技术有各自鲜明的优缺点，多受实验环境的制约。如前文所述，fMRI拥有非常好的空间分辨率，是传统脑神经科学领域的"黄金标准"。但是，fMRI严格限制被试的身体活动，且对安全性和成本均有较高要求。脑电（EEG）拥有非常好的时间分辨率，但是对电磁干扰比较敏感。另外，由于EEG信噪比较低，因此往往需要对实验刺激进行大量重复。fNIRS拥有可接受的时空分辨率，且抗噪能力较好，但是，fNIRS的穿透能力有限，不能测量深部脑区，无法探究基础的情绪和动机等问题。

在适用领域方面，应坚持以研究问题为导向，以合适的脑成像技术为基础。由于多数脑成像技术需要在特定的实验室进行，因此，创业相关的研究问题需要简化为实验任务，并能较为清晰地从实验任务中分离出核心认知功能。当然，目前可穿戴式脑成像设备日益成熟，允许学者在真实的任务场景中进行测量，但是，由于缺乏实验控制，将对分析方法和结果的可解释性带来巨大的挑战。就常见的三种脑成像技术而言，fMRI比较适合研究感知任务，即创业者或投资人个体对创业相关实验刺激的感知和评价。EEG更适合在高精度时间进程上研究创业决策的认知加工过程。而fNIRS比较适合在较为真实的环境中研究创业决策和行为的认知机制。

在结果的可解释性方面，首先应注意"逆向推导"（reverse inference）问题。脑神经科学方法揭示的是外部刺激与内部认知活动之间的相关关系，而非因果关系。因此，在讨论相关结果时，可能会扩大脑神经科学研究结果的可解释性，甚至造成错误的解释。逆向推导的逻辑为：决策任务A激活了脑区B，脑区B与认知功能C相关，因此，决策任务A涉及认知功能C（Plassmann, et al., 2015）。面对逆向推导问题，应注意两个方面。一方面，需要坚持理论驱动，而非基于脑成像测量结果的再解释。另一方面，单一脑区可能涉及多种认知功能，需要结合行为学或生理学测量结果排除干扰解释。多模态测量（即多种测量方法配合使用）以及合理的实验设计是解决逆向推导问题的关键。另外，也可以配合使用经颅磁刺激或经颅电刺激等神经调控技术来印证认知功能与特定任务之间的因果关系。除了"逆向推导"问题，我们还需要清醒地认识到脑认知活动的复杂性。单一认知活动不仅可能涉及多个功能脑区，也往往伴随着大量的无意识自发脑活动（Tracey, Schluppeck, 2014）。只聚焦特定功能脑区的激活强弱容易以偏概全，较低的信噪比也对结果的鲁棒性和可解释性带来了挑战。面对这些问题，需要在理论框架下覆盖多个功能脑区，并不断优化分析方法，丰富测量指标，以多角度、多指标来提高脑神经科学研究结果的稳健性。

思考未来的应用趋势，可以聚焦研究范式和分析方法两个方面。到目前为止，脑神经科学在创业领域的应用大多关注创业者或投资人个体在非常严谨的实验条件下独立感知、评价创业机会或制定创业相关决策时的脑活动，社会生态效度较低。真实的创业决策往往受到各种社会环境因素的影响，因此，未来的研究范式可以将独立决策与社会决策相结合，即将单脑模式与多脑模式相结合，利用群体脑成像技术（Liu, Pelowski, 2014）拓宽研究问题的广度，提高研究的社会生态效度。例如，未来研究可以关注3～5人创业团队共同决策的认知机制，或者创业者与投资人或员工在真实的互动中的认知加工过程。

对于分析方法，目前的脑神经科学研究主要聚焦创业者或投资人被试特定功能脑区的激活水平（即脑活动强度），或者不同被试之间的脑活动同步性。但是，人类的认知决策往往涉及多个功能脑区，因此，未来的分析方法可以尝试关注功能脑网络，即多个脑区激活模式所构成的特定认知网络。针对群体脑成像的分析方法，可以将社会学领域的图论引入脑神经科学研究，探讨群体脑网络的拓扑指标。例如，刘涛等学者于2021年在《神经影像》（*Neuroimage*）上发表文章，其结果显示团队合作任务中，团队成员的群体脑网络全局效率能更好地预测团队绩效，表明团队成员之间的信息交换效率是影响团队行为一致性的重要因素，与共享心智模型理论相一致。详细的研究范式和分析方法可以阅读何琳等学者撰写的综述论文（He, et al., 2021a）。

最近，于晓宇、刘涛等学者在《长远规划》（*Long Range Planning*）上撰写综述论文，提出了创业决策的认知框架，并详细讨论了基因、生理、脑神经科学方法在创业研究中的应用前景（Yu, et al., 2022）。总结起来，脑神经科学方法存在鲜明的技术特点，可以与其他行为学以及生理学测量方法相互配合，从而更为全面、准确、客观地了解创业决策的微观基础。在未来的创业研究中，应坚持以问题为导向，选择合适的测量和分析方法，并注意对结果的合理性解释。

◆ 参考文献

Baron, J.N., and Hannan, M.T., 2002, "Organizational blueprints for success in high-tech start-ups: lessons from the Stanford project on emerging companies", *California Management Review*, Vol. 44, No. 3: 8-36.

Baron, R.A., 2008, "The role of affect in the entrepreneurial process", *Academy of Management Review*, Vol. 33, No. 2: 328-340.

Becker, W.J., and Cropanzano, R., 2010, "Organizational neuroscience: the promise and prospects of emerging discipline", *Journal of Organizational Behavior*, Vol. 31, No. 7: 1055-1059.

Becker, W.J., and Menges, J.I., 2013, "Biological implicit measures in HRM and OB: a question of how not if", *Human Resource Management Review*, Vol. 23, No. 3: 219-228.

Bönte, W., Procher, V.D., and Urbig, D., 2016, "Biology and selection into entrepreneurship: the relevance of prenatal testosterone exposure", *Entrepreneurship Theory and Practice*, Vol. 40, No. 5: 1121-1148.

Cardona, M.S., Wincent, J., Singh, J., and Drnovsek, M., 2005a, "Entrepreneurial passion: the nature of emotions in entrepreneurship", *Annual meeting proceedings of Academy of Management*, Vol. 8, No. 1: G1-G6.

Cardon, M.S., Zietsma, C., Saparito, P., Matherne, B.P., and Davis, C., 2005b, "A tale of passion: new insights into entrepreneurship from a parenthood metaphor", *Journal of Business Venturing*, Vol. 20, No. 1: 23-45.

Cardon, M.S., Mitteness, C., and Sudek, R., 2017, "Motivational cues and angel investing: interactions among enthusiasm, preparedness, and commitment", *Entrepreneurship Theory and Practice*, Vol. 41, No. 6: 1057-1085.

de Holan, P.M., 2014, "It's all in your head: why we need neuroentrepreneurship", *Journal of Management Inquiry*, Vol. 23, No. 1: 93-97.

Greene, F.J., Han, L., Martin, S., Zhang, S., and Wittert, G., 2014, "Testosterone is associated with self-employment among Australian men", *Economics and Human Biology*, Vol. 13, No. 1: 76-84.

Gunia, B.C., Gish, J.J., and Mensmann, M., 2021, "The weary founder: sleep problems, ADHD-like tendencies, and entrepreneurial intentions", *Entrepreneurship Theory and Practice*, Vol. 45, No. 1: 175-210.

He, L., Freudenreich, T., Yu, W., Pelowski, M., and Liu, T., 2021a, "Methodological structure for future consumer neuroscience research", *Psychology and Marketing*, Vol. 38, No. 8: 1161-1181.

He, L., Pelowski, M., Yu, W., and Liu, T., 2021b, "Neural resonance in consumers' right inferior frontal gyrus predicts attitudes toward advertising", *Psychology and Marketing*, Vol. 38, No. 9: 1538-1549.

Hsu, D.K., Haynie, J.M., Simmons, S.A., and McKelvie, A., 2014, "What matters,

matters differently: a conjoint analysis of the decision policies of angel and venture capital investors", *Venture Capital*, Vol. 16, No. 1: 1-25.

Jiang, J., Dai, B., Peng, D., Zhu, C., Liu, L., and Lu, C., 2012, "Neural synchronization during face-to-face communication", *Journal of Neuroscience*, Vol. 32, No. 45: 16064-16069.

Lahti, T., Halko, M., Karagozoglu, N., and Wincent, J., 2019, "Why and how do founding entrepreneurs bond with their ventures? Neural correlates of entrepreneurial and parental bonding", *Journal of Business Venturing*, Vol. 34, No. 2: 368-388.

Lee, S.H., et al., 2020, "Are the self-employed more stressed? New evidence on an old question", *Journal of Small Business Management*, doi: 10.1080/00472778.2020.1796467.

Lerner, D.A., Hunt, R.A., and Verheul, I., 2018, "Dueling banjos: harmony and discord between ADHD and entrepreneurship", *Academy of Management Perspectives*, Vol. 32, No. 2: 266-286.

Li, J.J., Chen, X., Kotha, S., and Fisher, G., 2017, "Catching fire and spreading it: a glimpse into displayed entrepreneurial passion in crowdfunding campaigns", *Journal of Applied Psychology*, Vol. 102, No. 7: 1075-1090.

Liu, T., Duan, L., Dai, R., Pelowski, M., and Zhu, C., 2021, "Team-work, team-brain: exploring synchrony and team interdependence in a nine-person drumming task via multiparticipant hyperscanning and inter-brain network topology with fNIRS", *Neuroimage*, Vol. 237: 118147.

Liu, T., and Pelowski, M., 2014, "A new research trend in social neuroscience: towards an interactive-brain neuroscience", *PsyCh Journal*, Vol. 3, No. 3: 177-188.

Liu, T., Pelowski, M., Pang, C., Zhou, Y., and Cai, J., 2016, "Near-infrared spectroscopy as a tool for driving research", *Ergonomics*, Vol. 59, No. 3: 368-379.

Logothetis, N.K., 2008, "What we can do and what we cannot do with fMRI", *Nature*, Vol. 453, No. 7197: 869-878.

Loos, P., Reidl R., Müller-Putz, G.R., Brocke, J.V., Davis, F.D., Banker, R.D., and Léger, P.M., 2010, "NeuroIS: neuroscientific approaches in the investigation and development of information systems", *Business and Information Systems Engineering*, Vol. 2: 395-401.

Moore, C.B., McIntyre, N.H., and Lanivich, S.E., 2021, "ADHD-related neurodiversity and the entrepreneurial mindset", *Entrepreneurship Theory and Practice*, Vol. 45, No. 1: 64-91.

Nicolaou, N., Phan, P.H., and Stephan, U., 2021, "The biological perspective in entrepreneurship research", *Entrepreneurship Theory and Practice*, Vol. 45, No. 1: 3-17.

Nicolaou, N., and Shane, S., 2009, "Can genetic factors influence the likelihood of engaging in entrepreneurial activity?", *Journal of Business Venturing*, Vol. 24, No. 1: 1-22.

Nicolaou, N., Patel, P.C., and Wolfe, M.T., 2018, "Testosterone and tendency to engage in self-employment", *Management Science*, Vol. 64, No. 4: 1825-1841.

Nofal, A.M., Nicolaou, N., Symeonidou, N., and Shane, S., 2018, "Biology and management: a review, critique, and research agenda", *Journal of Management*, Vol. 44,

No.1: 7-31.

Patel, P.C., Wolfe, M.T., and Williams, T.A., 2019, "Self-employment and allostatic load", *Journal of Business Venturing*, Vol. 34, No. 4: 731-751.

Patel, P.C., Rietveld, C.A., Wolfe, M.T., and Wiklund, J., 2021, "The polygenic risk score of subjective well-being, self-employment, and earnings among older individuals", *Entrepreneurship Theory and Practice*, Vol. 45, No. 2: 440-466.

Plassmann, H., Venkatraman, V., Huettel, S., and Yoon, C., 2015, "Consumer neuroscience: applications, challenges, and possible solutions", *Journal of Marketing Research*, Vol. 52, No. 4: 427-435.

Rietveld, C.A., et al., 2020, "A decade of research on the genetics of entrepreneurship: a review and view ahead", *Small Business Economics*, doi.org/10.1007/s11187-020-00349-5.

Schermuly, C.C., Wach, D., Kirschbaum, C., and Wegge, J., 2021, "Coaching of insolvent entrepreneurs and the change in coping resources, health, and cognitive performance", *Applied Psychology*, Vol. 70, No. 2: 556-574.

Shane, S., Drover, W., Clingingsmith, D., and Cerf, M., 2020, "Founder passion, neural engagement and informal investor interest in startup pitches: an fMRI study", *Journal of Business Venturing*, Vol. 35, No. 4: 105949.

Shane, S., and Nicolaou, N., 2015, "Creative personality, opportunity recognition and the tendency to start businesses: a study of their genetic predispositions", *Journal of Business Venturing*, Vol. 30, No. 3: 407-419.

Tracey, P., Schluppeck, D., 2014, "Neuroentrepreneurship: 'brain pornography' or a new frontier in entrepreneurship research", *Journal of Management Inquiry*, Vol. 231: 101-103.

Unger, J.M., Rauch, A., Weis, S.E., and Frese, M., 2015, "Biology (prenatal testosterone), psychology (achievement need) and entrepreneurial impact", *Journal of Business Venturing Insights*, Vol. 4: 1-5.

Venkatraman, V., Dimoka, A., Pavlou, P.A., Vo, K., Hampton, W., Bollinger, B., Hershfield, H.E., Ishihara, M., and Winer, R.S., 2015, "Predicting advertising success beyond traditional measures: New insights from neurophysiological methods and market response modeling", *Journal of Marketing Research*, Vol. 52, No. 4: 436-452.

Wach, D., Stephan, U., Weinberger, E., and Wegge, J., 2020, "Entrepreneurs' stressors and well-being: A recovery perspective and diary study", *Journal of Business Venturing*, 106016.

Weinberger, E., Wach, D., Stephan, U., and Wegge, J., 2018, "Having a creative day: understanding entrepreneurs' daily idea generation through a recovery lens", *Journal of Business Venturing*, Vol. 33, No. 1: 1-19.

White, R.E., Thornhill, S., and Hampson, E., 2007, "A biosocial model of entrepreneurship: the combined effects of nurture and nature", *Journal of Organizational Behavior*, Vol. 28, No. 4: 451-466.

Wiklund, J., Yu, W., Tucker, R., and Marino, L.D., 2017, "ADHD, impulsivity and entrepreneurship", *Journal of Business Venturing*, Vol. 32, No. 6: 627-656.

Wiklund, J., Hatak, I., Patzelt, H., and Shepherd, D., 2018, "Mental disorders in the entrepreneurship context: when being different can be an advantage", *Academy of Management Perspectives*, Vol. 32, No. 2: 182-206.

Wolfe, M.T., and Patel, P.C., 2017, "Two are better than one: cortisol as a contingency in the association between epinephrine and self-employment", *Journal of Business Venturing Insights*, Vol. 8: 78-86.

Yang, J., Zhang, H., Ni, J., De Dreu, C.K.W., and Ma, Y., 2020, "Within-group synchronization in the prefrontal cortex associates with intergroup conflict", *Nature Neuroscience*, Vol. 23: 754-760.

Yu, X., Liu, T., He, L., and Li, Y., 2022, "Micro-foundations of strategic decision-making in family business organisations: a cognitive neuroscience perspective", *Long Range Planning*. Doi: 10.1016/j.lrp.2022.102198.

▣ 文献推荐

Lahti, T., Halko, M., Karagozoglu, N., and Wincent, J., 2019, "Why and how do founding entrepreneurs bond with their ventures? Neural correlates of entrepreneurial and parental bonding", *Journal of Business Venturing*, Vol. 34, No. 2: 368-388.

Nicolaou, N., Phan, P.H., and Stephan, U., 2021, The biological perspective in entrepreneurship research, *Entrepreneurship Theory and Practice*, Vol. 45, No. 1: 3-17.

Shane, S., Drover, W., Clingingsmith, D., and Cerf, M., 2020, Founder passion, neural engagement and informal investor interest in startup pitches: an fMRI study, *Journal of Business Venturing*, Vol. 35, No. 4: 105949.

◉ 代表性学者

尼科斯·尼古拉乌（Nicos Nicolaou）

华威商学院教授。他的研究主要集中在创业管理、创业的生物学基础、中等市场公司、创新管理等领域，在《管理科学》《应用心理学杂志》《创业学杂志》《战略创业杂志》《经济行为与组织杂志》（*Journal of Economic Behavior and Organization*）等期刊上发表过多篇文章。E-mail: nicos.nicolaou@wbs.ac.uk。

尤特·斯蒂芬（Ute Stephan）

伦敦国王学院教授，《创业理论与实践》编委。她的研究主要集中在文化与制度、社会创业、创业幸福感等领域，在《管理杂志》《美国管理学会展望》《国际商务研究杂志》《创业学杂志》《创业理论与实践》等期刊上发表过多篇文章。E-mail: ute.stephan@kcl.ac.uk。

斯科特·谢恩（Scott Shane）

1992 年在宾夕法尼亚大学沃顿商学院获得经济学博士学位，现任凯斯西储大学经济学教授，主要研究领域是创业和创新管理。他当前的研究兴趣是：创业者如何发现和评价机会、整合资源和设计组织；高校裂变创业和技术转移；天使投资和创业的基因因素。在《管理科学》《管理学杂志》《管理评论杂志》《战略管理杂志》等期刊上发表过 90 多篇论文。E-mail: scott.shane@case.edu。

关键学者与学者网络

本章系统地介绍了创业研究的前沿研究方法，既有组织研究中普遍采用的实验研究、内容分析法与混合方法，也有创业研究独特的叙事方法，还引入了前沿的机器学习与脑神经科学方法。研究方法作为一门系统的学科，无论是实在主义、构建主义，还是实用主义，每一种研究方法背后都有其哲学基础，这一哲学形成也正是对现实研究问题思考的初始投影。在对每一种研究方法的介绍中，我们都将研究方法与创业研究议题相融合，在对研究问题的深入剖析中尝试回答研究者的疑惑："为什么该研究方法与本研究议题相契合？"通过这些经典且翔实的研究案例，我们希望可以让初学者在了解研究方法的基础上能结合自己的研究问题触类旁通，学以致用。站在巨人的肩膀上，关注学者甚至比关注学术观点更加重要，哪些学者贡献了学术思想、哪些学者值得持续跟踪关注？

在混合研究方法应用方面，妮可·科维埃洛（Nicole E. Coviello）最早提出将实在主义和构建主义方法相结合以促进对特定创业情境的研究。拉斐尔·阿米特、德克·德·克莱克（Dirk De Clercq）等学者也呼吁使用混合方法以更充分应对创业研究领域的多面性及复杂性问题。关于内容分析法的应用，组织学者文森特·迪里奥、伦达·雷格、迈克尔·普法雷尔等的研究对利用这一方法开展创业研究具有重要启示。

如果关注创业者与投资者的微观决策机制，实验方法在该类研究问题中被广泛使用，其中尤为出色的两位学者是黄乐仁和奥伦卡·卡茨佩尔契克。尽管这两位研究者都采用实验方法来深入研究创业决策的微观机制，但二者存在一定差异，黄乐仁代表的是心理学背景的实验室实验，而奥伦卡·卡茨佩尔契克代表的是经济学背景的实地试验。

若想实现理性与感性交互，叙事视角可以帮助捕捉娱乐色彩，这一方法在创业中的应用最早追溯到马丁·皮特于1998年在《组织研究》上所指出的：可以通过挖掘创业者的企业发展叙事文本研究特定情境下的经验知识及管理行为。随后，威廉姆·加特纳、金·索因等学者掀起了这一方法运用的小热潮，从方法的视角介绍如何开展叙事研究。

随着高新技术普及落地，数据机器学习方法、脑神经科学方法得以应用拓展。如果对AI技术在创业领域的应用感兴趣，莫仑·吕伟斯克（Moren Levesque）的相关研究能提供有益指导。尼科斯·尼古拉乌、汤姆·拉赫蒂等学者利用脑科学技术探究创业问题，启用生物学新方法为创业研究发展的外延做出了很好的示范。

APPENDIX
附 录

附录 A 全书述评的经典文献列表

1. Garud, R., Giuliani, A.P., 2013, "A narrative perspective on entrepreneurial opportunities", *Academy of Management Review*, Vol. 38, No. 1: 157-160.
2. Shafi, K., Mohammadi, A., and Johan, S.A., 2020, "Investment ties gone awry", *Academy of Management Journal*, Vol. 63, No. 1: 295-327.
3. Acs, Z., Astebro, T., Audretsch, D., and Robinson, D.T., 2016, "Public policy to promote entrepreneurship: a call to arms", *Small Business Economics*, Vol. 47, No. 1: 35-51.
4. Adner, R., 2017, "Ecosystem as structure: an actionable construct for strategy", *Journal of Management*, Vol. 43, No. 1: 39-58.
5. Aernoudt, R., 2004, "Incubators: tool for entrepreneurship?", *Small Business Economics*, Vol. 23, No. 2: 127-135.
6. Ahuja, G., and Lampert, C., 2001, "Entrepreneurship in the large corporation: a longitudinal study of how established firms create breakthrough inventions", *Strategic Management Journal*, Vol. 22: 521-543.
7. Aldrich, H.E., and Cliff, J.E., 2003, "The pervasive effects of family on entrepreneurship: toward a family embeddedness perspective", *Journal of Business Venturing*, Vol. 18, No. 5: 573-596.
8. Alvarez-Garrido, E., and Dushnitsky, G., 2016, "Are entrepreneurial venture's innovation rates sensitive to investor complementary assets? Comparing biotech ventures backed by corporate and independent VCs", *Strategic Management Journal*, Vol. 37, No. 5: 819-834.
9. Amit, R., and Han, X., 2017, "Value creation through novel resource configurations in a digitally enabled world", *Strategic Entrepreneurship Journal*, Vol. 11 No. 3: 228-242.
10. Amit, R., and Zott, C., 2001, "Value creation in e-business", *Strategic Management Journal*, Vol. 22, No. 6-7: 493-520.
11. Arikan, A.M., Arikan, I., and Koparan, I., 2020, "Creation opportunities: entrepreneurial curiosity, generative cognition, and Knightian uncertainty", *Academy of Management Review*, Vol. 45, No. 4: 808-824.
12. Arthurs, J.D., and Busenitz, L.W., 2003, "The boundaries and limitations of agency theory and stewardship theory in the venture capitalist/entrepreneur relationship", *Entrepreneurship Theory and*

Practice, Vol. 28, No. 2: 145-162.

13. Åstebro, T., and Hoos, F., 2021, "Impact measurement based on repeated randomized control trials: the case of a training program to encourage social entrepreneurship", *Strategic Entrepreneurship Journal*, Vol. 15: 254-278.

14. Au, K., and Kwan, H.K., 2009, "Start-up capital and Chinese entrepreneurs: the role of family", *Entrepreneurship Theory and Practice*, Vol. 33, No. 4: 889-908.

15. Audretsch, D., and Thurik, R., 2004, "A model of the entrepreneurial economy", *International Journal of Entrepreneurship*, Vol. 2, No. 2: 143-166.

16. Balachandran, S., and Hernandez, E., 2021, "Mi Casa Es Tu Casa: immigrant entrepreneurs as pathways to foreign venture capital investments", *Strategic Management Journal*, doi.org/10.1002/smj.3289.

17. Balocco, R., and Cavallo, A., et al., 2019, "Lean business models change process in digital entrepreneurship", *Business Process Management Journal*, Vol. 25, No. 7: 1520-1542.

18. Barberá-Tomás, D., Castelló, I., de Bakker, F.G.A., and Zietsma, C., 2019, "Energizing through visuals: how social entrepreneurs use emotion-symbolic work for social change", *Academy of Management Journal*, Vol. 62, No. 6: 1789-1817.

19. Barlow, M.A., Verhaal, J.C., and Angus, R.W., 2019, "Optimal distinctiveness, strategic categorization, and product market entry on the Google Play app platform", *Strategic Management Journal*, Vol. 40, No. 8: 1219-1242.

20. Baron, R.A., 1998, "Cognitive mechanisms in entrepreneurship: why and when entrepreneurs think differently than other people", *Journal of Business Venturing*, Vol. 13, No. 4: 275-294.

21. Baron, R.A., 2007, "Behavioral and cognitive factors in entrepreneurship: entrepreneurs as the active element in new venture creation", *Strategic Entrepreneurship Journal*, Vol. 1, No. 1-2: 167-182.

22. Batjargal, B., Hitt, M.A., Tsui, A.S., Arregle, J.L., Webb, J.W., and Miller, T.L., 2013, "Institutional polycentrism, entrepreneurs' social networks, and new venture growth", *Academy of Management Journal*, Vol. 56, No. 4: 1024-1049.

23. Battilana, J., Leca, B., and Boxenbaum, E., 2009, "How actors change institutions: towards a theory of institutional entrepreneurship", *Academy of Management Annals*, Vol. 3, No. 1: 65-107.

24. Baumol, W.J., 1990, "Entrepreneurship: Productive, unproductive and destructive", *Journal of Political Economy*, Vol. 98, No. 3: 893-921.

25. Baumol, W.J., 2004, "Entrepreneurial enterprises, large established firms and other components of the free-market growth machine", *Small Business Economics*, Vol. 23, No. 1: 9-21.

26. Bertoni, F., Colombo, M.G., and Quas, A., 2019, "The role of governmental venture capital in the venture capital ecosystem: an organizational ecology perspective", *Entrepreneurship Theory and Practice*, Vol. 43, No. 3: 611-628.

27. Bhuiyan, M.F., and Ivlevs, A., 2019, "Micro-entrepreneurship and subjective well-being: evidence from rural Bangladesh", *Journal of Business Venturing*, Vol. 34, No. 4: 625-645.

28. Block, J.H., 2012, "R&D investments in family and founder firms: an agency perspective", *Journal of Business Venturing*, Vol. 27, No. 2: 248-265.

29. Bowman, C., and Ambrosini, V., 2000, "Value creation versus value capture: towards a coherent definition of value in strategy", *British Journal of Management*, Vol. 11: 1-15.

30. Camuffo, A., Cordova, A., Gambardella, A., and Spina, C, 2020, "A scientific approach to entrepreneurial decision making: evidence from a randomized control trial", *Management Science*, Vol. 66, No. 2: 564-586.

31. Carter, N.M., Gartner, W.B., and Reynolds, P.D., 1996, "Exploring start-up events sequences", *Journal of Business Venturing*, Vol. 11, No. 3: 151-166.
32. Ceccagnoli, M., Forman, C., Huang, P., and Wu, D.J., 2012 "Cocreation of value in a platform ecosystem! The case of enterprise software", *MIS Quarterly*, Vol. 36, No. 1: 263-290.
33. Cennamo, C., and Santalo, J., 2019, "Generativity tension and value creation in platform ecosystems", *Organization Science*, Vol. 30, No. 3: 617-641.
34. Chemmanur, T.J., Krishnan, K., and Nandy, D.K., 2011, "How does venture capital financing improve efficiency in private firms? A look beneath the surface", *The Review of Financial Studies*, Vol. 24, No. 12: 4037-4090.
35. Chen, L., Yi, J-T., Li, S., and Tong, T.W., 2021, "Platform governance design in platform ecosystems: implications for complementors' multihoming decision", *Journal of Management*, doi: 10.1177/0149206320988337.
36. Chen, M.A., Wu, Q., and Yang, B., 2019, "How valuable is Fintech innovation?", *The Review of Financial Studies*, Vol. 32, No. 5: 2062-2106.
37. Chen, M.J., 1996, "Competitor analysis and interfirm rivalry: toward a theoretical integration", *Academy of Management Review*, Vol. 21, No. 1: 100-134.
38. Chen, Y., Pereira, I., and Patel, P.C., 2021, "Decentralized governance of digital platforms", *Journal of Management*, Vol. 47, No. 5: 1305-1337.
39. Chesbrough, H., 2003, *Open Innovation: The new Imperative for Creating and Profiting from Technology*, Harvard Business School Press, Boston.
40. Clarke, J.S., Cornelissen, J.P., and Healey, M.P., 2019, "Actions speak louder than words: how figurative language and gesturing in entrepreneurial pitches influences investment judgments", *Academy of Management Journal*, Vol. 62, No. 2: 335-360.
41. Cope, J., 2011, "Entrepreneurial learning from failure: an interpretative phenomenological analysis", *Journal of Business Venturing*, Vol. 26, No. 6: 604-623.
42. Cui, A.S., and Wu, F., 2016, "Utilizing customer knowledge in innovation: antecedents and impact of customer involvement on new product performance", *Journal of the Academy of Marketing Science*, Vol. 44, No. 4: 516-538.
43. Dattée, B., Alexy, O., and Autio, E., 2018, "Maneuvering in poor visibility: how firms play the ecosystem game when uncertainty is high", *Academy of Management Journal*, Vol. 61, No. 1: 466-498.
44. Di Lorenzo, F., and van de Vrande, V., 2019, "Tapping into the knowledge of incumbents: the role of corporate venture capital investments and inventor mobility", *Strategic Entrepreneurship Journal*, Vol. 13, No. 1: 24-46.
45. Drover, W., Busenitz, L., Matusik, S., Townsend, D., Anglin, A., and Dushnitsky, G., 2017, "A review and road map of entrepreneurial equity financing research: venture capital, corporate venture capital, angel investment, crowdfunding, and accelerators", *Journal of Management*, Vol. 43, No. 6: 1820-1853.
46. Duan, Y., Hsieh, T.S., Wang, R.R., and Wang, Z., 2020, "Entrepreneurs' facial trustworthiness, gender, and crowdfunding success", *Journal of Corporate Finance*, Vol. 64: 101693.
47. Duriau, V.J., Reger, R.K., and Pfarrer, M.D., 2007, "A content analysis of the content analysis literature in organization studies: research themes, data sources, and methodological refinements", *Organizational Research Methods*, Vol. 10, No. 1: 5-34.
48. Dushnitsky, G., and Matusik, S.F., 2019, "A fresh look at patterns and assumptions in the field of

entrepreneurship: what can we learn?", *Strategic Entrepreneurship Journal*, Vol. 13, No. 4: 437-447.

49. Eesley, C., 2016, "Institutional barriers to growth: entrepreneurship, human capital and institutional change", *Organization Science*, Vol. 27, No. 5: 1290-1306.

50. Eesley, C., Li, J.B., and Yang, D., 2016, "Does institutional change in universities influence High-Tech entrepreneurship? Evidence from China's project 985", *Organization Science*, Vol. 27, No. 2: 446-461.

51. Estrin, S., Korosteleva, J., and Mickiewicz, T., 2013, "Which institutions encourage entrepreneurial growth aspirations?", *Journal of Business Venturing*, Vol. 28, No. 4: 564-580.

52. Fini, R., Perkmann, M., and Michael Ross, J., 2021, "Attention to exploration: the effect of academic entrepreneurship on the production of scientific knowledge", *Organization Science*, doi.org/10.1287/orsc.2021.1455.

53. Fisher, G., Kotha, S., Lahiri, A., 2016, "Changing with the times: an integrated view of identity, legitimacy, and new venture life cycles", *Academy of Management Review*, Vol. 41, No. 3: 383-409.

54. Gartner, B.W., 2007, "Entrepreneurial narrative and a science of the imagination", *Journal of Business Venturing*, Vol. 22, No. 5: 613-627.

55. Gartner, W. B., 1988, "Who is an entrepreneur? Is the wrong question", *American Journal of Small Business*, Vol. 12, No. 4: 1-22.

56. Gartner, W.B., Gartner, W.C., Shaver, K.G., Carter, N.M., and Reynolds, P.D., 2004, *Handbook of Entrepreneurial Dynamics: The Process of Business Creation*, Sage.

57. Garud, R., Jain, S., and Kumaraswamy, A., 2002, "Institutional entrepreneurship in the sponsorship of common technological standards: the case of Sun Microsystems and Java", *Academy of Management Journal*, Vol. 45, No. 1: 196-214.

58. Garud, R., Schildt, H.A., Lant, T.K., 2014, "Entrepreneurial storytelling, future expectations, and the paradox of legitimacy", *Organization Science*, Vol. 25, No. 5: 1479-1492.

59. George, G. and Bock, A., 2011, "The business model in practice and its implications for entrepreneurship research", *Entrepreneurship Theory and Practice*, Vol. 35, No. 1: 83-111.

60. Ghezzi, A., 2019, "Digital startups and the adoption and implementation of lean startup approaches: effectuation, bricolage and opportunity creation in practice", *Technological Forecasting and Social Change*, Vol. 146: 945-960.

61. Greenwood, R., and Suddaby, R., 2006, "Institutional entrepreneurship in mature fields: the big five accounting firms", *Academy of Management Journal*, Vol. 49, No. 1: 27-48.

62. Greenwood, R., Díaz, A.M., Li, S.X., and Lorente, J.C., 2010, "The multiplicity of institutional logics and the heterogeneity of organizational responses", *Organization Science*, Vol. 21, No. 2: 521-539.

63. Greenwood, R., Raynard, M., Kodeih, F., Micelotta, E.R., and Lounsbury, M., 2011, "Institutional complexity and organizational responses", *Academy of Management Annals*, Vol. 5, No. 1: 317-371.

64. Gregory, R.W., Henfridsson, O., Kaganer, E., and Kyriakou, S.H., 2021, "The role of artificial intelligence and data network effects for creating user value", *Academy of Management Review*, Vol. 46, No. 3: 534-551.

65. Grimes, M.G., 2018, "The pivot: how founders respond to feedback through idea and identity work", *Academy of Management Journal*, Vol. 61, No. 5: 1692-1717.

66. Grinevich, V., Huber, F., Karataş-Özkan, M., and Yavuz, Ç., 2019, "Green entrepreneurship in the sharing economy: utilising multiplicity of institutional logics", *Small Business Economics*, Vol.

52, No. 4: 859-876.
67. Grönroos, C., and Voima, P., 2013, "Critical service logic: making sense of value creation and co-creation", *Journal of the Academy of Marketing Science*, Vol. 41, No. 2: 133-150.
68. Guler, I., 2007, "Throwing good money after bad? Political and institutional influences on sequential decision making in the venture capital industry", *Administrative Science Quarterly*, Vol. 52, No. 2: 248-285.
69. Hampel, C.E., Tracey, P., and Weber, K., 2019, "The art of the pivot: how new ventures manage identification relationships with stakeholders as they change direction", *Academy of Management Journal*, doi.10.5465/amj.2017.0460.
70. Hargadon, A.B., and Douglas, Y., 2001, "When innovations meet institutions: Edison and the design of the electric light", *Administrative Science Quarterly*, Vol. 46, No. 3: 476-501.
71. Hochberg, Yael V., and Fehder, Daniel C., 2015, "Accelerators and ecosystems", *Science* 348(6240): 1202-1203.
72. Huang, L., 2018, "The role of investor gut feel in managing complexity and extreme risk", *Academy of Management Journal*, Vol. 61, No. 5: 1821-1847.
73. Huang, L., and Knight, A.P., 2017, "Resources and relationships in entrepreneurship: an exchange theory of the development and effects of the entrepreneur-investor relationship", *Academy of Management Review*, Vol. 42, No. 1: 80-102.
74. Huang, P., Ceccagnoli, M., Forman, C., and Wu, D. 2013, "Appropriability mechanisms and the platform partnership decision: evidence from enterprise software", *Management Science*, Vol. 59, No. 1: 102-121.
75. Jacobides, M., Cennamo, C., and Gawer, A., 2018, "Towards a theory of ecosystems", *Strategic Management Journal*, Vol. 39, No. 8: 2255-2276.
76. Jaskiewicz, P., Heinrichs, K., Rau, S.B., and Reay, T., 2016, "To be or not to be: how family firms manage family and commercial logics in succession", *Entrepreneurship Theory and Practice*, Vol. 40, No. 4: 781-813.
77. Jiang, R.J., Tao, Q.T., Santoro., 2010, "Alliance portfolio diversity and firm performance", *Strategic Management Journal*, Vol. 31, No.10: 1136-1144.
78. Johannisson, B., and Nilsson, A., 1989, "Community entrepreneurs: networking for local development", *Entrepreneurship and Regional Development*, Vol. 1, No. 1: 3-19.
79. Kacperczyk, O., and Younkin, P., 2021, "A founding penalty: evidence from an audit study on gender, entrepreneurship, and future employment", *Organization Science*, Vol. 32, No. 3: 1-30.
80. Kaffka, G.A., Singaram, R., Kraaijenbrink, J., and Groen, A.J., 2021, "Yes and..., but wait..., heck no!: A socially situated cognitive approach towards understanding how startup entrepreneurs process critical feedback", *Journal of Small Business Management*, doi.org/10.1080/00472778.2020.1866186.
81. Kavusan, K., Frankort, H.T.W., 2019, "A behavioral theory of alliance portfolio reconfiguration: evidence from pharmaceutical biotechnology", *Strategic Management Journal*, Vol. 40, No. 10: 1668-1702.
82. Khanagha, S., Ansari, S., Paroutis, S., and Oviedo, L., 2020, "Mutualism and the dynamics of new platform creation: a study of Cisco and fog computing", *Strategic Management Journal*, Vol. 42, No. 3: 1-31.
83. Kim, J.Y., and Steensma, H.K., 2017, "Employee mobility, spin-outs, and knowledge spill-in: how incumbent firms can learn from new ventures", *Strategic Management Journal*, Vol. 38, No. 8:

1626-1645.

84. Laffranchini, G., Hadjimarcou, J.S., and Kim, S.H., 2020, "The impact of socioemotional wealth on decline-stemming strategies of family firms", *Entrepreneurship Theory and Practice*, Vol. 44, No. 2: 185-210.

85. Lahti, T., Halko, M., Karagozoglu, N., and Wincent, J., 2019, "Why and how do founding entrepreneurs bond with their ventures? Neural correlates of entrepreneurial and parental bonding", *Journal of Business Venturing*, Vol. 34, No. 2: 368-388.

86. Leong, C.M.L., Pan, S.L., Newell, S., and Cui, L., 2016, "The emergence of self-organizing Ecommerce ecosystems in remote villages of China: a tale of digital empowerment for rural development", *MIS Quarterly*, Vol. 40, No. 2: 475-484.

87. Lerner, J., 1999, "The government as venture capitalist: the long-run impact of the SBIR program", *Journal of Business*, Vol. 72, No. 3: 285-318.

88. Lohrke, F.T., Holloway, B.B., Woolley, T.W., 2010, "Conjoint analysis in entrepreneurship research: a review and research agenda", *Organizational Research Methods*, Vol. 13, No. 1: 16-30.

89. Louis, K.S., Blumenthal, D., Gluck, M.E., and Stoto, M.A., 1989, "Entrepreneurs in academe: an exploration of behaviors among life scientists", *Administrative Science Quarterly*, Vol. 34, Issue 1: 110-131.

90. Lounsbury, M., and Glynn, M.A., 2001, "Cultural entrepreneurship: stories, legitimacy, and the acquisition of resources", *Strategic Management Journal*, Vol. 22, No. 6-7: 545-564.

91. Maguire, S., Hardy, C., and Lawrence, T.B., 2004, "Institutional entrepreneurship in emerging fields: HIV/AIDS treatment advocacy in Canada", *Academy of Management Journal*, Vol. 47, No. 5: 657-679.

92. Mair, J., and Marti, I., 2009, "Entrepreneurship in and around institutional voids: a case study from Bangladesh", *Journal of Business Venturing*, Vol. 24, No. 5: 419-435.

93. Mair, J., Marti, I., and Ventresca, M.J., 2012, "Building inclusive markets in rural Bangladesh: how intermediaries work institutional voids", *Academy of Management Journal*, Vol. 55, No. 4: 819-850.

94. Mair, J., Wolf, M., Seelos, C., 2016, "Scaffolding: a process of transforming patterns of inequality in small-scale societies", *Academy of Management Journal*, Vol. 59, No. 6: 2021-2044.

95. Malmström, M., Johansson, J., and Wincent, J., 2015, "Cognitive constructions of low-profit and high-profit business models: a repertory grid study of serial entrepreneurs", *Entrepreneurship Theory and Practice*, Vol. 39, No. 5: 1083-1109.

96. Martens, M.L., Jennings, J.E., and Jennings, P.D., 2007, "Do the stories they tell get them the money they need? The role of entrepreneurial narratives in resource acquisition", *Academy of Management Journal*, Vol. 50, No. 5: 1107-1132.

97. Mathias, B.D., and Williams, D.W., 2017, "The impact of role identities on entrepreneurs' evaluation and selection of opportunities", *Journal of Management*, Vol. 43, No. 3: 892-918.

98. McDonald, R., and Eisenhardt, K., 2020, "Parallel play: startups, nascent markets, and effective business model design", *Administrative Science Quarterly*, Vol. 65, No. 2: 483-532.

99. McKeever, E., Jack, S., and Anderson, A., 2015, "Embedded entrepreneurship in the creative reconstruction of place", *Journal of Business Venturing*, Vol. 30, No. 1: 50-65.

100. Mckelvie, A., Haynie, J.M., and Gustavsson, V., 2011, "Unpacking the uncertainty construct: implications for entrepreneurial action", *Journal of Business Venturing*, Vol. 26, No. 3: 273-292.

101. McKnight, B., and Zietsma, C., 2018, "Finding the threshold: a configurational approach to

optimal distinctiveness", *Journal of Business Venturing*, Vol. 33, No.4: 493-512.
102. McMullen, J. S. and Shepherd, D. A., 2006, "Entrepreneurial action and the role of uncertainty in the theory of the entrepreneur", *Academy of Management Review*, Vol. 31, No. 1: 132-152.
103. Milliken, F.J., 1987, "Three types of perceived uncertainty about the environment: state, effect, and response uncertainty", *Academy of Management Review*, Vol. 12, No. 1: 133-143.
104. Molina-Azorín,J.F.,López-Gamero,M.D.,Pereira-Moliner,J.,and Pertusa-Ortega,E.M.,2012, "Mixed methods studies in entrepreneurship research: applications and contributions", *Entrepreneurship and Regional Development*, Vol. 24, No. 5-6: 425-456.
105. Moore, J.F., 1993, "Predators and prey: a new ecology of competition", *Harvard Business Review*, Vol. 71, No. 3: 75-86.
106. Mueller, B. and Shepherd, D.A., 2016, "Making the most of failure experiences: exploring the relationship between business failure and the identification of business opportunities", *Entrepreneurship Theory and Practice*, Vol. 40, No. 3: 457-487.
107. Murray, A., Kotha S., and Fisher G., 2020, "Community-based resource mobilization: how entrepreneurs acquire resources from distributed non-professionals via crowdfunding", *Organization Science*, Vol. 31, No. 4: 960-989.
108. Nambisan, S., and Baron, R. A., 2021, "On the costs of digital entrepreneurship: role conflict, stress, and venture performance in digital platform-based ecosystems", *Journal of Business Research*, Vol. 125, No. 3: 520-532.
109. Nambisan, S., and Baron, R.A., 2013, "Entrepreneurship in innovation ecosystems: entrepreneurs' self-regulatory processes and their implications for new venture success", *Entrepreneurship Theory and Practice*, Vol. 37, No. 5: 1071-1097.
110. Navis, C., and Glynn, M.A., 2011, "Legitimate distinctiveness and the entrepreneurial identity: influence on investor judgments of new venture plausibility", *Academy of Management Review*, Vol. 36, No. 3: 479-499.
111. Nicolaou, N., Phan, P.H., and Stephan, U., 2021, "The biological perspective in entrepreneurship research", *Entrepreneurship Theory and Practice*, Vol. 45, No. 1: 3-17.
112. O'Mahony, S., and Karp, R., 2021, "From proprietary to collective governance: how do platform participation strategies evolve", *Strategic Management Journal*, doi: 10.1002/smj.3150.
113. Oviatt, B.M., and McDougall, P.P., 2005, "Defining international entrepreneurship and modeling the speed of internationalization", *Entrepreneurship Theory and Practice*, Vol. 29, Issue 5: 537-553.
114. Packard, M., Clark, B.B., and Klein, P.G., 2017, "Uncertainty types and transitions in the entrepreneurial process", *Organization Science*, Vol. 28, No. 5: 840-856.
115. Park, H.D., and Steensma, H.K., 2012, "When does corporate venture capital add value for new ventures?", *Strategic Management Journal*, Vol. 33, No. 1: 1-22.
116. Park, H.D., and Tzabbar, D., 2016, "Venture capital, CEOs' sources of power, and innovation novelty at different life stages of a new venture", *Organization Science*, Vol. 27, No. 2: 336-353.
117. Pauwels, C., et al., 2016, "Understanding a new generation incubation model: the accelerator.", *Technovation*, Vol. 50-51: 13-24.
118. Priem, R.L., 2007, "A consumer perspective on value creation", *Academy of Management Review*, Vol. 32, No. 1: 219-235.
119. Richter, R., 2019, "Rural social enterprises as embedded intermediaries: the innovative power of connecting rural communities with supra-regional networks", *Journal of Rural Studies*, Vol. 70: 179-187.

120. Rietveld, J., and Eggers, J.P., 2018, "Demand heterogeneity in platform markets: implications for complementors", *Organization Science*, Vol. 29, No. 2: 304-322.
121. Ruebottom, T., 2013, "The microstructures of rhetorical strategy in social entrepreneurship: Building legitimacy through heroes and villains", *Journal of Business Venturing*, Vol. 28, No. 1: 98-116.
122. Sauermann, H., 2018, "Fire in the belly? Employee motives and innovative performance in start-ups versus established firms", *Strategic Entrepreneurship Journal*, Vol. 12, No. 4: 423-454.
123. Shepherd, D.A., Parida, V., and Wincent, J., 2021, "Entrepreneurship and poverty alleviation: the importance of health and children's education for slum entrepreneurs", *Entrepreneurship Theory and Practice*, Vol. 45, No. 2: 350-385.
124. Shepherd, D.A., Wennberg, K., Suddaby, R., and Wiklund, J., 2019, "What are we explaining? A review and agenda on initiating, engaging, performing, and contextualizing entrepreneurship", *Journal of Management*, Vol. 45, No. 1: 159-196.
125. Sherer, P.D., 2017, "When is it time to stop doing the same old thing? How institutional and organizational entrepreneurs changed Major League Baseball", *Journal of Business Venturing*, Vol. 32, No. 4: 355-370.
126. Smith, C., Smith, J.B., and Shaw, E., 2017, "Embracing digital networks: entrepreneurs' social capital online", *Journal of Business Venturing*, Vol. 32, No. 1: 18-34.
127. Snihur, Y., and Zott, C., 2020, "The genesis and metamorphosis of novelty imprints: how business model innovation emerges in young ventures", *Academy of Management Journal*, Vol. 63, No. 2: 554-583.
128. Snihur, Y., Thomas, L.D.W., and Burgelman, R.A., 2018, "An ecosystem-level process model of business model disruption: the disruptors gambit", *Journal of Management Studies*, Vol. 55, No. 7: 1278-1316.
129. Soin, K., Scheytt, T., 2006, "Making the case for narrative methods in cross-cultural organizational research", *Organizational Research Methods*, Vol. 9, No. 1: 55-77.
130. Spigel, B., 2017, "The relational organization of entrepreneurial ecosystems", *Entrepreneurship Theory and Practice*, Vol. 41, No. 1: 49-72.
131. Spigel, B., Harrison, R., 2018, "Toward a process theory of entrepreneurial ecosystems", *Strategic Entrepreneurship Journal*, Vol. 12, No. 1: 151-168.
132. Srinivasan, A., and Venkatraman, N., 2018, "Entrepreneurship in digital platforms: a network-centric view", *Strategic Entrepreneurship Journal*, Vol. 12, No. 1: 54-71.
133. Stoelhorst, J.W., 2021, "Value, rent, and profit: A stakeholder resource-based theory", *Strategic Management Journal*, doi.org/10.1002/smj.3280.
134. Su, M.M., Wall, G., and Wang, Y., et al., 2019, "Livelihood sustainability in a rural tourism destination - Hetu Town, Anhui Province, China", *Tourism Management*, Vol. 71, No. 4: 272-281.
135. Suchman, M.C., 1995, "Managing legitimacy: strategic and institutional approaches", *Academy of Management Review*, Vol. 20, No.3: 571-610.
136. Suddaby, R., Bruton, G. D., and Si, S.X., 2015, "Entrepreneurship through a qualitative lens: insights on the construction and/or discovery of entrepreneurial opportunity", *Journal of Business Venturing*, Vol. 30, No. 1: 1-10.
137. Sussan, F., and Acs, Z., 2017, "The digital entrepreneurial ecosystem", *Small Business Economics*, Vol. 49, No. 1: 55-73.
138. Tavalaei, M.M., and Cennamo, C., 2020, "In search of complementarities within and across

platform ecosystems: Complementors' relative standing and performance in mobile apps ecosystems", *Long Range Planning*, doi.org/10.1016/j.lrp.2020.101994.

139. Teece, D.J., 2007, "Explicating dynamic capabilities: the nature and microfoundations of (sustainable) enterprise performance", *Strategic Management Journal*, Vol. 28, No. 13: 1319-1350.

140. Tracey, P., Dalpiaz E., Phillips, N., 2018, "Fish out of water: translation, legitimation, and new venture creation", *Academy of Management Journal*, Vol. 61, No. 5: 1627-1666.

141. Überbacher, F., Jacobs, C.D., and Cornelissen, J.P., 2015, "How entrepreneurs become skilled cultural operators", *Organization Studies*, Vol. 36, No. 7: 925-951.

142. Vaara, E., Tienar, J.A., 2008, "Discursive perspective on legitimation strategies in multinational corporations", *Academy of Management Review*, Vol. 33, No. 4: 985-993.

143. Vahid, J.S., et al., 2021, "Exploring the impact of digital transformation on technology entrepreneurship and technological market expansion: the role of technology readiness, exploration and exploitation", *Journal of Business Research*, Vol. 124, No. 1: 100-111.

144. Verver, M., and Koning, J., 2018, "Toward a kinship perspective on entrepreneurship", *Entrepreneurship Theory and Practice*, Vol. 42, No. 4: 631-666.

145. von Briel, F., Davidsson, P., Recker, R., 2018, "Digital technologies as external enablers of new venture creation in the IT hardware sector", *Entrepreneurship Theory and Practice*, Vol 42, No. 1: 47-69.

146. Vossen, A., and Ihl, C., 2020, "More than words! How narrative anchoring and enrichment help to balance differentiation and conformity of entrepreneurial products", *Journal of Business Venturing*, Vol. 35, No. 6: 1-19.

147. Wassmer, U., Li, S., Madhok A., 2017, "Resource ambidexterity through alliance portfolios and firm performance", *Strategic Management Journal*, Vol. 38, No.2: 384-394.

148. Welter, F., and Smallbone, D., 2006, "Exploring the role of trust in entrepreneurial activity", *Entrepreneurship Theory and Practice*, Vol. 30, No. 4: 465-475.

149. Wen, W., and Zhu, F., 2019, "Threat of platform-owner entry and complementor responses: evidence from the mobile app market", *Strategic Management Journal*, Vol. 40, No. 9: 1336-1367.

150. Wiklund, J., Wright, M., and Zahra, S.A., 2019, "Conquering relevance: entrepreneurship research's grand challenge", *Entrepreneurship Theory and Practice*, Vol. 43, No. 3: 419-436.

151. Xu, Y., and Koivumäki, T., 2019, "Digital business model effectuation: an agile approach", *Computers in Human Behavior*, Vol. 95: 307-314.

152. Yin, Y., Wang, Y., Evans, J. A., and Wang, D., 2019, "Quantifying the dynamics of failure across science, startups and security", *Nature*, Vol. 575, No. 7781: 190-194.

153. Zhang, L., Gupta, A.K., and Hallen, B.L., 2017, "The conditional importance of prior ties: a group-level analysis of venture capital syndication", *Academy of Management Journal*, Vol. 60, No.4: 1360-1386.

154. Zhao, E.Y., and Wry, T., 2016, "Not all inequality is equal: deconstructing the societal logic of patriarchy to understand microfinance lending to women", *Academy of Management Journal*, Vol. 59, No. 6: 1994-2020.

155. Zhao, E.Y., and Yang, L., 2020, "women hold up half the sky? Informal institutions, entrepreneurial decisions, and gender gap in venture performance", *Entrepreneurship Theory and Practice*, doi.org/10.1177/1042258720980705.

156. Zimmerman, M.A., Zeitz, G.J., 2002, "Beyond survival: achieving new venture growth by building legitimacy", *Academy of Management Review*, Vol. 27, No. 3: 414-431.

157. King, E.B., Hebl, M.R., Botsford Morgan, W., and Ahmad, A.S., 2013, "Field experiments on sensitive organizational topics", *Organizational Research Methods*, Vol. 16, No. 4: 501-521.
158. Carter, S., 1999, "Multiple business ownership in the farm sector: assessing the enterprise and employment contributions of farmers in Cambridgeshire", *Journal of Rural Studies*, Vol. 15, No. 4: 417-429.
159. Shane, S., Venkataraman, S., 2000, "The promise of entrepreneurship as a field of research", *Academy of Management Review*, Vol. 25, No. 1: 217-226.
160. Hellmann, T., and Puri, M., 2002, "Venture capital and the professionalization of start-up firms: empirical evidence", *The Journal of Finance*, Vol. 57, No. 1: 169-197.
161. Delmar, F. and Shane, S., 2004, "Legitimizing first: organizing activities and the survival of new ventures", *Journal of Business Venturing*, Vol. 19, No. 3: 385-410.
162. Audretsch, D.B., and Keilbach, M., 2007, "The theory of knowledge spillover entrepreneurship", *Journal of Management Studies*, Vol. 44, No. 7: 1242-1254.
163. Shah, S.K., and Tripsas, M., 2007, "The accidental entrepreneur: the emergent and collective process of user entrepreneurship", *Strategic Entrepreneurship Journal*, Vol. 1, No. 1-2: 123-140.
164. Reynolds, P.D., Autio, E., and Hechavarria, D.M., 2008, "Global entrepreneurship monitor (GEM): Expert questionnaire data", *Ann Arbor: Inter-university Consortium for Political and Social Research*.
165. Yiu, D.W., and Lau, C.M., 2008, "Corporate entrepreneurship as resource capital configuration in emerging market firms", *Entrepreneurship Theory and Practice*, Vol. 32, No. 1: 37-57.
166. Filatotchev, I., Liu, X., Buck, T., and Wright, M., 2009, "The export orientation and export performance of high-technology SMEs in emerging markets: the effects of knowledge transfer by returnee entrepreneurs", *Journal of International Business Studies*, Vol, 40, Issue 6: 1005-1021.
167. Grimes, M., 2010, "Strategic sensemaking within funding relationships: the effects of performance measurement on organizational identity in the social sector", *Entrepreneurship Theory and Practice*, Vol. 34, No. 4: 763-783.
168. Cornelissen, J.P., and Clarke, J.S., 2010, "Imagining and rationalizing opportunities: inductive reasoning and the creation and justification of new ventures", *Academy of Management Review*, Vol. 35, No. 4: 539-557.
169. Schaltegger S., Wagner, M., 2011. "Sustainable entrepreneurship and sustainability innovation: categories and interactions", *Business Strategy and the Environment*, Vol. 20, No. 4: 222-237.
170. Shepherd, D.A., Haynie, J.M., and McMullen, J.S., 2012, "Confirmatory search as a useful heuristic? Testing the veracity of entrepreneurial conjectures", *Journal of Business Venturing*, Vol. 27, No. 6: 637-651.
171. Banalieva, E.R., Eddleston, K.A., and Zellweger, T.M., 2015, "When do family firms have an advantage in transitioning economies? Toward a dynamic institution-based view", *Strategic Management Journal*, Vol. 36, No. 9: 1358-1377.
172. Kafouros, M., Wang, C., Piperopoulos, P., and Zhang, M., 2015, "Academic collaborations and firm innovation performance in China: the role of region-specific institutions", *Research Policy*, Vol. 44, Issue 3: 803-817.
173. Pahnke, E.C., Katila, R. and Eisenhardt, K.M., 2015, "Who takes you to the dance? How partners' institutional logics influence innovation in young firms", *Administrative Science Quarterly*, Vol. 60, No. 4: 596-633.
174. Thébaud, S., 2015, "Business as plan B: institutional foundations of gender inequality in entrepreneurship across 24 industrialized countries", *Administrative Science Quarterly*, Vol. 60, No. 4:

671-711.

175. Hsu, D.K., Simmons, S.A., Wieland, A.M., 2017, "Designing entrepreneurship experiments: a review, typology, and research agenda", *Organizational Research Methods*, Vol. 20, No. 3: 379-412.

176. Nambisan, S., Lyytinen, K., Majchrzak, A., and Song, M., 2017, "Digital innovation management: reinventing innovation management research in a digital world", *MIS Quarterly*, Vol. 41, No. 1: 223-238.

177. Parhankangas, A., and Renko, M., 2017, "Linguistic style and crowdfunding success among social and commercial entrepreneurs", *Journal of Business Venturing*, Vol. 32, No. 2: 215-236.

178. Turner, S.F., Cardinal, L.B., and Burton, R.M., 2017, "Research design for mixed methods: a triangulation-based framework and roadmap", *Organizational Research Methods*, Vol. 20, No. 2: 243-267.

179. Dutta, S., 2017, "Creating in the crucibles of nature's fury: associational diversity and local social entrepreneurship after natural disasters in California, 1991～2010", *Administrative Science Quarterly*, Vol. 62, No. 3: 443-483.

180. Autio, E., Nambisan, S., Thomas, L.D.W., Wright, M., 2018, "Digital affordances, spatial affordances, and the genesis of entrepreneurial ecosystems", *Strategic Entrepreneurship Journal*, Vol. 12, No. 1: 72-95.

181. Eckhardt, J.T., Ciuchta, M.P., and Carpenter, M., 2018, "Open innovation, information, and entrepreneurship within platform ecosystems", *Strategic Entrepreneurship Journal*, Vol. 12, No. 3: 369-391.

182. Hannah, D.P., and Eisenhardt, K.M., 2018, "How firms navigate cooperation and competition in nascent ecosystems", *Strategic Management Journal*, Vol. 39, No. 12: 3163-3192.

183. Zhao, E.Y., Ishihara, M., Jennings, P.D., and Lounsbury M., 2018, "Optimal distinctiveness in the Console video game industry: an exemplar-based model of proto-category evolution", *Organization Science*, Vol. 29, No. 4: 588-611.

184. Greul, A., West, J., and Bock, S., 2018, "Open at birth? Why new firms do (or don't) use open innovation", *Strategic Entrepreneurship Journal*, Vol. 12, No, 3: 392-420.

185. Dyer, J.H., Singh, H., and Hesterly, W.S., 2018, "The relational view revisited: a dynamic perspective on value creation and value capture", *Strategic Management Journal*, Vol. 39, No. 12: 3140-3162.

186. McMullen S., 2018, "Organizational hybrids as biological hybrids: insights for research on the relationship between social enterprise and the entrepreneurial ecosystem", *Journal of Business Venturing*, Vol. 33, No. 5: 575-590.

187. Chowdhury, F., Audretsch, D.B., and Belitski, M., 2019, "Institutions and entrepreneurship quality", *Entrepreneurship Theory and Practice*, Vol. 43, No. 1: 51-81.

188. Nambisan, S., Wright, M., and Feldman, M., 2019, "The digital transformation of innovation and entrepreneurship: progress, challenges and key themes", *Research Policy*, Vol. 48, No. 8: 1-9.

189. Yang, T., and del Carmen Triana, M., 2019, "Set up to fail: explaining when women-led businesses are more likely to fail", *Journal of Management*, Vol. 45, No. 3: 926-954.

190. Shane, S., Drover, W., Clingingsmith, D., and Cerf, M., 2020, "Founder passion, neural engagement and informal investor interest in startup pitches: an fMRI study", *Journal of Business Venturing*, Vol. 35, No. 4: 105949.

191. Dushnitsky, G., and Sarkar, S., 2020, "Here comes the sun: the impact of incidental contextual

factors on entrepreneurial resource acquisition", *Academy of Management Journal*, 10.5465/amj.2019.0128.
192. Kirtley, J., and O'Mahony, S., 2020, "What is a pivot? Explaining when and how entrepreneurial firms decide to make strategic change and pivot", *Strategic Management Journal*, doi.org/10.1002/smj.3131.
193. Shaheer, N.A., and Li S., 2020, "The CAGE around cyberspace? How digital innovations internationalize in a virtual world", *Journal of Business Venturing*, Vol. 35, Issue 1: 105892.
194. Hedberg, L. M., and Lounsbury, M., 2021, "Not just small potatoes: cultural entrepreneurship in the moralizing of markets", *Organization Science*, Vol. 32, No. 2: 433-454.
195. Murtinu, S., 2021, "The government whispering to entrepreneurs: public venture capital, policy shifts and firm productivity", *Strategic Entrepreneurship Journal*, Vol. 15, No. 2: 279-308.
196. 陈晓红，蔡莉，王重鸣，等.创新驱动的重大创业理论与关键科学问题[J].中国科学基金，2020，34（2）：228–236.
197. 张玉利，龙丹，杨俊.CPSED概述及其学术价值探讨[J].外国经济与管理，2011（1）：11–18.
198. 张玉利，谢巍.改革开放、创业与企业家精神[J].南开管理评论，2019（5）.
199. 周冬梅，陈雪琳，杨俊，等.创业研究回顾与展望[J].管理世界，2020（1）.
200. 周青，顾远东，吴刚.创业管理研究热点的国际比较与学科资助建议[J].中国科学基金，2018（2）：198–202.

附录 B 编写分工与作者介绍

主编团队

杨俊

2008年在南开大学获得管理学博士学位，2010年获得全国优秀博士论文奖。浙江大学管理学院教授、博士生导师，2015～2020年任南开大学创业研究中心主任，《管理学季刊》领域编辑。长期专注研究创新性创业如何发生和成长，研究课题获得国家自然科学基金青年、面上和重点项目连续资助。2009～2011年作为设计者和组织者发起并实施了中国创业动态跟踪调查（CPSED），2013年至今持续建设中国创业企业成长跟踪数据库（CPSED II），组建创业研究青年学者联盟。出版专著和教材6部，在《创业学杂志》《战略创业杂志》《亚太管理杂志》《管理世界》等期刊上发表中英文论文80余篇。本书主编，负责设计内容体例并牵头组织编写，负责第1章、第2章、第11章编写组织工作并撰写这3章的章首部分和"关键学者与学者网络"部分，独立（合作）撰写9篇述评文章。E-mail：nkyangjun@163.com。

朱沆

2008年在中山大学获得管理学博士学位。中山大学管理学院教授、博士生导师，《管理学季刊》编辑部主任。研究兴趣包括制度与创业、性别与创业、家族企业传承，相关研究课题曾3次获得国家自然科学基金面上项目资助。与合作者的论文发表在《战略管理杂志》《组织管理研究》《商业研究杂志》和《管理世界》《管理科学学报》《南开管理评论》等期刊上，出版著作《从人治到法治：粤商家族企业的治理》《家族创业》。本书主编，参与内容体例设计和编写组织，具体负责第3章、第4章的编写组织工作并撰写这两章的章首部分和"关键学者与学者网络"部分，合作撰写了2篇述评文章。E-mail：mnszh@mail.sysu.edu.cn。

于晓宇

2010年在上海交通大学获得管理学博士学位。上海大学特聘教授、博士生导师、管理学院副院长。兼任《创业研究杂志》(*Entrepreneurship Research Journal*)联合主编、《管理研究杂志》等编委。长期专注研究创业失败、企业成长与神经创业学，设计的研究课题获得国家自然科学基金青年、面上项目连续资助。2016年至今持续建设中国首个神经创业学实验室，主持翻译中国第一本神经创业学译著《神经创业学：研究方法与实验设计》，授权国家发明专利多项。出版专著、译著和教材9部，在《组织行为学杂志》(*Journal of Organizational Behavior*)、《商业研究杂志》和《管理世界》《管理科学学报》等期刊上发表中英文论文100余篇，在《哈佛商业评论》《中欧商业评论》等期刊上发表评论文章20余篇。本书主编，参与本书内容体例设计和编写组织，具体负责第6章、第7章编写组织工作并撰写这两章的章首部分和"关键学者与学者网络"部分，合作撰写4篇述评文章。E-mail：yuxiaoyu@vip.126.com。

周冬梅

2011年在电子科技大学获得管理学博士学位。电子科技大学经济与管理学院副教授、硕士生导师，美国宾夕法尼亚大学沃顿商学院访问学者，2014～2017年任电子科技大学经济与管理学院创新与创业中心主任。长期从事创新与技术创业、新创企业资源获取、数字平台经济等主题的研究，先后主持和主研国家级及省部级课题多项，在《管理世界》《管理工程学报》《管理评论》和《非洲心理学杂志》(*Journal of Psychology in Africa*)等期刊上发表中英文论文20多篇，出版教材1部。本书副主编，参与本书内容体例设计和编写组织，具体负责第8章、第9章编写组织工作并撰写这两章的章首部分和"关键学者与学者网络"部分，独立（合作）撰写3篇述评文章。E-mail：zhoudm@uestc.edu.cn。

沈睿

2019年在北京大学获得管理学博士学位。浙江大学管理学院百人计划研究员、博士生导师。长期专注于风险投资与创业企业成长、企业创新等领域的研究，研究课题获得国家自然科学基金青年项目资助。在《商业伦理杂志》《组织管理研究》和《南开管理评论》等期刊上发表中英文论文10余篇。本书副主编，参与本书内容体例设计和编写组织，具体负责第5章、第10章编写组织工作并撰写这两章的章首部分和"关键学者与学者网络"部分，独立撰写2篇述评文章。E-mail：ruishen@zju.edu.cn。

叶文平

2018年在中山大学获得管理学博士学位。暨南大学管理学院副教授、硕士生导师，中山大学中国家族企业研究中心研究员，《管理学季刊》编辑部编辑，主要研究方向为家族企业与创业，尤其关注家族资源在创业活动中的经济与社会价值。出版教材1部，在《创业学杂志》和《经济研究》《管理世界》等期刊上发表中英文论文15篇。本书副主编，参与本书内容体例设计和编写组织，具体负责第12章编写组织工作并撰写这一章的章首部分和"关键学者与学者网络"部分，独立（合作）撰写4篇述评文章。E-mail：yewenping@jnu.edu.cn。

参编老师（以章节为序）

赵新元

2006年在宾夕法尼亚州立大学获得哲学博士学位。中山大学管理学院副教授（常任教职）。长期专注研究旅游企业的组织行为与人力资源开发，近年来荣获国家旅游局优秀研究成果（学术论文类）三等奖、《酒店与旅游管理杂志》(Journal of Hospitality and Tourism Management)最佳论文奖、《酒店与旅游研究杂志》(Journal of Hospitality and Tourism Research)杰出评审专家、《国际当代酒店管理杂志》(International Journal of Contemporary Hospitality Management)杰出评审专家等国内外荣誉，主持过国家自然科学基金面上项目（2项）与青年项目及多项省部级项目，在国际期刊上发表论文40余篇（其中1篇入选ESI前1%高被引论文），入选爱思唯尔2020年"中国高被引学者"。在本书中，与杨俊老师合作承担《国家自然科学基金支持下的创业研究项目：回顾、发展与展望》文章的撰写工作。E-mail：zhaoxy22@mail.sysu.edu.cn。

尹珏林

2010年在南开大学获得管理学博士学位。中山大学管理学院副教授、博士生导师。担任《商业伦理学、环境与责任》(Business Ethics, the Environment & Responsibility)副主编，《商业与社会》(Business and Society)、《组织管理研究》编委会成员。长期专注企业社会责任和社会创业等领域的研究，主持多项国际级、国家或省部级课题，在《商业伦理杂志》《世界商业杂志》《长期规划杂志》《创业与区域发展》等期刊上发表中英文论文30多篇，包括2篇ESI高被引论文。在本书中，承担《创业在创造新价值》文章的撰写工作。E-mail：yinjlin@mail.sysu.edu.cn。

李加鹏

2020年在清华大学获得管理学博士学位。中央财经大学商学院师资博士后。专注研究制度与创业的关系、印记理论、政商关系等。参与出版教材1部，在《管理世界》、《新兴市场金融与贸易》(Emerging Markets Finance and Trade)等期刊上发表过论文。在本书中，与杨德林老师合作承担《创业在创造新制度》文章的撰写工作。E-mail：lijiapeng2021@126.com。

杨德林

1997年在中国社会科学院获得企业管理学博士学位。清华大学经济管理学院创新创业与战略系长聘教授，中国技术经济学会副理事长，中国企业管理研究会副会长。研究兴趣为制度变革与创新、创业，基于技术的创新、创业等，主要研究成果发表在《组织科学》《战略创业杂志》《工程技术管理杂志》（Journal of Engineering and Technology Management）和《管理世界》《中国工业经济》等期刊上。现主持国家重点研发计划课题1项、国家社会科学基金重大项目1项、教育部人文社会科学重点研究基地重大项目1项。在本书中，与李加鹏老师合作承担《创业在创造新制度》文章的撰写工作。E-mail：yangdl@sem.tsinghua.edu.cn。

吴茂英

2013年在澳大利亚詹姆斯库克大学获得管理学博士学位。浙江大学管理学院副教授、博士生导师。近期专注于文旅小微企业成长、文旅赋能乡村振兴、文化遗产活化等研究，设计的研究课题获得国家社会科学基金青年与面上项目、浙江省文化工程重点项目等资助。出版编著1部，在《旅游管理》《旅游研究纪事》（Annals of Tourism Research）、《旅游研究杂志》（Journal of Travel Research）和《旅游学刊》等期刊上发表论文80余篇。在本书中，承担《创业在创造新文化》《社区创业如何促进乡村发展》《创业者如何进行意义建构》《如何利用内容分析法开展创业研究》文章的撰写工作。E-mail：maoyingwu@zju.edu.cn。

李雪灵

2005年在吉林大学获得管理学博士学位。吉林大学商学与管理学院副院长，吉林大学创新创业研究院副院长，吉林大学管理学院教授、博士生导师。入选"教育部新世纪优秀人才支持计划""教育部全国万名优秀创新创业导师""吉林省第十二批有突出贡献的中青年专业技术人才""吉林省第五批拔尖创新人才工程"等人才计划。主要从事投资经济与管理、创新创业与中小企业管理的教学和科研工作，主持国家、省部级及企业合作项目50余项。出版著作和教材6部，以第一作者身份在核心期刊上发表中英文论文60余篇。在本书中，承担《创业在创造新生态》文章的撰写工作。E-mail：xueling@jlu.edu.cn。

李政

2003年在吉林大学获得经济学博士学位。吉林大学匡亚明特聘教授、博士生导师，2008～2017年任吉林大学经济学院副院长，现任教育部人文社会科学重点研究基地吉林大学中国国有经济研究中心主任、吉林大学创新创业研究院副院长、中以创新创业合作研究中心主任，教育部高等学校创新创业教育指导委员会委员，享受国务院政府特殊津贴。长期从事企业家精神与创新创业问题研究，主持并完成国家社会科学基金重大项目、重点项目和一般项目各1项，其他省部级项目多项。创办全球创新创业会议并作为中方主席在中国、以色列、荷兰等国连续举办6届。出版著作10余部，在《人民日报（理论版）》《光明日报（理论版）》《管理世界》等国内外报刊上发表论文150余篇。在本书中，承担《创业型经济与经济增长》文章的撰写工作。E-mail：1282280618@qq.com。

杨震宁

2009年在清华大学获得管理学博士学位。对外经济贸易大学国际商学院技术经济及管理学系主任，教授、博士生导师；法国巴黎高等商学院（HEC Paris）访问学者。长期专注研究创新创业管理前沿问题，设计的研究课题获得过国家自然科学基金面上项目、国家社会科学基金一般项目等的资助。2011、2015年获得全国商务发展研究成果奖，博士论文获得欧洲管理发展基金会（EFMD）高度赞扬奖（Highly Commended Award）。目前已出版专著和教材4部，在《商业研究杂志》、《管理决策》（*Management Decision*）和《管理世界》《南开管理评论》等期刊上发表过中英文论文80余篇。在本书中，承担《创业促进了技术创新吗》文章的撰写工作。E-mail：yangzhenning@uibe.edu.cn。

杨学儒

2010年在中山大学获得管理学博士学位。华南农业大学经济管理学院教授、旅游管理硕士点学科带头人、农商管理系主任，兼任《南方经济》编辑，发起并创办《南方经济》创新创业研究青年学者论坛；2020年至今兼任华南农业大学农业产业研究中心副主任。长期关注创新创业理论与三农情境独特性，主持完成国家自然科学基金项目2项，省部级和横向委托课题10余项。独著与主编专著和教材3部，在《经济研究》《管理科学学报》《中国工业经济》《南开管理评论》《旅游学刊》和《亚太管理杂志》等期刊上发表学术论文40余篇。在本书中，承担《创业与乡村发展》文章的撰写工作。E-mail：yangxueru2005@126.com。

邢小强

2008年在清华大学获得管理学博士学位。对外经济贸易大学国际商学院教授、博士生导师。长期专注于运用案例研究方法来探究科技创新与创业现象，尤其是针对低收入市场的技术与商业模式创新，相继主持国家自然科学基金、国家社会科学基金、霍英东教育基金会第十三届高等院校青年教师基金、教育部人文社科基金、北京市哲学社会科学基金项目等多项国家与省部级课题，出版专著和教材6部，在《交通研究B》（Transportation Research part B）和《管理世界》《管理科学学报》等期刊上发表中英文论文40余篇。在本书中，承担《创业如何减少贫困》文章的撰写工作。E-mail：xingxq@uibe.edu.cn。

周江华

2011年在清华大学获得管理学博士学位。北京师范大学经济与工商管理学院副教授、博士生导师，2011～2013年在中国科学院大学经济与管理学院从事博士后研究。长期专注于包容性创新、颠覆性创新、包容性创业等研究，设计的研究课题连续获得国家自然科学基金青年和面上项目的资助。出版专著1部，参与合著2部，在《技术创新》《亚太管理杂志》、《技术预测与社会变革》、《技术转让杂志》（Journal of Technology Transfer）、《IEEE工程管理汇刊》（IEEE Transactions on Engineering Management）和《管理世界》等期刊上发表中英文论文40余篇。在本书中，承担《创业如何减少贫困》文章的撰写工作。E-mail：zhoujh@bnu.edu.cn。

周翔

2015年在中山大学获得管理学博士学位。广州大学管理学院讲师、硕士生导师，广州大学管理学院案例研究与教育中心主任，2015～2016年任中大咨询高级咨询顾问。长期专注于数字创业、企业数字化、数字生态等议题的研究，设计的研究课题获得过国家自然科学基金青年项目资助。在《管理世界》《中国工业经济》《南开管理评论》《中国软科学》《管理学季刊》和《国际环境研究与公共卫生杂志》（International Journal of Environmental Research and Public Health）等中英文核心期刊上发表论文20余篇。2018年6月发表于《管理世界》的论文《核心能快速丧失企业的公司创业》荣获2020年度广东省哲学社科成果三等奖。在本书中，承担《创业与不平等》文章的撰写工作。E-mail：windyr@foxmail.com。

梁强

2011年在中山大学获得管理学博士学位。汕头大学商学院副院长，教授、研究生导师、数学博士后流动站合作导师。长期专注研究制度复杂性情境下的家族企业传承与创业成长，设计的研究课题获得广东省自然科学基金、国家哲学社会科学基金青年项目、国家自然科学基金面上项目的资助。在《商业伦理杂志》《亚太管理杂志》和《管理世界》《中国工业经济》《管理科学学报》《南开管理评论》《管理学季刊》《管理评论》等中英文学术期刊上发表过近40篇论文。在本书中，承担《制度复杂性如何影响创业活动》文章的撰写工作。E-mail：qliang@stu.edu.cn。

邹波

2009年在哈尔滨工业大学获得管理学博士学位。中山大学管理学院教授、博士生导师，2017～2020年任哈尔滨工业大学经济与管理学院院长助理。主要从事战略管理、创新创业管理等领域的研究和教学工作。作为课题负责人承担国家自然科学基金等国家、省部级科研项目20余项。在《IEEE工程管理汇刊》、《职业行为杂志》(*Journal of Vocational Behavior*)、《国际生产经济学杂志》(*International Journal of Production Economics*)、《南开管理评论》等国内外重要学术期刊上发表学术论文60余篇，曾获2018年度和2019年度美国管理学会（AOM）最佳论文奖、黑龙江省社会科学优秀科研成果一等奖。在本书中，承担《学术创业及其经济社会价值》文章的撰写工作。E-mail：zoub9@mail.sysu.edu.cn。

郭峰

2018年在哈尔滨工业大学获得管理学博士学位。澳大利亚国立大学访问学者，天津大学管理与经济学部讲师、硕士生导师，入选天津大学"北洋学者-青年骨干教师"计划。致力于创新创业领域的相关研究，主持或参与科研项目10余项，其中包括4项国家自然科学基金项目。在《职业行为杂志》、《国际生产经济学杂志》、《工业营销管理》(*Industrial Marketing Management*) 和《科学学研究》等期刊上发表中英文论文30余篇。在本书中，与邹波老师一起承担《学术创业及其经济社会价值》文章的撰写工作。E-mail：guofeng229@tju.edu.cn。

李艳霞

2022年在哈尔滨工业大学获得管理学博士学位，曾在美国密歇根大学进行联合培养学习。现任燕山大学经济与管理学院工商管理系讲师，研究方向为创新创业、学术创业等，参与过3项科研项目，曾在《国际创业与管理杂志》(*International Entrepreneurship and Management Journal*)、《科学与公共政策》(*Science and Public Policy*) 等期刊发表过学术论文。在本书中和邹波老师一起承担《学术创业及其经济社会价值》文章的撰写工作。E-mail：hityanxiali1990@163.com。

叶竹馨

2017年在华中科技大学获得管理学博士学位。华中科技大学管理学院讲师、硕士生导师，依托中国创业企业成长跟踪数据库（CPSED II）组建的创业研究青年学者联盟成员之一。主要关注创业企业成长、创业团队和创新战略等，获得国家自然科学基金青年项目、教育部人文社会科学青年项目资助，在《应用心理学杂志》《人力资源管理》《管理世界》等期刊上发表论文多篇。在本书中，与叶文平老师一起承担《女性如何展开高质量创业》文章的撰写工作。E-mail：zoe_yezhuxin@hust.edu.cn。

戴维奇

2011年在浙江大学获得管理学博士学位。浙江财经大学工商管理学院（MBA学院）副院长，教授、博士生导师，浙江省高等学校中青年学科带头人，浙江省"151"人才。主持国家级科研项目2项、省部级科研项目7项，在《商业伦理杂志》、《商业研究杂志》、《亚太管理杂志》、《创业与区域发展》、《技术预测与社会变革》（Technological Forecasting and Social Change）、《管理世界》等国内外期刊上发表过70余篇论文，出版5部学术专著。在本书中，承担《大企业为何主动创业》文章的撰写工作。E-mail：dwq@zufe.edu.cn。

林道谧

2014年在北京大学获得管理学博士学位。中山大学管理学院副教授、硕士生导师。研究兴趣包括创新创业和国际人才流动（如海归现象）。曾获国家自然科学基金青年项目"海归创业的过程、挑战及其促进机制——基于跨国知识转移视角的分析"资助，在《国际商务研究杂志》《创业理论与实践》《世界商业杂志》等期刊上发表过多篇论文。在本书中，承担《如何快速开发跨国创业机会》文章的撰写工作。E-mail：lindm6@mail.sysu.edu.cn。

连燕玲

2014年在上海财经大学获得管理学博士学位。华东师范大学工商管理学院副教授、博士生导师。长期专注研究中国转型经济制度背景下的家族企业内部治理、战略变革、创新创业以及社会责任等，相关研究课题获得国家自然科学基金青年和面上项目资助。出版专著1部，在《经济研究》《管理世界》《亚太管理杂志》《新兴市场金融与贸易》等期刊上发表中英文论文40余篇。曾获第八届高等学校科学研究优秀成果奖和上海市哲学社会科学优秀成果奖。在本书中，承担《家族如何影响创业》文章的撰写工作。E-mail：yllian@bs.ecnu.edu.cn。

厉杰

2015年在日本大阪大学获得管理学博士学位。西交利物浦大学商学院副教授、博士生导师，2015～2019年在上海大学管理学院任职。长期专注研究社会创新与社会创业的发展规律，设计的研究课题获得国家自然科学基金青年项目及教育部人文社会科学研究规划项目资助。担任《管理心理学杂志》(Journal of Managerial Psychology)、《应用心理学》(Applied Psychology: An International Review) 等期刊编委，在《商业伦理杂志》、《国际小企业杂志》(International Small Business Journal)、《科学学研究》等期刊上发表中英文论文30余篇。在本书中，承担《'软技能'如何提升社会创业合法性》文章的撰写工作。E-mail：Jie.Li02@xjtlu.edu.cn。

李纪珍

2002年在清华大学获得管理学博士学位。清华大学经济管理学院副院长，教授、博士生导师，担任清华大学技术创新研究中心副主任和清华大学经济管理学院动态竞争与创新战略研究中心主任。长期从事技术创新和创业的相关研究，在《行政科学季刊》《管理杂志》《管理科学》《研究政策》《战略管理杂志》和《管理世界》《科研管理》等期刊上发表或录用中英文论文100余篇。曾获教育部人文社会科学优秀成果奖一等奖1次，省部级科技进步二等奖2次，北京市哲学社会科学优秀成果奖一等奖1次，清华大学教学成果一等奖2次、二等奖3次。在本书中，承担《新创企业孵育：从孵化器到加速器》文章的撰写工作。E-mail：lijzh@sem.tsinghua.edu.cn。

王节祥

2017年在浙江大学获得管理学博士学位。浙江工商大学工商管理学院副教授、硕士生导师，管理案例中心副主任。长期专注研究平台生态系统、创新与创业，主持过国家社会科学基金青年项目、一般项目以及省部级课题多项。在《管理世界》、《中国工业经济》、《电子商务研究与应用》(Electronic Commerce Research and Applications)、《技术分析与战略管理》(Technology Analysis & Strategic Management) 等期刊上发表论文30余篇。曾获"蒋一苇企业改革与发展学术基金奖""中国企业管理案例与质性研究论坛最佳论文奖""全国百篇优秀管理案例奖"等。在本书中，承担《如何在平台生态系统中开展创业》和《创业企业如何管理平台生态中的关系》等文章的撰写工作。E-mail：jiexiangwang@zjgsu.edu.cn。

贾建锋

2007 年在东北大学获得管理学博士学位。东北大学工商管理学院副院长，教授、博士生导师，2009～2012 年在东软集团股份有限公司（中国第一家上市的软件企业）从事博士后研究。长期专注研究人力资源管理和创新创业管理，设计的研究课题获得国家自然科学基金（4 项）和国家社会科学基金（1 项）的资助。出版专著和教材 7 部，在《国际人力资源管理杂志》《亚太人力资源杂志》（*Asia Pacific Journal of Human Resources*）和《管理世界》等期刊上发表中英文论文 100 余篇。在本书中，承担《创业者如何在不确定环境下决策》文章的撰写工作。E-mail: jianfengjiajia@163.com。

蔺楠

2004 年在西安交通大学获得管理学博士学位。上海财经大学商学院教授、博士生导师，战略与创新创业系系主任，曾在清华大学公共管理学院从事博士后研究，哈佛大学商学院和悉尼大学访问学者。先后在管理科学与工程、公共管理、工商管理等多领域进行跨界研究，主持并参与多项国家自然科学基金项目、国家社会科学基金项目。在国内外学术刊物上发表文章 40 余篇，出版专著《公共风险资本与私人风险资本合作机制研究》，主持翻译《创新设计思维》。近年来致力于创业资源动员、新创企业成长与治理研究。在本书中，承担《创业者如何获取早期投资》文章的撰写工作。E-mail: linn@mail.shufe.edu.cn。

贾迎亚

2019 年在复旦大学获得管理学博士学位。上海大学管理学院师资博士后，美国圣母大学门多萨商学院访问学者。从事创业认知、战略领导力、战略人力资源管理等研究，尤其聚焦企业家、创业者的底层认知规律及决策机制。主持国家自然科学基金青年项目、博士后面上项目等多项国家级、省部级（重点）项目。在《应用心理学杂志》《组织管理研究》等中英文期刊上发表论文 10 余篇，多次获得"全国百篇优秀管理案例"荣誉。担任上海市人力资源与社会保障局居民创业调查等项目专家。在本书中，与于晓宇老师一起承担《创业者如何从失败中学习》和《创业者何时及如何实施创业转型》文章的撰写工作。E-mail: amandajia08@163.com。

苏晓华

2003 年在中山大学获得管理学博士学位。暨南大学管理学院教授、博士生导师，美国俄亥俄州立大学访问学者，2012 年美国百森商学院首届 TETA 创业学员。长期专注于组织战略和创新创业方向的研究，主持国家自然科学基金项目 3 项、省部级项目 3 项，出版学术专著和译著 3 部，在 SSCI 和国内权威期刊上发表中英文论文 50 余篇。开设"创业管理""战略管理""管理学原理"等本科和研究生课程，多次获得省级教学成果奖项，开发的教学案例先后 5 次获得"全国百篇优秀管理案例"荣誉。在本书中，承担《创业者如何制定并实施合法性战略》文章的撰写工作。E-mail：tmnsxh@jnu.edu.cn。

杨赛楠

2021 年在暨南大学获得管理学博士学位。汕头大学商学院讲师。长期专注于企业创新和创业方面的研究，目前聚焦于不同的制度设计对新创企业活动的影响及作用机制，参与过国家自然科学基金青年和面上项目。在《管理科学学报》《外国经济与管理》《南方经济》等核心期刊上发表过多篇论文。在本书中，与苏晓华老师一起承担《创业者如何制定并实施合法性战略》文章的撰写工作。E-mail：ysn203@yeah.net。

刘浏

2012 年在深圳大学获得工学和管理学双学士学位。南方科技大学商学院科研教学助理，2018 年在深圳大学获得工商管理硕士学位，2012～2015 年任中国移动（深圳）有限公司运营监控工程师和项目经理，2019 年任深圳航空有限责任公司风险内控中级专员和项目经理。长期专注研究数字创业、商业模式、通证经济、共享经济、项目管理等，参与多个科研项目研究并发表多篇中文论文。在本书中，与苏晓华老师一起承担《创业者如何制定并实施合法性战略》文章的撰写工作。E-mail：948218758@qq.com。

朱秀梅

2006 年在吉林大学获得管理学博士学位。吉林大学商学与管理学院教授，博士生导师，技术经济系主任。长期专注创新创业领域研究，涉及数字创业、数字创业生态系统、创业激情、创业网络、创业学习等研究方向。主持国家自然科学基金项目 4 项，在《管理世界》《外国经济与管理》等期刊上发表论文 50 多篇。在本书中，承担《创业者如何在数字化情境下决策》和《数字创业如何创造竞争优势》等文章的撰写工作。E-mail：zhuxiumei@126.com。

江积海

2005 年在上海交通大学获得管理学博士学位。重庆大学经济与工商管理学院教授、博士生导师。长期专注于商业模式创新与价值创造的研究，设计的研究课题获得国家自然科学基金面上项目和国家社会科学基金项目资助。出版专著和教材 4 部，在《南开管理评论》《中国管理科学》等期刊上发表论文 80 余篇。在本书中，承担《创业企业的价值逻辑特征及其演变》文章的撰写工作。E-mail：jiangjihai@cqu.edu.cn。

张敬伟

2012 年在南开大学获得管理学博士学位。燕山大学经济管理学院教授、博士生导师，校学术委员会委员，2015 年以来任燕山大学创新与创业研究中心主任。长期专注于新创企业创业与成长、商业模式及其创新等领域的研究，设计的研究课题获得国家自然科学基金青年、面上项目连续资助。2019 年以来任中国管理现代化研究会创业与中小企业管理专业委员会理事、中国技术经济学会技术孵化与创业生态分会理事等。出版专著、译著和教材 4 部，在《管理世界》《南开管理评论》等期刊上发表学术论文 60 余篇。在本书中，承担《创业企业如何设计价值主张》文章的撰写工作。E-mail：ysuzjw@126.com。

董学兵

2015 年在华中科技大学获得管理学博士学位，博士期间赴美国伊利诺伊大学香槟分校联合培养。上海大学管理学院副教授、硕士生导师。长期专注于研究移动内容营销和数字营销管理，设计的研究课题获得国家自然科学基金青年项目资助。近年来在国际主流期刊《电子商务研究与应用》、《互联网研究》（Internet Research）、《商业伦理杂志》、《远程信息处理和信息学》（Telematics and Informatics）等发表论文 20 余篇。担任国际期刊《电子商务研究》（Electronic Commerce Research）领域副编辑，《消费者行为杂志》（Journal of Consumer Behavior）编审委员会委员。在本书中，承担《数字创业如何创造价值》文章的撰写工作。E-mail：dongxuebing116@sina.com。

尹苗苗

2012 年在吉林大学获得管理学博士学位。吉林大学商学与管理学院技术经济与管理专业教授（破格），博士生导师。研究方向主要为创业与创新管理，主要关注用户创业、联盟创业等方面的研究，主持国家自然科学基金面上项目与青年项目、博士后特别资助项目、博士后面上项目、吉林省科技厅项目等，入选吉林大学优秀青年教师培养计划。《创业研究杂志》和《管理世界》《管理科学学报》《南开管理评论》《外国经济与管理》等期

刊的匿名审稿人，在《跨文化与战略管理》(Cross Cultural & Strategic Management)、《亚太管理杂志》、《小企业管理杂志》、《管理世界》、《南开管理评论》等国内外期刊上发表论文30余篇。在本书中，承担《创业企业如何与用户共创价值》文章的撰写工作。

李华晶

2007年在南开大学获得管理学博士学位。北京林业大学经济管理学院教授、博士生导师，兼任南开大学创业研究中心研究员、中国科学院大学硕士生导师、中国管理现代化研究会创业与中小企业管理专业委员会理事等，研究领域包括创新创业管理、企业成长战略、绿色与可持续发展、创新创业教育，主持国家自然科学基金项目和教育部人文社会科学研究项目等课题十余项，发表论文百余篇，出版著作和教材十余部，曾获北京市青年教学名师、全国万名优秀创新创业导师、北京市哲学社会科学优秀成果二等奖、北京高校青年教师社会调研优秀项目一等奖等奖励。在本书中，承担《如何认识、评价和提升创业企业的社会价值》文章的撰写工作。E-mail: lihuajing@bjfu.edu.cn。

焦豪

2010年在复旦大学取得管理学博士学位。北京师范大学经济与工商管理学院教授、博士生导师。国家优秀青年科学基金获得者，曾获教育部霍英东教育基金会高等院校青年教师奖、教育部高等学校科学研究优秀成果奖（人文社会科学）二等奖和三等奖、中国管理科学奖、北京市高等教育教学成果奖等奖项。研究聚焦在数字经济下的企业战略和创新创业，主持国家自然科学基金、教育部人文社会科学和北京市社会科学重点课题，在《经济研究》《管理世界》《经济管理》和《创业与区域发展》(Entrepreneurship and Regional Development)、《产业创新管理杂志》、《技术创新》等期刊上发表中英文论文80余篇。在本书中，承担《新创企业如何管理与竞争者的关系》文章的撰写工作。E-mail: haojiao@bnu.edu.cn。

郭海

2009年在西安交通大学获得管理学博士学位。中国人民大学商学院教授、博士生导师，中国人民大学数字创业创新研究中心主任。长期专注创新驱动的创业企业成长问题研究，主持5项国家自然科学基金课题，在《产业创新管理杂志》、《IEEE工程管理汇刊》、《研究与开发管理》(R&D Management)、《商业研究杂志》、《组织管理研究》、《亚太管理杂志》、《管理世界》、《南开管理评论》等期刊上发表论文60余篇。在本书中，承担《如何围绕多元利益相关者实施最优区分战略》和《如何创造并维持基于最优区分的竞争优势》文章的撰写工作。E-mail: xjtuhaiguo@163.com。

韩炜

2008年在南开大学取得管理学博士学位。西南政法大学商学院院长、党委副书记，教授、博士生导师，重庆英才·青年拔尖人才计划获得者。主持国家自然科学基金重点项目、面上项目、青年项目共计4项，在《管理世界》《管理科学学报》《南开管理评论》等期刊上发表学术论文50余篇，获得教育部高等学校科学研究优秀成果奖二等奖等科研奖励。在本书中，承担《创业企业如何设计多主体参与下的治理机制》《如何通过构建联盟组合来提升企业绩效》《如何创造并维持基于生态系统的竞争优势》等文章的撰写工作。E-mail：hanwei1123@163.com。

吴言波

2020年在电子科技大学获得管理学博士学位。西南政法大学商学院讲师，主要从事技术创新和创业领域的研究与教学工作，主持过国家自然科学基金青年项目、重庆市社科规划项目等国家级和省部级课题，在《科研管理》《研究与发展管理》《管理学报》和《技术分析与战略管理》等期刊上发表论文多篇。在本书中，与韩炜老师一起承担《如何通过构建联盟组合来提升企业绩效》文章的撰写工作。E-mail：wuyanbo2298@foxmail.com。

陈爽英

2006年在重庆大学获得管理学博士学位。电子科技大学管理学院教授、博士生导师。长期专注研究不同类型企业的创新如何实现价值创造和价值获取，设计的研究课题获得国家自然科学基金青年、面上项目连续资助。出版专著和教材4部，在《管理世界》和《中国管理研究》（*Chinese Management Study*）、《管理学院学报》（*Academy of Management Proceedings*）等期刊上发表中英文论文60余篇。在本书中，承担《创业企业如何实现开放式创新》文章的撰写工作。E-mail：shychen@uestc.edu.cn。

魏峰

2004年在复旦大学获得管理学博士学位。同济大学经济与管理学院教授、博士生导师，全球创新创业研究所所长、组织管理研究中心主任，2004~2008年在长江商学院和中欧国际工商学院任研究员。长期专注研究领导者和高层管理团队如何促进新创企业成长，设计的研究课题获得国家自然科学基金、国家社会科学基金资助。在《管理学杂志》《管理科学学报》和《管理世界》等期刊上发表中英文论文60余篇。在本书中，承担《创业企业如何从平台生态系统获取资源》文章的撰写工作。E-mail：fwei@tongji.edu.cn。

黄佩嫒

2021年在匹兹堡大学获得战略管理学博士学位。北京大学光华管理学院组织与战略管理系助理教授、博士生导师。研究兴趣主要集中于公司风险投资、技术驱动的创业创新及战略创业领域。在《战略创业杂志》和《管理世界》等期刊上发表论文多篇,在美国管理学会年会与战略管理协会(Strategic Management Society)上报告论文10余次,担任国际主流管理学术期刊《亚太管理学报》的编审委员。在本书中,承担《风险投资如何做决策》文章的撰写工作。E-mail:pyhuang@gsm.pku.edu.cn。

余雷

2021年在北京大学获得管理学博士学位,同时是伦敦商学院战略与创业系联合培养博士生。中山大学商学院助理教授。主要研究领域为大公司和创业企业在技术变革过程中的创新战略和机会开发行为,参与设计的研究课题获得国家自然科学基金面上项目资助。研究成果发表在《管理世界》《研究政策》等期刊上。在本书中,承担《公司风险投资如何影响创业企业成长》文章的撰写工作。E-mail:ylei7@mail.sysu.edu.cn。

何文龙

2015年在北京大学获得管理学博士学位。博士研究生在读期间,受国家留学基金委资助赴美国科罗拉多大学博尔德分校进行联合培养。现任中国人民大学商学院副教授、博士生导师。他的研究兴趣主要集中在企业创新、中国企业国际化、企业社会责任等领域,主持和参与了多项国家级、省部级科研课题。他的部分研究成果已发表在《组织科学》《战略科学》《商业伦理杂志》《经济学与管理战略杂志》和《管理世界》《南开管理评论》等国内外重要学术期刊上。目前,他担任国际主流管理学术期刊《组织管理研究》的编审委员,以及《管理研究杂志》《商业伦理杂志》等期刊的匿名评审。

董静

2003年在复旦大学获得管理学博士学位。上海财经大学商学院副院长,教授、博士生导师。2004年、2011年分别于欧洲工商管理学院和沃顿商学院做访问学者。长期专注研究创业与风险投资、战略管理、创新管理,研究课题获得国家自然科学基金面上项目连续资助,主持省部级课题7项。出版专著、译著和教材10部,在《组织科学》和《管理世界》《南开管理评论》《经济管理》《管理工程学报》等期刊上发表中英文论文50余篇。在本书中,承担《风险投资如何为企业创造价值》文章的撰写工作。E-mail:dong_jing@sufe.edu.cn。

项国鹏

2003年在南京大学获得管理学博士学位。浙江工商大学旅游与城乡规划学院院长，教授、博士生导师。长期关注制度变迁下的中国企业创业及其创业生态系统演化，主持4项国家自然科学基金及10多项省部级科研项目。2016年作为组织者发起并实施浙江创业观察报告（ZEM）。出版学术专著6部，在《管理世界》《南开管理评论》《科学学研究》等期刊上发表论文数十篇。在本书中，承担《如何通过制度创业来创造竞争优势》文章的撰写工作。E-mail：xgp75@sina.com。

邓渝

2013年在西南交通大学获得管理学博士学位。西南政法大学商学院教授、硕士生导师，美国亚利桑那州立大学访问学者、中山大学访问学者。主要研究方向为创业与创新管理、战略管理与公司治理，主持完成了国家社会科学基金、教育部人文社会科学基金等多项国家级和省部级课题，在《管理评论》《管理科学》《科学学研究》《外国经济与管理》等期刊上发表多篇论文。在本书中，与韩炜老师一起承担《如何创造并维持基于生态系统的竞争优势》文章的撰写工作。E-mail：stevenease@163.com。

林伟鹏

2014年在北京大学获得心理学博士学位。山东大学管理学院教授、博士生导师，兼任南开大学创业研究中心研究员，南开大学公司治理研究院兼职教授，东北大学创业与领导力研究中心研究员。长期关注组织中的创新、主动性相关的研究内容，主持多项国家级科研项目。研究成果（第一作者或通讯作者）发表在《应用心理学杂志》《管理杂志》《人事心理学》（Personnel Psychology）、《组织行为学杂志》、《商业伦理杂志》、《职业行为杂志》等高水平期刊上。在本书中，承担《创业领域如何采用混合研究设计开展研究》文章的撰写工作。E-mail：linweipeng@sdu.edu.cn。

李圭泉

2015年在西安交通大学获得管理学博士学位。北京大学心理与认知科学学院研究员、博士生导师。研究兴趣集中在组织中领导力、个体动机与行为、工作团队等，主持多项国家级科研项目。研究成果发表在《应用心理学杂志》《人事心理学》等高水平期刊上。担任《职业与组织心理学杂志》（Journal of Occupational and Organizational Psychology）、《商业研究杂志》、《管理世界》等期刊的匿名评审人。在本书中，合作承担《创业领域如何采用混合研究设计开展研究》《现场实验方法在创业研究中的新应用》文章的撰写工作。E-mail：liguiquan@pku.edu.cn。

张慧玉

2012年在南开大学获得管理学博士学位。浙江大学外国语言文化与国际交流学院教授、博士生导师，美国宾夕法尼亚大学沃顿商学院博士后。长期专注创业话语研究，研究课题获得国家自然科学基金青年和面上项目以及教育部人文社会科学基金项目资助。出版专著2部、译著13部，在《跨文化语用学》（Intercultural Pragmatics）、《商业与技术传播杂志》（Journal of Business and Technical Communication）、《IEEE专业通讯学报》IEEE Transactions on Professional Communication）和《科研管理》《中国软科学》等期刊上发表中英文论文70余篇。在本书中，承担《创业研究中叙事方法的应用及其趋势》文章的撰写工作。E-mail：zhysusanna@126.com。

李大元

2008年在浙江大学获得管理学博士学位。中南大学商学院教授、博士生导师，中南大学数字创新创业研究中心主任。长期专注于研究企业伦理与创新创业问题，主持国家自然科学基金青年、面上和重大项目。在《商业伦理杂志》《管理世界》等国际及国内重要期刊上发表论文40余篇（其中ESI前0.1%热点论文1篇、前1%高被引论文4篇），出版学术著作2部，获教育部高等学校科学研究优秀成果奖一等奖1项（排4）、二等奖1项（排1），入选爱思唯尔中国高被引学者榜单。在本书中，承担《创业领域如何使用大数据与机器学习方法开展研究》文章的撰写工作。E-mail：bigolee@163.com。

刘涛

2012年在日本名古屋大学获得信息科学博士学位。浙江大学管理学院百人计划特聘研究员、博士生导师。长期利用脑神经科学以及心理学测量方法，专注于研究社会化营销及创业现象的认知基础，研究课题获得国家自然科学基金、国家社会科学基金的支持。发表英文期刊论文30余篇，获得国家发明专利1项，软件著作权2项。在本书中，承担《创业研究中的脑神经科学方法应用及其趋势》文章的撰写工作。E-mail：liu_tao@zju.edu.cn。

参编研究生（以合作老师为序）

赵嘉欣

中山大学管理学院工商管理专业博士研究生，研究方向为战略管理与创新创业，主要关注正式与非正式制度背景下的创新创业、企业社会责任与可持续发展研究，在《管理评论》《研究与发展管理》等期刊上发表中文论文4篇。在本书中，与尹珏林老师一起承担《创业在创造新价值》文章的撰写工作。E-mail：zhaojx58@mail2.sysu.edu.cn。

林星雨

中山大学管理学院工商管理专业硕士研究生，研究方向为企业社会责任与可持续发展。在本书中，与尹珏林老师一起承担《创业在创造新价值》文章的撰写工作。E-mail：linxy39@mail2.sysu.edu.cn。

华欣意

中山大学管理学院工商管理专业博士研究生，2021年在兰州大学获得管理学硕士学位。研究方向为企业社会责任和绿色创新。主持并完成中央高校基本科研业务费专项资金项目，发表中文论文2篇。在本书中，与尹珏林老师一起承担《创业在创造新价值》文章的撰写工作。E-mail：huaxy6@mail2.sysu.edu.cn。

童逸璇

浙江大学管理学院博士研究生，2018年在浙江大学管理学院获得本科学位，主要开展文旅小微企业、文化创业、文化遗产保护与活化等研究，在《旅游研究纪事》《旅游管理视角》《旅游学刊》等期刊上发表论文。在本书中，与吴茂英老师一起承担《创业在创造新文化》《创业者如何进行意义建构》文章的撰写工作。E-mail：yixuantong@zju.edu.cn。

刘晶

吉林大学商学与管理学院工商管理专业博士研究生。在本书中，与李雪灵老师一起承担《创业在创造新生态》文章的撰写工作。E-mail：liu_jing20@jlu.edu.cn。

李巍

吉林大学商学与管理学院技术经济与管理专业硕士研究生。在本书中，与李雪灵老师一起承担《创业在创造新生态》文章的撰写工作。E-mail：lw20@jlu.edu.cn。

张菀庭

2021年在吉林大学获得经济学博士学位。2019～2020年获得国家留学基金委资助，在牛津大学进行为期一年的联合培养。主要从事经济增长问题研究，参与国家社会科学基金项目和教育部人文社会科学青年基金项目各1项，在《世界经济研究》等期刊上发表论文4篇。在本书中，与李政老师一起承担《创业型经济与经济增长》文章的撰写工作。E-mail：wantingzhang1994@126.com。

潘丽君

对外经济贸易大学国际商学院技术经济及管理专业博士研究生，2019年在西南财经大学获得管理学学士学位，2021年在西南财经大学获得经济学硕士学位。主要研究方向是企业战略管理与跨国经营、创新创业管理，参与过国家自然科学基金面上项目、国家社会科学基金一般项目、教育部人文社会科学青年项目等研究课题。在本书中，与杨震宁老师一起承担《创业促进了技术创新吗》文章的撰写工作。E-mail：plijun@foxmail.com。

张镁琦

浙江大学管理学院博士研究生，2020年在中山大学获得管理学学士学位。本科期间曾主持1项国家级大学生创新创业训练计划。近期的研究兴趣包括创业与可持续发展、乡村文旅小微企业、社区创业等。在本书中，与吴茂英老师一起承担《社区创业如何促进乡村发展》《如何利用内容分析法开展创业研究》文章的撰写工作。E-mail：meiqi_zhang@zju.edu.cn。

陈雅惠

华南农业大学旅游管理专业硕士研究生，2019年在华南农业大学获得管理学学士学位。重点关注创业创新和乡村旅游，主持广东省大学生科技创新培育项目1项，参与完成大学生创新创业训练计划省级项目1项。2015～2021年先后获得国际企业管理挑战赛国家级二等奖、第八届华南区企业竞争模拟大赛三等奖。在本书中，与杨学儒老师一起承担《创业与乡村发展》文章的撰写工作。E-mail：eveian@sina.com。

刘丰

对外经济贸易大学国际商学院2020级博士研究生，研究方向为创新创业和商业模式。在本书中，与邢小强老师、周江华老师一起承担《创业如何减少贫困》文章的撰写工作。

王博

中山大学管理学院博士研究生,研究方向为制度与创业。曾获第十四届(2019)中国管理学年会优秀论文奖、《管理世界》2020年优秀论文奖。研究成果发表在《管理世界》《管理学季刊》《南开管理评论》等期刊上。在本书中,与朱沆老师一起承担《正式制度如何影响创业活动》《制度动态性如何影响创业活动》文章的撰写工作。E-mail:bwang1993@outlook.com。

章佳娟

汕头大学商学院企业管理系硕士研究生,2020年在华南师范大学获得管理学学士学位,研究方向为家族创业与组织战略。在本书中,与梁强老师一起承担《制度复杂性如何影响创业活动》文章的撰写工作。E-mail:20jmzhang@stu.edu.cn。

郑伟伟

华东师范大学经济与管理学部博士研究生。研究方向为家族企业内部治理、战略变革、国际化以及创新创业等,参与多项国家自然科学基金项目,在《科研管理》《外国经济与管理》等期刊上发表过多篇论文。在本书中,与连燕玲老师一起承担《家族如何影响创业》文章的撰写工作。E-mail:17816876991@163.com。

陆澄林

清华大学经济管理学院硕士研究生。2019年在天津大学获得经济学学士学位,研究方向为创业管理。参加国家级、省部级等科研项目共6项,参与研究课题获得教育部人文社会科学青年项目、天津科技计划项目资助。连续获得国家奖学金、一等学业奖学金、全国大学生数学竞赛一等奖等荣誉。在本书中,与李纪珍老师一起承担《新创企业孵育:从孵化器到加速器》文章的撰写工作。E-mail:luchenglin1997@126.com。

周阳

电子科技大学经济与管理学院博士研究生,研究方向为创新与创业管理。参与过多个国家自然科学基金面上项目、国家自然科学基金重点项目以及四川省软科学重点项目的申报与研究,在《管理世界》《管理评论》《技术经济》等期刊上发表论文多篇。在本书中,与周冬梅老师一起承担《如何利用数字技术来创业》文章的撰写工作。E-mail:760862240@qq.com。

瞿庆云

浙江大学公共管理学院2019级博士研究生,主要从事平台生态系统中互补者成长战略方面的研究,参与了多项国家自然科学基金、国家社会科学基金资助项目,在《科学学与科学技术管理》《外国经济与管理》等期刊上发表论文多篇。在本书中,与王节祥老师一起承担《如何在平台生态系统中开展创业》文章的撰写工作。E-mail：quqingyun19@zju.edu.cn。

孙柏鹏

东北大学工商管理学院工商管理专业博士研究生。2021年在兰州财经大学获得管理学硕士学位。专注于研究人力资源管理和创新创业，相关文章发表在《中国人力资源开发》等期刊上。在本书中，与贾建锋老师一起承担《创业者如何在不确定环境下决策》文章的撰写工作。E-mail：2431091932@qq.com。

刘勇

2021年在辽宁工程技术大学获得管理学硕士学位。专注研究管理者决策，在《中国人力资源开发》《中国安全科学学报》等期刊上发表论文3篇。在本书中，与贾建锋老师一起承担《创业者如何在不确定环境下决策》文章的撰写工作。E-mail：liuyong2567420402@163.com。

张茜

2022年在上海财经大学获得管理学博士学位。浙江理工大学经济管理学院讲师，印第安纳大学管理与创业系访问学者。研究主题涉及创业投融资、女性创业、企业治理等方面，参与了多个省级课题的撰写工作，在《经济管理》《研究与发展管理》《科研管理》等期刊上发表文章4篇。在本书中，与蔺楠老师一起承担《创业者如何获取早期投资》文章的撰写工作。E-mail：zhangqiandl@163.com。

陈思睿

上海财经大学商学院博士研究生，研究主题涉及创业投融资、创业资源动员、社会网络等方面，目前负责2021年校研究生创新基金项目。在本书中，与蔺楠老师一起承担《创业者如何获取早期投资》文章的撰写工作。E-mail：csr_gongzuo@163.com。

谢晓萌

吉林大学商学与管理学院技术经济及管理专业硕士研究生，2021年在吉林大学获得管理学学士学位。在本书中，与朱秀梅老师一起承担《创业者如何在数字化情境下决策》文章的撰写工作。E-mail：jluxiexm@163.com。

涂玉琦

燕山大学经济管理学院博士研究生，研究方向为创新创业与企业成长。参与过国家自然科学基金面上项目、国家自然科学基金青年项目、安徽省自然科学基金项目、安徽财经大学研究生创新基金项目的申报与研究，在《管理学报》《研究与发展管理》《外国经济与管理》等期刊上发表过多篇论文。在本书中，与张敬伟老师一起承担《创业企业如何设计价值主张》文章的撰写工作。E-mail：18226137891@stumail.ysu.edu.cn。

王久奇

吉林大学商学与管理学院技术经济及管理专业硕士研究生，2020年在兰州大学管理学院获得管理学学士学位，本科期间主持完成2018年度兰州大学大学生校级创新创业行动计划项目。在本书中，与尹苗苗老师一起承担《创业企业如何与用户共创价值》文章的撰写工作。E-mail：jqwang2016@lzu.edu.cn。

杨季枫

北京师范大学经济与工商管理学院博士研究生，2018年于北京师范大学获得经济学学士学位。专注于创新创业与数字企业研究，在《管理世界》《经济管理》和《知识管理杂志》（Journal of Knowledge Management）等期刊上发表中英文论文多篇。在本书中，与焦豪老师一起承担《新创企业如何管理与竞争者的关系》文章的撰写工作。E-mail：Jifengyang@mail.bnu.edu.cn。

陈雪琳

电子科技大学经济与管理学院博士研究生，参与过多个国家自然科学基金面上项目、四川省软科学项目的申报与研究。研究领域涉及平台经济、资源获取、创业政策、合法性等方向，在《管理世界》《技术经济》等期刊上发表论文多篇。在本书中，与周冬梅老师一起承担《新创企业何时及如何进入平台生态系统》文章的撰写工作。E-mail：840237405@qq.com。

刘双

浙江大学公共管理学院博士研究生，主要从事平台生态系统战略更新方面的研究，参与了多项国家自然科学基金、国家社会科学基金资助项目，在《管理世界》上发表论文1篇，曾获"第十四届（2020）中国企业管理案例与质性研究论坛最佳论文奖"。受国家留学基金委资助，赴哈佛大学商学院交流。在本书中，与王节祥老师一起承担《创业企业如何管理平台生态中的关系》文章的撰写工作。E-mail：liushuang@zju.edu.cn。

陈沁悦

中国人民大学商学院企业管理专业硕士研究生，主要研究方向为最优区分战略、企业数字化、创新创业、开放战略等。在本书中，与郭海老师一起承担《如何围绕多元利益相关者实施最优区分战略》和《如何创造并维持基于最优区分的竞争优势》文章的撰写工作。E-mail：

chenqinyue@ruc.edu.cn。

韩佳平

中国人民大学商学院企业管理专业博士研究生。主要关注最优区分战略、数字经济背景下的创新与创业管理、商业模式创新、开放式创新等相关研究，在《IEEE 工程管理汇刊》《管理评论》等期刊上发表论文多篇。在本书中，与郭海老师一起承担《如何围绕多元利益相关者实施最优区分战略》和《如何创造并维持基于最优区分的竞争优势》文章的撰写工作。E-mail：helenjp@126.com。

张般若

对外经济贸易大学国际商学院企业管理专业博士研究生，研究方向为战略管理与跨国经营。参与国家自然科学基金面上项目、北京市社会科学基金项目等课题研究，主持 2 项对外经济贸易大学研究生科研创新项目。在《商业研究杂志》等期刊上发表中英文论文共 8 篇。在本书中，与何文龙老师一起承担《风险投资对企业创新的影响及其机制》文章的撰写工作。E-mail：zbruibe@163.com。

徐婉渔

2020 年在上海财经大学获得管理学博士学位、新加坡国立大学联合培养博士，现为新加坡国立大学工程学院工业系统工程与管理系博士研究生。专注研究公司创新创业战略、风险投资与个体创业决策。参与过国家自然科学基金面上项目"千村调查"——中国农村创业现状调查（2016 年）。担任 2018 年、2019 年 AOM Specialized Conference 投稿匿名评审人。在《财经研究》《经济管理》《外国经济与管理》等期刊上发表学术论文 6 篇。在本书中，与董静老师一起承担《风险投资如何为企业创造价值》文章的撰写工作。E-mail：xu.wanyu@u.nus.edu。

谢韵典

上海财经大学商学院博士研究生，主要研究方向为战略管理、公司创业投资，重点关注大型企业如何开展创业投资活动及其带来的战略价值，参与国家自然科学基金面上项目"公司风险投资的作用机制与双重效应研究"、依托于上汽集团的"实体集团企业股权投资业务研究"等多个课题的研究工作，研究成果现已被《南开管理评论》录用。在本书中，与董静老师一起承担《风险投资如何为企业创造价值》文章的撰写工作。E-mail：edenxie0123@163.com。

彭密香

浙江工商大学工商管理学院博士研究生，2018 年在湖南工商大学获得管理学硕士学位，研究方向为创业管理。在本书中，与项国鹏老师一起承担《如何通过制度创业来创造竞争优势》文章的撰写工作。E-mail：pmx2018@163.com。

周斌

吉林大学商学与管理学院技术经济及管理专业硕士研究生。在本书中，与朱秀梅老师一起承担《数字创业如何创造竞争优势》文章的撰写工作。E-mail：zhoubin_21@163.com。

卢娜

山东大学管理学院 2021 级博士研究生。研究方向为组织行为和人力资源管理，在《管理评论》《管理科学》等期刊上发表论文多篇。在本书中，与林伟鹏老师一起承担《创业领域如何采用混合研究设计开展研究》文章的撰写工作。E-mail：lunar1210@163.com。

魏远虹

浙江大学外国语言文化与国际交流学院硕士研究生，2020 年在电子科技大学获得本科学位，专注于话语研究，在《商业与技术传播杂志》《IEEE 专业通讯学报》等期刊上发表论文多篇。在本书中，与张慧玉老师一起承担《创业研究中叙事方法的应用及其趋势》文章的撰写工作。E-mail：weiyuanhong@zju.edu.cn。

潘壮

中南大学商学院博士研究生，主要研究方向为人工智能与创新创业。在本书中，与李大元老师一起承担《创业领域如何使用大数据与机器学习方法开展研究》文章的撰写工作。E-mail：panptz@csu.edu.cn。

卢青云

浙江大学管理学院博士研究生，2020 年于大连理工大学获得管理学学士学位，研究方向为创业投资。在本书中，与沈睿老师和杨俊老师一起承担全书述评经典文献整理、汇总和分析等工作。E-mail：qingyunlu@zju.edu.cn。

金敖

浙江大学管理学院博士研究生，2018 年在大连理工大学获得工学学士学位，2021 年在兰州大学获得管理学硕士学位，研究方向为创业管理。在本书中，与杨俊老师一起承担海外作者翻译校对等工作。E-mail：jinao@zju.edu.cn。

管理人不可不读的经典
"华章经典·管理"丛书

书 名	作者	作者身份
科学管理原理	弗雷德里克·泰勒 Frederick Winslow Taylor	科学管理之父
马斯洛论管理	亚伯拉罕·马斯洛 Abraham H.Maslow	人本主义心理学之父
决策是如何产生的	詹姆斯 G.马奇 James G. March	组织决策研究领域最有贡献的学者
战略管理	H.伊戈尔·安索夫 H. Igor Ansoff	战略管理奠基人
组织与管理	切斯特·巴纳德 Chester I.barnard	系统组织理论创始人
戴明的新经济观 (原书第2版)	W. 爱德华·戴明 W. Edwards Deming	质量管理之父
彼得原理	劳伦斯·彼得 Laurence J.Peter	现代层级组织学的奠基人
工业管理与一般管理	亨利·法约尔 Henri Fayol	现代经营管理之父
Z理论	威廉 大内 William G. Ouchi	Z理论创始人
转危为安	W.爱德华·戴明 William Edwards Deming	质量管理之父
管理行为	赫伯特 A. 西蒙 Herbert A.Simon	诺贝尔经济学奖得主
经理人员的职能	切斯特 I.巴纳德 Chester I.Barnard	系统组织理论创始人
组织	詹姆斯·马奇 James G. March	组织决策研究领域最有贡献的学者
论领导力	詹姆斯·马奇 James G. March	组织决策研究领域最有贡献的学者
福列特论管理	玛丽·帕克·福列特 Mary Parker Follett	管理理论之母

彼得·德鲁克全集

序号	书名	序号	书名
1	工业人的未来 The Future of Industrial Man	21 ☆	迈向经济新纪元 Toward the Next Economics and Other Essays
2	公司的概念 Concept of the Corporation	22 ☆	时代变局中的管理者 The Changing World of the Executive
3	新社会 The New Society: The Anatomy of Industrial Order	23	最后的完美世界 The Last of All Possible Worlds
4	管理的实践 The Practice of Management	24	行善的诱惑 The Temptation to Do Good
5	已经发生的未来 Landmarks of Tomorrow: A Report on the New "Post-Modern" World	25	创新与企业家精神 Innovation and Entrepreneurship
6	为成果而管理 Managing for Results	26	管理前沿 The Frontiers of Management
7	卓有成效的管理者 The Effective Executive	27	管理新现实 The New Realities
8 ☆	不连续的时代 The Age of Discontinuity	28	非营利组织的管理 Managing the Non-Profit Organization
9 ☆	面向未来的管理者 Preparing Tomorrow's Business Leaders Today	29	管理未来 Managing for the Future
10 ☆	技术与管理 Technology, Management and Society	30 ☆	生态愿景 The Ecological Vision
11 ☆	人与商业 Men, Ideas, and Politics	31 ☆	知识社会 Post-Capitalist Society
12	管理：使命、责任、实践（实践篇）	32	巨变时代的管理 Managing in a Time of Great Change
13	管理：使命、责任、实践（使命篇）	33	德鲁克看中国与日本：德鲁克对话"日本商业圣手"中内功 Drucker on Asia
14	管理：使命、责任、实践（责任篇）Management: Tasks, Responsibilities, Practices	34	德鲁克论管理 Peter Drucker on the Profession of Management
15	养老金革命 The Pension Fund Revolution	35	21世纪的管理挑战 Management Challenges for the 21st Century
16	人与绩效：德鲁克论管理精华 People and Performance	36	德鲁克管理思想精要 The Essential Drucker
17 ☆	认识管理 An Introductory View of Management	37	下一个社会的管理 Managing in the Next Society
18	德鲁克经典管理案例解析（纪念版）Management Cases(Revised Edition)	38	功能社会：德鲁克自选集 A Functioning Society
19	旁观者：管理大师德鲁克回忆录 Adventures of a Bystander	39 ☆	德鲁克演讲实录 The Drucker Lectures
20	动荡时代的管理 Managing in Turbulent Times	40	管理(原书修订版) Management (Revised Edition)
注：序号有标记的书是新增引进翻译出版的作品		41	卓有成效管理者的实践（纪念版）The Effective Executive in Action

明茨伯格管理经典

Thinker 50终身成就奖获得者，当今世界杰出的管理思想家

写给管理者的睡前故事

图文并茂，一本书总览明茨伯格管理精要

管理者而非MBA

管理者的正确修炼之路，管理大师明茨伯格对MBA的反思
告诉你成为一个合格的管理者，该怎么修炼

拯救医疗

如何根治医疗服务体系的病，指出当今世界医疗领域流行的9大错误观点，提出改造医疗体系的指导性建议

战略历程（原书第2版）

管理大师明茨伯格经典著作全新再版，实践战略理论的综合性指南

管理进行时

继德鲁克之后最伟大的管理大师，明茨伯格历经30年对成名作《管理工作的本质》的重新思考

明茨伯格论管理

明茨伯格深入企业内部，观察其真实的运作状况，以犀利的笔锋挑战传统管理学说，全方位地展现了在组织的战略、结构、权力和政治等方面的智慧

管理至简

专为陷入繁忙境地的管理者提供的有效管理方法

管理和你想的不一样

管理大师明茨伯格剥去科学的外衣，挑战固有的管理观，为你揭示管理的真面目

战略过程：概念、情境与案例（原书第5版）

殿堂级管理大师、当今世界优秀的战略思想家明茨伯格战略理论代表作，历经4次修订全新出版

战略过程：概念、情境与案例（英文版·原书第5版）

明茨伯格提出的理论架构，是把战略过程看作制定与执行相互交织的过程，在这里，政治因素、组织文化、管理风格都对某个战略决策起到决定或限制的作用